MESTRES DO AR

DONALD L. MILLER

MESTRES DO AR

A SAGA DOS JOVENS QUE VOARAM NOS BOMBARDEIROS AMERICANOS NA GUERRA CONTRA A ALEMANHA NAZISTA

Tradução de
Milton Chaves de Almeida

1ª edição

BERTRAND BRASIL

Rio de Janeiro | 2024

CIP-BRASIL. CATALOGAÇÃO NA PUBLICAÇÃO
SINDICATO NACIONAL DOS EDITORES DE LIVROS, RJ

M592m Miller, Donald L., 1944-
        Mestres do ar : a saga dos jovens que voaram nos bombardeiros americanos na guerra contra a Alemanha nazista / Donald L. Miller ; tradução Milton Chaves de Almeida. - 1. ed. - Rio de Janeiro : Record, 2024.

        Tradução de: Masters of the air : America's bomber boys who fought the air war against Nazi Germany
        ISBN 978-85-0192-013-3

        1. Estados Unidos. Army Air Forces - História. 2. Guerra mundial, 1939-1945 - Operações aéreas americanas. 3. Guerra Mundial, 1939-1945 - Campanhas - Frente Ocidental. 4. Pilotos de aviões de bombardeio - Estados Unidos - Biografia. I. Almeida, Milton Chaves de. II. Título.

23-87356
        CDD: 940.544973
        CDU: 94(100)"1939/1945":355.469.2(73)

Meri Gleice Rodrigues de Souza - Bibliotecária - CRB-7/6439

Copyright © Donald L. Miller, 2006.

Copyright da tradução © Editora Record, 2024

Título original: *Masters of the Air*

Texto revisado segundo o Acordo Ortográfico da Língua Portuguesa de 1990.

Todos os direitos reservados.
Não é permitida a reprodução total ou parcial desta obra, por quaisquer meios, sem a prévia autorização por escrito da Editora.

Direitos exclusivos de publicação em língua portuguesa somente para o Brasil adquiridos pela:
EDITORA BERTRAND BRASIL LTDA.
Rua Argentina, 171 — 3º andar — São Cristóvão
20921-380 — Rio de Janeiro — RJ
Tel.: (21) 2585-2000,
que se reserva a propriedade literária desta tradução.

Seja um leitor preferencial.
Cadastre-se no site www.record.com.br
e receba informações sobre nossos
lançamentos e nossas promoções.

Atendimento e venda direta ao leitor:
sac@record.com.br

Aos amigos do Black Cat Bar:
Alyssa, Alexis, Ashlee, Devin,
Austin e Mason

Sumário

Prólogo: O Malfadado Centésimo   15

UM

A Máfia dos Bombardeiros   51

DOIS

Os Amadores de Eaker   83

TRÊS

O céu perigoso   107

QUATRO

Aeronauta derrubado!   151

CINCO

A anatomia da coragem   171

SEIS

Ensine-os a matar   227

SETE

Os Sinos do Inferno   259

OITO

Homens em guerra   305

NOVE

A virada   343

DEZ

Céus libertados   377

ONZE

A armadilha fatal   431

DOZE

Prisioneiro dos suíços   485

TREZE

Cansado de guerra   509

QUATORZE

A cerca de arame   555

QUINZE

Terror sem fim   597

DEZESSEIS

As chaminés raramente caem   649

DEZESSETE
Um desfile de misérias   707

Epílogo   751
Agradecimentos   757
Bibliografia   761
Índice remissivo   807
Notas bibliográficas   841

Na primavera de 1944 [...], éramos os mestres dos ares. A ferocidade implacável da luta havia lançado sobre as asas da Luftwaffe uma carga de estresse maior do que elas eram capazes de suportar [...] Por nossa superioridade nos céus, que ao fim de 1944 se tornaria supremacia, devemos prestar honras e homenagens à Oitava Frota Aérea do Exército dos Estados Unidos da América.

WINSTON CHURCHILL, *Closing the Ring*

Ele sabia que os colegas estavam sempre à sua volta. Sentia que eram mais fortes os sutis laços de camaradagem criados pelo combate do que a própria força da causa pela qual estavam lutando. Era uma fraternidade misteriosa, tecida pela fumaça sinistra das armas e pelos perigos da guerra.

STEPHEN CRANE, *A glória de um covarde*

PRÓLOGO

O Malfadado Centésimo

A Oitava Frota Aérea foi uma das maiores forças de combate da história da guerra. Ela tinha os melhores equipamentos e soldados, dos quais todos, exceto alguns, eram civis americanos, instruídos, preparados e dispostos a lutar pela pátria e por algo que sabiam que estava em perigo: a liberdade. Foi isso que tornou a Segunda Guerra Mundial tão especial.

ANDY ROONEY, MY WAR

Londres, 9 de outubro de 1943

A guerra particular do major John Egan começou no café da manhã de um hotel londrino. Ele havia tirado dois dias de folga de Thorpe Abbotts, uma base de bombardeiros americanos situada uns 144 quilômetros ao norte de Londres e separada por uma breve caminhada do condado de Norfolk homônimo. A Base Aérea 139, tal como era oficialmente chamada, com seus 3.500 aeronautas e pessoal de apoio terrestre, fora construída nas terras de um nobre, e as tripulações partiam para a guerra sobrevoando lavouras riscadas de sulcos agrícolas e cultivadas por arrendatários de Sir Rupert Mann, fazendeiros que residiam nos arredores, em cabanas de pedra caquéticas aquecidas por lareiras de soleiras abertas.

Thorpe Abbotts fica na Ânglia Oriental, região cheia de histórias e repleta de fazendas antigas, rios serpeantes e terrenos pantanosos. Estende-se pelo norte desde Cambridge, com suas edificações de torres pontiagudas, passando pela importante catedral de Norwich e seguindo a leste até Great Yarmouth, cidade industrial e portuária banhada pelas escuras águas do Mar do Norte. Com seus canais de drenagem, moinhos de vento em madeira e seus brejos extensos, essa parte da Inglaterra pouco acima do nível do mar nos faz lembrar da vizinha Holanda, situada do outro lado do Canal da Mancha.

A região, com seus contornos litorâneos se projetando em direção às águas, parecia, nos anos da guerra, a lâmina um machado apontado para o inimigo. E seus campos drenados se mostraram bons locais para a instalação de bases aéreas, a partir das quais era possível lançar incursões às entranhas da Alemanha nazista. Mais ou menos um século atrás de Londres em seu ritmo de progresso e em sua personalidade, ela fora transformada pela guerra numa das grandes frentes de batalha do mundo como parte de um conflito bélico inédito na história.

Era, pois, uma frente de combate aéreo. A partir de bases recém-construídas na Ânglia Oriental, um novo tipo de guerra estava sendo travado — bombardeio estratégico de grandes altitudes. Era um acontecimento singular na história das guerras, sem precedentes, e que jamais voltaria a se repetir. Os militares só passaram a dispor da tecnologia necessária para travar longas batalhas de bombardeiros, com ataques envolvendo o emprego máximo de forças, no começo dos anos de 1940, e, nos dias finais dessa primeira guerra em que se iniciara o emprego de bombardeiros, ela já estava se tornando obsoleta ante o advento dos aviões de guerra a jato, dos mísseis e das bombas atômicas. No ar rarefeito e congelante dos céus da Europa, aeronautas sangravam e morriam engolfados pelo fragor de condições que nenhum dos guerreiros do passado jamais havia enfrentado. Era uma guerra aérea travada não a 3.600 metros, tal como na Primeira Guerra Mundial, mas em altitudes duas ou três vezes superiores, quase na estratosfera, onde a natureza podia se mostrar ainda mais perigosa que o inimigo. Nesses campos de batalha de um azul resplandecente, o frio matava, o ar era irrespirável e o sol expunha os bombardeiros aos perigos fatais dos lépidos aviões de caça e dos canhões terrestres alemães. Esse espaço mortífero e desconhecido, de uma vastidão quase infinita, acrescentou uma nova dimensão aos tormentos suscitados pelos combates, dando origem a muitos problemas físicos e emocionais enfrentados pelos guerreiros pela primeira vez na história.

Para a maioria dos aeronautas, voar nas asas dos melhores aviões de Guerra da época era tão exótico quanto combater em terra. Antes de se alistarem, milhares de aeronautas americanos jamais haviam entrado num avião ou disparado um tiro sequer contra um alvo mais ameaçador que um esquilo. Esse novo tipo de guerra fez nascer uma nova espécie de medicina — a medicina de aviação. Seus pioneiros oficiais médicos e psiquiatras trabalhavam em hospitais e clínicas não muito distantes das bases aéreas dos bombardeiros, lugares para os quais os combatentes eram enviados quando ulcerações provocadas pelo frio desfiguravam seus rostos e esfacelavam seus dedos ou quando traumas psicológicos e os pavores da guerra os deixavam fora de combate.

A guerra com bombardeiros era uma guerra intermitente. Períodos de inatividade e tédio eram seguidos por eletrizantes surtos de fúria bélica e medo, e os combatentes voltavam das batalhas celestiais para o conforto e aconchego de alojamentos com lençóis limpos, comida quente e jovens inglesas os idolatrando. Nessa guerra incrível, um rapaz de 19 ou 20 anos podia estar lutando com unhas e dentes por sua vida sobre os céus de Berlim às onze horas da manhã e, às nove da noite, achar-se tranquilamente hospedado num hotel londrino com a garota de seus sonhos. Alguns soldados da infantaria invejavam os confortos de seus colegas aeronautas, mas, como questiona um personagem de romance de um oficial-navegador americano: "Quantos membros da infantaria você acha que seguiriam para as frentes de combate se você lhes desse um avião com os tanques cheios de gasolina?"[1] Apresentada convincentemente ao povo americano como uma forma mais rápida e decisiva para vencer a guerra do que a opção de travá-la com tropas terrestres, o que poderia arrastar indefinidamente a duração do conflito mundial, a guerra aérea se tornou uma batalha de atritos brutais.

John Egan era comandante de um esquadrão de Fortalezas Voadoras B-17,* uma das máquinas de matar mais temíveis do mundo na época. Mas ele era um combatente de bombardeiro, cuja missão era matar e destruir. E, assim como a maioria dos outros tripulantes, ele cumpria seu dever sem hesitações de consciência, convencido de que estava lutando por uma causa nobre. Matava também, portanto, para não ser morto.

---

* Avião quadrimotor projetado pela Boeing especificamente para a Força Aérea Norte-Americana. Foi o modelo de aeronave dos EUA que mais lançou bombas durante a Segunda Guerra. [N. do R.]

Havia cinco meses que Egan participava de missões de combates celestes no mais perigoso teatro de batalhas aéreas da guerra, operações chamadas por ele e pelos colegas de Grandes Ligas; e essa era a primeira longa licença que obteve como trégua dos combates — embora para ele a folga estivesse longe de representar alívio de fato. Tanto que, à noite, os aviões da Luftwaffe, a Força Aérea Alemã, cobriram o céu da cidade, provocando incêndios nas áreas ao redor do hotel com seus ataques. Era a primeira vez que ele ficava, em terra, sob o ataque de bombas, e achou impossível dormir com sirenes estridentes e concussões trovejantes.

Egan estava lotado na Oitava Frota Aérea, uma unidade de bombardeiros formada na Base Aérea do Exército Americano em Savannah, Geórgia, um ano após o ataque a Pearl Harbor, destinada a assentar o primeiro golpe dos ianques na pátria dos nazistas. Apesar de um início aparentemente nada promissor, a unidade estava se tornando rapidamente uma das maiores forças de ataque bélico da história. Egan havia chegado à Inglaterra na primavera de 1943, um ano depois que os primeiros combatentes e as máquinas da Oitava haviam iniciado a ocupação das bases entregues ao seu controle pela RAF — a Royal Air Force ou Real Força Aérea Britânica —, cujos bombardeiros vinham lançando intensos ataques contra as cidades alemãs desde 1940. Cada Grupo de Bombardeiros (GB) com número de identificação — o dele era o Centésimo — era composto por quatro esquadrões, que tinham oito a doze aviões quadrimotores de bombardeio pesado, chamados pelos aeronautas de "pesadões". Cada uma dessas unidades ocupou sua própria base, em instalações estabelecidas na periferia de Bedford, cidade situada ao norte de Londres, na Ânglia Oriental, ou nos condados centrais da Inglaterra, região conhecida como Midlands.*

Durante algum tempo, em 1943, a Oitava Frota foi incumbida de administrar e operar quatro Grupos de Bombardeiros equipados com bimotores Marauders B-26, aviões que foram usados principalmente para bombardeios de baixo e médio alcance com resultados variados. Mas, em outubro desse ano, essas pequenas unidades de Marauders foram transferidas para outro comando aéreo instalado em bases britânicas — a Nona Frota Aérea, que estava sendo formada para fornecer fogo de apoio aéreo aproximado aos

---

* Os panfletos geralmente se referiam ao grupo de bombardeio como grupo de bombas, termo que usei ao longo do texto.

O MALFADADO CENTÉSIMO

componentes Aliados de uma invasão à Europa ocupada pelos nazistas, operação que demandaria a travessia do Canal da Mancha. A partir de então e até o fim da guerra, todos os bombardeiros da Oitava Frota Aérea foram Fortalezas Voadoras ou Liberators B-24, os únicos bombardeiros americanos projetados para ataques a grandes altitudes capazes de percorrer longas distâncias para atacar alvos remotos. Contudo, a Oitava não desativou seu Comando de Caças, de modo que tivesse como fornecer escolta aérea a seus bombardeiros em missões de baixa penetração ofensiva pelo norte da Europa. Os pilotos dessa unidade operavam monomotores Thunderbolt P-47 e bimotores Lightning P-38, partindo de aeródromos localizados nas vizinhanças de bases de bombardeiros.

Quando o Centésimo Grupo de Bombardeiros partia para os combates, geralmente era acompanhado por outros dois grupos de bombardeiros de bases próximas, o 390º e o 95º, ocasião em que os três grupos formavam a 13ª Brigada de Bombardeiros. Brigadas de bombardeiros eram uma pequena parte de uma formação bem maior, com muitas centenas de bombardeiros e caças de escolta, aviões que faziam a terra tremer sob os pés dos habitantes das cidadezinhas inglesas que saíam de suas casas ao amanhecer para ver os americanos seguindo para a guerra com a missão de "surrarem os Bárbaros".

"Não [...] havia quem ficasse sem vibrar de emoção diante da visão das grandes falanges de guerra celeste partindo como enxames de seus aeródromos na Ânglia Oriental",[2] escreveu o historiador John Keegan, criado na Inglaterra e ainda garoto durante a guerra. "Esquadrão após esquadrão, eles decolavam, sobrevoavam a área próxima em círculos para formar grupos e brigadas e depois partiam rumo ao Sudeste para alcançar a passagem marítima que os levaria a seus alvos, [como se fossem] uma constelação de aeronaves graciosas cintilantes de poderio militar, deixando com as pontas de suas seiscentas asas, no azul profundo dos céus do verão inglês, um rastro de pura fumaça branca. Três mil dos melhores e mais brilhantes aeronautas americanos alçavam voo em cada missão, dez deles em uma dessas 'naves', cada uma delas com um nome característico, quase sempre baseado no título de uma canção, como *My Prayer* ou ostentando uma frase famosa de um filme, como 'Eu sou Tindelayo'*."

---

* O filme que deu origem a essa expressão foi *White Cargo*, de 1942. [N. do R.]

No voo para o litoral, "sintonizávamos na BBC para ouvir as canções sentimentais do dia",[3] rememorou o copiloto Bernard R. Jacobs, oriundo de Napa, Califórnia. Durante a viagem sobre o eterno verdor dos campos da Inglaterra, Jacobs estranhava o fato de que uma terra aparentemente tão tranquila fosse usada como palco para o desenrolar de uma campanha militar de chacinas e destruições inimagináveis, tais como o mundo nunca vira.

Embora o presidente Franklin D. Roosevelt houvesse acabado de dar por encerrado o alistamento militar, a Oitava Frota Aérea ainda se mantinha na condição de unidade de elite, se bem que quase totalmente composta por voluntários, homens que haviam se alistado antes da ordem do presidente, ou outros mais, altamente qualificados, engajados depois por recrutadores da Força Aérea após terem sido recrutados pelo Exército, mas antes que fossem lotados em alguma unidade. As tripulações da Oitava Frota Aérea eram formadas por homens vindos de todas as partes dos Estados Unidos e de quase todos os setores da vida civil. Entre eles, havia estudantes universitários de Harvard com especialização em História e trabalhadores de mineradoras da Virgínia Ocidental, advogados de Wall Street e vaqueiros de Oklahoma, ídolos de Hollywood e heróis do futebol americano. Podemos citar também, como exemplo marcante, não só o ator Jimmy Stewart, que serviu como aeronauta, mas o Rei de Hollywood, Clark Gable. Ambos serviram ao lado de homens e rapazes que tinham lavado janelas de escritórios em Manhattan ou enchido carrinhos de minério na Pensilvânia — poloneses e italianos, suecos e alemães, gregos e lituanos, indígenas americanos e hispano-americanos, mas afro-americanos não, pois a política oficial da Força Aérea proibia que negros embarcassem em unidades da Oitava Frota Aérea. Em compartimentos de dimensões claustrofóbicas dos aviões de bombardeio pesado, durante o calor da refrega, católicos e judeus, ingleses e irlandeses se tornaram irmãos pela alma, espiritualmente fundidos pelo mesmo desejo de não morrer. Na guerra de bombardeiros, a capacidade de sobreviver e afugentar o medo dependia tanto do caráter da tripulação quanto da personalidade do indivíduo. "Talvez em nenhum momento da história da guerra",[4] escreveu Starr Smith, ex-oficial do serviço de inteligência do Comando de Bombardeiros, "houve uma relação dessa natureza entre

O MALFADADO CENTÉSIMO

os combatentes como a que existiu entre as tripulações de combatentes de aeronaves de bombardeio pesado".

A Oitava Frota Aérea chegou à Inglaterra no momento do mais baixo nível de atividades bélicas da guerra para as nações alinhadas contra as Potências do Eixo: Alemanha, Itália, Japão e seus aliados. Os territórios no Extremo Oriente e no Pacífico pertencentes à Inglaterra, à Holanda e à França imperiais haviam acabado de cair sob o guante opressor dos japoneses, bem como as Filipinas, então ocupada pelos americanos. Por volta de maio de 1942, quando o general de divisão Carl A. "Tooey" Spaatz chegou a Londres para assumir o comando das operações aéreas americanas na Europa, o Japão controlava um vasto império territorial. No verão do ano anterior, os jovens combatentes da Real Força Aérea tinham vencido a Batalha da Grã-Bretanha, e a Inglaterra conseguira fazer frente à guerra-relâmpago dos nazistas, a primeira campanha de longa duração da guerra. Desde a retirada do exército britânico de Dunkirk, porém, em maio de 1940, e a queda da França diante dos germânicos logo depois, a Alemanha se mantivera como senhora absoluta dos céus sobre a Europa Ocidental. Na primavera de 1942, a Grã-Bretanha estava sozinha e vulnerável, como a última democracia sobrevivente na guerra contra os nazistas. E a pergunta que se impunha era: como revidar os ataques do inimigo?

"Não dispomos de nenhum exército de força continental que possa derrotar o poderio militar alemão",[5] declarou o primeiro-ministro Winston Churchill. "Mas existe uma coisa que o lançará [...] por terra, e essa coisa é um ataque absolutamente devastador, aniquilante, [realizado] com todos os aviões de bombardeio pesado deste país contra a pátria dos nazistas." A partir de 1940, o Comando de Bombardeiros da RAF lançou suas aeronaves em ataques sobre alvos industriais na Renânia e no Vale do Ruhr, centro do poderio industrial da Alemanha nazista. As primeiras surtidas aéreas da RAF haviam sido feitas em plena luz do dia; porém, depois que sofrera pesadas baixas, ela foi forçada a realizar bombardeios à noite e mudar os alvos de suas investidas. Uma vez que núcleos industriais não podiam ser vistos e muito menos atingidos, em noites sem luar, a RAF começou a bombardear cidades inteiras — a "estourar" cidades, como diziam espirituosa e acertadamente as tripulações. O objetivo era desencadear incêndios aniquiladores, capazes de matar milhares de pessoas de uma só vez e baixar o moral das populações alemãs. No entanto, os bombardeios eram muito imprecisos e as perdas de tripulações, aterradoras. Contudo, para o moral dos britânicos, matar alemães era algo maravilhoso — como represália do bombardeio lançado sobre Coventry e Londres, conquanto a Inglaterra não tivesse nenhuma outra forma de atingir diretamente a Alemanha. Até que, nos meses finais da guerra, os exércitos Aliados invadissem a Alemanha, operações com bombardeios estratégicos seriam o único tipo de ataques realizados dentro do território nacional dos nazistas.

A Oitava Frota Aérea tinha sido enviada para a Inglaterra para engrossar essa campanha de bombardeios, desencadeada num ritmo cada vez mais intenso, numa série de ataques que se tornaria a mais longa batalha da Segunda Guerra Mundial. Ela iniciara como operações de combate em agosto de 1942 em apoio ao esforço britânico de guerra, mas com um plano e um objetivo diferentes. O principal trunfo dessas ações era a secretíssima mira Norden de bombardeio, desenvolvida por cientistas da Marinha americana no início da década de 1930. Pilotos como Johnny Egan a tinham testado nas grandes altitudes dos céus radiantes da região ocidental do território americano. Graças a esse dispositivo, os americanos conseguiram atingir alvos de areia no solo, lançando sobre eles bombas com uma precisão espetacular, o que levou alguns artilheiros a alegarem que seriam capazes de lançar uma bomba dentro de um simples barril de picles com seu avião a mais de 6 mil metros de altitude. Altas autoridades da Força Aérea asseveravam que a mira Norden tornaria os bombardeios de grande altitude mais eficientes e mais humanitários. Alegavam que agora cidades poderiam ser atingidas com precisão cirúrgica e ter suas fábricas de munição destruídas com o mínimo de prejuízos à vida de civis e a suas propriedades.

Nos testes de bombardeio de alta precisão, a Oitava Frota Aérea seria o instrumento usado no ataque experimental ao "barril de picles". Com máquinas mortíferas como a Fortaleza Voadora e o Consolidated B-24 Liberator, arma voadora igualmente formidável, o conflito mundial poderia ser vencido, argumentavam os teóricos da guerra de bombardeiros, sem que fosse preciso lançar mão de operações bélicas massacrantes em terra, ao estilo das realizadas na Primeira Guerra Mundial, nem sofrer numerosas perdas de vida nos combates aéreos. Embora ainda não testada, a ideia agradou o povo americano, que trazia na memória longas guerras, mas sem nenhuma ciência de que, no fim das contas, combates de verdade sempre confundem os teóricos mais brilhantes.

O MALFADADO CENTÉSIMO

Bombardeios estratégicos diurnos podiam ser feitos apenas por bombardeiros em si sem a proteção de aviões de caça. Essa era a inabalável convicção do general Ira C. Eaker, o ex-piloto que Carl Spaatz escolhera para comandar as operações de bombardeio da Oitava Frota Aérea. Eaker acreditava que, em voos de formação compacta, com as aeronaves compondo sistemas autodefensivos de "formações em caixa" — os bombardeiros disporiam de um poder de fogo maciço para abrir caminho até o alvo final.

Johnny Egan acreditava na eficiência do bombardeio estratégico, mas não nesses sistemas autodefensivos. Ele entrou na guerra quando Ira Eaker começou a enviar suas frotas de bombardeiros em ataques de grande penetração pelo território alemão sem caças de escolta, pois, à época, não havia monomotor com autonomia suficiente para acompanhar os pesadões até os distantes alvos e voltar para a base. Com essa deficiência tática e material, no verão de 1943, Johnny Egan perdeu muitos amigos nos ataques da Luftwaffe.

Cada avião de bombardeio pesado da Oitava Frota Aérea levava a bordo uma tripulação de dez homens. O piloto e seu copiloto seguiam na cabine de comando, lado a lado; o oficial-navegador e o metralhador viajavam num compartimento logo abaixo deles, no transparente nariz de Plexiglas (acrílico) do avião; e, logo atrás do piloto, ia o aviador que atuava como engenheiro de bordo e fazia as vezes também de metralhador da torre de tiro superior. Um pouco mais atrás no avião, num compartimento separado, ficava o radioperador, que operava uma metralhadora superior lateral; e, na parte central da aeronave, trabalhavam dois operadores de metralhadoras móveis laterais e o metralhador da torre esférica, que se mantinha sentado numa canópia bulbar giratória fixada na parte inferior da fuselagem, posto esse, por sinal, terrivelmente vulnerável. Num compartimento isolado da traseira do avião ficava o artilheiro da cauda, instalado numa espécie de selim de bicicleta agigantado. Na verdade, todos os postos operacionais do avião eram vulneráveis, já que, no céu, era impossível abrir trincheiras. Juntamente com as tripulações de submarinos americanos e de submergíveis alemães com que cruzavam nos combates, jovens aeronautas americanos e britânicos eram os incumbidos dos trabalhos mais perigosos da guerra. Em outubro de 1943,[6] menos de um em cada quatro membros de tripulação podia nutrir a esperança de conseguir completar seu tempo de serviço: o equivalente a 25 missões de combate aéreo. As estatísticas eram desconcertantes. Dois terços dos combatentes podiam dar como certo que morreriam em combate ou que seriam capturados pelo inimigo. E dezessete por cento deles seriam vítimas de ferimentos graves, sofreriam uma crise nervosa aniquiladora ou morreriam num acidente aéreo violento sobre o território inglês. Apenas catorze por cento dos aviadores lotados no Grupo de Bombardeiros do major Egan, quando ele desembarcou na Inglaterra, em maio de 1943, conseguiram chegar à sua 25ª missão. Mais ou menos no fim da guerra, a Oitava Frota Aérea teria mais baixas fatais — 26 mil homens mortos — do que o Corpo de Fuzileiros Navais dos EUA inteiro. Dos americanos que embarcaram em aviões para combater as tropas do Reich antes do Dia D, 77 por cento acabariam tombando como baixas.

Como comandante do 418º Esquadrão de Bombardeiros do Centésimo, Johnny Egan participou, na companhia de seus homens, de todas as difíceis missões de combate. Quando seus rapazes se viam prestes a enfrentar algum perigo, ele fazia questão de confrontá-lo com eles. "Todo sujeito que participa de missão aérea é louco",[7] confidenciou Egan ao sargento Saul Levitt, um radioperador de seu esquadrão que depois se feriu num acidente na base e foi transferido para o quadro de funcionários da revista *Yank*, uma publicação do exército americano. "Mas depois", revela Levitt, "ele mesmo enlouqueceu e começou a participar de missões aéreas. E não eram missõezinhas fáceis, inofensivas, não [...]."

Quando os aviões de seus "homens-rapazes", tal como Egan os chamava, se precipitavam em chamas num mergulho fatal para o solo, ele enviava cartas às suas esposas e mães. "E não se tratava de simples comunicado oficial, telegrafado", observou Levitt. "O major achava que elas deviam ser escritas à mão, sem abreviaturas, para que apresentassem um tom de interesse pessoal. E não fazia cópias dessas cartas. Ele nunca falou muito sobre isso. Para o major, as cartas só diziam respeito a ele e às famílias envolvidas."

O major era baixo e magro como um espeto, mal chegando aos 64 quilos, com densos cabelos negros, usados ao estilo Pompadour, olhos escuros, e seu lábio superior era riscado por um fino bigode. Suas marcas registradas eram uma jaqueta de aviador branca forrada de lã e uma forma singular de se expressar, um estilo graciosamente informal, meio amalandrado, inspirado no escritor Damon Runyon. Com 27 anos de idade então, tinham-no como um dos "anciãos" da unidade, mas ele era "capaz de ingerir mais álcool do que qualquer uma de suas crianças",[8] conforme costumava dizer, em tom de

O MALFADADO CENTÉSIMO

amistosa provocação, aos membros de rostos adolescentes de seu esquadrão. Nas noites em que não era escalado para participar de missões aéreas no dia seguinte, ele embarcava num jipe e seguia para seu "cantinho especial", onde se reunia no bar com uma turma de trabalhadores irlandeses e cantarolava baladas até esgotarem os barris de chope ou até que o cansado tasqueiro os pusesse para fora.

Geralmente, quando Egan caía na farra, levava seu melhor amigo consigo. Os prazeres do major Gale W. Cleven eram simples. Ele gostava de sorvete, melão-cantalupo e filmes de guerra ingleses; e era fiel a uma jovem que conhecera em sua terra natal, chamada Marge. Vivia inteiramente para bem cumprir seus deveres de aeronauta e, tal como Egan, era um dos "nobres senhores absolutos da Força Aérea".[9] Quando garoto, seus colegas costumavam chamá-lo de "Cleve", mas Egan, seu amigo inseparável desde os dias passados juntos no curso de formação de pilotos nos EUA, o apelidou de "Buck", pois achava que ele se parecia com um garoto de nome Buck que Egan conhecera em Manitowoc, Wisconsin. O apelido pegou. "Embora nunca tivesse gostado dele, fiquei conhecido como Buck desde então",[10] disse Cleven sessenta anos mais tarde, após ter conseguido mestrado em administração de empresas pela Harvard Business School e doutorado em física interplanetária.

Esguio, de ombros caídos, Gale Cleven foi criado numa região campestre ao norte de Casper, Wyoming, de solo árido e difíceis condições de sobrevivência, mas rica em petróleo. Com muita luta e esforço, conseguiu estudar na Universidade de Wyoming enquanto trabalhava como operário de uma empresa de perfuração de poços de petróleo. Usualmente ostentando o quepe de oficial inclinado sobre um dos lados da cabeça e um palito de dentes pendendo de um dos cantos da boca, passava a impressão de que era um sujeito durão, mas "tinha um coração tão grande quanto o Texas e dava apoio total aos seus subordinados",[11] segundo descrição de um de seus aviadores. Era um sujeito extraordinariamente vivaz, alegre e, sem dúvida, o melhor contador de histórias da base.

Comandante de esquadrão aos 24 anos de idade, tornou-se herói da linha de frente doméstica quando apareceu como protagonista de uma história do *Saturday Evening Post* sobre a Incursão Aérea a Ratisbona, matéria jornalística feita com base no relato do tenente-coronel Beirne Lay, Jr., mais tarde parceiro literário de Sy Bartlett em *Almas em Chamas*, o melhor

26 MESTRES DO AR

romance, além de excelente filme, sobre a guerra aérea nos céus da Europa publicado até hoje*. A missão de bombardeio a Regensburg-Schweinfurt de 17 de agosto de 1943 foi a maior e mais desastrosa operação de ataque aéreo americana realizada até então, na qual os Estados Unidos perderam sessenta bombardeiros e quase seiscentos homens. Foi um "ataque em duas frentes" contra as fábricas de aviões de Ratisbona e as de rolamentos de Schweinfurt, ambas verdadeiras usinas de crucial importância para o poderio industrial germânico, protegidas por um dos mais formidáveis sistemas de defesa aérea do mundo na época. Beirne seguia a bordo de um dos aviões do Centésimo nesse dia como observador de bordo de uma Fortaleza Voadora chamada *Piccadilly Lilly*, quando, em meio aos fogos e ao caos da batalha, avistou Cleven, no vulnerável esquadrão de ataque em baixa altitude — aeronave componente da chamada Margem de Barreira, o último dos grupos das colunas de bombardeiros e que opera na mais inferior das altitudes no esquema tático de combate —, "vivendo o melhor de seus momentos" como aviador.[12] Quando viu sua aeronave ser esfacelada pelos caças inimigos, o piloto de Cleven ficou apavorado e se preparou para abandoná-la de paraquedas. "Confrontado por uma situação de dano estrutural, perda parcial de controle do avião, incêndio em pleno voo, ferimentos graves nos tripulantes e se vendo na iminência de ser atacado por novas vagas de aviões de caça inimigos, que continuavam a subir para engrossar o ataque de seus colegas germânicos, Cleven tinha todos os motivos para abandonar a aeronave", escreveu Lay. Mas ele ordenou que seu copiloto se mantivesse firme no posto. "Suas palavras foram ouvidas pelo intercomunicador de bordo e tiveram um efeito mágico sobre a tripulação, que se manteve a postos, no emprego das armas. O B-17 continuou na missão."

Beirne enviou às autoridades competentes uma recomendação para que concedessem a Cleven a Medalha de Honra. "Na verdade, eu não a ganhei mesmo, tampouco a merecia",[13] disse ele. No entanto, honraram-no com a Cruz do Mérito Militar, mas ele nunca foi a Londres pegá-la. "Medalha? Porra, eu precisava era de uma aspirina!", observou ele, espirituosamente, muito tempo depois. "Portanto, continuei descondecorado."

---

* Um dos destaques dessa adaptação para o cinema em 1949 do livro escrito em 1948 é que foram incorporadas cenas de batalhas reais entre A Força Aérea dos EUA e a Luftwaffe. [N. do R.]

O MALFADADO CENTÉSIMO

A história da participação de Cleven na incursão a Ratisbona fez o pessoal da "base vibrar de muita emoção",[14] rememorou Harry H. Crosby, navegador do 418º Esquadrão, comandado por Egan. Este travou também um belo combate nesse dia. Quando lhe perguntaram como conseguira sobreviver, ele respondeu com fino bom humor: "Levei comigo dois rosários, duas medalhinhas de boa sorte e uma cédula de 2 dólares, de cujos cantos eu arrancava um pedacinho com a boca após cada missão. Além disso, usava meu suéter com a frente virada para trás, por baixo de minha jaqueta da sorte."[15] Já outros colegas não foram tão sortudos. O Centésimo perdeu noventa de seus integrantes.

No verão desse ano, as baixas estavam se acumulando num ritmo alarmante, tão veloz que os colegas sobreviventes não conseguiam acompanhar o número de vidas ceifadas pela morte. Certo dia, por exemplo, um recruta substituto chegou a Thorpe Abbotts bem tarde, mas a tempo para o jantar, após o qual foi dormir em seu beliche novo; porém, na manhã seguinte, perdeu a vida nos céus da Alemanha. Ninguém chegou a saber o nome dele. Depois disso, passou a ser conhecido como "o sujeito que veio jantar".[16]

Com tanto de seus amigos morrendo, o que menos os membros do Centésimo precisavam era de heróis. No clube de oficiais, jovens aviadores se reuniam à volta de Cleven e Egan e "assistiam às duas missões de ataque aéreo com os colegas",[17] escreveu Crosby em suas memórias sobre a guerra aérea. "Os recrutas os adoravam", e os pilotos queriam tornar-se tão bons quanto eles. Com seus fascinantes cachecóis brancos e seus "quepes de cinquenta missões" amarrotados, era como se fossem personagens saídos do livro *I Wanted Wings*, outra obra de autoria de Beirne Lay, e do filme de Hollywood baseado nele, mas com o título de *Revoada de Águias*, produção que inspirou milhares de jovens a entrarem para o Corpo de Aviação do Exército. Os rapazes chegavam a imitar o jeito de falar dos atores de Hollywood. Foi no clube dos oficiais que Crosby viu Cleven pela primeira vez. "Não sei por qual motivo, mas ele queria conversar comigo e disse: 'Taxie para cá, tenente!'"

Cleven gostava dos jovens substitutos; contudo, preocupava-se com o jeito fanfarrão deles. "Seu receio não era tão grande quanto o nosso e, portanto, o perigo era maior. Eles temiam o desconhecido. Nós temíamos aquilo que conhecíamos."[18]

Na manhã de 8 de outubro de 1943, cerca de uma hora antes de Johnny Egan ter embarcado no trem que o levou para Londres para fruir na capital inglesa a primeira folga de seus serviços em Thorpe Abbotts, Buck Cleven partiu num voo para Bremen e não retornou. Três caças da Luftwaffe abandonaram a camuflagem natural proporcionada pela ofuscante luz do sol e mutilaram sua Fortaleza Voadora, arrancando-lhe três motores. Abriram também três buracos na cauda e no nariz do bombardeiro americano e deceparam uma parte substancial de sua asa esquerda, provocando um incêndio na cabine do piloto. Como a situação ficou desesperadora, Cleven ordenou que abandonassem o avião. Ele foi o último a saltar de paraquedas. Quando assim procedeu, o bombardeio estava apenas a pouco mais de 600 metros acima do solo.

Eram três e quinze da tarde, quase a mesma hora em que Johnny Egan fizera sua hospedagem no hotel de Londres. Durante a descida de paraquedas, Cleven viu que iria aterrissar em cima de uma pequena casa de fazenda "e mais rapidamente do que desejava".[19] Balançando-se para manobrar e evitar isso, acabou perdendo o controle do paraquedas, passou flutuando pela porta aberta e foi parar na cozinha, onde derrubou móveis e um pequeno fogão de ferro. Nisso, a esposa e a filha do fazendeiro começaram a gritar histericamente e, segundos depois, o dono da propriedade estava com as pontas do forcado prensadas ameaçadoramente contra o peito de Cleven. "Com meu patético alemão de ensino médio, tentei convencê-lo de que eu não era um mau sujeito. Mas não consegui de jeito nenhum."

À noite, alguns dos integrantes do esquadrão de Cleven que tinham sobrevivido à missão de ataque a Bremen seguiram a pé para um bar do povoado e tomaram um porre como nunca haviam feito. "Ninguém conseguia acreditar que ele tinha morrido",[20] lamentou perante o sargento Jack Sheridan, outro membro do esquadrão de Cleven. Até porque, se "o invencível" Cleven não conseguira sobreviver, quem conseguiria? Mas, tal como bem observado por Sheridan: "A guerra não fica parada por causa de soldados desaparecidos em combate."

No dia seguinte, durante o desjejum no hotel, com ovos fritos e uma dose dupla de uísque escocês, Johnny Egan leu na manchete do *Times*, de Londres: "Oitava Frota Aérea Perde 30 Fortalezas nos Céus de Bremen." Surpreso, levantou-se bruscamente da cadeira e correu para o telefone, a fim

O MALFADADO CENTÉSIMO 29

de contatar a base. Com procedimentos de segurança em tempo de guerra ainda vigentes, a conversa foi feita em código.

— Qual foi o resultado do jogo?[21] — perguntou ele. Responderam que Cleven tinha descido balouçante. Seguiu-se breve silêncio. Após recuperar-se do baque, Egan perguntou: — O time tem jogo marcado para amanhã?

— Sim — responderam.

— Quero participar!

À tarde, ele estava de volta a Thorpe Abbotts, onde ficou esperando apreensivo a volta dos componentes do grupo de uma demorada missão em Marienburgo, uma operação de ataque liderada pelo comandante do Centésimo, coronel Neil B. "Chick" Harding, ex-ídolo de futebol americano em West Point. Assim que os esquadrões retornaram, Egan obteve permissão de Harding para encabeçar a formação de aeronaves do Centésimo na missão de bombardeio do dia seguinte. Quando amanheceu, ele foi até o alojamento de uma das tripulações e acordou o piloto John D. Brady, ex-tocador de saxofone de uma das grandes bandas do país. Harry Crosby, cuja cama ficava na frente da do capitão Brady, ouviu por acaso a conversa. "John, vou partir com você... Vamos atrás dos filhos da mãe que pegaram o Buck."[22] Logo depois, os dois seguiram para a reunião de instrução de pré-voo.

"O alvo de hoje é Munster",[23] informou o oficial do serviço de inteligência, major Miner Shaw, às sonolentas tripulações enquanto abria a cortina que encobria o enorme mapa do norte da Europa afixado na parede, sobre o qual um fio de algodão vermelho se estendia a partir de Thorpe Abbotta, atravessava o território holandês e terminava num pequeno entroncamento ferroviário logo depois da fronteira com a Holanda. O oficial explicou que a missão seria um ataque de curta duração e que Thunderbolts P-47 — os melhores aviões de caça dos Aliados existentes então — fariam a escolta dos bombardeiros até o limite de sua autonomia de voo ou quase até o alvo. Parecia uma missão de rotina, exceto por um detalhe. O alvo era o coração de uma antiga cidade cercada de muralhas, um pátio de manobras ferroviárias e um adjacente bairro residencial de operários, em cujas proximidades havia uma catedral magnífica, cujo bispo era conhecido como veemente opositor dos nazistas. "Quase todos os trabalhadores da ferrovia do Vale do Ruhr ficam hospedados na cidade de Munster", prosseguiu Shaw com suas explicações num tom de voz baixo e monótono. E acrescentou que, se os artilheiros atingissem o alvo com precisão, o sistema ferroviário da Alemanha inteiro, nessa área de tráfego intenso, seria gravemente prejudicado.

Era uma mudança radical nas práticas de bombardeio dos americanos. Mais tarde, os oficiais da Oitava Frota Aérea negariam isso formalmente, mas o ataque à cidade de Munster foi uma operação de destruição previamente estudada de uma área urbana. Relatórios da missão liberados para consulta pública revelam de forma clara que o "centro da cidade" era o alvo do ataque; um dos relatórios, o do 94º Grupo de Bombardeiros, informava que o alvo era um "setor da extremidade nordeste de pátios de manobras cheio de edificações residenciais".

Quando Shaw anunciou que eles "iriam realizar ataques pesados contra uma área residencial [...], ele se levantou, impulsionado por um rompante irresistível para comemorar",[24] disse Egan tempos depois. "Outros [colegas], que tinham perdido grandes amigos em incursões anteriores [...] se juntaram à comemoração, pois era sua chance de matar alemães, os causadores de ódio racial e opressão de minorias. Era a missão de seus sonhos, na qual poderiam vingar-se da morte de um amigo."

Alguns dos aviadores presentes na sala de apronto de pré-voo, na manhã desse dia, não se lembram de ter havido uma comemoração sequer. Um deles, o capitão Frank Murphy, um jovem músico de jazz com 22 anos à época, oriundo de Atlanta, Geórgia, que abandonara a Emory University para tornar-se oficial-navegador da Força Aérea. Murphy não se lembra de ter visto Egan pular de alegria e jurar vingança contra o inimigo, mas afirma que ninguém na sala protestou abertamente contra o lançamento de ataques a alvos civis, nem mesmo colegas como ele, que tinham parentes nascidos na Alemanha. Talvez alguns dos rapazes se lembrassem da advertência que seu principal comandante, coronel Darr H. "Pappy" Alkire, lhes fizera nos Estados Unidos logo depois que terminaram o curso de formação de pilotos e que receberam suas insígnias de aviador. "Não se deixem levar pela ideia ilusória de que seu trabalho será glorioso e deslumbrante. Vocês têm trabalho sujo a fazer e seria bom encararem essa realidade dos fatos. Vocês serão matadores de mulheres e crianças de colo."[25]

Nem todos os membros do Centésimo viam a si mesmos como assassinos profissionais, mas a maior parte deles confiava em seus líderes. "Eu sentia que estava lá para ajudar a vencer a guerra, se possível",[26] disse o tenente Howard "Hambone" Hamilton, artilheiro da unidade do capitão Brady. "O problema básico na tentativa de bombardear um complexo ferroviário é que, se houver mão de obra suficiente, estradas de ferro podem ser reparadas em

O MALFADADO CENTÉSIMO

pouco tempo. Fomos informados de que a ideia por trás de bombardear essas casas de operários de ferrovia era privar o povo alemão de meios de realizar reparos nas vias férreas."

Contudo, nas reuniões de instrução dessa mesma manhã nas bases de bombardeiros vizinhas, houve queixosa murmuração por causa do alvo escolhido. "Era domingo e muitos tripulantes [...] tinham sérias dúvidas sobre a ideia de que era certo ou não lançar bombas sobre alvos perto de igrejas",[27] explicou o tenente Robert Sabel, piloto do 390º Grupo de Bombardeiros. Tempos depois, o capitão Ellis Scripture, navegador que pilotaria a *The Zootsuiters*, Fortaleza Voadora de vanguarda do 95º Grupo de Bombardeiros, fez um relato de sua reação: "Eu tinha sido criado numa família de protestantes fervorosos. Meus pais eram pessoas muito voltadas para as coisas de Deus. [...] Fiquei consternado ao saber que deveríamos atingir civis, que seriam os principais alvos de nossas bombas pela primeira vez na guerra."[28] Depois da preleção, Ellis Scripture procurou o comandante do grupo e disse a ele que não queria participar da missão de ataque desse dia. Indignado, o coronel John Gerhart explodiu de raiva:

— Capitão, isto aqui é uma guerra, G-U-E-R-R-A: GUERRA! Estamos numa luta de violências sem limites; faz anos que os alemães vêm matando pessoas inocentes em toda a Europa. Estamos aqui para golpeá-los com o máximo de nossas forças [...] e vamos fazer isso [...] Agora, eu sou o chefe desta missão e você é meu navegador! [...] Se não embarcar no avião, terei que enviá-lo à Corte Marcial. Mais alguma pergunta?

— Não, senhor — foi a resposta de Scripture, que seguiu para a área de serviço e manutenção de aeronaves.

"A partir desse momento, entendi que a guerra não é um duelo de cavalheiros", disse ele depois. "Jamais voltei a ter dúvidas sobre a estratégia de nossos líderes. Eles tinham que tomar decisões difíceis — e as tomavam mesmo."

Outro aviador do grupo de bombardeiros de Scripture, tenente Theodore Bozarth, descreveu, com extrema precisão, os sentimentos dos membros da 13ª Brigada de Bombardeiros em relação a essa missão, que seria a terceira da unidade num período de três dias, com ataques a Bremen, a Marienburgo e agora a Munster. "Estávamos simplesmente cansados demais para que ficássemos nos importando muito com esse ou aquele detalhe."[29]

32 MESTRES DO AR

Harry Crosby não fora escalado para participar do bombardeio aéreo a Munster. Ele e seu piloto, capitão Everett Blakely, estavam se recuperando de um pouso forçado espetacular no litoral da Inglaterra, ocorrido na volta de sua missão a Bremen. Na manhã do dia da missão em Munster, decidiram requisitar a liberação de um avião de guerra danificado e seguir para o balneário de Bournemouth, onde pretendiam desfrutar de curta folga à beira-mar para descansar um pouco dos combates. Antes de partir, Crosby contatou o meteorologista da base, capitão Cliff Frye, com o qual combinou de usar um sistema de codificação para que Crosby recebesse, por telefone, um relatório do ataque a Munster.

Às quatro da tarde desse dia, ele telefonou para Frye.

— Todos os meus amigos retornaram da licença?[30]

Não houve resposta.

— Alguns deles foram transferidos para outra base?

— Sim, todos, exceto um.

Logo depois, incapaz de se controlar, Frye acabou pondo de lado a comunicação cifrada.

— Perdemos Egan. Sua velha tripulação se foi. O grupo inteiro se foi. A única tripulação que voltou foi a nova, do 418º Esquadrão de Bombardeiros. Eles chamam o piloto de Rosie.

O tenente Robert "Rosie" Rosenthal não fizera o curso de formação de aeronautas com as tripulações originais do Centésimo. Ele e sua tripulação tinham sido lotados no grupo, em agosto daquele ano, como substitutos enviados de um posto de ressuprimento de pessoal na Inglaterra para preencherem as vagas deixadas pelos colegas vitimados no bombardeio a Ratisbona. "Quando cheguei, o grupo não estava bem–organizado",[31] contou Rosenthal. "Eram um bando de indisciplinados, uma unidade cheia de excêntricos. Chick Harding era um sujeito maravilhoso, mas não impunha uma disciplina rigorosa, nem em terra, nem nos ares." Rosenthal ficou trinta dias sem participar de missões. "Não apareceu ninguém para verificar minhas condições e me dar autorização para participar de missões de combate. Por fim, o comandante do meu esquadrão, John Egan, me fez participar de um voo de treinamento em grupo. Segui com meu avião ao lado do dele. Eu tinha feito muitos desses voos e fiquei frustrado; estava louco para participar da guerra. Mantive a asa do meu avião perfeitamente

O MALFADADO CENTÉSIMO

alinhada com a da aeronave de Egan e, aonde ele ia, eu ia junto. Quando aterrissamos, ele me disse que queria que eu fosse seu ala."

Rosenthal estudara no Brooklyn College, não muito distante de sua casa, em Flatbush. Excelente atleta, ele fora capitão dos times de futebol americano e beisebol e, depois, entrou para o salão da fama dos atletas da instituição. Após graduar-se com máxima distinção acadêmica pela Brooklyn Law School, foi trabalhar para uma das maiores empresas de advocacia de Manhattan. Mas, logo após seus primeiros dias no emprego, os japoneses bombardearam Pearl Harbor. Na manhã seguinte, ele entrou para o Corpo de Aviação do Exército.

Ele tinha 26 anos de idade, ombros largos, traços marcantes e cabelos negros encaracolados. Jovem de cidade grande que adorava o improviso e a intensidade emotiva do jazz tradicional, caminhava, como que desmentindo suas origens, com o andar bamboleante e arrastado de um fazendeiro típico, com os dedos dos pés ligeiramente virados para dentro — e não havia nele uma pontinha sequer do cinismo nova-iorquino. Era tímido e se acanhava com facilidade; porém, em seu mundo íntimo, ardia a chama de uma determinação inextinguível. "Eu tinha lido *Mein Kampf* na faculdade e assistira a reportagens, em cinejornais, sobre os comícios gigantescos em Nuremberg, com Hitler desfilando em carro aberto e as multidões o saudando freneticamente.[32] Foram os rostos fanáticos das multidões que me impressionaram bastante, as expressões faciais de idolatria. O problema não era só com Hitler. A nação inteira havia enlouquecido; era necessário dar um fim a isso.

"Embora eu seja judeu, o problema não se restringe a essa questão apenas. Hitler era uma ameaça a pessoas decentes do mundo inteiro. Além do mais, eu estava muito orgulhoso dos ingleses. Afinal, eles haviam enfrentado os nazistas sozinhos na Batalha da Grã-Bretanha e nos pesados ataques-relâmpago. Eu lia os jornais com angústia, numa busca voraz por notícias, e ouvia pelo rádio as transmissões ao vivo de Edward R. Murrow, narrando os bombardeios a Londres. Por isso, não via a hora de poder ir para lá.

"Quando finalmente cheguei ao almejado destino, tive a impressão de que me achava no centro do mundo, no lugar em que as democracias estavam se reunindo para derrotar os nazistas. Eu estava exatamente onde eu queria estar."

Rosie Rosenthal não compartilhava esses pensamentos com seus colegas de tripulação, rapazes simples que desconfiavam do que chamavam de reflexões profundas. Eles nunca sabiam o que ele trazia na alma, a essência da motivação que o levava a atuar como aeronauta e combater com ardorosa determinação. Numa fase posterior da guerra, quando se tornou um dos aviadores mais condecorados e famosos da Oitava, circularam por Thorpe Abbotts rumores de que sua família estava num campo de concentração na Alemanha. Todavia, quando lhe fizeram uma pergunta direta sobre a questão, ele respondeu: "É tudo um monte de bobagem."[33] Sua família — mãe, irmã, cunhado e sobrinha (seu pai tinha acabado de morrer) — estava toda no Brooklyn. "Eu não tinha motivos pessoais. Tudo que fiz ou esperava conseguir se deve rigorosamente ao fato de que detesto perseguições [...] O ser humano tem que cuidar de outros seres humanos, pois, do contrário, não existe civilização."

De acordo com suas lembranças, na reunião de instrução do bombardeio a Munster, Rosie ficara sabendo que o alvo era o pátio de manobras ferroviárias da cidade, e não as casas dos trabalhadores. "Era perto do centro da cidade; pessoas inocentes iriam morrer, tal como acontecia em todas as guerras."[34]

Envolto pela neblina dessa manhã de outubro, o avião de Rosie era o terceiro na pista de decolagem, onde se mantinha enfileirado com o restante das máquinas de destruição de 30 toneladas, em meio ao ronco trovejante de seus motores, todas prontas para decolar a intervalos de meio minuto. Ele e sua tripulação estavam partindo em missão a bordo de uma nova aeronave, o *Royal Flush*, já que seu costumeiro avião, o *Rosie's Riveters*, sofrera pesadas avarias em combate nas missões desencadeadas nos céus de Bremen e Marienburgo. Os aeronautas ficaram cheios de superstições e apreensivos com a ideia de ter que cumprir missão num bombardeiro estranho. Contudo, após reuni-los para uma conferência sob uma das asas do aparelho, Rosie conseguiu acalmá-los.

"Quando as portas dos compartimentos de bombas se fecham, você se sente como um prisioneiro nessa nave",[35] declarou Denton Scott, correspondente da *Yank*, em sua descrição sobre o receio que muitos aeronautas estavam sentindo na área de serviço e manutenção nessa manhã. "Só existem três formas de se livrar dessa prisão, em natural ordem de predominância, a saber: desastre provocado por explosão e salto de paraquedas em direção a outra prisão, morte ou retornar em segurança [para a base]."

O MALFADADO CENTÉSIMO

Às onze e onze da manhã, as rodas do *M'lle Zig Zig*, o avião de vanguarda de Brady, com o major Egan instalado no assento do copiloto e o tenente John Hoerr, o copiloto de Brady, acomodado no assento móvel, desgarraram-se do solo e, com sua barriga cheia de bombas, passou quase raspando pelas altas árvores que havia no fim da pista. Era a primeira vez que o avião de Brady seguia como elemento precursor da vanguarda da formação, e ele se sentia despreparado para exercer essa função. Egan estava apreensivo também, até porque havia deixado sua jaqueta de aviador branca da sorte na base. No entanto, Buck Cleven, o amigo que ele iria vingar, nunca gostou dela, visto que o colega não a lavava.

Os 53 aviões da 13ª Brigada de Bombardeiros se reuniram sobre os céus de Great Yarmouth, com o Centésimo seguindo em formação atrás do 95º, que ia na frente dele, e dali seguiu para o Sudoeste, a fim de juntar-se a outras brigadas, em que os 275 B-17s compunham o grupo de bombardeiros. Quando sobrevoaram o Mar do Norte, com sua tripulação alegando problemas mecânicos, quatro bombardeiros tiveram de abandonar a formação e voltar para a base. A enfraquecida frota teria agora menos 36 metralhadoras calibre .50, o que podia ser muito significativo num combate aéreo, mas não pareceu preocupar ninguém. "Com relação à viagem, estávamos muito tranquilos",[36] contou o tenente Douglas Gordon-Forbes, artilheiro do avião *Cabin in the Sky*, aeronave do 390º Grupo de Bombardeiros. "Foi a primeira vez que tivemos escolta de caças em incursões pela Alemanha e, com isso, ficamos muito confiantes."

Os alemães tinham uma rede de estações de radar que se estendia da Noruega até o norte da França e, desde o momento em que os aviões americanos começaram a enxamear mais e mais os céus da Ânglia Oriental, sabiam que os ianques estavam chegando. Assim, quando os bombardeiros começaram a cruzar a fronteira da Holanda e atravessaram os territórios das cidades da Vestfália, com suas divisas naturais nitidamente demarcadas, começaram a enfrentar intenso fogo antiaéreo, ou *flak*, tal como era conhecido pelos americanos, forma reduzida do termo *Fliegerabwehrkanonen*, que significa artilharia antiaérea. Numa das olhadelas lançadas a Brady, Egan viu o colega fazer o sinal da cruz. Segundos depois, um dos operadores das metralhadoras laterais da aeronave foi mortalmente atingido por um estilhaço do projétil de um dos canhões antiaéreos dos nazistas.

Quando os aviões do Centésimo se aproximaram do Ponto Inicial de Bombardeio (PIB) — o local em que os aviões de bombardeio pesado se organizavam para iniciar o ataque —, Egan avisou ao grupo que os Thunderbolts iriam "retornar para os hangares",[37] uma vez que haviam alcançado o limite de segurança de sua autonomia de voo. Depois que se virou para a direita, quando então os viu balançar as asas em sinal de boa sorte, Egan gritou ao olhar para a frente: "Jesus Cristo! Aviões de combate inimigos, a grande altitude! Parece que estão em cima de nós!" Cerca de duzentos aviões de caça alemães se lançavam contra eles em ataques frontais e apenas se desviavam dos alvos ferozmente colimados quando faltavam pouquíssimos segundos para que colidissem com os bombardeiros.

O avião de Brady, o precursor da vanguarda, foi o primeiro a ser atingido. Ao seguir em viagem em seu posto no nariz de vidro do *Aw-R-Go*, que vinha logo atrás do *M'lle Zig Zig*, Frank Murphy viu, de repente, uma "horrível explosão flamejante" num ponto diretamente abaixo do avião de Brady e, horrorizado, ficou observando em silêncio a combalida Fortaleza Voadora despencar do céu num mergulho estonteante, deixando atrás de si um rastro de fumaça negra e combustível.[38] Mais tarde, na descrição que fez da cena no interior do avião, Egan disse que "[o bombardeador], aparentemente muito transtornado, saiu do nariz da aeronave para dizer que eles tinham de abandonar a formação, pois 'Hambone' Hamilton apresentava várias perfurações pelo corpo e queria voltar para a base".[39] E acrescentou: "Assegurei-lhe que faríamos isso."

Enquanto Brady lutava para manter a aeronave na horizontal, de modo que a tripulação tivesse uma "plataforma" da qual pudesse saltar de paraquedas, Egan supervisionava a operação de "abandono de navio". Quando ele começou a falar pelo interfone de bordo, uma parte do avião prorrompeu em chamas. Nisso, ele mandou que John Hoerr fosse ajudar o tripulante "Hambone" Hamilton, rapaz de 19 anos de idade, a alcançar a saída de emergência dianteira, no piso do avião. Feito isso, Egan e Brady puseram o bombardeiro no sistema de controle de voo automático e seguiram para o compartimento de bombas da traseira da aeronave. Em pé no passadiço que separava os dois principais compartimentos de bomba, Egan olhou para o solo e gritou: "Vá em frente, Brady! [...] Sou o mais graduado a bordo!" Mas Brady queria ser o último a saltar, pois aquelas eram sua aeronave e sua tripulação. "Enquanto ainda perdíamos tempo discutindo", contou Egan, "de repente apareceram, a pouco menos de 2 metros abaixo de nossos pés, ao longo de toda a porta do compartimento de bombas, as perfurações mais perfeitamente equidistantes que eu tinha visto na vida. Abertas por projéteis de 30 milímetros, pareciam sinais de pontuação sucessivos, e eu disse: 'Vejo você depois, Brady.' Em seguida, avancei, contei até um e puxei o cordel de abertura do paraquedas logo depois de passar pela torre de tiro esférica. O paraquedas abriu suavemente e consegui salvar minhas partes mais valiosas."

Segundos depois, Egan viu três aviões de caça alemães se desgarrarem do esquema de ataque aos bombardeiros americanos e se voltarem para ele. Embora com seus canhões cuspindo fogos intensos, os alemães conseguiram causar apenas alguns arranhões nele, mas encheram seu paraquedas de perfurações. Desapareceram de vista, disse ele, quando acharam que "estava mortinho da silva, já que não sabiam que ele era irlandês". Quando chegou ao solo, Egan avistou alguns soldados inimigos seguindo em sua direção. Depois que se livrou do paraquedas e do incômodo equipamento de aviador, ele desapareceu, internando-se por uns capuões de bosque.

"Hambone" Hamilton aterrissou a pouco menos de 1,5 quilômetro dali, embora os dois colegas não tivessem conseguido estabelecer contato entre si. Hamilton permanecia estendido no solo, ainda sangrando muito. Mas achava que seu dia de morrer ainda não tinha chegado, até porque, minutos antes, conseguira empreender uma fuga quase miraculosa das garras da morte.

Quando o tenente Hoerr fora ao nariz do avião para ajudar Hamilton, deparara com o artilheiro ferido pendurado na saída de emergência, com o corpo para fora do avião, a nada menos que cerca de 6 mil metros de altitude separando seus pés balouçantes de uma morte terrível no solo. Como tivera um dos pulmões perfurados, Hamilton não tinha forças para abrir a escotilha da saída de emergência com as mãos. Desse modo, simplesmente ficou de pé em cima dela e girou a maçaneta. Quando a porta se abriu, ele caiu pelo vão, mas a correia do ombro direito do paraquedas se prendeu na maçaneta, deixando-o pendurado do lado de fora do bombardeiro, com a hélice do motor do centro girando, perigosamente, apenas a alguns centímetros de sua cabeça.

Depois de muito esforço e tensão, Hoerr conseguiu soltar Hamilton da porta da saída de emergência e ambos se precipitaram para o solo de paraquedas, onde foram capturados pelos alemães. Uma ambulância foi chamada para levar Hamilton para Munster. O neto do motorista, um jovem de 15 anos de idade, manteve a cabeça de Hamilton sob a mira de um longo rifle de caça durante os trinta minutos da viagem.

Enquanto isso, a bordo do *Royal Flush* a tripulação de Rosenthal se encontrava nos minutos finais daquela que o oficial-aviador comandante chamou de "a mais encarniçada batalha aérea dessa guerra ou de todas as outras".[40] Foi um conflito que durou apenas 45 minutos; porém, quase nada na guerra da Europa se igualou a ela em matéria de concentração de fúria belicosa. Na tarde desse dia, a Oitava Frota Aérea viu-se confrontada pelo que foi considerada pelo tenente Gordon-Forbes "a maior concentração de aviões de caça nazistas lançados contra uma frota de bombardeiros americanos".[41]

Nessa batalha, a Luftwaffe empregou novas armas e uma nova tática. Preferiu atacar apenas uns poucos grupos de bombardeiros para conseguir o máximo de derrubadas e disparou mísseis ar-ar contra maciças frotas de combate aéreo em caixa. O Centésimo, com seus componentes voando a perigosa baixa altitude em sua ala de aeronaves de combate, foi alvo do grosso do ataque. Segundos depois de o avião de Brady ter sido atingido, a formação inteira do Centésimo teve sua coesão rompida e seus elementos dispersos pela ação de enxames de aviões monomotores inimigos, bem como por foguetes lançados por biplanos voando paralelamente aos bombardeiros, embora longe do alcance de suas potentes metralhadoras. "Bolas de fogo vermelhas, deixando para trás densas esteiras de fumaça branca, vinham impetuosamente em nossa direção e passavam furibundas por nós, com fortes sibilos", descreveu Douglas Gordon-Forbes a respeito dos terríveis ataques de foguetes dos nazistas. "Foi por muito pouco que várias delas não atingiram nossa aeronave, uma inclusive chegando a passar a menos de 1,5 metro do nariz de acrílico em que eu estava operando."

Voando isolados, os bombardeiros do Centésimo eram presas fáceis para os resolutos pilotos inimigos, alguns dos quais estavam combatendo, nos céus da Vestfália, acima das casas de suas próprias famílias. "Os caças alemães vinham pra cima do Centésimo em sucessivas vagas de ataque",[42] contou Frank Murphy. "Virei a cabeça para o lado várias vezes e me encolhi todo, na expectativa de sofrer uma colisão em cheio com aeronaves inimigas." Era a 21ª missão de Murphy, mas ele jamais tinha visto tantos aviões de caça atacando de uma vez só, nem mesmo sobre a região de Ratisbona. Nunca antes a Luftwaffe rechaçara um ataque da Oitava Frota Aérea. "Acho

O MALFADADO CENTÉSIMO

que, pela primeira vez, esse ataque tinha como objetivo nos fazer desistir e voltar para a base",[43] comentou Rosie Rosenthal tempos depois.

Sete minutos após o início do ataque nazista, o Centésimo não existia mais como unidade de combate aéreo organizada. Mas alguns de seus aviões, incluídos o de Murphy e o de Rosenthal, continuaram a lutar e avançar para o alvo, sobre o qual conseguiram lançar sua carga explosiva. Suas bombas de quase 230 quilos começaram a cair no centro da cidade no exato momento em que os sinos da catedral anunciavam o início dos serviços religiosos da tarde. "Sobrevoamos a área a mais de 6 mil metros de altitude",[44] escreveu um jovem piloto, "e as lançamos, sem que tivéssemos depois a menor ideia do que aconteceu quando atingiram o alvo".

Os caças inimigos abandonavam os combates quando os bombardeiros entravam na área de pesados ataques das armas antiaéreas nazistas logo acima do alvo, mas, quando os sobreviventes aviões do Centésimo se lançaram numa curva longa e aberta para retornarem ao seu ponto de reunião com o 95º e o 390º Grupos de Bombardeiros, os aviões da Luftwaffe reapareceram em grande número nos céus da batalha. "Quase no mesmo instante em que iniciamos a manobra de retorno, houve uma explosão atrás de meu avião, que me atirou ao chão",[45] rememorou Murphy. "Tive a sensação de que alguém me golpeou com um taco de beisebol e depois atirou um balde de água quente em mim. Foi um momento de extremo pavor. Eu não sabia com que gravidade tinha sido atingido e fiquei me perguntando em pensamento se eu ia morrer." Estendido sobre uma camada de quase 8 centímetros de cartuchos de projéteis quentes, descartados pelos disparos de sua metralhadora Browning, Murphy, mesmo escorregando e deslizando, sem conseguir se controlar e manter-se firme, em pé, levantou a cabeça e viu o copiloto Glenn Graham com a máscara de oxigênio presa ao pescoço, mas removida, fazendo sinal com a mão para que o seguisse. Graham puxou o destrave da saída de emergência dianteira, no nariz do avião, deu um chute na porta para abri-la e saltou de paraquedas. Já Murphy empacou e, receoso, olhou para o solo, que lhe pareceu estar a mais de "uma centena de quilômetros" abaixo de si. Por fim, apoiando-se nos braços, saiu lentamente pela abertura. "De repente, houve um silêncio absoluto.[46] Não se ouvia mais um estalinho de guerra sequer, nenhum canhão disparando, nem cheiro de cordite, nada de ruído de motores sobrecarregados e gementes, nem conversas pelo interfone de bordo." Mas aí, quando os aviões do 390º Grupo de Bombardeiros apareceram em seu campo de visão, numa parte do céu bem acima de Murphy, a cúpula celeste se cobriu de disparos; fogos e metal se estilhaçando. As baterias de fogos antiaéreos que circundavam a cidade cuspiram chumbo grosso nas aeronaves do 390º, e aviões de caça alemães se arrojaram impetuosos sobre os inimigos americanos para prosseguir com a batalha. "A essa altura, eu estava operando a metralhadora e nem precisei procurar caças para atirar",[47] relatou o bombardeiro Gordon-Forbes. "Eles estavam por toda parte."

O céu inteiro era como "um fantástico quadro panorâmico sarapintado de tufos de fumaça negra das explosões de projéteis antiaéreos, incendiando e destroçando B-17s, que giravam e trambolhavam violentamente",[48] disse o tenente William Overstreet, copiloto do *Situation Normal*, com seu nome nada consentâneo com a ocasião. "Era como se estivéssemos atravessando um ferro-velho em pleno céu",[49] comparou o artilheiro da Fortaleza Voadora. O céu se encheu de tantos paraquedas que a Gordon-Forbes mais pareceu estar numa invasão aerotática ao território alemão. E aeronautas que haviam sido atirados para fora de seus aviões com a força das explosões, antes que tivessem tempo para pôr seus paraquedas, caíam em queda livre para os braços da morte no solo, com seus corpos cambalhotando e se revirando deploravelmente pelos ares, soprados que eram por ventos arrebatadores. "O que acontece com seu corpo quando você cai de uma altitude superior a 7 mil metros?",[50] perguntou a si mesmo um aviador enquanto observava colegas conhecidos seus caírem pelos ares, atravessando nuvens. "Você morre durante a queda ou continua consciente [...] gritando enquanto cai?"

Estrategistas do período anterior à guerra anteviam os futuros conflitos bélicos entre bombardeiros como uma guerra de máquinas contra máquinas, sem muito contato entre seres humanos. Todavia, como toda missão da Oitava Frota Aérea significava uma invasão do Reich, aeronautas tombados em batalha, como "Hambone" Hamilton, ficaram cara a cara com o inimigo, em seu próprio território, antes que um único soldado de infantaria americano tivesse conseguido marchar sobre a Alemanha; e, quase sempre, combates aéreos acabavam resultando na sinistra proximidade do conflito direto ou da luta corpo a corpo em terra. A certa altura da cruenta batalha aérea sobre Munster, um avião de caça alemão cruzou velozmente os ares bem na frente do nariz do *Cabin of the Sky*. "Ainda que por uma fração de

O MALFADADO CENTÉSIMO

segundo, ele ficou tão perto que pudemos encarar um ao outro",[51] disse Douglas Gordon-Forbes. "Ele parecia muito assustado também."

À tarde, Otto Schuett, um garoto de 15 anos de idade, estava assistindo a um concurso hípico nas cercanias de Munster. Aprendiz de tipografia, o jovem nascera em Nova York, talvez em uma localidade não muito distante do antigo bairro em que Rosenthal havia morado. Seus pais tinham voltado para a Alemanha em 1931, mas haviam se mudado de Lubeck para Munster em 1939, onde seu pai se tornou uma importante personalidade do Partido Nazista. Logo após a deflagração da guerra, Otto entrou para a Juventude Hitlerista, ascendendo com orgulho ao posto de líder de grupo.

Enquanto se distraía na Feira de Exposições de Munster, distante uns 5 quilômetros do centro da cidade, Schuett ouviu o longínquo ronco de motores de bombardeiros se aproximando, mas era difícil avistar os aviões, já que se fundiam graciosamente com as alturas do céu outonal. "De onde estávamos, vimos fumaça, em densas nuvens, subindo em colunas [...] do centro da cidade [...] À medida que as bombas foram caindo cada vez mais perto [...] percebemos que nossas vidas estavam em perigo. Começamos a nos dispersar e correr em busca de abrigo quando as explosões do bombardeio e dos fogos antiaéreos se intensificavam sempre mais. Quanto a mim, simplesmente me estendi no chão com o rosto virado para baixo."[52]

Numa das calmarias do bombardeio, Schuett se levantou e correu em busca de melhor abrigo; quando fez isso, viu a asa de um B-17 despencando das alturas, com suas hélices ainda girando e vindo direto em sua direção. A asa se estraçalhou no chão, bem perto dele, "estourando num incêndio de labaredas infernais e lançando rolos de fumaça negra misturada com óleo... Eu permaneci estendido no chão terroso, esperando morrer a qualquer momento".

No interior da cidade cercada de muralhas, Hildegard Kosters, uma jovem estudante de 14 anos de idade, se agarrava tenazmente à sua tábua de salvação, no abrigo antiaéreo construído embaixo da estação ferroviária. "O chão tremia, vibrava, deslocava-se e arfava com a força das concussões.[53] O sólido abrigo de concreto foi sacudido e estremecido até nas bases. O entroncamento ferroviário e os pátios de manobra devem ter sido os alvos do ataque.

"De repente, as luzes se apagaram. As pessoas — a maioria mulheres e crianças — se mantinham agrupadas num amontoado compacto, como

42 MESTRES DO AR

se fossem ovelhas no matadouro, rezando, chorando e gritando de pavor. Algumas ficaram mudas de tanto medo."

"Foi um inferno",[54] comparou um soldado alemão que, na hora, estava fazendo baldeação numa estação ferroviária de Munster. "Ao meu redor, eu ouvia pessoas feridas em toda parte, clamando desesperadas, dizendo que estavam presas nos escombros de casas arruinadas e em chamas. Quase todo o centro da cidade ficou arrasado e a principal estação ferroviária fora muito danificada."

O soldado olhou para cima e ficou observando os bombardeiros atravessarem, de retorno para a Inglaterra, as enormes e densas colunas de fumaça que eles haviam criado com seus ataques. Ele pôde notar também que alguns deles tinham sido duramente atingidos.

"Sofremos um grande rombo* na asa de estibordo, feito por um foguete; dois motores estavam avariados, meus dois metralhadores de flanco ficaram gravemente feridos e meu artilheiro de ré foi atingido também", descreveu depois Rosenthal a situação do *Royal Flush*. "Depois que deixamos a área do alvo, fomos novamente atacados por caças inimigos. Nossos artilheiros não conseguiriam atingir nenhum dos aviões hostis, a menos que tivessem uma plataforma de voo firme, mas, se eu tivesse mantido o avião nivelado, sob voo estável, teríamos sido derrubados. Assim, iniciei uma série de manobras evasivas, recorrendo a toda espécie de movimentos erráticos. Eu não deixava o avião ficar muito tempo em nenhuma parte do céu. Acho que os pilotos alemães acabaram ficando frustrados e resolveram partir em busca de outro alvo."

De repente, os tripulantes começaram a alertar aos gritos, pelos interfones de bordo, que o sistema de distribuição de oxigênio havia sido danificado por um projétil e que estavam tendo dificuldade para respirar. Rosenthal mandou que parassem de falar, explicando que eles estavam descendo tão rapidamente que, em poucos segundos, não precisariam do oxigênio de bordo. Então, o copiloto Winfrey "Pappy" Lewis se virou e pediu ao engenheiro de voo para que lhe mandasse um relatório a fim de saber quanto combustível ainda tinham. Mas não obteve resposta; viu que o sujeito estava revirando

---

* *"Sofremos um grande tombo"* — *"Numa situação"*: Entrevista do autor com Robert Rosenthal em 20 março e 2002.

os olhos, sintoma da falta de oxigênio. Só voltou a si quando baixaram para menos de 3 mil metros.

"Numa situação como essa, você não pensa na possibilidade de morrer", observou Rosenthal. "Você se concentra no que tem de fazer para salvar o avião e a tripulação. E esquece todas as outras coisas. Você sente medo, mas existe uma diferença entre entrar em pânico e sentir medo. O pânico paralisa o sujeito; o medo lhe dá energia. Você começa a suar — mesmo a 10 graus abaixo de zero —, seu coração acelera bastante, mas você age. Sinceramente, o único medo que senti na guerra foi o de deixar minha tripulação na mão.

"As pessoas falam em coragem, mas isso não passa de fanfarrice. Não fui corajoso na missão de bombardeio a Munster. Eu tinha um trabalho a fazer, que era o de lançar aquelas bombas, e fiz. Depois, a minha única preocupação foi com os nove colegas a bordo do avião. Como eu os levaria de volta para a base?" perguntava-se.

A batalha terminou logo depois de iniciada. "Bem em cima de nós, solitárias esteiras de fumaça branca indicavam que fora adiada a execução de nossa sentença de morte",[55] disse Gordon-Forbes. "Thunderbolts! Os aviões nazistas iniciaram uma curva e bateram em apressada retirada."

Os aviões do 56º Grupo de Caças — Os Lobos do Zemke, unidade comandada pelo coronel Hubert "Hub" Zemke — haviam decolado de sua base aérea em Suffolk em péssimas condições atmosféricas para reunir-se com os bombardeiros em retirada e escoltá-los.[56] Eles e outra unidade de caças Thunderbolt, a maioria deles com pouco combustível e munição, rechaçaram caças alemães pelo caminho e depois acompanharam "seus amigos grandalhões" como escoltas na travessia de volta pelo Mar do Norte. O avião de Rosenthal, gravemente avariado, não conseguiu acompanhar o restante da formação e teve que voltar para a base sozinho.

Com o *Royal Flush* em perigoso sobrevoo em baixa altitude, em sua travessia pelo Mar do Norte, o oficial-navegador Ronald Bailey teve dificuldades para avistar o litoral inglês em meio ao rápido adensamento da neblina das primeiras horas da noite e maiores problemas ainda em localizar lá embaixo Thorpe Abbotts, base que era exatamente igual às outras de bombardeiros americanas construídas nas proximidades. Quando o *Royal Flush* se aproximou do aeródromo, através de nuvens baixas e carregadas, seus tripulantes dispararam foguetes iluminativos vermelhos para sinalizar que havia "feridos a bordo", fazendo com que todos os colegas presentes na base corressem para a pista de pouso, a fim de assistirem à chegada do danificado bombardeiro. Enquanto isso, olhos apreensivos vasculhavam os céus em busca da aproximação de outras Fortalezas Voadoras — de preferência, todas as treze participantes da missão —, porém somente uma delas voltou. Depois que Rosie entrou com sua surrada aeronave no pátio de estacionamento, a área circular com pavimentação de concreto, na qual o bombardeiro era mantido, ele desembarcou pela porta do compartimento de bombas, virou-se para o oficial do serviço de inteligência e perguntou: "Eles [os alemães] são mesmo tão difíceis assim de vencer?"[57] Em seguida, entrou numa ambulância com seus dois metralhadores feridos e foi com eles para o hospital da base. "Não me senti aliviado", declarou anos depois. "Eu me senti culpado. Por que eu conseguira sobreviver quando todos aqueles homens bons haviam morrido?"

O metralhador de bordo Loren Darling se recuperou rapidamente, mas seu amigo John Shaffer teve que ser enviado de volta ao país para que lhe extraíssem um estilhaço alojado perto do coração. Algum tempo depois, Rosenthal soube, por intermédio das equipes do serviço de pista do aeródromo da base, que o *Royal Flush* tinha, solto dentro de um dos tanques de combustível de uma de suas asas, um projétil de canhão nazista falhado. Sobre o fato insólito, um dos membros de sua tripulação observou que talvez algum trabalhador escravizado pelos nazistas tivesse sabotado o projétil enquanto trabalhava em uma de suas fábricas de munição.

Havia dois diferentes grupos de vítimas da guerra de bombardeiros na Europa: os que sofriam os bombardeios e os que bombardeavam os alvos. Quase setecentos civis foram mortos em Munster em 10 de outubro de 1943,[58] a maioria deles residentes de moradias urbanas ainda de pé desde épocas medievais, instaladas nas vizinhanças do pátio de manobras ferroviárias. A Catedral de Munster sofreu apenas danos leves e, felizmente, duas escolas, atingidas em cheio, estavam vazias na hora do ataque. Quando Otto Schuett voltou para seu bairro, situado a algumas centenas de metros da catedral, descobriu que apenas a parede frontal de sua casa continuava de pé e viu sobreviventes, entre eles membros de sua família, traumatizados pelo bombardeio, saindo de porões usados como abrigos e carregando os mortos. Para as pessoas em terra, os 45 minutos de ataque haviam sido uma experiência terrível, sem um minuto de trégua sequer. Nesse mesmo entretempo, só a

O MALFADADO CENTÉSIMO

13ª Brigada de Bombardeiros em si perdeu 25 das 30 Fortalezas Voadoras destruídas nesse dia, e trezentos jovens não conseguiram voltar para seus alojamentos.*

A frieza dos números não é capaz de transmitir uma ideia exata do traumatizante sofrimento dentro dos bombardeiros derrubados em combate ou no interior de aviões avariados, como o *Royal Flush*, aeronaves que, após o ataque, se retiraram da Alemanha com seus tripulantes segurando solidariamente as mãos de amigos brutalmente feridos, temerosos esses de que não fosse possível voltar a tempo para que os médicos da base conseguissem salvá-los. A mais de 7 mil metros de altitude não havia socorristas, tampouco homens ostentando braçadeiras da Cruz Vermelha para correr em socorro de colegas crivados de balas. Aviadores que não sabiam quase nada a respeito de primeiros socorros tinham que cuidar uns dos outros e de si mesmos. O tenente Paul Vance, piloto do *Miss Carry*, quase teve uma de suas pernas decepadas pelo projétil de um canhão antiaéreo na missão de bombardeio a Munster. Ele mesmo fez um curativo no ferimento, usando o fio de seu interfone de bordo como torniquete, e depois teve que repassar orientações e instruções operacionais a seu copiloto durante o bombardeio e na viagem de volta para a Inglaterra. O tenente Robert Sabel, piloto de um avião do 390º GB que hesitou em participar de um bombardeio a uma cidade em pleno domingo, levou de volta para a base o *Rusty Lode* com mais de 750 perfurações na fuselagem, causadas por fogo antiaéreo e outros projéteis, e com combustível nos tanques suficiente apenas para mais dois

---

* Embora os registros alemães indiquem que apenas 22 de seus caças foram perdidos, com certeza muitos deles graças à ação dos Thunderbolts sob o comando de Zemke, metralhadores da Oitava Frota Aérea, afirmaram ter derrubado 183 aviões de caça inimigos. A 13ª Brigada de Bombardeiros teve oficialmente reconhecida a façanha de ter conseguido 105 "vitórias". Já os comandantes do Corpo de Aviação do Exército perceberam que, nessa batalha, tal como aconteceu em outras, as alegações dos artilheiros de bordo, de haverem destruído tantos caças alemães, foram otimistas demais. Tomaram-se, pois, ao longo de toda a guerra, medidas para a criteriosa redução desses números, mas os informes pelos seus autores continuariam sempre imprecisos. É possível que alguns metralhadores de bordo tenham exagerado ao reportar o tamanho de seu sucesso; porém, a maioria deles acreditava que suas alegações eram exatas. Ademais, perdura também a suspeita de que a Luftwaffe possa ter eliminado provas de perdas maciças de elementos de suas forças. Ninguém jamais conseguirá saber, de fato, quantos aviões alemães foram destruídos na batalha de 10 de outubro, mas historiadores confiáveis estabelecem números que variam entre sessenta e noventa aparelhos.

minutos de voo. Três de seus tripulantes desaparecidos haviam saltado de paraquedas sobre o território alemão quando a situação pareceu desesperadora; no entanto, Sabel retornou da batalha com somente dois motores do *Rusty Lode* funcionando e pousou por instrumentos (aterrissagem cega) em Thorpe Abbotts, local situado a quilômetros de distância de sua base, com quatro de seus tripulantes jazendo mortos numa poça de sangue no compartimento de radiocomunicação.

Na noitinha do ataque a Munster, os pertences dos jovens bombardeadores que não conseguiram voltar para suas bases foram postos às pressas em sacos de campanha, e seus alojamentos, esvaziados. Uma hora depois, já não havia sinais de que esses rapazes tinham existido. Como não conseguiu dormir, Robert Rosenthal foi a pé ao clube dos oficiais. Não bebeu nada, mas estava muito necessitado de uma companhia amiga. O lugar estava quase vazio, e os homens sentados no bar continuaram mudos sem saber como reagir. Era o caso de Rosie também.

Horas depois, Harry Crosby olhou para a cama vazia de John Brady e fez uma contagem. Dos 140 oficiais que tinham iniciado operações em Thorpe Abbotts apenas quatro meses antes, restavam somente três deles em condições de participar de missões aéreas. Só naquela última semana em si, o Centésimo tinha perdido mais de duzentos integrantes, incluindo dois comandantes de esquadrão — Cleven e Egan. Isso representava quase a metade dos aeronautas da base. Como de praxe, o grupo havia sido batizado pelos colegas com um nome de guerra: "O Malfadado Centésimo."[59] Como é possível, perguntou-se Crosby, que ele tenha conseguido sobreviver?

Nessa mesma noite, Frank Murphy fazia no íntimo essa mesma pergunta. Seu braço direito estava cheio de pequenos estilhaços e seu tornozelo latejava, como resultado da acidentada aterrissagem de paraquedas, mas ele estava vivo, sentado na pequena área de detenção de uma base de aviões de caça da Luftwaffe, na companhia de cerca de outros trinta americanos capturados nesse dia. Viu que seus compatriotas conversavam em voz baixa com alguns dos pilotos alemães que os tinham derrubado. "Eles demonstraram justa admiração por nós e fizemos a mesma coisa com relação a eles."[60] Os alemães pareciam interessados principalmente em conversar com um prisioneiro em especial, o tenente John Winant, piloto do 390º Grupo de Bombardeiros e filho de John G. Winant, Sr., o embaixador americano na Grã-Bretanha.

Quando os pilotos da Luftwaffe deixaram o local, os prisioneiros americanos começaram a discutir sobre a questão do tempo em que seriam mantidos como "hóspedes" dos alemães. Nenhum deles duvidava que os Aliados venceriam a guerra, mas todos os aviadores presentes no recinto sabiam que a Oitava Frota estava sendo derrotada na guerra aérea. Um deles chegou a dizer que podiam ser mantidos como prisioneiros por até dez anos. "Meu Deus, dez anos!"[61] protestou Murphy em voz alta. "Serei um velhinho quando eu puder voltar para casa!"

Na manhã seguinte, John Winant foi levado para um edifício destinado a prisioneiros especiais. Já Murphy e os outros aeronautas derrubados na batalha aérea foram conduzidos de carro para Munster, onde os obrigaram a atravessarem suas ruas marchando, percorrendo, em meio a enfurecidas multidões aglomeradas à beira das calçadas, todo o trajeto até a estação ferroviária que eles haviam bombardeado. Seu destino era o Dulag Luft, a central de interrogatórios da Luftwaffe, na periferia de Frankfurt. Assim que chegaram lá, os oficiais foram postos em solitárias e mantidos isolados uns dos outros durante todo o interrogatório. Desse modo, Frank Murphy não teve como saber que John Egan e Gale Cleven estavam no Dulag Luft também, tampouco Egan e Cleven souberam que os colegas se achavam detidos no local.

Egan, que conseguira por alguns dias evitar ser capturado pelos alemães, antes de ter sido finalmente aprisionado por eles, estava numa cela apertada e fria, não muito distante da de Cleven, tendo somente por companhia "quase um milhão de pulgas".[62] Depois de nove dias na solitária e infindáveis sessões de interrogatório, Cleven foi liberado e "expurgado" com um grupo de prisioneiros "impuros" para o Stalag Luft III, um campo de prisioneiros de guerra destinado a oficiais das forças aéreas americana e britânica na Silésia, região outrora pertencente à Polônia e agora ocupada pela Alemanha. Os prisioneiros viajaram em detestáveis vagões de trem fechados que tinham sido usados para transportar gado, onde o cheiro de esterco era insuportável. Uma vez que o transporte de prisioneiros não era questão prioritária, os vagões durante a viagem ora eram engatados em trens de carga, ora desengatados e atrelados a outros, e chegaram a ficar horas encostados em desvios ferroviários. O percurso de 800 quilômetros levou três dias para ser concluído.

O Stalag Luft III ficava numa densa floresta de pinheiros, na periferia da cidadezinha de Sagan, a uns 144 quilômetros a sudoeste de Berlim. No dia 23 de outubro, quando Cleven chegou lá, em uma manhã de domingo, ocorreu uma espécie de recomposição do Centésimo, o qual, próximo ao fim da guerra, teria quase mil de seus aviadores detidos em campos de prisioneiros alemães. Metade dos integrantes do esquadrão original de Cleven estava presa em Sagan; Frank Murphy e John Brady se achavam detidos lá também. Howard "Hambone" Hamilton, o bombardeador do avião de Brady, estava internado num hospital alemão: quando recebeu alta após longa recuperação, ele foi enviado para o campo de prisioneiros destinado a oficiais, o Stalag Luft I, localizado em Barth, no Mar Báltico.

Três dias após a chegada de Cleven, os guardas do campo anunciaram que outro grupo de aviadores americanos tinha sido levado para lá e estava no portão principal. Cleven ficou observando os novos colegas capturados serem levados em fila para uma prisão militar vizinha. Quando avistou Johnny Egan, dirigiu-lhe a palavra, aos gritos:

— Que diabos você veio fazer num lugar tão distante![63]

— Ora, é o que acontece quando se é sentimental demais! — respondeu Egan em voz alta também.

No início, eles foram mantidos em pavilhões separados, isolados por cercas de arame farpado e guardados por sentinelas a postos em torres de vigilância, mas, quatro meses depois, os alemães os reuniram no Pavilhão Oeste, onde o oficial americano mais graduado era o velho coronel Darr "Pappy" Alkire, seu líder de índole áspera e indelicada. O comandante havia sido retirado do comando do Centésimo antes de a unidade haver partido para a Inglaterra e, pouco tempo atrás, seu avião fora derrubado quando ele comandava uma unidade de Liberators no Teatro de Operações de Guerra do Mediterrâneo. Cleven e Egan eram colegas de alojamento outra vez, tal como na época de instrução e preparo militares, mas cada qual estava travando uma guerra diferente, uma batalha contra o tédio e o desespero — e, perto do fim, no rigoroso inverno de 1945, uma luta pela sobrevivência, já que todas as edificações do nazismo começaram a ruir fragorosamente ao seu redor.

"Foi bom rever Egan e alguns dos rapazes do meu esquadrão",[64] disse Cleven, rememorando seus primeiros dias em Sagan. "Passamos por tempos difíceis juntos. Conheci também alguns dos colegas dos primeiros grupos de bombardeiros que chegaram à Inglaterra. Embora a guerra estivesse nos causando grandes perdas e sofrimentos, as dificuldades desses rapazes eram maiores. O fato é que, enquanto ainda estávamos sendo preparados nos Estados Unidos, eles já estavam participando de missões suicidas. Nenhum deles sabia bulhufas sobre práticas de guerra. Não tiveram tempo para isso; a guerra alcançara o país muito rapidamente. Havia oficiais-navegadores que não sabiam nada sobre navegação aérea, bombardeadores que não conseguiam atingir alvos, metralhadores que não sabiam atirar direito. E seus comandantes não tinham a menor ideia de como derrotar a Força Aérea alemã ou parar de perder tantos homens.

Não havia muitos desses caras em Sagan, mas também não havia muitos deles na Inglaterra no verão quando chegamos lá."

Um dos primeiros membros da Oitava Frota Aérea foi o tenente Walt Kelley, filho de um atendente de bar originário de Norristown, Pensilvânia. Ele era piloto do 97º Grupo de Bombardeiros, o primeiro grupo de bombardeio pesado da Oitava Frota Aérea a chegar à Inglaterra. "Quando chegamos à Inglaterra, a RAF nos disse que o inimigo arrancaria os nossos traseiros se [...] [fizéssemos] bombardeios diurnos",[65] disse ele. "[Mas] estávamos prontos para lutar e queríamos provar nosso valor nos combates [...] Estávamos ansiosos para que chegasse logo o grande dia. E não tivemos que esperar muito. A data de 17 de agosto de 1942 acabou se revelando um belo dia de sol."

CAPÍTULO UM

A Máfia dos Bombardeiros

"O bombardeiro sempre alcançará sua meta."

STANLEY BALDWIN; PRIMEIRO-MINISTRO BRITÂNICO

Grafton Underwood, 17 de agosto de 1942

A primeira das doze Fortalezas Voadoras a deixar a pista de decolagem foi a *Butcher Shop*, pilotada por Paul W. Tibbets, Jr., piloto de 27 anos de idade, oriundo de Miami, Flórida. Melhor aviador do 97º Grupo de Bombardeiros, o major Tibbets estava no comando do assalto inicial daquela que se tornaria a maior ofensiva de bombardeiros americanos da guerra. Três anos depois, em 6 de agosto de 1945, ele partiria com seu avião de uma longínqua ilha no Pacífico Ocidental rumo à cidade de Hiroshima, Japão, sobre a qual lançaria uma única bomba, mas que ajudaria a elevar a um horrendo ponto crítico uma guerra que durou seis anos e destruiu a vida de sessenta milhões de pessoas em todo o mundo.

O general de divisão Carl "Tooey" Spaatz, comandante da Oitava Frota Aérea, estava presente para assistir à partida dos aviões do 97º, juntamente com céticos observadores da Royal Air Force e quase três dezenas de jornalistas britânicos e americanos. "Poderia ter sido uma ocasião muito propícia ao fracasso da missão",[66] comentou Tibbets, tempos depois. Ele não estava pilotando o *Red Gremlin*, seu avião permanente, nem acompanhado por sua tripulação fixa, da qual faziam parte dois colegas que partiriam com ele na missão à Hiroshima a bordo do *Enola Gay*: o bombardeador Thomas Ferebee e o oficial-navegador Theodore "Holandês" Van Kirk. Os integrantes de sua tripulação temporária haviam sido escolhidos por um homem sentado diante dele na ocasião, na cabine de pilotagem do *Butcher Shop*, coronel Frank A. Armstrong, Jr., o comandante de férrea determinação do 97º. O caráter severo dos métodos disciplinares de Armstrong tinha aprimorado a eficiência em combate das tripulações formadas e preparadas às pressas para serem enviadas à Inglaterra no mês anterior. Depois da guerra, o tenente-coronel Beirne Lay, Jr., seu amigo, comandante-aviador e prestigiado escritor que tornaria Buck Cleven famoso por sua coragem sob o fogo inimigo na missão de bombardeio a Ratisbona, inspirou-se em Armstrong como arquétipo do protagonista de *Almas em chamas*, general Frank Savage. No romance e no filme hollywoodiano baseado na obra, Savage, representado por Gregory Peck, sofre uma crise nervosa e desaba sob o guante opressivo e estafante das exigências do exercício do comando; todavia, com Armstrong, isso nunca aconteceu. Os membros do 97º o temiam e o idolatravam ao mesmo tempo. Chamavam-no de Açougueiro, alcunha que o truculento comandante acolhia como elogio, tanto que batizou seu avião inspirado na fama do homem por trás do cutelo de militar severo demais.

Na preleção do voo da missão, Armstrong havia dito às suas tripulações que elas iniciariam uma ofensiva de bombardeios cuja intensidade aumentaria num crescendo firme e constante até que conseguissem esfacelar a determinação e a capacidade de o inimigo guerrear. A mensagem deve ter soado aos ouvidos dos observadores britânicos presentes no recinto como pura bravata. Mesmo porque, na época, a Oitava tinha menos de uma centena de bombardeiros na Inglaterra e seu emprego na guerra vinha sendo adiado havia sete semanas, até que Armstrong, sob crescente pressão de Washington para que fizesse os americanos entrarem em combate, resolveu finalmente anunciar que suas tripulações estavam prontas. Ele sabia que elas não estavam, mas teriam que partir para a luta de qualquer jeito. Enquanto isso, a Luftwaffe vinha lançando mensagens provocadoras nos dois minúsculos aeródromos da Oitava em Grafton Underwood e na vizinha Polebrook, perguntando: "Onde estão os bombardeiros americanos?",[67] ao que Armstrong respondeu, dirigindo a palavra a seus aviadores antes de mandá-los embarcar nos aviões: "Agora eles vão saber! Mantenham-se bem perto uns dos outros lá em cima e logo atrás de mim que lhes garanto que

A MÁFIA DOS BOMBARDEIROS

daremos uma surra nos Bárbaros e voltaremos em segurança." Ninguém no recinto duvidou dele.

Butcher Shop decolou por volta das três e meia da tarde. Logo atrás dele, no avião da vanguarda do segundo grupo de seis Fortalezas Voadoras, partiu o *Yankee Doodle*. Sentado na cabine de radiocomunicação seguia o general de brigada Ira Eaker, comandante da Oitava Frota Aérea do Exército Americano. Em tempos de paz, esse texano de traços marcantes e sorriso cativante estabelecera, no Corpo de Aviação do Exército, um número significativo de recordes como piloto de caça, mas nunca tinha participado de combates. Tooey Spaatz, seu velho amigo e parceiro de partidas de pôquer, quisera liderar essa missão histórica; porém, ele havia sido inteirado do ULTRA — código usado para identificar o programa do serviço secreto britânico, detentor de sigilosíssimas informações obtidas pela decifração de comunicações do inimigo —, e o alto-comando dos Aliados achou arriscado demais enviá-lo para o território inimigo, principalmente depois do que acontecera no mês anterior.

Em 4 de julho, seis tripulações do 15º Esquadrão, unidade de bombardeiros leves subordinada à Oitava Frota Aérea, que tinha sido enviada para a Inglaterra em maio com o objetivo de treinar em aviões britânicos, se juntaram a igual número de tripulações da RAF para realizar uma rápida incursão em baixa altitude contra aeródromos alemães na Holanda, protegidos pelos tedescos por um forte sistema de defesa. O ataque fora ordenado pelo general de divisão Henry H. "Hap" Arnold, comandante das Frotas Aéreas do Exército, e apoiado com entusiasmo pelo presidente Franklin D. Roosevelt.* Arnold achava que o glorioso 4 de Julho** seria o dia ideal para desferir o primeiro golpe nos nazistas, mas Spaatz não tinha nenhum avião na Inglaterra na primeira semana de julho. As tripulações da missão do Dia da Independência haviam partido em aviões Douglas A-20, fabricados pelos americanos e vendidos à RAF antes da operação, que os rebatizara com o nome de Bostons. Dois dos doze Bostons com tripulações americanas

---

* Em 20 de junho de 1941, o Corpo de Aviação do Exército Americano (USAAC, na sigla em inglês) fora transformado nas Frotas Aéreas do Exército Americano (USAAF, na sigla em inglês). Para evitar um fraseamento confuso, uso ao longo do livro a expressão simplificada *Força Aérea*, em vez da denominação oficial de então, ou seja, Frotas Aéreas do Exército Americano. Quando há necessidade, porém, de grafá-la em sua forma oficial, assim o faço.
** Dia em que se comemora a independência dos Estados Unidos da América. [N. do T.]

a bordo, e outro com uma tripulação britânica, não conseguiram voltar, nem o capitão Charles C. Kegelman, da USAAF, cuja aeronave ficou cheia de perfurações e muito castigada pelo inimigo.

Embora, rigorosamente falando, esse tivesse sido o primeiro ataque real da Oitava, foi também, na visão de Spaatz, um artifício propagandista suscitado pela pressão exercida por meio das imprensas americana e britânica, que achavam que as frentes de combate domésticas de ambos os países precisavam de um incentivo psicológico e de elevação do moral de seus povos. "Os cinegrafistas e os jornalistas finalmente tiveram o que queriam — e todos pareciam contentes",[68] escrevera Spaatz com amargura em seu diário, depois que fixara, no peitilho da farda de Kegelman, a Cruz do Mérito Militar, a segunda mais alta condecoração do país concedida por atos de bravura.

A missão de Tibbets foi diferente e muito mais importante. Os quadrimotores de bombardeio pesado, a usina de força e potência da capacidade de bombardeio da Oitava, estavam partindo em missão de combate de grande altitude pela primeira vez. Esse seria o teste inicial da nova forma de guerra que Arnold, Spaatz e Eaker haviam esperado desenvolver. Fazia anos que estrategistas da Força Aérea vinham projetando e planejando isso, e missões de exercício tinham sido realizadas nos Estados Unidos, mas agora "nossa tese de que bombardeios diurnos são possíveis está prestes a ser testada, justamente quando a vida de nossos homens é exposta a grande perigo",[69] segundo carta de Eaker a Arnold, escrita antes da missão.

O alvo era um pátio de manobras ferroviárias perto de Rouen, a cidade do noroeste da França em que Joana D'Arc fora queimada na fogueira. Era uma missão fácil, operação de pouca penetração com a cobertura de aviões de caça britânicos Spitfires atacando e voltando, mas Spaatz estava preocupado. Churchill pressionara Roosevelt a dissolver a recém-criada Oitava e fazer com que seus bombardeiros se juntassem à RAF em suas incursões noturnas às cidades industriais do Vale do Ruhr. Se o bombardeio não produzisse bons resultados e Armstrong perdesse aviões, talvez o primeiro-ministro conseguisse o que queria.

Apreensivos, em pé, na companhia de Spaatz, no posto de observação da torre de controle em Grafton Underwood, oficiais da RAF se limitavam apenas a observar. Em sua participação em ataques aéreos diurnos realizados horas antes, seus bombardeiros do tipo Wellington e Blenheim tinham

A MÁFIA DOS BOMBARDEIROS

sido atassalhados pelas armas dos rapinadores aviões de caça alemães. E as vinte Fortalezas Voadoras que os americanos tinham enviado aos britânicos no ano anterior apresentaram um desempenho desanimador no embate. Spaatz, contudo, achou injusto esse teste, a que uma arma com potencial para fazê-los vencer a guerra fora submetida. Por questões de segurança, as Fortalezas Voadoras britânicas não haviam sido equipadas com as miras de bombardeio Norden, dispositivo altamente secreto, nem tinham o poder de fogo defensivo do mais recente modelo de B-17. E os britânicos haviam sobrevoado o território inimigo a grandes altitudes para evitar seu fogo antiaéreo, garantia certa, porém, de baixa precisão de bombardeio e problemas mecânicos no frio congelante, em sobrevoos a mais de 9 mil metros do solo. Ainda assim, os britânicos continuavam descrentes das potencialidades de combate do avião. Quando as doze Fortalezas Voadoras desapareceram em meio às nuvens do céu de Grafton Underwood, um tenente-aviador da RAF, um escocês de porte majestoso, se virou para o oficial americano em pé ao seu lado e disse: "Meu rapaz, você terá muita sorte se conseguir trazer um deles de volta!"[70]

Fizeram uma viagem tranquila até o gigantesco pátio de manobras ferroviárias às margens do Sena, num céu sem nuvens e nenhum caça alemão. Na volta, as Fortalezas se depararam com Messerschmitts Me 109, aviões de combate monopostos velozes e potentes, mas os Spitfires, seus rivais em combate, os repeliram. Apenas um dos Me 109 se aproximou do raio de alcance das armas de bordo das Fortalezas e sofreu arranhões e ligeiras avarias com a rajada de uma metralhadora disparada pelo *Birmingham Blitzkrieg*. Ficou claro para os aeronautas dos bombardeiros que os pilotos dos caças inimigos "hesitaram em enfrentar as Fortalezas em ataques a pequena distância",[71] segundo as palavras de Eaker no relato que fez a um confiante correspondente da revista *Life*. "E entendo por que isso aconteceu. Eles não tinham visto nossos novos B-17 antes e a perspectiva de canos de grandes armas apontando em todas as direções talvez tenha dado motivos suficientes aos nazistas para serem cautelosos."

Enquanto isso, em Grafton Underwood, Spaatz vasculhava o céu com os olhos em busca de aviões voltando da missão. Qualquer perda seria um duro revés, mas a perda de um ou de ambos de seus maiores comandantes, Eaker e Armstrong, seria calamitosa. Pouco antes das sete horas, mas, ele avistou pontos escuros e distantes no céu. E os contou: havia apenas onze deles — porém, de repente, o 12º apareceu a distância também. No fim das contas, todos eles haviam conseguido voltar.

Quando os aviões começaram a pousar, passando acima da minúscula torre de controle em forma de caixa, donde os oficiais de alta patente observavam tudo, os nomes dos bombardeiros, recém-pintados próximo ao nariz de cada um, eram vistos com clareza: *Baby Doll*, *Peggy D*, *Heidi Ho*, *Johnny Reb* — grandes nomes para grandes aviões. Ao mesmo tempo briosos e espirituosos, esses nomes refletiam a confiança das tripulações, formadas por americanos jovens demais e nada provados em combate ainda para que sentissem medo. Quando as Fortalezas finalmente aterrissaram, as equipes do serviço de pista do 97º correram para o aeródromo, a fim de saudar os participantes da incursão a Rouen. "Todos gritavam, pulavam como crianças, dando tapinhas de felicitação nas costas de todo mundo",[72] descreveu a cena William R. Laidlaw, oficial do serviço de comunicação social da Força Aérea. Até o oficial escocês da RAF entrou no clima de comemoração. "Por Deus, eu não disse a vocês?", festejou ele aos brados, empoleirado na torre. "Nenhum ianque catarrento perde a janta!"

Quando o *Yankee Doodle* pousou no pátio de estacionamento, Eaker tirou as roupas de aviador, acendeu um charuto e foi ao encontro da imprensa. "Uma andorinha só não faz verão",[73] advertiu ele, mas o largo sorriso em seu rosto dizia tudo. Ele estava visivelmente satisfeito com os resultados e feliz, também, por ter finalmente participado de uma missão de combate. "Ora, eu nunca me diverti tanto em minha vida inteira!" Depois que examinou as fotografias aéreas dos danos causados ao inimigo, ele declarou que os resultados do bombardeio foram "muito bons",[74] tendo em vista a inexperiência das tripulações. Já o coronel Armstrong foi mais otimista. "Arruinamos Rouen",[75] garantiu aos repórteres, consagrando com isso um padrão de exageros que caracterizaria os relatórios oficiais de bombardeios da Força Aérea durante o restante da guerra.

Somente uma Fortaleza foi avariada pelo fogo antiaéreo inimigo e houve apenas duas baixas, ambas causadas por um pombo. Ele colidiu com o nariz de acrílico de uma Fortaleza, destacada de uma pequena frota de bombardeiros e enviada, nessa mesma tarde, para despistar caças alemãs, evitando que fossem ao encontro do grupo principal. Com o impacto, o nariz de acrílico se estilhaçou, ferindo levemente o oficial-navegador e o bombardeador. Foram desses cortes na pele que escorreu, pela primeira vez

A MÁFIA DOS BOMBARDEIROS

na guerra, o sangue das tripulações americanas de bombardeiros pesados numa campanha militar que durou quase mil dias e que resultaria na morte de cerca de 26 mil membros de tripulações da Oitava Frota Aérea.

Depois do rotineiro interrogatório prestado aos oficiais do serviço de inteligência, as tripulações, embora ainda trajando seus pesados trajes de aeronautas, se encontraram com os jornalistas, ocasião em que reviveram mental e verbalmente a missão como se fossem parte de "um vitorioso time de futebol".[76] Nessa noite, instalou-se na base uma atmosfera de "sábado após o grande jogo", em que o herói da ocasião foi o segundo-sargento Kent West, metralhador da torre esférica do *Birmingham Blitzkrieg*, que recebeu o crédito pela derrubada de um avião de combate alemão. Tempos depois, porém, ele mudou sua versão dos fatos, alegando que tinha causado apenas "avarias" no avião inimigo, mas ainda assim Eaker mandou buscar suas metralhadoras gêmeas e fixá-las, como se fossem chifres de veado, na parede de seu quartel-general em Wycombe Abbey, outrora uma escola de freiras para meninas, numa antiga propriedade da cidade de High Wycombe, a oeste de Londres.

"Foi moleza",[77] disse a propósito da missão o filho de taberneiro Walt Kelley, tripulante do *Heidi Ho*. "Estávamos muito confiantes quando partimos e mais ainda quando voltamos. Houve muitas perguntas dos emocionados emissários da imprensa. Muitos aviões circularam pelo aeródromo em triunfais voos rasantes antes de aterrissar."

Isso jamais se repetiria. Um mês depois, quando os americanos passassem a sair do raio de proteção dos Spitfires, pilotos dos aviões de caça inimigos começariam a derrubar os bombardeiros de Eaker com uma regularidade alarmante. E agora alguns dos rapazes de personalidade exuberante que haviam chafurdado no lamaçal de "Grafton Undermud",* tal como denominavam o local de sua base e o terreno pantanoso e maldrenado em que ela fora construída, jaziam mortos em túmulos gelados. Exatamente um ano após o dia da missão em Rouen, um número cinco vezes maior de bombardeiros e aeronautas americanos despencaria dos céus de Ratisbona e Schweinfurt, em relação ao total dos que participaram incólumes daquele primeiro ataque partindo de Grafton Underwood, o pequeno aeródromo

---

* Trocadilho jocoso dos aeronautas com o nome original da localidade em que ficava sua base aérea e que significa, [o trocadilho], "Grafton Atolada na Lama". [N. do T.]

cujo nome era uma homenagem à localidade vizinha, um povoado das Midlands habitado por 95 almas.

Contudo, sob um aspecto muito importante, as operações em Rouen acabaram se revelando um prenúncio do que poderia sobrevir. Com essa incursão, os jovens embarcados nos aviões transferiram para os próprios ombros a grande carga de responsabilidade pela guerra de bombardeiros que pesava sobre os dos generais e de suas equipes de apoio terrestres, os oficiais de alta patente que escolhiam os alvos e planejavam as missões. Antes de toda e qualquer incursão, as tripulações aéreas eram informadas, com precisão, sobre as condições do tempo, as defesas do inimigo e a localização dos alvos, mas, quando decolavam, elas entravam em outro mundo, onde tinham de agir e pensar por si mesmas. "O plano mais perfeito podia não funcionar se, por algum motivo ou sob um aspecto qualquer, elas fracassem",[78] comentou William Laidlaw.

No início do outono de 1942, as tripulações de bombardeios americanas começaram a aprender a travar combates aéreos por tentativa e erro, num processo em que cada missão era uma proveitosa aula de guerra. Era um tipo especial de experiência, diferente da vivida pelas forças terrestres. Depois que partiam em missão de combate, os jovens bombardeiros não tinham como contatar o quartel-general para repassar um relatório com informações militares propícias a reformular o plano de ataque. As mortes ocorriam muito rapidamente e longe demais do comando central para isso. E não havia reforços; quase todas as missões eram um exercício de esforço máximo. Os que entravam em combate tinham que sair dele lutando. Uma vez no céu, as tripulações só podiam contar com a própria inteligência, bem como com os próprios recursos, e eram forçadas a tomar suas próprias decisões caso o plano mestre da missão falhasse, tal como quase sempre ocorria no caos ofuscante do calor da peleja. É como disse o coronel Laidlaw em seus escritos: "Numa guerra aérea estratégica, nenhum militar — nem mesmo os mais experientes comandantes-aviadores, com o melhor dos estados-maiores em terra, conseguiria mapear todos os alvos sozinho."[79] As condições atmosféricas, as condições mecânicas dos aviões, o peso militar dos oponentes germânicos, a preparação e a constância do bom estado psicológico das tripulações e pelo menos uma dúzia de outros fatores determinavam o que deveria ser bombardeado e quem morreria, tanto em terra, quanto nos ares.

A MÁFIA DOS BOMBARDEIROS 59

O Exército e a Marinha tinham séculos de experiência acumulada que poderia servir como fonte de consulta e orientação na formulação de estratégias de guerra. Embora bombardeiros primitivos tivessem sido empregados por ambas as partes beligerantes na Primeira Guerra Mundial e conquanto o Japão, a Alemanha e a Itália houvessem empregado bombardeiros de mergulho para aterrorizar cidades e povoados na China, na Espanha e no norte da África na década de 1930, nenhuma nação jamais travara uma maciça guerra de bombardeiros antes da Segunda Guerra Mundial. "Entre as forças armadas, a Força Aérea é a única que deve trabalhar com base no mínimo de precedentes e de tradição",[80] escreveu o romancista John Steinbeck em 1942.

O coronel Budd J. Peaslee, um dos lendários comandantes da Oitava, argumentou que poucos grandes líderes da aviação militar são reconhecidos como tais pelos historiadores porque foram raras as vezes em que exerceram de fato o comando sobre suas forças após sua decolagem e porque a decisão de um general nunca resultava numa vitória decisiva. Na Força Aérea, era a habilidade e a coragem das pequenas equipes de combatentes que faziam a diferença na batalha. "Elas tinham", escreveu Peaslee, "poder e autoridade muito acima de sua idade, de seu posto e de sua experiência".[81]

"O ataque a Rouen", anunciou o general Hap Arnold já no dia seguinte, "confirma o caráter saudável de nossa política de realizar bombardeios de precisão contra objetivos estratégicos, em vez de lançar ataques maciços de bombas (blitz) contra áreas do tamanho de cidades inteiras".[82] Acho que ele foi precipitado e confiante demais em suas conclusões. Bombardeios de precisão em plena luz do dia teriam que ser testados em missões mais difíceis, em condições de tempo ruins e sob forte resistência inimiga. A história da guerra aérea americana contra a Alemanha é a história de um experimento: o teste de uma nova ideia na forma de guerrear transformada em dogma muito antes de Paul Tibbets ter chegado ao Reino Unido. "A primeira missão de bombardeio foi pouco mais que um simples ato de guerra simbólico",[83] advertiu Budd Peaslee. "No entanto, carregou em seu simbolismo as esperanças e os sonhos de duas décadas de aeronautas americanos."

O domínio dos ares

Nas técnicas de guerra modernas existem dois tipos principais de bombardeio aéreo — o estratégico e o tático. "O bombardeio estratégico", conforme conceituação da Força Aérea Americana, "visa a atingir a economia do inimigo, como uma tentativa de anular ou enfraquecer, o máximo possível, sua capacidade de combate com ataques aos seus meios de produção industrial, ao moral da população e ao seu sistema de comunicações. Já o bombardeio tático envolve apoio aéreo imediato por meio de ações militares de forças aéreas, terrestres e marítimas".[84] A Oitava Frota Aérea iria realizar ambos os tipos de bombardeio, mas, no início da guerra, seus chefes militares esperavam empregá-los quase exclusivamente em operações de bombardeio estratégico.

Arnold, Eaker e Spaatz foram discípulos do falecido William "Billy" Mitchell, o pioneiro fomentador da criação da Força Aérea Americana. Em 1927, quando Paul Tibbets, então com 20 anos de idade, fez seu voo inaugural num biplano de cabina aberta, pilotado por um dublê, usando um vistoso e elegante cachecol de seda branco e um capacete de couro justo, Billy Mitchell estava escrevendo e dando palestras sobre uma ideia terrível, que transformaria o mundo — a guerra de bombardeiros. Era uma ideia que levaria à formulação da tese de bombardeio estratégico que o major Tibbets poria à prova nos céus de Rouen.

A Força Aérea Americana nasceu na Primeira Guerra Mundial, e Billy Mitchell foi seu mentor. Ele se tornou o primeiro aviador americano a chegar à Frente Ocidental e sobrevoar as linhas inimigas, bem como o primeiro de seus compatriotas a entender perfeitamente o potencial destruidor de uma guerra de bombardeiros. Filho de um senador americano de Wisconsin e neto do rei das ferrovias nos Anos Dourados, Mitchell era o cara dos sonhos do assessor de imprensa — belo, intrépido e extravagantemente charmoso, além de esportista que disputava campeonatos de polo, falava francês perfeitamente, usava botas de equitação de cano alto e ostentava custosos uniformes feitos sob medida. Ele tinha abandonado a faculdade aos 18 anos de idade para lutar na Guerra Hispano-Americana e, uma década depois, estava elaborando relatórios fascinantes, exortando o exército movido a

A MÁFIA DOS BOMBARDEIROS

carroças da época, no qual ele havia servido em Cuba, a desenvolver uma arma aérea moderna. Em 1916, ano em que, aos 36 anos de idade, aprendeu tardiamente a pilotar, foi designado chefe do minúsculo Setor de Aviação do Corpo de Sinaleiros do Exército Americano, o embrião da moderna Força Aérea ianque. Dois anos depois, então como general de brigada, organizou e comandou uma seção ultramarina do então recém-criado Serviço Aéreo, organização maior, subordinada ao exército dos EUA, que substituiu o Departamento de Aviação Militar e foi a predecessora do Corpo de Aviação do Exército, organização ainda maior que a anterior, formada em 1926. Na França, Mitchell se tornaria um exímio líder de operações de combate, audacioso e inovador — e idolatrado por jovens aviadores, como Carl Spaatz, ao qual Mitchell recomendaria a concessão da Cruz do Mérito Militar depois que ele derrubou três aviões inimigos. Mas foi como defensor da adoção de novas ideias sobre poderio militar que Mitchell ficaria mais famoso.

Sua primeira experiência na guerra foi o acontecimento que transformou sua vida. Em seu convívio com colegas de infantaria nas trincheiras, ele teve a oportunidade de sobrevoar as posições do inimigo na companhia de um piloto francês. "Conseguimos atravessar as linhas defensivas dessas forças beligerantes em poucos minutos a bordo de nosso avião", escreveu ele, "ao passo que os exércitos ficaram presos na guerra de trincheiras, imobilizados, incapazes de avançar, por três anos"[85]. Ainda na visão dele: "A arte da guerra[86] havia desaparecido. Atritos bélicos ou a eliminação gradual do inimigo, era tudo que os exércitos terrestres conseguiam fazer."

Quando o general John J. "Black Jack" Pershing chegou à França, onde serviria como comandante das Forças Expedicionárias Americanas, Mitchell foi procurá-lo e lhe fez uma proposta ousada: usar máquinas de guerra aérea para atacar os alemães atrás de suas linhas de defesa, destruindo seus aeródromos e fontes de suprimentos. Eis aí uma forma de usar "o avião[87] para pôr em prática a estratégia de William Tecumseh Sherman de fazer a guerra chegar à economia e à população inimiga", escreveu o historiador Russell F. Weigley. No início, Mitchell não conseguiu nada em suas instâncias junto a Pershing, que via a infantaria como a Rainha das Batalhas, e sua Força Aérea, deploravelmente minúscula, apenas como uma força militar empregável em operações de reconhecimento e apoio e uma unidade com um mínimo de valor militar. Contudo, nos últimos meses da guerra, quando o poderio bélico aéreo americano tinha sido construído do nada e transformado em algo com um peso militar significativo — 750 aviões, o que representava dez por cento do esforço dos Aliados nesse sentido —, Pershing lhe deu permissão para usar um maciço contingente de aviões de caça e bombardeiros dos Aliados para apoiar duas importantes ofensivas da infantaria a St. Mihiel e ao Meuse-Argonne. "A ofensiva aérea que Mitchell lançou contra a região do Meuse-Argonne em setembro de 1918 foi a maior coisa desse tipo que se viu na guerra",[88] escreveu Hap Arnold em suas memórias. "Até então, o conflito aéreo se restringira principalmente ao combate individual entre pilotos [...] Essa foi a maior força de ataque aéreo maciço jamais vista até então."

Arnold gostaria de ter tido a oportunidade de haver estado lá para pelo menos ver seu amigo realizar o feito.[89] Ele ficara louco para participar da guerra. Formado por West Point, foi um dos primeiros quatro a conseguir brevê de piloto pelo Exército, depois que aprendera a pilotar com os irmãos Orville e Wilbur Wright, em sua escola de pilotagem em Dayton, Ohio; e, em 1912, ganhara o cobiçadíssimo Troféu Mackay por ter realizado o mais notável voo militar do ano. No entanto, como fazia parte do estado-maior do quartel-general do Serviço Aéreo, fora considerado valioso demais, como estrategista de guerra que era, para ser enviado a serviço além-mar. Os amigos o chamavam de "Hap", forma contrata e afetuosa de "Happy", pois sempre trazia estampado no rosto um sorriso enigmático, mas esse semblante aparentemente benevolente ocultava um temperamento explosivo e uma vontade implacável de promover a causa da aviação militar americana. Ele foi também um dos primeiros e mais entusiastas defensores da causa de Billy Mitchell.

Arnold e Mitchell foram muito influenciados pelo marechal do ar Hugh Trenchard, o criador e primeiro comandante da Royal Air Force. Em matéria de confrontos aéreos, a Primeira Guerra Mundial foi sobretudo uma guerra de pilotos de caça, mas Trenchard era fervoroso adepto da guerra de bombardeiros, que a via como o futuro das guerras aéreas modernas. Quando os alemães bombardearam Londres, primeiramente com os dirigíveis (Zepelins) e, depois, em 1917, com seus bombardeiros bimotores Gotha, que mataram quase 1.400 pessoas, Trenchard despachou bombardeiros quadrimotores Handley Page em missões de ataque a cidades da Renânia. Em conversas com Trenchard na frente de batalha, Mitchell se convenceu de

A MÁFIA DOS BOMBARDEIROS 63

que os Estados Unidos deveriam ter aquilo que os britânicos haviam criado depois do bombardeio a Londres — uma Força Aérea autônoma, igual em estatura e poder às outras duas forças militares.

Quando, em 11 de novembro de 1918, foi assinado o Armistício, dois dias após o primeiro esquadrão de bombardeio noturno americano aparecer na linha de combate, Mitchell estava elaborando planos para realizar ataques estratégicos ao território alemão, com o emprego de bombas incendiárias e gás venenoso, para destruir plantações, florestas e animais de criação. "Eu tinha certeza de que, se a guerra continuasse, o poderio aéreo militar seria o fator que a decidiria",[90] escreveu ele depois.

Mitchell recebeu a inspiração para suas ideias de várias fontes. Uma delas foi o comandante-aviador general Giulio Douhet*. Três anos após Mitchell ter voltado da guerra, Douhet publicou sua obra-prima, *O domínio dos ares*, livro que o tornou o maior defensor mundial da criação da Força Aérea pelas nações desejosas de modernizar seus sistemas militares. Mitchell não leu o livro em si, mas talvez tenha lido trechos traduzidos pelo Ministério da Guerra, e ele trocou correspondências com um dos amigos e conterrâneos de Douhet, Gianni Caproni, projetista de aviões bombardeiros. Independentemente da natureza de uma presumível ligação entre eles, Mitchell comungava com Douhet na defesa de alguns pressupostos fundamentais em torno do conceito de Força Aérea. A experiência da Primeira Guerra Mundial era o mais importante deles; ambos perseguiam o objetivo de acabar definitivamente com as longas guerras de atrito e as atrozes matanças à queima-roupa. Propuseram que se abreviassem as guerras recorrendo-se ao expediente de devolver à ofensiva a predominância no emprego das técnicas de combate. Avanços na área da tecnologia destinada a provocar mortes em massa — metralhadora, gás venenoso e artilharia — haviam tornado suicidas ataques de soldados de infantaria a inimigos entrincheirados. A solução a que individualmente chegaram foi a criação da Força Aérea — a Vitória Alada. Assim como a tecnologia fizera com que os estrategistas

---

* 1869-1930. Esse oficial italiano ficaria conhecido como o Clausewitz dos ares, do ponto de vista teórico. O livro *O domínio dos ares*, escrito em 1921, mas com ampla circulação a partir de 1927, teve um forte impacto no meio militar. Para ele era fundamental para a defesa nacional que se tivesse o comando do ar e para isso cada nação deveria ter seu adequado poderio. Sendo assim, seria possível bombardear os inimigos em seus "centros vitais". É considerado até hoje o pai da "estratégia aérea". [N. do R.]

militares dessem preferência ao uso de técnicas de combate defensivas, também propôs que agora isso fosse revertido em favor da guerra ofensiva. Para eles, o avião, a mais importante arma ofensiva desenvolvida pelo homem, romperia a hegemonia dos sistemas defensivos. Numa época em que estrategistas alemães, em reação à guerra estática que eles haviam perdido, estavam desenvolvendo secretamente um novo tipo de técnicas de guerra, baseadas no uso de tanques e viaturas blindadas, capazes de realizar ataques rápidos, Mitchell e Douhet se empenhavam na promoção de ideias de realização de guerras-relâmpago deflagradas a partir do céu.

Douhet asseverava que, no futuro, as guerras seriam breves, totais e "superlativamente violentas".[91] Elas seriam vencidas a partir dos ares, com a mobilização de imensas vagas de bombardeiros de longo alcance, em que o lado vencedor seria o que atacasse primeiro, sem cessar, e que conquistasse a hegemonia aérea, sem necessariamente destruir a Força Aérea do inimigo nos combates, mas arruinando suas bases aéreas, seus sistemas de comunicação e centros de produção. Nas palavras de Douhet, "não basta abater todos os pássaros se você quiser extinguir a espécie, pois restarão os ninhos e os ovos".[92] Para ele, bombardeio estratégico era a destruição dos ninhos e de seus ovos, o único tipo de bombardeio aéreo que Douhet abonava.

Assim que o domínio dos ares fosse alcançado pelos bombardeiros em operações de ataque, e não com aviões de combate — os quais, na visão de Douhet, seriam aniquilados por bombardeiros de nova geração —, os alvos mais importantes recairiam sobre as principais cidades do inimigo, e não sobre seus exércitos, espalhados pelos campos de batalha. Ataques nesses centros vitais abalariam profundamente o moral do povo, destruiriam a capacidade de guerrear das forças hostis e causariam uma capitulação misericordiosamente rápida sem a necessidade de exércitos ou marinhas. No novo tipo de guerra, "a nação inteira é ou pode ser considerada uma força combatente",[93] afirmou Mitchell, reproduzindo o pensamento de Douhet. "A guerra", escreveu ele, "não será mais um conflito entre exércitos, mas um atrito entre nações, entre populações inteiras. Qualquer distinção entre beligerantes e não beligerantes já não será admissível [...] porque, quando nações estão em guerra, todos participam: o soldado armado, a mulher municiando projéteis na fábrica, o fazendeiro cultivando trigo, o cientista trabalhando no laboratório".[94]

Fascista apaixonado, Douhet defendia o conceito de guerra total com uma veemência e inflexibilidade jamais vistas em Mitchell. Para o estrategista italiano, não havia lugar para moralidade no novo tipo de guerra, que seria uma chacina monumental e rápida sem misericórdia e sentimentalismo. "As limitações aplicadas aos chamados meios desumanos e atrozes de guerra não passam de hipocrisias demagógicas internacionais [...] A guerra", prossegue ele em seus escritos, "deve ser considerada cientificamente sem emotivida-de, por mais terrível que esta ciência seja".[95] Já um historiador, contrário aos métodos brutais do estrategista, observou em seus escritos: "Temos a impressão na obra de Douhet de que o autor defende o terrível e definitivo abandono por parte do soldado, de qualquer senso de responsabilidade pelas consequências políticas e sociais de seus atos de combatente."[96]

Pela primeira vez na história do conflito armado moderno, se defendeu a tese de que civis deveriam ser escolhidos como alvos, não apenas porque eram valiosos fatores de produção, mas também porque eram fáceis de in-timidar.[97] Tanto Douhet quanto Mitchell estavam convictos de que os civis careciam da fortaleza moral para enfrentar a guerra aérea desencadeada com explosivos de alto poder de destruição, bombas incendiárias e gases de combate, os equivalentes, daquela geração, da guerra atômica, em sua capacidade de aterrorizar. A prova mais evidente para eles foi o pânico e o terror em massa causados em Londres e em Colônia pelos bombardeios aéreos na Primeira Guerra Mundial, ataques bem menores do que ambos achavam que ocorreriam nas guerras futuras. Douhet argumentava que os novos conflitos seriam decididos rapidamente, justamente porque: "Os golpes decisivos serão direcionados aos civis, os elementos dos países em guerra menos capazes de suportá-los."[98]

Num dos horripilantes cenários da guerra futura antevistos por Mitchell — o bombardeio à cidade de Nova York —, gases mortíferos, deflagrados por bombas, repletam a atmosfera de venenos e se infiltram pelos túneis de metrô, provocando um abandono em massa da cidade. Quando os refugiados de Nova York e de outras grandes cidades bombardeadas não conseguem obter as coisas essenciais à perpetuação da vida, o governo é forçado a capitular.

Para Douhet e Mitchell, guerras rápidas significavam a redução do núme-ro de vítimas. Achavam que era justamente por se tornar mais terrível que ela se tornaria mais humana. É melhor decidir uma guerra aterrorizando sua população com "algumas bombas de gás venenoso",[99] escreveu Mitchell, do que empregar "os métodos atuais de estilhaçar pessoas com projéteis de canhões ou chaciná-las com baionetas". Mitchell chegou a prever que talvez as guerras futuras fossem travadas não por grandes exércitos, mas por uma seletíssima elite de guerreiros celestes, o equivalente moderno dos "cavaleiros protegidos por armaduras na Idade Média".[100] Para ele, isso pouparia vidas também. E a grande ameaça da suprema aniquilação, argumentou ele, antecipando-se aos defensores do emprego de meios de dissuasão nuclear nos tempos da Guerra Fria, evitaria a eclosão de novos combates. "O desenvolvimento da aeronáutica militar trouxe consigo uma nova doutrina de guerra [...] mas também uma nova doutrina de paz."[101]

A esse respeito, Douhet e Mitchell discordavam radicalmente. Douhet encarnava seus argumentos no corpo da linguagem conceitual darwiniana. Para ele, o instinto da guerra permeava nosso sangue e nossos ossos, como parte de nossa constituição evolucionária; já a paz era simples quimera. Douhet defendia o lançamento de "ataques implacáveis, a partir dos ares, contra [...] centros de grande concentração de civis" com o objetivo de destruir não apenas fábricas e sistemas de comunicação, mas toda a "organização social".[102]

Por mais de um século, teóricos ocidentais da ciência militar haviam ficado subjugados ao feitiço conceitual do escritor prussiano Carl von Clausewitz, que argumentava que o supremo objetivo da guerra era a destruição das forças armadas do inimigo. Mitchell e Douhet contestaram esse ditame de ferro. Nesse particular, um observador militar contemporâneo conseguiu resumir magistralmente o pensamento deles. "A história das civilizações nos legou apenas três [...] invenções, ou descobertas, militares revolucionárias: a disciplina, a pólvora e o avião [...] O avião, pela primeira vez na [...] história dos conflitos humanos, proporcionou à guerra os meios de serem lançados ataques [...] diretos contra a sede e a fonte do poderio inimigo — seus cidadãos, a capital do país, os centros industriais, comerciais e políticos da nação — sem que primeiro se tenha que eliminar suas forças armadas, com as quais o inimigo se empenha em protegê-los."[103]

Mitchell previu que uma nação preparada para criar uma maciça força de bombardeiros com o objetivo de desferir golpes violentos e contínuos na economia e na população inimiga impediria o desencadear de uma nova guerra antes que sua infantaria ou sua marinha tivesse a oportunidade

A MÁFIA DOS BOMBARDEIROS

de entrar em combate. Ele não chegou a pressentir, todavia, o advento da consagração do bombardeio de precisão. Na visão dele, bombardeios lançados de grandes altitudes seriam muito imprecisos. Para atingirem alvos industriais, os bombardeiros teriam que "atirar suas bombas bem no centro das cidades",[104] advertia o marechal do ar Trenchard, o que não somente destruiria fábricas, mas mataria civis inocentes também.

Mitchell preconizava a adoção de suas ideias com um fervor religioso, tanto dentro do próprio aparato burocrático militar, como chefe-adjunto do Serviço Aéreo, quanto lá fora, por meio de uma série de livros, artigos e palestras. De pé numa tribuna, usava sua badine com castão de ouro para transmitir com eficácia sua mensagem; o Napoleão dos Ares,[105] era como o chamava o humorista Will Rogers. Quando Mitchell foi contestado pelos oficiais de alta patente do Exército e da Marinha, que viam seu arrojado conceito de Força Aérea — poderio na terceira dimensão — como simples acessório dos instrumentos de guerra tradicionais, ele os atacou com rancor, inimizando-se com os mesmos poderes que ele esperava persuadir.

É que as ideias de Mitchell sobre guerra moderna estavam além da capacidade tecnológica deles; nenhum bombardeiro em desenvolvimento, produção ou uso era capaz de realizar bombardeio estratégico em voos de longo alcance. Como explicou um especialista da área militar em 1925, os bombardeiros da época "conseguiam atingir uma cidade voando a 3 mil metros de altitude — desde que a cidade fosse bastante grande".[106] Mas Mitchell era um homem moderno, um entusiasta da tecnologia; estava convicto de que a ciência e a engenharia americana logo desenvolveriam o bombardeiro que fariam dele um profeta.

Contudo, as ideias de Mitchell depararam um novo obstáculo, aquilo que um escritor chamou de "bloqueio moral".[107] Quase no fim da Primeira Guerra Mundial, Newton D. Baker, o Ministro da Guerra americano, ordenara que o Serviço Aéreo não realizasse ataques aéreos que "tivessem como objetivo o bombardeio indiscriminado de indústrias, estabelecimentos comerciais ou populações civis".[108] Baker acreditava que fazer guerra contra civis violentava ideais religiosos e humanitários de longa tradição. Pesquisas de opinião realizadas algum tempo depois demonstraram ampla aprovação dessa proibição por parte da população. A maioria dos americanos também estava cansada de guerra e nada disposta a aprovar grandes gastos do governo com as forças armadas. Assim, Mitchell teve que vazar inteligentemente seus argumentos em defesa da criação de uma Força Aérea autônoma na forma enxuta de uma retórica de austeridade fiscal e de cuidados prementes com a defesa nacional. Alegou que uma Força Aérea grande, com boa infraestrutura terrestre, conseguiria proteger o litoral da nação e suas longínquas bases no Alasca, no Havaí e nas Filipinas mais eficiente e menos dispendiosamente do que a marinha — já que, argumentou, o custo de um couraçado de guerra equivalia ao de mil aviões.

Na época, predominava ortodoxamente, nos meios militares, o conceito de que o avião não seria capaz de afundar um couraçado. Uma vez que via isso como um absurdo arcaico, Mitchell pressionou os partidários de suas ideias no Congresso a forçarem a Marinha a realizar uma série de testes. No mais espetacular deles, feito em julho de 1921, sua pequena esquadrilha de aviões de combate empregou seis bombas de 900 quilos para enviar o capturado couraçado alemão *Ostfriesland* para o fundo das águas ao largo dos Virginia Capes. A Marinha, no entanto, considerou injusto o teste; argumentou que o ancorado navio, com seus canhões inoperantes, era um alvo fácil e indefeso. E, com o general Pershing chefiando o movimento de embargo à criação de uma Força Aérea independente, Mitchell não conseguiu nenhum avanço em seus objetivos junto ao Exército. Todavia, ele continuou a promover a própria causa com tanta veemência que o Exército se recusou a voltar a indicá-lo para ocupar o cargo de chefe-adjunto do Serviço Aéreo e, em 1925, o transferiu para uma base na remota San Antonio, uma em que uma das paredes de seu gabinete era uma latrina aberta para uso de funcionários administrativos. "A permanência de Mitchell no Texas",* escreveu um historiador, "foi mais ou menos a mesma coisa que o exílio de Napoleão em Elbe, onde o imperador conspirou e planejou para prosseguir com sua luta".[109] No entanto, ao contrário do imperador, ele não conseguia ficar quieto, mantendo discrição, "nem mesmo no cafundó do deus me livre". Desse modo, quando pôs a culpa por dois terríveis acidentes com aeronaves militares na incompetência e na "negligência criminosa"[110] dos Ministérios da Marinha e da Guerra, acabou sendo levado à Corte Marcial, que serviria como um fórum nacional para o debate de suas ideias. "Ele não sossegaria, não até se tornar mártir",[111] observou Hap Arnold, que tinha acabado de se tornar o oficial-chefe do setor de relações públicas do Serviço Aéreo.

---

* "*A permanência de Mitchell*": Citado em Andrew Boyle, *Trenchard* (Londres: Collins, 1962), 472.

A MÁFIA DOS BOMBARDEIROS

Num julgamento sensacional com sete semanas de duração, Spaatz e Arnold puseram suas carreiras em risco testemunhando a favor de Mitchell; e Ira Eaker, que tinha algum conhecimento acadêmico na área da jurisprudência, ajudou a montar a defesa, embora os três reverenciassem o vanglorioso comandante da Força Aérea, apesar de seus excessos. Aeronautas nos elos inferiores da cadeia de comando apoiavam as ideias de Mitchell sobre poderio militar aéreo, conquanto alguns, como o tenente James H. Doolittle, achassem que sua retórica agressiva e clamorosa prejudicava sua causa. "Como todo fanático, ele não tolerava nenhuma visão das coisas que fosse diferente da sua",[112] escreveu Doolittle depois.

Mitchell foi condenado por insubordinação, em vista da natureza de suas declarações públicas, e foi suspenso por cinco anos de prestar serviço militar no Exército. Mas suas ideias significavam mais para ele do que sua carreira militar. Portanto, preferiu desligar-se definitivamente do serviço para prosseguir com sua luta pública em favor de uma Força Aérea autônoma e com características ofensivas. Nos meandros do poder, teve de contar com a fidelidade de Hap Arnold para continuar com sua "guerra de ideias",[113] em que lutavam entre si oficiais-aviadores mais jovens e os potentados entrincheirados no Ministério da Guerra.

Arnold e seu bando de inconformistas, a Máfia dos Bombardeiros[114] — tal como têm sido chamados —, estavam unidos entre si pelos fios da mesma devoção que nutriam por Mitchell e por seu puro amor pela aeronáutica. Eram pioneiros da aviação que realizaram uma série de voos recordistas, façanhas amplamente divulgadas, que fizeram tanto quanto os escritos de Mitchell para provar o potencial do avião militar. Em 1929, Spaatz e Eaker compunham a metade da tripulação de um quadrimotor, o *Question Mark*, que usou a técnica revolucionária de reabastecimento em pleno voo para estabelecer um recorde mundial de permanência nos ares, a qual durou 150 horas. Sete anos depois, pilotando um avião com cabine encapotada, Ira Eaker foi o primeiro piloto a realizar um voo transcontinental por instrumentos. Essa experiência faria dele um comandante mais bem-preparado para enfrentar a guerra que se aproximava, na qual seus aviões foram forçados a operar nas condições meteorológicas mais imprevisíveis do mundo.

Não querendo ficar atrás de seus amigos mais jovens na realização de façanhas aeronáuticas, Hap Arnold, então com 48 anos de idade, encabeçou

70 MESTRES DO AR

um grupo de dez bombardeiros bimotores em 1934 numa viagem de ida e volta, sem escalas, entre Washington, D. C., e o Alasca, um feito assombroso para uma época em que quase não havia nenhuma rota aérea sobre as ínvias montanhas subárticas da região. No ano seguinte, ele foi promovido a general de brigada e comandante da principal unidade de combate do Corpo de Aviação, a Primeira Ala de Bombardeiros, com sua base em March Field, Califórnia. Nesse entretempo, ele e Eaker, que cursara jornalismo na University of Southern California, escreveram em parceria três livros sobre poderio militar aéreo, obras que traziam estampadas em suas páginas a forte influência recebida de Mitchell. Isso parece confirmar o que previra um jornal na época da corte marcial de Mitchell: "O 'mitchellismo' sobreviverá [...]mesmo após a morte de Mitchell."[115]

A Máfia dos Bombardeiros

Depois que Billy Mitchell morreu, em 1936, sua fama foi ressuscitada nas preleções dos instrutores da Escola Superior de Técnicas de Guerra Aérea do Corpo de Aviação em Maxwell Field, Montgomery, Alabama.[116] Essa foi a primeira escola de formação de aviadores profissionais e estrategistas de aviação militar do mundo e se tornou um centro fomentador dos mais modernos conceitos de bombardeio estratégico. "Nossa preocupação não é aprender a combater como se fazia nas guerras do passado",[117] explicou o tenente-coronel Harold L. George, o principal teórico de técnicas de bombardeio da faculdade, em sua descrição da missão da escola feita a seus alunos. "O que nos preocupa [...] é saber como o poderio aéreo será empregado na próxima guerra." Em suas relações com o Ministério da Guerra, os comandantes de aeronáutica militar continuaram a falar do bombardeiro como arma defensiva; porém, em Maxwell Field, prevaleciam os conceitos de técnicas de guerra aérea ofensivas. Era, contudo, um mitchellismo diferente. O coronel George e seus colegas rejeitavam a ideia de Mitchell e Douhet, segundo a qual bombardeios teriam um impacto maior no moral da população do que na produção. E, embora Mitchell e Douhet defendessem, ademais, a ideia da necessidade de se destruírem os capitais centros econômicos do inimigo, o único alvo que eles haviam assinalado com clareza era a indústria aeronáutica do país beligerante. Quais eram os

A MÁFIA DOS BOMBARDEIROS 71

pontos fortes, de importância crítica, da infraestrutura industrial de uma nação e como poderiam ser eliminados? Os visionários aeronautas em Maxwell Field trataram essas questões com bastante objetividade. Por isso, acabaram achando uma solução nova e tipicamente americana: bombardeio de precisão diurno.

Eles elaboraram sua "filosofia" de guerra antes mesmo de o Corpo de Aviação ter iniciado testes secretos com a invenção que tornou isso possível. Ela era a mira de bombardeio aéreo Norden,* a mais importante arma secreta americana antes do Projeto Manhattan. Foi inicialmente desenvolvida, em 1931, para emprego em aviões de bases aeronavais por um solitário engenheiro holandês chamado Carl L. Norden. A esposa zombava dele, chamando-o de "fabricante de mortes", mas Norden alegava que estava tentando poupar vidas, em seu esforço de tornar bombardeios mais precisos. Dois anos após a Marinha haver iniciado testes com a mira de bombardeio, o Exército encomendou um lote do aparelho para emprego em aeronaves usadas na defesa do litoral do país e depois acabou gastando 1,5 bilhão de dólares — 65 por cento do custo do Projeto Manhattan — para comprar noventa mil deles. Quando as equipes aéreas da 1ª ala de bombardeio de Hap Arnold o testaram nos céus limpos e secos sobre o deserto de Mojave, na Califórnia, eles ficaram impressionados com sua precisão.

Ali estava o avanço tecnológico cujo advento a escola superior de guerra de Maxwell Field estava aguardando. O instrumento de estabilização giroscópica de Carl Norden, que calculava o ângulo de deriva e o de visada, tornaria o bombardeio de grande altitude mais eficaz e mais humanitário, disseram eles em 1935, ano em que souberam de sua existência, como argumentos iniciais em favor do dispositivo. Mas havia um problema. O Ministério da Guerra via a mira Norden de bombardeio como uma arma defensiva que só deveria ser instalada em bombardeiros usados na vigilância e proteção da América do Norte contra uma invasão lançada de bases navais marítimas. Já a Máfia dos Bombardeiros tinha em mente outra destinação para ela. Seus integrantes argumentaram que, agora, cidades podiam ser bombardeadas com precisão cirúrgica, em ataques cujos alvos seriam apenas

---

* "mira de bomberdeio" — "fabricante de mortes": Stephen L. McFarland, America's Persuit of Precision Bombing, 1910 - 1945 (Washington, DC: Smithsonian Institution Press, 19950, 209; Robert L. O'Connell, "Arms and Men: The Norden Bombsight", MHQZ, nº 4 (Summer 1990): 66-67

centros de importância econômica vital, como usinas elétricas e refinarias de petróleo. Isso lançava por terra o argumento de Billy Mitchell de que bombardeios de elevada altitude teriam que ser realizados de forma indiscriminada. "A ideia de matar milhares de homens, mulheres e crianças é, essencialmente falando, repugnante para os conservadores americanos",[118] escreveu o major Haywood S. Hansell, dos mais brilhantes luminares de Maxwell — e depois estrategista de bombardeios aéreos e comandante de missões de combate na guerra. Todavia, para nossa surpresa, Hansell acrescentou que matar civis era também militarmente ineficaz. Na opinião dele, as pessoas eram um alvo ruim porque tinham, ao contrário de Douhet e Mitchell, uma capacidade de resistência estoica. Além disso, podiam ser retiradas das cidades ou buscar refúgio em abrigos antiaéreos públicos, ao passo que indústrias eram alvos frágeis, imóveis e praticamente indefensáveis.* Esse era o tipo de guerra apropriado, diziam, ao caráter do povo americano. "Caráter formado por escrúpulos morais, otimismo histórico e pioneirismo tecnológico, três características tipicamente americanas",[119] escreveu o historiador John Keegan.

Proibidos pelo Ministério da Guerra de estudar a economia de outros países e impedidos, pelas limitações de seu próprio orçamento, de contratar economistas de primeira linha, os teóricos em ascensão em Maxwell — Donald Wilson, Kenneth Walker, Harold George, Muir Fairchild e Haywood Hansell — fizeram suas próprias pesquisas de campo e análises do sistema industrial americano, o que levou a um Plano de Defesa Aérea com base na ideia de "redes industriais", estratégia que teriam oportunidade de pôr em prática depois como estrategistas do estado-maior de Hap Arnold.

Esses especialistas argumentavam que nações industrializadas modernas eram muito vulneráveis a ataques aéreos porque suas economias formavam um tecido delicado, uma rede de fios fragilmente interligados. Explicavam que uma campanha de implacáveis ataques com bombardeiros de precisão necessitaria atingir apenas as indústrias que fabricassem produtos ou que fornecessem serviços essenciais a quase todas as outras indústrias. Era o caso, pois, de se destruírem os "órgãos vitais" do inimigo — suas indústrias de aço, de produção de energia elétrica, de rolamentos, de petróleo e de materiais e máquinas ferroviárias —, já que, assim, sua economia de

---

* Já em 1943, a indústria alemã era resistente, "móvel" e muito bem-protegida.

A MÁFIA DOS BOMBARDEIROS

guerra inteira ruiria, tornando impossível para ele perseverar em ações de resistência militar.[120]

Como davam como certo que o Japão e a Alemanha seriam inimigos dos Estados Unidos na próxima guerra, a Máfia dos Bombardeiros ponderou que era importante conseguir instalar bases em países de prováveis aliados, como China e Inglaterra, das quais fosse possível empreender campanhas de bombardeio estratégico. Essa campanha começaria nos primeiros meses da guerra e alcançaria força máxima dentro de dois anos, o tempo necessário para mobilizar toda a prodigiosa capacidade de produção dos americanos. No começo de 1935, sem um avião sequer — ou tampouco guerra nenhuma — para realizar testes, a teoria era pura fantasia e especulação. Meses depois, contudo, o Corpo de Aviação recebeu seu primeiro avião. Seis anos mais tarde, obteve sua primeira guerra.

Em 1927, o general Douhet escrevera que "o verdadeiro avião de combate, capaz de se impor ao inimigo, ainda não tinha sido inventado, nem parece provável que tão cedo isso aconteça".[121] Nos anos 1930, o Corpo de Aviação iniciou um plano para provar que ele estava errado. Por meio de um contrato com o Exército, a Boeing Airplane Company, de Seattle, Washington, assumiu a responsabilidade de um projeto que muitos engenheiros da aviação consideravam inexequível: desenvolver um monoplano com fuselagem totalmente de aço que fosse grande e veloz, capaz de provar que o tamanho não comprometeria, necessariamente, sua eficiência aerodinâmica. A resposta da Boeing foi a Fortaleza Voadora B-17 (modelo 299). Enquanto os bombardeiros americanos anteriores tinham dois motores, o protótipo Fortaleza de 1935 tinha quatro motores radiais com 750 cavalos de potência cada, recurso que o tornava mais veloz que qualquer outro avião de caça americano fabricado até então. O modelo de fábrica final, o B-17G, usado pela primeira vez na guerra em 1943, tinha quatro motores de 1.200 cavalos de potência cada um, transportava uma carga regular de 1.800 quilos de bombas, voava, com carga total, a uma velocidade que variava entre 240 km/h e 400 km/h, a mais de 7.600 metros de altitude, e tinha um raio de autonomia de combate que podia oscilar entre mais ou menos 1 mil e 1.400 quilômetros, dependendo do tamanho da carga de bombas. Era uma aeronave projetada com muita inteligência, transmitindo a ideia de potência e fluidez aerodinâmica. De aparência ameaçadora em terra, era uma beleza quando vista no céu.

MESTRES DO AR

As primeiras Fortalezas prateadas chegaram ao grupo de instrução e preparação de tripulações de bombardeiros do Corpo de Aviação em Langley Field, Virgínia, não muito distante da capital, no início de 1937, um ano depois de Hap Arnold ter voltado para Washington como assessor do comandante do Corpo de Aviação. Sujeito flexível, mais reparador de coisas e situações do que ideólogo, os dias tumultuosos passados com Billy Mitchell tinham ensinado a Arnold a ser mais diplomático em suas relações com o Ministério da Guerra, onde ele construíra amizades com superiores militares que o haviam ajudado a conseguir esse posto. Já na primeira vez que pilotou esse novo bombardeiro, Arnold se apaixonou pelo avião. Ao contrário da situação de "ciência abstrata na Escola Superior de Técnicas de Guerra do Corpo de Aviação",[122] aquilo, sim, era "poderio aéreo, em que você podia pôr as mãos e segurar". Em sua versão de combate, desenvolvida posteriormente, armado com até doze metralhadoras Browning .50, oito delas montadas em torres giratórias, era uma máquina de guerra terrível. Equipada com a mira Norden de bombardeio e um novo sistema de pilotagem automática desenvolvido na década de 1930, era o avião que poderia prestigiar as ideias da Máfia dos Bombardeiros. Mas somente se seus integrantes conseguissem persuadir o Ministério da Guerra a usá-lo em operações ofensivas e não exclusivamente para proteger o espaço aéreo americano de invasões pelo mar.

O advento do B-17 consolidou a ideia da invencibilidade do bombardeiro, a qual tinha sido um princípio central na obra de Douhet. Mas e se o inimigo desenvolvesse um sistema de defesa aéreo capaz de infligir uma surra inaceitável nas Fortalezas sem escolta? Por que os estrategistas do Corpo de Aviação não exerciam pressão em prol do desenvolvimento de um caça de escolta de longo alcance? Uma das razões para isso era a falta de imaginação. Os membros da Máfia dos Bombardeiros não conseguiram prever que o radar, então em processo de desenvolvimento em oito países, até nos Estados Unidos, como forma de lançar alertas antecipados de ataques aéreos, passaria em pouco tempo a ser empregado como instrumento de detecção da presença de forças hostis nos territórios das nações equipadas com eles. O pensamento deles em relação aos caças de escolta era o seguinte: com uma amplidão de espaço aéreo inteira livre para a aeronavegação, seria quase impossível detectar a presença de bombardeios no espaço aéreo antes que alcançassem o alvo; e, em seus sobrevoos perto deste, eles esta-

A MÁFIA DOS BOMBARDEIROS

riam em altitudes além do alcance dos canhões terrestres do inimigo e em formações autodefensivas tão formidáveis que seria impossível que aviões de caça conseguissem penetrá-las. "Um ataque aéreo bem-planejado e bem--executado, uma vez lançado, não pode ser detido",[123] observou Kenneth Walker, instrutor da Escola Superior de Técnicas de Guerra Aérea do Corpo de Aviação. Já Haywood Hansell tinha uma visão mais realista em relação a isso. Pelo menos admitia a possibilidade de que as defesas aéreas do inimigo poderiam mostrar-se eficazes contra uma invasão de bombardeiros. Caso isso acontecesse, argumentou ele, essas defesas teriam que ser rompidas por meio de combate aéreo direto e com ataques contra bases de caças, fábricas de aviões e fontes de combustível de aviação, o que envolvia a necessidade de atacar a Luftwaffe com golpes decisivos, num confronto individual brutal, em que os bombardeiros sofreriam o grosso dos danos do conflito, "buscando enfrentar os elementos das forças hostis nos ares mesmo".[124] Nos céus da Alemanha fervilhando de lutas renhidas, a Fortaleza Voadora teria que provar que estava à altura do nome que ostentava.

Os entusiastas da guerra de bombardeiros tinham outro argumento contrário ao desenvolvimento de caças de escolta de longo alcance. Diziam que, uma vez que o B-17 era mais veloz do que qualquer outro avião de caça em operação em 1935, equipar caças de combate com tanques de combustível adicionais para serviços de escolta de longa distância reduziria sua velocidade e capacidade de realizar manobras, tornando-os incapazes de acompanhar os bombardeiros e deixando-os incapazes de se defenderem de aviões de caça, que seriam mais leves e mais rápidos. O desenvolvimento de caças bastante velozes e com a autonomia dos bombardeiros era considerado um problema de engenharia insolúvel. "Nós simplesmente nos recusávamos a pensar [na possibilidade de que fossem criados caças de escolta de longo alcance]; até porque não havia como nos deter; o bombardeiro era invencível",[125] asseverou o general Laurence S. Kuter, de uma forma cativantemente sincera durante entrevista no período pós-guerra.

Dinheiro era outro problema. Com o Congresso e o Ministério da Guerra inicialmente dispostos a comprar apenas treze B-17s, insistir que se desenvolvessem aviões de caça teria posto em risco o programa de bombardeios com que o Corpo de Aviação contava como "justificativa para sua existência",[126] nas pertinentes palavras do major Donald Wilson.

Se teóricos do poderio militar aéreo, como Wilson e Kuter, tivessem estudado com mais cuidado a vida e a obra de Billy Mitchell, talvez pudessem ter conseguido dar mais atenção ao papel desempenhado pelos aviões de caça na guerra de bombardeiros, não apenas como escoltas, mas também em combates e caça ao inimigo mesmo. Na Primeira Guerra Mundial, Mitchell e outros comandantes-aviadores da frente de batalha perceberam que nenhuma operação aérea — tática, estratégica ou de reconhecimento — era possível sem o domínio dos ares. "Para Mitchell, a principal função da Força Aérea",[127] acentuou o historiador Williamson Murray, "deveria ser a destruição da Força Aérea inimiga, principalmente seus aviões de caça; somente quando esse objetivo tivesse sido alcançado, a Força Aérea poderia ser empregada contra outros alvos. Portanto, a frota de aviões de combate do inimigo era o alvo fundamental". Tanto é assim que Mitchell defendia a criação de uma força equilibrada com até sessenta por cento de aeronaves de combate.

Conquistar a supremacia aérea era, pois, o pré-requisito para uma ofensiva com bombardeiros bem-sucedida. Na guerra europeia prestes a estourar, os líderes da Força Aérea Americana levariam mais de um ano para baixar taxas de perdas quase paralisantes e aprender essa lição. Mas a Máfia dos Bombardeiros trabalhou intensamente nos anos 1930 para incentivar o desenvolvimento de algo negligenciado tanto por Mitchell quanto por Douhet — um complexo industrial militar dedicado à produção de um número estonteante de aviões de guerra.

Nuvens de aviões

No verão de 1937, o Corpo de Aviação estava travando uma luta desesperada, quase sempre também desalentadora, para conseguir recursos financeiros e comprar um número maior de B-17s. Na época, ele tinha apenas sete dessas aeronaves na pista de Langley sob o comando de Carl Spaatz. Um ano depois, Munique mudou tudo.

Depois que Hitler anexou a Áustria, exigiu que a província de etnia alemã da região dos Sudetos fosse cedida à Alemanha. Na conferência de Munique, em 29 e 30 de setembro de 1938, a Grã-Bretanha e a França abandonaram a Checoslováquia à própria sorte. "Isso nos dará a paz com honra",[128] assegurou o primeiro-ministro Chamberlain ao retornar para Londres. "Acredito que é a paz para o nosso tempo."

A MÁFIA DOS BOMBARDEIROS

Menos de dois meses depois, Franklin Roosevelt, devotado admirador da Marinha, se manifestou a favor de uma estupenda expansão da Força Aérea americana, solicitando com urgência que se tomassem medidas imediatas para aumentar a produção de toda espécie de avião de guerra, não só para o uso do próprio país, mas também para que essas aeronaves fossem enviadas em ajuda à França e à Inglaterra. Estava convicto de que somente milhares de bombardeiros impressionariam Hitler e protegeriam os litorais americanos e os de suas possessões estratégicas, incluindo o Canal do Panamá e as Filipinas, de ataques aéreos e aeronavais do Japão e de bases no hemisfério ocidental que a Alemanha conseguisse conquistar a curto prazo. Após a capitulação em Munique, Roosevelt teve "certeza [...] de que os americanos entrariam na guerra" e "que a aeronáutica militar a venceria", disse Harry Hopkins, o principal assessor do presidente.[129] Contudo, tal como a maioria dos americanos, Roosevelt insistia na ideia de que a guerra aérea deveria ser realizada com os devidos escrúpulos. Quando, por fim, a guerra estourasse na Europa, em 1939, ele faria apelos para que ambos os lados beligerantes se abstivessem de lançar "impiedosos bombardeios aéreos contra indefesos centros populacionais".[130] Churchill concordou com isso, e também Hitler — traiçoeiramente —, justamente na ocasião em que sua Luftwaffe estava prestes a bombardear o centro de Varsóvia.

No mês da crise de Munique, Hap Arnold se tornou comandante do Corpo de Aviação do Exército e promoveu imediatamente Spaatz e Eaker a postos de influência no quartel-general. Eles tinham vencido a "batalha da Casa Branca",[131] disse ele à sua equipe de estrategistas; agora, precisavam vencer a batalha em benefício da produção. Arnold encabeçou essa luta com energia e imaginação. Ele era um ótimo líder, "no sentido de fonte inspiradora",[132] comenta Robert A. Lovett, o financista de Wall Street que se tornou o novo secretário da guerra aérea. "Havia algo de extravagantemente carismático, quase juvenil, em seus entusiasmos." A máxima norteadora de Arnold foi insculpida numa placa de madeira que ele mantinha bem à vista na mesa. "O difícil nós fazemos hoje. O impossível pode demorar um pouco mais."[133] Ele dizia que aprendeu isso com os irmãos Wright.

Sempre com sorrisos diplomáticos e afável com seus superiores, Arnold podia ser distante e brutalmente ríspido para com seus subordinados. Era um homem rígido, "implacavelmente" intolerante para com os que fracassem ou falhassem, assim como seu rigoroso pai, médico de Ardmore, na Pensilvânia.[134] Arnold era famoso por seus sermões morais acachapantes. Numa das reuniões de sua equipe, o alvo dessas arengas devastadoras foi Steve Ferson, oficial do baixo escalão de seu estado-maior. Ferson ficou vermelho como um camarão e começou a suar muito enquanto Arnold gritava na cara dele. De repente, com a mão premida sobre o peito, ele desabou no tapete, acometido por um ataque cardíaco fulminante na frente da mesa do general. Depois que levaram seu corpo embora, Arnold mandou que fossem todos para casa, mas continuou na mesa do gabinete, trabalhando sozinho. "A maioria de nós voltou para a mesa de trabalho também", relatou Laurence Kuter.[135]

O próprio Arnold sofreria cinco ataques cardíacos, o último deles fatal. Alguns membros de seu estado-maior chamavam seu chefe apressadinho de "feitor de escravos";[136] porém, os mais próximos a ele entendiam seu senso de urgência. Afinal, O Corpo de Aviação tinha que "ser montado a tempo de evitar uma catástrofe na Europa e no Pacífico", ponderou Kuter. "Na condição de líder, ninguém trabalhou sob tanta pressão quanto ele. Ele era o alvo do grosso das exigências do presidente, de Harry Hopkins e do restante da equipe de assessores da Casa Branca, bem como de outras importantes agências externas."

Para vencer essas batalhas, Arnold criou alianças nas esferas comerciais e científicas, em Hollywood, no Congresso e na Casa Branca, onde seu velho amigo general George C. Marshall foi encarregado de construir um grande e moderno edifício para enfrentar a ameaça do Eixo. E era consolador para ele ter Carl Spaatz como seu braço direito na condição de chefe de seu estado-maior. Spaatz nasceu e foi criado em Boyertown, Pensilvânia, localidade não muito distante da cidade natal de Arnold. Embora ambos tivessem sido amigos a vida inteira, suas índoles eram diametralmente opostas. O major-brigadeiro Elwood R. "Pete" Quesada, que serviu sob o comando deles na Segunda Guerra Mundial, fez uma comparação entre os dois: "Spaatz era [...] projetista e estrategista [...] Nunca se aborrecia ou tinha acessos e ataques.[137] Arnold, por outro lado, era dinâmico e realizador [...] vivia experimentando algo novo [...] Tinha sempre um novo projeto a cada dia [...] Spaatz era um pensador, ao passo que Arnold era o agitador, e foi isso que o tornou um chefe maravilhoso. Sem ele, jamais teríamos a Força Aérea." Mas, sem Spaatz como contrapeso, talvez Arnold não houvesse chegado tão longe quanto chegou. "Spaatz conseguia relacionar-se melhor com as pessoas do que Arnold." Sujeito "modesto", "ele fazia os outros se sentirem confiantes, pois era muito equilibrado e constante".

Spaatz adorava pôquer, bridge, charutos cubanos e uísque do Kentucky. Em animadas festas na casa de Arnold, pegava seu violão e se abalançava na execução de um infindável repertório de músicas com letras picantes. Quando terminava, recolhia-se num canto para dar umas tragadas em seu charuto. "Eu nunca aprendia nada em minhas conversas",[138] costumava dizer a outras pessoas. Arnold e Spaatz "se adoravam",[139] disse Quesada. "Combinavam um com o outro e eram uma verdadeira equipe, embora Arnold costumasse exagerar [...] o potencial da Força Aérea, enquanto Spaatz não era inclinado a cometer exageros em relação a nada." Mas a verdadeira diferença entre os dois, observou Quesada com perspicácia, estava no fato de que Spaatz "era mais sábio do que decisivo, enquanto Arnold era mais decisivo do que sábio".

Em 1938, o Corpo de Aviação do Exército tinha "planos, mas aeroplanos não".[140] Em maio de 1940, com a França na iminência de cair diante dos nazistas, Roosevelt exortou o país a empenhar-se no objetivo de conseguir uma produção anual de cinquenta mil aviões, lançando suplicantes apelos à indústria da aviação para que expandisse sua capacidade normal de produção, de duas mil unidades mensais para quatro mil.[141] O Congresso liberou rapidamente as verbas para isso. Nas palavras de Arnold, "45 minutos depois, deram [a ele] 1,5 bilhão de dólares e mandaram que criasse uma Força Aérea".[142] Na época da crise de Munique, a Força Aérea Americana, com 1.200 aeronaves de combate e 22.700 homens, entre oficiais e recrutas, era a vigésima do mundo em tamanho. Mais ou menos em dezembro de 1941, ela tinha quase 340 mil oficiais e alistados e cerca de três mil aviões de combate. O mais novo deles era o Liberator B-24, mais veloz e com maior autonomia, capaz de transportar uma carga de bombas superior ao B-17, este mais robusto e mais fácil de manobrar. Em 1944, a produção e o ensino em massa — áreas em que fazia anos que o país estava à frente das outras nações — dariam aos Estados Unidos a maior Força Aérea da Terra, com seus oitenta mil aviões, 2,4 milhões de aviadores e pessoal de apoio terrestre, 31 por cento do efetivo do Exército.[143] Era uma força maior do que o exército de combatentes inteiro que o general Pershing comandara na Primeira Guerra Mundial. Em março de 1944, as fábricas americanas produziram mais de nove mil aviões militares, mais que o dobro do número de aparelhos que Roosevelt havia solicitado em 1940, quantidade considerada na época "absurdamente impossível" de ser produzida, tanto por Hitler quanto pela maioria dos conselheiros do presidente americano.[144] "Nunca antes", escreveu um dos biógrafos de Arnold, "um aparato militar com esse tamanho e essa complexidade tecnológica havia sido criado num tempo tão curto, nem jamais o foi desde então";[145] e ele foi montado por meio de uma estreita parceria entre os setores comercial, industrial e governamental que não era possível na Alemanha nazista, país altamente militarizado. Arnold "foi o líder, a chama inspirativa, a força propulsora por trás de tudo",[146] comentou Lovett. Mas, em 1942, o ritmo de produção não era rápido o bastante para a criação de uma frota de bombardeiros de tamanho considerável. E, ao primeiro surto expansivo da produtividade, ocorrido entre 1938 e 1942, sobreveio um inevitável resfriamento do fervor industrial e dos padrões de instrução e preparação que afetaria as tripulações e o desempenho dos aviões no primeiro ano de operações de combate.

Em 20 de junho de 1941, o Ministro da Guerra, Henry L. Stimson, criou oficialmente as Frotas Aéreas do Exército;[147] e, com Arnold servindo tanto como um dos comandantes da Junta de Chefes de Estado-Maior dos EUA quanto do Estado-Maior Conjunto Anglo-Americano, a Força Aérea conquistou uma boa dose de independência em relação às forças terrestres. Com isso, veio a autorização do presidente para que ela elaborasse seu projeto de produção e atendesse às demandas da guerra, que se aproximava rapidamente. Em agosto de 1941, durante nove dias de esforços frenéticos, quatro ex-instrutores de Maxwell Field — Harold, George, Kenneth Walker, Laurence Kuter e Haywood Hansell — esboçaram um documento, chamado Divisão-1 de Planejamento de Operações de Guerra Aérea [DIPOGA-1, ou AWPD-1, na sigla em inglês], cujo teor "dava a impressão de ser uma preleção da Escola Superior de Técnicas de Guerra Aérea".[148] O DIPOGA-1 apresentava uma projeção, com uma precisão extraordinária, do número de homens e máquinas que seria preciso para se vencer a guerra aérea contra a Alemanha e ia além do necessário planejamento da produção, instituindo, com arguciosa ousadia, a missão suprema da Força Aérea na guerra, que era: "Realizar uma longa, ininterrupta e implacável ofensiva contra a Alemanha e a Itália com o objetivo de aniquilar sua determinação e capacidade para continuar a combater e tornar a invasão desnecessária ou factível sem um

A MÁFIA DOS BOMBARDEIROS

custo de vidas e máquinas excessivamente alto."[149] Como era de esperar, Harold George e sua equipe de planejamento relegaram para segundo plano o desenvolvimento de um caça de escolta de longo alcance. Ademais, o avião de escolta, cuja criação eles defendiam, era um projeto equivocado — uma grande belonave aérea munida com armamento pesado, uma espécie de Fortaleza Voadora sem as bombas.[150]

Quando Marshall e Stimson endossaram o plano, as Frotas Aéreas do Exército conseguiram finalmente a aprovação oficial do projeto de bombardeio estratégico. Elas haviam conseguido o que Arnold chamou de sua própria "Carta Magna".[151]

No entanto, havia problemas pela frente. Os estrategistas da Força Aérea baseavam sua estratégia para vencer a guerra de bombardeiros em céus sem nuvens, em baixas altitudes e sem pelo menos um tipo de resistência simulada qualquer. Em *Command Decision*, seu brilhante romance do pós-guerra sobre a Oitava Frota Aérea, William Wister Haines, que trabalhou como oficial do estado-maior da Oitava, observou em seus escritos que bombardeio de precisão, tal como antevisto em 1941, "era tão capaz de acabar com as guerras quanto um médico é capaz de conferir imortalidade ao paciente".[152] Para o autor, ele era, no máximo, uma "terapia" cuja eficácia ainda se desconhecia. Pior que isso, porém, é que foi um instrumento de guerra transformado em dogma, uma ortodoxia cujos princípios, embora ainda não testados, eram tidos como inquestionáveis. Ponto de fé na doutrina de guerra, aliás, que levaria a perdas desnecessárias de homens e aviões no primeiro ano e meio de operações de bombardeio sobre as terras do Reich, quando as tripulações de bombardeiros americanas enfrentaram um tipo de guerra aérea imprevisto pelos profetas da Máfia dos Bombardeiros.

CAPÍTULO DOIS

Os Amadores de Eaker

"É verão e o mundo inteiro está ardendo em chamas de guerras."

BERT STILES, PILOTO DA OITAVA FROTA AÉREA

Washington, D. C., dezembro de 1941

O ataque japonês a Pearl Harbor "abalou os Estados Unidos como nada antes tinha conseguido fazê-lo desde o incêndio em Fort Sumter",[153] escreveu o historiador Samuel Eliot Morison. Republicanos e democratas, intervencionistas e isolacionistas, trabalho e capital cerraram fileiras, e a nação passou do estado de paz ao de guerra com um espírito de união por ela jamais visto em tempos de crise. Em 8 de dezembro, o presidente Roosevelt participou de uma sessão conjunta do Congresso para requerer a aprovação de uma declaração de guerra contra o Japão. O Congresso aprovou a solicitação presidencial com apenas um voto contrário. Três dias depois, a Alemanha declarou guerra aos Estados Unidos, uma decisão mais calamitosa para a causa nazista do que sua invasão da Rússia em junho do ano anterior.

Na Conferência de Arcádia, uma reunião anglo-americana de alto nível realizada na Casa Branca no mês de dezembro daquele ano, Churchill e Roosevelt endossaram a estratégia de "derrotar a Alemanha primeiro", com a qual haviam concordado com hesitação em ocasião anterior, e conclamaram os envolvidos a se empenharem imediatamente na criação de um braço da aeronáutica militar Americana na Grã-Bretanha. No mês seguinte, Hap Arnold criou a Oitava Frota Aérea e atribuiu a Spaatz a tarefa de capitaneá-la, enquanto Eaker ficou responsável por chefiar seu comando de bombardeiros. Finalmente, os três amigos realizariam a guerra de bombardeiros na Europa para a qual se vinham preparado desde a crise de Munique.

Spaatz — formado por West Point, piloto de avião de combate condecorado e o melhor amigo de Arnold — foi uma escolha previsível. Já Eaker foi uma surpresa. Filho de esforçados meeiros pobres do Texas, entrara para o Corpo de Sinaleiros em 1917 após bacharelar-se pela Southeastern Normal School, em Durant, Oklahoma; tarde demais, contudo, para poder participar de combates. Embora tivesse realizado alguns voos de teste recordistas e impressionantes no Corpo de Aviação na década de 1930, só tinha experiência com aviões de caça. Mas ele era o protegido e parceiro literário de Arnold, que sabia que ele atacaria o inimigo como uma cascavel de veneno fulminante. "Eu quero [...] o espírito do combatente de avião de caça nas operações de bombardeio",[154] explicou ele a Eaker ao dar-lhe o novo comando.

Homem baixo, de queixo quadrangular e calvo, Eaker falava num tom de voz tão suave que mal dava para ouvir, mas era ferozmente ambicioso e tinha subido na carreira militar por méritos próprios, imerso que fora no sufocante caldeirão da cultura de favoritismo de West Point. Era um escritor e orador consumado; e, com seu jeito polido e suave sotaque texano, via-se que era um diplomata nato, qualidade de que precisaria nas delicadas relações com a Royal Air Force. Os britânicos tinham visto seu bombardeio diurno fracassar, assim como o realizado na Alemanha, e queriam ou incorporar a Oitava Frota Aérea ao seu Comando de Bombardeiros, sua força incumbida de missões de bombardeio noturno, ou fazer com que os americanos lhes enviassem bombardeiros para serem usados pelas próprias tripulações aéreas da Inglaterra, provadas em muitas batalhas. Eaker servira por um breve período na Inglaterra, em 1941, como observador das operações da RAF contra a Luftwaffe, e havia estabelecido estreitas amizades com oficiais-aviadores e ministros britânicos. Sabia quanto os britânicos conseguiam ser persuasivos, mas lhe haviam feito jurar que manteria a Oitava como um comando independente.

Haywood Hansell e seu colega de elaboração de estratégias de guerra aérea advertiram o general Arnold de que os Estados Unidos não teriam os aviões

OS AMADORES DE EAKER

e o pessoal necessários para iniciar uma campanha de constante bombardeio estratégico até o fim de 1943. E Spaatz aconselhou o general George Marshall, principal estrategista de guerra americano, a não mobilizar a força que Eaker montaria na Inglaterra antes que ela fosse capaz de aplicar golpes decisivos no inimigo. Todavia, no início de 1942, com o Japão devastando e conquistando tudo em suas arremetidas pelo sudoeste da Ásia e o Exército alemão penetrando fundo, rápido, pelo território russo e atravessando o norte da África rumo ao Canal de Suez, "era como se os Aliados estivessem perdendo a guerra",[155] escreveu Arnold mais tarde. Assim, Marshall ordenou que Arnold enviasse imediatamente para a Grã-Bretanha todos os aviões de bombardeio pesado disponíveis. Não havia planos, portanto, de empregá-los num ataque aéreo maciço e aniquilador sobre a máquina de guerra alemã, tal como antevisto e esperado pelos membros da Máfia dos Bombardeiros. A missão deles era ajudar a preparar o caminho, através do Canal da Mancha, para uma invasão da França ocupada pelos nazistas, o que deveria ocorrer no outono de 1942 se a Rússia desabasse ante os golpes do inimigo; porém, o mais provável era que isso fosse feito na primavera. O general Marshall, principal defensor de uma invasão anglo-americana do norte da França — "nosso caminho mais curto para o coração da Alemanha"[156] — disse a Eaker que seus bombardeiros e caças de escolta tinham um ano para conquistar a supremacia aérea nos céus do norte da Europa. "Acredito que a invasão da Europa através do Canal da Mancha só será possível quando a Luftwaffe tiver sido destruída",[157] argumentou ele. "Seus planos farão isso?" Eaker lhe assegurou que sim e que os aviões alemães seriam varridos dos céus sobre as praias da invasão se lhe fossem dados homens e máquinas suficientes para realizar a tarefa.

Em 4 de fevereiro de 1942, Ira Eaker e seis oficiais de estado-maior partiram para a Inglaterra, a fim de se desincumbirem de sua nova atribuição. Carl Spaatz permaneceu em Washington para supervisionar a preparação e o envio dos primeiros aviões e tripulações da Oitava para lá, incluindo seu Comando de Caças, chefiado pelo general de brigada Frank "Monge" Hunter, um condecorado ás norte-americano da aviação militar na Primeira Guerra Mundial. Quando estivessem preparados para serem despachados por navio, ele iria com eles para a Inglaterra. Isso deixaria a tarefa de formar uma Força Aérea inteira em solo estrangeiro sob a responsabilidade de um general de 45 anos de idade, recém-empossado no posto e cujo maior comando sob suas ordens até então havia sido uma unidade de aviões de combate de 1.500

homens. A tarefa de Eaker era assombrosa: criar um quartel-general, conseguir bases para os aviões e trabalhar em regime de estreita cooperação com a RAF para montar a infraestrutura da Força Aérea essencial às operações de ataque da Oitava Frota Aérea. Com apenas seis integrantes e nenhum avião em fevereiro de 1942, a Oitava seria transformada por Eaker de tal forma, na Inglaterra, que, em dezembro de 1943, ela seria um complexo aparato de guerra com 185 mil homens e quatro mil aviões.

Em 1942, a maior empresa privada americana era a General Motors, com seus 314 mil funcionários, em 112 fábricas espalhadas pelo país. O trabalho de Eaker era comparável à ingente tarefa de criar do nada uma empresa automobilística de um gigantismo dessa magnitude em menos de dois anos. "Poucos homens considerados gigantes da indústria conseguiram montar uma importante organização com a mesma rapidez com que a Oitava foi montada",[158] escreveu James Parton, assessor de Eaker. "E ainda havia a incumbência adicional de inspirar as tripulações a arriscarem a própria vida; não era algo como fazer apenas com que uma grande fábrica ficasse pronta para produzir e vender automóveis."

E Hap Arnold não facilitou em nada a tarefa de Eaker, já que manteve as mais privilegiadas mentes da Força Aérea em seu próprio estado-maior, em Washington. "Você recruta alguns homens brilhantes entre os civis [...] e os prepara que eu concederei a eles a patente que você quiser",[159] disse ele a Eaker. "Você até pode recrutar um executivo inteligente e transformá-lo num oficial do exército razoável em poucos meses. Agora, não adianta escolher um oficial do exército obtuso e querer fazer dele um bom líder de combate."

Somente dois membros do estado-maior inicial de Eaker eram oficiais de carreira do Exército: o tenente William S. Cowart, Jr., jovem piloto de caça que tinha servido sob seu comando no Vigésimo Esquadrão de Caças, e o coronel Frank Armstrong, Jr., velho e confiável amigo que se tornou o subcomandante de Eaker. Três integrantes do estado-maior foram trazidos da reserva: Beirne Lay, Jr., diplomado por Yale que deixara o Corpo de Aviação do Exército na década de 1930 para seguir a carreira de escritor profissional, e dois executivos da Sperry Gyroscope Corporation, Harris B. Hull e seu amigo Frederick W. Castle, formado por West Point e, assim como Hull, piloto experiente. O último membro a integrar a equipe foi o major Peter Beasley, um executivo da Lockheed Aircraft que tinha acabado de conseguir a patente de oficial.

OS AMADORES DE EAKER

Mais tarde, Hull e Castle recrutaram, por sua vez, outros mais para integrar a equipe também, quase todos membros da população civil: jornalistas, advogados, homens de negócio, editores e executivos da área jornalística e editorial, entre eles o editor de Eaker da *Harper's*, um editor do *Saturday Evening Post* e Parton, editor e executivo da revista *Time*, que se juntaria a Eaker na Inglaterra na primavera desse ano. Apelidados de "Os Amadores de Eaker" pelos desconfiados anfitriões da RAF, acabaram compondo um surpreendente estado-maior, e dois deles, Armstrong e Castle, se tornaram excelentes comandantes de missões de combate.

Por pouco, os sete membros da equipe original não conseguem chegar à Inglaterra. Com nenhum avião da Força Aérea disponível, foram para Portugal, país neutro, a bordo do Clipper, hidroavião quadrimotor da Pan American, fabricado pela Boeing. De lá, pretendiam seguir para a Inglaterra num avião de transporte de carga da KLM, uma companhia aérea holandesa, na época sob o controle do governo holandês exilado em Londres. Quando chegaram a Lisboa, viram aviões da Luftwaffe perfilados pela ponta das asas numa das pistas do aeroporto, cuja cidade estava infestada de agentes secretos nazistas disfarçados de pessoas comuns. "Tínhamos sido avisados disso",[160] disse Eaker. "Fomos enviados para lá em trajes civis e nos disseram que não levássemos documentos de espécie alguma [...] Todas as orientações recebidas estavam guardadas na memória." Antes de terem deixado o hotel Metrópole para jantar, os subordinados de Eaker resolveram rearrumar as malas. Quando voltaram para seus quartos à noite, viram que suas bagagens tinham sido revistadas, talvez por agentes da Gestapo. Dois dias depois, às cinco horas da manhã, um piloto holandês os embarcou num avião de transporte de carga KLM DC-3. Estavam todos com os nervos à flor da pele, sabedores de que as águas da Baía de Biscaia estavam sob intenso patrulhamento de aviões de guerra alemães. A Gestapo sabia que eles estavam de passagem por Lisboa com destino a Londres. Será que os aviadores de Hermann Göring receberiam ordens para derrubar o avião deles?, perguntaram-se.

Meia hora depois da decolagem, o piloto holandês fez um pouso não programado na cidade do Porto, ao norte de Portugal. Solicitou que Eaker fosse até a cabine e o informou que um avião alemão os estava seguindo. Após mais ou menos uma hora de espera providencial, ele voltou a decolar. Mesmo depois de optar por se lançar para um ponto distante pela baía afora, teve que pedir para que Eaker voltasse à cabine e apontou para um bombardeiro alemão que parecia tê-los sob a mira de suas armas. Nisso, o piloto holandês "jogou suave e ligeiramente a aeronave de um lado para outro, num esforço para sair da mira dos alemães caso eles abrissem fogo contra nós", relata Frank Armstrong. "Foi justamente nesse momento que a sorte resolveu nos dar uma mãozinha. Um dos motores do avião alemão soltou uma nuvem de fumaça." E, quando o piloto desligou o motor, os perdeu de vista. "O caça-bombardeiro passou a uns 800 metros abaixo de nós e seguiu para terra firme, em busca de um lugar seguro. Nosso piloto saiu da cabine, levantou a gola do casaco até quase a altura dos olhos e deu uma espiada nos passageiros. Todos ficaram mudos durante alguns segundos — recolhidos em preces de gratidão."

Horas depois, chegaram à Inglaterra. O diário de bordo da aeronave informava: "Chegamos ao destino: voo sem incidentes." Um ano depois, os alemães abateram um avião comercial na Baía de Biscaia, no segundo ataque lançado pela Luftwaffe contra aviões de companhias aéreas partindo de Lisboa. O avião estava transportando treze passageiros, entre os quais se achava o ator inglês Leslie Howard.[161] Não houve sobreviventes.

Ao chegar a Londres, a turma de Eaker foi levada para um passeio pela metrópole — duramente castigada, por sinal, mas desafiadora. A guerra-relâmpago dos alemães, os oito meses de incêndios, as bombas e o medo, em 1940 e 1941, mataram trinta mil londrinos e deixaram outros cinquenta mil feridos. Além disso, em distantes frentes de batalha, a guerra estava sendo desastrosa para os Aliados. Na Líbia, forças britânicas tinham sofrido uma derrota esmagadora para o exército do deserto do marechal de campo Erwin Rommel; na Rússia, o Exército Vermelho fora obrigado a recuar para Moscou e Leningrado; e, nas Filipinas, uma precária força militar americana de homens famintos, sob o comando do general de divisão Douglas C. MacArthur, sustentava o derradeiro esforço de resistência nas montanhas da selva de Bataan. Em 15 de fevereiro, cinco dias antes de Eaker ter chegado a Londres, Singapura — o bastião do poderio imperial britânico no Extremo Oriente — caiu diante dos japoneses.

Para a Grã-Bretanha, esses foram os meses mais desanimadores da guerra. Até mesmo a entrada dos Estados Unidos no conflito, a qual Churchill via, com eufórico otimismo, como a garantia de que assim a "Inglaterra sobreviveria" e de que a Alemanha e o Japão "seriam pulverizados", não

OS AMADORES DE EAKER

bastou para animar a opinião pública inglesa.[162] Os londrinos escarneciam dos americanos por terem sido pegos cochilando quando os camicases japoneses passaram devastadores por Pearl Harbor e se queixavam do fato de eles terem entrado muito tarde na guerra.

Para Eaker e seu grupo, foi um choque constatar que estavam num país sob estado de sítio, pois nenhum deles soubera que a vida tinha ficado tão difícil na Grã-Bretanha, onde havia grande escassez de carne, peixes, verduras, geleia, margarina, ovos, leite condensado, cereais, queijo e biscoitos, bem como de roupas, sabão e carvão para aquecimento doméstico. Não havia ninguém passando fome, mas o racionamento tinha obrigado todos a ater-se a uma dieta sem graça, rica em amido e pobre de nutrientes saudáveis e revigorantes.

Eaker e seu diminuto estado-maior haviam deixado para trás uma nação norte-americana que ainda não estava preparada para uma guerra total*. Já a Inglaterra era um país totalmente mobilizado para o combate, quase um Estado inteiro com características de praça de guerra.[163] Homens e mulheres de 18 a 60 anos de idade, em bom estado de saúde física e mental, eram requisitados a prestar serviço militar de um modo ou de outro. Mulheres sem filhos entre 20 e 30 anos de idade eram recrutadas para atuar na frente de batalha doméstica ou trabalhar em fábricas de munição. Foi a primeira vez que isso tinha sido feito num país do Ocidente. Em nenhum país em guerra, exceto na União Soviética, os civis foram submetidos a um nível mais alto de regulamentação governamental e mobilização bélica compulsória. Mulheres operavam baterias antiaéreas em Londres, e fábricas em todo o país funcionavam 24 horas por dia, sete dias por semana, com trabalhadores cumprindo jornadas de doze horas.

A Inglaterra inteira parecia um país em luta desesperada para sobreviver. Centenas de milhares de famílias da classe operária, sessenta por cento delas em Londres, tiveram suas moradias danificadas ou destruídas pelos aviões de guerra dos nazistas, e outros incontáveis milhares delas ainda lamentavam a perda de membros do ninho doméstico e de amigos. As investidas aéreas dos alemães já haviam matado 43 mil civis britânicos. Só no quarto

---

* A guerra total tem como seus principais modelos a 1ª e a 2ª Guerra Mundial. Dentre as suas principais características está o alto poder destrutivo em decorrência da junção de novas estratégias e meios técnicos avançados disponibilizados pela industrialização pesada das grandes sociedades ocidentais. [N. do R.]

ano de guerra os germânicos matariam mais soldados britânicos do que mulheres e crianças britânicas nos anos anteriores como um todo. "Esta guerra é conflito de guerreiros anônimos",[164] declarou Churchill. "Todos os cidadãos das nações em guerra estão envolvidos, e não apenas soldados, mas suas populações inteiras, homens, mulheres e crianças."

Era uma guerra do povo, mas as pessoas estavam cansadas. "Que Londres diferente esta em relação à situação do ano passado, quando as pessoas ficaram nervosas com as investidas aéreas e as ameaças, mas depois continuaram totalmente despreocupadas, muito animadas e elegantes",[165] escreveu uma britânica em seu diário. As famílias iam dormir cedo por causa de suspensões no fornecimento de energia elétrica e carvão e, à noite, as ruas permaneciam com as luzes apagadas e as janelas eram cobertas com cortina de blecaute. Mesmo nas raras ocasiões em que o sol dava as caras por entre nesgas de nuvens, "as pessoas quase nunca sorriam".

No sombrio domingo em que Ira Eaker e seu estado-maior atravessaram Londres numa viatura do comando da RAF, passaram por bairros da East End, perto da principal área portuária da cidade, destruídos pelas bombas alemãs. O jornalista americano Harrison Salisbury "não entendia como a Força Aérea funcionava",[166] conforme escreveu em seu jornal, até pegar um ônibus para ir a uma feira de rua no bairro londrino em que ele morava, a área da cidade mais intensamente bombardeada. "Em toda parte havia um deserto deixado pelos bombardeiros." Salisbury conhecera o general Spaatz em Washington e frequentara festas caseiras em que ele e outros generais da Força Aérea ficavam conversando, até altas horas da noite, sobre um poderio militar aéreo decisivo para vencer guerras. Essa foi a primeira vez que Salisbury viu de perto o conceito de "guerra de bombardeiros eficaz e finalmente entendeu aquilo a respeito do qual Tooey Spaatz estava falando, que era isso que eles queriam fazer à Alemanha".

Para ser mais preciso, era disso que a Grã-Bretanha havia se convencido que tinha que fazer à Alemanha. No início, a única coisa que a RAF lançara sobre a população civil alemã foram panfletos conclamando a população a se rebelar contra seus governantes tirânicos. Operações de bombardeio eram severamente restritas nos alvos escolhidos para ataques, geralmente limitados a aeródromos e navios comerciais. E eram realizadas, à luz do dia, por um pequeno número de pequenos e ultrapassados bombardeiros bimotores. Os líderes britânicos receavam que aterrorizar as cidades alemãs com

OS AMADORES DE EAKER 91

bombardeios poderia provocar represálias bárbaras, na forma de investidas aéreas da Luftwaffe contra Londres, e se preocupavam, também, com o fato de que a RAF ainda não tinha bombardeiros e tripulações suficientes para causar danos significativos na produção ou no moral dos alemães. Para eles, era melhor desenvolver a força de bombardeiros e preservá-la para operações mais decisivas.

Mas aí, em meados de maio de 1940, quando o Exército alemão invadiu a Holanda com chocante facilidade e bombardeou Roterdã, matando 980 civis, Churchill e seu gabinete do Ministério da Guerra autorizaram o Comando de Bombardeiros a atacarem pátios de manobras ferroviárias e fábricas de combustíveis sintéticos no Vale do Ruhr e na Renânia. A esperança deles era que essas surtidas aéreas causassem danos significativos às fontes de geração de recursos do poderio militar germânico e desse aos exércitos Aliados concentrados no norte da França uma chance para resistir ao avanço das rodas esmagadoras do rolo compressor nazista.* Os ataques deveriam ser realizados sob o véu noturno, já que os aviões de caça e as baterias antiaéreas dos alemães estavam dizimando as esquadrilhas da RAF.

A investida aérea da RAF na noite de 15 para 16 de maio de 1940 era o início da grande guerra de bombardeiros estratégicos em escala mundial.[167] Embora o objetivo dessas operações não fosse o de aterrorizar as populações inimigas, Churchill sabia que ocorreriam baixas entre os civis e que era bem possível que a Luftwaffe lançasse um ataque retaliativo sobre Londres, mas ele contava muito com a possibilidade de que os novos aviões de caça da RAF, equipados com sistema de radar, conseguissem derrotar os bombardeiros alemães. Mas aí, em retaliação a um inesperado ataque aéreo da Luftwaffe a Londres na noite de 24 para 25 de agosto de 1940, como parte de uma campanha aérea dos alemães para combalir a capacidade de reação do inimigo, Churchill ordenou um bombardeio retaliatório contra Berlim na noite seguinte.[168] Os danos causados aos alemães foram mínimos, mas

---

* No original, "carro de Jagrená dos nazistas". Alusão do autor ao carro de Jagrená da religião hindu, em que o ídolo de Crixna era levado anualmente em procissão e sob cujas rodas os fanáticos se lançavam. Em sentido figurado, crença cega num ídolo ou ideal, causa da destruição cruel do indivíduo fanatizado. Objeto de devoção cega ou sacrifício cruel. A expressão é usada, por extensão, com o sentido de rolo compressor. Fontes: *Michaelis Moderno Dicionário Inglês-Português*, Editora Melhoramentos Ltda., e Webster's Houaiss Dicionário de Inglês-Português, Editora Record, 2010. [N. T.]

Hitler ficou furioso. Em 7 de setembro, ele iniciou uma campanha militar devastadora, lançando preliminarmente um bombardeio-relâmpago sobre Londres, ataque que logo se estendeu para outras cidades britânicas e cujo principal objetivo era destruir fábricas de aviões e aterrorizar a população civil, até que conseguisse fazê-la desistir de apoiar a guerra. Como represália ao bombardeio maciço a Coventry na noite de 14 para 15 de novembro, o novo comandante do estado-maior da aeronáutica militar britânica, Sir Charles Portal, ordenou, em meados de dezembro daquele ano de 1940, um bombardeio aéreo a Mannheim com objetivos aterrorizantes, investida todavia amplamente ineficaz, com bombas caindo dispersas em áreas desabitadas em torno da cidade.[169]

A guerra de bombardeiros, cujo advento os teóricos do poderio militar aéreo Giulio Douhet e Billy Mitchell tinham previsto, estava começando a materializar-se. Contudo, durante algum tempo, os britânicos continuaram comedidos e seletivos em seus ataques. Já durante toda a guerra-relâmpago, os ataques alemães a cidades britânicas foram contínuos, sucedendo-se noite após noite e quase totalmente indiscriminados em seus objetivos. O esforço dos britânicos, com seus bombardeios retaliatórios, se destinava principalmente a atingir alvos militares, e somente um pequeno número de civis alemães que moravam perto das áreas visadas pelos ataques morreu. Havia também uma diferença na intenção dos ataques. O principal objetivo dos alemães era a conquista, ao passo que os britânicos lutavam para sobreviver. Depois da retirada de seu exército de Dunkirk, a Grã-Bretanha ficou sem outros meios de revidar os ataques sofridos, lançando investidas diretas contra a Alemanha. Ainda em 1940, "bombardeios eram um claro exemplo da forma pela qual a Grã-Bretanha deveria guerrear, ao contrário da que, talvez, gostasse que fosse a melhor maneira de fazer isso",[170] escreveu o historiador Max Hastings.

Os resultados dos ataques britânicos eram desanimadores, já que as perdas e as imprecisões continuavam altas. No verão de 1941 foi publicado um alarmante estudo do governo sobre a precisão dos bombardeios. Seu autor, um funcionário público chamado D. M. Butt, alegava no documento que apenas um terço dos aviões britânicos que tinham chegado ao alvo em junho e julho daquele ano haviam lançado suas bombas dentro do raio de 8 quilômetros do Ponto de Mira. No Vale do Ruhr, região muito bem-protegida pelos armamentos alemães e envolta permanentemente nas nuvens

OS AMADORES DE EAKER 93

de fumaça de sua produção industrial, essa proporção passava de uma em cada dez ou mais aeronaves.

O relatório de Butt provocou uma mudança significativa na estratégia de ataques com bombardeiros. Como era impossível realizar investidas de precisão à noite, a Inglaterra passaria a fazer agora o que Churchill jurara que jamais faria: realizar ataques deliberados contra populações civis. Dali por diante, os alvos da nova campanha aérea dos britânicos seriam as áreas de grandes aglomerados urbanos das cidades alemãs, os centros residenciais em que a maior parte da força de trabalho germânica morava. Assim, 58 cidades com mais de cem mil habitantes foram postas na lista de alvos. O objetivo: destruir "o moral da população civil do inimigo e, principalmente, de seus trabalhadores industriais".[171] As ações agora deveriam ser de bombardeios aterrorizantes, uma execução das ideias de Douhet e Mitchell. Só não podemos deixar de considerar que foi um ato de desespero, e não um objetivo de política militar, originariamente falando.

A nova política de bombardeios aéreos foi endossada por Churchill, que aprovou também a escolha da pessoa para pô-la em prática, o marechal do ar Arthur Harris, um oficial de carreira direto e objetivo que vinha trabalhando como chefe de uma delegação da RAF em Washington. Na capital americana, Harris conheceu Ira Eaker num jantar, pouco antes de ambos terem sido escalados para partir com destino à Inglaterra, quase na mesma época, mas em aviões diferentes, para que assumissem comandos respectivos e correlativamente idênticos. Em 22 de fevereiro, um dia depois que Eaker chegara a Londres, Harris se tornou o comandante em chefe do Comando de Bombardeiros. Embora Harris não tivesse instituído as diretrizes da nova estratégia de bombardeio, ele as abraçou com entusiasmo, se bem que com uma restrição de suma importância. Considerava uma das metas do estratégico bombardeio de efeitos psicológicos — o que visava desencadear um levante social — uma quimera. Douhet previra que um povo submetido a implacável bombardeio de efeitos morais acabaria se rebelando contra o governo de seu próprio país e forçando o fim da guerra; porém, mesmo que o ânimo do povo alemão fosse quebrantado por bombardeios intensos, como então os milhões de pessoas em situação de grande sofrimento se levantariam contra o regime nazista, com seu sistema de espionagem, tortura e repressão, de uma eficácia atroz? Por isso, o principal objetivo de Harris era realizar bombardeios por zona para atrasar a produção alemã,

MESTRES DO AR

destruindo seus centros industriais e matando trabalhadores da indústria. Levava mais tempo para formar bons trabalhadores, diria ele a Eaker, do que produzir boas máquinas e, aqueles, uma vez "em falta, provocariam uma crise de produção na indústria de guerra que a afetaria tanto quanto a perda das próprias fábricas".[172] Ele achava também que a destruição das casas dos trabalhadores atrapalharia quase na mesma medida a produção industrial, uma vez que geraria ansiedade e altas taxas de absenteísmo. Para socorrer-me de um eufemismo, cito o caso de um oficial britânico que chamava a nova iniciativa de "despejo" estratégico-militar coletivo, mas o Harris "Balista", balisticamente franco e direto, tal como a imprensa começava a apodá-lo, nunca negou que se tratava de uma estratégia de bombardeios bombasticamente terrorista.

Harris herdou uma força de bombardeiros pequena e obsoleta, com menos de quatrocentas aeronaves em condições operacionais, e apenas 69 das quais eram aviões de bombardeio pesado. Entretanto, o Comando de Bombardeiros já estava em vias de se tornar bem maior e tecnicamente mais capaz e eficiente. Em março daquele ano de 1941, os bombardeiros britânicos começaram a usar um novo dispositivo auxiliar da aeronavegação militar, codinominado Gee (na sigla em inglês), um sistema de radar projetado para guiá-los até o alvo em noites sem luar, e fábricas britânicas estavam iniciando a produção em massa dos quadrimotores Stirlings, Halifaxes e Lancasters, os quais seriam os instrumentos progenitores das campanhas de "estourar cidades" do Harris Balista, uma série de "batalhas de bombardeiros" que ele acreditava que poria a Alemanha de joelhos antes que fosse possível realizar uma invasão por terra. "Eu estava convicto", escreveu ele depois, "de que uma ofensiva com o emprego de bombardeiros, desencadeada com a devida força e o tipo correto de bombas, era algo que, se prolongado por tempo suficiente, nenhum país seria capaz de suportar".[173]

Ao contrário de Harris, Churchill não depositava a mesma confiança na tese de que uma campanha de bombardeios fosse capaz, por si só, de derrotar a Alemanha nazista, mas, na falta de opções, ele endossou o programa de bombardeio de características implacáveis, concebido para ser executado pelo homem que ele chamava de — por um lado, porque o admirava; por outro, porque abominava uma parte desse homem — o Corsário dos Ares. (As idólatras tripulações de Harris, as quais ele apoiava incondicionalmente, o chamavam de Açougueiro, ou apenas, carinhosamente, de Aço.) E o próprio

OS AMADORES DE EAKER

primeiro-ministro não opôs nenhuma restrição de natureza moral, tanto na época quanto depois, a uma campanha de guerra aérea sem limites. Depois da guerra, ele disse por carta a um ex-oficial do Comando de Bombardeiros: "Jamais deveríamos nos desculpar pelo que fizemos à Alemanha."[174]

Após uma estada de três dias em Londres, Eaker e seu estado-maior foram para o quartel-general do Comando de Bombardeiros em High Wycombe, uma localidade suburbana das Colinas de Chiltern, distante uns 40 quilômetros de Londres. Foram recebidos calorosamente por Harris — agora Sir Arthur —, que os convidou a compartilhar dos espaços destinados a moradias e ao exercício profissional dos militares do Comando de Bombardeiros até que os colegas americanos conseguissem montar seu quartel-general. Harris insistiu que, enquanto isso, Eaker fosse morar com sua família — Lady Jill, sua radiante esposa, e sua filha de 2 anos —, na residência em que eles haviam se instalado, numa magnífica propriedade rural com estábulos equestres e umbrosas alamedas propícias a passeios aprazíveis.

Eaker e Harris faziam aniversário no mesmo dia e ambos tinham enfrentado as mesmas dificuldades materiais em suas vidas. Entre elas, por exemplo, a situação de Harris ter passado parte da juventude enfrentando desagradáveis e penosas condições de sobrevivência na antiga colônia inglesa da Rodésia, chefiando turmas de trabalhadores rurais no dorso de cavalos, roçando terrenos infestados de mosquitos e gerenciando uma fazenda de cultivo de tabaco.[175] Contudo, em quase todos os outros aspectos, eles eram totalmente diferentes. Raymond Daniell, um correspondente do *New York Times*, fez uma primorosa descrição sucinta de ambos. "Harris, que fora dono de garimpo e cultivador de tabaco na Rodésia, é um homem corpulento — alto, com ombros largos, mas proporcionais à sua grande estatura —, tem um senso de humor exuberante e espirituosamente mordaz. É senhor de uma franqueza intrépida e pessoa afetuosa, algo incomum para um inglês — provocador e conversador empolgante [...] Eaker é um texano de fala mansa, de corpo atlético e ágil. Seus traços, assim como os de muitos homens que têm dedicado a maior parte de suas vidas à aviação, ganharam linhas pronunciadas, marcantes e firmes que nos fazem lembrar de uma águia. Ele é modesto e retraído, quase tímido. E tem aquela cautelosa delicadeza no trato que as pessoas costumam associar à típica índole dos sulistas americanos anteriores à época da Guerra Civil Americana."

Harris lia livros de história sobre assuntos militares e agricultura em suas horas livres; Eaker gostava de se exercitar com uma regularidade devota. Harris apreciava saborear coquetéis à noite; já Eaker quase não bebia — um pouco de xerez de vez em quando —, mas adorava pôquer, charutos e reunir-se com pessoas amigáveis e joviais. Harris tinha "um senso de humor seco, mordaz, quase sempre vulgar"; chegava a ser odiosa e muitas vezes brutalmente desabrido. Eaker mantinha suas paixões ocultas sob firme controle e, em reuniões sociais, se mostrava ávido por agradar os convivas. Embora Harris, filho de um funcionário do Ministério das Relações Exteriores, gostasse de zombar da classe dos esnobes "monoculados", mantinha severa distância de seus subordinados, numa atitude fria e exigente de comando. Eaker, por outro lado, tinha um jeito mais informal no trato com os colegas. Trabalhava em regime de estreita colaboração e trocas de informações com os membros de seu estado-maior, jogava vôlei, beisebol, pôquer com eles e procurava ouvir suas opiniões e conselhos. Era um homem sem nenhum tipo de afetada presunção de superioridade. Acomodado no banco de trás de sua limusine, pedia que o motorista parasse para pegar soldados britânicos a caminho de casa, parados à beira da estrada pedindo carona. "Oficiais britânicos nunca fazem isso",[176] disse a ele um soldado. E, quando Eaker ia à cidade para cortar os cabelos, ficava sentado no salão do barbeiro, na companhia dos outros fregueses, aguardando pacientemente sua vez. Quando o prefeito pediu que fizesse um discurso improvisado diante de um grupo de cidadãos de High Wycombe, Eaker disse apenas o seguinte: "Não conseguiremos muita coisa discursando, não até que combatamos mais. Esperamos que, com a nossa partida, vocês fiquem contentes por termos vindo."[177]

Verdadeiro capataz, feitor de uma exigência implacável quando no exercício do cargo, Harris se revelava em casa um anfitrião cordial e descontraído, uma pessoa totalmente diferente da que nele predominava quando na Sala de Operações subterrânea do quartel-general do Comando de Bombardeiros. Ele e Eaker gostavam muito um do outro e se reuniam todas as noites na famosa "sala de conversas" de Harris, um escritório de paredes forradas em couro e madeira em que este último mandara instalar um projetor de slides estereoscópico, aparelho capaz de exibir imagens aerofotográficas das cidades inimigas que suas tripulações estavam destruindo. Mas sua amizade instantânea jamais conseguiu tapar o abismo que os mantinha, em margens opostas, no oceano de antagônicas convicções filosóficas sobre a melhor forma de bombardear o inimigo. Harris torcia para que Eaker triunfasse em suas iminentes experiências práticas com bombardeios aéreos diurnos e fazia tudo que estava ao seu alcance com o intuito de prepará-lo para ser bem-sucedido, compartilhando com ele informações secretas e estratégicas, bem como sobre operações militares, previsão meteorológica e escolha de alvos. Mesmo assim, Harris estava convicto de que a experiência do colega americano fracassaria e que Eaker acabaria sendo forçado a submeter suas tripulações a novos treinamentos, reequipar seus bombardeiros e juntar-se à RAF em suas investidas aéreas. "Deus sabe que torço para que você consiga fazer isso", assegurou ele a Eaker, "mas acho que você não conseguirá. Venha trabalhar conosco em nossas operações noturnas. Juntos, nós os venceremos".[178]

Em suas memórias, James Parton reconta uma famosa história sobre Harris para lançar luz sobre um fator de diferenciação fundamental entre os dois comandantes. Enquanto dirigia seu Bentley a toda velocidade, em uma de suas rotineiras viagens entre Londres e High Wycombe, Harris foi parado por uma viatura da polícia. O policial o advertiu educadamente:

— Poderia ter matado alguém, senhor.[179]

— Meu jovem — retorquiu Harris —, mato milhares de pessoas todas as noites!

Ele não só não ficava com a consciência pesada nem se sentia constrangido ou envergonhado por matar ou deixar que os outros soubessem que ele matava civis inocentes, mas "sentia prazer nisso",[180] disse Parton em seus escritos. É possível que tenha sido o caso, mas isso pode levar a conclusões equivocadas. Ira Eaker nunca se opôs às investidas aéreas comandadas por Harris movido por preocupação pelas vítimas de suas bombas. "Não acho que houvesse escrúpulos morais entre os militares na Segunda Guerra Mundial",[181] observou ele após o término do conflito. "Quando eu observava bombas caindo e atingindo casas e igrejas, ficava enojado de tudo aquilo, mas eles estavam nos atacando também." Se a bomba atômica existisse em 1942 e ele tivesse recebido autorização para usá-la, ele a teria lançado sobre a Alemanha sem nenhum peso na consciência, disse Eaker.

As objeções que Eaker fazia a operações de bombardeios por zona eram totalmente fundamentadas em considerações militares — achava que não era a forma mais eficiente de liquidar o inimigo. No entanto, acreditava que bombardeios por zona, em combinação com bombardeios de precisão dos americanos, poriam a Alemanha sob uma pressão insuportável, 24 horas por dia, o que acabaria apressando sua extinção como nação inimiga. Ele via as operações de Harris como complemento das suas e considerava o colega um parceiro, e não um rival.

Harris se mostrou útil na tarefa de conseguir um quartel-general permanente para Eaker e seu estado-maior, equipe que aumentava a cada semana. Quando voltou para casa, vindo de uma de suas missões de reconhecimento através das Colinas de Chiltern, os assessores de Eaker informaram que haviam achado um local perfeito, o Educandário Feminino da Abadia de Wycombe, cuja sede era um solar fortificado construído num *campus* com características de parque e aleias ladeadas por tílias. Com as insistentes ingerências políticas de Harris e Eaker, o Ministério da Aeronáutica Britânico foi pressionado a transferir as alunas para Oxford e ceder o controle da escola à Oitava Frota Aérea. Já no primeiro dia de abril em que Eaker e seus outros vinte oficiais americanos se mudaram para lá, criaram um campo de beisebol e montaram redes de vôlei na propriedade. À noite, o oficial de serviço ouviu, de repente, sinetas badalarem em todo o solar. Após averiguações, descobriu que, ao lado de cada cama, havia uma campainha com o aviso: "Se precisar de uma professora* à noite, toque duas vezes."[182]

A Abadia de Wycombe, codinominada Pinetree, ficava somente a pouco mais de 4 quilômetros do quartel-general de Harris. Isso facilitava as comunicações e a cooperação entre as unidades. Em trabalho conjunto com Harris, Eaker conseguiu oito bases aéreas desativadas, outrora usadas pela RAF, em Huntingdonshire, nas Midlands, região da grande planície central da Inglaterra, situada ao norte de Londres. Mais de outras cem bases aéreas americanas — de bombardeiros e aviões de caça, bem como de suprimentos, treinamento e manutenção e reparos aeronáuticos — seriam construídas em breve, a maioria delas em Norfolk e Suffolk, na vizinha Ânglia Oriental. Mais ou menos no fim de 1943, a Oitava transformaria essas regiões, de igrejas altas e pequenos povoados, numa espécie de grande porta-aviões em terra firme. A Ânglia Oriental se tornaria uma "excepcional zona de abrigo de bombardeiros aéreos americanos",[183] com a RAF concentrando suas bases de bombardeiros ao norte.

---

* Mistress no original. É que essa palavra inglesa pode significar também amante. (N. do T.)

OS AMADORES DE EAKER

Em maio, enquanto as turmas de operários finalizavam os trabalhos de construção das duas primeiras bases da Oitava Frota Aérea — a de Polebrook e a da vizinha Grafton Underwood —, o general Hap Arnold chegou à Inglaterra. Em 30 de maio, Churchill o convidou e a sua delegação, juntamente com Eaker e o embaixador Winant, para um jantar em Chequers, seu retiro em Buckinghamshire. Enquanto os convidados se sentavam para jantar, o primeiro-ministro se levantou e fez um anúncio dramático:

— Naquele exato momento os aviões da RAF estavam partindo para realizar o maior ataque aéreo da história; uma investida com a participação de mil aviões à cidade de Colônia.

Harris já tinha reduzido a cinzas os núcleos históricos de duas cidades medievais Lubeck e Rostock; facilmente deflagráveis por bombas incendiárias, mas ele precisava de uma demonstração maior e mais convincente da eficácia da técnica do bombardeio rolante. Horas depois, nessa mesma noite, enquanto os comensais se regalavam na sala de estar, saboreando vinhos do porto e soltando baforadas de charutos, o primeiro-ministro anunciou que a Operação Milênio* fora um sucesso assombroso. Informou ainda que o centro inteiro da cidade da Renânia ardia como um mar em chamas. Algum tempo depois, eles souberam que, em menos de duas horas, quase quinhentas pessoas foram mortas, 45 mil ficaram desabrigadas e doze mil edifícios ruíram sob o estouro das bombas, a um custo de apenas 41 aviões britânicos perdidos na operação. O bombardeio serviu tanto como artifício propagandista quanto como operação militar em si. Afinal, Harris conseguira montar uma força de ataque de 1.046 "bombardeiros" simplesmente enviando para a missão de ataque quatrocentos aviões das unidades de treinamento ultrapassados, mas, com essa investida aérea, se tornou um herói nacional e o queridinho da imprensa britânica.

Nessa festiva noite em Chequers, Hap Arnold cumprimentou calorosamente o primeiro-ministro pelo feito; contudo, no sucesso britânico, enxergava uma oportunidade perdida pelos americanos. Ele fora a Chequers para persuadir Churchill e seus assessores da RAF da eficácia da estratégia de bombardeio diurno dos americanos. "Com tantos momentos históricos

---

* Foi assim chamada pelos britânicos a operação ocorrida na noite do dia 30 para 31 de maio de 1942. A cidade de Colônia foi duramente bombardeada e a destruição deixou mais de 45 mil desabrigados. [N. do R.]

para escolher [...], eu tinha que eleger justamente o dessa noite, quando eles estavam procurando convencer o mundo da eficiência de seu próprio tipo de bombardeio [...] Estava claro que agora haveria uma nova onda de pressões da parte dos britânicos para que cedêssemos nossos bombardeiros quadrimotores à RAF."[184]

Na noite do bombardeio aéreo à cidade de Colônia, a Oitava Frota Aérea tinha apenas 1.871 integrantes na Inglaterra — quase todos eles oficiais das forças terrestres — e nem um único avião. No dia seguinte, o embaixador Winant enviou uma mensagem urgente ao presidente Roosevelt. "É a partir da Inglaterra que poderemos vencer a guerra. Enviem aviões e soldados para cá o mais rapidamente possível."[185]

O primeiro grupo de combate aéreo já estava a caminho. Na manhã de 10 de junho, o imponente *Queen Elizabeth*, transformado em navio de transporte de tropa, aportou no Estuário de Clyde. A bordo, junto com milhares de soldados de infantaria americanos, estavam metralhadores do 97º Grupo de Bombardeiros; os pilotos e os oficiais-navegadores se juntariam a eles um mês depois, após uma viagem pelo Atlântico tão aflitiva quanto a travessia que Charles Lindbergh já fizera há quinze anos.

O B-17 era uma máquina muito mais confiável do que o *Spirit of St. Louis*, mas Lindbergh era um aviador magnífico. Os pilotos da Oitava fizeram a travessia do mesmo oceano com apenas alguns meses de instrução e aulas práticas de pilotagem, tendo que confiar nos relatórios de radioperadores que tinham dificuldades tanto para traduzir pontos e traços, quanto para orientar navegadores que não tinham domínio pleno e seguro de uma arte tão complexa. Depois que decolaram do litoral do Maine e assim que olharam para baixo, aviadores provenientes de cidades do coração do país se depararam, algo surpresos, com as águas do primeiro oceano que tinham visto na vida. Seu destino era Prestwick, Escócia, a extremidade oriental daquela que era chamada de a rota do "grande círculo". As pedras da "alpondra" referencial de sua viagem eram quatro grandes massas de terra: Newfoundland, Labrador, Groenlândia e Islândia. Embora grupos posteriores, em travessia pelo Atlântico, seguissem direto para a Escócia — situada a 3.200 Km de seu ponto de partida —, os primeiros grupos achariam essas estações de pouso indispensáveis, pois, geralmente, tinham que realizar a travessia sob as piores condições climáticas da Terra.

OS AMADORES DE EAKER

No primeiro trecho da travessia, os aviadores rumavam para um dos dois destinos possíveis: Goose Bay, a província canadense de Labrador, ou Gander Lake, no sul de Newfoundland, ambas as localidades situadas a pouco mais de 1.100 quilômetros do litoral norte do Maine. Em seguida, percorriam um perigoso trecho, que podia variar entre 1.100 e 1.600 quilômetros sobre o mar, até uma das duas bases que os Estados Unidos tinham acabado de construir na Groenlândia por meio de um acordo com a Dinamarca. Os primeiros aviões do 97º Grupo de Bombardeiros, comandado por Paul Tibbets, chegaram à Groenlândia com facilidade. Mas aí os problemas começaram. Ao sobrevoar as escarpadas e anfractuosas montanhas litorâneas da ilha, Tibbets viu, estendendo-se a perder de vista lá embaixo, um manto de gelo cintilando sob a luz do sol. Para ele foi um aviso de que estava se aproximando da Bluie West One, base americana com um dos mais perigosos aeródromos do mundo. Tibbets entrou com seu bombardeiro num fiorde estreito e perigoso, com uns 32 quilômetros de extensão, flanqueado por penhascos altos, cumes serrilhados e pontiagudos, pelos quais as pontas de suas asas passavam apenas a alguns metros de distância. Nas palavras dele, havia nesse fiorde "várias curvas traiçoeiras. Ele era ladeado também por alguns desfiladeiros e eu tinha que ficar muito atento ao mapa para evitar entrar num deles equivocadamente [...] e acabar dando num beco sem saída ou ficar sem nenhuma possibilidade de manobra".[186]

Quando o piloto entrava no fiorde, tinha de saber quais eram as condições do tempo no aeródromo, situado em sua extremidade oposta. Ele não tinha como fazer manobra de retorno, e nenhum B-17 conseguia subir rápido o bastante para evitar chocar-se contra um imenso paredão de rocha e gelo logo atrás da pista de pouso. Nessa ocasião, porém, o tempo estava claro e bom, e Tibbets conseguiu chegar à base sem problemas. Mas depois outros aviões de pilotos americanos se espatifariam contra os rochedos e se incendiariam quando neblinas ou tempestades de avanço rápido se aproximassem e os engolissem em seus vapores e fortes ventos.

A BW-1 ficava num lugar inóspito e perigoso, pouco abaixo do Círculo Polar Ártico. Ela tinha um refeitório, um barraco usado como estação meteorológica, algumas cabanas espalhadas por uma parte do terreno, usadas como alojamento e cheias de frestas deixando passar gélidos ventos glaciais. Do outro lado do fiorde jazia uma vila de esquimós isolada. A base não possuía nenhum atrativo tentador que levasse o sujeito a querer permanecer ali por mais tempo que o necessário. Depois que reabasteceu, Tibbets partiu para a Islândia e depois seguiu para Prestwick, burgo escocês situado a mais de 1.360 quilômetros a leste dali. Um oficial-navegador da Royal Air Force foi à localidade receber os membros de seu esquadrão e depois guiou os bombardeiros até Polebrook, onde aterrissaram numa pista cujo terreno havia sido, até pouco tempo atrás, uma lavoura de batatas. Quando, semanas depois, o último avião do 97º aterrissou no aeródromo, Tibbets soube que seus desafortunados colegas aviadores do grupo de bombardeiros tinham enfrentado muitas dificuldades, que haviam perdido cinco aeronaves, mas, felizmente, nenhum colega. "Essas jovens tripulações e seus aviões provaram o que é necessário ter e fazer para se vencer uma guerra", escreveu Tibbets tempos depois.

Um mês antes, o general Carl Spaatz chegara à Inglaterra, a bordo do Liberator B-24, e já conseguira montar seu quartel-general em Bushy Park, localidade perto de Londres e do quartel-general do novo comandante do Teatro Europeu de Operações de Guerra, o general de divisão Dwight David Eisenhower. Com a chegada do 97º, a Oitava Frota Aérea estava pronta para entrar na guerra.

A unidade era formada por quatro comandos. Além dos Comandos de Bombardeiros e de Caças, havia o Comando de Apoio Aeroterrestre, que seria equipado, um ano depois, com bombardeiros bimotores Marauder B-26, e o Comando do Serviço de Manutenção, responsável por operações de suprimento e manutenção. O general Frank "Monge" Hunter instalou o quartel-general do Comando de Caças em Bushey Hall, uma mansão numa propriedade rural em Hertfordshire, nos arrabaldes londrinos ao norte, próximo ao Comando de Caças da RAF. Até agosto, haveria quatro grupos de aviões de caça americanos no Reino Unido, dois deles operando os britânicos Spitfire, e outros dois pilotando os americanos Lightnings P-38.

Para efeito de planejamento e orientação das operações de combate, o Comando de Bombardeiros da Oitava foi organizado em alas. Cada uma delas era composta de três grupos de bombardeiros, que se reuniam nos céus de suas bases vizinhas e, logo depois, partiam juntos para a guerra. Por sua vez, cada ala de aviões de combate pertencia a uma ou outra unidade maior, chamada, inicialmente, de brigada de bombardeiros e, mais tarde, divisão de bombardeiros. As unidades deste último tipo eram o equivalente a divisões de infantaria, enormes unidades onde era possível travar grandes batalhas.

Em 1942, havia apenas duas brigadas de bombardeiros. Cada uma tinha seu próprio comandante e quartéis-generais, onde ataques com bombardeiros que demandavam estreita coordenação eram planejados e organizados.

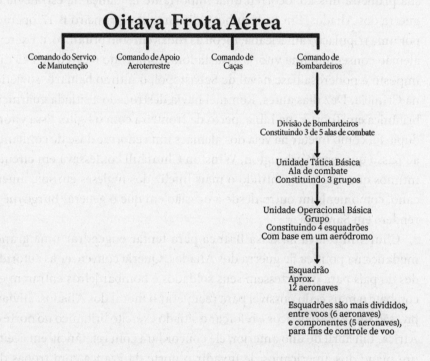

Os Amadores de Eaker
Organograma de hierarquia e constituição

Esse padrão organizacional era incompreensível para a maioria das famílias de fazendeiros que residiam em localidades antigas que, pouco antes, tiveram seus nomes mudados e parte de suas terras destinada a atender os objetivos da guerra. Em pouco tempo, essa gente apegada a tradições levaria os jovens pilotos americanos a ignorarem a terminologia militar e a passarem a chamar suas bases não pelos números designados pela Força

Aérea, mas pelos nomes dos antigos vilarejos perto do quais os aeródromos foram construídos: Seething e Snetterton Heath, Wendling e Wattisham, Alconbury e Attlebridge, Thorpe Abbotts e Thurleigh.

A ampla maioria dos recrutas americanos que começaram a chegar em grande número à Inglaterra no fim do verão de 1942 foi para lá com o objetivo de participar de treinamentos para a invasão. Já os aviadores participariam dos combates imediatamente. Todavia, enquanto as tripulações do 97º Grupo de Bombardeiros lotadas nessas bases se preparavam para realizar sua primeira missão, ocorreu uma importante mudança na estratégia de guerra dos Aliados. Em 1º de julho, o dia em que o primeiro B-17, operado por uma tripulação americana, tocou as rodas em solo britânico, o Exército alemão conseguiu uma vitória assustadora, rompendo o cerco de 245 dias imposto à poderosa base naval de Sebastopol, o último baluarte soviético na Crimeia. Dez dias antes, Rommel havia destroçado a sitiada guarnição britânica em Tobruk, na Líbia, perto da fronteira com o Egito. Essa vitória dupla foi como injetar na veia dos alemães uma enorme dose de confiança, ao passo que, em Washington, Winston Churchill confessava em círculos íntimos que estava se sentindo o mais infeliz dos ingleses em solo americano, como nenhum outro desde a ocasião em que o general Burgoyne se rendera em Saratoga.

Churchill estava na Casa Branca para tentar engendrar uma grande mudança na política de guerra dos Aliados. Queria convencer as autoridades do país para que fizessem seus soldados e bombardeiros entrarem em combate o mais cedo possível para recuperar o moral dos Aliados, aliviar a pressão sobre os soviéticos e reforçar o sitiado exército britânico no norte da África. Em abril do ano anterior, ele concordara com relutância em aceitar um plano dos americanos de invadir o norte da França com tropas dos Aliados na primavera de 1943. Agora, estava usando seu famoso poder de persuasão para tentar convencer Roosevelt a adiar essa invasão. Ao invocar os acontecimentos em Dunkirk, advertiu o presidente sobre a possibilidade de "o Canal da Mancha ficar coberto de corpos de soldados britânicos".[187]

A estratégia funcionou. Em julho daquele ano, Roosevelt concordou em realizar um desembarque de soldados dos Aliados no norte da África francesa, dando assim forma a uma controversa e veementemente contestada mudança na política de guerra, já que implicava adiar indefinidamente uma invasão da França ocupada pelos nazistas através do Canal da Mancha, a

OS AMADORES DE EAKER

"segunda frente de batalha" que Josef Stálin vinha exigindo impacientemente. George Marshall e seu protegido, Dwight Eisenhower, o inexperiente general que Roosevelt escolhera para comandar a Operação Tocha, tal como era conhecida a campanha militar no norte da África, se opuseram ferrenhamente ao plano, mas Churchill estava certo. Uma frota de navios adequada para a invasão ainda não tinha sido criada; os submarinos alemães estavam infligindo grandes danos aos comboios em travessia pelo Atlântico; e a Luftwaffe dominava os céus do norte da Europa. Para Roosevelt, havia ainda considerações políticas. Com novembro se aproximando e as eleições despontando no horizonte político, ele se achava sob pressão para empregar as forças militares americanas em combates terrestres contra os alemães. E o norte da África, com a ajuda dos britânicos, era o único lugar em que americanos ainda em condições de mobilização militar eram suficientemente fortes para enfrentar a temível máquina de guerra dos germânicos.

Arnold ficou furioso.[188] Como parte do plano de invasão, ele recebera ordens para destacar uma parte da subdesenvolvida Oitava para apoiar as iminentes operações no Mediterrâneo e foi informado de que ainda não estava autorizado a falar a Spaatz e a Eaker a respeito dessas mudanças. Portanto, o 97º e o 301º Grupos, que tinham acabado de chegar à Inglaterra, deveriam ser reencaminhados para o norte da África, mas outros bombardeiros também, diretamente das bases de treinamento nos Estados Unidos. Isso significava que o plano da Força Aérea de ter mil aviões de bombardeio pesado nos céus da Alemanha em abril de 1943 teria que esperar — por quanto tempo, Arnold não sabia.

O problema era mais do que uma simples questão de atraso. Arnold via a Operação Tocha como uma ameaça à própria existência da Oitava Frota Aérea. Antes que a operação houvesse terminado, talvez a enfraquecida Oitava fosse incorporada à campanha de bombardeios noturnos da Royal Air Force.

Foi por essa razão que Arnold pressionou Spaatz e Eaker a fazerem com que suas tripulações entrassem em combate antes mesmo que pudessem ser devidamente treinadas. As semanas anteriores à invasão do norte da África em outubro poderiam ser a oportunidade da Força Aérea Americana na guerra para provar sua doutrina de combate de bombardeio estratégico diurno. Quando informado sobre a missão em Rouen, como parte da Operação Tocha, Eaker e Spaatz também se convenceram de que o futuro das operações da Força Aérea na Europa "estava no resultado" das doze ou mais missões seguintes.[189]

"No início, não sabíamos exatamente como iríamos fazer aquela ofensiva funcionar",[190] admitiu Arnold tempos depois. "Tudo que sabíamos era que a *faríamos* funcionar." Mas Eaker e Spaatz tinham fé em seus planos, em suas tripulações e, sobretudo, na doutrina de bombardeio estratégico. Assim, no fim do verão do terceiro ano da guerra, de todos os pequenos aeródromos da Inglaterra, os rapazes americanos partiram para enfrentar o perigo e testar a ideia sobre o conceito de poderio aéreo cuja essência remontava à época em que Billy Mitchell, num frágil biplano construído com fibra e madeira, sobrevoou as trincheiras da Primeira Guerra Mundial.

CAPÍTULO TRÊS

O céu perigoso

Aqueles que participaram de missões aéreas em 1942 e no começo de 1943 travaram uma guerra muito diferente daqueles que chegaram depois.

RUSSELL STRONG, FIRST OVER GERMANY

Polebrook, 6 de setembro de 1942

O alvo era uma fábrica de aviões no norte da França, com Paul Tibbets comandando a Oitava mais uma vez. Até então, não haviam sofrido nenhuma perda, mas agora os aviões da Luftwaffe combateriam em grande número. "Em 6 de setembro", escreveu o comandante da Oitava Frota Aérea, Budd Peaslee, "os americanos tiveram o primeiro gostinho da guerra aérea tal como deveria ser".[191]

Os aviões de combate de Göring esperaram os bombardeiros americanos voltarem dos ataques aos alvos, romperam depois a defesa dos caças de escolta e se arrojaram sobre a formação inteira como um enxame de zangões enfurecidos. De repente, duas Fortalezas, uma delas pilotada pelo amigo de Tibbets, tenente Paul Lipsky, explodiram em chamas e começaram a cair, enfermiças e estropiadas, até sumirem de vista, desintegrando-se em pedaços flamejantes, que se soltavam enquanto caíam através do céu vazio. "Ele era um jovem maravilhoso", escreveu Tibbets depois, "e sua morte me abalou muito. Até hoje, a guerra era um jogo para nós; decolávamos, lançá-

108 MESTRES DO AR

vamos nossas bombas e voltávamos em segurança. Achávamos que éramos super-homens e que, apesar das desvantagens e de prognósticos contrários, estávamos vencendo por causa de nossas habilidades como pilotos. Essa é a medida de quanto estava inflada a nossa envaidecida confiança, até virmos o avião de Paul entrar em parafuso e transformar-se numa bola de fogo".[192] No avião de Tibbets, ninguém disse uma palavra sequer pelo interfone. Todos pareciam entregues a mudas conjecturas de como seria se estivessem no lugar de Paul. "Na missão seguinte, quase fomos levados a fazer um idêntico mergulho para a morte", observou Tibbets. "Foi [...] o mais terrível flerte com a morte que eu experimentaria em todas as missões da guerra nos céus da Alemanha, da África e do Pacífico."

Os Messerschmitt Bf 109s (Me 109s)*, os mais numerosos aviões de caça entre as aeronaves de defesa da Luftwaffe, se lançaram impetuosamente sobre a formação de Tibbets assim que ele terminou a operação de bombardeio. "As armas de todos os nossos aviões cuspiam fogo sem parar enquanto os aviões inimigos mergulhavam sobre nós de todas as direções, abrindo buracos nas asas e nas fuselagens de nossos B-17." Quando o pior parecia ter ficado para trás, um avião interceptador do inimigo saiu de sua ofuscante posição na frente do sol e arremeteu direto para o bombardeiro de Tibbets. Nisso, um projétil de canhão atravessou a janela direita da cabine de pilotagem e arrancou uma parte do painel de controle do avião americano. "Quando isso aconteceu, senti dores pungentes, com vários fragmentos de metal alojados no lado direito do meu corpo", relatou Tibbets.

O copiloto, major-brigadeiro Gene Lockhart, sofreu o grosso do ataque. Parte de sua mão direita foi arrancada, espirrando sangue por toda a cabine destruída. Magro e musculoso, Tibbets conseguiu manter o curso do avião, conquanto o aparelho vibrasse e tremesse muito por causa dos ataques repetidos. Era em situações como essa que as tripulações tinham que ser disciplinadas. Houve pânico entre os tripulantes, mas ele veio de

---

* O avião Messerschmitt ou simplesmente Mes 109 foi um dos mais importantes caças da Luftwaffe durante a Segunda Guerra Mundial. Foi desenvolvido por Willy Messerschmitt e comercializado pela BFW (Bayeriche Flugzeugwerke), Companhia de Aeronaves da Baviera. Esse caça foi construído a pedido do Ministério da Aviação da Alemanha (Reichsluftministe-rium) que solicitava um monoplano equipado com ao menos duas metralhadoras MG-17 de 7,9 milímetros e condições de utilizar os novos motores em V de 12 cilindros e arrefecimento líquido. Foi desenvolvido em conjunto pelas empresas Junkers e Daimler-Benz. [N. do R.]

O CÉU PERIGOSO

uma pessoa que ninguém esperava que reagisse assim: o coronel Newton D. Longfellow, o novo comandante da Segunda Brigada de Bombardeiros, que estava no avião de Tibbets para uma missão de orientação. "Longfellow tinha fama de ser um sujeito estoico e severo entre os subordinados. Metade da unidade morria de medo dele", disse Tibbets. "Nos momentos dramáticos que se seguiram, toda aquela fanfarronice com que ele enchera de medo os corações dos subordinados de Newt sumiu de repente. Dominado por um frenesi cego, ele esticou o braço por cima do meu ombro e agarrou os manetes e os aceleradores, fazendo com que nossos motores perdessem potência a mais de 7.600 metros de altitude.

"O caos se instalou na cabine. Esforçava-me para pilotar o avião com uma das mãos e, com a outra, tentar evitar que Lockhart continuasse a sangrar tanto que acabasse morrendo. Enquanto ele mantinha a mão decepada acima da cabeça, fiquei segurando firme o pulso dele com a mão direita e, ao mesmo tempo, tentando manter o avião nivelado."

Tibbets gritou com Longfellow para que largasse os controles, mas, com um ar congelante entrando por uma perfuração no painel de instrumentos, Longfellow não conseguia ouvi-lo. Tibbets lhe deu uma cotovelada com o braço esquerdo, fazendo-o cair desmaiado sobre o piso da aeronave. Segundos depois, a bala de uma metralhadora feriu de raspão um dos metralhadores, mas o suficiente para fazê-lo cair de repente sobre Longfellow. Quando o coronel recuperou a consciência, pegou um estojo de primeiros socorros, pôs um torniquete na mão de Lockhart e fez um curativo no desacordado metralhador da torre.

Tibbets recuperou o controle do avião e, com Longfellow como copiloto, conseguiu voltar para a base. Quando desembarcaram do surrado avião, Longfellow se virou para Tibbets e disse: "Paul, você fez a coisa certa."[193]

Os outros colegas, gravemente feridos, se recuperaram e, além de Tibbets, ganharam o Coração Púrpura*. Em pé ao lado de Lockhart na cerimônia de entrega das medalhas, esse último com o ferimento envolto em grosso curativo e posando para fotos tiradas pelo emissário da revista *Life*, Tibbets estava visivelmente constrangido. Afinal, achava que tinha sofrido meras

---

* Condecoração militar, especificamente dos EUA, dada em nome do Presidente a todos aqueles das FFAA feridos ou mortos durante o serviço de combate. A primeira condecoração com esse nome data de 1917, em plena Primeira Guerra Mundial. [N. do R.]

perfurações sem gravidade e que não dispunha de tempo para "desfiles e cerimônias", segundo as palavras que dirigiu aos propagandistas da Força Aérea. Nesse dia, ele estava ajudando a planejar aquela que seria a maior operação de guerra da Oitava Frota Aérea até então.

Lille

Em 9 de outubro, a Oitava partiria para Lille, um centro de produção de aço e materiais ferroviários que alimentava a máquina de guerra expansionista de Hitler. Com mais grupos de bombardeiros prontos para a guerra, Ira Eaker pôde finalmente montar uma força considerável, com 108 aviões de bombardeio pesado, incluindo 24 Liberators B-24 de cauda dupla do 93º Grupo de Bombardeiros, unidade recém-operacional e comandada pelo coronel Edward J. "Ted" Timberlake, oficial que se tornaria um dos melhores líderes da aviação militar na guerra. Essa seria a primeira missão de combate dos B-24 com a Oitava. Mais de quatrocentos aviões de combate foram enviados para dar cobertura à operação dos bombardeiros. Entre eles, estavam três dúzias de Lightnings P-38 e um número idêntico de Spitfires pilotados pelos famosos Esquadrões Eagle, grupos de aviões de combate formados por americanos que haviam se juntado à Real Força Aérea antes do ataque a Pearl Harbor e que tinham acabado de ser incorporados ao nascente Comando de Caças da Oitava denominado Quarto Grupo de Caças.

As operações em Lille seriam a missão de estreia do tenente J. Kemp McLaughlin em combates. Bacharelado de 23 anos de idade egresso da West Virginia University, ele era consequência da Grande Depressão. Esse era seu primeiro emprego fixo, abraçado pelo ideal de luta por uma causa com a qual se importava muito: estavam lhe pagando 250 dólares por mês, mais 90 dólares por voo, para ajudar a derrubar o homem mais perigoso do mundo. Quando ele e seus colegas de tripulação do 92º Grupo de Bombardeios — uma unidade composta por Fortalezas Voadoras que acabara de chegar à Inglaterra —, entraram perfilados na sala de apronto de voo do aeródromo de Bovingdon nessa fria e úmida manhã de outubro, McLaughlin percebeu que não era o único que estava nervoso; viu que todos os demais colegas estavam pálidos, tensos e cansados. Tanto que alguns resmungaram

O CÉU PERIGOSO

quando o oficial-comandante, coronel James S. Sutton, os advertiu de que teriam uma horrível recepção por parte da Luftwaffe.

Em seguida, foi a vez do major Gardiner "Gordy" Fiske, o principal oficial do serviço de inteligência do grupo de bombardeiros, de fazer uma preleção às tripulações sobre as esperadas posições de combate do inimigo. Fiske era de uma família de classe alta de Boston e tinha sido membro da famosa Esquadrilha Lafaiete, na última grande guerra. Ele se realistara na Força Aérea após o ataque a Pearl Harbor com pouco conhecimento de quanto a aviação militar tinha progredido desde que combatera nos ares sobre as trincheiras em seu caça biplano. Quando a preleção terminou, um aviador lhe perguntou a respeito das condições das defesas antiaéreas postadas ao longo do litoral francês. "Ele pareceu confuso", contou McLaughlin, "e por fim disse: 'Bem, não havia nenhuma quando estive lá na Primeira Guerra Mundial.'"[194] Foi quando o coronel Sutton se levantou de um pulo de sua cadeira e gritou: "Gordy, pelo amor de Deus, sente-se!" Apenas alguns rapazes riram da situação constrangedora.

McLaughlin participou da missão como copiloto, no avião do comandante de seu esquadrão, major Robert Keck, cuja presença diminuía seu nervosismo. Quando os bombardeiros se aproximaram de Lille, uma grossa camada de neblina começou a se formar, impedindo que o aviador-bombardeiro de Keck tivesse uma boa visão do alvo. Diante disso, o major ordenou que o esquadrão seguisse para o alvo secundário, um aeródromo em St. Omer, onde se depararam com um grosso escudo de fogos antiaéreos inimigos. McLaughlin ficou horrorizado quando um projétil atingiu e incendiou a asa esquerda do aparelho, onde metade dos tanques de combustível do avião ficava, cobrindo-a de chamas devoradoras. Outro desses projéteis explodiu na fuselagem, arrojando estilhaços abrasadores pelo interior da aeronave e ferindo o radioperador, "que começou a gritar pelo interfone e, com isso, bloqueou todos os canais de comunicação". O major Keck fez sinal para que McLaughlin assumisse o controle do avião e desceu até a seção do nariz do aparelho para ajudar a combater o incêndio — ou pelo menos foi isso que disse a McLaughlin que ele tinha ido fazer lá. Depois que os agressivos aviões de caça germânicos se retiraram e os tiros cessaram, Keck voltou para a cabine de pilotagem e reassumiu o controle da aeronave. Mais tarde, McLaughlin soube, por intermédio de um oficial-navegador, o que Keck ficou fazendo lá embaixo. Ele tinha posto o paraquedas e ficara sentado na escotilha da saída de emergência inferior, tremendo de medo, preparado para ser o primeiro a saltar se o avião explodisse ou perdesse a asa atingida. "Embora só acabasse sendo descoberto um ano depois, esse incidente", disse McLaughlin, "pôs um fim à carreira dele".

Logo depois que chegou à base, McLaughlin montou em sua bicicleta e voltou para o alojamento. No caminho, ao cruzar com um dos antigos colegas de classe da escola de formação de pilotos que participara da missão, ele o cumprimentou, mas não recebeu resposta. Mais tarde, soube que seu amigo estava se dirigindo para o quartel-general para entregar a insígnia de piloto e que ele nunca voltaria a pilotar outra vez.

A missão deixou Kemp McLaughlin com a sensação de que nem ele nem os líderes em que ele confiava estavam preparados para participar de uma guerra aérea. Ele achava que suas chances de sobrevivência eram pouquíssimas, quase nulas.

Lille foi o "primeiro entrevero aéreo de verdade" na guerra.[195] Tanto que quatro bombardeiros foram derrubados, as primeiras perdas sofridas pela Oitava desde 6 de setembro, e outros 46 bombardeiros foram avariados pelos caças inimigos, em ataques com uma "ferocidade e duração sem precedentes".[196] Nenhum dos metralhadores da Oitava havia sido preparado para o que depararam nos céus de Lille e St. Omer. Depois que vagas de aviões de combate das forças hostis conseguiram se infiltrar nas frotas de bombardeiros e sair de lá, metralhadores impulsivos, verdadeiros dedos-de-chumbo-no-gatilho, passaram a disparar rajadas em todas as direções, atingindo bombardeiros e caças de escolta dos próprios colegas, mas apenas alguns aviões de combate do inimigo. Apesar disso, após a batalha, relações-públicas da Força Aérea ficaram se vangloriando, dizendo que os metralhadores "lavaram a égua".[197] As informações oficiais, porém, eram verdadeira ficção: 56 aviões de caça alemães destruídos e 46 "provavelmente arruinados" ou muito danificados, num total, ou seja, 102 aviões, número que superava o de aeronaves de caça postas em combate pela Luftwaffe naquele dia. Já os registros dos alemães indicaram apenas duas perdas entre seus aparelhos empregados nessa batalha. "Estávamos vivendo num castelo de areia",[198] comentou um comandante americano, ironicamente.

Afinal, os metralhadores eram inexperientes, maltreinados e estavam ansiosos para provar a própria capacidade e coragem — uma combinação catastrófica. A maioria deles, contudo, não tinha a intenção de enganar

O CÉU PERIGOSO

ninguém. Na confusão da batalha, nada menos que uma dúzia de metralhadores podia atirar num único caça alemão ao mesmo tempo. Se esse avião de combate inimigo fosse derrubado, cinco ou seis metralhadores podiam reivindicar o feito, cada qual achando que a sua alegação do acerto era a legítima. Mas havia outro fator que levava a afirmações falsas ou imprecisas. Pilotos alemães, em arremetidas de ataque sob as miras do metralhador americano, com velocidades de separação superiores a 800 km/h, viravam bruscamente a barriga do avião para cima depois que disparavam uma rajada contra o alvo americano e, durante essa manobra, mergulhavam abruptamente embicados para o solo enquanto seus canos de descarga deixavam para trás densas esteiras de fumaça negra. Assim, muitos metralhadores confundiam a fumaça e as manobras de evasão dos alemães com avarias fatais infligidas ao inimigo com suas metralhadoras calibre .50.

Oficiais-navegadores e bombardeadores enfrentavam dificuldades parecidas. Para alguns deles, era a primeira missão de bombardeio a mais de três mil metros de altitude. Todo bombardeiro era equipado com uma mira Norden, aparelho que custava 10 mil dólares. Quando lhe perguntaram se bombardeadores, usando essa mira, conseguiriam lançar de fato, de 3 mil metros de altitude, uma bomba dentro de um barril de picles no solo, Carl Norden respondera o seguinte: "Qual picles você gostaria de atingir?"[199] Mas sua sensível mira de bombardeio era difícil de operar, mesmo em exercícios militares em dias sem nuvens, nos Estados Unidos. Na Europa Ocidental, os céus ficavam cheios de nuvens ou fumaças de poluição industrial em dois de cada três dias e, quando o bombardeador conseguia enxergar algo lá embaixo, o inimigo podia localizá-lo também. Mesmo quando cargas de chumbo e estilhaços de cortantes bordas, confragosas e ferventes, atravessavam mortalmente a bolha de vidro de seu posto de operação, ele tinha de permanecer calmo e concentrado enquanto fornecia ao instrumento informações sobre velocidade em relação ao solo, velocidade de separação, corrente de deriva, resistência aerodinâmica aproximada e o tempo de queda estimado das bombas.[200] Os pilotos tinham de procurar manter o avião estável e nivelado, o máximo possível, durante o bombardeio, mas, segundo informa um relatório secreto da Força Aérea, pilotos psicologicamente suscetíveis se assustavam e iniciavam violentas manobras de evasiva quando sob fogo inimigo, desajustando os seis giroscópios das miras de bombardeio Norden.[201] Alguns bombardeadores ficavam tão nervosos que se esqueciam de abrir as portas dos compartimentos de bombas.

114 MESTRES DO AR

Para realizarem bombardeios com precisão, bombardeadores inexperientes se viam obrigados a ter que contar com oficiais-navegadores igualmente inexperientes para localizar o alvo, navegadores que tinham dificuldade até para achar suas bases inglesas na volta de missões de treinamento. "Quando uma nova tripulação é lançada nos céus sobre a Inglaterra com um mapa nas mãos", informou um investigador da Força Aérea em seu relatório, "podemos dar como certo que ele se perderá cinco ou dez minutos depois".[202] A média de precisão de bombardeio durante o transcurso da guerra, "expressa na forma de círculo de erro provável", era mais ou menos de três quartos de milha; muito maior, portanto, que a circunferência de um barril de picles.[203] Um relatório secreto da Força Aérea sobre a missão em Lille revelou: "Erros de bombardeios são tão grandes e frequentes que, a menos que consigamos reduzi-los drasticamente, tiraremos muito pouca vantagem de nossa mira Norden."[204] O general Eaker sabia que as taxas de acerto nos bombardeios eram baixas, mas apresentou resultados adulterados aos jornalistas.

As tripulações que participaram da missão em Lille haviam sido informadas de que os alvos ficavam na parte de "maior concentração" urbana de uma área habitada. "Quando sobrevoamos o terreno [...] de uma igreja [...] que era a nossa referência para o alvo, ocorreu-me que, se errássemos, feriríamos muitas pessoas",[205] disse Tibbets a um jornalista depois da missão. "Não queremos matar franceses [...] Minha apreensão era com relação a mulheres e crianças [...] Ora, eu mesmo tenho um filho de 3 anos de idade lá em casa. Odeio imaginá-lo brincando perto de uma fábrica prestes a ser bombardeada. Isso me fazia ser cauteloso." Contudo, na confusão do combate aéreo, com o vento soprando flagelador nas grandes altitudes em que operavam os bombardeiros, nem o máximo de cuidado possível seria garantia de que pessoas inocentes seriam poupadas. Além do mais, comandantes dominados por uma fé inabalável na eficácia de bombardeios de precisão estavam solicitando às tripulações que fizessem o impossível a esse respeito. No entanto, esses crentes cegos tinham bom senso suficiente para não deixar rastros por seus caminhos escuros. Tanto que, dois dias antes do bombardeio aéreo a Lille, conseguiram fazer com que a British Broadcasting Corporation avisasse os franceses que moravam num raio de 2 quilômetros de distância de um fábrica ou pátio de manobras ferroviárias da parte norte do país para abandonarem suas casas.[206]

Ninguém jamais disse às tripulações da Oitava Frota Aérea que suas bombas mataram pelo menos quarenta civis em Lille, 150 franceses numa

O CÉU PERIGOSO

investida posterior à cidade portuária de Lorient e outros 140 em um segundo reide contra Rouen.[207] Os danos em Rouen, o centro cultural da Normandia, teriam sido muito maiores não houvessem falhado as dezenas de bombas atiradas sobre a cidade. Uma delas chegou a atravessar o telhado de um hospital.

Mas nada era capaz de implodir o entusiasmo da Oitava Frota Aérea.

Ira Eaker viu o ataque a Lille como a grande virada — a triunfal conclusão da primeira fase da campanha de bombardeios estratégicos diurnos dos Estados Unidos. A missão de bombardeio a Lille demonstrou, de acordo com seu relato em carta enviada a Hap Arnold, que bombardeiros em "grandes frotas de ataque, munidos de armas poderosas, podem ser empregados eficaz e exitosamente sem o apoio de aviões de combate".[208] Arnold vinha repassando os relatórios de Eaker ao presidente Roosevelt, que, sob constante pressão de Churchill, estava começando a duvidar que essas investidas aéreas estivessem mesmo causando estragos significativos aos alemães. "Eu o assegurei que não havia motivo para ficar preocupado", disse Arnold em carta escrita a Spaatz. "Espero que estejamos certos."[209]

É possível que Roosevelt tenha duvidado da eficiência dos ataques, mas os relatórios animadores de Eaker não foram diretamente contestados por correspondentes de guerra americanos na Grã-Bretanha, que ou acreditou neles imediatamente, sem hesitar, ou achou importante — considerando-se que os ventos da guerra sopravam desfavoráveis para os Aliados — que o povo americano acreditasse nesses documentos. Em outubro desse ano, a revista *Life* despachou Margaret Bourke-White, fotojornalista especializada em celebridades, para produzir uma luxuosa foto sobre a Oitava Frota Aérea, a única unidade de aeronáutica militar americana que estava combatendo os nazistas na época. "Todas as nossas investidas de bombardeio aéreo foram bem-sucedidas",[210] publicou a *Life*. A revista reconhecia que o Comando de Bombardeiros, subunidade da Oitava, era pequeno, mas que "iria crescer cada vez mais". Quando ele cresceu muito mesmo, agora "a intensidade e a violência medonha dos ataques à Alemanha crescerão ainda mais com ele, até que os céus da Europa fiquem negros de guerra e seu solo cheio de crateras produzidas pelas bombas americanas".

O aumento da destruição não ocorreu tão rapidamente quanto previsto pela revista *Life*. Nos seis meses seguintes, a Oitava Frota Aérea nunca conseguiu pôr tantos bombardeiros sobre a Fortaleza Europeia de Hitler quanto lograra fazê-lo na investida aérea a Lille. Eaker estava certo; Lille foi o momento da virada; porém, não na direção auspiciosa que ele antecipara.

Considerado em retrospectiva, contudo, o aparecimento dos aviões da Oitava nos céus do noroeste da Europa no outono de 1942 "foi o mais decisivo acontecimento na guerra de bombardeios estratégicos",[211] escreveu Horst Boog, um notável historiador alemão estudioso da guerra aérea. O lançamento de uma ofensiva diurna, conjugada à campanha de bombardeios noturnos dos britânicos, poria as defesas aéreas alemãs sob pressão "24 horas por dia e, com isso, a superioridade dos Aliados se tornou massacrante". Todavia, em 1942, tanto os comandos dos alemães quanto os dos Aliados viam a campanha inicial da Oitava Frota Aérea como um esforço pateticamente ineficaz. E, no outono desse ano, a estratégia global anglo-americana enfraqueceria ainda mais a Oitava, pondo em risco a sobrevivência da unidade.

As bases de submarino de Biscaia

No fim de outubro de 1942, Paul Tibbets recebeu ordens para reunir cinco Fortalezas Voadoras para uma missão ultrassecreta de ponte aérea para Gibraltar. Os passageiros seriam os comandantes americanos e britânicos da Operação Tocha, a invasão do norte da África.[212] Seu passageiro no *Red Gremlin* seria o general Eisenhower, o supremo comandante da operação. Em 2 de novembro, a pequena esquadrilha de Tibbets partiu de Polebrook com destino a um aeroporto perto de Bournemouth, um famoso balneário no Canal da Mancha. No dia seguinte, Eisenhower e seu estado-maior chegaram de Londres num trem especial, de malas prontas, preparados para serem transferidos para seu quartel-general em Gibraltar. O tempo estava muito ruim, com chuviscos e uma neblina tão densa que "até os pássaros estavam andando", em vez de voar, como costumavam gracejar os aviadores. Após vários adiamentos, justamente no momento em que o tempo piorou, Eisenhower decidiu que deveriam partir. Enquanto esperava de pé no pátio de estacionamento com parte de seu estado-maior, procurando abrigar-se da chuva debaixo de uma das asas do *Red Gremlin*, ele se virou para Tibbets e disse: "Filho, tenho uma guerra pela frente no sul e é lá que preciso estar, pois está prestes a começar."[213] Tibbets mal conseguia enxergar as pontas das asas do avião quando este, envolto por uma chuva e uma neblina ofuscantes, avançou veloz pela pista para decolar.

O CÉU PERIGOSO

Três dias depois, às três da tarde de 8 de novembro, dois imensos comboios de navios de transporte de tropas e suprimentos, um deles vindo dos Estados Unidos e o outro da Grã-Bretanha, convergiram com grande precisão para seus principais objetivos. Uma força militar americana, parte da maior frota de navios oriundos das praias americanas, como jamais visto na história do país, desembarcou em Casablanca, no litoral atlântico do Marrocos, e outras duas forças-tarefas, compostas de soldados britânicos e americanos, desembarcaram em Orã e Argel, cidades mediterrâneas do litoral da Argélia. Ao todo, 65 mil soldados desembarcaram nessas regiões litorâneas. Essa foi a maior operação anfíbia desencadeada até então. Dias depois, Tibbets foi enviado para o norte da África para comandar um esquadrão de bombardeiros americanos da 12ª Frota Aérea, unidade recém-criada então.

A Doze foi sugestivamente codinominada Júnior. Spaatz e seu estado-maior receberam ordens para separar parte dos componentes da Força Aérea cuja criação, para fins de emprego em bombardeios estratégicos, tinham acabado de iniciar na Inglaterra, com vistas a formarem uma nova Frota Aérea, cujas operações envolveriam principalmente ações táticas, de apoio com soldados de infantaria e de interdição das vias de abastecimento do inimigo. "Você não pode ficar com isso; é do Júnior!"[214] se tornou motivo de piada em Park House, a residência de Spaatz em Wimbledon Common, às margens do Tâmisa, perto de Londres, a montante da capital londrina e não muito distante do quartel-general da Oitava Frota Aérea, situado em Bushy Park, referido pelo codinome de Widewing. Em Park House, uma aconchegante residência de linhas vitorianas, Spaatz morava e trabalhava com seus principais assessores. Lá ele se recolhia para reuniões diárias com seu estado-maior também, por preferir a atmosfera do lugar ao ambiente de Widewing, onde o QG era formado por um grupo de sombrias edificações apenas de andar térreo, feitas com tijolos de concreto misturado a cinzas. Eram conferências que chegavam a durar 24 horas. "Lembro-me de ocasiões em que fui para lá às duas horas da manhã", contou um dos oficiais, "correndo como um louco para a casa do general Spaatz; de repente, o general Frederick Anderson, o principal consultor de Spaatz sobre assuntos operacionais, apareceu de roupão, e o general Spaatz nos serviu chá. Durante as noites de grande importância, não dormíamos uma horinha sequer".[215] Segundo observou o biógrafo do general, "morar e trabalhar no mesmo lugar, na companhia de Spaatz, tinha tudo a ver com a filosofia de liderança do general".[216] Ele detestava trabalhar em gabinetes, em mesas com pilhas de papéis e memorandos maçantes. "Tooey, assim como ocorre com alguns figurões da esfera literária, costumava acordar muito tarde e trabalhar até altas horas",[217] observou um amigo. Tal como Churchill, ele fazia a maior parte de seu trabalho pela manhã, reclinado na cama, de pijamas. Conseguia trabalhar melhor quando estava sozinho ou na companhia de dois ou três dos assessores de sua inteira confiança, com os quais elaborava estratégias em meio a partidas de pôquer até altas horas da noite. Raramente dava ordens; Spaatz achava que os homens que se sentavam à mesa com ele, sorvendo goles de seu uísque americano e tentando tirar dinheiro dele nas partidas de baralho, entendiam o que ele queria.

Eisenhower tinha solicitado a Spaatz que contribuísse para a Operação Tocha cedendo seus dois mais experientes grupos de aviões de bombardeio pesado, o 97º e o 301º, bem como todos os seus grupos de caças de combate, exceto um, o Quarto, estacionado em Debden, ao norte de Londres. Mais ou menos no começo de novembro, a Oitava tinha cedido à Júnior mais de 27 mil homens e 1.200 aviões. A frota perdeu também o general de divisão Jimmy Doolittle, o primeiro herói de combate aéreo americano na guerra. Depois de seu Reide de Tóquio, graças ao qual ganhou a Medalha de Honra, ele fora indicado para comandar uma das alas de bombardeiros da Oitava, mas, em vez disso, recebeu de fato o comando da 12ª Frota Aérea. "O que sobrou da Oitava Frota Aérea depois do impacto desmantelador da Operação Tocha? Temos a impressão de que não nos sobrou quase nada",[218] concluiu Spaatz numa reunião com os membros de seu estado-maior. E com as horríveis condições meteorológicas da Inglaterra obrigando seus aviões a permanecerem em terra durante semanas inteiras de outubro, Spaatz receava que, à medida que as Forças Aliadas conquistassem terreno no Mediterrâneo, a Oitava seria totalmente desmontada, com seus bombardeiros despachados para bases no sul da Europa, onde o clima era menos problemático para os aviões.

No fim das contas, foi o próprio comandante da unidade, e a Oitava inteira, que foi enviado para o norte da África. Na véspera da invasão, Eisenhower tornou Spaatz o comandante das operações da Força Aérea no Teatro de Guerra do Mediterrâneo. Ira Eaker foi promovido a comandante da enfraquecida Oitava, e Newton Longfellow o sucedeu na chefia do Comando

O CÉU PERIGOSO

de Bombardeiros dessa unidade. A esta restaram apenas quatro grupos de Fortalezas — o 91º, o 303º, o 305º e o 306º — e dois grupos de Liberators — o 44º e o 93º, este comandado por Timberlake. Os dois últimos, porém, seriam enviados para o norte da África para cumprir atribuições temporárias no ano seguinte, deixando para as Fortalezas a tarefa de realizar a maior parte dos bombardeios, em voos partindo da Inglaterra, de novembro de 1942 até o verão seguinte. No entanto, depois de ter sido esvaziada pelas demandas da Operação Tocha, a Oitava recebeu do comandante da operação sua mais difícil incumbência até então: atacar bases concretadas de submarinos nazistas na francesa Baía de Biscaia, num esforço para manter livres de obstáculos as rotas do Atlântico, usadas para abastecer as forças Aliadas no norte da África.

O objetivo das primeiras missões que a Oitava realizara em voos partindo da Inglaterra foi mais para prejudicar o inimigo do que provar que os americanos eram capazes de realizar bombardeios diurnos sem um número de perdas exorbitante. Receoso de que missões perigosas e grandes baixas arruinassem por inteiro o experimental projeto de bombardeio, Spaatz e Eaker haviam elaborado planos de investidas aéreas seguras, de pouca penetração, contra alvos industriais na França e na Holanda, objetivos muito bem-situados dentro do raio de alcance dos caças de escolta. Na fase seguinte da guerra aérea, quando os combatentes arremetessem com seus aviões de bombardeio pesado contra alvos que suas bombas não pudessem destruir e que seus aviões de escolta não conseguissem alcançar, muitos dos amigos de Paul Tibbets deixados na Inglaterra morreriam.

Quando Ira Eaker assumiu o comando da Oitava, ele se transferiu de High Wycombe para Bushy Park, deixando para trás um estado-maior de 150 oficiais que ele transformara numa equipe operacional muito dedicada e coesa. Spaatz lhe ofereceu acomodação em Park House, mas Eaker, como esperava receber visitas constantes, queria se instalar numa residência maior. "Dispor de sofisticadas formas de entretenimento numa época em que uma guerra brutal estava longe de ser vencida poderia semelhar a algo como um Nero se distraindo com ninharias na Roma incendiada",[219] escreveu Parton em suas memórias, mas Eaker estava incumbido de promover duas importantes campanhas políticas e diplomáticas. "Ele tinha que manter, do trono para baixo e em todos os níveis dessas esferas, relações estreitas e cordiais com os britânicos. E tinha que continuar a convencer o fluxo inestancável de visitantes de alto coturno que seu conceito de bombardeio de alta precisão — e de eficácia ainda não comprovada — funcionaria além das fronteiras da França."

Por fim, seus amigos da RAF acharam um lugar perfeito para ele, uma casa belamente decorada, ao estilo dos Tudor, chamada Castle Coombe, não muito distante de Bushy Park. A propriedade tinha 2 acres de jardins e áreas verdes, uma quadra de tênis, doze dormitórios, uma espaçosa área de recepção e um portão que dava acesso ao campo de golfe de Coombe Hill, onde muitas vezes Eaker metia displicentemente a bola em nove buracos no longo crepúsculo do verão britânico. A RAF mobilhou a casa, cujas paredes Parton foram decoradas com cinquenta quadros e gravuras, emprestadas pela Tate Gallery de seu acervo guardado em abrigos antiaéreos. Enquanto Castle Coombe estava sendo preparada para ocupação, Eaker ficou em Park House, orientando a primeira fase da operação de bombardeio, que contribuiria ainda mais que a Operação Tocha para o fim da Oitava Frota Aérea como unidade independente.

O maior conflito naval da Segunda Guerra Mundial foi a Batalha do Atlântico, uma luta implacável para impedir que os submarinos alemães cortassem a vital linha de comunicação oceânica entre a Grã-Bretanha, seus aliados e as forças de combate do país ao redor do mundo.[220] "A Batalha do Atlântico", disse Churchill, "foi um fator decisivo para o restante da guerra [...] Em última análise, tudo que estava acontecendo em outros lugares, em terra firme, nos oceanos e nos ares, dependia de seu resultado." Para a Grã-Bretanha, foi também uma luta pela própria sobrevivência. Com uma economia vulnerável, em razão de suas características de país insular, apesar de sua imensa capacidade industrial, a Grã-Bretanha importava a maior parte de seus metais não ferrosos, bem como a metade dos alimentos e todo o petróleo que consumia. Se tivesse sido bloqueada pela frota de submersíveis do almirante Karl Dönitz, comandante do serviço de submarinos alemão, teria sido submetida ao jugo inimigo pela fome. O bloqueio teria posto em risco também o envio para a Rússia de aviões e blindados da Grã-Bretanha destinados a operações para bloquear o avanço dos alemães sobre Moscou e Leningrado, além de gasolina de avião, aeronaves e pessoal de apoio aeronáutico dos Estados Unidos para a Inglaterra e soldados e suprimentos para

O CÉU PERIGOSO 121

o Norte da África. "A única coisa que realmente me atemorizava durante a guerra", confessou Churchill depois, "era o perigo representado pelos submarinos alemães".[221]

Em 1942, tinha-se a impressão de que talvez os Aliados perdessem a Batalha do Atlântico, já que aumentara muito a produção de submarinos alemães, e os submersíveis de Dönitz começaram a atacar comboios em massa — verdadeiros bandos de assassinos subaquáticos. Somente nesse ano, submarinos alemães afundaram mais de mil navios dos Aliados no Atlântico Norte.[222] Para os Aliados, o pior mês desse massacre marítimo foi novembro de 1942, quando 116 de seus navios foram enviados para o fundo do oceano pelos cinzentos lobos do mar de Dönitz, perdas que ameaçaram inviabilizar a invasão do norte da África pelas forças Aliadas. Churchill implorou que Roosevelt lhe enviasse Liberators B-24 para que pudesse atacar as matilhas de lobos submarinos nas rotas marítimas do distante Atlântico Norte, mas, com a exceção de um número insignificante de bombardeiros para emprego em operações de patrulhamento de longo alcance, atrasos na produção, exigências de comandantes americanos no Teatro de Guerra do Pacífico e os insistentes apelos de Hap Arnold ao presidente para que os ataques diurnos lançados da Inglaterra prosseguissem, houve atraso na entrega das aeronaves. Assim, contrariando todo bom senso, bombardeiros americanos foram enviados contra alvos marítimos menos vitais e menos vulneráveis do que os perigosos submarinos alemães.

Embora os britânicos fossem ajudá-los nisso, ataques aéreos contra estaleiros de submarinos seriam realizados principalmente pelos americanos. Os bombardeiros de Harris ficariam encarregados de atacar centros de produção de submersíveis no norte da Alemanha, enquanto a Oitava atingiria bases de submarinos alemães no litoral ocidental da França: Lorient, Saint-Nazaire, Brest, La Pallice e Bordéus. Juntamente com Paris, essas cidades às margens da Baía de Biscaia tinham sido os principais troféus da conquista dos nazistas na França. Com elas nas mãos dos alemães, seus submarinos não tinham mais que partir, numa traiçoeira viagem de uma semana, de bases em Kiel e Wilhelmshaven, atravessar o Mar do Norte e contornar a parte setentrional das Ilhas Britânicas para alcançar seus locais de caças no Atlântico Norte. Desse modo, eles podiam permanecer mais tempo no mar e ir mais longe enquanto continuavam perto de suas fontes de abastecimento, do comando, dos centros de manutenção e dos serviços de informação. Em 1942, doze submarinos com bases na Baía de Biscaia afundaram, cada um, mais de 100 mil toneladas em cargas marítimas. Nenhum submarino americano no Pacífico afundou mais cargas do que isso durante a guerra inteira.

Dönitz transformou essas cidades portuárias na principal base de operações de seus submarinos e instalou seu quartel-general num castelo na periferia de Lorient, na extremidade de uma longa península que abrigava a que fora outrora uma tranquila vila de pescadores. Em pé no amplo terraço do castelo, ele observava a maior das bases de concreto que as equipes de engenheiros nazistas estavam construindo para abrigar seus submarinos. Quinze mil escravos trabalhavam em três compartimentos gigantescos, cada um deles com um teto de concreto reforçado com quase 8 metros de espessura. Quando concluídas, em janeiro de 1943, essas construções passaram a fazer parte da lista das mais imponentes fortificações defensivas da história do conflito armado, e o projeto em si foi uma das maiores façanhas da engenharia da Segunda Guerra Mundial, colosso que exigiu três quartos do concreto usado para construir a Represa de Hoover.

Um estudo de oficiais da Oitava apresenta uma descrição das bases de submarino de Lorient e de outras cidades portuárias da Baía de Biscaia. "Vistos de quase 6.500 metros de altitude, esses abrigos pareciam caixas de sapato. Já quando vistos do chão, pareciam túneis ferroviários que lembravam o formato de robustos queixos quadrangulados. Eles ficavam em uma área de terra firme com rampas de acesso ao mar. Os submarinos que chegavam eram transportados em berços de carreira para uma das doze bases individuais." Engenheiros alemães tinham construído, em profundos túneis embaixo das bases, complexas oficinas de manutenção e reparos, junto com instalações que incluíam alojamentos, clínicas dentárias, hospitais, padarias, cozinhas e abrigos antiaéreos.

O serviço de espionagem dos Aliados considerava essas bases quase invulneráveis a bombardeios. Elas seriam, nas palavras do general Spaatz, "ossos duros de roer, talvez impossíveis mesmo" de destruir, mas ele e Eaker acreditavam que bombardeios de grande altitude poderiam causar sérios danos a docas flutuantes, pátios de manobra ferroviária, depósitos de torpedos, usinas de força e oficinas de fundição que havia ao seu redor.[223] Eles esperavam que a destruição dessas instalações aumentasse o tempo de permanência dos submarinos nas bases e, ao mesmo tempo, reduzisse o número de submersíveis em operações de patrulhamento nas rotas marítimas

O CÉU PERIGOSO

123

do Atlântico. "Anular a ação dos submarinos alemães é um dos requisitos fundamentais na busca da vitória",[224] disse Eisenhower aos comandantes da Oitava. Eaker assegurou a Ike que seus aviões de bombardeio pesado conseguiriam fazer isso. Embora não gostasse da atribuição que lhe tinham dado, já que via na operação um desvio da verdadeira operação de bombardeio estratégico, nos próximos dez meses ataques às instalações dessas bases seriam tarefas "prioritárias" para seus homens.[225]

Eaker iniciou o ataque em 21 de outubro de 1942, enviando noventa bombardeiros a Lorient. Todavia, com exceção de quinze aeronaves, um céu coberto de nuvens espessas forçou todas a voltarem para a base antes mesmo de chegarem ao alvo, mas veteranos atrevidos e resolutos do 97º Grupo de Bombardeiros, participantes de sua última missão antes que fossem enviados para o Norte da África, acharam uma abertura na camada de nuvens e baixaram para pouco mais de 5 mil metros de altitude. Apesar da excelente pontaria dos combatentes, suas bombas de uma tonelada apenas ricochetearam nos telhados dos abrigos dos submarinos, "como se fossem bolinhas de pingue-pongue".[226] Os aviões do ataque, mantendo-se numa rota de avanço sobre o mar para evitar caças inimigos, pegaram de surpresa as guarnições da artilharia antiaérea da base de Lorient, mas os americanos enfrentaram uma resistência feroz de caças alemães na retirada e perderam três bombardeiros.

Quarenta franceses morreram no ataque, mas agentes da Resistência francês informaram que os habitantes de Lorient ficaram nas ruas aplaudindo a precisão dos bombardeiros americanos e dizendo que seus compatriotas mortos tiveram "o que mereceram" por terem trabalhado para os alemães na base naval.[227]

A missão seguinte foi em St. Nazaire. Dessa vez, Eaker mandou que seus aviões se aproximassem do alvo sob baixa e perigosa altitude de propósito, onde enfrentaram forte resistência dos germânicos. Durante dezoito dias, as condições climáticas ruins tinham impedido a Oitava de partir em missão de ataque, tempo suficiente para que os alemães cercassem a base com baterias antiaéreas, a maioria delas armadas com canhões de 88 milímetros capazes de disparar granadas explosivas de 9 quilos. Mais da metade das Fortalezas Voadoras participantes do ataque foram danificadas, e o último grupo a atacar, o 306º, foi duramente castigado; quase todas as Fortalezas sofreram danos e três delas sucumbiram aos fogos da artilharia antiaérea inimiga. Até o fim da guerra, St. Nazaire ficaria conhecida pelos aeronautas envolvidos na missão como a Cidade da Artilharia Antiaérea. "O aeronauta sempre enfrenta problemas sérios nos céus de St. Nazaire",[228] disse um dos artilheiros de bordo. "Eles têm verdadeiros especialistas naqueles canhões antiaéreos."

Nos remanescentes meses de 1942, a Oitava participou de mais seis missões de ataque a abrigos de submarinos. Os danos mais pesados causados pelos bombardeiros foram em St. Nazaire, a mais importante das bases, mas as equipes de manutenção e reparos fizeram essa e outras bases bombardeadas voltarem a operar a todo vapor em questão de semanas ou, em alguns casos, até dias depois. A Oitava voltou a atacar Rouen e Lille também, além de instalações da Força Aérea alemã em outras partes da França. Em quase todas essas missões, a resistência mais pesada, ao contrário do primeiro ataque a St. Nazaire, foi de aviões de caça alemães.

No início do inverno de 1942, o ex-ás da aviação, major-brigadeiro Adolf Galland, chefe da divisão de caças da Luftwaffe — e, aos 30 anos de idade, o mais jovem general das forças armadas germânicas —, ficou extremamente preocupado com as defesas aéreas do Reich no noroeste da Europa. A essa altura, aviões da RAF vinham realizando pesados ataques contra cidades alemãs e, assim que os americanos começassem a fabricar bombardeiros em massa, eles também invadiriam o espaço aéreo alemão, pondo em risco as indústrias bélicas do Reich. Para enfrentar os ataques diurnos dos aviões americanos, Galland dispunha de menos de duzentas aeronaves em condições de combate na linha de frente, em seu sistema de defesa na França e nos Países Baixos. Essas aeronaves eram organizadas em Jagdgeschwader, ou Alas de Caças-JG 2 e JG 26, essa última conhecida pelos aviadores americanos como "Garotos de Abbeville", por causa de sua principal base no norte da França. Eram ambas unidades de elite com pilotos exímios e equipadas com os melhores aviões de caça que a indústria alemã produzia na época, mas os pilotos de Galland, conforme ele mesmo confessou mais tarde, estavam "malpreparados"[229] para enfrentar os bombardeiros americanos e aeronaves municiadas com "armamentos de defesa colossais";[230] até mesmo um bombardeador ferido era considerado uma ameaça mortal pelos alemães. Tanto que, quando quatro caças germânicos se lançaram sobre

O CÉU PERIGOSO

um B-17 avariado que retornava para o Canal da Mancha com apenas três motores funcionando, três dos inexperientes combatentes alemães foram derrubados. "Como consequência disso", relatou um importante piloto de caça alemão, "ordenaram que não atacássemos mais Fortalezas Voadoras, já que nenhum piloto conseguia derrubá-las".[231] Ainda conforme observado por Galland: "Nossos pilotos tinham não só que superar a barreira psicológica, mas também, com certeza, precisávamos criar uma nova tática de ataque."[232] E, a menos que suas unidades de caças fossem reforçadas e que eles desenvolvessem novas formas de atacar as Fortalezas: "Um dia essas aeronaves chegarão a Berlim", advertiu ele a um incerto Göring, que, lembrando-se da infeliz experiência que os britânicos tiveram com elas, menosprezou-as, comparando-as a "caixões voadores". Göring ainda ridicularizou os planos de Roosevelt de produzir quantidades descomunais de aviões de guerra, asseverando que os americanos, fracos e materialistas, conseguiam fabricar apenas "carros e refrigeradores".[233]

No fim de 1942, o supremo comando alemão passou a considerar o conflito aéreo na região ocidental do Reich um teatro de guerra de importância secundária, um tipo de "espetáculo de segunda categoria",[234] nas palavras do historiador Horst Boog. Para os tedescos, a guerra de fato estava na Linha de Frente Oriental e foi lá que eles concentraram maciçamente seus aviões de caça. Quanto às defesas no território alemão, Hitler acreditava que canhões antiaéreos, combinados com algumas centenas de aviões de combate, seriam suficientes para anular a ação dos bombardeiros Aliados. E os arrogantes oficiais do alto-comando da Luftwaffe achavam que a ofensiva de bombardeiros Aliados fracassaria, tal como acontecera com a campanha de bombardeiros dos alemães contra a Grã-Bretanha, em 1940 e 1941.[235]

Tanto Hitler quanto o general Hans Jeschonnek, chefe do estado-maior geral da Luftwaffe, ignoraram os apelos de Galland para a criação de um programa emergencial de produção de aviões de combate. Porquanto, desde o fim da década de 1930, para os autores e cultores da doutrina de guerra da Luftwaffe, era mais importante concentrar esforços em operações de ataque do que em operações defensivas, uma estratégia que tornava prioritária a fabricação de bombardeiros, deixando em segundo plano a produção de aviões de caça. Hitler reforçava essa visão com sua absorvente preocupação com "armas vingadoras" — bombardeiros e novos foguetes em desenvolvi-

MESTRES DO AR

mento em centros de pesquisa nazistas secretos, "armamentos milagrosos" que fariam a Inglaterra pagar com sangue seus impiedosos ataques a cidades alemãs. No entanto, para a Alemanha, o problema era que os estrategistas das forças aeronáuticas anglo-americanas também enfatizavam operações ofensivas, e a RAF e a Oitava Frota Aérea tinham uma base segura na Inglaterra, da qual podiam lançar ataques usando um número maior de bombardeiros, feitos para alcançar alvos mais distantes e com uma capacidade de destruição maior do que a dos bombardeiros bimotores da Luftwaffe. Assim, com sua decisão de relegar para segundo plano a ideia de desenvolvimento de uma força de caças maior e mais poderosa, os comandantes nazistas abriram "uma perigosa brecha" nas defesas aéreas da Alemanha, brecha que os bombardeiros Aliados explorariam e pela qual penetrariam com assombrosa eficácia assim que os Estados Unidos e a Inglaterra tivessem vencido, de forma decisiva, por sinal, a primeira e mais importante batalha da guerra de bombardeiros: a da produção de equipamentos e maquinismos bélicos.[236]

Ainda que Hitler houvesse decidido transferir mais aviões de caça para o ocidente no fim de 1942, isso só poderia ter sido feito sob condições extremamente arriscadas para a Wehrmacht, que estava lutando desesperadamente para não sucumbir, sofrendo graves perdas, em duas frentes de combate: na União Soviética e no norte da África. De mais a mais, a sobrecarregada Luftwaffe simplesmente não tinha aeronaves suficientes para combater na guerra extensa e generalizada que Hitler iniciara. Com o Fuhrer se recusando a permitir a produção em massa de aviões de combate, a força defensiva de Galland no oeste tinha que inventar uma nova estratégia de guerra para caçar e derrotar as Fortalezas Voadoras, bombardeiros que, com suas armas terríveis, eram chamados pelos pilotos de Galland de "Boeings".

Até então, os alemães tinham atacado os bombardeiros Aliados individualmente e por trás, pondo-se sob o ataque dos fogos devastadores das aeronaves inimigas por períodos que chegavam a um minuto, no máximo. Todavia, em 23 de novembro, quando a Oitava voltou a St. Nazaire para um novo ataque, os alemães lhe fizeram uma surpresa. Trinta Focke-Wulf 190 (Fw 190), então o mais moderno e mais veloz dos aviões de combate lançados pelos germânicos, se prepararam para atacar as Fortalezas de frente. Esses Fw 190 eram da JG 2, ala comandada pelo Oberstleutnant Egon Mayer, um dos mais famosos ases da aviação de caça da guerra. Mayer estudara cuidadosamente os ataques anteriores dos americanos e percebeu que as

O CÉU PERIGOSO

Fortalezas e os Liberators tinham um ponto fraco em suas defesas, localizado no nariz dessas aeronaves.[237] Algumas Fortalezas possuíam apenas uma metralhadora calibre .30 portátil, disparada através de um orifício no nariz de acrílico do avião, enquanto outras eram munidas com canhões de .50 milímetros, montados sobre reparos giratórios, logo atrás da seção do nariz. Já os Liberators eram equipados com armas defensivas frontais semelhantes, mas deixavam ambos os bombardeadores com um ponto cego, ao qual outros artilheiros de bordo não conseguiam dar cobertura.

Assim, Mayer e seus pilotos passaram a voar rente com os bombardeiros, pouca coisa fora do alcance de suas metralhadoras, mas perto o bastante para que os nervosos dos bombardeiros ianques os vissem. Em seguida, punham-se cerca de 1,5 quilômetro à frente dos aviões inimigos, faziam uma curva brusca e fechada e se lançavam impetuosamente num ousado ataque contra o bombardeiro da vanguarda da formação oponente, em vagas de dois ou quatro aviões, voando lado a lado. O piloto germânico só atirava quando podia ver claramente o giro vertiginoso das hélices do bombardeiro que ele estava atacando e depois cuspia fogo "até pelas ventas", mergulhando abruptamente, em seguida, pouco antes de chocar-se com o nariz do bombardeiro.[238]

Tempos depois, um piloto de caça alemão explicou a eficácia desses ataques frontais. Ele disse que, por causa da concentração de fogos do enxame de bombardeiros e do cone de dispersão dos tiros inimigos, a parte mais perigosa do ataque para o combatente era quando ele ficava a uma distância de 1 mil metros a 600 metros do alvo. "Assim que você fica mais perto que isso [...] a menor falha [na pontaria dos bombardeadores americanos, no caso] [...] impede que o cone de fogos atinja os alvos alemães [...] e aí você tem uma chance de derrubá-los [...] Você pode matar a tripulação imediatamente ou atingir os motores e os tanques de combustível do avião americano."[239]

Em missões subsequentes, os pilotos de caça alemães passaram a realizar seus estressantes ataques quando ficavam a uns 100 metros dos bombardeiros, e as perdas entre esses combatentes alemães continuavam a aumentar, levando alguns tripulantes das aeronaves americanas que operavam virados para frente a começarem a tornar-se vítimas de temores estropiantes, como o de que um Focke-Wulf com um piloto morto a bordo acabasse colidindo com eles. Tanto que das tripulações iniciais encaminhadas para o 306º Grupo de Bombardeiros, que participaram de sua primeira missão em outubro de

1942, trinta por cento de seus pilotos e copilotos foram mortos em combate.[240] Assim, mandaram afixar um cartaz numa base de bombardeiros na Ânglia Oriental que apresentava abaixo do rosto de um piloto sorridente uma pergunta desafiadora: "Quem tem medo do novo Focke-Wulf*?"[241] Pouco depois, um aeronauta fixou um pedaço de papel no cartaz com as palavras: "Assine aqui." Todos os oficiais-aviadores do grupo, incluindo o comandante da unidade, apuseram sua assinatura no papel.

Quase sempre, os pilotos precisavam acalmar suas tripulações antes da decolagem. Isso era feito no local de embarque da área de serviço do aeródromo, depois que os aeronautas chegavam a seus respectivos aviões num jipe ou caminhão do Exército. Para muitos tripulantes, essa curta viagem até os aviões os aguardando para partir era a parte mais angustiante da missão. "Se tiver que ser atingido, você vai ser atingido e pronto — independentemente do clímax de medo, ansiedade ou vontade de fazer meia-volta e retornar para a base que você vai experimentar",[242] ponderou o capitão Robert Morgan, piloto do *Memphis Belle*, aeronave do 91º Grupo de Bombardeiros, o mais famoso bombardeiro americano da guerra na Europa. "Na verdade, é um alívio quando se está a caminho. É aquela maldita viagem até os aviões que quase leva o sujeito à morte." Aliás, os aeronautas criaram uma máxima para a ocasião: "Você morre na pista de embarque, e não depois que é atingido."

Pouco antes de embarcar no avião no aeródromo de Bassingbourn, Morgan, um beberrão encrenqueiro de Asheville, Carolina do Norte, convocava os integrantes de sua tripulação e os reunia abraçados em círculo, como se fossem jogadores de um time de futebol recebendo instruções, e ali conversava tranquilamente com seus homens durante alguns minutos. O que eles dissessem não importava. "O importante mesmo", rememorou Morgan, "era que essa era a *nossa* roda de conferência, nosso momento de reunião particular, para que experimentássemos a sensação de que constituíamos um grupo coeso. Para que ouvíssemos a respiração uns dos outros, sentíssemos as mãos dos colegas em nossos ombros. Para que vivêssemos aquela situação em que deixávamos de ser entes separados e nos tornávamos

---

* Focke-Wulf Flogzeugbau AG foi uma das mais destacadas fábricas de aviões na Alemanha durante a Segunda Guerra Mundial. Teve seu início voltado para fabricação de aviões leves e de transportes; contudo, enveredou para o campo militar, sendo a construtora do Focke--Wulf Fw 190 considerada um dos melhores caças alemães junto com o Messerschmitt Bf 109. [N. do R.]

O CÉU PERIGOSO

um único ser." Esses jovens e zombeteiros americanos que pareciam levar tudo na brincadeira de repente apresentavam "olhares sérios e firmes, típicos de homens com o dobro da idade deles [...] Eram dez mentes entrando em profunda sintonia".

Uma missão

A primeira missão do *Memphis Belle* foi em 7 de novembro, um ataque contra as bases de submarinos de Brest. Morgan se preparou para a missão enviando uma carta à noiva, Margaret Polk, a beldade de Memphis que ele conhecera no treinamento em Walla Walla, Washington, e à qual homenageara dando seu nome ao avião. "Jamais deixe de acreditar que um dia eu voltarei. Afinal, você e eu temos um futuro maravilhoso pela frente."[243]

Na noite anterior ao bombardeio, os oficiais jantaram juntos num ambiente de silêncio quase total e, após o jantar, foram dormir cedo. Nenhum deles se interessou em passar parte da noite pulando de bar em bar. "Tínhamos ouvido todas as histórias sobre as perdas sofridas pela RAF, [...] mas nenhum de nós tinha a mínima ideia do que esperar, nem nenhuma noção de como seria ser alvo dos tiros inimigos."[244] Deitados em silêncio em suas camas, com os olhos ainda abertos, os aeronautas ouviam os bombardeiros de Harris passarem roncando acima dos alojamentos, seguindo em direção ao Ruhr.

Para eles, missão típica era coisa que não existia. Toda missão era única, uma experiência singular, mas havia um padrão de acontecimentos recorrentes e fácil de identificar em todas elas. Para as tripulações, geralmente a missão começava com o som de um jipe parando na frente de suas semicilíndricas barracas de Nissen por volta das quatro horas. "Um sargento obsequioso e refinado entrava e se dirigia ao dormitório dos oficiais escalados para partir em missão",[245] relatou o copiloto Bernard Jacobs, membro do 384º Grupo de Bombardeiros, unidade estacionada em Grafton Underwood. "Os recrutas ficavam alojados em outra área. Fingíamos que estávamos dormindo até que ele parasse em nosso beliche e nos puxasse de leve pelo braço. E então ele dizia: 'Bom-dia, senhor. O senhor e sua tripulação partirão no número 6 do esquadrão inferior do grupo de ataque inferior hoje. O café será servido às quatro e meia, a reunião de instrução, às cinco e quinze, e a decolagem, às seis e quinze.'"

Já os sargentos metralhadores eram acordados com menos delicadeza. "Vamos lá, rapazes! Parem de sonhar e tratem de acordar! Vocês têm missão hoje!", avisava um ordenança aos gritos, golpeando forte, com a base da mão, o teto de aço baixo e corrugado da barraca.

Lá fora, não havia uma luz acesa sequer; a base ficava às escuras para evitar ataques-surpresa noturnos da força aérea alemã. Enquanto seguiam para o refeitório, usando suas lanternas como guia, os aeronautas viam, entrecruzando-se pelo céu, os feixes de luz dos holofotes, faróis para orientar os aviões da RAF em seu retorno à base.

Na reunião de instrução prévia à primeira missão de Morgan, o coronel Stanley Wray, comandante do 91º, ficou andando de um lado para o outro na frente de um grande mapa da Europa com um indicador de madeira na mão. No mapa, havia um pedaço de fio de tecido colorido estendido do ponto indicando a localização de Bassingbourn, situado não muito longe das torres das faculdades de Cambridge, até o alvo, as bases de submarino em Brest. "Bombardeadores, se vocês não conseguirem ver o primeiro alvo, vão para o segundo. Se não conseguirem ver o segundo, sigam para o terceiro. Mas não lancem suas bombas de forma indiscriminada. Se não conseguirem bombardear nenhum alvo, não se desfaçam de suas cargas explosivas lançando-as sobre cidades desmilitarizadas. Voltem com suas bombas para a base."[246] Tempos depois, quando a Oitava começou a realizar missões de bombardeio em território alemão, esses cuidados eram quase sempre ignorados.

"Rapazes, esta é a primeira missão de vocês. Espero que façam um bom trabalho. É isso aí. Acertem seus relógios!"

Quando os aviadores, enfileirados, começavam a sair da sala de reunião, os que eram católicos paravam perto da porta e se ajoelhavam para receber a remissão dos pecados e a hóstia do capelão católico, ao passo que os protestantes se mantinham de pé e de cabeça abaixada diante de seu capelão, recitando o Pai-Nosso. Já os jovens aeronautas judeus tinham que se virar sozinhos. Alguns comandantes da base preferiam que os capelães não comparecessem às reuniões de instrução de pré-voo, nem fossem ao local de embarque na área de serviço para abençoar os bombardeiros enquanto seus motores engasgavam e estrepitavam, imersos na úmida atmosfera do território britânico. "Não gosto que advirtam meus rapazes de que podem precisar de algo além de sorte e coragem para retornarem vivos à base",[247] disse um comandante.

O CÉU PERIGOSO

Após a reunião de pré-voo, as tripulações iam de caminhão até o local onde seus paraquedas e equipamentos eram guardados. De lá, eram levadas para seus respectivos aviões. Num dia ensolarado de outono, essas aeronaves de guerra com asas de grande envergadura compunham com a paisagem um quadro impressionante; máquinas enormes e pardas contrastando com o verdor de árvores frondosas das fazendas circunjacentes. O cheiro de gasolina se misturava com o de animais de criação espalhado pelos campos e, das baixas cercas de arame que delimitavam os confins da base, famílias de fazendeiros gritavam palavras de incentivo para os americanos, alguns dos quais eles tinham incorporado aos seus lares como verdadeiros filhos "adotivos". Enquanto aguardavam a hora de partir, os aeronautas descansavam no gramado ou se sentavam em círculos cerrados, de pernas cruzadas, fumando e conversando tranquilamente. Depois, um após o outro, embarcavam em suas máquinas voadoras.

"O interior de um B-17 era como o corpo de um grande charuto de alumínio",[248] comparou o operador da metralhadora móvel lateral Jack Novey. As nervuras anulares da estrutura interna da aeronave, também de alumínio e pouco espaçadas entre si, fixadas na fuselagem com milhares de rebites, davam ao aparelho resistência contra forças aerodinâmicas, estabilidade e solidez, mas as chapas de alumínio que revestiam as asas eram tão finas que era possível furá-las com uma chave de fenda. Além do mais, embora a envergadura das asas da Fortaleza fizesse a aeronave parecer uma máquina enorme, os dez homens que compunham a tripulação operavam espremidos, num espaço apertado, ainda mais exíguo que o interior de um submarino. Tanto que as costas dos atiradores das metralhadoras móveis laterais quase se tocavam quando se punham de pé e atiravam através das bombardeiras abertas, levando esses tripulantes a entrarem numa disputa por espaço para se movimentar enquanto combatiam o inimigo. Atrás deles — e fora do alcance da visão dos colegas —, o metralhador da cauda se mantinha agachado, olhando atento para a retaguarda, espremido em seu compartimento apertado e deformante, na parte inferior da seção ascendente da cauda da aeronave.

Pouco à frente dos operadores das metralhadoras móveis laterais ficava o suporte do motor hidráulico da torre de tiro esférica. Depois que o avião decolava, a torre de tiro da barriga da aeronave, que tinha apenas 70 centímetros de diâmetro, era girada e, com as armas da torre apontando para baixo e sua escotilha aberta, o metralhador entrava nela. Durante os voos, ele se mantinha encolhido, como se fosse um embrião espremido num ovo, em contato com a superfície curva da torre esférica de acrílico e com os canos de suas metralhadoras gêmeas posicionados, cada um, logo ao lado das partes externas de suas pernas, e a escotilha, por sua vez situada na parte superior da torre, devidamente trancada. Seu único ângulo de visão era o vão que havia entre seus joelhos, e a torre esférica era tão pequena que não havia espaço para paraquedas. Esse apetrecho ele deixava no avião, perto da escotilha de acesso ao interior da aeronave.

Na frente da entrada da torre esférica, uma porta de antepara dava acesso ao compartimento de radiocomunicação. Esse era o único compartimento fechado e reservado do bombardeiro. O radioperador ficava sentado numa pequena mesa, virado de frente para a dianteira do avião. Numa fenda acima dele, ficava sua metralhadora portátil calibre .50, com o cano apontando para a frente. Em modelos posteriores do B-17, equipados com sistemas de guiamento de bombardeios por radar, próprios para emprego contra alvos sob céus encobertos, o oficial-navegador operador do radar ficava sentado logo à frente do radioperador.

O compartimento de bombas, a "barriga da baleia", ficava um pouco mais adiante, depois da outra antepara da cabine de radiocomunicação. Elas eram empilhadas em prateleiras porta-bombas que iam do chão ao teto, em ambos os lados do compartimento, "como se fossem gigantescos peixes negros presos com espetos" nas laterais da fuselagem.[249] Para atravessar essa parte do avião, o aeronauta tinha que se equilibrar num passadiço de 46 centímetros de largura. Após a decolagem, o bombardeador ou o metralhador da torre superior entrava no compartimento de bombas e removia um pino de cada uma delas. Esses pinos impediam que as bombas explodissem prematuramente durante o carregamento para o bombardeiro.

Se as bombas ficassem presas nas prateleiras, o aeronauta tinha que se equilibrar no passadiço enquanto tentava soltá-las com as mãos. E, caso as portas do compartimento de bombas fossem atingidas por projéteis de artilharia antiaérea e não fechassem mais, ele e outro membro da tripulação tinham que fechá-las manualmente, procurando manter-se firmes no passadiço enquanto enfrentavam ventos fortíssimos e "o terrível vazio", nas palavras de um tripulante, "que havia entre você e o solo insensível e distante".

O CÉU PERIGOSO

Mais além, logo atrás da cabine de pilotagem, ficava a torre de tiro giratória hidráulica superior, com suas metralhadoras .50, "as quais podiam ser apontadas em todas as direções do céu e cujo giro era interrompido apenas para impedir que o engenheiro destruísse a cauda do avião". Em combates aéreos, o sargento especialista que operava as metralhadoras se enfiava até os ombros na torre giratória. Ele era também o engenheiro de bordo e o principal mecânico da aeronave durante o voo. Quando não estava operando as metralhadoras, ele ficava em pé atrás do piloto, observando, por cima do ombro do colega, os medidores "que indicavam a saúde e o funcionamento [dos] motores".

Havia uma abertura no convés de voo que dava acesso ao compartimento do nariz do avião. O oficial-navegador ficava sentado a bombordo, numa espécie de escrivaninha que continha mapas, gráficos e instrumentos. O espaço ocupado por ele era iluminado por dois pares de janelas, cada um num dos lados da fuselagem, além de por uma torrinha de observação logo acima dele e pelo nariz de acrílico esverdeado da aeronave. "A torrinha de observação permitia que eu determinasse a posição das estrelas em relação à Terra e, assim, que eu deduzisse nossa posição", explicou o oficial-navegador Elmer Bendiner.

O posto do bombardeador ficava na frente do ocupado pelo oficial-navegador, na extremidade frontal do avião. Na frente dele jazia a mira Norden de bombardeio e, à sua esquerda, ficavam a alavanca de lançamento e o interruptor que acionava as portas do compartimento de bombas. Durante as investidas de ataque, ele se curvava sobre seus instrumentos de mira como se fosse uma águia espreitando a presa de um altíssimo poleiro, aparentemente suspenso no ar. Nessas ocasiões, parecia — e de fato era — um dos homens mais perigosos do mundo, um exterminador encarregado do emprego de quase 2.300 quilos de explosivos.

Em modelos posteriores da aeronave, o bombardeador passou a ser responsável pelo manejo de duas metralhadoras portáteis, uma cujo cano se projetava por um orifício na ponta do nariz de plástico do avião, "como se fosse o ferrão de um inseto", e a outra com o cano saindo pelo lado esquerdo do nariz. Já a metralhadora do oficial-navegador era operada através de uma grande janela no lado direito do nariz.

O piloto e o copiloto se acomodavam na parte superior da fuselagem do bombardeiro, como se operassem "na ponte de comando de um navio", donde conseguiam ver "o céu e a curva de um horizonte longínquo, mas não as ondulações do mar ou os ricos detalhes geográficos da Terra". Eles pareciam "imersos num mar de instrumentos": um conjunto composto por mais de 150 interruptores, mostradores, manivelas, alavancas e medidores, cada um dos quais podia ser decisivo para salvar ou fadar à destruição o avião e sua tripulação.[250] Um médico de bordo descobriu quanto era difícil pilotar um desses gigantes de quase 3 toneladas com carga total: "Seria difícil realizar operações coordenadas de todos esses instrumentos no conforto da cadeira giratória de seu escritório. Mas reduza ademais as dimensões de seu escritório para um cubículo de cinco pés cúbicos, engolfe-o no ronco constante dos motores e suba com ele a uma altitude de 8 mil metros [...] Isso lhe dará uma ideia das condições normais em que esses homens precisavam equacionar as superiores relações matemáticas de revoluções do motor, pressões do combustível e nas tubulações, forças aerodinâmicas, pressão barométrica, altitude, correntes de deriva, velocidade relativa, velocidade em relação ao solo, posição e direção de voo."[251] [Para ver detalhes do Boeing B-17, conferir primeira página do encarte de imagens no fim do livro.]

Até então, ninguém tinha projetado um avião tão esplêndido; porém, dentro dele, era forte o cheiro de graxa, morrinha, cordite, sangue coagulado e urina; e, antes da decolagem, seu interior ficava impregnado de fumaça de cigarro. Até mesmo os aeronautas que nunca tinham fumado antes acharam no tabaco uma forma de consolo. Após concluídas as verificações finais, os tripulantes, alguns dos quais comendo maçãs e barras de chocolate, ficavam esperando aparecer a luz verde na torre, como um sinal, para eles, de que talvez acabassem morrendo nesse dia.

Conforme relatado por Bernard Jacobs, as pistas de pouso e decolagem eram tão curtas que "não havia como saber se eles teriam velocidade aérea suficiente para decolar e se depois conseguiriam se manter no ar quando não houvesse mais pista". E acrescentou: "O engenheiro de bordo informava a velocidade: '60-70-90-110.' Quando víamos o fim da pista, decolávamos e rezávamos."[252]

Às vezes, a cobertura de nuvens alcançava 7 mil metros de altura, forçando a maioria dos aviões a chegarem a essa altitude em voo cego — voo por instrumentos. Todavia, quando escalavam as alturas às cegas, alguns pilotos perdiam o rumo, ficavam irremediavelmente desorientados e acabavam chocando-se com outros bombardeiros.

"Quando conseguimos atravessar a cobertura de nuvens, uma paisagem de tirar o fôlego se apresentou às nossas vistas", descreveu poeticamente

O CÉU PERIGOSO   135

uma dessas ocasiões o copiloto Jacobs. "O sol começava a aparecer e agora estávamos acima de um tapete de algodão vermelho-alaranjado que se estendia pelo céu a perder de vista. Outros aviões começaram a varar também a camada de nuvens e pareciam peixes saltando do oceano." Em seguida, cada um dos bombardeiros foi ocupando sua designada posição na formação, em que três grupos de aeronaves constituíam uma ala de combate. Depois disso, a frota "seguiu rumo ao último radiofarol no litoral para se alinhar com outras alas que compunham a força de ataque."

Assim que se puseram sobre o Mar do Norte, os sargentos limparam suas armas; quando, para testá-las, atiraram juntos, o avião inteiro estremeceu, acompanhado de um barulho ensurdecedor e de um forte cheiro de cordite. Depois, tudo se acalmou e, nesse ínterim, os aeronautas se prepararam psicologicamente para o combate, num ambiente em que o único som era o ronco monótono dos motores. Agora, estavam preparados. Os tripulantes estavam usando coletes salva-vidas infláveis Mae West para a eventualidade de terem que atirar-se na água e o arnês de paraquedas. Os paraquedas em si ficavam perto do compartimento da tripulação, embora alguns aeronautas não soubessem usá-los direito e ninguém a bordo houvesse saltado de paraquedas de uma aeronave antes, pois isso não fizera parte do treinamento deles. Já outros prendiam um par de botas militares extra no cinto para o caso de terem que abandonar o avião de paraquedas e tentar sobreviver no território francês infestado de nazistas. Todos levavam um pequeno estojo com apetrechos de fuga e sobrevivência: dinheiro em cédulas, curativos individuais, um mapa de seda à prova d'água, uma pequena bússola e alguns gêneros de rancho.

Quando alcançaram o ápice da troposfera, entraram num mundo totalmente estranho, onde sua primeira batalha foi com o frio, um inimigo invisível que os aguardava a 6 mil metros de altitude. Alguns membros da tripulação usavam macacões, luvas e botas de aeronauta eletrotérmicos, mas, nos primeiros tempos da guerra, havia o suficiente apenas para dois ou três membros da tripulação de cada bombardeiro. E apenas a parte frontal do avião — a cabine de pilotagem, o nariz e o compartimento de radiocomunicação — tinha sistema de aquecimento, apesar de precário. Assim, agasalhados apenas com seus casacos de lã de alpaca e botas de aviador de couro de carneiro forradas, a maioria dos tripulantes tremia de frio.

A tensão aumentou quando seus "Caças Amigos" — os caças de escolta — inclinaram alternadamente as asas, como sinal de que estavam no fim de sua autonomia de voo. Em seguida, todos vasculharam o céu à procura de "bandidos" (aviões de caça inimigos). Em sua primeira missão, Morgan e seus homens avistaram apenas um avião de caça inimigo, mas essa situação mudaria em breve. "Aqueles ataques frontais dos aviões de caça alemães deixam a gente morrendo de medo",[253] disse Morgan. "Era ruim na cabine de pilotagem, mas muito pior no nariz do avião. O bombardeador e o oficial-navegador ficavam sentados numa grande janela saliente, com vista para o céu, sem nada mais que uma armazinha ineficaz para se defender. E às vezes essa arma esquentava tanto que entortava. Lá em cima, no convés de voo, meu copiloto e eu ficávamos totalmente absortos na pilotagem do avião." Como havia ocasiões em que eram obrigados a enfrentar nada menos que quatro dos melhores aviadores de Hitler de uma vez, os pilotos não tinham tempo para pensar. Isso exigia deles o máximo de concentração e força física para manter estável e na formação o avião trepidante. Alguns bombardeiros voavam tão próximos entre si que chegavam a amassar as fuselagens uns dos outros.[254]

Na retaguarda, os artilheiros das metralhadoras móveis laterais, ao operarem em pé no piso liso e inclinado do avião, escorregavam em pilhas de cartuchos como asnos sobre o gelo, com o vento boreal soprando forte em seus rostos. Uma mistura de medo e esforço levava os metralhadores a respirarem forte, e seu hálito quente e úmido entrava em suas máscaras de oxigênio, embaçando seus óculos de aeronauta e congelando. O metralhador John H. Morris descreve a forma pela qual ele reagia quando isso acontecia. "De vez em quando, eu soltava a metralhadora com uma das mãos para levantar o braço e tirar parte da camada de gelo sobre os óculos com a ponta do dedo e, quando eu olhava para fora, via caças alemães bem perto, que tinham começado a atravessar nossa formação em manobras de ataque.[255] Mas, como o gelo começava a formar-se de novo, eu não conseguia ver muita coisa [...] Um metralhador cego! Mas sobrevivi." E sobreviveu com caças alemães abrindo buracos com projéteis de canhões em seu avião grandes o bastante para a passagem de carneiros inteiros.

Além disso, mesmo usando as máscaras de oxigênio, os fogos aéreos eram tão intensos que os aeronautas sentiam o cheiro dos gases produzidos pelas explosões; e os projéteis dos cerrados fogos de barragem explodiam com tal força que as concussões teriam lançado os pilotos através do teto de suas aeronaves, caso não ficassem fixados em seus assentos com cintos de segu-

O CÉU PERIGOSO

rança e correias. Em alguns aviões, os tripulantes permaneciam sentados sobre chapas de chumbo para proteger os órgãos genitais. Impotentes quando mergulhados no espaço dos fogos antiaéreos, tudo que podiam fazer era continuar sentados e aguentar firme. Nessas ocasiões, pilotos e tripulantes descobriam que era possível suar a 40 graus abaixo de zero.

O bombardeador Theodore Hallock não tinha o costume de orar, mas, assim que alcançava a área do alvo e via que estava em apuros, cochichava consigo mesmo: "Deus, você tem. Você tem que me levar de volta! Escute, Deus: você tem que fazer isso!"[256] Muitos dos combatentes prometiam ao Todo-Poderoso que, se conseguissem sair do aperto, não iriam nunca mais consumir bebidas alcoólicas nem se envolver com mulheres. Já Hallock nunca prometia isso, "pois achava que, se Deus era realmente Deus, com certeza entenderia como os homens se sentem em relação a bebidas e mulheres".

Quando, na missão inaugural da aeronave, Robert Morgan sobrevoou as bases de submarinos germânicos de Brest com seu *Memphis Belle*, o bombardeador do avião da vanguarda da frota — que seguia no aparelho logo na frente do seu — teve dificuldade para ajustar sua mira Norden de bombardeio em meio à cobertura de nuvens densa e nevoenta e acabou lançando suas bombas no tempo errado.[257] Com isso, todos os outros aviões da formação cometeram o mesmo erro e, assim, a maior parte das bombas caiu fora da cidade. Em seguida, as Fortalezas do 91º mergulharam para uma altitude abaixo da fumarenta área de explosão dos projéteis antiaéreos, fizeram uma lenta curva e retornaram para a base através de céus tranquilos.

Contudo, em outras missões, para muitos aviões "a viagem de volta foi difícil e terrível".[258] Rumando para o Mar do Norte, com a neblina vindo da ilha em que ficava sua base cada vez mais perto, os aeronautas sabiam que ainda era possível que seus aviões caíssem e eles morressem depois de terem dado tudo de si na batalha. Após a missão, quando o *Memphis Belle* pousou em Bassingbourn e os tripulantes desembarcaram, nenhum deles sorriu, mesmo sentindo a firmeza da pista sob os pés, mas todos os rostos indicavam quanto era bom ter os pés em terra firme outra vez.

Após o desembarque, alguns aeronautas que tinham acabado de participar de sua primeira missão ficaram confusos. Era como se tivessem voltado de um mundo "em que a única coisa que fazia sentido era a vontade de sobreviver [...]". Tiveram a impressão de que "haviam participado de uma batalha que não era deste mundo, nem dos homens que faziam parte dele", escreveu Denton Scott, um repórter do jornal *Yank* que embarcou no avião com a Oitava rumo às bases de submarinos. "Existe um abismo de um azul radiante com mais 7 quilômetros de profundidade entre esses dois mundos." De repente, os combatentes se sentiram livres dos grilhões do medo e do estresse; porém, mais intensa do que essa sensação era a profunda afinidade que os integrantes da tripulação sentiam uns pelos outros e pelo avião, a única proteção que eles tinham contra os estilhaços das explosões de fogos antiaéreos e de projéteis do tamanho de socos-ingleses. "Em apenas oito horas, as imprecações e a impetuosidade demonstrada no céu serviram para unir dez homens mais estreitamente do que oito anos teriam conseguido fazê-lo no mundo considerado normal, consequência inevitável entre homens que haviam sentido medo juntos e lutado contra ele em equipe. Talvez sejam esses os mais fortes laços que podem existir entre os homens",[259] disse Scott.

Embora tomados de um cansaço repentino e insuportável, seu trabalho não havia terminado, pois tinham que passar pelo interrogatório posterior à missão. "E aí você tem que reviver tudo outra vez, procurando lembrar-se de todos os detalhes [...] O café e os sanduíches ajudam, mas você sente falta de rostos conhecidos."[260]

Após o relatório de pós-voo, as tripulações eram recompensadas com doses de uísque. "Depois de alguns drinques, ficávamos bêbados [...] e desabávamos na cama",[261] contou Bernard Jacobs. Os combatentes ficavam visivelmente abalados e trêmulos quando entravam no alojamento e olhavam para as camas vazias dos colegas que eles nunca mais veriam. Os sobreviventes jamais falavam a respeito dos colegas mortos em combate; era uma espécie de pacto tacitamente estabelecido. "Quando um membro da tripulação morria, mas seu avião voltava [com seu corpo a bordo], a maioria de nós não ia ao enterro, preferindo achar que funerais não eram lugares para sobreviventes",[262] observou um oficial-navegador. "Eu nunca compareci a um enterro [...] Nós homenageávamos os colegas mortos gravando seus nomes a tinta nas paredes dos alojamentos juntamente com o nome de sua terra natal e da última missão deles."

Nenhum dos que sobreviviam se considerava herói. Chamar atenção para si mesmo para se promover como tal era outra violação do tácito código de conduta dos aeronautas, até porque era difícil identificar com segurança os verdadeiros heróis, já que combatentes que realizavam incríveis atos de

O CÉU PERIGOSO — 139

coragem nos ares gritavam de medo durante o sono; ou, quando acordados, viviam se queixando dos colegas "fracotes e covardes" do Exército; ou ainda anunciavam aos amigos, em conversas regadas a bebidas, que a única razão pela qual embarcavam nos aviões e combatiam era para conseguir uma "passagem de volta" para casa.[263] O sargento especialista Arizona T. Harris, antes um peão de fazenda da desértica Tempe, Arizona, detestava quase tudo na vida de integrante da Força Aérea, mas, no avião, ele era outro homem.

Harris era engenheiro de voo e metralhador da torre superior de uma Fortaleza Voadora e conhecia seu avião melhor que ninguém, com exceção de seu chefe dos técnicos do serviço de pista. Quando *Sons of Fury* iniciava a manobra de decolagem pela pista, os rapazes postados no entorno conseguiam identificá-la facilmente, já que viam alguém pôr para fora a cabeça de cabelos ruivos e o braço forte próximo à janela do piloto. Era Harris fazendo uma última limpeza no para-brisa. "Aquelas manchas no para-brisa ficavam parecendo Me 109s" nos ares,[264] dizia ele.

Harris morreu no caminho de volta de St. Nazaire, em 3 de janeiro de 1943. O sargento P. D. Small, um metralhador de cauda a bordo de outro bombardeiro do 360º, testemunhou os últimos minutos de vida de Harris. Small viu quatro paraquedas brancos se abrirem pouco antes que o *Sons of Fury* caísse no mar. Os metralhadores que permaneceram na aeronave devem ter se transferido para a cabine de radiocomunicação, o lugar mais seguro durante acidentes. Mas duas metralhadoras continuaram a ser disparadas, as gêmeas .50 de Harris, enquanto, de repente, *Sons of Fury* fez uma perfeita aterrissagem de barriga nas águas congelantes da Baía de Biscaia. E, mesmo quando lençóis de água esbranquiçada encobriram as asas e o avião começou a sumir de vista, as metralhadoras das torres de tiro superiores continuaram a cuspir fogo "com tanta rapidez quanto os mecanismos de alimentação conseguiam enfiar os projéteis nos disparadores".[265] Arizona Harris estava tentando proteger o piloto e o copiloto, que agora se achavam na água, sob o ataque de caças Fw 190 e com "as borbulhantes águas de um azul metálico cinzento sob uma chuva de balas". Harris deve ter sentido a água invernal encher a torre, até que, por fim, ela alcançou um nível em que impediu que ele respirasse, mas, mesmo assim, continuou a atirar, até que o mar engolfasse os canos ardentes de suas metralhadoras junto com ele.

Quando relatos de acontecimentos como esses chegaram ao país, os americanos começaram a entender que seus jovens baseados na Inglaterra estavam travando uma guerra aérea totalmente diferente dos combates da Primeira Guerra Mundial ou até dos conflitos aéreos da Batalha da Grã--Bretanha. O primeiro a contar isso a eles foi o repórter Ernie Pyle, que passou o outono de 1942 percorrendo a trabalho as bases aéreas americanas na Inglaterra antes de partir para o norte da África, onde faria a cobertura jornalística da Operação Tocha. "Em certo sentido, os homens que combateram em nossas guerras aéreas sempre pareceram mais gloriosos do que os que lutaram na lama",[266] escreveu ele em um de seus despachos do "fronte aéreo". Todavia, nos novos tempos de guerra aérea que se iniciavam então, "a era das gigantescas belonaves aéreas — provavelmente o solitário, jovial, intrépido herói dos céus se tornaria cada vez mais raro", escreveu ele. No entanto, certamente a Oitava Frota Aérea teria sua parcela de heróis, previu Pyle, mas a maioria deles combateria e morreria em grupos, na tentativa de se protegerem, tal como fizera Arizona Harris. "Até aviões combatem em equipe. Nossos bombardeiros vão para a França em grandes frotas, seguindo seu líder. Operar em grupo é o escudo protetor deles."

Na Força Aérea, oficiais, suboficiais e graduados eram mais próximos uns dos outros do que os membros da infantaria entre si. Todos que combatiam a bordo de bombardeiros eram do posto de sargento para cima, e o fato de que apenas uma pequena porcentagem dos oficiais fazia parte do exército regular contribuía para essa união. Quase todos eram voluntários, assim como os sargentos. A preocupação com a aparência e a ordem era uma raridade; quase ninguém batia continência nas bases aéreas americanas na Inglaterra.

O dr. Malcolm C. Grow, o cirurgião-chefe da Oitava Frota Aérea, disse a investigadores do serviço secreto da Força Aérea: "Estes homens não se interessam por democracia ou liberdade; eles se importam mesmo é com os amigos ou com sua equipe. Essas equipes são as organizações mais coesas que se viu até hoje."[267] O metralhador de Fortaleza Voadora Jack Novey nos fornece um bom relato a esse respeito: "Não sei explicar por que nós, tripulantes de bombardeiros, sem nenhum entusiasmo pela guerra, arriscávamos nossas vidas numa missão após a outra, apesar das dificuldades terríveis daqueles dias [...] Até quando eu me achava prestes a sucumbir ante a força de meus temores, mesmo quando eu estava fisicamente doente, continuei a participar de missões. Eu não queria desapontar meus colegas de tripulação. Eu teria preferido morrer a deixá-los na mão."[268]

O CÉU PERIGOSO

141

O equipamento usado por eles não apenas simbolizava esse laço de união, mas o fortalecia. A bordo da aeronave, os dez tripulantes ficavam ligados ao aparelho e uns aos outros por tubos e fios — tubos que permitiam que continuassem respirando, fios que os mantinham unidos entre si.

A diferença entre os membros das tripulações era algo incrível. Num dos aviões, no *Hell's Angels*, por exemplo, havia um vendedor de carros, um fazendeiro, um inspetor agrícola do governo, um frentista, um caubói de rodeios, um vitrinista, um trompetista de orquestra de dança, um marinheiro da marinha mercante, um universitário e um representante comercial. No entanto, nenhum desses homens tinha ingressado na Aeronáutica antes de Pearl Harbor e somente três deles tinham viajado de avião antes do treinamento como aeronautas nos Estados Unidos.

"Jamais nos preocupávamos com a ideia de nunca voltar" para casa,[269] observou o capitão da equipe após a 28ª missão do grupo. "Nossa atitude era de quem sabia que teria que morrer um dia e quando isso aconteceria nunca me incomodou, tampouco ao restante dos rapazes." Mas o fato é que ele disse isso para impressionar os jornalistas. Ninguém embarcado num daqueles bombardeiros viajava sem medo, desdenhosamente indiferente ao próprio destino. "Os aeronautas sentem medo, sim, assim como você e eu",[270] escreveu Ernie Pyle. E o medo que muitos deles sentiam pelas viagens aéreas era tão grande quanto o que sentiam pela Luftwaffe.

Desaparecimento do nada

Em seu primeiro ano de operações, o maior inimigo da Oitava Frota Aérea não foram o fogo antiaéreo ou os caças adversários, mas o clima e as intempéries. Tempo era um pré-requisito para um bombardeio diurno bem-sucedido, mas, no outono e no inverno de 1942, as condições climáticas no norte da Europa estavam extraordinariamente ruins. Segundo consta nos registros da história oficial da Força Aérea, "no início de outubro, houve um intenso debate para saber se seria viável realizar uma ofensiva desse tipo com força máxima a partir de bases britânicas".[271] As forças aeronáuticas podiam contar, no máximo, com cinco a oito dias favoráveis no mês para um possível lançamento de ataques de tamanho considerável, e as condições meteorológicas sobre o continente tornavam possível o bombardeio visual dos alvos apenas em cerca de vinte ou trinta por cento do tempo. Somente no Alasca e nas Ilhas Aleutas as condições de tempo eram mais favoráveis para operações em larga escala pela Força Aérea Americana.

E tempo ruim era perigoso para um avião voando ou operando sozinho.[272] Já para grandes formações, com seus elementos compactamente agrupados, podia ser catastrófico. Formações em operações que exigissem grande autonomia de voo precisavam de condições climáticas favoráveis em pelo menos cinco diferentes ocasiões durante a missão: na decolagem, na reunião das aeronaves em pleno voo, na viagem até o alvo, na área sobre o alvo e na volta para a base. E não era possível partir em missão, às oito horas, sob tempo relativamente bom se existisse a expectativa de que as condições climáticas nos céus ingleses iriam ficar muito ruins quando os bombardeiros estivessem programados para retornar seis horas depois. De certo modo, as regiões interioranas da Inglaterra começaram a ficar cobertas de destroços de bombardeiros americanos que, em razão das cortinas de névoa e das camadas de nuvens de rápida formação sobre a ilha, não conseguiam retornar para as bases.

Assim como um bom comandante de forças terrestres tem que conhecer o terreno de combate de seu exército, o comandante de forças aéreas tinha que conhecer o "território" atmosférico ou de condições climáticas que seus homens teriam que enfrentar.[273] Mas o clima do norte da Europa era tão difícil de prever quanto de enfrentar; e a meteorologia ainda era uma ciência incipiente. Durante toda a guerra, as condições de tempo ruins reduziram em 45 por cento as operações aéreas, e dez por cento dos aviões que foram enviados para combates nos céus do norte da Europa abortaram missões ou foram chamados de volta para as bases por causa de mau tempo.[274] Esses indesejados adiamentos de combates afetaram cada vez mais o moral dos aeronautas, já que, com o cancelamento ou abortamento de uma operação sobre território inimigo, o tripulante deixava de ter computado, em seu favor, mais uma missão de combate do total de missões que era obrigado a cumprir, antes de poder voltar para casa. E cancelamentos repetidos implicavam a necessidade de ter que se passar de novo pela reunião de instrução de pré-voo, experiência tensa e traumática, cujas consequências visíveis incluíam crises de vômito incontroláveis e diarreia. Numa situação em que os aeronautas eram forçados a participar de "oito missões em terra para cada missão aérea",[275] conforme relatado pelas tripulações de forma quase unânime, o sentimento de decepção e a depressão que se seguiam a

O CÉU PERIGOSO

esses cancelamentos eram "muito piores do que a efetiva participação num combate aéreo".[276] Até mesmo missões adiadas por condições de tempo desfavoráveis, mas não canceladas por uma razão qualquer, punham à prova a fortaleza psicológica dos homens mais resistentes.

Ao contrário dos membros da infantaria, os aeronautas não podiam chegar ao local dos combates ou permanecer nele sem um sistema de apoio tecnológico altamente complexo — o bombardeiro e seu vivificante equipamento de respiração artificial. Se houvesse falha no funcionamento desse sistema, o que acontecia com frequência, os tripulantes ficariam impotentes militarmente falando. Em operações aéreas num frio congelante, os vidros das janelas da aeronave e as miras das metralhadoras ficavam embaçados, as portas dos compartimentos de bombas emperravam e aparelhos mecânicos fundamentais congelavam e funcionavam mal. Os tripulantes ficavam também transidos de frio e medo e acabavam sucumbindo. Operando sob temperaturas enfrentadas em terra somente no Ártico e na Antártida ou em picos de montanhas imensas, congelamentos causavam mais danos do que os ataques inimigos.[277] No primeiro ano de operações da Oitava, 1.634 aeronautas foram tirados do serviço de missões de combate aéreo em consequência de congelamento, um número que superava em mais de quatrocentos o do total de baixas sofridas por ferimentos em combate. O capitão William F. Sheeley, médico-chefe da Oitava Frota Aérea, estudou o problema e informou que, desde longa data, exploradores do Ártico advertiam que pés úmidos eram sinônimo de pés congelados. "Homens que iam a pé para a aeronave em dia chuvoso; que dormiam em macacões térmicos; que participavam de jogos suarentos com suas roupas de aeronauta e depois partiam em missão com as vestes umedecidas de suor voltavam para as bases na condição de baixas."[278]

Quanto à disposição dos aeronautas, os novos macacões termoelétricos se revelavam notoriamente indignos de confiança. Sofriam curtos-circuitos e davam choques elétricos nas mãos, nos pés e nos testículos; e, após algumas missões, costumavam parar de funcionar, geralmente porque seus usuários não recebiam instruções sobre como cuidar deles direito. Depois de uma missão, tripulantes exaustos simplesmente os embolavam junto com outras peças de aeronautas e os enfiavam em armários ou mochilas de campanha, danificando assim seus frágeis componentes termoelétricos.

O frio de rachar pegava a maioria de suas vítimas em situações vulneráveis nos bombardeiros: artilheiros de metralhadoras móveis laterais operando em janelas abertas, enfrentando ventos fortes, e metralhadores de cauda que removiam as coberturas de lona de suas metralhadoras, as quais atrapalhavam a movimentação dessas peças. Metralhadores da torre esférica forçados a permanecerem em seus cubículos durante horas sobre o território inimigo urinavam nas próprias roupas, provocando assim o congelamento das costas, nádegas e coxas, "de tal forma que os músculos se esfacelavam e deixavam os ossos expostos".[279] O atirador da torre esférica George E. Moffat, integrante do 482º GB, observou: "Quando você chega ao alvo, está tão cansado de tudo que não dá muita importância à possibilidade de ser atingido ou não."[280] Em certa missão, logo após o "lançamento das bombas", um projétil antiaéreo explodiu com um estrondo tremendo logo abaixo da torre de Moffat. Segundos depois, ele começou a sentir dormência nos dedos e nos pés. "Olhei em volta e achei uma pequena perfuração no Plexiglas e vi que o fio da ligação entre a luva e o macacão estava partido." O sistema de aquecimento dos macacões termoelétricos funcionava com seus componentes interligados, como as luzes de uma árvore de Natal, e, quando uma luva era desligada do sistema, as outras partes do macacão paravam de funcionar também. Moffat sabia que congelaria caso permanecesse na torre por muito tempo, mas, se abandonasse as metralhadoras com caças inimigos ainda presentes na área, ele poria a vida da tripulação em perigo. "Assim, continuei lá." Ele ficou golpeando as metralhadoras com as mãos fechadas e batendo os pés no piso da torre para tentar estimular a circulação sanguínea. "Era uma dor extremamente incômoda e quase insuportável. As lágrimas escorriam, molhavam minha máscara de oxigênio e congelavam [...] Fiquei a ponto de desistir e me dispor a receber a morte de braços abertos." Mais ou menos um minuto depois, os caças inimigos desapareceram e ele conseguiu sair da torre rastejando. Quando o piloto baixou para pouco mais de 3.200 metros de altitude, um colega ofereceu a Moffat uma de suas luvas termoelétricas. "Como o calor fez meus pés e minhas mãos doerem muito, tive que fechar os olhos e cerrar os dentes para não gritar."

Quando uma metralhadora emperrava em combate, alguns aeronautas entravam em pânico e tiravam suas grossas luvas para tentar desemperrá-la. Mas o problema era que suas mãos geladas grudavam no metal da arma e, para desprendê-las, tinham que fazer isso à força, arrancando longas tiras de pele. De vez em quando, dominados pelo temor de morrer em combate, alguns feriam a si mesmos de propósito.[281] Quando o bombardeiro alcançava altitude máxima, eles tiravam as luvas, garantindo assim uma longa e dolorosa internação no hospital, mas pelo menos um adiamento temporário de um destino muito pior.

Aeronautas feridos em combate eram dos mais vulneráveis a congelamentos. Na maioria das vezes, seus macacões termoelétricos sofriam curtos-circuitos provocados pelo mesmo estilhaço que penetrava na sua pele. Enquanto permaneciam inconscientes no piso congelante do avião, as extremidades de seu corpo se entorpeciam, apesar das tentativas dos colegas de tripulação para mantê-las aquecidas com os poucos e finos cobertores disponíveis. O dr. Sheeley descreveu o martírio atroz de um oficial-navegador cuja máscara de oxigênio foi perfurada pela explosão de um projétil antiaéreo que causou um rombo no nariz do avião. Com o fornecimento de oxigênio danificado, ele ficou inconsciente durante uma hora. "Seis semanas depois, suas mãos, pés, orelhas e nariz foram amputados, seus congelados globos oculares tinham sido extraídos, e tecido necrosado se desprendia de suas bochechas. Mas ele continua vivo."[282]

Por falta de conhecimento médico especializado ou de equipamento para salvá-los, um número ignorado de combatentes perdeu a vida. Certa feita, quando um metralhador de um B-17 teve parte das nádegas arrancadas por estilhaços de fogos de canhões antiaéreos, seus colegas artilheiros aplicaram um curativo no ferimento da melhor forma possível. Todavia, como o sangramento continuou, "eles puseram uma caixa de munição de 63 quilos diretamente sobre o ferimento",[283] relatou um dos metralhadores. "Parece que a pressão estancou o sangramento. Ele permaneceu estendido numa posição confortável, mas quase congelou, pois seu macacão térmico estava rasgado e não tínhamos cobertores." O rapaz atingido ficou aguardando a morte num lugar estranho ao comum dos mortais. "É isso que deixava a gente muito mais tenso e nervoso — pois o ambiente em que suas entranhas têm que digerir o perigo é artificial",[284] observou um oficial da Força Aérea.

No fim de cada missão, tripulantes eram retirados de aviões com mãos, pés e rostos inflamados e inchados. Após um ou dois dias, os ferimentos ficavam arroxeados e, depois, apresentavam a coloração de um negro macabro. Um terço das vítimas de congelamento precisava ser hospitalizado; já nos casos mais brandos, os aeronautas ficavam impedidos de participar de missões de voo por até duas semanas. "Temos um caso de emergência muito sério",[285] advertiu o dr. Sheeley aos colegas no início das operações da

Oitava Frota Aérea. "Muitos homens internados no hospital só retornarão ao serviço meses depois — se retornarem."

Incapazes de enfrentar o problema dos congelamento nas missões de voo assim que ele ocorria, médicos de voo inexperientes recorriam a um antiquado método de tratamento russo: "Esperar cair tudo que tivesse que cair e depois ver o que se podia fazer com o que sobrava."[286] Contudo, a prevenção era a única forma de remediar o problema. Assim, já em meados do inverno de 1942-1943, médicos aeronautas — dos quais pelo menos um era encaminhado para cada uma das bases — tinham começado a agir, dando palestras e fazendo demonstrações a tripulações sobre os perigos da geladura, mandando instalar tubos de micção nas torres esféricas e que se distribuíssem finas luvas de seda, com orientação para que fossem usadas sob as luvas térmicas, que são mais grossas e pesadas. Entretanto, no primeiro ano de operações, o esforço de prevenção jamais foi proporcional ao tamanho do problema. Tampouco descobriram uma forma de tratar a barotite média, a inflamação crônica do ouvido médio causada por múltiplas descidas de grandes altitudes numa cabine não pressurizada.[287] À medida que as operações aumentaram, o problema alcançou proporções epidêmicas entre tripulações de bombardeiros, sendo responsável por dois terços dos casos de afastamento temporário do aeronauta de missões de voo.

Anoxia, ou deficiência de oxigênio nos tecidos, era parte dos grandes "desafios da medicina aeronáutica" e um dos maiores flagelos entre membros da Oitava.[288] Saliva ou vômito produzidos pelo mal dos aviadores (náusea aérea) entravam nas máscaras dos aeronautas moldadas em borracha e congelavam, obstruindo o tubo de oxigênio, o que provocava desmaios ou até mortes. Durante a missão inteira, a intervalos de alguns minutos, o oficial-navegador convocava os colegas para uma verificação das condições de oxigenação individual pelo sistema de interfones da aeronave. Se um dos colegas da tripulação deixasse de responder ao chamado, outro era despachado para investigar a situação e, se necessário, providenciar respiração artificial ou administrar oxigênio com um cilindro portátil cheio do gás vivificante. "É muito comum ocorrer vazamento na máscara, no tubo ou em qualquer parte da tubulação de suprimento, e o sujeito nem sequer desconfiar do problema",[289] disse um oficial-navegador em sua descrição de uma típica missão a mais de 4 mil metros de altitude. "Sem oxigênio nessa altitude, você perde a consciência em trinta segundos. Dois minutos depois, você está morto."

O CÉU PERIGOSO   147

Embora menos de cem homens tivessem morrido de anoxia — a maioria deles no primeiro ano da Oitava na Inglaterra —, cerca de cinquenta e sessenta por cento dos aviadores padeceram de alguma forma do problema em missões de combate, resultado da indesculpável falta de bom planejamento.[290] "Não pensamos na possibilidade de termos que trabalhar em altitudes tão elevadas",[291] admitiu, de forma pouco convincente, o dr. Malcolm Grow perante interrogadores da Força Aérea após o primeiro ano de operações. "Parece que ninguém pensa em certos detalhes antes de participar das operações." Mas parte da culpa deve ser atribuída aos estrategistas da aeronáutica militar, mais preocupados com estratégia de bombardeios do que com medidas de preparo de tripulações para sobreviverem em condições atmosféricas necessárias à execução dessa estratégia. Em sua tentativa de destruírem o inimigo, jovens americanos malpreparados estavam, pois, se destruindo involuntariamente.

A anoxia era um assassino traiçoeiro; raramente os aeronautas se davam conta de problemas no fornecimento de oxigênio, embora o aparelho tivesse um indicador — uma pequena válvula esférica num tubo transparente — que informava se o oxigênio estava ou não fluindo pelo tubo de suprimento. Essa esfera saltava e descia no tubo enquanto o tripulante respirava. Se a bolinha estivesse saltitando, significaria que o sujeito estava conseguindo respirar direito, mas os tripulantes em combate com os aviões da Luftwaffe não tinham tempo para prestar atenção na bolinha e, na maioria dos casos, se acontecesse um problema, eles morreriam antes mesmo que alguém percebesse a disfunção.

O metralhador da cauda, isolado nessa parte do avião, era a vítima mais comum da anoxia. Após um combate feroz com caças inimigos, o oficial-navegador da Fortaleza de George Moffat chamou os colegas pelo interfone para saber se algum deles tinha sido atingido. Bill Galba, o metralhador da cauda, não respondeu. Quando um tripulante foi verificar a situação do colega, achou o artilheiro tombado sobre as metralhadoras com o tubo de oxigênio solto. Seus colegas de tripulação tentaram ressuscitá-lo, mas em vão. Quando alcançaram o Mar do Norte, o piloto mergulhou na direção das águas em busca de ar respirável; porém, Galba não reagiu. Então, Moffat saiu da torre esférica e estendeu com cuidado o amigo no piso do avião. "Atravessei rastejando a passagem estreita e depois fiz o mesmo pelo plano inclinado da cauda do avião até onde estava o corpo dele. Parei com o rosto a uns 15 centímetros do dele. Seu rosto estava branco como a neve, com muco congelado no nariz e na boca, e seus olhos fitavam arregalados os meus, inteiramente cobertos de gelo [...] Eu sabia que ele estava morto."[292]

Depois disso, Moffat acendeu um cigarro para si e outro para o metralhador, e ambos "permaneceram sentados, fumando". Quando aterrissaram: "Fiquei observando colocarem o corpo dele na maca e o levarem para a ambulância. Deixei a lágrima escorrer. Não fiquei com vergonha. Afinal, ele era meu amigo.

"Tinha sido um dia difícil e nossa aeronave estava cheia de perfurações. Fui para o alojamento, mas não consegui dormir." A cama de Galba ficava ao lado da de Moffat. O intendente havia recolhido as roupas de Galba e tirado todas as cobertas da cama do amigo. Moffat preferiu se virar para o lado, de forma que evitasse olhar para a cama vazia do amigo morto.

William Galba foi enterrado num cemitério não muito longe da base. Sempre que podia, George Moffat ia lá depositar flores no túmulo do amigo.

Medicina de aviação

Em combates aéreos sob grandes altitudes, as tripulações de bombardeiros eram submetidas a condições de estresse físico e emocional tais quais os seres humanos jamais tinham enfrentado. Coisas estranhas aconteciam com o corpo humano quando ele entrava nas camadas superiores da atmosfera terrestre.[293] Os ouvidos dos aeronautas pareciam "entupir" dolorosamente, seu raciocínio e seus movimentos ficavam lentos e seus estômagos e intestinos se expandiam extraordinariamente, morbidez agravada pela comida geradora de gases que lhes serviam no café da manhã.

Esse novo tipo de operação militar exigia uma nova espécie de medicina — tanto para o corpo quanto para a mente. O problema era que o coronel Malcolm Grow e a equipe médica de sua Oitava Frota Aérea não tinham precedentes ou exemplos em que pudessem basear-se. A medicina de aviação, na infância então, ainda tinha que aprender a lidar com os problemas que os médicos de voo encontravam na Inglaterra,[294] assim como no trabalho dos comandantes de bombardeiros da Oitava, seus primeiros esforços nessa área foram totalmente experimentais; além disso, em terra, os médicos sofriam de uma grave falta de equipamentos e pessoal especializado.

O CÉU PERIGOSO

149

Todas as bases de bombardeiros tinham uma pequena enfermaria administrada por um médico aeronáutico, com camas para algumas dezenas de aeronautas portadores de doenças sem gravidade ou apenas de ferimentos leves. Já os combatentes gravemente feridos eram transferidos de ambulância para um hospital do Exército em Oxford, numa viagem penosa, que durava três a quatro horas, através de estradas sulcadas pelo tráfico de veículos, quase sempre no meio da noite, sob condições de escuridão total e até com os faróis das ambulâncias baixos. Homens dilacerados e mutilados pela guerra morriam nessas longas viagens de horas noturnas avançadas e alguns sofriam ferimentos adicionais na estrada ao longo das sebes das propriedades campestres da Inglaterra. Desse modo, Grow requisitou um avião de transporte de tropas C-47 e o transformou definitivamente numa ambulância voadora da Oitava. Nesse ínterim, pressionou constantemente o quartel-general a providenciar a construção de hospitais mais perto dos aeródromos em que seus homens operavam. No primeiro ano das operações aéreas, houve uma perigosa escassez de suprimentos e equipamentos médicos e quase metade dos integrantes da Oitava Frota Aérea ficou praticamente isolada das unidades de tratamento médico, com exceção de seus primitivos hospitais de base. No entanto, em 1944, graças principalmente aos esforços de Grow, todas, exceto uma das bases, se achavam a pouco menos de 50 quilômetros de um hospital do Exército totalmente equipado. Grow fez também árduos esforços ingerenciais em favor do fornecimento de profissionais da área médica mais bem-preparados. Em 1942, três quartos dos médicos de voo enviados para servir na Inglaterra não tinham nenhuma formação em medicina de aviação e somente dez por cento dos socorristas dispunham de alguma instrução na área médica. Quando médicos da aeronáutica chegavam às bases de bombardeiros, ficavam sabendo que aeronautas haviam morrido porque não tinham sido atendidos prontamente e de forma adequada.

Grow e o coronel Harry G. Armstrong, seu principal assistente na Inglaterra, foram pioneiros no novo campo da medicina de aviação. Em 1934, eles tinham fundado o Laboratório de Pesquisas de Medicina Aeronáutica, em Wright Field, perto de Dayton, Ohio, para estudar os efeitos de voos tripulados no organismo humano.[295] Logo depois da chegada da Oitava Frota Aérea à Inglaterra, eles estabeleceram um pequeno centro de pesquisas perto de High Wycombe, chamado Central Medical Establishment (Comunidade Médica Central-CME).[296] Chefiada por Armstrong, sua missão era desenvolver técnicas de treinamento e equipamentos capazes de permitir que os aeronautas sobrevivessem e tivessem o máximo de eficiência na primeira guerra aérea travada pelas nações em grandes altitudes. Os membros da instituição tinham uma única, absorvente e cansativa missão: fornecer "assistência e tratamento médico ao aeronauta".[297]

Em seu primeiro ano de existência, a CME, em trabalho conjunto com a instituição de Wright Field, a Faculdade de Saúde Pública de Harvard e a indústria americana, iniciou sessenta projetos de pesquisas independentes para desenvolver melhores aparelhos de respiração aeronáutica, roupas de aviação e operações de resgate aeromarítimas. Além de suas funções de pesquisa, a CME dava cursos sobre técnicas de sobrevivência tanto para aeronautas quanto para médicos de voo. E quase sozinho, Armstrong, um homem de beleza máscula, com um vistoso bigode de pontas viradas para cima, criou o Departamento de Psiquiatria, unidade dedicada à prática da psiquiatria preventiva, bem como ao diagnóstico e à reabilitação de aeronautas padecentes de doenças mentais.

A equipe da CME era pequena — nunca passava de dezoito médicos , mas seus membros eram de excelente qualidade. Armstrong escolheu a dedo os integrantes de sua equipe entre os membros da elite das melhores faculdades de medicina, centros de pesquisa e institutos de psiquiatria dos Estados Unidos. "Todos vieram da esfera civil", comentou ele anos depois, "e, quase sem exceção, acabaram voltando para lá, onde todos se tornaram notáveis profissionais da área médica".[298] Já no outono de 1943, a pesquisa deles começaria a dar resultados: novos aparelhos e tratamentos profilácticos reduziram muito o sofrimento e o número de vítimas causados pelo congelamento, privação de oxigênio e ataques do inimigo. Infelizmente, para os homens que participaram de operações de combate no primeiro ano da guerra, não houve nenhum alívio dessa espécie. Os poucos pioneiros sob grande pressão e dificuldade que conseguiram sobreviver a seu tempo de serviço militar terminaram o período tal como o iniciaram, participando de operações aéreas e combatendo sem equipamentos de oxigênio, blindagem, aquecimento ou descanso apropriados.

CAPÍTULO QUATRO

Aeronauta derrubado!

"Estávamos ganhando experiência e tendo experiências também, embora nem todas fossem boas."

CURTIS E. LEMAY

Mar do Norte, 9 de outubro de 1942

Na tarde desse dia, o tenente Donald Swenson estava às voltas com o maior problema de sua vida. Participante da histórica missão de ataque a Lille, sua Fortaleza Voadora foi alvo de uma rajada dos canhões de aviões de caça Focke-Wulf 190s e perdeu dois de seus motores. Embora piloto e copiloto se esforçassem muito para retornar à base na Inglaterra, o avião de Swenson estava caindo a um ritmo de mais de 300 metros por minuto. O radioperador emitiu um pedido de socorro, mas as estações receptoras no litoral não conseguiram captar a mensagem. Com o interfone danificado, Swenson passou o controle da aeronave para seu copiloto e foi até a cauda do avião para alertar os metralhadores que ele iria pousar de barriga no mar. Dali a pouco, com o piloto e o copiloto sozinhos na parte frontal do avião, o restante da tripulação se reuniu na sala de radiocomunicação, onde havia uma antepara dianteira contra a qual eles poderiam apoiar-se para tentar amortecer o choque da amerissagem. Antes de ter se agachado, com as pernas entre os joelhos e as mãos entrelaçadas na parte de trás do pescoço, o radioperador comeu o papel de palha de arroz que continha o indicativo de chamada e as frequências radiofônicas secretas do avião.

"A água parecia gelada e lembro-me de que a achara muito dura também",[299] contou Swenson sobre o choque. O mar estava eriçado de ondas de crista espumante que variavam entre 5 e 6 metros de altura. "E me haviam dito que, quando você aterrissa na água e atinge uma dessas ondas, o efeito é muito parecido com o choque contra um muro de pedras.

"E era mesmo. Pousamos de barriga, o mais lentamente possível, com a cauda bem baixa. Porém, mesmo assim, atingimos [a água] com tanta força que a aeronave lançou toda a tripulação para fora."

Swenson saiu pela estreita janela da cabine de pilotagem de seu lado do avião. Quando emergiu em busca de ar, viu o copiloto ferido boiando debaixo de uma das asas. Ele nadou até lá e começou a puxá-lo para o local onde se encontrava o restante da equipe de voo. Os tripulantes haviam saído pela escotilha da metralhadora da sala de radiocomunicação e se esforçavam para alcançar os botes de borracha infláveis da aeronave. Um dos botes se achava crivado com perfurações de bala e alguns aeronautas diziam aos gritos que não conseguiram inflá-lo a contento.

O bombardeiro afundou em menos de dois minutos. Nisso, o piloto ordenou que três dos metralhadores embarcassem no bote intacto. O restante da tripulação se manteve agarrado às bordas do bote parcialmente inflado e se livrou de suas pesadas vestes de pele de carneiro. Um dos atiradores tentou afogar-se. "Ele submergia, voltava à superfície, cuspia água do mar e depois voltava a afundar, mas ficava tentando fazer que deixássemos que ele morresse. Foi necessária uma ordem firme e direta para fazê-lo comportar-se. É que ele achava que estava prejudicando nossas chances de sobrevivência. E aí veio a parte mais difícil: ficar esperando a ajuda chegar e nos perguntando se ela viria a tempo mesmo."

A essa altura, os náufragos não tinham como saber que já estavam praticamente resgatados. Porquanto, segundos antes de o avião deles ter caído no mar, o aparato do serviço de Resgate Aeromarítimo da RAF estava operando com força máxima. Tanto que um caça Spitfire da escolta do bombardeiro acidentado tinha repassado pelo rádio a posição aproximada do local da queda do avião, situado a quase 2 quilômetros de North Foreland, no início do Estreito de Dover, e outro caça amigo ficou sobrevoando a área em círculos para indicar o local exato, que não era muito longe da terra firme.

AERONAUTA DERRUBADO!

"Pouco depois, um pequeno barco com uma tripulação de resgate no convés veio em nossa direção."

Foi o primeiro salvamento marítimo de uma tripulação da Oitava Frota Aérea.

Quando um bombardeiro ficava em apuros nos céus do norte da Europa, geralmente, mesmo com dificuldade, a tripulação preferia voltar para a Inglaterra em vez de realizar um pouso forçado ou soltar de paraquedas nessa parte do território europeu ocupado pelos alemães. Muitos dos bombardeiros sem condições de voltar para suas respectivas bases acabavam fazendo pousos forçados no Mar do Norte ou no Canal da Mancha. Segundo descrição de um típico pedido de socorro feita por um piloto de resgates aeromarítimos: "A menos que você tivesse ouvido um aeronauta falando pelo rádio numa situação em que ele esteja morrendo de medo, não tinha como conhecer aquele tom de voz repassado de tensão cada vez maior, até dar a impressão de que ia começar a gritar de desespero." Esses pilotos de salvamento sabiam que não havia "nada mais aterrador do que o som emitido por um homem apavorado".[300]

Mas a tripulação de Swenson teve sorte, uma vez que, em seu primeiro ano de operações, a Oitava não dispunha de um sistema de resgate aeromarítimo nem de um programa de preparação para a execução de procedimentos em situações de pouso forçado. Os botes de borracha infláveis e as radiobalizas de seus bombardeiros eram inadequados para enfrentar os rigores das condições de sobrevivência em mar aberto, e os foguetes de sinalização, as rações K e os kits de primeiros socorros não tinham sistemas de proteção à prova d'água. Assim, a Oitava ficava na dependência total do aparato de resgate aeromarítimo da RAF e da Marinha Real, embora não conseguisse operar de forma integrada com seus membros, todos profissionais muito dedicados, por sinal. Resultado: perderam 99 por cento de seus aeronautas cujos aviões fizeram pousos forçados no mar.[301] (Nesse mesmo período, cerca de um terço das tripulações dos bombardeiros da RAF envolvidas em pousos forçados, todas participantes de missões noturnas, foi resgatado.) Um ano depois, ainda dependentes dos britânicos, mas trabalhando em regime de estreita colaboração com eles, a Oitava conseguiu elevar sua taxa de sobreviventes para 44 por cento — e depois para 66 por cento no fim da guerra.[302]

Mais de um em cada dez desses sobreviventes sofriam danos psicológicos que exigiam tratamento especializado e ficavam sem condições de participar de missões aéreas. Geralmente, eram homens que se viram forçados a tentar sobreviver por longos períodos no mar, sem comida ou água potável, sepultando seus mortos em águas turbulentas com serviços funerários e religiosos improvisados. "Rezamos o Pai-Nosso juntos. E deixei seu corpo deslizar para as águas pela borda, da forma mais delicada possível",[303] contou o sargento Eugene Dworaczyk, lembrando-se da última vez que olhou para o rosto de um amigo que morreu em seus braços murmurando o nome da esposa.

Fuga e evasão

Aeronautas das forças aliadas obrigados a realizar pouso forçado no norte da Europa ou que alcançavam terra firme saltando de paraquedas tinham uma única chance de evitarem a captura pelo inimigo: com a ajuda de amigos estrangeiros. Sob o manto de grande sigilo, tanto os holandeses quanto os belgas e os franceses organizavam complexas operações de fuga para os aeronautas aliados. Cidadãos comuns, e não espiões preparados da resistência clandestina, controlavam a maioria das rotas de fuga. Os riscos eram imensos. No caso dos homens, a punição imposta a quem escondesse ou auxiliasse aeronautas Aliados de aviões derrubados era a morte por fuzilamento; no caso das mulheres, elas eram enviadas para campos de concentração, punição quase sempre equivalente a uma sentença de morte. Um agente do serviço secreto britânico calculou que, para cada aeronauta derrubado auxiliado na fuga, um francês, belga ou holandês era fuzilado ou morria sob tortura.[304]

A maioria dos guerrilheiros corajosos trabalhava sob estreita colaboração com agentes dos serviços secretos britânico e americano em Londres, mas a mais vitoriosa das rotas de fuga, a Rota Cometa, era operada de forma totalmente independente. No início da guerra, ela era controlada por centenas de voluntários belgas de um grupo de resistência organizado em Bruxelas sob a liderança da pequena Andrée de Jongh, uma artista comercial de 25 anos de idade. Seu codinome era "Dédée".[305]

A Rota Cometa tinha mais de 1.900 quilômetros de extensão, indo de Bruxelas a Gibraltar, passando pela França ocupada pelos nazistas e, embora oficialmente neutra, pela Espanha fascista, todas elas áreas sob a jurisdição da mais impiedosa das polícias secretas da Europa na época. Dédée iniciou

AERONAUTA DERRUBADO!

a operação da rota de fuga sem ajuda financeira e apenas com o auxílio de Frédéric, seu pai e professor escolar, e de um jovem companheiro belga, Arnold Depée. Aeronautas em fuga eram escondidos em casas seguras e secretas em Bruxelas e seus arredores, donde eram levados de trem para Paris, o ponto de reunião central dos aeronautas foragidos. De lá, os homens eram despachados em grupos pequenos e discretos, primeiramente de trem, depois de bicicleta e, por fim, a pé para uma casa de fazenda nos contrafortes dos Pirineus. Após uma refeição fortificante e xícaras de forte café espanhol, iniciavam a exaustiva escalada, encabeçada pelos experientes contrabandistas bascos que Dédée havia recrutado. Quando os grupos de viageiros alcançavam San Sebastian, no norte da Espanha, eram entregues ao diplomata britânico Michael Creswell e levados de carro para Gibraltar, donde os transportavam de navio ou de avião para a Inglaterra.

Dédée estabeleceu uma rede de casas a meio caminho da rota de fuga para a Espanha. Ela dava aos foragidos — conhecidos como "encomendas"[306] — passaportes e carteiras de identidade falsos, comprava roupas civis e alimentos no mercado negro para eles. Uma de suas colegas de conspiração, Ann Brusselmans, chegava a abrigar mais de cinquenta aeronautas por vez em várias casas secretas em Bruxelas. "Nenhum membro de nossa extensa família sabia das atividades da minha mãe na Resistência", escreveu sua filha, Yvonne Daley-Brusselmans. "Por fora, éramos apenas uma família normal enfrentando nosso quinhão de dificuldades e privações causadas pela ocupação inimiga, tratando de cuidar da própria vida." Os alemães tinham advertido os Aliados que aeronautas capturados em trajes civis ou sem identificação militar seriam tratados como espiões e fuzilados ou enviados para campos de concentração. Isso criou um dilema para os aeronautas de aviões derrubados. Informados por seus comandantes que seu dever era tentar fugir, eles descobriram que só era possível empreender fuga em trajes civis. Ann Brusselmans tentou solucionar o problema costurando as plaquetas de identificação dos aeronautas americanos no lado interno das bainhas de suas calças.[307] Deu-lhes, ademais, roupas civis comuns — boinas, longos casacos e sapatos europeus de gáspeas altas — e os pôs a caminho com a advertência de que tivessem o cuidado de não se portar com modos muito "americanos", mascando chiclete ou fazendo retinir moedas em seus bolsos. Aconselhou ainda que, caso fumassem, pegassem o cigarro quase pela extremidade oposta, perto da brasa, como faziam os europeus, usando as pontas dos dedos e dos polegares.

Dédée para levantar dinheiro com vistas a iniciar a operação Rota Cometa, vendera sua pequena coleção de joias.[308] Em 32 viagens independentes, acompanhou pessoalmente mais de cem aeronautas americanos em fuga através da França e dos Pirineus. Quando os serviços secretos britânicos a procuraram para lhe oferecerem ajuda, ela a recusou. Disse aos emissários que a rota deveria ser totalmente independente, operada por belgas que ela conhecia muito bem. Ela não queria que o controle da rota passasse para as mãos de adestrados agentes secretos, que poderiam estar trabalhando também com grupos da Resistência em atos de sabotagem ou espionagem, já que isso poderia facilitar a infiltração de agentes duplos na rota. Para ajudá-la a identificar informantes — espiões da Gestapo disfarçados de aeronautas de aviões acidentados —, ela providenciou para que os donos de suas casas secretas em Bruxelas interrogassem aeronautas que os procurassem para oferecer ajuda.[309] Se, por exemplo, um aviador chegasse ao apartamento de Ann Brusselmans alegando ser de Nova York, perguntavam a ele o nome do meio-campo atual do New York Yankees. Se ele errasse a resposta, Brusselmans mandaria que membros da milícia da resistência belga o levassem para "uma longa caminhada no bosque".

A Gestapo se infiltrou na Rota Cometa, mas nunca conseguiu desativá--la.[310] Quando, em janeiro de 1943, Dédée foi presa com vários aeronautas foragidos, a operação da Rota Cometa sofreu uma aparente interrupção; porém, em 21 interrogatórios separados nos campos de concentração de Mauthausen e Ravensbruck, ela se recusou a revelar as identidades daqueles com os quais trabalhava. Na ausência dela, seu pai assumiu o controle da rota de fuga. Todavia, depois que ele e seus principais assistentes foram traídos por um informante e o executaram, surgiu um novo líder, chamado Jean-François Nothomb, um jovem belga de 23 anos de idade de grande ardor ideológico, cujo codinome era "Franco". Esgotado e com a saúde precária, Nothomb admitiu com relutância a entrada na organização de um agente belga treinado pelos britânicos e, com a ajuda dele, continuou a operar a retirada clandestina de aeronautas tombados na guerra aérea. A Rota Cometa ajudou cerca de setecentos dos cinco ou seis mil aeronautas das forças Aliadas acidentados — três mil deles americanos —, que acabaram voltando para a Inglaterra.

AERONAUTA DERRUBADO!

Dois dias antes do Dia D, as atividades da Rota Cometa foram encerradas. Na primavera de 1944, o bombardeio lançado pelos Aliados contra as ferrovias francesas como operação de apoio da iminente invasão da Normandia tornou quase impossível a execução de missões de resgate. Aeronautas Aliados tombados estavam agora escondidos em fazendas e florestas e recebiam suprimentos via descargas por paraquedas, até que, finalmente, foram libertados no fim do verão por tropas do exército anglo-americano avançando sobre o inimigo. Depois de ter sido libertada de Ravensbrück, em 1945, Dédée foi trabalhar num leprosário no Congo Belga. "Andrée de Jongh era um desses raros seres humanos que sentiam na própria pele o sofrimento do mundo e não ficavam indiferentes",[311] disse a seu respeito um aeronauta que ela conduziu pela senda da libertação.

Nada aumentava mais o moral dos aeronautas estacionados na Inglaterra do que o retorno de colegas que tinham sido dados como perdidos para sempre. Eles eram recebidos com gritos de alegria e reconhecimento e recebiam a oportunidade de passar alguns dias com velhos amigos antes de serem enviados de volta à terra natal para novas atribuições, já que era considerado arriscado demais mandar que voltassem a participar de operações aéreas no Teatro de Guerra Europeu, pois, se fossem capturados ou torturados, poderiam revelar a existência de rotas de fuga das quais aeronautas continuariam dependentes até que o norte da Europa fosse libertado. Em palestras em suas antigas bases, os foragidos repassavam aos colegas aeronautas informações fundamentais sobre técnicas de sobrevivência atrás das linhas inimigas. "Os combatentes absorviam com grande interesse as histórias dos aeronautas foragidos", escreveu o capelão da Força Aérea em seu diário. "Eles se agarravam aos relatos como náufragos a um bote salva-vidas."[312] Os heroicos contadores de história eram testemunhos vivos de que aeronautas desaparecidos podiam retornar da morte.

LeMay

Teria sido possível evitar que o número de aeronautas de aviões abatidos fosse tão considerável. Havia como fazê-los realizar bombardeios com mais precisão e menos baixas, observou, convicto, o major Curtis E. LeMay, o homem que chegou à Inglaterra em outubro de 1942 e mudou a forma pela qual a guerra de bombardeiros americanos passou a ser travada.

O tenente Ralph H. Nutter, membro do 305º Grupo de Bombardeiros, idolatrava Curtis LeMay, o ex-oficial-navegador que era agora o comandante de sua unidade. Nutter tinha abandonado a Faculdade de Direito de Harvard para ingressar na Força Aérea no dia seguinte ao ataque a Pearl Harbor. Na viagem para a Inglaterra, ele conduziu sem problemas o *Royal Flush*, com sua tripulação a bordo, para Gander Lake, Newfoundland. Porém, quando aterrissaram, os tripulantes souberam que enfrentariam uma tempestade que se aproximava do norte, formada no Ártico. No aeródromo de Gander, um posto avançado sombrio e perigoso, o major LeMay convocou seus nervosos tripulantes para uma reunião. Ele conhecia essa rota como a palma da própria mão. Antes de Pearl Harbor, ele a percorrera muitas vezes, levando aviões novos em folha da fábrica para os futuros aliados dos americanos na Europa. As formações de gelo podiam ser um problema sério, disse ele aos tripulantes, e a tempestade podia impedir que os oficiais-navegadores conseguissem fazer a leitura da cúpula celeste para fins de verificação de rota. Se permitissem que seus pilotos avançassem muito para o sul, avisou ele aos oficiais-navegadores, eles ficariam sem combustível em pleno oceano ou acabariam topando com aviões de caça nazistas no litoral da França. "Vocês não podem confiar em auxílios radiofônicos ou radiolocalizadores de rota. Os nazistas organizaram um aparato de emissão de um feixe direcional falso com uma frequência idêntica ao do feixe de ondas radiofônicas da RAF na Inglaterra. Não se deixem enganar [...] Nos EUA, vocês podiam contar com seus pilotos e aparelhos radiofônicos. Agora, pilotos e tripulações é que precisam contar com vocês. Não os decepcionem."[313]

Ralph Nutter, que tinha acabado de completar 22 anos de idade, fizera sua primeira viagem num avião dois meses antes. Isso foi no Deserto de Mojave, na Califórnia. Horas depois, nessa mesma noite, enquanto percorriam velozmente a pista de decolagem, o único bote salva-vidas do *Royal Flush* escapou pela escotilha superior da aeronave. No início, Nutter conseguiu determinar posições da aeronave com base em referências direcionais celestes através de nesgas de nuvens; porém, uma hora depois, o céu voltou a ficar totalmente encoberto e lençóis de chuva de neve ofuscantes cobriram o nariz de Plexiglas do avião e sua torrinha de observação astronômica. Minutos depois, as hélices de um motor instável pararam de girar. Uma hora mais tarde, foi a vez de outro motor parar de funcionar, e o *Royal Flush* começou a perder altitude. Nutter pediu que o piloto tentasse estabilizar a aeronave em voo pouco acima do mar turbulento e acendesse as luzes de aterrissagem. Explicou que, se ele conseguisse ver as espumosas cristas das ondas, talvez pudesse calcular a corrente de deriva com seu derivômetro e corrigir a rota por meio de navegação estimada, seguindo o curso da bússola, da mesma forma que Charles Lindbergh fizera com seu *Spirit of St. Louis*. "Finalmente, pouco antes do amanhecer, consegui tirar três fotografias da cúpula celeste através de aberturas no manto das nuvens. 'Estamos no rumo certo', anunciei pelo interfone."[314] Algum tempo depois, as nuvens se dissiparam e eles conseguiram avistar as verdejantes colinas da Irlanda. Quando começaram a sobrevoar Belfast, Nutter repassou ao piloto as coordenadas, de modo que rumassem direto para Prestwick. Quando desembarcaram, foram cercados por amistosos moradores da cidade. "Por que demoraram tanto?", perguntou um escocês em voz alta. "Faz quase dois anos que estamos esperando por vocês, ianques!"[315]

No dia seguinte, continuaram com o avião para Grafton Underwood. Não ficariam muito tempo na localidade, mas a lama, a neblina e o frio que enfrentaram lá os acompanhariam pelo resto de seu tempo de serviço. O alojamento de Nutter era um barracão Quonset semicilíndrico, feito de chapas de metal corrugado e aquecido por uma única estufa de antracito. Em seu interior, havia 22 beliches para oficiais. Depois que preencheram os registros de chegada, os aeronautas foram dormir. Nutter, porém, ficou passeando o olhar pelo recinto antes de pegar no sono. Ele não conseguia acreditar que eles tinham conseguido chegar lá. Um ano depois, somente dois integrantes do grupo original com o qual ele havia passado por instrução e adestramento militar na Califórnia ainda estariam vivos.

Na manhã seguinte, LeMay convocou uma reunião de todos os membros da unidade. "Vocês ficarão confinados na base até segunda ordem. Nossa primeira missão de combate será contra bases submarinas alemãs no litoral francês. A operação será uma aula prática."

Curtis LeMay é uma das personalidades mais controversas da história militar americana. Disciplinador severo, "ele foi", nas palavras de Rosie Rosenthal, "o maior líder da história da Força Aérea".[316] No entanto, anos depois, até o próprio Rosenthal achou o comportamento de LeMay preocupante. Seu velho comandante de divisão aérea se tornou o LeMay "Lança-Bombas", uma cópia do excêntrico mascador de charuto general Jack D. Ripper, per-

160 MESTRES DO AR

sonagem da inquietante sátira cinematográfica das tensões da Guerra Fria de Stanley Kubrick, *Dr. Fantástico*. Chefe do Comando Aeroestratégico (CE) nos anos 1950, muito capaz, porém brutal, LeMay era um aguerrido defensor da estratégia de emprego da capacidade de dissuasão nuclear do país e, em 1962, como chefe do estado-maior da Força Aérea Americana durante a Crise dos Mísseis de Cuba, pressionou o presidente John F. Kennedy a autorizar o bombardeio de todos os locais cubanos suspeitos de abrigar armas nucleares. Quando a crise passou, ele propôs a invasão da ilha. Dois anos depois, insistiu que o presidente Lyndon Johnson autorizasse o lançamento de uma campanha de bombardeios aniquiladores contra o Vietnã do Norte e, em 1968, concorreu ao cargo de vice-presidente do país pela chapa de George Wallace, constrangendo até mesmo o extremado governador do Alabama com sua veemência e agressividade político-eleitoral.

Ele era um homem moldado na mesma forma do general William Tecumseh Sherman e George S. Patton, guerreiros cuja índole era incompatível com tempos de paz. Cidadão natural do meio oeste criado no seio de uma família independente que fora duramente castigada por mil privações, LeMay subiu na vida contando unicamente com sua capacidade e suas próprias forças. Sem nenhum prestígio de berço ou relações influentes para conseguir ingressar em West Point, matriculou-se na Ohio State University em Columbus, sua terra natal, onde se especializou em engenharia e teve aulas de ciência militar sob o patrocínio do Corpo de Treinamento de Oficiais da Reserva (ROTC, na sigla em inglês), enquanto trabalhava nove horas por noite, seis dias por semana, numa oficina de fundição local. "Era um trabalho árduo", contou ele, "mas eu gostava disso".[317]

LeMay iniciou a carreira militar no exército, em 1929, como piloto de caça e, oito anos mais tarde, passou a pilotar bombardeiros quando foi encarregado de chefiar a escola de aeronavegação de Langley Field para adestramento e instrução de integrantes do Segundo Grupo de Bombardeiros, a primeira unidade do Corpo de Aviação do Exército equipada com aviões B-17. Embora tivesse frequentado a Escola de Técnicas de Guerra Aérea de Maxwell Field, ele acreditava mais no avião que pilotava do que na doutrina de técnicas aeronáuticas cuja excelência e adoção seus instrutores lhe recomendavam. Em abril de 1942, tinha apenas 35 anos de idade quando assumiu o comando do 305º Grupo de Bombardeiros, mas ele sabia mais a respeito do bombardeiro que carregaria o fardo inicial das operações de guerra aérea do que qualquer outra pessoa no mundo.

Ele era um sujeito corpulento e musculoso de olhos negros, com um rosto alongado exibindo um semblante permanentemente carrancudo. Ninguém que trabalhou com ele jamais o viu abrir um sorriso. Isso não quer dizer que ele não tinha senso de humor; o fato é que sofria de uma forma branda de paralisia de Bell, que afetava principalmente seus músculos faciais próximos aos cantos da boca. Por baixo da aparência severa, jazia oculto o extremado senso de dedicação que consagrava a seus homens. Era radical no que se referia a disciplina, convicto de que ela salvava vidas. LeMay era um mestre de técnicas aerotáticas, além de sujeito corajoso e criativo. Participou com seus homens de algumas das mais difíceis missões da guerra. Queria, com isso, lhes dar um exemplo, mas, sobretudo, fazê-los conhecer em primeira mão os problemas que eles estavam enfrentando.

LeMay não precisava gritar para fazer com que seus homens agissem. Falava num tom de voz tão baixo e suave que mal dava para ouvir; e era um homem impassível, fechado, com os instintos do típico combatente aguerrido e matreiro. "Tínhamos mais medo dele", confessou Gale Cleven, "do que de Hitler".[318] Calejado e brutalmente sincero, no entanto, LeMay tinha fama de pessoa justa. "Sou capaz de perdoar um erro — pelo menos uma vez", avisou ele a seus comandados. "Mas que Deus os ajude se algum dia vocês mentirem para mim."[319]

Para LeMay, o rendimento em serviço era tudo; assim, avaliava a qualidade e a capacidade de seus homens pelo que eles faziam. "Ele não gosta de papo furado",[320] um oficial colega seu disse a Ralph Nutter, quando Nutter se apresentou pela primeira vez ao 305º. "Eu soube que você fez faculdade de direito. Ele não gosta de advogados; acha que são mais gogós falastrões do que realizadores." Quando chegaram à Inglaterra, os membros do 305º não passavam de um bando de "civis fardados", observou Nutter, lembrando-se da ocasião. "Precisávamos de um líder como LeMay se quiséssemos sobreviver nos combates com os nazistas."

LeMay sabia que estava no comando de uma unidade formada por membros deploravelmente malpreparados.[321] Soube que seus bombardeiros nunca tinham lançado bombas de verdade e que a única experiência de seus metralhadores com alvos móveis, nos treinamentos no Deserto de Mojave, fora o de disparar suas pistolas contra cascavéis. Mas ele se perguntava se ele próprio estava preparado para enfrentar a Luftwaffe. Afinal, essa era sua primeira experiência à frente de um comando de aviões de combate, e ele não tinha precedentes em que pudesse basear-se. O comando de bombardeiros do Corpo de Aviação do Exército tinha teses maravilhosas sobre técnicas de bombardeio em grandes altitudes, mas não havia desenvolvido nenhum tipo de aerotática de combate para pô-las em prática. Pragmático estreme, LeMay faria mais que qualquer outra pessoa para dar às ideias perigosamente ilusórias de Mitchell e Douhet, Hansell e Eaker um urgente embasamento na realidade. Desconfiado e infenso a teorias acadêmicas, o seu manual de instruções eram técnicas e práticas de combate. Estava aí o segredo de sua genialidade metódica. "Foi LeMay", escreveu Andy Rooney, "que [...] mudou a forma de operar e combater dos bombardeiros".[322]

Aliás, um único incidente alterou a trajetória de sua carreira. Quando LeMay chegou ao aeroporto de Prestwick com os componentes do 305º e percorreu o saguão com o olhar, avistou o coronel Frank Armstrong, que estava prestes a pegar um avião de volta para os Estados Unidos. "Ora, ele *tinha* participado de combates. Enfrentara os tiros do inimigo", observou LeMay, lembrando-se do que pensara na ocasião. "Talvez, portanto, pudesse nos contar algo interessante sobre isso", ou quiçá, apesar de breve o encontro, parte do conhecimento dele: "Passaria para nós. Chegamos a achar que talvez devêssemos nos curvar quando ele nos cumprimentou com apertos de mão."[323]

Assim, LeMay e seus novatos oficiais-aviadores crivaram Armstrong de perguntas. Como era participar de uma missão de bombardeio? A reação do inimigo era muito violenta? "O fogo antiaéreo é algo terrível",[324] advertiu Armstrong. "Se você atravessá-lo em linha reta e com a aeronave nivelada por mais de dez segundos, torna-se um alvo fácil e mortal." LeMay acreditou nele, achando que tinha acabado de ouvir "a palavra de Deus". Contudo, nos dias seguintes, começou a ter dúvidas. "Porra, eu disse comigo mesmo, se você não conseguir voar em linha reta e com o avião nivelado por mais de dez segundos, como vai conseguir lançar suas bombas contra o alvo?" Em sua compreensível preocupação com a própria sobrevivência, Armstrong e seus pilotos costumavam realizar manobras de evasão durante as missões de bombardeio, fazendo bruscas mudanças de direção e altitude para evitar os fogos antiaéreos do inimigo. Acontece que, no afã de se salvarem, acabavam de certa forma poupando o inimigo com o lançamento esparso e indiscri-

AERONAUTA DERRUBADO! 163

minado de suas bombas; e poupar o inimigo implicava a necessidade de tentar voltar a atacá-lo várias vezes com lançamentos certeiros. Isso podia resultar num desperdício de homens e aviões.

Certa noite, porém, virando-se de um lado para o outro na cama, com dificuldade para dormir, LeMay teve uma ideia. Ele acendeu a luz, pegou a maleta de campanha guardada embaixo da cama e tirou dela um manual de artilharia cheio de orelhas que preservava desde a época das aulas pelo ROTC*. Sentado na cama com lápis e papel nas mãos, fez alguns cálculos elementares. Concluiu que eram necessários, em média, 272 projéteis para atingir um alvo do tamanho de um B-17 voando sob nível perfeito e em linha reta na direção do alvo. "Eram estimativas bastante plausíveis."

Era isso! Desse modo, na primeira missão do grupo, ele ordenaria que seus pilotos seguissem em linha reta e sob formação de cunha na investida e realizando uma incursão de ataque bem mais longa também. Seria arriscado, mas, se a Força Aérea Americana não conseguisse bombardear os alvos com eficiência "seria preferível que permanecêssemos todos nas bases." Na manhã de 23 de novembro, LeMay se reuniu com os membros do 305º para o repasse de instruções sobre o primeiro ataque aéreo da unidade na guerra. "Pelo amor de Deus, já que vamos para St. Nazaire, vamos ver se a gente acerta mesmo umas bombas naquele alvo! E essa é a única forma que conheço de podermos fazer isso." Sigam sempre em linha reta, ordenou aos seus comandados, e tirem a ideia de morrer da cabeça! "Baixas nesse tipo de terreno acontecem."[325] Frisou ainda que o mais importante era destruir o inimigo. "Se algum de vocês não tem coragem para participar disso, talvez sejam mais felizes na infantaria. Procurem o ajudante se quiserem uma transferência [...] Alguma pergunta?" LeMay confessa que houve muitos "queixumes", mas os aeronautas se acalmaram quando ele anunciou que comandaria a missão.[326]

O 305º fez o percurso de ataque sobre a região de St. Nazaire exatamente como planejado por LeMay, voando em linha reta e paralelamente, com as aeronaves niveladas em relação ao solo, e não durante 420 segundos, mas sete minutos. Desse modo, o grupo não perdeu um único avião diante dos ataques da artilharia antiaérea do inimigo. As únicas perdas sofridas —

---

* Reserve Officer's Training Corps foi um grupo de colegiais e universitários para treinamento e formação de oficiais das Forçar Armadas dos Estados Unidos. [N. do R.]

dois bombardeiros — resultaram dos ataques-relâmpago dos caças Fw 190 de Egon Mayer. Fotografias aéreas mostraram que o 305º tinha despejado no alvo o dobro de bombas que os outros grupos haviam lançado sobre St. Nazaire nessa missão. Dali por diante, com o aval do comandante de ala Laurence Kuter, as táticas de bombardeio de LeMay se tornaram o padrão no procedimento de ataques de todos os outros grupos.

Mas o fato é que o 305º tivera sorte em 23 de novembro, tanto que as baixas saltaram, nos três meses seguintes, de 3,7 por cento para 8 por cento do total de membros dos bombardeiros empregados nessas operações e, sem substitutos nos canais de reposição por causa das operações militares no Mediterrâneo, aumentou o número de cadeiras vazias nos refeitórios.[327] "Geralmente, quando eu ia ao clube dos oficiais após uma missão, sempre sentia falta de alguns rostos conhecidos", disse Robert Morgan, rememorando essas ocasiões. "Eu me concentrava na garrafa de uísque escocês diante de mim. Esse uísque era o meu painel de instrumentos durante aquelas operações aéreas noturnas." O álcool arruinou a vida de muitos aeronautas bons, e foi o que quase aconteceu com Bob Morgan. Mas o uísque "era o único antídoto que eu tinha contra as explosões de todos aqueles B-17 que me assombravam em meus sonhos", observou ele.[328]

A essa altura, os integrantes do 91º BG de Morgan haviam começado a perceber que eles eram "joguetes de uma grande experiência que estava sendo posta em prática pelos comandantes das Frotas Aéreas do Exército [...] Os membros do grupo chegavam a chamar a si mesmos de 'cobaias'",[329] escreveu o historiador oficial da unidade. E era uma experiência sangrenta, e não um simples debate teórico, como tinha sido na década de 1930. "Alguém entre vocês está com medo?",[330] perguntou um comandante a seus homens com voz tronante. "Se ninguém está com medo, há alguma coisa errada com vocês. Portanto, vou lhes dar um pequeno conselho sobre a melhor forma de combater nesta guerra — façam de conta que vocês já estão mortos; com isso, fica tudo mais fácil!"

Embora as táticas operacionais de LeMay tivessem de fato melhorado os bombardeios, os resultados ainda eram péssimos, porquanto menos de três por cento das bombas estavam caindo num raio de 300 metros do ponto de visada. LeMay estava convicto de que os bombardeadores não estavam atingindo alvos a contento porque não tinham tempo para estudá-los. A

AERONAUTA DERRUBADO! 165

primeira vez em que o bombardeador era informado da localização do alvo do dia era na reunião de instrução matinal, quando ainda estava "sonolento, tonto e com saudade de casa".[331] E, quando tiravam a cortina que cobria o grande mapa fixado na parede, ele não sabia "absolutamente nada" a respeito da fábrica que estava incumbido de atacar em meio à cerração e a explosões de projéteis antiaéreos inimigos. A única informação que recebia sobre o alvo vinha dos slides exibidos na preleção de voo com seus colegas bombardeadores e oficiais-navegadores após a reunião de instruções genéricas, situação que LeMay comparava a uma tentativa desesperada de estudo e preparo intensivo de cinco minutos para enfrentar uma prova semestral.

A solução de LeMay para o problema foi procurar identificar os melhores oficiais-navegadores do grupo, instruí-los e adestrá-los na melhor forma de atacar os alvos e posicionar essas "tripulações de ponta" em aviões da vanguarda da formação.[332] Dali por diante, somente os melhores bombardeadores do grupo de LeMay teriam miras de bombardeio Norden. Os outros bombardeadores lançariam suas bombas acionando um comutador alternado assim que vissem as bombas caindo dos aviões da vanguarda. De um só golpe, LeMay melhorou a precisão dos ataques da formação inteira, emparelhando o nível médio de acertos da maioria de seus bombardeadores com o do melhor de seus homens. Um dos primeiros desses bombardeadores foi Ralph Nutter, que recebeu ordens de LeMay para que montasse uma escola de bombardeadores de elite.

Todavia, à medida que os americanos foram aperfeiçoando suas táticas ofensivas, os alemães fortaleceram seus sistemas de defesa. Tanto assim que, em 3 de janeiro de 1943, membros da artilharia terrestre nazista estraçalharam os aviões da Oitava Frota Aérea numa operação de bombardeio em St. Nazaire. Antes, eles acompanhavam o deslocamento individual de bombardeiros e frotas ianques e atiravam neles. Nesse dia, lançaram mão de uma técnica chamada "fogo de barragem com predição", uma barreira de enjaulamento aéreo letal, a qual toda a formação de bombardeiros americanos teria que atravessar. Com isso, os americanos perderam três aviões e outros 39 foram atingidos num gigantesco campo minado de fogos antiaéreos, com 150 metros de largura, 300 metros de altura e de grande extensão. "Houve pouca disciplina nas operações aéreas", informa um relatório da Força Aérea, "e desatenção na orientação pelo terreno".[333]

Depois disso, ocorreram mudanças, e o improvável agente dessas mudanças foi o teórico da época anterior à guerra de bombardeiros, o general de brigada Haywood Hansell. Em 1º de janeiro de 1943, Hansell substituiu Laurence Kuter, o então recém-designado ajudante de Spaatz no norte da África, como comandante da Primeira Ala de Bombardeiros da Oitava Frota Aérea.

Três anos anos mais velho do que LeMay, Hansell provinha de uma antiga família de militares do Sul e era um minucioso pesquisador da história das guerras, grande admirador de Robert E. Lee, um general que, ao contrário de Sherman, guerreara apenas contra militares. Hansell era um homem caloroso, afável, equilibrado e conhecido pelos amigos como "Gambá", por causa do nariz de ponta arredondada e a mente privilegiada.[334] Todos que trabalhavam com ele o consideravam uma das cabeças mais brilhantes das Frotas Aéreas do Exército. Esse foi seu primeiro posto de comando de unidades de combate aéreo, a oportunidade que ele vinha almejando fazia tempos, uma chance para testar a tese da estratégia e táticas de aeronáutica militar que ele tinha ajudado a formular.

Pesava sobre ele a expectativa de que realizasse grandes coisas, mas ele se viu rapidamente em conflito com um major pragmático e totalmente diferente dele em matéria de temperamento e formação e que tinha sido um de seus alunos na Escola de Técnicas de Guerra Aérea do Corpo de Aviação. LeMay entrou em cena como um furacão, trazendo consigo muita turbulência. Disse a Hansell pessoalmente que suas teses acadêmicas estavam sendo estraçalhadas pelos melhores sistemas de defesa antiaéreos do mundo e que os bombardeiros americanos não podiam voar acima dos fogos antiaéreos ou exceder em velocidade e agilidade os aviões de caça inimigos, tal como Hansell e a Máfia dos Bombardeiros haviam argumentado; tampouco, acrescentou, conseguiam essas aeronaves bombardear alvos com a mesma precisão com que o tinham feito das grandes altitudes do deserto do sudoeste americano. Explicou ademais que os bombardeiros precisavam urgentemente de caças de escolta com grande autonomia de voo, aviões que Hansell e seus colegas de estratégia militar tinham considerado não só desnecessários, mas também impossíveis de fabricar.

Em reuniões com os membros de alas, LeMay se lançou sobre Hansell armado de críticas ferinas na forma de perguntas espinhosas, tais como: "Quem foi o idiota que instalou metralhadoras calibre .30 no nariz dos bombardeiros? Qual foi o teórico do conceito de "bombardeio de alta precisão" que disse que conseguiríamos realizar ataques certeiros e decisivos

AERONAUTA DERRUBADO!

sem a cobertura de caças de combate?" Conciliador de fina polidez, Hansell ficou consternado com a interpelação agressiva de LeMay e tentava mudar de assunto com educação. Mas tábua de salvação de Hansell estava em sua falta de interesse pelos detalhes fundamentais e de ordem prática da aerotática militar e sua eventual disposição de confiar os cuidados com assuntos sobre procedimentos aerotáticos aos comandantes de seu grupo, enquanto se concentrava na questão da escolha dos alvos que demandavam bombardeios prioritários, assunto que nenhuma outra pessoa na Força Aérea conhecia mais do que ele.

No fim das contas, acabaram formando uma equipe eficiente, se bem que não exatamente amigável: a do sonhador e do realizador. Algo que impedia o atrito entre ambos era o fato de que os dois eram homens corajosos. E, assim, somente quando Hansell participou de uma missão de bombardeio com o 305º e levou uma surra terrível nos céus de St. Nazaire, é que ele passou a usar a tática do subalterno em todas as unidades da Primeira Ala de Bombardeiros.[335]

Já no verão seguinte, a Oitava Inteira realizaria bombardeios guiada "pelo avião da vanguarda". Durante seus sete ou dez minutos sobre o alvo, o bombardeador do avião da vanguarda se tornava, por assim dizer, a Oitava Frota Aérea em si, nesse curto espaço de tempo. Os bombardeadores dos outros aviões se queixavam do fato de que, assim, eram rebaixados à condição de meros acionadores de botões, mas a precisão dos bombardeios, embora ainda oscilante, triplicou.[336] Ademais, com o uso de equipamentos da força de combate modernos, Nutter ajudou a criar um sistema de controle de navegação automático. Isso permitiu que o bombardeador passasse a conduzir de fato o avião por intermédio da mira Norden de bombardeio nos minutos finais da investida de bombardeio, fornecendo assim uma "plataforma de lançamento aéreo" mais estável do que aquela que os melhores pilotos conseguiam estabelecer. "O aparelho de controle de navegação automático nos mantinha sob um curso tão retilíneo e estável que achávamos que estávamos nos deslocando sobre uma ferrovia",[337] observou o piloto Craig Harris.

Hansell e outros comandantes de unidades aéreas adotaram essa tática também, juntamente com uma variante da "formação de enquadramento" cuneiforme que LeMay empregou experimentalmente em suas primeiras missões partindo da base de Grafton Underwood. LeMay mandava que os aviões se organizassem em frotas sobrepostas, de modo que a formação da vanguarda — a ponta da cunha — fosse seguida por outras duas frotas, uma delas um pouco acima da formação da vanguarda e a outra um pouco abaixo. Essa formação compacta, variando entre 18 e 21 bombardeiros e se deslocando com uma ou mais duas formações de enquadramento para formar uma ala, era organizada de modo que os cones de fogos das metralhadoras calibre .50 proporcionassem uma cobertura defensiva dos céus num raio de mil metros. Era uma unidade grande demais para a realização de "bombardeios de precisão",[338] cujo padrão de ataque tinha quase a mesma largura da formação de enquadramento ou cerca de 800 metros de largura. Bombardeios feitos individualmente pelos aviões eram muito mais precisos do que bombardeios em grupo, mas a ferocidade do revide dos caças inimigos durante a investida de bombardeio forçava a Oitava a realizar o ataque em grupo, medida que mantinha intacta a formação de enquadramento. Isso deixava os bombardeiros mais vulneráveis aos projéteis da artilharia antiaérea inimiga"; porém, "como as investidas dos caças eram, de longe, o pior dos dois ataques inimigos, nós tínhamos que enfrentar os fogos antiaéreos e permanecer juntos", explicou Hansell a seus superiores quando, no fim do verão de 1943, retornou para Washington.

A Oitava Frota Aérea jamais conseguiria descobrir uma forma de bombardear alvos com o máximo de precisão e proteção de seus aviões, o que criou um dilema para a unidade que a levou a ater-se inalteravelmente a ataques de bombardeio rolante, em que algumas bombas atingiam o alvo e o restante se dispersava por toda parte. Eram as realidades dos combates, e não teses formuladas antes da guerra, os fatores que conduziram a Oitava inexoravelmente na direção dos indiscriminados bombardeios por zona do Harris Balista. Em seus escritos, Douhet e Mitchell tentaram transferir a vantagem de posicionamento para os atacantes, mas, uma vez que a eficácia da artilharia e dos aviões de caça da Luftwaffe continuou formidável, os defensores sempre comprometiam a precisão dos bombardeios.[339] "Seria [...] preferível voltarmos a realizar bombardeios individuais se possível", informou Hansell a seus superiores, "mas o preço seria alto demais".[340]

Giulio Douhet tinha vaticinado o advento de uma nova forma de combate, baseada na aniquilação do inimigo, em substituição à guerra de atrito. Só que ele não conseguiu prever o tipo de campanha militar — combates a curta distância, brutais e prolongados — que seria necessário para a conquista do domínio militar dos ares. LeMay nunca leu nada escrito por ele. Foi a sorte das Frotas Aéreas do Exército na Inglaterra.

AERONAUTA DERRUBADO!

Curtis LeMay — o severo "Velho Cu de Ferro", na visão de seus homens — sabia alguma coisa a respeito de visionários. Porquanto seu pai, um sonhador incurável, vivia mudando de emprego, pulando de galho em galho por todo o país, numa infrutífera busca de realização e satisfação pessoal — busca que transformou seu descontente filho, levado a uma reação extremada, num pragmatista frio e objetivo. O grande ceticismo de LeMay, combinado com sua meticulosa e necessária concentração em táticas e operações de combate, fazia dele o homem certo para a função de comando quando a Oitava Frota Aérea estava perdendo a guerra que Hansell e seus estrategistas já tinham vencido no terreno das palestras.

Assim, em dezembro de 1942, o 305º Grupo de Bombardeiros de LeMay recebeu ordens para transferir-se de Grafton Underwood para uma nova base, mais bem-equipada, em Chelveston, cujo nome era uma homenagem a uma antiga família normanda que se estabelecera na região entre Cambridge e Northampton. A essa altura dos acontecimentos, os integrantes de suas tripulações, cada vez mais aptas, por sinal, passaram a chamar uns aos outros de a turma dos "Bambas".[341] Eles iriam precisar mesmo dessa confiança toda. Afinal, o alvo seguinte seria na Alemanha.

CAPÍTULO CINCO

A anatomia da coragem

"Aquilo que eu mais temo no mundo é o medo."

MONTAIGNE

Casablanca, janeiro de 1943

A decisão que acabaria transformando a Oitava Frota Aérea numa verdadeira máquina de destruição em massa foi tomada, em janeiro de 1943, numa reunião entre Roosevelt e Churchill em Casablanca, no litoral atlântico do então Marrocos Francês. Depois que os Aliados anglo-americanos ultimaram a derrota da Wehrmacht, o exército alemão, no norte da África, os dois líderes mundiais concordaram que sua próxima grande ofensiva seria no Mediterrâneo, no verão seguinte, muito provavelmente na Sicília. A invasão do norte da Europa foi adiada em um ano — uma clara vitória para Churchill. Numa divulgação antecipada da invasão, Roosevelt e Churchill anunciaram planos para a realização de uma Ofensiva de Bombardeiros Conjunta. O principal objetivo da operação seria derrotar a Luftwaffe tanto em combates ar-ar quanto buscar a devastação de seus centros de produção industrial. Os britânicos prosseguiriam com os ataques realizando bombardeios noturnos, enquanto os americanos os fariam à luz do dia.

Mas o resultado desse encontro poderia ter sido diferente. Quando os participantes estavam prestes a se reunir, o general Ira Eaker recebeu uma mensagem urgente de Hap Arnold solicitando que o oficial fosse encontrar-se com ele em Casablanca no dia seguinte. À noite, Eaker telefonou para o quartel-general e ordenou que preparassem um B-17 para a viagem; doze horas depois, a Fortaleza decolou de um pequeno aeródromo em Land's End, a península no litoral da Cornualha. Quando chegaram ao norte da África, Eaker e seu ajudante, James Parton, foram levados para o Hotel Anfa, formado por um conjunto de vivendas ensolaradas jacentes sobre um alto penhasco com vista para as águas turquesa do mar. "Ira, tenho más notícias", disse Arnold a Eaker. "O presidente Roosevelt concordou, por solicitação do sr. Churchill, em fazer com que sua Oitava Frota Aérea cesse os bombardeios diurnos e passe a operar com a RAF em bombardeios noturnos."[342]

Eaker explodiu num acesso de indignação. Disse a Arnold que era uma decisão "estúpida". "Não vou aceitar isto e me reservo o direito de dizer ao nosso povo por que não aceitarei!" Uma hora depois, Arnold providenciou para que Eaker tivesse um encontro com Churchill na manhã seguinte. Eaker tinha, portanto, menos de 24 horas para preparar uma tese contrária à extinção da Oitava Frota Aérea. "Somente você pode nos salvar",[343] disse-lhe Arnold.

Eaker e Parton elaboraram um memorando de uma página para apresentá-lo ao primeiro-ministro e um relatório mais extenso que Arnold e seu estado-maior poderiam usar em seus debates de alto nível com os britânicos. No dia seguinte, às dez horas em ponto, Eaker chegou à vivenda de janelas amplas em que Churchill estava hospedado. Nisso, o primeiro-ministro desceu as escadas para o encontro, envolto numa aura de resplendores estadistas com seu uniforme de brigadeiro do ar. "Alguém me havia dito que,[344] quando ele recebia uma autoridade da Marinha, usava seu uniforme de gala da corporação — o mesmo usado no caso de recepção de personalidades de outras armas —, mas essa foi a primeira vez que eu o vira trajando uniforme da Real Força Aérea", observou Eaker, rememorando a ocasião. "Isso me pareceu então um bom sinal."

Churchill foi direto ao assunto. "Meu jovem, sou metade americano; minha mãe era cidadã americana. As trágicas perdas de tantas de nossas tripulações dilaceram meu coração." Foi então que Eaker lhe entregou o memorando. Churchill fez sinal com o braço para que o general se sentasse no sofá ao lado dele enquanto lia o documento com voz sussurrante, porém audível. Seu principal ponto era um argumento em favor da realização de

A ANATOMIA DA CORAGEM

"bombardeios durante 24 horas por dia". Se a RAF continuasse a realizar bombardeios noturnos e a Oitava intensificasse muito sua campanha diurna, as defesas alemãs não teriam descanso. Com isso, Hitler seria forçado a dobrar, quiçá triplicar, o tamanho de suas defesas antiaéreas, ordenando que dezenas de milhares de trabalhadores de fábricas trocassem seus martelos por capacetes e se transferissem de unidades da indústria bélica para abrigos antiaéreos. "Tenha paciência, dê-nos uma chance que sua recompensa será grande — uma triunfal ofensiva de bombardeios diurnos para que nos conjuguemos e conspiremos com as admiráveis operações de bombardeio noturno da RAF, de modo que consigamos arruinar a indústria alemã, o sistema de transporte e o moral do inimigo — com vistas a enfraquecer os Bárbaros como preparativo para uma invasão terrestre e a vitória final."[345] No desfecho do memorando, Eaker prometia que a Oitava iniciaria os ataques à Alemanha antes do fim do mês e que aumentaria o tamanho e a frequência desses ataques à medida que a unidade fosse ficando imensamente fortalecida com aviões e tripulações resultantes da expansão de fábricas e centros de instrução e adestramento nos Estados Unidos.

"Não estou totalmente convencido de suas ideias",[346] observou Churchill depois que pôs o memorando sobre a mesinha de centro. Mas o primeiro-ministro gostou do tom e da intenção expressa na frase "bombardeios durante 24 horas" por dia. "As palavras que lhe saíram da boca pareciam pedaços de saborosas iguarias",[347] comparou Eaker, rememorando a sensação que teve na ocasião. "Quando eu me encontrar com seu presidente no almoço hoje, direi a ele que retiro a sugestão recomendando que você interrompa os bombardeios diurnos e se junte a nós na campanha de bombardeios noturnos." Ficou assente, pois, que os Aliados testariam a estratégia de bombardeios constantes, mas somente "por algum tempo",[348] advertiu Churchill enfaticamente.

Já Churchill em si, em sua rememoração da ocasião, disse que chegou a uma decisão mais concreta. "Decidi apoiar Eaker e sua proposta; voltei atrás e abandonei toda oposição pessoal aos bombardeios diurnos com as Fortalezas",[349] escreveu ele em sua história da guerra. Eaker, porém, saiu do encontro em Casablanca convicto de que a sobrevivência da Oitava continuava incerta.

Esse filho de um meeiro texano tinha sido brilhantemente convincente, mas outras vozes se faziam ouvir pelo primeiro-ministro. Os assessores da aeronáutica militar de Churchill, liderados por Sir Charles Portal, comandante da RAF, vinham aconselhando o estadista a moderar sua oposição à campanha de bombardeios dos americanos. Argumentavam que a cessação de bombardeios diurnos de aviões partindo de bases na Inglaterra poderia fazer com que estrategistas militares em Washington transferissem os bombardeiros estacionados em solo inglês para outros teatros da guerra. Além do mais, tanto Churchill quanto Roosevelt estavam convictos de que a programada invasão do norte da França fracassaria, a menos que os Aliados conquistassem o controle dos ares, desde o Canal da Mancha até o Reno. "A maneira mais econômica de reduzir o poder da Força Aérea alemã",[350] observara Eaker no memorando, era lançar mão de bombardeios diurnos, pois, desse modo, "o inimigo terá que enfrentar nossos bombardeiros quando atacarmos seus alvos vitais." Eaker estava certo de que, no conflito aéreo entre aviões de combate alemães e bombardeiros americanos sem caças de escolta, a Oitava seria a vencedora. Esse foi um dos maiores equívocos da guerra.

Em Casablanca, comandantes de unidades aéreas asseguraram a Churchill e a Roosevelt que os aviões alemães seriam varridos dos céus do norte da Europa quando os navios de guerra dos Aliados partissem do litoral inglês rumo ao norte da França.[351] Entretanto, ao contrário de George Marshall e Ira Eaker, o marechal do ar Arthur Harris e o general Carl Spaatz estavam convictos de que uma ofensiva de bombardeiros com força máxima poria a Alemanha de joelhos antes mesmo que iniciassem a tentativa da invasão por terra. Com o ataque programado mais ou menos para a primavera de 1944, eles tinham apenas um ano e alguns meses para cumprir a mirabolante promessa de que uma poderosa aeronáutica militar desmantelaria o Reich sozinha.

O Literato 69º

A Ofensiva de Bombardeiros Conjunta seria oficialmente iniciada somente seis meses depois. No inverno e na primavera daquele ano, enfrentar a ameaça dos submarinos alemães continuou a ser o problema mais urgente dos estrategistas das forças Aliadas. Como os ataques da Oitava Frota Aérea contra as bases operacionais de submarinos alemães continuavam ineficazes, a Oitava foi convocada também para auxiliar os esforços do Harris

A ANATOMIA DA CORAGEM

Balista para destruir as fontes de suprimento inimigas: os vastos estaleiros de construção e reparo de submarinos em território alemão, instalados em Wilhelmshaven, Bremen, Vegesack e Kiel.[352] Em 27 de janeiro de 1943, a Oitava Frota Aérea realizou sua primeira invasão do espaço aéreo germânico, bombardeando os estaleiros de submersíveis em Wilhelmshaven, no Mar do Norte. Ira Eaker concedeu ao 306º Grupo de Bombardeiros e a seu recém-promovido comandante, general Frank Armstrong, a honra de serem os "Primeiros nos Céus da Alemanha". Foi uma forma de recompensar Armstrong por ele ter assumido, alguns dias antes, o comando do assaz mutilado 306º e restaurado a disciplina e o moral de seus integrantes, fato que constituiu a história de *Almas em Chamas*. Os alemães foram pegos de surpresa e, assim, houve pouca resistência, mas as nuvens ocultaram o alvo, e os danos causados pelos bombardeios foram mínimos. No entanto, mesmo com esse começo de resultados modestos, os Estados Unidos, com sua tremenda capacidade de produção industrial, se aliaram à Grã-Bretanha para montar aquela que se tornaria a campanha militar responsável pela maior devastação em infraestruturas urbanas e econômicas da história das guerras.

Em 26 de fevereiro, após um longo adiamento provocado por condições climáticas ruins, a Oitava voltou a atacar Wilhelmshaven e, dessa vez, repórteres americanos acompanharam a unidade em sua missão de ataque. Um deles foi Andy Rooney. Formado pela Colgate University, ele era o principal correspondente do *Stars and Stripes*, jornal editado por soldados americanos com sede em Londres. "A Oitava Frota Aérea era a unidade que proporcionava as melhores matérias sobre a guerra na Europa na época", comentou Rooney, evocando a ocasião, "e cansamos de viajar até aquelas bases aéreas para entrevistar jovens da nossa idade que perderam amigos em combate e depois voltarmos para o conforto de Londres à noite. Mas não tínhamos muita noção do que significava isso, até que os jovens comandantes da Oitava deixaram claro que teríamos que frequentar uma escola de artilharia por uma semana. Eles nos disseram que, se quiséssemos acompanhá-los num bombardeio durante uma batalha, seria melhor que aprendêssemos a manusear uma arma para a eventualidade de termos que enfrentar algum problema."

Oito repórteres tiveram permissão para embarcar num dos aviões. Entre eles, estavam Walter Cronkite, da United Press; Gladwin Hill, da Associated Press; Denton Scott, do *Yank*, jornal semanal do Exército americano; Bob

Post, do *The New York Times*; e Homer Bigart, um dos mais respeitados correspondentes de guerra da época e funcionário do *New York Herald-Tribune*. (Scott perdeu a oportunidade de embarcar com os colegas para cobrir o bombardeio a Wilhelmshaven, mas acompanhou depois o ataque a Lorient.) Um oficial de relações públicas da Força Aérea os apelidou de O Literato 69º, parodiando de certa forma O Combativo 69º, um aguerrido regimento de infantaria da Primeira Guerra Mundial cujo apelido tivera origem na Guerra de Secessão. Já a imprensa americana os apelidou de Os Datilógrafos Aéreos, enquanto os repórteres participantes dessas missões chamavam a si mesmos de A Legião dos Condenados. "Eu não gostei disso",[353] disse Harrison Salisbury, o chefe de Cronkite, "mas nem uma dúzia de elefantes seria capaz de impedir que Walter embarcasse naquele B-17."

Depois de ter aprendido a desmontar uma metralhadora de olhos vendados e a distinguir um Focke-Wulf de um Hurricane a mil metros de altitude — tarefa nada fácil —, os jornalistas foram levados a um polígono de artilharia para a prática de tiro ao alvo com escopetas e submetralhadoras Thompson. Cinco dias depois, foram todos aprovados num teste escrito. "Que Deus ajude Hitler!",[354] gritou Denton Scott quando recebeu sua nota.

Nessa ocasião, eles se separaram. Rooney foi para Thurleigh com o 306º; Cronkite seguiu para Molesworth com o 303º; e dois repórteres partiram com o 305º de LeMay em missão de bombardeio, como acompanhantes. A apreensão da turma aumentou muito na manhã do ataque, pois, na penetração anterior da Oitava pelo território alemão, o grupo de Robert Morgan tinha sido alvo de uma nova tática de ataque da Luftwaffe: dessa vez, foram os próprios bombardeiros americanos os alvos de bombardeios. Em sobrevoos a 600 metros acima da rota de avanço dos ianques, aviões bimotores germânicos lançaram bombas com sistema de retardo de detonação sobre as frotas americanas. Nenhum dos bombardeiros foi atingido, mas esses ataques ar-ar eram um sinal da determinação alemã para resistência.

Na missão de ataque a Wilhelmshaven, Andy Rooney foi encaminhado para o *Banshee*, avião do tenente Bill Casey, cuja tripulação vira Arizona Harris disparar sua última série de balas enquanto ia sendo engolido pelo mar. Embora visitasse com regularidade as bases de bombardeiros, Rooney nunca tinha participado de uma reunião de instrução de pré-voo. "Lembro-me de que achava que os jovens aeronautas ficavam muito bem, todos muito tipicamente americanos, com suas jaquetas de couro, camisas de colarinho

A ANATOMIA DA CORAGEM   177

aberto e elegantes quepes de couro pontudos usados de forma espontânea e despojada. Alguns deles usavam gravata, talvez porque fossem provenientes de Yale."[355] Quando o oficial da instrução de pré-voo disse a eles que o alvo do dia seria na Alemanha, pela primeira vez Rooney pensou seriamente na possibilidade de morrer. Com 24 anos de idade então e uma esposa aguardando seu retorno ao lar, ele achou que tinha cometido um erro tremendo, mas agora não havia como voltar atrás.

"Durante uma hora, houve um silêncio total — quase enfadonho — depois que partimos do litoral inglês", escreveu Rooney na matéria que seu jornal publicou no dia seguinte. "Depois, os problemas começaram." Aviões de caça prateados mergulhavam das alturas onde refulgia o disco solar e desapareciam numa massa de nuvens espessas e baixas com a mesma rapidez com que haviam surgido. "Pareciam minúsculos, mal dava para acreditar que eram máquinas de destruição, e alvos impossíveis de atingir." Sentado no apertado compartimento do nariz da aeronave, por pouco Rooney não foi lançado no colo do bombardeador quando o oficial-navegador girou sua metralhadora portátil para disparar contra um Messerschmitt que passou velozmente por eles. Durante as duas horas seguintes, caças alemães preencheram toda a área de visada das miras dos metralhadores e, antes que os bombardeiros conseguissem avançar muito pelo território alemão, eles começaram a atravessar espaços aéreos cheios de metal flutuante. De repente, na investida de bombardeio, ouviram uma explosão de estourar os tímpanos, fazendo com que achassem que o nariz de Plexiglas da aeronave estava prestes a soltar-se da fuselagem. Chocado, o bombardeador recuou bruscamente e cobriu os olhos com as mãos, pensando que tinha ficado cego. Contudo, ele apenas se feriu e "o que deu a impressão de que o nariz do avião estava sendo arrancado foi, na verdade, uma pequena perfuração do tamanho do punho de um homem".[356] Quando o bombardeador tirou as luvas e tentou tapar o buraco com elas, suas mãos congelaram imediatamente e "pedaços de pele se soltaram de seus dedos, já que ficaram grudados nas bordas irregulares do plástico" em sua tentativa de desgrudá-los.

Ainda durante a incursão de bombardeio, Rooney notou que o oficial-navegador estava tendo problemas com o fornecimento de oxigênio, tanto que, de repente, o sujeito ficou roxo e sua cabeça descaiu subitamente sobre a metralhadora. Com a ajuda do bombardeador, Rooney endireitou a máscara de oxigênio do aeronauta em apuros. Em seguida, enquanto o bombardeador subia até a cabine de pilotagem para pegar algum aparelho de emergência, Rooney cometeu o equívoco de tirar a própria máscara e começou a ficar com as pernas dormentes. "O tenente Casey quase bocejou de tédio ao presenciar o que eu tinha certeza de que era a maior crise da minha vida. Mas logo providenciou para que eu voltasse a respirar e assim o restante do meu breve vislumbre da guerra foi a partir da cabine de pilotagem atrás do piloto."

Os seis correspondentes que embarcaram nos aviões em missão de bombardeio nesse dia tinham planejado reunir-se numa sala sem janelas em Molesworth. Lá, escreveriam suas matérias, que submeteriam à apreciação dos censores e depois as enviariam a Londres. Eles foram chegando aos poucos, pálidos e exaustos, apesar de doidos para conversar. Por fim, foram todos para lá, exceto Bob Post.[357] Na noite anterior, ele havia dito a amigos que iria morrer no dia seguinte. Conforme predito, após um tempo que pareceram horas, um representante da Força Aérea entrou abruptamente na sala, trazendo consigo a pior das notícias. Disse que alguém teria que avisar à esposa de Post do acontecimento trágico. Ela tinha acabado de chegar de Londres para passar o restante da guerra ao lado do marido.

Hollywood se alia à Oitava

O capitão Robert Morgan se lembrou de que o vira em Bassingbourn mais ou menos um mês antes da missão em Wilhelmshaven. Disse que era um homem elegante, confiante e, trajando uma jaqueta de metralhador e um quepe de couro, "com um cigarro aceso na boca, gesticulava enquanto cinegrafistas o acompanhavam por toda parte. Ele usava farda de major e, como dava ordens para que fizessem isso ou aquilo de um jeito firme e decisivo, concluí que devia ser alguém muito importante."[358]

Ele era o diretor de Hollywood William Wyler. Seu filme de 1942, *Rosa da esperança*, que conta a história de uma família britânica tentando manter-se unida durante a guerra-relâmpago nazista, continuava a lotar cinemas tanto na Inglaterra quanto nos Estados Unidos e ganharia seis estatuetas do Oscar, um dos quais foi concedido a Wyler como melhor diretor. Ele e suas equipes cinematográficas estiveram na Inglaterra durante cinco meses fazendo filmagens para um documentário sobre bombardeio estratégico para o Ministério da Guerra americano.

A ANATOMIA DA CORAGEM

Carl Spaatz conhecera o diretor numa festa em Washington logo depois do ataque a Pearl Harbor e providenciou para que dessem a ele o posto de major e a oportunidade para que fizesse algumas reportagens *in situ* para a Força Aérea na Inglaterra. Wyler conseguiu a patente em apenas uma hora. "Mesmo sem nenhum treinamento, sem nada",[359] disse Wyler. "Mandaram que eu fosse a uma loja comprar o uniforme. Pouco depois, vesti a farda, que nem cabia em mim direito, saí pela rua fumando, com a pasta na mão, e, de repente, lá vinha o general. Minha nossa, que faço agora? Engulo o cigarro e jogo a mala fora? Joguei o cigarro fora e bati continência. Quando o general me viu, começou a rir."

Um submarino alemão afundou o navio de Wyler que transportava suas valiosas câmeras de 35 milímetros, deixando as equipes da produção apenas com câmeras de 16 milímetros que tinham posto nas malas. Elas as distribuíram entre aviadores para que fizessem algumas filmagens durante suas missões, mas Wyler não ficou satisfeito com isso. Assim, insistiu para que o deixassem acompanhar as tripulações nas operações; ele queria fazer um filme impressionante e autêntico, e não apenas uma propagandazinha cinematográfica medíocre. Acabou obtendo permissão para embarcar nos aviões, mas somente depois que tivesse frequentado a escola de artilharia com Rooney, Cronkite e o restante do Literato 69º.

Em Bassingbourn, sua equipe de fotógrafos usara a maior parte de seu rolo de filme colorido para gravar imagens de um bombardeio chamado *Invasion II*. Um dia, porém, ele não voltou de uma missão de bombardeio. "Aí, entramos num jipe",[360] disse um dos cinegrafistas, "e começamos a circular pela base à procura de um novo avião". De repente, Wyler viu uma Fortaleza com uma ruiva de pernas bonitas desenhada na seção do nariz da aeronave, do lado da qual constava a inscrição de um nome saudoso e inspirador: *Memphis Belle*. "Willy apontou o dedo para o nome e disse: 'É esse!'"

O desenho no nariz dos bombardeiros foi uma das primeiras coisas que chamou sua atenção assim que chegou a Bassingbourn. Mesmo porque, nem os nazistas nem os britânicos tinham algo parecido, e os regulamentos do Corpo de Fuzileiros Navais e da Marinha proibiam esse tipo de coisa. Ela parecia uma demonstração muito significativa da exuberância do espírito das jovens tripulações americanas. "Era uma forma de o aviador preservar a própria individualidade ou de manter seu senso de humor, numa guerra de uma imensidão, de um nível de mecanização e de uma brutalidade impressionantes",[361] observaria Robert Morgan tempos depois. O nariz dessas aeronaves ostentava também ícones dos desenhos animados, como o Mickey Mouse, e dragões de cataduras ferozes lançando fogo pelas ventas, mas os temas favoritos que os artistas amadores estampavam nessa parte dos aviões eram de garotas voluptuosas imitando poses de beldades de pôsteres de revistas masculinas, popularizadas pelo trabalho dos artistas profissionais George Petty e Gil Elvgren, bem como do peruano Alberto Vargas. Aparentando uma timidez manhosa e sedutora e com uma beleza esplendorosa, elas eram mais do que uma versão idealizada das jovens da terra natal; eram símbolos arrojados da vida numa frente de batalha em que a morte era uma preocupação constante.

Quando Morgan escolheu o nome de seu avião, pouco antes de partir num voo para a Inglaterra, ele telefonou para George Petty e perguntou se ele podia usar a imagem de uma das beldades criadas pelo artista para a revista *Esquire*. Petty lhe enviou um desenho, e assim Morgan solicitou que um artista de seu esquadrão pintasse duas cópias dela em seu avião, uma em cada lado. A tripulação adorou o trabalho; afinal, a garota combinava com o ardor da juventude, com sua ânsia de sexo e a saudade das coisas de sua terra natal. "Às vezes, os pilotos dos caças alemães que se aproximavam dos bombardeiros americanos devem ter tido a impressão de que estavam sendo atacados por um enxame de catálogos voadores de mulheres de lingerie", observou Morgan espirituosamente depois.

No clube dos oficiais, onde Morgan se encontrou com Wyler, ele disse ao cineasta que o nome de seu avião era uma homenagem à sua amada da vida real e que ele pretendia casar-se com ela em Memphis assim que voltasse para casa. Foi então que Wyler decidiu que seu filme seria a história do *Memphis Belle*. Com isso, o diretor contou a Morgan que queria acompanhá-lo nas operações aéreas. "Eu disse a ele: ok", relatou Morgan, "desde que ele não atrapalhasse e acabasse matando todos nós. Acabei gostando do sujeito; ele tinha coragem e entusiasmo, mas acabou atrapalhando mesmo".[362] Sempre que o *Belle* era atacado pelo inimigo, Wyler ficava alvoroçado, correndo de um lado para outro do avião com um cilindro de oxigênio portátil numa das mãos e uma pequena câmara na outra, apontando agitado para explosões de projéteis antiaéreos ou caças que se aproximavam. Certa vez, quando perdeu a oportunidade de filmar a explosão de um projétil antiaéreo, implorou

A ANATOMIA DA CORAGEM 181

a Morgan que manobrasse e voltasse a mergulhar com o bombardeio no flutuante mar de estilhaços aéreos.

Wyler era judeu oriundo da Alsácia e queria dar sua contribuição para a derrocada de Hitler. Quando o general Eaker ordenou que ele permanecesse em terra, temendo a possibilidade de que os nazistas transformassem sua eventual captura numa importante propaganda de vitória militar, Wyler lhe desacatou as ordens e embarcou no avião da missão seguinte. Informado por Beirne Lay Jr., ajudante de Eaker, de que ele poderia ser enviado a uma corte marcial por violar ordens diretas, Wyler retrucou: "Eu tenho que fazer essa filmagem!"[363] Lay nunca informou a Eaker que Wyler se recusara a permanecer em terra. Wyler resolveu "arriscar a própria pele", disse Lay depois, explicando a decisão do cineasta, "porque ele queria um filme bem-feito".

Certa vez, Wyler quase morreu quando seu suprimento de oxigênio foi interrompido e, em outra missão, arriscou a própria vida para fazer uma tomada espetacular de uma Fortaleza Voadora decolando acomodado na torre de tiro esférica durante o procedimento, algo que nenhum metralhador tinha permissão de fazer. Quando, a quase 8 mil metros de altitude, uma de suas câmeras congelava, ele a enfiava em sua grossa jaqueta de aviador e pegava outra que estava descongelando. Como se vê, nada poderia impedi--lo de fazer essas filmagens.

O capitão Clark Gable tinha uma paixão idêntica pelo próprio trabalho e correu tantos riscos quanto Willy Wyler. O Rei de Hollywood tinha chegado em abril de 1943 à vizinha Polebrook para servir no 351º Grupo de Bombardeiros, unidade que tinha acabado de entrar em operação. Ele havia sido recrutado pessoalmente por Hap Arnold para ajudá-lo a produzir um curta-metragem sobre treinamento no manuseio de artilharia aérea intitulado *Combat America*.

Gable se alistara na Força Aérea no verão anterior após a morte da esposa, a fascinante atriz Carole Lombard. Patriota fervorosa, ela andara pressionando marido a alistar-se e tentar conseguir uma patente. E ela o provocava. Participante de uma campanha para a venda de bônus de guerra, Carole lhe enviava telegramas provocadores, dizendo: "Ei, Molenga, acho melhor você entrar no exército desse homem."[364] Numa viagem de volta para casa, em janeiro de 1942, ela morreu num acidente de avião.

Um dia após o enterro, Hap Arnold, que era apenas um conhecido de Gable, tinha enviado um telegrama lhe oferecendo uma "atribuição muito importante".[365] Não querendo perder sua estrela, a MGM disse a Arnold que seu astro não podia ajudá-los no momento e o telegrama nunca foi entregue. Gable queria servir no posto de metralhador de bombardeiro, admitiu ele a um repórter, "onde a coisa é realmente emocionante",[366] mas Arnold se recusou a dar-lhe uma atribuição permanente no setor de combates. Gable não ficou desapontado, pois sabia que filmar a guerra aérea seria quase tão perigoso quanto participar dela. "É muito perigoso lá em cima",[367] disse a uma de suas equipes de filmagem. "Eles estão caindo como moscas. Como moscas mortas."

No início, os rapazes não o aceitaram como membro da turma, já que o viam como um bamba presunçoso e um mimadinho de Hollywood, mas Gable se esforçou para mostrar que eles estavam enganados. Afinal, seu soldo como aeronauta a serviço no exterior era de 320 dólares mensais; só que ele tinha ganhado cem vezes mais que isso fazendo o papel de Rhett Butler em *E o vento levou*. E surpreendia a todos com sua decisão de acompanhar as tripulações nas missões mais difíceis. Quando ele partiu com o 351º na primeira missão da unidade, John Lee Mahin, seu amigo íntimo e escritor, estava na torre de tiro. "Soube que Gable está lá em cima", disse ele para que todos ouvissem. Os homens postados na torre disseram que era "mentira, que Gable não iria participar de missões." Já quando ele retornou da missão, esses mesmos colegas disseram que a operação tinha sido moleza, "sem nenhum problema" sério. Não foi bem assim. Gable quase morreu quando um projétil perfurou a fuselagem, arrancou o salto de sua bota e saiu por uma parte do avião a alguns centímetros de sua cabeça. "Depois de sua segunda missão, porém, que foi muito difícil, os rapazes passaram a adorá-lo", afirma Mahin. "Não conseguiam ficar longe dele."

Foi difícil, mas Gable procurou se adaptar e se entrosar. Quando Bob Hope levou seu espetáculo de campanha da USO a Polebrook, percorreu com os olhos o mar de rostos diante de si na apresentação e perguntou por Rhett Butler, pedindo que se levantasse para que fosse cumprimentado. Gable permaneceu sentado e os rapazes à sua volta se abstiveram de mostrar onde ele estava. Até Hitler sabia que Gable estava na Inglaterra. Tanto que Göring ofereceu uma recompensa equivalente a 5 mil dólares àquele de seus pilotos que derrubasse o avião do artista. Gable, receoso de que Hitler acabasse pondo-o numa jaula, "como se ele fosse um gorila", e o exibisse como um troféu em toda a Alemanha, disse a Jack Mahin que jamais saltaria de pa-

A ANATOMIA DA CORAGEM

raquedas caso seu avião tivesse problemas. "Como eu conseguiria esconder este rosto? Se o avião cair, eu caio junto com o filho da mãe."

Nunca vi esses rapazes

O filme que William Wyler estava produzindo "será sobre a destruição definitiva da Alemanha a partir dos ares",[368] disse um assessor de imprensa da Força Aérea a um repórter do *Stars and Stripes*. Quando as perdas da Oitava aumentaram, diminuiu, por outro lado, o tamanho de sua campanha publicitária. Todavia, após o ataque de grande precisão, em 18 de maio, aos estaleiros de submarinos em Vegesack, no rio Weser, perto de Bremen, o general Eaker mandou que organizassem uma coletiva de imprensa e anunciou que os dias de experiência haviam chegado ao fim. "Hoje, começa um novo capítulo nesta história. Provamos, sem sombra de dúvida, que nossos bombardeiros são capazes de alcançar qualquer alvo na Alemanha em plena luz do dia; e que eles conseguem fazer isso sozinhos sem a proteção de aviões de caça [...] sem sofrerem perdas excessivas. Tudo que nos resta agora é concentrar bombardeiros suficientes nessa tarefa vital."[369] A última frase é reveladora. Eaker sabia que não tinha bombardeiros suficientes para fazer o trabalho.

Naquele inverno, Hap Arnold prometeu várias vezes a Eaker que mais aviões e tripulações estavam a caminho, enquanto, ao mesmo tempo, exigia ataques mais numerosos e maiores; ataques que, com a redução da frota de aeronaves de Eaker, estavam se tornando verdadeiros sacrifícios para os participantes. A operação em Vegesack *foi* um ataque preciso, mas a Oitava Frota Aérea exagerou muito o efeito obtido com isso sobre a produção de submarinos alemães. Os constantes ataques contra estaleiros de submarinos alemães na Baía de Biscaia foram ineficazes também, embora as fotografias mostradas por Eaker aos repórteres fossem impressionantes. Em Saint Nazaire e Lorient, as condições de habitabilidade humana simplesmente deixaram de existir. "Nem um cão ou um gato sobreviveram nessas cidades. Nada, a não ser os abrigos de submarinos, continuou de pé",[370] observou o almirante Dönitz num relato enviado ao alto-comando alemão. Eles eram, todavia, as únicas edificações com que o almirante se importava, tanto que fazia pouco que Dönitz movera seus equipamentos essenciais de manutenção e reparo de seus submarinos para o interior desses abrigos inexpugnáveis.

184 MESTRES DO AR

Anos depois, ao considerar retrospectivamente essas operações, o exímio oficial-navegador Ralph Nutter viu nos resultados apresentados uma manipulação dos números, embora diferente da feita por Washington durante a Guerra do Vietnã. "Em vez do falso número de soldados, o comando das Frotas Aéreas do Exército divulgou relatórios com exageros grosseiros de perdas de aviões de caça nazistas e a quantidade de bombas que atingiu os alvos alemães [...] Comandantes da aeronáutica tinham prometido ao povo americano resultados substanciais e a vitória com uma poderosa máquina de guerra aérea."[371] Na busca desesperada por resultados, eles falsearam a verdade com a finalidade de obter a verba e os homens para terminar o trabalho.

"A Oitava Frota Aérea",[372] escreveu o repórter Harrison Salisbury em suas memórias, "era uma unidade muito eficiente. Era comandada por homens ambiciosos e apoiada por um comando igualmente ambicioso em Washington. Ela havia montado uma grande equipe de relações públicas com profissionais de jornais, empresas de publicidade, agências de propaganda — e se utilizou de celebridades de Hollywood". Eaker fez um trabalho estupendo com a imprensa, convidando pessoas notáveis, como o colunista Walter Lippmann e Arthur Sulzberger, o editor do *The New York Times,* para jantar, e organizou partidas de pôquer particulares no quartel-general da Oitava Frota Aérea. O escritório de relações públicas da Oitava, instalado na Grosvenor Square, em Londres, era administrado por pessoas de grande poder de persuasão e influência, entre elas John "Tex" McCrary, um colunista popular do *New York Mirror*; John Hay "Jock" Whitney, um magnata de Hollywood e *playboy* que depois se tornaria embaixador americano na Grã-Bretanha; e Ben Lyon, antigo ídolo do cinema mudo. Lyon e sua esposa, a atriz Bebe Daniels, promoviam festas badaladas e feéricas em sua residência londrina, com listas de convidados que incluíam Eaker e seu estado-maior, lordes e almirantes britânicos, dignitários em visita ao país e influentes membros da imprensa. McCrary, a quem Andy Rooney chamava de "um dos maiores especialistas em relações públicas e bajuladores de todos os tempos",[373] aparecia nas festas na companhia de sua deslumbrante esposa, Jinx Falkenberg, e fazia tudo para que nenhuma pessoa importante fosse embora sem ouvir dele um monte de estatísticas sobre a força e o sucesso descomunais da Poderosa Oitava.

Uma imprensa submissa, compreensivelmente mais indignada com os nazistas do que ansiosa por ser objetiva, concordava com as otimistas

A ANATOMIA DA CORAGEM

apreciações dos magnatas da indústria de bombardeiros. "Estávamos todos do mesmo lado então",[374] explicou Walter Cronkite depois, "e a maior parte dos jornalistas ignorava toda ideia de imparcialidade quando relatávamos o heroísmo de nossos rapazes e a bestialidade dos odiados nazistas". E Andy Rooney observou: "O pior tipo de censura sempre foi aquele que o pessoal da imprensa impõe a si mesmo."[375]

O jornal de Rooney, o *Star and Stripes*, era escrito e editado por soldados fardados e, em 1943, se autodenominava um "jornal dedicado à aeronáutica militar"[376] porque não havia combates próximo à Inglaterra, a não ser nos céus. No entanto, o general Eisenhower tinha ordenado que censores do Exército não o transformassem num jornal interno subserviente. Sob a direção do segundo sargento Robert Moora, excêntrico, mas arguto ex--funcionário do *New York Herald Tribune*, e do cabo Bud Hutton, outrora editor do *Buffalo Evening News*, a publicação era um jornal escrito com seriedade e imparcialidade, o diário de notícias do soldado americano servindo no exterior. Dois censores militares estavam lotados nos escritórios do jornal em Londres, porém: "Raramente impediam que publicássemos algo. E, quando tentavam fazer isso, podíamos argumentar com eles e às vezes conseguíamos convencê-los a deixar que divulgássemos a matéria",[377] disse Rooney, rememorando a época. "Assim como eles, conhecíamos as regras; e estas, destinadas a manter os nazistas desinformados sobre vindouras operações, faziam todo sentido."

Cético por natureza, Rooney ignorava as fantásticas alegações de danos colossais ao inimigo e preferia concentrar-se na realidade dos rapazes que operavam nos bombardeiros. Achava que era seu dever contar a história deles: "Uma história soterrada sob um monturo de estatísticas odiosamente frias que os Aliados estão tentando fazer que fique ainda maior do que o do Eixo."[378] Mas havia histórias, admitiu ele depois, que eram "tristes demais" para publicar.[379] De uma delas ele nunca se esqueceu.

Certa vez, enquanto Rooney e outros repórteres aguardavam na frente de uma torre de controle o retorno de um esquadrão de bombardeiros, espalhou-se a notícia de que um metralhador de uma torre esférica ficou preso em sua bolha de plástico na parte inferior da fuselagem do avião. "As engrenagens que giravam a esfera para pôr o metralhador em posição de atirar, que depois permitiam que ele voltasse à posição para tornar a entrar no avião, haviam sido atingidas e emperraram. Portanto, o metralhador da torre esférica ficou preso numa verdadeira gaiola de plástico."

Pouco antes de aterrissar, o sistema elétrico da Fortaleza, que estava crivado de perfurações de projéteis, apresentou problemas, impossibilitando que o piloto baixasse o trem de pouso. Ele teria, pois, que pousar com a barriga do avião. "Seguiu-se uma conversa de oito minutos fesgastantes e angustiantes entre a torre de controle, o piloto e o homem preso na torre de tiro esférica. Ele sabia o que toca o solo primeiro quando o piloto não pode contar com as rodas. Ficamos assistindo ao desenrolar do drama horrorizados. Vimos a vida desse homem chegar ao fim, com ele sendo esmagado entre a pista de concreto e a barriga do bombardeiro."

Rooney voltou para Londres à noite, onde se sentiu incapaz de escrever a matéria sobre o acontecimento mais dramático e macabro que havia testemunhado na vida.

"Os rapazes das Fortalezas em missão de ataque nos céus da Alemanha são os que enfrentam as condições mais difíceis de todas — com exceção talvez dos homens que participam de operações em submarinos",* disse Tex McCrary em carta enviada ao seu filho, um piloto de caça lotado num navio-aeródromo no Pacífico. "Nunca vi jovens como eles." Anos depois, Tom Brokaw chamaria os jovens americanos que combateram as Potências do Eixo de A Maior das Gerações, mas, no primeiro ano da guerra, algumas pessoas questionaram o empenho deles nos combates. Em 1942, o crítico social Philip Wylie publicou *Generation of Vipers*, um livro sobre a cultura jovem de sua época que exerceu grande influência pelo mundo afora.[380] Na obra, Wylie fazia críticas à juventude americana, dizendo que, no fim da década de 1930, enquanto os exércitos de Hitler e Hirohito ameaçavam a liberdade em toda parte, adolescentes americanos enfiavam a cabeça na areia, desfilando em carros incrementados, lendo histórias em quadrinhos ordinárias e ouvindo discos de Frank Sinatra. Ao mesmo tempo, acrescentava, eram fracos em matemática e ciência, tinham um conhecimento espantosamente deficiente da história e do mundo em que viviam, e 59 por cento deles eram incapazes de indicar a localização da China num mapa. Já Tex McCrary, após tê-los acompanhado em várias missões aéreas, achou

---

* "*Os rapazes da Fortalezas*": McCrary and Scherman, *Firts*, 8.

A ANATOMIA DA CORAGEM

que eles eram "os melhores homens que puseram os pés fora dos Estados Unidos; que eram a melhor safra de homens de toda a história americana",[381] disse ele numa carta enviada da Inglaterra a um amigo, escrita durante a guerra. "Eu nunca soube que eles existiam, ou talvez [...] realmente eles nunca tivessem existido mesmo, até que um desafio de guerra total revelou as mesmas excelsas qualidades que sempre jazeram latentes sob a epiderme do povo americano, que o tempo de grandes provações fez aflorar." Num livro publicado durante a guerra, McCrary apresentou a história dos irmãos Mathis, naturais de San Angelo, Texas, como rebate das cáusticas acusações de Wylie.

Mark Mathis e seu irmão Jack ingressaram na Força Aérea em 1941, em cumprimento a uma promessa para servirem juntos. Ambos foram encaminhados para a escola de operadores de bombardeiros, mas em locais diferentes. Jack se tornou bombardeador junto a tripulações de quadrimotores, enquanto Mark foi trabalhar em bombardeiros bimotores. Quando Jack participou da primeira missão de ataque contra a Alemanha com o 303º Grupo de Bombardeiros, Mark ainda estava nos Estados Unidos. Pouco depois, Jack recebeu um telegrama de seu irmão, informando que ele estava na Inglaterra. Jack requisitou um jipe e levou Mark para a base. À noite, improvisaram uma festa no clube dos oficiais para comemorar o reencontro, festa que logo foi interrompida pelo aviso de que "o negócio" do dia seguinte estava de pé. Enquanto deixava o clube, Mark perguntou a Bill Calhoun, o comandante do esquadrão de seu irmão, se ele podia acompanhá-los no ataque. Calhoun respondeu que isso era impossível e acrescentou que teria de procurar Roosevelt para conseguir essa autorização.

Era 11 de março e o alvo do dia seguinte seria Vegesack. Mark acompanhou o irmão até o avião. "Vejo vocês, rapazes, às seis horas!",[382] gritou ele enquanto Jack e seus colegas de tripulação embarcavam no *The Duchess*, um dos aviões da vanguarda do maior dos contingentes de bombardeiros americanos enviados para atacar a Alemanha até então.

Horas depois, Mark estava na torre de controle para assistir à chegada das Fortalezas. *The Duchess* foi o primeiro a aterrissar, mas na pista errada e após o disparo de um foguete de sinalização indicando a existência de homens feridos a bordo. Mark chegou ao avião depois que puseram os feridos na ambulância e foi informado de que seu irmão era um deles. Na enfermaria, o capelão o levou para um canto e disse que Jack estava morto.

Ele soube que Jessie H. Elliottt, o oficial-navegador, estava com Mathis no nariz do *The Duchess* quando foi atingido. Sua história consta na declaração juramentada que acompanha a menção honrosa de Jack Mathis da Medalha de Honra do Congresso, a primeira a ser concedida a um aeronauta da Oitava.

De acordo com a história, poucos segundos antes do lançamento das bombas, um projétil explodiu bem na frente do nariz da aeronave. "Um grande estilhaço entrou pelo nariz do avião, despedaçando o lado direito do acrílico e penetrando com um forte impacto estrepitoso no local. Vi Jack cair para trás, em minha direção, e levantei bruscamente os braços para desviar-lhe a queda. A essa altura, nós dois estávamos bem na parte de trás do nariz — acho que atirados para trás pelo estilhaço entrante." Dentro das roupas grossas e confinantes de aeronauta, Calhoun não sabia que o braço de Mathis estava quase totalmente decepado na altura do cotovelo e que o lado direito de seu corpo se achava cheio de estilhaços. Sem ajuda de ninguém, Mathis voltou rastejando para a mira de bombardeio, ajoelhou-se sobre ela e puxou a alavanca, lançando as bombas. Calhoun ouviu o colega gritar pelo interfone: "Bombas!..." — e desabar sobre a mira antes que pudesse completar a frase. As bombas lançadas por ele caíram bem no ponto de visada. Provas disso são as fotografias do alvo.

No hospital da base, quando Mark Mathis viu o flagelado corpo do irmão, teve uma crise de choro. Afinal, eles haviam planejado terminar à noite a animada festa comemorativa do reencontro de ambos; agora, em vez disso, teria de dar a triste notícia aos pais. Assim que se virou para se retirar, ele disse ao capelão que mataria os assassinos de seu irmão. Diante disso, Calhoun conseguiu para ele uma transferência em "tempo recorde" e permitiu que ele ocupasse o lugar de Jack na tripulação do *The Duchess*. Mark chegou até a dormir na cama usada outrora pelo irmão.

Sua primeira missão foi um ataque a Bremen. Quando ocupou seu posto na seção do nariz do avião, olhou para baixo e viu que a mira do bombardeiro continha um arranhão produzido pelo estilhaço da explosão do projétil antiaéreo que tirara a vida de seu irmão.

Três missões depois, McCrary o entrevistou. Ele observou, na entrevista, que muitos aeronautas estavam dizendo que achavam difícil odiar os alemães, que preferiam vingar-se dos japoneses. O que ele achava disso? "Você só começa a odiá-los quando é ferido",[383] respondeu Mark. "Eu, bem, eu fui

A ANATOMIA DA CORAGEM

ferido. Portanto, odeio os alemães. Gostaria que tivéssemos bombardeado suas cidades em vez de apenas as suas fábricas."

Mark Mathis morreu debruçado sobre a mira de bombardeio em sua missão seguinte.

Dias tenebrosos

"Nosso moral baixou [...] muito no fim do inverno",[384] observou Curtis LeMay. Com investidas mais profundas pelo espaço aéreo do inimigo, as baixas aumentaram e, sem a perspectiva da chegada de substitutos, os combatentes começaram a achar que sua situação era desesperadora. Mesmo quando se tornou possível o envio de tripulações devidamente instruídas e treinadas, as condições de tempo ruins fecharam a rota de ressuprimento aéreo do Atlântico Norte e não havia navios suficientes para transportá-los até a Inglaterra. Com isso, muitos aeronautas começaram a alimentar sentimentos conflitantes em relação a seu país: embora desejosos de continuar a lutar por ele, sentiam-se também abandonados pela nação. Os aeronautas se queixavam, mas participavam das missões; e tripulações exaustas varavam a noite no trabalho de aproveitamento de peças de "rainhas dos hangares" — bombardeiros danificados demais para poderem voltar a voar —, com a finalidade de manter seus castigados bombardeiros em condições de operar.

Já no fim do inverno de 1943, o 305º de LeMay tinha perdido quase a metade de suas tripulações, e os outros três pioneiros grupos de Fortalezas Voadoras haviam sido reduzidos para vinte por cento de seu efetivo original.[385] Isso tornava toda missão uma campanha de esforço máximo; tanto que combatentes doentes e feridos eram retirados de hospitais de bases para completar as tripulações. Após uma difícil investida de bombardeio a Lorient e Wilhelmshaven, rapazes que tinham envelhecido seis anos em seis meses desenvolveram o hábito de se sentarem em salas de leitura e refeitórios para participar de mais "uma partida de um jogo mórbido",[386] nas palavras de Haywood Hansell, onde projetavam suas chances de sobrevivência num gráfico. Em suas memórias, Harrison Salisbury relatou que "participar de uma missão na Oitava então era como ter uma passagem para um enterro. O do dono da passagem".[387]

190   MESTRES DO AR

Nesse inverno, médicos e psiquiatras da aeronáutica militar divulgaram preocupantes relatórios informando a existência de casos de comportamentos anormais de tripulantes, já que os combates afrouxavam traiçoeiramente as amarras do autocontrole dos aeronautas. Grandes números de aviadores começaram a apresentar um ou mais dos sintomas de distúrbios emocionais: insônia, irritabilidade, crises de raiva e mau humor, incapacidade de concentração, afastamento do convívio com os amigos, enjoos, perda de peso, visão turva, taquicardia, tremores semelhantes ao do mal de Parkinson, impotência sexual e agressividade, consumo excessivo de álcool e pesadelos terríveis envolvendo batalhas, tão alarmantemente vívidos que os padecentes gritavam e tremiam, alguns dos quais caíam do leito superior do beliche e quebravam braços e pernas. Além disso, "as festas mensais organizadas pelos grupos têm sido marcadas por várias brigas violentas",[388] relatou uma equipe de pesquisadores chefiada por Donald W. Hastings, chefe do departamento de psiquiatria da Comunidade Médica Central. "Em certa ocasião, dois comandantes de esquadrão, amigos muito íntimos, enquanto voltavam para o alojamento após uma noite de moderação na ingestão de bebidas [...], concluíram que 'precisavam de uma briga' e [...] saíram do carro e brigaram violentamente, até que um deles fraturou um metacarpo; depois disso, voltaram para o carro como os mesmos amigos de antes e retornaram para o alojamento." À noite, não eram raros os casos de aeronautas que apagavam as luzes do alojamento "com uma rajada de submetralhadora ou gravavam suas iniciais nas paredes com tiros de pistolas". Aeronautas confidenciaram a médicos e capelães da aeronáutica que haviam "seduzido mulheres, em grande número, não por satisfação sexual, mas para dominar e vencer" sua constante e incurável ansiedade. E alguns deles viviam apreensivos com a possibilidade de que estivessem enlouquecendo aos poucos.[389]

Num estudo posterior, médicos da CME descobriram que quase todos os aeronautas que concluíam seu tempo de serviço como combatentes apresentavam um ou mais dos sintomas de fadiga de combate.[390] A maioria desses homens sufocava a própria ansiedade e continuava a participar de missões aéreas, confessando seus medos e conversando sem nenhum sentimento de vergonha com seus colegas de tripulação, dizendo, zombando de si mesmos, que tinham medo de enfrentar os estilhaços das explosões dos fogos antiaéreos inimigos ou que sofriam de crises nervosas por causa dos

A ANATOMIA DA CORAGEM

Foche-Wulf [...] Para os aeronautas, esse tipo de confissão não implicava a ideia de que eram 'medrosos' ou covardes",[391] relatou Hastings. A maior parte dos aeronautas amedrontados, entre os 25 por cento dos que venciam as adversidades e sobreviviam, alcançava um controle sobre as tensões da guerra forte o bastante para continuar a lutar com determinação e até de forma heroica. Contudo, quando os sintomas se acumulavam num curto e tempo, esse homem se tornava um perigo tanto para si mesmo quanto para seus colegas de tripulação.

Em investidas de combate, alguns aeronautas apresentavam reações histéricas: tremedeiras, desmaios, cegueira passageira e catatonia. Quando, em sua primeira missão, o piloto Clint Hammond entrou com o avião numa zona de fogos inimigos intensos e mortais, seu copiloto desmaiou e Hammond teve que reanimá-lo com uma forte pancada na cabeça.[392]

Já um copiloto proveniente de uma distinta família de militares ficava temporariamente "cego" toda vez que iniciava a travessia do território holandês. Quando, na viagem de retorno para a Inglaterra, seu avião começava a sobrevoar o Mar do Norte, ele voltava a enxergar. LeMay resolveu proibi--lo de participar de operações aéreas, e Ralph Nutter foi um dos poucos oficiais que se mostrou disposto a conversar com ele.[393] Porém, quando o bombardeador de Nutter sofreu uma crise de cegueira numa investida de bombardeio, Nutter lhe deu um tapa no rosto transido de medo para forçá--lo a olhar para o alvo.

Outros homens reagiam lentamente a situações de tensão extrema, permanecendo em crises nervosas por horas a fio, às vezes até durante semanas, após uma experiência traumática. Numa missão de adestramento sobre o território inglês, as portas do compartimento de bombas de uma Fortaleza se soltaram e uma delas decepou a traseira da aeronave. O metralhador, preso em seu posto na parte decepada do avião, tentou desesperadamente abrir caminho com socos contra o resistente vidro de seu posto de atirador, enquanto a seção da cauda inteira se precipitava em direção ao solo, cambalhotando pelos ares. Ele acabou conseguindo abrir um pequeno buraco golpeando com os pés a chapa de alumínio — numa parte do que restara da traseira da fuselagem — e tentou sair por ali, mas ficou preso pelos ombros. Justamente quando achou que estava perdido para sempre, foi desprendido pela força do vento, abismando-se de uma altura a centenas de metros do solo sem paraquedas. Felizmente, como que por milagre, ele não se feriu.

Segundos depois que o aeronauta atingiu o solo, o restante da fuselagem se espatifou contra uma área a menos de 100 metros dele e explodiu, carbonizando os corpos de seus colegas de tripulação e os deixando irreconhecíveis.

O metralhador da cauda disse depois que, apesar do susto, estava bem e continuou a participar de missões aéreas, mas começou a ter macabros pesadelos com acidentes e passou a achar insuportável ouvir sons plangentes e sibilantes, os quais o faziam lembrar-se do vento soprando forte através da decepada cauda do avião em sua vertiginosa queda pelos ares. Ele, todavia, não procurou ajuda médica, pois não queria que o considerassem "covarde" ou "molenga",[394] mas, em suas cinco missões seguintes, pareceu uma pilha de nervos, "mantendo-se de ouvidos atentos aos chiados do avião, na expectativa de que a seção da cauda talvez voltasse a ser decepada". Alguns dias depois, quando teve uma crise nervosa, o médico de seu esquadrão resolveu proibi-lo de participar de missões de combate.

Hastings e seus colegas tiveram grande dificuldade para convencer comandantes de grupos de bombardeiros do fato de que um número cada vez maior de seus aeronautas não estava apenas cansado — sofrendo do que a Força Aérea chamava de "fadiga de voo" —, mas também realmente doente. Esses homens precisavam de descanso, e não de tratamento médico, seus comandantes insistiam em afirmar. Já por outro grupo de aeronautas, embora muito menor, comandantes de esquadrões não demonstravam nenhuma compaixão — o de homens vitimados por crises nervosas após algumas poucas missões em que seus aviões e tripulações sofriam pouco ou nenhum dano nos embates. Esses homens eram tratados como covardes, considerados baldos de uma qualidade que os britânicos chamavam de fibra moral. Os oficiais acreditavam que eles tinham uma predisposição para sofrer crises nervosas — uma grave falha de caráter que não fora notada por médicos da Força Aérea antes de eles terem sido incorporados ao serviço. Convicto de que distúrbios mentais eram "tão contagiantes quanto sarampo",[395] comandantes de bases tentavam se livrar-se desses homens antes que "infectassem" outros.[396]

Os casos de combatentes acusados de "falta de fibra moral" eram tratados à base de procedimentos administrativos em vez de com critérios médicos. Oficiais eram enviados a uma comissão de reclassificação do Exército, cujos membros lhes davam a oportunidade de exonerar-se "para o bem das forças armadas". Os que não aceitavam essa opção de desligamento espontâneo

A ANATOMIA DA CORAGEM

eram acusados de "falta de coragem" e dispensados do serviço de forma desonrosa. Já os graduados recebiam um tratamento diferente. Eram rebaixados à categoria de soldado, retirados das tripulações e enviados a um centro de substitutos para remanejamento.[397] (Casos de aeronautas que se recusavam a participar de missões de combate eram raros; durante a guerra inteira, menos de cem oficiais foram encaminhados a uma comissão de reclassificação.)

Já no caso de aeronautas que *haviam* demonstrado coragem e fortaleza moral em combates, mas que sofreram esgotamento nervoso no fim de seu tempo de serviço ou após uma experiência traumática nos ares, recebiam outro tratamento. Muitos comandantes ocultavam casos problemáticos como esses dos médicos da CME; eles não queriam que homens confiáveis fossem "estigmatizados",[398] nas palavras de LeMay, por psiquiatras.

"Bases de bombardeiros eram lugares deprimentes demais para se visitar",[399] observou Andy Rooney. "Pareciam sempre envoltos por uma atmosfera fúnebre, embora os rapazes fizessem todo o possível para rir e esquecer." Os combatentes se dispunham a enfrentar a morte, mas nenhum deles sabia quantas vezes teria que fazer isso. O normal era que continuassem a embarcar em missões aéreas até que acabassem morrendo, sendo capturados ou enlouquecendo? Parece que sim.

Algum tempo depois, ainda no inverno daquele ano, o dr. Malcolm Grow, médico-chefe da Oitava, levou a Eaker a notícia de um aumento alarmante, tanto nos casos de fadiga de combate aéreo quanto no de esgotamento nervoso, com 73 tripulações apresentando um quadro clínico de "esgotamento de tensão de guerra".[400] Assim, o médico implorou a Eaker que restringisse a quinze o número de missões. Eaker se recusou a fazer isso. Asseverou que não havia problema no moral dos combatentes, argumentando que eles estavam simplesmente exaustos. Todavia, após ter refletido um pouco e chegado à conclusão de que as tripulações aéreas precisavam ter sob as vistas a perspectiva do fim de tão difícil mister, concordou em determinar que o máximo de missões obrigatórias passasse a ser de 25. Deliberou que, depois que concluíssem esse número estipulado de missões, os aeronautas poderiam ser enviados de volta à pátria para remanejamento ou receber atribuições em terra firme na Inglaterra. (Em março de 1944, o número de missões foi ampliado para trinta e, em julho de 1944, para 35.) As chances de o aeronauta completar seu número obrigatório de missões eram, na época, de apenas uma em cinco.[401] Algo nem um pouco animador, mas, pelo menos, havia nesse limite um fio de esperança.

No entanto, cada operação gerava mais uma série de baixas por problemas psiquiátricos. A maioria dos aeronautas sofria de estados de ansiedade que psiquiatras da Força Aérea classificavam em duas categorias genéricas. Uma delas era a dos casos de "fadiga de voo",[402] uma forma branda de ansiedade causada por descanso insuficiente e por "tensão nervosa". A outra era a dos casos de "fadiga de combate", esgotamento nervoso, e não físico, causado pelo aumento dos níveis de tensão ou por experiências angustiantes nos ares, que se manifestava na forma de "medo e conflito psicológico crônicos". Os médicos acreditavam que alguns dias de descanso bastariam para curar a primeira doença; já no caso da segunda, eram necessários descanso e extenso tratamento psiquiátrico. Essa última apresentava, ademais, uma taxa de recuperação muito mais baixa.

O dr. Grow sabia que sua estimativa de 73 tripulações com problemas de esgotamento decorrentes da tensão de guerra era moderada, porquanto a maioria dos aeronautas que haviam sido temporariamente removidos das missões de combate por seus comandantes nunca aparecia nas estatísticas da Força Aérea. Os comandantes de grupo ou de esquadrão de bombardeiros os mantinham em terra, geralmente por aconselhamento de médicos de voo, e, quando eles "se recuperavam", após um breve período de descanso e tratamento na base, voltavam ao serviço de combate aéreo. Somente os casos de extrema gravidade eram levados ao conhecimento dos psiquiatras da CME para serem submetidos a tratamento e, por conseguinte, passavam a fazer parte das estatísticas.

Dos estimados 225 mil aeronautas que participaram de missões de combate na Oitava durante toda a guerra, somente um pequeno número, entre quatro e cinco mil, foi de baixas neuropsiquiátricas; e apenas 2.100 desses homens foram mantidos permanentemente em terra firme por conta de distúrbios dessa natureza.[403] Desses não faziam parte os aeronautas removidos do serviço de combate aéreo ou dispensados por "falta de fibra moral", o que era considerado um problema de caráter, e não um problema mental. Esses números, porém, são incompletos e muito problemáticos. Com exceção da Comunidade Médica Central, a Oitava Frota Aérea não mantinha um registro confiável dos casos de baixa neuropsiquiátrica, tampouco os médicos da Força Aérea jamais formularam uma definição clara e consis-

A ANATOMIA DA CORAGEM   195

tente desse tipo de baixa. Além disso, muitos homens estavam proibidos de participar de missões de combate pelos médicos de voo de seus esquadrões porque apresentavam sintomas físicos indicando incipiente quadro de eventual esgotamento nervoso; e alguns aeronautas, considerados homens com "carência de fibra moral" por seus comandantes, sofriam de problemas psicológicos que não eram diagnosticados. Existem fortes indícios de que comandantes de grupos de bombardeiros suprimiam provas de casos de esgotamento nervoso e também provas inquestionáveis de testemunhos pessoais de que muitos aeronautas que sofriam de ansiedade extrema ocultavam seu problema de saúde, tanto de seus comandantes quanto de seus colegas de tripulação, com a intenção de evitar punições ou censura — ou porque queriam concluir seu tempo de serviço o mais rapidamente possível. Médicos de voo relataram que grandes números de militares só se apresentavam para tratamento médico quando haviam concluído sua missão final. Jamais saberemos quantos aeronautas da Oitava Frota Aérea sofreram de problemas psicológicos graves o bastante para que fossem mantidos em terra; porém, com certeza, o número deles é maior do que o indicado nas estatísticas oficiais.

A anatomia da coragem

A experiência da infantaria americana no norte da África e na Itália ajudou a convencer Hap Arnold e a estrutura de comando da Oitava Frota Aérea a assumir uma atitude mais compreensiva com relação aos casos de baixas neuropsiquiátricas. No Teatro de Guerra do Mediterrâneo, onde inexperientes soldados americanos tiveram o primeiro embate com a temida Wehrmacht, distúrbios psiquiátricos eram a principal causa de retiradas médicas de áreas de combate e de dispensas do exército por problemas de saúde. Um terço das baixas não fatais decorreu de causas psiquiátricas. Para que se tenha uma compreensão melhor desse desastroso problema de saúde, basta considerar que o exército enviou para lá um de seus melhores médicos, John W. Appel, com a missão de realizar um estudo dos combatentes sob o ataque dos fogos inimigos. Suas conclusões foram preocupantes.

Appel asseverou que essa história de que o soldado "'se acostuma com os combates' é algo que simplesmente não existe. Cada momento enfrentado por eles na guerra impõe um estado de tensão tão grande que eles sucumbem em relação direta com a intensidade e duração da própria participação no conflito. Assim, na guerra, baixas neuropsiquiátricas são tão inevitáveis quanto baixas por ferimentos com armas de fogo".[404] Na infantaria, o desmantelo mental geralmente ocorre após cerca de cem dias de exposição aos combates. A essa altura, o distúrbio conhecido como reação aguda ao estresse — mecanismo desenvolvido pela natureza do ser para lidar com emergências — passou a manifestar-se perigosamente nos combatentes por um período bem maior.

Estudos iniciais feitos por psiquiatras da Oitava Frota Aérea apresentaram conclusões semelhantes. No início do inverno de 1943, "distúrbios emocionais" eram a causa mais frequente de remoção de aeronautas do serviço de combate aéreo, e o número de baixas neuropsiquiátricas tinha uma relação direta com taxas de perdas de aeronaves — um caso de esgotamento nervoso em cada dois bombardeiros quadrimotores que deixavam de retornar à base. Perigos reais nos ares, e não falhas inerentes ao caráter individual ou à constituição psicológica do aeronauta, "têm sido, de longe, a mais importante causa de esgotamento nervoso no teatro da guerra",[405] relataram Hastings e seus colegas.

Hap Arnold entendia essa relação entre perigo e desmantelo psicológico. Como um dos primeiros pilotos de teste do exército americano, ele se envolvera num acidente aéreo quase fatal que o deixou com pavor da ideia de embarcar em aviões. "Meu sistema nervoso está tão abalado que não consigo entrar em nenhuma aeronave",[406] dissera ele em carta enviada a seu comandante. Arnold precisou de quatro anos para superar essa entranhada fobia, uma experiência que possivelmente acabara levando-o a sentir compaixão por aeronautas que sofreram traumas semelhantes na guerra aérea nos céus do Reich.

Um medo avassalador da morte e de sofrer mutilações — fadiga de combate — era a principal causa de baixas neuropsiquiátricas na Oitava Frota Aérea, concluiu Hastings após um exaustivo estudo médico das operações de combate no primeiro ano da guerra. Com seu estudo, ele constatou ademais que, submetidos a certo grau de tensão, até mesmo os melhores combatentes sofriam esgotamento nervoso e que a reserva de coragem dos guerreiros dos ares, sua capacidade para se adaptar a situações terrificantes, era limitada. Embora Hastings não soubesse disso, foi a essa conclusão que

A ANATOMIA DA CORAGEM

haviam chegado também, anos antes, médicos de campanha na Primeira Guerra Mundial, dos quais o mais proeminente foi o inglês Lorde Moran — mais tarde viria a ser o médico particular de Churchill. "Como se esgota a coragem na guerra?",[407] perguntou Moran em *The Anatomy of Courage*, seu clássico tratado sobre o assunto, que só foi publicado em 1967. "Coragem é força de vontade, da qual nenhum homem tem uma reserva inesgotável; e na guerra, quando ela se esgota, ele está acabado. A coragem de um homem é seu capital, patrimônio que ele está sempre gastando."

Moran estudou principalmente os casos dos membros da infantaria, e com certeza havia enormes diferenças entre as condições nos combates aéreos e nos conflitos terrestres.[408] O esforço físico exigido em operações de combate aéreo não era tão prolongado ou debilitante quanto o demandado em combates terrestres. As batalhas enfrentadas pelos aeronautas eram curtas e intensas e, quando não estava em plena missão aérea, ele não tinha que suportar a vida quase animalesca do soldado de infantaria — combater e viver na lama, na neve e na chuva sem poder tomar banho ou contar com instalações sanitárias.

As tripulações de bombardeiros sofriam um tipo de estresse diferente. Ele era intermitente, em vez de constante, e, portanto, menos debilitante. Entre os aviadores, havia baixa incidência de traumas incapacitantes que exigiam hospitalização prolongada e menos situações em que o ego inteiro do soldado era esfacelado e ele caía num estado de semiconsciência, sofrendo amnésia e exibindo um comportamento muito estranho. "Casos de psicose real eram notavelmente inexistentes" na Oitava Frota Aérea,[409] concluiu Hastings. Mas os aeronautas sofriam de formas singulares de neuroses de combate, além de números de baixas muito maiores do que os das unidades de infantaria. O forte contraste entre a vida despreocupada, as boas condições de segurança e os momentos de perigo desesperador nos ares tornava ainda mais angustiante os problemas deles, pois "mantinha viva a ideia da existência de outro tipo de vida — marcada por uma situação oposta, de perigo crônico na guerra".[410] E, ao contrário dos membros da infantaria, os aeronautas eram plenamente informados do perigo que estavam prestes a enfrentar, fato que provocava excitações mentais perigosas. "Ou você deixa a imaginação de lado, ou ela acaba prejudicando-o", escreveu Moran.

Tripulações de bombardeiros pesados ficavam suscetíveis quando sentiam uma espécie de medo especial. Elas passavam por experiências que os psiquiatras chamavam de estados fóbicos, em que condições de ansiedade psicologicamente estropiante se manifestavam somente quando os aeronautas tinham de enfrentar uma situação específica, que podiam ser condições de tempo ruim ou um ataque de caças inimigos. Quando inseridos nessas circunstâncias, as "defesas narcisistas" de alguns combatentes — os mecanismos do ego que permitiam que negassem sua vulnerabilidade biológica — se desintegravam.[411] Antes imbuídos da crença "de que não vai acontecer nada comigo",[412] esses homens passavam a ficar convictos "de que *vai* acontecer alguma desgraça comigo". Se, antes, achavam que eram meros espectadores, depois, passavam a considerar-se alvos fáceis. Para eles, com exceção de serem atingidos pelos fogos inimigos, a experiência mais terrificante nos ares era o sentimento de impotência que os dominava quando se achavam sobre o alvo — o da total incapacidade de escapar das possíveis consequências do perigo. E, quando ocorria uma tragédia, ela vinha nas asas de um repente terrível, em que o ronco monótono e soporífero dos motores era interrompido por uma violenta explosão que lançava ossos e sangue para todos os lados. Uma das características da guerra tecnológica, isso era algo semelhante ao choque sofrido por vítimas de desastres ou por membros da infantaria sob intenso bombardeio, ou ainda pelos civis inimigos que esses aeronautas bombardeavam, deliberadamente ou não. Durante a incursão de bombardeio, em que os aeronautas semelhavam uma mãe germânica e seus filhos se refugiando apavorados em seu depósito de carvão, com as sirenes estridulando a iminência de um ataque aéreo, o fator sorte era o único agente que determinava quem sobreviveria e quem morreria. Tudo que as tripulações de bombardeiros podiam fazer era tentar proteger-se da melhor forma possível e aguentar firme; e não havia como aliviar a tensão crescente. Imersos num mar de explosões de projéteis antiaéreos, os aeronautas tinham que enfrentar seus medos sozinhos. É como disse Freud: "O sentimento de impotência é a essência de uma situação traumática."[413]

"Diante do perigo", observou Lorde Moran, "é reagindo que, quase sempre, o homem acha a salvação".[414] Entretanto, num campo de fogos antiaéreos, essa salvação não existe. "Consigo ver e ouvir claramente as explosões de projéteis antiaéreos, como se eu ainda estivesse no avião",[415] confessou Sherman Small, o metralhador de cauda da Oitava Frota Aérea, sessenta anos após a guerra. "Na época, eu conseguia neutralizar o medo fingindo que eu era um ator de filmes de ação de Hollywood. Essa fantasia terminou

A ANATOMIA DA CORAGEM

com o fim da guerra. Depois, lembranças atrozes do medo experimentado nos combates me fizeram cair em depressão e tive que ser internado num hospital psiquiátrico da Força Aérea."

O acaso era a força decisiva na vida do aeronauta.[416] Era isso que determinava a composição e o caráter de sua tripulação, a posição de seu avião na formação de combate, as condições meteorológicas e a intensidade da resistência inimiga que sua frota era incumbida de enfrentar e, sobretudo, se ele deveria sobreviver ou morrer. Por terem pouco ou nenhum controle sobre essas coisas, alguns aeronautas sofriam um colapso nervoso, na maioria das vezes sem saber por quê. "Tenho uma faixa amarela vertical nas costas com quase 1 metro de largura e não sei como isso apareceu ali", disse um aeronauta. "Mas nunca fui covarde."[417]

Na maioria dos casos, a ansiedade tinha relação direta com o avião em si — com a necessidade de participar de operações aéreas — e passava quando o aeronauta ficava proibido de participar dessas missões. Psiquiatras da Força Aérea aconselhavam os comandantes a não reintegrarem homens psicologicamente fracos em missões de combate. "Não é difícil forçar aeronautas com um grau de ansiedade incapacitante a participar de missões aéreas, mas, quase sempre, é impossível forçá-los a cumprir o seu dever com eficiência."[418] Era isso — o perigo que homens gravemente afetados por ansiedade representavam para si mesmos e para outros aeronautas — que fazia com que comandantes de unidades de combate acabassem proibindo que participassem de missões aéreas.

Psiquiatras da Oitava Frota Aérea estavam começando a provar, ademais, que alguns aeronautas psicologicamente abalados *podiam* ser recuperados e voltar a participar de missões. Com a falta de combatentes para ressuprir e engrossar as fileiras, além do alto custo de treinamento de novos aeronautas, essa era mais uma das razões pelas quais comandantes deveriam procurar trabalhar sob a mais estreita colaboração com psiquiatras da CME e seus médicos de unidades aéreas.

O principal elemento na cadeia de comando da Força Aérea era o médico de voo, do qual havia pelo menos um trabalhando em cada um dos esquadrões de uma base de bombardeiros.[419] Quando um aeronauta sucumbia psicologicamente num combate ou apresentava perigosos sinais de iminente crise nervosa, era feito um diagnóstico de seu estado físico e mental e depois ele recebia tratamento do médico aeronauta da unidade, cujo único conhecimento na área da psiquiatria provinha de um pequeno curso na sede da CME em High Wycombe. Médicos de unidades aéreas tinham quase que fazer das tripas coração. Por um lado, eram terapeutas capacitados que tentavam manter-se tão próximos de seus homens quanto o capelão consciente procura fazê-lo em relação ao rebanho, mostrando-se à disposição para aconselhamento e tratamento médicos a todo instante, dia e noite. Por outro, eles eram oficiais militares cujo principal dever era manter os aeronautas mental e fisicamente saudáveis o suficiente para mata-rem em nome da pátria. Combatentes psicologicamente doentes recorriam ao médico em busca de alívio das dores da guerra, de forma temporária ou permanente; no entanto, o dever do médico era fazer com que o maior número possível desses homens voltasse às mesmas cenas de terror e sofrimento que os tinham incapacitado.

O pequeno grupo de sobrecarregados psiquiatras da Comunidade Médica Central ia às bases de bombardeiros para ajudar médicos da aeronáutica a lidar com esse dilema. Eles embarcavam em missão também com as tripulações "para saber o que acontecia na cabeça do aeronauta" durante um combate aéreo.[420] O psiquiatra da CME tenente David G. Wright, por exemplo, passou quatro meses como consultor de campanha em psiquiatria junto ao 305º Grupo de Bombardeiros, comandado por LeMay. Chegou a participar de cinco missões de combate, experiências que o ajudaram a elaborar alguns relatórios pioneiros que se tornaram clássicos na área da psicologia militar.[421]

Wright embarcava também nas aeronaves com os combatentes para conquistar a confiança deles. "Os aeronautas raramente se abrem por livre e espontânea vontade, principalmente se estiverem psicologicamente per-turbados, com alguém que não tenha enfrentado os rigores do combate",[422] escreveu ele num relatório que a Força Aérea distribuiu depois como leitura obrigatória entre seus médicos de voo. Só em 1943, 53 médicos aeronautas participaram de 91 missões de combate.[423] Nenhum deles foi perdido nessas operações, embora alguns tivessem ficado feridos.

Para realizar uma "psicoterapia preventiva eficiente",[424] é preciso fazer os soldados sentirem que você "consegue entendê-los e está ali para apoiá--los o tempo todo, em toda parte", aconselhou Wright aos médicos de voo. Advertiu, porém, que era mais importante ser respeitado do que amado. Observou que o bom médico de voo tinha que ser forte e realista, tão compromissado com a vitória na guerra quanto com os cuidados com seus

A ANATOMIA DA CORAGEM 201

homens, o que implicava a necessidade de apoiar e incentivar sua motivação latente de continuar a participar de missões de combate apesar dos traumas e dos horrores que teriam de suportar.

O capitão Wendell C. "Fumacento" Stover, membro do Malfadado Centésimo, se enquadra perfeitamente nessa descrição. "Ele nos apoiava muito nos Estados Unidos e nos conhecia pelo nome",[425] escreveu o repórter do *Stars and Stripes,* sargento Saul Levitt, um dos membros originais do Centésimo Grupo de Bombardeiros, "e, em Thorpe Abbotts, quando os aviões começaram a voltar com feridos e metralhadores traumatizados nas primeiras missões, 'Fumacento' estava presente quando dispararam o foguete de sinalização vermelho no aeródromo". Com 33 anos de idade, corpulento, de fala mansa e pausada, natural de Boonville, Indiana, onde a maioria de seus pacientes eram trabalhadores de minas de carvão, Fumacento Stover não tratava seus homens como inválidos. Na base, corria a seguinte história: "Você tinha que estar à beira da morte para que ele o tirasse das missões aéreas." Mesmo assim, aeronautas com problemas conversavam com o médico como se ele fosse o capelão do local. E ele se mostrava sempre disposto a atender a todos, revelando-se assim, "no Exército, aquilo que mais se aproximava de um médico de família".

Stover sabia que arcar com o fardo de diagnosticar fadiga de combate no aeronauta cabia principalmente a ele e que, para reconhecê-la e avaliar a severidade do problema, ele precisava conhecer seus homens. Assim, ele os mantinha sob rigorosa e imperceptível vigilância, observava o comportamento deles em reuniões de instrução de pré-voo, na área de serviço e manutenção das aeronaves, nos aviões, nos alojamentos e nos bares locais. Contudo, os melhores médicos da aeronáutica, como Stover, que exerciam simultaneamente o papel de "médico, capelão, advogado, mãe, pai, irmão e amigo" dos aeronautas, estavam também "sujeitos à autoridade" do oficial comandante do grupo.[426] Portanto, a recomendação do médico de voo para que o aeronauta fosse tirado das missões de combate aéreo não tinha nenhum poder coativo. Por isso, David Wright aconselhava os médicos aeronautas que desenvolvessem uma estreita amizade com seus oficiais comandantes e que evitassem parecer homens fracos ou excessivamente tolerantes para com seus pacientes.

Na equipe de psiquiatria da Oitava Frota Aérea vigorava a regra férrea de tratar o maior número possível de pacientes na própria base, onde eles eram

202 MESTRES DO AR

conhecidos, em vez de enviá-los para instalações hospitalares administradas pela CME. Se o médico de voo percebesse a existência de um leve distúrbio emocional no aeronauta, ele poderia enviar o combatente cansado de guerra para um descanso de uma semana numa das propriedades campestres que a Força Aérea tinha começado a transformar em centros de recuperação para seus aeronautas. Já militares apresentando sintomas de graves problemas psicológicos eram mantidos na base e recebiam a administração de doses do barbitúrico amobarbital, que os fazia entrar em sono profundo e que durava até dois dias. O dr. Hastings explicou o uso generalizado na base de soníferos adotados pelo Exército: "É [...] muito mais fácil se adaptar a uma experiência terrível com a atitude de que 'aconteceu dois dias atrás' do que ter que enfrentar imediatamente a situação com todas as suas lembranças e impressões recentes."[427]

A terapia do sono era acompanhada por um tratamento na forma de conversas amistosas. Na maioria dos casos, períodos de descanso apenas — liberação temporária da necessidade de combater — bastavam para se conseguir o que a Força Aérea chamava imprecisamente de "cura", fazendo com que o paciente voltasse a sentir-se bem o suficiente para retornar aos combates. Aeronautas que continuavam sofrendo com uma ansiedade incapacitante eram enviados para um hospital do Exército equipado pela CME com uma enfermaria de tratamento à base de narcóticos ou recursos de terapia do sono. Lá, o paciente era submetido a um período de sono mais prolongado, geralmente com duração de 72 horas. Essa era por sinal, na época, a terapia padrão entre os médicos do setor civil no tratamento de distúrbios maníaco-depressivos.

Além de amobarbital, a Força Aérea usava tiopentato de sódio ou fenobarbital, o chamado soro da verdade, para produzir um estado de semiconsciência onírica, durante o qual os médicos, num recinto penumbroso, sondavam intensamente e provocavam o paciente, tentando induzi-lo a reviver a experiência traumática que o levara a um estado de degradação psicológica. De acordo com a teoria em que se embasava o procedimento, essa induzida diminuição das defesas psíquicas do paciente permitia que ele enfrentasse e acabasse superando seus medos mais terríveis por meio do fortalecimento do próprio ego, em sua batalha com uma ansiedade avassaladora. A "cura" tinha um único objetivo: fazer o paciente voltar para a guerra.

A ANATOMIA DA CORAGEM

Os médicos da Força Aérea Roy Grinker e John P. Spiegel nos fornecem uma descrição do tratamento pioneiro que realizaram no norte da África: "O terapeuta pode exercer o papel de colega de tripulação do aeronauta, informando-lhe em voz alta as várias posições de caças ou de projéteis antiaéreos do inimigo, avisando-o do iminente impacto com a água numa amerissagem de emergência ou lhe solicitando ajuda para socorrer um companheiro ferido [...] Em alguns dos examinandos, a situação é revivida com tanta intensidade que o paciente [...] pode vaguear pelo recinto como se estivesse no avião ou usar o travesseiro, ou roupas de cama, como se fossem algum tipo de blindagem [...], encolher-se amedrontado como se estivesse enfrentando mesmo ataques de projéteis antiaéreos e rajadas de canhões de aviões de caça [...] O pavor exibido em momentos de perigo extremo, tal como durante explosões dentro do avião, a queda de uma aeronave, a mutilação ou a morte de um amigo bem diante dos olhos do aeronauta, é uma cena chocante. À medida que o revivido acontecimento se aproxima, o corpo do paciente fica cada vez mais tenso e enrijecido. Seus olhos se arregalam e suas pupilas se dilatam, enquanto a pele se recobra de uma fina camada de suor. Ele agita as mãos convulsivamente em busca de apoio, de proteção, de uma arma ou de um amigo para dividir com ele a sensação de perigo. A respiração fica incrivelmente acelerada e pouco profunda. Às vezes, a intensidade da emoção vai além do suportável e, muitas vezes, no auge dessa reação ele sofre uma crise nervosa [...] Em casos como esses, pode ser necessário mais de um tratamento à base de tiopentato, em cada um dos quais novas parcelas de sensações e sentimentos reprimidos são exteriorizadas."[428]

Numa fase posterior da guerra, quando o dr. Douglas Bond substituiu Hastings — que usava a mesma terapia adotada pelo tenente-coronel Grinker e o major Spiegel —, como chefe do Setor de Psiquiatria da CME, ele aboliu o tratamento com tiopentato, argumentando que ele produzia sintomas de histeria que aterrorizavam o paciente e, assim, agravavam sua ansiedade.[429] Bond abandonou também a terapia de indução de sono profundo com amobarbital quando ele e um colega realizaram estudos adicionais usando como critério de seu sucesso não o número de pacientes que voltaram aos combates, tal como Hastings havia feito, mas o número dos que retornaram e se saíram razoavelmente bem em pelo menos quatro missões. Quando esse novo critério foi adotado, o total de tratamentos à base de drogas outrora bem-sucedidos despencou de setenta por cento para treze por cento.

Quando um paciente chegava ao fim do tratamento na CME, o diretor do departamento de psiquiatria fazia uma recomendação — de fazê-lo continuar a participar de missões de combate aéreo ou de mantê-lo em terra — à Junta Médica da CME, composta por médicos da Força Aérea. Depois que a junta chegava a uma conclusão, o aeronauta era enviado de volta à sua base de bombardeiros, onde seu destino ficava nas mãos do comandante do grupo. Dos 69 aeronautas submetidos à terapia de indução de sono profundo por Hastings e seus colegas no início de 1943, 62 se recuperaram ou melhoraram um pouco.[430] Mas somente 38 desses 62 foram reintegrados nas missões de combate aéreo. A maior parte do restante deles foi encaminhada para serviços terrestres. Pacientes que não reagiam bem a nenhum tipo de terapia da CME eram enviados para hospitais da Força Aérea nos Estados Unidos para longos tratamentos. Lá, houve melhora na taxa de aeronautas curados, mas apenas quando se dava aos pacientes a garantia de que jamais teriam que participar de missões de combate aéreo. Com o tempo, os médicos do órgão descobririam que a verdadeira cura ocorria somente "num ambiente seguro".[431]

O fenômeno mais admirável na história da Oitava Frota Aérea não é o número de combatentes que sucumbiam psicologicamente na luta, mas o daqueles — número esmagadoramente maior — que não sofreram esse tipo de problema. A questão mais intrigante nas campanhas militares é como existem combatentes que aguentam firme e seguem em frente. O que será que os inspira a continuar lutando quando todos os apelos de intuições profundas os incitam a fugir? O que será que acontece com esses seres racionais que os leva a agir tão irracionalmente?[432]

Se essa capacidade de se manter firme e forte diante do perigo pode ser chamada de coragem, qual o significado exato de coragem? "Coragem", observou Lorde Moran argutamente, "é uma qualidade moral; não é uma dádiva fortuita da natureza, como a aptidão para a prática de esportes. É a capacidade de escolher friamente entre duas alternativas, a resoluta determinação de não desistir; uma atitude de renúncia que deve ser tomada não apenas uma, mas muitas vezes, pela força de vontade. Coragem é força de vontade."[433]

A ANATOMIA DA CORAGEM

Mas o que alimenta a força de vontade? Para a maioria dos americanos, combater nos ares contra a Alemanha não era sinônimo de manifestação de ódio profundo pelo inimigo. Estudos demonstraram que a maior parte dos aeronautas tinha apenas escassa compreensão da perversidade expansionista do Estado nazista e que eles só eram capazes de sentir um ódio supremo quando seus amigos eram mortos pelo inimigo. "Esses homens eram impulsionados mais por amor do que por ódio",[434] concluiu o psiquiatra da Força Aérea Herbert Spiegel, que tratou tanto de aeronautas quanto de membros da infantaria no norte da África — pelo amor aos companheiros "que enfrentavam os mesmos perigos". O grupo de colegas e amigos era de suprema importância porque, inicialmente, o combatente enfrentava os horrores da guerra sozinho. "A guerra acontece no interior do homem. Ela acontece na solitária intimidade do próprio ser",[435] observou o correspondente de guerra Eric Sevareid. Uma vez que, pela natureza mesma do sentimento, ele tinha que enfrentar sozinho o próprio medo, o combatente precisava sentir-se apoiado pelos amigos que travavam a mesma batalha íntima.

A experiência dos metralhadores de quatro Fortalezas Voadoras na Segunda Guerra Mundial ilustra a solidez desses laços. Antes de iniciarem sua participação nos combates, os quatro sargentos metralhadores fizeram um pacto. Ficou combinado, portanto, que, se um deles caísse numa situação difícil, os outros não o abandonariam, "independentemente de qualquer coisa".[436] Semanas depois, quando o avião deles foi gravemente atingido por um projétil antiaéreo, o piloto ordenou que todos abandonassem a aeronave de paraquedas. O metralhador da torre de tiro superior, que não havia participado do pacto, acabou saltando de paraquedas e depois relatou o que aconteceu antes de ter abandonado o avião. Disse que estilhaços da explosão do projétil inimigo tinham emperrado o mecanismo de desengate da torre de tiro esférica, fazendo com que o metralhador ficasse preso em sua bolha de acrílico. Como não conseguiram soltá-lo, os outros três metralhadores, todos ilesos, disseram ao amigo preso na esfera que iriam morrer junto com ele. E foi o que fizeram.

No avião, os tripulantes formavam uma espécie de "personalidade coletiva" ou "ego de grupo",[437] que, quando suficientemente forte, fazia todos se sentirem psicologicamente amparados e protegidos. Quando era fraco, a incidência de sintomas neuróticos atingia níveis estratosféricos. Mas tinha que haver uma liderança inspiradora para sustentar o moral dos combatentes, a mais importante das qualidades para se vencer a guerra. Assim, em quase todos os aviões, o líder aceito por todos era o piloto, a tábua de salvação a que o restante da tripulação "se agarrava na busca de apoio e esperança".[438] A forma pela qual ele reagia em circunstâncias desesperadoras refletia no restante da tripulação. Se ele fosse medroso e dissesse que era, isso não importaria, pois todos os combatentes sabiam que o medo não é covardia. "Covardia é aquilo que o homem faz de covarde. O que ele pensa ou sente é problema dele", escreveu Lorde Moran.

O grupo de bombardeiros em si desempenhava a mesma função integradora do piloto, mas o sentimento de lealdade grupal raramente se estendia para outros grupos de bombardeiros. "Se outro grupo do outro lado da rua sofre uma grande perda, o pessoal lamenta muito isso, mas não fica muito abalado com o fato. Argumentam que é isso o que acontece a grupos que não conseguem manter a calma quando necessário",[439] relatou o tenente--coronel John C. Flanagan, oficial da Força Aérea que fez uma pesquisa sobre o moral dos americanos nas bases aéreas da Inglaterra e em outros lugares. Certo dia, Flanagan estava almoçando com os membros de um grupo de bombardeiros não identificado quando, na conversa entre eles, passaram a falar sobre o alto número de baixas que dois dos grupos de sua ala de aviões de combate tinham sofrido pouco tempo atrás. Um deles especulou então sobre os efeitos que essas perdas poderiam ter sobre as chances de sua equipe num torneio de basquete organizado pela Oitava Frota Aérea. "Se mais um grupo for tão seriamente atingido como esses dois outros, talvez consigamos vencer o campeonato."

Humor negro era algo comum entre indivíduos que viviam enfrentando riscos e perigos extremos, mas, no fundo, isso refletia uma dura realidade. A guerra se tornara algo pessoal demais para que esses homens reagissem favoravelmente a discursos políticos e a filmes do Exército destinados a incentivá-los a lutar pela liberdade e pelo país. Os únicos discursos que importavam para os militares de uma base de bombardeiros eram os das palavras de apoio e confiança que os pilotos transmitiam a suas tripulações na área de serviço de aeronaves de madrugada. Era ali que os combatentes prestavam atenção mesmo no que lhes era dito, pois nada importava mais para eles do que a iminente provação que enfrentariam nos ares.

Nada mesmo, exceto a volta para casa. "Por que você participa de combates?", psiquiatras da Força Aérea perguntaram a um aeronauta. "Para

A ANATOMIA DA CORAGEM

que eu possa voltar para casa!",[440] retrucou ele. No início de 1943, não fosse pelo novo tempo de serviço recém-estabelecido então, as lembranças e os pensamentos ligados às coisas da pátria poderiam ter sido psicologicamente incapacitantes para os aeronautas da Oitava Frota Aérea. Para alguns aeronautas, as "25" missões eram o "único fator que sustentava a coragem deles",[441] mas, para que as "25" missões tivessem realmente algum significado, algumas tripulações de bombardeiros tinham que alcançar esse número. No inverno de 1943, nenhuma delas conseguiu fazer isso.

Uma promessa não cumprida

"O inverno passado foi muito difícil para a Oitava",[442] disse Haywood Hansell aos oficiais do serviço secreto da Força Aérea que o interrogaram quando ele voltou para Washington, em agosto de 1943. "Durante algum tempo, tivemos a impressão de que a unidade poderia deixar de existir." As condições de sobrevivência agravavam o clima de desânimo. "A lama parecia a própria atmosfera" do lugar,[443] comparou Le May, lembrando-se da ocasião. "Você a sentia no ar, mesmo que não quisesse; estava em nossas unhas e até nas linhas das mãos." O carvão, a única fonte de combustível, era racionado pelo governo britânico; e, com as perdas na marinha mercante ainda altas, a comida era desanimadoramente ruim, com couve-de-bruxelas e ovos desidratados como parte da alimentação diária.

Em dias escuros e garoentos, quando não participavam de missões aéreas, alguns aeronautas ficavam na cama o dia inteiro, fumando, escrevendo cartas, lendo ou fitando, pensativos, os tetos de metal de suas barracas de Nissen. Outros iam de bicicleta até os vilarejos próximos, gastar o tempo em bares onde serviam cerveja quente e o uísque era aguado, mas onde conseguiam boas companhias. No início, as mães locais mantinham suas filhas longe dos atrevidos ianques, mas havia britânicas do Exército Auxiliar Feminino em toda parte, jovens recrutadas para trabalhar em fazendas da Grã-Bretanha. Curtis LeMay se lembrava ainda das ocasiões em que seus homens rondavam as cercas em torno da base, tentando puxar conversa com garotas uniformizadas que empurravam carrinhos através dos campos. "Muitos deles conseguiram mais do que uma simples conversa."[444] Não demorou muito para que as taxas de doenças venéreas subissem tremendamente nas bases e nas cidades circunvizinhas. Tanto que houve até manifestações de protesto das mães dessas jovens.

E depois havia Londres também. Embora sob blecaute, destruída por bombardeios, cara e cheia de áreas intransitáveis, ainda era uma cidade magnífica — a Paris da Segunda Guerra Mundial, cheia de militares, diplomatas e repórteres de todas as partes do mundo ameaçadas pelo fascismo. Combalidos pelas baixas e pela depressão, a maioria dos aeronautas que a visitaram no começo de 1943 viu Londres como um fator de alívio, e não como uma cidade a ser explorada. A capital inglesa seria um lugar diferente, mais diversificado, para os aeronautas que fossem para lá depois deles, na época em que o número de soldados americanos aumentou muito, tornando a cidade mais convidativa, um lugar de ares mais familiares para os militares ianques. Os aeronautas de 1943 não tinham tempo nem se sentiam inclinados a apreciar as paisagens urbanas. Eles estavam lá para beber e esquecer, quase sempre na companhia de mulheres.

"Se não fosse por Londres, teríamos enlouquecido",[445] disse Robert Morgan, que viajou para lá com outros oficiais de sua tripulação; os recrutas seguiram num grupo separado. "Isso não teve nada a ver com patente militar ou com os sentimentos que tínhamos uns pelos outros; o que ocorreu foi que simplesmente fomos aboletados separadamente."[446] Oficiais da Oitava Frota Aérea passaram a maior do tempo nos grandes hotéis da cidade, dos quais o mais luxuoso era o Savoy, local do bar favorito de Noel Coward e Evelyn Waugh. "Chás dançantes eram uma tradição no Savoy, e a gerência continuou a organizá-los durante a guerra, mesmo com um número proporcionalmente menor de mulheres. Fazíamos, contudo, o melhor que podíamos para minorar essa desproporção",[447] disse Morgan.

Eles frequentaram bares mais modestos também, clubes em que os consumidores de álcool se reuniam levando suas próprias garrafas de bebida compradas em outros locais. Era difícil conseguir bebida alcoólica na Grã-Bretanha dos tempos de guerra, mas Morgan descobriu uma forma de adquiri-la. "Um de nossos oficiais tinha um contato na Coca-Cola e, sempre que uma remessa de refrigerantes estava prestes a ser enviada para Bassingbourn, ele dava um jeito de incluir algumas garrafas de uísque escocês nela. A bebida descia bem e nos ajudava a conquistar mulheres. E o dinheiro que ganhávamos contribuía para isso também. Ganhávamos três vezes mais do que os soldados britânicos, e com certeza eles se incomodavam com isso,

A ANATOMIA DA CORAGEM

principalmente porque nos aproveitávamos dessa vantagem para conquistar as mulheres deles."[448]

Eric Westman, militar britânico durante a guerra, lembra-se da primeira leva de soldados americanos que invadiu Londres. "Os ianques foram a coisa mais divertida que aconteceu na vida das mulheres britânicas. Eles tinham *tudo* — dinheiro principalmente, encanto, ousadia, cigarros, chocolate, meias de náilon, Jipes — e apetite sexual. Os ianques eram loucos por sexo e inúmeras britânicas que não tinham praticamente nenhuma experiência nessa área foram pegas de surpresa (e pelas costas, eu diria também) [...] Quase todas as jovens trabalhadoras sonhavam em 'ter um ianque'.

"Acho que nunca na história houve semelhante conquista amorosa de mulheres pelos homens, como foi o caso do Exército americano na Grã--Bretanha durante a Segunda Guerra Mundial."[449]

Em Londres, Morgan tinha uma série de namoradas com as quais dormia. O fato de que sua beldade de Memphis esperava por ele em casa não o incomodava nem um pouco. Afinal, estavam na guerra e "repousar nos braços de uma garota por algumas noites não lhe parecia o maior pecado do mundo".[450]

Nas viagens a Londres, Morgan e seus colegas oficiais levavam o capitão Clark Gable com eles. "A toda parte que íamos éramos cercados por mulheres, mas Gable encarava tudo com calma e naturalidade; tentava agir mais como um aeronauta de folga do que um ídolo de Hollywood. Só que isso era impossível. Quando entrávamos numa boate, o líder da banda, assim que via Gable, começava a tocar Wild Blue Yonder, e belas garotas — inglesas, francesas, belgas — se aglomeravam em torno da nossa mesa. Só o fato de seguirmos na esteira de Gable já era bom demais — ainda que recolhendo as sobras."[451]

Algumas dessas mulheres eram mais bonitas do que aquelas pelas quais Gable se interessava. Gable gostava de mulheres bonitas, "mas ele babava por qualquer uma",[452] disse seu amigo Jack Mahin. "Parece que ele achava que se metia em menos problemas com as feias."

Mesmo sem Gable, Morgan e seus três colegas de tripulação iam a Londres, ainda que os pequenos vagões ferroviários que os levavam até a cidade estivessem lotados de outros recrutas. "Não queríamos fazer amigos. Fazer mais amigos era arriscado. Com tantos colegas sendo mortos, você tentava manter baixo o nível de sofrimento que teria de suportar. E nunca conver-

210 MESTRES DO AR

sávamos sobre os parentes, nem mesmo sobre nossas esposas e namoradas. Nossas conversas eram sobre o avião, os problemas de motor que podíamos estar enfrentando, e não sobre problemas que vínhamos tendo em combate. Alguém que por acaso ouvisse nossas conversas acharia que éramos uma turma de motoristas de caminhão."[453]

Os repórteres agiam da mesma forma. "Não faça amizade com combatentes jovens [...] É duro demais quando eles morrem, e, ora, a maioria deles morre mesmo",[454] disse Walter Cronkite a Harrison Salisbury quando o levou pela primeira vez a uma base de bombardeiros.

À medida que a Oitava passou a fazer investidas cada vez mais profundas pelo território alemão, penetrando pelo Vale do Ruhr, região protegida maciçamente por artilharia pesada, teve que enfrentar uma resistência de aviões de caça cada vez mais intensa.[455] Göring, que finalmente acordou para a realidade da ameaça americana, começou a providenciar uma transferência de aviões e pilotos do Oriente para a frente ocidental que aumentaria de 260 unidades, no outono de 1942, para o dobro desse número, o poderio da força de caças da Luftwaffe no norte da Europa na primavera de 1943. Em 17 de abril, em Bremen, a Oitava travou o mais feroz dos combates ar-ar da guerra até então, no qual perdeu quinze bombardeiros diante do ataque de caças inimigos, o dobro do que perdera em quaisquer das missões anteriores. Aeronautas que estiveram em ótimas condições antes passaram a ter acessos de riso sem nenhum motivo aparente. Bebedeiras a altas horas da noite atingiram perigosos níveis de frequência e intensidade, mas os comandantes hesitaram em fechar os clubes das bases, pois achavam que podiam ocorrer motins. Até Clark Gable, que participava de missões de ataque aéreo apenas esporadicamente, chegou perto de ter uma crise de nervos. Ele bebia até apagar e, de vez em quando, sumia da base durante um ou dois dias, em busca de refúgio numa cabana perto de Windsor Castle, de propriedade de um amigo seu, o ator David Niven. Tanto que, certa vez, em visita a um companheiro gravemente ferido num hospital da Força Aérea, ele se descontrolou emocionalmente e quase acabou sendo levado à Corte Marcial. A vítima hospitalizada, um metralhador de uma torre de tiro esférica, tinha sido atingida em quase todas as partes do corpo e estava toda enfaixada, como se fosse uma múmia. O médico responsável pelo setor, um coronel do Exército, disse a Gable que o rapaz tinha apenas algumas horas

A ANATOMIA DA CORAGEM 211

de vida e que ele estava tão entorpecido por morfina que não saberia que o ator estava no quarto. O médico descreveu os ferimentos com precisão cirúrgica, assinalando cada um deles: um pulmão perdido, rompimento da espinha, costelas quebradas. Gable notou que os olhos do metralhador se encheram de lágrimas. Nisso, ele agarrou o médico pelo braço, puxou-o para o corredor e o imprensou contra a parede, ameaçando-o: "Se você fizer isso de novo, eu o matarei!",[456] avisou ele.

Quase no fim da primavera, Ira Eaker enviou um relatório a Hap Arnold cheio de indignação. Prometeram a Eaker novas tripulações e aviões, mas até então ele não os tinha recebido. Acabou perdendo a paciência, extravasando-a nas linhas de um comunicado oficial que poderia arruinar sua carreira. "A atual situação da Oitava Frota Aérea não é nenhum motivo de orgulho para o Exército americano. Depois de dezesseis meses na guerra, ainda não somos capazes de despachar mais de 123 bombardeiros em direção a um alvo inimigo. Faz oito meses que muitas das tripulações que participam desses números deploráveis estão no serviço militar. E elas entendem a lei das médias. Elas a viram funcionar com seus amigos." A Oitava Frota Aérea ainda era, concluiu ele, "uma promessa não cumprida".

Operações de bombardeio durante 24 horas por dia, disse ele a Arnold, eram uma ficção. Argumentou que a divisão de trabalho entre a Oitava e a RAF era geográfica, e não cronológica. Com algumas exceções: "Eles bombardeiam a Alemanha e nós bombardeamos a França."[457] Isso acontecia porque a Oitava ainda não tinha a força necessária para realizar "constantes operações militares nos céus da Alemanha". Isso dera à Alemanha tempo para ampliar e fortalecer seu sistema de defesa de caças. Talvez o inimigo, advertiu ele, já houvesse alcançado a supremacia aérea nos céus do norte da Europa, da qual os Aliados precisavam para tornar a invasão vitoriosa.

Eaker manifestou preocupação também com suas tripulações, os cerca de 1.500 aeronautas que eram a "espinha dorsal" da Oitava Frota Aérea. Esses "pioneiros", os integrantes dos quatro grupos de Fortalezas Voadoras que vinham arcando com o grosso da guerra de bombardeiros desde de novembro de 1942 — membros do 91º, 303º, 305º e 306º —, estavam precisando ser substituídos com urgência. "Eles já mostraram seu valor nos combates [...] Cometeram erros e os superaram [...] Deveriam voltar para casa agora, onde repassariam as lições aprendidas e depois mandariam para cá esquadrões adestrados com base em nossa experiência conquistada com sangue. Em vez disso, um número cada vez menor deles continuará aqui, até que substitutos tão inexperientes quanto eles mesmos cheguem para rendê-los. Essa é a consequência intrínseca mais séria do fato de não termos recebido os substitutos prometidos."

Mas o fato é que Arnold tinha também seus próprios problemas. Não era culpa dele, ponderou a um colega em Washington, que bombardeiros estivessem sendo desviados para operações no norte da África. Em sua resposta oficial a Eaker, Arnold advertiu: "Tenho outras oito bocas para alimentar e [...] estamos enviando aviões para todos os oito teatros da guerra assim que ficam prontos."[458] Todos esses comandantes de frentes de batalha achavam que o furúnculo que tinham nas costas era o mais doloroso. Todavia, as coisas na Inglaterra iriam melhorar, prometeu ele.

Com o moral cada vez mais em baixa, oficiais de relações públicas (ORPs) da Força Aérea imploravam a repórteres postados em Londres que fossem às bases e fizessem mais matérias sobre os rapazes. "As tripulações queriam que alguém soubesse que elas estavam combatendo e morrendo, e o trabalho dos ORPs", disse Rooney, "era fazer com que seus nomes aparecessem num jornal de um lugar qualquer".[459] Isso convinha a Rooney, que queria ser poupado um pouco de ter que elaborar matérias deprimentes sobre homens mortos em combate. Naquela primavera, a história de sobrevivência mais comovente na Oitava foi a de um sargento baixinho e problemático do 306º Grupo de Bombardeiros chamado "Snuffy" Smith.

Maynard Harrison Smith foi o primeiro dos substitutos do grupo a chegar naquela primavera; e, aos 32 anos de idade, era um de seus mais velhos integrantes. Filho de um juiz de uma pequena cidade, fazia o tipo do polemista nato e frequentava os bares ao redor da base, onde discutia política com os moradores locais. Na base, vivia metido em dificuldades, conhecido por seus colegas de alojamento como "um verdadeiro trapalhão".[460]

Smith participou de sua primeira missão de ataque aéreo em 1º de maio de 1943. O veterano piloto de seu avião era o tenente Lewis Page Johnson, e Smith, substituto de outro tripulante, foi incumbido de operar a torre de tiro esférica, embora nunca tivesse participado de missões operando na bolha de vidro. Na volta do ataque a St. Nazaire, quando avistou terra, o grupo iniciou a descida. "A visibilidade era ruim, mas estávamos muito contentes",[461] descreveu depois o copiloto sobre o ambiente no avião. "De

A ANATOMIA DA CORAGEM

repente, entramos num fogo cruzado de projéteis antiaéreos: bum, bum, bum, bum! Dali a pouco, estávamos bem no meio dele." Descobriram que não estavam sobre território britânico e que um erro do oficial-navegador os fizera parar numa região sobre a base de submarinos alemães em Brest. Momentos depois, foram atacados por um enxame de Fw 190s, que apareceu subitamente, rasgando velozmente o mar de neblina.

William Fahrenhold, o metralhador da torre de tiro superior, desceu de seu posto e disse que havia "uma tremenda quantidade de fogos na retaguarda da aeronave".[462] Como o interfone de bordo parou de funcionar, atingido pelo ataque inimigo, Johnson ordenou que ele fosse lá atrás para avaliar os danos no aparelho. Quando Johnson abriu a porta do compartimento de radiocomunicação dianteiro, estacou, assustado, diante de uma barreira de chamas. "A munição estava detonando e vi Smith atravessando as chamas e cartuchos de projéteis ricocheteando no arnês de seu paraquedas."

Pouco antes de isso ter acontecido, Smith saíra da torre de tiro e fora parar no meio de dois fortes incêndios, ambos o encurralando aos poucos numa parte da aeronave. Línguas de fogo saíam do compartimento de radiocomunicação e outro incêndio ardia na traseira do avião. "De repente, o radioperador saiu cambaleando do meio das chamas",[463] disse Smith a Rooney depois. "Ele seguiu direto para a escotilha da torre e saltou. Olhei para fora e o vi ricochetear no estabilizador horizontal na cauda do avião e abrir o paraquedas." Segundos depois, os dois artilheiros das metralhadoras móveis laterais saltaram também. Quando entrevistado depois, o piloto disse que não conseguiu entender "por que Smith permaneceu" no avião.[464]

Com fumaça e outros gases quase impedindo que ele respirasse, Smith enrolou um suéter no rosto, pegou um extintor e foi combater o fogo na cabine de radiocomunicação. "Olhei para o incêndio na traseira, achei que tinha visto algo vindo em minha direção e corri para lá. Era [Roy H.] Gibson, o metralhador da cauda, rastejando de volta num doloroso esforço, ferido. Ele estava todo ensanguentado. Dei uma examinada nele e vi que tinha sido atingido nas costas e que provavelmente o objeto atravessara seu pulmão esquerdo. Eu o pus deitado de lado, de forma que o sangue não fluísse para o pulmão direito, e lhe apliquei uma dose de morfina." O estojo de primeiros socorros levado a bordo dos bombardeiros americanos vinha equipado com ampolas de morfina de dose única. Instrutores ensinavam os tripulantes a quebrarem o frasco de vidro e injetarem a substância no sistema nervoso do

214 MESTRES DO AR

colega ferido espremendo o tubo minúsculo. Foi difícil para Smith fazer isso tendo que lutar com o incêndio e o frio congelante que entrava pelo avião e com o colega ferido usando grossas roupas de aeronauta.

Depois que conseguiu estabilizar o estado clínico de Gibson, Smith "retomou o combate aos incêndios". Justamente nessa ocasião, um Focke-Wulf voltou para tentar acabar com sua Fortaleza. "Pulei na direção de uma das metralhadoras móveis laterais e atirei nele [...] Depois voltei para a cabine de radiocomunicação para combater o incêndio. Dessa vez, entrei na cabine e comecei a lançar para fora os destroços em chamas. O incêndio tinha aberto buracos tão grandes na lateral da aeronave que foi possível alijar-me de algumas coisas através deles. Como o gás exalando de um dos extintores estava me sufocando, voltei à traseira para combater o outro incêndio. Tirei o paraquedas para me movimentar mais facilmente. E ainda bem que não o tirei antes, pois descobri depois que ele havia impedido que eu fosse atingido por uma bala calibre .30."

Quando esgotou o último extintor, só restou a Smith urinar nas chamas e tentar abafá-las com as mãos e os pés, até que suas luvas e suas botas começaram a incendiar-se também. "Aquele FW apareceu de novo e mandei chumbo nele. Depois disso, ele não voltou mais. A essa altura, o incêndio estava sob controle e tínhamos terra à vista."[465]

Smith se ajoelhou diante do metralhador de cauda ferido para tentar tranquilizá-lo. Disse a ele que estavam indo direto para a base, livre de perigos agora, mas que sabia que tinham perdido o trem de pouso da cauda e receava que o impacto da aterrissagem partisse a Fortaleza ao meio. Durante uma hora e quinze minutos, o atarracado metralhador tinha combatido, sozinho, o incêndio e o inimigo. As carregadas latas de munição que ele havia lançado para fora do avião pesavam 45 quilos, 13 quilos mais leves do que ele.

Com os bombardeiros voando em formação compacta, a tripulação do avião da ala esquerda da aeronave de Johnson, pilotado pelo capitão Raymond J. Check, havia testemunhado a cena. "Vimos Smith* passar pela escotilha da metralhadora móvel lateral através das chamas para ajudar o metralhador da cauda. Pudemos ver também a carga de munição de seu avião explodindo pelas aberturas superiores e por um dos lados do compartimento

---

* Aplicar nota de fim: "*Vimos Smith*"; Redding, *Skyways*, 268.

A ANATOMIA DA CORAGEM

de radiocomunicação. Nós o vimos combater o incêndio e depois parar para rechaçar os ataques de pilotos inimigos. Fez tudo isso com o vento soprando forte as chamas em sua direção. A razão de ele não ter morrido por causa das coisas que fez é algo que só Deus sabe."

Quando a inexpugnável Fortaleza aterrissou num aeródromo de emergência perto de Land's End, a fuselagem aguentou o impacto. "Foi um milagre o fato de ela não ter se partido ao meio",[466] disse Smith a investigadores da Força Aérea. "Gostaria de parabenizar pessoalmente as pessoas que a fabricaram."

A história de Snuffy foi "a concretização de um sonho para os oficiais de relações públicas, e suas façanhas foram valorizadas e exploradas ao máximo diante dos representantes da imprensa",[467] escreveu o historiador do 306º. Geralmente, o condecorado com a Medalha de Honra era enviado de volta ao país para receber a honraria direto das mãos do presidente, mas Stimson, o ministro da Guerra, estava excursionando pelas bases aéreas britânicas, e, segundo a crença geral, os combatentes se sentiriam motivados quando vissem um dos sargentos recebendo a mais alta condecoração do país por bravura em combate.

No dia em que Stimson chegou para a entrega da condecoração, acompanhado por uma comitiva de oito carros, ninguém conseguiu achar Smith. É que ele tinha sido encaminhado para trabalhar com a turma do rancho por ter se atrasado na reapresentação ao serviço após uma licença e se esquecera da hora em que deveria comparecer à cerimônia de entrega da medalha. "Ele era", nas palavras da menção honrosa, "uma inspiração para as forças armadas dos Estados Unidos".[468] Mas os rapazes que o conheciam, disse Rooney, nunca deixaram de considerá-lo um "trapalhão". Pode ser, mas esse trapalhão austero, oriundo de Caro, Michigan, realizara o que seu piloto chamou de um ato de "abnegação suprema".

Terminando

Naquele mês de maio, chegaram mais tripulações provenientes dos Estados Unidos, fato que começou a elevar o moral da tropa. Os substitutos vieram na hora certa, na ocasião em que as baixas atingiram um ponto crítico e a Oitava realizou a mais funda penetração pelo território do norte da Alemanha, deslocando-se por um raio de 740 quilômetros, num ataque contra Kiel, em que Mark Mathis acabou morrendo. Em 13 de maio, com a chegada de uma leva de reforços, a força operacional da Oitava mais que dobrou, passando de cem para 215 tripulações. Os grupos pioneiros pagaram um alto preço para manter a Oitava em atividade. Em seus primeiros dez meses de operações, ela perdeu 188 bombardeiros quadrimotores e cerca de 1.900 tripulantes, sem contar os mortos e feridos que retornaram para a Inglaterra em suas castigadas aeronaves. Quase 73 por cento dos combatentes aéreos que haviam chegado à Inglaterra no verão e no outono de 1942 não conseguiram completar seu tempo de serviço. Do total, 57 por cento foram mortos ou acabaram sendo dados como desaparecidos em combate e outros 16 por cento ou tinham ficado gravemente feridos, ou haviam morrido em acidentes aéreos na Inglaterra, ou foram permanentemente mantidos em serviços terrestres por conta de uma grave deficiência física ou mental.[469]

Em 29 de maio, a Oitava Frota Aérea realizou sua missão de nº 61, fazendo com que 279 quadrimotores partissem em missão de bombardeio. A operação marcou o que Eaker chamou de fim do período de testes da Oitava. Ele acreditava que agora tinha a força para realizar, dia e noite, sua parcela do bombardeio devastador que prometera a Churchill em Casablanca. O fato de que tivesse continuado a achar que poderia fazer isso sem caças de escolta de grande autonomia de voo é, talvez, um testemunho de sua inabalável crença na doutrina de combate aéreo do pré-guerra. Era também um sentimento de confiança nascido de uma necessidade incontornável então, pois esses tipos de aviões ainda não existiam, nem passariam a ser fabricados tão cedo.

Mas, pelo menos, a Força Aérea estava finalmente começando a reconhecer que eles eram necessários. E agora até Haywood Hansell vinha fazendo pressão para o desenvolvimento de um caça de escolta de longo alcance. Depois da guerra, Hansell confessaria que ele e outros estrategistas aéreos de Maxwell Field haviam se equivocado quando insistiram na tese de que o desenvolvimento de um avião de caça eficiente e de grande autonomia era tecnologicamente impossível. "Pessoas como eu, que não conheciam bem os fatores técnicos, estavam dando pareceres sobre as características técnicas de um possível projeto de avião de caça, quando não deveriam estar fazendo isso. Porém, mais tarde, quando os engenheiros nos explicaram que a aeronave podia ser criada, a coisa nos pareceu perfeitamente sensata."[470] Quando Robert Lovett, subsecretário da Aeronáutica, retornou de uma série de visitas a bases aéreas na Inglaterra em junho de 1943, exortou Hap

A ANATOMIA DA CORAGEM

Arnold, que tinha acabado de voltar ao serviço após um ataque cardíaco em maio, o segundo sofrido por ele naquele ano, a dar atenção imediata à produção de um caça de escolta de grande autonomia.[471] Arnold elaborou em seguida, portanto, o que um historiador classificou como o memorando mais importante dele durante a guerra inteira.[472] O documento era destinado ao chefe de seu estado-maior, o general de divisão Barney Giles. Em seu relatório, escreveu Arnold, Lovett acentuou "a absoluta necessidade de se desenvover um avião de caça capaz de alcançar a zona do alvo e voltar de lá com os bombardeiros".[473] E acrescentou o subsecretário: "Além do mais, esse caça tem que conseguir entrar na Alemanha [...] Faltam cerca de seis meses para o início da investida pelo território alemão. Nesses próximos seis meses, você tem que conseguir um caça que possa proteger nossos bombardeiros. Seja usando um tipo já existente, seja começando do zero, isso é problema seu. Comece a trabalhar no projeto imediatamente."

O senso de urgência de Arnold era louvável; já seu senso de correlação de tempo e planejamento era algo lamentável. Portanto, naquele verão, Eaker teria mesmo que empregar seus bombardeiros nos céus das cidades alemãs sem a proteção de caças de escolta.

Em seu memorando, Arnold nem sequer mencionou o Mustang P-51, o avião de caça em desenvolvimento pelos americanos que mudaria os rumos da guerra, tampouco pressionou suficientemente as equipes de produção encarregadas da execução do projeto do caça de escolta. Foi Giles quem começou a supervisionar e cobrar os engenheiros e projetistas de aeronáutica que haviam começado a buscar uma solução para o problema. Disseram a Giles, porém, que o Mustang só ficaria pronto no fim do ano. Até lá, os bombardeiros teriam que contar com os novos Thunderbolts P-47, os quais tinham começado a escoltá-los em maio daquele ano, substituindo os Spitfires. O 56º Grupo de Caças, comandado pelo major Hubert "Hub" Zemke, o grupo cujos aviões escoltariam os bombardeiros em seu retorno do bombardeio a Munster, em outubro do ano seguinte, era uma unidade de elite, com integrantes altamente adestrados e motivados. Contudo, seus Thunderbolts, aeronaves de combate com uma quantidade maciça de armamentos, cada uma equipada com oito metralhadoras calibre .50, podiam dar proteção aos bombardeiros apenas até a fronteira com a Alemanha.

Nos anos de 1930, Harold George, o principal teórico da doutrina de guerra de bombardeiros, havia dito a seus jovens alunos, homens que combateriam na próxima guerra aérea: "O espetáculo de frotas aéreas gigantescas se encontrando nos ares para combater não passa de pura fantasia criada pela mente dos leigos."[474] No começo do verão de 1943, os robustos bombardeiros quadrimotores americanos enfrentariam os aviões da Luftwaffe, então com sua força bastante ampliada, em batalhas aéreas de ataques a curta distância: "Tais como nunca houve — e que, pelo visto, jamais serão igualadas."[475]

Em abril de 1943, assim que iniciados os grandes preparativos para essa nova guerra aérea, Michael Roscovich, radioperador e metralhador de 20 anos de idade que participara de operações de bombardeio com as tripulações de vários aviões, se tornou o primeiro aeronauta a completar as 25 missões regulamentares. Ele tinha planejado saltar de paraquedas no aeródromo para comemorar o feito, mas fortes ventos e raivosas ordens da torre de controle o impediram de fazer isso. Quando seu avião parou na pista do aeródromo, seus colegas de tripulação tiraram as roupas e pintaram 25 MISSÕES na parte de trás das vestimentas, em letras garrafais. "Rosky" pegou a primeira bicicleta que achou pelo caminho e ficou circulando de cueca pela base à guisa de comemoração.[476]

No início de maio, algumas Fortalezas e suas tripulações regulares estavam se aproximando das 25. Elas eram compostas por tripulantes dos aviões *Hell's Angels, Delta Rebel II, Jersey Bounce, Connecticut Yankee e Memphis Belle*. A primeira dessas a alcançar o feito foi a equipe do *Hell's Angels*, em 14 de maio. Mas Willy Wyler, com contatos no topo da hierarquia, fez tudo para que o pessoal do *Memphis Belle* fosse o centro das atenções quando, três dias depois, seus tripulantes concluíram seu tempo de serviço, terminando as 25 missões.

Morgan e seus tripulantes realizaram essa última missão, uma investida de bombardeio contra Lorient, como se a operação fosse "apenas mais um dia no escritório",[477] mas, na volta, quando chegaram ao Canal da Mancha e avistaram os Penhascos Brancos de Dover, os tripulantes "explodiram de alegria". Ficaram andando de um lado para o outro do avião, abraçando-se e dando tapinhas de felicitação nas costas uns dos outros, gritando e cantando. Comandante do grupo, o coronel Wray ordenou pelo rádio que os outros aviões aterrissassem antes do *Belle*, de modo que a última missão da aeronave e de seus tripulantes pudesse ter o final apoteótico que Wyler queria. Quando chegou, Morgan fez um sobrevoo rasante ao redor do aeródromo

A ANATOMIA DA CORAGEM

como forma de saudação. "Dei-lhe uma 'aparada de grama' que ninguém conseguiria fazer com um aparador naqueles dias."[478]

"A base inteira delirou de emoção quando o *Belle* finalmente parou seu pátio de estacionamento e desliguei os motores. Os colegas nos aplaudiam e saudavam, atirando seus quepes e bonés para o alto, correndo em nossa direção. Alguém com uma câmera cinematográfica fez uma bela tomada do operador da metralhadora móvel lateral, Bill Winchell, olhando pela janela, com um largo sorriso no rosto magro, fazendo o conhecido gesto de espiral com a mão para indicar que tinha derrubado um caça."[479] Um dos tripulantes desembarcou e beijou o chão, e levantaram Morgan para que ele desse um beijo na sensual figura feminina desenhada no nariz do *Belle*. Wyler atravessou com dificuldade a multidão para dar os parabéns a Morgan. Virando-se para ele, Morgan perguntou o que ele teria feito se o *Belle* tivesse caído. "Sem problema", respondeu Wyler com bom humor. "Temos muitos rolos de filme no *Hell's Angels*."[480]

No mês seguinte, Morgan e outros nove aeronautas, nenhum deles integrante da tripulação original, mas homens selecionados pela Oitava Frota Aérea entre elementos do grupo maior que participara de missões a bordo do *Belle*, voltaram aos Estados Unidos para participar de uma turnê promocional de levantamento de recursos financeiros excursionando por 31 cidades, em benefício do esforço de guerra nacional. Eaker e Arnold viam essa turnê como uma forma de fortalecer o apoio nacional à ampliada campanha de bombardeios que a Oitava estava prestes a iniciar naquele verão. Num comunicado à imprensa habilmente enganoso, os redatores do departamento de relações públicas da Força Aérea deixaram de informar claramente que o *Belle* não foi o primeiro bombardeiro da Oitava a completar as 25 missões ou que nem todos os aeronautas da turnê haviam participado delas. Poucos aeronautas da Oitava tinham cumprido todas as que lhes competiam no mesmo avião.

Quando, em dezembro, a turnê foi concluída, Bob Morgan se casou, mas não com Margaret Polk, sua namorada de Memphis. O relacionamento deles chegou ao fim por causa das prementes exigências da turnê promocional da Força Aérea. A mulher que se tornou esposa de Morgan foi Dotty Johnson, uma jovem que ele conheceu numa cidade durante a campanha de levantamento de fundos. Após o casamento, Morgan foi enviado para a base aérea do Exército em Pratt, Kansas, para um curso de instrução e adestramento na operação das novas Superfortalezas Voadoras B-29, as quais, no ano seguinte, a Força Aérea pretendia enviar para combates no Pacífico. Transferido para as Ilhas Marianas no outono de 1944, o primeiro comandante de Morgan seria Haywood Hansell, e o comandante seguinte, Curtis LeMay. O nome do avião que ele pilotaria no primeiro ataque do B-29 a Tóquio, partindo de Saipan, seria o *Dauntless Dotty*.

Depois que concluiu suas filmagens em Bassingbourn, William Wyler participou de mais uma missão, a quinta dele, que precisava cumprir para conseguir a Medalha do Mérito Aeronáutico. "Quase não voltei da missão", disse ele a um entrevistador. "Foi uma estupidez ter embarcado." Amigos disseram, porém, que ele se orgulhava mais da condecoração do que de qualquer um dos prêmios cinematográficos por ele conquistados.

Naquele verão, Clark Gable continuou a participar de missões de bombardeio e realizar filmagens para seu documentário. No fim de outubro, ele voltou para os Estados Unidos, onde tencionava editar suas filmagens com mais de 1.500 metros de filme. A Força Aérea ficou aliviada quando o viu partir. "Ele está nos deixando apavorados!",[481] dissera um de seus comandantes ao diretor Frank Capra, em visita a Londres, encarregado de uma filmagem. "Ele vai acabar morrendo." Quando voltou para Washington, Arnold disse a ele que não fazia sentido terminar o filme. Explicou que agora a Força Aérea tinha todos os metralhadores de que precisava, graças a uma gigantesca campanha de recrutamento, auxiliada pelo exemplo de Gable, que seguiu em frente e concluiu o filme assim mesmo. Ele o exibiu nas campanhas de venda de bônus de guerra, para as quais continuou a contribuir como voluntário até que, por fim, foi dispensado do Exército após o Dia D, embora ainda decepcionado com o fato de que não lhe tinham dado outra atribuição na linha de frente. *Combat America* foi uma produção desastrosa, mas é o único filme sobre a Oitava no qual os sargentos metralhadores falam por si mesmos e têm um dos melhores trechos com cenas de combate da guerra aérea.

Por outro lado, William Wyler produziu um documentário e instrumento de propaganda de guerra magistral. Depois que concluíra o documentário com 41 minutos de duração, em abril de 1944, ele conseguiu autorização para fazer uma exibição na Casa Branca. O presidente se sentou ao lado dele numa cadeira de rodas durante a exibição. Quando acenderam as luzes, Roosevelt se inclinou e disse a Wyler: "Isto tem que

A ANATOMIA DA CORAGEM

ser exibido imediatamente em toda parte."[482] Assim, a Paramount Pictures distribuiu cópias da obra por todo o país, a qual recebeu aclamações sensacionais da crítica especializada. Uma de suas resenhas foi publicada na primeira página do *The New York Times*, fato inédito na história do jornal. O crítico de cinema da *Times*, Bosley Crowther, asseverou que era "uma história que todo americano deveria conhecer".[483]

Wyler, porém, não relatou os fatos com precisão. O filme é sobre uma investida de bombardeio aéreo a Wilhelmshaven em 15 de maio, quando, na verdade, o alvo do *Memphis Belle* naquele dia foi Heligolândia, uma minúscula ilha ao largo do litoral norte da Alemanha; e não houve, tal como informa o narrador do filme de Wyler, mil aviões dos Aliados em missão de ataque naquele dia. Todavia, sob todos os demais aspectos, o filme é absolutamente fiel em sua retratação da campanha militar dos bombardeiros.

Depois de quase ter sido expulso do Exército por haver esmurrado um sineiro que fez um comentário antissemítico em sua presença, Wyler criou outro filme para a Força Aérea, intitulado *Thunderbolt*. Em 1946, ele concluiu seu trabalho cinematográfico sobre a guerra com sua obra-prima, *Os melhores anos de nossas vidas*, que trata do conflito traumático dos soldados americanos com o sistema de vida reinante nos tempos de paz dos Estados Unidos. Um deles, representado no filme por Dana Andrews, é um bombardeador que retorna ao país depois que cumprira seu tempo de serviço. É um filme que Wyler jamais teria conseguido fazer não houvesse ele testemunhado de perto a guerra aérea nos céus da Europa. Para o diretor, a guerra tinha sido, tal como disse certa vez, "uma fuga *para* a realidade".[484] Numa base aérea na Inglaterra, ele observou: "A única coisa que importava eram as relações humanas; e não dinheiro, posição e nem mesmo a própria família. Somente os laços com pessoas que poderiam estar mortas no dia seguinte era o que importava. É uma espécie de estado de espírito maravilhoso. E uma pena que precisemos de uma guerra para criar esse tipo de situação entre as pessoas."

Quando, no começo do verão de 1943, os pioneiros partiram em viagem de volta ao país, atravessaram mares quase totalmente livres da ameaça dos submarinos alemães que eles haviam tentado eliminar. Na primavera daquele ano, os submersíveis germânicos tinham sido derrotados numa das mais repentinas e impressionantes reviravoltas da Segunda Guerra Mundial. Em maio, os Aliados conquistaram a supremacia sobre o Atlântico, afundando 41 submarinos alemães, mais do que tinham feito soçobrar nos três primeiros anos da guerra. Os nazistas chamam essa ocasião de Maio Negro, no fim da qual o almirante Dönitz retirou seus submergíveis do Atlântico Norte e os pôs em águas mais seguras. "Tínhamos perdido a Batalha do Atlântico",[485] reconheceu ele em particular.

Nos vários meses seguintes, 62 comboios de navios mercantes atravessaram o Atlântico sem que nenhum fosse afundado pelos ataques inimigos.

Isso, além de um aumento tremendo na produção de navios mercantes pelos americanos, teve um impacto enorme na guerra aérea. Tripulações de bombardeiros continuavam a cruzar o Atlântico, muitas delas seguindo por uma nova rota austral em meados do inverno que as conduzia ao extremo norte do Brasil e, de lá, para as Ilhas dos Açores, mas navios que transportavam metralhadores de bombardeiros, equipes de manutenção, operadores de torres de controle de tráfego aéreo, especialistas em serviços secretos e dezenas de milhares de outros integrantes de serviços diversos chegaram em segurança ao destino, depois de terem percorrido rotas marítimas que tinham sido muito perigosas meses atrás, naquele mesmo ano. Liberty Ships, cargueiros da marinha mercante americana, com seus porões abarrotados de combustível de aviação, peças de aviões e caças de combate, chegavam aos portos britânicos toda semana. Tanto Churchill quanto Roosevelt puderam respirar um pouco mais aliviados, já que uma das duas grandes ameaças a uma invasão anfíbia tinha sido quase totalmente eliminada. Agora, as forças aéreas dos Aliados podiam concentrar-se com exclusividade no combate à Luftwaffe e nos ataques à indústria que a sustentava.

Os submersíveis alemães tinham sido derrotados não com bombardeios aéreos contra seus abrigos e estaleiros, mas com os novos avanços da tecnologia e as estratégias de guerra antissubmarino, entre os quais a interceptação e a decodificação de mensagens navais dos germanos e a montagem de enormes comboios marítimos protegidos por contratorpedeiros velozes, equipados com aparelhos de detecção e destruição de submarinos. No entanto, foi o avião que se tornou o inimigo mais mortal dos submersíveis tedescos. Liberators B-24 localizavam submarinos inimigos em alto-mar, e aviões mais leves, decolando de navios-aeródromos de escolta, acabavam com eles.

Bombardeios contra bases de submarinos haviam sido um esforço inútil. No primeiro trimestre de 1943, mais de 63 por cento das bombas lançadas

A ANATOMIA DA CORAGEM

pela Oitava e trinta por cento das atiradas pela RAF tinham sido dirigidas a essas bases.[486] Os comandantes das forças aéreas Aliadas sabiam que elas não estavam destruindo seus abrigos de concreto, mas informações incompletas, fornecidas pelos serviços secretos, os levaram a superestimar os danos causados a instalações de serviços de apoio nos arredores das bases e em estaleiros de submarinos no interior da Alemanha, o que fez com que o almirante Ernest King, comandante da marinha americana, continuasse a exercer grande pressão sobre Marshall e Roosevelt para que autorizassem o prosseguimento dos ataques contra as bases alemãs na Baía de Biscaia.

Ira Eaker tentou pintar essas equivocadas missões num quadro conceitual com as cores mais agradáveis possíveis, argumentando que foi com bombardeios a Lorient e a St. Nazaire que a Oitava aprendera a travar combates aéreos sob grandes altitudes e que as tripulações que viessem depois se beneficiariam da experiência desses homens. "Talvez", observou Robert Morgan anos depois, "mas poderíamos estar bombardeando outros alvos e aprendendo as mesmas lições".[487]

Numa entrevista após a guerra, o general Laurence Kuter, que comandou essas operações no fim de 1942, as classificou como "um desperdício injustificável de recursos aeronáuticos [...] Desperdiçamos homens, grandes números de ótimos combatentes, muitos talentos, e não conseguimos nada. Despejamos bombas em toda parte [...] na península de Brest, onde matamos mais franceses do que alemães".[488] E acrescentou: "A Luftwaffe fazia o treinamento de seus pilotos de caça ao redor dessas bases de submarino. Transferiram para lá esquadrões e mais esquadrões de aviões e tinham mais de uma centena de peças de artilharia antiaérea no local. Foi uma oportunidade de praticar tiro ao alvo para os alemães; e nós fomos o alvo [...].

"Fiz todo o possível para chamar a atenção para esses fatos e corrigir o emprego equivocado da Primeira Ala de Bombardeiros, mas foi tudo em vão, por causa, acredito, da prestigiosa situação do almirante King e do desagradável fato de que poderíamos perder a guerra para os submarinos inimigos." Num exame retrospectivo dessa situação, Kuter concluiu que poderia ter feito esforços mais intensos para interromper esses ataques inúteis e redirecionar os bombardeios para Hamburgo, um importante centro de fabricação de submarinos. "Disseram-me que eu estava 'resmungando'. Que eu deveria era tratar de cumprir minha missão."

Em seu relatório final, antes que partisse da Inglaterra para o norte da África, Kuter acentuara que a Oitava não estava "escolhendo objetivos capazes de lhes dar a vitória na guerra". No verão, porém, quando a Oitava passou a concentrar seus ataques em Hamburgo, com uma força muito maior que aquela que fora capaz de montar no fim de 1942, os alemães reconstruíram seus estaleiros de submarinos em um período espantosamente curto. Todavia, o fato é que, em seu primeiro ano de operações, a Oitava Frota Aérea não tinha aviões suficientes para que causassem prejuízos sérios à Alemanha, independentemente do local que ele atacasse.

Talvez alguém argumente que a Oitava só deveria ter iniciado suas operações quando tivesse força suficiente para desferir um golpe decisivo no inimigo, esmagando as defesas antiaéreas dos alemães antes que eles conseguissem recuperar-se da surpresa inicial. Todavia, quase todos os comandantes da Oitava teriam recusado essa estratégia no outono de 1942, temerosos de que esse adiamento colocasse em risco a própria existência da combalida Oitava. Afinal de contas, esses homens eram soldados, combatentes treinados para acreditar que só perdem guerras os que perdem tempo.

Laurence se solidarizava com as tripulações. "Era algo de partir o coração participar de missões que eles sabiam que fracassariam. Afinal, não conseguiriam atingir os malditos alvos! E, se conseguissem atingi-los, não lhes causariam danos sérios. Mesmo assim, cumpriam todas as missões. É o melhor exemplo de liderança entre as organizações militares de todos os tempos."

A essa altura, os primeiros aeronautas estavam voltando para casa e os novatos vinham chegando, mas alguns dos que completaram as "25" nunca tiveram a chance de ver seus familiares. Insatisfeito com seu trabalho como instrutor de metralhadores, Mike Roscovich, natural de Fayette City, Pensilvânia, se incorporou a outra tripulação e acabou morrendo durante um pouso forçado. E temos o exemplo também do capitão Raymond Check, oriundo de Minot, Dakota do Norte, membro do 306º Grupo de Bombardeiros, o piloto que tinha visto Snuffy Smith apagando os incêndios em sua Fortaleza. Sua história é mais uma prova, conforme bem observado por Andy Rooney em seus escritos, que "finais felizes eram raros" em bases aéreas na Inglaterra.[489]

Em 26 de junho de 1943, o capitão Check embarcou para cumprir sua 25ª missão, na Fortaleza *Chennault's Pappy III*. A operação deveria ter sido

A ANATOMIA DA CORAGEM

uma verdadeira moleza, uma curta viagem sobre o Canal até um aeródromo na França, e seus colegas de esquadrão tinham planos para organizar uma grande festa para ele à noite. Nesse dia especial, Check trabalhou como copiloto. Acomodado no assento esquerdo da cabine de pilotagem, seguiu o tenente James W. Wilson, comandante original do esquadrão de Check. Ele tinha voltado a Thurleigh para embarcar no avião com o amigo em sua última missão. O tenente William Cassedy, copiloto oficial do avião de Check e seu amigo do peito, participou da operação como artilheiro de uma das metralhadoras móveis laterais.

Nos segundos finais da investida de bombardeio, como os aviões de caça alemães se lançaram sobre eles direto da posição do disco solar, os tripulantes americanos não conseguiram vê-los aproximar-se, até que ficou tarde demais para reagirem. De repente, o projétil de um canhão de 20 milímetros atingiu Check no pescoço e explodiu, matando-o instantaneamente. Nisso, irrompeu também um incêndio na cabine de pilotagem, que Wilson tentou apagar com as mãos, mas não conseguiu. Pouco antes de serem atingidos, ele vinha tendo problemas com os motores e havia tirado as luvas para fazer um ajuste. Com o vazamento de oxigênio, em razão de perfurações nos tanques provocados pelo ataque, o incêndio se transformou num verdadeiro inferno. Mas outro tripulante conseguiu debelar o incêndio com um extintor. Enquanto isso, Wilson tentava controlar a Fortaleza "com as remanescentes partes dos braços, decepados acima dos cotovelos", ainda que sentindo dores terríveis e com a borracha de sua máscara de oxigênio derretendo em seu rosto lesado por queimaduras graves e suas mãos quase sem pele.[490]

Pouco depois, a bala de uma metralhadora atingiu a caixa que havia atrás do assento do piloto, na qual os foguetes de sinalização eram armazenados. Os foguetes explodiram, produzindo uma concussão que abriu as portas do compartimento de bombas e deflagrou outro incêndio. Nisso, alguém tocou a campainha de alarme, dando o sinal para abandonarem a aeronave. O tenente Lionel Drew, o bombardeador, saltou de paraquedas, mas Cassedy ordenou que os tripulantes na retaguarda esperassem que ele fizesse um exame da situação. Cassedy foi rastejando até a cabine de pilotagem e, de repente, recuou, horrorizado, quando viu a cabeça de Check pendendo sobre o corpo, presa ao pescoço por alguns tendões ensanguentados, e Wilson tentando pilotar o avião usando os cotovelos, com pedaços de pele enegrecidos pendurados em suas mãos. Quando Wilson tirou a máscara de oxigênio do rosto crestado pela explosão, Cassedy desceu até o pavimento inferior em busca de socorro médico. O major George L. Peck, um médico de bordo embarcado no avião como visitante, tinha "pegado carona" para adquirir alguma experiência com medicina de missões de combate.

A essa altura, não havia ninguém operando as metralhadoras. Estavam todos feridos, exceto Cassedy e Peck. Havia perfurações de projéteis antiaéreos na fuselagem inteira e um rombo no estabilizador dorsal. O bombardeador estava ferido também.

Depois que o major Peck aplicou medicamentos nas mãos de Wilson e as enfaixou, Wilson voltou para a cabine de pilotagem, mas estava sentindo dores fortes demais para ajudar. Com o auxílio do oficial-navegador, o tenente Milton P. Blanchette — que estava também em sua vigésima quinta missão —, o tenente Cassedy conseguiu levar o avião de volta à base. Durante a viagem, ficou olhando fixamente para a frente, tentando ignorar o coto do pescoço ensanguentado, onde a cabeça de seu amigo deveria estar.

Sem os foguetes de sinalização e com o rádio destruído no ataque, o avião não podia emitir sinais para informar que havia feridos e mortos a bordo.

Cassedy deveria pousar com o avião contra o vento. Em vez disso, aterrissou com ele a favor e na contramão dos aviões retornando ao aeródromo, arriscando-se assim numa manobra perigosa. Mas foi uma decisão inteiramente pessoal. É porque ele sabia que a namorada de Check, uma enfermeira americana, estaria esperando por ele num jipe no fim da pista principal. Eles iriam casar-se no dia seguinte. "Não podíamos chegar com o avião naquela direção e a cabeça dele arrancada pela explosão",[491] disse Blanchette a Andy Rooney numa fase posterior de suas vidas. "Portanto, aterrissamos com o vento de cauda. Ela não o viu. Ainda bem."

CAPÍTULO SEIS

Ensine-os a matar

"Todas as guerras são [...] travadas por jovens."

HERMAN MELVILLE, "THE MARCH INTO VIRGINIA"

Estuário de Clyde, 17 de agosto de 1942

Na ensolarada manhã desse dia na região norte britânica, enquanto Paul Tibbets e seus tripulantes se preparavam em Grafton Underwood para o primeiro bombardeio da Oitava na guerra, um estupendo comboio de navios-transporte de pessoal singrava as águas do mar da Irlanda em direção ao Estuário de Clyde, a via de acesso ao porto de Glasgow. Agora, eles estavam em mares calmos e seguros, após uma viagem de doze dias cheios de tensão pelo Atlântico Norte, com suas águas tormentosas infestadas de submersíveis alemães. A essa altura, a maratona de partidas de pôquer e jogos de dados havia chegado ao fim, juntamente com as discussões diárias entre os soldados sobre o destino que os aguardava — Groenlândia ou Islândia, Rússia ou o norte da África. Contudo, de manhã haviam dito a eles que estavam indo para a Inglaterra.

Um dos navios da vanguarda do comboio era o *Monterey*, um navio de cruzeiro reformado, despido de suas instalações luxuosas e pintado com um sombrio cinza militar. Quando ele alcançou o Estuário de Clyde, o sargento Robert S. Arbib, Jr. subiu sorrateiramente para o convés, reservado embora para uso exclusivo dos oficiais. Enquanto o navio avançava em direção ao estreito curso d'água que se estendia até o coração de Glasgow, Arbib permaneceu debruçado sobre a amurada, extasiado. Pouco adiante, balouçavam nas alturas enormes balões de barragem, presos a barcaças no rio por cabos que mais pareciam linhas quando vistos a distância, em cujas proximidades também jazia inválido um torpedeado cargueiro enferrujado, com um enorme rombo na linha-d'água. Tudo no porto estava camuflado com pálidas cores esverdeadas — as fábricas, as oficinas, os tanques de água ladeando as margens do rio e até mesmo os navios de guerra ancorados nessa área. E em toda parte eram vistos estragos provocados pelas bombas, edifícios destruídos e enegrecidos por explosões, bem como tijolos e pedras de pavimentação despedaçados formando pilhas de escombros da altura de casas. Os americanos haviam entrado numa zona de guerra, onde, de repente, sobreveio um estranho silêncio no convés principal do *Monterey*, em que quatro mil homens espraiavam o olhar para adiante, na tentativa de enxergar um futuro incerto nessa estranha terra setentrional, em meio à imensa guerra a respeito da qual eles sabiam muito pouco.

Quando passaram por uma série de fábricas com fachadas vermelhas, perto da cidade portuária de Greenock, soou forte uma série de assobios estrídulos, acompanhada por multidões de trabalhadores que saíram de seus postos de trabalho e começaram a acenar para eles. Os americanos se debruçaram sobre os parapeitos dos conveses e puseram as cabeças para fora pelas vigias, donde atiraram laranjas, maçãs e cigarros para soldados britânicos que os observavam passar, em pé, lá embaixo.

— Que lugar é este? — perguntou exclamante um soldado americano a um sargento britânico.[492]

— Glazzga — respondeu o nativo, com seu sotaque local.

— Quando partirá o próximo navio para a América? — perguntou em voz alta o amigo de Arbib, Johnny Ludwig.

— Num sei dizê — respondeu outro escocês com as mãos enconchadas na boca à guisa de megafone. — Mas de uma coisa eu sei [...] Cês num vão embarcá nele!

Logo depois, deram a ordem de desembarque e os soldados americanos começaram a descer pela prancha de portaló com suas mochilas de campanha de quase 40 quilos e seguiram para as ruas pavimentadas com pedras de cantaria que conduziam a um parque amplo, onde passariam a noite alojados em barracas. Quando, sem formação de marcha, os batalhões

ENSINE-OS A MATAR

atravessaram despreocupados a cidade, acenando para as jovens nas calçadas, um grupo de crianças entusiasmadas os seguiu, saudando-os com o V da vitória e implorando que lhes regalassem com doces ou chicletes. "Tem chiclete? Chiclete?"

Assim que a coluna contornou uma esquina, Arbib tropeçou e deixou cair um grande fardo, amarrado com cordel, contendo pacotes de cigarro e fumo de cachimbo. Determinado a não perder a última reserva de tabaco americano de que talvez pudesse dispor por algum tempo, ele tirou as caixas do caminho dos homens em marcha com chutes leves e saiu da coluna. Enquanto se abaixava para recolher suas "preciosidades espalhadas" pela rua, seus apetrechos de campanha — fuzil, máscara de gás, mochila, cobertor e sobretudo — iam caindo por toda parte. "O público escocês", observou, rememorando a ocasião, "foi educado, mas achou engraçado". Os americanos, salvadores do mundo, haviam chegado. Pareciam, todavia, uma turma de adolescentes e agiam como tal.

A maioria deles pertencia ao exército regular e milhares seriam enviados para o norte da África em novembro como parte da invasão naval da Operação Tocha. Mas o 820º Batalhão de Engenharia de Aviação, unidade de Arbib, tinha viajado à Inglaterra não para se preparar para combates, mas para aprontar os aeródromos para os rapazes dos bombardeiros que começariam a chegar, em números cada vez maiores, no fim da primavera de 1943. Foi então que a Força Aérea Americana começou os impressionantes preparativos com que poria quase a metade de seu efetivo — dois terços de sua força mundial de combate — no Reino Unido na véspera da invasão da Normandia. A essa altura, quarenta grupos de bombardeiros estariam na Inglaterra, uma frota de aviões de combate com três mil Fortalezas Voadoras e Liberators, a maior parte deles estacionada nos adjacentes Norfolk e Suffolk, condados da Ânglia Oriental.

Quando, em maio e junho de 1943, o primeiro grande grupo de substitutos da Oitava Frota Aérea começou a chegar, meses em que Robert Morgan e Raymond Check realizaram suas últimas missões de bombardeio aéreo, quase todos esses homens seriam encaminhados para novas bases construídas por trabalhadores civis empregados pelo Ministério do Trabalho britânico. Porém, com a chegada da unidade de Robert Arbib, os batalhões de engenharia aeronáutica americanos começariam a construir outras dez bases aéreas, com as obras programadas para serem concluídas

230 MESTRES DO AR

meses depois. Uma delas ficava em Debach (Deb'-itch),* localidade situada a pouca distância do Mar do Norte. Foi para lá que, na manhã após sua chegada a Glasgow, o batalhão de Arbib seguiu, preparado para integrar o maior projeto de engenharia militar na história da Grã-Bretanha. Era um projeto que não tinha nem um pouco da glória e da carnificina da guerra aérea, mas que ajudaria a reverter os rumos daquela guerra dentro de outra guerra e mudar para sempre as vidas e as terras de um recanto da Inglaterra quase totalmente intacto pela ação do homem — um lugar de esplendores rurais e bares aconchegantes, muito apreciados por John Keats (1795—1821), famoso poeta inglês.

"Só recebemos as boas-vindas oficiais à Inglaterra em nossa terceira noite em Debach [...] quando resolvemos fazer um passeio pelos campos, contrariando severos regulamentos, para ter uma ideia de como era essa tal de Inglaterra", escreveu Robert Arbib em seu livro de memórias perpassado de anotações percucientes, elaborado durante a guerra. Na época, seu batalhão se achava estacionado num bivaque do terreno da localidade para a qual eles tinham sido enviados, onde deveriam construir um aeródromo — situado no topo aplanado de uma colina arredondada com estreitas vias de acesso, que serpeavam por suas encostas abaixo, em todas as direções. Essas vielas sinuosas colina abaixo cruzavam altas cercas vivas e atravessavam campos de trigo, beterraba e batatas, formando terrenos quadrangulares perfeitos, delimitados por sebes e cercas com mourões de pau rústico. Ocultas pelas sebes, jaziam dormentes cabanas de telhados de palha debruadas com cortinas de roseiras balouçantes. De pé em seus baixos portões de acesso às propriedades — encastoados entre as sebes —, fazendeiros e suas esposas cumprimentaram Arbib e seis de seus colegas com meneios da cabeça enquanto seguiam para o vilarejo de Grundisburgh. Quando chegaram ao centro do povoado, disposto em torno de um belo gramado triangular, eles atravessaram uma ponte de madeira que conduzia à porta da taverna local, chamada Dog.

Quando entraram na taverna, sombria, por sinal, sustentada por vigas e traves de madeira, encontraram-na praticamente vazia. Os únicos fregue-

---

* É possível que, na base, os americanos, no uso que faziam do topônimo, associassem a pronúncia e as acepções da expressão *the bitch*, que pode significar a vadia, mas também dificuldade, coisa desagradável, chatice, os quais devem ter sido os significados mais prováveis dessa associação, contextualmente falando, em razão mesmo das monótonas condições de vida locais, com a pronúncia do nome dessa localidade. [N. do T.]

ses eram alguns frequentadores de aparência provecta, acomodados nos fundos do estabelecimento, fumando cachimbo e dialogando lentamente num incompreensível dialeto local. Para Robert Arbib, nova-iorquino de fala rápida, "a conversa parecia um exemplo de convívio social entre dois tetraplégicos", observou jocosamente. Nisso, um de seus amigos comentou baixinho com ele: "Eu achava que estas pessoas falavam inglês."

Após uma rápida olhada no estabelecimento, os soldados foram até o bar e pediram cervejas. "Este dinheiro americano vale alguma coisa?", perguntou Watson, o taberneiro, sujeito simpático e de rosto bastante corado. Depois que discutiram o assunto e que Watson consultou a esposa, ele propôs a eles uma troca cambial de quatro xelins* por dólar, concordando em pagar-lhes a diferença depois se o valor cambial real da moeda americana fosse maior. Quando os americanos puseram as volumosas moedas nos bolsos, tiveram a impressão de que estavam adernando a sota-vento, comentaram entre si, jocosamente.

Em todo caso, experimentaram a cerveja, de um castanho escuro e amarga, bem como a cerveja preta, antes de escolherem a bebida definitiva da noite, uma cerveja leve que era a única variedade espumante. "São quase todas iguais agora", comentou Watson secamente. "Qualidade dos tempos de guerra. Muito fracas, né?"

Era uma noite de sábado e, por volta das sete da noite, o bar foi enchendo. De repente, uma jovem chamada Molly começou a tocar um antiquado piano de armário e a cerveja foi desaparecendo mais depressa e "com menos filosofia". Pelo povoado, havia se espalhado a notícia de que alguns americanos estavam no Dog e, com isso, por volta das oito horas, o estabelecimento ficou lotado, com o ambiente impregnado da fumaça de cachimbos e muita mentira. "Todo mundo entoava saudações, cantava e ia de um lado para o outro, com as mãos cheias de copos levantados acima de suas cabeças enquanto avançavam a custo pela multidão. Não havia quem não proferisse com frequência a palavra *ianques*, descreveu Arbib acerca da ocasião. A maior parte das conversas no estabelecimento era sobre o aeródromo, cuja construção traria mais americanos para Grudisburgh, jovens bombardeadores que se vingariam dos Chucrutes por terem devastado grandes áreas de Ipswich, um centro portuário situado a alguns quilômetros ao sul.

---

* Xelim: moeda inglesa que era equivalente a 5 pences (centavos), hoje extinta. [N. do T.]

Em horas avançadas da noite, Johnny Ludwig, um jovem saidinho, natural da Filadélfia, começou a lançar rasgados sorrisos flerteiros na direção de uma garota alta e estrábica, sentada do outro lado do recinto, que respondeu com sorrisos sedutores. Nisso, uma senhora idosa, moradora do povoado, sentada ao lado de Johnny, notou a paquera e disse ao pé do ouvido do americano: "Fique longe dessa vadia [...] É mulher indigna e de má reputação. Desbragou-se na vida quase no mesmo dia em que seu marido foi embora para o Oriente Médio. Sei disso porque sou sua sogra."

Johnny e seus colegas estavam pagando bebidas para todo mundo. O último pedido que fizeram foi de uma rodada de 47 drinques. Era um recorde para o Dog, anunciou Watson. Quando ouviu isso, Tom Stinson, o agrimensor do batalhão, sujeito alto e magricela, subiu num balcão de carvalho, pediu silêncio e iniciou um discurso inspirado pela embriaguez, entabulado, por incrível que pareça, com as palavras: "Amigos, britânicos e camponeses!" Só que, cambaleante, oscilando em pernas embriagadas, acabou derrubando alguns copos arrumados compactamente por Watson sobre o balcão, mas conseguiu terminar a ladainha pinguça. Quando isso aconteceu, uma voz potente varou a algazarra, anunciando: "Acabou, cavalheiros!", avisou Watson. "Vamos! Por hoje, chega!"

Parados na porta do Dog, Arbib e seus colegas se despediram dos novos amigos. Na manhã seguinte, nenhum deles se lembrava mais de como haviam conseguido voltar, através das sendas campestres escuras como breu, para o bivaque no topo da colina.

Na terça-feira seguinte, quando voltaram ao Dog, se depararam com uma placa na porta: "Não temos cerveja". A taverna, pois, não abriria naquela noite, a primeira vez que isso acontecia após 450 anos de história.

Construtores itinerantes

A criação de uma base de bombardeiros era um empreendimento prodigioso. Envolvia a construção de quilômetros de pistas de concreto, dezenas de edificações de alvenaria e madeira, a montagem de centenas de alojamentos Quonset (cabanas semicilíndricas de metal corrugado) e hangares de aço do tamanho de campos de futebol. Tal como observado por um historiador, geralmente a construção de uma base de bombardeiros pesados demandava

ENSINE-OS A MATAR

a "remoção de quase 13 quilômetros de cercas vivas, 1.500 árvores e 400 mil metros cúbicos de terra, bem como a implantação de 15 quilômetros de estradas, 32 quilômetros de canais de escoamento, 15 quilômetros de tubos de fiação, 10 quilômetros de grandes tubulações de água e mais de 6 quilômetros de redes de esgoto. As pistas exigiam o emprego de 175 mil metros cúbicos de concreto, enquanto as edificações, 4,5 milhões de tijolos, e as áreas de circulação, 32 mil metros quadrados de asfalto".[493] Em Debach, o projeto dos engenheiros americanos, executado às pressas por causa da guerra, teve um alto custo ambiental: a destruição de uma esplêndida área campestre que Arbib, ex-estudante de biologia, adorava explorar a pé. Não havia tempo para evitar agressões à natureza; tudo submetido a levantamento topográfico e demarcado numa área tinha que ceder à força das máquinas de terraplenagem que preparariam o terreno para a ação dos bombardeiros arrasadores de cidades. Assim, chalés seculares que estivessem no caminho do avanço das pistas de concreto eram demolidos com correntes e esmigalhados por trovejantes máquinas americanas maiores e mais barulhentas do que quaisquer veículos terrestres vistos até então pelos moradores locais. "Era como se uma enchente viesse e cobrisse uma bela paisagem e depois escoasse, deixando para trás uma terra desolada, onde não havia nenhum sinal de vida e de movimento",[494] escreveu Arbib em seu diário.

Os fazendeiros protestaram, alguns dos quais tendo chegado a afugentar agrimensores com espingardas, mas não tinham poder para deter o rolo compressor dos ianques, máquina de transformação que pôs o solo do qual eles tiravam o próprio sustento debaixo de uma camada de 20 centímetros de concreto. "Eles não se conformaram facilmente em ver a nós, americanos, chegarmos, reviramos tudo e destruirmos duas paisagens rurais",[495] observou Bill Ong, membro do 862º Batalhão de Engenheiros, cujos integrantes estavam construindo uma base na mesma época em Glatton, no condado vizinho de Huntingdonshire. Algo que Arbib teve vontade de dizer aos revoltados fazendeiros de Debach — mas nunca conseguiu fazê-lo — era que o avanço devastador do trabalho dos batalhões americanos iria fazer com que as rodas dos carros de guerra dos Aliados passassem da defensiva para a ofensiva, ajudando-os a esmagar os alemães e a trazer seus filhos de volta para casa dos distantes campos de batalha.

Em todo caso, prosseguiram os trabalhos de construção do aeródromo de Debach, mesmo durante um inverno rigoroso e chuvoso. Ali e em mais de cem canteiros de obra relacionados com o esforço de guerra a norte e a leste de Londres, os envolvidos travaram uma verdadeira batalha com a lama. "A lama na Inglaterra",[496] escreveram historiadores da Força Aérea, "é de uma variedade infinita, de um sortimento que vai de uma consistência gosmenta a uma massa gelatinosa, com todas as propriedades de concreto de endurecimento rápido". Com as árvores desfolhadas, a terra escorchada de sua cobertura natural e os dias curtos e nublados, alguns dos trabalhadores se perguntavam: "Por que será que os alemães querem a Inglaterra?"[497]

Os jornais americanos enalteciam a construção das bases, dizendo que era um exercício para a conquista da vitória. "Nos verdejantes campos da Inglaterra, antes mesmo do amanhecer e até a altas horas da noite, engenheiros americanos despejam concreto, aço e suor no território inglês, num dos mais colossais empreendimentos de construção do mundo",[498] reportou o *Stars and Stripes*. Mas não havia nada de romântico nesse trabalho árduo e deprimente, e era difícil manter alto o moral dos envolvidos. Os americanos se alojavam em barracas de lona ou em abrigos de Nissen aquecidos por fogueiras de carvão, abrigos sempre inadequados para as condições locais. Eles trabalhavam em dois turnos de dez horas cada, com suas refeições levadas até eles, nos locais das obras, para poupar tempo. Os trabalhos começavam antes mesmo que "clareasse o suficiente para que pudessem enxergar direito" e, durante o dia inteiro, "um fluxo constante de caminhões, dirigidos por civis e carregados de cascalho, areia, cimento e entulho de cidades bombardeadas [...] passavam roncando pelas vias estreitas e despejavam suas cargas sobre os estoques de materiais, cujo acúmulo pareciam pequenas colinas na paisagem".[499] Guindastes da altura das torres das igrejas locais enchiam os caminhões do batalhão, que vertiam sua carga sobre uma enorme máquina de pavimentação. As equipes de trabalho conseguiam pavimentar uns 800 metros de pista por dia. Próximo ao Dia D,[500] uma unidade de engenharia na Inglaterra tinha despejado sobre o solo inglês concreto suficiente para construir uma autoestrada de duas pistas sobre o Canal da Mancha e assentara um número de tijolos enorme o bastante para construir o arranha-céu mais alto do mundo.

A tarefa mais penosa era executada pela turma de manejo do cimento. Esses trabalhadores ficavam em pé o dia todo numa plataforma de madeira, despejando sacos de cimento de 45 quilos em caminhões que passavam por eles, um a cada sessenta enfadonhos segundos. Nuvens de cimento

ENSINE-OS A MATAR

levantadas pelo árduo trabalho baforavam seus rostos, impregnavam suas roupas e penetravam fundo na pele, transformando os trabalhadores em "fantasmagóricos autômatos cinza-esverdeados".[501] Alguns soldados usavam barbas longas e espessas para minorar um pouco os efeitos dos sopros de poeira no rosto. Quando solicitado por um repórter da *Yank* a descrever o seu trabalho, um soldado retrucou, irritado: "Diga que somos burros de carga e você terá sua matéria!"[502]

No fim de uma tarde em Glatton, enquanto as turmas de trabalho de botas pretas construíam uma pista, apareceu ao longe uma Fortaleza Voadora, navegando apenas com um motor, avariada que fora num ataque inimigo, procurando um lugar para realizar um pouso forçado. "Ficamos observando o avião descer atrás das árvores e todo mundo começou a correr quando ele sumiu de vista",[503] contou Bill Ong, lembrando-se da ocasião. Quando Ong chegou aos destroços fumegantes, deparou-se com os membros da tripulação encharcados de sangue. Logo em seguida: "Chegaram a ambulância e os caminhões de bombeiros [...] e todos permaneceram em silêncio enquanto aquelas pobres vítimas eram levadas para a enfermaria. De repente, o problema de toda aquela lama, o frio, as chuvas e a umidade que havíamos tido que enfrentar nos pareceram coisas insignificantes."

Já em junho de 1943, o mês em que a tripulação do *Memphis Belle* partiu de Bassingbourn de volta para casa, 13.500 soldados americanos estavam trabalhando em canteiros de obras em toda a região oriental da Inglaterra. Uniram-se a eles 32 mil trabalhadores civis — alguns deles mulheres —, recrutados até dos longínquos País de Gales, Escócia e Irlanda do Norte. Os homens viviam em alojamentos especiais; já as mulheres eram recrutadas de residências locais.

Tal como outros soldados servindo em toda parte, os membros dos batalhões de engenharia viviam ansiosos pelo dia da chegada da folga. Aos sábados, eles se livravam de suas enlameadas roupas de trabalho, vestiam alinhados uniformes de gala e iam até Ipswich, a bordo de um dos veículos de uma longa fila de caminhões, para esbaldar-se em "uma noite de seja o que Deus quiser!"[504] Mesmo em noites menos turbulentas em Debach, não eram uma turma fácil de lidar para o delegado local — conhecido por todos como sr. Baixo-Astral —, de fato compunham uma multidão de setecentos homens desordeiros, muitos dos quais recrutados pelo Exército entre os mais perigosos tipos de trabalho nos Estados Unidos. Eram serralheiros que içaram outrora peças de aço para as torres prateadas de Manhattan e madeireiros que haviam derrubado pinheiros colossais nas regiões selvagens de Michigan. "Ocorriam incidentes escandalosos nos prados e atrás de montes de feno à noite, enquanto pais revoltados e jovens tristes precisavam ser consolados e apaziguados",[505] relatou Arbib, relembrando o passado. "Caminhões americanos grandes e velozes capotavam nas estreitas estradas de mão única, e isso era sinônimo de acidentes que podiam ferir pessoas inocentes. Soldados desciam a colina com destino ao 'The Dog', ou ao 'The Crown' ou ao 'The Turk's Head' e depois quase não conseguiam achar o caminho de volta. Mas o sr. Baixo-Astral seguia em frente com seu trabalho, impondo-se com sua paciência e educação, e assim ficava mais fácil de resolver as coisas."

Com o tempo, a maioria das pessoas da comunidade passou a ver com simpatia os rapazes da colina. Famílias os convidavam para jantar em suas casas aos domingos e alguns pais permitiam que namorassem suas filhas solteiras. Alguns dos ianques, por sua vez, começaram a gostar da Inglaterra. "Isso era inevitável",[506] afirma Arbib.

Em outros canteiros de obras, medidas de boa vontade especiais ajudaram a apaziguar os moradores locais. A unidade de Bill Ong, por exemplo, organizou uma grande e divertida festa de Natal para as crianças do povoado, fazendo um convite especial a suas irmãs mais velhas para que participassem também. Dois alojamentos foram transformados em salão de festas, trouxeram uma banda da Força Aérea para o local, penduraram paraquedas no teto, os rapazes da cozinha de campanha fizeram sorvete e solicitaram à superintendência de abastecimento o envio de caixas de doces. Foi nessa festa que as jovens locais descobriram que os engenheiros de roupas sujas que elas observavam trabalhando nos campos sabiam dançar como os americanos que viam nos filmes. "O *jitterbugging** era algo desconhecido por essas garotas do interior",[507] disse Bill Ong, "mas, ora, em pouco tempo elas aprenderam a girar, virar-se e saltitar com os melhores dançarinos da turma. Horas antes, tínhamos acomodado no local duzentas crianças, que tiveram uma senhora festa de Natal — com Papai Noel e tudo chegando num

---

* Popular ritmo de dança nos EUA a partir dos anos 1920. O termo se referia a diferentes tipos de dança, tais como o *jive* e o *lindy hop*. Essa expressão foi utilizada como gíria para tratar de forma perjorativa pessoas alcoólicas. A sua ampla divulgação se deu com a música *Call of the Jitter Bug* de Cab Calloway. [N. do R.]

ENSINE-OS A MATAR

trator enfeitado especialmente para a ocasião. Todas ganharam presentes. Foi bonito ver colegas casados, que estavam separados de seus filhos pela guerra, se agachando para ajudar aquelas crianças britânicas a desembrulharem seus presentes. Nesse dia, nasceram amizades que durariam até depois da guerra e, quando os caminhões se enfileiraram do lado de fora dos alojamentos para levar todo mundo para casa, foi como se todos os sentimentos ruins de antes jamais houvessem existido".

Todavia, ocorreriam mais problemas, a maioria relacionada com sexo, alguns dos quais enfrentados canhestramente pelos oficiais do exército. Várias semanas após a festa de Natal em Glatton, algumas jovens locais foram ao gabinete do oficial comandante. Disseram que tinham ficado bêbadas e engravidado na festa e agora não se lembravam "do que havia acontecido — ou com quem isso acontecera". O oficial comandante criou um fundo de assistência social para o qual cada soldado do acampamento recebeu ordens de contribuir com 10 dólares semanais até que os culpados aparecessem. De fato, os culpados acabaram procurando o capelão do batalhão, que os persuadiu a casar-se com as jovens. "De jeito nenhum!", opôs-se o oficial comandante. "Esses homens estavam bêbados e não sabiam que acabariam tornando-se pais — é melhor que os façamos sumir daqui." Assim, os culpados foram transferidos para outra guarnição, e as jovens, uma das quais não tinha nem 16 anos, nunca mais os viram de novo.

"O engenheiro do Exército", escreveu o correspondente da *Yank* Saul Levitt, "é um construtor itinerante. Ele constrói e depois vai fazer a mesma coisa em outro lugar".[508] Em abril de 1943, quando o inverno se tornou mais ameno, o batalhão de Robert Arbib foi transferido para a vizinha Wattisham, onde fora incumbido de transformar um centro de aeronáutica militar da Real Força Aérea numa base de caças americanos. Um batalhão de engenharia formado por afro-americanos foi levado a Debach para concluir as obras no local. A essa altura, a Oitava Frota Aérea tinha quase cinquenta bases aeronáuticas, número suficiente para administrar e abrigar os novos grupos de bombardeiros, unidades de reconhecimento aéreo e unidades de suprimento que começaram a chegar com seus aviões à Inglaterra. Em meados de junho, havia mais de cem mil aeronautas americanos no Reino Unido, bem mais, portanto, do que os trinta mil de dezembro do ano anterior. Próximo ao Dia D, haveria uma base aérea a cada 13 quilômetros de distância uma da outra, em média, na Ânglia Oriental. Essa invasão amigável foi a maior

238 MESTRES DO AR

importação de engenheiros que a Grã-Bretanha tinha visto até então; com exceção de Londres e de grandes cidades portuárias, como Liverpool, não havia nenhum grupo considerável de imigrantes em nenhum lugar da Grã--Bretanha, populacionalmente homogênea então.[509]

"Quando íamos ao nosso bar local, o Green Man, encontrávamos um monte deles lá",[510] observou uma inglesa. "Se eles tivessem vindo de Marte, a surpresa não teria sido maior." É que alguns britânicos tradicionais ficavam escandalizados com a aparência dos americanos. "Só vendo mesmo para crer na mistura de gente dessa turma que chegou lá",[511] disse um soldado britânico a respeito do variegado grupo de aeronautas americanos que chegou a Buttonwood, um grande centro de abastecimento e manutenção. "Eles tinham todo tipo de roupas [...] exibindo na cabeça toda espécie de chapéus e bonés [...] e o que mais nos chocou foi a parafernália de equipamentos esportivos que trouxeram consigo. Havia tacos de golfe e de beisebol, apetrechos de pesca, bolas de futebol e toda sorte de coisas que seriam garantia de imensa felicidade para qualquer esportista. E ficávamos pensando, em nossa ilha carente de opções de entretenimento: O que eles tinham ido fazer lá: ajudar-nos na guerra ou participar de uma competição esportiva global?"

Os números eram impressionantes. A Ânglia Oriental era uma província autossuficiente, com uma população de 1,7 milhão de pessoas e apenas quatro centros urbanos — Norwich, Ipswich, Cambridge e Colchester, esta última a mais antiga cidade da Inglaterra. No entanto, em pouco tempo, os americanos superaram numericamente, na proporção de cem por um, os moradores dos povoados que viviam perto de suas bases e, de uma hora para outra, transformaram as características e as cores desses até então pacatos lugares. "Nada em suas vidas os leva a examinar ou repensar seus consagrados hábitos e crenças",[512] observou um estudioso do pré-guerra a respeito do caráter introvertido dos habitantes da Ânglia Oriental. Com a partida dos batalhões de construção e a chegada de dezenas de milhares de jovens aeronautas americanos, os costumes e estilos de vida inveterados desses britânicos ficaram ameaçados. Os americanos lotavam os trens, os bares e as salas de cinema e, assim, aceleraram o ritmo de vida britânico, e as expectativas das pessoas já não eram tão escassas quanto seus rendimentos. "Até o céu deixou de ser pacífico",[513] observou em seus escritos Roger A. Freeman, estudante, na época, que passaria a maior parte do restante de sua vida escrevendo livros sobre a Oitava Frota Aérea.

ENSINE-OS A MATAR

Operação Pointblank

Em 10 de junho de 1943, a guerra aérea na Europa entrou em uma nova fase. Era o início oficial da Ofensiva de Bombardeiros Conjunta (OBC), codinominada Pointblank (À Queima-Roupa).[514] Essa operação deveria ser o cumprimento da promessa feita em Casablanca por Roosevelt e Churchill de realizar, "dia e noite", uma campanha de bombardeio anglo-americana de preparo do terreno para a grande invasão. Em maio de 1943, na III Conferência de Washington (codinominada Trident), o Estado-Maior Conjunto Interaliado — formado por oficiais militares superiores da Grã-Bretanha e dos Estados Unidos — havia fixado provisoriamente a data da invasão da Fortaleza Europeia de Hitler em 1º de maio de 1944 e vinculou a campanha de bombardeiros dos Aliados diretamente a essa invasão através do Canal, que recebeu o nome de Operação Overlord. Os objetivos da Operação Pointblank faziam da Força Aérea alemã — seus aviões de combate e as indústrias que os produziam — o alvo mais importante da OBC. Somente quando a Força Aérea alemã ficasse enfraquecida, a ponto de não representar mais nenhuma ameaça à invasão terrestre Aliada, as forças aéreas anglo--americanas estariam livres para iniciar o sistemático bombardeio das outras indústrias de importância fundamental para a Alemanha.

Mas alguns esquadrões de bombardeiros tinham seus próprios objetivos de ataque. Arthur Harris, sobre o qual o Ministério da Aeronáutica da Inglaterra não tinha nenhum controle, já que estava causando danos tão inquestionáveis — e muito aplaudidos, por sinal — ao inimigo que prosseguiria com sua campanha de "devastação de cidades", praticamente ignorando a Operação Pointblank, até que, por fim, Eisenhower resolveu fazê-lo entrar na linha nos meses anteriores ao Dia D. Apesar disso, D. Harris também não se disporia a buscar uma estreita coordenação de seus esforços com os da Oitava Frota Aérea. Talvez, até porque, tal como indicava involuntariamente a mensagem contida no nome da operação, ela seria uma ofensiva conjunta, e não uma operação de forças integradas ou concatenadamente orgânicas.

Spaatz tinha também seu próprio programa de ação, mas não insistiu muito para levá-lo adiante. Embora ainda estivesse no Teatro de Guerra do Mediterrâneo, Arnold confiava nele e o apoiava, e daí a influência que ele tinha nas operações aéreas em toda a Europa. Ele continuava a acreditar que uma invasão terrestre poderia ser evitada se os bombardeiros dos Aliados fossem enviados com força total num ataque a indústrias vitais, como as de petróleo e aço, das quais a economia de guerra da Alemanha dependia muito. Porém, ao contrário de Harris, ele acatou a decisão dos chefes do Estado-Maior Conjunto sem queixar-se em público, pois achava que não tinha uma outra opção. Ira Eaker, por outro lado, ficou entusiasmado com as diretrizes da Pointblank, porquanto se coadunava com sua convicção de que somente uma campanha aérea, terrestre e naval conjunta poderia derrubar o regime nazista. Estava convicto, ademais, de que uma operação de bombardeio diurna, com o emprego de força máxima, objetivando paralisar a economia alemã, não poderia ser realizada enquanto a Luftwaffe não fosse desmantelada e vencida. Ele havia aprendido com Billy Mitchell que a destruição da Força Aérea do inimigo era o pré-requisito de uma ofensiva de bombardeiros vitoriosa. Contudo, armado com um número adicional de bombardeiros pesados e tripulações na época das diretrizes da Pointblank, continuou certo de que conseguiria conquistar a supremacia aérea sem a cobertura de caças de escolta de grande autonomia para seus bombardeiros.

Todavia, primeiro ele tinha que resolver alguns problemas com Hap Arnold, que começara a pressionar Eaker a pôr mais alguns de seus aviões de caça a serviço dos bombardeiros. O general Frank "Monge" Hunter, o belo e fanfarrão comandante da pequena força de caças da Oitava, estava fazendo seus Thunderbolts atravessarem o Canal para incursões rápidas, na esperança de induzir caças da Luftwaffe a travarem combates de avião para avião, mas Göring ordenou que seus pilotos de caça se concentrassem nos ataques a bombardeiros. Assim, segundo argumentou Arnold, seria durante as operações de escolta, e não em incursões rápidas, que eles teriam a chance de combater e destruir a Luftwaffe.

Arnold tinha razão, mas não se deu conta de que ele mesmo era parte do problema, o qual ia muito além da questão de táticas de combate. Arnold alimentava um otimismo irrealista com relação à capacidade de combate dos B-17. Em Washington, de acordo com um testemunho posterior do ministro da Aeronáutica Robert Lovett, ele andou "fazendo declarações absurdas sobre aquilo que o B-17 era capaz de fazer".[515] Além disso, mesmo depois de ter concordado em promover um programa para a fabricação de caças de escolta de longo alcance, ele não vinha fazendo pressão suficiente para levar o projeto adiante. Na opinião de Lovett: "Ele tinha as mãos atadas pelas

ENSINE-OS A MATAR

próprias afirmações. Achava que tudo de que precisávamos eram Fortalezas Voadoras, e só; e que muito poucos caças eram capazes de acompanhá-las." No entanto, conforme Lovett observou sarcasticamente: "Os Messerschmitts não tinham nenhuma dificuldade para fazer isso."

Talvez a Oitava precisasse de caças de escolta de grande autonomia, disse Arnold a seu estado-maior em Washington, mas Eaker não estava obtendo resultados porque não vinha empregando um número suficiente de bombardeiros nas missões, mesmo depois de ter recebido reforços na primavera. Arnold não dava nenhum sinal de que compreendia o problema dos serviços de reparo e manutenção que pesava sobre os ombros dos comandantes da Oitava Frota Aérea. Comandante temerariamente agressivo, Eaker não tinha equipes de reparo e manutenção suficientes para manter sua frota de aviões de combate nos ares com força máxima, e uma das razões disso era a falta de bom planejamento em Washington. Impulsivo, impaciente, acossado por problemas cardíacos, dessintonizado e desinformado da situação em terra na Inglaterra, Arnold, todavia, continuava obstinado. Tanto que pressionou Eaker a exonerar seus comandantes das unidades de caça e de bombardeiros, aos quais acusava de que estavam procurando "evitar riscos",[516] relutando em enfrentar o perigo de sofrer um número pesado de baixas com o envio de maiores frotas de bombardeiros e caças de escolta, num ataque ao inimigo. Com a troca de cabogramas destemperados entre as partes de um lado e de outro do Atlântico, todos "começaram a achar", observou o ajudante de Eaker, James Parton, "que os generais Arnold e Eaker estavam dedicando mais tempo a combater um ao outro do que ao esforço de derrotar os alemães".[517]

Em 1º de julho, Eaker exonerou Newton Longfellow do posto de comandante das unidades de bombardeiros da Oitava Frota Aérea, substituindo-o pelo general de divisão Frederick Anderson, de 77 anos de idade, um comandante de unidades de combate aéreo bastante agressivo. No mês seguinte, o general de divisão William E. Kepner, um velho amigo e consagrado colega de Eaker em testes de aeronaves, assumiu a chefia do Comando de Caças da Oitava Frota Aérea. Eaker se submetera à vontade do chefe, mas, numa carta impregnada de ressentimento latente, ele o advertiu: "Não sou cavalo que precisa ser chamado nas esporas."[518] Assim, uma amizade e um vínculo profissional estabelecidos 20 anos atrás estavam sendo desfeitos pelas pressões de uma guerra total.

Mas Eaker tinha outras preocupações. Ele receava a possibilidade de que as perdas maiores que porventura suas ampliadas forças sofressem pudessem resultar em pressões públicas e oficiais para o desmonte da Oitava, que estava consumindo uma fatia ainda maior dos recursos de guerra dos americanos, sem apresentar resultados à altura dos gastos enormes. "Uma de minhas maiores preocupações agora", confidenciou ele a Arnold, "é com a possibilidade de que nossos aliados oficiais e o público que nos apoia talvez não consigam sair em nossa defesa diante de nossas perdas em combate".[519] Em seguida, fez uma previsão certeira: "Seria melhor admitirmos francamente que será uma batalha sangrenta. Vencerá o lado que conseguir compensar suas perdas. Em outras palavras, o lado que tiver a maior força de reserva."

Só que a conta do açougueiro seria mais alta do que ele imaginava. Naquele verão e no outono de 1943, a Oitava Frota Aérea sofreria baixas que reduziriam seu contingente de homens e máquinas para um nível perigosamente baixo, abalaria o moral de suas tripulações sobreviventes, custaria a Eaker o comando da força e lançaria dúvidas sobre a factibilidade de se derrotar a Alemanha a partir dos ares. Esses seriam os meses mais tenebrosos na história do braço aeronáutico das forças militares americanas. Neles, o americano em missão de ataque nos céus da Alemanha, a bordo de um bombardeiro pesado, teria uma chance de sobrevivência semelhante à de um paciente terminal com "câncer em estágio avançado".[520]

Adestramento

O 381º Grupo de Bombardeiros foi uma das unidades levadas às pressas para a Inglaterra com o objetivo de participar da grande ofensiva de Ira Eaker no verão. Trinta e nove verões depois, enquanto se aproximava do terreno infestado de ervas daninhas da base do 381º em Ridgewell, situada um pouco a sudeste de Cambridge, John Comer reviveu algo desse passado. "Era como se eu pudesse ouvir o ronco áspero dos motores de Fortalezas Voadoras acelerando para a decolagem no úmido frio do fim da madrugada inglesa. Eu tinha a impressão de que podia sentir o cheiro da mistura de óleo com gasolina que impregnava a atmosfera quando motores engasgavam antes de pegar."[521] Mas suas mais vivas lembranças foram as de seus velhos colegas de tripulação, homens com os quais ele tinha estabelecido laços inquebrantáveis de amizade nas bases de treinamento nos Estados Unidos.

ENSINE-OS A MATAR

A viagem de John Comer à Inglaterra dos tempos da guerra começou num dia de novembro de ventos fortes, onze meses após o ataque a Pearl Harbor. Na ocasião, um major de feições severas, com as calças esmeradamente passadas e vincos impecáveis, subiu no palanque de uma remota base aérea no Texas e fez uma pausa para inspecionar seus ouvintes — um grupo de recrutas inexperientes com os cabelos cortados à escovinha reunidos na praça de armas. Após alguns segundos, o major disparou na tropa um veemente discurso, descrevendo a vida cheia de ações e aventuras de um metralhador aéreo. Quando terminou o discurso, pediu que aqueles entre os soldados, ali reunidos, que tivessem a coragem para arrostar a missão que dessem um passo à frente e se apresentassem como voluntários. Cinquenta deles aceitaram o desafio, incluindo John Comer, então com 32 anos de idade.

Uma hora depois, Comer estava sentado numa sala de espera do hospital da base, aguardando a vez de ser submetido a exames físicos. Dez anos antes, ele fora rejeitado pelo Corpo de Aviação do Exército por deficiência de percepção de profundidade. Desta fez, o médico que o examinou lhe disse que ele "passou raspando". É que a Força Aérea tinha necessidade urgente de engenheiros de voo — mecânicos de bordo que operavam também a metralhadora da torre superior de bombardeiros pesados. "Ele gostaria de ser engenheiro aeronauta?", perguntou-lhe o médico. Nove meses depois, John Comer, um vendedor de máquinas operatrizes recém-casado e formado pela Universidade do Texas, estava na torre de metralhadora de uma Fortaleza Voadora lutando para sobreviver.

Em 1938, o Corpo de Aviação do Exército tinha apenas 21 mil oficiais e recrutas. No período de seu maior crescimento, do dia posterior ao ataque a Pearl Harbor até o início da Operação Pointblank, passou de 354 mil para 2,1 milhões de integrantes, um aumento de 520 por cento. Classificar, encaminhar e treinar essas enormes quantidades de homens — 1,8 milhão deles em dezoito meses — era uma tarefa estonteante. Para realizá-la, a Força Aérea recorreu ao expediente dos métodos de produção em série de Henry Ford.[522] Assim, novos recrutas que tivessem lido o manual de recrutamento oficial da Força Aérea sabiam o que teriam pela frente. "O treinamento na Força Aérea", ensinava o manual, "pode ser comparado a um estágio numa linha de produção".[523]

Primeiramente, jovens bombardeadores como John Comer eram treinados individualmente e depois como partes de uma equipe intimamente coordenada. Durante todo esse processo de treinamento, o maior inimigo deles era o tempo. Com o objetivo de pôr seus homens em terras d'além-mar o mais rápido possível, a Força Aérea reduziu a severidade dos requisitos do pré-guerra para o ingresso na corporação. Assim, em janeiro de 1942, a idade mínima para a aceitação de candidatos a oficial caiu da faixa dos 20 para 18 anos e recrutas não precisavam mais ter cursado dois anos de faculdade; a aprovação num rigoroso exame escrito era suficiente. Nos dois primeiros anos da guerra, tripulações adestradas em centros de treinamentos montados às pressas, alguns deles improvisados em bivaques, partiam de aeródromos com obras apenas parcialmente concluídas, a bordo de aeronaves perigosamente obsoletas. Houve redução também nas exigências de saúde e das condições físicas do recrutando, embora ainda fossem altas para os padrões do exército.[524] A Força Aérea se orgulhava de ser uma organização formada inteiramente por voluntários, mas essa situação chegou ao fim em dezembro de 1942, quando o presidente Roosevelt encerrou toda espécie de alistamentos. Mesmo então, porém, incorporados compulsoriamente pelo Exército podiam candidatar-se a ingresso voluntário na Força Aérea da corporação. Isso permitiu que agressivos recrutadores da aeronáutica selecionassem aqueles que o romancista John Steinbeck chamou de, "física e mentalmente, os melhores espécimes produzidos pelo país".[525]

Os cidadãos se ofereciam como voluntários por inúmeras razões, desde puro sentimento patriótico ao desejo de evitar servir na infantaria. Jovens ainda desempregados e psicologicamente combalidos pela Grande Depressão eram atraídos pela perspectiva de trabalho estável e um salário digno. Segundos-tenentes recém-graduados ganhavam 1.800 dólares por ano, mais um adicional de cinquenta por cento de participação em cada missão de ataque aéreo, aparentemente uma ninharia, mas não numa época em que o salário-base de um general de quatro estrelas era de 8 mil dólares mensais. Todavia, um número consideravelmente grande de voluntários era atraído para a Força Aérea levado por uma visão romântica da aviação. Criados na Fase Áurea da Aviação,[526] tinham feito miniaturas de aviões com madeira balsa na infância, acompanharam a famosa carreira de Charles Lindbergh e vibraram com as façanhas aéreas de pilotos de voos acrobáticos de espetáculos itinerantes que se exibiam nos aeroportos de suas cidades. Quando Paul Tibbets tinha 12 anos de idade, andou de avião pela primeira vez, acompanhando um fantástico piloto de acrobacias chamado Doug Davis, que pilotava um biplano de nacela descoberta com uma hélice de madeira

ENSINE-OS A MATAR

e asas enteladas. Davis trabalhava para a Curtiss Candy Company e deu a Tibbets um emprego como lançador de caixas de barras de chocolate recheadas Baby Ruth, presas a minúsculos paraquedas, de seu assento traseiro no avião. Depois dessa experiência, Tibbets descobriu, conforme dito por ele mesmo mais tarde, que "nada o encantaria mais" na vida.[527]

Para os aspirantes a oficiais-aviadores, geralmente o treinamento começava no centro de triagem da Força Aérea, feita por médicos e psicólogos do Exército.[528] O objetivo do procedimento preliminar era determinar se o candidato a aviador deveria ser encaminhado para uma unidade de aviões de combate e qual posto poderia ocupar. Os recrutas eram submetidos a uma bateria de testes que envolvia exame de vista e a avaliação de sua capacidade intelectual, coordenação motora e equilíbrio psicológico. Suas notas nesses testes, junto com suas preferências pessoais e as necessidades da Força Aérea, determinavam o tipo de escola de instrução e adestramento para o qual convinha encaminhá-los: de piloto, de oficial-navegador ou de bombardeador. Os testes eram rigorosos. Mais da metade dos examinandos era reprovada. A maior parte deles, injustamente tachados de "fracassados", ou se oferecia como voluntários para cursar a escola de artilharia aérea, ou era encaminhada para a infantaria.

Os graduados eram chamados de "senhores". "E toda vez que um de nós concluía o treinamento, eles nos diziam que éramos a nata do país",[529] disse um cadete-aviador numa carta enviada à mãe. Geralmente, o treinamento deles começava com um curso de instrução militar com duração de um a dois meses, onde o futuro aviador "aprendia a ser soldado".[530] Havia também treinamento físico e exercício de ordem unida, juntamente com um curso de instrução de tiro, técnicas de combate com produtos químicos, procedimentos militares e interpretação de mapas. O treinamento físico era intenso: corridas através de regiões campestres, exercícios de transposição de obstáculos, ginástica sueca e sessões de levantamento de peso. Os cadetes marchavam em formação, entoavam canções de cadenciamento de marcha e cantavam o hino do Corpo de Aviação do Exército. O corpo de cadetes inteiro participava também de paradas formais, em que faziam continência com o sabre e desfilavam em revista sob ordem unida, exercícios que desenvolviam neles um senso de "grandiosidade e de esforço coletivo".[531]

Era o início do programa de treinamento mais mentalmente exigente das forças armadas americanas. Principalmente no caso dos pilotos, o processo de seleção e o treinamento tinham que ser rigorosos. Afinal, eles não usariam fuzis, mas uma arma gigantesca, muito complexa, de um custo e uma capacidade de destruição imensos. Antes que o piloto recebesse sua insígnia de aviador e sua patente de segundo-tenente, passava por três escolas de formação de pilotos — a primária, a básica e a avançada —, em três bases diferentes, em que cada curso de instrução durava nove semanas (dez semanas numa fase posterior da guerra). Depois disso, ainda enfrentavam um curso de pós-graduação com duração de dez semanas. Nesse último nível de instrução e adestramento, aprendiam a pilotar aeronaves que usariam nos combates e eram ensinados a "matar, mutilar, incendiar, destruir [...] sem sentir nenhuma emoção".[532]

Na primária, os cadetes pilotavam um biplano de dois lugares chamado Stearman, acompanhados por um instrutor civil no assento traseiro. (Não havia muitos pilotos militares para realizar esse trabalho de instrução prática.) Para Richard C. Baynes, um atleta de elite da escola de ensino médio de Mansfield, Pensilvânia, que nunca havia embarcado num avião, foi a experiência mais tensa de sua vida até aquela altura. Porém, ele tomou gosto pela arte de pilotar com uma facilidade surpreendente e logo estava fazendo "acrobacias, oitos preguiçosos, lupes e tunôs rápidos.[533] No fim, foi tudo muito divertido". Menos emocionante do que essa nova experiência na terceira dimensão era a instrução em salas de aula. Os cadetes tinham cursos de código Morse, aeronavegação, meteorologia, conhecimento e familiarização de motores, peças e combustível de aeronaves, procedimentos de lubrificação e de manutenção e reparo. Passavam também horas em simuladores Link, cabines de simulação de pilotagem destinadas a ensinar os pilotos a realizarem voos cegos com o auxílio de instrumentos.

No degrau seguinte dessa ascensão aeronáutica, no curso básico da escola de pilotagem, os alunos aprendiam a pilotar grandes e lerdos aviões de caça do pré-guerra sob a orientação de experientes pilotos do Exército. Depois de setenta horas de voo e mais instruções em salas de aula, os alunos eram encaminhados para setores de treinamento com caças monomotores ou bombardeiros bimotores. Lá, o ambiente era "mais descontraído",[534] observou Richard Baynes. Os cadetes ainda faziam exercícios militares e iam marchando para as salas de aula, mas havia menos instrução escolar. "E as chances de fracassarmos eram mínimas agora e podíamos nos concentrar em questões mais agradáveis das técnicas de pilotagem e aeronavegação."

ENSINE-OS A MATAR

Eles realizavam voos pelas regiões interioranas do país e eram ensinados a aterrissar bombardeiros com apenas um motor funcionando, operação mais perigosa. Tanto que, em 1943, houve mais de vinte mil acidentes graves em bases das Frotas Aéreas do Exército no território continental americano, em que 5.603 aeronautas morreram. Ao longo da guerra, cerca de quinze mil aeronautas se tornaram vítimas fatais em bases de treinamento nos Estados Unidos e no exterior. Na Base da Força Aérea de MacDill, na Flórida, as tripulações de bombardeiro em treinamento criaram alguns versos para descrever a situação, como: "Um morrer por dia na Baía de Tampa a gente via."[535]

Na semana posterior ao Dia de Ação de Graças de 1943, Richard Baynes concluiu seu período de treinamento e ganhou a patente de segundo-tenente das Frotas Aéreas do Exército. Quando recebeu sua insígnia de aviador prateada, o tenente Baynes passou a ter todos os motivos para sentir orgulho de si mesmo e se considerar a pessoa mais sortuda do mundo. Afinal, quase quarenta por cento dos cadetes que ingressaram no programa de formação de pilotos durante a guerra — mais de 124 mil homens — fracassaram ou morreram em exercícios de treinamento. Já Baynes passou a fazer parte da que estava tornando-se rapidamente a melhor Força Aérea do planeta.

Os instruendos que conseguiam graduar-se na escola de formação de oficiais-navegadores e bombardeadores ficavam igualmente orgulhosos de sua condição de pilotos recém-formados. Elmer Bendiner, um rapaz judeu do Brooklyn, Nova York, comemorou a conclusão do curso na escola de aeronavegação comprando uma descolada capa de chuva de campanha e uma "rosadinha", a estilosa calça de gala parda de oficiais das Frotas Aéreas do Exército. "Deram-me um lote de cartões de visita com meu nome e minha patente impressos neles [...] Eu estava pronto para a guerra."[536]

Bendiner, que se formou um ano antes de Baynes, tinha sido enviado, no começo do inverno de 1943, para Sioux City, Iowa, onde preencheu a derradeira vaga da última tripulação do então recém-formado 379º Grupo de Bombardeiros, que estava se preparando às pressas para ser enviado para o exterior. Ele foi designado para servir num avião chamado *Tindelayo*, nome em homenagem a um personagem interpretado pela deslumbrante Hedy Lamarr no filme *White Cargo*. Já na ocasião em que ele e seus colegas de tripulação partiram para a Inglaterra, haviam se tornado uma verdadeira família. "Foi em torno da existência do *Tindelayo*", escreveu Bendiner, "que tecemos nossos laços de fidelidade".[537]

Richard Baynes entrou na guerra um ano depois. Quando, no verão e no outono de 1943, as baixas começaram a aumentar de forma assustadora, um número cada vez maior de tripulações passou a ser enviado para a Inglaterra, não como membros de grupos de bombardeiros formados nos Estados Unidos, mas como substitutos de grupos dizimados, como o 379º, unidade de Bendiner, a qual participaria de mais missões e lançaria mais bombas do que qualquer outro grupo da Oitava. Assim que chegavam à Inglaterra, essas tripulações se dirigiam para um posto de substitutos, donde eram encaminhadas para grupos de bombardeiros reduzidos pelas baixas sofridas.

Grupos de bombardeiros como o de Bendiner tinham passado por seu treinamento final juntos nos Estados Unidos na condição de unidade — equipes de serviços de pista e pessoal de apoio aeroterrestre — e, logo que chegaram à Inglaterra, assumiram o controle de bases aéreas preparadas especialmente para eles. Os bombardeiros do 379º começaram a aterrissar no aeródromo de Kimbolton, em Cambridgeshire, no fim de maio de 1943, um mês antes de os primeiros aviões de outro novo grupo, o Centésimo, ter aterrissado em Thorpe Abbotts, o oitavo grupo de bombardeiros enviado para a Grã-Bretanha pela Oitava Frota Aérea. A essa altura, o Centésimo já constava nos registros da Força Aérea como uma unidade rebelde e indisciplinada, um problemão para o coronel Curtis LeMay, que tinha acabado de receber o comando da nova Quarta Ala de Bombardeiros, unidade com a qual o Centésimo participaria de missões.

O Centésimo

Uma semana depois do bombardeio a Pearl Harbor pelos japoneses, Harry Crosby abandonou o programa de mestrado em literatura na Universidade de Iowa para ingressar no Corpo de Aviação do Exército, deixando para trás a jovem pela qual ele havia se apaixonado, mas que tinha demonstrado pouco interesse numa futura vida a dois com ele. Algumas semanas depois, porém, Crosby fracassou em sua tentativa de tornar-se piloto e foi encaminhado para o setor de formação de oficiais-navegadores. Quando lhe deram as divisas douradas e o emblema de oficial-aviador, ele ficou lotado no Centésimo Grupo de Bombardeiros, onde lhe disseram que serviria em aviões B-17s. Na primeira vez em que viu um desses aviões aterrissar, o aparelho se espatifou no solo, matando todos a bordo.

ENSINE-OS A MATAR

Seus pilotos eram John Brady e John Hoerr, e o bombardeador, Howard "Faroleiro" Hamilton, um jovem de rosto ovalado natural de Augusta, Kansas.[538] Na cauda do bombardeiro operava um verdadeiro grupo de poliglotas. O engenheiro de bordo, Adolf Blum, era um fazendeiro oriundo de Nova York que falava com um carregado sotaque alemão. O metralhador da torre esférica, Roland Gangwer, era polonês católico. Um dos operadores da metralhadora lateral móvel, Harold Clanton, descendia parcialmente de índios, enquanto o outro operador lateral, George Petrohelos, era grego oriundo de Chicago. O radioperador, Saul Levitt, era judeu da Cidade de Nova York, um ex-repórter que fizera a cobertura jornalística das investigações das atividades do submundo do crime de Thomas Dewey, e o metralhador da cauda, a cada semana, conforme observado por Crosby, parecia ser sempre um novo sujeito.

Quando John Brady, nas primeiras horas de uma manhã escura, deu com os olhos pela primeira vez nos tripulantes de seu avião, sorriu, dizendo a eles que não estava surpreso. "Depois, quando ele voltou a sorrir, lembramos imediatamente de onde ele era", rememorou Crosby. "Antes da guerra, ele fora saxofonista de uma das bandas de Bunny Berrigan."[539]

O Centésimo, comandado pelo coronel Darr "Pappy" Alkire, um veterano de B-17, passou por um rápido treinamento em Boise, Idaho, e em Walla Walla, Washington, antes de ter sido enviado para as desoladas planícies de sal de Wendover, Utah, em dezembro de 1942. A unidade chegou lá apenas com quatro B-17s surrados, fora do serviço ativo, e com várias equipes de manutenção e reparo formadas às pressas, "que tratavam os gigantes alados com um misto de afoiteza e ignorância",[540] escreveu um dos cronistas do grupo. Alguns desses homens nunca tinham visto um B-17, porém, felizmente, alguns poucos tinham experiência como mecânicos. Kenneth Lemmons, um voluntário de 19 anos de idade oriundo de Pocahontas, Arkansas, tinha abandonado a escola na oitava série para ajudar o pai a cuidar da fazenda da família. "Nós mesmos, na fazenda, fazíamos todos os serviços de mecânica de nossas máquinas. [...] Foi por isso que me adaptei com facilidade ao trabalho de mecânico."[541] O sargento Lemmons, um chefe de hangar encarregado de quinze subordinados, ajudava sua equipe de homens menos experientes a manter o minúsculo grupo de aviões do Centésimo em condições de voar. "Os membros das equipes de manutenção são a espinha dorsal desta unidade", ensinou o coronel Alkire a seus novos subordinados. "Sem eles, essas primas-donas dos ares não valem um centavo."[542]

250 MESTRES DO AR

Mais bombardeiros e equipes de manutenção chegaram naquela mesma semana e logo depois os esquadrões estavam nos ares treinando. Todos os tripulantes precisavam praticar, pois seu treinamento em Wendover, Utah, tinha sido tão precário que o Centésimo quase não conseguiu ficar pronto para participar da guerra.

No dia de Ano-Novo, o Centésimo foi transferido de Wendover para Sioux City, Iowa.[543] O pessoal de apoio aeroterrestre, viajando em trens de transporte de tropa, chegou antes dos aeronautas, que haviam se atrasado por conta do que chamaram de uma "excursão pelos aeródromos", a maioria deles convenientemente localizada nas cidades de origem dos tripulantes. Quando seu avião sobrevoou seu antigo bairro em Minneapolis, um dos metralhadores decidiu enviar um bilhete aos pais, o qual ele prendeu a uma chave-inglesa e lançou de uma altitude de 16 mil metros! Mas censores das forças armadas recolheram a mensagem e a devolveram a Alkire, advertindo que o país ficaria mais seguro quando o Centésimo estivesse na Europa.

Sioux City deveria ser o estágio final do treinamento do Centésimo em território americano, mas o grupo foi informado de que ainda não estava qualificado para uma atribuição no exterior. A Força Aérea considerou brevemente dividir o Centésimo. As tripulações foram enviadas para treinamento adicional em oito bases separadas em todo o oeste dos Estados Unidos. Eles permaneceriam dispersos por três meses, enquanto as equipes de terra acampavam na Base Aérea do Exército de Kearney, no oeste de Nebraska.

No final de março, Alkire recebeu a ordem pela qual estava orando, instruindo-o a montar seu grupo para uma missão no exterior. Em 20 de abril, todas as tripulações originais do grupo estavam em Kearney, ansiosas para iniciar um teste final com um voo até São Francisco. Foi um desastre. Quatorze dos 37 aviões não chegaram ao destino. Alguns dos pilotos, alegando problemas nos motores, aterrissaram nas cidades de suas namoradas! Uma tripulação foi parar em Smyrna, Tennessee. Esses voos de teste custaram a Alkire a perda do comando da unidade, e o major Johnny Egan foi rebaixado de subcomandante do grupo para comandante de esquadrão. O coronel Howard Turner, um assessor de Hap Arnold, se tornou o comandante interino do Centésimo. Sua única tarefa era levar o grupo para a Inglaterra sem incidentes.

Sob o comando de Turner, as tripulações receberam novos B-17s, o último modelo da Fortaleza Voadora, e foram enviadas para Wendover, Utah, onde

ENSINE-OS A MATAR 251

teriam um treinamento adicional. Em Kearney, quando foi anunciado que todas as licenças de folga estavam canceladas e os comandantes de unidades permitiram que seus subordinados ficassem bêbados como gambás nos alojamentos, os homens sabiam o que isso envolvia: "a viagem para a guerra."[544] Assim, as autoridades militares fizeram a verificação de documentos e registros, distribuíram novas roupas de aeronautas e, em 27 de maio, com Turner no avião da vanguarda, os quatro esquadrões do Centésimo, um deles comandado por Gale Cleven, partiram para Bangor, Maine, a escala da viagem de travessia do Atlântico.

Alguns desses jovens deixaram para trás mulheres recém-esposadas por eles. Harry Crosby se casou com a jovem que ele vinha cortejando em Iowa City, depois que ela lhe enviou uma carta manifestando intenso e repentino interesse por ele. Enquanto ele ficasse na Inglaterra, ela dividiria um apartamento com duas das esposas de seus colegas de esquadrão, o tenente Howard Hamilton e o capitão Everett "Ev" Blakely. Quando voltou a sua cidade, Pocahontas, Arkansas, para gozar sua última licença, o sargento Ken Lemmons se casou com Fonda, sua noiva, e a levou para Kearney, onde se hospedou com ela num hotel para que aproveitassem o pouco tempo que teriam juntos. Assim que recebeu ordens para partir rumo ao exterior, ele a enviou de volta para o nordeste do Arkansas, onde a esposa ficou morando com os pais durante os dois anos e meio seguintes. "Foi uma despedida difícil", disse ele, "para dois jovens recém-casados".[545]

Os cerca de 1.500 homens da equipe terrestre já haviam partido para Kearney dias antes, seguindo de trem para Camp Kilmer, Nova Jersey, que podia ser vista dos arranha-céus de Manhattan. Então, numa manhã de um dia chuviscante do fim de maio, os portões da base foram trancados, as portas do mundo fechadas e, apenas sete meses de treinamento depois, a equipe de manutenção e reparo terrestre do Centésimo embarcou em trens de vagões fedorentos com destino a Hoboken, Nova Jersey. De lá, os rapazes atravessaram de barca o Rio Hudson, passando por filas intermináveis de navios de guerra ancorados nas proximidades, para chegar a um extenso porto com um imenso teto abobadado. Esperando por eles, envolto numa aura de muda imponência, estava o transatlântico Cunard White Star *Queen Elizabeth*, agora um dos navios de Sua Majestade, exibindo seu uniforme de guerra de cores sombrias. "Ele era tão grande", observou um dos rapazes, "que só conseguíamos ver suas laterais cinzentas".[546]

Na tarde do dia seguinte, rebocadores tiraram o navio da doca, que se virou e apontou sua majestosa proa para o mar, com um carregamento de almas cujo número equivalia ao da população de uma pequena cidade. Mas a única coisa que impressionou os quase quinze mil soldados a bordo era o potente deslocamento do grande navio, no qual estavam confinados nos mofados alojamentos abaixo do convés principal sem que soubessem para onde estavam indo.

Quando o navio alcançou o mar aberto, marinheiros começaram a cobrir as vigias e janelas, como forma de impedir que submarinos alemães localizassem a embarcação colossal, que "se camuflou engolfando-se no véu noturno",[547] escreveu Jack Sheridan, uma ordenança do Centésimo. O *Queen* levou oito dias para realizar a travessia, mudando de direção a cada três minutos e com olhos de marinheiros vigilantes grudados em binóculos, vasculhando a superfície das ondas escuras em busca de periscópios de submarinos alemães. O movimento sinuoso do navio provocou enjoos e verdadeiras erupções estomacais nos recrutas espremidos nos apertados e malcheirosos alojamentos abaixo do convés, onde cada dois deles dividiam uma rede de dormir, na qual se revezavam em turnos de doze horas de descanso. Já os oficiais dormiam em treliches postos bem próximos uns dos outros, num camarote em que oito homens se apertavam num espaço para acomodar duas pessoas. Sem quase nada para fazerem, os combatentes jogavam vinte-e-um, dados e faraó. Em pouco tempo, aliás, "o navio inteiro entrou na onda de um verdadeiro oceano de partidas intermináveis de jogos de azar. Era impossível se movimentar pelo navio sem se deparar com algum tipo de jogo em todas as suas passagens e recintos",[548] conta Sheridan.

O navio alcançou as seixosas praias da Escócia e atracou em Greenock na manhã de 3 de junho de 1943. Quando os passageiros começaram a descer pelas rampas de desembarque dos escaleres do rio que os levaram até o cais, foram saudados por uma banda de aspecto tristonho com a música *Take Me Back to New York*. Após um lanche com chá e rosquinhas fornecidas por senhoras escocesas, o pessoal de reparo e manutenção aeroterrestre do Centésimo foi levado de trem a uma estação ferroviária chamada Diss. "Os engraçadinhos da unidade",[549] escreveram os historiadores oficiais do grupo, "não perderam tempo e começaram a exclamar em coro: 'Dis is Diss!'",* brincadeira que se tornaria o refrão característico dos aeronautas em seu retorno de viagens a Londres.

Na estação, embarcaram em caminhões, que passou em frente a um bar chamado King's Head, no caminho que os levaria para uma vila que jazia discreta e sonolenta atrás da base, ainda em construção, no local de um antigo centro aeronáutico da RAF. Dos milharais de Nebraska até a "porta da casa dos nazistas" em poucas semanas, foi, nas palavras de Sheridan, "um pulo e tanto".[550]

Nessa primeira noite em Thorpe Abbotts, alguém no alojamento de Lemmon ligou o rádio e ficaram todos ouvindo uma transmissão de Berlim. Era a Sally do Eixo, a infame divulgadora do nazismo, dirigindo a palavra diretamente aos membros do Centésimo, dando-lhes as boas-vindas à Inglaterra. "Vocês cometeram um erro. Esta guerra não é de vocês. Por que morrer na Inglaterra? Voltem para casa!"[551]

Em 9 de junho, as tripulações de bombardeiros chegaram. Os aviões ficaram voando em círculo pelo aeródromo, aguardando a vez de aterrissar. "A família inteira estava reunida de novo", observou Sheridan. "E, dessa vez, para combater."[552]

A chegada dos bombardeiros causou sensação na comunidade local. "Um dia, eu estava voltando de bicicleta da escola quando eles começaram a chegar. Aterrissaram um atrás do outro, muitos deles a pequenos intervalos entre si",[553] contou Gordon E. Deben, rememorando a ocasião, época em que ainda era um pré-adolescente de apenas 12 anos, morador de uma fazenda situada bem ao lado da pista do aeródromo. "Eu estava perto do fim da pista principal quando comecei a ter arrepios. Eu queria ir para casa, mas fiquei com medo de passar embaixo deles, pois se aproximavam muito do solo."

Todos os aviões do Centésimo aterrissaram, exceto um, a Fortaleza pilotada por John Brady. No trecho final de sua viagem sobre o Atlântico, Harry Crosby cometeu um erro de navegação, o que os fez desviar da Inglaterra para a França. Depois de terem quase avançado pelo território francês ocupado pelos nazistas, mudaram de rumo e acharam a grande ilha, mas

---

* Em português: Isto é Isto! ou Permitam que lhes apresente Isto!. É que a pronúncia do nome da estação (Diss) é parecida com a do pronome demonstrativo inglês *this* e com o termo *Dis*, forma distorcida do pronome, num improviso jocoso pelos aeronautas, como arremedo de Diss, o nome da cidade em que fica a estação mencionada no texto. [N. do T.]

o trem de aterrissagem congelou, obrigando-os a fazer um pouso forçado numa pista do acidentado litoral ocidental da Inglaterra. Ninguém se feriu, nem mesmo a nova mascote da tripulação, Meatball, um Husky do qual haviam se apoderado na Islândia. "A zona rural parecia tranquila", relatou o radioperador Saul Levitt, "mas sabíamos que o local era a via de acesso de um continente conturbado".[554]

Sem hesitar, a tripulação pegou um trem para Diss. Algum tempo depois, os aeronautas seguiam viagem na traseira de um caminhão quando o veículo se aproximou de dois policiais do Exército com capacete, vigiando o que parecia a porteira de um complexo de criação de gado. Os guardas os cumprimentaram e pediram seus documentos. Quando observou os arredores, Crosby viu que estavam às portas de uma fazenda, com um estranho sujeito a certa distância no campo, cuidando de uma equipe de cavalos. Chegou a achar, por algum tempo, que estavam no lugar errado, até que viu, na frente de uma longa fileira de barracas Nissen, um grupo de recrutas brincando de arremessar uma bola de beisebol entre si. Não havia se enganado, atinou; estavam mesmo na zona de guerra.

Suas acomodações eram cabanas de Nissen comuns — chapas pré-fabricadas de aço corrugado, aparafusadas entre si, de modo que formassem um abrigo semicilíndrico, pintado de um verde-oliva fosco. Os pisos eram de lajes de concreto, e o interior dos abrigos em si, aquecidos com pequenos fogões a carvão, providos de canos de chaminé que atravessavam seus telhados. Umas poucas lâmpadas fracas, pendentes do teto de cada um deles, iluminavam seu interior. As cabanas assentavam sobre o terreno em grupos separados, denominados sítios, e organizadas por esquadrão. Seus telhados arredondados faziam a base parecer "um grupo de cômoros tumulares" de índios pré-históricos.[555] Cada uma dessas cabanas destinadas a abrigar oficiais acomodava oito deles, os oficiais de duas tripulações de bombardeiros, cada um com sua própria cama de lona portátil e dobrável; sargentos-artilheiros dormiam em beliches, em cabanas maiores, capazes de abrigar até três dúzias de aeronautas. Assim, tanto oficiais quanto recrutas viviam num aperto espacial semelhante ao das tripulações de submarinos, num abrigo semicilíndrico impregnado do cheiro de cigarro, suor e roupas sujas.

Os tripulantes do avião de Crosby dividiam uma cabana com o oficial-navegador Frank D. Murphy e os outros oficiais dessa tripulação, comandada pelo capitão Charles B. Cruikshank, oficial proveniente da Nova Inglaterra, sujeito esguio, objetivo e senhor de uma autoconfiança natural.[556]

ENSINE-OS A MATAR

Nenhum dos alojamentos tinha água encanada. Havia uma instalação com latrinas e bidês na área comunitária de cada esquadrão, mas a destinada ao convívio dos mecânicos não tinha água aquecida. Isso causava indignação na tropa, agravada pelo desejo dos comandantes de esquadrão de realizarem inspeções nos alojamentos dos recrutas. Como recorda Ken Lemmons "Nós, suboficiais, nos reunimos e dissemos a eles que ficassem longe de nossos alojamentos. Porque estávamos sujeitos a ter que trabalhar a qualquer momento, de dia ou à noite. Tínhamos que trabalhar muitas noites inteiras seguidas [...] Portanto, não permitimos que ninguém mais entrasse em nossos alojamentos. Quando conseguia uma chance para dormir, você não a desperdiçava, e os oficiais tiveram a sensatez de não insistir nisso [...] Os oficiais e os recrutas eram como irmãos. Esse negócio de patente não existia [...] na zona de combate",[557] explicou Ken Lemmons.

Havia três pistas interessantes em Thorpe Abbotts, com pátios de estacionamento de piso concretado nas laterais, um para cada avião estacionado. Os mecânicos armavam barracas de lona ao lado desses pátios, abrigos sem sistema de aquecimento, por sinal, nos quais trabalhavam já nas primeiras horas da manhã, antes do despertar das tripulações.[558] Perto dessas barracas, sobre uma vala de esgoto, Ken Lemmons e os mecânicos improvisaram "banheiros" com caixas de bombas para fazer suas necessidades. Como um dos cinco chefes de tripulação, Lemmons tinha responsabilidade sobre cinco bombardeiros, que ficavam estacionados em pátios de estacionamento com 8 por 11 metros de largura, situados exatamente ao lado da torre de controle, em formato de caixa. "Os pátios eram nosso escritório, nossa preocupação e o trabalho de nossas vidas enquanto ficamos em Thorpe Abbotts."

Os pátios ficavam muito longe dos alojamentos dos mecânicos, pois a base e os aviões precisavam ser mantidos a grande distância um do outro para minimizar prejuízos em caso de ataques da Luftwaffe. Assim, em pouco tempo os aeronautas compraram bicicletas no povoado e começaram a ir para o trabalho pedalando. Para se fazer quase tudo em Thorpe Abbotts — desde tomar banho a ingerir uma refeição —, a pessoa tinha que montar na bicicleta.

Uma pequena comunidade, chamada Upper Billingford, ficava inteiramente dentro do perímetro da base, que nunca teve uma cerca delimitando seu território. No primeiro domingo nessa localidade, centenas de moradores, entre os quais algumas mães levando seus filhinhos em carrinhos de bebê, em passeio até a base, foram a pé ou de bicicleta admirar as Fortalezas, muitas delas estacionadas a apenas alguns metros de uma via de acesso à base, com suas altas seções de cauda se estendendo transversalmente sobre a estrada. Alguns garotos do povoado chegaram a enfiar-se sorrateiramente numa vala da estrada que passava embaixo da parte traseira de uma das Fortalezas, ansiosos por dar uma olhada nas armas da barriga do bombardeiro. De repente, numa dessas ocasiões, um dos integrantes do serviço de pista os viu, mas acabou deixando depois que se sentassem diante dos comandos da aeronave. Desse dia em diante, após as aulas, os garotos passaram a visitar de bicicleta a base todos os dias, com o intuito de brincar nos aviões que não estivessem operando. Em dias nos quais os aeronautas recebiam sorvete como sobremesa, os mecânicos punham os meninos às escondidas no refeitório, onde permitiam que comessem em longas mesas ao lado deles.

A maior parte das famílias de fazendeiros locais era de arrendatários de Sir Rupert Mann, cuja família de nobres possuía vastas extensões de terras na região havia séculos. Os aeronautas se entrosaram com essas famílias, convidando seus integrantes mais queridos para tomar um prato de sopa ou saborear um guisado em suas cabanas precariamente iluminadas. Em certas noites, jovens americanos, com seus quepes de aviador, batiam às portas das casas de fazenda e pediam permissão para entrar e conversar um pouco, ocasião em que dividiam na cozinha umas tragadas num cachimbo com o dono da residência.

Quando parava de chover e a neblina se dissipava, os rapazes passeavam de bicicleta pela área em suas horas livres à procura de bares e garotas. Era um passeio perigoso, pois os jovens americanos ignoravam que o freio das bicicletas inglesas era de mão. "O número de aeronautas ianques que tentava frear com o pedal da bicicleta [...] é o mesmo do de aeronautas ianques enviados à Inglaterra",[559] observou Andy Rooney. Ken Everett, que morava ao lado da base, jura que a quantidade de oficiais americanos lotados em Thorpe Abbotts que se machucou andando de bicicleta foi tão grande quanto o dos que sofreram ferimentos em operações de guerra nos aviões. "Eles pedalavam como loucos e sofriam acidentes espetaculares. Tinha-se a impressão de que todos os dias havia uma ambulância levando alguns deles para o hospital. Você os via nos bares, grupos inteiros deles, enfaixados e entalados, achando que tinham participado de uma missão de combate."[560]

ENSINE-OS A MATAR

Os aeronautas não tinham o mínimo de dificuldade para encetar amizades e impressionar as jovens das fazendas, mas os homens dos povoados achavam mais difícil se aproximar dos americanos. "Eles tinham rolos de dinheiro",[561] comentou John Goldsmith, um jovem porteiro de hotel, "e suas fardas elegantes, bem-talhadas, faziam com que se destacassem. Já nossos pais usavam botas com cadarços sujas de lama, calças largas e chapéus velhos, e suas melhores roupas ficavam guardadas em caixas ao lado da cama para serem usadas em casamentos e enterros. Até nossos soldados, com seus pesados uniformes de lã desajustados, pareciam desleixados em comparação com os americanos. Logicamente, com isso, os ianques conquistavam as melhores garotas".

O jeito informal dos militares americanos ofendia alguns britânicos, cujos serviços militares eram rigidamente estratificados e, portanto, seus oficiais raramente tinham contato social com seus subordinados. "Vão para a guerra todo chiques e tratam seus oficiais como 'camaradas'",[562] comentou um inglês sarcasticamente.

"O que incomodava muitos de nós",[563] observou John Goldsmith, "era que a maioria dos ianques usava talco e achávamos isso um tanto efeminado. Além disso, eles eram muito barulhentos. Mas, depois de algum tempo, era difícil não gostar deles, porquanto eram muito amigáveis, sempre dispostos a bater papo, e o que mais nos impressionava é que nunca falavam de suas missões.

"Em certo sentido, porém, só passamos a gostar realmente deles quando começaram a morrer. Sentíamos falta dos jovens que não voltavam e nos compadecíamos de seus colegas, sabendo que suas chances de sobreviver eram muito pequenas. Não havia como não nos apiedarmos deles. Eu tinha 15 anos em 1943, e muitos dos ianques eram apenas três ou quatro anos mais velhos do que eu, alguns dos quais nem sequer aparentavam ser da minha faixa etária."

Os rapazes do Centésimo treinavam quase todos os dias e alguns deles bebiam também quase toda noite. Esses, assim como Gale Cleven, que não frequentavam bares, permaneciam em seus alojamentos parcamente iluminados conversando sobre as garotas que tinham deixado para trás e sobre a guerra que teriam pela frente. Todos se perguntavam como deveria ser o conflito. "Ouvi dizer que os Chucrutes enchem os paraquedas inimigos de buracos",[564] alertou um dos tripulantes da aeronave de Brady. "Mesmo que você consiga saltar de paraquedas, eles o enchem de tantas perfurações que você fica sem chance de sobreviver."

Enquanto os aeronautas fumavam e conversavam sob tetos cobertos com pôsteres de gostosonas de Hollywood, muitos dos clássicos aviões de guerra da época aguardavam nas pistas, "como verdadeiras feras", o seu primeiro dia de combate.

CAPÍTULO SETE

Os Sinos do Inferno

Hoje o Sol não será visto!
O céu se turva e chora sobre nosso exército.

WILLIAM SHAKESPEARE, RICARDO III,
ATO V, CENA 3

Thorpe Abbotts, 25 de junho de 1943

Logo depois da meia-noite, Ken Lemmons foi informado de que o dia tinha finalmente chegado: o da primeira chance de o Centésimo desferir um golpe no inimigo.

Já às três horas da madrugada, os mecânicos estavam nos pátios de estacionamento, no exato momento em que as tripulações dos bombardeiros iam sendo acordadas. Mas as turmas de manutenção de material bélico e os armeiros haviam iniciado seu trabalho mais cedo ainda. Despertados em seus beliches minutos depois de terem recebido a ordem de missão de ataque, eles seguiram para o depósito de bombas para iniciar o carregamento da dotação de artefatos destruidores desse dia — quinhentas bombas de quase 500 quilos impecavelmente empilhadas, em forma de pirâmide, num compartimento isolado que os recrutas chamavam de cidade dos trovões. As bombas foram postas em longos e baixos reboques sobre rodas, levadas em seguida para os aviões, transferidas dali para suas barrigas vazias com guinchos operados à mão e fixadas em prateleiras no compartimento de bombas. Depois que os armeiros instalavam os detonadores, fixavam um contrapino ao mecanismo de detonação de cada bomba para impedir que a hélice existente em sua traseira girasse — tal como aconteceria assim que lançada, ocasião em que se precipitava armada sobre o inimigo. Isso impedia que as bombas explodissem a bordo do avião.

Era um trabalho perigoso, principalmente se os carregadores de bombas, na pressa de concluir logo o trabalho, as armassem antes de carregá-las no avião. Em Ridgewell, local da base do 381º Grupo de Bombardeiros, unidade que chegou à Inglaterra ao mesmo tempo que o Centésimo, onze bombas explodiram embaixo de uma Fortaleza. "Quando ouvi a explosão, corri para o local e fiquei horrorizado",[565] escreveu em seu diário James Good Brown, o capelão do grupo. Onde antes havia uma Fortaleza Voadora e 23 homens, não existia mais nada, exceto estilhaços de metal e ossos.

Enquanto os aviões eram supridos de bombas em Thorpe Abbotts, especialistas em armamentos puxavam caixotes de madeira cheios de pentes de projéteis calibre .50 para dentro dos aviões, pondo um deles no posto de cada um dos artilheiros. Em seguida, inspecionavam as torres de metralhadoras motorizadas, desmontando-as, para terem certeza de que estava tudo em ordem. Afinal, as vidas dos tripulantes dependiam de sua rigorosa vistoria.

Logo que concluíam o serviço, os mecânicos de pista — três para cada avião, um chefe de tripulação e dois assistentes — assumiam a direção dos trabalhos, fazendo as verificações mecânicas finais: do motor, do sistema hidráulico, dos freios, dos pneus e do sistema de oxigenação. A tarefa mais cansativa era retirar à mão as pás das hélices para virar o motor e remover todo óleo que houvesse se acumulado nos cilindros. O chefe de tripulação entrava depois na cabine de pilotagem e ligava os motores para testá-los, juntamente com seus delicados componentes elétricos e hidráulicos. Se tudo estivesse em ordem, os motores seriam desligados e os tanques de gasolina tampados. As equipes de serviço de pista nunca sabiam para onde suas máquinas iam, embora entendessem que um tanque cheio significava um dia longo e perigoso para as tripulações.

Os mecânicos estavam prestes a concluir suas tarefas quando os artilheiros chegaram, mais ou menos uma hora antes da decolagem. Eles montaram e fixaram suas metralhadoras, que geralmente ficavam guardadas numa oficina de manutenção de armamentos ao lado do pátio de estacionamento, onde eram envoltas em panos impregnados de óleo para evitar que enfer-

OS SINOS DO INFERNO

rujassem. Essa grossa camada de óleo tinha que ser removida, já que, em grandes altitudes, podia absorver umidade, fazendo com que mecanismos dessas armas congelassem.

Quando os quatro oficiais-aviadores chegaram da reunião de instrução, o piloto distribuiu estojos de emergência entre os tripulantes e fez uma "ronda" com o chefe das equipes de serviços de pista, a última inspeção visual antes da decolagem. Enquanto circundavam o avião, percorrendo uma longa lista de verificação das condições da aeronave, os operadores de metralhadora vestiram seus macacões de aeronautas termoelétricos, os quais levavam para o pátio de estacionamento da pista em bolsas de equipamento com zíper.

A maioria dos metralhadores já tinha vestido o restante de seus incômodos trajes de aeronauta na Sala de Equipamentos de Voo, mas alguns deles preferiram se aprontar para a guerra no avião mesmo. De sua indumentária de combatentes aéreos, faziam parte arnês de paraquedas destacáveis, coletes salva-vidas infláveis, jaquetas e calças de couro forradas de lã, grossas botas de couro e luvas forradas, feitas do mesmo material. Os operadores de metralhadora usavam quepes de aviador forrados de lã e, a essa altura da guerra, alguns tripulantes tinham à disposição capacetes reforçados e coletes à prova de projéteis antiaéreos, apetrechos que eles usavam quando entravam no espaço aéreo do território inimigo. Cada oficial era munido com uma pistola Colt automática calibre .45 e a maioria dos aeronautas se municiava também com talismãs: medalhinhas de São Cristóvão, cartas de esposas ou namoradas, meias ou cachecóis "da sorte" — qualquer coisa que achavam que serviria para repelir os belicosos gênios do mal.

A maior parte da tripulação entrou no bombardeio pela porta na traseira da fuselagem, situada atrás de uma das janelas abertas usadas pelos operadores das metralhadoras móveis laterais. Alguns oficiais preferiram entrar, usando a força dos braços — como se estivessem exercitando-se numa barra de ginástica —, pela escotilha do nariz da aeronave, lançando mão de uma forma mais atlética para alcançarem seus postos. Quando constatou que toda a tripulação estava devidamente acomodada a bordo, o piloto abriu sua janela lateral, gritou "tudo livre à esquerda" e acionou o motor número um do avião, fazendo sua hélice girar. "Com uma espécie de forte engasgo seguido de uma golfada de fumaça, o motor Wright Cyclone pegou",[566] observou Ken Lemmons, lembrando-se da manhã do primeiro ataque do Centésimo. "Um após o outro, começando pelo ronco do motor extrabordo esquerdo, eles ganharam vida, lançando uma esteira de fumaça para trás. A forte corrente de ar produzida por esses motores era capaz de derrubar um homem com extrema facilidade."

Os pilotos fizeram sinal para que as equipes de serviço de pista removessem os calços das rodas, de modo que pudessem iniciar a manobra preliminar pela pista lateral. Como se fossem mães muito preocupadas, as equipes de serviço de pista caminharam ao lado de seus "bebês" até a pista principal, pois, por causa da grande altura das seções do nariz das Fortalezas, os pilotos não conseguiam ver o terreno adiante e, assim, precisavam da orientação delas. De repente, acendeu-se uma luz verde numa camioneta estacionada no fim da pista e, minutos depois, o Centésimo seguia para o coração da zona de guerra, incumbido de bombardear Bremen. Quando os bombardeiros sumiram em meio às nuvens baixas e carregadas, a base caiu num estado de silêncio quase absoluto. Depois que recolheram suas ferramentas dos pátios de estacionamento laterais, as equipes de serviço de pista rumaram para o refeitório e, de lá, foram direto para a cama. Mas foi difícil para seus membros pegarem no sono com seus aviões lá fora enfrentando o perigo. Após algumas horas de insone inquietação na cama, alguns desses aeronautas resolveram jogar cartas ou dados, enquanto outros preferiram escrever cartas aos familiares e outros mais foram até o povoado, às escondidas, para tomar uma caneca de cerveja ou desfrutar momentos de pura delícia, na madrugada, com uma jovem britânica enviuvada pela guerra. "Só conseguimos relaxar mesmo",[567] contou Ken Lemmons, "quando eles voltaram para a base".

Cerca de uma hora antes do meio-dia, finalmente chegou a notícia: os rapazes estavam voltando da missão, anúncio que fez com que uma torrente de homens jorrasse de cozinhas e escritórios, oficinas de manutenção e alojamentos para recebê-los. Em questão de minutos, todos os membros das equipes terrestres ("socadores de terra", no jargão zombeteiro dos aeronautas) estavam na área de serviço de manutenção e reparos preparados para "fazer a contagem dos retornados". Por volta das onze e quinze, estavam de volta aos céus de Thorpe Abbotts e começaram a aterrissar um de cada vez. Quatorze aviões pousaram na base, mas o total esperado eram dezessete deles. As equipes de serviço terrestre dos aviões faltantes permaneceram às margens da pista à espera de um milagre. Quando souberam que os três bombardeiros haviam sido dados oficialmente como perdas, elas recolheram seus equipamentos e voltaram caminhando em silêncio para seus abrigos

OS SINOS DO INFERNO

na área de dispersão das aeronaves. Os trinta homens com os quais haviam trocado apertos de mãos naquela promissora manhã não existiam mais.

E não havia tempo para chorar os mortos. Ken Lemmons era chefe de hangar encarregado da manutenção de cinco bombardeiros e de chefiar quinze mecânicos, e os chefes de hangar tinham que ter seus aviões prontos para participar de missões no dia seguinte. Seus mecânicos limpavam reservatórios de óleo entupidos, verificavam as condições de velas de ignição, inspecionavam compressores e fiação elétrica. Quando os enormes caminhões-tanque chegavam, os mecânicos rastejavam pelas asas da aeronave, abriam as portas dos tanques de combustível e os ajudavam a encher esses compartimentos autovedantes, seis deles em cada Fortaleza. No último modelo de B-17s da época, esses tanques comportavam 2.800 galões de gasolina, o equivalente a quase um quarto do peso do avião durante a decolagem. Enquanto os mecânicos cuidavam de seu trabalho, trocando insultos amigáveis entre si, as equipes de reparo de fuselagem remendavam os estragos sofridos nas batalhas, fixando os remendos com rebites cravados nas chapas de metal com barulhentas pistolas de ar comprimido. Geralmente, danos estruturais graves eram reparados em oficinas especiais da Força Aérea, mas, no ambiente de urgência dos combates, as equipes de manutenção de Ken Lemmons eram convocadas às vezes para trocar uma hélice ou tirar uma asa da aeronave e substituir um tanque de gasolina com perfurações irreparáveis. Esse tipo de trabalho podia estender-se até altas horas da noite.

Os mecânicos trabalhavam num ambiente impregnado de lamas e graxas perpétuas. Quando suas roupas ficavam muito sujas, alguns dos rapazes lavavam seus macacões e uniformes de gala em grandes tonéis de gasolina usados como reservatórios de água e depois os secavam em varais estendidos do lado de fora dos alojamentos. Quando fora da base, por exigências do regulamento, os membros da Força Aérea tinham que usar suas fardas de gala, mas, se algum deles conseguisse licença antes que sua farda secasse, preferia usá-la úmida mesmo a ter que passar a noite sozinho na base. "Não é de estranhar, pois", comentou Lemmons espirituosamente, "que os rapazes não explodissem quando acendiam um cigarro".[568]

Seu trabalho não tinha nada de esplendoroso e praticamente não via nenhum reconhecimento; nenhum deles recebia medalhas por fazer a troca de velas de ignição. E os mecânicos não tinham também nenhuma história sensacional para contar nos bares. Mas todo mundo na base sabia que eles estavam ajudando a vencer a guerra, num esforço ingente para manter esses colossos "nos ares". Quando os nazistas iniciaram esse conflito de máquinas — de tanques e aviões velozes —, esqueceram-se de que os Estados Unidos eram "uma nação de mecânicos" de mão cheia,[569] onde os rapazes, quando bebês, "exercitaram o desabrochar da dentição com blocos de construção de miniaturas de plástico", que usavam como mordedores, e onde jovens filhos de fazendeiros, como Ken Lemmons, conseguiam consertar o Chevrolet da família antes mesmo dos 16 anos de idade. Eram esses "soldados--mecânicos", escreveu um repórter do *Yank*, que estavam consertando os bombardeiros que mandariam os super-homens nazistas de volta para suas tétricas cervejarias de subsolo.

Com as tripulações sendo substituídas após a conclusão de seu tempo de serviço de 25 missões e com muitas delas perdidas em combate, as equipes de serviço de pista — cujo tempo de serviço, geralmente, "durava mais" que essas 25 missões — não conseguiam conhecer todas muito bem. "Mas nós as adorávamos", afirma Ken Lemmons. "Afinal, elas estavam enfrentando a guerra por nós."[570]

Combate e Loucura

Uma vez que chegara à Inglaterra com fama de unidade indisciplinada, o Centésimo ficou sob a fria vigilância do coronel Curtis LeMay. Quando LeMay foi a Thorpe Abbotts para uma inspeção, um cabo turbulento passou por ele em alta velocidade dirigindo um caminhão, levando a reboque uma carreta cheia de bombas, quase atingindo o oficial. Minutos depois, um jipe dirigido por um chefe de equipe de serviço de pista se chocou contra a lateral de sua viatura de comandante. Como se não bastasse, LeMay encontrou os alojamentos dos aeronautas na maior desordem, com camas desarrumadas, garrafas de rum vazias espalhadas pelo chão e roupas sujas amontoadas em pilhas fedorentas. Quando ele pediu para encontrar-se com Gale Cleven, depois que soube que ele e John Egan eram os responsáveis pelo "desleixo repugnante" do grupo, um sargento disse a ele que ninguém sabia onde estava o líder do esquadrão.[571]

O comandante do grupo, o tranquilo e despreocupado coronel Neil "Chick" Harding,[572] ex-treinador de futebol americano em West Point, costumava

OS SINOS DO INFERNO

beber com seus aviadores e não fazia quase nada para impor disciplina na base. Quando as missões foram ficando mais difíceis, ele passou a ver a ingestão de bebida alcoólica e as brigas entre os aeronautas como formas aceitáveis de alívio da tensão. Seus homens eram feitos de "carne e osso",[573] dizia ele, e não da insensibilidade do aço. Achava que, depois que eles viam os amigos morrendo em aviões sendo destroçados nos ares, deviam ter permissão de cometer certas loucuras de vez em quando.

Essas loucuras, porém, se apresentavam sob diferentes formas e pelo menos uma delas levou o surtado a tomar uma excelente decisão. Numa missão realizada algum tempo depois naquele verão, Harry Crosby não conseguiu localizar o alvo principal por causa de uma espessa camada de nuvens baixas. Além disso, ambos os alvos da segunda opção de ataque estavam encobertos pelas nuvens também, liberando assim os bombardeiros para ataques contra "alvos fortuitos", um eufemismo usado pela Força Aérea para designar qualquer lugar que pudesse ser bombardeado. Portanto, logo que viu uma grande cidade alemã através de uma abertura nas nuvens, Crosby deu o sinal de ok ao piloto. Assim que ouviu as portas do compartimento de bombas se abrirem, ele baixou a cabeça para examinar o mapa e descobriu que a cidade do ataque improvisado era Bonn.

Arrependido, apertou imediatamente o botão do interfone de bordo para alertar.

— Atenção, todos os postos! Aqui é o navegador. Tenho outro alvo. Não podemos bombardear Bonn![574]

— Do comandante ao navegador. Por que não?

— Porque foi lá que Beethoven estudou.

Crosby sabia disso porque havia lido essa informação na capa do disco que ele pusera para tocar em seu abrigo na noite anterior ao bombardeio, a Quinta Sinfonia de Beethoven, um prelúdio apropriado, pensou ele, para uma missão em território alemão. Ele lera também na capa que Bonn era uma cidade universitária e um dos lugares mais pitorescos da Europa.

Após uma série de "Merda!" por parte da tripulação, o piloto concordou com Crosby, e as 63 Fortalezas apenas passaram pela cidade, algumas delas com as portas de seu compartimento de bombas abertas. Minutos depois, eles acharam um pátio de manobras ferroviárias no Ruhr e o destruíram com suas bombas.

Hamburgo

Já Hamburgo não teve tanta sorte. Cidade portuária com quase dois milhões de habitantes, ela foi praticamente aniquilada pela primeira tempestade de fogos provocada pelo homem de que se tem registro na história. As tripulações do Harris Balista foram as responsáveis pelo grosso da destruição, mas a Oitava deu sua contribuição também. Essa operação foi parte da longa ofensiva de bombardeiros americana tendo as terras além do Reno como alvo, o início da ofensiva de verão para a qual Eaker vinha se preparando havia quase seis meses. Ela começou na última semana de julho de 1943. A Força Aérea a chamou de Semana de Guerra-Relâmpago (Blitzkrieg).

Essa campanha de ataques-relâmpago foi possível graças a uma melhora nas condições do tempo. Por causa dos céus nublados sobre os alvos alemães, as operações da Oitava haviam sido adiadas por um período de três meses. Quando, em 24 de julho, os céus se desanuviaram, de forma total e inesperada, a Oitava, reforçada por unidades da RAF, lançou o que historiadores oficiais da Força Aérea chamaram de "os ataques mais pesados e constantes da história da guerra aérea de todos os tempos".[575] Esse foi o verdadeiro início da Operação Pointblank.

Naquela semana, os Lancasters, Halifaxes, Stirlings e Wellingtons de Harris despejaram quantidades inigualáveis de explosivos sobre a Alemanha, e a Oitava ultrapassou seus próprios recordes de tonelagem de bombas lançadas em ataques diurnos — operação que obrigara seus bombardeiros a avançarem mais pelo território germânico, de tal forma que ele jamais ousara fazer. A semana começou com a Oitava atingindo alvos de importância econômica na Noruega, sua mais longa missão até então. Nos dois dias seguintes, 25 e 26 de julho, os bombardeiros de Eaker se juntaram às forças da RAF em coordenadas investidas diurnas e noturnas sobre Hamburgo, a maior cidade portuária do continente europeu e a segunda maior cidade da Alemanha à época.

A Oitava concentrou seus ataques nas fábricas de motores aeronáuticos de Hamburgo e em seus imensos estaleiros de construção de submarinos, enquanto os subordinados de Harris destruíram o centro comercial e empresarial da cidade numa sucessão de ataques noturnos apocalípticos. Na noite de 24 para 25 de julho, com suas investidas, a RAF provocou incêndios devastadores nos alvos, os quais ainda ardiam destruidores quando, no dia

OS SINOS DO INFERNO

seguinte, os aviões da Oitava alcançaram os céus daquele lugar. "Uma camada de fumaça se estende sobre a cidade como uma enorme nuvem trevosa, fervilhante de trovões e relâmpagos, através da qual o sol é visto como um disco vermelho",[576] escreveu um observador alemão. "Agora, ainda às oito horas da manhã, está quase escuro, como se estivéssemos em plena noite." Mas o pior viria dois dias depois.

No dia 27 de julho houve uma bela noite de verão em Hamburgo. A cidade estava tranquila — nenhum disparo de artilharia antiaérea, tampouco nenhum alerta de sirene. Talvez o perigo houvesse passado, especularam os otimistas. Contudo, à uma da madrugada, moradores da cidade ouviram os bombardeiros britânicos se aproximando — mais setecentos deles. "De repente, a atmosfera se encheu de fogos de explosões [...] Em seguida, veio uma tempestade, com um chiado agudo ressoando pela rua. Ela se transformou num verdadeiro furacão, de tal monta que tivemos que abandonar toda esperança de conseguir debelar o incêndio."[577] Hamburgo, já então atacada muitas vezes pela RAF, tinha um formidável sistema defensivo, com peças de artilharia antiaérea e aviões de caça; porém, dessa vez, os britânicos empregaram uma nova e engenhosa tática defensiva que recebeu o nome de Janela. Essa técnica de defesa aérea consistia no lançamento, pelos aviões britânicos, de milhares de feixes dispersivos de tiras de lâminas de alumínio, parecidas com brilhantes enfeites natalinos, as quais criavam uma intensa chuva geradora de falsos ecos nas telas dos radares de componentes das forças aeroterrestres alemãs.

O tempo, excepcionalmente quente e seco para essa parte da Alemanha, proporcionou condições atmosféricas quase perfeitas para aquilo que se tornou uma espécie de ciclone de fogos devoradores de cidades. Vinte minutos depois de iniciado o bombardeio, uma turbulenta coluna de ar quente se elevou a mais de 4 mil metros de altura pelo céu noturno. Correntes de ar superaquecido percorriam a cidade a uma velocidade superior a 240 km/h, obrigando pessoas apavoradas a refugiarem-se às pressas em abrigos subterrâneos, com suas camisas e vestidos incendiados como tochas. No interior dos abrigos, milhares de pessoas morreram sufocadas, à medida que o incêndio voraz ia consumindo o oxigênio da atmosfera. Já os corpos de outras vítimas neles refugiadas foram incinerados com o intenso calor irradiante. "Foi como se eles tivessem sido postos num crematório, no qual todos esses abrigos acabaram se transformando de fato",[578] informou um relatório secreto dos alemães. "Foram afortunados os que resolveram mergulhar nas águas dos canais e vias de escoamento e continuaram nadando ou se mantiveram em pé, com água até o pescoço, durante horas, esperando que o calor diminuísse." Horas depois, as oleosas águas dos canais de escoamento de dejetos industriais se incendiaram e as pessoas pegas de surpresa ali, nessa verdadeira armadilha, "enlouqueceram",[579] relatou uma testemunha.

Nos abrigos atingidos por bombas incendiárias pequenas, em forma de bastões, mas altamente letais, as crianças "gritavam como animais" guinchantes e uivantes, segundo outra testemunha.[580] "Uma mulher ao meu lado pegou uma faca e cortou os pulsos do filho. Em seguida, cortou os dela e tombou sobre a criança, gritando: 'Querido, meu querido, em breve estaremos com o papai!'"

Os cérebros das vítimas de incêndio caíam pelas têmporas, e criancinhas "ficavam estendidas no piso como enguias fritas. Mesmo mortas", descreveu uma testemunha, "apresentavam sinais de quanto haviam sofrido — com suas mãos e braços estendidos, como que para se protegerem do calor impiedoso".[581] Quando sobreviventes achavam membros da família mortos, descobriam também que tudo ao redor tinha sido destruído — casa, fotografias, todos os seus pertences. "Nenhum tipo de recordação escapava da destruição."

Depois do ataque final da RAF, em 2 de agosto, agentes de ajuda humanitária foram chamados para remover os corpos carbonizados das ruas. "Nós os amontoávamos uns sobre os outros, em pilhas de trinta a 35 corpos", relatou um membro da Juventude Hitlerista. "Empilhávamos todos e, se você passasse por ali dois ou três dias depois, só conseguiria fazer isso com uma folha de papel celofane sobre os olhos, pois havia fumaça em toda parte. O ar parecia totalmente parado. Ficamos sem ver a luz do sol durante três ou quatro dias; ficou tudo na mais completa escuridão [...] Os corpos eram empilhados nas entradas das casas. E, quando você passava em frente desses locais, via apenas uma pilha de pés, alguns descalços, outros com as solas dos sapatos queimadas. Os corpos ficaram irreconhecíveis. Retirávamos famílias inteiras dos porões de suas casas [...] Seus integrantes caberiam numa banheira. Até os adultos ficaram muitos pequenos. Ficaram todos completamente mumificados, carbonizados e fundidos entre si pelo calor."[582]

Saqueadores vasculhando as ruínas em busca de objetos aproveitáveis eram mortos pela polícia e por agentes da Gestapo ali mesmo, entre os escombros. Vítimas tentando fugir de abrigos reforçados em processo de desmoronamento, com seus corpos incendiados, quando "corriam para o próximo abrigo antiaéreo, eram mortas a tiros para que não espalhassem as chamas",[583] testemunhou uma hamburguesa.

A tempestade de fogo, a primeira na história criada por um bombardeio, foi fruto de uma operação deliberada, provocada por uma combinação letal de explosivos de alta potência e bombas incendiárias. Bombas de mais de 1.800 quilos foram lançadas em seguida sobre o incêndio infernal para abrir crateras na área do alvo e impedir o trânsito de bombeiros. "Uma onda de terror se espalhou para além da cidade imolada, alcançando toda a Alemanha. As pessoas passavam adiante terríveis relatos detalhados dos incêndios colossais, cuja incandescência podia ser vista a 400 quilômetros de distância",[584] informou um comandante da Força Aérea alemã. "Notícias dos [...] Terrores de Hamburgo se espalharam rapidamente pelos mais distantes povoados do Reich", cujos detalhes horríveis eram levados para lá por mais de um milhão de pessoas que fugiram da cidade, muitas das quais numa debandada frenética e desesperada.

Num trem para Berlim, em viagem com outras vítimas do incêndio infernal, uma dona de casa alemã testemunhou uma cena inacreditável. De repente, ela viu uma jovem, com o rosto enegrecido por fuligem e cinzas, olhando fixamente pela janela do vagão, como que petrificada pela tragédia. Notou também que ela levava uma pequena mala, apoiada nos joelhos. Nisso, outra mulher que tinha perdido tudo se virou para ela e comentou friamente:

— Bem, pelo menos *você* conseguiu salvar alguma coisa. Teve mais sorte do que alguns de nós, não é verdade?[585]

A jovem respondeu que sim, realmente ela tinha salvado alguma coisa.

— Salvei a coisa que mais amo no mundo. Quer vê-la?

Foi quando ela abriu a mala. Dentro dela, havia o que parecia o corpo torrado e retraído de um bebê. A mulher começou a rir histericamente.

— É a minha filha. Não é uma gracinha? Seus cabelos cacheados e seus olhos azuis são tão bonitos, não acha?... Ela cresceu muito no último ano. Ela só tem 12 anos. Mas encolheu. Bem, agora posso levá-la comigo na mala...

Foi um sofrimento e um número de mortes jamais vistos num bombardeio: 45 mil corpos — a maioria deles de mulheres, crianças e idosos — foram retirados dos escombros e pelo menos outros dez mil continuaram soterrados ou foram consumidos pelas chamas, de acordo com os bombeiros de Hamburgo. Quase sessenta por cento da cidade — uma área de quase 34 quilômetros quadrados[586] — foram totalmente destruídos pelo fogo, deixando centenas de milhares de pessoas desabrigadas. Em dez dias, mais civis foram mortos em Hamburgo do que em toda a campanha de ataques--relâmpago lançada pelos alemães contra a Grã-Bretanha. As perdas sofridas pela RAF foram pesadas — 87 aviões —, mas o Harris Balista ficou satisfeito com a Operação Gomorra, tal como foi sugestivamente designado o ataque. Suas tripulações quase silenciaram uma cidade inteira.

Fritz Reck, cuja ruidosa e desassombrada oposição aos nazistas faria com que acabasse sendo enviado para Dachau, onde seria silenciado para sempre, deixou registrado em seu diário, de forma desesperadora, que "não havia retorno [...] para o mundo do passado".[587] Para ele, a Alemanha era a única culpada por esses acontecimentos e sofreria como jamais sofrera ao longo de sua existência.

Pela primeira vez na guerra, a RAF tinha causado um abalo profundo no comando nazista. "Psicologicamente, a guerra [...] atingiu seu ponto crítico", escreveu o comandante de unidade de aviões de caça Adolf Galland. "O caso de Stalingrado foi pior; contudo, Hamburgo não estava às margens do Volga, a várias centenas de quilômetros de distância, mas à beira do Elbe, bem no coração da Alemanha".[588]

"Os acontecimentos em Hamburgo [...] me deixaram apavorado",[589] escreveu Albert Speer, o ministro da Produção de Armamentos e Munições do governo de Hitler. "Numa reunião com a Central de Planejamento em 29 de julho, adverti: 'Se os ataques aéreos prosseguirem com a intensidade atual, dentro de três meses teremos as respostas de algumas perguntas que estamos tentando obter atualmente [...] Seria melhor que fizéssemos a derradeira reunião da Central de Planejamento.'" Três dias depois, Speer alertou Hitler — que, abalado com os acontecimentos, se recusou a visitar Hamburgo ou mesmo receber uma delegação de agentes de serviços de emergência que haviam realizado um trabalho heroico na cidade bombardeada — sobre o fato de que "uma série de ataques desse tipo, estendido a mais seis cidades importantes, causaria a paralisação total da produção de armamentos da

OS SINOS DO INFERNO

Alemanha". Hitler não ligou para a advertência. "Você normalizará tudo novamente", disse ele a Speer.

Realmente, Harris tinha subestimado muito a capacidade de recuperação da economia do Reich, tanto que, oito meses depois do bombardeio, Hamburgo havia recuperado oitenta por cento de sua antiga capacidade de produção. Verdadeiro gênio da administração e do senso de organização, Speer comandou o processo de recuperação, mas os alemães só conseguiram salvar Hamburgo como centro da produção de guerra nazista porque ela nunca mais foi atacada com tamanha violência. Harris passou a concentrar seus esforços em outras cidades, principalmente Berlim. Nos meses seguintes, as ações dos bombardeios britânicos "se transformaram em operações quase inúteis, gerando montes de escombros colossais, em ataques dispersos demais, no espaço e no tempo, para causarem um abalo decisivo no moral ou na produção" dos germanos,[590] escreveu o historiador Michael Sherry. "Seus bombardeios eram um claro testemunho da facilidade com que os comandantes confundiam a capacidade de destruição de seu poderio aéreo com a capacidade deste de contribuir decisivamente para os rumos da guerra." Temeroso de uma retaliação maciça da Luftwaffe, Harris achava melhor, conforme ponderado tempos depois pelo historiador Max Hastings, "bombardear um alvo a intervalos de algumas semanas em vez de voltar a atacar imediatamente".[591]

A Batalha de Hamburgo patenteou as características falhas da estratégia de realizar bombardeios dia e noite, a ideia central da Operação Pointblank. No fim das contas, verificou-se que as operações da Oitava, fruto de ataques planejados de forma independente, eram pequenas demais para causar danos permanentes aos portos, às fábricas de aviões e aos estaleiros de submarinos de Hamburgo. Além do mais, os grossos rolos e colunas de fumaça se evolando do incêndio infernal provocado pela RAF atrapalharam as tripulações americanas em seus esforços para localizar seus alvos de precisão.

Em 28 de julho, a Fortaleza do metralhador Jack Novey da Oitava Frota Aérea sobrevoou Hamburgo depois que condições climáticas ruins a impediram de achar seu alvo principal. "Mesmo a mais de 5 mil metros de altitude, o calor era tão intenso que meu rosto ficou tomado por uma forte ardência, como se eu estivesse diante de uma lareira."[592] Apenas um diminuto porcentual das estimadas 46 mil pessoas mortas em Hamburgo foi vítima direta de bombardeios americanos, mas Novey e alguns outros integrantes das tripulações de seu 96º Grupo de Bombardeiros ficaram consternados com o fato de que a Oitava Frota Aérea participara daquilo que eles viam como uma chacina indiscriminada. "Eu não conseguia deixar de pensar que havia crianças lá embaixo", escreveu Novey depois. Mas até discordantes silenciosos como ele permaneceram convictos da justeza de sua causa. Afinal, foi o Ditador Maluco que atraiu todas essas consequências nefastas sobre si e, pelo fato de que o apoiava, o povo alemão teria que aceitar até mesmo a morte de inocentes.[593] E, embora os aeronautas nunca vissem a si mesmos como pessoas inocentes, eles estavam sofrendo também.

Red Morgan

Para "Red" Morgan e sua tripulação, a missão em Hanover durante a Semana de Ataques-Relâmpago foi o máximo em matéria de guerra que um grupo de dez homens seria capaz de suportar. O tenente John Morgan, membro do 92º Grupo de Bombardeiros e oriundo de Amarillo, Texas, era copiloto de um B-17. Ansioso por uma chance de participar da guerra, ele tinha seguido para a Europa num avião da Real Força Aérea Canadense antes mesmo do ataque dos japoneses a Pearl Harbor. Foi um feito que lhe exigiu coragem. Afinal, não à toa, o que ele fizera em Hanover, em 26 de julho de 1943, o transformou numa figura lendária entre os membros da Oitava.

A caminho do alvo, com o colega Robert Campbell, o piloto da aeronave, mortalmente ferido, Morgan o substituiu no comando dos controles da castigada Fortaleza. Em estado delirante, com a parte traseira da cabeça decepada por um projétil de 20 milímetros, o piloto ferido jazia inerte sobre a coluna do manche com os braços enlaçados na peça num abraço desesperado. Durante quase duas horas, ele resistiu instintivamente à tentativa de Morgan de assumir o controle da aeronave, impedindo assim que ela parasse de balançar. Morgan poderia facilmente ter dado um fim à vida de Campbell, arrancando a máscara de oxigênio do colega, mas seu desejo maior era tentar salvá-lo. Com o sistema de comunicação interno do avião danificado, ele não tinha como pedir ajuda. Em todo caso, teria sido difícil que alguém conseguisse ajudá-lo, pois o metralhador da torre

OS SINOS DO INFERNO

de tiro superior, o sargento especialista Tyre C. Weaver, tinha acabado de ter o braço arrancado pelo projétil de um canhão e jazia inconsciente no chão congelante da aeronave. Já o oficial-navegador, o tenente Keith Koske, após ter arrancado o cachecol branco envolto no próprio pescoço, ficou tentando enrolá-lo no que restara do braço de Weaver, mas o membro tinha sido decepado pelo projétil perto demais do ombro, impedindo que Koske conseguisse aplicar pressão suficiente no local para estancar o sangramento. "Tentei aplicar morfina nele", disse Koske a Andy Rooney depois, "mas a agulha estava torta demais e não consegui enfiá-la".[594]

O bombardeiro estava a quatro horas da Inglaterra, e Koske sabia que Weaver não conseguiria resistir tanto tempo assim. Desse modo, ele fixou um velame de paraquedas no arnês de Weaver, pôs o cordel de abertura na mão intacta do colega e o fez "saltar" da aeronave passando seu corpo por uma escotilha de emergência, na esperança de que o frio abaixo de zero estancasse o sangramento e de que um médico alemão conseguisse recolhê-lo a tempo de salvar sua vida. Porém, como se não bastasse, embora Morgan não soubesse disso, enquanto Koske cuidava de Weaver, os metralhadores da traseira estavam inconscientes, pois os tubos de suas máscaras de oxigênio tinham sido partidos por fogos de canhões.

Ao pilotar a Fortaleza com uma das mãos, enquanto com a outra ele disputava a posse do controle da aeronave com o piloto moribundo, Morgan, um colosso humano de 1,87 metro de altura, conseguiu levar o *Ruthie II* até o alvo e bombardeou uma fábrica de borracha em Hanover. Algum tempo depois, com a ajuda de Koske e um dos metralhadores ressuscitados, ele conseguiu tirar Campbell do assento de piloto, estendeu-o no piso da cabine de pilotagem e o cobriu com um cobertor. Eles teriam orado por ele se houvessem tido tempo.

Morgan fez um pouso de emergência num aeródromo da RAF em Norfolk com os indicadores de combustível zerados e os para-brisas tão danificados que teve de conduzir o avião se guiando pela janela lateral. O piloto morreu mais ou menos uma hora depois. Naquele mês de dezembro, o sargento especialista Tyre Weaver, de Riverview, Alabama, enviou uma carta a um amigo informando que estava "a salvo" no Stalag 17B,[595] um campo de prisioneiros de guerra na Áustria. Alguns dias depois, Morgan recebeu a Medalha de Honra do Congresso, mas achou que ela deveria ter sido dada a Koske.

Os Incursores Zero

Apesar do tempo bom, no dia 31 de julho, o general Ira Eaker ordenou um cessar-fogo. A Oitava só voltaria a retomar a plena atividade de suas operações quase duas semanas depois. A essa altura, a unidade tinha perdido 97 Fortalezas durante a Semana de Bombardeios-Relâmpago, ou dez por cento de seus aviões que atacaram os alvos, e os exaustos e abalados aviadores precisavam de tempo para se recuperar. Eaker, ademais, precisava repor sua dotação de bombardeiros para participar de um ataque altamente secreto que fazia seis meses que estivera em fase de planejamento.

Seria um ataque às fábricas de rolamento de Schweinfurt, que um comandante da Luftwaffe chamou de o "calcanhar de aquiles" da indústria alemã.[596] Afinal de contas, nenhuma máquina de guerra se move sem rolamentos, verdadeiros mecanismos redutores de atrito que são, e Schweinfurt, uma bela cidade de 43 mil habitantes às margens do Rio Meno, situada a sudeste de Frankfurt, tinha três fábricas que, juntas, produziam 57 por cento dos rolamentos da Alemanha. A operação seria um ataque em duas frentes, com outra frota de bombardeiros atacando uma fábrica de aviões Messerschmitt em Ratisbona — também na Baviera — que produzia 30 por cento dos aviões de caça monomotores da Alemanha. Depois disso, a força do ataque a Ratisbona seguiria para bases americanas no norte da África, enquanto a do bombardeio a Schweinfurt voltaria para a Inglaterra. Essa missão de bombardeio "em voos de vaivém" seria a operação de maior penetração do espaço aéreo alemão feita pela Oitava até então, e os bombardeiros não teriam escolta a partir do momento em que atravessassem a fronteira da Alemanha. Todavia, com a estratégia de dividir e confundir as defesas inimigas, o ataque duplo permitiria que ambas as forças desferissem violentos golpes no inimigo sem sofrerem perdas excessivas. Esse era o plano.

Eaker teria que realizar sua missão sem três de seus grupos de Liberator. Em junho do ano anterior, eles tinham sido enviados para o então recém-conquistado deserto da Líbia, onde fariam treinamentos de outra operação supersecreta contra outros "pontos de estrangulamento" do Reich: o gigantesco complexo de refinarias de petróleo em Ploesti, Romênia, fonte de 60 por cento do petróleo bruto de Hitler. Esse ataque contra o que Churchill chamou de "a raiz mestra do poderio alemão" estava programado para ser executado em 1º de agosto de 1943, um dia depois que Eaker pusera suas Fortalezas em temporário estado de trégua.[597]

OS SINOS DO INFERNO 275

Ambas as missões foram realizadas com o objetivo de assentar um golpe aniquilador no inimigo, um sinal da crescente impaciência de Hap Arnold com os rumos da guerra aérea na Europa. Conforme, a propósito, observado por Curtis LeMay depois: "Essas operações foram fruto de pesquisas dos intelectuais do serviço de planejamento e inteligência para que achassem uma forma de conseguir uma vitória fácil na guerra da Europa. É mais ou menos o mesmo que tentar descobrir a Fonte da Juventude — essa coisa simplesmente *não* existe; nunca existiu."[598] Os três alvos principais — refinarias de petróleo, fábricas de rolamentos e aviões — haviam sido recomendados por um painel de especialistas civis com que Arnold se reunira em dezembro de 1942. O Comitê dos Analistas de Operações (CAO) era formado por membros brilhantes, entre os quais os financistas de Wall Street Thomas W. Lamont, do J. P. Morgan and Co., e Elihu Root, Jr., filho do ministro das Relações Exteriores do governo de Theodore Roosevelt, o advogado George W. Ball, o historiador de Princeton especializado em guerras Edward Mead Earle, o juiz John Marshall Harlan, mais tarde juiz da Suprema Corte, e o coronel Guido R. Perera, que tinha abandonado a carreira de advogado em Boston para servir a Arnold em Washington. Em março do ano seguinte, depois de uma profunda análise da economia alemã, o comitê exortou a Oitava Frota Aérea a concentrar ataques em alguns alvos cuidadosamente selecionados. "É melhor causar muita destruição a umas poucas indústrias ou estruturas de serviços realmente essenciais do que causar poucos danos a muitas indústrias."[599] Eles esperavam que, atacando esse "gargalo" repetidas vezes e "com uma violência implacável", a Força Aérea do Exército Americano poderia "paralisar a campanha militar das potências ocidentais do Eixo", principalmente no que diz respeito à Luftwaffe, voraz consumidora de petróleo e rolamentos.

O bombardeio a Schweinfurt-Ratisbona era arriscado; o de Ploesti, suicida.

A Alemanha, um país sem grandes reservas de petróleo bruto, iniciara a guerra com escassos estoques de gasolina comum e de aviação e nunca conseguiu recuperar-se dessa situação precária.[600] Ela tinha compensado sua escassez de recursos naturais lançando mão de um processo envolvendo esforços em duas frentes: guerra de conquista e criatividade. Já em 1943, ela possuía a maior indústria de refinaria de petróleo do mundo, e enormes reservas de petróleo em estado bruto estavam sendo importadas dos países subjugados, principalmente a Romênia. As refinarias petrolíferas romenas tinham se tornado duplamente importantes para a campanha militar germânica por causa da incapacidade da Wehrmacht de conquistar os campos de petróleo soviéticos no Cáucaso, um dos principais objetivos da invasão alemã lançada sobre a União Soviética.

As refinarias de petróleo alemãs estavam situadas nas profundezas territoriais do Reich, onde eram inteligentemente mantidas sob camuflagem por um sólido sistema de defesa. Porém, com a conquista do norte da África pelos Aliados, Ploesti, localizada numa ampla planície no sopé dos Alpes da Transilvânia, a cerca de 56 quilômetros ao norte da capital, Bucareste, poderia ser alcançada por bombardeiros de longo alcance partindo de aeródromos no deserto, usados outrora para expulsar Erwin Rommel das dunas da Líbia. Além disso, serviços secretos de operações terrestres dos Aliados informaram que o sistema defensivo de Ploesti era fraco, composto principalmente de romenos que detestavam seus conquistadores nazistas e que, por isso mesmo, talvez não opusessem resistência. Já um aviador romeno capturado disse que Ploesti era um dos alvos com um dos mais fortes sistemas defensivos da Europa. Contudo, os Aliados não fizeram nenhuma missão de reconhecimento na região, por receio de que isso pudesse alertar o inimigo. Foi um dos mais graves erros do serviço secreto interaliado na guerra.

A Operação Maremoto, tal como codinominaram a missão de bombardeio a Ploesti, foi concebida pelo coronel Jacob E. Smart, conselheiro do estado-maior de Hap Arnold.[601] Suas características fundamentais eram o fator-surpresa e o agudo senso de oportunidade de que seus realizadores deveriam lançar mão. Afinal de contas, os alemães sabiam que a Força Aérea americana estava totalmente empenhada em bombardeios de precisão em grande altitude e, portanto, eles montaram suas defesas em Ploesti levando isso em consideração depois de um pequeno e fracassado ataque em baixa altitude dos americanos na primavera de 1942. Smart propôs que os aviões realizassem o ataque, aproximando-se do alvo a uma altitude pouco acima da copa das árvores, sob velocidades temerariamente altas, a mais de 320 km/h. Os aviões do ataque deveriam também avançar até o alvo sob silêncio de rádio, atravessando uma ampla faixa do Mediterrâneo e sobrevoando as escarpadas montanhas da Albânia e da Iugoslávia. Depois que tivessem

OS SINOS DO INFERNO

ascendido a altitudes superiores a 2.700 metros, acima dos picos dos Montes Pindo, teriam que descer ao nível zero e cruzar a planície do Danúbio, chegando ao alvo simultaneamente, em grande número, para esmagar seus despreparados defensores e transformar Ploesti num inferno.

A aproximação em baixa altitude, fora do alcance dos radares inimigos, permitiria que os bombardeiros atingissem os alvos com grande precisão — com variantes de acerto oscilando entre 60 e 240 metros do ponto de visada — e os tornaria alvos difíceis de ver e atingir pelos operadores das peças de artilharia antiaérea e pelos pilotos dos caças inimigos. Isso reduziria também as baixas entre civis e daria aos pilotos dos bombardeiros duramente castigados na batalha melhor chance de sobreviverem nos pousos forçados.

Como as Fortalezas Voadoras não tinham autonomia de voo para participar dessa missão — que implicaria um percurso de ida e volta sem precedentes, com mais de 3.860 quilômetros —, Smart foi obrigado a usar Liberators, sabendo que isso tornaria a missão ainda mais arriscada. Pois os B-24s eram difíceis de manobrar (só para movimentar o comando do leme era necessária grande força), grave desvantagem numa missão que exigia voo em formação compacta e uma agilidade aeronáutica do piloto quase sobre-humana. Ademais, as asas do bombardeiro, aerodinamicamente avançadas, chamadas de asas Davis, eram menos resistentes do que as do B-17, outra desvantagem crítica numa operação em que os bombardeiros avançariam sobre alvo bem na direção da linha de visada das peças de artilharia antiaérea inimigas.

Cinco grupos de bombardeiros foram escolhidos para realizar o ataque. Dois deles eram da Nona Frota Aérea, comandada pelo major-brigadeiro Lewis Brereton, uma pequena unidade tática estacionada na região desértica da cidade litorânea de Bengasi, Líbia, e os outros três eram unidades emprestadas pela Oitava Frota Aérea. Duas unidades da Oitava — o 44º, As Bolas Negras Voadoras, e o 93º — levavam para a operação sua experiência de combate obtidas nos ataques contra bases de submarinos nazistas no litoral da França, e o 93º tinha acabado de participar de uma série de ações no norte da África em apoio à Operação Tocha. Quando voltaram da África, seus membros apelidaram a própria unidade de o Circo Itinerante do Ted, em homenagem a seu velho comandante, o coronel Edward "Ted" Timberlake, ex-astro do futebol americano em West Point. O terceiro grupo de bombardeiros, o 389º — Os Escorpiões Celestes — estava em fase final de treinamento nos Estados Unidos.

Ira Eaker se opunha à missão. Achava que ela o privaria de bombardeiros e tripulações extremamente necessárias. Mas, em maio daquele ano, com o apoio de Arnold, o coronel Smart obteve aprovação para executar a operação por parte do estado-maior conjunto, que desejava aliviar a pressão sofrida pelos soviéticos, ainda presos a um duelo mortal com um exército alemão muito dependente do petróleo romeno.

Quando, em junho de 1943, Philip Ardery, natural de Bourbon County, Kentucky, chegou à Inglaterra, disseram a ele que não desfizesse as malas, pois havia rumores de que um destacamento de sua unidade, a dos Escorpiões Celestes, seria enviado para o norte da África numa missão secreta muito perigosa. Menos de duas semanas depois, os Escorpiões Celestes estavam no deserto líbio com outros quatro grupos de bombardeiros, exercitando-se em voos de formação em baixa altitude sob a direção do general Brereton. As condições operacionais e de sobrevivência no local eram péssimas, onde tempestades de areia impediam a realização de operações, multidões de lagartos e ratos do deserto invadiam as barracas de lona da tropa, e a maioria dos aviadores adoeceu, vitimada por disenteria. Às tripulações nada disseram a respeito do objetivo de seus exercícios aeronáuticos no deserto. Numa ocasião em que não estavam participando de manobras simuladas, partiram com a Nona Frota Aérea em missão de apoio à invasão da Sicília. Depois do bombardeio a Roma, em 19 de julho, iniciaram, ainda na África, intensos treinamentos da investida que realizariam na Europa em voos rasantes sobre o alvo, lançando bombas de madeira, em ataques simulados, sobre uma réplica do complexo petrolífero de Ploesti montada por engenheiros nas areias do deserto com cal e latões de óleo, em tamanho natural. "Era o tipo de missão com a qual todos os grandes pilotos haviam sonhado durante a vida inteira",[602] escreveu Ardery, na época recém-egresso do curso de graduação da Faculdade de Direito de Harvard. "Afinal, quando pilota a 320 km/h a uma altitude de 240 metros, você vê que está realmente se deslocando a 320 km/h."

Após a reunião de instrução de pré-voo, os pilotos foram advertidos de que poderiam esperar perdas de até cinquenta por cento do total de participantes da missão, um número de baixas tolerável, asseverou Brereton, para um ataque que poderia encurtar em seis meses o tempo total de duração da guerra. Disseram também aos artilheiros de bordo que os sobrevoos seriam tão rasantes que poderiam dar como certo que enfrentariam baterias de artilharia antiaérea em combates a curta distância, tanto que, aos pilotos, além da advertência sobre o perigo da operação, deram também submetralhadoras e os ensinaram a dispará-las das janelas de suas cabines de pilotagem. "Quando saímos dessa reunião, sabíamos que voltar para a base era o menos importante nessa tarefa",[603] relatou um dos pilotos.

Nas primeiras horas da noite do dia anterior à missão, o padre Gerald Beck, o capelão católico dos Escorpiões Celestes, foi de barraca em barraca para ouvir a confissão de cada um dos combatentes e tentar mantê-los com o espírito sereno diante do perigo iminente. Irlandês alto, de porte imponente, olhos azuis e cabelos de um grisalho escuro, ele era o membro mais querido do grupo. Quando não estava cuidando mais diretamente das necessidades espirituais de seus tutelados na unidade, jogava pôquer com eles. Todas as vezes que ganhava, o que acontecia quase sempre, dava os ganhos a jovens necessitados.[604]

Na noite anterior à missão, os aviadores receberam ordens para que escrevessem cartas às suas famílias e as deixassem sobre suas respectivas camas de manhã. Elas seriam enviadas a seus familiares no caso dos que não retornassem. O comandante da missão, general de divisão Uzal Ent, da Nona Frota Aérea, fizera uma petição endereçada ao general Brereton — documento que solicitou que todos os líderes de grupo assinassem — requerendo permissão para que os aviões realizassem o bombardeio de grande altitude. O coronel John "Matador" Kane, comandante do 98º Grupo de Bombardeiros, se uniu a ele na dissidência, queixando-se de que talvez houvesse sido "algum soldadinho de mentirinha idiota em Washington" o elaborador desse plano de ataque.[605] Quando, no fim das contas, a petição de Ent quase lhe custou a perda do comando, ele acabou desistindo de sua campanha de oposição.

No amanhecer do dia 1º de agosto, após doze dias de exaustivos treinamentos, uma força-tarefa de 178 Liberators, equipados com tanques de combustível auxiliares nas asas, além de reforçados com blindagem na seção dianteira da fuselagem e armamentos adicionais, ligaram seus motores. Na pista de decolagem estava o padre Beck abençoando os bombardeiros. De repente, um copiloto gritou:

— O senhor tem bons contatos lá em cima, *Capa*?[606]

— Sim, eu rezo por intermédio de canais — respondeu aos brados o capelão, tentando vencer o ronco dos motores e do giro das hélices.

Os tripulantes lhe deram o sinal de positivo com os polegares e iniciaram a manobra para se posicionarem no fim da pista de decolagem com o potente rodopio de suas hélices levantando estupendas nuvens de poeira. De repente, um sargento com rosto juvenil pôs para fora a cabeça, inclinando-se sobre o peitoril da janela de tiro para despedir-se do padre Beck:

— Faça contato por nós, padre!

Os Zero Raiders, tal como eram chamados os bombardeiros participantes da missão, levaram uma hora para se reunir em formação nos ares e iniciar a viagem de sete horas até o alvo e muito menos tempo para perderem seu primeiro avião. É que, minutos depois da decolagem, um Liberator chamado *Kickapoo* teve que fazer um pouso forçado e se incendiou ao tocar o solo. Três horas depois, outro bombardeiro entrou no dorso e despencou em direção às águas do Mar Jônico. Tivessem os aeronautas ianques sabido que os alemães possuíam uma estação semafórica na Grécia que decifrara as mensagens dos americanos, a tensão entre os tripulantes dos aviões restantes teria sido ainda maior, tornando a observância do silêncio de rádio inútil. Assim, o sistema de alerta antecipado de Ploesti foi avisado e seus rastreadores de tráfego aéreo acompanhariam os Liberators durante todo o percurso até Bucareste.

Quando se aproximaram das montanhas da Albânia, os bombardeiros entraram numa imensa massa de nuvens, que se estendia a mais de 5 mil metros de altura. "O sucesso de nossa missão e nossa salvação dependiam não apenas do fator-surpresa, mas também de incursões simultâneas contra vários alvos",[607] escreveu depois o piloto da Oitava Frota Aérea William R. Cameron. "Tínhamos que chegar juntos, atacar juntos e partir juntos." Contudo, quando os bombardeiros se separaram nas nuvens, esse tipo de coordenação se tornou impossível.

E um problema acabou gerando outro. Quando se aproximaram do alvo, o piloto-comandante do grupo da vanguarda, coronel Keith Compton, acompanhado pelo general Ent, sentado no banco do copiloto, fez uma curva errada e, sem a intenção de ocasionar isso, levou a reboque o 376º Grupo de Bombardeiros — com as aeronaves do Circo Itinerante vindo logo atrás — para o sul em direção a Bucareste. Quando se deram conta do equívoco, outros oficiais-navegadores romperam o silêncio de rádio e emitiram sinais de alerta urgentes — "Erro! Erro!". Assim que as cúpulas das igrejas de Bucareste apareceram ao longe, Compton mudou de rumo

OS SINOS DO INFERNO

abruptamente, mas seu equívoco de navegação acabou com a última chance que eles teriam de realizar um ataque realmente maciço.

Antes da missão, cada um dos grupos fora incumbido de atacar um alvo específico na refinaria, seguindo rigorosamente as instruções do momento exato em que deveria fazê-lo. Agora, os pilotos da frota de Compton receberam ordens para se aproximar do alvo da direção que fosse mais conveniente e bombardeá-lo à vontade. Foi a receita do desastre.

A essa altura, a uns 35 minutos de Ploesti, os bombardeiros baixaram para uma altitude próxima à da altura da copa das árvores para iniciar a incursão de aproximação final do alvo. Quando os Escorpiões Celestes chegaram à refinaria, a Batalha de Ploesti já tinha começado. Os tanques de armazenamento gigantescos, com suas coberturas destruídas por bombas de quase 500 quilos, lançavam para os ares labaredas enormes, incendiando muitos Liberators. A atmosfera ficou impregnada de explosões de projéteis de artilharia antiaérea e intensamente riscada pelas trajetórias luminosas de balas traçantes quando os pesados bombardeiros, oscilantes e trepidantes em meio à turbulência provocada pelas hélices dos Liberators que seguiam logo à frente, avançaram quase que diretamente para as bocas dos canhões do sistema defensivo de Ploesti.

O coronel Alfred Gerstenberg, um comandante da Luftwaffe que participara de missões de combate aéreo com Göring na Grande Guerra, havia transformado Ploesti — tanto a refinaria quanto a cidade de cem mil habitantes — na "primeira fortaleza antiaérea do mundo".[608] A refinaria estava cercada de mais baterias antiaéreas do que Berlim e havia metralhadoras e canhões de cadência de tiros rápidos em telhados de fábricas e torres d'água, bem como no interior de montes de feno e torres de igrejas. O comandante encarregado da defesa de Ploesti contava também com mais de 250 aviões de caça estacionados nos campos próximos ao complexo petrolífero e mandara instalar dois mil geradores de fumaça para ocultar as refinarias. Ordenara que fixassem ainda, ao redor das principais instalações de refino, centenas de balões de barragem, presos por grossos cabos de aço, que serviam também para cortar as relativamente frágeis asas de alumínio dos bombardeiros que passassem por ali. Planejada como operação-surpresa pelos ianques, o ataque a Ploesti se transformou numa emboscada nazista.

"Atravessávamos verdadeiras barreiras de labaredas e havia aviões em toda parte, alguns deles em chamas e outros explodindo",[609] relatou o coronel

Leon W. Johnson, líder do Bolas Negras Voadoras. Os grupos comandados por Johnson e John "Matador" Kane, o filho de um pastor batista, tiveram que atravessar uma série de explosões provocadas por bombas de retardo lançadas por Liberators que haviam chegado ao alvo antes deles. Depois que ascendiam a uma altitude maior e lá ficavam por algum tempo, de modo que pudessem lançar suas bombas, os Liberators voltavam a operar sob baixíssima altitude,[610] em frotas de três aviões em V, agrupados de forma tão cerrada que o capitão William Cameron conseguiu ver os rebites da fuselagem dos dois bombardeiros entre os quais seu avião ficou espremido. A fumaça densa, impregnada de óleo, criada pelos incêndios nos tanques de armazenamento, ocultou chaminés da refinaria com mais de 60 metros de altura. O aeronauta Joseph Tate viu um homem sair dando cambalhotas pela saída de emergência da seção do nariz de um Liberator em chamas, com seu paraquedas se espraiando atrás de si. "Ele passou flutuando por cima de nós, tão perto que vimos suas pernas queimadas."[611]

O esquadrão de Ardery foi o último a entrar na tempestade de fogo. Assim que isso aconteceu, ele olhou para a direita e viu que o avião pilotado por seu colega de esquadrão, o tenente Lloyd Hughes, estava perdendo muito combustível, por causa de um intenso vazamento. Hughes precisava saber disso, mas parecia determinado a alcançar o alvo, que se achava atrás de uma espessa barreira de chamas. Em questão de segundos, seu avião se transformou numa verdadeira tocha aérea e caiu.

A batalha nos céus sobre as refinarias durou apenas 27 minutos. Quando terminou, os bombardeiros castigados pelas chamas foram atacados por enxames de aviões de caça inimigos, que "grudaram" neles "como lesmas em tronco de árvore".[612] Foi um entrevero aéreo tremendo, com os bombardeiros logo se espalhando por uma área de 160 quilômetros de largura da planície do Danúbio e cada um dos Liberators travando sua batalha particular e solitária pela própria sobrevivência. Mais da metade dos B--24s foram gravemente alvejados e outro tanto deles ficou sem munição. Alguns dos aviões ficaram tão danificados que pareciam esqueletos de aço flutuantes, com sua sólida estrutura interna sendo a única coisa que os impedia de se desmontarem nos ares. Homens ensanguentados jaziam estendidos no piso da plataforma da tripulação, na qual colegas cuidavam deles, na esperança de que conseguissem aguentar mais seis ou setes horas até que pudessem ser devidamente atendidos. O avião de Ardery "passou

OS SINOS DO INFERNO

praticamente raspando na copa das árvores e nas linhas de combate, mantendo-se com a aeronave quase sob altitude zero para reduzir o efeito dos ataques das defesas terrestres".[613] Quando ele se aproximou de um imenso campo de cultivo de grãos, a cobertura de um monte de feno deslizou para trás e dois artilheiros nazistas, inteligentemente camuflados, abriram fogo contra eles. Nisso, Ardery baixou o nariz da aeronave para mirar no alvo as metralhadoras especialmente equipadas, operadas por ele da cabine de pilotagem, e os crivou de chumbo. "Acho que eles morreram; torci para que tivessem morrido mesmo."

Estava começando a anoitecer quando o Liberator de Ardery aterrissou em Bengasi, treze horas e meia após a decolagem. Os Incursores Zero destruíram 60 por cento da capacidade de produção de Ploesti, mas a gigantesca refinaria petrolífera vinha sendo operada apenas com a metade de sua capacidade de produção. Com a finalidade de restaurar a produção, dez mil trabalhadores-escravos foram levados para lá e, algumas semanas depois, a refinaria estava produzindo mais derivados por dia do que antes do grande ataque, já que, ademais, a falta de um bombardeio complementar permitiu que os nazistas a reconstruíssem. Os americanos só voltariam a atacar Ploesti em abril de 1944, quando puderam alcançar a área das refinarias em missões de combate de grande altitude, partindo de aeródromos conquistados no sul da Itália.

No bombardeio a Ploesti, 310 aeronautas americanos morreram, mais ou menos um em cada cinco combatentes enviados em missão a bordo de aviões partindo de Bengasi. Outros 130 aeronautas ficaram feridos e mais de cem se tornaram prisioneiros de guerra na Romênia e na Bulgária. Apenas 33 dos 178 Liberators que tinham sido despachados para Ploesti retornaram* da missão ou permaneceram em condições de voo no dia seguinte. Tivesse o Harris Balista comandado a missão, as perdas poderiam ter sido menores, mas a população civil de Ploesti teria pago um preço alto. Do jeito que foi realizada, apenas 116 pessoas, entre soldados e civis romenos, morreram naquele domingo infausto, tornando o ataque a Ploesti um dos únicos bombardeios aéreos da guerra no qual morreram mais aeronautas do que civis. A missão foi também a única operação aérea americana da guerra em que cinco combatentes ganharam Medalhas de Honra do Congresso,

---

* "Ploesti retornaram": Dugan e Stewart, *Ploesti*, 222.

284   MESTRES DO AR

entre os quais Kane e Johnson; a Lloyd Hughes foi concedida uma medalha postumamente. Philip Ardery recomendou que concedessem a honraria ao colega, redigiu a menção honrosa e mandou criar um grande cartaz com a fotografia de Hughes estampada nele. Ardery pendurou o cartaz na parede da sala de seu esquadrão quando ele e seus colegas de tripulação voltaram para a Inglaterra, debilitados pela disenteria e perda de peso, algumas semanas depois.

Bombardeios em duas frentes

Enquanto componentes da Oitava se achavam em missão no deserto da África, oficiais prosseguiram com os planos para a missão de bombardeio a Ratisbona-Schweinfurt, apesar da constante oposição de Ira Eaker. Afinal, era uma missão imposta por Washington. "Fomos pressionados a participar dela, mesmo não estando prontos para isso",[614] disse Eaker a um entrevistador numa fase posterior de sua vida. "Eu me opus com veemência à missão." Um de seus comandantes explicou a situação: "Foi como fazer a cavalaria entrar em formação de batalha, avançar temerariamente até o alvo, na base do tiro, e depois procurar sair de lá disparando para todos os lados também." Isso não quer dizer que Eaker alimentasse receios de participar desse tipo de batalha, mas é que ele não tinha um número suficiente de cavaleiros para realizar a tarefa.

Assim como em Ploesti, tudo dependia do fator sigilo e da execução oportuna da operação, mas a missão em Ratisbona-Schweinfurt era uma campanha militar com o emprego máximo de forças, em que seria necessário utilizar quase todas as Fortalezas disponíveis na Inglaterra. No fim de julho, as tripulações de cada um dos aviões dos grupos de bombardeiros da vanguarda — piloto, copiloto, bombardeador e oficial-navegador — da Primeira e Quarta Alas de Bombardeiros da Oitava foram chamadas ao quartel-general de seus respectivos comandantes de ala, general de brigada Robert Williams e coronel Curtis LeMay. Depois que receberam as instruções de pré-voo da missão a portas fechadas e vigiadas por guardas, as tripulações da vanguarda da frota foram retiradas do serviço de missões de combate comuns e prestaram juramento de manutenção de sigilo.

O oficial-navegador do avião de vanguarda do Centésimo era Harry Crosby, agora operando com o capitão Everett Blakely, um de seus maiores

OS SINOS DO INFERNO 285

amigos. O comandante de grupos dessa missão foi o major Jack Kidd, um oficial de operações e instrução que quis ser piloto desde quando vira Jimmy Doolittle vencer uma corrida de aviões sobre um extenso campo gramado perto da casa em que passara a infância, em Winnetka, Illinois. Era um sujeito inteligente, equilibrado e calmo, mesmo quando sob pressão. Ele operaria num avião junto com Blakey. Naquele mês de agosto, ele tinha 24 anos de idade.

À uma e meia da madrugada do dia da missão, 17 de agosto de 1943, as tripulações foram acordadas com grande urgência enquanto jaziam apagadas em seus beliches de campanha, percebendo imediatamente, pela veemência com que as despertaram, que "algo grande estava prestes a acontecer".[615] Receberam ordens para que pegassem cobertores, cantis de água e artigos de banho adicionais. No café da manhã, ingeriram ovos frescos, em vez de desidratados, e rações extras de toicinho defumado, refeição especial que os combatentes chamaram de a Última Ceia.[616] O coronel Harding iniciou a reunião de instrução se aproximando de um cavalete sobre o qual pusera um diagrama apresentando a formação de aviões da missão. Todos ouviram atentamente a prelação, pois perder uma única palavra da instrução de pré--voo poderia ser verdadeiramente fatal.

O oficial explicou que o Centésimo partiria com um grupo de três esquadrões, num total de 21 Fortalezas. Enquanto ele prosseguia, Crosby notou, de repente, que Brady seguiria com seu avião emparelhado com a asa esquerda de sua aeronave e que Charles "Virabrequim" Cruikshank encabeçaria o segundo elemento da formação, com Frank Murphy pilotando e John Egan, o comandante de seu esquadrão, operando como copiloto. O Centésimo partiria na última e mais inferior das posições — denominada Purple Heart Corner* — na cavalaria alada da Quarta Ala de Bombardeiros. Posicionado no nível mais baixo dos três esquadrões, seguiria o avião de Gale Cleven, o mais exímio de seus aviadores, ao lado do copiloto Norman Scott. Cleven operaria como o escudo do Centésimo para a eventualidade de que os alemães atingissem o grupo primeiro e com mais violência que todos.

---

* Algo como "Cantinho do Coração Púrpura". Possível alusão ao perigo mortal que essa posição na frota de ataque poderia representar e à medalha denominada Coração Púrpura, concedida a membros das forças armadas norte-americanas feridos ou mortos em combate. [N. do T]

286 MESTRES DO AR

Ainda durante a reunião, então, veio a surpresa. "O principal alvo de vocês é Ratisbona. Seu ponto de visada é o centro das oficinas de montagem dos aviões Messerschmitt Cem e Nove G. É o alvo de importância vital mais relevante que teremos atacado até aqui. Se vocês o destruírem, terão destruído 30 por cento da produção de aviões de caça monomotor da Luftwaffe."[617]

Os aeronautas foram informados também de que uma força-tarefa seria enviada a Schweinfurt. "O alvo visado por ela", prosseguiu o oficial do serviço de inteligência, "produz a maior parte dos rolamentos da Alemanha. Três meses depois que seus integrantes tiverem atingido o alvo, não haverá mais um único motor funcionando no país inteiro". Nenhum dos aeronautas presentes na reunião acreditou nele.

Agora, todos os olhares estavam voltados para o enorme mapa fixado na parede, para o qual 240 combatentes se inclinaram com o objetivo de estudá-lo, ocasião em que o silêncio reinante na sala foi rompido por alguns assobios baixos, de assombro. Antes disso, era tamanho o silêncio que "teria sido possível ouvir uma máscara de oxigênio cair no chão". Os observadores viram que havia no mapa um cordel estendido de Thorpe Abbotts até uma cidade alemã às margens do Danúbio, a sudoeste de Nuremberg. Porém, em vez de "contornar um ponto" assinalado por uma tacha e seguir um trajeto indicando o retorno à base, o cordel se estendia até os Alpes austríacos, descia pelo espinhaço rochoso dos Apeninos, na Itália, e atravessava o Mediterrâneo, depois findando numa área desértica do norte da África.[618] Nenhum dos membros do grupo tinha participado ainda de uma missão aérea de tão funda penetração pelo território alemão, mas seus novos bombardeiros eram especialmente equipados com tanques de combustível extras nas pontas das asas. Esses "tanques para bombardear Tóquio",* que aumentavam em quase 1.600 quilômetros a autonomia de voo da aeronave, os levariam para outro continente. Alguns rostos ficaram pálidos quando o oficial do serviço de inteligência mencionou, com um rápido aparte, que eles teriam que penetrar no coração da mais formidável zona de defesa de aviões de caça de Hitler sem aeronaves de escolta.

---

* Assim apelidados pelos aeronautas por causa da grande autonomia de voo adicional que proporcionavam aos bombardeiros — cerca de 40 por cento maior em bombardeiros carregados. Embora a ideia sirva para ilustrar de forma marcante a nova capacidade operacional do B-17 na época, isso era, na verdade, um exagero, porquanto nenhum B-17 era capaz de alcançar o Japão partindo de uma longínqua base qualquer. [N. do T.] Fonte: Wikipedia

OS SINOS DO INFERNO

Assim, às cinco e meia, as tripulações seguiram a bordo de seus aviões para a pista de decolagem, onde ficaram aguardando. As condições de tempo estavam excelentes sobre a área do alvo, mas uma forte neblina de verão cobria o aeródromo de Thorpe Abbotts e todas as outras bases aéreas no leste da Inglaterra. Em Kimbolton, local da base do 379º Grupo de Bombardeiros, participante da missão de bombardeio a Schweinfurt, o oficial-navegador Elmer Bendiner e seus colegas tripulantes ficaram esperando em pé debaixo da asa do *Tindelayo*: "Tentando enxergar alguma coisa no fim da pista através da neblina [...] Sabíamos que muitos de nós iriam morrer e, apesar disso, queríamos que a batalha começasse logo."[619] Era melhor enfrentar logo o problema e depois não ter que passar mais pelo tormento de preparativos para mais um combate no dia seguinte.

Quando a torre de controle emitiu uma mensagem anunciando o adiamento da decolagem uma vez e depois outra, os aeronautas ficaram ansiosos e irritados. "Atrás dos aviões, eram frequentes os avisos dos colegas informando que iam dar uma mijada",[620] disse um aviador de outro grupo. "Alguns não conseguiam nem pôr o cigarro na boca de tão nervosos."

Em Bassingbourn, Tex McCrary, o ás da comunicação social da Força Aérea, fora designado para partir em missão numa Fortaleza chamada *Our Gang*. "Eu queria um assento nas primeiras fileiras. E queria saber se eu conseguiria 'curar' o medo",[621] que passou a sentir na única missão aérea da qual participou na guerra.

"A essa altura, os Chucrutes sabem que estamos tramando algo — aposto que estarão esperando por nós", disse um membro da tripulação. Então, o piloto pegou o interfone de bordo e anunciou: a partida foi adiada em duas horas. Era o aviso para que os tripulantes saíssem do avião e ficassem esperando na pista. Na ocasião, um amigo de McCrary soube que ele partiria em missão no *Our Gang* e foi até ele de carro para fazê-lo desistir. E não precisou de muito tempo para convencer McCrary a abrir mão de algo que, no fundo, ele não queria fazer de jeito nenhum.

Em Thorpe Abbotts, o tenente-coronel Beirne Lay, Jr., aguardava o sinal da torre acomodado no assento do copiloto do *Piccadilly Lily*, um dos aviões do chefe de tripulações Ken Lemmons. Sentado ao seu lado estava um corajoso irlandês chamado Thomas Murphy. Lay era um dos melhores comandantes de quartéis-generais, um dos sete integrantes do estado-maior original de Eaker que foram para a Inglaterra criar a Oitava Frota Aérea.

Cansado de ficar assistindo à guerra sentado na mesa de seu gabinete, Lay implorara que Eaker lhe desse uma atribuição no serviço de combates e, nos últimos dez dias, vinha participando de missões com o Centésimo, como forma de se preparar para comandar um grupo de bombardeiros pesados, posto que Eaker finalmente lhe prometera dar. Ele tinha sido escalado para atuar como observador num avião chamado *Alice from Dallas*, no esquadrão de Cleven, mas, pouco antes de os pilotos terem seguido para embarcar em seus aviões, Cleven persuadiu Kidd a transferir Lay para o avião de Murphy, pertencente a um esquadrão que ficaria mais protegido na formação.

Sentado no *Piccadilly Lily*, ajeitando nervosamente a pulseira do relógio, Lay ficou pensando na manhã de agosto em que ele viu a diminuta frota de B-17s partir para um bombardeio a Rouen. E note que essa fora uma missão realizada com força máxima. Agora, exatamente um ano depois, a Oitava estava pondo em ação uma força de combate trinta vezes maior do que o total de Fortalezas que ela tinha enviado a Rouen.

O plano atual consistia em fazer com que, no bombardeio a Ratisbona, o grupo de ataque de LeMay, composto por 146 bombardeiros, chegasse primeiro ao local designado, com a predominância numérica dos caças de escolta na incursão do grupo. Já a força de combate de William, um grupo de aviões bem maior, com 230 bombardeiros, deveria partir trinta minutos depois. As duas forças incursoras deveriam seguir por uma rota semelhante, como se estivessem rumando para o mesmo alvo, e depois se separar no território alemão, confundindo e dividindo assim as defesas aéreas do inimigo. Os ianques davam como praticamente certo que a força de ataque de LeMay sofreria o grosso dos golpes da contraofensiva germânica, permitindo, destarte, que a frota de incursores do ataque a Schweinfurt prosseguisse para o alvo tendo que enfrentar apenas pouca resistência. Depois que LeMay e seu grupo de aviões se retirassem em sobrevoos pelos Alpes, a força do bombardeio a Schweinfurt teria que se virar sozinha e enfrentar toda a fúria dos fogos de revide da Luftwaffe em seu retorno para a Inglaterra. O plano era de uma simplicidade terrível: LeMay e seus aviões teriam que lidar com os fogos antiaéreos do inimigo na incursão pela área do alvo, abrindo caminho para o outro grupo de bombardeiros, e Williams e sua frota de ataque principal teriam que lutar depois para sair da zona de combate.

Eles eram os dois melhores líderes de combate da Oitava. Ninguém teve maior responsabilidade do que Curtis LeMay na tarefa de transformar a

OS SINOS DO INFERNO

frota numa força de combate eficiente, e Williams era um comandante aéreo experiente e audaz que, apesar de zarolho e do fato de gostar de andar de bengala, era um piloto garboso que realizara testes de desempenho aeronáutico das primeiras Fortalezas que saíram da linha de produção da Boeing. Eaker sabia, pois, que podia contar com eles, mas agora as más condições do tempo estavam pondo tudo em risco.

No quartel-general do Comando de Bombardeiros em High Wycombe, Frederick Anderson, oficial de 38 anos de idade e o novo comandante de operações de bombardeio da Oitava, precisava tomar a decisão mais difícil de sua vida.[622] Ele tinha três opções:

1. Cancelar a missão e arriscar-se a perder, por talvez nada menos do que duas semanas, a chance de aproveitar as condições meteorológicas ideais que predominavam desde o litoral da Holanda até a África;
2. Ignorar as condições de tempo ruins na Inglaterra e despachar suas duas forças de combate ao mesmo tempo, correndo o risco de perder um grande número de bombardeiros em colisões entre si, em pleno ar; e
3. Despachar o grupo incumbido do bombardeio a Ratisbona, o qual teria que partir dentro de uma hora para que pudesse estar de volta à África próximo do anoitecer, e manter na pista os aviões do ataque a Schweinfurt até que se dissipassem a neblina e parte das nuvens que encobriam as bases.

Anderson escolheu a terceira opção e, considerando em retrospecto essa decisão, foi a pior delas. Porquanto as más condições climáticas atrasaram a partida da força de ataque a Schweinfurt por mais três horas e meia. Isso permitiria que os aviões da Luftwaffe atacassem os bombardeiros incumbidos da investida a Ratisbona com força total e depois se reagrupassem e atacassem os bombardeiros da incursão a Schweinfurt duas vezes — assim que entrassem no território alemão e quando saíssem de lá também. Para dar mais proteção à frota de aviões incursores de Williams, a maioria dos Thunderbolts programados para participar da operação com LeMay ficou retida na pista, com o objetivo de escoltar depois a frota de bombardeiros do ataque a Schweinfurt até o limite da autonomia de voo dos aviões de caça, o qual, com as melhorias nos tanques localizados na barriga dessas aeronaves, chegava quase no ponto em que os bombardeiros iniciariam sua penetração pelo território germânico.

Por que Anderson optou por enviar os bombardeiros para o ataque, sabendo que o plano da missão inteiro estava desmoronando diante de si? É que o comando da Oitava Frota Aérea estava sob forte pressão dos defensores da ideia de conquista da supremacia aérea em Washington para fazer com que a missão funcionasse, de modo que ficasse provado, em face de uma série de fracassos e vitórias parciais que se sucederam ao longo de um ano inteiro, que bombardeios diurnos podiam funcionar mesmo sem a proteção de caças de escolta. Nessa missão, ademais, nada menos do que o futuro das operações de bombardeio estratégico americanas estava em risco. E, se os bombardeiros de Anderson atingissem os alvos e os estrategistas de guerra aérea em Washington estivessem certos em seus prognósticos sobre a importância dos rolamentos para o maquinismo da guerra germânica, a Oitava poderia desferir um golpe na Alemanha do qual talvez ela jamais se recuperasse. Essa era a arrogante convicção dos magnatas da indústria de bombardeiros, ainda trabalhando com base em falhas suposições acerca da eficácia de combate.

Mas o fato é que a missão começou surpreendentemente bem. LeMay treinara suas tripulações durante todo o verão em decolagens cegas apenas com o uso de instrumentos, e assim sua Quarta Ala de Bombardeiros não perdeu um único avião durante a fase de composição da formação, num céu tão carregado de nuvens que as aeronaves tiveram que ser levadas para as pistas de decolagem com o uso de lanternas e faróis. Eram sete e meia quando os bombardeiros da missão de bombardeio a Ratisbona vararam o topo das nuvens, com Curtis LeMay seguindo no avião da vanguarda do 96º Grupo de Bombardeiros. Quando estavam a mais de 6.400 metros de altitude, viram o Sol nascendo, o que posteriormente fez o céu ganhar o aspecto de uma magnífica cúpula de um azul translúcido. "Sabíamos que teríamos muito trabalho, pois o dia estava realmente muito bonito",[623] comentou um metralhador da cauda natural de Nebraska, "um ótimo dia" para os nazistas praticarem caça a bombardeiros. E havia muita caça nos ares, uma gigantesca "manada" de bombardeiros se estendendo por quase 25 quilômetros do céu.

Quando os aviões da vanguarda informaram aos demais elementos da formação a presença de aviões de caça inimigos à frente, Beirne Lay sentiu a

OS SINOS DO INFERNO

boca ressecar-se e suas nádegas se contraírem. Embora o ataque acabasse se revelando apenas uma incursão experimental da parte dos alemães, ambos os lados sofreram danos, tanto que, de repente, Lay viu uma Fortaleza explodir lá embaixo e desaparecer em meio a uma bola de chamas alaranjada. Era o *Alice from Dallas*. Graças à intervenção de última hora de Gale Cleven, a vida de Lay havia sido salva.

Perto da cidade de Eupen, Bélgica, situada a uns 16 quilômetros da fronteira com a Alemanha e a cerca de 480 quilômetros de Ratisbona, o último dos Thunderbolts de escolta, do 56º Grupo de Caças, unidade comandada por Zemke, voltou para a Inglaterra. Logo depois, um verdadeiro furacão de caças inimigos se lançou em ataques sobre os bombardeiros, com incursores tedescos mergulhando, rodopiando e disparando, "de todas as direções", rajadas das metralhadoras de suas asas. De repente, um grupo de caças alemães arremeteu na direção dos grupos de bombardeiros da retaguarda — o 95º e o 100º —, derrubando seis Fortalezas. "Foi uma cena fantástica, superior às simulações da ficção",[624] escreveu Lay em seu relatório da missão. "Resisti ao impulso de fechar os olhos e acabei conseguindo."

Essa foi a primeira "tempestade de fogos" provocada por assaltos de aviões de caça que continuou durante quase todo o percurso até o alvo. "Eu tive certeza de que iria morrer, e os outros colegas também",[625] escreveu Lay depois. Os pilotos alemães, porém, sentiram tanto medo quanto eles. "Nós subimos e estabelecemos contato perfeito com os Boeings", contou o tenente Alfred Grislawski. "Havia tantos deles que ficamos profundamente abalados." Mas seu "instinto de caçadores" germanos foi despertado pela conscientização de que os americanos estavam rumando para o coração de sua pátria. "Esses Chucrutes deviam ter famílias em Hamburgo para querer nos causar tanto mal assim",[626] observou Gale Cleven algum tempo depois. Muitos queriam mesmo e estavam tentando se vingar.

A Luftwaffe dera as caras nos céus da batalha com um número de aviões muito maior.[627] Seu sistema de defesa de caças diurno na linha de frente ocidental havia sido ampliado de 250 aeronaves, em março de 1943, para mais de quatrocentos aviões, sendo a maior parte dessa força o resultado das transferências emergenciais de elementos das frentes de combate no Mediterrâneo e na União Soviética. E, uma vez que estavam combatendo sobre os campos de batalha de seu próprio país, os pilotos germânicos podiam lançar-se em embates contra o inimigo até quando estivessem quase sem combustível e munição e depois aterrissar, reabastecer-se e remuniciar-se com certa facilidade.

Durante a maior parte do conflito, John Egan, o auxiliar de bordo de Cleven, permaneceu no apertado nariz do avião do capitão Cruikshank efetuando disparos com sua metralhadora calibre .50, enquanto o oficial--navegador Frank Murphy atirava com sua metralhadora lateral da seção do nariz e o tenente Gaspar, o bombardeador, operava a metralhadora posicionada no centro do nariz de Plexiglas da aeronave. Em pouco tempo, estavam todos ajoelhados sobre pilhas de cartuchos que chegavam à altura do tornozelo, rezando para que os canos de suas metralhadoras não derretessem com o calor extremo provocado pelos disparos incessantes. Escotilhas de emergência, bolsas de paraquedas fechadas, motores estilhaçados por explosões e pedaços de corpos de aeronautas passavam voando por eles, levados pelos turbilhões das hélices e pelo deslocamento das aeronaves. Lay chegou a ver um piloto alemão saltar de seu avião em chamas, encolher-se todo nos ares enquanto caía e executar um salto triplo em meio aos aviões da formação do Centésimo. "Era óbvio que ele estava realizando um salto retardado, pois não o vi abrir o paraquedas."[628]

A essa altura, fazia quase trinta minutos que as seções traseiras da força de combate de LeMay estavam sob um ataque incessante do inimigo e tinham perdido quatorze bombardeiros, embora essa força-tarefa ainda estivesse a uns 160 quilômetros de Ratisbona. Em dado momento, Lay olhou para baixo, na direção do avião de Gale Cleven, líder do esquadrão da parte inferior da frota, e viu que ele e seu avião pareciam à beira da extinção, pois sua aeronave tivera o nariz arrancado por um projétil e um de seus motores estava em chamas. Conforme Lay soube depois, o aparelho tinha sido atingido por seis projéteis de canhões de 20 milímetros, seu bombardeador estava ferido e seu radioperador, que tinha acabado de receber a notícia de que sua esposa estava grávida, jazia estendido no piso da aeronave, vitimado por um sangramento mortal, sobre uma poça de vômito congelado, com as pernas decepadas na altura dos joelhos. "Seus tripulantes[629], alguns deles jovens relativamente inexperientes, estavam se preparando para abandonar a aeronave", escreveu Lay em seu relatório, recomendando que concedessem uma Medalha de Honra a Cleven. "O [...] piloto implorou várias vezes que o major Cleven permitisse que ele abandonasse o avião. Mas o major Cleven respondeu [...] da seguinte forma: 'Seu filho da mãe! Continue sentado aí e aguente firme!'" As palavras dele foram ouvidas pelo sistema de comunicação de bordo e tiveram um efeito tranquilizador sobre a tripulação.

Uma hora e meia depois do primeiro ataque dos caças alemães, a coluna de bombardeiros de LeMay chegou ao alvo. "Eu soube que nossos bombardeadores ficaram brancos como velas enquanto tentavam enquadrar suas miras nas grandes oficinas de montagem de Me-109 situadas abaixo de nós, na curva do sinuoso Danúbio de águas azuis, próximo à periferia de Ratisbona",[630] escreveu Lay. Instantes depois, uma luz vermelha começou a piscar no painel de instrumentos do *Piccadilly Lily*. "Nossos bombardeiros se retiraram imediatamente depois disso. Nós nos desviamos do alvo e rumamos para os Alpes cobertos de neve."

De Ratisbona até os Alpes, teriam que vencer um percurso de 112 quilômetros e, de lá, levariam quase cinco horas para chegar ao norte da África. Os caças alemães não tinham autonomia de voo para segui-los até as montanhas, mas alguns pilotos germânicos determinados continuaram a persegui-los durante parte do caminho. "Era possível saber quanto era importante alcançarmos os Alpes ouvindo pelo interfone todas aquelas orações que se sucediam sem parar",[631] disse um metralhador a um repórter da *Yank*. "Parecia que estávamos numa igreja voadora."

Depois de onze horas nos ares, o avião de Tom Murphy aterrissou no deserto da Argélia com os mostradores de combustível zerados — e dez sobreviventes retornaram de uma missão que extinguira as vidas de 240 aeronautas americanos. Nessa noite, Beirne Lay dormiu perto da asa de seu avião sob o manto de um céu estrelado. "Embora meu rádio tivesse ficado no avião, fiquei ouvindo os acordes vibrantes de excelente música."[632]

Os aeronautas conversaram até pegar no sono nessa noite passada no deserto africano, sem saber como a força-tarefa se saíra no bombardeio a Schweinfurt. Por volta do meio-dia, enquanto os incursores do ataque a Ratisbona enfrentavam intensos combates para alcançar o alvo, o sol dissipou finalmente os densos lençóis de neblina estendidos sobre os aeródromos na Inglaterra, e os aviões da missão de bombardeio a Schweinfurt partiram para o ataque. Quando, às duas e dez da tarde chegou a Eupen, a força-tarefa alcançou, embora não soubesse disto, um momento histórico na batalha travada pela Oitava Frota Aérea com a Luftwaffe. "Acho que foi justamente a ocasião em que os P-47s partiram e na qual acabamos sofrendo todas aquelas baixas o momento de mudanças decisivas na guerra aérea",[633] observou William H. Wheeler, piloto do 91º Grupo de Bombardeiros quarenta anos depois. "A Força Aérea provara que a ideia deles de enviarem aviões B-17s, sem caças de escolta, numa missão de bombardeio de grande penetração pelo território inimigo, simplesmente não valia a pena."

Minutos depois, o general Williams avistou no horizonte os narizes amarelos dos aviões da vanguarda da maior frota de caças que a Luftwaffe reunira até então para atacar uma formação de bombardeiros americanos, um total estimado em trezentos aviões de combate, mais que o dobro do número de aeronaves que LeMay tivera que enfrentar na vida. Era o começo de um conflito aéreo sem precedentes, tanto no que diz respeito ao tamanho das forças envolvidas quanto em relação à ferocidade dos participantes. Foi tão grande o número de aeronautas que abandonaram suas aeronaves que a operação mais pareceu "uma invasão de paraquedistas",[634] de acordo com um aeronauta. Elmer Bendiner disse que olhou para baixo e "contou os tremeluzentes clarões alaranjados" no solo.[635] E percebeu rapidamente que não eram casas ou cidades, mas Fortalezas em chamas. "Acompanhamos as Fortalezas em chamas durante todo o trajeto até o alvo", relatou o tenente-coronel Lewis E. Lyle, membro do 303º Grupo de Bombardeiros. "Participei de 69 missões aéreas na guerra e nenhuma delas foi tão perigosa assim."

Enquanto sobrevoava o Reno, a Fortaleza de William Wheeler foi transformada numa flamejante tocha voadora pelos caças alemães. Wheeler ficou preso, de cabeça para baixo, no avião em chamas, enquanto o aparelho caía em parafuso em direção ao solo, mas ele acabou conseguindo alcançar a escotilha da saída de emergência da seção dianteira e lançar-se na esteira do turbilhão de vento provocado pela queda, justamente no momento em que a asa esquerda do avião foi arrancada da fuselagem por uma explosão.

A última coisa em que pensou no momento em que abandonou o avião foi na namorada que ele deixara na Inglaterra. Uma hora depois, estava sentado numa cama de lona portátil na prisão, que "parecia um calabouço",[636] de uma pequena cidade alemã, comendo um sanduíche de pão de centeio integral com salsicha. Ele estava sem comer havia dezesseis horas.

Para muitos sobreviventes, as batalhas de penetração e saída de Schweinfurt foram um pesadelo constante, nenhuma das duas partes do procedimen-

OS SINOS DO INFERNO

to claramente distinguível da outra, com exceção da operação de resgate — "a abençoada visão de Thunderbolts galgando imponentes as alturas celestes sobre o litoral do Canal".[637] Participantes de sua segunda missão do dia, os Thunderbolts de Zemke corriam o risco de serem aniquilados pelo inimigo tendo que contar com os tanques descartáveis, altamente inflamáveis e feitos de chapas finas como papel, até que estivessem perto da fronteira entre a Bélgica e a Alemanha. O combustível extra, todavia, permitiu que eles percorressem quase 10 quilômetros em direção a um ponto a leste de Eupen, onde surpreenderam um dos grupos de caças de elite da Luftwaffe no exato momento em que ele se preparava para fazer uma investida final aos bombardeiros em retirada. Num ataque em que os aviões da Luftwaffe levaram a pior, os P-47s de Zemke derrubaram pelo menos onze caças alemães e sofreram a perda de apenas três de seus aviões amigos.

Na volta à base, os bombardeiros americanos começaram a aterrissar por volta das seis da tarde; muitos fizeram isso no primeiro aeródromo britânico que conseguiram achar. Dentre eles, 36 deles não conseguiram retornar, dez dos quais pertencentes ao 91º Grupo de Bombardeiros. Um deles foi o *Our Gang*. Quando viu Tex McCrary entrar na Sala de Operações naquela noite, um amigo até então absorto em seu trabalho levantou a cabeça e comentou secamente: "Fala, sortudo!"[638]

A tripulação do *Tindelayo* permanecera nos ares durante oito horas e quarenta minutos e ficara sob o ataque dos fogos inimigos por seis horas. Após a reunião de relatório de pós-voo, os aeronautas seguiram quase se arrastando e algo cambaleantes para seus alojamentos. Quando Elmer Bendiner pousou a cabeça no travesseiro, perguntou-se em pensamento: "Nós vencemos? Ou perdemos?"[639]

Na manhã seguinte, os aeronautas souberam, por meio dos jornais ingleses, que eles tinham destruído o alvo e conseguido uma vitória a duras penas. O *London Daily Herald* informou em sua matéria que eles perderam apenas duas Fortalezas, ambas as quais, porém, haviam aterrissado em segurança na Suíça, país neutro. Ratisbona foi "literalmente varrida do mapa",[640] disse um eufórico major-brigadeiro Harold George, um dos integrantes originais da Máfia dos Bombardeiros, oficial que estava na Inglaterra numa visita de inspeção; e a Luftwaffe tinha levado uma surra terrível, perdendo, segundo constava então, 288 aviões de caça. "Agora, os Bárbaros não têm onde se

296 MESTRES DO AR

esconder mais",[641] informou Anderson num cabograma enviado a LeMay, no norte da África.

Em Ratisbona, cidade medieval caprichosamente preservada, com seus oitenta mil habitantes na época, o bombardeio havia sido preciso. O alvo foi maciçamente atacado com explosivos de alta potência e bombas incendiárias, mas apenas um pequeno número de civis morreu. "Estou impressionado com a precisão com que esses bastardos ianques bombardeiam",[642] observou o piloto de caça Heinz Knoke em seu diário. "É fantástico."

"Achávamos mesmo que tínhamos conseguido o efeito desejado e que talvez nunca mais nenhum Messerschmitts seria fabricado lá embaixo [...] de novo",[643] escreveu LeMay depois. "Aquela [...] fábrica foi totalmente desativada — mas por pouco tempo." A ênfase de LeMay com essa expressão final procede. Afinal, a fábrica foi reconstruída em tempo recorde e Albert Speer intensificou esforços para transferir outras fábricas de aviões de caça para outras partes do país, procurando dispersar suas instalações por recônditos e distantes bosques e montanhas.

Já o bombardeio a Schweinfurt foi impreciso, visto que eles tinham que atingir três fábricas com instalações situadas em pontos muito esparsos, e os oficiais-navegadores de Williams tiveram dificuldade para localizá-las, prejudicados pela desorganização da frota das aeronaves incursoras e pelos turbilhões de nuvens produzidos por aparelhos geradores de nevoeiro que circundavam a cidade. Com isso, bombardeadores desorientados lançaram cerca de um terço de seus explosivos em áreas residenciais da cidade, matando duzentos civis, e as bombas que de fato atingiram as fábricas não tinham potência suficiente para destruir máquinas operatrizes instaladas nos pisos dessas unidades fabris. Os americanos despejaram bombas de 450 quilos sobre Schweinfurt numa época em que os britânicos vinham lançando sobre o território inimigo bombas de mais de 1.800 quilos e, em alguns casos, outras com carga superior a 3.600 quilos de explosivos. Aliás, os telhados das fábricas em Schweinfurt que sucumbiram aos bombardeios acabaram protegendo as máquinas de fabricação de rolamentos contra danos pesados. Embora isso tivesse feito a produção cair imediatamente para 38 por cento, Speer tinha estoques de emergência suficientes para fazer a Alemanha continuar produzindo, superando assim o que acabou se revelando mero revés passageiro, provocado pelos bombardeios ianques, no potencial de produção germânico.[644] No entanto, sem que houvessem se dado conta

OS SINOS DO INFERNO

disso, os americanos destruíram a oficina que estava produzindo peças para a fabricação de uma das armas secretas de Hitler, o Messerschmitts 262, atrasando a produção do avião a jato que poderia ter prolongado a guerra aérea.

Albert Speer comentou, em suas memórias, que a Alemanha escapou de um "golpe catastrófico".[645] Observou ainda que, se os americanos tivessem voltado a Schweinfurt e a atingido "repetidas vezes", com o máximo de suas forças, em vez de terem desperdiçado seu tempo com ataques a outros alvos menos importantes, "quatro meses depois", esses ataques poderiam ter "paralisado" a produção de armamentos. Historiadores se aproveitaram das observações de Speer para condenar as prioridades de bombardeio dos Aliados, mas o fato é que Speer apenas reproduziu as palavras da recomendação de Hap Arnold e de seu Comitê de Analistas de Operações, que sugerira os ataques maciços que Speer temia. "A economia do inimigo era grande demais [...] para que fosse destruída de um só golpe",[646] explicou Elihu Root, Jr. o pensamento do comitê. "Tínhamos que escolher pontos vitais, onde pequenos danos materiais teriam causado grandes transtornos em sua capacidade industrial." E o comitê concordava com a ideia de que o bombardeio "deveria [...] prosseguir com uma intensidade implacável, pois com certeza haveria uma corrida entre as destruições resultantes de um lado e, do outro, operações de reparo e transferências". Mas como perseverar nesses ataques, sem atrasos, depois que a força-tarefa americana sofrera tantas perdas?

Em agosto de 1943, Speer não fazia ideia de quanto a Oitava havia sido duramente atingida nesse bombardeio duplo. Numa coletiva de imprensa em Londres, o general Harold George, um dos membros originais da Máfia dos Bombardeiros de Maxwell Field, alegou que a perda de sessenta bombardeiros compensava os danos infligidos ao inimigo. Mas ele deixou de mencionar que isso correspondia a 50 por cento dessa força de combate e que outros cem bombardeiros ficaram inutilizados para sempre, como resultado das avarias sofridas na batalha, um total de perdas equivalente a 40 por cento do conjunto de forças de ataque despachado da Inglaterra.[647] Numa única tarde, portanto, a Oitava havia perdido um número de bombardeios quase idêntico ao que perdera em seus primeiros seis meses de operação. Ter atacado Schweinfurt "repetidas vezes" com essa enfraquecida frota de aviões, nas semanas posteriores à primeira investida de bombardeio, teria sido um ato de insanidade.

Originalmente falando, os estrategistas da Oitava Frota Aérea haviam esperado conseguir assentar um golpe duplo em Schweinfurt, com a RAF bombardeando a cidade na noite do dia 17 de agosto. Tivessem eles realizado um ataque como esse, ele "poderia ter produzido um efeito prematuro e severo em muitos elementos vitais da força das linhas de frente germanas",[648] segundo o testemunho, dado no pós-guerra, de gerentes de fábrica em Schweinfurt. Mas as condições meteorológicas naquela noite eram ideais para um ataque ao centro de pesquisas nazistas em Peenemunde, no litoral do Báltico, cuja existência os Aliados tinham acabado de descobrir. E, depois do bombardeio a Peenemunde, Sir Arthur Harris seguiu direto para Berlim. "Podemos destroçar Berlim de cabo a rabo se a USAAF participar do ataque."[649] Vai custar entre 400 e 500 aeronaves. Vai custar para a Alemanha a guerra." A RAF só bombardeou Schweinfurt em fevereiro do ano seguinte, na noite posterior ao terceiro ataque dos americanos, e também apenas por causa da constante pressão do comandante do estado-maior da aeronáutica britânica, Sir Charles Portal. O próprio Harris asseverava desafiadoramente que os especialistas em alvos militares que recomendavam bombardeios a fábricas de rolamentos eram "doidos varridos".[650]

Em seu aspecto tático, o ataque duplo de 17 de agosto foi decisivo para uma vitória das defesas alemãs. A afirmação fantasticamente exagerada dos americanos, de que haviam destruído 288 caças tedescos, quase superava, em números, o total da força de combate alemã que atacou a Oitava nesse dia. Os alemães perderam, de fato, 47 caças.[651] Mas Hitler não teve o que comemorar. Afinal, a Alemanha tinha sido atingida mais gravemente do que os americanos imaginavam. Furioso com os ataques no verão a Hamburgo, Ratisbona, Schweinfurt e Peenemunde, Hitler pôs a culpa pelo ocorrido em Hans Jeschonnek, o chefe do estado-maior da Luftwaffe. Em 18 de agosto, Jeschonnek, desesperado, se suicidou com um tiro na cabeça.

O ano de 1943 foi o divisor de águas na guerra contra a Alemanha. Derrotadas em Stalingrado, no norte da África, na Sicília e nas águas do Atlântico Norte, as forças terrestres e navais de Hitler estavam em processo de retirada de todas as frentes de combate. Uma semana antes da missão de bombardeio a Ploesti, o ditador italiano Benito Mussolini foi expulso do poder por uma rebelião, e o sobrecarregado exército alemão foi forçado a enviar às pressas divisões de elite ao sul da Itália com o intuito de enfrentar a esperada invasão dos Aliados que ocorreria no início de setembro. A essa altura, a Alemanha estaria travando uma guerra em duas frentes — aliás, em três, de acordo com a estimativa de Speer. A guerra aérea, na opinião dele, era a que a Alemanha menos poderia dar-se ao luxo de perder. No verão de 1943, na frente de batalha aérea, as forças germânicas continuavam a resistir, mas os Aliados estavam aumentando a pressão. Conforme Roosevelt observou perante jornalistas, "Hitler construiu muralhas em torno de sua 'Fortaleza Europeia', mas se esqueceu de pôr um telhado nela".[652]

Exceto no que diz respeito à Batalha da Grã-Bretanha, a Europa Ocidental tinha sido um teatro de guerra secundário para a Luftwaffe até o fim do verão de 1943. Agora, com a pátria germânica sob os golpes de uma dupla investida a partir dos céus, a região que fora o palco de conflitos de somenos importância se tornou a arena central do teatro de guerra aérea. Todos os outros teatros foram esvaziados para provê-lo do necessário aparato bélico, com o resultado de que os soldados da Wehrmacht raramente voltariam a ter suficiente apoio aéreo em operações militares, uma desvantagem crítica.

Não obstante, Speer estava frustrado com a recusa de Hitler de levar a sério a crescente ameaça representada pelos americanos. O líder que ele idolatrava servilmente não conseguia entender a diferença entre a campanha esmagadora de cidades de Harris e o bombardeio estratégico dos americanos, menos espetacular, mas que poderia ser mais letal para a Alemanha, vendo-os de forma errônea como esforços intimamente conjugados para destruir o moral do povo alemão. Para Hitler, as investidas americanas de 1943 não passavam de pequenos aborrecimentos se comparados com os ataques devastadores das forças de Harris sobre cidades alemãs densamente habitadas, ataques que ele receava que acabassem minando o apoio da população ao seu regime. Portanto, em vez de ter ordenado o emprego, na defesa do país, do número de aviões esmagador que o chefe do comando de caças e o marechal de campo Erhard Milch, chefe do programa de armamentos da Luftwaffe, estavam exigindo, Hitler se concentrou no esforço de montagem de baterias antiaéreas em torno das grandes cidades — defesas que derrubavam menos da metade do número de bombardeiros que os aviões de caça abatiam, mas produziam exibições pirotécnicas espetaculares que levantavam o moral do povo — e na produção de caríssimas armas de represália.[653] De fundamental importância entre os elementos do arsenal de armas retaliatórias alemão era o foguete V-2, um míssil balístico de curto alcance que estava sendo desenvolvido pelo dr. Wernher von Braun e sua equipe de cientistas. "Isto servirá para nos vingarmos da Inglaterra",[654] anunciou Hitler a seus generais depois que von Braun exibiu um filme colorido fazendo a demonstração da velocidade supersônica do foguete e de seu poder de destruição. Até Albert Speer, cético no início, se curvou ante as exigências de Hitler e deu, tanto ao projeto de aperfeiçoamento do V-2 quanto ao programa do Exército de desenvolvimento da bomba voadora V-1 — uma arma mais primitiva em relação ao imbatível foguete de von Braun —, prioridade máxima. Depois dos bombardeios a Hamburgo, Hitler ficou obcecado com a ideia de que "terrorismo só podia ser vencido com terrorismo".[655] "O povo alemão", esbravejou o ditador perante seus assessores, "exige represálias." Ele achava que, arruinando cidades inglesas, forçaria a RAF a parar com seus devastadores bombardeios noturnos. "Só poderei vencer esta guerra se conseguir destruir mais cidades do inimigo do que o tanto das nossas arruinadas por ele",[656] disse Hitler a um de seus generais. Porém, sem uma estratégica força de bombardeiros quadrimotores para realizar investidas aéreas constantes e assaz eficazes contra as cidades britânicas, ele teria que aguardar o advento dos foguetes de retaliação. (A Alemanha quisera montar essa força no fim da década de 1930, como complemento de sua frota de potentes bombardeiros de alcance médio, mas seus projetistas nunca conseguiram corrigir problemas de motores com o He 177,[657] o almejado bombardeiro de longo alcance estratégico da Luftwaffe.).

Enquanto isso, mentes mais racionais se concentravam na montagem das defesas antiaéreas do Reich. Somente contraordenando ordens de Hitler e evitando obedecer a outras, Milch conseguiu produzir aviões de caça em números suficientes para proteger a pátria germânica em 1943 e fazer com que Galland empregasse esses caças com força total contra os "incursores aéreos diurnos",[658] cujos bombardeios de precisão eram, na visão de Galland, "de consequências ainda mais nefastas para a indústria bélica" alemã do que os bombardeios por zona da RAF. Graças, em grande medida, aos esforços de Milch, a produção de aviões de caça aumentou cerca de 125 por cento em 1943 e voltou a crescer outra vez no ano seguinte. Mas ele e Speer estavam dando murro em ponta de faca em sua luta contra o conjugado poderio industrial dos Aliados anglo-americanos. Quando lhe mostraram os números fantásticos da produção industrial dos Aliados do ano de 1943 — 151 mil aviões contra 43 mil do Reich —, Hitler se recusou acreditar neles.[659] E, em 1943, os pontos de vista do Fuhrer tinham um peso ainda maior, ano

OS SINOS DO INFERNO

em que ele, homem do Exército, assumiu o comando quase total das operações de guerra aérea, destituindo o indolente e tecnologicamente ignorante Göring de todo o poder sobre a Luftwaffe, exceto dos de ordem protocolar e cerimonial. Somente a forte ligação de Hitler com Göring, a quem ele chamava de um "segundo Wagner" no que se refere à sua largueza de vistas e imaginação, manteve no poder o Marechal do Reich viciado em morfina.[660]

Outro sinal agourento para a Luftwaffe eram as batalhas aéreas em todas as frentes, conflitos que estavam minando intensamente a estrutura de sua força de combate nos ares, apesar de aumentos na produção de aviões. Já no fim de agosto de 1943, a Luftwaffe havia perdido 334 aviões de caça monomotores em combates nos céus da Europa Ocidental. "Perdas na frente de batalha", escreveu o especialista na história da Luftwaffe Williamson Murray, "consumiam tudo que a indústria produzia".[661]

A missão de bombardeio a Ratisbona-Schweinfurt teve um efeito igualmente desanimador no alto-comando dos Aliados, foi como se ambos os lados beligerantes tivessem perdido a batalha. Naquele mês de agosto, numa conferência em Quebec para tratar da invasão da Normandia, Churchill, com o apoio do general Marshall, desprezou as extravagantes alegações dos magnatas da indústria de bombardeiros e voltou a perguntar se as forças militares deveriam continuar com a ofensiva diurna. Em público, Hap Arnold apoiava a atuação de Eaker no comando, mas, em particular, dividia com Robert Lovett sua crescente preocupação em relação à questão. "Hap estava tendo muita dificuldade para perseverar no comando",[662] observou Lovett, lembrando-se da ocasião. "Não tenho como provar isto, mas acho que ele estava começando a ficar preocupado com o futuro das operações de bombardeio diurno, pois o número de perdas era alto demais." Um mês depois, após uma rápida viagem à Inglaterra, o grande defensor da ideia do bombardeiro capaz de se defender sozinho diria em carta enviada a Marshall: "As operações nos céus da Alemanha realizadas até aqui, nas últimas semanas, indicam inequivocamente que devemos providenciar o fornecimento de caças de escolta de longo alcance para que acompanhem os aviões em missões de bombardeio diurno."[663]

Quando lhe perguntaram, anos depois, qual das lições aprendidas na guerra aérea na Europa ele considerava a mais importante, Ted Timberlake, ex-comandante do Circo Voador de Ted, respondeu sem demora: o fato de a Oitava Frota Aérea ter "superestimado" uma de suas maiores armas,

302 MESTRES DO AR

o B-17.[664] "Antes da Segunda Guerra Mundial, se você dissesse a qualquer oficial do escalão médio do Corpo de Aviação do Exército que a corporação precisaria realizar várias investidas com uma frota de mil a 1.500 bombardeiros pesados para aniquilar determinado alvo [...], ele iria rir de você." E, na época, ninguém teria acreditado que o "bombardeiro não conseguiria resistir num espaço aéreo que tivesse um bom sistema de defesa antiaérea". Foram necessárias as experiências das missões de bombardeio a Ploesti e a Ratisbona-Schweinfurt para a conversão cabal do general Arnold ao credo da necessidade de se adotar outra estratégia. Porém, com o caça de longo alcance e frotas de ataque com mil bombardeiros ainda na condição de mera realidade futura, ele e Eaker tiveram que continuar a pressionar o inimigo com o que tinham. Assim, Arnold exortou Eaker a voltar a Schweinfurt o mais cedo possível para concluir a tarefa de destruição que iniciara.

"Depois do dia 17 de agosto, a vida jamais será a mesma",[665] escreveu o capelão James Good Brown em seu diário, acomodado em seu minúsculo quarto ao lado da base aérea de Ridgewell. Seu 381º tinha sido a unidade que sofrera o maior número de perdas de todos os grupos de bombardeiros na missão a Schweinfurt, e agora o ambiente na base parecia o de um "necrotério". Brown era membro do 381º Grupo de Bombardeiros desde a época do treinamento básico da turma em Pyote, Texas, quando a esperança de uma boa atuação na guerra era tão alta que o grupo achava que jamais perderia um homem sequer. Ele havia deixado a esposa e a igreja em Lee, Massachusetts, para acompanhar os homens aos quais se sentia mais intimamente ligado do que aos próprios irmãos. O 381º era ao mesmo tempo a sua "paróquia e a sua congregação". Ele achava que conhecia esses homens, mas Schweinfurt tinha operado uma transformação neles. Ele sabia disso porque aeronautas insones iam procurá-lo no meio da noite para falar-lhe sobre seus medos. Alguns diziam que tinham sonhos nos quais chegavam a sentir o gélido abraço de seus companheiros mortos. "Os combatentes comiam em silêncio. Eles se levantavam e deixavam a mesa calados. Quando pediam alguma coisa a alguém sentado à mesa, faziam isso sussurrando. Ou podiam se retirar sem manteiga no pão para evitar conversas. Nas ruas e estradas, passavam uns pelos outros sem se cumprimentarem. Quando sorriam, era um sorriso forçado."

Isso acontecia também em Thorpe Abbotts, onde nove dos bombardeiros do grupo — composto por noventa combatentes — estavam desaparecidos,

OS SINOS DO INFERNO

marcando o início da fama do Centésimo de "unidade azarada".[666] Vários dias depois de ter retornado da África, o oficial-navegador Frank Murphy enviou uma carta a sua mãe, em Atlanta, para dizer-lhe que a guerra havia se transformado num "pesadelo" para ele.[667] "Ainda estou bem e com saúde, mas não sei dizer por quanto tempo continuarei assim [...] Mas continue me enviando cartas e ore por mim de vez em quando — com certeza, vou precisar disso."

Muitos soldados de infantaria se preocupavam mais com a possibilidade de sofrerem deformações e mutilações do que com o risco de morrer. Os aeronautas, não. Até porque achavam que, se a sorte lhes fosse adversa, eles morreriam em vez de apenas se ferirem. Em combates terrestres, para cada soldado morto, três ou quatro acabavam feridos. Nas Frotas Aéreas do Exército na Segunda Guerra Mundial, o número de combatentes mortos foi três vezes superior ao de combatentes feridos.[668]

Algo que impedia que esses homens sucumbissem ao desespero era o instinto de preservação, sempre maior nos jovens, com seu forte senso de indestrutibilidade. Enquanto fazia a cobertura dos acontecimentos no teatro da guerra naquele mesmo mês, John Steinbeck assinalou em seus escritos que todo soldado jovem e inexperiente, ao sondar os rostos de seus companheiros, "vê a morte neles."[669] Mas, no fundo, ele acreditava que ficaria isento desse destino fatídico. Era essa fantástica ilusão que o impedia de fraquejar. Quando, meio século depois, Frank Murphy escreveu sobre o bombardeio a Ratisbona, lembrou-se do triste verso britânico da Primeira Guerra Mundial:[670]

Os Sinos do Inferno badalam — tim-tim-tim-tilantes
Para vocês, mas não para mim — re-re-picantes

CAPÍTULO OITO

Homens em guerra

"Os homens em guerra eram diferentes dos homens na pátria.
Quantos deles houvesse em qualquer parte do país, maior era
o seu número na Inglaterra.
O que havia de bom neles se tornava muito melhor; o que havia
de ruim piorava."

HARRY CROSBY, A WING AND A PRAYER

Ânglia Oriental, 6 de setembro de 1943

Quando a ofensiva de Ira Eaker no verão terminou, parecia que o inimigo estava vencendo a guerra nos céus do Reich. Durante as três semanas seguintes, em missões subsequentes ao bombardeio a Ratisbona-Schweinfurt, a Oitava Frota Aérea, castigada e enfraquecida, não se arriscou a sair do escudo protetor de sua escolta de caças. Quando, por fim, resolveu fazer isso, em 6 de setembro, a investida realizada por ela foi o pior fiasco de sua história.

O fato é que uma densa cobertura de nuvens impedia a visão do alvo, uma fábrica de rolamentos em Stuttgart,[671] e os bombardeiros começaram a voar em círculos, à toa, desperdiçando seu precioso combustível à procura de aberturas no céu nublado enquanto combatiam aviões da Luftwaffe. Mais de 230 de 338 Fortalezas despachadas para o alvo abandonaram Stuttgart com seus compartimentos de bombas cheios. Seus desanimados bombardeadores lançaram, aleatoriamente, em "alvos fortuitos", o excesso de carga de suas aeronaves, no caminho de volta para a Inglaterra. Perto de Paris, as luzes vermelhas dos medidores de combustível de alguns B-17s começaram a piscar e, minutos depois, bombardeiros começaram a cair no Canal da Mancha. Um deles foi o *Tindelayo*.

"Chocar-se contra uma onda com a lateral da aeronave é algo muito parecido com colidir de frente com uma parede de pedra",[672] comparou Elmer Bendiner, lembrando-se do acidente. Segundos depois, torrentes de águas verde-cinzentas invadiram o avião e ele começou a afundar, mas os tripulantes se mantiveram calmos e conseguiram acomodar-se em dois botes salva-vidas infláveis. Nove horas depois, um barco de resgate britânico recolheu os dez empalidecidos tripulantes.

Outras onze Fortalezas tinham caído no mar e, próximo ao anoitecer, os britânicos haviam resgatado as tripulações de todas elas. Quando chegou a Kimbolton, Bendiner soube que eles haviam perdido 45 Fortalezas num ataque que deveria ter sido abortado assim que os bombardeiros se depararam com as péssimas condições climáticas nos céus da Europa continental, ocasião em que 66 das Fortalezas tinham abortado a missão. Houve missões mais desastrosas, mas nenhuma delas causou mais contrariedade nas tripulações. Alguns aeronautas acharam que suas vidas tinham sido sacrificadas para que a operação causasse boa impressão ao general Hap Arnold, que estava na Inglaterra naquela semana, pressionando Eaker, mais uma vez, "a penetrar fundo no território alemão".[673]

Pai-nosso que estais no céu

Depois de Stuttgart, Ira Eaker começou a fazer experiências com bombardeios noturnos. Churchill continuava a pressionar Arnold a incorporar a Oitava ao Comando de Bombardeiros britânico; portanto, caso fosse forçado a realizar bombardeios noturnos, Eaker queria estar preparado. Naquele mês de setembro, um esquadrão do 305º Grupo de Bombardeiros realizou oito missões noturnas com a RAF, uma delas na longínqua Munique. As perdas foram mínimas e algumas tripulações ficaram convictas de que os participantes da missão, como um todo, conseguiram bombardear com eficiência, mesmo imersos na escuridão noturna. No começo de outubro,

HOMENS EM GUERRA

Ralph Nutter, um oficial-navegador de avião de vanguarda da missão de bombardeio a Munique, estava preparado, para recomendar ao comandante de sua divisão que a Oitava continuasse a realizar operações noturnas até que recebesse o reforço protetor de caças de escolta de longo alcance. Todavia, para alívio de Eaker, Arnold preferiu continuar empenhado na realização de operações diurnas.[674] (Em setembro, a Oitava Frota Aérea foi reformulada. A Primeira, Segunda e Quarta Alas de Bombardeiros se tornaram, respectivamente, a Primeira, Segunda e Terceira Divisões de Combate Aéreo. A Segunda Divisão de Combate Aéreo era uma unidade formada inteiramente por Liberators. A expressão *ala de combate* continuou a ser usada para designar uma formação de combate informal, constituída de até três grupos de bombardeiros.)

Quando, em 8 de outubro, as nuvens sobre o céu da Alemanha se dispersaram, Eaker lançou uma série de missões de combate com o emprego máximo de forças, materializando assim uma segunda Semana de Guerra-Relâmpago. Depois que ela terminasse, os aeronautas teriam um nome mais apropriado para a operação: a Semana Negra.

A primeira investida dessa série de ataques foi contra alvos protegidos por um forte sistema defensivo na região de Bremen-Vegesack. No dia seguinte, os bombardeiros atacaram fábricas de aviões em Anklam, no norte de Berlim e em Marienburgo, no Rio Vístula, urbe situada ao sul da cidade portuária de Danzig, cumprindo assim a mais longa missão da guerra até então. E, no dia 10, foi a vez de Munster ser bombardeada. A Oitava sofreu perdas espantosas nesses três ataques — 88 bombardeiros pesados — e o Centésimo foi praticamente dizimado, perdendo quase duzentos homens, perto da metade de seu total de aeronautas. Um dia após o retorno da tripulação de Rosie do ataque a Munster — onde, em doze minutos, o Centésimo perdeu doze de um grupo de treze aviões —, cinco dos líderes originais do grupo, John Egan, Gale Cleven, Frank Murphy, Howard "Canastrão" Hamilton e John Brady, ficaram retidos em prisões militares germânicas. Três outros, Harry Crosby, John Kidd e Everett Blakely, estavam se recuperando de um angustiante pouso forçado perto de Norwich, Inglaterra, em 8 de outubro.[675]

O Centésimo tinha chegado à Inglaterra quatro meses antes da missão em Munster, com 140 oficiais-aviadores; depois do bombardeio a essa cidade, apenas três deles permaneciam em condições de participar de missões de combate aéreo. Uma semana depois, um desses homens disse a um amigo que, no passado, ele achava que "o som mais fúnebre do mundo" era o apito de um trem de carga cortando o silêncio da noite.[676] Ledo engano, disse ele. O mais fúnebre deles era "o ronco dos motores na área de serviço e manutenção de aeronaves", sob o manto noturno, pouco antes do amanhecer.

Os combatentes da base de Ridgewell foram duramente atingidos também naquela semana. Em Anklam, ao longo do Mar do Norte, o grupo perdeu quase todos os aeronautas originais que ainda restavam na unidade, a "velha guarda" em que os substitutos procuravam inspirar-se. "Somos uma unidade composta inteiramente por novos membros agora", escreveu o capelão Brown em seu diário, "e não mais [...] uma família".[677] Cinco dias depois, em 14 de outubro, nas horas tristonhas dos primeiros clarões do amanhecer, os rapazes de Ridgewell, sentidos com o destino da missão, permaneceram em silêncio quando o oficial da reunião de instrução de pré-voo abriu a cortina que cobria o mapa fixado à parede e apontou para Schweinfurt. Depois da reunião, alguns aeronautas caminharam para os fundos da sala e se ajoelharam diante do capelão católico para que os abençoasse; outros se reuniram com o capelão Brown para uma conversa particular antes de seguirem para seus alojamentos, onde pretendiam escrever uma última carta endereçada à família.

O piloto do grupo de vanguarda da Missão Número 115 da Oitava Frota Aérea era o piloto J. Kemp McLaughlin, que, um ano antes, tinha participado de sua primeira missão num bombardeio a Lille, operação na qual seu oficial-comandante acabou se acovardando no avião durante os combates. Dessa vez, McLaughlin estava operando com um veterano de uma calma tão sólida e inabalável, coronel Budd Peaslee, comandante de todo o grupo de aeronaves da missão de bombardeio a Schweinfurt. Juntos, eles comandariam um total de mais de trezentos bombardeiros pesados no ataque à cidade de cultura franconia em que muitos de seus amigos haviam morrido.

Naquela manhã, havia mais aviões de caça inimigos nos ares do que na primeira missão a Schweinfurt, dezenas dos quais eram aviões-foguetes: caças bimotores de emprego noturno adaptados como tais, a maioria deles Junkers 88, aviões capazes de disparar mísseis de 113 quilos através de tubos fixados embaixo de suas asas — chamados de chaminés de fogão pelos alemães. Eram foguetes que tinham ajudado a dizimar o Centésimo em Munster — mísseis com detonadores de retardo que seguiam traçantes, em alta velocidade e ajustados para explodir a uma distância previamente programada, em direção aos bombardeiros, provocando explosões quatro vezes maiores do que as de projéteis antiaéreos. Ao contrário dos fogos de metralhadoras e canhões, que destruíam os bombardeiros lentamente, os foguetes — quando atingiam a seção mediana das aeronaves — os destruíam imediatamente. Os pilotos dos Junkers lançavam os mísseis fora do alcance das metralhadoras dos bombardeiros, e as explosões obrigavam os pilotos americanos a iniciarem manobra de evasão, desfazendo grupos da formação dispostos em caixas de combate. Em seguida, os pilotos dos caças monomotores alemães arremetiam pelos ares abaixo em ataques contra os bombardeiros, concentrando-se numa frota de cada vez e mantendo o máximo de atenção nos aviões ianques que eventualmente se desgarrassem.

Eram táticas destinadas a provocar terror e desespero nas tripulações americanas. Quando se achavam apenas a meio caminho do alvo, Peaslee, quase sempre imperturbável, disse a McLaughlin: "Capitão, acho que estamos ferrados",[678] mas o fato é que eles conseguiram atravessar os fogos inimigos e chegaram ao alvo. No ponto inicial, McLaughlin passou o comando do avião para o bombardeador, que o conduziu por intermédio do equipamento de pilotagem automática embutido em sua mira Norden de bombardeio. "Acho que a corrida de ataque foi o que se poderia chamar de o sonho do bombardeador", disse o bombardeador Edward O'Grady depois. "O coronel Peaslee gritava o tempo todo: 'Acerte aquele alvo! Acerte!'"

E ele acertou mesmo. Os B-17s causaram danos medonhos ao inimigo, mas a unidade perdeu sessenta bombardeiros nos ataques dos alemães e outros dezessete em pousos forçados na Inglaterra. Quase trinta por cento dos bombardeiros que alcançaram a Alemanha não conseguiram voltar para as bases. É que, como o tempo ruim havia impedido que os Thunderbolts se reunissem com os bombardeiros pesados em seu retorno da missão, os pilotos dos caças germanos persistiram em seus ataques, penetrando fundo pela região norte do território francês. "Tinha-se a impressão de que era uma investida de bombardeio interminável através de um labirinto terrível",[679] escreveu Elmer Bendiner, que seguiu com sua velha tripulação num novo modelo B-17G, equipado com uma torre de proa inferior com metralhadoras gêmeas, operadas por controle remoto. Localizada logo abaixo do nariz da aeronave, a torre foi projetada para desencorajar ataques frontais do inimigo. Mas não teve nenhuma utilidade para eles em seu retorno do bombardeio a Stuttgart, quando a maioria dos ataques inimigos foi realizada pela retaguarda.

No compartimento das metralhadoras da cauda da Fortaleza chamada *Tiger Girl*, Eugene T. Carson, aeronauta de 19 anos de idade, conhecido como "Wing Ding" por seus colegas de tripulação, permanecia sentado numa pilha de cartuchos de projéteis vazios disparando suas metralhadoras .50 com o desespero de um condenado, pois sabia que, caso seu avião fosse atingido, ele seria um caso perdido, já que havia se esquecido de embarcar com o paraquedas. "Estávamos levando uma surra [...] Eu achava que não iríamos conseguir voltar para a base." Quando, de repente, os caças alemães interromperam os ataques, Carson — ex-padeiro de uma padaria em Annville, Pensilvânia — se inclinou para a frente, apoiou a cabeça na janela de seu compartimento de metralhadora e "começou a tremer e a gritar descontroladamente".[680]

Com os céus livres da presença de alemães, o ambiente no interior da aeronave do capitão McLaughlin caiu num silêncio tumular. Quando as rodas da Fortaleza tocaram o solo inglês, O'Grady ergueu uma bandeira americana pela escotilha de seu posto no nariz do avião. Sua tia lhe dera a bandeira antes que ele partisse para o exterior, e o padre de sua paróquia a benzera. Quando viu a bandeira sendo erguida, o coronel Peaslee "deu um grito de saudação". Enquanto taxiavam pelo entorno do aeródromo, as equipes de serviço de pista ficaram em posição de sentido e bateram continência para a bandeira erguida por O'Grady. Porém, McLaughlin sabia que, na verdade, essas saudações não eram para a bandeira nacional, mas para os homens "que tinham feito um sacrifício supremo naquele dia".[681]

O combate da Terça-Feira Negra foi o maior conflito aéreo até então — e não apenas uma investida de bombardeiros em si, mas uma luta titânica entre duas forças aéreas grandes e com uma estupenda capacidade de destruição, uma delas armada com 229 bombardeiros e a outra municiada com mais de trezentos aviões de caça.[682] Nesse embate, a frente de batalha se estendeu por mais de 480 quilômetros e os combates prosseguiram por três horas e quatorze minutos. Na volta às bases, apenas 33 bombardeiros americanos aterrissaram sem avarias. As baixas, com as tripulações perfazendo um total de 2.900 homens,[683] alcançaram 642 almas, mais de 18 por cento da força.[684]

Já entre os alemães, as perdas foram numerosas também: mais de cem aviões de combate destruídos ou danificados.[685] Após o ataque, comandantes

HOMENS EM GUERRA

da Luftwaffe fizeram instantes apelos para que lhes fornecessem mais caças, mas Göring e Hitler responderam, tal como já haviam feito, despejando mais dinheiro no orçamento do projeto das armas de retaliação. Dessa vez, contudo, eles questionaram a coragem de seus pilotos. Numa conturbada reunião com Göring, Adolf Galland ficou tão exaltado que arrancou do peito sua Cavaleiro da Cruz de Ferro, a mais prestigiosa condecoração militar por atos de bravura, e a pôs violentamente sobre a mesa. "O ambiente se encheu de um clima de tensão e silêncio",[686] escreveu Galland depois. "O *Reichmarschall* tinha literalmente perdido a capacidade de falar, e o olhei firme nos olhos pronto para qualquer coisa. Mas não aconteceu nada, e Göring terminou tranquilamente o que ele tinha que dizer. Depois disso, fiquei seis meses sem usar minhas condecorações de guerra."

Quando Erhard Milch, diretor do departamento de armamentos da Luftwaffe, disse a Göring que ele estava preocupado com a capacidade dos aviões alemães para defender as cidades da pátria contra investidas ainda maiores de americanos e britânicos, Göring respondeu que "a nação já existia antes mesmo das cidades".[687] O fato, porém, é que a produção alemã de aviões de combate aumentou no fim de 1943, mas, ainda com a extraordinária máquina industrial americana atrás dos germânicos nesse particular, a Oitava estava em melhor condição de absorver grandes perdas do que a Luftwaffe.

Vencer uma guerra de atrito é algo terrível até mesmo para o lado vitorioso. Após a Terça-Feira Negra, o moral dos integrantes da Oitava despencou para um nível sem precedentes, e os comandantes ficaram preocupados com a possibilidade de uma rebelião das tripulações. "Jamais participarei de outra missão, independentemente do preço que eu tiver que pagar por isso",[688] disse um metralhador a seus amigos na privacidade de sua barraca Nissen, onde doze das vinte camas de lona portáteis estavam vazias naquela noite.

Após a Terça-Feira Negra, correu uma história pelas fileiras da Oitava que, embora inverídica em certos detalhes, expressava o novo estado de espírito da tropa. Era sobre um solitário B-17 castigado pela guerra, voltando com dificuldade para a base na Inglaterra. No caminho de volta, alguém no avião contatou a torre de comando do aeródromo via rádio: "Alô, Lazy Fox. Quem está falando é G, de George, chamando Lazy Fox. Você poderia orientar-me em minha tentativa de pousar, por favor? O piloto e o copiloto morreram, dois motores embandeirados [desligados], incêndio na sala de radiocomunicação, estabilizador vertical destruído, sem flapes nem freios, a tripulação saltou de paraquedas, o bombardeador está pilotando a aeronave. Por favor, passe-me instruções de pouso."[689]

A resposta veio alguns segundos depois:

— Captei a mensagem, G de George. Aí vão as instruções para você aterrissar. Repita-as devagar, por favor; bem devagar. Pai-nosso que estais no céu...

Mitos

Quando Albert Speer telefonou para um gerente de fábrica em Schweinfurt, soube que os danos na unidade eram muito maiores do que os causados no bombardeio de agosto.[690] Foi informado de que os alemães tinham perdido 67 por cento de sua capacidade de produção de rolamentos. Já Hap Arnold, mesmo antes de conhecer toda a extensão da destruição, ficou eufórico. "Agora, sim, golpeamos Schweinfurt com força",[691] disse ele a jornalistas. Era possível,[692] acrescentou com ceticismo, que operações de bombardeio, por si sós, conseguissem tirar a Alemanha da guerra definitivamente, com tropas terrestres tendo o trabalho de entrar nessa terra derrotada e crestada de explosões apenas para "fins de policiamento". (Ele se esqueceu de levar os soviéticos em conta, os quais, no caso de uma vitória conquistada apenas com o poderio aéreo americano, hipótese muito improvável, por sinal, teriam invadido a Alemanha rapidamente, jogado para escanteio os batalhões de polícia militar de Arnold e assumido o controle do país inteiro.) E até o taciturno Curtis LeMay ficou entusiasmado. "O inverno não parece nada auspicioso para a Alemanha",[693] disse ele a um correspondente da *Associated Press*.

Mas talvez nem os magnatas da indústria de bombardeiros tivessem acreditado em sua própria retórica de otimismo. É que mensagens interceptadas pelo serviço de espionagem e relatórios de agentes secretos infiltrados no Reich deram a eles uma avaliação preocupante do poder de recuperação da Alemanha. Eles souberam também que Albert Speer havia tornado um assessor seu de absoluta confiança, Paul Kessler, o novo mandachuva da produção de rolamentos do país,[694] e Kessler estava iniciando um urgente programa de dispersão territorial das instalações das unidades de produção de rolamentos pelos locais de fábricas menores e de compra de estoques adicionais de rolamentos da Suécia e da Suíça, países neutros. E mesmo depois do fracasso desse programa de dispersão de fábricas, quando dirigentes nazistas combateram com sucesso a tentativa de implantação de novas indústrias bélicas em suas cidades — possíveis alvos de futuros bombardeios, na visão deles —, o engenhoso Albert Speer substituiu o uso de rolamentos "deslizantes" por rolamentos de esferas.

Quando repórteres o questionaram a respeito dos bombardeios a Schweinfurt, o general Frederick Anderson advertiu a população americana de que não esperasse acontecimentos "sensacionais" na campanha de bombardeios aéreos. "Realizar uma importante operação de ataque aéreo todos os dias", disse ele, "era como esperar que forças terrestres e marítimas tomassem a Sicília todos os dias".[695] E acrescentou: "Mas, no momento, não existe outra forma a não ser pela força aérea de conseguirmos atacar o coração da Alemanha". Ele tinha razão. Quando forças terrestres dos Aliados se atolaram na campanha de terrenos lamacentos e precárias condições de combate e sobrevivência nas montanhas da região central da Itália, e com os soviéticos enfrentando o grosso da guerra contra a Wehrmacht em seu próprio território, a única forma pela qual os Aliados anglo-americanos conseguiriam atingir em cheio a Alemanha seria atacando-a dos céus.

Talvez o maior mito da guerra aérea na Europa envolva a ideia de que, depois da Terça-Feira Negra, a Força Aérea Americana parou de realizar missões de bombardeio aéreo sem escolta, com fundas penetrações pelo território alemão, até que tivesse à disposição caças de longo alcance, pois, de acordo com historiadores oficiais da aeronáutica, a Oitava tinha perdido temporariamente a supremacia aérea nos céus da Alemanha.[696] Como, no outono de 1943, nem os alemães nem os Aliados haviam conquistado a hegemonia aérea sobre os céus do norte da Europa, não havia predomínio dos ares que um dos lados pudesse perder. Portanto, a essa altura o jogo da batalha aérea estava empatado, pois a Luftwaffe tinha derrubado números calamitosos de bombardeiros em outubro — em média, 28 bombardeiros por missão —,[697] mas nem sequer uma das investidas de bombardeio da Oitava Frota Aérea tinha sido devidamente rechaçada e o comando de caças da linha de frente doméstica germânica estava pagando um preço altíssimo por suas vitórias táticas, com 248 aviões de combate perdidos somente em outubro. Esse número representava dezessete por cento do total da força de caças tedesca no Ocidente.[698] Além disso, comandantes da Luftwaffe estavam preocupados com o aumento da autonomia de voo dos caças de escolta americanos. Já em outubro desse ano, Thunderbolts equipados com tanques descartáveis maiores foram vistos nos céus das cidades de fronteira da Alemanha, fato em que um obstinado Göring se recusava a acreditar. No começo de novembro, Adolf Galland, numa reunião com seus pilotos cansados de guerra, disse a eles que, até então, eles não tinham conseguido uma "vitória decisiva" sequer contra os Boeings.[699]

Às vezes, em batalhas em que as forças se igualam nos resultados do conflito, ambos os lados acreditam que estão perdendo a luta. Com a execução da Overlord programada para a primavera de 1944, os comandantes das forças Aliadas foram ficando cada vez mais preocupados com a possibilidade de que suas frotas aéreas não tivessem tempo e força suficientes para alcançar não apenas a superioridade aérea na guerra, mas também a supremacia militar dos ares, conquista que Eisenhower considerava fundamental para o sucesso da maior invasão anfíbia da história. Essa única razão em si basta para que se diga que a ofensiva de bombardeiros não poderia ter sido oficialmente suspensa após a Terça-Feira Negra, já que a invasão inteira dependia de seu sucesso. Na matemática austera da guerra total, considerava-se muito melhor perder algumas centenas de bombardeiros desprotegidos do que ter divisões de infantaria inteiras chacinadas nas praias do norte da França.

Ao contrário do que reza o mito, ninguém deu ordens para que se suspendessem as investidas de bombardeio de grande penetração pelo território do Reich. "Existem muitos raciocínios confusos sobre o assunto da parte de escritores",[700] disse Curtis LeMay a James Parton após a guerra. "Acho que nunca houve a espera formal de fornecimento de caças [...] Na verdade, o fato era que tínhamos que contar apenas com os caças de que dispúnhamos." Todavia, Eaker foi inegavelmente mais cauteloso com sua enfraquecida frota de bombardeiros no período imediatamente posterior à Terça-Feira Negra, mas, antes mesmo de ter recebido reforços, em novembro, ele ordenara que seu estado-maior elaborasse planos para "uma campanha com o emprego máximo de forças" contra a indústria de aviação militar do inimigo, operação posteriormente nomeada Argumento.[701] "Essa é a resposta definitiva", disse ele a Arnold em 22 de outubro, "à propaganda de guerra da Alemanha em que ela diz que não conseguimos absorver as perdas que eles são capazes de nos infligir".

HOMENS EM GUERRA

O episódio da Terça-Feira Negra *deveria* ter aniquilado a ideia do bombardeiro autodefensivo, mas isso não aconteceu. Eaker teimou em defendê-la com férrea determinação. "Devemos continuar a guerrear com uma ferocidade implacável",[702] recomendou ele a Arnold num cabograma enviado ao oficial depois do bombardeio a Schweinfurt. "E é isto o que faremos." De acordo com Parton, em anos posteriores Eaker disse que ele e Anderson "teriam voltado direto para o coração da Alemanha, mesmo sem os caças de escolta de longo alcance, se o tempo tivesse permitido".[703] Mas o tempo se recusou a cooperar. A partir de meados de outubro, pesadas nuvens encobriram alvos de importância vital no interior da Alemanha, situação que se estendeu até o início de janeiro, impossibilitando a realização de bombardeios de precisão. "Depois de Schweinfurt II, o controle dos ares nos dois meses e meio seguintes ficou nas mãos das nuvens", observou Parton com propriedade.

Todavia, impaciente, Arnold não estava disposto a aceitar as más condições de tempo como desculpa para que se deixasse de agir. Assim, continuou a pressionar Eaker a aceitar correr riscos mais prolongados com os aviões e as tripulações adicionais que ele estava lhe enviando.[704] Arnold estava irredutível porque ele mesmo vivia sob constante pressão para justificar um orçamento de bilhões de dólares e a mobilização, em âmbito mundial, de quase um terço do efetivo do Exército americano. Por trás disso estava a determinação, esposada por um militar ao longo de toda a carreira, de tornar a Força Aérea dos Estados Unidos uma instituição totalmente autônoma. Isso aconteceria somente se a Oitava provasse — e o mais cedo possível — que bombardeios estratégicos diurnos podiam funcionar com ou sem a proteção de caças de escolta de longo alcance. Manifestando-se em prol dos combatentes que pagaram o preço pela tentativa de fazer essa experiência funcionar, Elmer Bendiner disse em seus escritos que era "uma pena" que teses do poderio aéreo militar americano não pudessem ter sido testadas em laboratório com "cobaias voadoras".[705]

Casas de repouso antiaéreas

Na semana posterior à Terça-Feira Negra, J. Kemp McLaughlin e os oficiais de sua tripulação foram enviados a casas de repouso para desfrutar de uma semana de descanso, relaxamento e recuperação. A partir de 1942, a Força

Aérea começou a criar verdadeiros remansos — "retiros antiaéreos", tal como os aeronautas os chamavam — para aviadores cansados de guerra. Os aeronautas enviados para esses refúgios pelos médicos de seus esquadrões eram os que vinham sofrendo de uma forma branda de fadiga de combate, os que se achavam a meio caminho de completar seu tempo de serviço ou os que tinham acabado de passar por uma experiência de grande impacto psicológico em missões de combate aéreo. A maioria desses "retiros antiaéreos" eram grandes solares doados por seus donos à RAF, que, por sua vez, os alugava à Oitava Frota Aérea. Próximo ao fim da guerra, existiam quinze desses retiros. Oficiais-médicos da Força Aérea visitavam essas casas de repouso regularmente, mas a responsabilidade por sua administração foi transferida aos poucos para as mulheres da Cruz Vermelha Americana. O objetivo dessa medida era tornar esses locais "o mais desmilitarizados possível".[706] No início, foi providenciada a organização de instalações diferentes para oficiais e sargentos; mais tarde, tripulações inteiras eram enviadas às vezes para o mesmo lugar, e a questão da observância formal de patentes era desencorajada. Circulando despreocupados pelas dependências do pouso e usando suéteres largos, calças folgadas e tênis, aeronautas de folga podiam ser facilmente confundidos com esportistas de férias.

McLaughlin e seus colegas aviadores gozaram seu período de trégua dos horrores da guerra em Stanbridge Earles, uma propriedade rural em Southampton, onde ficava a casa do rei Etelvulfo, o pai de Alfredo, o Grande. A mansão de fachada cinzenta, com suas janelas de vidro lapidado e suas torres guarnecidas com ameias, continha dezoito quartos magnificamente mobiliados. Todo dia, formal e impecavelmente trajado, o mordomo acordava os hóspedes às nove e meia, acompanhado de bandejas encimadas com suco de laranja, e anfitriãs da Cruz Vermelha de bochechas coradas se reuniam a eles no café da manhã, com a finalidade de ajudá-los a planejar seu dia de lazer e amenidades, programa que podia incluir sessões de caça com lebréus de porte imponente ou uma rodada de tiro ao prato nos fundos da propriedade, num gramado digno de nobres.

Quando, após o bombardeio a Schweinfurt, o metralhador Eugene "Wing Ding" Carson foi levado a uma dessas casas de repouso no sul da Inglaterra, não se interessou muito por badminton ou passeios de bicicleta. Todavia, assim que notou que a graciosa e jovem serviçal encarregada de cuidar de seu quarto era "um pouco mais do que simpática",[707] ele passou boa parte da semana de folga com ela, achando isso o mais "extraordinário dos tônicos" para tratar de sua fadiga de combate.

HOMENS EM GUERRA

A missão dos retiros antiaéreos, segundo o manual da Cruz Vermelha, era fazer os combatentes reviverem "as coisas que os tinham feito optar por participar de missões aéreas e lutar. Quanto mais forte o desejo deles de viver *em prol* de algo, maior sua capacidade para enfrentar suas tarefas".[708] Em outras palavras, o seu objetivo era fazer com que os aeronautas continuassem a participar de missões de combate proporcionando-lhes uma forma de alívio que impedisse que enlouquecessem. O problema é que, de vez em quando, o remédio produzia um efeito contrário.[709] Num episódio que, em certa medida, caracteriza uma cena que Joseph Heller poderia ter incluído em seu *Ardil 22*, uma tripulação que tinha passado por uma experiência perturbadora numa missão aérea, quando voltou de um desses retiros antiaéreos, onde havia tido tempo para refletir sobre as situações apavorantes que enfrentaram na guerra e seu futuro sem perspectivas, anunciou a decisão unânime de seus integrantes de nunca mais voltar a embarcar num bombardeiro quadrimotor. Esses homens acabaram sendo transferidos para outra base, rebaixados e postos para trabalhar em serviços terrestres.

Quando o jornalista do *Stars and Stripes* Andy Rooney visitou o primeiro remanso da história para acolher sargentos metralhadores, descobriu nesses recantos um "verdadeiro paraíso para soldados".[710] E não era para menos, pois, em Gremlin Gables-on-the-Thames, havia salas de estar ensolaradas, quadras de tênis de grama e uma doca no rio com barcos a remo. À noite, os rapazes se espreguiçavam em cadeiras superestofadas e, se desse na telha, jogavam cinzas de cigarro até no carpete. Mas o assunto a respeito do qual eles mais conversavam nesses ambientes tranquilos eram os assassinatos metódicos que os tinham levado para lá. Certa feita, Rooney viu, num canto da sala de estar, três sargentos metralhadores esparramados no tapete diante de um gravador, revivendo um combate aéreo. "[...] e o cara vem se aproximando quando começo a mandar chumbo nele, a uns mil metros de distância." Horas depois, um grupo de metralhadores resolveu mudar de lado, embarcou rapidamente em esquifes ancorados no rio e simulou uma batalha aérea enquanto um de seus integrantes impelia o barco rio acima com uma vara, em direção a uma doca de desembarque de um bar aconchegante: "Caças inimigos que se aproximavam a 15 graus à esquerda", bradou o metralhador num dos esquifes, fingindo indicar a aproximação de um barco rival. "Caça a 15 graus à direita. Esmague-o!" E, segundos depois, a batalha de mentirinha começou, com os metralhadores brincalhões jogando água uns nos outros.

Em pé no gramado à beira do rio, três psiquiatras da Força Aérea ficaram só observando como verdadeiros pais corujas. "Esses jovens chegaram aqui irascíveis, nervosos, tensos o tempo todo", comentou um deles. "Eles estão aqui, essa turma, há quatro dias. Olhe para eles agora. Voltaram a viver em vez de apenas vegetar." Mas parte desse viver, deveriam ter considerado os médicos, era também *não* se esquecer da realidade da guerra e de suas obrigações de combatentes. Barbara Graves, diretora do departamento de casas de repouso da Cruz Vermelha, entendeu isso. No mundo irreal em que os aeronautas eram lançados, "o combatente passava a ver seu avião, seus colegas de missão e sua própria capacidade ou resistência como os únicos elementos familiares que achava que tinha de preservar",[711] escreveu ela num relatório apresentado ao comando da Oitava Frota Aérea. "Ele dá muita importância a eles e sofre quando algo acontece com eles." Esquecer-se totalmente da guerra era esquecer-se da pessoa que você havia se tornado e daqueles com os quais poderia contar quando mais precisasse, que não eram os membros da equipe de funcionários e empregados de um solar magnífico às margens do Tâmisa, mas outros nove colegas amedrontados a bordo de uma Fortaleza em chamas.

Naquela noite, na Gremlin Gables-on-the-Thames, após um jantar servido com guardanapos de pano engomados e prataria com séculos de história, Rooney foi com um grupo de metralhadores para o jardim de um bar local. Lá, os rapazes conversaram, entre goles de cerveja amarga e suave, sobre beisebol e mulheres, até que, de repente, um bombardeiro britânico atravessou roncando o céu noturno, rumando para um aeródromo próximo. Seguiu-se um longo e absoluto silêncio enquanto os aeronautas acompanharam com os olhos brilhantes a passagem do avião, até que desaparecesse por trás de uma cortina natural de choupos. Um deles, com as mãos sustentando o queixo e os cotovelos apoiados nos joelhos, parecia encantado com o Lancaster.

— Legal![712] — comentou ele. — É bom vê-los aterrissando assim. É o outro tipo de aterrissagem que me incomoda às vezes. Quando uma daquelas grandes aeronaves é atingida, cai e começa a girar, girar e girar [...]. Isso não é legal [...].

— É, sei o que você tá querendo dizer — completou-lhe o pensamento um metralhador parado na porta. — Uma espécie de gigante sendo morto ou algo assim.

Eram assim as coisas com aeronautas que nunca se esqueciam de que logo estariam de volta ao serviço.

HOMENS EM GUERRA

Piccadilly

Nas semanas subsequentes à Terça-Feira Negra, com uma terrível massa de nuvens carregadas estacionada sobre a Europa e comandantes mortos de preocupação com o moral da tropa, grandes números de licenças de três e sete dias foram concedidos a tripulações esgotadas pelas batalhas. A maioria dos rapazes foi para Londres, que agora era um lugar diferente daquele que o capitão Robert Morgan e sua tripulação do *Memphis Belle* visitaram no inverno de 1943. Naquela época, havia 47 mil aeronautas americanos na Inglaterra e, sem substitutos à vista, foram concedidas poucas licenças, tornando a presença de jovens aeronautas ianques uma cena rara na cidade cheia de sinais da guerra. Já no fim daquele ano, porém, o número de membros da Força Aérea na ilha havia saltado para mais de 286 mil. Esses aeronautas representavam apenas a quarta parte de um imenso e crescente reforço das forças americanas como componentes dos preparativos para uma invasão pelo Canal da Mancha.[713] Nos últimos três meses de 1943, mais de 413 mil soldados americanos desembarcaram nos portos ingleses, aumentando o número de militares americanos na Grã-Bretanha para um universo superior a 773 mil almas. No Dia D, haveria um milhão e meio de soldados americanos no Reino Unido, 28 por cento deles — quase 427 mil homens e mulheres — membros da Força Aérea do Exército.

Milhares de militares estavam estacionados de forma permanente em Londres, mas o maior número de pessoas fardadas na cidade eram militares de folga, provenientes de bases espalhadas pelo território britânico inteiro, terra que se vira abarrotada de gente quase de uma hora para outra, embora fosse menor do que o estado de Minnesota. A maioria dessas pessoas era da Grã-Bretanha, de terras d'além-mar do Império Britânico e dos Estados Unidos, mas havia também soldados franceses, noruegueses, poloneses, holandeses e tchecos, além de marinheiros, enfermeiras e aeronautas, na cidade que se tornara sua nova capital no exílio. "Bombardeada e suja, desgastada e ferida, ainda assim, Londres fervilhava de multidões de gente trajando as mais diversas fardas, pessoas que se expressavam numa centena de idiomas diferentes",[714] escreveu o sargento Robert Arbib, o engenheiro civil que visitava regularmente a cidade proveniente de seu novo posto de trabalho, que ficava a curta distância de trem da urbe. Já um pequeno grupo de rapazes tripulantes de bombardeiros ia a Londres acompanhado cada qual de braços dados com sua namorada ou amante. "Wing Ding" Carson, por exemplo, fez sua primeira viagem à grande cidade na companhia de uma integrante do Corpo Auxiliar Feminino do Exército lotada no quartel-general da Oitava Frota Aérea, jovem que ele conhecera na base de bombardeiros logo depois da desastrosa operação de bombardeio a Schweinfurt. E Harry Crosby, embora fosse casado, passeou pela cidade com Dot, a jovem iogue pela qual se apaixonara antes de ter conhecido a esposa. A garota estava lotada num clube da Cruz Vermelha em Cambridge. Crosby e Carson eram sujeitos de sorte, pois a maioria dos aeronautas americanos que desembarcou de um vagão de passageiros nas abobadadas estações ferroviárias londrinas estava na cidade sozinha ou na companhia de colegas de tripulação. "Fazia um bom tempo que eles vinham trabalhando muito, sem parar" e, portanto, precisavam mesmo era de "cuidar de suas necessidades fisiológicas".[715]

Durante a guerra, Londres era um dos lugares mais sensacionais do planeta. É que a morte e o sofrimento tinham libertado inibições agrilhoadas e em toda parte havia pessoas à procura de comida, amigos, bebidas e sexo. As ruas ficavam incrivelmente cheias, com mendigos arranhando acordes em velhos violinos, turmas de marinheiros bêbados e mulheres elegantemente vestidas de braços dados com coronéis, de saltos altos estalidando nas calçadas e batom muito bem-posto. E, no topo de telhados, homens e mulheres, muito agasalhados, se mantinham vigilantes contra incêndios, esperando o soar de sirenes e eventuais bombardeios para entrarem em ação.

Com os Aliados avançando em quase todas as frentes e boatos sobre a invasão circulando por toda parte, Londres era um lugar acolhedor para jovens aeronautas que estavam levando a guerra para a porta da casa de Hitler. Para os aeronautas americanos, geralmente a primeira parada era no Clube da Cruz Vermelha mais próximo, onde prestativos voluntários faziam reservas gratuitas em hotéis comerciais ou em um dos dormitórios da própria Cruz Vermelha. Depois que faziam o registro de hospedagem e deixaram seus apetrechos no quarto, a maioria dos aeronautas ia direto para o Rainbow Corner. Situado na esquina da Shaftesbury Avenue com a Piccadilly Circus, era um centro de entretenimento o mais próximo possível para os soldados americanos lotados em bases espalhadas por toda a Inglaterra.

Administrado pela Cruz Vermelha Americana, o Rainbow Corner tinha sido criado "para propiciar um clima tipicamente americano" aos soldados.[716] No subsolo, havia uma cópia fiel de uma drogaria de esquina típica

HOMENS EM GUERRA

de pequenas cidades interioranas americanas, onde Coca-Cola gelada era vendida a cinco centavos a garrafa e os rapazes podiam saborear hambúrgueres grelhados por 10 centavos. No andar superior, no magnífico salão de bailes, militares dançavam com anfitriãs voluntárias ao ritmo vigoroso da música de bandas formadas por soldados — a Flying Forts, a Thunderbolts, a Sky Blazers. Havia também uma grande sala de estar com uma vitrola automática acionada por moedas e uma pequena pista de dança com mesas e cadeiras ao redor. Soldados solitários tomando café fresco com rosquinhas embebidas no líquido quente frequentavam o recinto, onde ouviam os últimos sucessos da música americana. O Rainbow Corner nunca fechou as portas, talvez por terem jogado fora simbolicamente a chave no dia de sua esplendorosa inauguração, em novembro de 1942.

Numa escrivaninha bem na frente da drogaria, voluntárias ajudavam militares com saudade de casa a enviarem cartas às esposas, às namoradas e às mães. A favorita dos rapazes era Lady Dellie, mulher de aparência delicada e olhos brilhantes, a irmã e parceira de danças de Fred Astaire e esposa de Lorde Charles Cavendish. "Adele acolheu-me em suas asas e me aconselhou como uma verdadeira mãe preocupada com a cria",[717] contou Eugene Carson, que a conheceu quando voltou a Londres sem a namorada americana. "Advertiu-me dos riscos e problemas em que eu poderia me meter em certos lugares", advertência que "Wing Ding" usou como um farol para evitar prazeres perniciosos.

O clube vivia cheio. Em um único dia, no fim de 1943, mais de setenta mil militares americanos passaram por suas portas. Era um lugar em que, apenas com uns trocados, o soldado podia alugar um quarto, tomar banho quente, cortar os cabelos, engraxar os sapatos e ganhar de brinde um Bromo-Seltzer (antiácido). Era ali também que podia trocar dinheiro e descontar o cheque do pagamento, jogar bilhar e pingue-pongue, assistir a lutas de boxe profissional ou a lutas romanas, ler um jornal americano e obter informações úteis sobre a cidade e suas atrações turísticas. E, numa época em que não existiam ônibus de turismo em Londres, havia um serviço de reserva de táxis turísticos que reunia dezenas de autênticos motoristas londrinos que passeavam com soldados americanos — por um preço salgado, claro — por locais históricos da cidade. "Podemos fazer tudo aqui, exceto socar o nariz de um soldado",[718] disse espirituosamente um jovem militar americano a um funcionário do clube.

Já aviadores com salários polpudos se hospedavam no Barclay, no Savoy, no Grosvenor House ou em algum dos outros luxuosos hotéis de Londres, onde eram vistos em disputados chás dançantes vespertinos. "Wing Ding" Carson, por exemplo, fez umas economias e passou três noites com Genevieve, sua namorada da Força Aérea, no Barclay. Na cama, enlaçada nos braços do namorado, ela revelou que nunca havia se deitado com um homem. Abalado por um imprevisto peso na consciência, "Wing Ding" evitou forçar a barra e ambos partiram de Londres frustrados. Como Genevieve não conseguia obter licença de folga, Carson passou seus dois dias seguintes de licença na cidade no apartamento de uma ex-bailarina que Lady Dellie o tinha apresentado no Rainbow Corner. Na primeira noite deles juntos, "ela dançou para mim",[719] disse ele, nostálgico.

Geralmente, o passeio do aeronauta americano pela cidade começava à noite. Mesmo com as luzes apagadas, as ruas formigavam de gente, muitas delas portando "tochas" (lanternas), enquanto táxis passavam por elas enfileirados, com suas finas réstias de luzes iluminando caminhos, projetando-se das diminutas fendas das coberturas de seus faróis. Embora, no outono de 1943, a presença de bombardeiros inimigos sobre a cidade fosse rara, feixes de holofotes se entrecruzavam o tempo todo no céu londrino e havia alarmes falsos quase todas as noites: os sons plangentes das sirenes seguidos por curtas rajadas de fogos antiaéreos disparados de abrigos feitos com sacos de areia, localizados em toda a cidade, até mesmo em paradas de ônibus. Quando as sirenes silenciavam, todos se desligavam de preocupações com possíveis catástrofes, e pedestres passando na frente de boates ouviam bandas de jazz dançante tocando ao ritmo dos estampidos dos fogos antiaéreos. Aumentando o clima sinistro da noite, uma densa neblina, evolando-se do Tâmisa, misturada com bulcões de fumaça produzida pela queima de carvão, cuspidos por mais de um milhão de chaminés da cidade, dava um toque macabro ao ambiente de guerra.

Resolvido a conhecer Londres sozinho, Jack Novey,[720] metralhador da Força Aérea de 18 anos de idade, foi parar num bar de uma ruela esconsa, onde não havia nem sinal de americanos. No local, porém, reuniam-se em volta do piano jovens integrantes da RAF. Quando viram a luzente insígnia prateada de Novey, ele foi convidado a juntar-se aos ingleses, dando início a uma longa noite de muita música e ingestão de bebidas fortes.

HOMENS EM GUERRA

Todavia, raramente aeronautas americanos e britânicos travavam contato social ou se divertiam juntos. "A principal razão disso",[721] especulou George Orwell, morador de Londres durante a guerra, "é a diferença de salários. Não dá para ter laços de amizade realmente fortes com alguém cuja renda seja cinco vezes maior que a sua". Existia também, entre os soldados britânicos, a sensação de que os americanos tinham uma nítida vantagem física em relação a eles. "Em sua maioria, eles eram mais altos, mais fortes e mais bonitos do que nós. Muitos eram gigantes de cabelos louros, cortados 'a escovinha'. [...] Seus uniformes e insígnias eram vistosos, combinando muito bem com a farda, de excelente qualidade e elegância. [...] Em matéria de aparência, eles nos superavam."[722]

Os bares ingleses fechavam cedo, mas, para os mais resistentes, geralmente a parada seguinte era num clube privê, onde podiam comprar garrafas inteiras de bebidas alcoólicas. Na Londres da guerra, gim e uísque de boa qualidade continuavam escassos e as bebidas alcoólicas de que se podia dispor prontamente tinham gosto, nas palavras de Robert Arbib, "de borras de tonéis de curtimento de couro".[723] Mas as casas noturnas do West End eram quentes e barulhentas e havia prostitutas nas mesas, mulheres excitantes com vestidos minúsculos e forte sotaque, várias delas profissionais do sexo que falavam em amor por 8 dólares. "Tenente, vou levá-lo para pazear num xéu com nuvenx que você nunca viu na vida. Depoix, dezeremos de lá juntinhox, mais filizix do que nunca!"[724]

Havia também os "talentos locais", jovens "boêmias"[725] e hedonistas, tal como os londrinos as classificavam. Algumas tinham apenas 15 ou 16 anos de idade, mas a maioria eram trabalhadoras com seus 20 e poucos, o tipo de garota que ficara longe do West End antes porque não tinha roupas ou dinheiro para frequentar o local. Embora não fossem profissionais do sexo, esperavam ganhar presentes — meias de náilon e doces — por uma noite na cama nos lotados apartamentos que dividiam com outras duas ou três mulheres.

Para homens que gostavam desses tipos, havia muitas prostitutas de rua também. O lugar mais fácil de achá-las era nas escuras portas das lojas da Piccadilly Circus. Mesmo com a polícia por perto, essas mulheres eram atrevidas; Comando de Vulgívagas de Piccadilly era a forma pela qual todos apodavam essa puta tropa de assalto meretrício, visto que elas assediavam tanto os que davam mostras de que desejavam usar seus serviços, quanto os que não exibiam nenhum sinal de que queriam incursionar pelo calor de um recontro. "Quando nós, homens, percorríamos a Piccadilly a pé, envoltos na escuridão",[726] relatou o correspondente Walter Cronkite, "ouvíamos os estalidos de saltos anunciando a chegada de uma dama da noite. Cheirando a perfume barato, passavam a mão numa de nossas pernas". Era só, observou Cronkite, um afago "promocional", espécie de excitante amostra grátis, e não carícias preliminares do pacote completo do serviço sexual em si. "Tateando as calças do possível cliente, as experientes damas da noite conseguiam saber se o sujeito era do exército americano ou do britânico e se oficial ou recruta. Era com essa conclusão que determinavam o preço a partir do qual elas começariam a negociar o serviço."

Na difícil negociação da Piccadilly Circus, a luz de um isqueiro — que dava ao soldado o primeiro vislumbre do rosto da mulher — podia ser decisiva para seu sucesso ou fracasso. Caso alguns rapazes fossem grosseiros demais, essas Vulgívagas de Assalto tinham como enfrentar o problema. As francesas, por exemplo, circulavam pela via com dálmatas rosnando nas guias, e quase todas essas meretrizes do asfalto tinham canivetes. O cliente tinha a opção também de fazer sexo em pé, com a prostituta encostada na parede, ao preço de 2 libras, ou cerca de 8 dólares; uma "rapidinha"[727] num hotel decadente e pulguento era calculada de acordo com o posto do militar. A maioria delas, porém, preferia o sexo na parede — Arco do Triunfo era a expressão que usavam para designá-lo. Era uma prática que permitia que fizessem sexo em série, como numa linha de montagem, método considerado eficiente por elas, de excelente custo-benefício, e as mais ingênuas tinham certeza de que não poderiam engravidar dessa forma.

Essas prostitutas do asfalto incentivavam os clientes a usarem proteção, mas não exigiam isso deles. Para os que se esqueciam de levar camisinhas ou haviam esgotado seu estoque, havia muitos vendedores ambulantes de aspecto suspeito e repulsivo pela Circle fingindo vender jornais. Já no fim de 1943, ocorreu um surto epidêmico de doenças venéreas no Reino Unido.[728] Numa reportagem sobre o assunto, um correspondente do *The New York Times* relatou que os índices de doenças venéreas entre soldados lotados na Inglaterra eram 25 por cento superiores aos dos existentes nos EUA e que talvez, na metade dos casos, a doença houvesse sido contraída em Piccadilly.[729] Pouco depois, a Cruz Vermelha Americana estava operando centros de profilaxia em seus clubes, e o Exército finalmente fez estoques suficientes de preservativos, pois se descobriu que os primeiros lotes, fornecidos pelos britânicos, eram "pequenos demais".[730] E somente na primavera de 1944 o público em geral pôde ter acesso a um tratamento médico eficaz contra doenças venéreas. Chamado PRO-KIT, era uma combinação de sulfatiazol e calomelano. O número de casos de doenças venéreas começou a cair também por motivos sem nenhuma relação com o novo processo de cura: o Exército começou a endurecer suas políticas de concessão de licenças de folga com vistas a facilitar os preparativos para os desembarques de tropa do outro lado do Canal.[731]

Quase sempre, uma estada de dois dias em Londres acabava de forma vexaminosa para os aeronautas. No caso do texano de nascença e metralhador da torre de tiro superior Jack Corner, por exemplo, depois do que ele chamou de "superporre" e de uns passos cambaleantes sobre pernas embriagadas, o aeronauta desabou no chão.[732] Um colega de tripulação o carregou nos braços, entrou com ele num táxi e o levou para a Estação da Rua Liverpool, onde o pôs num trem para Ridgewell. É provável que ele tenha passado mais tempo curando a própria ressaca do que gozando seus dias de folga.

Ele está por cima porque está aqui

De volta às bases, depois de vencida a ressaca, maridos e filhos da Pátria enviaram cartas às esposas e aos pais descrevendo sua recente estadia na velha Londres — onde passaram dias longos e desgastantes conhecendo os museus da cidade e os pontos turísticos do Tâmisa: o Big Ben, a Torre de Londres e as Câmaras do Parlamento. Com passeios tão extenuantes, disseram nas cartas, mal haviam tido tempo para um rápido copo de cerveja. Numa carta enviada aos pais, David McCarthy, oficial-navegador do grupo de bombardeio de John Comer, incluiu uma fotografia sua com um amigo, tirada por eles num pobre estúdio fotográfico de beira de rua, depois de terem consumido como que baldes inteiros de um capitosíssimo vinho argelino. Quando a esposa de McCarthy visitou os pais do marido e estes lhe mostraram a fotografia do militar, ela observou perante os sogros quanto os dois combatentes pareciam cansados, acrescentando que talvez estivessem sofrendo de fadiga de combate. Nisso, o pai de McCarthy, um homem que conhecia bem os efeitos da bebida, olhou para ela e disse: "Não, Norma... Esses jovens estão bêbados!"[733]

Com a Oitava Frota Aérea crescendo rapidamente no outono de 1943, Ira Eaker se viu diante de um sério problema de relações da tropa com a comunidade local. Sua existência havia começado a dar sinais durante a tomada das medidas preliminares de preparação da Semana do Bombardeio-Relâmpago. Em julho desse ano, Eaker advertiu seus comandantes para o fato de que as relações entre os aeronautas americanos e os civis britânicos — sem considerar, logicamente, as belas e atraentes inglesas — "não eram tão boas quanto alguns meses atrás, quando a tropa era menor".[734] Próximo do fim do ano, a imprensa americana passou a explorar o assunto. "Nos últimos meses, foi ficando cada vez mais patente o fato de que a população da Grã-Bretanha está irritada com a liberalidade financeira, sexual e vocabular dos militares americanos",[735] informou a revista *Time* em dezembro daquele ano. A publicação afirmou também que muitos britânicos consideravam os soldados americanos pessoas "relaxadas, convencidas, insensíveis, promíscuas, sem discernimento, barulhentas".

Essa matéria foi feita com base em pesquisas de opinião realizadas pela Mass-Observation, uma organização independente fundada em 1937 com o objetivo de registrar "as coisas em que o público britânico acredita, o que ele pensa e o que faz".[736] Do início ao fim da guerra, equipes de pesquisadores da Mass-Observation realizaram pesquisas de opinião e estudos sociológicos em todo o Reino Unido, onde recrutaram 1.500 "correspondentes" voluntários para que registrassem em seus "diários fatos de sua vida cotidiana" que refletissem transformações culturais em suas comunidades. Quando perguntados, em 1942, o que achavam dos americanos, 47 por cento dos questionados disseram que tinham impressões "positivas" dos ianques. No ano seguinte, esse porcentual caiu para 34 pontos[737] — numa época em que os famigeradamente arrogantes soldados franceses receberam uma opinião favorável de 52 por cento dos consultados. Solicitados a especificar as principais razões de sua antipatia pelos americanos, os entrevistados colocaram no topo da lista da pesquisa qualidades negativas como "presunção", "imaturidade" e "materialismo". "Eles me irritam tanto que não sei explicar", queixou-se uma dona de casa britânica. "Turbulentos, espalhafatosos, jactanciosos, pretensos virtuosos e donos da verdade." Já outro "correspondente" se queixou de "sua arrogância, seu gigantismo teutônico e sua falta de delicadeza e educação", juntamente com a descarada presunção de que estavam vencendo a guerra sozinhos. "Como não se indignar com

HOMENS EM GUERRA

a postura arrogante e parruda de nossos fornidos invasores mascadores de chiclete, mimados com docinhos?", escreveu a correspondente Rosemary Black em seu diário.

A opinião que permeava quase todas as pesquisas era a profundamente arraigada crença dos britânicos de que os Estados Unidos "eram uma criança que não amadureceu". "Era estranho ver adultos capazes de controlar aparelhos científicos, mas com a mentalidade de crianças de 11 anos de idade",[738] observou um químico a um entrevistador da Mass-Observation. Por outro lado, até ingleses que nutriam simpatia pelos americanos disseram que as qualidades que achavam mais atraentes neles eram as normalmente associadas a crianças: sua infantil "vontade de conversar",[739] sua vivacidade, impulsividade, generosidade, delicadeza e "engraçada" falta de inibições. "Gosto deles", disse um jovem correspondente da Mass-Observation, "porém não do jeito que gosto dos franceses — como de um igual —, mas da mesma forma que um pai afetuoso gosta dos filhos".

Era um problema de crescente preocupação para Eaker e Spaatz e, logicamente, para o general Eisenhower, que estava se preparando, em dezembro desse ano, para voltar à Inglaterra, onde assumiria o posto de supremo comandante da Overlord. Poucas coisas eram mais importantes para eles do que cordiais relações entre os americanos e seus anfitriões ingleses. Num relatório enviado do norte da África em setembro de 1943, Spaatz realçou bem esse fato. Existem, disse ele no documento, "três tipos de crime que um membro da Força Aérea pode cometer: assassinato, estupro e interferência indevida nas relações anglo-americanas. Em tese, os dois primeiros poderiam ser perdoados, mas o terceiro, jamais."[740]

Mais do que em qualquer outro lugar, Londres estava dando má fama aos soldados americanos, embora nenhum comandante americano — tanto do Exército regular quanto da Força Aérea — estivesse disposto a reduzir as visitas de soldados à cidade. Em Londres, onde centenas de policiais militares americanos de capacete branco patrulhavam as ruas, era muito mais fácil controlar os recrutas americanos do que nas pouco policiadas cidades interioranas, onde havia escassez de mulheres e bebidas também. Os generais perceberam que era muito menos provável que homens com acesso a bebidas e a mulheres se envolvessem em brigas do que aqueles que fossem mantidos sóbrios e sedentos de sexo. E, conforme observado por John Comer, depois das terríveis perdas do verão e do início do outono, o comando aéreo se compenetrou vivamente na necessidade psicológica de o soldado poder desfrutar de uma "grande farra" de vez em quando na grande cidade.[741]

Depois da primeira investida de bombardeio a Schweinfurt, os aviadores--combatentes do 381º Grupo de Bombardeiros de Comer foram reunidos na Sala de Operações para aquilo que todos achavam que seria o anúncio de mais notícias ruins. No local reinava um ambiente de "silêncio e tristeza", mas, quando souberam do que se tratava, os rapazes acharam difícil acreditar, tamanho o caráter auspicioso do anúncio. "Vamos dar quatro dias de folga a todos os combatentes e estaremos com caminhões de transporte de pessoal prontos para partir à uma e meia da tarde. Nós os levaremos direto para a periferia de Londres, onde poderão pegar o metrô para chegar à cidade. [...] Essa licença será obrigatória, salvos os casos de disposição contrária justificada por médicos de voo."

Comandantes da Oitava Frota Aérea entendiam também que seus homens tinham tantos problemas com londrinos quanto estes tinham com aqueles. Era o caso, por exemplo, de motoristas de táxi e comerciantes inescrupulosos, que se aproveitavam da abissal ignorância dos americanos com relação à moeda local para enganá-los, e prostitutas que conseguiam lucros formidandos como batedoras de carteira, ou em conluio com seus cafetões, atuando como ladras consumadas. Um dos golpes favoritos das prostitutas consistia em atrair ianques para quartos de hotéis baratos, pôr soníferos em suas bebidas e esvaziar seus bolsos quando eles caíam adormecidos no chão.

Alguns britânicos estavam começando a culpar-se em público — ou, mais precisamente, as mulheres da ralé social — pelo comportamento inconveniente injustamente atribuído aos ianques. Para "alívio" dos jovens americanos,[742] "elas saíam aos bandos das favelas e atravessavam as pontes, multidões de adolescentes sujas, desmazeladas e repugnantes, junto com suas tias e suas mães, gente jamais vista nas praças de Mayfair e Belgravia", escreveu a romancista Evelyn Waugh, com escancarado desdém conservador. "Lá, abraçavam-se em público com imensa paixão, tanto durante blecautes quanto em pleno meio-dia, e eram recompensadas com chicletes, lâminas de barbear ou outros artigos raros."

Crescia também a indignação com o fato de que grandes números de mulheres desacompanhadas estavam frequentando os bares. A maioria delas eram operárias e mulheres fardadas de folga, logo depois de uma jornada

HOMENS EM GUERRA

diária de dez ou mais horas de trabalho para o esforço de guerra. Pesquisas revelam que donos de hospedaria e bares toleravam o que muitos deles viam como uma inevitável tendência desencadeada pela guerra. "Geralmente, quando elas chegavam sozinhas, não saíam desacompanhadas, mas quem sou eu para criticá-las."[743] Essas mulheres trabalhadeiras "precisavam de uns drinques de vez em quando, assim como os homens". Havia no país uma visão generalizada, disse um pesquisador da Mass-Observation, segundo a qual, "se estamos em guerra, por que as pessoas não têm o direito de se divertirem enquanto podem?" E até mulheres mais velhas: "Parecem não ter muito preconceito para com mulheres frequentando bares sozinhas." Conforme observou também uma mulher: "Por que devemos achar que elas precisam de acompanhante? Muitos homens bons são meros acompanhantes mesmo! Eu preferia sair com um cachorro todo dia!"

Ao verem nisso uma oportunidade, americanos em busca de sexo tratavam suas namoradas inglesas como verdadeiras rainhas. "Eles abriam portas para nós; eram sempre muito educados e nos davam toda atenção",[744] relatou uma britânica, "enquanto nossos compatriotas nos deixavam sozinhas na mesa para lançar dardos com os amigos".

Os britânicos reagiam com bom humor. "Tá sabendo das novas calcinhas utilitaristas? É só aparecer um ianque que elas saem!"[745] Mas ressentimentos duraram apenas até o dia em que os ianques finalmente partiram.

Coisas e pessoas estranhas tanto podem atrair quanto provocar repulsa, e não foi diferente com britânicos e americanos durante a guerra, os quais, por mais surpreendente que possa parecer, sabiam pouco a respeito um do outro. Até o advento da "amistosa" invasão americana, a maior parte das populações das ilhas britânicas e dos Estados Unidos jamais tinha conhecido uma única pessoa sequer de um país e de outro. Para preencher esse abismo de ignorância mútua entre os dois povos, o Exército americano criou o *Pequeno Guia Cultural sobre a Grã-Bretanha*, um manual de leitura fácil em que se tratava didaticamente de assuntos que iam de informações sobre características geográficas das ilhas a "formas de entretenimento em ambientes fechados", como lançar dardos e tomar cerveja.[746] Já o Exército britânico produziu um guia insuportavelmente enfadonho, na tentativa de estabelecer a harmonia transatlântica entre os dois povos, intitulado *Conheça os Americanos*.[747] Leitores que sofriam com a consulta a essas páginas aprendiam poucas coisas de real utilidade sobre seus primos moradores do outro lado da poça. Como eram raras as transmissões de programas de rádio entre as duas nações, e uma vez que cinejornais exibiam apenas fragmentos de notícias sensacionalistas, britânicos e americanos pouco ou nada viajados — entre esses, figurava a maior parte dos recrutas — tendiam a formar impressões da parte contrária com base em informações fornecidas por veículos da indústria da comunicação e do entretenimento de massa de seus próprios países: jornais e revistas, emissoras de rádio e televisão.

O cinema era uma forma de entretenimento muito popular na Grã--Bretanha dos tempos de guerra. Mesmo em pequenas cidades do país, a opção de diversão noturna preferida de suas populações era o cinema. Muitos habitantes dessas cidadezinhas iam aos cinemas locais duas ou três vezes por semana, fato que tornava esses lotados estabelecimentos excelentes lugares para conhecer as garotas locais. Casais de namorados se sentavam nas fileiras de trás; já garotas e ianques desacompanhados à procura de sexo se acomodavam nas do meio, enquanto as senhoras davam preferência às primeiras cadeiras, junto com seus sanduíches. Recitais de órgãos — acompanhados por entusiasmados aplausos e cantos da plateia — abriam a noite, seguidos pela exibição de cinejornais e longas-metragens. O público britânico em geral conhecia todas as estrelas de Hollywood, mas, para muitos, os Estados Unidos em si eram o grande protagonista: enorme e rico, empreendedor e dinâmico e irritantemente isolado, uma nação de cidadãos competentes, realizadores de grandes feitos, que não valorizava nada que não fosse novo. Pesquisadores da Mass-Observation, porém, menosprezavam o papel exercido pelos filmes de Hollywood na formação da opinião dos britânicos sobre os americanos. "As pessoas percebem que existe muita coisa de fantástico e irreal nesses filmes. Elas não acham que eles representem os Estados Unidos, mas uma espécie de estereótipo ideal desse país."[748] Contudo, aparentemente, o conceito é errôneo. Os traços da personalidade dos americanos que os britânicos viam retratados em filmes de Hollywood eram os mesmos que uns achavam odiosos e outros consideravam atraentes nos ianques que eles conheceram durante a guerra. Os próprios resultados das pesquisas da Mass-Observation indicam isso. Portanto, quando um britânico se deparava com um americano, ele sabia exatamente o que esperar dele. Todavia, geralmente, a visão que tinha do ianque era equivocada.

HOMENS EM GUERRA

A transferência de soldados americanos para a Inglaterra foi uma migração planejada sem precedentes, mas nem os americanos que foram enviados à Grã-Bretanha nem os britânicos que estavam lá quando eles chegaram eram um grupo nacional representativo. Em grande parte, o grupo de americanos migrados para o arquipélago bretão era formado por jovens com idades entre 18 e 20 anos de idade, separados de famílias e de instituições comunitárias que exercem uma influência atenuante no comportamento e nas relações humanas, de homens alojados em centros militares rigidamente controlados, que depois eram despachados em máquinas aéreas para chacinar e esmagar outros seres humanos. Por outro lado, durante a guerra a Grã-Bretanha não esteve na posse e no exercício pleno de suas tradicionais potencialidades e características intrínsecas. Londres nunca fora, nem jamais seria outra vez, a cidade que os soldados americanos visitaram. Era o caso também do restante do país, uma nação quase totalmente destituída de seu arsenal de homens jovens e saudáveis, com todas aquelas perturbações e desmantelo da normalidade da vida familiar, resultantes dos seguintes fatores: esposas sem maridos, filhos sem pais, pais sem filhos para ajudá-los em lojas e fazendas.

Seriam necessários tempo e conhecimento mútuos para derruir as muralhas das impressões preconcebidas, sustentadas tanto por britânicos quanto por americanos. Os locais em que isso ocorria com mais frequência eram nos povoados e cidades em torno das bases aéreas americanas, onde havia dezenas de milhares de "socadores de terra" (membros de equipes de serviços aeroterrestres) que — ao contrário dos aeronautas ou de membros da infantaria em si — ficaram na Inglaterra até o fim da guerra. Nessas cidadezinhas, "descobrimos* que existiam outros grupos de pessoas na Grã--Bretanha além do representado pela arrogante aristocracia, grupos aqueles formadores de uma classe de gente ignorante e cômica cujos membros são conhecidos como 'cockneys', e a turma dos onipresentes mordomos ingleses", escreveu Robert Arbib. Eram nas pequenas cidades da parte mediana e oriental da Inglaterra que os britânicos aprenderam que nem todos os americanos tinham a postura arrogante de um duque ou falavam como Bogie (Humphrey Bogart, astro do cinema americano).

---

* "*descobrimos*": Arbib, *Together*, 91.

332　　　MESTRES DO AR

A animosidade para com os americanos nunca deixou de existir, mesmo nas cidades de habitantes mais afáveis e prestimosos da Ânglia Oriental. Após uma visita a velhos amigos em Norwich, a correspondente da Mass-Observation Sarah Williams se queixou bastante: "A localidade inteira estava* um lixo. Eram os americanos. Entrei num restaurante que antes da guerra era uma beleza, mas agora estava nojento. [...] Havia vários americanos com garotas e estavam todos bêbados, a ponto de vomitarem. [...] Muitas jovens simplesmente se atiram nos braços dos americanos, pois eles têm muito dinheiro." Habitantes de cidades enojados com a forma pela qual suas jovens se ofereciam aos americanos não conseguiam entender que, quase sempre, era tudo uma questão de oferta e demanda.

— O que ele tem que eu não tenho?[749] — perguntou um soldado britânico gozando licença de uma missão no exterior a algumas jovens locais que pareciam enfeitiçadas por um ianque.

— Ele não tem nada que você não tenha — esclareceu-o uma delas —, mas é que aquilo que ele tem, ele tem aqui.

Sudbury

Comandantes da Oitava Frota Aérea trabalhavam em conjunto com a Cruz Vermelha Americana para tentar manter os aeronautas nas bases nos intervalos das folgas noturnas. Assim, já no fim de 1943, havia Aeroclubes da Cruz Vermelha em quase todas as bases de bombardeiro, com salas de jogos e de estar, bibliotecas e bailes noturnos à noite. "A frequência a esses bailes era fantástica",[750] disse Kay Brainard Hutchins, que se alistou para servir na Cruz Vermelha no exterior depois que dois de seus irmãos foram dados como desaparecidos em combate em operações de bombardeio na Europa. "Enviávamos grandes caminhões para pegar jovens inglesas e levá-las ao clube. [...] Essas operárias adoravam os recrutas americanos, bem como dançar o jitter-bugging." Esses bailes eram severamente monitorados e nenhuma jovem podia sair do salão. De manhã, depois do baile, um Clube móvel da Cruz Vermelha — um ônibus londrino de andar único adaptado

---

* "A localidade inteira estava": Diário de Sarah Williams, MO-A.

HOMENS EM GUERRA

— chegava para servir rosquinhas e café. As "rosquinhas doces" eram feitas numa combinação de sala de estar/cozinha instalada no caminhão, iguarias que os famintos rapazes que viviam num país onde não havia rosquinhas simplesmente devoravam.

Os homens da base eram extremamente gratos ao trabalho das jovens da Cruz Vermelha que viviam nas instalações desses centros aeronáuticos e tentavam ser, nas palavras de Andy Rooney, "uma espécie de apagada combinação de Rita Hayworth com a melhor amiga de sua irmã mais velha".[751] Elas eram as primeiras a avisar os aeronautas de casos de doença e falecimento entre membros de suas famílias e os surpreendiam com bolos caseiros em seu dia de aniversário. Além disso, essas jovens ficavam do lado de fora da porta da sala de instrução de pré-voo todo dia que havia missão de bombardeio, trajando seus elegantes uniformes e bonés azul-cinzentos, servindo café e rosquinhas. No caso de muitos rapazes dos bombardeiros, essas seriam as últimas americanas que eles veriam na vida após a reunião.

Na sala de reunião de relatórios de pós-voo, um monte de sanduíches impecavelmente empilhados e uma enorme cafeteira com torneira ficava aguardando os que retornassem das missões. Todavia, nas horas e dias entre as missões, Kay Hutchins e suas colegas de trabalho não podiam fazer tudo quanto queriam pelos rapazes. Ainda assim, havia bebida alcoólica à vontade na base, e os salões de baile de Sudbury eram de uma concorrência forte demais para jogos de bingo e as incortejáveis anfitriãs das festivas reuniões sociais dos aeroclubes, onde não havia bebida, por sinal.

Robert Arbib fizera amizade com uma inglesa em Sudbury quando seu batalhão estava construindo o aeródromo em Debach. Naquela época, raramente um militar americano era visto na cidade, mas, quando Arbib voltou lá para uma visita no começo de 1944, encontrou a cidade-mercado às margens do Rio Stour completamente transformada pelas quatro bases aéreas, que tinham sido construídas num local de rápido e fácil aceso. Inúmeros caminhões e jipes do exército abarrotavam suas tortuosas ruas medievais e lotavam todos os seus bares. Na expectativa de se deparar com habitantes loucos para vê-los partir, na verdade, Arbib encontrou uma cidade animada com a presença dos invasores. Os moradores haviam criado até um clube, feito especialmente para anglo-americanos e para onde os aeronautas eram convidados a frequentar bailes e festas, e americanos estavam se casando com jovens de Sudbury nas veneráveis igrejas de pedras da cidade. Poucas residências de Sudbury ficavam sem a presença de convidados americanos aos domingos. Os aeronautas chegavam lá carregados de artigos "confiscados", levados da cozinha dos refeitórios — pêssego e abacaxi em calda, ovos frescos e pão, carne bovina enlatada e batatas-doces. Se um desses convidados americanos passasse por acaso numa cooperativa militar, podia chegar à residência com uma caixa de cigarros Camels para o chefe da casa e caixas de chocolate para sua esposa e filhos.

Nessa e noutras cidades, os americanos eram simplesmente maravilhosos com as crianças. "Soldados machões, mascadores de chiclete, mulherengos, beberrões? Era só deixar uma criança passar perto deles que eles esqueciam tudo!",[752] observou uma mulher. "Os ianques não resistem ao encanto das crianças." Tanto é que aeronautas organizavam festas para as crianças locais no Dia de Ação de Graças, no Natal e no Dia da Independência americana. Nessas datas festivas, passeavam de jipe com elas e lhes davam Tootsie Rolls (doces mastigáveis achocolatados), refrigerantes e bolos. Afinal, os aeronautas estavam numa fase de suas vidas em que logo se tornariam pais ou tinham acabado de ter filhos e se compadeciam das crianças inglesas. Porquanto, até as mais afortunadas dessas crianças tinham poucos brinquedos ou jogos e muitas eram órfãs de guerra ou já se passaram anos que não viam seus pais militares. Em Thurleigh, o 306º Grupo de Bombardeiros "adotou" uma órfã de guerra, uma pequerrucha bochechuda de 3 anos de idade, chamada Maureen. Os rapazes a apelidaram de Sweet Pea e, como deram seu nome a um bombardeiro para homenageá-la, fizeram questão de que o batizasse, enfiando sua mãozinha na tinta e lhe imprimindo a palma no nariz da aeronave.

Segregação racial na Inglaterra

Aeronautas desejosos de prazeres mais apimentados lotavam as duas grandes cidades da Ânglia Oriental, Ipswich e Norwich, onde passavam suas noites de liberdade em salões de baile impregnados do cheiro de tabaco e perfumes baratos. Sempre havia brigas nesses lugares e seus frequentadores iam lá preparados para isso. Robert Arbib nos dá uma ideia desses ambientes

HOMENS EM GUERRA

dizendo que, certa vez, "dançou com uma ágil, forte e graciosa jovem do Corpo Auxiliar Feminino do Exército Britânico em Ipswich, que foi ao baile armada com um punhal longo e sinistro na cintura".[753] Homens em busca de sexo achavam arriscado serem muito exigentes; é que, como não se conseguiam mais bebidas após as dez da noite na cidade, o sujeito podia ficar a ver navios. Depois disso, o jeito era voltar caminhando, triste e solitário, para os caminhões do Exército parados num escuro estacionamento à espera deles. Nos caminhões, soldados bêbados e suas "namoradas" se despediam, enquanto outros mais ficavam procurando e chamando pelos colegas, alguns dos quais tinham ido parar na prisão da cidade.

Ao norte de Ipswich, num povoado chamado Bamber Bridge, uma noite de muito consumo de bebida e uma explosiva situação de tensão racial resultaram num violento conflito com soldados afro-americanos. Quando, em 24 de junho de 1943, numa noite excepcionalmente quente, os bares do povoado começaram a fechar, dois PMs americanos, fazendo ronda pela cidade num jipe, foram avisados de que estava havendo problemas no Old Hob Inn. A frequentada taberna de telhado de palha não ficava muito longe dos alojamentos do 1511º Regimento de Caminhões do Serviço de Intendência, uma unidade quase totalmente formada por afro-americanos (com exceção dos oficiais) que entregava bombas às bases da Oitava Frota Aérea no sul e no leste de Lancashire. Quando chegou a hora de fechar, cerca de uma dúzia de soldados negros que vinham tomando uns drinques no estabelecimento se recusaram a deixar o local. Assim que os PMs chegaram e tentaram prender um desses soldados, que havia deixado a base sem farda e sem licença, houve uma discussão e, de repente, um deles, brandindo uma garrafa de cerveja, avançou na direção de um dos PMs. Nisso, o policial sacou a pistola, mas foi persuadido a pô-la de volta no coldre por um segundo-sargento negro sereno e de índole pacífica. Enquanto os PMs se retiravam, um deles atirou lá de dentro uma garrafa na direção dos policiais, que se espatifou no para-brisa do jipe, molhando de cerveja os dois policiais, que foram embora, mas juraram voltar.

Depois de terem recolhido outros dois colegas PMs que patrulhavam a pé, viram pelo caminho os soldados negros do bar voltando para a base, gritando, cantando e bebendo com garrafas nas mãos. Quando tentaram prender dois deles, estourou uma violenta briga com cassetetes, pedras, garrafas e facas. Um

336 MESTRES DO AR

dos PMs foi atingido entre os olhos por uma garrafa e outro caiu inconsciente, golpeado por uma pedra de jardinagem. De repente, quando ouviram tiros, os soldados negros se dispersaram, levando consigo seus dois amigos feridos, um deles baleado nas costas e outro, no estômago. Abalados, os PMs puseram seus dois espancados colegas no jipe e partiram às pressas.

Quando os soldados voltaram para seus postos, começaram a circular pela base boatos de que negros tinham sido mortos a tiros por PMs, que continuavam de ronda. Acordados pelos colegas, os militares da base correram para o portão principal, alguns deles armados de fuzis. Outros mais conseguiram passar pelos guardas e alcançaram a cidade. Pouco depois, um pequeno caminhão com meia dúzia de soldados armados passou à força pelo portão da base. A essa altura, o único oficial negro da unidade tentava convencer a maioria dos alistados remanescentes na base a voltarem para os alojamentos. "Os culpados pagarão pelo que fizeram!",[754] prometeu ele.

Meia hora depois, à meia-noite, o frágil clima de paz foi violentamente perturbado quando um grupo de PMs, em dois jipes e numa improvisada viatura blindada, equipada com uma metralhadora montada sobre reparo, entrou trovejando com suas máquinas no centro militar. Nisso, os militares da base correram até os depósitos de armas, arrancaram os cadeados a tiros e pegaram fuzis. Depois, esses afro-americanos, furiosos, cheios de rancor exacerbado por terem sido chamados de "bichos-papões"[755] e "pretos" por oficiais brancos e PMs, vaguearam pelas ruas de Bamber Bridge, atirando em PMs e em dois de seus próprios oficiais. "Voltem para dentro!", ordenou aos gritos um dos amotinados a um morador dono de um comércio de peixes e batatas fritas na hora. "Vai haver uma guerra aqui", avisou. Chegou-se a ouvir um desses soldados bradando que ele preferia morrer lutando pela própria raça a tombar combatendo os alemães.

O tiroteio cessou apenas às três da manhã.[756] Felizmente, graças à escuridão e à pontaria ruim dos conflitantes, o número de baixas foi pequeno. Dois soldados brancos — um PM e um oficial — e três recrutas negros foram baleados, um deles fatalmente. Depois do incidente, em julgamentos marciais separados, 32 envolvidos foram acusados de delitos que iam de violência física a atos de rebelião. Como a morte de um dos participantes do conflito não teve testemunha, não houve acusação de assassinato. A maioria dos homens sob julgamento, ou talvez todos eles, não havia efetuado disparos de armas de fogo na noite do incidente; com depoimentos muito conflitantes, a

HOMENS EM GUERRA

identificação dos culpados acabou sendo impossível. Os réus que se acreditava estivessem armados com fuzis na ocasião do conflito foram condenados a penas de prisão, com trabalhos forçados, variando de três meses a quinze anos de detenção, mas todas as sentenças foram reduzidas mediante recursos de apelação. Um ano depois, todos os envolvidos foram reincorporados ao serviço ativo. Isso ocorreu por causa de uma rápida intervenção do general Ira Eaker, um sulista que dizia a seu estado-maior que "noventa por cento dos problemas com soldados negros eram culpa dos brancos".[757]

Mais tarde, naquele verão, Eaker reuniu as unidades de caminhões dispersas pela Inglaterra e as transformou num comando especial, que denominou Ala de Apoio a Operações de Combate. Achava que isso ajudaria a fomentar entre soldados negros "a clara sensação de que estavam contribuindo de fato para o esforço de guerra".[758] O agressivo comandante da nova Ala de Apoio a Operações de Combate, coronel George S. Grubb, afastou 75 oficiais brancos racistas e incompetentes, melhorou as instalações recreativas da base e começou a empregar patrulhas de PMs racialmente integradas. Com isso, o moral e o desempenho da tropa melhoraram consideravelmente e os casos de corte-marcial, e as doenças venéreas caíram bastante. Tal como Eaker, Grubb, que era branco, acreditava que a maioria dos incidentes raciais era "provocada por soldados brancos", ressaltando: "De uma forma geral, soldados negros são mais cordiais e mais educados do que soldados brancos."[759]

Era uma opinião compartilhada por muitos britânicos. Quando a guerra começou, a Grã-Bretanha era um país racialmente homogêneo, com mais de oito mil habitantes negros, a maior parte deles concentrada em Londres e vários outros em cidades portuárias. A grande maioria das cidades e povoados não tinha um único habitante negro, e muitos ingleses jamais haviam se deparado com uma pessoa de cor. A Inglaterra era, de propósito, um país constituído quase totalmente de pessoas brancas, e o governo queria que as coisas permanecessem assim. Tanto que proibia que "súditos de cor do império"* se estabelecessem no país, considerado aliás, pelos súditos, impropriamente denominado de pátria. Tampouco quisera o governo que soldados negros americanos ingressassem no país. Quando os Estados Uni-

---

* "súditos de cor": Reynolds, Rich Relations, 217.

dos entraram na guerra, os chefes de estados-maiores britânicos, temendo conflitos raciais, haviam solicitado que soldados afro-americanos não fossem enviados à Inglaterra para construir bases aéreas. Disseram que seria melhor se unidades formadas por engenheiros brancos fossem incumbidas dessa tarefa. O ministro das Relações Exteriores Anthony Eden teve a audácia de apresentar argumento em favor dessa política usando razões humanitárias, dizendo ao embaixador americano Winant que o clima inglês "não era apropriado para os negros".[760]

O Ministério da Guerra norte-americano não aceitou o argumento de jeito nenhum. Até porque estava sofrendo uma pressão tremenda do Congresso e de líderes afro-americanos para promover a integração racial nas forças armadas. Além do mais, a Força Aérea havia informado ao ministério que precisava de unidades de engenharia e que não tinha brancos suficientes para preencher as vagas. Assim, fatores políticos e necessidades práticas se conjugaram para produzir uma política oficial determinando o envio de negros à Inglaterra, conquanto em desigual proporção ao número de afro-americanos existente nos Estados Unidos, cerca de um em cada cinco negros. Para surpresa dos governos americano e britânico, contudo, os soldados afro-americanos tiveram uma recepção calorosa e foram bem tratados.[761] Eles, por sua vez, acharam emancipador poder movimentar-se tranquilamente num país sem segregação racial oficializada. Cidadãs e cidadãos britânicos se misturavam livremente com soldados americanos em bares e restaurantes e quase todos adoraram a música que eles levaram para lá consigo. Suas bandas de jazz encantavam multidões, e um de seus magníficos coros, formado por duzentos engenheiros aeronáuticos, foi convidado para se apresentar no Royal Albert Hall, em Londres.

Nesse aspecto do convívio inter-racial, porém, os ingleses estabeleciam limites apenas numa questão para eles delicada: relações amorosas entre pessoas de "raças" diferentes, mas a oposição a essas relações não era universal. "Os aeronautas americanos brancos da base não conseguiam ver sentido em uma jovem britânica saindo com um negro americano. Para nós, porém, realmente não havia nada demais nisso",[762] observou um morador de Thorpe Abbotts.

Autoridades do Exército americano criaram uma política de segregação; porém, temerosas de serem tachadas de racistas e terem problemas por causa disso, assumiam uma atitude de oposição à discriminação racial.

HOMENS EM GUERRA

Em julho de 1942, Eisenhower mandou publicar um importante documento sobre relações inter-raciais. "O desejo do Comando Geral", declarou ele com firmeza, "é que a discriminação contra soldados negros seja evitada sempre".[763] Nesse mesmo documento, contudo, ele incentivou comandantes de centros militares locais a instituírem uma política de "segregação com igualdade de condições de vida e oportunidades para negros e brancos", visando minimizar conflitos raciais. Uma de suas sugestões nesse sentido foi a adoção de uma política de concessão de folgas em sistema de rodízio, com base na cor da pele. Achava que isso evitaria que negros e brancos fossem parar na mesma cidade em dada noite para se divertir. Desse modo, a política de segregação do Exército se tornou o instrumento usado por ele para minimizar problemas de discriminação racial.

Todavia, em quase toda parte, as determinações restritivas de Eisenhower para que se evitasse o preconceito racial foram ignoradas.[764] Depois do árduo e arriscado trabalho de transportar cargas explosivas, de grande poder de destruição, desde o amanhecer até o anoitecer, através de chuva e neblina, e também por estradas perigosas de regiões interioranas, os cinco mil integrantes afro-americanos das unidades de caminhões da Força Aérea eram quase sempre proibidos de comerem e se alojarem nas bases de bombardeiros. Com isso, a maioria dos motoristas de caminhões de distribuição de rações K tinha que se alimentar e dormir em suas próprias viaturas.

A Força Aérea tinha uma política de racismo institucionalizada que perdurava de longa data. Todavia, no começo da guerra, Eleanor Roosevelt se uniu a líderes negros para pressionar o marido a promover a integração racial no historicamente racista Corpo de Aviação do Exército e para que pusesse pilotos negros em serviços de combate. Diante disso, embora com relutância, Hap Arnold criou uma unidade de caças pilotados por negros, a famosa Aviadores de Tuskegee, cujo nome provinha da base no Alabama em que eles haviam treinado. Esses pilotos de caça demonstraram grande valor no Teatro de Guerra do Mediterrâneo, mas, no que diz respeito às tripulações de bombardeiros, a Força Aérea impediu a incorporação de negros nelas, asseverando que negros e brancos — principalmente os oriundos dos estados do sul — jamais conseguiriam operar com eficiência como equipes de combate. Tampouco se dispôs a Oitava a promover a integração racial em seu Comando de Caças, pois Arnold receava que uma política de integração resultasse em "oficiais negros comandando recrutas brancos". Ele achava que isso criaria "um problema social de solução impossível".[765]

Em 1942, mesmo quando o Ministério da Guerra forçou a FAE a aceitar negros em suas fileiras numa proporção de dez por cento de sua tropa, Arnold incorporou afro-americanos unicamente em unidades de apoio terrestre, onde trabalharam em companhias de serviços e fornecimento de material bélico, de intendência, de engenharia e de transporte. Eaker aceitou com entusiasmo a incorporação desses homens, mas não tinha conseguido persuadir o quartel-general da Força Aérea a treinar negros para suprir as carências nas fileiras de mecânicos, controladores aéreos e meteorologistas, postos de responsabilidade que Arnold acreditava que estavam além da capacidade da maioria dos recrutas negros. Com o apoio de Arnold, até a Cruz Vermelha Americana na Inglaterra — embora o órgão negasse isso oficialmente — tinha clubes separados para recrutas negros, administrados por funcionários afro-americanos da instituição enviados dos Estados Unidos.[766] Próximo ao fim da guerra, havia apenas 12.196 afro-americanos nos quadros da FAE lotados na Grã-Bretanha, todos eles membros de unidades de intendência.[767] Somente 82 eram oficiais num braço da Força Aérea em que um em cada seis de seu contingente de membros brancos tinha patente militar.

Com muitas inglesas dispostas a sair com negros e ter relações amorosas com eles, era inevitável que houvesse conflitos raciais, principalmente quando soldados negros e brancos estivessem de folga na mesma cidade. "Eu mesmo vi cinco exemplos de pretos acompanhados por mulheres brancas",[768] disse um cabo branco da Força Aérea, manifestando sua repulsa em carta enviada à família. Houve ocasiões em que soldados negros foram atacados por soldados brancos oriundos do extremo sul americano por andarem de mãos dadas com jovens inglesas pelas ruas de um povoado. "Quando soldados e civis britânicos defendiam o direito das mulheres de escolherem seus parceiros, as polícias militares de brancos e negros e de ambas as nações tinham que levar presos seus manifestantes exaltados",[769] informou a *Time*. Em Leicester, paraquedistas brancos da 82ª Divisão de Infantaria Aerotransportada se envolveram numa violenta briga com membros de um batalhão de intendência da FAE quando viram membros da unidade com mulheres brancas. Os soldados negros se apossaram de armas e de um caminhão e ocorreu um conflito racial em que ambos os lados usaram todo tipo de objeto contundente, resultando na morte de um PM.

Em Launceston,[770] uma cidadezinha pitoresca ao norte da Cornualha, soldados negros que tiveram negado o atendimento numa seção para uso exclusivo de brancos saíram tranquilamente do estabelecimento, mas vol-

HOMENS EM GUERRA

taram depois, armados com fuzis, metralhadoras e baionetas. Quando PMs ordenaram que dispersassem, eles abriram fogo, ferindo gravemente dois policiais militares. Havia tantos problemas entre brancos e negros de folga que comandantes da Força Aérea de cidades menores adotaram a sugestão de Eisenhower de conceder licenças em sistema de rodízio, criando noites de folgas "brancas" e "negras". Em cidades maiores, o Exército concedia licenças restringindo o uso de certos bares e salões de baile a somente uma das "raças" e usava PMs para impor a segregação. Já no fim de 1943, essa política de discriminação racial vigorava em todo lugar em que grandes números de soldados brancos e negros estavam estacionados muito próximos uns dos outros.

A forma mais severa de segregação racial era praticada na Ânglia Oriental, onde negros precisavam realizar serviços essenciais em bases de bombardeiros como motoristas de caminhão e trabalhadores do setor de armamentos da força. Eles ficavam alojados em instalações separadas, perto das bases de bombardeiros, mas para negros e brancos a melhor vida noturna estava nas grandes cidades, como Ipswich, com seus 150 bares. Uma vez que o número de afro-americanos na tropa era menor, a frequência deles a esses lugares ficou restrita a oito bares de Ipswich, um salão de baile e um clube exclusivo da Cruz Vermelha. Na Ânglia Oriental, o Rio da Pomba, talvez indevidamente designado como tal, pelo simbolismo que seu nome sugere, era a linha demarcatória, estabelecida pelas autoridades militares, que dividia os territórios frequentáveis por brancos e negros. Assim, negros achados em "cidades brancas"[771] eram presos pela polícia militar.

Truman K. Gibson, um ajudante negro do ministro da Guerra Stimson, enviou uma carta cheia de indignação ao assessor do ministro da Guerra John J. McCloy, condenando a exportação da segregação típica dos sulistas americanos para a Inglaterra. O protesto de Gibson, porém, foi ignorado, e a política de segregação continuou a ser usada como forma de manutenção da paz entre as "raças".[772]

Aeronautas brancos que não tinham nenhuma vontade de competir com negros pela atenção de mulheres inglesas apoiaram o sistema de concessão de licenças a brancos e negros em dias alternados, embora isso limitasse sua própria liberdade. A política de noites de folga monorracial alternadas, no entanto, acabou gerando preocupação.[773] Esses homens se perguntavam o que suas namoradas inglesas ficavam fazendo quando eles eram mantidos nas bases nas "noites de folga dos homens de cor".[774]

CAPÍTULO NOVE

A virada

"Com nosso zelo em prol da liberdade, nós nos defenderemos de todas as formas possíveis."

HERÓDOTO

Inglaterra, fim de outubro de 1943

Depois da louca farra em Londres, quando voltou para Ridgewell, David McCarthy soube que o 381º tinha recebido novos bombardeiros e novas tripulações, substitutos das pesadas baixas sofridas no bombardeio a Schweinfurt dias antes, nesse mês. "Ver aqueles rostos novos, desconhecidos e bem-dispostos dos substitutos levantou nosso ânimo, mas ainda estávamos cansados, deprimidos com as imensas perdas, emocionalmente exaustos e indescritivelmente amedrontados."[775]

As perdas de outubro tiveram grande repercussão. Em Lake George, Nova York, a esposa de McCarthy, Norma, tinha começado a se corresponder com as famílias dos membros do 381º desde a partida dos esquadrões para a Inglaterra. Em meados de outubro, ela havia recebido uma enxurrada de cartas, telegramas e telefonemas de entes queridos preocupados, que vinham lendo informações sobre as recentes investidas de bombardeio da Oitava e queriam saber se ela tinha alguma notícia. É que o nome dos falecidos não havia sido publicado nos jornais. "A avalanche de pedidos de informação de famílias ansiosas e desesperadas teve um efeito aterrador em Norma",

MESTRES DO AR

McCarthy soube depois. "Meu sogro foi obrigado a proibi-la de atender ao telefone e à porta."

Para os aeronautas da Oitava, 1º de novembro foi um dia importante. O Outubro Negro, tal como McCarthy chamou "o mês do massacre",[776] havia passado; talvez o mês de novembro trouxesse dias melhores.

Bombardeio às cegas

A primeira missão de novembro foi um bombardeio a Wilhelmshaven, no terceiro dia do mês, o primeiro grande ataque da Oitava desde a Terça-Feira Negra. Era um alvo conhecido, dentro do alcance de voo dos caças de escolta, e os bombardeiros enfrentaram apenas leve resistência. Apesar disso, foi uma missão marcante, realizada com a cobertura de "caças de escolta amigos", num céu nublado que, um mês antes, teria obrigado a permanecer em terra uma frota desse tamanho.

Nas reuniões de instrução de voo matinal, os oficiais-aviadores souberam que parte de sua escolta seria formada por aviões Lockheed P-38 LightningS, Alguns deles tinham sido incorporados à Oitava um ano antes, mas haviam sido transferidos para o Mediterrâneo antes que tivessem a chance de provar o seu valor. Tinham fama de aeronaves confiáveis em grandes altitudes, onde o frio paralisante prejudicava o desempenho de motores, mas eram máquinas rápidas e terríveis, com uma autonomia de voo um pouco maior do que a dos Thunderbolts — fator que era questão de vida ou morte para as tripulações de bombardeiros. Quando, de manhã, o piloto de John Comer chegou à área de serviço e manutenção e informou a seus metralhadores que cinquenta Lightnings se juntariam a eles no litoral, "houve gritos de alegria!"[777] Os rapazes estavam contando com eles para acabarem com os grandes aviões de caça alemães lançadores de foguete, os quais dizimaram as frotas de bombardeiros na Terça-Feira Negra. Nenhum dos Junkers 88 apareceu no céu de Wilhelmshaven, mas, em combates posteriores, os bimotores Lightnings os aniquilariam.

Os alemães estavam muito menos preocupados com os Lightnings do que com o tamanho do enxame de bombardeiros enviados para atacá-los em 3 de novembro: 566 bombardeiros pesados e 378 aviões de combate, uma demonstração assombrosa da capacidade de recuperação da Força Aérea

A VIRADA 345

Americana.[778] Igualmente alarmante para os comandantes da Luftwaffe era o fato de que os Thunderbolts equipados com tanques de combustível descartáveis tinham avançado até a Holanda, onde haviam penetrado o espaço aéreo alemão em condições de nebulosidade que impedira a decolagem ou impossibilitara o emprego da maior parte da força de defesa aérea de Adolf Galland outrora. O comando da Luftwaffe ficou chocado com o fato de que a Oitava tinha conseguido pôr aviões nos céus da Alemanha nesse dia. Porquanto, no passado, semelhantes condições atmosféricas haviam obrigado os americanos a manterem seus aviões nas bases.

Além do mais, os aviões de vanguarda das formações tinham dispositivos em forma de cúpula fixados logo atrás de suas torres inferiores de proa, e essa nova tecnologia significava problemas de longo prazo para a Luftwaffe. Essas cúpulas retráteis abrigavam instrumentos de exploração para um novo tipo de radar ar-terra, o H2X, codinominado Mickey Mouse (depois abreviado para Mickey), uma melhorada versão americana de outro sistema desse tipo, o H2S, que os britânicos haviam desenvolvido em 1940 para localizar alvos através de grossas camadas de nuvens.

A nova força de "Pathfinder" americanos — o 482º Grupo de Bombardeiros "exploradores" — tinha sido ativada em agosto desse ano, em Alconbury, Huntingdonshire, e havia participado de sua primeira missão no mês seguinte, conduzindo elementos da Oitava para a cidade portuária alemã de Emden. Nessa missão de 27 de setembro, os quatro bombardeiros da vanguarda tinham sido equipados com os H2X. O bombardeio a Wilhelmshaven foi a primeira experiência com o H2X.

O sistema, porém, não era nenhum dispositivo estupendamente sofisticado. Um impulso elétrico de alta frequência era transmitido para o solo por meio de uma antena giratória fixada na barriga do avião, e era com esse feixe de energia que o aparelho sondava a superfície terrestre. Os sinais refletidos captados pela antena produziam uma imagem parecida com um mapa rudimentar num tubo de raios catódicos, ou osciloscópio, no interior do bombardeiro: áreas escuras indicavam a existência de água, enquanto áreas claras sinalizavam a presença de terra, e áreas brilhantes, de cidades. (Radares de bordo eram incapazes de diferenciar alvos menores, como fábricas e pátios de manobra ferroviária.) Quando o alvo era avistado, os aviões batedores da Pathfinders lançavam foguetes de marcação aérea para avisar o restante da frota de bombardeiros. "Todos os olhares ficam grudados no avião equipado com o Mickey quando estávamos sobre o alvo", descreveu o procedimento um oficial-navegador. "Quando o avião do Mickey lança suas bombas, lançamos as nossas também."[779]

O ataque de 3 de novembro ficou longe do padrão de um bombardeio de precisão; a maior parte dos explosivos não atingiu a região portuária e caiu dentro do perímetro da cidade. Mas foi promissor o bastante para que a Força Aérea investisse no desenvolvimento de radares, principalmente depois que os bombardeiros pesados de uma nova frota aérea estratégica dos americanos estacionados no sul da Europa, a 15ª, começou a ter tantos problemas com as condições do tempo quanto a Oitava.[780]

O problema do clima no norte da Europa foi a principal razão por trás da decisão de Arnold de criar uma nova unidade de bombardeiros quadri-motores na Tunísia em outubro, comandada pelo general Jimmy Doolittle. A partir de bases na recém-capturada planície de Foggia, no sul da Itália, para onde a 15ª foi transferida em massa no mês seguinte, seus bombardeiros conseguiriam atingir alvos nos confins austrais e orientais do Reich, regiões que ficavam além do alcance dos aviões da Oitava Frota Aérea. Mas péssimas condições climáticas nos Alpes e nas acidentadas montanhas ao redor das bases da 15ª resultariam em mais dias em que essa força, muito menor do que a Oitava, por sinal, ficaria totalmente impossibilitada de operar.

Bombardeios via radar eram uma forma de se manter a pressão sobre o inimigo durante os longos invernos europeus. A Alemanha, muito mais do que a Luftwaffe, dependia de condições de nebulosidade perpétua para manter seus céus livres da presença de bombardeiros americanos. Num mês de inverno razoável, havia apenas dois ou três dias em que era possível realizar bombardeios visuais, tanto que, no inverno de 1943 para 1944, os bombardeiros do Pathfinder encabeçaram apenas 48 investidas, entre as quais estavam as únicas missões realizadas pela Oitava nos céus da Alema-nha em novembro e dezembro. Ao longo da guerra inteira, apenas metade dos bombardeiros pesados da Oitava realizou bombardeios visuais. Nesse inverno de 1943-44, essa proporção foi de dez por cento da força.

Havia outras duas vantagens nos bombardeios via radar. Em sobrevoos acima das protetoras camadas de nuvens, os bombardeiros da Oitava Frota Aérea sofriam muito menos perdas diante da artilharia antiaérea e dos ca-ças inimigos. E quando, ocasionalmente, frotas despachadas sob péssimas condições meteorológicas para realizar bombardeios via radar chegavam

A VIRADA

a seus alvos, várias horas depois, deparavam-se com os céus da Alemanha totalmente sem nuvens, o que permitia bombardeios mais precisos.

Na verdade, esses ataques via radar eram uma forma de bombardeio por zona. Lograr precisão nessas investidas era impossível. Esse tipo de operação era um claro rompimento com a doutrina de bombardeio da Força Aérea, mas a opção — não realizar nenhum bombardeio em condições climáticas ruins — era inaceitável para comandantes da aeronáutica militar compromissados com o objetivo de esmagar o inimigo. Durante toda a guerra, houve apenas dois fatores que aceleraram muito o ritmo das operações de bombardeio estratégico americano: o aumento tremendo da produção de bombardeiros e de tripulações, e o emprego generalizado do radar H2X.

As tripulações de bombardeiro davam a isso um nome perfeito — bombardeio às cegas —, porém Hap Arnold, sensível às impressões do público americano, orientou Eaker e seu estado-maior a usarem expressões menos explícitas ou contundentes, e sim com um verniz mais técnico, como "bombardeios por radar" ou "bombardeios com aparelhos de aeronavegação".[781] Mas o fato é que, independentemente do nome, a realização de bombardeios via radar era um inconfesso reconhecimento, por parte da Oitava, de que a guerra aérea não podia ser vencida somente com ataques de precisão. Portanto, outro sustentáculo da doutrina de bombardeio do pré-guerra tinha ruído.

Uma vez que alvos ao longo de uma faixa geográfica entre a terra e o mar eram mais facilmente identificados pelo radar, no fim de 1943 a Oitava limitou grande parte de suas missões de bombardeio à Alemanha às cidades litorâneas de Emden, Kiel e Bremen, nenhuma delas alvos de alta prioridade da Pointblank. A França e a Noruega ocupadas foram alvos de outras missões também. Esse deplorável histórico de bombardeios levou alguns historiadores a retratarem a Oitava Frota Aérea como uma força ferida e quase derrotada nos meses imediatamente subsequentes ao segundo bombardeio a Schweinfurt II. Ferida, sim; quase derrotada, não.

Naquele inverno,[782] comandantes da aeronáutica militar alemã tinham, em comparação com historiadores do pós-guerra, melhor noção do que estavam enfrentando. Era a sempre crescente virulência das investidas de bombardeio americanas, várias delas com o emprego de uma frota duas vezes maior do que a enviada a Schweinfurt, que mais preocupava o chefe do comando de caças germânico Adolf Galland. Além do mais, caças de escolta americanos estavam começando a mostrar sua superioridade aos seus oponentes da Luftwaffe em ferozes combates a curta distância. A força de caças de Galland estava tendo dificuldades com as condições de tempo ruins e enfrentando o problema de uma perigosa perda de pilotos habilidosos, entre os quais estavam doze ases que tinham alegado a derrubada de mil aeronaves dos Aliados. Apesar do aumento da produção industrial alemã, a força de combate de aviões de caça monomotor da Luftwaffe havia sido reduzida em 105 aviões nos três últimos meses de 1943, dado que tanto pilotos quanto aviões se perderam em acidentes e combates aéreos. Conforme proposto pelo historiador Williamson Murray, a ulterior derrota da força de caças alemães no fim da primavera de 1944 "só pode ser compreendida levando em conta os níveis de perdas de combates anteriores".[783]

No começo de novembro, o 56º Grupo de Caças, os Lobos do Zemke, comandado por Hubert Zemke, alcançou um total de cem aviões de caça inimigos destruídos, e Thunderbolts de todos os grupos da Oitava tinham, na época, uma vantagem de três aviões derrubados para cada um abatido pelos Messerschmitt 109 e pelos Focke-Wulf 190s em batalhas aéreas. No fim de 1943, Galland foi forçado a transferir suas unidades do norte da França e dos Países Baixos de volta para o Reno, onde elas ficariam esperando a ocasião em que os caças de escolta americanos se separassem dos bombardeiros para depois atacar as desprotegidas formações com força concentrada. Com sua decisão de utilizar esses recursos de defesa de forma integral,[784] Galland acabou colaborando com estrategistas militares na Inglaterra que queriam áreas perto do Canal livres de caças inimigos que pudessem atrapalhar os desembarques do Dia D.

A vitória de Pirro* dos alemães no Outubro Negro deixou a Alemanha com muito poucos pilotos exímios para operar, com a devida perícia, os aviões de caça que o país tinha finalmente começado a produzir em grandes números. Entretanto, para os americanos a derrota significou, no fim das contas, o fornecimento de mais pilotos e aviões, em número suficiente para, num futuro próximo, afogarem as aeronaves da Luftwaffe num mar de derrotas fragorosas. Portanto, a incrível recuperação dos americanos dos golpes sofridos no Outubro Negro, tal como acontecera ao antigo exército romano,[785] com sua recuperação diante da humilhante derrota imposta por

---

* Diz-se de vitória que não valeu a pena, em razão do grande sacrifício exigido e das grandes perdas materiais e humanas. [N. do T.]

A VIRADA 349

Aníbal, mostrou ao inimigo o povo tecnologicamente poderoso e ferreamente determinado com o qual ele guerreara.

A Alemanha tinha iniciado a guerra com a melhor força de combate aéreo e a mais forte economia industrial do planeta. Em 1939, a indústria de aviões alemã era insuperável.[786] Engenheiros aeronáuticos de estonteante criatividade chefiavam escritórios de desenvolvimento de projetos, e sua força de trabalho industrial era de excelente qualidade técnica. No entanto, antes mesmo dos maciços bombardeios dos Aliados a suas fábricas, a indústria germânica estava impedida de desenvolver todas as suas potencialidades por três fatores de importância capital: má gestão flagrante por parte de administradores nazistas incompetentes, entre os quais os principais eram o coronel-general Ernst Udet, colega de esquadrão de Göring na Primeira Guerra Mundial que Göring havia encarregado de chefiar o departamento técnico da Luftwaffe, em 1936; planejamento militar por homens dos altos escalões da hierarquia de comando de visão tacanha; e um profundo empenho nacional na produção artesanal em vez da opção pela produção industrial em massa.

Segundo relatado pelo historiador James S. Corum: "A indústria de aviões e de motores alemã estava mal-estruturada para contribuir com um esforço de guerra total e prolongado. Antes da guerra, até mesmo as mais recentes fábricas de aviões germanas então eram pequenas em comparação com as britânicas e americanas. Embora um grande número de pequenas fábricas tornasse a indústria germânica menos vulnerável a grandes bombardeios estratégicos, isso impediu também a Luftwaffe de empregar os métodos mais eficientes de produção em massa."

A indústria foi prejudicada também por decisões estratégicas reveladoras de uma visão estreita por parte do Fuhrer e seu círculo de assessores íntimos; um tipo de gestão militar decorrente do otimismo arrogante dos nazistas. Depois da derrota-relâmpago da Polônia, dos Países Baixos, da França, no primeiro ano de guerra, e após o fantástico sucesso inicial dos exércitos da Wehrmacht na União Soviética, no verão de 1941, Hitler não conseguiu movimentar a economia com rapidez suficiente para uma guerra total. Ele acreditava que a União Soviética cairia até o fim do ano e que, caso a Grã--Bretanha conseguisse evitar a própria derrota e os Estados Unidos entrassem na guerra então, ele teria tempo para mobilizar os vastos recursos de seu então recém-conquistado império continental para enfrentá-los. Nem Hitler nem Göring, porém, se davam perfeita conta das enormes potencialidades materiais dos mais poderosos inimigos da Alemanha: a Grã-Bretanha, a União Soviética e, posteriormente, os Estados Unidos. Somente após a derrota em Stalingrado, em janeiro de 1943, Hitler ordenou a total mobilização dos recursos germânicos, mas, àquela altura, era tarde demais. Embora a produção de aviões da Alemanha acabasse crescendo quase trezentos por cento depois, sob a gestão do competente sucessor de Udet no departamento técnico da Luftwaffe, Erhard Milch (Udet cometeu suicídio em 1941), essa guerra industrial nunca foi intensa o suficiente para acompanhar conflitos bélicos crescentes e os saltos de produção muito maiores dos Aliados. Em 1944, as fábricas de aviões da Alemanha conseguiriam alcançar a impressionante marca de quarenta mil aeronaves produzidas, mas, nesse mesmo ano, os Estados Unidos produziriam, sozinhos, 96 mil aviões, e a produção total de aeronaves dos Aliados superaria a dos alemães em quatrocentos por cento.[787]

Bombardeios com o uso de radares eram outro sinal da crescente determinação dos americanos. Um tipo de guerra travado sem preocupações de natureza ética, baseado em puras necessidades militares, foi uma espécie de aviso antecipado aos alemães da vontade férrea dos americanos de realizarem uma guerra para aniquilar o inimigo.[788] É verdade que bombardeios via radar podiam ser imprecisos, mas exerciam uma pressão constante sobre as defesas de caças alemães. "Com sua capacidade de alcançar o alvo independentemente das condições climáticas e bombardeá-los com miras via radar, o H2X [...] forçava os caças germânicos a levantarem voo" para defender o país,[789] observou Carl Spaatz depois da guerra. "E tenho certeza de que, naquelas condições, eles tiveram tantas perdas operacionais e desastres terrestres após a decolagem quanto as que sofreram nos combates aéreos em si." Ele tem razão.

No fim de 1943, Galland informou ao alto-comando alemão que seus aviões de caça "não tinham instrumentos para voos cegos, sistema anticongelante na cabine de pilotagem, nem nenhum dispositivo de segurança de aeronavegação ou sistemas de piloto automático".[790] E acrescentou que a maioria de seus pilotos "não tinha nenhum conhecimento sobre voo por instrumentos ou de técnicas de aterrissagem em condições de tempo ruins". Comandantes de unidades de aviões de caça que conseguiam superar condições de tempo adversas tinham que tentar reagrupar suas frotas

A VIRADA 351

esparsas acima das nuvens, uma estratégia quase impossível de se realizar. O resultado: ataques dispersos e menos eficazes. "Muitos pilotos germânicos operavam em cabines de pilotagem totalmente congeladas, quase cegos, e acabavam tornando-se presas fáceis dos Thunderbolts. Sem dúvida, as perdas aterradoras desse período ocorreram principalmente por causa das condições climáticas", escreveu Galland anos depois.

O inverno representava um obstáculo com uma dificuldade de superação sobre-humana para pilotos de ambos os lados. Depois de missões em grandes altitudes em cabines de pilotagem mal-aquecidas, pilotos de caça americanos ficavam às vezes tão fracos e afetados pelo frio congelante que tinham de ser retirados de seus aviões por equipes médicas. Camadas de gelo com quase 5 centímetros de espessura se formavam nos para-brisas de caças e bombardeiros, causando acidentes. Além disso, os aviadores tinham dificuldade para urinar, pois, nos bombardeiros quadrimotores, havia apenas dois banheiros, uma lata e um "mictório em forma de tubo".[791] Entre a seção central da fuselagem e a da cauda havia uma lata com tampa, mas, conforme observado por Jack Novey: "Como, quando você se sentava na 'privada', a pele grudava no metal congelado e a arrancava quando a pessoa se levantava, preferíamos simplesmente atirar o maldito dejeto para fora do avião."

O mictório tubular, um funil com uma mangueira de borracha que se estendia pela parte externa da barriga do avião, ficava no compartimento de bombas. "Você tinha que atravessar aquele estreito passadiço com bombas penduradas em ambos os lados, abrir o zíper no frio congelante, mirar no funil e urinar", explicou Novey. Se alguém já tivesse usado o mictório, era quase certo que sua urina teria congelado e assim: "A urina espirrava... de volta na cara do sujeito quando ele urinava." Desse modo, as tripulações passaram simplesmente a urinar no piso do avião mesmo. Já quando sob o ataque do inimigo, elas não tinham opção a não ser urinar nas próprias calças.

Em voos acima das nuvens, a uma temperatura de 15 graus abaixo de zero, embora sob a incidência de raios solares que não aqueciam nem um pouco, o oficial-navegador Elmer Bendiner, participando de sua missão final em 29 de novembro, ficou tão "congelado" que mal conseguia levantar os braços para tirar o gelo acumulado no cone de Plexiglas do nariz da aeronave. Com o inimigo o cercando de todos os lados, ele tinha dificuldade para diferenciar os caças alemães dos aviões de escolta da formação.

Em certa ocasião da batalha, quando um Focke-Wulf 190 arremeteu contra eles num ataque frontal, os metralhadores não conseguiram lançar fogo de revide contra o alemão, pois todas as armas da frota de Fortalezas com os canos apontando para frente estavam congeladas. Mas também, nesse exato momento, a tripulação do avião de Bendiner notou que as armas da aeronave alemã que arremetera contra eles estavam igualmente paralisadas. Quando passou por eles sem conseguir efetuar um disparo sequer, o piloto germano se virou para eles e acenou, como se dissesse: "Um fator climático inesperado impôs um cessar-fogo",[792] e a Elmer Bendiner — marido, pai e furioso inimigo de Hitler — só restou voltar para casa, para os braços da esposa e o encanto de um recém-nascido.

Poucos aeronautas tinham recebido treinamento para vencer os insidiosos perigos de um frio congelante. Uma traiçoeira combinação de umidade intensa e temperaturas congelantes podia criar acúmulo de finas camadas de "gelo transparente"[793] na fuselagem do bombardeiro "tão rapidamente", segundo descrição de um piloto, "que a aeronave ficava pesada demais para voar. Quando isso acontecia, não havia solução". Sob o peso insuportável de gasolina, bombas e gelo, os aviões começavam a girar tão violentamente que acabavam se desmantelando no ar. O único consolo proporcionado por bombardeios através das nuvens cheias de gelo era o fato de que era quase impossível que caças inimigos conseguissem alcançar, em números letais para a formação, as alturas em que se mantinham os bombardeiros. "Era parte de nossa rotina pilotarmos sob condições meteorológicas que, em nosso país, obrigariam todas as aeronaves a permanecerem em terra",[794] disse um piloto de bombardeiro em carta enviada à mãe.

Macacões termoelétricos continuaram a apresentar problemas com tanta frequência que muitos aeronautas pararam de usá-los, preferindo agasalhar-se com camadas extras de roupas.[795] O frio era "tão intenso que chegava a ser doloroso",[796] fato que levou alguns aeronautas a tomarem estranhas precauções. O oficial-navegador e romancista Sam Halpert, por exemplo, relatou que costumava amarrar um barbante no pênis, de modo que conseguisse "achar o filho da mãe" quando tinha vontade de urinar.[797]

Luvas de seda, usadas por baixo de luvas mais grossas, haviam reduzido a incidência de geladuras entre artilheiros das metralhadoras móveis laterais, mas geladuras no rosto desses homens, causadas por fortes rajadas de vento gélido, continuaram a ser um grande problema, até que, no começo de 1944,

A VIRADA

bombardeiros equipados com janelas de Plexiglass na seção mediana da fuselagem começaram a chegar à Inglaterra. Além disso, as baixas causadas por fogos antiaéreos e tiros de canhão tinham sido reduzidas com a introdução de uma espécie de armadura corporal ou "macacões antiaéreos",[798] tal como os rapazes os designavam. Esse traje blindado era feito de placas de liga de aço-manganês costuradas sobre uma cobertura de lona. Ademais, uma membrana frontal do mesmo material era fixada à armadura, protegendo a virilha e a parte superior das coxas. A vestimenta blindada completa pesava, no entanto, 10 quilos e, embora incômoda, o usuário podia livrar-se dela rapidamente, numa emergência qualquer, bastando para isso puxar um cordel.

Essa nova blindagem corporal foi inventada pelo coronel Malcolm Grow, médico-chefe da Oitava Frota Aérea. Em pesquisa realizada na Comunidade Médica Central, ele descobrira que oitenta por cento dos ferimentos de combate eram causados por projéteis de baixa velocidade — estilhaços de fogos antiaéreos ou fragmentos de balas de canhão e projéteis de metralhadoras. O dr. Grow trabalhou, pois, com a londrina Wilkinson Sword Company para desenvolver o macacão blindado, que era usado com um capacete de aço provido de saliências como espaço para fones de ouvido, com desenho concebido pelo Metropolitan Museum of Art, verdadeiro centro de especialistas na história de proteção corporal. "Uma empresa de Londres, especializada na fabricação de espadas desde 1772, está transformando seus produtos em algo muito mais útil no momento",[799] comentou o *The New York Times*. "Ela está fabricando macacões à guisa de armaduras de cotas de malha [de aço] para aeronautas americanos. [...] Assim, a história se repete e guerreiros americanos, tal como em *Yankee in King Arthur's Court*, se veem às voltas com a necessidade de trajar armaduras medievais de novo." Já em dezembro de 1943, mais treze mil macacões blindados tinham sido entregues em bases de bombardeiros da Inglaterra.[800] Eram eficazes contra balas de metralhadora, fragmentos de fogos antiaéreos e estilhaços de projéteis e bombas. Tripulações protegidas por essa blindagem corporal tiveram uma redução de 58 por cento no número de baixas em relação às que não a usaram, mas aeronautas escudados por essas armaduras antiaéreas ainda morriam instantaneamente quando atingidos em cheio por balas de canhão ou estilhaços de explosões de fogos antiaéreos. E morriam também ou ficavam gravemente mutilados quando atingidos em partes do corpo não protegidas pela blindagem.

Forrest Vosler

Numa viagem de volta de um bombardeio a Bremen, em 13 de dezembro de 1943, o radioperador Forrest "Florestado" Vosler, ex-operador de furadeira mecânica oriundo de Livônia, Nova York, foi atingido numa parte do corpo em que nenhum dos aeronautas tinha proteção. Seu avião, o *Jersey Bounce Jr.*, componente do 303º Grupo de Bombardeiros, unidade dos "Hell's Angels", teve dois de seus motores arrancados e continuou a ser alvo dos ataques brutais de um enxame de aviões de combate alemães que haviam atingido em cheio o metralhador da cauda George Buske. Sentado na beirada da mesa do compartimento de radiocomunicação, Vosler atirava sem parar com sua metralhadora móvel através de uma escotilha aberta na parte superior da aeronave, até que a explosão de um projétil destroçou a sua metralhadora enquanto se mantinha curvado sobre a arma, operando-a. Quando levantou uma das mãos para apalpar a cabeça na altura dos olhos, sentiu uma massa umedecida de carne humana talhada e solta. "Tive certeza de que iria morrer",[801] disse ele tempos depois. "Senti um medo imenso; é indescritível o pavor que você sente quando percebe que vai morrer e que não há nada que possa fazer contra isso. Assim, comecei a me descontrolar e... me desesperei." Todavia, tão rapidamente quanto tinha perdido temporariamente a razão, experimentou repentina sensação de tranquilidade. Com uma das mãos estendidas murmurou: "Leve-me, Deus. Estou pronto."

Perto do Mar do Norte, os aviões de caça alemães sumiram. Com a gasolina quase no fim, o piloto da Fortaleza ordenou que a tripulação se alijasse de tudo que fosse dispensável. O rádio de Vosler tinha sido danificado, mas, trabalhando com o tato e sangue pingando do rosto, ele conseguiu consertá-lo e orientar os outros metralhadores sobre como sintonizar o aparelho no canal de emergência. Depois disso, enviou um pedido de socorro, informando ao Resgate Aeromarítimo que o *Jersey Bounce Jr.* estava prestes a cair no Mar do Norte. Assim que concluiu a tarefa, ele desmaiou.

Quando recobrou a consciência, Vosler tomou uma decisão. Com o avião caindo a grande velocidade e sem nada mais que pudesse ser alijado da aeronave, ele pediu aos outros metralhadores que o lançassem do avião por uma escotilha de emergência sem paraquedas. Convicto de que estava

A VIRADA 355

deformado para o resto da vida — um homem pela metade —, achou que "não fazia diferença se o atirassem para fora ou não". Mas os colegas se recusaram a fazer isso.

Vosler caiu nas congelantes águas marinhas com a aeronave bombardeada. "Quando paramos, saímos rapidamente por uma escotilha e subimos nas asas", contou o engenheiro de voo William Simkins. "Subi na asa direita com Vosler e ajudei a tirar Buske do avião. Ele ainda estava inconsciente. Nós o pusemos sobre a asa e fomos pegar o bote salva-vidas. [...] Enquanto fazíamos isso, Buske começou a escorregar na direção das águas."

Estendido sobre a fuselagem, mesmo com os olhos cheios de sangue, Vosler conseguiu ver alguns vultos. "Eu sabia que Buske cairia na água em questão de segundos. Eu tinha que fazer alguma coisa. Então, pulei e estiquei o braço ao mesmo tempo. Consegui agarrar o fio da antena que se estende da parte superior da cauda até pouco adiante da janela de estibordo do compartimento de radiocomunicação. Rezei para que ela aguentasse e consegui agarrar Buske pela cintura justamente quando ele estava prestes a cair na água... Se o fio tivesse partido, nós dois teríamos caído no mar."

Minutos depois, a tripulação de uma traineira norueguesa resgatou os aeronautas. À noite, Woody Vosler sofreu muito no hospital de Great Yarmouth, mas, conforme relatou Andy Rooney depois em seus escritos, "os médicos acham que Woody Vosler pode voltar a enxergar, pelo menos com o olho direito, de modo que consiga reconhecer a Medalha de Honra do Congresso" que ele receberia por sua jornada de trabalho heroica no *Jersey Bounce Jr.*[802]

Em agosto do ano seguinte, o presidente Franklin Roosevelt pendurou a medalha no peito de Florestado Vosler numa cerimônia na Casa Branca. Ele tinha acabado de recuperar parte da visão, num dos olhos, depois que cirurgiões extraíram o outro. Vosler foi o segundo membro do Hell's Angels a receber a mais alta condecoração militar da nação por atos de bravura. O outro foi Jack Mathis, um texano que morreu enquanto operava a mira de seu bombardeiro nos céus de Vegesack em março de 1943.

Duas semanas após o resgate marítimo dos colegas de Vosler, o 303º comemorou o segundo Natal do grupo na Inglaterra. Foi uma ocasião de muito pesar, em que a maioria dos convivas teve "o pensamento dominado por recordações de tempos mais felizes".[803] Pediram a eles que evitassem usar os trens, de forma que soldados e trabalhadores do aparato de guerra britânico

356 MESTRES DO AR

pudessem chegar mais fácil e tranquilamente em casa. "Foi um pedido razoável", reconheceu um dos aeronautas, "pois não tínhamos mesmo nenhum
lugar especial para ir". Todavia, naquele triste dia de Natal, os rapazes da
Molesworth e de outras bases aéreas na Inglaterra tinham um motivo para
que sentissem gratidão: o fato de que ainda estavam vivos. "Embora eu não
conste na lista da 'Quem é Quem'",* escreveu Jack Comer espirituosamente
em seu diário, "faço parte da lista da 'Quem Ainda Está Vivo.'"

Doolittle

Em 5 de janeiro de 1944, os Hell's Angels partiram para Kiel, cidade portuária no Mar do Norte. Foi uma missão típica: muitos combates, imensas
perdas. Algo que fez dessa uma operação especial, porém, foi o fato de que
se tratou da investida final preparada por um homem que montara a Oitava
Frota Aérea na Inglaterra. Um dia depois de iniciada, o general Ira C. Eaker
foi transferido para o Mediterrâneo, onde deveria comandar as operações
aéreas dos Aliados nesse teatro de operações. Ele estava sendo transferido
para dar lugar, na Inglaterra, a seu velho amigo Carl Spaatz.

Por sua vez, Spaatz estava voltando para a Inglaterra com Sir Arthur Ted-
der, onde trabalharia com o general Eisenhower no planejamento da invasão
da Normandia. Tedder seria o subcomandante de Ike no QG do Supremo
Comando da Força Expedicionária Interaliada (SHAEF, na sigla em inglês) e
Spaatz foi encarregado de comandar uma nova organização, as Frotas Aéreas
Estratégicas dos Estados Unidos na Europa (USSTAF, na sigla em inglês).
Spaatz ficaria incumbido de supervisionar e coordenar campanhas militares
da Oitava e da 15ª. Em certo sentido, a Frota Aérea Estratégica era a velha
Oitava Frota Aérea com nova roupagem. Depois de ter se instalado em seu
antigo quartel-general em Bushy Park, Spaatz designou o ex-comandante
de unidades de bombardeiros de Eaker, general Frederick Anderson, seu
chefe de operações. O Comando de Bombardeiros da Oitava Frota Aérea
foi oficialmente dissolvido e o controle sobre operações de bombardeio das

---

* Nome original, em inglês: *Who's Who*. Publicação anual britânica que divulga uma lista
com o resumo biográfico dos 30 mil britânicos mais notáveis, editada desde 1849. [N. do
T.] Fonte: Wikipedia.

A VIRADA

missões despachadas da Inglaterra foi concentrado nas mãos do novo comandante geral da Oitava, general de divisão James H. Doolittle, que fora o brigadeiro do ar de Eisenhower durante a Operação Tocha, antes de ter assumido o comando da nova 15ª Frota Aérea. O quartel-general de Doolittle era em High Wycombe (Pinetree), onde Eaker estabelecera o Comando de Bombardeiros da Oitava quando chegou à Inglaterra, em fevereiro de 1942. Para completar o remanejamento, o general de divisão Nathan F. Twining foi transferido do Pacífico Sul para o solo britânico com o objetivo de assumir o comando da 15ª Frota Aérea.

A decisão de transferir Eaker havia sido tomada no mês anterior. Eaker realizara uma agressiva campanha para se manter no posto, recorrendo o tempo todo a intervenções em seu favor por parte de Eisenhower e Marshall. Disseram a ele que sua nova atribuição era uma promoção, mas, na visão dele, ele tinha sido exonerado, e por ninguém menos que Hap Arnold, seu amigo de longa data, além de mentor e parceiro literário. Em todo caso, ele pôs o orgulho de lado e implorou a Arnold que reconsiderasse sua decisão. "Uma vez que comecei com a Oitava e a vi ser preparada para uma grande missão neste teatro de guerra, seria de cortar o coração deixá-la pouco antes da maior de suas operações."[804] Arnold respondeu por vias indiretas, felicitando Eaker por sua nova atribuição.[805]

Mas o fato é que, embora Arnold tivesse feito pressão, a decisão final fora tomada por Eisenhower. Ele queria Spaatz em Londres para ajudá-lo a planejar operações aéreas para a invasão. Os dois trabalharam junto no Mediterrâneo em projetos de apoio aéreo à infantaria, procedimento militar "que nem [...] todo mundo entende e que requer homens com alguma visão do assunto e ampla compreensão de estratégia militar para fazer [...] a coisa certa",[806] disse Eisenhower numa carta, explicando sua decisão a Marshall. Além disso, Eisenhower se sentia à vontade com Spaatz por perto; gostava de sua índole de pessoa equilibrada e seu jeito irônico. Certa vez, quando solicitado a revelar o segredo que permitia que sempre conseguisse fazer tudo que fosse necessário, Spaatz respondeu: "Tomo uísque de boa qualidade e mando que outros façam o meu trabalho."[807] Mas Eisenhower sabia que Spaatz exigia tanto de si mesmo quanto de seus subordinados.

E sabia também que Spaatz ainda acreditava que a Alemanha poderia ser derrotada simplesmente com uma grande e poderosa força aérea. Numa reunião, em novembro de 1943, reunião com o conselheiro mais próximo de Roosevelt, Harry Hopkins, na qual com o assessor de maior confiança de Eisenhower, capitão Harry C. Butcher, Spaatz asseverara que uma campanha de bombardeios maciços contra refinarias de petróleo nazistas pela Oitava e pela 15ª, campanha que ele esperava lançar quando as nuvens se dissipassem, no início da primavera de 1944, paralisariam a máquina de guerra alemã, tornando a Overlord "desnecessária" ou "indesejável".[808] Mas Spaatz, ao contrário do Harris Balista, era um homem que gostava de trabalhar em equipe e Eisenhower estava confiante de que ele daria total apoio a todo plano de invasão que os dirigentes das forças Aliadas concebessem. Em suma, não fazia sentido para Eisenhower ter dois homens com as capacidades de Spaatz e Eaker no mesmo teatro de guerra. Isso seria um desperdício, concentrar talentos numa única área de planejamento e atuação estratégicos.

Eaker não ficou magoado com Spaatz, mas sua estreita amizade com Arnold não sobreviveu a essa controvérsia. Ele sabia que Arnold tinha feito forte pressão para que o tirassem do posto. Arnold queria um comandante mais agressivo que realizasse missões aéreas cada vez maiores, mesmo sob péssimas condições meteorológicas, e que tivesse maior senso de urgência em relação à necessidade de se poder contar com caças de escolta de longo alcance. Arnold ficou muito irritado com a decisão de Eaker de lançar apenas duas missões imensas, com mais de quinhentos bombardeiros, contra a Alemanha no mês de novembro inteiro. Numa reunião dos chefes do Estado-Maior Conjunto no Cairo, em 4 de dezembro, Arnold falou a Charles Portal e a outros presentes no encontro sobre sua profunda insatisfação com o desempenho de Eaker. "A incapacidade de se destruírem os alvos",[809] observou ele perante os chefes, "se devem principalmente à incapacidade de se empregarem aviões em números suficientes. Uma quantidade aceitável de bombas não estava sendo lançada sobre os alvos para destruí-los de fato, tampouco estava sendo dada a devida prioridade no bombardeio a certos alvos".

Portal, um grande amigo de Eaker, o avisou com antecedência acerca da insatisfação de Arnold com seu desempenho e tentou impedir que ele fosse retirado do posto, mas Arnold enviou uma carta a Eaker dizendo que não conseguia "achar nenhuma saída que pudesse levá-lo a modificar as decisões já tomadas".[810]

Numa carta estritamente confidencial, destinada a ser lida exclusivamente pelo destinatário, enviada no fim de fevereiro de 1944, Arnold revelou outra razão de seu desejo de ter Spaatz em Londres como comandante das

A VIRADA

Frotas Aéreas Estratégicas dos Estados Unidos na Europa. Ele "queria",[811] disse ele a Spaatz, "elevar um comandante da aeronáutica militar americana a uma posição de grande destaque antes da derrota da Alemanha. [...] Aliás, se você não permanecer numa posição tão eminente quanto a de Arthur Harris, com certeza a guerra aérea será vencida pela RAF. A essa altura, a eficiência espetacular com que ela devastou cidades pôs essa contribuição das frotas britânicas em tão alta posição de destaque que estou tendo a maior das dificuldades para manter seus feitos (muito menos espetaculares para o público, por sinal) no merecido patamar, e não apenas em publicações, mas, infelizmente, em círculos militares do Exército e da Marinha e, aliás, aos olhos de nosso próprio presidente. Portanto, considerando apenas o aspecto da devida parcela de crédito dos americanos pelo sucesso na guerra aérea, acho que devemos ter um alto comandante diretamente envolvido, tal como seria o caso de Harris, no planejamento da Overlord". Arnold não precisou lembrar Spaatz de que o argumento em defesa da transformação da Força Aérea em uma corporação independente no pós-guerra poderia depender ou não do fato de que as operações de bombardeio americanas estavam sendo vistas como algo decisivo para a derrota da Alemanha.

Eaker nunca superou a humilhação de ter sido substituído por outrem e da forma pela qual ele fora avisado pela primeira vez disso, não por uma carta enviada a ele por Arnold, mas por meio de um cabograma redigido com frieza e que lhe chegou às mãos de maneira constrangedora, por intermédio de certos canais.[812] "Sinto-me como um arremessador de beisebol que foi enviado mais cedo para o chuveiro durante uma partida do Campeonato Mundial",[813] confidenciou ele a um amigo. O subsecretário do ministro da Guerra, Robert Lovett, enviou uma carta a Eaker o felicitando pela nova promoção, mas também, "para solidarizar-me com você, em caráter particular, por ter saído da Oitava depois de ter cuidado dessa criança e tê-la feito superar raquitismo, crupe e sarampo, tudo isso justamente num momento em que ela se transforma num forte e jovem guerreiro."[814]

Doolittle assumiu o comando de uma frota que tinha agora 26 grupos de bombardeiros quadrimotores e 16 grupos de caças de combate.[815] Numa operação com o emprego de força máxima, ele conseguiu despachar em missão uma frota de seiscentos aviões — com seis mil homens a bordo —, quase do tamanho de uma divisão de infantaria. Além da 15ª, ele teve o apoio direto também da Nona Frota Aérea, sob o comando de Louis Brereton, o co-

360 MESTRES DO AR

mandante da missão de bombardeio a Ploesti. A Nona, um braço aerotático de aviões de caça e bombardeiros médios da força, estava sendo transferida do Mediterrâneo e reconstituída na Inglaterra para fornecer apoio a forças terrestres americanas na invasão da Fortaleza Europeia e, durante algum tempo, caças de escolta adicionais aos bombardeiros pesados de Doolittle. Ao todo, Doolittle tinha cerca de 1.300 bombardeiros e 1.200 caças prontos para o combate.

A força de combate herdada por Doolittle estava transformando-se rapidamente numa das maiores máquinas de guerra da história, mas uma que continuava a ser acossada por problemas. Prejudicada pelas más condições climáticas, a Oitava, desde o bombardeio a Schweinfurt, não conseguira preparar uma investida de grande penetração pelo território inimigo, e baixas de combates estavam alcançando níveis perigosos.[816] Nos seis meses anteriores, a Oitava havia sofrido perdas numa proporção de 64 tripulações em cada cem delas. Especialistas em estatística da Força Aérea informaram a Spaatz que apenas 26 por cento das tripulações que iniciaram operações na Inglaterra podiam alimentar expectativas de completar as 25 missões. Com o número de aeronautas substitutos ainda abaixo da planejada dotação, isso era sinônimo de crise, uma que Spaatz e Doolittle esperavam superar não procurando sofrer um número de baixas menor, mas aumentando incrivelmente o universo de elementos de sua força, de tal modo que a *porcentagem* de perdas diminuísse. Tal é a lógica dos conflitos bélicos.

Além disso, Doolittle e Spaatz estavam sob o jugo opressor das limitações de tempo. Com a invasão programada para o fim de maio, eles tinham até o dia 1º de maio, apenas três meses, portanto, para conquistar a supremacia aérea no norte da Europa. Havia sido determinado também que, nesse dia ou mais ou menos então, a Oitava Frota Aérea passaria a ficar sob as ordens diretas de Eisenhower e concentraria seus esforços em operações de apoio à invasão terrestre e ao avanço das tropas de assalto a partir das praias. Era um desafio aterrador, mas Jimmy Doolittle estava à altura dele. Ex-piloto de corridas aéreas, conhecido como o Rei do Céu, ele era famoso por suas façanhas intrépidas, mas também por seu profundo conhecimento da ciência da aviação. No intervalo das duas guerras mundiais, ele tinha ajudado a desenvolver duas das armas que o auxiliariam a mudar o rumo da guerra aérea: combustível de alta octanagem e voo por instrumentos ou voo "cego".

Doolittle passou a juventude em íntimo convívio com o então nascente Serviço Aéreo do Exército, estabelecendo uma série de recordes de velocidade

A VIRADA 361

e distâncias percorridas a bordo de aviões para promover a campanha de
Billy Mitchell, de criação de uma força de aeronáutica militar independente.
Sob licença temporária do serviço, frequentou o MIT e foi recompensado
com um dos primeiros doutorados na área da engenharia aeronáutica americana. Passou depois a dedicar-se a testes de suas ideias revolucionárias
no céu, ampliando as fronteiras da aviação. Em 1929, tornou-se o primeiro
piloto do mundo a realizar uma aterrissagem cega, usando novos instrumentos de testes de desempenho que ajudara a desenvolver. Com a cabine
do piloto coberta com uma capota, cobertura que a fez ficar mais escura do
que a própria noite que o envolvia, ele decolou, seguiu uma rota previamente
planejada e aterrissou sem incidentes.

Na década de 1930, deixou o serviço militar ativo para trabalhar no setor
industrial privado como gerente do Departamento de Aviação da Shell Oil
Company. Durante todo o tempo que lá permaneceu como major da Reserva
do Exército e demonstrador dos novos produtos aeronáuticos da Shell, ele
continuou a ser o mais admirado piloto de acrobacias aéreas do país, um
aeronauta dos Estados Unidos quase tão célebre quanto o famoso Charles
Lindbergh, e um herói para milhares de garotos que mais tarde serviriam
sob seu comando na Oitava.

Em 1940, aos 43 anos de idade, Doolittle voltou à ativa. Dois anos mais
tarde, depois de ter persuadido alguns executivos da indústria automobilística a adaptarem suas fábricas para a produção de aviões, ele recebeu a
convocação de Arnold que resultou na investida de bombardeio a Tóquio que
o tornou famoso para sempre. Com apenas 1,63 metro de altura e 63 quilos,
Jimmy Doolittle, então com 47 anos de idade, era um homem determinado
que dizia que o pugilismo o ajudara a disciplinar sua personalidade de homem rebelde. Quando tinha 15 anos, pesando pouco mais de 47 quilos, ele
venceu o campeonato de boxe amador de peso-mosca do litoral do Pacífico.
Mais tarde, ensinou os filhos a lutarem boxe, dizendo-lhes que compraria
um carro para eles, se um dia conseguissem vencê-lo. "A última vez que lutei
com papai, ele quebrou meu nariz e eu quebrei dois dentes dele",[817] contou
seu filho John. "Ele considerou isso uma vitória moral para mim, pois teve
que desembolsar dinheiro para que ambos fôssemos remendados."

Contudo, em suas relações com outras pessoas, Doolittle recorria a
persuasão, em vez de ao boxe. "Você não leva nem dois minutos para cair
no feitiço dele",[818] afirmou um dos participantes do bombardeio a Tóquio.

"Doolittle era um grande comandante", acrescentou outro piloto dessa missão, "porque tinha dois ingredientes na medida certa: era não apenas um líder enérgico, mas também uma pessoa afável". No norte da África, ele partira em missão com seus homens para conquistar o respeito deles e teria participado de operações com as tripulações da Oitava não tivesse sido inteirado das informações sobre o ULTRA e o Dia D, dois dos maiores segredos da guerra. Tudo nele e em sua história pessoal — sua coragem, sua experiência como piloto, seu passado de gerente industrial, sua compaixão pelas tripulações, seu conhecimento técnico de aeronaves e de pilotagem sob condições climáticas ruins e sua importante viagem à Alemanha antes da guerra para estudar a Luftwaffe —, o aparelhou para assumir suas novas responsabilidades.

A primeira decisão de Jimmy Doolittle como comandante da Oitava provocaria uma inversão nos rumos da guerra. Quando sob o comando de Eaker,[819] a missão dos caças de escolta era ficarem perto dos bombardeiros até que os caças inimigos atacassem. "Essa diretriz me preocupava",[820] explicou Doolittle depois, "porquanto aviões de combate são feitos para partir no encalço de caças inimigos. Geralmente, pilotos de caça são pessoas combativas por natureza e treinadas para realizar ações ofensivas". Doolittle queria que os caças de escolta interceptassem os aviões de combate inimigos antes mesmo que estes alcançassem os bombardeiros. Queria que se lançassem em voos de metralhamentos rasantes sobre os aeródromos e centros de sistema de transporte do inimigo não só quando estivessem prestes a voltar para a base, mas também em operações separadas. "Eu disse aos meus pilotos que destruíssem imediatamente tudo que se movesse, voasse ou de alguma sorte servisse para apoiar o esforço de guerra dos alemães."[821] Spaatz concordava totalmente com essa estratégia e via a destruição da Luftwaffe nos ares, em seus aeródromos e em suas fábricas de aviões como a maior responsabilidade da Oitava. Doolittle argumentava que a estratégia de Eaker de forçar a Luftwaffe a fazer seus aviões decolarem para combater, lançando mão do artifício de bombardear alvos de importância econômica vital para os germânicos, não fazia sentido se os caças de escolta permanecessem atrelados aos bombardeiros.

A decisão de mudar as coisas foi tomada no gabinete do chefe do comando de caças, general William Kepner. Quando entrou no gabinete de Kepner, Doolittle viu uma placa na parede: "O principal dever dos Caças da Oitava Frota Aérea é trazer os bombardeiros de volta à base sãos e salvos."

A VIRADA

— Bill, quem criou essa mensagem? — perguntou Doolittle.

— A placa já estava aqui quando chegamos — respondeu Kepner.

— Tire essa porcaria daí! — ordenou Doolittle — e ponha outra, dizendo: 'O principal dever da Oitava Frota Aérea é destruir aviões de caça alemães.'"[822]

— Você quer dizer que está me autorizando a tomar a iniciativa de partir para o ataque? — perguntou Kepner.

— Estou ordenando que faça isso! — respondeu Doolittle com ênfase.

Kepner ficou eufórico, até porque andara insistindo com Eaker que permitisse que ele mandasse seus caças partirem pra cima do inimigo. E gostou principalmente da ideia de Doolittle de se lançarem à procura de caças inimigos em seus próprios aeródromos e destruí-los lá mesmo. Quando Doolittle deixou o gabinete de Kepner, ouviu seu chefe do comando de caças arrancando a placa da parede.

Tempos depois, Adolf Galland diria que o dia em que os aviões de combate da Oitava Frota Aérea partiram para o ataque foi aquele em que a Alemanha começou a perder de fato a guerra aérea.[823] Já àquela altura, Hermann Göring vinha ordenando que seus caças evitassem enfrentar os aviões de combate americanos e concentrassem seus ataques nos bombardeiros. Esse, disse Galland depois, foi o "maior erro tático" da Alemanha na guerra aérea,[824] pois fez com que seus pilotos perdessem o entusiasmo e desenvolvessem grande medo pelos aviões de caça americanos, procurando evitar enfrentá-los sempre que possível.

Quando Kepner relatou aos pilotos de um de seus grupos de caça que eles passariam a tomar a iniciativa da ofensiva, houve grande comemoração. "Mas, assim que minha decisão foi anunciada aos grupos de bombardeiros",[825] contou Doolittle, "seus comandantes vieram me procurar individualmente e em grupo para me dizer com educação, logicamente, que eu era um 'matador' e 'assassino'. Queixaram-se de que eu havia tirado os 'caças amigos' deles e que tinham certeza de que agora suas frotas de bombardeiros seriam derrubadas em massa. Foi uma decisão difícil", reconheceu Doolittle, "mas, desde o momento em que a tomei, começamos a conquistar o supremacia dos ares".[826]

No entanto, na verdade, isso não aconteceria imediatamente. No começo de janeiro, depois de terem assumido o comando das operações aéreas na Inglaterra, tanto Spaatz quanto Doolittle, tal como acontecera com Eaker, foram prejudicados pelas más condições de tempo, as quais impossibilitaram o tipo de bombardeio estratégico de longo alcance para cuja execução a Oitava havia sido criada. Com missões ainda sendo canceladas com uma frequência desesperadora e destroços de bombardeiros arruinados pelas intempéries espalhados por toda a Inglaterra, era uma situação difícil para as tripulações também. Em Ridgewell, uma Fortaleza teve dificuldade para decolar em plena escuridão e acabou caindo. Pessoas ouviram a explosão do acidente a quilômetros de distância. O capelão ajudou a recolher dos destroços os corpos macabramente carbonizados e, dois dias depois, a celebrar missas pelas almas dos dez aeronautas diante de seus túmulos no Cemitério Militar de Madingley, o novo campo-santo da Força Aérea, localizado numa colina alta e arborizada que dava vista para as faculdades de Cambridge. Em pé diante dos caixões de madeira simples, Brown sondou os semblantes fúnebres de seus amigos aeronautas mortos. Eles tinham perdido outros colegas nos céus da Alemanha, mas, como sombras, haviam desaparecido sem deixar vestígios. Já esses homens estavam prestes a baixarem às frias entranhas da terra. "Seus rostos pareciam dizer: 'Este será o seu destino. Você jazerá aqui também'", escreveu Brown depois. "E, quando vi isso em seus rostos, um calafrio me percorreu a espinha."[827]

Até o impassível Carl Spaatz começou a reagir à pressão. Em duas ocasiões, no começo de janeiro, rápidas mudanças nas condições climáticas da ilha forçaram Doolittle a ordenar que frotas de bombardeiros abortassem a missão e voltassem para as bases quando estavam a meio caminho dos alvos. Doolittle receava que os aviões ficassem impossibilitados de aterrissar nas bases inglesas encharcadas ao retornar. Tendo descoberto que o tempo havia melhorado inesperadamente nos céus da Inglaterra, depois do abortamento de uma segunda missão, Spaatz foi tomar satisfação com o chefe do comando de bombardeiros. "Eu me pergunto se você tem mesmo coragem para chefiar uma grande força aérea",[828] disse ele a Doolittle em tom de repreensão. "Se não tem, vou procurar alguém que tenha." Quando Doolittle tentou explicar que ele jamais exporia as vidas de seus homens a uma "situação de risco imprevista", Spaatz fez sinal para que ele se retirasse da sala.

Dias depois do segundo abortamento de operações, os dois comandantes partiram juntos numa ronda de inspeção de bases a bordo do *Boots*, o B-17 usado especialmente por Spaatz. Quando se aproximavam do último dos aeródromos que pretendiam visitar, foram pegos de surpresa na plúmbea

A VIRADA

voragem de uma neblina densa e o piloto não conseguiu localizar a pista de pouso. Porém, assim que avistou uma pequena abertura nas nuvens, lançou-se pelo túnel de vapores espessos e começou a sobrevoar fazendas e povoados em baixa altitude, até que finalmente achou um descampado usado como pasto para aterrissar. Foi um pouso difícil, em que a aeronave parou derrapando a alguns metros de uma cerca de pedra. Quando os dois generais saíram do avião, Spaatz, pálido como um defunto, se virou para Doolittle e disse: "Jim, agora entendo o que você quer dizer com situação de risco imprevista."[829]

O Mustang

Uma das duas missões de combate que Doolittle cancelou fora iniciada em 11 de janeiro. Na verdade, foi apenas um cancelamento parcial e os bombardeiros que prosseguiram para os alvos foram estraçalhados. Mas o que pareceu uma grande vitória para os alemães foi, na verdade, um divisor de águas para a Oitava em sua luta pela supremacia aérea.

No dia da missão, as luzes no alojamento de John Comer foram acesas às cinco e meia da manhã. Despertado de um sono profundo, Comer ficou ouvindo, estremunhado, a leitura da lista de chamada dos metralhadores que partiriam em missão nesse dia: "Counce partirá a bordo do 888 com Cline — Balmore seguirá no 912 com Crozier."[830] Jim Counce e George Balmore eram colegas de tripulação de Comer de longa data e seus melhores amigos, mas, dessa vez, não partiriam com ele. Comer havia completado sua 25ª missão alguns dias atrás e voltaria para casa, em Corpus Christi, Texas, naquela manhã. Mesmo assim, ele foi à área de serviço das aeronaves com Counce e Balmore para se despedir deles. Depois de um rápido aperto de mão, seus colegas partiram em missão de combate.

Em pé na estação ferroviária local mais ou menos uma hora depois, Comer ficou observando os bombardeiros passando lá em cima, perguntando a si mesmo, enquanto a frota de Fortalezas e Liberators começava a se reunir em formação sob uma grossa massa de nuvens carregadas e ameaçadoras, se os rapazes deveriam mesmo partir em missão num dia como aquele.

Os meteorologistas da Força Aérea sabiam que seria uma missão arriscada, embora tivessem previsto algumas horas de tempo bom nos céus da região central da Alemanha, proporcionando assim uma pequena oportunidade para que a Oitava realizasse sua primeira missão de funda penetração pelo território inimigo sob a proteção de caças de escolta com o objetivo de atacar alvos pertinentes à Operação Pointblank. A bordo de um dos aviões da formação, como elemento do 91º Grupo de Bombardeiros, a velha unidade comandada por Robert Morgan, baseada em Bassingbourn, estava Lester Rentmeester,[831] piloto criado numa fazenda de laticínios perto de Green Bay, Winsconsin. Ele havia abandonado o programa de engenharia da Universidade de Wisconsin para ingressar na Força Aérea e batizara seu avião com o nome da noiva, *Jeannie Marie*. Essa era sua primeira missão.

O alvo como um todo era um cinturão de unidades fabris de produção de aviões de caça, cujas principais cidades eram Brunswick, Halberstadt e Oschersleben. Já o alvo de seu grupo, unidade da Primeira Divisão, era um complexo de fábricas em Oschersleben que vinha produzindo mais Focke--Wulfs do que qualquer outra fábrica do Reich. Na reunião de instrução de pré-voo, as tripulações tinham sido informadas de que seus aviões seriam acompanhados por uma grande escolta de caças, já era certo que a Luftwaffe partiria ao encontro deles com um número impressionante de aviões de combate, com vistas a proteger alvos situados apenas a uns 144 quilômetros de Berlim. Thunderbolts e Lightnings escoltariam os bombardeiros até um ponto a 80 quilômetros dos alvos e apenas um grupo de Mustangs P-51, o único disponível então na Inglaterra, daria cobertura à formação da vanguarda em seu sobrevoo pela área do alvo.

O Mustang era o avião de caça de longo alcance que todos na Oitava estavam esperando. Embora em números limitados, ele tinha começado a escoltar bombardeiros no mês anterior. A maioria das tripulações dos bombardeiros não sabia quase nada a respeito do novo avião, exceto que, nos céus, se afigurava, aos olhos do observador, como um vulto em rápido e impressionante movimento. Corriam rumores, todavia, de que estava apresentando problemas mecânicos e de que talvez ainda não estivesse à altura do temido Focke-Wulf 190.

Quando o *Jeannie Marie* chegou ao fim de sua escalada através das nuvens e alcançou a cúpula celeste, seus tripulantes viram bombardeiros espalhados por toda a extensão do céu ensolarado, alguns deles seguindo na direção oposta. Nisso, o radioperador do avião enviou uma mensagem em código Morse com o uso de senhas, perguntando se a missão tinha sido cancelada. A resposta veio segundos depois: "Siga em frente!"[832]

A VIRADA 367

Em High Wycombe, no quartel-general da Oitava Frota Aérea, Jimmy Doolittle examinava, preocupado, o mapa meteorológico enquanto grossas e carregadas nuvens de chuva avançavam para o leste, pelo Mar do Norte, em direção a Berlim. Quando os caças de escolta começaram a voltar, com seus pilotos incapazes de localizar os bombardeiros, Doolittle transmitiu uma mensagem ordenando que a Segunda e a Terceira Divisões abortassem a missão. Já à Primeira Divisão, unidade da vanguarda, a essa altura a uns 150 quilômetros do alvo, nada disseram que ela teria que realizar a missão sozinha, apenas com alguma ajuda de uma única ala de aviões de combate da Segunda Divisão, cujo comandante havia desacatado a ordem de abortar.

Naquela manhã de inverno, a Luftwaffe estava preparada, esperando o inimigo. Num fantástico complexo subterrâneo na periferia de Berlim, conhecido como a Ópera da Batalha,[833] o avanço da frota de bombardeiros americana estava sendo acompanhado pelos germânicos por intermédio de um enorme mapa de vidro fosco. Com os bombardeiros americanos rumando diretamente para Berlim, Galland despachou ao encontro deles todos os aviões de que dispunha. Minutos depois, seus controladores de voo avistaram uma esquadrilha de caças inimigos sobrevoando Oschersleben, aguardando a chegada dos bombardeiros. Os alemães ficaram consternados com o fato de que esses aviões de combate tivessem conseguido chegar tão longe assim e de que, pelo visto, tinham combustível suficiente para participar de um combate. Galland, indignado com tamanha ousadia, tratou logo de lançar seus aviões no encalço dos Boeings.

Na travessia do território holandês, os membros da tripulação do avião de Lester Rentmeester cantavam e pilheriavam entre si quando, de repente, ouviram alguém exclamar pelo interfone de bordo: "Aviões inimigos a dez graus à esquerda, aproximando-se rápido!"[834] Pelo menos três dúzias de Focke-Wulfs estavam logo acima das frotas dispostas em camada e já tinham iniciado o mergulho de ataque. Foi o início de uma batalha que durou seis horas.

Depois do primeiro assalto, houve uma pequena pausa nas operações. No interior da aeronave, ficaram todos em silêncio enquanto os membros da tripulação virados para a dianteira observavam nervosos um enxame de caças inimigos entrando em formação a quase 2 quilômetros adiante, preparando-se para o que parecia o início de uma arremetida de ataque suicida. Porém, justamente então, um P-51 Mustang atravessou velozmente a formação de aviões inimigos pela retaguarda, fazendo com que se precipitassem em chamas para o solo dois caças germanos. "Foi uma grande surpresa", observou Rentmeester. Nunca aviões de combate americanos haviam atacado a Luftwaffe num lugar tão distante assim em seu próprio território. Mas, nesse dia, não havia Mustangs suficientes para ajudá-los: 49 deles tinham se dispersado pelas nuvens, ficando apenas um para enfrentar pelo menos trinta aviões de caça monomotores alemães.

O piloto dessa aeronave era o major James H. Howard, filho de médicos que haviam trabalhado como missionários na China. Após três anos na Marinha como piloto de porta-aviões, voltara para a China — onde nasceu — para juntar-se ao grupo de voluntários americanos de Claire Chennault, os Tigres Voadores. Em dezoito meses de serviço, a maior parte deles na Birmânia (atual Myanmar), ele destruíra seis aviões japoneses e foi derrubado uma vez. Quando os Tigres Voadores foram incorporados às Frotas Aéreas do Exército, em 1942, Howard aceitou servir sob o posto de major na corporação. Ele tinha chegado à Inglaterra na primeira semana de novembro junto com o 354º Grupo de Caças, a primeira unidade da FAE no Teatro de Guerra Europeu equipado com Mustangs.

Durante mais de meia hora, Howard subiu e mergulhou constantemente com sua aeronave, procurando dispersar aviões alemães que avançavam em possantes arremetidas contra os bombardeiros. Ao longo desse ataque-relâmpago de um só combatente, três de suas metralhadoras emperraram, mas Howard perseverou em suas investidas contra o inimigo usando apenas uma delas, arrojando-se em mergulhos e surtidas rolantes através das formações dos aviões da Luftwaffe, até que, por fim, ficou com pouco combustível. Com sua ajuda, o 401º Grupo de Bombardeiros, o alvo mais visado pelo ataque alemão, não perdeu um avião sequer. Quando aterrissou na Inglaterra, viram que havia apenas uma perfuração de bala em seu Mustang inteiro. Foi uma das maiores façanhas de combate aéreo da guerra, graças à qual Howard ganhou uma Medalha de Honra, a única concedida a um piloto de caça no Teatro Europeu.

Pilotos de caças de escolta americanos tinham recebido ordens para não atacarem o inimigo sem o apoio de retaguarda de seus alas. "Mas cabia a mim protegê-los",[835] disse Howard numa entrevista. "Havia tripulações de dez homens naqueles bombardeiros e ninguém para protegê-los." Sujeito esguio, mas de uma modéstia opulenta, Howard alegou que conseguiu derrubar apenas dois aviões e que outros dois foram derrubadas prováveis; porém, as tripulações dos bombardeiros que testemunharam seu ataque solitário juraram que ele abateu seis. "Havia muitos deles lá",[836] relatou Howard ao jornalista Andy Rooney. "Bastava atirar que você acertava."

Em todo caso, o que foi uma pequena vitória para Howard significou uma grande perda para a Oitava Frota Aérea. Com o uso de tanques auxiliares na barriga, os caças da Luftwaffe haviam conseguido ficar mais tempo no encalço dos bombardeiros do que em missões anteriores. Foi uma batalha aérea de uma ferocidade sem igual. A Primeira Divisão informou, por exemplo, que sofreu mais de quatrocentos ataques individuais em três horas e meia. Os alemães martelaram com um ímpeto constante a frota americana, deixando queimadas carcaças de sessenta bombardeiros espalhadas pelas paisagens cobertas de neve do Reich, numa repetição do número exato de perdas sofridas também na Terça-Feira Negra. Sepultados em dois desses esqueletos carbonizados, ficaram os corpos de Jim Counce e George Balmore.

John Comer soube disso três dias depois, justamente quando estava fazendo suas malas e arrumando suas sacolas de campanha num centro de transferência, donde seguiria para o navio que o levaria de volta para casa. Soube ademais que, dos dois aviões da frota que tinham sido derrubados, ninguém viu paraquedas se abrindo. "Fazia muito frio e chovia naquela noite",[837] escreveu Comer. "Durante muito tempo, caminhei às cegas debaixo de chuva, sem chapéu nem capa, pois um homem não chora na frente de outros homens." Anos depois, após ter sido reincorporado à 15ª Frota Aérea como voluntário e participado de outras cinquenta missões de bombardeio, John Comer deu a seu filho primogênito o nome de James Balmore Comer.

Em Washington, Hap Arnold estava furioso. Afinal, por que tão poucos bombardeiros tinham conseguido atingir os alvos? Por que a Oitava não conseguiu desferir "alguns golpes esmagadores"?[838] Portanto, para Spaatz e Doolittle, o começo das operações havia sido desolador, mas ficaram animados com o desempenho dos Mustangs, entre os quais não tinha havido nenhuma perda e cujos pilotos alegaram ter conseguido derrubar quinze aeronaves de combate inimigas. "Esse avião", disse o ás da aviação de caça americano Don Salvatore Gentile, "imprensou os Bárbaros contra a parede".[839]

O desenvolvimento tardio dos Mustangs foi um dos erros mais graves na história da aeronáutica militar americana. Era o avião cuja criação a

Máfia dos Bombardeiros havia dito que era impossível um caça que pudesse deslocar-se tão rapidamente quanto os bombardeiros sem perder suas características de combate.

Aliás, o melhor avião de caça americano da guerra foi feito para uso dos britânicos e projetado por um alemão que havia trabalhado para Willie Messerschmitt, cujos Me 109s derrubaram mais aviões dos Aliados do que qualquer outra aeronave de combate. A North American Aviation Company incumbiu Edgar Schmued,[840] cidadão nascido na Alemanha, da tarefa de desenvolvê-lo, e a empresa entregou o primeiro lote do avião à Real Força Aérea em 1941. Na época, o Corpo de Aviação do Exército demonstrou pouco interesse pela aeronave, comprando apenas duas delas para fins de testes. Seu motor, um Allison de baixa potência, impossibilitava seu emprego em operações de grande altitude, mas os britânicos o usavam como elemento tático em missões de baixa altitude. Impressionado, todavia, com seu desempenho e suas linhas aerodinâmicas, o tenente-coronel Thomas Hitchcock, jogador de polo de fama mundial que trabalhava como adido da aeronáutica militar americana em Londres, recomendou a Washington que transformasse o Mustang num caça de operações de grande altitude, "produzindo uma espécie de híbrido com a incorporação do motor Merlin 61",[841] fabricado pela Rolls-Royce. E de fato fizeram essa adaptação, transformando o avião numa aeronave sensacional, capaz de operar a grandes altitudes: um primor da aerodinâmica que era mais veloz, mais leve e mais ágil do que tudo que os nazistas tinham em seu arsenal. A Força Aérea Americana se interessou por ele de repente e fez à North American Aviation uma encomenda de 2.200 unidades desse híbrido anglo-americano em fins de 1942 — um número bem abaixo do necessário, mas já era um começo.

Schmued e seus engenheiros transformaram o Mustang num verdadeiro papa-léguas dos ares instalando nele um tanque de fuselagem com capacidade para quase 322 litros de combustível, protegido por uma placa de blindagem atrás do assento do piloto.[842] Todavia, somente após as investidas de bombardeio a Ratisbona-Schweinfurt, Hap Arnold, subitamente preocupado, deu ordens para que esses aviões fossem enviados às pressas para a Inglaterra.[843] Quando os Mustangs começaram a chegar, Ira Eaker, que estava em dúvida quanto às possibilidades do avião como caça de escolta, os encaminhou à Nona Frota Aérea para serem usados em combates estra-

A VIRADA

tégicos. Mas Arnold modificou essa determinação rapidamente, tomando providências para que os Mustangs da Nona fossem usados como caças de escolta sob o controle do Comando de Caças da Oitava Frota Aérea. Dali por diante, a Oitava obteve da North American Aviation todos os Mustangs que solicitou. Quando iniciou suas primeiras missões como caça de escolta de longo alcance, em dezembro, os P-51s partiram munidos de tanques descartáveis com capacidade para 284 litros de combustível, um tanque em cada uma das asas.[844] Equipados dessa forma, eles conseguiram alcançar Berlim e voltar sem reabastecer.

Seis meses depois, modelos aperfeiçoados, com tanques descartáveis para 408 litros de combustível, estavam acompanhando incursões à Polônia,[845] numa viagem de ida e volta com cerca de 2.735 quilômetros de extensão, sob velocidades superiores a 700 km/h e a altitudes de até 12 mil metros — munidos também com mais duas metralhadoras, junto com um arsenal de quase 800 quilos de foguetes e bombas. A essa altura da guerra, as posições dos bombardeiros e dos caças haviam sido invertidas. O desafio agora era aumentar o tamanho dos tanques de combustível dos bombardeiros para dar a esses "aviãozões amigos" a mesma autonomia de voo dos "aviõezinhos amigos" de combate seus.

O Mustang era o notável caça da guerra movido a motor de movimento alternado.[846] Em seus três primeiros meses de operação, os Mustangs conseguiram um número de derrubadas de aviões inimigos três vezes superior ao dos P-47 Thunderbolts e duas vezes maior do que o dos Lightnings P-38. Já no fim de 1944, todos os grupos de caça da Oitava, exceto o 56º de Zemke, passaram a usar os Mustangs. O restante de Thunderbolts e Lightnings foi transferido para unidades táticas que logo iniciariam o bombardeio a pontes, aeródromos e trens de suprimentos militares no norte da França, como preparativo para a invasão. Depois da invasão, eles participariam de operações de apoio aéreo a unidades de infantaria dos Aliados. Lightnings modificados, sem armas, continuaram a ser usados em missões de reconhecimento fotográfico sob grandes altitudes. Menos de um ano depois, o Comando de Caças da Oitava havia se tornado uma frota de aviões de combate quase totalmente composta por Mustangs.[847]

Depois da guerra, Hap Arnold reconheceu que fora "a Força Aérea a culpada" do fato de que não tivessem podido dispor desse esplêndido campeão dos ares antes.[848]

"Força Máxima contra força máxima"[849]

A Oitava Frota Aérea não conseguiu realizar uma única missão sequer num período de dez dias após a investida de bombardeio a Oschersleben. Com as condições climáticas intimidadoras se estendendo até meados de fevereiro, estrategistas da Força Aérea ficaram esperando impacientemente a ocasião para assentar o golpe decisivo na indústria aeronáutica alemã, conforme originalmente programado por eles no começo de novembro de 1943. Essa seria a Operação Argumento,[850] comandada por Eaker e que exigiria ataques coordenados constantes da Oitava e da 15ª Frotas Aéreas com o Comando de Bombardeiros de Arthur Harris. Arnold e Eaker estavam tomados de uma ansiedade tão grande para destruir alvos vitais do inimigo que teriam seguido adiante com as missões, em 1943, sem os caças de escolta de longo alcance. Em todo caso, o clima adverso acabou se revelando uma verdadeira bênção, pois esse interregno de ociosidade permitiu que a Oitava ampliasse seu número de caças de escolta para 1.300 unidades, dos quais mais de trezentos eram Mustangs.

O objetivo da Operação Argumento era nada menos do que a aniquilação da Luftwaffe, com a seguinte estratégia: fazer seus aviões morderem a isca e destruí-los. Em suma, enviar os bombardeiros — a isca — para destruírem fábricas de aviões germânicas e depois massacrarem as aeronaves e os pilotos que decolassem para defendê-las. Ira Eaker já havia tentado isso. Mas, sem bombardeiros suficientes para a realização da tarefa e ainda desprovido de Mustangs, ele nunca conseguira pôr em prática o que estrategistas militares chamam de princípio do "ataque em massa" ou o emprego de uma força de combate esmagadora. Afinal, essa tinha sido a vitoriosa estratégia de guerra dos americanos desde os tempos em que Ulysses S. Grant vencera as tropas de Robert E. Lee.

"Minha situação era muito mais tranquila do que a de Eaker, pois comecei a receber mais bombardeiros e [...] caças de grande alcance",[851] explicou Doolittle numa entrevista após a guerra. "Eram os Mustangs que faziam parecer que eu estava no caminho certo." Mas Doolittle enfrentaria maior resistência por parte do inimigo. Com as forças defensivas de Galland robustecidas — formadas por quase mil aviões de combate diurnos — por meio da retransferência de unidades de volta para a Alemanha, os alemães ficariam em condições de destroçar as formações de bombardeiros ame-

A VIRADA

ricanos com maciços ataques a curta distância. Conforme previa Galland, seria uma batalha de "força máxima contra força máxima". Enquanto se aprestava para o conflito iminente, Adolf Galland jazia num dos pratos da balança das contingências históricas, sem saber ao certo, no fim da medição do peso das forças beligerantes, em favor de qual deles penderia.

A batalha começou em 20 de fevereiro de 1944, numa manhã em que o clima não parecia nem um pouco disposto a cooperar. Quando se dirigiram para as salas da reunião de instrução de pré-voo, os aeronautas foram saudados pelo dia com nuvens carregadas, gelo e ventos turbilhonantes impregnados de neve. Lá fora, nos aeródromos, com suas máquinas abastecidas e prontas, aguardava-os um aparato de combate montado pela Força Aérea Americana de um poder jamais visto na história, com mais de mil bombardeiros e quase novecentos caças. Mas poucos aeronautas alimentavam expectativas de partir em missão naquela manhã. Até mesmo o costumeiramente agressivo Spaatz estava indeciso. Pois, no dia anterior, ele havia sido informado por Eaker que a 15ª Frota Aérea não poderia participar da missão inaugural da operação denominada a Grande Semana, a mais agressiva da que seria uma série de batalhas aéreas da Segunda Guerra Mundial. Eaker explicou que sua força teria que fornecer urgente apoio aéreo às tropas Aliadas empacadas nas praias de Âncio, Itália, cujo avanço fora retido pelo inimigo. Foi uma espécie de bandeira amarela para Spaatz, mas seu subcomandante de operações, general Frederick Anderson, fazia pressão para que ele seguisse em frente e despachasse os bombardeiros.

Grande parte da Operação Argumento era fruto de um plano de Anderson, concebido em íntima colaboração com seu assistente, coronel C. Glenn Williamson, um antigo colega de turma de West Point. Quanto ao aspecto físico, os dois estrategistas aéreos eram antípodas que pensavam de forma idêntica. "Anderson é alto, ossudo, de constituição maleável e emocionalmente equilibrado, além de bom conversador e pessoa sociável",[852] segundo descrição de um jornalista da *Life*. "Raramente uma pessoa estranha consegue captar um indício do propósito oculto sob seu verniz de afabilidade. Já Williamson é um homem atarracado e sujeito a longos períodos de mau humor. Lógico, profundo conhecedor das minúcias de sua profissão e pessoa intransigente, ele é um dos mais avançados pensadores e teóricos das Frotas Aéreas do Exército." Os laços que uniram os dois nesse conúbio de mentalidades harmoniosas foi a profunda devoção de ambos pelas ideias do antigo filósofo-general chinês

Sun Tzu. Uma das máximas de Sun Tzu — "A oportunidade para derrotar o inimigo é dada por ele mesmo" — nos ajuda a entender a estratégia da versão atualizada da Argumento.[853] Por ter criado uma magnífica infraestrutura industrial para a produção de caças de combate, agora a Alemanha teria que defendê-la com todas as forças. Isso forçaria a Luftwaffe a enfrentar uma batalha aérea maciça, com ataques a curta distância, que agora a fortalecida Oitava Frota Aérea estava convicta de que venceria. Por assim dizer, portanto, conforme profetizado por Sun Tzu, uma das maiores forças do inimigo seria o instrumento de sua própria destruição.

Quando Anderson fez o primeiro esboço do plano, em outubro de 1943,[854] propôs que envidassem esforços para cortar em 75 por cento a capacidade de produção de caças germânicos com quatro golpes esmagadores sucessivos no inimigo. Era um objetivo bélico absurdo. Mas os quatro meses de atraso nas operações, provocado por mau tempo, tinham dado a ele, de forma inesperada, uma força de caças de longo alcance que lhe permitiria causar sérios danos à Luftwaffe, com ataques a alvos terrestres e aéreos e o emprego da nova máquina ofensiva, capaz de operar em duas frentes de combate: uma agressiva falange celeste de bombardeiros e aviões de caça, criada por Doolittle com sua decisão de liberar os caças de escolta para ações ofensivas.

No início do planejamento, Anderson estava preparado para perder nada menos que dois terços de suas tripulações ou sete mil homens, o equivalente a um terço do total de fuzileiros navais que morreriam no esforço de retomada de posições no Pacífico.[855] Com os caças de escolta, ele esperava que suas perdas fossem menos pesadas, embora grandes ainda: até duzentos bombardeiros no primeiro dia de operações. Mas acreditava que era necessário correr o risco; o sucesso da invasão terrestre e, com ele, o da guerra em si dependiam da façanha de tirar a Luftwaffe de combate.

Contudo, já havia algo mais em risco, ou seja, a credibilidade da eficácia dos primeiros bombardeios. Porquanto, desde que chegara à Inglaterra, a Oitava Frota Aérea atacara três tipos de alvos principais: oficinas de reparo e manutenção de submarinos, indústrias de rolamentos e fábricas de aviões, mas não conseguira paralisar de fato a produção de nenhuma delas. "Nos meios oficiais", escreveu um jornalista, "a eficiência dos ataques diurnos americanos foi posta em dúvida".[856]

Para aplicar um duro e decisivo golpe nos alemães, Anderson precisava de um verdadeiro prodígio da sorte, condições climáticas de uma espécie

A VIRADA 375

que raramente ocorrem no inverno europeu.[857] Além do mais, a produção de caças germânicos era economicamente centrada e geograficamente dispersa. As principais fábricas eram organizadas em complexos industriais, cada um deles com uma montadora principal cercada de fábricas menores que produziam as peças das aeronaves. "Uma coisa singular nesses complexos", conforme explicado por Williamson depois, "era que o fluxo de produção podia ser transferido de uma fábrica para outra dentro do complexo ou para outras fábricas de outros complexos. Caso o inimigo danificasse a fábrica de um deles, as ferramentas e os trabalhadores seriam transferidos rapidamente para outro, e as fábricas menores, fabricantes de peças, incorporadas a ele. O complexo era como um grande polvo. Você tinha que matá-lo por inteiro para que ele morresse".

Mas os ataques americanos do verão e do outono anterior haviam provocado a execução de um programa de dispersão de unidades fabris. Alguns dos complexos mais novos estavam situados no centro e no sul da Alemanha, enquanto outros, na Áustria, Hungria e Polônia. Com seus alvos espalhados por todo o Reich e sendo fundamentais as operações de bombardeio visual, Anderson precisaria de pelo menos três ou quatro dias de céus livres de nuvens. Uma vez que muitas das missões obrigariam os bombardeiros a usarem quase toda sua autonomia de voo, elas envolveriam longas viagens, requerendo, portanto, boa visibilidade sobre os alvos em pleno dia e na volta para a Inglaterra, no fim da tarde, quando os bombardeiros tornassem a atravessar as regiões britânicas, quase sempre envoltas numa atmosfera de caprichosas condições climáticas.

Para assessorá-lo nesse particular, Anderson localizara um excêntrico professor universitário e providenciara para que o levassem de avião para a Inglaterra, onde o transformou em major imediatamente. Seu nome era Irving P. Kirk, chefe do departamento de meteorologia da CalTech. O professor tinha também uma atividade paralela, como dono de um serviço de meteorologia, de previsão de condições climáticas de grande amplitude, com uma carteira de clientes que iam de produtores de frutas a estúdios de cinema de Hollywood. Kirk baseava suas teorias no conceito de que "situações climáticas" se repetem. "Uma sequência de fenômenos que produziu certo tipo de clima no passado produzirá, caso se repetir, o mesmo clima de novo", explicava. Na Inglaterra, Kirk pesquisou documentos sobre o clima europeu com registros de fenômenos climáticos de até cinquenta anos atrás.

Em 18 de fevereiro, ele disse a Anderson que "uma série aparentemente promissora" estava se formando. A partir do dia 20, um sistema de alta pressão chegaria à região centro-sul da Alemanha e talvez permanecesse lá por três ou quatro dias. "Eis, portanto, a oportunidade!", pensou o oficial. Com a aprovação de Spaatz, Anderson programou um ataque com força máxima para manhã do dia 20 de fevereiro.

Ele estava apostando tudo nas previsões meteorológicas de Kirk, das quais essa era a terceira que ele recebia e a única que prometia céus limpos sobre a Europa central por alguns dias, a partir da manhã seguinte. Nos céus da Inglaterra, na noite anterior ao dia da missão, pairava uma camada de nuvens "impenetráveis" e aviões de reconhecimento meteorológico retornaram da missão trazendo relatórios unanimemente desoladores: não havia nenhuma previsão para pelo menos uma dissipação parcial da cobertura de nuvens. Com isso, Anderson sabia que as decolagens teriam que começar antes do amanhecer, por causa dos dias curtos do inverno europeu, e que o acúmulo de gelo nas pistas significaria dificuldades extraordinárias tanto para os pilotos quanto para os bombardeiros. "Não era exatamente uma situação isenta de riscos",[858] observou Jimmy Doolittle, que se encontrava mais inclinado a adiar o início da operação. William Kepner, o comandante dos caças, concordou com ele, mas Anderson se manteve irredutível, ainda que seguir em frente pudesse resultar na perda de duzentos bombardeiros.[859] À noite, em Park House, exibindo um semblante indecifrável, Carl Spaatz ficou o tempo todo no telefone, ouvindo os conflitantes conselhos de seus subordinados.[860] Depois de uma noite insone, ele ordenou a seus comandantes de bases: "Façam-nos partir!"[861]

CAPÍTULO DEZ

Céus libertados

"A guerra é uma série de catástrofes que acaba em vitória."

GEORGES CLEMENCEAU

Amanhecer de 6 de junho de 1944

Imersas num plúmbeo mar de neblina antes do amanhecer, enquanto a frota de navios da invasão Aliada se aproximava do litoral francês, as tripulações dos bombardeiros americanos localizaram uma solitária Fortaleza Voadora circulando logo abaixo deles pela região. No assento do copiloto estava o general Laurence Kuter, cumprindo, nas operações do Dia D, atribuição temporária como observador avançado em serviço de assessoria pessoal ao general Hap Arnold. Larry Kuter, militar esbelto e impetuoso, era um dos criadores do DIPOGA-1, o plano mestre do bombardeio estratégico diurno do território alemão. No fim do verão de 1942, ele tinha sido enviado à Inglaterra para executar esse plano como comandante da Primeira Ala de Bombardeiros da Oitava Frota Aérea.

No outono e no inverno desse ano, Kuter havia lançado uma série de ataques inúteis contra os inexpugnáveis abrigos-estaleiros de submarinos no litoral da Bretanha, França, antes de ter sido retransferido para o Mediterrâneo, onde participaria da Operação Tocha, e depois para Washington, onde se tornaria o principal estrategista das operações de combate de Arnold. Quando ele partiu para Washington, início de 1943, a Luftwaffe dominava os céus do continente europeu, e houve sérias dúvidas quanto ao futuro das operações de bombardeio diurno. Agora, Kuter esperava que o sol voltasse a brilhar para que pudesse confirmar sua intuição de que a força de caças da Alemanha não representaria ameaça para a gigantesca operação anfíbia que estava prestes a começar.

Na véspera da invasão, o general Eisenhower tinha assegurado às tropas: "Se vocês virem aeronaves de combate no céu, elas serão das nossas."[862] Nem ele nem outros comandantes Aliados externaram, porém, sua maior preocupação — a do fato de que Hitler andara estocando centenas de caças de combate dentro do Reich como força de reserva, com vistas a uma impetuosa campanha de rechaço dos invasores de volta para o mar. Até Carl Spaatz, que estava convicto de que suas forças haviam causado sérios danos à Luftwaffe, esperava — tal como Eisenhower — "uma forte resistência aérea" do inimigo.[863]

"Achei que",[864] contou Kuter, "se eu estivesse no lugar do oficial de operações alemão e a Providência Divina houvesse prometido permissão para escolher as condições de tempo em que eu preferiria empregar meu sistema de defesa, estas teriam sido as condições que eu teria escolhido: uma espessa camada de nuvens carregadas cobrindo o litoral da Normandia e se estendendo até o meio do Canal da Mancha. [...] Aí estava o esconderijo perfeito para a atuação dos aeronautas alemães. Eles poderiam mergulhar para fora dessa espessa camada de nuvens e arrojar-se sobre as águas do Canal cobertas de navios de guerra, bombardeá-los ou arremeter contra eles em sobrevoos de metralhamentos rasantes e retornar para a proteção das nuvens em questão de segundos. Poderiam sair de lá e voltar antes mesmo que um canhão pudesse ser empregado ou que nossos milhares de caças ficassem em condições de interceptá-los. Fiquei apreensivo — mais do que eu estava disposto a admitir. A espessa massa de nuvens baixas podia estar infestada de alemães. Afinal, onde na história houve um alvo como este — quatro mil navios numa frente de combate com quase 30 quilômetros de largura?"

Todavia, enquanto os navios de desembarque de tropa avançavam com os soldados a bordo na direção das praias, singrando as águas de um mar bastante agitado, dissipou-se a preocupação do general Kuter. É que ele viu depois os ares se encherem de aviões de combate dos Aliados, onde "fileiras de Fortalezas Voadoras se estendiam na direção da Inglaterra, a perder de

CÉUS LIBERTADOS 379

vista". Não houve nem sinal de caças alemães. "Não apareceu um bárbaro sequer", escreveu Kuter depois. "Nem podia mesmo, porque não sobrou nenhum" avião germano para contar história.

Nesse dia decisivo para o planeta, a Luftwaffe realizou menos de 250 surtidas contra a mais poderosa força de invasão organizada até então.[865] A batalha das unidades de infantaria — a fuga do assédio do contingente de forças do inimigo postado nas praias e a luta para expulsá-lo da Normandia — seria vencida apenas sete semanas depois, mas o domínio dos céus já havia sido conquistado em seis semanas de combates aéreos devastadores.

Billy Mitchell e Giulio Douhet haviam testemunhado o poder psicológico e instantaneamente aniquilador da guerra de bombardeiros como uma saída humanitária da lenta mortandade provocada pela guerra de trincheiras. Todavia, as batalhas aéreas nos meses anteriores ao Dia D tiveram um custo incrivelmente alto em matéria de homens e aviões. Ao contrário das mortes torturantes da guerra anterior, porém, esses combates aéreos eram rapidamente decisivos, deixando livres de perigos os céus sobre o norte da Europa para o bombardeio estratégico ao estilo de Kuter, que no último ano da guerra esmagaria a máquina da produção industrial germânica.

A Grande Semana

A primeira dessas grandes batalhas começou numa manhã de fevereiro em que o dia amanhecera com um tempo horrível e na qual Spaatz deu a ordem para o início da Grande Semana, uma campanha com duração de seis dias, em que suas unidades de combate aéreo lutaram nos céus de toda a Europa ocidental, do Mar do Norte ao Danúbio, de Paris à Polônia. O alvo no primeiro dia era o baluarte da produção de aviões de caça de Hitler: as gigantescas fábricas de peças e montagem de aeronaves na área de Brunswick-Leipzig, região central da Alemanha, situada a quase 130 quilômetros ao sul de Berlim. O tempo começou a melhorar de forma impressionante quando a frota de bombardeiros entrou no espaço aéreo alemão, exatamente como o excêntrico meteorologista de Anderson previra. À frente do comboio celeste de oitocentos caças de asas prateadas, seguiram os Thunderbolts dos Lobos de Hub Zemke, equipados pela primeira vez com tanques para quase 600 litros de combustível instalados na barriga dos caças, os quais permitiriam

380 MESTRES DO AR

que eles avançassem quase até Hanover, distante uns 640 quilômetros da base desses aviões, em Halesworth. "Nós alcançamos os bombardeiros e nos posicionamos do lado esquerdo da formação, a uns 6.700 metros de altitude",[866] relatou Francis "Gabby" Gabreski, filho de imigrantes poloneses oriundo de Oil City, Pensilvânia. "Tudo continuou tranquilo até o trecho em que nos preparamos para findar o serviço de escolta, a uns 50 quilômetros a oeste de Hanover." Foi então que viram, logo abaixo deles, uma frota de caças bimotores de combate noturno, Messerschmitts Bf 110s, e os aviões do esquadrão se "lançaram de surpresa sobre eles". Um único caça alemão conseguiu escapar incólume da batalha antes que Gabreski decidisse reagrupar o esquadrão para a longa viagem de volta à base. Seus Thunderbolts haviam conseguido 18 das 61 vitórias atribuídas aos aviões de combate americanos nesse dia.

A tática de combate dos caças contribuiu para isso tanto quanto a tecnologia de que dispunham.[867] Usualmente, antes da ordem dada por Doolittle para liberar os caças de escolta para ações ofensivas, pilotos de aviões de combate da Luftwaffe se reuniam no céu em locais de baixa altitude, sabedores de que ficariam seguros ali com os aviões de caça americanos passando acima deles, colados aos bombardeiros. Tanto que, em 20 de fevereiro, os pilotos inimigos foram surpreendidos e massacrados, e o 56º Grupo de Caças de Zemke não perdeu um único avião na região do Reich que seus pilotos passariam a chamar, em breve, de Campo de Caça Feliz.

À noite, em Park House, Spaatz, Anderson e Williamson ficaram aguardando, via Teletipo, o envio dos relatórios com os resultados das missões, arregimentando forças para aguentar a notícia de um pesado número de baixas. "Recebemos relatórios durante a noite inteira",[868] disse Williamson. "Um grupo após o outro informou, porém, que não havia sofrido baixas ou que tivera apenas uma ou duas perdas. Não conseguíamos acreditar." Quando a máquina de Teletipo silenciou, os comandantes computaram o custo da operação: 21 bombardeiros e quatro caças — 214 dos quase onze mil homens que participaram da missão. Os alemães perderam 153 aviões de combate. Spaatz ficou eufórico", sentindo-se na "crista da onda de um sucesso que jamais experimentara na vida",[869] descreveu Williamson o estado de espírito do colega.

Mas os aeronautas que participam de batalhas aéreas veem esses documentos de uma forma diferente daquela pela qual os enxergam os generais

CÉUS LIBERTADOS

do quartel-general. "Para o general sentado diante dos mapas... os relatórios sobre baixas são animadores",[870] escreveu Irwin Shaw o romancista e veterano da Segunda Guerra Mundial. "Para o sujeito no local dos acontecimentos, as baixas nunca são animadoras. Quando ele é atingido ou quando o colega ao lado é ferido [...] para ele é inconcebível, nesse momento, acreditar que exista um homem [...] que possa informar [...] que tudo está correndo conforme planejado."

Para os três aeronautas americanos que ganharam Medalhas de Honra em 20 de fevereiro, nada correu de acordo com o plano. Suas histórias pessoais são as mais importantes histórias nascidas das operações da Grande Semana, relatos de heroísmo épico e solidariedade sacrificial. Porquanto, num dia em que jovens colegas tiveram que crescer ou tombar, eles tiveram também que aguentar firme e forte.

Enquanto deixava os céus de Leipzig, uma Fortaleza sem nome do 305º Grupo de Bombardeiros foi atacada por mais de uma dúzia de caças inimigos. No ataque, dezoito tripulantes foram atingidos por tiros de canhão e um dos motores do bombardeiro se incendiou. Um projétil atravessou o para-brisa direito da aeronave e explodiu na cara do copiloto, matando-o instantaneamente. Quando seu corpo tombou para a frente, seu peso inteiro desabou sobre a coluna do manche, levando o avião a entrar, de repente, num longo mergulho mortal. Com a mão direita, o piloto, tenente William R. Lawley,[871] que tinha graves ferimentos no rosto e no pescoço, se esforçou para tirar o colega morto de cima dos controles, enquanto, com a esquerda, tentava fazer o avião parar de mergulhar numa queda vertiginosa. Ele teve que conduzir a aeronave às cegas, pois o para-brisa e os controles estavam cobertos de sangue e destroços. Quando finalmente conseguiu tirar o bombardeiro de seu mergulho quase vertical, de uma altitude de 3 mil metros, percebeu que o motor danificado ainda estava em chamas. Depois que conseguiu nivelar a aeronave, ordenou que a tripulação saltasse de paraquedas, receando que o avião estivesse na iminência de explodir, mas o bombardeador, tenente Harry Mason, que tinha ido até a traseira para verificar os danos, informou que dois dos metralhadores estavam gravemente feridos e não era possível tirá-los de lá. Um dos tripulantes acabou saltando de paraquedas, mas Lawley pegou o interfone de bordo e anunciou que iria tentar levar o bombardeiro para a base. Eles estavam a cinco horas de viagem da Inglaterra, mas ele não via outra forma de salvar os dois metralhadores alvejados. Chegou a dar à tripulação remanescente uma segunda chance de abandonar a aeronave, porém decidiu permanecer com Lawley e os outros colegas semiconscientes.

Sofrendo com o choque emocional e exposição ao frio, com um vento congelante entrando pelo para-brisa estilhaçado, Lawley estava delirante e pálido como um defunto e perdeu a consciência várias vezes, o que levou Harry Mason a amarrar o corpo do piloto ao encosto do próprio assento e permanecer no espaço entre os assentos da cabine de pilotagem, esforçando-se na tentativa de fazer Lawley voltar a si para ajudá-lo na operação dos comandos. Quando alcançaram a Inglaterra, estavam navegando a uns 450 metros de altitude apenas com um dos motores. Depois que falharam na tentativa de aterrissar no primeiro aeródromo que entreviram em meio à chuva fina e à escuridão, Lawley avistou uma pista de pouso de caças canadenses e tentou baixar o trem de pouso, mas ele estava emperrado. Assim, a Fortaleza seguiu raspando pela pista de concreto com as rodas recolhidas, levando sua barriga desprotegida a produzir uma chuva de faíscas parecidas com as chispas lançadas por uma erupção vulcânica. Felizmente, todo o restante da tripulação foi tirado com vida dos destroços, mas os dois metralhadores feridos ficaram deformados para sempre.

Depois da guerra, William Lawley se manteve em contato com os tripulantes de seu avião. Um de seus metralhadores, Ralph Braswell, visitou Lawley em sua casa na periferia de Montgomery, Alabama, antes de sua morte, em 1999. "Ele sofria de artrite", disse Braswell, mas, depois que lhe apertei as mãos, eu disse: 'Elas são lindas, pois salvaram minha vida.'"[872]

Outros cinco aeronautas participantes da missão de bombardeio a Leipzig foram salvos naquela tarde por dois de seus colegas, o segundo-sargento Archibald Mathies e o tenente Walter E. Truemper. Perto do alvo, Carl Moore, o metralhador da torre superior da Fortaleza *Ten Horsepower*, que partira de Polebrook junto com o 351º Grupo de Bombardeiros, viu dois Me 109s vindo na direção deles. Segundos depois, um projétil de canhão explodiu na cabine de pilotagem, decapitando o piloto Ronald Bartley e matando o piloto C. Richard Nelson. Os corpos exânimes de ambos os pilotos desabaram sobre as alavancas dos manches e, como se numa repetição de um episódio semelhante, o *Ten Horsepower* se precipitou no mesmo tipo de mergulho que quase acabara com a Fortaleza de William Lawley. A força centrífuga criada

CÉUS LIBERTADOS

pelo mergulho em parafuso da aeronave deixou imobilizados os tripulantes sobreviventes. "Durante os minutos seguintes, foi como se estivéssemos dentro de um gigantesco pião rodopiando. Fomos atirados contra a fuselagem e ficamos imprensados em suas chapas. Não conseguíamos nos mover",[873] descreveu o artilheiro da metralhadora móvel lateral Russell Robinson. Carl Moore conseguiu arrastar-se a custo para a frente, a partir da seção do piso abaixo de sua torre de tiro, e entrou no vão entre os assentos dos pilotos. Nisso, o vento forte que entrava pela janela quebrada o empurrou para trás. Reunindo todas as forças, quando conseguiu inclinar-se para a frente, ficou horrorizado com a cena macabra com que se deparou na cabine. Ele viu que a cabeça de Barley estava no piso e que o lado direito do rosto de Nelson tinha sido arrancado. Convicto de que Nelson estava morto, Moore agarrou firme as duas alavancas, uma em cada mão, e usou os cotovelos para tentar livrar-se da incidência do peso e da pressão dos corpos inertes dos pilotos. Depois de uma queda de mais de 4.500 metros de altitude, com caças inimigo os atacando furiosamente, ele conseguiu fazer com que a aeronave, mesmo caindo com rapidez cada vez maior, interrompesse o mergulho de forma tão repentina. "Achei que meus globos oculares iriam sair pelas bochechas", disse o ferido radioperador Thomas Sowell.

A essa altura dos acontecimentos, o oficial-navegador Walter Truemper, ex-contador natural de Aurora, Illinois, conseguiu chegar à cabine de pilotagem e Moore passou o comando da aeronave para ele. Alguns minutos depois, Archie Mathies, escocês de nascimento e filho de um trabalhador de minas de carvão da Pensilvânia — que tinha umas poucas horas de experiência como aeronauta —, saiu de sua torre de tiro e se juntou a Truemper na cabine. Os dois ficaram agachados no vão entre os assentos dos pilotos tentando decidir o que fazer. Usando as mãos para manejar o profundor e os lemes de inclinação lateral, que ficavam no piso da cabine, conseguiram manter o avião em voo estável. Enquanto isso, outros pilotos tiraram o corpo de Bartley do assento direito e o puseram no passadiço de inspeção que havia embaixo do piso da cabine de pilotagem. Em seguida, Truemper passou o comando da aeronave para Mathies e, quando os caças da Luftwaffe sumiram de vista, desceu para o nariz do avião, a fim de traçar um plano de voo de volta para a Inglaterra. O bombardeador saltara de paraquedas depois de ter se alijado das bombas, mas, com os quatro motores funcionando bem, o restante da tripulação resolveu permanecer no avião.

384   MESTRES DO AR

As congelantes rajadas de vento na cabine de pilotagem tornavam impossível a permanência de Mathies ou Truemper na direção da aeronave, ainda que apenas por uns poucos minutos de cada vez. Assim, combinaram um rodízio na condução do avião, com Mathies se encarregando da maior parte da pilotagem e os dois colegas se comunicando com ele por meio de gestos por causa do barulho do vento. A tripulação tentou retirar Nelson da cabine para que Mathies se acomodasse no assento esquerdo e ficasse longe da janela destruída, mas desistiram do intento de repente, quando perceberam que ele ainda estava vivo, embora preso à vida por um fio.

Quando chegaram a Polebrook, Truemper contatou a torre de controle via rádio. "O copiloto está morto. Achamos que é o caso do piloto também. O bombardeador saltou de paraquedas. Eu sou o oficial-navegador, o único graduado a bordo. O que devemos fazer?" Truemper disse ainda que Mathies acreditava que conseguiria aterrissar. Com isso, o coronel Eugene Romig, o comandante da base, deu permissão para que pousassem. Em sua primeira tentativa, depois que Mathies fez uma manobra de aproximação alta e instável — já que a exaustão e a exposição ao frio tinham afetado seus reflexos —, Romig ordenou que ele voasse em círculos e mandasse que a tripulação saltasse de paraquedas sobre o aeródromo. O último deles a saltar foi Carl Moore. Depois que trocou apertos de mãos com Mathies e Truemper, deu aos amigos sinais de positivo com os polegares e desapareceu pela porta de acesso da tripulação na traseira da aeronave.

Enquanto a tripulação ia abandonando o avião de paraquedas, Romig e o major Elzia Ledoux, comandante de esquadrão, decolaram com um B-17 na tentativa de navegar ao lado do *Ten Horsepower* e ajudá-los a aterrissar passando instruções pelo rádio a Mathies. Com Mathies conduzindo a aeronave de forma bastante instável, com subidas e descidas bruscas, ele não conseguiu aproximar-se o suficiente e, portanto, não pôde ajudar muito. Depois que Mathies fez uma segunda e frustrada tentativa de pousar, Romig disse a ele e a Truemper que virassem o bombardeiro para o oceano, pusessem a aeronave no piloto automático e saltassem de paraquedas. Mas os dois responderam que o piloto ainda estava vivo, que não podia ser retirado do local em que jazia e que não o abandonariam.[874]

Após mais uma fracassada tentativa de aterrissar num aeródromo vizinho, eles perderam o controle do *Ten Horsepower* e caíram. Mathies e Truemper morreram instantaneamente e foram condecorados postuma-

CÉUS LIBERTADOS

mente com a Medalha de Honra. O piloto ferido que eles mataram tentando salvar-lhe a vida sobreviveu por mais ou menos uma hora depois do acidente. Carl Moore, o último homem a ver os três colegas de tripulação mortos, foi honrado com a Cruz do Mérito Militar. Após a guerra, a Pittsburgh Coal Company mudou o nome de uma de suas minas para Archie Mathies, em homenagem ao metralhador aeronauta de Stonehouse, Escócia, que havia trabalhado ao lado do pai numa mina de carvão betuminoso em Liberty, Pensilvânia, antes de ter morrido como herói em sua segunda missão de combate na guerra.

As perdas da Oitava Frota Aérea aumentaram de forma alarmante nos cinco dias seguintes da Grande Semana. Pelo menos 226 de seus bombardeiros quadrimotores caíram no território do Reich, quase vinte por cento da força de combate da Oitava. A 15ª Quinta sofreu mais ou menos o mesmo número de perdas. Em 1942, uma taxa de perdas semelhante teria paralisado as operações de Eaker. Nesse ano, Laurence Kuter e seus colegas estrategistas de operações aéreas estimaram que, sem a proteção de caças de escolta, a Oitava perderia não mais que trezentos bombardeiros na guerra aérea inteira! Porém, em 1944, essa unidade constituía uma Força Aérea de combatentes experientes e rica em material e equipamentos bélicos, com seus membros imbuídos de um novo espírito de combate, e preparada para suportar números assombrosos de baixas. E agora, pela primeira vez, seus comandantes tinham certeza de que estavam vencendo a guerra, de que haviam achado e vinham explorando bem um ponto fraco na economia de guerra da Alemanha.[875]

Frederick Anderson, o chefe estrategista da Grande Semana, estava convicto de que a Oitava e a 15ª Frotas Aéreas, trabalhando pela primeira vez em cerrada coordenação entre si, juntamente com os bombardeiros de operações noturnas britânicos, haviam desferido um golpe paralisante na produção de caças dos nazistas, pondo-a à beira da "extinção", de fato.[876] Mas ele se enganou. Durante a Grande Semana, 10 mil toneladas de explosivos foram despejados sobre os centros de produção aeronáuticos e de rolamentos alemães, incluindo, mais uma vez, os de Ratisbona e Schweinfurt. Essa carga de destruição foi quase igual à lançada sobre o inimigo pela Oitava Frota Aérea em seu primeiro ano inteiro de operações. A RAF deu também grande contribuição nesses ataques, lançando uma carga de explosivos ainda

386 MESTRES DO AR

maior do que a dos americanos. No entanto, essa campanha de guerra total acarretaria aos alemães um atraso de apenas dois meses em sua produção de aviões e peças aeronáuticas.[877]

Assim, já no verão de 1944, a produção de aviões de caça dos germanos chegaria ao ponto máximo, em parte por causa da Grande Semana. Com a aprovação de Hitler, a responsabilidade pela produção seria transferida, do escandalosamente incompetente Ministro da Aeronáutica de Göring, para uma agência especial dentro do Ministério de Armamentos e Munições de Albert Speer. Speer encarregou um de seus gerentes especializados, Karl Otto Saur, de administrar o intensivo programa de dispersão territorial de unidades industriais.[878] Em fins de 1944, as recônditas fábricas menores da malha fabril germânica apresentavam uma produção mensal de aviões de combate maior do que a Alemanha vinha apresentando antes da Grande Semana. Serviços de espionagem dos Aliados jamais conseguiram descobrir o local dessas fábricas escondidas em florestas, as quais, em todo caso, teriam sido quase impossíveis de atingir de uma altitude superior a 6.400 metros.

Já a segunda parte da estratégia de Anderson funcionou muito bem. A Luftwaffe fez seus aviões decolarem para proteger as fábricas de aviação. Com isso, perdeu mais de um terço de seus caças monomotores e, mais grave ainda, 18 por cento de seus pilotos de caças de combate.[879] Até mesmo o bombardeio das fábricas de montagem de aeronaves produziu alguns resultados de longo prazo consideráveis. Os números da produção de aviões alemã teriam sido ainda mais impressionantes não tivessem as fábricas sido bombardeadas. E, nos meses seguintes, a dispersão territorial das unidades fabris custaria à indústria atrasos devastadores. Porquanto, nessas fábricas menores, o processo de produção de aeronaves era muito mais lento do que nas fábricas maiores, unidades industriais mais eficientes. Essa medida, ademais, tornaria as espalhadas fábricas de produtos aeronáuticos muito dependentes de transporte ferroviário, pois trens carreando peças e componentes de aviação logo se tornariam alvos fáceis das incursões itinerantes de aviões de caça americanos. No fim das contas, essa dispersão[880] acabou "desbaratando a si mesma".[881] Quando, em fins de 1944, o sistema de transporte dos alemães foi dizimado pelos bombardeios e ataques de metralhamentos rasantes dos Aliados, tornou-se impossível para eles manter as fábricas do elo final da cadeia de montagem abastecidas de peças para

CÉUS LIBERTADOS

concluir o processo de produção de aeronaves. Superestimada na época pelos comandantes da Oitava Frota Aérea e subestimada desde então por historiadores, a Grande Semana não foi nem uma vitória nem uma derrota ou causa de perdas preocupantes para os americanos. Foi simplesmente a ação militar inaugural daquela que seria a mais longa e decisiva batalha aérea da Segunda Guerra Mundial.

Berlim

A segunda rodada do ataque seria em Berlim, a sexta maior cidade do mundo e, na época, a maior potência econômica e comercial do continente europeu, com quase todas as suas indústrias dedicadas à produção de guerra. Era mais um alvo que a Luftwaffe teria que defender.

Ao longo do inverno inteiro, Arthur Harris vinha realizando uma campanha causadora de incêndios e destruição contra Berlim, lançando bombardeios indiscriminadamente e sofrendo números de perdas intoleráveis nos enfrentamentos com as forças tedescas de combate noturno, subitamente revitalizadas. Agora, a campanha de destruição militar dos americanos seria diferente. Seus principais alvos seriam centros industriais, os principais deles as grandes fábricas de rolamentos de Erkner, na região suburbana da capital. E os bombardeiros seriam usados principalmente como iscas, com o objetivo de fazer a Luftwaffe despachar seus aviões para a batalha.

Haveria também o emprego de uma nova tática. No passado, todas as grandes missões de bombardeio lançadas pela Oitava tinham incluído a realização de investidas diversionárias para confundir as defesas inimigas. Dessa vez não haveria nenhum engodo, nenhuma dissimulação. Os comandantes da aeronáutica americana enviariam seus bombardeiros por rotas previsíveis. Pôr os bombardeiros sob risco extremo seria parte do plano. Uma vez que grandes números de Mustangs, caças de longo alcance, haviam chegado à Inglaterra logo depois da Grande Semana, diante de tanto poder, Anderson, inflexível defensor do conceito de guerra total, sucumbiu, ainda que por uma noite, à tentação de usá-los a bel-prazer. "Prepare-se para sofrer grandes perdas", avisou ele a Hap Arnold em fins de fevereiro. Desse modo, anunciou que a Oitava atacaria, "independentemente do preço" que tivesse que pagar por isso.[882]

388 MESTRES DO AR

E justamente no momento em que as baixas começaram a aumentar tremendamente, as tripulações de bombardeiros receberam outra dose de más notícias. É que, incitado por Hap Arnold, o general Doolittle ampliou seu tempo de serviço de 25 para trinta missões (e depois para 35).[883] Afinal, conforme impunha o raciocínio dos oficiais, por que enviar tripulações para casa quando elas haviam alcançado o auge da eficiência? Essa decisão tornou Doolittle um homem muito odiado nas bases de bombardeiros. "Participamos das primeiras 25 para os Estados Unidos e das cinco seguintes para o Jimmy", queixavam-se as tripulações.

A Grande Semana deixou os aeronautas muito tensos. Eram "os comprimidos que faziam com que muitos dos rapazes conseguissem seguir em frente",[884] observou o radioperador Laurence "Dourado" Goldstein, "comprimidos para fazê-los dormir, comprimidos para mantê-los acordados, comprimidos para combater a depressão". Se os médicos de voo se recusassem a fornecê-los, alguns dos rapazes os roubariam. Para os muito desesperados, havia o recurso da morfina de que podiam dispor facilmente, pois vinha nos estojos de primeiros socorros.

A primeira missão de bombardeio a Berlim foi marcada para 2 de março. Quando Doolittle a cancelou porque carregadas nuvens, estacionadas sobre o alvo, prejudicariam a precisão do bombardeio, Anderson teve um ataque de raiva. "Não importa o fato de que o céu de Berlim esteja nublado. A consequente batalha aérea resultaria em desgastantes perdas materiais e humanas, fato que a torna muito mais importante do que toda destruição em terra",[885] escreveu ele em seu diário. "Temos que prosseguir com essa maldita estratégia."

Berlim seria o alvo mais difícil da Oitava até então, já que as tripulações de Doolittle enfrentariam uma Luftwaffe recomposta, com mais de setenta por cento de seus caças estacionados em bases a partir das quais poderiam alcançar Berlim.[886] Do leste da Inglaterra à capital alemã seriam quase 1.800 quilômetros numa viagem de ida e volta, o que faria com que os bombardeiros ficassem expostos a riscos nos céus da região central da Alemanha durante cinco horas e, se o tempo continuasse ruim, eles teriam que sobrevoar uma camada de nuvens com mais de 9.600 metros de altura, fato que tornaria a navegação das aeronaves em formação uma tarefa difícil. Quando o principal ajudante de Doolittle recomendou com insistência que os Liberators não fossem despachados em missão, pois, com carga máxima, não conseguiriam voar tão alto quanto as Fortalezas, advertiu:

CÉUS LIBERTADOS

— Por Deus, as tripulações serão simplesmente aniquiladas![887]

— E daí? — respondeu Anderson com um frieza monossilábica.

Em 3 de março, alguns Lightnings P-38 equipados com tanques de combustível auxiliares alcançaram Berlim, mas os bombardeiros não conseguiram voar acima das nuvens e tiveram que voltar. No dia seguinte, o problema de céus cobertos de nuvens carregadas e varridos por rajadas de ventos continuava, mas, quando Doolittle mandou que enviassem uma mensagem, via rádio, ordenando que a frota abortasse a missão, dois esquadrões do 95º e um do Centésimo não conseguiram captá-la, ou pelo menos foi o que alegaram. Assim, as aeronaves, com suas 25 toneladas de peso total, e seus Mustangs de escolta seguiram em frente, avançando por navegação estimada. Trilhas de vapor produzidas pelas hélices aumentavam os riscos. Ademais, a viagem pela atmosfera rarefeita deixava os aeronautas "sonolentos e apáticos, mas as explosões de fogos antiaéreos não permitiam que ninguém pegasse no sono".[888] A primeira resistência enfrentada por eles foi rápida; contudo, a formação foi salva, depois de ter perdido cinco bombardeiros, por Mustangs do Quarto Grupo de Caças, comandado pelo tenente-coronel Donald Blakeslee, ex-membro dos Esquadrões Eagle, formados por pilotos voluntários americanos que haviam pilotado Spitfires para a RAF antes que os Estados Unidos entrassem na guerra.

Quando o coronel Harry C. Mumford,[889] o comandante da frota de bombardeiros, retornou para a base no crepúsculo de um inverno cada vez mais frio, achou que seria repreendido. Em vez disso, ganhou a Medalha de Prata e teve uma fotografia sua estampada em matéria de capa da revista *Life*.

Foi uma operação razoável, de altos e baixos, mas o fato de que aviões americanos tinham alcançado Berlim em plena luz do dia foi também muito significativo, tanto para o Eixo quanto para os Aliados. No primeiro ano da guerra, Hermann Göring prometera aos berlinenses que nenhuma bomba do inimigo cairia sobre o solo sagrado da capital. Depois da guerra, um interrogador perguntou a Göring em que ponto do conflito ele achou que a Alemanha deu sinais de que estava fadada a perder a guerra. "Na primeira vez que seus bombardeiros sobrevoaram Hanover, escoltados por aviões de combate, comecei a ficar preocupado. Quando se lançaram sobre Berlim com caças de escolta — aí vi que a festa tinha acabado mesmo."[890]

Chuck Yeager

Em 5 de março, as más condições de tempo fizeram com que os bombardeiros se ativessem a missões mais próximas das bases. Essas frotas tiveram poucas perdas, mas foi um dia difícil para os caças de escolta. Depois que conseguira sua primeira vitória nos céus de Berlim, no dia anterior, o avião de Charles "Chuck" Yeager, um arrojado combatente de 21 anos de idade oriundo de Myra, Virgínia Ocidental, foi derrubado quando estava a 80 quilômetros a leste de Bordéus, cidade do sul da França, por três Focke-Wulf 190s. Participante então apenas de sua oitava missão e sobrevivente da guerra, Yeager — que havia se alistado como mecânico — se tornaria o primeiro homem a quebrar a barreira do som e o mais famoso piloto de testes do mundo, na figura do principal personagem do livro *The Right Stuff* e do filme nele baseado, *Os eleitos — Onde o futuro começa*. "Eu sabia que eu ia cair; quase não pude me desvencilhar totalmente do cinto de segurança, mas consegui passar por cima do assento antes do momento em que meu P-51 em chamas começasse a estalar e despedaçar-se enquanto se precipitava em direção ao solo. Eu simplesmente caí da cabine de pilotagem quando o avião virou de cabeça para baixo — minha canópia foi arrancada com um tiro."[891] Yeager se deixou cair em queda livre, não ousando puxar o cabo de abertura do paraquedas enquanto ainda não estava longe o bastante para evitar ser atingido por uma rajada de metralhadora de um dos caças perseguidores.

"Morrendo de frio e assustado", sangrando pelos ferimentos nos pés e nas mãos e com uma perfuração à bala na panturrilha direita, Yeager se deu conta de que suas chances de escapar das forças de segurança nazistas eram pequenas; até porque nenhum dos membros de seu esquadrão que tinham sido derrubados pelo inimigo havia conseguido voltar para a Inglaterra. Todavia, sentado em meio à densa vegetação arbustiva da área em que pousara de paraquedas, depois que tratou os ferimentos aplicando neles sulfanamida e curativos e estudou o mapa de seda, sentiu-se confiante. Filho de pobres habitantes de uma região montanhosa, mas armados de vontade férrea na luta pela vida, ele sabia caçar, montar armadilhas para conseguir alimento e viver dos frutos da terra. Levava uma pistola calibre .45 do Exército preso ao cinto e era campeão de tiro. "Lá em casa, quando tínhamos trabalho a fazer, nós fazíamos mesmo", disse ele. "E meu trabalho agora era fugir."

O destino da fuga de Yeager era a Espanha, onde ele sabia que receberia ajuda de diplomatas britânicos que haviam tomado providências para que

CÉUS LIBERTADOS

aeronautas de aviões derrubados fossem enviados de volta para a Inglaterra através de Gibraltar. Mas primeiro ele tinha que escapar das patrulhas germânicas que estavam à sua procura com a ajuda de aviões de reconhecimento em voos de baixa altitude. Numa das espiadelas que deu através dos arbustos, viu um madeireiro com um machado pesado e uma arma. Firmado na suposição de que um campônio francês não era páreo para um "caipira faminto",[892] ele atacou de surpresa o sujeito, conseguiu derrubá-lo no chão após rápida peleja e apontou o cano da pistola na cara do francês. O homem não falava inglês, mas sorriu nervosamente e fez acenos positivos com a cabeça quando Yeager lhe disse que era americano. Em seguida, indicou com as mãos que iria buscar ajuda e conseguiu fazer Yeager entender que deveria permanecer escondido no bosque, pois os Chucrutes estavam em toda parte.

Uma hora depois, o madeireiro voltou acompanhado por um homem idoso que falava um inglês razoável. Yeager foi conduzido pelo idoso para um pequeno hotel, onde o levaram para um quarto no segundo andar. A dona do hotel, uma mulher de aparência majestosa, estava sentada na cama, enrolada num xale. Olhando bem nos olhos dele, ela sorriu e disse num inglês perfeito: "Ei, você é apenas um garoto! [...] Meu Deus, os Estados Unidos já perderam todos os homens?" Depois que o interrogou, para ter certeza de que não era um agente alemão tentando passar-se por piloto americano, ela disse a ele que seu pessoal o ajudaria.

Na manhã seguinte, Yeager foi levado para uma casa de fazenda, onde ficou escondido num palheiro durante quase uma semana. Certa feita, tarde da noite, o médico local, que já havia tratado seus ferimentos, voltou ao esconderijo com roupas de camponês e documentos falsos e disse a Yeager que eles iriam fazer "uma pequena viagem", que duraria várias semanas de deslocamentos rápidos por esconderijos, para uma clareira numa montanha de florestas densas, onde Yeager seria entregue a um grupo de homens munidos de armamentos pesados e usando boinas pretas. "Não preciso que me digam quem são esses caras", contou Yeager sobre a reação que teve então. "Eles são os Maquis,[893] guerrilheiros da resistência francesa que vivem e se escondem nestas montanhas de pinheiros durante o dia e, à noite, destroem trens e pontes com bombas".

Disseram a Yeager que ficasse com esses homens até que a neve nos Pirineus derretesse. Depois disso, eles o ajudariam a atravessá-los para que chegasse à Espanha.

MESTRES DO AR

Os Maquis eram uma força de combatentes relativamente nova na Resistência Francesa. (Maquis ou maqui é o nome corso de um tipo de densa vegetação arbustiva, de difícil penetração, nativa do Mediterrâneo, que grupos de resistência da ilha onde ela ocorre usaram como refúgio durante as ações de sua revolução democrática no século 18.) Os primeiros *maquisards* eram rapazes provenientes das isoladas e arborizadas regiões da Bretanha e do sul da França que fugiram para as montanhas no fim de 1942, na tentativa de escapar do recrutamento de trabalhadores escravos pelos nazistas — recrutamento que, se fossem apanhados em suas malhas, os condenaria a rudes trabalhos forçados na Alemanha. No verão de 1943, com rumores sobre uma invasão circulando por toda parte, muitos desses grupos das montanhas haviam começado a incorporar às suas fileiras outros membros da Resistência e a realizar operações de sabotagem contra os alemães e a milícia colaboracionista francesa. A essa altura, agentes britânicos da Agência de Operações Especiais (SOE, na sigla em inglês), uma agência incumbida de fomentar operações de sabotagem e ações paramilitares nos países ocupados pelos nazistas, começaram a se interessar por eles. Assim, os Maquis passaram a receber ajuda na forma de agentes e armas, que chegavam a eles lançados de paraquedas, e se criou um canal de comunicação radiofônico permanente entre os *maquisards* e Londres, com agentes da SOE trabalhando sob estreita colaboração com um braço especial da CIA — que tinha um quartel-general em Londres. Antevendo a ajuda que eles poderiam dar logo depois da invasão da Normandia, o primeiro-ministro Churchill solicitou que providenciassem a obtenção de mais aviões com a RAF para armar o mais formidável grupo dos Maquis, que estava baseado no sudoeste da França. Foi então, em janeiro de 1944, que incorporaram a Oitava Frota Aérea à operação, onde a unidade participou da primeira das chamadas Carpetbagger Missions ("Missões Oportunistas")[894] sob o comando do tenente-coronel Clifford J. Heflin. Já em junho do ano seguinte, os Aliados tinham aumentado para mais de 850 em 1 o número de lançamentos de suprimentos via paraquedas para os Maquis.

No início, com o uso de tripulações de esquadrões antissubmarino da Força Aérea dissolvidos, a base dos Carpetbaggers, tal como o 801º Grupo de Bombardeiros (cuja designação foi alterada para 492º GB em agosto de 1944) passou a ser chamado, era numa região ao norte de Londres e perto de Tempsford, a principal base de esquadrões da RAF utilizados em ope-

CÉUS LIBERTADOS

rações semelhantes. Em ambas as bases aéreas, instalaram placas e avisos informando que eram locais de "Acesso Vedado ao Público" e aeronautas que frequentavam bares locais sabiam que seriam levados à Corte Marcial se falassem a respeito de seu trabalho.

Os Liberators B-24 do 801º, que em março foram transferidos para Harrington, nas recônditas entranhas da campestre Northamptonshire, eram especialmente equipados com aparelhos para lançamento noturno de suprimentos aerotransportados. Essas aeronaves tinham cortinas de blecaute que cobriam as janelas de sua seção central, todos os seus armamentos foram removidos, exceto os das torres de tiro superior e da cauda, e elas foram pintadas de preto. No local em que ficavam as torres de tiro esféricas, abriram um vão no piso da fuselagem e o cobriram com uma cortina de metal. Chamavam essa passagem de *buraco do José*, através do qual agentes secretos, ou Joe, eram lançados de paraquedas. (As agentes eram chamadas de Josefinas.) Postados no compartimento de bombas, artilheiros de metralhadoras móveis laterais, agora chamados de expedidores, lançavam de paraquedas, dali, grandes tambores de suprimentos. Quando faltavam alguns dias para o Dia D, unidades de tropa de elite com três elementos, chamados Jedburgueses, passaram a saltar de paraquedas nessas operações também, com o objetivo de realizar missões secretas, quase sempre em colaboração com os Maquis.

Na época em que o oficial-aviador Yeager se uniu a eles, os Maquis estavam muito ocupados com operações de sabotagem de sistemas ferroviários para impedir que unidades locais da Wehrmacht recebessem divisões de reforço estacionadas no litoral do Canal da Mancha, como preparativos para a invasão. "Os Maquis se escondem de dia e atacam à noite",[895] observou Yeager, descrevendo suas operações. "Destroem pontes com explosivos, realizam sabotagens em ferrovias, atacam trens transportando equipamento militar." O grupo de Maquis a que Yeager se uniu tinha armamentos como submetralhadoras leves Sten e Lhamas, essas últimas pistolas espanholas automáticas calibre .38, mas estava precisando de explosivos com urgência. Com relação a esses, ficavam na dependência dos lançamentos de suprimentos aerotransportados dos Aliados.

Certa noite, Chuck Yeager estava sentado num celeiro iluminado com lanternas de alça na companhia de seu bando de rebeldes das florestas,

394 MESTRES DO AR

observando descarregarem o conteúdo de um tambor de aço lançado de paraquedas por um avião dos Aliados. Olhando para as caixas com explosivos, detonadores e temporizadores, ele disse ao líder: "Posso ajudá-los a usar essas coisas."* Quando garoto, ele ajudara o pai a "explorar" reservas de gás natural com explosivos plásticos. Desse modo, naquela noite ele foi encarregado de cuidar de detonadores de explosivos e, durante todo o tempo que permaneceu com eles, trabalhou e ficou conhecido como o "detonador" dos Maquis, um "criador de bombas terroristas" não mais protegido pelos protocolos da Convenção de Genebra. Se fosse capturado, seria tratado como sabotador e entregue à Gestapo para interrogatório sob tortura e posterior execução. Todavia, como o próprio Yeager disse depois, ele precisava "desses caras" se quisesse chegar aos Pirineus. Além disso, o trabalho era "divertido, interessante".[896]

Mas não durou muito. Numa noite de fins de março, Yeager foi posto na traseira de um caminhão com um grupo de outros aeronautas americanos que o motorista tinha recolhido antes. Quando o caminhão parou, deram a cada um deles um mapa feito à mão e uma mochila cheia de pães, queijo e chocolate. Em seguida, o motorista apontou para um estreito caminho pelas montanhas que os aeronautas começaram a escalar, sozinhos, através de verdadeiros lençóis de chuva e ventos fortes como os de tempestades. Quando os demais colegas ficaram para trás, Yeager se uniu na escalada a um corpulento oficial-navegador de B-24 chamado "Pat" Patterson. Os dois galgaram uma altura de mais de 2.100 metros em meio à muita umidade e sob forte nevasca, com neve até os joelhos, arrastando-se através de picos cobertos de camadas de gelo. Quando alcançaram uma camada de ar rarefeito, tiveram que parar a cada dez ou quinze minutos, perguntando-se, enquanto descansavam, se em breve se transformariam em alimentos para os enormes corvos que sobrevoavam o local.

No terceiro dia de viagem, eles se perderam; no quarto, ficaram "muito perto de desistir"[897] — exaustos, desorientados e incapazes de sentir os pés, dormentes e congelados. Caminhando quase adormecidos, "cambaleando como bêbados", acabaram se deparando com uma cabana de madeireiro, abriram a porta e desabaram no assoalho, onde dormiram um ao lado do outro.

Minutos depois, acordaram assustados por causa de uma saraivada de tiros. Era uma patrulha alemã, cujos soldados estavam atirando a esmo

---

* "Posso ajudá-los" — "desses caras": Ibid., 33, 35.

CÉUS LIBERTADOS

pela porta da frente, achando que talvez houvesse fugitivos na cabana. De repente, Yeager pulou fora pela janela dos fundos, seguido imediatamente por Patterson. Quando ouviu o amigo gritar, Yeager sabia que ele tinha sido alvejado. Mas, num ímpeto providencial, agarrou-o firme e pulou com ele sobre um escorregador de toras coberto de neve. Os dois deslizaram pela calha e foram parar num rio caudaloso. Segurando o inconsciente colega aeronauta pelo pescoço, Yeager nadou com ele até a outra margem e o tirou da água. Patterson parecia em péssimo estado; fora atingido no joelho e estava "sangrando como um porco esfaqueado", com a parte inferior da perna precariamente ligada à superior por um grosso e latejante tendão. Yeager pegou o canivete, cortou o tendão e amarrou no coto ensanguentado a camisa de reserva que os Maquis tinham feito para ele com o velame de seu paraquedas.

Quando a noite caiu, ele pôs o amigo, ainda inconsciente, sobre o ombro e iniciou a escalada de uma encosta escarpada, parando de vez em quando para ver se Patterson estava vivo e lutando contra um forte desejo de entregar os pontos e morrer. Ao nascer do sol, Yeager alcançou o topo da montanha e conseguiu avistar, através da neblina matinal, "o fino traçado de uma estrada que deveria ser da Espanha", pensou ele.[898]

Fraco demais para descer, com o amigo nas costas, a encosta íngreme que terminava na estrada, ele empurrou Patterson pela borda. Yeager desceu logo atrás dele, deslizando pela encosta em cima de uma longa vara presa entre as pernas dobradas, tal como, por diversão, ele fazia quando deslizava pela alcantilada vertente de uma colina atrás de sua casa na Virgínia Ocidental, "usando um cabo de vassoura como freio". Quando os dois aeronautas alcançaram a estrada, Yeager viu que Patterson se achava tão pálido e apático que achou que ele estava morto. Sentindo que não havia mais nada que pudesse fazer por Patterson, Yeager o deixou à beira da estrada, bem à vista, para que fosse socorrido por um motorista de passagem pelo local. Em seguida, iniciou uma caminhada em direção ao sul.

Quando chegou a um povoado, Yeager se apresentou à polícia local, onde conseguiu descansar, dormindo por dois dias. Foi acordado depois por um cônsul americano e levado para um hospital: "Onde não havia nada para fazer, exceto tomar sol, comer e flertar com as camareiras. [...] Enquanto isso, o cônsul americano ficou tentando livrar seis de nós, aeronautas acidentados, do inferno de nossas vidas."[899] Quando ainda estava na Espanha, ele soube que Patterson tinha sido socorrido pela Guarda Civil uma hora depois de havê-lo deixado na estrada, donde o levaram para um hospital. Seis semanas depois, Patterson estava de volta aos Estados Unidos. Já Chuck Yeager tinha outros planos.

Segunda-Feira Sangrenta

No dia em que o avião de Chuck Yeager foi derrubado, nos céus da França, a Oitava Frota Aérea voltou a Berlim, onde travou a maior batalha aérea da história. "Hoje, uma imensa coluna de bombardeiros americanos, com quase 25 quilômetros de extensão, cruzou trovejante o céu sobre o coração de Berlim durante meia hora e desencadeou incêndios na bombardeada capital nazista depois que atravessara, com força esmagadora, um gigantesco escudo aéreo de caças de combate",[900] informou a United Press. O *The New York Times* calculou que um ataque dessa magnitude deve ter envolvido quase seiscentos mil homens e mulheres de ambos os lados.[901] Desse número, faziam parte doze mil aeronautas dos Aliados, quase mil pilotos alemães, cinquenta mil integrantes de equipes de serviço de intendência aeroterrestre dos Aliados e outros 25 mil membros de equipes semelhantes da parte dos alemães, além de até meio milhão de germânicos postados em plataformas de artilharia existentes desde o litoral continental até a capital do país.

"Vista do céu, Berlim era uma cidade gigantesca e escura",[902] relatou o metralhador de B-17 Tommy LaMore, o descendente de uma família Cherokee que havia sobrevivido ao episódio do Caminho das Lágrimas. "Era a cidade de Hitler. É nessa vizinhança que moram os malvados brutamontes. [...] Vamos lá: mandem os aviões da Luftwaffe; vamos! Lancem contra nós tudo que tiverem, mas cá estamos nós, destruindo suas casas bem diante dos olhos de sua raça superior. Vibrei e comemorei muito quando as bombas saíram das prateleiras. 'Agarre-se firme ao chucrute, Adolf!', gritei."

Pela Oitava Frota Aérea, 69 bombardeiros — um número recorde de aviões ou dez por cento dos que alcançaram Berlim —, tombaram diante dos ataques de caças e fogos antiaéreos. Estações de rádio nazistas alegaram que as Fortalezas e os Liberators foram rechaçados dos alvos quando sobrevoaram a cidade, mas, um dia depois, despachos de jornalistas suecos

CÉUS LIBERTADOS

informaram que grandes partes dos subúrbios industriais da capital ainda estavam "em chamas" e "sem serviços de luz, energia, gás ou telefone".[903]

Os alemães, no entanto, fizeram com que pagassem um preço alto pelo ataque à capital do país. Caças de combate alemães formaram fileiras de cinquenta aeronaves e arremeteram frontalmente contra as frotas de bombardeiros. Essas máquinas voadoras do sistema defensivo alemão se lançaram contra os bombardeiros a uma velocidade superior a 650 km/h, embora cada piloto germânico só conseguisse disparar uma rajada de meio segundo quando a pouco mais de 450 metros de distância deles, antes de terem que subir abruptamente para evitar colisões com os bombardeiros.[904] Sem dúvida, muito pouco tempo, mas, com "uma rajada frontal precisa, ainda que de meio segundo, a derrubada estava garantida. Com certeza!", comentou um piloto de caça alemão.

O Malfadado Centésimo foi a unidade que mais sofreu na batalha. Quando os alemães descobriram uma falha na cobertura defensiva dos caças de escolta, "os aviões inimigos nos atacaram de frente e aos pares", provocando incêndios e destruição em quinze bombardeiros em menos de três minutos",[905] contou C. B. "Ruivo" Harper, o piloto do *Buffalo Gal*. Com a aeronave em chamas e cheia de perfurações, além de com o sistema de oxigenação danificado, Harper se livrou das bombas e mergulhou para uma altitude de 1.500 metros, onde havia ar respirável.

Mais ou menos na ocasião em que os Thunderbolts de Hub Zemke, em números maciços, chegaram à zona de batalha, a 13ª Ala de Bombardeiros, da qual o Centésimo fazia parte, tinha perdido vinte bombardeiros em 25 minutos. Adiante deles, uma formação ainda maior de aviões de combate alemães ganhava corpo na frente do mais poderoso sistema de defesa antiaérea do mundo, um sinistro cordão de isolamento formado por 750 canhões de artilharia leve e pesada. Mas o poderoso rolo compressor dos americanos forçou passagem por essa barreira de fogos colossais e avançou impetuoso para o alvo, pintando no céu um quadro de um poderio bélico medonho aos olhos dos berlinenses em terra. Abrigado numa rasa trincheira individual perto de uma das baterias de canhões, estava Alexander Witzigmann, soldado alemão de 17 anos de idade, em seu primeiro dia de serviço num setor de defesas antiaéreas. "Fiquei com tanto medo dessa demonstração de poder por parte do inimigo que comecei a tremer."[906]

Os americanos entraram numa cobertura de nuvens sobre a cidade entremeada de abertas e tiveram que realizar bombardeios com alguma visibilidade através de nesgas intermitentemente fechadas por finas nuvens que atravessavam velozmente os céus a grande altitude. Com isso, a fábrica de rolamentos em Erkner ficou intacta e a maior parte das 3 mil toneladas de explosivos caiu dentro do perímetro urbano da cidade, matando e mutilando mais de setecentos civis.[907] Mas o bombardeio não era a principal razão da presença dos americanos no local. Os ianques estavam lá para combater os caças inimigos. "Os combatentes se entreolhavam quando passavam velozmente diante do nariz da aeronave oponente",[908] descreveu o historiador do Quarto Grupo de Caças uma cena do combate inaugural da batalha. "No devido tempo, cada um deles se alijava dos tanques de combustível descartáveis das asas, como dois boxeadores abandonando roupões no ringue ao sinal do gongo." Dos cerca de quatrocentos caças de combate alemães que participaram do conflito, pelo menos 66 — 179, segundo alegações da Força Aérea — foram abatidos, a maioria deles vítima dos impetuosos ataques dos Mustangs.[909] Os "Índios", tal como os pilotos alemães chamavam essas aeronaves americanas, alcançaram a espantosa proporção de derrubadas de oito por um nos céus de um frio de rachar sobre Berlim, onde os pés dos pilotos ficavam dormentes e suas mãos arroxeavam dentro de luvas forradas de peliça. "Os tubos de micção congelaram; alguns colegas usaram as próprias calças como fraudas e elas congelaram também."[910] Pilotos de caça golpeavam o piso de suas cabines de pilotagem com os pés e as próprias mãos para ativar a circulação, enquanto outros, "amedrontados, ficavam encharcados de suor" quando avançavam direto para os Fw 190s com velocidades de separação superiores a 960 km/h. Era como um combate corpo a corpo, em que os pilotos oponentes se aproximavam tanto, em suas investidas, que combatentes de ambos os lados podiam se olhar nos olhos.

Quando retornaram para a base, em Debden, os pilotos de Blakeslee estavam radiantes, fazendo pilhérias, dando tapinhas nas costas uns dos outros e se gabando de que essa batalha tinha sido a "melhor sessão de caça" que haviam tido na vida: quinze vitórias só no grupo deles. Na cabana da reunião de pós-voo, os pilotos apresentaram seus relatórios enquanto devoravam barras de chocolate para se aguentarem até o momento em que pudessem ter uma refeição mais substancial no refeitório. Dali, seguiriam para o salão

CÉUS LIBERTADOS

de recreações, onde O Homem Pássaro — tal como os subordinados de Blakeslee chamavam seu adorado líder — ordenava que a placa de *cerveja gratuita* para todos fosse pendurada sobre o espelho do bar.

Já nas bases de bombardeiros a situação foi diferente, pois mais da metade das Fortalezas que conseguiram voltar chegou ao destino bastante danificada em combate, muitas das quais "carregadas de homens transidos de medo e cadáveres estendidos no chão".[911] Alguns aeronautas estavam furiosos, sentindo mais raiva do alto-comando do que dos inimigos em si. Em Thorpe Abbotts, cujo grupo perdera quinze bombardeiros, aeronautas praguejavam contra Spaatz e Doolittle por tê-los enviado a Berlim quando os alemães sabiam que eles estavam se dirigindo para lá. Embora os combatentes ainda não soubessem disso, essa investida foi, no entanto, um ponto decisivo na guerra aérea, tanto que, nesse dia, alguns berlinenses haviam tido um pressentimento do fim terrível que os aguardava. Gert Mueller, um estudante de escola técnica, disse ter pensado, então, quando saiu de um abrigo no centro da cidade: "Se eles conseguiram fazer isso uma vez, conseguirão fazê-lo de novo!"[912]

O jornalista do *The New York Times* James B. Reston percebeu a importância daquilo que os berlinenses chamariam de a Segunda-Feira Sangrenta. "A época do que era antigamente chamado de ataques aéreos passou",[913] escreveu ele. "A força aérea do exército Aliado iniciou uma campanha de guerra de atrito contra a Luftwaffe que deve ser classificada como uma das campanhas militares mais decisivas da guerra. [...] De agora em diante, os comandantes das forças Aliadas enviarão sua artilharia aérea a qualquer lugar da Alemanha em que os caças germânicos sejam fabricados e a qualquer ponto em que aviões de combate alemães se disponham a combater.

Com o clima um verdadeiro "caos" no dia seguinte,[914] os aeronautas do Malfadado Centésimo tiveram permissão para dormir até o meio-dia, escrever cartas à tarde e tomar umas bebidas à noite. Inesperadamente, porém, por volta das dez da noite, chegou a informação de que o grupo deveria ficar de prontidão. Assim, Red Harper e seus amigos voltaram caminhando lentamente para os alojamentos e foram dormir, com praticamente todos não fazendo comentário nenhum.

Harper, acordado às quatro horas, sentiu o coração disparar quando olhou para o mapa na sala de instrução de pré-voo. Viu que fariam mais um ataque a Berlim e que voltariam pela mesma rota pela qual haviam seguido há dois dias. O novo comandante do grupo, major John M. Bennett, "deu um chilique"[915] quando soube, na noite anterior, que o Centésimo seria despachado para um ataque a Berlim na quarta-feira, depois de ter perdido cinquenta por cento de sua força de combate de segunda. Não havia nem 24 horas que Bennett tinha assumido o comando da unidade, como substituto de Chick Harding, que fora levado às pressas para o hospital e quase morreu por complicações de cálculo biliar, cujo tratamento ele vinha adiando. Segundo Harper, o pessoal estava à beira de um motim e Bennett sabia disso. O comandante havia telefonado para o quartel-general da ala na noite anterior à missão e obteve permissão para comandar a unidade. Com certeza, seus rapazes iriam precisar de um bom incentivo.

Enquanto seguia à frente de seus quinze bombardeiros na travessia sobre as águas do Mar do Norte, Bennett ficou se perguntando se muitos deles permaneceriam fiéis ao seu comando. "Fiquei morrendo de medo, com o pensamento dominado por toda espécie de imagens de falhas e abortamentos de subordinados."[916] Em Dummer Lake, no norte da Alemanha, local em que o Centésimo tinha sido massacrado dois dias antes, os Thunderbolts partiram de volta para a base e os Mustangs que deveriam substituí-los demoraram a aparecer. Com essa demora, a Luftwaffe fez a festa. Dessa vez, o inimigo atacou outra ala, formada pelo 45º GB, que se achava logo adiante dele. Perdido e psicologicamente desorientado, o comandante do castigado 45º deixou de realizar o esperado desvio para Berlim no ponto inicial do bombardeio, e Bennett, sem hesitar, se deslocou com sua ala para a frente da formação e seguiu na vanguarda da Oitava Frota Aérea até o alvo.

Com uma força de combate numericamente muito inferior, Galland reteve suas máquinas voadoras em terra até que os bombardeiros quadrimotores americanos iniciassem a incursão de ataque. Quando isso aconteceu, ele despachou "frotas de aviões de combate inteiras"[917] para tentar deter o avanço dos incursores. Mas as aeronaves americanas avançaram demolidoras através dessa muralha de fogos aéreos e, assim que conseguiram superá-la, foi "surpreendentemente pequena"[918] a resistência defensiva dos caças inimigos na zona do alvo, ao contrário dos ataques de suas peças de artilharia antiaérea, que foram de uma onipresença devastadora, tanto que, mesmo sob as máscaras de oxigênio, as tripulações dos bombardeiros ianques sentiam o cheiro das explosões de seus projéteis, e seus corpos eram sacudidos por violentas concussões. Estilhaços candentes atravessavam as

CÉUS LIBERTADOS

barrigas dos bombardeiros, causando mutilações emasculadoras em combatentes americanos. Prevendo que isso aconteceria, os metralhadores do Centésimo haviam catado placas de blindagem entre aeronaves resgatadas, abandonadas no pátio de sua base em Thorpe Abbotts, e as usaram, junto com suas armaduras antiaéreas, como forma de terem, em suas próprias palavras, uma espécie de "proteção anticastradora". Os resolutos defensores da cidade germânica empregaram também foguetes terra-ar. Houve uma ocasião, por exemplo, em que Red Harper, que ficou observando um desses foguetes subindo na direção da formação, teve a impressão de que o projétil levou quase meia hora para passar na frente dele, mais parecendo "um poste de telefone branco expelindo fogo pela extremidade inferior".

Apenas um dos bombardeiros do Centésimo não conseguiu voltar para a base, na Ânglia Oriental. Ao todo, os americanos perderam 37 bombardeiros e dezoito aviões de caça; porém, mais uma vez, as aeronaves de combate ianques trituraram os caças do inimigo. Em Thorpe Abbotts, os oficiais da base ordenaram que dessem às tripulações retornadas da missão de combate uma dose extra de uísque, instituindo assim um novo programa de "tratamento médico".[919] Com isso, "o moral da tropa", observou Red Harper, "subiu como um foguete".[920]

Depois da reunião de relatórios pós-voo, Bennett deu à tripulação do *Buffalo Gal* uma folga de dois dias, e os rapazes foram direto para Londres. "Tínhamos visto mais de duzentos colegas do nosso Grupo de Bombardeiros serem derrubados das alturas pelos fogos aéreos inimigos durante nossas cinco primeiras missões [...] e a turma toda estava ficando um tanto 'perturbada'",[921] comentou Red Harper, lembrando-se da ocasião. Na noite seguinte, quando desceram a escada de um restaurante no subsolo de uma via pública, estavam entrando, sem que soubessem disso, em outra zona de guerra, tanto que, pouco antes de terem sido atendidos em seus pedidos de doses de gim e suco de uva, uma explosão sacudiu o salão. Fazia algum tempo que os alemães vinham bombardeando Londres e outras cidades britânicas em retaliação às investidas de bombardeio da RAF à capital de seu país. Só que os calejados britânicos estavam se acostumando com isso e tinham começado a chamar algumas das consequências desses ataques, mais alarmantes do que devastadoras, de Baby Blitz. Assim é que, em questão de minutos, "velas foram acesas e continuaram com a festa". Quando, de capacete na cabeça, o guarda da defesa antiaérea passiva desceu pela escada

402 MESTRES DO AR

e perguntou se alguém estava ferido, ninguém disse nada. Já quando ele perguntou se havia alguma mulher grávida no recinto, ouviu uma mulher de voz rouca protestar dos fundos do estabelecimento: "Ei, amigo, dá um tempo! Nós acabamos de chegar!"

Enquanto a tripulação de Harper se divertia em Londres, nove aviões do Centésimo fizeram uma incursão a Berlim. Naquela tarde, porém, todos os incursores voltaram para a base. Já na grande investida de 9 de março, os americanos tiveram perdas, embora apenas seis Fortalezas e um único avião de caça, e os pilotos e tripulações participantes da operação não retornaram com nenhuma notícia de que haviam destruído pelo menos um avião inimigo. "Nazistas Fogem da Batalha",[922] anunciou o *The New York Times* no dia seguinte. Os alemães alegaram que uma verdadeira montanha de nuvens, de quase 6.500 metros de altura, havia obrigado suas frotas de caças a permanecerem nos aeródromos, mas a surra que eles tinham levado nos dois ataques anteriores era o verdadeiro motivo de os aviões da Luftwaffe não terem decolado para combater naquela tarde. Foi um fato revelador, de grande importância, essa atitude dos alemães. Afinal, haviam se passado menos de cinco meses desde o segundo bombardeio a Schweinfurt II. Nesse curto tempo, os americanos tinham retomado a iniciativa dos combates aéreos nos céus do Reich. Embora a supremacia aérea ainda não tivesse sido conquistada: "Estávamos destruindo algo entre quarenta e cinquenta [caças inimigos] toda vez que partíamos em missão de ataque",[923] disse depois o general William Kepner.

Num cabograma enviado a Hap Arnold, Spaatz apresentou uma avaliação sucinta e precisa da Semana de Bombardeios a Berlim: "Na semana passada [...] foram feitos três ataques sem nenhuma tentativa de dissimulação. [...] Embora seja cedo demais para calcular o efeito total da destruição da produção de caças de combate e das pesadas perdas dos elementos aeronáuticos do inimigo, estamos confiantes, logicamente, de que o destino da batalha aérea está em nossas mãos."[924] Em três dias, a Oitava tinha perdido 153 bombardeiros, perdas que "foram substituídas em questão de horas",[925] disse um porta-voz da Força Aérea a jornalistas.

Era aí que estava a superioridade militar dos americanos, em número de homens, muito mais do que no de máquinas. As secretas fábricas de Albert Speer continuavam a produzir aviões, mas o desesperado Adolf Galland não tinha homens qualificados suficientes para pilotá-los. Só em março, ele

CÉUS LIBERTADOS

perdeu vinte por cento de seus experientes pilotos.* Nesse mesmo mês, a Oitava destruiu um número de aviões inimigos superior ao dobro dos que conseguira aniquilar nos anos de 1942 e 1943 juntos. De acordo com um historiador alemão, "a guerra de atrito havia atingido sua fase decisiva, em que nem coragem nem habilidade seriam fatores de mais vantagem ou de maior utilidade."[926] Os efeitos dessas perdas sobre o moral dos combatentes constam no diário de um piloto da Luftwaffe: "Toda vez que fecho a canópia antes de decolar, sinto que estou fechando a tampa de meu próprio caixão."[927]

A todo custo

Durante o resto de março e abril, Spaatz e Doolittle continuaram a forçar o inimigo a lutar, despachando bombardeiros pesados em imensas missões de ataques orientados por radar — na verdade, operações de simulação estratégica para engodarem o inimigo — sob condições atmosféricas tão ofuscantes que tornavam impossível a realização de bombardeios de precisão. Só em abril, a Oitava Frota Aérea perdeu 409 bombardeiros pesados, o maior número de perdas desses aparelhos que ela sofreria em qualquer dos meses da guerra aérea inteira,[928] e as perdas da 15ª saltaram de 99, em março, para 214 aeronaves.

Alguns pilotos da Luftwaffe vinham combatendo com um patriotismo feroz. Movido por um espírito de autoimolação, um grupo de pilotos desse estofo procurou Galland para propor a ideia de criação de um grupo de "assalto"[929] de elite cujos integrantes fariam com que seus aviões colidissem de propósito com "os devastadores bombardeiros" americanos. Galland rejeitou a ideia, mas aprovou a formação de um Grupo de Assalto Aéreo de voluntários, o Sturmstaffel I, unidade que empregaria táticas e estratégias de ataque que qualquer outra força de combate do mundo, exceto a do Japão, teria considerado suicida. Com caças mais leves e mais velozes cobrindo a aproximação deles, os Fw 190s equipados com blindagem mais resistente e armamento mais pesado se agrupariam em "formações em cunha", se aproximariam o mais possível das aeronaves invasoras e tentariam derrubá-las "a todo custo". "Se, durante um assalto desse tipo, a aeronave do atacante

---

* Perdas alemãs: Murray, *Luftwaffe*, 239-40.

404 MESTRES DO AR

alemão fosse violentamente atingida, ainda assim o piloto poderia tentar fazê-la chocar-se contra algum avião inimigo e saltar de paraquedas."

A Luftwaffe, então bastante desprovida de bons pilotos, conseguia usar essa tática com eficiência apenas contra bombardeiros sem a proteção de grandes números de caças de escolta. Portanto, ela simplesmente ficava esperando oportunidades para lançar esse tipo de ataque. O sistema de revezamento de elementos de escolta que os pilotos de caça americanos empregavam para proteger os bombardeiros deu ao inimigo muitas chances para lhes causar danos, porquanto cada frota de caças americanos estabelecia contato com as colunas de bombardeiros incursores num ponto previamente determinado, fornecendo cobertura acima ou pelos lados da formação até que o combustível estivesse quase esgotado — ocasião em que cediam lugar a caças de longo alcance. Spitfires davam cobertura de baixa altitude aos bombardeiros, durante a partida e na chegada às bases, ao passo que Thunderbolts e Lightnings os acompanhavam na travessia do Reno, e Mustangs os protegiam em viagens de ida e volta a alvos distantes, como Berlim e Munique. Em sistemas de escolta como esses, até mil aviões de caça podiam ser necessários, de maneira que pudessem ser empregados algo em torno de quarenta ou cem aviões de combate para dar cobertura aos bombardeiros o tempo todo. Na primavera de 1944, quando uma frota de bombardeiros americanos sofreu baixas pesadas, isso aconteceu, quase sempre, pelo fato de que os caças de escolta e os bombardeiros deixaram de agrupar-se no ponto de reunião ou porque um pequeno número de escoltas foi massacrado por um ataque maciço de aviões de combate alemão. Lançando mão dessa tática de ataque à guisa de matilha de lobos, na maioria das vezes o número de caças alemães superava o de escoltas americanos numa proporção de nada menos que dez aviões para cada uma aeronave dos ianques — expediente que dava certa vantagem aos mais inexperientes pilotos germânicos.

Numa missão de ataque a Berlim em 29 de abril, o grupo do copiloto Truman Smith, aeronauta americano de 20 anos de idade, desgarrou-se acidentalmente da formação de bombardeiros e acabou se desorientando. O grupo pagou um alto preço por isso, perdendo dez das 66 aeronaves da Oitava Frota Aérea nesse dia em ataques do inimigo. Na manhã seguinte, Smith estava na estrada ao lado da base tentando conseguir carona para visitar um amigo numa base de bombardeiros vizinha. Quando uma ambulância encostou para que subisse, ele correu para a traseira da viatura e foi logo estendendo o braço para abrir a porta traseira. "Não, tenente!",[930] gritou o motorista. "Aqui, na

CÉUS LIBERTADOS

frente!" Era tarde demais. Smith ficou de queixo caído quando abriu a porta e viu nove cadáveres brancos como velas estendidos em macas. Eram os homens aos quais haviam dito que a Luftwaffe estava acabada.

Depois das primeiras investidas de bombardeio a Berlim, caiu muito o moral da tropa nas bases de bombardeiros ianques. Mais uma vez, cansaço e perdas crescentes foram as causas disso, mas as tripulações começaram a questionar o valor militar dos alvos que elas vinham atacando recentemente — cidades cobertas por nuvens densas, principalmente Berlim, onde bombardeios pareciam ser realizados sem planejamento ou um objetivo claro. Numa pesquisa confidencial entre tripulações de combate, realizadas pela Oitava Frota Aérea na primavera de 1944, os pesquisadores observaram que Berlim alcançou facilmente o topo da lista de alvos que os aeronautas achavam irrelevantes. Comentários típicos sobre o assunto:

"Berlim não é um alvo militar."[931]

"Bombardeios a Berlim só têm valor de propaganda."

"Não acredito em bombardeio retaliatório."

"Berlim. A devastação de uma cidade não baixa o moral inimigo."

Alguns aeronautas achavam difícil trabalhar nesse "ramo de assassinatos".[932] O tenente Bert Stiles, de Denver, Colorado, era um deles. Belo, mas sorumbático copiloto de pele amorenada e cabelos negros do 91º Grupo de Bombardeiros, cujos aviões partiam de Bassingbourn, antiga base da tripulação do *Memphis Belle*, Stiles já era autor de livros publicados. Ele tinha abandonado a Faculdade do Colorado para tornar-se escritor e alguns de seus contos haviam sido publicados no *The Saturday Evening Post* antes que seu grupo chegasse à Inglaterra, em março de 1944. Ele levara consigo para a guerra sua máquina de escrever Corona, infringindo o regulamento, e nas missões tinha sempre à mão um caderno para anotar suas impressões. Nos intervalos das missões, escreveu contos e uma autobiografia de uma lucidez brilhante, intitulada *Serenade to the Big Bird*. Embora Bert Stiles achasse que nascera para aventurar-se "pelas imensidões do céu azul, ele deveria ter sido correspondente de guerra",[933] disse seu ex-colega de prisão e piloto-comandante, Sam Newton. "Teria sido outro Ernie Pyle."*

---

* Ernest Taylor "Ernie" Pyle (3 de agosto de 1900 — Okinawa, 18 de abril de 1945) foi um jornalista norte-americano e correspondente de guerra. Tornou-se conhecido nos Estados Unidos, nos anos de 1930, por seus artigos, publicados em mais de duzentos jornais, sobre as pessoas e os lugares que visitava pelo país, e celebridade global por seu trabalho como correspondente na frente de batalha da Segunda Guerra Mundial. [N. do T.] Fonte: Wikipedia.

Sentado numa pequena escrivaninha em seu quarto após sua primeira missão, Stiles ficou pensando se tinha mesmo coragem para matar. Ele tivera breve contato com alguns pilotos de Spitfire poloneses na Islândia durante a viagem para a Inglaterra e viu que estavam ávidos para derramar o sangue inimigo, com vontade de "matar todos os nazistas do mundo".[934] No seu caso, a história era outra, um jovem oriundo de "uma terra sobre a qual nunca se lançavam bombas". Assim, para despejar sobre Berlim a fúria de uma vingança arrasadora, ele tinha que ficar dizendo a si mesmo que havia muitos "filhos da mãe" lá embaixo que tinham de ser derrotados e que os colegas que haviam dormido em sua cama de campanha nos quatro meses anteriores à sua chegada à Inglaterra estavam todos mortos ou desaparecidos em combate.

Embora pesquisas do Exército[935] indicassem que o moral dos combatentes aéreos americanos continuou mais alto do que o de membros da infantaria durante toda a guerra, o acúmulo de uma série de missões de combate sob péssimas ou apenas razoáveis condições meteorológicas, nas quais os bombardeiros funcionaram como iscas para os ataques inimigos, acabou afetando psicologicamente os aeronautas. E alguns deles sucumbiram ao peso da experiência, com crises nervosas e problemas emocionais. "Ao todo, partimos para Berlim em missão de ataque sete vezes",[936] disse John A. Miller, membro do Centésimo. "Em duas delas, nosso piloto enlouqueceu e tentou se atirar no mar conosco a bordo do avião. Em ambas, a tripulação lutou com ele para tirá-lo da condução da aeronave e tivemos que abortar as duas missões. Depois da segunda vez que fez isso, ele não embarcou mais conosco. Ele não era covarde; é que, simplesmente, não conseguia mais voltar a Berlim."

A partir de março, o número de baixas neuropsiquiátricas informado pela Comunidade Médica Central aumentou consideravelmente.[937] O ritmo das operações era igualmente estressante para os pilotos de caça,[938] alguns dos quais participaram de vinte ou mais missões por mês entre março e maio. Era tão intenso esse ritmo que grandes números de pilotos de caça e tripulações de bombardeiros estavam completando seu tempo de serviço em menos de dois meses. Com o dia da invasão muito próximo, as autoridades militares não aceitavam nenhuma desculpa contra a participação em missões de combate. "Certa manhã, o médico de voo verificou as condições de todos os pilotos com vistas a formar um esquadrão",[939] relatou o piloto de caça Max

CÉUS LIBERTADOS   407

J. Woolley. "Ele examinou todo mundo e viu que a maioria estava em más condições. Aí, ele me perguntou: 'Como se sente?' Fiquei quase um minuto falando sobre meu grave caso de diarreia. Mas ele respondeu, simplesmente: 'Enfie uma rolha no traseiro e aproveite a missão.'"

As bebedeiras aumentaram, mas comandantes de operações de ataque faziam pouco para solucionar o problema, enquanto, no quartel-general, oficiais que não participavam de missões de combate não tinham praticamente nenhuma forma de controlar os que delas participavam. Certa feita, após ter se encharcado com doze absurdas doses de bebida, um tenente do Centésimo começou a fazer escândalo no bar de um hotel requintado e famoso. Quando um oficial de estado-maior de Pinetree ordenou que ele fosse para o quarto, o piloto, ainda apenas ligeiramente embriagado, respondeu: "Coronel, ontem, ao meio-dia, eu estava nos céus de Berlim. E você, diabos, onde estava?"[940]

Alguns aeronautas participavam das missões bêbados, ainda sob os efeitos do porre da noite anterior. "Certa noite, quando voltei da folga em Northampton, soube que estava escalado para partir em missão na manhã seguinte",[941] contou Ben Smith, um jovem de 20 anos de idade, natural da Geórgia, que era radioperador-metralhador do *Hell's Angels*. "Eu estava muito mau. Na reunião de apronto, pedi que outros colegas pegassem minhas coisas e segui para o avião, onde pus a máscara de oxigênio, o que me fez sentir melhor imediatamente, mas isso não durou muito. Quando chegamos ao território inimigo [...] comecei a vomitar. Como meus óculos de aeronauta e minha máscara de oxigênio congelaram e ficaram duros como pedra, não consegui enxergar." Depois que tirou a máscara para livrar-se do vômito, ele jurou que não beberia nunca mais. Porém, logo que aterrissou, foi direto para o Dirty Duck Pub, bem ao lado da base, convicto de que seu destino, conforme rezava o hino do Corpo de Aviação do Exército, era viver na fama e morrer na flama. "O álcool era a única coisa que tornava nossa existência suportável", escreveu ele depois.

Era um exagero, tanto que as próprias pesquisas da Força Aérea sobre o moral do aeronauta indicavam que "o único fator"[942] que "levava" a maioria dos combatentes a continuar participando de missões de combate sem sofrer uma "crise nervosa" não era o álcool, mas a "esperança de ser substituído" após trinta missões. A forte liderança de bons comandantes ajudava também a fazê-los aguentar o rojão.

Um dos melhores comandantes de esquadrão da Oitava era o major James Maitland Stewart, um diplomado por Princeton com honras acadêmicas e conhecido por todos como Jimmy Stewart, o ídolo de cinema de Hollywood. Depois que fora recrutado em 1940, aos 32 anos de idade, esse outrora dono de loja de ferragens, natural de Indiana, Pensilvânia, magro como um bambu, com seu 1,93 metro de altura, havia tentado entrar para o Corpo de Aviação do Exército, mas estava quase 2,5 quilos abaixo dos 67 exigidos para alguém de sua altura. Dominado, porém, por um desejo ardente para servir (ele classificou depois seu alistamento como "o único prêmio de loteria que tinha ganhado na vida"),[943] ele recorreu da decisão, enfrentando os veementes protestos de Louis B. Mayer, seu despótico patrão na MGM. Depois que conseguiu convencer um oficial de alistamento da Força Aérea a submetê-lo a novo teste e, "desta vez, se esquecer de pesá-lo", finalmente ingressou no serviço militar como recruta, assinando seus documentos de alistamento poucos dias depois que ganhara um Oscar por seu papel de jornalista em *Núpcias de escândalo*. "Pode soar piegas",[944] disse ele depois, explicando sua decisão, "mas o que há de errado em querer lutar por seu país? Por que as pessoas hesitam tanto em usar a palavra *patriotismo*?"

Na época um sujeito de fala mansa que os críticos de cinema chamavam de "colosso de fala arrastada", Stewart já era um consumado piloto de aviões comerciais e tinha seu próprio avião esportivo de dois lugares, experiência que permitiu que conseguisse um posto no Corpo de Aviação do Exército como cadete de aeronáutica com um salário mensal de 21 dólares, exatamente 11.979 dólares a menos do que recebia da MGM mensalmente. Um mês após o ataque a Pearl Harbor, tendo conseguido sua prateada insígnia de piloto militar, pressionou seus superiores a encaminhá-lo para o serviço de combate aéreo no exterior, mas, em vez disso, foi designado para servir como instrutor de voo nos Estados Unidos mesmo. É que ninguém na corporação queria assumir a responsabilidade de pôr um dos mais populares astros do cinema americano em tamanha situação de perigo. Mas Stewart adulou tanto os oficiais de alta patente e se queixou tanto que acabaram cedendo. Em novembro de 1943, ele chegou à Inglaterra como comandante de esquadrão junto ao 445º Grupo de Bombardeiros, uma unidade de Liberators estacionada em Tibenham, na periferia de Norwich, local que era conhecido pelos aeronautas como o País dos B-24s. Três meses depois, ele ganhou a Cruz do Mérito Aeronáutico[945] por ter conseguido manter coesa

CÉUS LIBERTADOS

sua formação, mesmo quando sob forte pressão dos fogos inimigos no primeiro dia da Grande Semana. Essa seria uma das 20 missões de combate de que ele participaria, nas quais não perderia um único homem para os fogos inimigos, nem mesmo por crise nervosa ou problemas emocionais.

Nas observações que faziam do dia a dia do astro do cinema americano na base, os membros do 703º Esquadrão de Bombardeiros não conseguiam acreditar em quanto seu comportamento na vida real era tão próximo dos de seus personagens nas telas do cinema — conseguindo fazer com que as tarefas e as obrigações fossem cumpridas sem nenhuma afetação emotiva ou exagero e, com seu jeito de habitante de pequena cidade interiorana, chamava os colegas de "chapas", incentivando-os a enviar cartas a seus "familiares" e entremeando a fala, tal como fazia nos filmes, com "pombas!" e "xi..., ei!, uau!". Além disso, Stewart tocava piano em bailes no clube de oficiais e ajudava a fazer chocolate para o esquadrão. Mas, na verdade, ele era "um sujeito solitário",[946] observou seu colega comandante de esquadrão, capitão Howard "Doc" Kreidler, oriundo de Tilden, Nebraska. Em seus dias livres, Stewart e Kreidler alugavam um pequeno barco de madeira no povoado e saíam remando a passeio, onde relaxavam depois e ouviam jazz americano com um minúsculo rádio portátil. Na presença dos colegas e subordinados, ele procurava manter-se "o mais fleumático possível", observou Kreidler, mas os aeronautas respeitavam seu jeito sereno e comedido de liderar e seu misto de autenticidade e discrição. Sem nenhum alarde, "ele evitava participar de missões de ataque fáceis",[947] disse o sargento John Harold "Robbie" Robinson, um dos metralhadores de seu esquadrão e depois autor de um impressionante livro sobre suas experiências de combatente. "O alto--comando não gostava disso."

"Ele tinha muita afinidade com os rapazes — com seu jeito brando e engraçado de acalmá-los em algumas situações muito estressantes",[948] observou o coronel Ramsay D. Potts, Jr., o carismático comandante do 453º Grupo de Bombardeiros, unidade estacionada em Old Buckenham, numa base a cerca de 15 quilômetros de Tibenham, para onde Stewart foi transferido, em março de 1944. Na "Velha Buc", Stewart serviu como oficial de operações, encarregado de orientar missões de bombardeio e passar instruções de pré-voo às tripulações. Ali, ele e Potts, um veterano do bombardeio em baixa altitude a Ploesti, foram incumbidos de exercer novos encargos. Eles assumiram o comando de um grupo que tinha chegado à Inglaterra logo depois do 445º de Stewart e que sofrera um número espantoso de baixas durante a Grande Semana e no bombardeio a Berlim — incluindo a perda de seu primeiro comandante e de seu oficial de operações, os quais Stewart e Potts substituíram. O moral da tropa estava em baixa, mas Potts e Stewart, que dividiam o mesmo alojamento, começaram a reverter esse quadro com disciplina rígida e um tipo de liderança inspirador, participativo e pragmático.[949]

"Chegaram a trabalhar 24 horas por dia, geralmente a bordo do jipe de Stewart",[950] escreveu Starr Smith, um oficial de inteligência do serviço de operações de combate do grupo, sempre presentes "na área de serviço e manutenção de aeronaves, verificando cada detalhe, organizando exercícios de guerra aérea simulada — e raramente deixavam a base". Desse modo, conseguiram elevar o moral da tropa e, assim, aumentar a disciplina nas frotas de aviões de combate e a pontaria dos bombardeadores, além de reduzirem o número de perdas da unidade.

Rosie Rosenthal era feito do mesmo estofo que Jimmy Stewart. Em maio de 1944, dois meses depois que completara 25 missões com a tripulação do *Rosie's Riveters*, ele assumiu o comando do 350º Esquadrão de Bombardeiros, unidade do Centésimo, cujo moral e eficiência haviam caído muito, e iniciou o processo que reconduziria os membros da unidade ao ápice do próprio desempenho. "Depois das primeiras investidas a Berlim,[951] alguns membros da unidade ficaram psicologicamente arrasados e outros não queriam mais participar de missões de combate. Eu disse que eles tinham obrigação de fazer isso e que os acompanharia nas missões. Argumentei que estávamos lá para derrotar Hitler. E disse também que, se eles não participassem das missões, deixariam na mão colegas que haviam ajudado a mantê-los vivos até então. Ter apelado para o orgulho daqueles homens e pelo respeito que deviam a si mesmos funcionou mais do que recorrer a apelos patrióticos." Rosenthal sabia que sem a lealdade do grupo — a responsabilidade que combatentes sentem pelo colega ao lado — seria impossível travar guerras. Gale Cleven e John Egan "deram personalidade ao Centésimo",[952] escreveu Harry Crosby. "Bob Rosenthal nos ajudou a querer vencer a guerra."

No fim das contas, porém, o moral dos membros da Oitava Frota Aérea melhorou significativamente apenas quando as baixas diminuíram. Isso começou a acontecer em maio de 1944, depois que, com seus ataques, pilotos de caça americanos haviam reduzido a eficiência dos combatentes da Luftwaffe. "Nós realizávamos o bombardeio — o trabalho sujo",[953] disse

Rosenthal. "Éramos as iscas, e eles tratavam de enfrentar os jovens maus e violentos que andaram dando surras na gente. Foram eles os caras que tornaram o Dia D possível."

Os rapazes dos caças

Rosie Rosenthal, assim como Bert Stiles e milhares de outros, havia ingressado na Força Aérea na esperança de pilotar aviões de combate. "Os jovens pilotos de caça, com seu jeito típico de ser e sua impetuosidade, estavam numa situação muito mais vantajosa do que a nossa",[954] comparou Rosenthal, rememorando os fatos. "Ficavam lá em cima, sozinhos, no pleno comando de seus aviões, espíritos livres que podiam arriscar-se mais, serem mais agressivos do que nós."

Na primavera daquele ano, os jovens pilotos de caça organizaram entre si duas grandes competições: uma delas consistia em quebrar o recorde de 26 vitórias estabelecido pelo "ás dos ases" da aviação americana na Primeira Guerra Mundial, o capitão Eddie Rickenbacker, enquanto a outra era entre os componentes do Quarto Grupo de Caças, unidade comandada por Don Blakeslee e armada com Mustangs, e os Lobos do Zemke, que ainda usavam Thunderbolts.

O herói do torneio de caça aos bárbaros, tal como os pilotos denominavam a disputa para superar Rickenbacker, foi o capitão Don Salvatore Gentile, um campeão de futebol americano no ensino médio proveniente de Piqua, Ohio, com jeito e aparência de astro do cinema. Eisenhower chamava esse filho de imigrantes italianos de "força aérea de um homem só",[955] expressão que se tornou o título instantâneo de uma biografia escrita pelo famoso correspondente de guerra Ira Wolfert. Durante um mês, Wolfert morou no alojamento de Gentile, em Debden, e conseguiu fazer com que seu editor desse ao exímio piloto de Mustang 2 mil dólares de adiantamento em troca de uma série de entrevistas exclusivas.

Gentile e seus rivais foram destaques em cinejornais nos Estados Unidos e matéria de primeira página de jornais de ambos os lados do Atlântico. Após as missões, eles eram cercados por ávidos repórteres que acompanhavam todos os detalhes de seu desempenho na competição. Os pilotos eram amáveis e sempre atendiam aos pedidos de fãs e jornalistas: sorviam doses do uísque de seus admiradores e se lançavam em ameaçadores voos rasantes na direção das lentes de suas câmeras quando não estavam em missão, destroçando "Chucrutes". Gentile e seu ala, John T. Godfrey, a equipe que Winston Churchill chamava de "Damão e Pítias" da idade moderna,[956] se tornaram heróis nacionais quando, num único dia, Gentile destruiu cinco aviões inimigos estacionados num aeródromo, aumentando para trinta a sua pontuação. Quando os enviaram de volta à pátria, onde encabeçariam uma campanha de levantamento de fundos para ajudar a financiar a guerra, fábricas acionaram seus estridentes apitos ao mesmo tempo para homenageá-los, em meio às súplicas de motoristas de táxi de Nova York, loucos para conseguir um autógrafo deles.

Hub Zemke era tão famoso quanto eles, embora não se sentisse atraído pela fama. Filho de imigrantes alemães de Missoula, Montana, Zemke trabalhara na adolescência em minas de ouro e complementava a renda participando de sessões de luta em bares. Quando se sentiu atraído pelo boxe e passou a dedicar-se ao esporte, ganhou as Luvas de Ouro em cinco estados do oeste na categoria de peso-médio, antes de ingressar na Universidade de Montana, onde praticou boxe e jogou futebol americano. "Ele ainda parece um meio-campo",[957] escreveu Tex McCrary, "musculoso, esbelto e jovem, mesmo com 30 anos de idade". Uma vez por mês, ele ia a Londres às escondidas, onde participava de uma das lutas de boxe no Rainbow Club como cabo Zemke. O campeão levou sua fibra de pugilista aguerrido para os combates.

O 56º Grupo de Caças de Zemke contava com a perícia dos cinco maiores ases no Teatro de Guerra Europeu, incluindo ele mesmo. Junto com Blakeslee, porém, Zemke se destacava como comandante de grupo de caças de combate, ainda que não fosse um atirador tão exímio quanto o quase infalível Gabby Gabreski, o maior ás da aviação americana ainda vivo quando a guerra terminou. Mas o fato é que, para ambos, mais do que se tornarem os pilotos de maior pontuação na destruição de aeronaves inimigas, o importante era que o grupo tivesse um bom desempenho nas batalhas. "Adoramos combater",[958] disse Don Blakeslee, piloto beberrão de belos traços marcantes e corpo de músculos bem definidos. "Combater é um esporte grandioso." Já seu comandante, William Kepner, apresentou uma definição comparativa dramática de parte da índole dos combatentes celestes: "O cavalo ferido corre até cair, e o piloto de caça combate até morrer ou quedar morto."[959]

CÉUS LIBERTADOS

Don Blakeslee foi comandante de unidade de caças por três anos e meio, posto em que participou de mais de quatrocentas operações de combate. Ele lutou contra a Luftwaffe por mais tempo do que qualquer outro piloto americano, interrompendo sua carreira de líder de combatentes somente quando foi enviado de volta para a pátria apesar dos intensos protestos. Seus Mustangs de longo alcance, tidos como componentes da "Blakesleewaffe",[960] realizaram um número impressionante de derrubadas na primavera de 1944. Mas foi a unidade de Zemke, que pilotava um avião mais lento, embora mais robusto, que chegaria ao fim da guerra com um número de vitórias aéreas — 665 aeronaves inimigas postas fora de combate — maior do que qualquer unidade de caças de combate no Teatro Europeu. O Thunderbolt, com uma estrutura e fuselagem mais reforçadas e uma capacidade de realizar mergulhos à altura de seu nome, causava numerosas perdas ao inimigo em operações de combate ar-terra, estraçalhando, em missões de ataque com metralhamentos em voos rasteiros, aeronaves hostis estacionadas em aeródromos.[961] Esses ataques em voos de metralhamentos rasteiros exigiam do piloto mais coragem e equilíbrio do que habilidade e, estatisticamente, eram cinco vezes mais perigosos do que o serviço de escolta de bombardeiros.

Em sobrevoos com a aeronave a apenas 3 metros do solo, em velocidades superiores a 700 km/h, pilotos participantes dessas missões "arrasadoras", tais como as denominavam, tinham que se desviar de árvores, casas, celeiros e fios de alta tensão antes de atravessarem saraivadas de tiros de baterias e de torres de canhões antiaéreos. Numa dessas missões, a Oitava perdeu dois de seus maiores ases, o capitão Walker M. "Bud" Mahurin e o major Gerald W. Johnson.

Strafen é um verbo alemão que significa *punir*, e esses ataques terríveis se destinavam a fazer justamente isso. Em pouco tempo, ataques a alvos fortuitos na viagem de volta às bases, após o serviço de escolta a bombardeiros, evoluíram para operações de varredura de caças, tática que Jimmy Doolittle chamava de "guerrilha aérea organizada".[962] Assim, os militares americanos passaram a montar enormes surtidas de caças nos dias em que más condições de tempo obrigavam os bombardeiros a permanecerem em terra. Frotas com até setecentos Mustangs, Lightnings e Thunderbolts se lançavam em ataques sob voos rasantes, pouco acima da copa das árvores, ao território do Reich, disparando rajadas contra qualquer alvo relevante que aparecesse diante das miras de suas armas, incluindo bois pastando e carroças de feno. Em abril, ataques de caças em baixa altitude foram responsáveis por mais da metade de aviões de combate inimigos destruídos em operações de guerra aérea.

"Para sobreviver, você precisa ter boa visão e um pescoço privilegiado. Se você não tiver essas coisas — já era!",[963] observou Robert Johnson, um dos ases do Zemke. O trabalho de equipe, porém, foi a chave do sucesso na guerra aérea com o emprego de caças. Clássicos combates a curta distância, verdadeiras batalhas aéreas no "corpo a corpo", decididas com acrobacias aéreas espetaculares, foram raros na guerra aérea nos céus da Europa. Os caças lutavam aos pares: com um líder e um ala, um dos quais era o atacante, enquanto o outro operava como avião de cobertura. Tudo dependia de conseguirem achar o inimigo primeiro e arremeter contra ele em ataques-surpresa, de preferência lançando-se de cima.[964] "O caça inimigo que você vê nunca derruba o seu avião",[965] Kepner costumava dizer a seus pilotos. "Portanto, você tem que ser capaz de localizar todos os aviões de combate inimigos nas imediações para manter-se em segurança." A máquina do combatente era importante — sua velocidade, facilidade de manobra e poder de fogo —, mas o piloto também. O piloto de caça apenas se tornava realmente eficaz no Teatro de Guerra Europeu, acreditava William Kepner, quando completava cem horas de combate. Já no primeiro dia da Grande Semana, Kepner tinha um grupo desses pilotos e isso fez toda a diferença, principalmente no enfrentamento de pilotos inimigos inferiores no manejo de suas máquinas voadoras.

Em 1939, a Luftwaffe tinha os melhores aeronautas do mundo, jovens fanaticamente dedicados, lotados em unidades de combate somente depois que tinham completado 250 horas de treinamento de voo. Todavia, em meados de 1943, a dificílima e desgastante batalha de atrito aéreo havia começado a forçar o alto-comando a tirar das escolas de formação de pilotos cadetes com apenas cem ou 150 horas de adestramento aeronáutico, com vistas a preencherem os assentos vazios de cabines de pilotagem de seus caças da linha de frente. E, como resultado da deficiência de planejamento lógico e estratégico, esses programas de treinamento alemão estavam formando um número muito menor de graduados do que o dos programas de treinamento em massa de britânicos e americanos, os quais exigiam agora que pilotos de caça tivessem entre 325 e 400 horas de treinamento em operações de combate. Portanto, já na primavera de 1944, a Luftwaffe estava sofrendo de escassez de pilotos de

CÉUS LIBERTADOS

caça experientes, cujos substitutos, incapazes de enfrentar problemas de motor e de más condições climáticas ou até mesmo de aterrissar adequadamente em aeródromos de difíceis condições de pouso e decolagem, estavam tendo mais de seus próprios aviões destruídos em acidentes do que pela capacidade de combate do inimigo. Durante as missões, esses novatos com idade entre 18 e 19 anos estavam sendo irremediavelmente superados pelo inimigo. "Novos pilotos alemães que, em 1944, participavam de missões de combate contra pilotos americanos e britânicos altamente preparados",[966] escreveu o historiador especializado na história da Luftwaffe James S. Corum, "tinham pouca possibilidade de sobreviver por mais de umas poucas semanas em conflitos aéreos, antes que acabassem morrendo ou se ferindo".

A experiência era uma qualidade muito valorizada, pois, "na primeira vez que você participa de uma missão de combate, você não enxerga tão bem as coisas quanto consegue fazê-lo depois",[967] explicou o ás da aviação Gerald Johnson. "Você não sabe realmente o que tem que procurar na vastidão celeste. [...] Você fica simplesmente olhando para o infinito e, às vezes, não se concentra em nada. Após algum tempo, você começa a se dar conta de que aquilo a que deve ficar atento é um pequeno ponto escuro no céu, o qual, em questão de segundos, se 'transforma' num avião. Muitos pilotos vasculham o céu e não veem nada. Eles nunca desenvolvem a capacidade de avistar aviões inimigos." É por isso que ter uma capacidade de "circunspecção profunda" — boa visão periférica e o privilégio de um pescoço ágil — era quase sempre a diferença entre sobreviver e morrer.[968] Isso somado a reflexos rápidos como um raio. "Tudo acontece em uma fração de segundo. Não dá tempo de pensar",[969] disse Gentile a Ira Wolfert. "Se parar para pensar, você não tem tempo para agir. Durante a luta, você tem a impressão de que sua mente está vazia."

Enquanto, por um lado, pilotos de caça viviam num mundo em que tudo ocorria em fração de segundo, por outro, os rapazes dos bombardeiros viviam num em que as horas se arrastavam como se estivessem numa eternidade angustiante, em que tinham tempo de sobra para pensar em seu próprio fim, que dependia muito do fator sorte. Em seus programas de testes e treinamento, a Força Aérea buscava identificar nos futuros pilotos de caças e bombardeiros uma série de qualidades: força física, discernimento, fortaleza moral e psicológica, confiabilidade, espírito de equipe, disciplina e capacidade de liderança, no caso de pilotos de bombardeiros;

416   MESTRES DO AR

capacidade de rápida coordenação entre a visão e as mãos, agressividade, ousadia, iniciativa individual e entusiasmo pela vida de combatente aéreo, no caso dos pilotos de caça. Num perfil do piloto de bombardeiro ideal montado pela Força Aérea, ela observou: "Era com satisfação que membros de tripulações [...] costumavam deixar que outra tripulação ficasse com o piloto mais qualificado do grupo [...]. Se, por sua vez, eles pudessem contar com o colega que, quando numa situação de apuros, em que uma decisão que pudesse significar vida ou morte para eles tivesse que ser tomada, fosse capaz de tomar rapidamente [...] a melhor decisão possível."[970] Ainda no caso dos pilotos de bombardeiros, "atributos intelectuais" superiores aos da maioria dos candidatos eram bem mais valorizados que habilidades motossensoriais. "Paixão por esportes violentos, ousadia [...] e falta de grande estatura intelectual se revelavam bons fatores para a escolha do candidato como piloto de caça", dizia esse estudo da Força Aérea.

Para as tripulações de bombardeiros, enquanto a coisa mais emocionante do mundo era retornarem vivas das missões, para os pilotos de caça a grande sensação era terem feito uma "boa caçada",[971] da qual voltavam exultantes, riscando os ares com descendentes movimentos das mãos para indicar os aviões alemães que eles tinham derrubado. "A euforia que membros de um grupo de caças demonstra logo depois de um pesado número de baixas causado ao inimigo por eles é chocante para as pessoas de fora",[972] observou o psiquiatra Douglas Bond da Oitava Frota Aérea.

Mas pilotos de bombardeiros sofriam um número de baixas muito maior do que os pilotos de caça e, com maiores responsabilidades como comandantes de tripulação, eram mais suscetíveis a problemas psicológicos ou fadiga de combate.[973] "A tarefa do piloto de caça é ideal para os aeronautas imbuídos de grande motivação",[974] concluíram psicólogos da Força Aérea. Pilotos de aviões de combate tinham reuniões de instrução de pré-voo mais curtas e mais informais — cinco minutos, em comparação com os sessenta das tripulações de bombardeio. Eles decolavam e entravam em formação muito mais rapidamente e de forma menos perigosa do que pilotos de bombardeiro e, a não ser quando realizavam ataques em sobrevoos de metralhamentos rasantes, raramente eram alvos de operadores de peças de artilharia antiaérea inimigos. Sozinho no espaço vazio dos ares, o piloto de caça, dentro de certos limites, podia pilotar e traçar rumos como qui-

CÉUS LIBERTADOS

417

sesse, tomando suas próprias decisões. Muitas vezes, isso provocava surtos de arrojo temerário[975] e exibicionismo perigoso no combatente, se bem que, pelo menos em mais da metade das vezes em que isso acontecia, servia para salvar as vidas dos pilotos, já que podiam bater em rápida retirada, realizar ascensões abruptas ou mergulhar sempre que os combates ficavam acirrados demais. Durante as incursões de bombardeio, as tripulações das Fortalezas tinham que permanecer em seus postos e aguentar firme, assim como a tripulação de um submarino, presa numa armadilha submersa no oceano, acossada pelos ataques lançados da superfície, não tem para onde fugir. "Temos que reconhecer o seguinte, no caso dos rapazes dos bombardeiros: eram eles os que enfrentavam a parte mais difícil da guerra aérea",[976] observou um oficial do estado-maior da unidade de Blakeslee, com base aérea em Debden. Foi graças ao sacrifício deles que os jovens pilotos de caça conseguiram liquidar a Luftwaffe.

Vencida na capacidade de produção e em seus meios de combate, a Luftwaffe havia perdido a superioridade aérea nos céus da Europa continental em maio de 1945. A essa altura da guerra, os americanos e os britânicos tinham uma quantidade de aviões vinte vezes superior à dos alemães, além do combustível e de qualificados pilotos para os operarem. Interrogado após a guerra, o major brigadeiro Karl Koller, chefe do estado-maior de planejamento e operações da Luftwaffe, alegou que, se a Alemanha estivesse na posse da supremacia aérea na primavera de 1944, "não teria havido nenhuma invasão ou os invasores teriam sido rechaçados, ainda que com o derramamento de muito sangue".[977] Todavia, com a supremacia aérea perdida nas grandes batalhas ocorridas entre março e maio de 1944, a "tarefa" da Luftwaffe, disse Koller, "era fazer sacrifícios".

Quando lhe perguntaram por que a Alemanha deixou de desenvolver um ágil avião de combate, capaz de se manter nos ares por tanto tempo quanto o Mustang, Koller respondeu que industriais e engenheiros alemães asseveravam que era "impossível fabricar" esse tipo de avião. Porém, caso Hitler tivesse se interessado por isso, a ideia poderia ter sido ressuscitada quando a situação na guerra começou a ficar ruim para a Alemanha. Essa é a diferença entre a flexibilidade de regimes democráticos e a rigidez de governos despóticos. Antes da guerra, os magnatas da indústria de bombardeiros americana, bem como a indústria de aviação ianque, de uma forma geral, tinham a mesma opinião dos especialistas alemães em aeronáutica. Contudo, quando sobreveio a crise, embora quase tarde demais, os americanos reagiram. Um tipo de invasão cujo sucesso parece inevitável somente quando considerado em retrospectiva se tornou possível com a introdução, na guerra, de uma máquina voadora que poucos acreditavam que pudesse ser desenvolvida e fabricada.

A grande decisão

Ter feito com que a Luftwaffe recuasse, passando a concentrar suas forças em seu próprio território, foi uma manobra que tornou possível a invasão pela Normandia, mas isso não garantiu o seu sucesso. Pois a Wehrmacht, a essa altura bastante reforçada, estava fortemente encastelada no norte da França, com ordens de Hitler para que lutasse até o último homem. Portanto, como poderiam os Aliados usar seu poderio aéreo para enfraquecê-la? Desde janeiro de 1944, os comandantes da Grande Aliança vinham travando acalorados debates com o objetivo de acharem uma solução para essa questão; porém, somente no início de maio chegaram a um conturbado acordo. Esse foi um dos mais tormentosos debates para a formulação de diretrizes político-militares da guerra.

Assim que foi designado supremo comandante da Operação Overlord, Eisenhower exigiu que lhe confiassem o comando operacional das forças táticas e estratégicas da Grã-Bretanha e dos Estados Unidos. Asseverou que tinha que assumir esse comando para que conseguisse direcionar com segurança o aparato inteiro da guerra aérea anglo-americana com vistas a substanciar o apoio que deveriam dar à invasão. Hap Arnold, velho amigo de Eisenhower, concordou imediatamente com isso, mas os britânicos protestaram.[978] Convencer Churchill e seu Conselho de Guerra a passarem o controle do Comando de Bombardeiros à governança de outrem era tarefa que exigia um esforço e uma habilidade descomunais, e Eisenhower teve que ameaçar que se exoneraria do cargo para conseguir o que queria. Ele disse a Churchill que, a menos que os bombardeiros de Harris fossem postos sob seu comando, ele "simplesmente teria que voltar para casa".[979] Essa

CÉUS LIBERTADOS   419

resolução do americano foi decisiva para a superação do impasse. Assim, o major-brigadeiro do ar Sir Trafford Leigh-Mallory, cuja competência era questionada por Spaatz, foi posto no comando do braço aerotático da força de invasão, setor que incluía a Nona Frota Aérea. E, a partir de 14 de abril, até a vitória dos Aliados na Batalha da Normandia, Arthur Tedder, o subcomandante de Eisenhower, ficaria encarregado da supervisão geral do Comando de Bombardeiros, bem como das operações da Oitava e da 15ª Frotas Aéreas.

Após a obtenção do comando dos bombardeiros, Eisenhower tinha que decidir a melhor forma de usá-los nas semanas anteriores à invasão. Todos concordavam que a maior das lutas seria a Batalha das Operações de Ressuprimento. Os Aliados estavam contando com o fator-surpresa e um poder de impacto arrasador para fazer com que parte de sua força desembarcasse nas praias normandas no Dia D. Achavam que, depois disso, a vitória ficaria com o lado que conseguisse estabelecer uma hegemônica infraestrutura de poderio militar. Nesse sentido, os alemães pareciam à frente dos americanos. Com o uso da excelente malha rodoferroviária da Bélgica e da França, eles seriam capazes de reabastecer seus exércitos com mais facilidade que os Aliados, que teriam de ficar dependentes de uma vulnerável rota marítima que se estendia da Península de Cotentin, na Normandia, até amplos armazéns de suprimentos no sul da Inglaterra. O objetivo dos Aliados era isolar a cabeça de praia e impedir que as tropas do Exército tedesco na Normandia fossem alcançadas pelos agentes de reabastecimento de suas principais fontes de suprimentos na Renânia e no Vale do Ruhr.

Um plano apresentado pelo conselheiro científico de Tedder, professor Solly Zuckerman, pareceu a Eisenhower o que tinha a melhor chance de ajudá-los a conseguir isso. Zuckerman propôs que realizassem uma campanha de bombardeio estratégica direcionada contra pátios de manobras e oficinas de manutenção e reparo ferroviários no norte da França e na Bélgica. Com ataques a esses centros de transporte interioranos, os Aliados provocariam uma situação de destruição e caos que interromperia ou prejudicaria radicalmente a transferência de reforços alemães para a zona de assalto das forças Aliadas. Zuckerman acreditava que isso seria mais eficaz do que uma campanha de destruição de pontes, tal como proposta por uma equipe de consultores montada pela Força Aérea para a escolha de alvos, equipe formada por jovens economistas chefiados por Walter W.

Rostow e Carl Keyson, os quais ocupariam, na década de 60, altos cargos no setor de formulação de políticas econômicas da Casa Branca. Na opinião de Zuckerman, pátios de manobras ferroviárias eram alvos mais fáceis de atingir do que pontes por bombardeiros pesados, e sua destruição causaria maiores transtornos no sistema de transportes. A proposta de Zuckerman ficou conhecida como Plano de Bombardeio do Sistema de Transportes alemão e se tornou alvo de críticas mordazes por parte de três adversários formidáveis: Arthur Harris, Carl Spaatz e Winston Churchill.[980]

Harris e Spaatz estavam de acordo, porém, com uma coisa.[981] O plano de Zuckerman os desviaria do objetivo que tinham em comum: tirar a Alemanha da guerra com intensos bombardeios, tornando a invasão desnecessária. "Não poderia haver concessão maior de alívio militar aos alemães do que a cessação ou qualquer redução significativa de bombardeios ao seu território em si",[982] escreveu Harris num memorando com críticas ferinas, manifestando sua oposição ao plano de Zuckerman. "A Alemanha inteira deve ter exultado muito, experimentando uma sensação de alívio e renovação de esperanças." A atitude e o prestígio de Harris, contudo, foram minados pelas perdas intoleráveis que suas forças tinham acabado de sofrer nos céus de Berlim; desde novembro do ano anterior, ele havia perdido quase 1.200 bombardeiros. Quando Harris insistiu na defesa de suas convicções, alegando que aviões de ataques noturnos eram incapazes de realizar bombardeios de precisão contra alvos como pátios de manobras ferroviárias, o comandante do estado-maior da RAF, Charles Portal, provou o contrário ao ordenar que o Comando de Bombardeiros atacasse seis pátios de manobras ferroviárias na França. Os alvos foram pulverizados. Nas palavras de Max Hastings: "Harris foi desmentido pelo virtuosismo de seus próprios subordinados."[983] Afinal, como ele sabia muito bem, suas tripulações tinham desenvolvido a capacidade de realizar bombardeios noturnos de forma quase tão precisa quanto a Oitava os fazia durante o dia. Depois dessa derrota dupla, Harris não teve escolha, a não ser apoiar, ainda que a contragosto, a operação Plano de Bombardeio a Sistemas de Transportes.

Enquanto Harris se preocupava com o fato de que não havia matado um número suficiente de alemães, Churchill se preocupava com a possibilidade de matar franceses demais. Até porque, cerca de 70 centros de instalações ferroviárias visados pelo plano de ataque de Zuckerman ficavam em zonas urbanas ou perto delas, e informes do serviço secreto[984] militar indicavam que o bombardeio poderia matar ou mutilar nada menos do que 160 mil civis franceses e belgas, sofrimento que poderia criar "um legado de ódio" que perigava envenenar as relações no pós-guerra com a França.[985] À medida, porém, que o Dia D foi se aproximando, a oposição de Churchill ao plano arrefeceu. De certo modo, sua preocupação com o "morticínio a sangue-frio"[986] de populações civis diminuiu quando o comandante da França Livre — parte do movimento de resistência francês no exílio, instalado no Reino Unido —, general de divisão Pierre Koenig, foi consultado e respondeu: "Estamos em guerra e é inevitável que pessoas sejam mortas [...]. Aceitaríamos sofrer o dobro das baixas previstas para ficarmos livres dos alemães." Mas somente uma carta enviada por Roosevelt no começo de maio,[987] na qual insistia na defesa da ideia de que critérios militares deveriam prevalecer, conseguiu persuadir o primeiro-ministro a dar total apoio a uma campanha de bombardeios que já tinha sido iniciada apesar de seus intermitentes protestos.

A contraproposta ao Plano de Transportes de Zuckerman que foi alvo de mais sérios exames e considerações foi o Plano dos Combustíveis,[988] plano de bombardeio a centros produtores de combustíveis elaborado por Carl Spaatz. Uma vez que tinha conquistado a superioridade aérea com seus aviões de caça, a Força Aérea propôs que explorassem agora essa ruptura nas linhas inimigas enviando bombardeiros pesados em ataques contra a indústria que mantinha a enfraquecida Luftwaffe ainda operante e a Wehrmacht nos campos de batalha. Os especialistas em alvos de Spaatz calcularam que aviões de bombardeio estratégico americanos poderiam ocasionar uma redução de cerca de cinquenta por cento na produção de gasolina dos alemães com apenas 25 investidas de bombardeio — quinze pela Oitava Frota Aérea e dez pela 15ª. A consequente crise no abastecimento de gasolina reduziria a capacidade de mobilização das divisões motorizadas da Wehrmacht e prejudicaria muito o transporte de suprimentos e reforços para a cabeça de praia na Normandia — lucros estratégicos muito maiores, argumentou Spaatz, do que aqueles que obteriam com a destruição de pátios de manobras ferroviárias, bem mais fáceis de serem reparados, por sinal.

Spaatz tentou fazer sua proposta parecer mais atraente aos olhos de Eisenhower acentuando que uma ofensiva contra usinas de combustíveis envolveria o emprego de metade do aparato operacional da Força Aérea. Acrescentou que a outra metade poderia ser usada para destruir a infraestrutura de transportes na França. Todavia, nesse caso, em vez de concentrarem ataques em pátios de manobras ferroviárias, Spaatz propôs que centrassem operações táticas nas pontes que se estendiam sobre os rios Sena e Líger, os alvos do ataque recomendado pelo comitê do tenente Rostow.

Hap Arnold instou Marshall a apoiar o plano de Spaatz,[989] mas Marshall deixou a decisão final nas mãos de Eisenhower, que recorria muito a Tedder para consulta especializada em questões de operações aéreas. No fim das contas, a fama dos magnatas da indústria de bombardeiros americana, de exagerar na ampliação da verdadeira dimensão de fatos e de seu histórico de fracassos anteriores, ajudou a derrotá-los em sua defesa da ideia de lançar bombardeios a usinas de combustíveis. Com idêntica veemência um ano antes, a Oitava Frota Aérea argumentara em favor da tese de que a indústria de rolamentos alemã constituía um sistema de objetivos cuja destruição tinha grande possibilidade de pôr um fim à guerra. Tedder teve também alguma experiência com essa questão. No início da guerra, o Comando de Bombardeiros partira em missões de ataque a refinarias de petróleo alemãs e fracassara desastrosamente, errando alvos e perdendo dezenas de tripulações. "Tínhamos sido enganados antes", disse Tedder em carta enviada a Portal, igualmente cético com relação a esse tipo de operação.

Em 25 de março,[990] numa tensa reunião com todos os comandantes das forças aéreas anglo-americanas, Eisenhower se decidiu em favor do plano de Zuckerman, embora Churchill — que não participou do encontro — fosse a favor do Plano das Refinarias. Eisenhower tomou essa decisão depois que o general Frederick Anderson admitiu — quando submetido a rigoroso interrogatório — que a Força Aérea "não tinha como afirmar com certeza que os ataques a refinarias de petróleo causariam um efeito considerável durante os estágios iniciais da Overlord".[991] O Plano das Refinarias, disse ele, "teria um efeito decisivo num período de seis meses". Para Ike, isso não era suficientemente bom. Ele estava extremamente preocupado com as seis primeiras semanas da invasão — em que teriam que desembarcar exércitos nas praias normandas e mantê-los ali por algum tempo.

Portal encerrou a reunião dizendo que os estados-maiores dos Aliados deveriam pensar na possibilidade de adotar o Plano das Refinarias, mas somente depois que a primeira crise decorrente da Operação Overlord tivesse passado e os exércitos aliados estivessem fortemente estabelecidos na

CÉUS LIBERTADOS

Normandia. Quando Eisenhower concordou com isso, "a grande decisão",[992] conforme denominação de um oficial americano, chegou ao fim.

Spaatz se submeteu aos desejos de Eisenhower sem protestar publicamente porque guardava o mais alto respeito pelo supremo comandante. "Se Eisenhower lhe tivesse pedido, por escrito, que lançasse suas bombas no Oceano Ártico no Dia D, ele teria feito isso",[993] disse o coronel Richard D'Oyly, o principal especialista em alvos de Spaatz. É possível que houvesse algo mais por trás dessa obediência. Porquanto, o fato é que, embora, com certeza, quisesse que a invasão fosse bem-sucedida, ele acreditava que ela poderia fracassar e, se isso acontecesse, não queria que sua Força Aérea fosse culpada de obstrucionismo. "Esta invasão não tem como dar certo",[994] disse ele a seu estado-maior antes da reunião de 25 de março, "e não quero de jeito nenhum levar a culpa por isso. Depois que ela fracassar, poderemos mostrar a eles como somos capazes de vencer o inimigo com bombardeios."

Tampouco achava Spaatz que ele saíra totalmente vencido da reunião de 25 de março. Encorajado pela confissão do comitê de que o Plano das Refinarias tinha "grandes características interessantes",[995] Spaatz persuadiu Tedder a liberar um destacamento de Liberators da 15ª Frota Aérea para um ataque a Ploesti, uma investida que infligiu ao inimigo danos suficientes para convencer Tedder a permitir ataques adicionais com frotas de aviões de combate partindo da Itália. Mas Spaatz ainda queria mais. Ele planejava bombardear as fábricas de combustíveis sintéticos da Alemanha, sua principal fonte de fornecimento desse produto. Eisenhower, porém, disse a ele que esperasse até o fim do verão, mas Spaatz insistiu. Depois de uma acalorada discussão com Ike, durante a qual é possível que Spaatz tenha ameaçado exonerar-se do posto,[996] Eisenhower acabou cedendo — porém, só um pouco. Ele deu a Spaatz[997] permissão verbal para fazer que seus bombardeiros atacassem fábricas de combustíveis sintéticos por dois dias em maio, quando os céus da Alemanha permaneceram sem nuvens, mas eram terríveis as condições meteorológicas na França.

Em 12 de maio, Jimmy Doolittle despachou 886 bombardeiros numa missão de ataque a um maciço complexo de fábricas de gasolina sintética na região central da Alemanha, provocando uma estupenda batalha aérea, na qual os americanos perderam 46 bombardeiros, e os alemães, 60 caças de combate. A ferocidade do conflito convenceu Spaatz de que seus estrategistas especializados em alvos haviam achado o verdadeiro ponto fraco do inimigo. "Nesse dia, a guerra tecnológica foi decidida",[998] escreveu Albert Speer em suas memórias. Uma semana após o ataque, Speer informou a Hitler: "O inimigo atingiu um de nossos pontos mais fracos. Se eles persistirem nisso desta vez, em breve não teremos nenhuma produção de combustível digna de comentários. Nossa única esperança é que nosso oponente tenha um estado-maior geral tão desmiolado quanto o nosso!"

Após dezesseis dias de reparos nas fábricas dia e noite, a Oitava realizou contra elas outra investida de bombardeio em 28 e 29 de maio, enquanto a 15ª atacou Ploesti. Esses golpes duplos cortaram pela metade a produção de combustível dos germanos. Mensagens interceptadas pelo ULTRA confirmaram que os alemães ficaram bastante alarmados.[999] "Acho que teremos de dar ao cliente aquilo que ele quer",[1000] disse Tedder a respeito do episódio, segundo consta. Mas, faltando apenas uma semana ou mais para a invasão, o prosseguimento da ofensiva contra fábricas de combustíveis teria que aguardar.

Bombardeando para invadir

As investidas de bombardeio de Spaatz como preparativos para a invasão produziram bons frutos. A ameaça de ataques complementares obrigou os alemães a manterem a maior parte de suas forças de aviões de combate em seu próprio território, mesmo depois que forças terrestres Aliadas tomaram de assalto as praias da Normandia, em 6 de junho de 1944. O Plano de Transportes foi ainda mais bem-sucedido. Aviões de bombardeio médio e pesado dos Aliados atassalharam quase totalmente a malha ferroviária do norte da Bélgica e da França,[1001] cortando a principal linha de abastecimento do exército alemão na região. E aviões de caça aliados atacavam qualquer coisa que se movimentasse pelas estradas e ferrovias da França. Apenas num único dia de maio, o Comando de Caças da Nona Frota Aérea, chefiado pelo general de divisão Elwood "Pete" Quesada, um dos mais inovadores líderes da aeronáutica militar dos Estados Unidos, destruiu tantos trens que seus aviadores apelidaram a ocasião de Dia da Chattanooga, em homenagem à canção *Chattanooga Choo Choo*, gravada por Glenn Miller. Já um comandante alemão chamou as estradas que conduziam às praias da Normandia de *Jabo Rennstrecki*,[1002] ou "pistas de corrida de caças-bombardeiros".

CÉUS LIBERTADOS

Em uma mudança de última hora no Plano de Transportes original, caças-bombardeiros dos Aliados destroçaram as pontes sobre o Líger e o Sena, isolando a maior parte da Normandia e da Bretanha do restante da França. (Isso foi resultado do plano tático proposto em março por estrategistas de alvos de Spaatz.) Já na última semana de maio, todas as rotas de travessia do Sena a norte de Paris estavam fechadas a todo tráfego ferroviário. Pontes na região de Pas de Calais sofreram ataques ainda mais pesados, numa vitoriosa campanha para convencer o inimigo de que a invasão alcançaria essa parte do território, que ficava bem mais próximo do sul da Inglaterra, o ponto de lançamento da invasão, e do norte da Alemanha, seu objetivo supremo.

Aviões Aliados lançaram um total de 71 mil toneladas de bombas sobre o sistema ferroviário francês, o equivalente a sete vezes o poder de destruição da bomba de urânio que aniquilaria Hiroshima.

Realizados após a guerra, estudos sobre os bombardeios prévios à invasão[1003] indicam que a campanha de destruição de pontes pelos caças-bombardeiros em ataques sob voo rasante foi mais bem-sucedida no objetivo de impedir a movimentação das tropas alemãs do que a destruição de centros ferroviários franceses pelos bombardeios pesados. Com o uso de milhares de trabalhadores escravos, os alemães reparavam os pátios de manobras ferroviárias e as linhas férreas quase tão rapidamente quanto os bombardeiros estratégicos dos Aliados eram capazes de destruí-los. E se estima que esses ataques sob grande altitude a pátios de manobras ferroviárias localizados em áreas urbanas densamente populosas tenham matado cerca de doze mil civis franceses e belgas. Investidas táticas contra pontes e locomotivas em movimento, por outro lado, causaram danos indiretos mínimos e tiveram um impacto mais sério mesmo na capacidade do inimigo para movimentar seus exércitos. Aliás, a Wehrmacht travaria uma brilhante batalha defensiva na Normandia, mas seu destino fora quase previamente decidido quando as poderosas forças aéreas dos Aliados venceram a Batalha do Ressuprimento antes do início da invasão.

Alguns generais alemães, incluindo o marechal de campo Gerd von Rundstedt, comandante geral das forças terrestres na Normandia, e o marechal de campo Wilhelm Keitel, chefe do alto-comando das forças armadas germânicas (OKW, na sigla em alemão), disse a interrogadores dos Aliados após a guerra que a invasão dera certo apenas "por causa da impossibilidade de levarmos nossas reservas para lá a tempo [...]. Ninguém jamais conse-

426 MESTRES DO AR

guirá provar-me",[1004] disse Keitel, "que não teríamos conseguido rechaçar os invasores, não tivesse a superioridade da força aérea do inimigo em bombardeiros e aviões de caça tornado impossível que incluíssemos essas divisões nos combates".

Dividindo os louros da vitória

"Tivemos que esperar tanto que a coisa se transformou em piada",[1005] escreveu Bert Stiles em seu diário. "Toda vez que eles nos acordavam à noite, alguém dizia: 'É o Dia D.' Contudo, nunca era. Mas aí, no dia 6 de junho, foi mesmo."

À noite, ninguém conseguiu dormir na Ânglia Oriental. Logo depois da meia-noite, os céus pareceram encher-se de trovões e destruidoras ondas de choque quando milhares de aviões — aeronaves de transporte de tropas e de reconhecimento aéreo, bombardeiros e caças — começaram a reunir-se em grandes formações sob baixa altitude. Imensos grupos dessas máquinas voadoras corriam o risco de se entrechocar enquanto avançavam por um corredor aéreo com cerca de 16 quilômetros de largura. Os bombardeiros, reunidos em esquadrões de seis elementos, se mantiveram longe das rotas de colisão mútua seguindo apenas as luzes de holofotes que apontavam para um ponto ao sul de Londres. Nesse local, uma cobertura de nuvens parcialmente dispersa se adensou, formando um espesso cobertor cinzento, por cima do qual um gigantesco enxame de 1.300 bombardeiros pesados continuou avançando em formação de combate na direção dos alvos, guiado por aviões da Pathfinders de luzes piscantes.

Stiles e sua tripulação faziam parte desse "grande espetáculo". Quando, a quase 6.500 metros de altitude, olhou para baixo, ele pôde ver os formidáveis clarões dos disparos de canhões navais ianques, produzindo um contraste marcante de tons de vermelho-vivo e alaranjados com a imensidão cinzenta. Voando em baixa altitude, enquanto o general Laurence Kuter observava sua frota de bombardeiros passar acima de seu avião de observação B-17, um amigo que ele tinha dado como morto se encontrava numa casa de fazenda na França controlada pelos nazistas aguardando notícias da invasão.

Não muito depois de ter entregue a chefia de seu quartel-general ao comando de uma nova unidade de Liberators, o 487º, o avião do tenente-coronel Beirne Lay, Jr.[1006] — ao seguir à frente do grupo num ataque prévio à invasão contra

CÉUS LIBERTADOS

um pátio de manobras ferroviárias em Chaumont, França, a sudoeste de Paris — foi abatido por projéteis inimigos. Todavia, ele e o copiloto de sua aeronave, tenente Walter Duer, fizeram contato com a Resistência, mas, com as rotas de fuga para a Espanha fechadas pela Gestapo e com a destruição do sistema ferroviário francês, eles foram enviados para um esconderijo mantido pelo braço local dos Maquis. Chegaram lá na noite anterior ao Dia D.

Logo que amanheceu, foram acordados por M. Paugoy, o dono da casa em que estavam escondidos, um sujeito de baixa estatura, emotivo e de voz aguda. "O desembarque!" Os Americanos! Normandia! Normandia"[1007] Os dois aviadores se levantaram bruscamente da cama e ouviram o barulhento rádio da cozinha transmitindo notícias. Depois que tomaram um festivo café da manhã com ovos e torradas, foram levados a um local nos campos que seria seu novo esconderijo. "Estávamos observando o vinhedo", contou Lay, "quando um súbito ronco de motores encheu a atmosfera. Vimos surgir, do meio da neblina matinal, uma frota de 36 caças Messerschmitt 109, levando uma grande bomba presa sob cada uma de suas lustrosas barrigas cinza-esverdeadas, sobrevoando a fazenda em baixa altitude enquanto se agrupavam em voos que partiam de um aeródromo próximo, avançando lentamente, aparentemente com certa dificuldade, por causa da grande carga".

Quando olhou para cima, Walt Duer comentou em voz baixa: "Com a cobertura de caças que teremos sobre o Canal, aposto que nenhum desses bastardos conseguirá voltar para a base." Assim que a formação inimiga desapareceu no meio das nuvens, Beirne Lay sentiu no peito um "frêmito de orgulho", causado pelo fato de que o predomínio aéreo dos americanos "já havia fadado esse remanescente da Luftwaffe a lançar-se numa missão suicida".

Os Messerschmitts que os dois abatidos aviadores viram naquela manhã eram parte de uma força de reserva alemã de trezentos caças de combate despachados para a zona da invasão, onde deveriam reforçar o insignificante contingente de 150 aviões de combate que já estavam estacionados lá. De acordo com relatórios dos Aliados, a maioria dessas aeronaves acabou "se dispersando muito"[1008] e ficando "numericamente reduzida por causa da incompetência de seus pilotos". Quando os pilotos alemães descobriram que a maior parte do limite anterior da área de sua defesa avançada na França tinha sido transformada em verdadeiras paisagens lunares pelos ataques aéreos de pré-invasão dos Aliados, tiveram que operar de áreas de combate

428 MESTRES DO AR

improvisadas bem na retaguarda das praias usadas pelas forças invasoras, onde foram caçados por enxames de aviões de combate anglo-americanos e se viram incapazes de prestar auxílio às unidades da Wehrmacht na zona de invasão. Grande parte dos cerca de noventa aviões que atacaram a frota de navios de guerra da invasão na véspera do Dia D causou poucos danos e foi afugentada ou massacrada pelas aeronaves de combate dos Aliados.

Todavia, esse não foi um dia de glória para os rapazes dos bombardeiros.[1009] É que, de manhã, eles haviam aparecido subitamente com suas máquinas voadoras nos céus sobre as defesas litorâneas inimigas, pouco antes de os primeiros navios de desembarque de tropas terem aportado nas praias. Estorvados por uma densa cobertura de nuvens carregadas e preocupados com a possibilidade de atingirem suas próprias forças terrestres, os bombardeadores dos aviões da vanguarda, mesmo usando miras de bombardeio guiadas por radar, retardaram o lançamento das bombas. Assim, 5 mil toneladas de explosivos caíram inofensivamente atrás das posições da defesa litorânea dos alemães. Todavia, os aviões de bombardeio pesados dos ianques realizaram nesse dia outras missões de ataque contra fortificações e entroncamentos rodoviários bem perto das praias, na esperança de prejudicarem os esforços dos alemães de levarem reforços para a região, mas o apoio aéreo deles não foi tão eficaz quanto o dos Thunderbolts, Mustangs e Marauders B-26, esses últimos em operações de baixa altitude. Os bimotores Marauders dizimaram as defesas alemãs na Praia de Utah, conquistando para as forças de assalto americanas nesse setor uma inesperada faixa de terreno de fácil desembarque. Mas, a essa altura, a Oitava Frota Aérea tinha realizado sua parte indispensável da tarefa. Nos cinco meses de batalha pela conquista da supremacia aérea que tornou a invasão possível, as Forças Aéreas Americanas na Europa perderam mais de 2.600 bombardeiros pesados e 980 aviões de caça e sofreram 18.400 baixas, incluindo os dez mil mortos em combates, mais da metade do número de homens que a Oitava tinha perdido durante os anos de 1942 e 1943 inteiros.[1010] Esses aeronautas merecem o mesmo lugar especial na memória de seus irmãos compatriotas, juntamente com os cerca de seis mil soldados americanos mortos, feridos ou desaparecidos em combate no assalto anfíbio e aéreo do Dia D.

Para quase todos os aeronautas Aliados que partiram em missão nesse dia, essa foi a maior experiência da guerra. "Quando repassei um resumo do resultado das operações às tripulações do Centésimo", conta Rosie Rosenthal, "elas tiveram uma reação que eu nunca tinha visto. Os tripulantes se levantaram, comemoraram e gritaram muito. Era um dia que vinham aguardando com ansiedade. Perto do anoitecer, segui à frente do grupo na terceira missão de bombardeio do Dia D. Tínhamos uma norma no grupo. Ninguém podia usar o interfone, a menos que absolutamente necessário — era como a disciplina das radiotransmissões. No entanto, quando passamos pela imensa frota de navios de guerra e seguimos para as praias, um membro da tripulação começou a orar por nossos colegas lá embaixo e todos se uniram a ele. Foi um dos momentos mais emocionantes da minha vida."

Na viagem de volta para a Inglaterra, Bert Stiles ficou se perguntando como estavam se saindo os "pobres colegas lá embaixo na praia".[1011] Embora tivessem, de cima, a cobertura dos aviões e, na retaguarda, o apoio dos navios de guerra, o sucesso dessa batalha dependeria mais das tropas de assalto terrestre. E foi então que lhe ocorreu o seguinte também: "Nossa guerra tinha chegado ao fim, a guerra exclusiva da Oitava e Nona Frotas Aéreas durante o dia, e da RAF, durante a noite. [...] Continuaríamos a transportar bombas, um número maior delas e com maior frequência, mas este não era mais um espetáculo particular, exclusivamente nosso. Os rapazes que enfrentavam o perigo de forma mais lenta é que tinham agora os holofotes incidindo sobre eles."

O tenente Bert Stiles não se importava em dividir com os colegas de outras armas os louros da vitória na guerra. "O sangue é o mesmo, quer seja derramado sobre alumínio, quer sobre a lama na Normandia. É necessário coragem tanto para combater num avião de 1 milhão de dólares quanto avançar a custo por água e lama com um fuzil de 50 dólares [...]. Talvez os fanáticos pela guerra aérea protestem com veemência, dizendo que os grandes cérebros não nos deram uma chance para vencê-la do nosso jeito." Contudo, escreveu Stiles na noite do Dia D:

"A única coisa que importa é vencê-la de qualquer forma, de modo que nunca mais haja outra."

CAPÍTULO ONZE

A armadilha fatal

O Reino do Céu é movido a retidão, mas o Reino da Terra é
movido a petróleo.

ERNEST BEVIN,
MINISTRO DO TRABALHO E DO SERVIÇO MILITAR
DE CHURCHILL

Londres, junho de 1944

Três dias depois que os Aliados desembarcaram na Normandia, o
general Hap Arnold chegou a Londres acompanhado pelo general
Marshall para uma série de reuniões com outros líderes da Grande
Aliança. Com tropas Aliadas plantadas em território francês, o avanço para
a fronteira com a Alemanha estava prestes a começar. Um dos itens mais
importantes da agenda do Estado-Maior Conjunto — a suprema autoridade
militar anglo-americana, composta pela Junta de Estados-Maiores americana e pelo Estado-Maior Conjunto britânico — era o papel que a Força Aérea
Americana desempenharia na batalha para libertar a Europa ocidental.

Antes da realização das principais reuniões, Arnold queria avaliar a
situação da guerra aérea no norte da França. Na manhã de 12 de junho,
ele e Marshall, acompanhados por Eisenhower, embarcaram no contratorpedeiro americano *Thompson* para uma inspeção na frente de batalha
da Normandia. Ao atravessar um mar de águas cinzentas e turbulentas

a 56 km/h, o *Thompson* passou por um préstito de máquinas poderosas que se estendia de uma ponta à outra do horizonte: cruzadores, navios de guerra, contratorpedeiros e varredores de minas, juntamente com Liberty Ships e navios de desembarque de pessoal transportando quinze mil tropas de assalto e 3 mil toneladas de suprimentos por dia para as praias da invasão, onde 45 mil técnicos e trabalhadores do Corpo de Engenheiros Reais estavam construindo um sistema colossal de cais e quebra-mares, codinominado Mulberries, cujos componentes tinham sido levados para lá por rebocadores pelo Canal da Mancha. Reunida ao largo da costa perto desse porto de montagem instantânea, estava "a maior frota de navios de guerra jamais vista pelo homem",[1012] escreveu o correspondente de guerra Ernie Pyle. Era uma cena "maravilhosa, porém aterradora",[1013] escreveu Arnold em seu diário. "Se algum dia existiu um paraíso de bombardeiros [...], foi no porto de Portsmouth [...] e essa inaudita e gigantesca quantidade de navios. [...] Que dia de importância decisiva seria esse para a Força Aérea Alemã."

Após o desembarque, Arnold se encontrou com o general Pete Quesada, que havia improvisado a construção de um quartel-general para seu Comando de Caças da Nona Frota Aérea nas praias da Normandia. Quesada assegurou a Arnold que seu serviço secreto informara que a Luftwaffe tinha apenas sessenta aviões em condições de combate das centenas de aeronaves que ela enviara para se opor aos desembarques dos Aliados, uma força capaz de realizar apenas incursões de inquietação. "A Luftwaffe não tem números suficientes, não tem tripulações seus integrantes carecem de bons treinamentos e não têm vontade de combater, perderam totalmente o moral", observou Quesada a Arnold.

Era justamente essa ocasião que os comandantes de bombardeiros americanos vinham procurando criar: agora, podiam invadir o espaço aéreo alemão sem ter que enfrentar forte oposição de caças de combate e assim destruir refinarias de petróleo e fábricas de munição que sustentavam o esforço de guerra do inimigo. E que tremenda força eles tinham à disposição para realizar essas investidas aniquiladoras de fábricas: mais de 2.100 aviões de bombardeio pesado na Grã-Bretanha e 1.200 na Itália. Operações de bombardeio estratégico, porém, não eram prioridade para Eisenhower e para os chefes do Estado-Maior Conjunto. Nos meses vindouros, a Oitava Frota Aérea seria convocada para uma tarefa para cujo bom cumprimento ela

A ARMADILHA FATAL

carecia do equipamento e da experiência necessárias — fornecer apoio aéreo direto aos exércitos Aliados operando na Normandia. E não havia como fazer Eisenhower desistir dessa ideia. Tampouco operações de bombardeio estratégico seriam tarefa de importância secundária para a Oitava naquele verão. Na mesma semana em que Arnold estava na Inglaterra, surgiu uma nova ameaça, uma que afastaria mais ainda os magnatas da indústria de bombardeiros daquela que eles viam como sua sagrada missão de extinção definitiva da guerra.

Durante sua estada em Londres, Arnold e os outros membros da Junta de Estados-Maiores americana foram convidados por J. W. Gibson e sua esposa para passar uns dias em sua propriedade de Sussex, separada de Londres por uma curta viagem de carro. Gibson, o engenheiro mundialmente famoso que projetara os portos de Mulberry na Normandia, havia transformado um antigo alojamento de caçadores de Henrique VIII numa majestosa mansão campestre, rodeada de 200 acres de terra densamente arborizados. Nas primeiras horas da noite de 15 de junho, Arnold se recolheu cedo em seus aposentos, onde faria as malas para a viagem de volta. Perto do amanhecer, houve "uma longa série de explosões, uma logo após a outra, em rápida sucessão", a maioria proveniente das bandas de Londres, mas algumas ocorridas nas proximidades também. Arnold decidiu verificar o que estava acontecendo e, lá fora, viu uma máquina de aparência estranha se deslocando numa trajetória circular bem acima da propriedade de Gibson, com seu motor produzindo um zumbido irritante. Em seguida, a máquina silenciou e veio avançando pelas nuvens num mergulho quase vertical, chocando-se contra o solo logo depois e explodindo a quase 2 quilômetros dali. Assim que isso aconteceu, Arnold percebeu imediatamente que se tratava de um dos novos foguetes que os alemães haviam disparado contra Londres na noite de 12 e 13 de junho. Era o V-1, Arma de Retaliação 1*,[1014] tal como Joseph Goebbels, ministro da Propaganda Nazista apelidara a bomba voadora, instrumento de vingança pessoal de Hitler por conta dos bombardeios lançados em suas cidades. Minutos depois, outros seis desses aviões destripulados caíram a alguns quilômetros da residência de Gibson,

---

* Em alemão era conhecido como *Vergeltungswaffen*, arma de artilharia de longo alcance utilizada de forma sistemática e estratégica, geralmente para bombardeio aéreo de cidades durante a Segunda Guerra Mundial. O V-1, como ficou mais conhecido, era um míssil de cruzeiro. [N. do R.]

434 MESTRES DO AR

levando Arnold a suspeitar que os alemães tinham a deliberada intenção de atingir os chefes de estado-maior americanos com esses ataques.

Após o desjejum, Arnold, que era apaixonado por esse tipo de armamento e assuntos a ele relacionados, foi levado de carro até o povoado próximo em que um desses "aviões teleguiados" fora parar, onde caíra sobre um pomar, abrindo uma cratera com 1,5 metro de largura e 1,30 metro de profundidade. Em torno do buraco estavam espalhados destroços do "mecanismo", que mais parecia um pequeno avião: uma fuselagem de aço cilíndrica com asas curtas e grossas. Além de propelido por um motor a jato, era controlado por um "piloto automático" e transportava uma tonelada de carga útil. Embora os V-1s não fossem armas de precisão, Arnold temia a possibilidade de que acabassem, segundo as palavras de Eisenhower, "prejudicando o esforço de guerra"[1015] se fossem lançados em grande número contra a concentração de tropas e suprimentos nos portos do Canal da Mancha e nas praias da Normandia.

"Nossa resposta", sugeriu Arnold a Eisenhower no dia seguinte, "deve ser a de lançarmos ataques às fábricas em que peças de importância fundamental dessa arma são produzidas". Arnold acreditava que ataques aos centros de lançamento desses foguetes seriam inúteis; localizados em áreas menores, eram plataformas de lançamento engenhosamente escondidas, enquanto seus locais de armazenagem e suas instalações de pesquisa e desenvolvimento, situados em áreas maiores, eram praticamente à prova de bombas. Portanto, era necessário achar outra forma de conseguir eliminá-los de fato. Enquanto isso, Arnold recolheu partes de várias V-1s destroçadas que haviam atingido Londres e as enviou para Wright Field, perto de Daytona, Ohio, para ver se cientistas conseguiam desenvolver uma cópia do foguete, projeto que daria origem ao desenvolvimento, no pós-guerra, de um míssil de cruzeiro americano.[1016]

Os Aliados sabiam da existência do novo foguete alemão desde novembro, ocasião em que o serviço secreto britânico descobriu uma série de plataformas de lançamento ao longo do litoral norte da França, a Costa dos Foguetes,[1017] segundo denominação do *The New York Times*. Temerosos de que esses projéteis acabassem sendo usados, proximamente, como armas biológicas ou até como armamento atômico, os estrategistas da Overlord ordenaram que bombardeassem as plataformas de lançamento desses foguetes. Sob o codinome de Operação Balista,[1018] as forças aéreas interaliadas

A ARMADILHA FATAL

lançaram ataques devastadores contra as instalações de foguetes dos alemães — chamadas de "estações de esqui" por causa de suas rampas de lançamento inclinadas — em Pas de Calais e na ponta da península de Cherburgo, atrasando os programados lançamentos dessas armas voadoras até depois do Dia D. Elas tinham bombardeado também, sem muito sucesso, misteriosos centros de armazenamento e pesquisa de foguetes alemães, instalações muito maiores. Agora Eisenhower, atendendo a urgentes apelos de seu Conselho de Guerra, ordenou que as forças aéreas anglo-americanas destruíssem todas as plataformas de lançamento e instalações de armazenamento de foguetes dos germanos no noroeste da Europa.

Carl Spaatz e Arthur Harris ficaram furiosos com isso, pois fotografias aéreas tiradas pelo serviço secreto indicavam que a maioria das bombas voadoras da Luftwaffe estava sendo disparada de plataformas móveis bastante camufladas, quase impossíveis de localizar. Mas Eisenhower vinha sendo pressionado por Churchill e ambos os líderes andavam preocupados com relatórios dos serviços secretos informando que Hitler estava produzindo — em fortificadas instalações subterrâneas de desenvolvimento e lançamento de mísseis — mísseis supersônicos teleguiados, os V-2s, de alcance e com um poder de destruição muito maiores do que os V-1s. Acreditavam também que os alemães tinham sob desenvolvimento um foguete supersônico, o V-3, capaz de alcançar Nova York. Se os grandes cérebros do Reich, liderados pelo jovem gênio Wernher von Braun, conseguissem pôr uma carga nuclear num foguete disparado contra Nova York, eles poderiam vencer a guerra. Todavia, conforme se acabou descobrindo depois, os cientistas alemães não estavam nem perto de concluir o desenvolvimento de um foguete como esse e já haviam perdido a esperança de conseguir desenvolver uma bomba atômica, mas, em junho de 1944, o serviço secreto dos Aliados não sabia disso.

Os V-1s, contudo, causavam estragos em Londres, onde quase uma centena deles havia caído, criando uma inesperada segunda guerra-relâmpago, que levou à transferência de um milhão de mulheres e crianças. Churchill via o V-1 como uma arma covarde, armada e guiada por homens em cujo emprego não arriscavam suas vidas, ao contrário do que acontecia com as tripulações dos bombardeiros, para destruir outras. Enfurecido, ele ordenou que a RAF se preparasse para realizar ataques com gás venenoso contra cidades alemãs.[1019] Porém, foi convencido a desistir disso, pelos comandantes de sua aeronáutica militar, que o advertiram de que os germânicos reagiriam

436 MESTRES DO AR

lançando sobre suas cidades mortíferas bombas com gás asfixiante, armas que eles já tinham em seu arsenal.

Hitler nunca ordenou que seus subordinados mirassem suas bombas voadoras nos portos de embarque de tropas para a invasão, talvez por causa da conhecida imprecisão dessas armas, mas também por causa — quiçá tão importante quanto aquela — de sua grande obsessão por bombardeios retaliatórios. Os londrinos — aposentados e donas de casa — eram os alvos desses ataques; o Fuhrer achava que eles deveriam pagar pelo sofrimento dos berlinenses. Tanto que foi em Londres que ocorreram noventa por cento das mortes provocadas pelo V-1.

Capazes de viajar a uma velocidade de quase 650 km/h e chegando ao destino em bandos, quase sempre através de céus bastante nublados, no início essas bombas destripuladas eram difíceis de interceptar, já que se deslocavam sob tão baixa altitude que era difícil serem atingidas pelos canhões postados em lugares altos em Londres, mas também muito acima dos canhões posicionados perto do solo, para que fossem alcançadas por seus disparos. Contudo, defesas britânicas rapidamente aperfeiçoadas conseguiram destruir mais da metade das 7.488 bombas zumbidoras, tal como ficaram conhecidas na Grã-Bretanha, que alcançaram o sul da Inglaterra nos oitenta dias do bombardeio de foguetes dos nazistas. Além disso, algumas das bombas voadoras se chocavam contra os cabos de aço da barragem de balões cativos montada nos acessos à capital via Kent e Sussex; porém, a maior parte dessa destruição era obtida pelos aviões de caça britânicos ou pelos novos canhões antiaéreos, que disparavam projéteis com espoleta de aproximação que explodiam em grupos em torno dos alvos. Alguns audaciosos pilotos britânicos as lançavam por terra também sem disparar um tiro sequer. Eles se punham com seu avião ao lado de uma dessas bombas, posicionavam a ponta de uma de suas asas embaixo do artefato voador e inclinavam ligeiramente as asas. Com o fluxo do ar que incidia sobre as asas da bomba alterado, o V-1 virava para baixo e mergulhava direto para o solo. Ainda assim, nas primeiras semanas da segunda batalha de Londres, grandes números desses foguetes — em alguns dias, sessenta por cento deles — passavam incólumes pelas defesas britânicas. Lançados contra "um alvo",[1020] nas palavras de Churchill, "com 29 quilômetros de largura e mais de 32 de extensão", a imprecisão deles era quase insignificante. Tanto que, ao longo de todo o verão, mais de dezoito mil pessoas ficaram feridas[1021] e

A ARMADILHA FATAL 437

6.184 morreram com esses ataques. As bombas caíam de forma tão aleatória que muitos londrinos se recusavam a refugiar-se em abrigos antiaéreos, reagindo contra a ameaça das "bombas-robôs" com uma indiferença que beirava a "idiotice",[1022] conforme assinalado por um britânico em seu diário. Nos hipódromos, por exemplo, as arquibancadas ficavam lotadas. "Pelo visto, entusiastas das corridas de cavalo", escreveu o londrino, "concluíram que, já que a morte não consegue achá-los em nenhum lugar no sul de Londres nos dias atuais, seria melhor que não perdessem tempo e fizessem logo uma boa aposta num cavalo promissor".

As missões anteriores da Operação Balista não eram muito bem-vistas pelas tripulações de bombardeiros, as quais não haviam sido informadas sobre os alvos que bombardeariam, mas apenas que atacariam alvos militares cercados por defesas de canhões antiaéreos. Contudo, no verão de 1944, alguns aeronautas da Oitava mudaram de opinião em relação à Operação Balista depois de terem ficado algum tempo na cidade que, mais uma vez, passara a fazer parte da linha de frente da guerra.

Quando sobrevoou o território do Reich alguns dias após ter ajudado a resgatar vítimas de um fumarento edifício londrino, alvo de bombardeio, o sargento-metralhador Harry A. Clark não sentiu nenhuma compaixão pelo povo que sua tripulação estava prestes a destruir. "Malditos nazistas filhos da mãe!",[1023] lembrou-se ele de ter dito para si mesmo quando as bombas começaram a despencar dos compartimentos dos bombardeiros. Enquanto observava escuras nuvens de fumaça se evolando da cidade, lembrou-se de uma pessoa morta que tinha visto nos escombros em Londres, o corpo inerte e mutilado de seu filho em seus braços, com a estraçalhada cabeça do jovem ligada ao tronco por algumas tiras de carne e músculos. "Dediquei a ele, em silêncio, a destruição causada aos alemães."

Afrodite

Em junho daquele ano, Fain Pool, o piloto da Oitava Frota Aérea, tinha acabado de completar sua 14ª missão de combate. Sujeito oriundo de Oklahoma, de ombros largos, bastos cabelos negros e um sorriso cativante, seu entusiasmo pelos combates tinha sido despertado, pouco tempo atrás, por algo que ele vira numa semana que passara em Londres: corpos de

438 MESTRES DO AR

mulheres e crianças jazendo em poças formadas pelo próprio sangue, com suas casas modestas transformadas em pó por "bombas automáticas que caíam inesperadamente durante a noite".[1024]

Alguns dias depois, o tenente Pool estava relaxando no clube dos oficiais do 385º Grupo de Bombardeiros em Great Ashfield quando foi chamado ao gabinete do comandante da base. Assim que chegou lá, deparou-se com outros quatro pilotos no recinto. O oficial solicitou então que eles se oferecessem como voluntários para participar de uma missão perigosa e altamente secreta que envolveria o emprego de um bombardeiro pesado e salto de paraquedas em território amigo. Era tudo que o oficial comandante podia dizer-lhes então. Mas acrescentou que a operação não precisaria de tripulação e que a Força Aérea queria apenas pilotos e técnicos em radiocomunicação a bordo. Por fim, veio o anúncio da recompensa que teriam pelo cumprimento da tarefa: crédito pela participação em cinco missões de bombardeio.

Quando um dos pilotos perguntou quanto tempo teriam para pensar na decisão de se oferecer como voluntários, o coronel disse a eles que queria uma resposta imediatamente. Após quatro deles terem se recusado a participar da missão, Pool aceitou o desafio. Assim, dez horas depois, tiraram-no de um avião numa oficina de manutenção e reparos da Real Força Aérea chamado Honington, em Suffolk, donde o levaram de jipe para um pequeno complexo militar americano num afastado recanto da base. Quando ele entrou numa barraca de Nissen verde-amarronzada que seria seu novo alojamento, um dos outros pilotos que se ofereceu como voluntário lhe estendeu a mão e disse: "Ei, pessoal, chegou mais um louco!"[1025]

Na primeira reunião de instrução deles, repassaram aos pilotos e aos técnicos em radiocomunicação um resumo do plano operacional. Explicaram que a Força Aérea separaria dez Fortalezas Voadoras surradas, tirariam tudo que fosse possível de suas partes internas e encheriam os aviões com 9 toneladas de nitroamido, um pó alaranjado altamente explosivo usado em operações de demolição. Parte da carga seria composta também por napalm, uma nova arma de guerra inventada então. Os "Cansados de Guerra", tal como chamavam os outrora encostados aviões da missão, seriam munidos com equipamento de controle remoto via rádio que permitiria que fossem conduzidos durante o voo por "naves-mães", Liberators B-24 seguindo logo atrás deles. Alguns desses aviões teleguiados seriam equipados também com câmeras de televisão instaladas em seus narizes de Plexiglas. Com isso, po-

A ARMADILHA FATAL 439

deriam enviar fotografias do solo para receptores nas naves controladoras, de modo que essas robóticas bombas voadoras pudessem ser conduzidas com precisão até o alvo.

Uma tripulação de dois homens, formada por um piloto lançador de paraquedistas e um engenheiro de pilotagem automática, voaria a quase 3 mil metros de altitude com a aeronave teleguiada, poria essa aeronave num ângulo de mergulho suave, ajustaria os controles, armaria os explosivos para que detonassem sob impacto e a abandonaria saltando de paraquedas sobre a Inglaterra. Todas as portas, exceto uma escotilha, seriam fechadas com parafusos. A única forma de sair do avião seria por uma apertada escotilha de escape no nariz do aparelho, situada logo atrás do motor interno, no lado do posto do piloto. O sistema de controle remoto da nave-mãe, que se comunicava com o piloto automático da aeronave teleguiada, conduziria o avião destripulado até aquele que era considerado alvo de importância máxima. O maior míssil explosivo feito pelo homem até então mergulharia depois em direção ao alvo de uma altitude que variaria entre 960 a 1.150 metros, bem abaixo do horizonte dos radares inimigos.

O projeto era o denominado Afrodite e foi um estrondoso fracasso.

Nenhuma das tripulações de dois aeronautas sabia do objetivo de sua missão: destruir dois grandes centros de lançamento de foguetes do outro lado do Canal da Mancha.[1026] As autoridades achavam que essas instalações estariam prontas para lançar foguetes de longo alcance mais letais do que os V-1s dentro de um mês. "Além da grave ameaça para Londres, essa arma representa uma ameaça direta ao nosso esforço de guerra",[1027] alertou Spaatz em carta enviada a Arnold em fins de julho, "já que pode ser usada para destruir instalações portuárias e de núcleos de comunicação em ambos os lados do Canal". Apenas um desses centros era subterrâneo, mas todos eram protegidos por maciças cúpulas de concreto armado, oscilando entre 9 e 12 metros de espessura. Disseram aos participantes da missão que as ordens tinham vindo diretamente de Spaatz e Doolittle e que o projeto era motivo de "orgulho, alegria e grande interesse" para o velho general Hap Arnold.[1028]

Depois de um pequeno treinamento preliminar, os aeronautas e os aviões foram transferidos de uma pequena base da RAF, em Fersfield, instalação envolta pela densa neblina da erma região campestre de Norfolk, não muito distante do Mar do Norte, onde ficaram confinados na base sob pena de serem levados à Corte Marcial caso deixassem o local. Alguns dias depois, a equipe foi reforçada por um destacamento de pilotos da Marinha norte-americana e de especialistas em radiocontrole. A Marinha criou o seu próprio programa experimental de aviões teleguiados, codinominado de Bigorna, para possível emprego a partir de seus navios-aeródromo baseados no Pacífico. Ela dispunha de uma tecnologia de controle remoto por radio-televisão mais sofisticada do que a da Força Aérea, mas Spaatz e Doolittle providenciaram para que o Afrodite tivesse prioridade sobre o Bigorna.

A primeira missão desse tipo da Força Aérea foi marcada para 4 de agosto. Seriam lançados quatro aviões teleguiados, dois de cada vez. O avião da vanguarda seria pilotado pelo tenente Fain Pool, cujo engenheiro de pilotagem automática seria o segundo-sargento Philip Enterline, de Kittanning, Pensilvânia. O principal alvo era um centro subterrâneo de experimentação e lançamento em Mimoyecques, França, cujas imensas portas de aço eram abertas uma vez por dia e assim ficavam durante apenas trinta minutos. A equipe do Afrodite tinha planos para, quando tal acontecesse, "atochar um avião carregado de explosivos pela goela do centro abaixo".[1029]

Quando Pool e Enterline embarcaram no avião, olharam um para o outro e assobiaram, impressionados. A aeronave estava carregada até o teto com caixas de nitroamido, impondo ao aparelho um centro de gravidade perigosamente alto. Enterline ficou preocupado, mas Pool deu de ombros, não ligando nem um pouco para a preocupação do colega, assegurando a ele que alguns dos melhores cientistas do mundo estavam envolvidos no projeto. Argumentou ainda que, se os explosivos foram empilhados daquela maneira e de forma tão compacta, devia existir uma boa razão para isso. A maior preocupação de Pool não estava no fato de que ele conduziria a um ponto próximo do alvo a mais poderosa bomba criada pelo homem até então, mas no fato de que teria de abandonar a aeronave saltando de paraquedas, em grande velocidade e de uma altitude incrivelmente baixa, passando por uma saída de emergência que não tinha nem 60 centímetros de largura.

Em todo caso, Pool conseguiu decolar com o avião sem dificuldades. Cinco minutos depois, a segunda aeronave teleguiada decolou. Depois disso, nada mais deu certo. Pool e Enterline tiveram dificuldade para ajustar o piloto automático e armar o sistema de detonação. Além disso, o avião se desgovernou e começou a voar sob uma altitude perigosamente baixa. Pool, o último a deixar a aeronave, saltou de uma altitude de apenas 152 metros. Quando aterrissou num campo arado, sem problemas, ele ficou tão contente que dançou a *jig*. Pouco depois, ouviu, de repente, uma explosão de estourar os tímpanos. Soube depois que não era seu avião, mas a segunda aeronave teleguiada, que perdeu sustentação aerodinâmica e entrou num mergulho fatal. O radioperador conseguiu pousar de paraquedas em segurança também, mas o piloto, tenente John Fisher, foi incinerado nos destroços. O robô voador de Pool conseguiu alcançar a zona do alvo, mas o sistema de teleguiamento remoto apresentou problemas e não foi possível mergulhar a aeronave contra o objetivo colimado. Assim, navegando sem rumo, tornou-se presa fácil para uma guarnição de artilharia antiaérea dos alemães.

As tripulações paraquedistas dos outros dois aviões teleguiados despachadas em missão nesse dia sobreviveram, mas se feriram na operação. Um dos robôs voadores caiu longe do alvo, um grande centro de foguetes em Wizernes que as autoridades militares americanas acreditavam abrigar uma estação de pesquisa e desenvolvimento de foguetes V-3; o outro explodiu antes de chegar ao destino. O dia foi um verdadeiro fiasco.[1030]

Em 6 de agosto, a Força Aérea fez outra tentativa, mais uma vez malsucedida, embora não houvesse ocorrido perda de vidas. Inabalada pelas tentativas frustradas da Aeronáutica, a Marinha lançou seu próprio teleguiado de Fersfield em 12 de agosto. O avião era um PB4Y, um Liberator B-24 modificado, o tipo de aeronave usada em patrulhamento submarino. Seu piloto lançador de paraquedistas foi Joseph Kennedy, Jr., que tinha 29 anos de idade e era filho do ex-embaixador americano em Londres e irmão de John F. Kennedy, um tenente da Marinha que ficara gravemente ferido nas Ilhas Salomão no ano anterior, quando sua lancha-patrulha foi partida ao meio por um contratorpedeiro japonês. Joe Kennedy tinha muita experiência com o avião, tendo participado de mais de cinquenta missões de patrulhamento submarino na Baía de Biscaia. Numa carta de 10 de agosto, ele assegurou a seu irmão Jack que não tinha nenhuma intenção de arriscar seu "belo pescoço [...] numa aventura louca".[1031] No entanto, é muito provável que soubesse que iria participar de uma missão suicida.

Seu avião, o *Zootsuit Black*, levaria uma carga de quase 11 toneladas de Torpex, um novo tipo de explosivo que era mais leve e mais potente do que o nitroamido. Kennedy e seu copiloto, Wilford J. Willy, de 35 anos de idade e pai de três filhos, decolaram e puseram o Liberator em rota de avanço direto para Dover, onde deveriam abandonar o avião saltando de paraquedas e depois seriam resgatados por um B-17, se possível antes que

442 MESTRES DO AR

alguém lhes perguntasse por que tinham abandonado um bombardeiro, em perfeitas condições de voo, justamente nos céus sobre a densamente populosa região suburbana de Londres. Num avião logo acima da aeronave deles seguia o chefe do grupo de reconhecimento aerofotográfico da Oitava Frota Aérea, coronel Elliott Roosevelt, um dos filhos de Franklin Delano Roosevelt. Minutos após a decolagem, Roosevelt ouviu duas explosões, separadas entre si por apenas um segundo. Ele viu que, no lugar em que antes navegava o *Zootsuit Black*, havia agora uma bola flamejante, de labaredas amarelo-alaranjadas. Os destroços do avião se precipitaram para o solo e caíram perto do povoado de Newdelight Woods; os corpos de Kennedy e Willy nunca foram achados.[1032]

A Marinha não conseguiu descobrir a verdadeira causa do acidente,[1033] mas provavelmente tenha sido um defeito no dispositivo de armação do detonador dos explosivos, acionado por controle remoto, a respeito do qual Kennedy fora advertido em Fersfield por um oficial americano especializado em eletrônica.

Já na ocasião em que a Marinha tinha concluído o trabalho de modificação de um novo avião teleguiado, o Exército britânico havia tomado de assalto os quatro alvos misteriosos da missão Afrodite na região a oeste de Pas de Calais. Agentes do serviço secreto se depararam com essas instalações cheias de ratos e escombros. Souberam então que foram abandonadas meses antes e que estavam sendo usadas como iscas pelos germânicos com o objetivo de desviar para longe a atenção que poderia incidir sobre as plataformas de lançamento de foguetes móveis, das quais a maioria dos V-1s estava sendo lançada, pois as Tallboys, bombas sísmicas britânicas com uma carga de 5.400 quilos de explosivos, a mais poderosa arma desse tipo existente então, tinham causado mais danos a esses alvos do que os membros do setor de aerofotografia do serviço secreto Aliado podiam imaginar. Portanto, os recursos e esforços do projeto Afrodite inteiro tinham sido desperdiçados em alvos inúteis.[1034]

Em 3 de setembro, a Marinha lançou seu avião teleguiado modificado num ataque contra estaleiros de submarinos na ilha do Mar do Norte chamada Heligolândia, mas, em vez deles, ele atingiu uma grande pilha de carvão — o que encerrou sua breve experimentação com bombardeiros guiados por controle remoto. Contudo, Arnold insistiu em seguir adiante com o projeto Afrodite, mesmo depois de uma sucessão de catástrofes idên-

A ARMADILHA FATAL

ticas com teleguiados equipados com câmeras de televisão.[1035] É que, caso a guerra tivesse se prolongado por muito mais tempo, ele queria estar pronto para enviar enxames de velhos aviões de guerra militarmente inoperantes como bombas voadoras contra cidades e centros industriais da Alemanha e do Japão. Algum tempo depois, nesse mesmo ano, ele tentaria convencer Roosevelt a apoiar seu plano como forma de acabar de uma vez por todas com a Alemanha.

A Operação Balista foi outro fracasso. Durante todo o verão, o grosso da responsabilidade por essa iniciativa mal-orientada pesou sobre os ombros dos membros do Comando de Bombardeiros do Harris Balista, auxiliados pela Oitava Frota Aérea, com seus integrantes também nada entusiasmados com essa campanha. Agindo com base em falhas informações providas pelo serviço secreto, o Ministro da Aeronáutica Britânica, que comandava a operação, insistia na ideia de que deveriam concentrar seus ataques em dois alvos de parcas consequências estratégicas: pequenas plataformas de lançamento de foguetes, as quais eram mudadas de lugar constantemente e facilmente reparados quando atacados, e grandes centros de armazenagem feitos de estruturas de concreto que os alemães haviam abandonado em segredo, preferindo passar a usar cavernas e túneis no Vale do Oise, a norte de Paris. Contudo, os Aliados acabaram achando essas cavernas e as atacaram, embora tarde demais para conseguir reduzir significativamente os danos que os V-1s estavam infligindo a Londres.

Com essas medidas de consequências e benefícios malcalculados, os Aliados pagaram um preço muito acima dos resultados obtidos: a perda de quase duas mil tripulações e quatrocentos bombardeiros quadrimotores.[1036] O general Spaatz tinha razão. Conforme, aliás, acentuou Adolf Galland depois da guerra: "A melhor forma de combater o sistema de foguetes V alemão teria sido paralisar a indústria de guerra alemã."[1037] No fim das contas, a infantaria conseguiria lograr o feito em cuja realização a possante aeronáutica militar dos Aliados fracassou. No começo de setembro, quando as forças da Comunidade das Nações do marechal de campo Sir Bernard Law Montgomery romperam a barreira de paralisação imposta pelo inimigo perto da cidade normanda de Caen, onde destruíram todos os centros de lançamento de foguetes na França, os bombardeios com foguetes V-1 cessaram. A destruição dessas instalações não teve nenhum efeito real sobre o esforço de guerra, mas foi uma verdadeira bênção para os londrinos. Conforme anotou em seu diário um dos habitantes locais: "Pela primeira vez em dez semanas de pesadelos, muitos londrinos deitaram em suas camas e dormiram o sono dos justos e dos cansados" de guerra.[1038]

Operação Cobra

Em meados de julho, enquanto Londres se achava sob o mais pesado dos bombardeios no verão, os exércitos de invasão Aliados continuavam retidos pelas forças defensivas inimigas no litoral da Normandia. Suas unidades de vanguarda tinham avançado apenas algo entre 40 e 50 quilômetros a partir das praias do desembarque, distribuídas por uma estreita linha de frente, com cerca de 130 quilômetros de espessura. O Segundo Exército Britânico tinha fracassado em sua tentativa de irromper pela maciça barreira de forças do Exército alemão fincada em Caen, acesso para as planuras que conduziam a Falaise, situada a uns 65 quilômetros ao sul das praias britânicas, onde os Aliados esperavam construir bases aéreas avançadas para dar cobertura a uma eventual arremetida de suas tropas rumo à fronteira com a Alemanha. Nesse ínterim, os americanos, após terem conquistado a cidade portuária de Cherburgo, situada na extremidade setentrional da Península de Cotentin, esforçaram-se o tempo todo numa desgastante guerra de atrito no *bocage*, antiga região campestre da Normandia entrecortada de cercas vivas. Muros de terra que chegavam à cintura, densamente cobertos com vegetação de raízes profundas e árvores com até 6 metros de altura, orlavam cada um dos pastos e prados existentes ali, e estradas estreitas fundamente sulcadas pelo trânsito de veículos se entrecruzavam por essa região alagadiça inteira.

Arrancar as forças da Wehrmacht dessa região confinante e intransitável era tarefa lenta e penosa. Havia atiradores de elite em toda parte, e o intricado terreno era fatal para as viaturas blindadas. Sob ordens de Hitler para que mantivessem o controle sobre cada palmo de terreno, seus defensores lutavam com uma fúria implacável, embora menos pelo Fuhrer do que em defesa própria. Com as baixas entre os Aliados muito acima dos cem mil homens e os alemães ameaçando estabelecer um férreo cordão de isolamento em torno da área das defesas improvisadas em posições tomadas ao inimigo, "corríamos grande risco de cairmos num impasse bélico semelhante ao da

A ARMADILHA FATAL

Primeira Guerra Mundial",[1039] escreveu depois o tenente-coronel Omar N. Bradley, comandante das forças terrestres americanas.

A agonia e a frustração causada por esse empate de forças paralisante levaram os comandantes aliados a recorrerem ao emprego de uma arma que não existia na Primeira Guerra Mundial, "um bombardeio aéreo maciço que poderia exceder muitas vezes em tamanho qualquer possível preparativo de forças da artilharia antiaérea inimiga na linha de frente ocidental",[1040] nas palavras do historiador Russell F. Weigley. Assim, em 18 de julho, as forças britânicas e canadenses de Montgomery — criticadas por um grupo de líderes da coalizão por combaterem com excessiva cautela — arremeteram com um ímpeto titânico contra os germânicos em Caen, num esforço gigantesco para tentar uma ruptura nas linhas inimigas, apesar de precedidas pelo mais espantoso bombardeio de apoio rolante da guerra.[1041] Com isso, a RAF e a Oitava Frota Aérea abriram uma brecha enorme na frente defensiva do inimigo, permitindo que Montgomery conquistasse a maior parte da cidade. Mas os integrantes do V Exército Panzer (redesignação do Panzer Group West) saíram de suas trincheiras e defenderam suas posições no altiplano existente ao sul de Caen, impedindo que as forças inimigas conseguissem mais uma ruptura em suas linhas de defesa e avançassem pela planície de Falaise. Os tedescos foram auxiliados em seus esforços por milhares de crateras abertas por bombardeios, as quais impediram o avanço das colunas de tropas mecanizadas de Monty.

Bradley acabou criando um plano de ataque coordenado, que se transformou inesperadamente numa das maiores façanhas militares na campanha da Europa.[1042] A Operação Cobra, como foi designado o plano, começaria com um bombardeio de proporções cataclísmicas, lançado pela Oitava Frota Aérea. Durante uma hora, mais de mil bombardeiros pesados despejariam bombas de trajetória balística dentro de uma área retangular logo ao sul de uma longa e estreita estrada que separava os exércitos americano e alemão na Normandia, perto da cidade de St. Lô. Bradley e seu Primeiro Exército tinham acabado de conquistar St. Lô, após um acirrado combate com os germanos, vitória que pôs os americanos no controle de uma área em forma de cunha estreita que separava o *bocage*, ao sul, de uma selvagem região campestre. A expectativa era que esse inaudito bombardeio de saturação criasse um efeito paralisante nos soldados inimigos sobreviventes, levando-os a acomodar-se numa situação em que fossem surpreendidos com um assalto fulminante do Sétimo Corpo de Infantaria do Primeiro Exército, comandado pelo general de divisão J. Lawton "Lightning Joe" Collins. Com sete divisões de blindados ocupadas em combates perto de Caen e apenas duas enfrentando o Primeiro Exército em St. Lô, Bradley tinha grande esperança no sucesso da operação.

Carl Spaatz ficou furioso com a ideia de ter que usar seus bombardeiros como elementos de apoio aéreo aproximado às operações terrestres, vendo a Operação Cobra como mais um desvio inútil dos ataques que achava que deveriam fazer a refinarias de petróleo.[1043] Porém grandes parcelas de seus aeronautas estavam ansiosas para ajudar os rapazes de Ernie Pyle em seu esforço de luta no meio de muita lama e chuva misturada com neve. "Muitos de nós achávamos que, pela graça de Deus, podíamos estar lá embaixo, lutando até alcançarmos a vitória em meio àquelas cercas vivas",[1044] contou Rosie Rosenthal. "Ao mesmo tempo, sabíamos que bombardeio de precisão era mais ficção do que realidade, e isso nos preocupava."

Pouco antes da operação, Bradley partiu num avião[1045] para a Inglaterra com a garantia dos principais comandantes aéreos de que seus bombardeiros se aproximariam do alvo da mais segura das direções, do leste para o oeste, partindo de um ponto ao sul da estrada de St. Lô-Periers. É que uma aproximação em sentido norte-sul os poria bem em cima das posições das tropas amigas, situação em que correriam o risco de atingi-las acidentalmente. Bradley alega, em suas memórias, que conseguira fazer que seu ponto de vista prevalecesse na "grande conferência de marechais do ar".[1046] Realmente, conseguiu no que se refere ao tamanho da carga explosiva das bombas, mas não com respeito à direção pela qual os aviões deveriam aproximar-se do alvo. Houve acalorados debates em torno da questão e, pelo visto, Bradley achou que as garantias de concordância por parte de alguns comandantes aéreos eram sinônimo de assentimento ou de aprovação tácita dos demais. O marechal do ar Trafford Leigh-Mallory, que era responsável pela coordenação das operações de bombardeio estratégico na Normandia, tomou o partido de Bradley, porém representantes da Oitava Frota Aérea acentuaram que era impossível avançar por uma rota paralela à estrada, em vista do tamanho reduzido do alvo — uma propriedade francesa com apenas 2.500 metros de largura — e do imenso número de bombardeiros que teriam de sobrevoá-la em meros sessenta minutos. Diante disso, não chegaram a nenhuma decisão concreta, e Bradley deve ter retornado para

A ARMADILHA FATAL

a Normandia com a sensação de que a vontade de Leigh-Mallory, que lhe prometera uma força de combate com mais de 2.200 aviões — formada por caças-bombardeiros pesados, médios e leves — prevaleceria.

Houvera também, na reunião, um debate sobre o tamanho da zona de segurança. Uma vez que não confiava na precisão dos ataques de seus próprios bombardeiros, a Oitava Frota Aérea queria que os soldados de Bradley recuassem para posições situadas a uns 3 mil metros da zona de ataque, dando assim aos aeronautas uma margem de segurança de quase 3 quilômetros. Bradley propôs um recuo de apenas 800 metros; ele queria seus homens próximos da zona do alvo, donde poderiam arremeter contra os atordoados alemães o mais rapidamente possível. Acabaram chegando a um meio-termo, concordando com um recuo de 1.230 metros,[1047] mas advertiram Bradley de que nem essa distância aparentemente suficiente seria garantia de que seus homens não tombariam, talvez atingidos acidentalmente pelo próprio fogo amigo.

Em todo caso, a Oitava inteira e parte da Nona foram escaladas para partir em missão de ataque em 24 de julho. No entanto, como ocorreu uma piora nas condições do tempo, Leigh-Mallory adiou a operação — tarde demais, porém, para impedir que centenas de bombardeiros pesados e médios partissem para o objetivo, em sobrevoos abaixo da camada de nuvens, e despejassem sobre o alvo 700 toneladas de explosivos. Nessa operação, falhas humanas provocaram um "derrame" de bombas para além da zona do alvo, provocando a morte de 27 soldados[1048] e causando ferimentos em outros 131 combatentes, todos eles integrantes da Trigésima Divisão de Infantaria.

Na manhã seguinte, Rosie Rosenthal partiu em missão, no comando da Terceira Divisão de Bombardeiros, unidade que era parte de uma força de combate de 1.507 bombardeiros pesados quadrimotores, para mais um bombardeio em St. Lô. Mais uma vez, os aeronautas tinham ordens para se aproximar do alvo no sentido norte-sul. Quando o avião da vanguarda de Rosenthal se aproximou de St. Lô, entrou numa camada de nuvens dispersas e a formação inteira teve que passar a navegar abaixo da planejada altitude de bombardeio, forçando bombardeadores de aviões da vanguarda a se apressarem no reajuste de suas miras. A essa altura da operação, Thunderbolts da Nona Frota Aérea já haviam assentado golpes devastadores nas posições avançadas dos alemães, num ataque-relâmpago com o qual, sem querer, acabaram tornando mais difícil o trabalho dos bombardeiros

448 MESTRES DO AR

pesados. É que, com esse explosivo ataque preliminar, fizeram com que grandes colunas de fumaça e poeira enoveladas se evolassem do campo de batalha, colunas de fumos que se misturavam com as explosões dos projéteis de artilharia antiaérea do inimigo e obscureciam as linhas de visada dos bombardeadores. O bombardeador da aeronave de vanguarda de Rosenthal gelou de pavor quando,[1049] distraído por breves segundos assim que avistou as colunas de fumaça turbilhonantes, acabou atrasando o lançamento das bombas, atirando-as sobre a retaguarda das linhas de combate alemãs. Mas também outros aviões começaram a despejar suas bombas pouco aquém da zona do alvo, perto dos soldados americanos posicionados apenas a uns 800 metros da estrada, com suas linhas de frente sendo indicadas para os aeronautas com fumaça vermelha.

Ernie Pyle estava com o exército americano em St. Lô. "Os sobrevoos na área eram lentos, estudados.[1050] Nunca vi uma tempestade, ou uma máquina, nem nenhuma determinação de alguém que tivesse a envolvê-lo a aura de uma força implacável tão assustadora. [...] Meu Deus, como admirávamos aqueles homens lá em cima." Suas estrondosas máquinas voadoras enchiam os céus com um "som evocativo das trombetas do Juízo Final", criando um "espetáculo de guerra" que fizeram Pyle e os homens com os quais ele estava se esquecerem, por um momento, do perigo em que se achavam. E continuaram a observar, transidos de espanto e admiração em seus postos, enquanto as bombas destruidoras voltavam lentamente em sua direção, seguindo a linha de fumaça na qual os bombardeadores miravam seus artefatos devastadores, linha que uma leve brisa soprava de volta, na direção deles. Então, de repente, sentiram o "solo tremer e sacudir". Nisso, soldados se atiraram no chão, refugiaram-se às pressas atrás de baixas paredes de pedra e correram desesperados para trincheiras coletivas e individuais. Assustados, os soldados sentiram a forte concussão das explosões no peito e até nos olhos. Segundos depois, as bombas de seus colegas americanos pararam de cair sobre suas cabeças e começaram a atingir, conforme planejado, pontos situados a quase 2 quilômetros dali. A companhia de vanguarda do batalhão de Pyles foi a unidade mais duramente atingida, mas iniciou o ataque "a tempo, na hora certa", avançando 800 metros pela brecha de quase 6,5 quilômetros aberta pelas bombas nas linhas defensivas alemãs. Nessa parte dos combates, a ofensiva inteira do exército topou com uma verdadeira muralha defensiva dos germanos e não conseguiu avançar mais.

A ARMADILHA FATAL

Assistindo à batalha de uma casa de fazenda, Bradley ficou desolado. Segundo consta, com a sucessiva chegada de relatórios informando a ocorrência de baixas, houve um momento em que o ouviram dizer: "Por Deus, de novo não!"[1051] Cento e onze americanos[1052] foram mortos pelas bombas da Oitava Frota Aérea e pelo menos outros quinhentos soldados ficaram feridos. Entre os mortos estava o general de divisão Lesley McNair, que tinha vindo da Inglaterra como observador. O general Eisenhower, que havia acompanhado a operação do quartel-general de Bradley, jurou que nunca mais[1053] usaria bombardeiros pesados em operações de apoio aéreo aproximado a forças terrestres, e Bradley ficou ardendo de raiva com os rapazes dos bombardeiros, na visão dele imerecidamente bem remunerados, além de excessivamente condecorados e superestimados. Mas parte da causa das pesadas baixas estava no próprio interesse de Bradley na realização de um assalto impetuoso, de tal sorte que impossibilitou que tivessem tempo de pôr seus homens ao abrigo das bombas.

Em Londres, o general Doolittle[1054] foi intimado a comparecer ao gabinete do chefe do estado-maior de Ike, general de divisão Walter Bedell Smith, onde o oficial o culpou pela tragédia. Doolittle aceitou a responsabilidade pelo erro trágico, mas argumentou que operar como artilharia volante para apoiar tropas terrestres era um tipo de serviço injusto para tripulações treinadas para atingir alvos industriais. Ele disse ainda a Smith que nenhuma força de bombardeiros existente então seria capaz de lançar com precisão 3.300 toneladas de explosivos sobre uma área impregnada de bulcões voluteantes de fumaça espessa.

Doolittle tinha certeza de que Smith solicitaria sua remoção do posto, mas o bombardeio a St. Lô havia causado danos muito mais graves ao inimigo do que Eisenhower e Bradley tinham imaginado. Os bombardeiros americanos se aproximaram do alvo como se fizessem parte "da esteira rolante"[1055] de uma tremenda linha de montagem, comparou o general de divisão Fritz Bayerlein, comandante da Divisão Panzer Lehr, que sofreu o grosso do ataque aéreo. As explosões das bombas provocaram queimaduras em seus soldados, emborcaram seus blindados, destruíram sistemas de comunicação e transformaram a linha de frente da Panzer Lehr — onde mil soldados ficaram estendidos no chão, atordoados ou mortos — em algo que Bayerlein chamou de *Mondlandschaft* ou superfície lunar.

Percebendo que o sistema de comando e de comunicações do inimigo tinha levado um golpe mortal, Lightning Joe Collins resolveu arriscar.[1056] Na manhã seguinte, ele ordenou a mobilização de suas viaturas blindadas da reserva. Com o reforço, arremeteu demolidoramente pela frágil linha de resistência dos tedescos e continuou a avançar para o sul, na direção da excelente malha rodoviária perto de Avranches. Enquanto isso, caças-bombardeiros do Nono Comando Aerotático trabalhavam em pontos na frente da coluna de tanques, em missões de reconhecimento e ataque. Jornalistas chamariam o episódio de a Ruptura de St. Lô, operação que, aliás, foi um divisor de águas na Cruzada Europeia de Eisenhower.

Foi uma operação que se tornou um espetáculo pessoal do general de divisão George Patton. O grande defensor do conceito de guerra de blindados foi levado de avião da Inglaterra para a região, onde ele havia plantado uma isca militar como operação de apoio ao Dia D, montando no local uma força de combate de mentirinha com réplicas de tanques e aviões de papelão, as quais tinham deixado os alemães convictos, em fins de junho, de que o principal desembarque das tropas interaliadas ocorreria em Pas de Calais. Patton assumiu o comando do recém-criado Terceiro Exército e iniciou uma travessia a todo vapor pelo território francês, a um ritmo de avanço de 80 quilômetros por dia, deslocando-se com impetuosa determinação, dos penhascos litorâneos de Avranches, para a península da Bretanha, donde continuou avançando para o leste, onde tentaria ajudar a destruir o Sétimo Exército Alemão. Foi uma das façanhas mais incríveis da história da guerra móvel, operação que foi possível graças a uma estreita coordenação operacional entre blindados, soldados, artilharia e caças-bombardeiros das forças aéreas aliadas, cujos elementos funcionaram para o exército como peças de artilharia móvel em rápida movimentação.

Eisenhower[1057] mudaria de ideia depois das operações em St. Lô e passaria a usar bombardeiros pesados de novo em missões de apoio aéreo aproximado direto a forças terrestres, mas essas operações sempre findavam com resultados menos decisivos e mais mortes, em razão dos acidentes envolvendo fogos amigos. Os soldados de infantaria adoravam poder contar com a força intimidadora dos bombardeiros quadrimotores cortando os céus acima de suas posições, mas os pesadões eram muito mais úteis para a infantaria como instrumentos de interdição, em operações nas quais destruíam as linhas de

A ARMADILHA FATAL   451

comunicação do inimigo. Sem os aviões de bombardeio pesado, a ruptura das linhas inimigas e o avanço a partir de St. Lô só poderiam ter sido alcançados com um espantoso número de baixas. Mas foram os caças-bombardeiros do general Pete Quesada os elementos que causaram os maiores danos ao inimigo após a ruptura e o avanço em solo francês; operando como elementos de cobertura da coluna de blindados americanos, eles limparam o caminho para a marcha do exército ianque em direção ao Reno.

Quesada, um dos mais jovens generais da Força Aérea, introduziu inovações no esforço de guerra que derruiu a sólida barreira que separava bombardeios táticos de bombardeios estratégicos. Ele levou seus pilotos, que vinham operando a partir de bases avançadas na França, donde seguiam para as linhas de frente, "para que pudessem[1058] ver quanto era mais vantajosa a situação deles em relação aos pobres colegas de infantaria, que tinham que combater os alemães em terra. Eu os levei também a um posto de recolhimento, onde os feridos eram tratados. Com o tempo, conseguimos incutir nas mentes desses jovens a ideia de que sua principal tarefa era dar apoio aéreo à campanha terrestre."

Os pilotos dos caças-bombardeiros podiam ser convocados a qualquer momento para aniquilar alvos nos campos de batalha com uma letalidade muito maior do que a das pesadas Fortalezas e Liberators. E, na batalha da França, Pete Quesada lhes deu armamentos melhores — mortíferos foguetes de 5 polegadas —, além de tê-los municiado com novos instrumentos de apoio ocular e auricular. Mandou que instalassem aparelhos de rádio de alta frequência em viaturas blindadas, de forma que as guarnições de blindados e os aeronautas pudessem conversar entre si, e pôs seus próprios homens em tanques equipados com rádio para atuarem como controladores aéreos avançados, postos em que poderiam orientar com mais eficiência a canalização de fogos contra alvos alemães nos campos de batalha.

Já no fim do verão, operações de apoio aéreo aproximado à infantaria — uma inovação alemã — se tornaram uma das causas mais notáveis da derrota dos germanos. Com os céus praticamente livres da presença de aviões da Luftwaffe, os caças-bombardeiros infligiram danos letais a divisões de infantaria alemãs, unidades lançadas em polvorosas debandadas de volta para as fronteiras ocidentais da nação alemã por unidades de infantaria, artilharia e viaturas blindadas dos americanos, que se arrojavam em lestos e potentes avanços sobre as forças inimigas, reforçados por unidades de

452   MESTRES DO AR

combate canadenses, britânicas e polonesas que haviam conseguido finalmente romper as linhas de defesa tedescas em Caen. Após a travessia de
um corredor de horrores bélicos conhecido pela história como o Bolsão de
Resistência de Falaise, os germânicos foram massacrados por equipes com
elementos blindados e aeronáuticos do aparato de guerra dos Aliados. "Foi
um caos completo",[1059] disse um soldado alemão. "Foi quando pensei: 'É o
fim do mundo.'"

Dois ávidos observadores da retirada alemã foram os foragidos membros da
Oitava Frota Aérea, Beirne Lay, Jr., e Walter Duer. No início de agosto,[1060]
eles continuavam escondidos numa casa de fazenda que, conforme descobriram depois, era um depósito secreto de armas e munições dos Maquis,
apetrechos de guerra lançados para eles por bombardeiros provenientes
da Inglaterra. Quando souberam das vitoriosas operações em St. Lô, eles
vinham acompanhando o avanço dos colegas americanos, povoado após
povoado, usando os mapas de seda que eles tinham em seus estojos de fuga
e sobrevivência. Enquanto aguardavam sua libertação, Lay e Duer ficaram
trabalhando do amanhecer ao anoitecer nos campos de trigo do dono da
propriedade. Certa noite, enquanto tiravam os arreios dos cavalos no estábulo, duas jovens com semblantes radiantes de alegria avançaram correndo
pela porta, cingiram os americanos com os braços e os presentearam com
uma guirlanda de flores vermelhas, brancas e azuis. Ofegantes, informaram
que os alemães tinham ido embora e que seus colegas americanos estavam
a uns 50 quilômetros apenas dali.

No café da manhã do dia seguinte, um grupo de "Maquis de catadura
sinistra, homens armados até os dentes, com metralhadoras Bren, pistolas,
granadas de mão e facas",[1061] irrompeu pela cozinha, com alguns integrantes
de braços estendidos, oferecendo pacotes de cigarro americano aos fugitivos.
Logo em seguida, deram submetralhadoras aos americanos e ordenaram
que se acomodassem no banco traseiro de um sedã surrado. Com os guerrilheiros franceses seguindo viagem nos estribos do veículo, ao estilo de
gângsteres, com as metralhadoras prontas para atirar, os americanos foram
levados até uma das colunas de blindados de Patton. Na manhã seguinte,
os ianques foram enviados de jipe para o quartel-general da Nona Frota
Aérea na França, depois de uma travessia pelas fileiras das forças terrestres
americanas. "Em toda parte, víamos destroços da Wehrmacht", escreveu

A ARMADILHA FATAL

453

Lay depois. E, provindos de um ponto não muito distante, ele podia ouvir os sons da batalha. Eram os alemães, "levando golpes fatais de nossos caças-bombardeiros [...] no lento fechamento do cerco de Falaise."

Os alemães deixaram para trás a maior parte de seus equipamentos, juntamente com algo em torno de cinquenta mil prisioneiros e dez mil colegas mortos. No entanto, pelo menos cinquenta mil soldados germânicos conseguiram escapar do Bolsão de Falaise antes que o cerco fosse fechado, no fim de agosto. Mas os Aliados se encontrariam com eles de novo no Reno.

A chacina em Falaise marcou o fim dos oitenta dias da longa Batalha da Normandia,[1062] o mais decisivo conflito na Frente Ocidental. Os alemães perderam mais de quatrocentos mil combatentes nesse entrechoque — mortos, feridos ou capturados — e os Aliados sofreram 225 mil baixas, dois terços delas formados por americanos, entre os quais 8.536 aeronautas mortos ou desaparecidos em combate. A batalha foi um prenúncio da libertação de Paris e do triunfal avanço dos Aliados pelo território francês em demanda da parte ocidental da fronteira do país com a Alemanha, uma campanha engrossada por forças Aliadas que haviam desembarcado no litoral sul da França em 15 de agosto. Numa região mais ao norte, os exércitos interaliados avançaram, sem deparar praticamente com nenhuma resistência, do Sena até o Somme, donde seguiram para o Marne e de lá rumaram para a fronteira com a Bélgica, através de um território famoso desde os tempos da Primeira Guerra Mundial. Apenas cem dias depois dos desembarques na Normandia, os exércitos aliados se concentravam em massa numa faixa de combate com 400 quilômetros de largura, de frente para a Linha Siegfried, tal como os americanos a chamavam — as linhas de defesa do pré-guerra recém-fortificadas que Hitler mandara construir na frente do Reno. A batalha pela conquista da França estava terminada; agora, começaria a batalha pela conquista da Alemanha.

Seria um conflito sangrento. Porquanto, mesmo enfraquecido, o exército alemão continuava a ser uma das mais notáveis forças na história dos exércitos. Para reduzir os custos do esmagamento dessa ainda imponente máquina de guerra, Carl Spaatz já havia iniciado uma grande campanha contra as fábricas de combustíveis, a principal fonte de subsistência da Wehrmacht.

A Guerra dos Combustíveis

Embora os aviões de bombardeio estratégico dos Estados Unidos tivessem permanecido sob o controle direto do comandante supremo dos Aliados até setembro, com a prioritária obrigação de apoiar a ofensiva terrestre, Eisenhower tinha dado a Spaatz alguma margem de manobra. Após o Dia D, Spaatz recebeu uma autorização por escrito[1063] para atacar centros de produção de combustíveis quando seus bombardeiros pudessem contar com favoráveis condições meteorológicas nos céus da Alemanha e não fossem necessários à Operação Balista e em operações de apoio de fogo aéreo aproximado à infantaria. Desse modo, a partir dos fins de junho, a Oitava Frota Aérea realizou uma série de gigantescas investidas de bombardeio contra instalações produtoras de combustíveis ao norte de Munique, enquanto a 15ª Frota Aérea prosseguiu com pesados ataques a Ploesti, além de lançar bombardeios contra fábricas de combustíveis no sul da Alemanha, na Áustria e na Hungria. Ao mesmo tempo, o Ministério da Aeronáutica Britânico ordenou que um queixoso Arthur Harris atacasse fábricas de gasolina sintética no Ruhr quando ele não estivesse reduzindo as cidades dessa região a cinzas e escombros. Harris continuava a ver bombardeios a instalações de produção de combustíveis como um fator de "desvio"[1064] da tarefa que considerava mais importante, ou seja, a de esmagar a resistência germânica. Embora, mais tarde, ele fosse admitir que a ofensiva contra os centros de produção de combustíveis acabou se revelando "um sucesso total", acrescentou: "Ainda acho que não era razoável, naquela época, esperar que a campanha fosse bem-sucedida; o que os estrategistas Aliados fizeram foi apostar num azarão, que por acaso acabou vencendo a corrida."

Pura bobagem. Spaatz não chegou nem perto de fazer uma aposta desse tipo. Interceptações de mensagens pelo ULTRA e relatórios do serviço secreto a que Harris tinha acesso na íntegra forneciam provas inequívocas de que bombardeiros dos Aliados tinham finalmente achado um alvo cuja destruição poderia ajudar a mudar os rumos da guerra na Europa.

Em abril de 1944, um mês antes de Spaatz ter iniciado sua campanha de bombardeios contra centros de produção de combustíveis, as fábricas de produção de combustíveis sintéticos da Alemanha continuavam praticamente intocadas pelas bombas dos Aliados. Fato realmente espantoso, dada a importância desse tipo de indústria e sua extrema vulnerabilidade a ataques

A ARMADILHA FATAL

aéreos. Esses centros de produção eram fábricas imensas que produziam com plena capacidade em áreas despovoadas, fora de perímetros urbanos, constituindo, portanto, alvos aparentemente ideais para ataques diurnos de bombardeiros equipados com as miras de bombardeio mais precisas inventadas até então. Todavia, mesmo depois de um ano e meio de custosas operações de bombardeio, estrategistas americanos especializados em alvos não conseguiram enxergar que esses locais eram muito mais importantes do que fábricas de rolamentos, as quais eram quase impossíveis de desativar, ou do que fábricas de aviões que tinham sido transferidas para lugares remotos e inteligentemente camuflados. Tampouco, por incrível que pareça, os estrategistas interaliados especializados em alvos se deram conta da íntima correlação entre a indústria de combustíveis sintéticos e a indústria de produtos químicos da Alemanha, as quais produziam todos os insumos usados na fabricação de explosivos.

Em 1943, o Comitê de Analistas de Operações (CAOS) de Hap Arnold, chefiado por Elihu Root, Jr., havia posto a campanha de bombardeios estratégicos contra indústrias de combustíveis em terceiro lugar em sua lista de alvos de suma importância, depois das fábricas de aviões e de rolamentos. Membros do CAOS não deram à destruição de indústrias de combustíveis a devida importância porque acreditavam, equivocadamente, que a Alemanha tinha um número suficiente de refinarias de reserva para amortecer o choque inicial dos bombardeios. Os membros do comitê achavam que uma ofensiva contra essas indústrias não produziria um impacto imediato no "poderio da linha de frente" inimiga[1065] tanto nos ares quanto em terra. Mas o general Spaatz, apoiado por seus próprios estrategistas de ataques a alvos, continuou a insistir na questão. Tivessem as Frotas Aéreas Estratégicas Americanas sido chefiadas por um comandante menos decidido ou por outro qualquer, compromissado com prioridades relacionadas a outro tipo de bombardeio, a campanha de ataques a fábricas de combustíveis, tardia então, teria corrido o risco de ser adiada e, com isso, de prolongar ainda mais a guerra.

Os americanos arcaram com o fardo[1066] da responsabilidade pela campanha de bombardeios contra fábricas de combustíveis, na qual poriam à prova, pela primeira vez de fato, a doutrina de guerra da Força Aérea, segundo a qual operações de bombardeio estratégico diurnas poderiam paralisar a economia alemã. Portanto, no verão daquele ano, seria o início da verdadeira campanha de bombardeios estratégicos. Ao longo da guerra inteira, as forças aéreas anglo-americanas lançaram mais de 1,4 milhão de toneladas de explosivos sobre a Alemanha nazista. Mais de setenta por cento[1067] dessa carga foi despejada sobre o inimigo depois de 1º de julho de 1944, uma parte relativamente pequena dela (cerca de 200 mil toneladas de bombas), mas de suma importância, sobre centros de produção de combustíveis. O ataque a fábricas de combustíveis, iniciado em maio de 1944, foi, nas palavras de Albert Speer, o "primeiro forte golpe"[1068] desferido na indústria alemã. O efeito na produção foi imediato e de amplas consequências. Tanto que, caso o governo não tomasse medidas de emergência para fortalecer as defesas aéreas das fábricas de produção de sintéticos, os alemães cairiam "numa situação de impossível solução no concernente ao fornecimento de combustíveis à Wehrmacht e ao país [...] por volta de setembro [...], fato que certamente produziria consequências trágicas",[1069] advertiu Speer a Hitler.

O petróleo é o sangue da guerra da era das máquinas. Nenhum Estado moderno é capaz de empreender conflitos com sucesso sem o fornecimento seguro e suficiente de derivados do petróleo, tanto no que se refere a combustíveis quanto a lubrificantes. A Alemanha iniciou a guerra na Europa numa precária situação em matéria de combustíveis e, dois anos depois, estava combatendo um verdadeiro gigante no que diz respeito à posse de recursos energéticos. Os Estados Unidos tinham iniciado a transição de sua matriz energética baseada na exploração do carvão para a do petróleo no início do século 20 e, por volta de 1939, derivados de petróleo eram responsáveis pela metade do total de seus recursos energéticos.[1070] Naquele ano, os Estados Unidos produziram vinte vezes mais petróleo do que a Alemanha faria no auge de sua produção dos tempos de guerra. Sozinha, a Califórnia produzia por exemplo mais petróleo do que a União Soviética, o maior produtor de petróleo da Europa na época. Para efeito de comparação, a Alemanha dependia da exploração do carvão para gerar noventa por cento da energia de que precisava.[1071] Mas as máquinas do Exército, de sua força aérea e de grande parte de sua Marinha eram movidas a derivados de petróleo. Era um problema sério, visto que seus campos de petróleo domésticos forneciam apenas sete por cento das necessidades de combustível do país.

Em setembro de 1939, o exército alemão invadiu a Polônia munido apenas de uma reserva de gasolina comum e de aviação suficiente para dois ou três

A ARMADILHA FATAL 457

meses.[1072] Na época, a Alemanha importava 70 por cento de seus combustíveis líquidos, fato esse que constituía uma vulnerabilidade alarmante para uma nação com ambições imperialistas. Contudo, Hitler conseguiu ampliar os estoques de petróleo germânicos e evitar uma crise de abastecimento de combustíveis durante a guerra ao se apossar dos campos petrolíferos das subjugadas Hungria e Áustria, bem como dos da Romênia,[1073] seu cliente-Estado e aliado do Eixo. Até meados de agosto de 1944, quando os campos de petróleo romeno foram finalmente postos fora de operação pelo Exército Vermelho e pela 15ª Frota Aérea, Ploesti continuou a ser a principal fonte de petróleo cru dos germanos, fornecendo quase 60 por cento das importações de petróleo do país. Todavia, antes mesmo dessa época, Hitler precisava pelo menos do triplo da capacidade de produção dos campos petrolíferos na bacia do Danúbio para prosseguir com seus esforços de guerra total.

A Alemanha amenizou seu problema de carência de recursos energéticos realizando uma verdadeira proeza alquímica no campo da química — transformando carvão, um recurso que ela tinha em abundância, em combustíveis sintéticos, dos quais sofria de uma insuficiência desesperadora. Assim, na véspera do lançamento da ofensiva americana contra as refinarias alemãs, a indústria petrolífera da Alemanha tinha conseguido uma tremenda reviravolta na produção de combustíveis derivados. O país estava produzindo então quase três quartos do total de combustíveis líquidos de que precisava, e seus estoques de gasolina de aviação e óleo diesel haviam aumentado muito. Isso se deveu quase totalmente à astronômica expansão, provocada pela guerra, de sua rede de indústrias de combustíveis sintéticos[1074] — um complexo industrial apoiado pelo Estado, formado por gigantescos centros petrolíferos administrados por empresários atuando em regime de empreendedorista solidariedade para com o programa de conquista territorial e limpeza racial do Fuhrer. Indústrias químicas, como a I. G. Farben, haviam expurgado de seus quadros todos os executivos judeus e estavam empregando um número cada vez maior de trabalhadores escravos trazidos de países conquistados e de campos de concentração, selecionados para eles por membros da SS. (A I. G. Farben construiu uma de suas fábricas de produção de combustíveis sintéticos e borracha na Polônia, ao lado da usina de assassinatos em massa de Auschwitz.) Já em setembro de 1944, um terço dos trabalhadores da indústria de combustíveis era formado por escravos. E, muito antes disso, a outrora independente indústria petrolífera havia sido transformada num

458 MESTRES DO AR

instrumento militar da belicosa nação do Fuhrer, um conglomerado voltado para a produção de guerra controlado pelo ministro da Produção de Armamentos e Munições do Reich Albert Speer.[1075]

A maior parte dos combustíveis sintéticos da Alemanha era produzida em fábricas de hidrogenação do carvão que usavam o processo de Bergius,[1076] assim designado em homenagem a seu inventor, Friedrich Bergius, químico ganhador de um Prêmio Nobel. Engenheiros químicos submetiam hidrogênio a condições de elevada pressão e altíssima temperatura para, na presença de um catalisador, converter linhita em gasolina e combustível de aviação de alta qualidade, usados em tanques de aviões de guerra. No primeiro trimestre de 1944, fábricas de combustíveis sintéticos localizadas perto de ricos depósitos de carvão no Ruhr, na Silésia e na região central da Alemanha, próximo a Leipzig, produziam mais da metade do total das reservas de óleo do país, 85 por cento[1077] de seu combustível de alta qualidade para motores a explosão e quase toda a sua gasolina de aviação. Até hoje, nenhuma indústria de combustíveis sintéticos consegue aproximar-se do pico de produção de guerra da indústria alemã então.

Para os Aliados, a rápida expansão da indústria de combustíveis alemã poderia gerar dolorosas consequências. Poucos meses depois que a indústria de combustíveis germânica chegou ao auge da produção, Albert Speer anunciou que a fabricação de aviões de caça havia atingido a maior alta da história. Se as fábricas de combustíveis não tivessem sido bombardeadas justamente num momento de grande importância na guerra para os alemães — no curto tempo entre maio de 1944, quando os germanos alcançaram o ápice na produção de combustíveis, e setembro de 1944, quando quantidades colossais de caças inimigos foram levadas das fábricas para a frente de combate —, essas novas aeronaves, incluindo aviões a jato, estariam operando nos céus da Europa todos os dias. Todavia, sem os experientes pilotos que a Luftwaffe perdera tempos antes na guerra, a Alemanha jamais poderia ter reconquistado a supremacia aérea. Mas frotas de aviões de combate operados por pilotos treinados às pressas teriam tornado a destruição da economia de guerra alemã mais demorada e onerosa para os bombardeiros dos Aliados.

A Alemanha da época da guerra era um império da química industrial edificado à base de carvão,[1078] gases e água. Essas três matérias-primas básicas constituíam os fundamentos de um processo químico — quase

A ARMADILHA FATAL

sempre concentrado numa única fábrica —, que usava gases derivados de carvão para produzir não apenas combustíveis líquidos, mas 99 por cento da borracha sintética e quase todo o seu metanol artificial, a sua amônia sintética e o seu ácido nítrico (insumos básicos usados na fabricação de explosivos bélicos). Este era, para os Aliados, o prêmio invisível de sua campanha de bombardeios contra instalações produtoras de combustíveis sintéticos: toda vez que os bombardeiros americanos destruíam fábricas de hidrogenação — as imensas instalações de Leuna,[1079] perto de Merseburgo, e uma fábrica muito menor em Ludwigshafen —, a Alemanha perdia instantaneamente 63 por cento de seu nitrogênio sintético, 40 por cento de seu metanol sintético e 65 por cento de sua borracha artificial. Somente depois da guerra, os britânicos e os americanos se deram plena conta da indissociável correlação entre as fábricas de combustíveis sintéticos e de produtos químicos da Alemanha,[1080] quando seus agentes interrogaram ministros e empresários do país. Essa foi uma das mais deploráveis falhas do serviço secreto interaliado durante a guerra, falha ainda mais surpreendente pelo fato de que empresas petrolíferas americanas ajudaram a construir, em fins da década de 1920, a então embrionária indústria de combustíveis sintéticos dos alemães, época em que a I. G. Farben inaugurou suas instalações em Leuna, a primeira fábrica a testar o processo de Bergius. Falhas nas operações do serviço secreto resultaram na perda de aviões e tripulações em bombardeios a refinarias petrolíferas, que eram muito menos importantes do que fábricas de combustíveis sintéticos e suas instalações que produziam produtos químicos e derivados.

Embora as fábricas de produção de recursos energéticos sintéticos da Alemanha estivessem espalhadas por todo o território do Reich, uma grande parcela de sua produção de petróleo estava concentrada[1081] num pequeno grupo de usinas de hidrogenação pelo método de Bergius, grupo que constituía a única fonte de gasolina de aviação de alta octanagem dos tedescos e a maior parte de seus combustíveis para motores. Quase um terço da produção pelo processo de Bergius se concentrava em apenas duas fábricas: a de Leuna e a de Politz, na Alta Silésia, enquanto outra parcela, superior a um terço, era fornecida por outras cinco fábricas. Num período anterior da guerra, Speer vivia tomado de um medo mortal diante da possibilidade de que os estados-maiores das forças aéreas dos Aliados decidissem bombardear fábricas de produtos sintéticos alemãs territorialmente agrupadas de forma bastante perigosa — fábricas que eram grandes e complexas demais para serem espalhadas pelo território do Reich. Quando essas fábricas acabaram sendo bombardeadas de fato, Hitler repreendeu publicamente a Karl Krauch, da I. B. Farben e ministro-chefe de seu programa de planejamento e fomento da indústria química, por ter organizado a indústria como se para atrair sobre si mesma ataques destruidores do céu. No entanto, foi o próprio Hitler que incentivou a integração econômica que tornou a produção de materiais sintéticos da Alemanha um processo de incrível eficiência; e ele não tinha feito nada para desencorajar Hermann Göring em sua equivocada atitude de depositar confiança na capacidade da Luftwaffe de proteger essas fábricas contra bombardeios aéreos aniquiladores.

Quando os ataques americanos começaram, Speer tremeu nas bases, achando que poderiam ser os primeiros ataques súbitos e devastadores de uma "longamente esperada e temida"[1082] ofensiva contra um único tipo de indústria. Felizmente para a Alemanha, não eram. Por ordens de Sir Arthur Tedder, os bombardeiros americanos continuaram a atirar a maior parte de suas cargas explosivas contra outros alvos. Depois da guerra, Speer disse a interrogadores americanos que "a ofensiva com força máxima contra as fábricas de produtos sintéticos realizada pelas frotas aéreas conjuntas da Inglaterra e dos Estados Unidos — investidas de bombardeio executadas a pequenos intervalos entre si, dia e noite, sem cessar — poderia levar, por si só, a Alemanha a render-se [...] em oito semanas".[1083]

É pouco provável que isso acontecesse. Afinal, essa guerra, tal como todas as outras, tinha que ser vencida no solo também, mas, com certeza, ataques de uma constância maior, realizados meses antes, contra indústrias de combustíveis sintéticos teriam encurtado, em vários meses, a duração da guerra na linha de combate ocidental.

As Frotas Aéreas Estratégicas dos EUA realizariam 347 bombardeios contra essas indústrias, e o Comando de Bombardeiros Britânico, outros 158. Os principais alvos da Oitava Frota Aérea eram a fábrica de Leuna, situada a quase 5 quilômetros do centro de Merseburgo e a 145 quilômetros a sudoeste de Berlim, e até o complexo industrial maior, em Politz, na região carbonífera da Alta Silésia, situada a 112 quilômetros a nordeste da capital. Juntas, essas instalações geravam mais de um terço da produção germana de combustíveis líquidos pelo método de Bergius.[1084]

A fábrica de Leuna era um poderoso complexo da indústria bélica alemã. Exemplo perfeito da capacidade quase mágica, sobrenatural, da indústria

A ARMADILHA FATAL 461

química germânica, ela produzia gasolina para a Luftwaffe, lubrificantes para os tanques de guerra Tiger, borracha para as divisões motorizadas de Hitler e explosivos para quase todas as unidades blindadas e de artilharia alemãs. Quase uma cidade em si, com dependências que se estendiam sobre uma aérea de 8 quilômetros quadrados e empregando 35 mil trabalhadores — dez mil deles prisioneiros ou trabalhadores escravos —, era a segunda maior fábrica de produtos sintéticos do Reich e também o segundo maior centro de fabricação de produtos químicos. A indústria era alimentada com milhões de toneladas de linhita, extraída pelo método de escavação superficial das minas locais, e bilhões de galões de água eram bombeados para dentro de seu complexo de máquinas — um verdadeiro labirinto eletromecânico com quase 3 quilômetros de extensão — do sistema de abastecimento da própria fábrica. Centenas de quilômetros de cabos e fiação, linhas ferroviárias e encanamentos suspensos se entrelaçavam para formar o intricado estrutural de seus 250 edifícios. A destruição de qualquer parte dessa interligada infraestrutura de transportes e serviços poderia paralisar esse colosso industrial inteiro, fato que tornava Leuna, tal como outras fábricas de produtos sintéticos, muito vulnerável a ataques aéreos — aliás, quase indefensável, em razão das próprias características.

Durante dez meses, entre 14 de maio de 1944 e 5 de abril de 1945, ao todo, 6.630 bombardeiros americanos tentaram fazer com que Leuna interrompesse suas atividades. Essa operação foi, nas palavras de um escritor, "a mais encarniçada batalha de vida ou morte da história que uma força aérea ousou travar".[1085] Com seu tamanho enorme e características singulares, Leuna deveria ter sido fácil de avistar de uma altitude de 6 mil metros em dias de céus sem nuvens. Às primeiras tripulações americanas enviadas para atacá-la disseram que ela podia ser identificada pela localização de seus pátios de manobras ferroviárias, que se espraiavam para o Ocidente a partir de seus portões e pelas treze chaminés flamejantes, cada uma delas com cerca de 30 metros de altura. Porém, durante a investida de bombardeio, num céu de meio-dia transformado em noite pelas negras fumaças de camuflagem impregnadas de óleo, expelidas por centenas de pequenos fornos, era difícil para os pilotos americanos enxergarem até mesmo as pontas das asas de seus próprios aviões.

À medida que as incursões de bombardeio foram ficando piores para os alemães, sua capacidade de dissimulação e suas defesas melhoraram. Assim, os germânicos montaram chamarizes na forma de grandes edificações industriais de mentirinha do lado de fora das dependências da fábrica, os quais, amiudadas vezes, sofriam intensos bombardeios, como se fossem reais. O maior problema para as tripulações de bombardeiros, contudo, era o anel de canhões antiaéreos instalado ao redor da fábrica, sistema que constituía umas das mais cerradas barreiras de fogos antiaéreos do mundo — tanto assim que, em três diferentes investidas de bombardeio, a Oitava perdeu 119 aviões e nenhuma de suas bombas caiu na fábrica de Leuna.

Mais de dezenove mil trabalhadores da fábrica de Leuna eram membros de uma organização de proteção contra bombardeios aéreos muito bem-preparados, equipados com seiscentos canhões de mira guiada por radar. Com um número suficiente de aviões de combate da Luftwaffe estacionados nas proximidades para oporem uma firme, se bem que esporádica, resistência aos ataques inimigos, Leuna se tornou o alvo industrial com o mais sólido sistema de defesa da Europa.

Meses antes, Hitler tinha ampliado o número de componentes do sistema de defesa antiaéreo do país para quase um milhão, transferindo para o Reich soldados da linha de frente oriental e o engrossando com estudantes do ensino médio, mulheres e prisioneiros de guerra soviéticos. A essa altura, a Alemanha contava com um arsenal de 13.200 canhões de artilharia antiaérea pesada.[1086] A maioria dos operadores de canhões antiaéreos era postada em baterias com algo entre seis e doze peças de artilharia. Ao redor de Leuna e de vários outros centros de fabricação de produtos sintéticos vistos como possíveis alvos pelo inimigo, Speer mandou instalar Grandes Baterias cada uma delas equipadas com até 36 canhões capazes de lançar fogos de barragem ou tiros de "enjaulamento" em áreas do céu previamente assinaladas pelo comandante dos operadores das peças. Desse modo, já a partir das investidas de bombardeio contra as fábricas no verão, a Oitava Frota Aérea perderia, nos contra-ataques dessas baterias, um número de bombardeiros vinte vezes maior do que o dos perdidos nos ataques de aviões de caça germânicos. Enquanto, no primeiro ano da guerra aérea, fogos antiaéreos responderam por quarenta por cento dos ferimentos sofridos pelos aeronautas da Oitava Frota Aérea, sistemas de defesa antiaérea foram a causa de 71 por cento dos ferimentos[1087] provocados durante a guerra inteira.

Artilharia antiaérea era uma forma de defesa de uma ineficiência grosseira.[1088] Tanto que peças desse tipo de armamento, como a mais nova versão do canhão de 88 milímetros da época, precisavam efetuar, em média, 8.500 disparos para derrubar um único bombardeiro. Apesar disso, do ponto de vista psicológico, eram armas de uma eficiência arrasadora, projetadas para abalar o espírito das tripulações e prejudicar a precisão dos bombardeios. No verão e no começo do outono de 1944, a Alemanha ainda tinha munição suficiente para saturar com fogos os céus acima de suas fábricas de produtos sintéticos e conseguiu mutilar e matar grandes números de aeronautas dos Aliados. Até o fim da guerra, os operadores de canhões antiaéreos alemães derrubariam 5.400 aviões americanos,[1089] em comparação com os 4.300 abatidos pelos caças tedescos. Merseburgo, ou "Burgo-Sem-Mercê",* tal como zombeteiros, alguns aeronautas começaram a designar a localidade, tornou-se o destino mais perigoso na "terra dos condenados".[1090]

"Ainda me lembro[1091] da ameaçadora nuvem de fumaça negra formada pelas explosões de projéteis antiaéreos no céu, que se sucediam enquanto nos aproximávamos do alvo naquele dia", contou o copiloto de B-17s Tom Landry, mais tarde o principal técnico do time de futebol americano Dallas Cowboys. "E ainda me lembro do sentimento de impotência e desânimo que experimentei enquanto seguíamos o líder do esquadrão na direção do coração daquela nuvem." Quando se deparou com uma verdadeira muralha de fogos antiaéreos, o general de brigada Gordon P. Saville se lembrou da famosa observação de Laurence Kuter feita na Escola Superior de Técnicas de Guerra Aérea do Corpo de Aviação antes da guerra. "Embora os fogos antiaéreos do inimigo possam ser irritantes, não devemos nos preocupar com eles."[1092]

"Na região sobre a fábrica de produtos sintéticos, o céu parecia um quadro surrealista de Hieronymus Bosch**",[1093] comparou Ben Smith, radioperador- -metralhador dos Hell's Angels. "Havia ali uma cortina de fumaça tão espessa quanto a de uma floresta inteira em chamas. [...] Longas esteiras de

---

* É que a pronúncia rápida do termo em inglês — Merseburg (que pode significar, lite- ralmente e segundo a intenção zombeteira dos aeronautas americanos da ocasião, *burgo, cidade de Merse*) — se parece com a de um termo jocoso composto por eles — *Merselessburg* (*Burgo sem 'Merse'*) —, imaginosamente formado pelo adjetivo inglês *merciless* (*sem mercê, sem perdão, implacável*) e o substantivo *burgh* (*burgo, cidade*), obtendo-se assim o fictício *Mercilessburgh*, alusão aos implacáveis ataques antiaéreos que as aeronaves incursoras dos ianques sofriam nos bombardeios à cidade. [N. do T.]
** Pintor Holandês do século XV e XVI que se destacou na mistura de figuras humanas nuas e animais fantásticos. [N. do R.]

fumaça, aviões caindo, tanto bombardeiros quanto caças. Paraquedas sara-pintavam a estranha paisagem celeste como flores silvestres desabrochando aleatoriamente nos campos." Enquanto alguns combatentes recorriam a preces, rogando a Deus que os ajudasse a atravessarem os campos celestes saturados de fogos antiaéreos, Smith achou que o melhor recurso era pra-guejar — disparar "saraivadas ininterruptas de palavrões". É que ele julgava impossível obter consolo e proteção de um Deus que enviava homens bons para a morte a bordo de aviões em chamas.

Aeronaves atingidas por tiros antiaéreos tinham mais chance de con-seguir voltar para as bases do que os castigados pelos caças de combate, mas isso patenteava um pouco mais o caráter atroz das batalhas aéreas, aumentando ainda mais a ansiedade das tripulações. Alguns bombardeiros aterrissavam com algo entre duzentas e trezentas perfurações na fuselagem e com membros de tripulações num estado pior do que o de seus próprios aviões: braços e rótulas decepados, olhos arrancados das órbitas, troncos com rasgões tão grandes e profundos que médicos da aeronáutica conse-guiam ver os pulmões de aeronautas mortos. Com o declínio da Luftwaffe, o porcentual de bombardeiros perdidos em investidas aéreas diminuiu, mas combatentes ainda morriam aos montes. "Toda vez que voltávamos de uma missão difícil",[1094] escreveu Bert Stiles, "tínhamos que modificar a escalação de nosso time de softbol e, certa vez, tivemos que procurar um novo jogador central".

Os ataques antiaéreos tinham um efeito insidioso sobre o psiquismo dos aeronautas; faziam com que caíssem num estado de impotência total — es-tresse incapacitante,[1095] no jargão dos médicos da Força Aérea. Frustrados, metralhadores atiravam nas explosões dos projéteis antiaéreos. E ninguém achava que eles estavam loucos.

A lealdade entre os membros de tripulações era o fator mais importante na baixa incidência de crises nervosas causadas em missões de combate aéreo. Contudo, era mais difícil para algumas tripulações manterem os laços de lealdade quando enfrentavam fogos antiaéreos em vez de ataques de caças. As crises provocadas nos combates impediam que os integrantes da tripulação do avião de Bert Stiles preservassem a coesão de seus laços de solidariedade, ao contrário do que ele torcia para que acontecesse. "Nos velhos tempos anteriores à cobertura dos caças de escolta [...], as tripulações tinham que procurar conhecer-se e tentar confiar umas nas outras para que

A ARMADILHA FATAL   465

se ajudassem a vencer as dificuldades e voltar para as bases",[1096] escreveu Stiles. Os aeronautas tinham que trabalhar em equipe, ajudando a localizar caças se aproximando ou arremetidas de ataque e informando as posições deles aos metralhadores. "Agora, quase sempre, era mais que tudo uma questão de sorte."

Alguns aeronautas que ainda estavam participando das missões de combate naquele verão haviam tido a oportunidade de saber como eram as coisas em 1943. Um deles era o segundo-sargento Eugene "Wing Ding" Carson, que servira como metralhador de cauda no 388º Grupo de Bombardeiros quando a guerra aérea se achava em sua fase mais crítica. Carson participara daquela que achava que seria sua última missão em fins do inverno de 1944, mas, depois que voltou para Mt. Pocono, Pensilvânia, onde passou a exercer a função de instrutor de operadores de metralhadora, acabou convencendo seus superiores a engajá-lo em uma nova unidade, o 92º Grupo de Bombardeiros, para novo período de serviço ativo na Europa. Ele resolveu voltar para a guerra porque soubera que o avião de seu irmão gêmeo, John, a serviço na 15ª Frota Aérea, tinha sido derrubado nos céus de Atenas e, segundo informaram, ele tinha morrido. Acontece que "Wing Ding" se recusava a acreditar nisso; portanto, queria voltar para a Europa e descobrir o que ocorrera de fato com John.

Mesmo com a Luftwaffe arruinada, Carson viu o moral de suas tripulações baixar outra vez no verão de 1944, depois que estivera em alta próximo ao Dia D. Os fogos antiaéreos do inimigo tinham muito a ver com isso, mas também o grande cansaço da tropa. Embora as condições meteorológicas nos céus alemães estivessem extraordinariamente danosas naquele verão, a Oitava participou de missões quase todos os dias — 28 em junho, 27 em julho, 23 em agosto —, num ritmo cruel. Naqueles três meses de operações, a frota perdeu 1.022 bombardeiros pesados,[1097] quase a metade de sua força de combate, juntamente com 665 caças dos novecentos que ela sempre tinha à disposição. Mesmo com uma taxa menor de perdas, de 1,5 por cento por surtida em cada trinta missões de ataque com bombardeiros pesados, comparada à taxa de 3,6 por cento de abril, o aeronauta tinha ainda mais de uma chance em três de ser morto ou capturado antes que concluísse seu tempo de serviço.[1098] O único consolo desses combatentes estava no fato de que missões mais frequentes os deixavam cada vez mais perto da chance de voltar para casa. Porém, os aeronautas tiveram de fato algum alívio no fim de agosto, quando as escolas de preparação de aeronautas nos Estados Unidos passaram finalmente a conseguir fornecer duas tripulações para cada avião.

No entanto, para aeronautas como Ben Smith, isso não era nenhum consolo, já que se sentia, quase todos os dias, mais morto do que vivo. Em questão de meses, o alegre jovem da Geórgia tinha se transformado num sujeito "cínico, impiedoso e frio como mármore".[1099] Não conseguia mais pensar nas coisas do lar e na família; chegou até a parar de enviar cartas aos familiares, ignorando suas missivas suplicantes por notícias. "Eu havia perdido toda sensibilidade", contou ele. "Ensinei a mim mesmo a não me sensibilizar com mais nada [...]. Eu tinha me coberto com uma crosta de insensibilidade, e livrar-me dela não foi fácil."

Os que visitavam as bases notavam que havia algo de errado com esses jovens. Percebiam que a maioria deles era "taciturna, irritadiça e mal-humorada". E vários deles bebiam muito, viviam para o presente e se preocupavam apenas com ele; não tinham as amplas e variegadas perspectivas e os grandes sonhos da maioria dos rapazes da idade deles. Já seus substitutos chegavam animados e ansiosos para terem um bom desempenho, mas, geralmente, isso durava menos de uma semana. Em pouco tempo, eles também passavam a apresentar aquele "aspecto".

Certa noite, Ben Smith entrou numa partida de vôlei já em andamento. Foi a experiência mais estranha que ele teve na vida. No jogo, ninguém ria, ninguém gritava, ninguém emitia um som sequer. "A partida inteira foi disputada em silêncio."

Nas investidas a Merseburgo, os bombardeios pareciam tão incertos quanto o jogo de vida ou morte no minado campo celeste trovejando com explosões de projéteis antiaéreos. Afinal, como poderiam destruir um alvo que não conseguiam ver? Porquanto os céus sobre Leuna ficavam tão tenebrosos com a explosão de fogos antiaéreos, as nuvens escuras lançadas pelos tubos de fumaça defensiva dos alemães e os gases dos tanques de combustível incendiados, "que ficávamos sem saber se nossas bombas estavam caindo perto do alvo ou não",[1100] relatou Tom Landry. Estudos feitos pela Força Aérea depois da guerra[1101] demonstrariam que os dois alvos industriais mais difíceis de atingir no Teatro de Operações de Guerra Europeu eram os dois maiores objetivos visados pelos Aliados: fábricas de produtos sintéticos e refinarias de petróleo. Apenas 29 por cento das bombas lançadas contra Leuna em dias

A ARMADILHA FATAL

claros caíram dentro dos portões da fábrica; já nas investidas de bombardeio guiadas por radar esse número caía para 5,1 por cento. Além disso, uma em cada sete[1102] bombas lançadas não explodia, quase sempre por causa de detonadores defeituosos, e um em cada dez desses artefatos caía em instalações usadas como despistadores ou em terrenos baldios. A precisão dos ataques era prejudicada por condições climáticas ruins, falhas humanas e mecânicas e sólidas defesas inimigas — munidas com mais canhões pesados do que o total desses armamentos usados para proteger cidades como Munique e Frankfurt. Em muitas missões, mesmo com os céus cobertos de bombardeiros, os aeronautas não conseguiam matar ou ferir um único trabalhador numa gigantesca fábrica de produtos sintéticos. Depois que a primeira investida de bombardeio a Leuna matou 126 trabalhadores, os dirigentes da fábrica mandaram construir mais abrigos antiaéreos e com estruturas mais reforçadas. Com isso, em 21 investidas de ataque subsequentes, os americanos conseguiram matar apenas mais 175 trabalhadores.

Os equipamentos da fábrica eram ainda bem mais protegidos do que seus trabalhadores. Tanques de armazenagem eram forrados internamente com concreto reforçado, e os compressores e outros maquinários móveis de importância vital ficavam protegidos por paredes à prova de explosões engenhosamente construídas, impenetráveis pelas bombas de 114 ou 136 quilos, as preferidas pelos americanos. Desse modo, até nas missões mais bem-sucedidas, apenas um ou dois por cento das bombas norte-americanas caíam de fato em cima de maquinismos essenciais da fábrica. Só que esses ataques afortunados não lhes causavam quase nenhum dano.

A RAF visitava Leuna com menos frequência do que a Oitava, mas, com suas bombas de 900 e 1.800 quilos, capazes de perfurar essas paredes à prova de explosões, causava mais destruição a tanques de armazenagem e a importantes estruturas. Contudo, especialistas em bombardeios americanos continuavam a insistir na ideia de que era mais eficaz usar bombas mais leves em maior quantidade do que lançar sobre o inimigo os "biscoitões" preferidos pelo Harris Balista. O preço desse erro de cálculo foi a perda de vidas. Por causa disso, tripulações de bombardeiros americanos tinham que voltar repetidas vezes ao mesmo alvo para destruí-lo, prática que teria deixado horrorizado Curtis LeMay — que por sua vez se encontrava no Extremo Oriente comandando tripulações responsáveis por operar as novas Superfortalezas B-29.

468 MESTRES DO AR

Ademais, o lançamento de bombas menores facilitava o trabalho das turmas alemãs de combate a incêndios, pois, com esses ataques, os incêndios eram menos intensos e não duravam muito, e o corpo de bombeiros de Luna, formado por cinco mil homens e mulheres, enfrentava pouca dificuldade para extingui-los. Já reparos eram mais difíceis, mas exequíveis, pelo menos no início da campanha de bombardeios contra a fábrica. Depois dos primeiros bombardeios americanos contra as fábricas de produtos sintéticos, Speer designou Edmund Geilenberg, seu confiável adjunto, para ocupar um cargo recém-criado então, o de comissário geral de medidas de emergência. Suas instruções ao empossado não poderiam ter sido mais explícitas. Speer disse a ele que, "para que prosseguissem com o esforço de guerra de forma eficiente",[1103] os alemães dependiam da "reconstrução dessas fábricas". Assim, Geilenberg usou seus poderes ditatoriais para requisitar o envio de equipes de manutenção e reparo para as fábricas bombardeadas. Em Berlim, a palavra de ordem era "tudo em prol da produção de sintéticos". Porém, com sua decisão de transferir trabalhadores da indústria aeronáutica e de munições, juntamente com sete mil engenheiros das forças armadas, ele enfraqueceu outras partes do aparato de guerra germânico. Já em fins do outono de 1944, Geilenberg havia formado um exército de 350 mil trabalhadores apenas para efetuar reparos em fábricas de sintéticos.[1104] A Alemanha tinha, ao todo, 1,5 milhão de pessoas empregadas em sistemas de defesa antiaérea e serviços de reparos, um desvio de sua força de trabalho que exerceu um danoso impacto sobre sua produção de guerra.

Durante a maior parte do verão, uma combinação de tempo ruim com outras prioridades de bombardeio impediu que a Oitava Frota Aérea realizasse frequentes investidas complementares contra as fábricas de produtos sintéticos alemãs. Isso deu tempo a Geilenberg para que conseguisse fazer com que as fábricas voltassem a produzir, se bem que ao ritmo de apenas um terço de sua anterior capacidade. Trabalhando com um frenesi estonteante e sob os grilhões de uma disciplina férrea, as turmas de reparos de Geilenberg conseguiram estimular as fábricas de hidrogenação menores, num intervalo de quatro a seis semanas, a voltarem a operar com quase toda a sua capacidade de produção. Geralmente, esse feito dava às fábricas recuperadas duas semanas de produção antes do bombardeio aéreo seguinte e do novo ciclo de reparos.

Tempos depois no verão, os ataques aéreos passaram a ser realizados de forma que coincidissem com a retomada da produção, da qual os Aliados

A ARMADILHA FATAL 469

ficavam sabendo com missões de reconhecimento aéreo mais frequentes. Além disso, os oficiais de operações bélicas da Força Aérea fizeram mais uma correção no plano dessas operações. Para compensar a imprecisão dos ataques, a Oitava começou a lançar sobre as fábricas bombardeios de saturação com explosivos, na esperança de conseguir alguns golpes certeiros.

Essa decisão foi a grande jogada no esforço de guerra dos Aliados; o método de ataque que faria com que a indústria de produtos sintéticos germânica acabasse paralisada de uma vez por todas:[1105] a realização de implacáveis bombardeios rolantes, ataques que causavam destruição simultânea em algumas fábricas. Desse modo, uma após a outra, as fábricas alemãs seriam mortalmente feridas. Contudo, a fábrica bombardeada não sucumbia ante um único golpe a um de seus órgãos vitais — seus compressores de gás ou fábricas de purificação de gases —, mas por meio de ataques sucessivos contra sua rede de distribuição de energia — seu sistema nervoso — e contra seus principais sistemas de tubulações distribuidoras de água e gás — suas veias e artérias —, partes do organismo fabril sistematicamente interligadas, sem as quais ela não podia funcionar.

Era uma corrida, conforme observado por Speer, entre o "concreto" e as "bombas".[1106] Já no fim do verão, o acúmulo constante dos efeitos decorrentes dos danos causados pelas bombas começou a afetar o desempenho das forças de manutenção e reparos, mantendo em meros nove por cento a média mensal do total da capacidade de produção industrial de cada uma das fábricas[1107]. E o efeito sobre a fabricação de produtos químicos "foi igualmente grave",[1108] disse Speer após a guerra. Os bombardeios aéreos estavam causando "danos tão grandes aos sistemas de tubulação das fábricas de produtos químicos",[1109] informou Speer, "que não era mais necessário que fossem alvo de ataques diretos para que sofressem grandes estragos. Bastavam as concussões das bombas explodindo nas proximidades para provocar vazamentos em toda parte. Era quase impossível efetuar reparos". O resultado disso foi uma lenta devastação das fábricas. Uma Força Aérea criada para realizar bombardeios de precisão conquistou sua maior vitória recorrendo a bombardeios rolantes.

A vitória na Batalha de Leuna custaria à Oitava Frota Aérea a perda de 1.280 aeronautas. Embora Leuna fosse voltar a desfrutar de um novo e curto período de vida no começo do outono, os ataques do verão danificariam a fábrica de forma irreversível. Na Primeira Guerra Mundial, um sufocante bloqueio naval dos Aliados havia ajudado a lançar por terra o poderio germânico. Um quarto de século depois, bombardeiros dos Aliados impuseram um bloqueio aéreo à Alemanha, o que acabou liquidando de vez a já então debilitada Luftwaffe, além de reduzir gravemente a capacidade de mobilização de seu exército. Depois de junho de 1944, durante o restante da guerra, a produção de combustível de aviação dos alemães foi de 197 mil toneladas,[1110] pouco acima do equivalente ao consumo de um mês no período anterior aos bombardeios. E, em setembro, a importação de petróleo da Romênia pelos alemães parou.

Em ataques que lhe custaram a perda de 230 bombardeiros pesados, a 15ª Frota Aérea, auxiliada pela RAF, havia reduzido a produção dos campos petrolíferos de Ploesti[1111] em 90 por cento na época quando, em 30 de agosto de 1944, o Exército Vermelho ocupou as ruínas fumegantes do gigantesco complexo petrolífero. Nesses bombardeios de aviões partindo de primitivas bases do sul da Itália, a 15ª teve uma taxa de perdas muito maior do que a Oitava durante todo o verão de 1944.

A mídia americana não deu a devida importância ao heroísmo das tripulações da 15ª Frota Aérea, não publicando nenhuma reportagem de primeira página com suas façanhas. Já as ações da Oitava, a queridinha dos jornalistas dos principais tabloides londrinos, ganharam as manchetes da imprensa, fato que levou os aeronautas da 15ª a criar uma cantiga de protesto, entoada com a melodia de *As Time Goes By*:

> *It's still the same old Story*
> [É a mesma velha história:]
> *The Eighth gets all the glory*
> [Só a Oitava leva os louros da glória]
> *While we go out to die*
> [Enquanto saímos para morrer}
> *The fundamental things apply*
> [É sempre o que acontece]
> *As flak goes by.*
> [Quando o antiaéreo aparece, só com ela o inimigo fenece.]

Auschwitz

Naquele verão, a 15ª Frota Aérea vinha atacando centros de produção de combustível na Polônia também. Em 7 de julho, ela bombardeou Blechhammer, uma petrolífera situada a 64 quilômetros a noroeste de Auschwitz, e, em 20 de agosto,[1112] realizou a primeira de três investidas de bombardeio à fábrica de combustíveis sintéticos e borracha da I. G. Farben perto de Monowitz, um campo de prisioneiros que fornecia trabalhadores escravos à fábrica da Farben. Monowitz-Buna, tal como a chamavam, era parte de um enorme complexo de campos de concentração de Auschwitz e ficava a menos de 8 quilômetros da principal usina de assassinatos nazista, Auschwitz II, ou Birkenau, local que abrigava as câmaras de gás e os crematórios. "Oficiais costumavam orientar os grupos de bombardeiros a manterem seus ataques longe dos campos de concentração e de prisioneiros de guerra",[1113] declarou Milt Groban, um navegador-bombardeador por guiamento de radar participante da missão em 20 de agosto. Oficiais seletores de alvos não queriam que suas tripulações matassem ou ferissem soldados e cidadãos inocentes prisioneiros dos nazistas.

Nem Groban ou tampouco algum outro participante daquela missão de agosto sabia que Auschwitz era o mais notório dos campos de extermínio de Hitler. Também não sabiam as tripulações que, naquela época, líderes judeus e grupos de resistência europeus estavam pressionando os governos da Grã-Bretanha e dos Estados Unidos a bombardearem a máquina de assassinatos de Birkenau. Tivessem eles feito isso e, por conseguinte, milhares de prisioneiros houvessem morrido, essa operação teria gerado uma das maiores controvérsias morais da guerra. De certo modo, a posterior decisão de não bombardearem Birkenau provocou uma acalorada controvérsia pública que,[1114] até hoje, não dá nenhum sinal de que um dia arrefecerá.

Em maio de 1944, dirigentes nazistas da Hungria, liderados por Adolf Eichmann, chefe da "seção judia" da SS, começou a arrebanhar e enviar para Auschwitz a população de judeus do país inteiro. A essa altura, os nazistas tinham assassinado mais de cinco milhões de judeus europeus, e Auschwitz era um de apenas dois campos de extermínio que continuavam em operação na Polônia. Informações sobre as deportações de judeus húngaros, juntamente com o resumo de um detalhado relatório informando as condições no interior das dependências de Auschwitz, elaborado por dois

472 MESTRES DO AR

recentes fugitivos então, chegaram a Londres e a Washington em junho e no começo de julho. O episódio levou judeus e grupos de resistência com escritórios em Londres a implorarem ao governo britânico que bombardeasse estações de integração ferroviária entre a Hungria e Auschwitz, além dos crematórios e as câmaras de gás em Birkenau.

Já na primeira semana de julho, 434 mil judeus húngaros tinham sido enviados para Auschwitz e quase 90 por cento deles haviam sido assassinados. Alarmado, Churchill, que considerava a Solução Final, programa de extermínio dos judeus de Hitler, "o maior e mais terrível crime cometido em toda a história da humanidade",[1115] instruiu seu Estado-Maior da Aeronáutica a estudar a possibilidade de bombardear as câmaras de gás. Detonar as ferrovias ligando Budapeste a Auschwitz não surtiria efeitos consideráveis, pois elas poderiam ser reparadas rapidamente, mas bombardear o campo em si, uma medida extrema, por sinal, poderia convencer os dirigentes do governo-fantoche na Hungria a parar com as deportações. Em 15 de julho, depois de um estudo nada sistemático, o ministro da Aeronáutica Britânico, Archibald Sinclair, informou que a distância era "grande demais para que o ataque fosse realizado à noite".[1116] Mas Sinclair sugeriu que "apresentassem a proposta aos americanos [...] para ver se eles estariam preparados para tentar" realizar a tarefa. Ele acrescentou, porém: "Duvido muito que, depois que a tiverem analisado, os americanos a acharão exequível."

Ele tinha razão. Apelos de grupos de resistência clandestinos europeus,[1117] para que se lançassem bombardeios contra o campo e as estradas de ferro que levavam prisioneiros para lá já tinham sido entregues ao Ministério da Guerra americano por representantes na Suíça do Conselho de Refugiados de Guerra, criado por Roosevelt para auxiliar judeus vítimas dos nazistas. John J. McCloy, o vice-ministro da Guerra, encarregado das relações entre a comunidade civil e as forças militares norte-americanas, asseverou que lançar um bombardeio contra o campo exigiria o "desvio de um número considerável[1118] de elementos do sistema de apoio aéreo essenciais ao sucesso das forças militares americanas empenhadas no momento em operações decisivas". A decisão de McCloy se coadunava com a política oficial do Ministério da Guerra, segundo a qual, "a ajuda mais eficaz que se pode dar a vítimas da perseguição do inimigo está em se fazer tudo que for possível para a rápida derrota do Eixo."[1119] Embora mais de duzentos mil soldados e aeronautas britânicos e americanos estivessem em campos de prisioneiros

A ARMADILHA FATAL

alemães, ninguém havia elaborado nenhum plano para libertá-los. Com relação a isso, a política oficial americana era que todas as operações de resgate deveriam ser "o resultado direto de operações militares realizadas com o objetivo de derrotar as forças armadas do inimigo".[1120]

McCloy alegou então e algum tempo depois, naquele verão, que uma operação de bombardeio a Auschwitz era incumbência que seria atribuída à Oitava Frota Aérea — operação que envolveria uma "viagem de ida e volta de grande risco,[1121] sem caças de escolta, ao longo de mais de 3.200 quilômetros sobre território inimigo". Ele se equivocou com relação à extensão do percurso. Na verdade, ele teria quase 2.480 quilômetros de extensão, e aviões de caça teriam escoltado os bombardeiros até o alvo. McCloy deixou de mencionar que a 15ª Frota Aérea tinha começado a realizar sistemáticas operações de bombardeio na Alta Silésia, nas vizinhanças de Auschwitz. Tampouco assinalou ele, ou talvez não soubesse disso, que, em 2 de agosto, o dia em que Carl Spaatz ouviu falar — pela primeira vez, por parte do subchefe do estado-maior da aeronáutica britânica, Norman H. Bottomley —, dos apelos para que bombardeassem o campo, ele se mostrara "extremamente favorável" à ideia.[1122]

Em tese, a Oitava Frota Aérea poderia ter realizado a missão lançando seus aviões de bases que tinham acabado de entrar em operação, a partir das quais poderiam alcançar Auschwitz facilmente. Em junho daquele ano, a unidade tinha iniciado "bombardeios em voos de vaivém" à União Soviética relativamente curtos, sob o codinome de Operação Frantic.[1123] Partindo da Inglaterra, bombardeiros atingiam alvos assaz entranhados no território do Reich e, em vez de retornarem para as bases, prosseguiam para aeródromos perto de Kiev, na Ucrânia, postos à disposição dos Aliados por Stálin. De lá, eles conseguiam bombardear alvos na Europa Oriental, donde partiam para a Itália e, após um descanso e o reabastecimento das aeronaves, voltavam para a Inglaterra, realizando operações de bombardeio em todos os trechos da viagem. Mas Stálin exercia rígido controle sobre a escolha dos alvos que as Fortalezas da Operação Frantic eram usadas para bombardear e providenciava para que se concentrassem em alvos cuja destruição auxiliasse diretamente a ofensiva do Exército Vermelho. Além disso, essas bases emprestadas por Stálin eram vulneráveis a ataques da Luftwaffe, pois as defesas aéreas soviéticas na região não se mantinham vigilantes. Tanto assim que, na noite de 21 de junho, bombardeiros da Luftwaffe iluminaram o aeródromo de Poltava, Rússia, com foguetes iluminativos e lançaram 110 toneladas de bombas sobre suas instalações, destruindo ou danificando 69 das 114 Fortalezas e provocando o incêndio de gigantescos estoques de combustível de aviação que os americanos tinham levado para a Rússia anteriormente. A Luftwaffe voltou à região na noite seguinte e bombardeou as outras duas bases da Frantic. Portanto, se as autoridades houvessem aprovado uma missão de bombardeio a Auschwitz, Spaatz teria lançado mão dos bombardeiros pesados da 15ª Frota Aérea, que partiriam dos aeródromos livres de perigo de Foggia, Itália, situados a pouco mais de mil quilômetros do campo.[1124]

Uma frota de bombardeiros pesados da 15ª não teria tido nenhuma dificuldade para alcançar Auschwitz, mas teria essa frota conseguido realizar a tarefa sem um número excessivo de mortes de tripulantes ou de prisioneiros? Novas pesquisas de historiadores especializados em aeronáutica militar,[1125] familiarizados com operações de bombardeio na Europa, indicam que a máquina de extermínio do campo poderia ter sido desativada, embora talvez não só com um único e decisivo golpe. Essa tarefa poderia ter exigido até quatro missões para a destruição dos crematórios e das câmaras de gás, já que esses eram feitos com estruturas bastante resistentes. E os bombardeiros teriam precisado de céus limpos para que pudessem ter alguma esperança de conseguir acertar os alvos sem que atingissem acidentalmente os alojamentos de prisioneiros que ficavam perigosamente próximos das câmaras de gás. Tal como quase todos os outros bombardeios aéreos contra alvos industriais — e esse era um alvo industrial, uma usina de assassinatos para fabricar "presuntos" e depois descartá-los —, esses ataques, conforme acentuado pelo Richard G. Davis,[1126] historiador da Força Aérea, teriam que ser realizados a intervalos, sensatamente espaçados pelo período de algumas semanas, com o objetivo de confundir as defesas inimigas e permitir que se avaliassem, por meio de reconhecimento aerofotográfico, os estragos causados pelas bombas e se adaptasse o planejamento da missão, a fim de que fossem levadas em consideração modificações nas defesas inimigas. Se as investidas de bombardeio tivessem começado em julho de 1944 — a época mais adiantada em que poderiam ter sido iniciadas, em razão do compromisso total das forças aéreas dos Aliados com a invasão da Normandia e que marcaria o fim do tempo mínimo de que o governo americano precisaria para chegar a uma decisão, bem como para providenciar que seus aeronautas

A ARMADILHA FATAL

desenvolvessem um plano de ataque —, a 15ª só teria conseguido concluir a operação em setembro. A essa altura, todos os judeus húngaros aprisionados em Auschwitz teriam sido assassinados. Todavia, autoridades do campo de extermínio continuavam a ordenar que levassem para lá e assassinassem em suas câmaras judeus de toda a Europa, até que, em novembro, Himmler acabou ordenando que o sistema de chacinas por asfixia de Auschwitz fosse destruído, no intuito de impedir essa descoberta pelo Exército Vermelho. Portanto, os bombardeios poderiam ter salvado vidas.

Mas também muitos aeronautas americanos poderiam ter perdido a vida nessas operações, pois a fábrica da I. G. Farben tinha canhões antiaéreos capazes de alcançar aviões que sobrevoassem a área de Auschwitz.[1127] Contudo, o risco maior teria sido para os prisioneiros. Naquele verão, a 15ª Frota Aérea tinha alcançado um louvável histórico de precisão em missões de bombardeio para os padrões da época.[1128] Contudo, como sabemos, bombardeios feitos sob grande altitude eram imprecisos ainda. Até mesmo o erro mais insignificante do bombardeador do avião de vanguarda poderia ter sido catastrófico. E, depois dessa primeira investida, é provável que a SS houvesse transferido prisioneiros para um local mais próximo dos crematórios e das câmaras de gás ou até para dentro deles mesmo, com o objetivo de desencorajar outros bombardeios. E quem pode afirmar com certeza que, se as câmaras de gás tivessem sido destruídas, a SS não teria sido capaz de reconstruí-las,[1129] usando mão de obra escrava entre prisioneiros escolhidos no próprio campo, ou que os nazistas, talvez, não teriam recorrido à matança de prisioneiros por outros meios? Afinal de contas, 1,5 milhão de judeus haviam sido assassinados por pelotões de fuzilamento antes do uso generalizado de câmaras de gás. Teriam os nazistas parado as matanças por causa de uns poucos bombardeios aéreos?

São perguntas sem respostas. Tudo que podemos dizer com certeza é que bombardeios contra Auschwitz teriam sido uma operação difícil e perigosa, com o risco de se perderem vidas de aeronautas e prisioneiros. No entanto, teria sido possível realizá-la.

Mas deveria ter sido realizada mesmo? Uma investida de bombardeio como essa seria recomendável, considerando-se o contexto mais amplo da guerra? Os judeus húngaros foram enviados para os braços da morte num momento crucial da guerra para os Aliados do Ocidente: durante o planejamento e a execução da Operação Overlord, a batalha para a libertação da França, os ataques contra os centros de lançamento e desenvolvimento de foguetes V e o início da importantíssima ofensiva contra as fábricas de sintéticos. Na época, acreditava-se que essas operações poderiam levar ao fim da guerra até o começo do inverno. Diante disso, teria sido prudente portanto desviar para outros fins, naquele momento, os aviões americanos de bombardeio pesado dos principais objetivos a que tinham sido destinados? McCloy achava que não, tampouco o segundo homem de Spaatz no comando, Frederick Anderson.[1130] Todavia, pelos cálculos do historiador Richard Davis, quatro operações de bombardeio lançadas contra Auschwitz teriam desviado apenas cerca de sete por cento[1131] do total de bombardeiros empregados pela 15ª na ofensiva às fábricas de produtos sintéticos alemãs. E, quando os comandantes aéreos receberam ordens, naquele mês de setembro, para fazer um "desvio" similar de aviões usados em bombardeios estratégicos, uma missão de misericórdia pelos desafortunados que consideravam não apenas "sacrificial, mas inútil" também, eles bateram continência e obedeceram.[1132]

Em 1º de agosto de 1944, forças guerrilheiras em Varsóvia, incentivadas por estações de rádio soviéticas a acreditarem que a ofensiva feroz do Exército Vermelho no verão avançaria pelo Vístula e chegaria à sua cidade, os guerrilheiros se insurgiram contra as forças de ocupação nazistas. Todavia, como se depararam com forte resistência, os soviéticos se detiveram em sua ofensiva na região suburbana de Varsóvia, na margem oriental do Vístula, e Stálin só revigorou a ofensiva seis meses depois. Enquanto isso, durante sessenta dias os poloneses travaram uma luta desigual, combatendo de porta em porta, na maioria das vezes com o uso de granadas e coquetéis Molotov, soldados da SS reforçados com fartos meios de combate. Ignorando fortes objeções de seus comandantes aéreos, Churchill ordenou que lançassem alimentos e armas de paraquedas para os guerrilheiros.[1133] Essas missões eram realizadas por voluntários, muitos deles poloneses, com aviões partindo de bases na Itália, não muito distantes de Foggia, operações em que, por sinal, as tripulações sofreram baixas pesadas. Na ocasião, o primeiro-ministro pressionou um hesitante Roosevelt a apoiar essas operações de fornecimento de suprimentos via paraquedas e depois persuadiu Stálin a permitir que bombardeiros americanos — que tinham sido incumbidos de lançar cargas de suprimentos socorristas sobre Varsóvia — aterrissassem em bases da Operação Frantic, na Ucrânia. Na manhã de 18 de setembro,[1134] uma frota de 107 Fortalezas partiu da Inglaterra e lançou de paraquedas 1.200

A ARMADILHA FATAL 477

contêineres com alimentos, armas e suprimentos médicos sobre a castigada cidade. Porém, com os nazistas controlando a maior parte de Varsóvia, mais de três quartos dos contêineres foram parar em suas mãos. A missão, contudo, era muito importante para o ânimo dos poloneses e um forte sinal da preocupação moral para com o tormento insuportável dos polacos.

Roosevelt ordenou a realização de outra missão socorrista de ponte aérea pelos participantes da Operação Frantic, mas, em 2 de outubro, Stálin revogou a permissão[1135] dada aos americanos para que usassem as bases da Frantic com a finalidade de apoiar uma rebelião que ele considerava perigosa para seus próprios interesses, já que era um levante de forças anticomunistas ligadas a membros do governo polonês exilados em Londres. Com isso, alguns dias depois, a rebelião polaca foi esmagada. Quando, em janeiro de 1945, os soviéticos entraram na cidade, havia sobrado pouca coisa de Varsóvia.

Stálin poderia ter usado sua força aerotática para bombardear Auschwitz, que ficava a apenas 160 quilômetros das linhas de frente dos soviéticos no começo de agosto de 1944, fato quase totalmente ignorado no debate em torno do bombardeio de Auschwitz. Mas a Grande Guerra Patriótica estava sendo travada para salvar a Rússia, e não os judeus.[1136]

Em janeiro, no momento em que o Exército Vermelho entrou em Varsóvia, a urbe já era uma cidade morta; e quando, naquele mesmo mês, ele chegou a Auschwitz,[1137] seus soldados encontraram apenas cerca de oito mil sobreviventes famintos e cheios de ulcerações provocadas pelo frio.

Por que os poloneses de Varsóvia receberam apoio, e os judeus de Auschwitz não? Na época, os poloneses tinham aquilo que os judeus não tinham, ou seja, um governo em Londres com influência sobre Churchill. Embora, com certeza, sentimentos antissemitas nos aparatos burocráticos da Grã-Bretanha houvessem influenciado a decisão de não se envidarem esforços para levar adiante o plano de bombardeio com a urgência que ele merecia, a razão pela qual os poloneses foram socorridos por operações de suprimentos aerotransportados se deveu ao fato de que eles tinham mais poder político do que os judeus. "Não é que os judeus não fossem importantes;[1138] é que eles não eram muito importantes", observou um sobrevivente de Auschwitz. Se os holandeses estivessem marcados para ser alvo de extermínio ou se autoridades tivessem tomado conhecimento de que milhares de aeronautas dos Aliados estavam sendo exterminados em Auschwitz, teriam a Grã-Bretanha e os Estados Unidos deixado de agir com prestativa determinação?

No verão de 1944, operações de bombardeio tinham salvado vidas. Em 2 de julho, Spaatz ordenara a realização de um bombardeio maciço[1139] contra alvos militares na grande área de Budapeste, ataques sem nenhuma relação com as deportações. Muitas das bombas caíram dentro do perímetro urbano justamente no momento em que os Aliados, a neutra Suécia e o Vaticano estavam fazendo forte pressão diplomática sobre o governo húngaro para que pusesse fim aos massacres que estavam acontecendo. O próprio Roosevelt enviou comunicados com fortes ameaças ao governo húngaro e lançou apelos ao povo magiar o instando para que ajudasse os judeus a fugir e a "registrarem as provas"[1140] dos crimes raciais para posterior retaliação. A essa altura, o governo-fantoche, que já estava profundamente dividido entre a opção de continuar cooperando com a SS e a de seguir um novo caminho, viu o bombardeio, equivocadamente, como o primeiro de uma possível série de investidas retaliatórias contra Budapeste. Em 7 de julho, porém, o almirante Miklós Horthy, o regente húngaro, resolveu desafiar Eichmann e ordenou o fim das deportações, salvando assim cerca de trezentos mil judeus ainda mantidos no país.

Já no caso de um bombardeio a Auschwitz, contudo, havia a espinhosa questão de que isso poderia provocar a morte de pessoas inocentes. Elie Wiesel, escritor e sobrevivente de Auschwitz, disse em seus escritos que, quando, em 13 de setembro de 1944, o campo foi atingido por bombas perdidas americanas (sem destino previsto), "não ficamos com medo. [...] Todas as bombas que caíam lá nos enchiam de alegria."[1141] Mas outros sobreviventes afirmaram que deviam o fato a terem sobrevivido à decisão dos Aliados de não bombardearem o campo.

E quanto aos rapazes dos bombardeiros? Teria sido difícil achar muitos veteranos da Oitava e da 15ª Frotas Aéreas que acreditassem que Auschwitz deveria ter sido bombardeado. "Com um bombardeio, estaríamos apenas ajudando Hitler", observou Louis Loevsky, o oficial-navegador da Oitava Frota Aérea,[1142] Rosie Rosenthal era da mesma opinião.[1143] Como participara da Operação Cobra, durante a qual soldados americanos morreram sob ataques de bombas dos próprios ianques, ele sabia que uma investida de bombardeio a Auschwitz poderia ter sido uma calamidade ainda maior. Milt Groban,[1144] judeu praticante, disse que teria se considerado um traidor de seu próprio povo se ele houvesse lançado bombas sobre Birkenau, "matando alguns então para salvar outros depois".

A ARMADILHA FATAL

A coisa mais lamentável para a reputação moral dos Estados Unidos não é o fato de que Auschwitz não tenha sido bombardeado — existem pessoas conscienciosas em ambos os lados da questão —, mas o Ministério da Guerra nunca solicitou que a Força Aérea estudasse a possibilidade de se realizar a operação. A questão do fato de que era possível ou não que os americanos conseguissem bombardear Auschwitz com bons resultados foi deixada, ao contrário do que deveria ter acontecido, ao critério de futuros historiadores, que anos depois a ponderariam e debateriam, quando já não havia vidas em risco.

Quando, em 3 de outubro, o chefe do Conselho de Refugiados de Guerra, John W. Pehle, repassou mais uma recomendação às autoridades, solicitando que Auschwitz fosse bombardeado, dessa vez as instâncias do governo polonês no exílio, o general Spaatz foi informado disso via cabograma, mas não recebeu ordens ou instruções para agir. Essa foi a única ocasião[1145] em que o Ministério da Guerra enviou uma proposta para se lançar um bombardeio a Auschwitz ao oficial da Força Aérea no Teatro de Guerra Europeu. Como resposta, o general Frederick Anderson aconselhou Spaatz a "não dar nenhum incentivo" ao projeto.[1146] Argumentou que o bombardeio não melhoraria as condições dos prisioneiros, acrescentando: "Existe também a possibilidade de que algumas bombas caiam sobre os prisioneiros. [...] Caso isso acontecesse, os alemães teriam uma excelente justificação para qualquer gigantesco massacre que pudessem ter perpetrado." Não existe nenhum registro da resposta de Spaatz, mas não cabia a ele tomar essa decisão. "Só o presidente poderia fazer isso. Ninguém mais poderia",[1147] disse McCloy numa entrevista concedida ao *The Washington Post*, em 1983. E também não há nenhum registro confiável de que alguém próximo a Roosevelt,[1148] incluindo McCloy, tenha levado a questão do bombardeio ao seu conhecimento. Se alguém tivesse apresentado o dilema ao presidente, com certeza ele teria rejeitado a ideia, pois seu maior objetivo na Europa era derrotar Hitler e levar seus rapazes de volta para casa. "Foi como na Guerra Civil", comparou o oficial-navegador Paul Slawter da Oitava Frota Aérea. "Vencer a guerra era mais importante para Lincoln do que tudo. Quando os escravos eram libertados, isso acontecia quase sempre durante operações militares estrategicamente importantes em território inimigo. E foi assim que os campos de extermínio nazistas foram achados e seus sobreviventes, libertados."

480 MESTRES DO AR

Talvez Roosevelt estivesse com razão, mas, em tese, um bombardeio a Auschwitz poderia ter salvado a vida de milhares de pessoas, e o fato teria lançado pelo mundo uma veemente mensagem, por parte dos Estados Unidos, de que a destruição dos judeus não seria ignorada nem ficaria impune.

A armadilha fatal

Carl Spaatz não deixou nenhum registro do que ele achava da ideia de bombardear Auschwitz. Naquele verão, sua maior preocupação era a ofensiva contra as fábricas de sintéticos, a qual, segundo indicavam mensagens do inimigo interceptadas pelo ULTRA, estava alcançando resultados imensos. Em agosto daquele ano, Albert Speer confessou ao embaixador japonês em Berlim que, "pela primeira vez, investidas de bombardeio contra a *Wehrwirtshaftlich* [economia de guerra do país], ataques que poderiam desferir um golpe decisivo à Alemanha, haviam começado".[1149] O Reich passou a sofrer, além disso, escassez de certos produtos em todo o seu território,[1150] fato que causou transtornos em operações militares contra duas forças terrestres gigantescas, dirigindo-se ambas para a Alemanha a partir do leste e do oeste. Ainda naquele mês, o exército alemão havia abandonado blindados e viaturas motorizadas de tanques vazios em toda a França, durante sua retirada do Bolsão de Resistência de Falaise, e a Luftwaffe foi forçada a fechar a maioria de suas escolas de formação e treinamento de pilotos. Aspirantes a oficiais-aviadores foram enviados para unidades de infantaria, e instrutores, transferidos para o serviço de combates em campos perto das fábricas de produtos sintéticos. Os novos pilotos germânicos seriam oponentes fracos para os experientes aviadores americanos no comando de Mustangs movidos a gasolina com 100 de octanagem,[1151] combustível que dava a seus aviões, já por si superiores, maior autonomia de voo e aceleração. Dez anos antes, Jimmy Doolittle havia persuadido seu patrão, a Shell Oil, a começar a produzir a nova e experimental gasolina com nível de octanagem 100 e pressionara os militares a adquirirem motores de avião capazes de usá-la.

"Este verão é... uma espécie de pesadelo do qual parece impossível despertar",[1152] escreveu Heinz Knope, o piloto da Luftwaff em seu diário. Em quase todas as missões, seu esquadrão de bravos aviadores perdia cinco pilotos. Diante do fato de que a seus comandantes aéreos só restava solicitar

A ARMADILHA FATAL   481

o fornecimento de "caixotes velhos e surrados" para que enfrentassem as frotas de aviões de caça americanos, ele concluiu com um misto de tristeza e desânimo: "Isso é nada menos do que assassinato!"

Knoke e seus colegas estavam combatendo não apenas as forças aéreas Aliadas, mas também, na época, a única superpotência global industrial e petrolífera: os Estados Unidos da América, uma nação que produzia mais petróleo do que todos os outros países da Terra juntos. Desde o ataque a Pearl Harbor até o fim da guerra, as nações Aliadas consumiram quase sete bilhões de barris de petróleo.[1153] Mais de seis bilhões desse total vieram dos Estados Unidos, além de noventa por cento da gasolina de octanagem 100 do mundo. "Esta guerra é uma disputa entre motores e octanagens",[1154] observou Stálin enquanto fazia um brinde num banquete em homenagem a Churchill. "Um brinde às indústrias automobilística e petrolífera americanas."

Com a escassez de combustíveis era uma realidade "insuportável",[1155] nas palavras de Adolf Galland, a força aérea alemã foi pega numa armadilha fatal. Forçada a defender as fábricas de produtos sintéticos que forneciam todo o combustível usado por ela, carecia agora do mesmo combustível que usava para defendê-las.

Os países em guerra com a Alemanha e o Japão dominavam 90 por cento da produção mundial de petróleo,[1156] enquanto as nações do Eixo controlavam apenas três por cento da produção desse recurso. Foram essas disparidades que levaram a Alemanha e o Japão a guerras de conquista na Rússia e no sudeste da Ásia: tirar dos outros aquilo que não tinham. Quando ambos ficaram numa desesperadora situação de escassez de recursos — no caso do Japão, como resultado de um bloqueio naval dos Aliados e, no da Alemanha, por causa de um bloqueio aéreo das forças Aliadas também —, não podiam vencer a guerra mundial que haviam iniciado.

No que se refere à Alemanha, isso ficou patente quando a falta de combustíveis provocada pelos bombardeios no verão afetou diretamente o seu exército. De julho de 1944 até o fim da guerra, a Wehrmacht foi impedida de ter acesso ao fornecimento não só a combustíveis, mas a munições também. Já no início de setembro de 1944, seus estoques de metanol[1157] — o principal componente do hexógeno, um explosivo de grande potência — haviam sofrido uma queda radical e assim também a produção de ácido nítrico e de borracha sintética. Para darem um jeito de esticar o rendimento de minguantes suprimentos de explosivos, cartuchos de projéteis contendo vinte por cento de sal-gema estavam sendo enviados para a frente de combate. O acelerado programa de bombardeios dos Aliados vinha causando danos à economia alemã de outras formas também. A essa altura da guerra, pelo menos um terço da produção de peças de artilharia, um terço da geração de produtos pela indústria óptica e dois terços da fabricação de radares e equipamentos de sinalização eram dedicados a suprir as necessidades dos sistemas de defesa antiaéreos germanos, os quais consumiam um quinto de toda a munição produzida pelo país. Além disso, cerca de dois milhões de trabalhadores estavam empregados na operação de sistemas de defesa antiaérea, tanto no manejo de canhões quanto a serviço nas turmas de trabalho que reparavam estragos causados por bombardeios em fábricas e cidades. "Os efeitos combinados[1158] de destruição direta e desvio de recursos impediam que as forças germânicas recebessem mais ou menos a metade de suas necessidades em armas e equipamentos nas frentes de batalha em 1944", concluiu o historiador Richard Overy.

Na tentativa de proteger as indústrias que produziam derivados de petróleo, produtos sintéticos e explosivos dos quais a Wehrmacht dependia para sobreviver e lutar, Speer foi obrigado a privá-la dos recursos humanos e dos equipamentos de que ele precisava, e muito. Eis aí outra armadilha mortal.

No verão de 1944, a Luftwaffe perdeu, em média, trezentas aeronaves por semana, a maioria delas nas frentes de batalha do Oriente e do Ocidente. Contudo, embora os Aliados não soubessem disso, novas unidades estavam sendo formadas, e tanto Speer quanto Galland tinham motivos para acreditar que seriam usadas não nas linhas de frente, mas em combates nos céus sobre as fábricas de produtos sintéticos. Speer havia feito forte pressão para a adoção e execução dessa nova política no relatório que enviara ao Fuhrer em agosto, informando a situação da indústria de sintéticos. "Se os ataques[1159] contra a indústria química continuarem, em setembro, com a mesma força e a mesma precisão dos de agosto, a produção da indústria química cairá ainda mais e os últimos estoques se esgotarão.

"Isto significa que esses materiais, necessários à continuação da guerra moderna, faltarão nos setores de suma importância. [...]

"Resta-nos somente uma possibilidade, e isto apenas com muita sorte", advertiu ele a Hitler. Speer explicou que duas coisas precisariam ocorrer ao mesmo tempo: más condições de tempo teriam que se instalar na Europa e

A ARMADILHA FATAL

permanecer ali por pelo menos três semanas; e a Luftwaffe teria que usar esse "período de alívio" para se fortalecer, a ponto de tornar-se capaz de "infligir inúmeras perdas ao inimigo e dificultar seus concentrados bombardeios rolantes, dando-se um jeito de dispersar suas frotas de bombardeiros.

"A Luftwaffe tem que estar pronta para enfrentar esse último grande ataque até meados de setembro, no máximo. Deve incluir nesse esforço imenso todos os seus melhores integrantes, seus instrutores de voo e seus mais exímios pilotos de caça. [...]

"Se essa linha de ação for seguida, levará, se bem-sucedida, ao início de uma nova força aérea ou, se fracassar, conduzirá ao fim da força aérea alemã."

No outono daquele ano, Speer pôde contar com o tempo ruim de que precisava para efetuar reparos em algumas fábricas de produtos de vital importância e assim aumentar a produção de gasolina de aviação para a nova frota de caças de combate da Luftwaffe — mais de três mil aeronaves —, que ele vinha mandando produzir em suas escondidas fábricas de avião, muitas delas instaladas em áreas subterrâneas. E Speer e Galland acreditavam[1160] que haviam persuadido Hitler a dedicar o emprego desse exército de aviões de combate à defesa da pátria.

No entanto, antes que a Oitava Frota Aérea arrostasse a refortalecida Luftwaffe nos céus da Alemanha, ela foi forçada a enfrentar o que parecia um grave problema de fortaleza moral em suas próprias fileiras. No verão, Hap Arnold começara a receber relatórios informando que um preocupante número de suas tripulações de bombardeiro estava pousando nas neutras Suíça e Suécia, não porque seus aviões estivessem apresentando problemas e não conseguissem voltar para as bases, mas porque os aeronautas queriam permissão para abandonar a guerra.

CAPÍTULO DOZE

Prisioneiros dos suíços

"O governo suíço está retendo aeronautas americanos como prisioneiros, e a razão disso tem a ver com um dos mais bem guardados segredos da Segunda Guerra Mundial."

DONALD ARTHUR WATERS,
PILOTO DO MALFADADO CENTÉSIMO

Suíça, 18 de março de 1944

O dia estava nublado com algumas aberturas no manto de nuvens quando o *Hell's Kitchen*, um Liberator B-24 do 44º Grupo de Bombardeiros, rumava para o leste, na direção do Lago Constança, situado em parte da fronteira entre a Alemanha e a neutra Suíça. O *Hell's Kitchen* estava com problemas. Atingido por explosões de fogos antiaéreos nos céus de Friedrichshafen, no lado inimigo do lago, dois de seus motores estavam danificados, com grossos rolos de fumaça se evolando dos tanques de sua asa esquerda. O avião se achava a 1.600 quilômetros da Ânglia Oriental e não tinha nenhuma chance de conseguir voltar para lá. Depois de ter abandonado a formação, o tenente George D. Telford disse à tripulação que iria tentar aterrissar em algum lugar da Suíça.

Na reunião de instrução de pré-voo do esquadrão naquela manhã, haviam dito a Telford que, caso seu avião sofresse avarias graves sobre a área do alvo, ele poderia seguir na direção do espaço aéreo suíço e solicitar permissão para pousar. A única coisa que ele sabia a respeito da Suíça era que outros aviões de sua divisão de bombardeiros haviam aterrissado lá, donde jamais retornaram.

Quando o *Hell's Kitchen* se aproximou da fronteira com a Suíça, Daniel Culler, jovem engenheiro de voo de 19 anos de idade, em sua 25ª e última missão, viu quatro Me 109s se aproximando deles. O sargento Culler ficou aterrorizado, pois sua torre da metralhadora não estava funcionando bem e ele detestava combates aéreos. Natural da pequena cidade de Indiana, Culler fora criado num lar em que aprendera lições de pacifismo de sua enviuvada mãe, uma quacre fervorosa. Todavia, depois do episódio de Pearl Harbor, ele chegara à conclusão de que o dever que tinha para com que seu país deveria sobrepor-se a seu voto de pacifismo e persuadiu sua angustiada mãe a assinar seus documentos de alistamento. Ele precisava de sua assinatura porque, na época, ainda não tinha 18 anos. Até então, a única criatura que havia matado fora um coelho que caçara com arma de fogo para pôr comida em sua "mesa carente de carne animal".[1161] Culler era tão sensível para com a questão de se tirar a vida de outros seres que, às vezes, chorava quando as bombas do *Hell's Kitchen* eram lançadas sobre o inimigo. "Nessas ocasiões, eu jamais via o inimigo como tal, mas como um irmão em humanidade." Apesar disso, ele participara das missões e lutara com coragem, por sentir-se moralmente obrigado "a combater a tirania".

Enquanto Culler e seus colegas metralhadores se preparavam para abrir fogo contra os aviões de caças inimigos, o tenente Telford gritou pelo interfone de bordo que eles tinham símbolos suíços — duas cruzes brancas — nas laterais da fuselagem. Pareceu-lhe, contudo, que eram aviões de fabricação alemã pilotados por suíços. Disse aos artilheiros, portanto, que evitassem atirar, mas que se mantivessem de prontidão. Um dos pilotos dos caças, que falava inglês, estabeleceu contato pelo rádio com o *Hell's Kitchen* e ordenou que Telford baixasse o trem de pouso, pois, do contrário, seu avião seria abatido. Previamente instruídos a agir assim nesse tipo de situação, o bombardeador destruiu a secretíssima mira Norden de bombardeio, enquanto o radioperador danificou o rádio e despedaçou o livro de códigos. Dan Culler, por sua vez, atirou os pedacinhos do documento destruído pela janela do flanco da aeronave e começou a pensar num plano para incendiar o avião assim que aterrissassem. Apesar de ignorante de tudo que se relacionava à Suíça, ouvira falar uma vez de algo sobre os suíços trocarem avariadas aero-

PRISIONEIROS DOS SUÍÇOS

naves dos Aliados por aviões de caça com os alemães. Dessa forma, queria ter certeza de que o *Hell's Kitchen* não acabaria parando nas mãos do inimigo.

Assim que o *Hell's Kitchen* pousou em Dubendorf, na periferia de Genebra, Culler foi para a traseira do avião, onde se escondeu na seção das asas, perto do local para o qual as grandes mangueiras de combustível convergiam e ficavam expostas. Ele planejava cortá-las com um canivete enferrujado, ligar a bomba de alimentação de combustível e atear fogo ao avião com uma pistola de sinalização assim que o restante da tripulação se achasse a salvo de ferir-se no incêndio. Logo que começou a cortar a mangueira maior e foi encharcado por esguichos de combustível, notou que os tanques da asa danificada tinham sido rompidos com a trepidante aterrissagem do avião. Viu também que a asa inteira estava encharcada de gasolina. Portanto, tudo do que precisava fazer era disparar um foguete de sinalização nos vapores. Depois que o restante da tripulação havia deixado a aeronave, passando pelas portas abertas do compartimento de bombas, Culler foi para o passadiço do local, onde se prepararia para pular do avião e disparar a pistola. Contudo, de repente, justamente quando ia fazer isso, alguém o agarrou por um dos pés e o puxou com força para o chão. Ainda assim, Culler continuou erguendo firme a pistola de sinalização e estava prestes a dispar250-la quando outra pessoa conseguiu arrancá-la de sua mão ao lançar todo o peso do corpo do americano sobre o braço que a segurava.

Nisso, Culler viu que os homens que o mantinham imobilizado no chão eram soldados suíços e que, provavelmente, tinham salvado sua vida. "Eu estava encharcado de gasolina. Se a pistola tivesse sido disparada, não apenas o avião teria sido incinerado, mas antes disso eu mesmo teria sido transformado numa tocha humana. Mesmo com o cano de um fuzil suíço apontando para minha cabeça e três soldados me mantendo no chão, pude olhar em volta e vi guardas suíços apontando fuzis para nós. Para mim, o lugar não me pareceu nada amistoso."

Outros quinze bombardeiros americanos[1162] aterrissaram em segurança ou fizeram pousos forçados na Suíça nesse dia. Culler viu vários dos bombardeiros que foram para Dubendorf depois do *Hell's Kitchen*, todos eles, disse o aeronauta posteriormente, "bastante danificados".[1163] Embora ele não soubesse disso, alguns desses aviões tinham sido alvejados por aeronaves e peças de artilharia antiaérea suíças. Mas esses incidentes não eram raros. Ao longo da guerra, os suíços matariam[1164] pelo menos vinte aeronautas da

RAF e dezesseis aeronautas americanos, causando ferimentos em um grande número desses combatentes. Ao todo, os suíços atacaram pelo menos 21 dos 168 bombardeiros americanos que aterrissaram intencionalmente em seu território, mesmo quando a maior parte deles exibia sinais inequívocos de avarias ou de grandes dificuldades. Já no fim do verão de 1944, mais de mil aeronautas americanos foram parar em território suíço, onde foram retidos, mantidos sob vigilância militar e proibidos de deixar o país até o fim da guerra. Cerca de outros mil deles ficariam confinados na neutra Suécia. A história desses aeronautas é um dos segredos mais tenebrosos da Segunda Guerra Mundial.

O radialista da propaganda de guerra nazista, William Joyce — conhecido por ouvintes britânicos como "Lorde Rô-Rô" por causa de seu sotaque —, alegou que jovens de tripulações de bombardeiros americanos estavam pousando na Suécia e na Suíça com seus tacos de golfe e seus esquis. "Tínhamos ouvido histórias sobre spas chiques,[1165] que eram lugares onde se ingeriam bons vinhos e boa comida e se saía com garotas deslumbrantes", contou o aeronauta americano Leroy Newby, falando sobre suas impressões dos tempos de guerra em relação à Suíça. De fato, o governo suíço confirmou que os aeronautas acidentados estavam sendo mantidos em hotéis de turismo e, talvez por causa disso, corriam boatos de que muitos aviões estavam pousando nessas nações sem um arranhão sequer na fuselagem. Em agosto de 1944, a revista *Collier's* publicou,[1166] numa de suas edições, uma vistosa página dupla exibindo sorridentes aeronautas americanos esquiando, andando de bicicleta e tomando champanhe em casas noturnas de Estocolmo com suecas lindas de morrer.

Diante disso, autoridades do quartel-general da Força Aérea passaram a ficar desconfiadas quando receberam relatórios informando que, só em julho daquele ano, 45 bombardeiros norte-americanos e um Mustang haviam buscado refúgio na Suíça. Aliás, desde março e abril do ano anterior, no auge de uma das mais importantes batalhas da Oitava Frota Aérea com a Luftwaffe, o general Hap Arnold vinha fumegando de raiva por conta dos pousos de emergência de aviões americanos em territórios de nações neutras. Dessa vez, ele enviou um memorando cheio de intensa indignação a Tooey Spaatz, alegando que tinha provas consideráveis de que grandes números de bombardeiros americanos haviam aterrissado em países neutros "sem nenhum sinal de graves avarias de combate, falhas mecânicas ou mesmo insuficiência de combustível".[1167] Disse também que recebera confirmação, de diplomatas americanos na Suécia que haviam entrevistado tripulações detidas no país, de que "as aterrissagens eram fugas deliberadas da obrigação de participar de mais missões de combate".

Era necessário muito esforço para fazer o equilibrado Carl Spaatz perder as estribeiras, mas essa carta conseguiu. Na resposta que enviou a Arnold, um memorando com um teor que beirava a insubordinação, ele disse ao oficial que tanto ele quanto Ira Eaker, chefe das operações de combate aéreo no Teatro de Guerra do Mediterrâneo, "sentimo-nos ofendidos com a insinuação de que essas tripulações são covardes,[1168] que estão com o moral baixo ou que não têm vontade de lutar. Esse tipo de insinuação é uma infâmia grosseira contra o grupo de combatentes mais corajoso desta guerra."

Arnold — que não era conhecido por demonstrações de serenidade equânime — estava mesmo exagerando. Em seu memorando enviado a Spaatz, ele havia aumentado a quantidade de provas que tinha diante de si, enviadas pelo pessoal do corpo diplomático na Suécia. Na verdade, ele baseou suas suspeitas numa única carta enviada pelo cônsul americano em Göteborg, William W. Corcoran, um sujeito que era de uma inconstância notória. Corcoran acusou aeronautas americanos detidos naquele país de "total falta de patriotismo"[1169] e de serem homens dominados por uma ânsia de esquivar-se, "por quaisquer meios possíveis", da obrigação de continuar a prestar serviço militar. Essas acusações temerárias haviam intensificado a preocupação de Arnold com a possibilidade de que as então recentes aterrissagens em países neutros fossem um sintoma de um problema maior: o de um perigoso declínio do moral das tripulações provocado por exaustão e pesadas baixas. Antes mesmo de ter contatado Spaatz por escrito, Arnold ordenara que se fizessem três investigações independentes: duas delas na forma de entrevistas de tripulações detidas nesses países neutros e a outra com uma inspeção de aeronaves americanas que estavam sendo retidas na Suécia e na Suíça; a terceira consistiu num estudo do moral das tripulações de missões de combate do Teatro de Operações Europeu inteiro, realizado por um membro do estado-maior do posto de comando.

Enquanto, em agosto daquele ano, essas investigações ainda estavam em andamento, Arnold recebeu um comunicado do general de brigada Barnwell Rhett Legge, o adido militar da missão diplomática americana em Berna, que deve tê-lo posto a par da verdadeira situação na Suíça. Legge alegou que estava tendo problemas em sua tentativa de dissuadir da ideia de fugirem em bandos para a Inglaterra dos braços de seus "benevolentes anfitriões"[1170] e tentarem voltar, sob grande risco pessoal, com a ajuda da Resistência Francesa, os aeronautas que Arnold acusara de estarem tentando permanecer na Suíça até que a guerra acabasse. Por que será que esses aeronautas estavam querendo fugir de um confinamento presumivelmente confortável em centros turísticos nos Alpes? E por que o general Legge estava tentando impedir que fizessem isso? Essas deviam ter sido as perguntas que Arnold vinha fazendo.

Tivessem os investigadores da Força Aérea procurado verificar mais a fundo as condições de confinamento na Suíça, eles *teriam* descoberto a existência de uma crise de deterioração do moral dos combatentes, apesar de bastante diferente da que Arnold imaginava. Dos 1.740 aeronautas americanos retidos no território neutro durante a guerra, número que inclui tanto "confinados de guerra" (1.516 deles) quanto fugitivos que pousaram em áreas inimigas e acabaram conseguindo chegar à Suíça, 947 tentaram fugir,[1171] alguns dos quais duas ou três vezes. Só para se ter uma ideia do que isso pode representar, embora não existam números oficiais, dos cerca de 1.400 jovens tripulantes de bombardeiros americanos que foram retidos na Suécia, pouquíssimos tentaram fugir. Voltar para a Inglaterra partindo da Suécia teria sido uma tarefa difícil, país em que foram bem-tratados nos quatro campos reservados especialmente para eles, todos administrados por amistosos oficiais suecos fluentes em inglês e que davam aos americanos muitas opções de entretenimento e licenças periódicas para folgarem em Estocolmo e em outras grandes cidades do país. Como a Suécia estava sob forte pressão diplomática dos Estados Unidos por vender minério de ferro aos alemães, o governo sueco procurava apressar o repatriamento de aeronautas americanos, fato que eliminava a necessidade de os rapazes terem que se arriscar a fugir. E, quando uns poucos aeronautas impacientes optavam mesmo por tentar uma fuga, as autoridades suecas, temerosas de que o país acabasse sofrendo sanções econômicas dos americanos, relutavam em tentar impedi-los.

Essa situação não existia na Suíça. Apesar de veementes protestos do ministro das Relações Exteriores norte-americano Cordell Hull, a Suíça se recusou a iniciar o repatriamento de confinados dos Estados Unidos até os últimos meses da guerra. A polícia militar do país se lançava em vigoro-

PRISIONEIROS DOS SUÍÇOS

sas caçadas de aeronautas ianques fugitivos e se esforçava para alcançar a fronteira, chegando a matar e ferir alguns deles. A maioria dos capturados era condenada a cumprir penas de prisão por tempo indeterminado, com a anuência do general Legge, que estava extraoficialmente encarregado dos retidos de guerra americanos. Recorrendo a ameaças de levá-los à corte marcial, Legge advertia os aeronautas americanos de que evitassem fugir. Legge explicou ao quartel-general de Spaatz[1172] na Inglaterra que tentativas de fuga só serviam para malquistar os anfitriões suíços e retardar as negociações que ele vinha realizando secretamente para a libertação dos aeronautas. Mas Legge estava mais preocupado em apaziguar os suíços do que com a libertação dos prisioneiros dos Estados Unidos e, quando seus compatriotas ianques eram surpreendidos em tentativas de fuga e encarcerados de fato pelos suíços, ele encarava o problema de suas deploráveis condições de prisão com uma indiferença indesculpável. Nos últimos dois anos da guerra, os "benevolentes anfitriões" dos aeronautas norte-americanos enviaram 187 deles para um dos mais abomináveis complexos prisionais da Europa, um centro de recuperação penal administrado por um nazista sádico. Um desses infelizes foi Daniel Culler.

Confinamento nos Alpes

Uma hora depois de ter pousado na Suíça, a tripulação do avião de Culler e as de outros aviões que aterrissaram em Dubendorf naquela tarde foram levadas por guardas armados para um grande auditório, onde os aeronautas foram informados, pelas autoridades suíças, a respeito de suas condições de confinamento. Disseram-lhes que, dali a algumas horas, eles seriam levados para um campo de confinamento especial numa área isolada do centro do país, onde seriam mantidos sob quarentena durante duas semanas e depois permaneceriam ali, vigiados por guardas, até o fim da guerra. Acrescentaram que teriam certas liberdades, mas qualquer um que deixasse a área de confinamento sem permissão seria capturado e enviado para um centro penitenciário. Foram informados também de que soldados suíços tinham ordens para atirar em confinados pegos em tentativas de fuga caso não obedecessem ao comando de "Halt!". Explicaram que, como a Suíça não era um país beligerante, os aeronautas não eram considerados nem prisioneiros de guerra nem fugitivos e que, como tinham entrado no país armados, embora por livre e espontânea vontade, eram classificados como "confinados". No entanto, sob quase todos os aspectos, eles eram tratados, sim, como prisioneiros de guerra, embora lhes fossem negados muitos dos direitos concedidos a prisioneiros de guerra amparados pelos termos da Convenção de Genebra.

A presença de um general americano sentado no palco ao lado de autoridades suíças repassando instruções no auditório de Dubendorf deve ter sido encorajador para os aeronautas capturados. Com certeza, tudo não passava de uma farsa, devem ter pensado; afinal, eles eram combatentes americanos treinados com um sofisticado e custoso aparato militar e seu país tinha representantes ali que providenciariam para que voltassem para seus esquadrões e fossem reintegrados às missões de combate. Mas o general Legge, um corpulento oficial de cavalaria da Primeira Guerra Mundial que usava culotes e botas de equitação com os canos até os joelhos, concluiu a reunião de instrução com uma severa advertência. Avisou que os que fossem presos por tentativa de fuga não teriam como apelar nem para o consulado nem para o adido militar dos Estados Unidos; teriam que arcar com as consequências perante a justiça suíça. Acrescentou, porém, que os confinados seriam bem-tratados e deveriam ter paciência. Argumentou que a guerra terminaria em breve e eles seriam repatriados. Ouvindo tudo atentamente, Daniel Culler ficou confuso. Afinal, a advertência do general conflitava com instruções que ele tinha recebido na Inglaterra, segundo as quais aeronautas capturados tinham o dever de tentar fugir e voltar para suas unidades. "Na minha visão,[1173] embora eles dissessem que éramos simples confinados num país neutro, o fato de que nos retinham sob a mira de armas fazia de nós prisioneiros", escreveu Culler anos depois.

A tripulação do sargento Culler foi levada para o principal campo de confinamento em Adelboden, uma estação de veraneio vazia situada a quase 50 quilômetros a nordeste do Lago Genebra. Uma única estrada sinuosa levava do armazém ferroviário em Frutigen a Adelboden. O comandante do campo, um oficial louro e de olhos azuis que fazia Culler lembrar-se de todos os homens da SS que ele tinha visto em cinemas, separou os oficiais dos recrutas e encaminhou cada grupo para seus devidos alojamentos. Os militares americanos foram acomodados em hotéis de veraneio desguarnecidos de seus acessórios e instalações de luxo e conforto, onde

PRISIONEIROS DOS SUÍÇOS

foram mantidos sob vigilância constante. Foram bem-tratados, embora as condições de acomodação estivessem longe do ideal. É que o país inteiro vinha enfrentando um severo racionamento.[1174] Tanto que o sistema de fornecimento de água quente, um luxo na Suíça dos tempos de guerra, era acionado somente a cada dez dias e apenas por algumas horas então. Além da falta de carvão para aquecer suas acomodações num frio congelante, os confinados ingeriam suas frugais refeições de pão preto, batatas e uma sopa rala trajando macacões de aviador e luvas. Comiam carne — que era horrível, por sinal — apenas uma vez por semana, e geralmente morcela feita com sangue e miúdos de cabrito montês. Com essas parcas refeições, metade desses militares desenvolveu doenças bucais e estomacais, num lugar em que não havia assistência médica e dentária, exceto em casos de emergência extrema. Alguns dos que tinham sido feridos em sua última missão de combate tiveram que esperar meses para serem internados num hospital. Dan Culler, por exemplo, aterrissou na Suíça com graves problemas de geladura e, apenas alguns dias depois, a pele de seus pés começou a enegrecer. Disseram-lhe que ele receberia atendimento quando um médico do Exército suíço fosse a Adelboden, mas nenhum médico jamais deu as caras por lá. Enquanto isso, os suíços enviavam equipes médicas para cuidar dos combatentes da Wehrmacht na frente de batalha oriental.

O maior problema em Adelboden era o tédio, e o esporte mais praticado, a ingestão de bebidas alcoólicas,[1175] quase sempre em excesso. Os confinados conseguiam comprar bebidas por causa das pequenas quantias que recebiam da delegação diplomática americana em Berna, como compensação pelo salário de aeronautas, graças às quais ficavam bêbados durante dias seguidos. Recebiam também livros e correspondências de casa e tinham permissão para esquiar nas encostas de montanhas locais e fazerem visitas a pé à cidade sem escolta, desde que estivessem de volta aos alojamentos próximo ao anoitecer. Garotas eram raridade na minúscula Frutigen; porém, quando se espalhou a notícia de que aviadores americanos estavam enchendo as cafeterias locais, mulheres elegantes de Berna e Zurique começaram a frequentar a estação de férias nos fins de semana. "Muitas delas eram casadas com oficiais",[1176] contou um morador local dos tempos de guerra, "mas vinham a Adelboden sozinhas para desfrutar de uma 'aventura', onde travavam relações com esses jovens pilotos, que para elas eram como se fossem de outro mundo".

Embora viagens pelo país fossem muito mais restritas do que as de militares confinados na Suécia, o aeronauta com bom comportamento podia ganhar uma autorização especial para visitar outra cidade se tivesse um convite formal de uma família suíça — talvez dos pais de uma jovem atraente que ele conhecera nas pistas de esqui das montanhas locais. No entanto, esses guerreiros joviais estavam à procura de sexo e companhia, e não em busca de relações sérias e duradouras. Tanto é assim que, durante a guerra inteira, apenas dois confinados americanos se casaram com suíças. E, após algum tempo, o tédio, as condições de vida espartanas, a proximidade cada vez maior dos exércitos aliados na França e aquilo que o general Legge classificou como "um chamado instintivo de retorno aos combates" alimentavam a ânsia de fugir.[1177] No entanto, os obstáculos eram desanimadores.

A passeio, alguns desses homens faziam profundas incursões pelas montanhas, acompanhados por guardas armados que agiam como guias, onde os americanos se deparavam com um cenário de conto de fadas: igrejas badalejando sinos de hora em hora, lagos congelados cintilando como joias gigantescas ao sol do meio-dia, mas alguns dos excursionistas voltavam tão deprimidos que se viam compelidos a recolher-se por longo tempo em seus alojamentos, porquanto somente um exímio montanhista teria chance de fugir através dos maciços picos alpinos que se elevavam, como se fossem verdadeiras muralhas aprisionantes, em torno do vale profundo e impregnado do cheiro de pinheiros. E, além dessas montanhas intransponíveis, estendendo-se em todas as direções, ficava o território do Reich. "Desde essa experiência na Suíça,[1178] passei a ter um sentimento de ambivalência em relação a montanhas", disse o aeronauta Martin Andrews. "Eu as acho bonitas, mas também um tanto deprimentes."

Os guardas disseram a Culler que essas montanhas que ele detestava impediram que seu país fosse invadido pelo exército alemão. Disseram também que 60 por cento da população suíça eram de origem alemã, que muitos suíços pertenciam a grupos nazistas locais e que era pouco provável que ajudassem um americano fugitivo. Contudo, tudo isso era apenas meia verdade.

A neutralidade suíça

Com sua formidável linha de frente alpina e um exército de 435 mil homens, organizados em corajosas milícias locais, a Suíça teria sido difícil de conquistar. Mas Hitler não tinha necessidade de subjugar esse reduto alpino, pois obtinha a maior parte das coisas que queria dos suíços com uma combinação de intimidação e afinidade ideológica entre as duas nações.

A maioria dos suíços apoiava a causa dos Aliados e se opunha à tomada de seu país pelos nazistas, mas havia pelo menos quarenta sociedades fascistas e ultranacionalistas em seu território, algumas com células e escritórios em mais de 150 comunidades, a maior parte em cantões de cultura predominantemente alemã. Com o apoio direto do chefe da SS, Heinrich Himmler, e o ministro da Propaganda do Reich, Joseph Goebbels, Berlim enviava dinheiro e ideias a muitas dessas organizações pró-nazistas, todas agressivamente antissemitas. A delegação diplomática alemã[1179] em Berna apoiava abertamente um braço local do Partido Nacional Socialista dos Trabalhadores Alemães, que contava com um impressionante universo de dezenas de milhares de fervorosos afiliados. "Talvez nenhum outro país na Europa inteira",[1180] escreveu o historiador Alan Morris Schom, "estivesse tão infestado com grupos semelhantes em proporção com sua população e área geográfica". A maioria dessas organizações obtinha seus filiados das classes trabalhadora e média baixa, mas a semissecreta Federação dos Patriotas Suíços (Schweizerischer Vaterländischer Verband) era dominada por um grupo de poderosos líderes políticos, empresariais e militares que governavam a Suíça dos tempos de guerra. (Hoje, exemplares das publicações antissemita dessa organização pró-nazista desapareceram inexplicavelmente de todas as bibliotecas e centros de pesquisa do país.)

Os dirigentes da Federação dos Patriotas Suíços eram responsáveis principalmente pelos fortes laços econômicos do país com a Alemanha nazista e a Itália fascista.[1181] Essas relações foram diligentemente cultivadas pelo colaboracionista presidente do Conselho Federal — a entidade governamental de chefia do estado da Suíça formada por sete ministros —, Marcel Edouard Pilet-Golaz, mas suas causas radicavam na extrema vulnerabilidade da economia suíça: sua dependência de importações de quase todo o combustível e grande parte dos alimentos de que precisava. A Suíça comprava carvão e produtos agrícolas da Alemanha e fornecia aço aos germanos.

496 MESTRES DO AR

Como país neutro, tinha o direito legal de realizar trocas comerciais com a Alemanha e a Itália, mas a legislação internacional proibia que países neutros fornecessem produtos de guerra, de forma quase exclusiva, apenas a uma única nação beligerante. Só que os suíços infringiam essas normas. Walther Stampfli, membro da Federação de Patriotas Suíços, organizou a produção industrial suíça de forma que atendesse às necessidades da Alemanha de Hitler. Os principais bancos suíços — os banqueiros preferidos pelos nazistas — ajudaram a financiar a produção de armamentos do Terceiro Reich, e indústrias do país produziam grandes quantidades de produtos essenciais para o aparato de guerra alemã, incluindo máquinas operatrizes, canhões antiaéreos, peças de rádio, caminhões militares, vagões ferroviários, produtos químicos, corantes, diamantes industriais e rolamentos. A gigantesca fábrica Oerlikon, chefiada por Emil Buhrle, simpatizante de Hitler, produzia canhões de 120 milímetros para a Luftwaffe, e outros armamentos fabricados por ela faziam parte do arsenal de quase todas as unidades da Wehrmacht. Além disso, os suíços construíram fábricas de armamentos na Alemanha, algumas das quais empregavam trabalhadores escravos sob a direção da SS. O dr. Max Huber, presidente da Cruz Vermelha Internacional, era dono de várias dessas fábricas no sul da Alemanha. Em 1942, mais de 97 por cento das exportações suíças foram encaminhadas para as Potências do Eixo ou para seus colaboradores.

O petróleo romeno[1182] era enviado pelo mar para a Itália e transportado depois por ferrovias, via Suíça, para a Alemanha, bem como níquel, cobre e cromo da Turquia e dos Bálcãs. Existiam também trocas comerciais diretas, pelo território suíço, entre a Itália e a Alemanha. "O sistema ferroviário suíço e,[1183] assim, a Suíça em si pertenciam, na prática, ao Reich", escreveu o historiador Cathryn J. Prince. E mafiosos alemães depositavam em cofres-fortes de bancos suíços ouro extraído das arcadas dentárias de vítimas de campos de concentração, bem como obras de arte confiscadas das residências de importantes judeus alemães que tinham sido enviados para as fábricas de mortes.

É fato que a Suíça recebeu duzentos mil refugiados durante a guerra, cerca de 28 mil deles judeus, mas a comunidade judaica suíça e outras organizações tinham que pagar um imposto de captação para ajudá-los. E a Suíça se recusou a acolher outras dezenas de milhares de judeus que tentaram refugiar-se no país;[1184] alguns foram presos e entregues a autori-

PRISIONEIROS DOS SUÍÇOS

dades na Alemanha e na França de Vichy. Em 1938, o ministro da Justiça e da Polícia, dr. Heinrich Rothmund, sugeriu a autoridades germânicas que judeus alemães tivessem seus passaportes carimbados com uma letra J para ajudar os guardas suíços de fronteira a identificá-los.

Na defesa apresentada para essas decisões, o governo suíço dos tempos de guerra explicou às potências aliadas que, infelizmente, o país era prisioneiro da própria geografia. De fato, depois da ocupação da França de Vichy, em novembro de 1942, o país ficou cercado pelas Potências do Eixo, numa situação em que a nação livre mais próxima se achava a 1.600 quilômetros dali. Assim, somente uma pressão diplomática extraordinária por parte dos Aliados e a percepção de que eles venceriam a guerra persuadiram o governo dessa democracia de 700 anos de existência a reverter, em fevereiro de 1945, sua política econômica e cessar a exportação de produtos relacionados com o esforço de guerra do Terceiro Reich. Entretanto, numa atitude desafiadora às exigências dos Aliados, o Swiss National Bank continuou a receber do Reichsbank comboios de ouro pilhado das vítimas dos nazistas. Somente uma semana antes do fim da guerra na Europa, o Conselho Federal Suíço baniu todas as células do Partido Nazista no país. "Finalmente, em abril de 1945,[1185] os suíços se renderam — apenas uma semana antes de o general Alfred Jodl ter feito a mesma coisa", escreveu o diplomata Dean Acheson, mais tarde ministro das Relações Exteriores no governo do presidente Harry Truman.

Ao temer represálias ou violações da integridade territorial do país, o governo suíço permitiu que a Luftwaffe criasse um centro de refazimento e repouso para seus pilotos num chique hotel em Davos, uma estância turística em montanhas cobertas de vegetação exuberante. Além do mais, aviões de caça alemães avariados tinham permissão de aterrissar em bases aéreas suíças, cujas defesas eram as mesmas que atiravam com frequência em aeronaves dos Aliados que delas se aproximassem. "Até onde se pode dizer que um país é neutro?[1186] Você só queria pousar e saudar sua Pátria e eles atiram em você?", queixou-se um aeronauta americano. Mas esse jovem tripulante de bombardeiro não entendeu que operadores de artilharia antiaérea suíços tinham uma razão para se manter vigilantes, se bem que, quase sempre, de forma exagerada. Uma vez que realizava missões de bombardeio frequentes e de uma enormidade espetacular perto da fronteira com a Suíça, a Força Aérea Americana violava com frequência o espaço aéreo do país, cometendo centenas de invasões — a maioria delas acidentais —, que deixavam Hermann Göring furioso; afinal, foi dele que os suíços tinham comprado grande parte dos componentes de sua frota. Ademais, em várias ocasiões ao longo da guerra, bombardeiros americanos atacaram cidades suíças por engano, entre elas Berna, Basileia e Zurique. O pior desses acidentes aconteceu em 1º de abril de 1944, quando a cidade de Schaffhausen foi devastada por vinte Liberators B-24 que haviam se perdido em meio a uma densa cobertura de nuvens. Como acharam que estavam sobre uma cidade inimiga, descarregaram suas bombas sobre o centro comercial, matando quarenta civis e ferindo mais de uma centena de habitantes. O governo suíço exigiu e recebeu um pedido de desculpas formal e uma indenização, mas isso não foi suficiente para apaziguar a raiva dos moradores locais de regiões fronteiriças. Talvez não seja, portanto, um acidente histórico o fato de que, no mês em que Schaffhausen foi bombardeada, aviões de caça e operadores de artilharia antiaérea suíços tivessem aniquilado de vez o avião americano *Little Chub*, um B-17 gravemente danificado, com dois motores expelindo fumaça e a roda esquerda de seu trem de pouso arrancada por um projétil inimigo, enquanto tentava realizar um pouso forçado perto de Zurique. Seis membros da tripulação morreram, um deles depois que foi forçado a saltar de paraquedas de apenas 182 metros de altitude. O corpo diplomático americano protestou junto às autoridades do país, argumentando que "o caça de combate da Suíça[1187] atacou o avião americano depois que este havia respondido à luz esverdeada do foguete de sinalização dos aviões suíços com um sinal idêntico". A resposta foi lacônica, apenas com o comentário de que as instruções repassadas ao pessoal do corpo de aviação suíço, para agir nesses casos, "já tinham sido modificadas, em parte, por causa desse acontecimento".[1188]

Os aeronautas confinados em Adelboden sofriam, portanto, das consequências advindas tanto da tentativa do país anfitrião de conciliar-se com os interesses de Hitler quanto da crescente impaciência com as incursões aéreas dos Aliados. Se a Suíça tivesse sido um país realmente neutro, a esses homens e aos mantidos em dois outros campos montados para confinar aeronautas americanos teriam sido concedidas tantas liberdades quanto as que eram dadas aos integrantes das forças Aliadas confinados na Suécia, onde muitos deles trabalhavam na indústria aeronáutica sueca e eram acomodados em confortáveis hospedarias. De certo modo, os aeronautas que

PRISIONEIROS DOS SUÍÇOS 499

permaneciam nos campos de confinamento, aguardando o fim da guerra, raramente sofriam maus-tratos do exército suíço. Contudo, os que ousavam fugir viam-se em meio a um território fortemente armado, em que lealdades eram variadas e ambíguas e no qual soldados, polícia e autoridades judiciárias tinham ordens para agir com rigor contra aeronautas americanos fugitivos capturados.

O buraco negro de Wauwilermoos

Daniel Culler tinha medo do desconhecido. Uma vez que fora criado na isolada Syracuse, Indiana, jamais tinha se distanciado mais que 50 quilômetros de casa. No entanto, agora a única coisa em que conseguia pensar era fugir para o desconhecido e "ser reincorporado à luta contra [...] a opressão".[1189] Seu patriotismo era tão fervoroso que, retrospectivamente considerado, parece artificial. Porém, com a decisão de abandonar suas convicções de quacre para matar em nome de seu país, ele acreditava que tinha aberto mão de toda chance de conseguir um lugar no paraíso. Sua única esperança de conforto no pós-vida estava na ideia de que talvez Deus tivesse criado um lugar especial, uma espécie de Éden menos paradisíaco, mas também longe do inferno, para os que houvessem tido permissão oficial para matar em prol de uma causa justa.

Na primeira vez em que Culler fugiu, em maio de 1944, ele e dois colegas se perderam e quase morreram de frio nas arborizadas montanhas ao longo da fronteira com a Itália. Tomado de dores excruciantes por conta das sanguinolentas feridas nos pés e tão adoentado pela acidental ingestão de venenosos frutos silvestres que mal conseguia andar, Culler voltou sozinho para Adelboden, no mesmo trem que ele e seus companheiros haviam tomado com destino a Bellinzona, a maior cidade na região de fronteira da Itália. "A parte mais incrível[1190] de minha fuga foi o fato de que viajei mais de 800 quilômetros pelo sistema de transportes públicos suíço sem que questionassem uma vez sequer, minha identidade ou pedissem que eu apresentasse documento de identificação." Uma das razões para isso está no fato de que ele vinha percorrendo a parte italiana da região, e não a parte germânica, onde a polícia era mais atenta. Um relatório da Comissão Suíça de Confinamento e Hospitalização de Militares, elaborado depois da guerra, fornece outra explicação para o fato. "Fazíamos tudo[1191] que fosse possível para impedir a fuga de confinados. Infelizmente, nossos esforços eram prejudicados pelo fato de que grande parte da população achava que tinha a obrigação moral de ajudar os retidos no país a fugirem de todas as formas possíveis."

Após ter se apresentado ao comandante de Adelboden, Dan Culler foi condenado a passar dez dias na solitária da cadeia de Frutigen. Seus colegas, conforme ele soube depois, foram capturados por guardas suíços de fronteira e aprisionados. Após ter cumprido essa condenação preliminar, Culler foi enviado para uma penitenciária de segurança máxima chamada Straflger Wauwilermoos ou, em português, *centro prisional no pântano de Wauwil*, num vilarejo perto de Lucerna. Nunca disseram a Culler por que o enviaram para lá nem por quanto tempo ficaria preso. Quando passou pelos portões da prisão, o guarda militar que o acompanhava lhe disse em voz baixa: "Lamento trazê-lo para este buraco do inferno.[1192] Aja sempre com cautela, pois existem alguns homens terríveis aqui, e você é tão jovem..."

Wauwilermoos era um complexo prisional de muitas edificações espremidas entre si, com as paredes sujas de lama, rodeado por uma alta cerca de arame farpado e vigiado por homens armados com metralhadores e cães de guarda. Construído em 1941, era um centro correcional para infratores e fugitivos provenientes da crescente população suíça de confinados militares originários de quase doze países. Para administrá-lo, as autoridades suíças não poderiam ter escolhido uma pessoa de um caráter mais odioso, que foi o capitão André-Henri Beguin, um ex-oficial da Legião Estrangeira Francesa, que era tão corrupto quanto cruel. Na época, ele estava sob investigação pelas autoridades suíças pela prática de adultério, corrupção, peculato, espionagem para os alemães e uso ilegal de uniforme nazista (antes da guerra, quando morava na Alemanha, ele punha em suas correspondências a saudação nazista Heil Hittler!). Obeso, raramente entrava nas dependências da prisão, preferindo administrá-la acomodado em sua mesa do gabinete, onde se divertia de vez em quando com uma de suas quatro amantes e podia confiscar à vontade os remessas postais com artigos destinados a ajudar a minorar as carências de prisioneiros. Seus subordinados, escolhidos por ele, eram tão grosseiros e corruptos quanto o chefe. Eles nos tratavam "como vermes",[1193] disse o bombardeador da Oitava Frota Aérea James Misuraca. "Os suíços chamavam aquilo de centro correcional, porém mais parecia um campo de concentração."

PRISIONEIROS DOS SUÍÇOS 501

Quando os guardas o empurraram pela porta do Pavilhão Nove, Dan Culler quase desmaiou logo que sentiu o fedor horrível do lugar. Para ele, todos os estábulos em que havia entrado em Indiana tinham um cheiro menos desagradável do que ali. O piso de madeira ficava coberto com palha suja, na qual os prisioneiros dormiam e a usavam como papel higiênico depois que evacuavam na fedorenta trincheira individual que ficava bem do lado de fora. "O que aconteceu comigo[1194] naquela noite e em muitas outras foi o pior inferno que uma pessoa poderia ter que suportar na vida", escreveu Culler em suas cáusticas memórias de prisioneiro. Certa feita, um grupo de russos capturados o imobilizou no chão, encheu sua boca de palha e o violentou repetidas vezes. "Proveniente de uma pequena comunidade agrícola, eu jamais tinha ouvido sequer falar em homens que faziam o que eles fizeram comigo. Eu... eu nunca havia tido contato nem mesmo com uma garota, a não ser para segurar-lhe a mão e dar-lhe um leve beijo na bochecha ou na boca. Fiquei sangrando por todos os orifícios de meu corpo e roguei a Deus em oração que me deixasse morrer."

Na manhã seguinte, ele foi violentado de novo e forçado a fazer sexo oral com vários de seus agressores, que enfiaram varetas em sua boca para abri-la à força. Algum tempo depois de um desmaio, quando acordou dos terríveis golpes sofridos, notou que sua garganta sangrava. Embora fraco demais para mover-se e com as mãos amarradas nas costas, foi atirado numa vala de esgoto que havia do lado de fora do alojamento. "Quando recobrei os sentidos, saí rastejando da vala e tentei me limpar com um pouco de palha. Foi aí que notei que havia algo pendendo de meu ânus e, quando vi que era pele interna, tentei pô-la de volta no lugar."

Algumas horas logo depois, Culler foi cambaleando até o gabinete de Beguin, onde começou a gritar desesperadamente. "Ficaram todos olhando fixamente para mim, como se eu fosse algum tipo de aberração, e vi uma espécie de sorriso malicioso desenhar-se no rosto deles." Pela primeira vez na vida, esse filho de um pastor quacre sucumbiu a um impulso irresistível de atirar pragas e palavrões a outro ser humano. Mas ninguém conseguiu entendê-lo, pois nenhuma das pessoas ali presentes falava inglês. Cansado das ininteligíveis imprecações de Culler, André Beguin se levantou e apontou para a porta com o rebenque que sempre levava consigo. Nisso, seus guardas atiraram Culler prontamente pelo vão. Com o rosto colado no caminho de terra, Culler implorou a Deus que fizesse os cães de guarda, que andavam à solta pela prisão, acabarem de vez com ele.

Dias depois, o corpo inteiro de Culler estava coberto de bolhas provocadas por piolhos e ratos que infestavam a palha impregnada de fezes humanas. Os estupros continuaram, tornando-se ainda mais violentos. Foi quando ele começou a vomitar sangue e uma substância amarela desconhecida e acabou contraindo diarreia com evacuações sanguíneas. Quando um sargento-ajudante britânico visitou o centro prisional para verificar as condições dos prisioneiros ingleses, Culler lhe perguntou por que a Cruz Vermelha não tinha ido inspecionar o local, por que ele estava sendo mantido ali sem julgamento e por que o adido militar americano em Berna, general Legge, não tinha sido informado de seu aprisionamento. Numa visita posterior, o funcionário britânico disse a Culler que ele havia feito ingerências em favor do americano junto a autoridades do Reino Unido em Berna, mas lhe haviam dito que o general Legge se recusava a acreditar que os suíços tivessem um lugar como Wauwilermoos e que sua posição oficial era que, se o aeronauta americano havia tentado fugir, agora ele tinha que arcar com a punição imposta pelos suíços. Na visão de Culler, o país pelo qual ele combatia o estava abandonando, e a Suíça, a nação que vinha enviando representantes da Cruz Vermelha para monitorar as condições dos campos de prisioneiros de guerra alemães, não estava interessada em visitar uma área de confinamento medieval situada a menos de 160 quilômetros da sede internacional da Cruz Vermelha, em Genebra. "Não ocorrem maus-tratos em Wauwilermoos",[1195] informou um relatório da Cruz Vermelha Internacional, "mas justamente o contrário; há ali um rígido controle por parte do comandante do campo". O local era administrado com uma "disciplina férrea", observou um major suíço que inspecionou as condições em Wauwilermoos, porém isso era "necessário". E Beguin, acrescentou ele, era "o homem ideal [...] para cuidar de um campo desse tipo". A bajuladora autoridade suíça concluiu seu relatório com o maior elogio que achou que poderia fazer. Ela disse que os documentos do campo estavam "em perfeita ordem".

Meses depois, quando o general Legge finalmente soube das verdadeiras condições em Wauwilermoos, no início ficou indiferente. Depois, em vez de intervir para ajudar os números cada vez maiores de aeronautas americanos que estavam sendo enviados para lá, ele usou a própria existência desse campo terrível para desencorajar novas fugas. Mandou divulgar, pois, um

PRISIONEIROS DOS SUÍÇOS

comunicado com sua assinatura advertindo a todos os confinados da Força Aérea Americana no país que qualquer um que tentasse fugir "não teria nenhum apoio meu[1196] contra medidas punitivas das autoridades de Confinamento de Estrangeiros Suíça, as quais consistem em cinco ou seis meses de detenção no Campo de Prisioneiros de Wauwilermoos". Embora os aeronautas não soubessem disso, Legge, por pressão do Ministério das Relações Exteriores americano, tinha iniciado negociações para o repatriamento em massa de todos os americanos retidos no país, mas fugas constantes estavam prejudicando seus esforços. Numa fase posterior da guerra, ele apresentou também protestos formais[1197] ao governo suíço contra as condições deploráveis em Wauwilermoos, onde dezenas de aeronautas americanos estavam sendo retidos sem julgamento e nenhum direito a contatar o mundo exterior, por tempo indeterminado. Todavia, isso não serve, de forma alguma, para desculpar sua recusa de fazer uma visita pessoal ao local ou o fato de ter deixado de realizar, numa fase anterior da guerra, investigações mais rigorosas a respeito das condições de detenção existentes lá.

Quando, finalmente, Culler[1198] foi tirado de Wauwilermoos e teve a chance de ser levado a julgamento, descobriu que a justiça suíça era uma farsa. A ação judicial militar transcorreu inteiramente em alemão e, quando terminou, deram a Culler uma versão em inglês da ata do julgamento. Ele seria enviado de volta a Wauwilermoos sem tratamento médico e por tempo indeterminado. A transcrição não continha uma única palavra de seu testemunho descrevendo os estupros e as condições no interior da prisão. A derradeira afronta foi uma conta de 18 francos que disseram que ele teria de pagar — uma compensação pelo tempo e trabalho que seu julgamento exigira do tribunal.

De volta à prisão, Culler vivia atormentado por um zumbido constante nos ouvidos — o resultado das surras sofridas nas mãos dos russos. Eles tinham sido transferidos, mas, sentado num dos cantos do alojamento, envolto num fino cobertor, Dan Culler achou que estava perdendo a razão. "A última coisa de que me lembro[1199] em Wauwilermoos era que eu estava agindo como um louco, tentando enfiar palha pela goela abaixo para parar de respirar." Quando começou a perder os sentidos, ele ouviu o sargento-ajudante britânico dando ordens aos gritos a dois guardas suíços que estavam tentando reanimá-lo. "Depois disso, ficou tudo escuro."

Algum tempo depois, o sujeito disse a Culler que, por insistência dele, uma representação do governo britânico em Berna conseguira fazer com que

504 MESTRES DO AR

uma autoridade diplomática suíça assinasse um documento exigindo que Culler recebesse tratamento médico imediatamente. Dan Culler acordou num hospital militar suíço e, após alguns dias, foi transferido para uma casa de saúde de tuberculosos em Davos, perto da fronteira com a Áustria. De lá, ele fugiu para a França em 26 de setembro de 1944 por um caminho de fuga preparado para ele pelo piloto de seu avião. Com a ajuda do pessoal da Força Aérea estacionado no consulado suíço, o tenente Telford pagou alguns agentes secretos suíços para orquestrar a fuga de sua tripulação inteira e entregá-la aos Maquis. Enquanto atravessavam a fronteira a pé, guardas suíços abriram fogo contra eles, ferindo Telford no tornozelo.[1200] Mas sua tripulação foi enviada de volta para Londres num avião cargueiro C-47 da Oitava Frota Aérea junto com um grupo de outros confinados — de ingleses e americanos — que havia acabado de atravessar a fronteira. Carl Spaatz providenciara a operação de resgate aéreo.

Em agosto de 1944, Spaatz[1201] tinha começado a insistir que Washington pressionasse os suíços a libertarem integrantes da Força Aérea retidos no país. Ele providenciou também para que se divulgasse, entre os aeronautas retidos na Suíça, que lhes seriam dados os meios para que se mantivessem fiéis ao seu juramento de sempre tentar fugir do cativeiro. A essa altura, oficiais da Força Aérea norte-americana servindo em postos diplomáticos na Suíça, assim como membros do consulado dos Estados Unidos em Zurique, começaram a desafiar as ordens do general Legge e passaram a oferecer ajuda direta aos aeronautas para que fugissem. Com o incentivo do ministro das Relações Exteriores Hull, a Agência de Serviços Estratégicos (OSS), órgão precursor da CIA, criou uma rede de ajuda clandestina, que passou a esconder aeronautas na sede do corpo da diplomacia americana em Berna, donde eram enviados para a fronteira em vagões ferroviários fechados ou transportados para lá de barco através do Lago Genebra.

Sam Woods,[1202] ex-piloto da Marinha que era cônsul-geral americano em Zurique, criou por conta própria uma rede de rotas de fuga que ajudou mais de duzentos confinados a alcançarem a França. Reunindo clandestinamente dezenas deles em igrejas e cemitérios, ele lhes fornecia passaportes falsos e levava muitos de seus compatriotas até a fronteira em seu sedã preto. Na fronteira, Woods entrava numa taverna suíça que era ligada a um bar francês pela principal galeria de esgoto local, onde havia um sistema de comunicação telefônica. Woods usava então o telefone para alertar seus compatriotas es-

PRISIONEIROS DOS SUÍÇOS

tacionados na França que um grupo de americanos estava pronto para fazer a travessia. Manter essa linha de comunicação libertadora custava muito dinheiro, grande parte dele para pagar propinas, mas Sam Woods contava com um suprimento constante de recursos financeiros, cortesia de Thomas J. Watson, o fundador e presidente da IBM, que lhe enviava dinheiro em espécie por intermédio do escritório de sua empresa na Europa.

À medida que as batalhas terrestres foram se aproximando da Suíça, o general Sam — tão venerado pelos aeronautas que ele ajudou a alcançar a liberdade em fugas secretas — passou a ser procurado por um número de aeronautas cada vez maior. Suas chances de uma fuga bem-sucedida haviam aumentado muito, agora que o Exército alemão tinha sido expulso da França e que o Sétimo Exército Americano, cujas tropas desembarcaram no sul da França em 18 de agosto de 1944, chegaram à fronteira com a Suíça, numa região perto de Genebra.

Mais ou menos nessa época, o general Hap Arnold recebeu relatórios finais das investigações que ele tinha organizado, tempos antes naquele verão, para saber se aeronautas americanos estavam fugindo deliberadamente do cumprimento do dever, procurando pousar nas neutras Suécia e Suíça. O tenente-coronel James Wilson,[1203] representante designado por Arnold, havia conversado com aeronautas em bases de bombardeiros na Inglaterra e Itália durante mais de um mês, mas não achou nenhuma prova de uma crise moral entre os combatentes. Ademais, bem antes disso, Arnold tinha sido informado por investigadores do serviço secreto da Força Aérea que "nenhuma tripulação,[1204] com a exceção talvez daquela... que aterrissou de propósito na Suécia". Apesar do tratamento generoso dispensado pelos suecos, a maioria dos confinados no país estava ansiosa para retornar à Inglaterra, embora alguns dos combatentes que tinham ficado gravemente feridos não alimentassem nenhum desejo ardente de voltar aos combates. Descobriu-se também que as acusações generalizadas de William Corcoran contra aeronautas americanos na Suécia tinham sido feitas com base em entrevistas com apenas duas tripulações e que, provavelmente, Corcoran tinha sido "induzido a erro[1205] pela característica indiferença e desprezo por afetações e bravatas de heroísmo por parte da maioria dos aeronautas americanos". Mas o que, pelo visto, finalmente satisfez Arnold foi um relatório de Allen Dulles, chefe da OSS na Europa Central com quartel-general em Berna. Dulles, que usou a Suíça como base para as vastas operações de espionagem, informou que nem ele nem autoridades militares americanas no país — que examinaram as condições de todos os aviões americanos que pousaram lá — acharam uma prova que fosse de aeronautas tentando fugir dos combates. "Acredito que isso não passa de propaganda maliciosa, inspirada pelos nazistas",[1206] concluiu Dulles.

Depois da guerra, Spaatz, ainda ressentido com as acusações de Arnold, ordenaria que equipes de manutenção e reparos americanas realizassem uma rigorosa inspeção de bombardeiros que tivessem pousado na Suíça e estivessem sendo preparados para serem reintegrados à Força Aérea Americana. O relatório concluiu também que,[1207] com exceção de apenas um ou dois aviões, todos os bombardeiros americanos que aterrissaram na Suíça ou tinham sofrido pesadas avarias em combate, ou estavam com uma perigosa escassez de combustível.

Quando a França foi libertada, o cerco de proteção militar das forças do Eixo em torno da Suíça foi rompido. Com bases aéreas amigas espalhadas pela França inteira, a tentação de aterrissar na Suíça diminuiu, tanto que, durante os três últimos meses de 1944, apenas cinco aviões de bombardeio pesado americanos pousaram em seu território. Eram todos aeronaves da 15ª Frota Aérea — aviões duramente castigados em combates que não tinham nenhuma chance de retornar à base, pois teriam que sobrevoar os perigosos Alpes para chegar ao sul da Itália.

Em Londres, o serviço secreto do Exército e agentes da OSS[1208] submeteram Dan Culler a uma exaustiva série de interrogatórios. Ninguém acreditou em sua história sobre as condições terríveis em Wauwilermoos. "Sargento, você é um tremendo mentiroso!",[1209] disseram-lhe num dos interrogatórios. "Não existe nenhum lugar como Wauwilermoos [...] e, se existisse, os suíços não poriam nenhum soldado americano lá apenas por causa de uma simples tentativa de fuga." Desesperado, Culler tirou a camisa e os sapatos e mostrou aos interrogadores as bolhas que ele tinha pelo corpo inteiro. Mas logo percebeu que esses homens simplesmente não queriam acreditar em sua história. É que, na época, diplomatas americanos estavam negociando o pagamento de indenizações ao governo suíço pelo bombardeio acidental contra cidades suíças, e o general Legge ainda vinha tentando fechar um acordo com os suíços para o repatriamento dos cerca de seiscentos americanos ainda confinados no país. Além disso, o governo americano não

PRISIONEIROS DOS SUÍÇOS

queria nenhuma publicidade negativa em relação aos suíços enquanto essas negociações estivessem em andamento. Disseram a Culler, portanto, que, caso ele insistisse nessa história e a revelasse ao público, o Exército o declararia mentalmente incapaz e o faria passar anos num hospital psiquiátrico para detentos.*

Depois de ter jurado que permaneceria em silêncio acerca de seu cruel aprisionamento, procedimento-padrão tanto no caso de confinados de guerra quanto no de presos por tentativa de fuga, Daniel Culler foi enviado para casa em novembro de 1944. Quando ele entrou na cozinha e sua mãe viu o estado em que se encontrava, as primeiras palavras que lhe saíram da boca foram: "Eu avisei que essas guerras eram terríveis!"[1210]

---

* Em 17 de fevereiro de 1945, 473 aeronautas americanos foram repatriados por meio de um acordo em que ficou assente que dois alemães seriam libertados para cada americano repatriado, mas o último aeronauta ianque só foi libertado quando a guerra acabou. Em setembro de 1945, André-Henri Beguin, comandante de Wauwilermoos, foi preso por autoridades suíças e acusado de cometer adultério, peculato e ações desonrosas contra seu país. Ele foi condenado a três anos de prisão (dos quais cumpriu apenas dois) e perdeu a cidadania suíça.

CAPÍTULO TREZE

Cansado de guerra

I wanted wings until I got the
[Queria tanto a venera de prata]
God damned things.
[Que por fim consegui a vera danada.]
Now, I don't want them anymore.
[Agora, não na quero mais.]
They taught me how to fly and sent me here to die.
[Pois me ensinou a voar e cá me enviou para pelos braços da
morte tombar.]
I've had my bellyful of war.
[E tanto ódio cevei em sangue que minh'alma
Da infarta guerra exangue quedou farta.]

CANÇÃO DO CORPO DE AVIAÇÃO
DO EXÉRCITO AMERICANO

East Suffolk, setembro de 1944

Antes de ter sido interrogado em Londres, o sargento Daniel Culler havia retornado para sua base aérea em Shipdham, onde recolheu seus pertences: roupas, dinheiro, fotografias, cartas e a tão querida bicicleta, cuja chave ele havia guardado num lugar seguro antes que partisse para sua última missão. Só que todas as coisas que ele tanto prezava haviam sumido sem deixar rastros; ausentes dali estavam também seus velhos colegas de esquadrão — desaparecidos em combate ou enviados de volta para os Estados Unidos. Culler não viu um único rosto conhecido na base.

Até as máquinas voadoras nos pátios de estacionamento eram novas. "Os velhos e surrados B-24s,[1211] camuflados e com sua aparência ameaçadora, não estavam mais lá, e agora aviões novos, com suas fuselagens de chapas de alumínio lustrosas e cintilantes, os tinham substituído", relatou. Com duas tripulações para cada aeronave e os combatentes concluindo seus tempos de serviço rapidamente, tudo em questão de uns poucos meses, agora muitos aeronautas não se importavam nem mesmo em batizar seus aviões, mandando pintar desenhos artísticos em seus narizes como outrora. Alguns deles nem tinham nomes, apenas números, e suas tripulações já não temiam a Luftwaffe. Culler chegou a conversar com metralhadores que tinham participado de vinte missões durante o verão, nas quais não viram um único avião de combate alemão. Disseram-lhe que a Luftwaffe estava morta e, com os exércitos Aliados se aproximando do Reno e do Óder em setembro daquele ano, a guerra terminaria próximo ao Natal.

O capitão Ellis "Woody" Woodward,[1212] natural de Nova Orleans, era um dos novos aeronautas da Oitava Frota Aérea. Seu grupo, o 493º, estava estacionado em Debach, o aeródromo que os engenheiros de Robert Arbib tinham ajudado a construir, e foi o último dos quarenta grupos de bombardeiros pesados a juntar-se à Poderosa Oitava. O grupo operava aviões Liberators, mas, três meses depois, foi transformado numa unidade de Fortalezas. Ele tinha entrado em operação no Dia D e, naquele verão, a tripulação de Woodward testemunhara muitos massacres sangrentos nos explosivos campos de fogos antiaéreos nos céus sobre as refinarias de petróleo, mas nenhum de seus metralhadores havia disparado um único tiro movido por sentimentos de ódio.

Na manhã de 12 de setembro de 1944,[1213] Woodward, piloto de avião de vanguarda, conduziu seu esquadrão até o Mar do Norte e de lá rumou para Magdeburgo com uma força de combate formada por mais de trezentos bombardeiros, incumbido da missão de destruir um depósito de material bélico. Com escuros pedaços de aço estilhaçado voando sobre a área do alvo, foi uma operação perigosa, mas das mais típicas, até que por fim os bombardeiros começaram a voltar para a base. Quando isso aconteceu, um dos metralhadores do avião de Woodward gritou: "Caças!" Segundos

CANSADO DE GUERRA

depois, a aeronave deles foi atingida por uma série de explosões de projéteis de canhões antiaéreos. Woodward estava no comando de uma frota de uma dúzia de B-17s compactamente agrupados. Noventa segundos depois, quando vasculhou o céu com os olhos, viu apenas uma Fortaleza ainda operando.

Depois disso, houve um silêncio total. Justamente no momento em que seu bombardeiro estava mais vulnerável, os aviões de combate inimigos tinham desaparecido. Quatro horas depois, Woodward pousou com seu arruinado bombardeiro numa pista de pouso de emergência na Inglaterra. Ele soube depois que sete Fortalezas do 493º haviam sido abatidas por caças inimigos e que outras mais tinham ficado danificadas demais para que permanecessem na formação. De pé na pista, observando o *Ramp Happy Pappy* sendo rebocado para o pátio de salvados de combate, Woodward ficou pensando: de onde aqueles caças tinham saído e por que partiram antes de terem concluído o massacre?

Conquanto Woodward não soubesse disso, tripulações de aviões de reconhecimento aerofotográfico da Força Aérea vinham apresentando até pouco tempo atrás provas alarmantes de um ressurgimento da força de caças da Luftwaffe. Todavia, somente no dia anterior à missão de Woodward, a Luftwaffe havia atacado com tanto ímpeto — seu primeiro ataque maciço desde a véspera do Dia D. No episódio, quase cem aviões de combate inimigos conseguiram esquivar-se dos Mustangs e se arrojaram num mergulho furioso, em fileiras com vinte aeronaves, sobre lentas colunas de bombardeiros americanos em voo sob baixa altitude, formadas pelas desafortunadas Fortalezas do Malfadado Centésimo. Cinco minutos depois, doze dos bombardeiros do grupo simplesmente desapareceram; em seguida, outras oito aeronaves do 92º foram lançadas por terra. Na Oitava Frota Aérea, em dois dias, o número de vítimas do ataque inimigo, depois que o esquadrão de Woodward fora atingido na tarde do dia seguinte, chegou a 75 bombardeiros. Embora o serviço secreto dos Aliados soubesse que Albert Speer tivesse operado um verdadeiro milagre de produção, somente quando esses ataques foram realizados é que Adolf Galland revelou a forma pela qual esses novos aviões de combate seriam usados. Era uma velha estratégia com um toque especial e inovador.

Grupos de Caças de Assalto

Ao lançar mão do elemento-surpresa, o esquadrão de caças de assalto de Galland, o Sturmstaffel I, unidade formada inteiramente por voluntários, conseguira algumas vitórias no inverno anterior, mas seus Zerstörers, caças bimotores lerdos e pesados, sobrecarregados de armamentos e blindagem, começaram a ser triturados pelos Mustangs. A solução de Galland foi mandar fabricar um avião de combate ainda mais robusto de armamentos e reforços estruturais, um Fw 190 modificado, robustecido com placas de blindagem aperfeiçoadas e equipado com uma canópia quase à prova de balas, dois tanques de combustível auxiliares e cinco canhões medonhos. Passaram a chamar a aeronave de Sturmbock, ou Aríete Celeste.[1214] Operado em Sturmgruppen, vagas de até quarenta aviões, esse "tanque de guerra voador" de oito toneladas desfrutou, durante algum tempo, do *status* de mais poderosa arma de destruição de bombardeiros da guerra.

Galland passou a usar uma combinação de esquadrões de Grupos de Caças de Assalto com grupos de aviões de combate monomotores, aeronaves mais velozes. Assim, enquanto os ágeis Me 109 davam cobertura por cima, os Grupos de Caças de Assalto se rojavam em ataques diretos contra os bombardeiros pesados. Ao procurarem concentrar-se numa das partes das colunas de bombardeiros para conseguir o máximo de impacto possível, geralmente eles atacavam pela retaguarda, operando com suas asas lado a lado. Seus pilotos só atiravam quando se achavam a uns 100 metros do inimigo, no ponto em que os bombardeiros ficavam enquadrados no círculo das miras de suas metralhadoras. "Dessa distância era difícil errarmos",[1215] observou um piloto de um Sturmgruppe, "e, quando os potentes projéteis de 30 milímetros atingiam o alvo, víamos os bombardeiros inimigos se desintegrarem na nossa frente literalmente". Depois que atingia um alvo qualquer, o piloto do Grupo de Caças de Assalto mergulhava imediatamente e tomava o rumo da base para evitar ser alcançado e derrubado pelos Mustangs, aviões de combate mais velozes do que o seu. Foi por essa razão que os caças inimigos não haviam permanecido em combate para tentar eliminar o esquadrão inteiro de Woody Woodward.

Se um piloto de Sturmbock não conseguisse realizar um ataque certeiro e direto num dos bombardeiros inimigos, ele tinha que tentar lançar-se com seu avião numa colisão fatal com a aeronave hostil, comprometido que estava

CANSADO DE GUERRA

a fazer isso por juramento solene. No entanto, com a grave escassez de pilotos no Reich, voluntários do Grupo de Caças de Assalto eram instruídos por seus comandantes locais a abandonarem o avião logo antes do impacto ou imediatamente depois. "A pouca chance de o piloto sobreviver a uma colisão e de conseguir abandonar a aeronave de paraquedas parece muito próxima de algo como suicídio heroico",[1216] comentou Werner Vorberg, capitão de um desses esquadrões. Contudo, por incrível que pareça, mais da metade dos pilotos que faziam seus aviões colidir com bombardeiros americanos, na verdade talvez apenas de lado ou de raspão, aterrissava de paraquedas sem ferimentos graves.

Era um tipo de estratégia que exigia grande coragem e um patriotismo inquestionável; poucos pilotos que lutavam em defesa da pátria careciam dessas qualidades. "É preciso ter em mente", escreveu Vorberg, "que os aeronautas alemães estavam conscientes da escalada brutal e implacável dos bombardeios [...] a áreas residenciais das principais cidades alemãs e dos absurdos ataques [...] de caças de escolta contra tudo que houvesse lá embaixo, tais como fazendeiros trabalhando com seus arados, ciclistas, pedestres e ambulâncias da Cruz Vermelha". Eles sabiam também "que, se um acordo de paz fosse selado, não se deveria esperar o mínimo de misericórdia dos Aliados [...]. A consciência dessas coisas motivava os pilotos de caças de assalto em suas tarefas".

Os novos Grupos de Caças de Assalto tedescos causavam — e sofriam também — números de baixas aterradores. Apenas em dois dias de ataques, em 11 e 12 de setembro, eles perderam 38 pilotos. Em 27 de setembro, ainda que quase nada reforçada, a unidade de Vorberg partiu em missão de ataque contra trezentos Liberators da Segunda Divisão de Bombardeiros. Os combatentes — membros de uma força de combate aéreo que nunca tinha sido rechaçada pelo inimigo e que haviam jurado proteger o solo da pátria — se bateram em conflitos devastadores nos céus da região central da Alemanha. Para o velho grupo de Liberators de Jimmy Stewart, o 445º, unidade estacionada em Tibenham, esse foi o dia mais tenebroso da guerra. Sua unidade sofreu mais baixas e perdas do que qualquer outra força de combate em toda a história das guerras aéreas travadas pelos americanos.

A Segunda Divisão de Bombardeiros não esperava ter problemas com caças alemães nesse dia, já que fazia mais de duas semanas que aviões da Luftwaffe não eram vistos nos céus. Os comandantes da divisão estavam tão confiantes na possibilidade de não encontrarem resistência que ordenaram que as metralhadoras das bolhas de tiro fossem removidas das barrigas dos Liberators, de modo que os aviões pudessem transportar mais bombas. Quando os Liberators se aproximaram do Ponto Inicial e se prepararam para iniciar a incursão de bombardeio contra alvos industriais em Kassel, todos os 35 aviões do 445º saíram da formação de repente. Nisso, desesperados, oficiais-navegadores e pilotos da força de combate principal passaram a enviar pelo rádio mensagens urgentes ao avião da vanguarda do grupo, mas a única resposta que receberam foi uma ordem: "Aguentem firme e sigam-me!"[1217]

Quando os desnorteados aviões americanos alcançaram Göttingen, situada a uns 32 quilômetros de Kassel, e lançaram suas bombas, foram atacados, por baixo e pela retaguarda, por três Grupos de Caças de Assalto. Depois que realizaram seus primeiros ataques, os Sturmbocks passaram a deslocar-se próximo às hélices dos Liberators[1218] e lançaram ataques aniquiladores contra as desprotegidas barrigas dos bombardeiros, onde ficavam as bolhas de tiro inferiores. Quando viram um Liberator após o outro começar a transformar-se em fumaça e estilhaços, tripulações de outros bombardeiros ianques passaram "a abandonar também suas aeronaves de paraquedas uma atrás da outra, antes mesmo que sofressem um único ataque sequer",[1219] informou o capitão Vorberg. Segundos depois, um caça alemão se chocou com um Liberator. "Quando me aproximei do alvo, armei o canhão e apertei o gatilho",[1220] contou Heinz Papenberg, o piloto de Grupo de Caças de Assalto. "Mas não aconteceu nada [...]. Pensei então no compromisso do *Sturm* de abalroar o avião inimigo e resolvi fazer isso. Ainda me lembro da expressão de pavor no rosto do metralhador da cauda do bombardeiro americano. [...] Minha asa esquerda decepou o leme de direção de seu bombardeiro. [...] A asa de meu avião ficou tão danificada que não consegui controlar mais o avião, que se afastou, rodopiante. Durante algum tempo, achei que iria morrer. [...] Meu aparelho estava fora de controle. Livrei-me da capota e fui lançado para fora da cabine de pilotagem."

Papenberg acabou colidindo com a cauda do próprio avião, quebrou a perna e perdeu a consciência. Quando voltou a si, ainda estava em queda livre. Momentos depois — ele não se lembra como isso aconteceu —, seu paraquedas abriu. A essa altura, ele estava apenas a alguns metros do solo.

Lá em cima, nos céus sobre o Vale do Rio Werra, local em que Papenberg pousou em segurança, pilotos americanos lançavam pedidos de socorro

CANSADO DE GUERRA

desesperados a caças de escolta. Acabaram conseguindo fazer com que o 361º Grupo de Mustangs chegasse a tempo de evitar a destruição total do 445º.

Vinte e cinco bombardeiros quadrimotores tinham sido destroçados em seis minutos do furioso ataque concentrado dos alemães. Apenas quatro Liberators conseguiram retornar para Tibenham. O tenente-coronel Jimmy Stewart, que tinha sido promovido em julho daquele ano e fora lotado na Segunda Ala de Caças, com quartel-general em Hethel, foi despachado para organizar a reunião de relatório de pós-voo e acalmar o grupo de sobreviventes, todos eles aturdidos e a maioria perplexa. Stewart dividiu esses combatentes em dois pequenos grupos e tentou fazer com que falassem. Só que os sobreviventes, alvos de um choque paralisante, simplesmente não conseguiram dizer uma palavra.

Alguns dos componentes do grupo de Liberators haviam aterrissado em aeródromos "em processo de desativação" no litoral da Inglaterra, mas a maioria dos sobreviventes desaparecidos foi parar nas mãos dos alemães. No povoado de Nentershauen, um tripulante foi morto a tiros por um soldado alemão de licença e outros quatro foram enviados para um campo local de trabalhos forçados, onde os guardas os executaram no meio da noite. Depois de terem sido espancados, George Collar e um pequeno grupo de sobreviventes foram incumbidos da tarefa de procurar os restos mortais de seus colegas mutilados. Foi uma tarefa macabra. "Ficamos subindo e descendo colinas e fazendo buscas em florestas o dia inteiro, donde recolhemos cerca de doze corpos",[1221] relatou Collar, que tivera o nariz quebrado e ambos os olhos esmurrados por um fazendeiro alemão irado. "Naquela noite, quando voltamos para o povoado, deixamos as carroças com os corpos no cemitério [...] e fomos levados de volta para a cadeia, onde nos deram uma bisnaga de pão. [...] Foi o último pão branco que comeríamos até que fôssemos libertados, em maio de 1945."

A Oitava Frota Aérea adotou novas táticas para combater os Grupos de Caças de Assalto alemães.[1222] Formações de caças passaram a ser enviadas na frente de bombardeiros para tentar dispersar os Sturmgruppen antes que eles entrassem em formação e montassem suas terríveis falanges celestes. Ou, como saída, os caças americanos começaram a posicionar-se atrás dos aviões inimigos e passaram a derrubá-los um após o outro, num tipo de conflito inusitado, em que os corajosos pilotos alemães se negavam a travar

516 MESTRES DO AR

batalha, mas também se recusavam a fugir. Contudo, alguns pilotos de caças de assalto germânicos ainda conseguiram furar essa barreira e aproximar-se dos bombardeiros. Na maioria das vezes, porém, os caças de escolta americanos logravam alcançá-los, fazendo-os pagar pela ousadia. Embora fossem mais velozes que outras aeronaves de combate alemãs, os Me 109s, sempre atrelados aos Sturmbocks, conquanto se mantivessem estes em voos de baixa altitude, foram massacrados pelos Mustangs.

Em 12 de outubro, Chuck Yeager, pilotando um caça de escolta na cobertura a uma formação de Liberators, destruiu cinco Me 109s nos céus de Bremen, feito que o tornou o primeiro ás instantâneo da 82ª Frota Aérea, consagrado num só dia de combate. E o mais interessante é que, se os regulamentos da Força Aérea tivessem sido obedecidos, ele não teria pilotado esse avião nessa ocasião.

Em maio, depois que voltou da Espanha para a Inglaterra, Yeager iniciara uma disputa com os comandantes de sua base em torno de uma norma do Ministério da Guerra que proibia aeronautas de aviões abatidos nos céus da Europa ocupada a voltarem para o serviço de combate. "O serviço secreto alemão mantinha dossiês da maioria de nós e sabia quem tinha sido derrubado antes; eles nos submetiam a torturas imediatamente se nosso avião fosse derrubado outra vez", na tentativa de arrancar informações sobre a Resistência Francesa. "Mas minha família me ensinou a sempre terminar o que eu havia começado, e não a me esquivar de lutar, por exemplo, após ter participado de oito missões apenas. Então, que se danasse o regulamento." Esse atrevido piloto, natural da Virgínia Ocidental, tinha levado sua queixa ao topo da cadeia de comando, onde seu protesto chegara ao conhecimento do próprio Eisenhower, que acabou cedendo depois que os Aliados desembarcaram na França, e os Maquis começaram a operar abertamente.

Yeager era um combatente aéreo nato, com uma visão e reflexos inigualáveis, e, conforme suas próprias palavras de líder de esquadrilha, "mais corajoso do que inteligente".[1223] Mas ele conseguiu essas cinco vitórias numa única tarde principalmente por causa do péssimo desempenho dos aeronautas inimigos que enfrentou, dois dos quais derrubou sem disparar um único tiro. É que, quando ele se aproximou com sua aeronave da cauda dos aviões alemães e se achava prestes a "esmagá-los", um dos pilotos se apavorou, lançou-se bruscamente para a esquerda e acabou chocando-se com seu ala tedesco.

Aviões a jato

Mesmo com sua força de combate subitamente reduzida, Adolf Galland não tinha pilotos e combustível suficientes para continuar a despachar em missões de ataque seus Grupos de Caças de Assalto com certa regularidade. Mas ele tinha uma carta na manga: um avião sem hélices, o primeiro caça de combate a jato testado em situações de conflito aéreo. Desde julho, o general Doolittle vinha recebendo relatórios a respeito de pequenos números de caças a jato e aviões propelidos por foguetes que andavam seguindo de longe suas frotas de bombardeiros; essas aeronaves se mantinham a uma distância segura dos bombardeiros, aos quais provocavam com suas ágeis capacidades de manobra, mas raramente entravam em conflito com os aviões inimigos. A arma que mais preocupava o serviço secreto da Força Aérea era o Messerschmitt Me 262, aeronave com turbocompressores duplos e o mais veloz avião de combate existente então. Ele atingia 870 km/h, superando em 160 km/h a velocidade do Mustang. Além disso, funcionava a óleo diesel, combustível que a Alemanha possuía em quantidades bem maiores do que as de seu combustível de aviação comum. O serviço secreto da Oitava Frota Aérea havia subestimado muito o número de aviões de caça convencionais que a indústria alemã tinha produzido no verão do ano anterior, e Spaatz não queria cometer o mesmo erro em relação ao Me 262. Se esse avião incrivelmente veloz, equipado com armamentos possantes, começasse a ser fabricado em massa, a Luftwaffe poderia reconquistar a hegemonia aérea nos céus do próprio território.

Diante disso, Spaatz e Doolittle começaram a pressionar Hap Arnold[1224] a acelerar a produção de uma arma rival de grande eficácia, mas o primeiro avião de combate a jato americano, o Bell P-59, mostrou que não era mais veloz do que o Mustang e disseram a Spaatz que uma aeronave a jato de alto desempenho, o P-80A, só ficaria pronta quase nos últimos meses do ano seguinte. Os britânicos tinham um caça a jato promissor, o Meteor, mas a execução de seu programa de produção era de uma lentidão deplorável, tanto que nunca chegou a ser empregado em operações de combate. Com aviões movidos a motores alternativos, a única solução de que dispunha para enfrentar os caças a jato alemães, Doolittle havia começado a realizar ataques sistemáticos contra as fábricas de produção de aviões de caça a jato em julho daquele ano. Esses ataques prosseguiram até o começo do outono,

MESTRES DO AR

mas foram ineficazes, visto que as fábricas dessas aeronaves tinham sido escondidas de forma ainda mais inteligente do que as voltadas para a produção de aviões convencionais.

"Nós, aeronautas, tínhamos um fio de esperança no outono de 1944, e essa esperança estava na criação de um novo caça a jato",[1225] disse um comandante de esquadrão da Luftwaffe. Faz tempo que historiadores asseveram que as forças aéreas Aliadas foram salvas desse destino infausto, qual a de serem vencidas por uma força de caças a jato inimiga, somente graças à interferência canhestra de Adolf Hitler. Hermann Göring foi uma das fontes da ideia trapalhona. Quando interrogadores lhe perguntaram depois da guerra: "qual foi a razão do atraso no uso do Me 262 como caças de combate",[1226] ele respondeu sem hesitar: "A loucura de Hitler." Esse é, porém, um dos mais perdurantes mitos da história da aeronáutica militar. De fato, Hitler interferiu indevidamente no desenvolvimento do avião, mas isso atrasou seu advento apenas por alguns meses no máximo.

Em fins de 1943, quando o Me 262 se achava prestes a ter iniciada sua produção em série, o Fuhrer deixara seus assessores técnicos chocados ao ordenar que fossem transformados, em vez de aviões de combate, em caças-bombardeiros ou em "bombardeiros-relâmpago", tal como os denominou. Sem nem mesmo ter confirmado essa possibilidade com os engenheiros e os gerentes que administravam o projeto, Göring prometera ao Fuhrer que o avião estaria à disposição, em grandes quantidades, por volta de maio de 1944, época em que o ditador esperava poder usá-los em ataques retaliatórios contra as cidades britânicas — "Terrorismo só pode ser vencido com terrorismo"[1227] — e rechaçar a invasão dos Aliados no norte da França.

Participantes de um grupo liderado por Galland, a maioria dos conselheiros da aeronáutica militar do Fuhrer queria que ele aumentasse a produção de caças de combate — tanto dos movidos a hélice quanto os com propulsão a jato — e usasse esses aviões para proteger as indústrias de guerra. E acabaram conseguindo inesperadamente o que queriam quando o gênio da produção industrial Erhard Milch, diretor do departamento de armamentos aéreos da Luftwaffe, desobedeceu secretamente as ordens de Hitler e prosseguiu com o desenvolvimento do Me 262 como caça de combate. Hitler só ficou sabendo disso em maio de 1944, quando os primeiros Me 262 saíram da linha de produção e Göring o apresentou ao Fuhrer como o caça que iria "livrar os céus da presença dos aviões das forças aéreas Aliadas".[1228] Quando

CANSADO DE GUERRA

soube disso, o Fuhrer teve um ataque de fúria, exigindo que removessem os armamentos do Me 262 e que ele fosse adaptado para ser usado como bombardeiro. Foi nessa ocasião que ele demitiu Milch e passou a responsabilidade da produção de aviões para Speer. (Algum tempo depois, Speer tornou Milch seu vice-ministro da Produção de Armamentos e Munições.) "Vocês tiveram um grande aliado em sua guerra aérea: o Fuhrer", disse Göring a interrogadores americanos.

Nos meses seguintes, Speer e Galland imploraram a Hitler que modificasse seus planos para o Me 262 e permitisse o emprego de todos os aviões de que o Reich dispunha na defesa das fábricas de combustíveis sintéticos. Em agosto daquele ano, numa conturbada reunião com Galland e Speer, o líder nazista perdeu as estribeiras e, num acesso de cólera, esbravejou: "Não quero que mais nenhum avião seja fabricado![1229] Quero que dissolvam o Comando de Caças! Parem a produção de aviões imediatamente, entenderam?" Ele queria que todos os trabalhadores qualificados e todo o material da indústria da aviação fossem prontamente transferidos para a produção de canhões antiaéreos, disse ele a um incrédulo Speer: "Um programa cinco vezes maior do que aquele que temos agora. Transferiremos centenas de milhares de trabalhadores para a produção de artilharia antiaérea. Todos os dias vejo afirmarem em veículos da imprensa estrangeira quanto a artilharia antiaérea é perigosa. Eles ainda têm algum respeito por essas armas, mas não por nossos caças." Em seguida, Galland e Speer receberam ordens para que deixassem a sala.

Depois que seus subordinados fizeram ponderações acerca das dificuldades técnicas envolvidas nessa gigantesca transferência de equipamentos e munições, Hitler ordenou que fizessem um aumento mais modesto nas defesas antiaéreas, mas reiterou a ordem dada a Speer e Karl Saur, o imediato de Speer encarregado da produção de aviões de combate, para que ampliassem as defesas antiaéreas em detrimento da defesa aeronáutica. "Essa foi a primeira ordem de Hitler a que nem Saur nem eu obedecemos",[1230] escreveu Speer depois. No dia seguinte, Speer reuniu seus assessores da produção de armamentos e lhes disse de forma bem clara e direta: "Temos que [...] prosseguir a todo vapor com a produção de aviões de combate." A essa altura, Hitler havia se acalmado um pouco e concordou com a proposta de Speer de um novo programa de produção de caças. O ditador mudou de ideia também, embora apenas parcialmente, com relação à fabricação do Me 262,[1231] permitindo que fosse testado tanto como bombardeiro quanto como caça de combate, mas a produção em massa continuou a sofrer atrasos por conta de constantes problemas na produção de seu turbojato — o primeiro motor do mundo dessa espécie —, e por causa dos ataques da Oitava Frota Aérea no inverno e na primavera de 1944, iniciados com a Grande Semana. Esses fatores,[1232] juntamente com a dificuldade para treinar pilotos capazes de lidarem com a instável e assaz explosiva aeronave, contribuíram mais para o adiantamento de seu emprego na guerra do que a insensata intervenção de Hitler.

Quando, em fins do verão de 1944, os exércitos Aliados se aproximaram mais ainda das fronteiras da Alemanha, Hitler finalmente deu a Galland autorização para criar uma unidade de caças a jato para a defesa do Reich. Em 3 de outubro, ela foi posta em operação em duas zonas de combate próximo à fronteira com a Holanda, localizadas bem na principal rota seguida pelos bombardeiros americanos em suas investidas contra a Alemanha. A unidade foi comandada pelo major Walter Nowotny, um dos principais ases da Luftwaffe, com 258 vitórias. Naquele mês de outubro, Doolittle e Spaatz chegaram a achar que teriam de travar mais uma batalha para preservar a supremacia aérea dos Aliados, mas os pilotos de Nowotny conseguiram destruir apenas 22 aeronaves Aliadas,[1233] a um custo de 26 aviões de combate perdidos dos 30 caças da unidade germânica. Quase todas as perdas resultaram de dificuldades técnicas e da inexperiência dos pilotos alemães. "No caso de muitos pilotos,[1234] a única experiência de pilotagem de uma aeronave tão revolucionária como essa consistia em algumas voltas de teste ao redor do aeródromo", escreveu Cajus Beeker, o historiador da Luftwaffe. Mas os pilotos Aliados fizeram sua parte também. Os turbojatos de Nowotny eram perigosamente lentos durante a decolagem e a aterrissagem e conseguiam continuar voando apenas por cerca de uma hora. Assim, toda vez que um deles era avistado no céu por um atento avião de patrulha dos Aliados, caças britânicos e americanos partiam em grupo para o aeródromo do caça alemão e ficavam sobrevoando o local, esperando que ele voltasse. "Vi um grande aeródromo,[1235] com uma pista de mais de 1.800 metros de comprimento, e um solitário jato se aproximando para pousar a partir do sul, voando a pouco mais de 150 metros de altitude", relatou Chuck Yeager, ao descrever sua única vitória contra um Me 262. "Mergulhei na direção dele. Vi que seu trem de pouso estava baixado e que ele vinha se alinhando com a pista, aproximando-se a uma velocidade pouco acima de 320 km/h,

CANSADO DE GUERRA

quando arremeti contra seu traseiro a mais de 800 km/h." Pouco depois, Yeager lançou uma chuva de aço flamejante contra as asas do jato, que acabou caindo pouco antes de alcançar a pista e desapareceu numa nuvem de fumaça e destroços.

Em 8 de novembro, Walter Nowotny morreu num acidente de avião perto de sua base. Galland, que testemunhou sua morte em meio a chamas infernais e soube, no mesmo dia, da ocorrência de outros acidentes, retirou a unidade das operações de combate, com o objetivo de fazer seus pilotos receberem treinamento adicional. Enquanto um esquadrão de jatos de combate três vezes maior estava sendo preparado, Galland resolveu lançar mão de uma estratégia que se valia do único manancial de forças de combate da Luftwaffe então — os 2.500 aviões de caça monomotores que Speer tinha entregue recentemente, total que representava o dobro do número de caças que a corporação possuía em 1943. Galland chamou seu plano para o derradeiro esforço de defesa da pátria de *Der Grosse Schlag*, O Grande Golpe.[1236]

Desde agosto de 1944, Galland vinha treinando uma grande parcela de sua força de caças para um formidando ataque contra uma frota inteira de bombardeiros americanos. Suas expectativas eram a de conseguir derrubar nada menos que quinhentos bombardeiros e perder um número idêntico de aviões de combate. "Esta seria a maior e mais decisiva batalha da guerra aérea",[1237] escreveu ele depois, um Armagedon aéreo. Galland achava que o choque dessas perdas extraordinárias poderia convencer a Oitava Frota Aérea a suspender suas investidas de bombardeio contra as fábricas de produtos sintéticos do Reich e passar a concentrar suas operações em unidades da indústria aeronáutica, mais difíceis de destruir. Além disso, ele nutria a esperança de que a Wehrmacht conseguisse retardar o avanço dos soviéticos até que, por fim, os "Aliados ocidentais conquistassem a Alemanha" ou até que um acordo de paz fosse negociado por inimigos secretos do Fuhrer.

Em meados de novembro, a frota de caças de assalto estava pronta. Ao primeiro sinal de tempo bom, ela seria acionada, e Galland esperava que a batalha selasse o destino do Reich. Nas semanas seguintes, porém, as condições meteorológicas continuaram péssimas e Galland se viu obrigado a usar até dois terços dessa força de reserva, mas nunca por inteiro, em quatro ataques concentrados contra as operações de bombardeios guiados por radar de Spaatz. "Foi difícil manter a decisão de preservar todos os aviões de caça defensivos",[1238] escreveu Galland depois, "mas os líderes da força de combate se mantiveram calmos e não insistiram em ações inúteis e forçadas, de consequências dispendiosas".

Ainda assim, essas batalhas aéreas foram simplesmente estupendas, nas quais a Luftwaffe sofreu a espantosa perda de 348 pilotos. "A missão de combate em novembro de 1944 foi a mais árdua que enfrentei durante a guerra inteira",[1239] relatou um comandante de caças de combate alemão. "Nossas chances de vitória eram uma em vinte e, às vezes, uma em trinta." Toda vez que o inimigo partia para o combate Mustangs destruíam nada menos que um quarto de sua força de ataque, informou Spaatz em relatório enviado a Robert Lovett, subsecretário do departamento de aeronáutica militar do Ministério da Guerra. "Seus pilotos não são bem-treinados, embora sejam muito agressivos",[1240] fato que, para eles, foi uma combinação catastrófica.

Uma das baixas americanas nessas terríveis batalhas de novembro foi um piloto de Mustang do 339º Grupo de Caças, o promissor escritor Bert Stiles. Depois que participara de 35 missões de bombardeio, Stiles requisitara transferência para uma unidade de aviões de combate. "Quero pilotar um avião de verdade",[1241] disse ele a um amigo inglês. "Quero sentir o vento no rosto — escalar as alturas, mergulhar, voar alto, ser livre." Ele morreria num combate aéreo nos céus de Hanover, como parte de uma frota americana que destruiu 132 aeronaves inimigas.

Em 20 de novembro, enquanto se mantinha à espera de condições de tempo rigorosamente favoráveis, Galland recebeu uma notícia desoladora. Foi informado de que as unidades que ele tinha preparado para o Grande Golpe deveriam ser transferidas para a Frente de Combate Ocidental no começo de dezembro, como preparativo para "uma grande batalha terrestre",[1242] e que apenas duas alas de caças de combate permaneceriam no Reich. Galland não tinha tempo para preparar seus pilotos para os combates aéreos em baixa altitude que eles estavam prestes a enfrentar, em operações de fogo aéreo aproximado às forças terrestres. Eles partiriam para suas novas missões; portanto, "despreparados e desanimados diante do malogro do programa que lhes tinha dado alguma esperança".[1243]

A transferência desses pilotos foi a última atribuição oficial de Adolf Galland como chefe do Comando de Caças. É que, como tinha caído em desgraça tanto diante de Göring quanto do Fuhrer, ele não teria nenhuma participação na iminente operação. Naquele mês de dezembro, grampearam seus telefones, incorporaram espiões da SS ao seu estado-maior como

CANSADO DE GUERRA

"assessores" administrativos, e seu passado político foi investigado, já que ele nunca se filiara ao Partido Nazista. No fim do mês, Göring o intimou a comparecer a seu gabinete e, num monólogo com duas horas de duração, o acusou de conceber táticas insensatas, de ter deixado de obedecer a ordens e de haver criado "uma dinastia particular no Comando de Caças".[1244] Em seguida, determinou sua exoneração do comando da força. Galland solicitou então que o enviassem para a frente de batalha como piloto comum, mas Göring ordenou que ele ficasse de licença até que achassem um sucessor para o cargo.

Portanto, a Alemanha travaria uma das maiores batalhas terrestres da história sem contar com o mais capacitado de seus comandantes.

Naquele mês de novembro, o Fuhrer estava ultimando planos para lançar, no mês seguinte, uma contraofensiva de força máxima na Floresta das Ardenas e com uma frente que se estenderia de norte a sul, da Bélgica até Luxemburgo. Seria seu derradeiro grande esforço para reverter a situação de uma guerra que avançava numa direção desastrosamente contrária aos interesses da Alemanha, uma contraofensiva tão espetacular, em sua abrangência e objetivos, quanto o Grande Golpe que Galland tencionara assentar no inimigo.

A Batalha do Ruhr

Enquanto preparavam sua contraofensiva-surpresa, os magnatas da indústria da aeronáutica militar dos Aliados principiaram a iniciativa de bombardeios decisivos da guerra na Europa, uma campanha que aplicaria golpes na economia de guerra dos alemães dos quais ela nunca se recuperaria, e não apenas a um de seus setores fundamentais. Mas essa campanha só começou para valer mesmo quando bombardeiros aliados foram impedidos, por uma grossa camada de nuvens, de atingir com precisão os alvos principais desse esforço, os centros de produção de sintéticos dos germanos. No entanto, talvez por ironia do destino, as péssimas condições de tempo que Albert Speer considerava a única salvação possível para a economia alemã abriram caminho para sua total destruição.

Em setembro de 1944, quando os exércitos Aliados se aproximavam da Linha Siegfried, seu rápido avanço através do noroeste da Europa foi subi-

524 MESTRES DO AR

tamente interrompido. É que as forças de Eisenhower foram vítimas de seu próprio sucesso. Elas tinham avançado tão rapidamente que deixaram seus canais de abastecimento bastante para trás,[1245] os quais se estendiam até as praias da invasão, onde noventa por cento de seus novos suprimentos ainda chegavam até eles só depois que atravessassem o Canal da Mancha, oriundos da Inglaterra. Agora, os exércitos Aliados em marcha estavam numa perigosa situação de insuficiência de munição, medicamentos, alimentos e gasolina. Além disso, levar esses produtos de extrema necessidade até as linhas de frente era uma tarefa difícil, dado que o sistema ferroviário francês não tinha se recuperado dos ataques aéreos dos Aliados, como preparativos para o Dia D, e os alemães continuavam a controlar algumas importantes cidades portuárias no Canal da Mancha, entre elas Le Havre, Brest, Calais e Dunkirk. Com isso, aviões cargueiros e bombardeiros pesados foram usados para transferir gasolina aos exércitos Aliados imobilizados ao longo da fronteira com a Alemanha e se criou às pressas um serviço de transporte de caminhões, operado 24 horas por dia. Mais de seis mil caminhões e carretas e 23 mil homens foram mobilizados para levar combustíveis, munição e rações de campanha das praias do desembarque original e do único porto em funcionamento na Normandia, em Cherburgo, até os exércitos em marcha sobre o Reno. Todavia, esse improvisado sistema de abastecimento quase não conseguia satisfazer a demanda de suprimentos das forças Aliadas e não havia aeródromos suficientes nas vizinhanças dos locais de estacionamento das tropas para que operações de fornecimento de produtos aerotransportados, organizadas pelos Aliados, pudessem ser de grande utilidade.

Os responsáveis por esse pesadelo logístico concentraram sua atenção na Antuérpia, visto que os britânicos tinham acabado de conquistar a cidade belga, uma das maiores cidades portuárias da Europa, mas não haviam conseguido tirar das mãos do inimigo o controle sobre o estuário do Rio Escalda, a embocadura da longa e estreita via de acesso fluvial a seus portos. Se fosse aberto o acesso aos portos de Antuérpia, os problemas de combustível dos Aliados chegariam ao fim; porém, em vez de ter aplicado toda força possível numa operação para varrer os alemães das margens do Escalda, Eisenhower fez uma arriscada tentativa de vencer a guerra no fim do ano. Incentivado pelo marechal de campo Bernard Montgomery, ele aprovou uma missão de desembarque de paraquedistas na Holanda, atrás da Linha Siegfried, após o qual os paraquedistas deveriam arrojar-se com todo ímpeto através do industrializado Vale do Ruhr, na direção de Berlim.

Denominada Market-Garden, a operação foi lançada em 17 de setembro de 1944, mas se revelou um tremendo fiasco, com enormes perdas, a maioria delas de tropas de assalto britânicas aerotransportadas. Depois disso, Eisenhower decidiu romper a Linha Siegfried com uma série de assaltos frontais devastadores ao longo da fronteira com a Alemanha. O primeiro ataque desse outono e inverno sangrentos foi no início de outubro, em Aquisgrano, um antigo centro cultural a oeste do Reno. Após um combate feroz, Aquisgrano foi a primeira cidade alemã a cair, mas os Aliados não conseguiram avançar para o Reno. Na extremidade sul da linha de frente dos Aliados, sem combustível suficiente para seus blindados, Patton enfrentou a mesma dificuldade em seu esforço para subjugar a cidadela de Metz. Montgomery acabou conseguindo livrar o estuário do Escalda da presença de alemães e abrir o acesso ao porto da Antuérpia; porém, em fins de 1944, a guerra ao longo da Linha Siegfried chegou a um impasse, com a infantaria dos Aliados avançando lentamente, a um custo assombroso, sobre as posições fixas e entrincheiradas dos alemães.

No outono, os comandantes das forças aéreas Aliadas, liberados agora do controle direto de Eisenhower, travaram uma verdadeira luta em torno da questão de que a hegemonia dos ares era mesmo ou não um instrumento capaz de aniquilar a Alemanha.

Criou-se assim uma nova organização consultiva — o Comitê Interaliado de Seleção de Alvos Estratégicos —,[1246] mas Harris e Spaatz tiveram preservada sua autoridade na escolha de alvos, embora sujeitos ao comando global do Estado-Maior Conjunto e aos chefes de suas respectivas forças aéreas. Depois disso, os comandantes da aeronáutica militar interaliada foram conclamados a elaborar um plano de estratégia coordenada, mas não conseguiram apresentar proposta alguma. Em certo sentido, o episódio foi uma repetição da disputa ocorrida durante os preparativos para o Dia D, com Spaatz dando preferência a ataques a centros de produção de combustíveis, Harris defendendo bombardeios a cidades industriais e Tedder achando melhor atacarem sistemas de transporte. Dessa vez, porém, o plano de Spaatz prevaleceu e por conta da mesma razão pela qual, meses antes, a proposta de Tedder ocupara o topo da lista dentre as opções das supremas autoridades militares. Naquela ocasião, o objetivo mais premente era preparar o caminho, com o máximo de rapidez possível, para a invasão da Normandia;

526 MESTRES DO AR

agora, o objetivo prioritário era liquidar todo o aparato de guerra alemã até o Natal. Os chefes do Estado-Maior Conjunto concluíram[1247] que ataques deveras intensivos contra fábricas de produtos sintéticos, combinados com uma ofensiva no outono pelas forças terrestres de Eisenhower, representavam a melhor chance de alcançarem esse objetivo.

Todavia, verdadeiro campeão da astúcia em disputas internas na arena do aparato estatal, Tedder continuou a pressionar autoridades a adotarem seu plano, lançando mão de seu considerável poder de influência junto aos chefes do Estado-Maior Conjunto e ao comandante da Real Força Aérea, Sir Charles Portal. Tedder e seu principal assessor de elaboração de planos estratégicos, professor Solly Zuckerman, propuseram que a campanha de bombardeios contra ferrovias da França, iniciadas na primavera de 1944, "fosse estendida para a Alemanha,[1248] já que seu sistema econômico e industrial, bem como a movimentação de componentes de seu aparato militar, dependia do uso irrestrito de uma rede de ferrovias". Em setembro daquele ano, caças-bombardeiros dos Aliados, com a ajuda ocasional de bombardeiros pesados, haviam começado a atacar sistemas de ferrovias e de distribuição de água no noroeste da Alemanha, mas Tedder queria algo bem mais ambicioso: uma investida de assalto com força total das forças aéreas Aliadas, tanto com elementos estratégicos quanto com componentes táticos, contra a infraestrutura de transportes germânica — de seus sistemas de tráfego por ferrovias, rios e canais. Argumentou que, desprovidos dessas artérias de distribuição econômica, nem as cidades industriais que o Harris Balista vinha pulverizando, nem as indústrias de sintéticos que Spaatz estava destruindo poderiam continuar funcionando; e fábricas em todo o território do Reich ficariam interditas ao recebimento de matérias-primas e peças de máquinas, assim como aos mercados de que elas precisavam para sobreviver. Além disso, ataques coordenados contra a rede de transportes provocariam caos no engenhoso, porém vulnerável, sistema de descentralização industrial de Albert Speer. "Quanto mais indústrias tiverem sido dispersadas,[1249] mais elas dependerão de bons sistemas de transporte integrados", ponderou Tedder com Portal. "E a dependência do Exército alemão de um sistema de comunicação viária dispensa comentários…" Reconhecendo o sucesso da ofensiva de Spaatz contra refinarias e fábricas de sintéticos, Tedder propôs que bombardeios a sistemas de transporte e a esses centros de produção fossem tratados como partes de planos de ataque complementares, e não rivais ou mutuamente excludentes.

CANSADO DE GUERRA 527

Contatos de Zuckerman no serviço secreto informaram que a devastação pré-invasão do sistema ferroviário do norte da França e da Bélgica resultara num enfraquecimento fatal da Reichsbahn, a empresa responsável pelo sistema ferroviário alemão, já que ela se viu obrigada a fornecer vagões ferroviários, locomotivas e serviços de manutenção e reparo ferroviário, aniquilados pelos bombardeios aliados nesses países. O sistema precisava apenas de um "empurrãozinho",[1250] argumentou ele, para que caísse por terra. Zuckerman se perguntava por que os "potentados militares" americanos não conseguiam enxergar o que estava bem diante de seus olhos: o sistema de transportes do inimigo à beira do precipício.

A coisa não era tão óbvia assim. Tanto que especialistas do serviço secreto da Oitava Frota Aérea asseveravam que os ataques ao sistema ferroviário francês não tinham sido tão eficientes quanto alegado por Zuckerman; na verdade, eles tinham causado apenas problemas e transtornos ao sistema, mas não haviam impossibilitado a movimentação de tropas germânicas. E por que deslocar os bombardeiros pesados para ataques a novos alvos quando as investidas de bombardeio a refinarias e fábricas de sintéticos já haviam posto a Alemanha na corda bamba? Tal como na Operação Overlord, o tempo era tudo para o comando dos Aliados. Destruir o sistema ferroviário mais bem-administrado do mundo até o fim do ano parecia impossível, enquanto, por outro lado, interceptações de mensagens do inimigo pelo ULTRA forneciam provas incontestáveis de que a indústria de petróleo e de sintéticos do Reich estava prestes a beijar a lona.

Zuckerman, um zoólogo eminente, insistia em dizer que seu plano de bombardeio estratégico era baseado em princípios científicos e análise objetiva. Um absurdo. Bombardeio estratégico estava longe de ser uma ciência. Era um procedimento mais calcado em convicções do que em fatos — em dados incompletos e instáveis, a maior parte deles colhidos em operações aerofotográficas realizadas sobre os céus de uma parte do mundo que ficava o tempo todo encoberta por uma camada de nuvens por longos períodos do ano. Tudo relacionado com bombardeios estratégicos era novo e não testado. Aquilo que ele mais tinha em comum com a ciência estava no estímulo que levava seus defensores e adeptos a tentarem certas experiências. Ao contrário do que acontecia em outros setores militares, os comandantes de bombardeiros e seus conselheiros não tinham nem precedentes experimentais nem experiência em que pudessem se basear.

528 MESTRES DO AR

Flexíveis chefes militares dos Aliados, tais como Tedder e Spaatz, haviam aprendido "técnicas" de bombardeio com a própria experiência ou prática, vivenciando novas táticas e estratégias, até que achassem a melhor forma de fazê-lo funcionar com o máximo de eficiência. Os únicos fatores corretivos com que podiam contar eram as fotografias infravermelhas, em preto e branco, tiradas por seus pilotos em missões de reconhecimento aéreo, e informações obtidas das mensagens inimigas interceptadas e decifradas pelo ULTRA. E essas últimas eram de um valor desoladoramente limitado, pois quase todas as comunicações comerciais dos alemães eram feitas por linhas terrestres,[1251] e não por máquinas de codificação de mensagens.

Zuckerman e Tedder criaram um excelente plano de guerra, mas estavam longe da imagem de pressagos visionários do bombardeio estratégico que tentaram passar em suas autobiografias; de resto, contudo, obras de excelente qualidade. Eles defendiam a realização de bombardeios contra refinarias e fábricas de sintéticos no Vale do Ruhr, por exemplo, enquanto os alvos muito mais importantes de Leuna e Politz ficavam mais para o leste. Se Spaatz errou por não ter dado atenção suficiente a bombardeios contra sistemas de transporte, Tedder e Zuckerman se equivocaram de forma muito parecida por não terem dado a merecida ênfase a ataques a refinarias e fábricas de combustíveis e produtos sintéticos.

Numa reunião decisiva de comandantes da aeronáutica militar em fins de outubro, ataques a refinarias e fábricas de sintéticos passaram a ser prioritários, com bombardeios a estruturas de transporte sendo relegados a segundo plano. Mas a inexistência de uma condição, determinante para que essa escolha tivesse mesmo prioridade, acabou transferindo os esforços da iniciativa para o plano de Tedder. Acontece que, quando as más condições de tempo forçaram os bombardeiros de Spaatz a permanecerem em terra — os quais precisavam de céus sem nuvens para atingir as fábricas de produtos sintéticos pelo menos com alguma precisão —, seus pilotos receberam ordens para que partissem em missão de ataque a sistemas de transporte, lançando mão de "técnicas de bombardeio guiado por radar quando necessário".[1252] Ao contrário do esperado, porém, o tempo continuou muito ruim no ano seguinte, forçando as autoridades militares a darem primazia ao plano dos defensores de bombardeios contra sistemas ferroviários. Com isso, na última parte da guerra, a Oitava Frota Aérea lançaria metade de sua carga de bombas sobre infraestruturas de transporte.[1253] Uma das razões pelas quais Spaatz

CANSADO DE GUERRA

não queria tornar as ferrovias alemãs seus alvos prioritários — a imensidão do sistema — foi justamente o fator que a tornou um alvo ideal, como último recurso para ajudar a aniquilar o aparato de guerra inimigo. Afinal, era também um alvo que estava quase sempre em condições de ser atacado.

Ao Harris Balista deram praticamente a mesma instrução operacional que a Spaatz, mas, com Portal ainda impossibilitado de controlá-lo, por causa dos estreitos laços de Harris com Churchill e sua enorme popularidade na frente de combate doméstica, o cabeçudo comandante aéreo fez quase tudo que lhe deu na telha. Nos últimos três meses de 1944,[1254] sua força de combate despejou quase 53 por cento de suas bombas em cidades, 15 por cento em sistemas de transporte e apenas 14 por cento em refinarias e fábricas de sintéticos. Por causa da formidável capacidade de ascensão de seus Lancasters, Harris pôde dar — tanto às ofensivas contra sistemas de transporte quanto às lançadas contra refinarias e fábricas de produtos sintéticos — uma contribuição maior do que aquela que lhe atribuem de uma forma geral. É, porém, um desdouro em sua reputação o fato de que ele não tenha feito mais que isso.

Depois de um bombardeio de saturação contra Darmstádio, em 11 de setembro, um ataque que provocou um incêndio gigantesco e incontrolável responsável por carbonizar os corpos de mais de dez mil almas, quase a décima parte da população da cidade, Harris concentrou seus ataques no Vale do Ruhr e nas regiões situadas a oeste dele. No outono e no inverno daquele ano, ele lançou bombardeios contra mais de trinta cidades industriais, algumas delas as mesmas que suas tripulações tinham calcinado no ano anterior. A maior parte dos escombros resultantes dessas operações era de propriedades industriais e infraestruturas de transporte — usinas de gás e redes de distribuição de energia elétrica e água, mas grande parte dessa mixórdia de destruição era composta por sangue e ossos humanos. Se a maior parte das 60 mil toneladas de explosivos lançadas pelos bombardeiros pesados de Harris sobre as cidades do Ruhr tivesse sido usada em bombardeios contra refinarias, fábricas de sintéticos e sistemas ferroviários, ele teria dado maior contribuição ao esforço de guerra dos Aliados e ao seu problemático legado.

Os bombardeios das forças Aliadas contra sistemas de comunicação do inimigo se concentraram em alvos no Vale do Ruhr também, o maior centro de produção de carvão, minério de ferro e aço do país. Tedder argumentou que um golpe decisivo nessa região teria um efeito cascata na economia alemã inteira. O tempo acabou mostrando que ele tinha razão, mas por motivos insuspeitados. É que, com sua decisão de atacar os sistemas de transporte do inimigo, os Aliados se lançaram, sem querer, numa ofensiva de bombardeio decisiva para sua vitória na guerra — o que privou as fábricas e centrais elétricas germanas da matéria-prima sem a qual elas não poderiam funcionar.

Na Alemanha, quase todas as cargas eram transportadas por vias férreas ou por canais de navegação, e a mercadoria mais importante que transitava por esses sistemas era o carvão, matéria-prima que representava 90 por cento das fontes de energia do país. Assim como os Aliados não conseguiram enxergar a íntima correlação entre as refinarias e as fábricas de produtos sintéticos da Alemanha e suas indústrias de munição, falharam também em perceber toda a importância da relação que havia entre a Reichsbahn e o carvão. Quando, em 1942, a Oitava Frota Aérea chegou à Inglaterra, seu único guia para a elaboração de um programa de bombardeios foi um plano desenvolvido às pressas com base na economia americana em vez de na alemã. Mas os Estados Unidos eram uma sociedade movida a petróleo e automóveis, ao passo que a Alemanha era muito dependente do carvão e de ferrovias. Nem mesmo Tedder, oriundo de uma cidade cuja economia era sustentada pela indústria do carvão, enfatizara a estreita coligação que havia entre o carvão e as ferrovias germânicas, em seus apaixonados apelos em defesa de bombardeios contra sistemas de transporte. Tanto que a ideia de privar algumas indústrias de suma importância, como as de aço, de seus suprimentos de carvão, era apenas uma parte, e não o principal componente de seu plano de bombardeio contra sistemas de transporte. Nisso Tedder foi vítima de seus próprios contatos no serviço secreto. Nenhuma das agências secretas dos Aliados conseguiu antever aqueles que seriam os bombardeios mais eficazes na guerra da Europa — a destruição da parte da rede ferroviária do Reich usada para a distribuição de carvão.

Embora o petróleo fosse essencial para a máquina de guerra dos nazistas, o carvão era ainda mais importante. Desprovida desse recurso, a economia alemã inteira ruiria. Assim, más condições de tempo e sorte se conjugaram para permitir a montagem de uma operação de assalto militar devastadora contra as fontes da mercadoria mais valiosa para a Alemanha.

A maior parte das reservas de carvão alemãs[1255] se concentrava em três regiões: no Vale do Ruhr, na Alta Silésia e, em bem menor quantidade, no Sarre — no sudoeste da Alemanha, em sua fronteira com a França. A bacia do Ruhr era fonte de 63 por cento do coque* alemão, ingrediente fundamental para o derretimento de ferro, e de 80 por cento de seu tipo de carvão mais valioso, o betuminoso, ao contrário da linhita, que fornece muito menos energia. O carvão do Ruhr movimentava as indústrias da própria região, bem como as da região central e austral da Alemanha. O carvão da Alta Silésia satisfazia as necessidades energéticas da região metropolitana de Berlim. A campanha de bombardeios dos Aliados no Ruhr não tinha como objetivos as minas dessa matéria-prima ou os centros de produção que a utilizavam, mas as artérias de transporte que levavam a esses locais e partiam de lá, todas elas atravessando os enormes pátios de manobras ferroviárias da Reichsbahn. Centros de distribuição de todas as cargas ferroviárias, esses pátios eram, nas palavras de Tedder, "o coração do sistema ferroviário" alemão e,[1256] apesar disso, houve época em que ainda permaneciam "relativamente intocados". Quando bombardeiros dos Aliados começaram a destruí-los sistematicamente, seus ataques provocaram uma escassez nacional de carvão que se tornaria cada vez maior, até que, no começo de 1945, acabou ocasionando a à paralisação da economia germânica inteira. "É irônico",[1257] escreveu o historiador Alan S. Milward, "o fato de que, entre todas as matérias-primas da Alemanha, justamente aquela da qual ela estava mais bem-suprida tivesse sido tão responsável por sua ruína definitiva".

Já em novembro, investidas de bombardeio implacáveis das forças aéreas dos Aliados haviam rompido as vias de comunicação fluvial do Vale do Ruhr com o restante da Alemanha. Isso criou um caos na economia alemã, pois mais de um terço das exportações internas de carvão da região era transportados por vias fluviais. Desse ponto em diante, todo o fardo de ter que manter em movimento a economia germânica incidiu sobre os ombros do pessoal da Reichsbahn. Assim, agora, os alemães começariam a requisitar que uma empresa ferroviária que normalmente transportava três quartos da carga comercial e industrial do país passasse a transportar quase tudo que

---

* Tipo de combustível derivado da hulha para produção de ferro-gusa. Começou a ser utilizado na Inglaterra do século XVIII, sendo um dos pilares da industrialização pesada. [N. do R.]

eles produzissem. Em poucas palavras, a nova filosofia de bombardeios era esta: em vez de se concentrarem ataques em indústrias que produziam essas cargas, os bombardeiros deveriam passar a atacar os veículos e as instalações de transporte que as movimentavam, já que era muito mais fácil destruir esses alvos do que todo o aparato industrial de uma economia. E, quando esse sistema ferroviário fosse destruído, a economia racharia e desabaria. Tal como ocorrera nos bombardeios às refinarias e aos centros de produção de sintéticos, essa operação foi uma batalha entre bombardeiros e equipes de reparos. Já em novembro, só no Vale do Ruhr, Speer tinha quase duzentos mil trabalhadores[1258] empenhados em serviços de reparo industrial. Cinquenta mil desses tarefeiros eram operários "descartáveis", trabalhadores holandeses escravizados, mas trinta mil deles tinham sido libertados das indústrias de armamentos, fato que provocou um enfraquecimento inevitável na economia de guerra alemã.

Com um esforço gigantesco, partes do sistema foram mantidas em funcionamento, mas, no inverno de 1944, a Alemanha começou a perder a batalha entre a destruição e a reconstrução[1259] — aliás, uma luta sempre desigual. E foi também então que essa disputa se tornou ruinosa para o país, visto que, somente após o quinto ou sexto bombardeio, um pátio de manobras ferroviárias ficava inutilizado de forma definitiva. Afinal, tal como na campanha de bombardeios contra refinarias e fábricas de sintéticos, eram a frequência e a força dos ataques, e não sua precisão, os fatores decisivos da destruição almejada pelos Aliados. Relações-públicas da Força Aérea Americana elogiaram a precisão cirúrgica dos bombardeios, enaltecendo o fato de seus colegas ianques terem destruído a indústria do inimigo com mil incisões perfeitas, mas a verdade é que a infraestrutura da economia alemã foi brutal e mortalmente retalhada com o embotado bisturi dos bombardeios de saturação.

Muitas vezes, trens com suprimentos e soldados indispensáveis conseguiam passar pelos escombros através de uma única via férrea, mas apenas com extrema dificuldade. E ataques de caças-bombardeiros contra trens em movimento obrigavam os alemães a transportarem soldados para a linha de frente quase que exclusivamente à noite. As operações que provocavam essa situação eram o casamento quase perfeito entre forças estratégicas e táticas visionado por Tedder. Os aviões de bombardeio pesado atingiam os grandes pátios de manobras ferroviárias, bem mais fáceis de localizar, enquanto os caças e os bombardeios médios atacavam trens em movimento, pontes e viadutos.

"A destruição de nossos sistemas de transporte",[1260] advertiu Speer a Hitler em novembro daquele ano, "poderá causar uma crise na produção que porá em grande risco nossa capacidade de continuar na guerra". E acrescentou: "O resultado da Batalha do Ruhr [...] será decisivo para o destino do Reich."[1261]

Bombardeio às cegas

De setembro de 1944 até o fim da guerra na Europa,[1262] as forças americanas lançaram uma quantidade duas vezes maior de cargas explosivas sobre pátios de manobras ferroviárias do que contra qualquer um dos outros alvos atacados por ela, operações em que bombardeios guiados por radar foram predominantes. Aliás, ataques contra esses pátios suscitavam questões morais inquietantes. Afinal, ao contrário das investidas de bombardeio contra refinarias e centros de produção de sintéticos, os grandes pátios de manobras ferroviárias ficavam localizados nas regiões centrais de cidades industriais, áreas adjacentes às moradias de seus trabalhadores. Essas cidades — embora não seus pátios de manobras ferroviárias em si — eram facilmente localizadas através das nuvens com o radar H2X. Com suas operações de efetiva destruição de grandes pátios de manobras ferroviárias, a Oitava Frota Aérea solapou também bairros residenciais densamente habitados, matando e mutilando milhares de civis. E como isso não poderia ocorrer quando, pelos próprios cálculos da Força Aérea, apenas dois por cento[1263] das bombas lançadas sobre o inimigo, num típico ataque guiado por radar, atingiam uma área situada a cerca de 300 metros do ponto de visada?

Falhas humanas eram agravadas pelas eficazes diretrizes de bombardeio de Curtis LeMay a que os líderes de formações de combate estavam submetidos. Certa feita: "Meu esquadrão seguia na retaguarda da formação de uma missão de bombardeio contra um pátio de manobras ferroviárias de uma pequena cidade industrial",[1264] disse o piloto da Oitava Frota Aérea Craig Harris, narrando uma típica investida de bombardeio contra um centro ferroviário urbano. "Havia cerca de quatrocentos bombardeiros na nossa frente quando nos aproximamos do alvo. A sombra formada por

534 MESTRES DO AR

nossa gigantesca frota de aeronaves, se é que tivemos alguma então, talvez fosse capaz de cobrir a cidade inteira. As nuvens eram tão densas que não conseguíamos enxergar nada no solo. O radar ficava no avião da vanguarda. Quando sobrevoou a zona do alvo, ele lançou suas bombas, juntamente com um foguete de sinalização fumígeno, o sinal para que o restante da formação despejasse suas bombas. Os aviões da frente da formação devastaram o pátio de manobras ferroviárias, mas o restante assolou a cidade."

Mesmo quando o bombardeio era feito visualmente, em dias claros, os danos colaterais podiam ser enormes. "Bombardeamos os pátios de manobras ferroviárias de [...] Mayen",[1265] escreveu o sargento John J. Briol, membro do 457º Grupo de Bombardeiros. "As ferrovias passavam pelo centro da cidade. De repente, ouvimos a ordem: 'Lançar bombas!', e Ozzie, o bombardeador, acionou o interruptor de lançamento." Alguns minutos depois, as bombas atingiram o solo e, de sua torre de tiro esférica, Briol teve uma visão perfeita da sangrenta devastação. "O local era uma pequena cidade com cerca de dois mil habitantes. Atingimos o pátio em cheio e toda a cidade também. Vi a urbe inteira desaparecer e, de repente, me dei conta, mais uma vez, de quanto esse serviço era nojento."

"O fantasma do [...] extermínio de inocentes se alojaria para sempre nos porões de minha consciência à medida que fui amadurecendo",[1266] confessou o piloto da Oitava Frota Aérea, Bernard Thomas Nolan, rememorando a trágica ocasião. Embora alguns aeronautas matassem sem remorsos, psiquiatras da Oitava Frota Aérea descobriram, em seus estudos, que a maioria dos membros de tripulações de aviões de bombardeio pesado não conseguia "suportar bem a culpa pelo ato de matar",[1267] apesar do fato de que as vítimas fossem pessoas "distantes, quase irreais" em suas vidas. Na maioria dos casos, ódios pessoais eram direcionados aos dirigentes nazistas, e não aos pilotos que a Oitava combatia ou às pessoas sobre as quais lançavam suas bombas. "Aprendemos a conviver com o medo,[1268] mas não imbuídos de um ódio obsessivo por outro ser humano, ser que, tal como nós, se tivesse a chance de escolher, não se envolveria nesta loucura de jeito nenhum", comentou o radioperador J. J. Lynch em seu diário. Mas a reação mais comum após uma terrível investida de bombardeio era enterrar a experiência na cova do esquecimento.

A Oitava tinha realizado operações de bombardeio às cegas antes, mas nunca com uma força tão brutal assim. Nos últimos três meses de 1944, cerca de 80 por cento das missões da Oitava e 70 por cento das operações da 15ª foram realizadas sobre uma cobertura de nuvens com uma espessura variando entre densa e moderada. Agora, uma guerra indiscriminada seria levada a inimigos alojados em toda comunidade que tivesse um importante centro ferroviário, categoria em que entravam quase todas as grandes e pequenas cidades da parte ocidental da Alemanha de alguma relevância econômica. Em dezembro, o arco da destruição seria ampliado para que abarcasse o Reich inteiro.

De novembro daquele ano em diante, as tripulações da Força Aérea passaram a ter permissão para bombardear "alvos de último recurso"[1269] — cidades ou centros industriais "grandes o bastante para gerarem um sinal de retorno identificável na tela do H2X". Foi uma diretriz imposta a Doolittle pelo general George Marshall, em sua pressa para finalizar logo a guerra. Ele partiu do pressuposto de que essas cidades tinham que ter algum tipo de "alvo militar", ainda que fosse apenas uma simples ponte ferroviária ou um tanque de combustível.

Instituída em 29 de outubro de 1944, a nova diretriz de bombardeios era um claro distanciamento da então vigente política da Oitava Frota Aérea de bombardeios indiscriminados. Até aquele dia, tinham sido raras as vezes em que havia mirado suas bombas diretamente em populações civis e ela nunca empregava a tática desencadeadora de incêndios colossais usada pelo Harris Balista. Mas a pressão para liquidar logo o inimigo criou uma nova situação, na qual o povo alemão poderia esperar agora bombardeios destruidores de bairros residenciais em plena luz do dia, ataques dos quais, antes, ele era alvo somente à noite.

A Oitava tinha uma unidade chamada Exploradores Aéreos:[1270] formada por ex-pilotos de bombardeiros que partiam em Mustangs, antes das frotas de ataque, para avisar os colegas desses aviões com antecedência, via rádio, das condições meteorológicas de última hora que talvez fosse melhor que evitassem. Todavia, na maioria das vezes, as condições do tempo nos céus da Alemanha durante o inverno, tal como acontecera no inverno anterior, deixaram de ser importantes para se determinar se convinha ou não despachar a força de combate em missão de ataque às cidades inimigas. Desse modo, os bombardeiros passaram a receber ordens para partir independentemente das condições atmosféricas, a menos que, nas regiões das bases, elas estivessem tão ruins que fosse absolutamente impossível enfrentá-las.

536   MESTRES DO AR

Já no inverno de 1944, as diferenças entre as práticas de bombardeio da Oitava Frota Aérea e do Comando de Bombardeiros Britânico haviam diminuído bastante, embora ainda fossem consideráveis. A Oitava matou incontáveis números de civis quando começou a bombardear intensamente alvos vitais em centros urbanos que ela não tinha como atingir de forma precisa e controlada. E o Harris Balista continuou a lançar seus bombardeios devastadores de cidades depois que sua frota de combate noturno desenvolveu, em 1944, uma tecnologia de guiamento de bombardeios que permitiu que ela passasse a atacar alvos dentro e em torno de áreas urbanas com significativa precisão.[1271] Uma dessas forças aéreas atacava alvos civis de propósito, enquanto a outra, apenas com algumas exceções, não fazia isso. O porventura confesso objetivo visado pelos incursores responsáveis por esses bombardeios talvez fosse insignificante para os habitantes de um bairro residencial despedaçado por um dilúvio de bombas, cujo alvo era outra parte da região colimada. Mas, já para os moradores de cidades inteiras friamente marcados para se tornarem vítimas de uma chacina, era uma questão de suma importância.

Esses bombardeios orientados por radar expunham os aeronautas americanos, bem como as populações civis alemãs, a maiores riscos. "Se cairmos nas mãos dos alemães agora, eles nos matarão",[1272] escreveu John Briol em seu diário. Contudo, a maioria dos aeronautas participantes de missões de bombardeio às cegas temias mais as condições atmosféricas do que aos cidadãos germânicos. Temos um exemplo do caráter procedente desses temores no caso de um oficial-navegador do avião da vanguarda da frota de Lewis Welles, ambos membros do 95º Grupo de Bombardeiros, navegador que, durante a incursão de bombardeio, desorientado em meio a ofuscantes nuvens carregadas, fez sua frota seguir em sentido contrário ao da formação global das frotas de ataque. "Lew manteve o nariz empinado até que a aeronave perdesse sustentação e assim ele evitasse uma colisão com outro avião",[1273] disse em seu diário de guerra Rulon Paramore, o metralhador da cauda do avião de Welles, descrevendo o incidente. "Perdemos nosso ala nesse martírio. O avião do qual conseguimos nos desviar atingiu o dele. Ambos explodiram."

No inverno daquele ano, o tenente Kenneth "Decano" Jones, piloto de 20 anos de idade natural de Janesville, Wisconsin, pegou um trem com destino a Cambridge para ir ao enterro de um amigo do 389º Grupo de Bombardeiros, morto num pouso forçado na Inglaterra. Na verdade, era um enterro coletivo, "com muitos sepultamentos, mas sem ninguém para chorar pelos mortos".[1274] "Agasalhado" com uma capa de campanha impermeável, Jones começou a tremer, mas de emoção, quando iniciaram o toque de silêncio. Depois do enterro, ele e outro aeronauta foram a pé para um bar local e pediram um drinque para o amigo falecido. "Deixamos o local algum tempo depois e um drinque intocado no balcão do bar."

Alguns combatentes que procuravam consolo para as agruras da guerra nas cidades da Ânglia Oriental voltavam para a base mais deprimidos do que quando chegavam a essas urbes. Numa visita de três dias a Cambridge, por exemplo, Ben Smith, aeronauta natural da Geórgia, se apaixonou por suas velhas edificações de madeira, suas hospedarias antigas e seus gramados e jardins que se estendiam dos fundos das faculdades até as águas plácidas do Rio Cam, do qual se originava o nome da cidade. Separado por 32 quilômetros de instrumentos de "mortes e horrores" sem fim,[1275] Smith descobriu nesse local um manancial de "paz e segurança" e teve vontade de não sair mais dali. Na volta para Molesworth, a viagem de ônibus lhe pareceu tão longa e deprimente quanto as missões de combate de que participara na vida.

Música no hangar

Enquanto Ben Smith buscava um lenitivo em Molesworth, o Hell's Angels, grupo do qual era membro, comemorava sua ducentésima missão de combate com uma animada festa que durou três dias. Caminhões militares levaram para a base quantidades enormes de uísque e cerveja e depois foram despachados para pegar garotas nas cidades da região. "Foi assim que tudo começou[1276] — bebedeiras ininterruptas, durante três dias seguidos. As listas de baixas aumentaram muito. Na área de dispersão de aeronaves, as barracas ficaram abarrotadas, e os bares lotados de homens e mulheres turbulentos e encharcados de bebida." Algumas dessas mulheres subiam nos balcões e se despiam lenta e provocadoramente para os rapazes, ao passo que os PMs não conseguiam impedir que casais bêbados se evadissem para as barracas de alojamento Nissen, na intenção de se refestelarem em delícias mútuas. "Até que, por fim, a festa acabou", contou Smith, "e o álcool conseguiu fazer aquilo que os alemães não conseguiram! O 303º Grupo de Bombardeiros foi aniquilado".

538 MESTRES DO AR

Já o Malfadado Centésimo, para comemorar sua ducentésima missão de combate, fretou um trem para pegar e levar para a base centenas de mulheres em Londres, a maioria de moral duvidosa. Depois que foram submetidas a testes para saber se tinham doenças venéreas, ficaram abrigadas em alojamentos especiais vigiados por PMs, embora "a maioria delas acabasse não dormindo lá",[1277] disse o piloto Keith Lamb. Mas houve também festejos inocentes para comemorar a ocasião. Famílias dos povoados vizinhos foram convidadas e a festa teve inclusive um parque de diversões inglês, com brinquedos, atrações, barracas de jogos e vendas de produtos e até adivinhos. Enquanto crianças dos povoados devoravam autênticos cachorros-quentes americanos e se divertiam no carrossel levado para lá especialmente para a ocasião, Fortalezas partiam para o Reich em missão de ataque. Quando, à tarde, os rapazes dos bombardeiros retornaram, sem que tivessem sofrido uma única baixa, juntaram-se aos foliões e se fartaram de cerveja e grossos bifes assados em churrasqueiras a céu aberto, em áreas próximas às pistas do aeródromo.

Quando o sol se pôs, os festejos foram transferidos para o grande hangar, onde aeronautas e suas namoradas dançaram o *jitterbugged* ao som da música vibrante da Century Bombers Orchestra do Centésimo. "Quando você aprendia a dançar o *jitterbug*:[1278] não queria mais saber de outro tipo de dança", disse uma moradora local. "Os rapazes americanos giravam a gente de um lado para o outro e nos jogavam por cima dos ombros e por entre as pernas também. Ficavam todos enfeitiçados pela música. Era simplesmente maravilhosa."

Cerca de uma semana depois da festa, o oficial comandante soube que várias londrinas ainda estavam na base como convidadas de um grupo de aeronautas que teve a "gentileza" de dividir suas camas com elas e mandou que PMs fossem aos alojamentos para expulsá-las de lá, mas elas se recusaram a deixar o local. Então, os guardas receberam ordens para voltar lá e, dessa vez, as mulheres haviam sumido das barracas Nissen. "Nunca vi colegas aparentarem tanta tristeza",[1279] disse Rosie Rosenthal, lembrando-se dos semblantes exibidos pelos decepcionados aeronautas. Dois dias depois, essas mesmas garotas foram vistas nas camas dos PMs.

Quando os colegas da unidade de Lewis Welles, o 95º Grupo de Bombardeiros, fizeram a festa de comemoração de sua ducentésima missão de combate, os convidados de honra foram Bing Crosby, Dinah Shore, além do capitão Glenn Miller[1280] e sua Banda da Força Aérea do Exército. "Durante uma hora,[1281] as paredes do hangar pareceram pulsar e vibrar" com a música, disse Welles a respeito do concerto de Glen Miller numa carta enviada à família. "Justamente quando tivemos a impressão de que o teto acabaria sendo arrancado nesse clima de tanta vibração, os integrantes da banda embarcaram em seus caminhões e partiram."

Miller chegou à Inglaterra com sua orquestra de quarenta integrantes logo depois do Dia D, causando sensação num país em que seu suave jazz dançante tinha sido copiado por quase todas as bandas dançantes britânicas. Ao longo do ano anterior, a banda, com seu belo vocalista, sargento Johnny Desmond, "o jovem Sinatra", tinha arrecadado milhões em ajuda financeira para o esforço de guerra com um programa de rádio transmitido aos sábados, intitulado *I Sustain the Wings* [Eu apoio a Força Aérea], e concertos em comícios para a venda de bônus de guerra nos Estados Unidos. Mas Miller queria ir à Europa, tanger as veias do coração do conflito, para entreter os aeronautas com as músicas que eles ouviam pelas rádios alemãs na volta das investidas de bombardeio contra o Reich: *In the Mood*, *A String of Pearls*, *Tuxedo Junction*, *Chattanooga Choo Choo*, *Pennsylvania 6-5000* e o comovente tema musical da banda *Moonlight Serenade*.

Com 38 anos de idade, esposa e duas crianças de colo, o tocador de trombone da banda, de corpo esguio e aparência de intelectual, estava três anos acima da idade limite para o alistamento, mas "acho sinceramente que tenho uma dívida de gratidão para com meu país",[1282] disse ele a seus desapontados fãs americanos. Miller dissolveu a banda que ele tinha formado apenas quatro anos atrás e recebeu a patente de capitão nas Frotas Aéreas do Exército. Porém, com a ajuda do general Hap Arnold, deram-lhe permissão para criar uma nova banda, que ele montou com uma improvável combinação de músicos de jazz e tocadores de instrumentos de cordas de formação clássica, todos eles voluntários da Força Aérea. Alguns dos membros mais antigos da banda não estavam nem um pouco dispostos a partir para terras d'além-mar, mas Miller fez intensas ingerências junto a autoridades para a transferência do grupo, e assim o general Eisenhower acabou requisitando que a banda fosse lotada na Inglaterra, onde pudesse participar de exibições de um novo serviço de rádio da Força Expedicionária dos Aliados. Embora alguns músicos do grupo tivessem sido considerados incapazes para prestar serviço no exterior pelas autoridades militares, Miller mexeu seus pauzinhos e conseguiu fazer com que os requisitos fossem ignorados. "Todos vocês

540 MESTRES DO AR

vão para lá,[1283] independentemente do que tenham dito em suas fichas de serviço", assegurou-lhes. Assim, Miller seguiu de avião para Londres primeiro, onde pretendia adiantar providências, enquanto o restante da orquestra partiu para lá de navio.

A banda de Miller chegou à cidade na fase de maior tensão dos londrinos para com os ataques das bombas voadoras nazistas. Tanto que os músicos souberam, no primeiro encontro que tiveram com o capitão Miller, que ele passava a maior parte do tempo num abrigo antiaéreo embaixo do edifício da BBC no número 25 da Sloane Court, donde fariam suas transmissões. No entanto, quando uma dessas bombas caiu a três quarteirões dali, Miller recebeu permissão para transferir a banda para Bedford, cidade situada a 80 quilômetros ao norte de Londres. A banda ficaria aboletada ali pelos seis meses seguintes, perto das bases aéreas americanas que ela visitou numa agitada turnê de verão. Um dia depois que a banda partiu de Londres, um foguete V-1 caiu na Sloane Court, bem na frente do número 25, despedaçando edifícios e matando mais de setenta pessoas.

Era em gigantescos hangares de aço que a banda de Miller realizava a maioria de seus concertos e ia de base em base a bordo de surrados bombardeiros militarmente inoperantes, exibindo na fuselagem uma mensagem com letras de um branco vívido: *Impróprio para Combate*. Aeronautas sedentos de música lotavam os locais de espetáculo. Alguns assistiam a tudo em pé, nas asas de aviões mesmo, ou empoleirados nas altas vigas do hangar, balançando parte do corpo ao ritmo da música nacional. "Aqueles sons no hangar eram fascinantes",[1284] observou um piloto de bombardeiro que assistiu ao concerto de Miller em Attlebridge: "Digo, as pessoas vibravam de emoção."

No fim de novembro, Miller disse aos membros da orquestra que eles partiriam para a Paris libertada, onde fariam um concerto no Natal e levariam aos integrantes das forças de combate americanas estacionados no continente "um pedacinho da pátria".[1285] Acrescentou que seguiria na frente para organizar as coisas. Em 15 de dezembro, quando ele e seu amigo coronel Norman F. Baessell se preparavam para partir de um aeródromo da RAF perto de Bedford, Miller estava visivelmente nervoso. Afinal de contas, o tempo estava horrível: caía uma chuva fina congelante e a região estava envolta em densa neblina, afora o fato de que se achavam a bordo de um leve avião monomotor sem equipamento salva-vidas de amerissagem

CANSADO DE GUERRA

forçada nem paraquedas — um Norseman D-64, pilotado pelo oficial-aviador da RAF Johnny "Nipper" Morgan. Antes do embarque, Morgan lhes havia assegurado que o tempo estava melhorando. Mas isso não serviu muito para encorajar Miller, que detestava viajar de avião. Em todo caso, o Norseman partiu em meio à escuridão mesmo e desapareceu para sempre.

Quarenta anos depois, a morte de Glenn Miller ainda era um mistério. Em 1984, dois membros de uma tripulação de bombardeiro da RAF — o oficial-navegador e o piloto — apresentaram uma explicação. Disseram que, na tarde de 15 de dezembro, estavam voltando a bordo de seu quadrimotor Lancaster de uma abortada missão de ataque diurna a um pátio de manobras ferroviárias na Alemanha. Depois que o bombardeador do avião se alijou das bombas quando sobrevoavam o Canal da Mancha, o oficial-navegador, Fred Shaw, disse que ele e um metralhador — que morreu em 1983 — viu um avião Norseman cair, aparentemente vítima da concussão produzida pela explosão das bombas alijadas, um das quais era um "biscoitão" de 1.800 quilos que explodiu perto da superfície do mar. "O metralhador da cauda,[1286] que vinha observando tudo ao redor, o viu inclinar-se bruscamente e cair no mar", disse o piloto Victor Gregory a um jornalista do *The New York Times*. Quando perguntaram a Gregory por que ele ainda não tinha divulgado essa informação, ele disse que só voltou a lembrar-se do incidente quando Shaw o contatou e que, na época, não conseguira associá-lo com o desaparecimento de Miller, que somente fora noticiado pela imprensa depois de nove dias que ele tinha deixado a Inglaterra. Já Fred Shaw disse que sua curiosidade fora despertada pela primeira vez em 1954, depois que ele assistira a um filme de Hollywood sobre a vida de Glenn Miller com Jimmy Stewart como protagonista. Shaw explicou ainda que, depois que deu uma examinada no registro de bordo de seu antigo avião de guerra, lhe ocorreu que o Norseman derrubado podia ter sido o avião de Miller. Durante anos, sua história foi desprezada por jornalistas, historiadores e fãs de Glenn Miller, até que acabou sendo corroborada por Roy Nesbit especialista na história da aviação, que realizou um exaustivo estudo de mapas meteorológicos e documentos de operações militares descensurados.

A Batalha das Ardenas

Na noite em que Glenn Miller se encontraria com seus amigos em Paris, o marechal de campo Gerd von Rundstedt transmitiu a ordem do dia aos exércitos que ele havia concentrado secretamente nas Colinas de Eifel, situada bem na frente da Floresta das Ardenas. "Soldados da Frente Ocidental,[1287] seu grande momento chegou. Estamos apostando tudo neste jogo." Depois disso, às cinco e trinta e cinco da manhã seguinte, um estrepitoso bombardeio de artilharia anunciava o início do assalto que assombraria o mundo. Era a derradeira tentativa de Hitler para mudar os rumos da guerra, uma aposta colossal que contrariava o conselho de seus supremos comandantes militares, incluindo von Rundstedt.

O plano do Fuhrer era criar um novo exército, o Volksgrenadier, uma infantaria do "povo" formada por aeronautas e marinheiros transferidos de suas corporações, bem como por membros de forças terrestres aposentados, recrutas de países ocupados pelos nazistas e garotos alemães com nada menos que 15 anos de idade. Esses soldados se uniriam a unidades de veteranos do Exército, incluindo integrantes da SS, num contra-ataque-relâmpago com uma linha de frente de quase 130 quilômetros de extensão, que se estendia do sul da Bélgica à região central de Luxemburgo. O ataque seria encabeçado por centenas de viaturas blindadas que o acelerado programa de armamentos de Albert Speer tinha produzido naquele verão e apoiado pelas novas unidades da Luftwaffe que Galland formara para tentar assentar seu Grande Golpe. Depois que avançassem pelo tortuoso terreno das Ardenas, dois exércitos, com um terceiro protegendo seu flanco austral, rumariam para o Norte, atravessariam o Rio Mosa e capturariam o porto de Antuérpia, situado a uns 200 quilômetros adiante. Essa operação interromperia o fluxo de suprimentos para os Aliados e romperia o contato das forças britânicas e canadenses com os exércitos americanos ao sul. A essa altura, talvez os Aliados concordassem em estabelecer um acordo de paz à parte, permitindo que Hitler lançasse tudo que tivesse à disposição contra os comunistas marchando em sua direção.

Para que esse plano desse certo, o líder nazista precisava poder contar com pelo menos: o elemento-surpresa, o mau tempo e os suprimentos adicionais de gasolina que ele esperava capturar durante os combates. "Neblina, escuridão noturna e neve",[1288] previu ele, obrigariam os aviões da força de combate aéreo dos Aliados a permanecerem em terra e assim acabariam dando-lhe a vitória. Nas primeiras horas da ofensiva de von Rundstedt,

CANSADO DE GUERRA

quase um quarto de milhão de soldados e novecentos tanques de guerra alemães avançaram rapidamente através das precárias fileiras defensivas americanas — uma espécie de "linha de frente fantasma" guarnecida por unidades inexperientes e veteranos cansados, por conta de um exaustivo conflito selvagem em novembro, na Floresta de Huertgen, na Bélgica. Ao terem de combater debaixo de forte nevasca, num terreno coberto de neblina, além do fato de terem sido pegas totalmente de surpresa no meio de florestas densas e intransitáveis, as fileiras defensivas dos ianques ruíram ante o atropelo dos germanos, que lograram realizar enormes avanços iniciais, criando com isso a grande cunha nas linhas defensivas americanas, movimento que daria nome à batalha. Enquanto isso, grossa e carregada camada de nuvens que se estendia desses campos de batalha até a Inglaterra impediu que os aviões das forças Aliadas decolassem, dando aos incursores tedescos a vantagem com que Hitler contara.

E como será que Hitler conseguiu realizar essa surpreendente façanha, arrebanhando um exército de uma força descomunal bem na frente das fileiras americanas, numa época em que os Aliados desfrutavam da supremacia aérea sobre essa região inteira? Foi porque o Exército ianque dispunha de informações supridas pelo serviço secreto, mas não lhes deu o devido crédito. Tanto assim que agentes de operações de reconhecimento aeroterrestre tinham constatado o aviamento de reforços militares dos germânicos a oeste do Reno, porém comandantes de forças terrestres americanos ficaram convictos de que isso não passava de um esforço para aprimorar posições defensivas alemãs ao longo da Linha Siegfried, na expectativa de uma iminente ofensiva anglo-americana contra o norte e o sul das Ardenas, onde a maior parte das tropas Aliadas estava concentrada. Aliás, conforme assinalado em seus escritos pelo historiador Charles MacDonald, um veterano da batalha, os comandantes americanos "se olharam no espelho e viram nele apenas o reflexo de suas próprias intenções."[1289]

As condições meteorológicas adversas se mantiveram assim durante vários dias seguidos e, embalados no ímpeto do assalto-relâmpago, os exércitos de blindados de Hitler continuaram avançando, fazendo sua penetrante cunha bélica cravar fundo nas Ardenas. Os heróis ianques da reviravolta na batalha haviam sido os derrotados nos primeiros dias do conflito. Soldados de pequenas companhias de fuzileiros, grupos de oficiais-engenheiros e equipes de operações antitanque combateram sob temperaturas abaixo

544   MESTRES DO AR

de zero, atrasando a penetração dos alemães pelo terreno e dando assim a Eisenhower tempo para que conseguisse levar reforços até eles. Enfraquecer o avanço inicial dos alemães era crucial por outra razão também. Embora os Aliados não soubessem disso, os germânicos tinham combustível suficiente apenas para cinco ou seis dias de ataque. As colunas de blindados germanas, encabeçadas pela 1ª Divisão de Blindados da Waffen-SS, unidade comandada pelo coronel Joachim Peiper, contavam com a captura de depósitos de combustível atrás das linhas inimigas antes que sua gasolina se esgotasse. Mas a intrépida resistência dos soldados americanos arruinou esses planos, numa operação defensiva em que pequenas unidades de combate ianques atacaram tanques Tiger com bazucas e granadas lançadas por fuzil e criavaram unidades de infantaria tedescas de saraivadas de fogos de armas portáteis, granadas e projéteis de morteiro. "Tínhamos ordens para resistir até o último homem",[1290] disse um soldado ianque. "Não sei como, mas conseguimos deter o avanço deles." Com isso, ele e as unidades paraquedistas arremeteram em caminhões para a linha de frente — precariamente defendida, aliás, em cidades próximas a entroncamentos rodoviários, como Saint-Vith e Bastogne —, e, já em fins da primeira semana da ofensiva inimiga, o Terceiro Ex'rcito, comandado por Patton, avançava impetuosamente na direção da ameaçada Bastogne, num dos mais sensacionais esforços de resgate da guerra. Enquanto isso, Eisenhower transferia 250 mil soldados para o calor da batalha. Até então, nenhum exército tinha recebido o reforço de contingentes militares tão grandes e com tamanha rapidez.

Dois dias antes do Natal, as nuvens se dissiparam e os caças Aliados e aviões de bombardeio médio trituraram colunas de blindados germânicos, a essa altura retardadas em seu avanço pela escassez de combustível. "Olhávamos para o céu e dizíamos: 'Graças a Deus, eles voltaram a operar!'",[1291] observou o sargento Rutland, rememorando a ocasião. Nesse dia, a Oitava enviou para a guerra todos os bombardeiros de que dispunha, uma frota aérea com quase vinte mil combatentes. Com essa força de combate estupenda, os americanos atacaram com bombardeios de saturação aeródromos e pátios de manobras ferroviárias a leste do Reno, despejando sobre o inimigo toneladas de cargas explosivas maiores do que qualquer uma das lançadas outrora sobre ele num único dia de guerra.

No dia seguinte, a Oitava Frota Aérea perdeu um de seus criadores, um dos integrantes do "grupo original dos seis" que Ira Eaker tinha levado para

CANSADO DE GUERRA

a Inglaterra para organizar operações de bombardeio americanas. Após um ano de serviço em quartéis-generais de Eaker, o general de brigada Frederick Castle havia se oferecido como voluntário para comandar o então recém--acionado 94º Grupo de Bombardeiros e, depois que conseguira restabelecer a disciplina nessa unidade de combatentes revéis, tinha sido designado para assumir o comando, em abril de 1944, da Quarta Ala de Bombardeiros, a maior unidade desse tipo na Oitava Frota Aérea. Na véspera do Natal de 1944, ele comandou a maior força de combate aéreo da história da aviação militar num ataque a centros de comunicação alemães e a aeródromos da Luftwaffe. Quando sobrevoava o território belga, o avião de Castle foi forçado a abandonar a vanguarda da formação por causa de problemas de motor. Todavia, com tropas amigas combatendo lá embaixo, ele se recusou a alijar-se das bombas para ganhar velocidade, e seu retardatário avião se tornou alvo fácil para os ataques de sete Messerschmitts que vinham acompanhando as colunas de bombardeiros — uma frota que se estendia por mais de 480 quilômetros, chegando até o Canal da Mancha. Na menção honrosa da Medalha de Honra concedida ao general Castle consta o relato do que aconteceu em seguida: "Repetidos ataques provocaram um incêndio em dois motores.[1292] [...] Quando percebeu que a situação era irremediável, ele deu a ordem para que abandonassem a aeronave. Sem nenhuma preocupação com a própria segurança, assumiu com galhardia a direção da aeronave para permitir que outros membros da tripulação tivessem a oportunidade de escapar. Nisso, mais um ataque destroçou os tanques de gasolina [...] e o bombardeiro mergulhou para o solo", mas Castle continuou pilotando o avião, tentando levá-lo para uma região baldia. No choque e com a consequente explosão, pedaços de fragmentos metálicos e de corpos humanos foram lançados a quase 200 metros de distância.

Em ataques implacáveis nesse dia e durante o Natal inteiro, as forças táticas e estratégicas Aliadas destruíram pontes e linhas férreas, abriram crateras em autoestradas e criaram assim uma "crise de abastecimento",[1293] que ajudou a condenar ao fracasso a ofensiva alemã. Os aviões da Luftwaffe partiram na defesa das linhas vitais de comunicação da Wehrmacht, mas a Força Aérea alemã perdeu quase 250 aviões de caça em cinco dias de combates. Agora, com pouco combustível e escassa munição, acossado pelos ataques demolidores de pontes planejados pelas unidades de engenharia dos americanos e pelas investidas de aviões tão numerosos que recobriam os céus por inteiro, o coronel Peiper e sua unidade de Panzer SS abandonaram seus blindados e voltaram marchando para a Alemanha. No dia de Natal, o general Hasso von Manteuffels e sua Segunda Divisão de Blindados, depois que passaram pela cidade de Saint-Vith, ficaram sem gasolina quando estavam a cerca de 5 quilômetros apenas do Mosa, onde foram dilacerados pelos fogos da divisão de blindados do general Lawton Collins, o herói da ruptura das defesas inimigas e da reviravolta militar em St. Lô. No dia seguinte, avançadas colunas do exército de Patton romperam o cerco de Bastogne. Com essas derrotas duplas, todas as chances dos germanos de alcançarem a Antuérpia se evaporaram, embora, numa atitude insana, Hitler tivesse ordenado que seus exércitos continuassem a forçar um avanço, recusando--se a acreditar que seus objetivos estivessem fora de alcance.

Enquanto isso, aviões de bombardeio médio e pesado prosseguiam com seus ataques esmagadores contra entroncamentos, pontes e pátios de manobras ferroviários atrás das linhas inimigas, impedindo que regimentos de granadeiros motorizados alemães alcançassem a frente de batalha. Nem mesmo soldados tedescos montados em bicicletas conseguiam atravessar algumas cidades com sistemas ferroviários destroçados pelas bombas dos Aliados. A ofensiva alemã "teria sido vitoriosa",[1294] disse von Rundstedt a interrogadores Aliados após a guerra, "se suprimentos e reservas pudessem ter sido entregues tão rapidamente quanto o general Patton conseguiu se aproximar do sul". É de duvidar que teria sido mesmo o caso, mas a destruição do sistema de transporte ferroviário a oeste do Reno[1295] ajudou a selar o destino do Exército alemão nas Ardenas antes do começo do ano seguinte.

No Ano-Novo,[1296] a Luftwaffe, sob ordens diretas de Hitler, empreendeu uma ousada ofensiva para tentar reverter os rumos da batalha. Antes que o sol nascesse, mais de oitocentos pilotos de caças de combate alemães fizeram preparativos finais para um ataque nas primeiras horas da manhã contra aeródromos de aviões de combate dos Aliados na Holanda, Bélgica e no norte da França. O objetivo era surpreender os caças enquanto ainda estivessem no solo, anulando assim uma boa parcela da Força Aérea do inimigo "com um único golpe".[1297] Alguns dos esquadrões de caça alemães decolaram quase uma hora depois do fim dos festejos do Ano-Novo. "Dançamos, rimos e bebemos muito até que, de repente — com um gesto do Kommandeur —, a orquestra parou de tocar",[1298] contou o tenente Gunther Bloemtz. "'Cavalheiros', soou forte a voz do comandante pelo salão em silêncio, 'fiquem atentos a seus relógios. Partiremos em cinquenta minutos!'"

CANSADO DE GUERRA

Quando o sol do inverno começou a erguer-se no horizonte, os pilotos estavam em seus aviões, dois deles trajando seu uniforme de gala — camisa branca, sapatos de couro envernizado e luvas brancas. Eles queriam, caso fossem capturados, que o inimigo soubesse que "teria que lidar com pessoas superiores". Minutos depois, "sessenta aeronaves avançaram roncando pelo aeródromo, formando durante as decolagens nuvens rodopiantes com a neve virginal do Ano-Novo". Com uma aproximação quase ao nível da copa das árvores, as forças de caças incursores pegaram os comandos táticos britânico e americano desprevenidos, conseguindo destruir assim mais de 450 de seus aviões, a maior parte deles em terra. Todavia, na Operação Baseplate,[1299] a força de caças da Luftwaffe perdeu mais quatrocentas aeronaves com motores de pistão e 237 pilotos, incluindo 59 comandantes da frota. Essa seria a mais catastrófica derrota da Luftwaffe numa única batalha. "Nessa operação forçada, sacrificamos nossos últimos recursos",[1300] observou Galland, que tinha preparado a maioria desses pilotos para o Grande Golpe.

No ano anterior, a Luftwaffe tinha perdido mais de treze mil aeronaves,[1301] destruídas ou danificadas de forma irreparável, em operações de combate em todas as frentes de batalha. Depois da Baseplate, seus caças monomotores conseguiriam participar apenas de ocasionais operações de ataques inquietantes contra bombardeiros dos Aliados. Em dezembro daquele ano, a Luftwaffe tinha aceitado a remessa de mais de 2.900 novos aviões de combate;[1302] porém, sem combustível e pilotos suficientes, a maioria desses aviões novos em folha passaria o restante da guerra parada em estacionamentos de aeronaves com as rodas travadas com calços.

Já na primeira semana de janeiro, os Aliados estavam avançando sobre as Ardenas, expulsando lentamente os alemães de suas posições em forma de cunha com 112 quilômetros de extensão, operação que se estendeu por um mês inteiro. Em janeiro de 1945, o Exército ianque sofreu mais baixas de combate — mais de 39 mil — do que em qualquer outro mês na luta pela conquista do noroeste da Europa. O melhor amigo que os soldados de infantaria americanos tiveram nas semanas finais da batalha foram as forças aéreas dos Aliados. Na ocasião, enxames de Thunderbolts e dos britânicos Typhoons apareceram sobre suas linhas de frente, lançando-se no encalço dos alemães, seguindo as esteiras deixadas pelas rodas de seus blindados na neve. Enquanto isso, a Oitava Frota Aérea prosseguia na destruição de pátios de manobras ferroviárias em ambos os lados do Reno,[1303] provocando atrasos nos sistemas de transporte alemães e grande escassez de armas e munição. Suprimentos de importância vital continuavam a chegar a posições da Wehrmacht, mas com imensa dificuldade, já que dois sistemas de transporte inteiros, um na região de Colônia e outro na de Frankfurt, foram transformados em "desertos" ferroviários.[1304] E, quando os exércitos de Rundstedt se retiraram das gélidas florestas da Bélgica, sofreram um atraso fatal por conta da escassez de gasolina causada pela ofensiva de bombardeios de Spaatz a refinarias e fábricas de sintéticos dos germanos. Com isso, já no fim de janeiro, os brilhantes combates de retirada travados pelo inimigo se transformaram em debandada, uma desesperada corrida de volta para um possível refúgio na Linha Siegfried, onde a batalha tinha começado seis semanas atrás.

A Batalha das Ardenas foi uma luta travada quase exclusivamente pelos Estados Unidos — aliás, a maior e mais onerosa em matéria de vidas humanas da história das guerras do exército americano. Mais de um milhão de alemães e soldados Aliados pelejaram nesse conflito, seiscentos mil dos quais formados por americanos. Nessa batalha, morreram dezenove mil ianques, outros 47 mil ficaram feridos e quinze mil foram capturados. Já os alemães sofreram cem mil baixas. Foi principalmente uma contenda travada por fuzileiros, mas forças de combate aéreo tinham sido indispensáveis também.

O mês de janeiro foi o ápice da campanha aérea dos Aliados contra a economia de guerra de Hitler. Os danos sofridos pela Reichsbahn eram irreparáveis; com isso, a grave escassez de carvão se transformou numa catástrofe irreversível do setor energético. O Vale do Ruhr — o palpitante coração industrial da economia alemã e sua principal fonte de carvão e minério de ferro — ficou quase totalmente isolado do restante do país. Despojadas das matérias-primas essenciais para a fabricação de vários produtos,[1305] bem como para o funcionamento de usinas de gás, centrais elétricas e a produção de munição, indústrias germanas fecharam as portas ou foram obrigadas a reduzir drasticamente a produção. E, com o sistema de ferrovias alemão submetido a ataques diários, peças de máquinas e rolamentos não podiam chegar aos elos finais da cadeia de produção. Impossibilitada de despachar os produtos que ela ainda conseguia fabricar com eficiência, a indústria de rolamentos inteira ruiu diante da crise.

CANSADO DE GUERRA

Além do mais, as investidas de bombardeio dos Aliados contra refinarias e fábricas de sintéticos[1306] alemães agravaram a situação caótica provocada pela crise do carvão, embora, no fim do outono, uma densa camada de nuvens tivesse ajudado essas unidades industriais a recuperarem uma pequena parte de sua capacidade de produção. No outono e no inverno daquele ano, porém, bombardeiros dos Aliados conseguiram chegar aos seus alvos com uma regularidade suficiente para demolir toda esperança que Speer pudesse ter para impedir que afundasse a indústria naufragante. Desse modo, já em fins de janeiro, foi impossível para a Luftwaffe ou para as unidades motorizadas da Wehrmacht conseguirem organizar uma resistência eficaz no Ocidente. A essa altura, a situação econômica dos germanos como um todo havia se tornado irremediável. No Teatro de Operações, cerraram-se os panos no desenlace fatal da trágica economia de guerra alemã.

De janeiro de 1945 em diante, tanto na frente oriental quanto na frente oriental, os exércitos alemães sofreriam grave escassez de combustíveis e armas, como resultado direto da guerra de bombardeiros. "Quando, em fevereiro, os Aliados realizaram avanços a oeste do Reno,[1307] atravessaram o rio em março e arremeteram por toda a Alemanha em abril, a falta de gasolina em um número incontável de problemáticas situações regionais foi o fator direto por trás da destruição ou do rendimento das guarnições de vastas quantidades de tanques, canhões, caminhões e de milhares e milhares de soldados inimigos", observou o general Omar Bradley. E, conforme reconhecido pelo próprio Stálin,[1308] as vitórias dos soviéticos na Silésia em fevereiro e março de 1945, bem como o impetuoso avanço final do Exército Vermelho sobre Berlim, contaram com a ajuda da crise de combustível do inimigo, a maciça paralisação de seu sistema ferroviário e a transferência de aviões de caça alemães da Frente Oriental para os sistemas de defesa das indústrias da nação germânica.

Quando interrogado após a guerra, o alto-comando alemão se mostrou dividido quase por igual com relação à questão de quais ataques aéreos haviam atingido mais duramente o Reich: se os lançados sobre os sistemas de transporte ou os feitos contra às refinarias e indústrias de sintéticos. O marechal de campo Keitel achou que foram aqueles primeiros, por causa de sua importância direta para as operações militares e a produção de guerra; já Göring disse que foram estes últimos: "Sem combustível, ninguém consegue fazer guerra."[1309] Mas comandantes de campanha alemães que serviram na Frente Ocidental — homens que comandaram operações de forma direta — acharam que foram os golpes *simultâneos* desferidos contra refinarias, fábricas de sintéticos e sistemas de transporte que haviam tornado impossível a realização de operações terrestres eficientes. "Foram três os fatores de nossa derrota no Ocidente",[1310] disse von Rundstedt. "O primeiro deles, a inaudita superioridade de sua força aérea, que impossibilitou toda e qualquer mobilização à luz do dia; o segundo, falta de combustível para motores — óleo e gasolina —, de tal forma que os Panzers e até o que restou da Luftwaffe não conseguiram movimentar-se; o terceiro, a destruição sistemática* de todas as vias de comunicação ferroviária, medida que tornou impossível fazer um único trem atravessassar o Reno, o que impossibilitou o remanejamento das tropas e tirou toda nossa capacidade de mobilização."

O general Georg Thomas, ex-chefe de um dos importantes conselhos de produção de guerra da Alemanha, apresentou uma explicação sucinta: "Vitória é sinônimo de produção,[1311] e vocês destruíram a produção alemã. Vitória é sinônimo de mobilização — vocês nos paralisaram." Realizadas de forma simultânea e implacável no outono e no inverno de 1944 para 1945, as ofensivas contra refinarias, centros de produção de sintéticos e sistemas de transporte apressaram o fim de uma guerra que poderia ter se arrastado até os últimos meses de 1945.

A Crise de Janeiro

Em janeiro de 1945, os comandantes das forças aéreas que destruíram a economia alemã ainda não haviam se dado conta do feito logrado por eles.[1312] É que uma densa e persistente camada de nuvens impedia que aviões de reconhecimento aerofotográfico obtivessem um quadro completo da destruição que os bombardeios Aliados tinham provocado. Somente em fevereiro, quando o tempo melhorou e Sir Norman Bottomley,[1313] o subcomandante do estado-maior da RAF, ordenou que se fizesse uma acurada revisão das informações contidas nas mensagens do tráfego aéreo comercial alemão interceptadas pelo ULTRA, os Aliados teriam um quadro completo da

---

* *"destruição sistemática"* — *"se quisermos"*: Lovett, "Personal Memorandum for General Arnold", 9 de janeiro de 1945, Acervo de Spaatz.

CANSADO DE GUERRA

extensão dos danos causados ao sistema de transporte germano. Os investigadores de Bottomley descobririam a existência de dezenas de relatórios do inimigo informando a perigosa situação da economia nacional. O fato é que, em sua entusiasmada preferência por bombardeios a refinarias e indústrias de sintéticos, em detrimento de ataques a sistemas de transporte, o Comitê Conjunto de Seleção de Alvos Estratégicos ou deixara de examinar com cuidado esses relatórios, ou os ignorara de propósito.

Com a falta dessas informações extremamente valiosas no início de janeiro, os comandantes das forças aéreas anglo-americanas ficaram desanimados. "A capacidade de combate dos exércitos terrestres alemães continua muito alta",[1314] comentou Robert Lovett, o vice-ministro do Ministério da Guerra revelando o pessimismo predominante entre os comandantes da aeronáutica militar americana. "Suas possibilidades de realizar ofensivas militares ainda são grandes. [...] A capacidade de recuperação da indústria alemã excedeu nossas expectativas [...] e o moral da população civil ainda não deu nenhum sinal de enfraquecimento."

Numa carta enviada a Carl Spaatz digna de nota, Hap Arnold reconheceu pela primeira vez na guerra: "Talvez não consigamos forçar a capitulação dos alemães com ataques aéreos."[1315] Já o general Frederick Anderson, numa conferência de comandantes das forças aéreas interaliadas em 11 de janeiro, informou: "Do ponto de vista estratégico, o quadro é muito lamentável",[1316] opinião que Jimmy Doolittle apoiou "cem por cento". Anderson tinha acabado de ler um preocupante relatório elaborado pelo general de brigada George C. M. McDonald, o chefe do serviço secreto da Oitava Frota Aérea. O documento advertia que "uma parcela espantosa do esforço da produção de aviões alemão"[1317] estava sendo concentrada no "programa de fabricação de jatos de combate" e que, se a guerra se estendesse para além de junho, caças de combate a jato, em números que chegariam à casa de setecentos aparelhos, poderiam ser capazes de afetar muito "o atual equilíbrio da capacidade de combate aéreo na Europa".

Além do mais, mensagens interceptadas pelo ULTRA[1318] indicavam que a Alemanha tinha iniciado um programa de produção de submarinos velozes e silenciosos com motores elétricos complementares que permitiram que permanecessem submersos por até 72 horas. Já em janeiro daquele ano, quase cem desses novos submersíveis estavam em construção e três dúzias deles já estavam sendo submetidos a testes no Mar Báltico. Os novos submarinos alemães, disse A. V. Alexander, o primeiro lorde do almirantado, eram capazes de infligir "um nível de perdas idêntico ao que sofremos na primavera de 1943."[1319]

"Nossa avaliação da situação não nos permite chegar à conclusão de que a força dos alemães diminuirá num futuro próximo",[1320] escreveu Spaatz na carta enviada a Arnold no começo de janeiro. "A menos que nossas forças terrestres consigam uma vitória significativa contra as forças terrestres alemãs a oeste do Reno num período relativamente curto, teremos que reorientar nossos planos e ações e nos prepararmos para uma guerra longa e desgastante." Os comandantes do Estado-Maior Conjunto concordaram com ele.[1321] A guerra em território europeu que estavam confiantes de que venceriam pelo menos até o Natal de 1944 lhes parecia agora que poderia estender-se até depois do segundo semestre de 1945 com a derrota do Japão vindo somente dezoito meses depois.

Pouco antes do fim de uma reunião, em 2 de fevereiro, dos comandantes das forças aéreas dos Aliados, o general Frederick Anderson fez um apelo dramático em defesa do "replanejamento da ofensiva aérea estratégica com base no pressuposto de uma guerra de maior duração".[1322] As autoridades concluíram que as ofensivas contra as refinarias, fábricas de sintéticos e sistemas de transporte teriam que ser realizadas com renovado vigor e que precisariam lançar pesados bombardeios contra fábricas de aviões a jato e pátios de construção de submarinos em Hamburgo e Bremen.

Medidas severas contra os centros populacionais alemães talvez fossem necessárias também para eliminar os últimos elementos da resistência nazista, o que punha Berlim sob o risco de voltar a figurar no topo do programa de bombardeios da Oitava Frota Aérea. E do gabinete de Robert Lovett foi enviado um plano impressionante com ordens para que se criasse uma nova frota de aeronaves incursoras de bombardeio, cujo nome deveria ser uma homenagem ao lendário comandante de cavalaria dos Confederados Jeb Stuart, uma ideia aventada pelo general Pete Quesada. O professado objetivo dessa nova força de combate era obter "a destruição sistemática das vias de comunicação, das pequenas fábricas, das centrais elétricas, etc., do inimigo instaladas em partes esconsas do território alemão".[1323] Contudo, na verdade, era uma proposta sutilmente dissimulada de realização de investidas de bombardeio aterrorizantes, destinadas a baixar o moral do povo alemão nas centenas de cidades em que eles ainda não tinham sentido a fúria arrasadora

CANSADO DE GUERRA 553

dos ataques aéreos dos Aliados. "Se quisermos mesmo reduzir ainda mais o poder de resistência dos alemães", sugeriu Lovett sinistramente a Arnold, "parece razoável que estendamos a destruição da indústria da Alemanha para as cidades menores que estão sendo usadas agora em seu aparato de produção sob as diretrizes do programa de dispersão territorial das unidades fabris germânicas".

Todavia, o estado-maior do PC de Arnold descartou o plano de Lovett. Sua proposta para o "fornecimento antecipado" de mais quinhentas aeronaves para executar o plano estava além da "capacidade atual da FAE". Mas Arnold também insistiu que Spaatz considerasse a adoção de planos igualmente "visionários": "Que resultariam em uma devastação maior do que aquela que estamos conseguindo agora. [...] Nossas forças aéreas não podem deixar que a guerra no Ocidente se transforme num impasse."

No começo de janeiro, Hap Arnold e outros desanimados líderes da coalizão anglo-americana estavam contando muito com o sucesso de uma maciça ofensiva dos soviéticos prestes a começar. Torciam para que essa operação forçasse Hitler a realizar um grande reforço em suas posições na Frente Oriental e impedisse que suas esgotadas forças na Linha Siegfried montassem um forte sistema defensivo ao longo do Reno.

O destino de milhares de prisioneiros de guerra Aliados dependia também da boa estrela do Exército Vermelho. Entre os prisioneiros de guerra retidos pelos alemães em campos situados nos confins orientais do território nazista, bem na rota de avanço das forças soviéticas, estavam 95 mil americanos, incluindo mais de trinta mil aeronautas. Um desses campos era o Stalag Luft III, em Sagan, parte da Alta Silésia ocupada pelos nazistas, uma de outra meia dúzia de prisões militares para aeronautas anglo-americanos administradas pela Luftwaffe.

Na manhã de 12 de janeiro, Stálin iniciou a ofensiva de inverno final do Exército Vermelho. Oito dias depois, grupos de assalto do Exército soviético se lançaram impetuosamente sobre a Silésia, despojando os alemães de uma de suas grandes regiões produtoras de carvão. Em 27 de janeiro, com os soviéticos se aproximando da Posnânia e da Breslávia, cidades situadas ao norte e ao sul de Sagan, Hitler ordenou que a Luftwaffe transferisse os prisioneiros dos campos que estavam prestes a serem libertados. Ele queria manter os aeronautas dos bombardeios terroristas anglo-americanos como reféns, possíveis trunfos para um acordo de paz separado com os Aliados do Ocidente.

Quando começaram a ouvir as descargas da estrondosa artilharia soviética, aeronautas presos no Stalag Luft III ficaram preocupados com sua sorte iminente. Como prisioneiros, eles haviam experimentado uma estranha sensação de segurança. Apesar das privações e atribulações, suas vidas não chegavam a ser ameaçadas, a menos que eles tentassem fugir; na verdade, eles estavam mais seguros na prisão alemã do que numa área do Reich sob bombardeio americano. "Agora, estávamos com medo mesmo",[1324] disse o oficial-navegador Low Loevsky, "o tipo de medo que havíamos sentido quando saltamos de paraquedas de nossos bombardeiros em chamas sobre o território do povo que estávamos bombardeando."

CAPÍTULO QUATORZE

A cerca de arame

"Ela estava sempre lá, conosco — aquela cerca. E estávamos
do lado errado dela."

EUGENE E. HALMOS, PRISIONEIRO DE GUERRA,
MEMBRO DA OITAVA FROTA AÉREA

Berlim, 22 de março de 1944

Enquanto o tenente Louis Loevsky caía em direção ao solo da Berlim
devastada pelas bombas, duas coisas o preocupavam: aquilo que ele
tinha em volta do pescoço e o que ele havia deixado para trás, na
Inglaterra. "Antes mesmo que eu puxasse o cabo de abertura do paraquedas,[1325] ocorreu-me que eu corria o risco de ser executado pela Gestapo ou
pela SS se eu continuasse com minhas plaquetas de identificação assinaladas
com um J, de judeu, uma indicação para tentar fazer com que me dessem
um enterro apropriado de acordo com sua crença judaica. Eu sabia também
que, se eu as arrancasse e as jogasse fora, correria também o risco de ser
considerado espião e executado do mesmo jeito. Uma vez que, em nossas
reuniões de instrução, nunca falaram a respeito dessas coisas, preferi correr
o risco de ser executado por ser judeu."

O segundo problema de Loevsky era o seguinte. Minutos depois, ele poderia ser morto ou capturado. Em quaisquer dos casos, ele seria dado como
desaparecido em combate, e seus pertences, incluindo alguns artigos muito

constrangedores, seriam enviados para a casa de seus pais em Lyndhurst, Nova Jersey. Uma semana antes de seu 466º Grupo de Bombardeiros ter sido despachado para a Inglaterra, alguns de seus colegas foram ao posto da cooperativa militar comprar grandes caixas de barras de chocolate Hershey, pois diziam que as jovens inglesas adoravam a guloseima. Loevsky fora mais ousado nas compras, adquirindo doze dúzias de preservativos, que enfiou nos bolsos de todos os uniformes que tinha, incluindo o que ele estava usando. "E agora eu estava em queda livre sobre Berlim e fiquei pensando: 'Minha nossa! Quando meus pais abrirem aquele armário na Força Aérea, pensarão: 'Mas que sujeito viciado em sexo nós criamos!'" Quando, anos depois, lhe perguntaram se ele era sexualmente hiperativo, Loevsky respondeu: 'Não; sou apenas um otimista.'"

Loevsky era um oficial-navegador de 24 anos de idade do Liberator *Terry and the Pirates*. Atingido por um projétil antiaéreo quando sobrevoava o alvo, o bombardeiro se inclinou para um dos lados, saiu de controle e colidiu com outro B-24, o *Brand*, decepando-lhe a cauda e fazendo com que se precipitasse para o solo num parafuso mortal. Antes de explodir, uma das hélices do *Brand* atingiu a barriga do *Terry and the Pirates*, deformando--a de tal sorte que prendeu o bombardeador, Leonard Smith, na torre da metralhadora dianteira, posicionada logo abaixo do nariz de Plexiglas da aeronave. Smith ficou em estado choque, tomado de fortes dores e, delirante, arrancou as luvas e a máscara de oxigênio. "Ele estava ficando lívido rapidamente, a 7 mil metros de altitude. E, numa temperatura de quase 5 graus negativos, eu sabia que ele teria geladuras em pouco tempo", contou Loevsky. "Eu tinha que tirá-lo de lá depressa."

"Como só tenho 1,65 metro de altura e ele era grandalhão, foi um esforço tremendo, mas consegui enlaçá-lo firmemente pelo tórax com um dos braços e o puxei para fora; em seguida, lancei as bombas. Não tive a mínima ideia de onde elas caíram, sabia que tínhamos perdido alguns de nossos colegas naquela colisão, e eu não queria que nossa missão tivesse sido em vão.

"Depois disso, consegui lançar Len de paraquedas com algum esforço e saltei bem atrás dele; Bill Terry, nosso piloto, veio logo a seguir. Aterrissei numa árvore numa rua do centro de Berlim."

Ele foi capturado por dois soldados da Wehrmacht que, sob a mira de armas, o levaram marchando através da cidade assolada pelas bombas até o quartel-general. "Enquanto seguíamos para lá, civis começaram a nos rodear e pouco depois tivemos que avançar enfrentando uma multidão furiosa. As pessoas começaram a cuspir em mim, passando as mãos à guisa de faca no pescoço para simular degolas e clamando num inglês perfeito: 'Enforquem--no! Ponham a corda no pescoço dele!' Os soldados alemães foram obrigados a baixar os fuzis para conter a multidão. Se não tivesse sido por eles, tenho certeza de que eu teria sido linchado."

Quando chegaram ao quartel-general, Loevsky se deparou com Len Smith, que tinha conseguido puxar o comando de abertura do paraquedas, mesmo com as mãos gravemente afetadas por geladuras, e acabou aterrissando no telhado de um pequeno hotel. Algum tempo depois, Loevsky soube que o piloto de seu avião tinha morrido. Os alemães informaram à Oitava Frota Aérea que o corpo de Bill Terry havia sido encontrado perto dos destroços de seu avião. Loevsky, porém, sabia que isso não era verdade, pois tinha visto o piloto saltar do *Terry and Pirates*. "Embora eu não tenha provas disso", disse ele anos depois, "estou convicto de que ou ele foi executado durante a aterrissagem, ou morto por civis furiosos. Estávamos atacando Berlim e outras cidades alemãs com muita força e fomos advertidos para que evitássemos nos aproximar de civis alemães se fôssemos derrubados. Tínhamos recebido relatórios informando que eles estavam espancando e até linchando aeronautas americanos, '*Kinder* killers [assassinos de crianças]', tais como nos chamavam."

Aviadores terroristas

Ao contrário de muitos membros da infantaria aprisionados pelos alemães, aeronautas eram capturados sozinhos porque caíam de paraquedas sozinhos, fato que tornava impossível determinar quantos deles eram espancados ou mortos. Existem, contudo, dezenas de casos documentados de assassinato e maus-tratos brutais dos famigerados *Terrorfliegers* (aeronautas terroristas, tais como denominados pelos alemães), tanto entre aeronautas em si quanto entre pilotos de caça americanos. Na época em que Lou Loevsky foi capturado, bombas americanas estavam caindo com certa regularidade em áreas residenciais de Berlim e de outras cidades, além do fato de que pilotos de caças de escolta de longo alcance tinham ordens para atacar alvos fortuitos em voos de metralhamentos rasteiros na viagem de volta para a Inglaterra.

Geralmente, esses alvos eram aeródromos e pátios de manobras ferroviárias do inimigo, mas o governo alemão falava em ataques a trens de passageiros, pátios de escolas, ciclistas, pedestres e camponeses trabalhando no amanho da terra — e conclamou a nação a lançar represálias. "Seria exigir muito de nós [...] esperar que nos calássemos e nos resignássemos com a condição de vítimas desta barbaridade sem limites",[1326] declarou Joseph Goebbels, o ministro da Propaganda.

De fato, um número indeterminado de civis alemães morreu em surtidas de aviões de caça Aliados contra pequenas cidades e povoados, mortes confirmadas, aliás, pelas imagens capturadas pelas filmadoras acopladas às metralhadoras de Thunderbolts e Mustangs derrubados pelos germanos.[1327] Mas muitos relatos dos alemães sobre baixas entre populações civis são falsificações grosseiras de propagandistas nazistas determinados a incendiar a opinião pública. Além disso, jornais alemães publicaram matérias sensacionalistas com descrições de esquadrões de bombardeiros assassinos tripulados por jovens recrutados na terra de gângsteres de Chicago, com a finalidade de realizar "investidas chacinadoras" contra cidades alemãs, como Berlim e Hamburgo. Em fins de 1943, a fotografia de um bombardeador de um B-17 trajando uma jaqueta de aeronauta com as palavras "Assassinato, Inc." estampadas vistosamente nas costas tinha sido publicada na primeira página de um jornal berlinense; pouco depois, uma famosa revista alemã publicou também uma reportagem de destaque sobre a vida do bombardeador. O autor afirmou que o tenente Kenneth Williams, membro do 351º Grupo de Bombardeiros, era um dos frios assassinos de Al Capone que tinha sido libertado de Alcatraz por insistência do presidente Roosevelt, com vistas a criar uma unidade da Força Aérea denominada Assassinato, Inc., cujo apregoado objetivo era massacrar mulheres e crianças alemãs. Ainda segundo o relato do autor, cada aeronauta assassino recebia 50 mil dólares por missão. "Agora, o gângster Williams está em nossas mãos",[1328] informou o radialista nazista, com tripúdio perverso. "Ele é uma prova viva da sede de sangue dos americanos e faz parte da arma secreta dos Estados Unidos — uma aliança para assassinatos em massa — que foi usada contra nós."

Mas a verdade era mais prosaica.[1329] Quando Kenneth Williams e seus colegas de tripulação chegaram à Inglaterra, receberam como equipamento uma Fortaleza bastante desgastada pela guerra, a chamada *Murder, Inc.* O fato é que Williams, em um ímpeto de fanfarrice momentânea, pediu

A CERCA DE ARAME

que um recruta pintasse o apelido do bombardeiro nas costas de sua jaqueta de aeronauta de couro. Todavia, ele nunca pilotaria o *Murder, Inc.* Com o velho bombardeiro num hangar sendo submetido a reparos, Williams e sua tripulação haviam realizado suas duas primeiras missões em aviões de reserva. Depois que, em sua segunda missão, o avião dessa tripulação foi derrubado, um sargento alemão tirou fotografias de Williams com sua jaqueta de aviador, numa das quais ele saiu de costas para a câmera. Foi com essa fotografia que os propagandistas nazistas fizeram a festa infame.

Investigadores da Luftwaffe não levaram o caso a sério, mas milhares de alemães, sim. Capturado perto de Bremen, o aeronauta da Oitava Frota Aérea Roger Burwell foi posto num caminhão e conduzido pelas ruas da cidade ainda em chamas, onde ele viu o corpo de um colega aeronauta americano pendurado num poste de iluminação. "Fiquei contente com o fato de que estava nas mãos de militares em vez de nas garras de uma multidão de civis" furiosos,[1330] disse Burwell depois.

Já no início da guerra, Göring havia passado instruções[1331] determinando que os aeronautas inimigos capturados fossem protegidos pela polícia da Luftwaffe da fúria das populações civis indignadas. Famoso ás da aviação na Primeira Guerra Mundial, Göring acreditava num laço universal coligando todos os aviadores, os Cavaleiros Celestes. Queria com isso ter a garantia também de que seus próprios aeronautas capturados fossem tratados humanitariamente por seus "camaradas" Aliados. Nos primeiros meses de 1944, porém, a política oficial alemã com relação a questões como essa começou a sofrer modificações nefastas, por insistência do Fuhrer. Em fins de maio daquele ano, Goebbels publicou um editorial num jornal nazista condenando os ataques aéreos anglo-americanos contra mulheres e crianças "indefesas",[1332] afirmando que eram "assassinato puro e simples", e não operações de guerra. Acrescentou que, no futuro, não deveriam esperar que os alemães protegessem "caçadores de seres humanos" entre as populações inimigas da ira justiceira do povo. Declarou por fim que, dali por diante, seria "olho por olho e dente por dente".

Menos de uma semana depois, Martin Bormann, secretário particular de Hitler e uma das figuras mais sinistras do Reich, divulgou uma circular secreta entre autoridades nazistas regionais informando detalhes de supostos episódios em que pilotos de caça anglo-americanos realizaram ataques deliberados contra alvos civis. Alguns dos aeronautas capturados "foram", confessou ele, "linchados pelo povo *in situ*, imediatamente após a captura, movido por uma fúria extrema".[1333] Esses ataques das populações tinham ficado impunes, em observância de uma política de não interferência que deveria prosseguir, instou o nazista. Afinal, conforme declarado em testemunho pelos generais de Hitler após a guerra, o Fuhrer queria que aeronautas de aviões derrubados "fossem entregues ao povo enfurecido".[1334] O chefe da Polícia de Segurança de Hitler, Ernst Kaltenbrunner, concordou com isso e informou a todos os membros da corporação: "Tentativas de extermínio[1335] de aeronautas terroristas ingleses e americanos pelas populações não devem sofrer interferências. Ao contrário, esse sentimento de hostilidade deve ser incentivado."

Logo depois da divulgação da circular de Bormann, o alto-comando alemão, pressionado pelo Fuhrer, emitiu uma ordem altamente secreta e manifestamente criminosa. Instruções verbais — em vez de comprometedoras ordens por escrito — deveriam ser repassadas a todos os oficiais militares envolvidos para que impedissem que soldados interviessem na tentativa de cidadãos atacarem *Luftgangsters* (aeronautas mafiosos). E das soturnas profundezas da administração nazista partiam ordens diretas para que aeronautas de aviões acidentados fossem executados. Numa investigação do pós-guerra sobre o possível assassinato de quatro aeronautas anglo--americanos, um representante do partido chamado Hugo Gruner testificou que tinha recebido ordens do dirigente nazista local, Robert Wagner, para "executar todo aeronauta dos Aliados feito prisioneiro".[1336] Gruner cumpria essa ordem com uma determinação cruel, descarregando uma rajada de metralhadora nas costas de todo aeronauta que se tornasse prisioneiro dos nazistas. Os corpos exânimes dos aeronautas eram depois "arrastados pelos pés e lançados no Reno".

Por fim, em 15 de março de 1945,[1337] um mês depois do ataque com bombas incendiárias a Dresden pelos Aliados, Hitler emitiu uma ordem geral determinando que todos os aeronautas terroristas de aviões abatidos fossem executados ou linchados quando fossem capturados. Isso não era apenas um ato retaliatório de seu cérebro dementado. É que ele estava também furioso com as rendições em massa de soldados alemães às forças de Eisenhower. "Os soldados da Frente Oriental são muito mais aguerridos",[1338] disse ele ao general Heinz Guderian. "A decisão dos [nossos outros] soldados de entregarem os pontos tão facilmente está simplesmente na falha daquela estúpida Convenção de Genebra — que a Alemanha e os Aliados ocidentais, mas não

A CERCA DE ARAME

a União Soviética, tinham assinado —, que lhes garante bom tratamento como prisioneiros. Temos de nos livrar dessa idiotice."

Temerosos de retaliações depois da guerra, os membros da SS de Heinrich Himmler relutaram em cumprir a ordem bestial de Hitler. Nos julgamentos de crimes de guerra em Nuremberg, Alfred Jodl, chefe do estado-maior de operações do alto-comando alemão, declarou em depoimento que ele e outros dirigentes da Wehrmacht haviam lançado mão de "táticas de adiamento no cumprimento de ordens, uma espécie de resistência passiva",[1339] como forma de bloquear as medidas determinadas por Hitler, de entregar "aeronautas de baixo escalão" a bandos executores de "linchamentos justiceiros". Ele confessou também que esses estratagemas, porém, só "funcionavam de vez quando".

Os motivos dos oficiais de alta patente alemães estavam longe de serem humanitários. A principal preocupação deles era proteger aeronautas alemães nas mãos do inimigo, bem como com o impacto que as violações chocantes da Convenção de Genebra poderiam ter no moral do que restava de aviadores na Luftwaffe. Conveniências, e não preocupações morais, salvaram as vidas de milhares de aeronautas Aliados tombados nos últimos meses da guerra. Todavia, com o incentivo do Partido Nazista e com a mais que imprevista submissão da Wehrmacht à loucura de Hitler, a violência sistemática prosseguiu. Quando, em 21 de junho de 1944, um Liberator B-24 foi derrubado nos céus de Mequelemburgo, todos os seus nove tripulantes foram executados sob o pretexto de que estavam "tentando fugir".[1340] Em outro documentado incidente, membros da Gestapo, levando consigo seis aeronautas americanos, atravessavam marchando a cidade de Russelsheim, que os ianques tinham bombardeado no dia anterior, quando, de súbito, uma multidão de trabalhadores de uma fábrica local apareceu na rua e começou a exigir que os americanos fossem linchados. De acordo com testemunhas, duas mulheres começaram a gritar: "Eles são os terroristas da noite anterior![1341] Matem esses cães! Não podemos ter pena deles!" Nisso, uma das mulheres arremessou um tijolo na direção dos ianques e logo a multidão lhe imitou o gesto, passando a atirar pedras nos aeronautas e a golpeá-los com ferramentas agrícolas, até que sucumbiram ante a chuva de pancadas e morreram. Um dos aeronautas chegou a suplicar antes que levasse o golpe fatal: "Não me matem! Tenho esposa e dois filhos!" Durante um dia inteiro, os corpos dos aeronautas ficaram abandonados no mesmo lugar em que caíram sob as traulitadas da turbamulta, antes de terem sido lançados numa cova coletiva. Depois da guerra, uma corte marcial em Darmstádio conde-

562 MESTRES DO AR

nou cinco civis alemães à morte pelos assassinatos. As duas mulheres que incitaram a multidão receberam sentença de morte também, mas o general Eisenhower comutou a pena para trinta anos de prisão.

Dois anos após o conflito mundial, numa corte marcial americana em Dachau, um médico da Wehrmacht, Max Schmidt, confessou que tinha decapitado um aeronauta americano, cuja cabeça ele ferveu depois em água, arrancou-lhe os olhos e os enviou para a esposa do ianque "como suvenir".[1342] A corte condenou Schmidt a dez anos de prisão por abusos contra o corpo de um combatente. Registros oficiais[1343] dos julgamentos de Nuremberg contêm pelo menos 66 incidentes legalmente documentados sobre aeronautas americanos indefesos, vítimas de chacinas ou espancamentos, enquanto mantidos sob custódia no Reich, mais de 70 por cento dos quais foram crimes de assassinato.

Aeronautas dos Aliados derrubados pelo inimigo se sentiam mais seguros nas prisões militares alemãs do que nas mãos dos cidadãos das cidades bombardeadas por eles. Embora a polícia e os interrogadores da Luftwaffe estivessem oficialmente encarregados de aeronautas capturados, os métodos usados por eles para arrancar informações do inimigo eram severos, mas raramente brutais. Depois de capturado, Lou Loevsky foi enviado, juntamente com outros aeronautas americanos cujos aviões haviam sido lançados por terra, para o Dulag Luft,[1344] o centro de interrogatórios da Luftwaffe para tratar dos casos de aeronautas aliados em Oberursel, uma região suburbana de Frankfurt am Main.* Depois de uma revista sem roupas, ele foi posto numa solitária sem sistema de aquecimento que era "mais fria do que o

---

* Originalmente, a expressão *Dulag Luft* era usada para se referir tanto ao centro de interrogatórios quanto a um campo de prisioneiros provisório situado do outro lado da estrada para abrigar prisioneiros à espera de transferência para um complexo prisional permanente. Mais tarde, esse campo provisório foi transferido, primeiramente, para um parque na região central de Frankfurt, perto da principal estação ferroviária (forma de desencorajar bombardeios Aliados à cidade), e mais tarde, depois que esse campo foi destruído por bombardeiros Aliados, em fins de março de 1944, para a cidade de Wetzlar, situada a uns 48 quilômetros ao norte de Frankfurt. Os alemães chamavam esses campos provisórios de Dulag Luft, e ao principal centro de interrogatórios em Oberursel, de Auswertestelle West (Centro de Avaliação, Ocidental), de modo que fossem diferençados de um centro de interrogatórios semelhante para aeronautas soviéticos na Frente Oriental. Porém, tanto a Força Aérea Americana quanto a maioria dos prisioneiros retidos em Oberursel continuaram a chamar o centro de interrogatórios de Dulag Luft, forma abreviada de Durchgangslager der Luftwaffe — ou Campo Provisório da Força Aérea. Neste relato, baseei-me num exemplo das Frotas Aéreas do Exército Americano.

coração de um nazista".[1345] A cela sem janela era apenas alguns centímetros mais larga que sua cama de lona e não tinha iluminação; sem o relógio, ele não tinha como saber se era dia ou noite lá fora. Após uma refeição de pão preto dormido e um arremedo de "café" de um gosto horrível, feito de folhas de carvalho e carvão, Loevsky foi retirado da cela para interrogatório. "Como eles sabiam que eu era um novato, havia sido derrubado em minha primeira missão e não tinha nada para lhes repassar, fui solto após alguns dias de interrogatório. Geralmente, porém, os aeronautas que falavam mais do que deviam ou oficiais de alta patente ficavam mais tempo lá."

Os interrogadores da Luftwaffe do Dulag Luft eram especialistas muito capacitados, preferindo métodos mais sutis do que a mangueira d'água. Todos eles falavam inglês fluentemente e alguns tinham passado algum tempo na Inglaterra ou nos Estados Unidos; um deles era um ex-vendedor de piano de Yonkers, Nova York, que retornara para sua terra natal depois que Hitler assumira o poder. A Luftwaffe resistia à pressão da Gestapo e da SS para ser mais rigorosa com os aeronautas capturados. Depois da guerra, Hanns Scharff, o famoso chefe de interrogatórios de Oberursel, e seus colegas alegaram o seguinte: "Ficamos horrorizados[1346] quando nossas estações de rádio alemãs transmitiram um pronunciamento de Goebbels [...] determinando que todos os aeronautas que caíssem nas mãos dos alemães no futuro deveriam ser declarados 'alvos legítimos' perante as populações. [...] Nós nos opusemos a isso. Nossas ordens continuaram inalteradas [...], teríamos que proteger os prisioneiros." Se o prisioneiro fosse um oficial, Scharff, sujeito extremamente habilidoso e polido — homem que diziam ser capaz de "arrancar uma confissão de infidelidade até de uma freira"[1347] — iniciava a sessão, oferecendo-lhe chocolate e cigarros, e depois o induzia a entrar num clima de descontração e de leves caçoadas relacionadas a beisebol ou a filmes americanos. A conversa ficava tão agradável que muitos aeronautas nem se davam conta de que o interrogatório tinha começado. Os interrogadores da Luftwaffe tentavam impressionar aeronautas com os grossos fichários que tinham a respeito deles e de seu grupo de bombardeiros. "Nada haverá no que você nos disser que já não saibamos."[1348] Tanto parecia ser mesmo verdade que, a certa altura de seu interrogatório, um sorridente major da Luftwaffe perguntou a Roger Burwell por que os membros de seu 381º Grupo de Bombardeiros em Ridgewell ainda não tinham consertado o relógio com defeito no clube dos oficiais da base.[1349]

564 MESTRES DO AR

Geralmente, contudo, aeronautas que se recusavam a fornecer informações militares ou pessoais eram ameaçados verbalmente. A alguns diziam que seus familiares não seriam informados de que estavam vivos e "seguros" até que resolvessem cooperar; já aeronautas capturados sem plaquetas de identificação eram advertidos de que poderiam ser entregues à Gestapo para serem executados como espiões. A um oficial obstinado em manter-se de bico fechado[1350] — homem casado e pai de filhos — os nazistas disseram que, se ele insistisse em sua obstinação, eles mandariam divulgar, no dia seguinte, por uma rádio alemã em Calais, que ele tinha se hospedado com uma loura atraente no londrino Grosvenor House, no quarto 413, na noite anterior àquela em que seu avião foi derrubado. Segundo consta, diante da ameaça, como sabia que a informação era verdadeira e precisa, o major desmaiou na mesma hora.

Raramente os alemães cumpriam essas ameaças.[1351] "Sob pressão psicológica por causa de suas vestes de aeronauta aparentando trajes civis comuns, o prisioneiro contava tudo",[1352] informa um relatório de interrogatório de um dos capturados. Além do mais, a capacidade de resistência dos prisioneiros era minada pelas condições aterradoras do Dulag Luft: o isolamento tumular, as rações de uma qualidade e em quantidades que podiam fazê-los morrer de fome e ratos que circulavam livremente pelas celas úmidas e entravam nos bolsos das roupas dos prisioneiros à procura de comida. Às vezes, a promessa de uma ducha quente, de uma oportunidade para que fizesse a barba ou de que tivesse uma refeição quente era suficiente para fazer o prisioneiro soltar a língua. E havia também a manipulação diabólica da temperatura das celas por parte dos guardas, que fechavam os aquecedores de paredes elétricos no inverno e, em dias mais quentes, aumentavam a sua temperatura para insuportáveis 55 graus centígrados. Centenas de aeronautas chegaram ao Dulag Luft feridos e lhes tiveram negado o fornecimento de assistência médica, uma violação flagrante da Convenção de Genebra com relação a prisioneiros de guerra. "Meu interrogador disse[1353] que sabia que eu estava ferido e que eu precisava de tratamento, mas que minha teimosia só serviria para atrasar meu envio para um hospital", contou Roger Burwell. Por outro lado, aeronautas dos Aliados que os alemães acreditavam ter informações militares especiais eram levados para sessões de caça ou convidados a participar de ruidosas festas regadas a bebida com oficiais alemães.

Era a imensa quantidade de dados que os interrogadores germanos tinham sobre as operações da Força Aérea Americana o instrumento mais

A CERCA DE ARAME 565

eficiente para obter informações dos aeronautas ianques. Em reuniões de instrução na Inglaterra, os aeronautas tinham sido advertidos a respeito do que esperar no cativeiro, mas a "aparente onisciência"[1354] de seus captores irritava muitos deles. "Meu interrogador chegou a me perguntar a respeito da saúde da minha mãe em Terre Haute e como minha irmã caçula estava se saindo no ensino médio",[1355] disse um aviador.

Muitos prisioneiros de guerra achavam até que os alemães tinham espiões em todas as bases aéreas americanas na Inglaterra. Mas não havia provas, de que seus agentes haviam conseguido infiltrar-se numa única dessas bases aéreas. Até porque nem precisavam fazer isso. A maior parte das informações dos germanos era colhida de fontes dos Aliados pela eficiente equipe do Dulag Luft, que vasculhava revistas e jornais americanos levados para a Alemanha do neutro Portugal, incluindo o *Stars and Stripes*, rico manancial de informações sobre as terras natais dos aeronautas. Informações adicionais, incluindo dados de registros de bordo, anotações de reuniões de instrução e de diários pessoais de aeronautas, eram conseguidas em meio às roupas e a outros pertences achados nos destroços de bombardeios incendiados. Muitas vezes, esses documentos continham dados altamente secretos sobre configuração de voo, a eficácia das defesas alemãs e alvos assinalados para futuros bombardeios. Na época, um oficial do Corpo do Serviço de Contrainteligência da Força Aérea Americana observou: "Não eram raras[1356] as ocasiões em que grandes industriais alemães perguntavam à Luftwaffe se suas fábricas estavam na lista de alvos e, caso estivessem, para quando podiam esperar o bombardeio." Além disso, linguistas alemães monitoravam as comunicações sem fio dos aeronautas Aliados. De acordo com Hanns Scharff, os interrogadores do Dulag Luft tinham à sua disposição um volumoso arquivo em que "quase todas as palavras[1357] ditas nos ares de avião para avião ou da base para o avião ou vice-versa eram cuidadosamente anotadas". Conforme assinalado por especialistas de contraespionagem em seus próprios arquivos secretos, "nada, em matéria de documentos, escritos ou impressos, era insignificante demais para não merecer um exame rigoroso"[1358] por parte da equipe de espionagem do Dulag Luft.

Um exemplo clássico eram as cadernetas de ração de campanha dos aeronautas. Todos eles no Teatro de Guerra Europeu recebiam exatamente o mesmo tipo de caderneta e não havia nada nela que indicasse onde ele estava lotado. Mas investigadores do Dulag Luft conseguiam identificar o grupo de

566 MESTRES DO AR

bombardeiros do aeronauta analisando a forma pela qual sua caderneta era cancelada. Em Thorpe Abbotts, por exemplo, o pessoal administrativo de serviço na cooperativa militar marcava as cadernetas com um grosso lápis preto. A ficha da cooperativa era feita de papelão espesso. Todas as cadernetas canceladas lá apresentavam um padrão de marcação inconfundível, em lápis preto. O Corpo de Contrainteligência da Força Aérea estimou que 80 por cento das informações obtidas pelo Dulag Luft provieram de documentos capturados e de monitoramento de comunicações radiofônicas, com o restante oriundo de interrogatórios de prisioneiros de guerra. Depois do conflito, quando foi contratado como intérprete pelos militares americanos, Hanns Scharff calculou que todos,[1359] exceto vinte, dos mais de quinhentos aeronautas que ele interrogou revelaram informações de operações e táticas que acabaram se mostrando úteis para a Luftwaffe. Enfatizou, contudo, que poucos desses aeronautas fizeram isso de forma consciente ou por causa de intimidações ou um desejo consciente de melhorar as condições de seu encarceramento.

"Acho que ele conseguiu extrair alguma coisa de mim",[1360] disse um aeronauta, "porém, até hoje não tenho a mínima ideia do que pode ter sido".

Depois de liberado do Dulag Luft, Loevsky e várias dezenas de aeronautas foram levados de bonde para Frankfurt,[1361] onde os transferiram para vagões ferroviários de transporte de gado e os enviaram para o Stalag Luft III (Centro de Aeronautas Prisioneiros número 3), situado em regiões ainda mais interioranas do território ocupado pelos alemães, perto da cidade de Sagan, localizada a 160 quilômetros a sudeste de Berlim, um dos meia dúzia de campos de prisioneiros de guerra operados pela Luftwaffe — daí o termo *Luft*, ou *aéreo*, referência a aeronautas dos Aliados. (O Exército e a Marinha de Guerra tinham seus próprios sistemas de detenção de prisioneiros de guerra.)* Dois dos campos, o Stalag Luft III e o Stalag Luft I, situados perto da cidade de Barth, nas desoladas regiões litorâneas do Báltico, eram centros prisionais para oficiais; outros eram totalmente destinados só a sargentos ou a sargentos de mistura com uns poucos oficiais. Quase no fim da guerra,[1362] haveria cerca de 33 mil membros das Frotas Aéreas do Exército retidos em

---

* *Stalag* é forma contraída de *Stammlager*, ou campo principal, o termo usado pelos alemães, na Segunda Guerra Mundial, para designar centros de prisioneiros de guerra para oficiais e recrutas.

A CERCA DE ARAME

campos de prisioneiros da Alemanha, equivalente a pouco menos de um terço do total (93.941) de americanos capturados e confinados pelos alemães no Teatro Europeu.

Em Sagan, dois dos prisioneiros mais poderosos na hierarquia da aeronáutica militar americana eram Gale Cleven e John Egan, membros do Malfadado Centésimo. Egan era integrante do conselho do serviço de espionagem dos prisioneiros, encarregado de atividades de fuga. Já Cleven, um valioso oficial da área da educação. Ambos trabalhavam em regime de íntima colaboração com o primeiro comandante do Centésimo, coronel Darr Alkire, o supremo oficial americano incumbido de um dos cinco complexos prisionais do campo, onde deveria estabelecer uma estrutura de comando ao estilo militar, com os aeronautas prisioneiros organizados de forma que fizessem tudo que fosse possível para dificultar a vida dos "capangas", tal como os detentos chamavam os guardas nazistas da prisão. "Fomos postos juntos ali,[1363] os alemães e nós, nessa lúgubre floresta de pinheiros da Alta Silésia, formando uma grande família infeliz", observou Cleven. "E era uma família que crescia rapidamente. Quanto mais castigávamos os alemães com bombardeios, mais uma multidão de aeronautas entrava pelos portões de nosso Stalag." Todos haviam sido vítimas de uma terrível experiência em suas vidas de aeronautas que fez com que eles parassem súbita e inesperadamente, nas mãos do inimigo; todos haviam sido encarcerados em solitárias e submetidos a rigoroso interrogatório pela Luftwaffe. Pelo menos a metade deles ainda estava sofrendo as consequências de ferimentos[1364] e alguns tinham ficado mutilados ou deformados para sempre. Chegavam exaustos, famintos e perturbados, vários envoltos em bandagens ou caminhando com dificuldade sobre muletas, com olhares perdidos e distantes, surpresos, irritados e até envergonhados com o fato de que tinham sido capturados. "É estranho quando você vai para a guerra.[1365] De certo modo, você nunca espera cair na condição de prisioneiro", comentou Eugene E. Hamos, oficial-navegador de um B-24 que havia sido escritor de revista em Nova York antes da guerra. Os combatentes aéreos que chegavam à Inglaterra sabiam que podiam morrer ou acabar feridos. "Mas tornar-se prisioneiro? É uma situação em que poucos colegas imaginam cair." Com relação à questão, o piloto de bombardeiro americano Hank Plume disse depois da guerra: "Se eu soubesse que iria me tornar prisioneiro de guerra, teria me preparado muito mais para isso."[1366]

A Grande Fuga

Eles eram "Kriegies", gíria que significa *Kriegsgefangenen*, "prisioneiros de guerra" em alemão. À maioria haviam dito quando foram capturados: "Para vocês, a guerra acabou." Isso era uma "mentira",[1367] contestou Lou Loevsky. "A captura era o começo de nossa mais longa missão."

Quando chegava ao principal edifício do campo de prisioneiros para serem espiolhados, cadastrados e encaminhados, uma nova leva de prisioneiros "purificados" via grupos de outros colegas aeronautas americanos aglomerados perto dos portões de seus complexos, gritando e acenando. "Praticamente todos[1368] reconheciam algum colega, e aí começava, quase instantaneamente, uma série de exclamações de surpresa, de indagações e de caçoadas", contou um prisioneiro. "'Ei, Joe, por que diabos você veio parar aqui? Venha logo, a água está ótima! [...] 'Henry! Você viu o Bill? Tenho esperado por ele.' [...] 'Fim da linha, amigos. [...] *Parra foceix, a querra acabar!*'"

Depois que foi fotografado, teve suas impressões digitais registradas e recebeu seu número de prisioneiro de guerra, deram a Lou Loevsky suas roupas de cama e seus utensílios de rancho: dois finos cobertores de campanha do exército, um lençol, uma capa de colchão de aniagem cheia de aparas de madeira, uma pequena toalha de linho, uma tigela para misturas, uma xícara, um garfo, uma faca e uma colher com suásticas entalhadas.

Loevsky foi internado num campo que se achava em clima de grande alvoroço. É que 76 prisioneiros da RAF tinham fugido do Complexo Norte vários dias antes da chegada do judeu americano, rastejando através de um túnel escavado a 9 metros abaixo da superfície que mil prisioneiros vinham abrindo fazia mais de um ano. Essa escapada, denominada depois de a Grande Fuga, ocorrera na noite de 24 para 25 de março, na qual bandos de fugitivos, cada uma deles liderado por um prisioneiro fluente em alemão, havia se dispersado em doze direções diferentes. A SS e a Gestapo foram chamadas e o governo emitiu uma *Grossfahndung*, a maior ordem de busca e apreensão do Reich, em que quase cinco milhões de alemães tiveram alguma participação no esforço de recaptura dos fugitivos. Quando Loevsky chegou a Sagan, acreditava-se que os fugitivos ainda estivessem à solta e havia "um sentimento de euforia no campo".[1369]

Mas os prisioneiros não sabiam que todos, exceto três dos foragidos, tinham sido recapturados rapidamente e que, por ordem de Hitler, cinquenta

A CERCA DE ARAME

deles foram executados pela Gestapo e cremados para que se destruíssem todas as provas materiais do assassinato a sangue-frio. Furioso, o Fuhrer queria que os 76 prisioneiros fossem executados, mas seus generais o persuadiram a reduzir esse número para 50.

Era o dever de todos os oficiais anglo-americanos capturados, porém, fazerem tudo que estivessem a seu alcance para fugir. Portanto, fugas eram comuns — embora não necessariamente bem-sucedidas —, e os prisioneiros recapturados eram enviados para a "cadeia", uma solitária sombria, onde ficavam por cerca de dez dias. Uma vez que, geralmente, a punição da tentativa de fuga não era extremada, muitos dos *Kriegies* a consideravam uma espécie de jogo. Assim, em 6 de abril, quando o supremo oficial britânico do campo encarregado de seus compatriotas prisioneiros, Herbert M. Massy, foi informado de que 41 (o número foi mudado depois para 50) de seus oficiais foragidos tinham sido fuzilados "enquanto tentavam resistir à prisão ou continuar fugindo",[1370] ele ficou estarrecido. "Quantos se feriram?", questionou, como se exigindo resposta. "Ninguém se feriu", disseram a ele. Quando a notícia chegou aos prisioneiros, ficaram todos "com raiva, chocados e desesperados",[1371] observou Loevsky. "Jamais me esquecerei das palavras do comandante de nosso complexo, coronel Delmar T. Spivey, quando mandou que nos reuníssemos: 'Cavalheiros, estamos impotentes e perdidos.' Essa foi a minha estreia no palco da vida do Stalag Luft III."

O comandante alemão do campo, coronel Frederico Guilherme von Lindeiner-Wildau, foi preso pelas autoridades alemãs, que iniciaram uma reação em cadeia que resultou numa ordem de Martin Bormann, em 30 de setembro, determinando a transferência da administração de todos os campos de prisioneiros de guerra das forças armadas para a SS. Felizmente para os *Kriegies*, Himmler delegou a responsabilidade das questões de prisioneiros de guerra para o Obergruppenfuhrer SS, Gottlob Berger,[1372] um homem com um senso de sobrevivência pessoal bastante desenvolvido. Sabedor de que a Alemanha não podia vencer a guerra, o nazista depositou no tratamento humanitário aos prisioneiros de guerra anglo-americanos, na última parte do conflito, a esperança de que isso o salvasse das mãos do carrasco na forca. Desse modo, Berger permitiu que a Luftwaffe mantivesse o controle operacional dos campos. Os prisioneiros foram advertidos, contudo, de que tentativas de escapada futuras fariam com que suas vidas ficassem diretamente sob a autoridade de Himmler, que, segundo constava, queria livrar-se dos prisioneiros de guerra, eliminando todos eles. Como reforço da advertência, fixaram cartazes em locais bem visíveis de todos os *Stalags*, asseverando: "A fuga dos campos de prisioneiros não é mais um esporte."

Alguns prisioneiros judeus começaram a temer a possibilidade de serem enviados para campos de concentração. Em dezembro de 1944, os *Kriegies* de Sagan souberam das condições de outros campos por parte dos prisioneiros que, até pouco antes, tinham passado algum tempo num dos piores deles. No verão de 1944, disfarçados em trajes civis, 168 aeronautas Aliados — 82 deles americanos — estavam tentando evitar ser capturados na França ocupada pelos nazistas quando foram traídos por um espião da Gestapo que se infiltrara em seu grupo. Acusados de sabotadores e terroristas, esses homens foram despachados em vagões de transporte de gado ferroviários para Buchenwald, perto de Weimar, Alemanha, onde passaram nove semanas terríveis antes que um compadecido oficial da Luftwaffe interviesse a seu favor e providenciasse para que fossem transferidos para Sagan, aonde chegaram em estado deplorável. "Eram como [...] esqueletos,[1373] com seus tóraxes e olhos encovados e membros finos como palitos", contou um prisioneiro de guerra. "Percebemos quanto teria sido ruim se algum de nós tivesse sido enviado para um campo de concentração", disseram os reféns quando questionados.

Se Himmler, e não Berger, tivesse estado no controle direto dos campos de prisioneiros de guerra, talvez milhares de judeus prisioneiros de guerra acabassem sendo enviados para um dos campos de trabalho forçado especiais da SS, como o de Berga,[1374] situado a 96 quilômetros de Buchenwald. Ali, 350 soldados de infantaria americanos capturados na Batalha das Ardenas, homens sabidamente judeus ou tidos como tais pelas autoridades alemãs, trabalhavam junto com autênticos prisioneiros do campo de concentração nazista na escavação de túneis enormes para a construção de uma fábrica de gasolina sintética.

Após a Grande Fuga, as relações entre prisioneiros e guardas da Luftwaffe pioraram muito em todos os campos, principalmente no de Sagan. O coronel Spivey, que administrara uma escola de formação de metralhadores da Força Aérea nos Estados Unidos antes de seu avião ter sido derrubado, em agosto de 1943, durante uma missão de inspeção no Teatro Europeu, instruiu seus homens para que deixassem o recinto quando um alemão en-

A CERCA DE ARAME

trasse, a menos que o nazista ordenasse que ele continuasse lá. A propaganda nazista contra os *Luftgangsters*, juntamente com intensificadas investidas de bombardeio da RAF a Berlim, "foi deixando nossos guardas cada vez mais soturnos e mal-humorados",[1375] escreveu David Westheimer, mais tarde autor de *Von Ryan's Express*, ex-prisioneiro campeão de vendas de romances de guerra. "Disparos de armas de fogo das torres de vigilância, muito raros no passado, aumentaram. [...] Quando a tensão em ambos os lados da cerca havia atingido um ponto crítico, o general de brigada Arthur W. Vanaman apareceu de repente no Stalag Luft III. Espalhou-se rapidamente então o boato de que ele tinha saltado de paraquedas de um B-17 na Alemanha, que a aeronave voltou depois para a Inglaterra com sua costumeira tripulação incólume, que ele falava alemão fluentemente, que era um conhecido de Hermann Göring do período anterior à guerra e que tinha sido enviado lá para apaziguar a situação."

De fato, Vanaman conhecia Göring, em razão de seus quatro anos como assessor do adido militar da aeronáutica americana em Berlim no período anterior ao ataque a Pearl Harbor, mas ele não tinha sido enviado ao Stalag Luft III para tentar amenizar o clima de tensão. Ele estava lá porque tinha cometido o erro mais estúpido de sua vida. Como novo chefe do serviço secreto da Oitava Frota Aérea, ele fora instruído acerca do ULTRA pouco após sua chegada à Inglaterra. Logo em seguida, ele decidiu, depois que Doolittle lhe autorizara com relutância, passar a participar de missões de combate para que sua equipe de assessores do serviço secreto tivesse mais respeito por ele. Em sua terceira missão, porém, sua Fortaleza foi atingida por fogos antiaéreos, fazendo com que um de seus motores se incendiasse. Quando o piloto apertou o botão de alerta para abandono da aeronave, Vanaman foi o primeiro a saltar de paraquedas. Momentos depois, contudo, o piloto conseguiu controlar o incêndio, cancelou a ordem de abandono do avião e retornou para a Inglaterra com os quatro tripulantes remanescentes. A notícia da captura de Vanaman provocou ondas de choque no supremo escalão da hierarquia de comando dos Aliados. Eisenhower ficou furioso com o fato de que Doolittle dera permissão a Vanaman para sobrevoar o território do Reich na posse dos segredos militares dos Aliados, altamente sigilosos, por sinal. "Quando Van aterrissou em solo alemão, achamos que estava tudo perdido",[1376] disse o general Laurence Kuter numa entrevista depois da guerra. "Afinal, ele tinha conhecimento de todas as informações altamente secretas. Ele nunca, jamais, deveria ter parado lá." Felizmente, os alemães, sempre deferentes no trato para com oficiais de altas patentes militares, não o interrogaram. Oficial da Força Aérea de mais alta patente capturado durante a guerra, Vanaman foi levado para Berlim, onde o trataram com respeito e lhe disseram que ele seria enviado para um confortável castelo em Dresden para prisioneiros especiais. Todavia, golpeando forte a mesa para impressionar, ele insistiu que o enviassem para o maior campo de prisioneiros de guerra destinado à retenção de membros da Força Aérea ianque. Quando chegou ao Stalag Luft III, Vanaman substituiu o coronel Charles Goodrich na condição de supremo oficial americano no campo. Foi encaminhado então para o Complexo Central, onde tornou seu antecessor, Spivey, o chefe de seu estado-maior.

Na aterrissagem de paraquedas em solo alemão, Vanaman tinha se ferido nas costas e, à noite, tirava alguns pedaços de suas bandagens e os fixava em volta da boca para evitar falar durante o sono e assim revelar seu segredo sensacional. Recorrendo a técnicas de controle mental, ele conseguiu "apagar" da memória o codinome ULTRA. "Quando saí da Alemanha,[1377] embora eu não tivesse atinado com seu significado então, lembrei-me da palavra ULTRA", disse ele numa entrevista após a guerra. "É curioso o que uma pessoa consegue fazer com a própria mente."

Em outubro daquele ano, os prisioneiros foram informados por Washington, por meio de canais secretos, que os soldados americanos não tinham mais o dever de criar planos de fuga. É que o risco era grande demais e, com exércitos anglo-americanos agora muito perto do Reno, a libertação dos prisioneiros parecia iminente. Todavia, alguns deles continuaram a elaborar planos de fuga e a cavar túneis, pelo menos como antídoto contra depressão. Tanto eles quanto os *Kriegies* que acharam melhor não tentar fugir ficaram muito esperançosos naquele outono e inverno de 1944, mas a situação no campo não era nada fácil para eles. "Só a tentativa de continuar a alimentar esperanças,[1378] que fazia parte do esforço para preservar a própria saúde mental, já era uma tarefa muito difícil", disse Loevsky, filho de um imigrante batalhador, fabricante de instrumentos de metal. "Embora eu não fosse pessoa de aceitar desaforo ou injustiças dos alemães nem de ninguém, em algumas noites tive vontade de gritar que me sentia muito solitário e amedrontado." Loevsky sonhava sempre a mesma coisa. "Nunca fui judeu praticante, mas, nesse sonho, alguns colegas prisioneiros judeus me pediam

A CERCA DE ARAME

que me juntasse a eles em preces particulares nos alojamentos. Era sempre o mesmo sonho. Os guardas irrompiam pela porta, levavam-nos para a floresta de pinheiros e nos executavam. Eu não conseguia me livrar desse sonho nem podia contá-lo a ninguém. Afinal, eu era um sujeito durão. Eu tinha uma reputação a preservar."

A vida na prisão

Quando foi criado em abril de 1942, o Stalag Luft III era um campo pequeno, de alta segurança, destinado a confinar aeronautas da RAF. Mas, em fins de 1944, sua população carcerária havia inchado para mais de dez mil prisioneiros, dos quais a metade era formada pelos novos prisioneiros aeronautas americanos. Para efeito de controle, os *Kriegies* eram mantidos em cinco complexos separados — o Setentrional, Austral, Oriental, Central e Ocidental —, com a equipe de guardas e a de comando alojada em seu próprio complexo. Num dos cantos do campo ficava a *Vorlager*. Era um local que continha instalações de serviço para os *Kriegies*, incluindo enfermaria, uma casa de banhos, um armazém e a cadeia. Aeronautas da RAF ficavam confinados nos complexos Setentrional e Austral; os demais eram reservados a prisioneiros americanos. Cada complexo continha mais ou menos uma dúzia de alojamentos castigados pelo tempo chamados blocos, uma cozinha de campanha, um vestiário com chuveiros, uma lavanderia e uma combinação de teatro e capela. Espalhados em torno dos cinzentos e soturnos alojamentos, ficavam campos esportivos para a prática de beisebol, futebol americano e futebol criados pelos *Kriegies*.

Cada alojamento abrigava até 150 prisioneiros, que dormiam em beliches e treliches. Havia nesses edifícios doze a quinze dormitórios de vários tamanhos, cada um mobiliado com uns poucos bancos, alguns armários de madeira sujos e malcuidados e uma mesa com uma lâmpada de 20 watts pendendo diretamente do teto acima dele, exatamente como aparece no famoso filme do pós-guerra *Inferno 17*. Essa era a única fonte de luz elétrica no campo. Todavia, os prisioneiros criavam suas próprias lâmpadas primitivas com recipientes cheios da banha flutuante extraída de suas sopas fedorentas. Oficiais de alta patente ficavam alojados em recintos para dois ou quatro prisioneiros; os outros oficiais eram abrigados em ambientes para doze ou

574 MESTRES DO AR

quinze homens, enquanto as ordenanças — sargentos metralhadores que tinham sido enviados para o campo no verão de 1944, por solicitação dos líderes dos complexos — eram mantidas num grande e lotado salão, localizado no centro dos alojamentos. Elas faziam a maior parte das tarefas de limpeza, lavagem de roupas e comida para os oficiais, o único serviço que requeriam que fizessem. Até porque, pelos termos da Convenção de Genebra, os oficiais-aviadores não tinham permissão para realizar trabalho para a nação adversária.

Em cada extremidade do estreito corredor central que separava as áreas de convivência havia um banheiro com torneiras de água fria; uma apertada cozinha comunitária com dois fogões a carvão e uma pequena cloaca que era usada apenas depois do confinamento noturno. Havia também, entre os alojamentos, grandes latrinas externas ou "abortadouros". Os blocos tinham sido construídos às canhas por trabalhadores escravos soviéticos, tanto que fortes chuvas inundavam seus forros de chapas de polpa de madeira, transformando alguns recintos em "pequenos lagos".[1379] E, nos rigorosos invernos silesianos, rajadas de ventos congelantes se insinuavam pelas frestas das paredes, obrigando os prisioneiros a dormirem de roupa. Alguns detentos conseguiram reter seus uniformes de aeronauta, mas a maioria usava roupas fornecidas pelo exército americano, entregues pela Cruz Vermelha Internacional, enquanto outros mais recebiam peças de roupa extras de seus familiares. "A gente usava tudo que tinha para tentar se proteger do frio",[1380] disse Elmer Lain, um aeronauta de Fairdale, Dakota do Norte.

No verão, ventos turbilhonantes carregados de areia penetravam nesses recintos e a poeira impregnava as roupas dos prisioneiros, bem como suas unhas e sua pele. Os colchões viviam pululantes de piolhos e percevejos, e os abortadouros estavam quase sempre transbordantes de merda, enchendo a atmosfera nas áreas de convivência e descanso de um cheiro detestável.

A maior preocupação dos prisioneiros era continuar vivo, o que representava segurança para os alemães. Todo *Stalag* era cercado por duas grandes cercas de metal, que corriam paralelas entre si e tinham de permeio cercas de arame sanfonadas com farpas longas e afiadas. Torres de sentinela de madeira da altura de um edifício de três andares — Caixotes de Capangas — ficavam postadas ao longo do perímetro de cada um dos complexos prisionais. Elas eram equipadas com potentes holofotes e operadas por guardas de semblantes impassíveis. Perlongando-se pelo complexo mais ou menos a 1 metro da cerca

A CERCA DE ARAME

perimetral — e por dentro do campo também — havia um fio de segurança estendido pouco acima do solo (em alguns deles, era uma espécie de corrimão). As autoridades do campo avisavam aos prisioneiros que, se eles fossem além desse "fio de advertência" por qualquer motivo, até mesmo para pegar uma bola de beisebol, seriam fuzilados ali mesmo e na hora.

Para desencorajar a abertura de túneis de fuga, os alojamentos eram construídos a 60 centímetros do solo. "Furões", guardas de segurança fluentes em inglês, trajando macacões azuis e equipados com detectores de metais, se enfiavam sorrateiramente por baixo dos alojamentos à procura de uma possível escavação de túnel de fuga. Esses furões usavam também os apertados desvãos dos alojamentos para escutar às escondidas as conversas dos *Krieges* e instalavam dispositivos de escuta clandestina pelo complexo inteiro. Realizavam, ademais, inspeções de surpresa, geralmente no meio da noite. Nessas operações, rasgavam colchões, emborcavam camas, arrancavam tábuas do assoalho, e os escassos pertences dos prisioneiros eram revirados e atirados por toda parte, os quais acabavam triturados pelos cães de guarda e, às vezes, roubados.

Às dez horas da noite, os guardas alemães fechavam as janelas dos alojamentos e bloqueavam suas portas com pesadas barras de madeira. Sentinelas armadas com submetralhadoras automáticas Schmeisser penduradas no pescoço patrulhavam o campo à noite inteira, com seus cães pastores alsacianos rosnando e repuxando forte as correias pelas coleiras. Esses cães de ataque eram treinados com o uso de uniformes de soldados dos Aliados no bosque que havia perto do campo e, de tão imprevisivelmente ferozes, atacavam seus próprios guardas às vezes. "Se por acaso as janelas fossem abertas depois que anoitecesse,[1381] ninguém se arriscaria a pôr a mão para fora, com medo de que fossem arrancadas", contou John Vietor, piloto da 15ª Frota Aérea que era um "hóspede do Fuhrer" no Stalag Luft I, em Barth.

Incidentes semelhantes ocorriam em outros campos. No Stalag Luft VI, um sargento do campo da Prússia Oriental, o radioperador-metralhador da Oitava Frota Aérea, Glen A. Jostad,[1382] tímido garoto de fazenda de Wisconsin, contou dezesseis perfurações nas paredes de seu complexo depois que os guardas abriram fogo contra o edifício, aparentemente sem nenhum motivo.

Os guardas eram mais severos com prisioneiros retidos em campos de detenção de sargentos. No Stalag Luft IV, localizado na então província do Reich da Pomerânia (agora pertencente à Polônia), o mais infame dos

576 MESTRES DO AR

guardas era o sargento Hans Schmidt. Conhecido pelos *Kriegies* como Couraçado, era um gigante de movimentos lerdos, com cerca de 2 metros de altura e quase 140 quilos, e um sádico perverso. Tinha o hábito doentio de aproximar-se dos prisioneiros por trás, de mansinho, e golpear-lhes os ouvidos com as mãos espalmadas e desmesuradamente grandes, fazendo com que se ajoelhassem de tanta dor. Com essa mania, acabou estourando os tímpanos de vários deles. O Grande Couraçado patrulhava os complexos com os olhos abaixados, balançando um grosso cinto de couro. Certa feita, o metralhador da Força Aérea, George Guderley, ficou observando, impotente, Schmidt surrar sem piedade um prisioneiro com esse cinto, usando a fivela para infligir-lhe ferimentos tão profundos no couro cabeludo que o crânio do infeliz acabou ficando exposto. "Ele não era um ser humano",[1383] afirma Guderley, um soldado curtido pela dureza das ruas de Chicago. "Ele era um monstro. Eu o teria matado se tivesse tido essa chance."

Sob todos os aspectos, exceto na questão da segurança, a Luftwaffe deixava os prisioneiros à vontade, permitindo que cuidassem de seus assuntos cotidianos em sua vida nos complexos prisionais. Às sete era o horário da chamada — *Appell*. Os prisioneiros ficavam em posição de sentido numa área quadrangular na praça de armas enquanto as autoridades do campo faziam a contagem. Quando concluíam a tarefa, às vezes depois de nada menos que dez recontagens, os alemães batiam continência para os oficiais superiores dos Aliados, os quais, por sua vez, dispensavam seus homens. Durante o restante do dia, até a hora do reconfinamento, os *Kriegies* ficavam sob a autoridade extraoficial de seus próprios superiores militares. Um graduado oficial dos Aliados era encarregado de cada um dos complexos (nos *Stalags* dos recrutas, os prisioneiros elegiam um Homem de Confiança). Subordinados a eles ficavam os comandantes de setores, cada um responsável por um alojamento ou bloco. Já os líderes do campo trabalhavam como intermediários nas negociações com os alemães e se comunicavam com os representantes do governo suíço, que atuavam como Potência Neutra na Alemanha. A Convenção de Genebra de 1929 conclamava os países beligerantes a aceitarem a ajuda das Autoridades das Nações Neutras para ajudar a solucionar disputas relacionadas com prisioneiros de guerra e a realizar frequentes inspeções nos campos de detenção com vistas a fazer com que as condições de sobrevivência dos detentos se mantivessem de acordo com

A CERCA DE ARAME

os padrões estabelecidos nos termos da convenção. O Comitê Internacional da Cruz Vermelha, uma instituição humanitária independente com sede na Suíça, realizava verificações também, sob os auspícios dos termos da Convenção de Genebra, para o tratamento de prisioneiros de guerra. Invariavelmente, quando inspeções eram programadas e anunciadas, os alemães faziam melhorias às pressas nas condições dos campos de prisioneiros — melhorias que raramente duravam até depois dos dias de visitas dos inspetores.

Todo *Stalag* tinha seu comitê central de segurança. No Stalag Luft III, ele era chamado de o Grande X, presidido por um carismático piloto de caça da Oitava Frota Aérea, tenente-coronel Albert P. "Ruivo" Clark, um dos primeiros americanos a ter seu avião derrubado na guerra e o oficial que estivera encarregado da segurança do Complexo Setentrional por ocasião da Grande Fuga. Todos os planos de fuga tinham que obter a aprovação do X. Se um plano tivesse uma boa chance de sucesso e não interferisse em outro plano de fuga, seus idealizadores podiam contar com a aprovação e a ajuda direta do X. Cada complexo tinha também seu próprio comitê de segurança para que seus ocupantes se protegessem da infiltração de espiões da Gestapo. Assim, antes que fossem encaminhados para seus alojamentos definitivos, os novos *Kriegies* eram interrogados pelos membros do comitê. "Nós os entrevistávamos também[1384] para conhecermos suas habilidades e experiências e saber se havia nelas coisas que poderiam nos ajudar a planejar fugas", disse Ruivo Clark. Homens com habilidades especiais eram encaminhados para pequenas "fábricas" secretas, espalhadas pelo complexo inteiro. Fotógrafos dos tempos de paz se tornavam, pois, falsificadores exímios, forjando passaportes, cadernetas de ração alemãs e licenças para realizar viagens; eles conseguiam fazer com que esses documentos parecessem oficiais confeccionando carimbos com a borracha dos saltos das botas de aeronautas dos prisioneiros. Criavam também minúsculas bússolas com agulhas de costura, lâminas de barbear e pequenos pedaços de vidro — imantando o metal com ímãs roubados dos alemães. Alfaiates do campo confeccionavam uniformes germânicos com o tecido de cobertores velhos, sacos de aniagem, toalhas e roupas enviadas de casa por suas famílias; depois de prontos, os uniformes eram tingidos de cinza numa solução feita com capas de livros fervidas em água. Escultores amadores usavam blocos de madeira para criar pistolas alemãs de mentirinha, mas que, na aparência, ficavam exatamente como as que os guardas portavam. "Nunca ficávamos sem achar alguém que fosse capaz de fazer as coisas de que precisávamos", observou Clark.

Enquanto esses homens trabalhavam ou uma turma de sapadores abria um túnel por baixo de um bloco de alojamentos, colegas chamados "bodes expiatórios" eram postos de guarda em cada uma das entradas do alojamento. Se aparecesse um alemão, o bode gritava: "Capanga chegando!" e eles interrompiam o trabalho clandestino.

A abertura de túneis era um trabalho difícil e perigoso, principalmente em Sagan, onde o solo arenoso parecia em perpétua movimentação. As equipes de sapadores, cada uma composta por duas "toupeiras", trabalhavam com a barriga colada no solo, usando os cotovelos para se locomover. Ripas de camas tiradas dos alojamentos eram usadas para escorar os túneis; ferreiros existentes entre os *Kriegies* improvisavam ferramentas de escavação; e os prisioneiros injetavam nos túneis ar fresco com foles fabricados artesanalmente, utilizando tubos feitos com latas de leite. Suas entradas ficavam escondidas debaixo de fogões e ralos de casas de banho. Era um trabalho que durava meses, e alguns túneis chegaram a alcançar nada menos que várias centenas de metros. Eles se livravam da terra das escavações jogando-a nas privadas do alojamento e dando descarga ou pondo-a em colchões e armários. Havia também os "pinguins", homens incumbidos de transportar terra recém-extraída em sacos de pano em forma de salsicha escondidos dentro de suas calças largas. Os sacos ficavam presos por longos barbantes no pescoço dos pinguins. Para se livrarem da carga, os pinguins ficavam gingando devagarinho ao redor do campo, fazendo a areia escorrer lentamente ao puxar o barbante preso às bocas dos sacos. Enquanto isso, outros colegas caminhavam atrás dele, usando discretamente os pés para cobrir com a terra escura do terreno o pó amarelado recém-extraído das escavações, cujo cheiro era diferente também da terra superficial.

Mas tudo isso era em vão. Tal como relatado por um líder de *Kriegies* depois da guerra: "Toda vez que um grupo de prisioneiros[1385] [...] rastejava pelo subsolo escavado até uma área situada fora do campo, acabava experimentando o deprimente anticlímax de se deparar com guardas alemães apontando fuzis para a saída do túnel e ordenando que fossem postos nas solitárias."

Em uma de suas obras, o escritor Damon Runyon faz um de seus personagens afirmar em tom solene: "A vida é sempre um seis a cinco." Só

A CERCA DE ARAME

que, no *Stalag*, a chance de alguém conseguir fugir de lá era menor. Os prisioneiros sabiam disso e entenderam, ademais, que para terem alguma chance de atravessar as linhas defensivas alemãs teriam que estar usando roupas civis ou uniformes do inimigo; do contrário, a tentativa seria uma certeza quase absoluta de que acabariam fuzilados imediatamente se pegos por membros da Gestapo. Embora não existam registros confiáveis, durante a guerra inteira, talvez, menos de dois por cento de prisioneiros americanos tentaram fugir de campos de detenção alemães e um número ignorado deles conseguiu alcançar a liberdade. Fontes do serviço secreto britânico[1386] afirmam que 28.349 soldados de países da Comunidade das Nações e dos Aliados (gregos, poloneses, franceses, tchecos e soviéticos) e 7.498 americanos fugiram de campos de prisioneiros ou conseguiram evitar sua captura pelo inimigo na Segunda Guerra Mundial, estatísticas em que o número dos evasores foi muito maior do que o dos fugitivos.*

Depois da Grande Fuga, nenhum prisioneiro que partiu de um campo de prisioneiros da Luftwaffe, na busca da reconquista da própria liberdade, chegou a algum país dos Aliados ou a países neutros. Num esforço para manter esses prisioneiros disciplinados e em bom estado de espírito, oficiais das forças Aliadas ordenaram que fossem submetidos a disciplina militar nesses locais. "Se os tivéssemos deixado ao sabor das circunstâncias,[1387] eles teriam caído num estado ainda mais deplorável, de barbas crescidas, de um desleixo total", observou Ruivo Clark. "Eles teriam simplesmente sucumbido. Mas fazíamos inspeções nos alojamentos nas manhãs de sábado; e os fazíamos marchar. [...] Aproveitávamos toda oportunidade para impedir que se esquecessem de que eram militares e que seu país precisaria deles quando voltassem para as bases."

A vida dos prisioneiros de guerra nos campos era de uma solidariedade pétrea. Chegaram a formar "ligas", grupos formados por algo entre quatro

---

* Não existe consenso em torno da questão de quantos componentes desse ou daquele grupo, de evasores ou de fugitivos, conseguiram alcançar a liberdade. Tampouco existe uma análise confiável da proporção entre o número de fugitivos e o de prisioneiros. A agência americana de auxílio a operações de fuga e ajuda material a prisioneiros de guerra, a extinta MIS-X, na sigla em inglês, afirmou que mais de doze mil americanos conseguiram fugir de campos de detenção ou evadir-se dos sistemas de captura do inimigo. Já uma graduada autoridade do MI-9, a organização britânica encarregada de auxiliar operações de fuga, argumenta que, provavelmente, o número real de evasores e fugitivos oscile entre os números fornecidos por britânicos e americanos.

580 MESTRES DO AR

e doze *Kriegies* que procuravam ter uma boa convivência num dormitório exíguo, onde dividiam quase tudo. "Neste grupo, nós vivemos de fato, achamos nossos verdadeiros amigos",[1388] escreveu Eugene Halmos em seu diário de prisioneiro secreto, montado por ele com anotações em pedaços de papel. As ligas preparavam a maioria de suas refeições nos alojamentos mesmo, visto que a cozinha de campanha do campo fornecia apenas uma ração de alimentos cozidos por dia, geralmente uma sopa de cevada gosmenta, servida com diminutos insetos esbranquiçados boiando na superfície. Todavia, esses insetos eram muito valorizados, já que constituíam fontes de proteínas. Os alemães liberavam também o fornecimento de alimentos crus para que os *Kriegies* os preparassem em suas cozinhas improvisadas: batatas infestadas de vermes, um tipo de margarina que parecia óleo lubrificante e uma espécie de morcela, uma salsicha feita com cebolas e sangue animal coagulado. Todas as refeições eram ingeridas com "pão de capanga", massa de uma mistura dura e preta cujos ingredientes incluíam serragem. A comida fornecida pela Luftwaffe era tão ruim que alguns novos prisioneiros se recusavam a ingeri-la. Um caso interessante, por exemplo, foi o de um *Kriegie* recém-chegado — um capitão soberbo que usava o quepe de oficial inclinado de uma forma "elegante"[1389] — que foi encaminhado para a liga de Lou Loevsky. Em sua primeira noite no campo, depois que ficou algum tempo com os olhos grudados num pedaço de carne de aspecto repugnante, se queixou: "Que porra é essa?" Quando lhe disseram que era salsicha feita com sangue de animais abatidos, ele empurrou sua porção para o lado e declarou: "Prefiro comer bosta." No dia seguinte, ele voltou para a mesa com o estômago roncando de fome, apontou para a morcela e disse: "Por favor, me passe essa merda."

As rações fornecidas pelos alemães eram complementadas com alimentos mais nutritivos do que aquelas que chegavam em pacotes enviados pela Cruz Vermelha.[1390] Geralmente, cada *Kriegie* recebia pelo menos um pacote por semana. As forças armadas dos Aliados pagavam a embalagem e os produtos contidos nos pacotes, os quais eram enviados para a Alemanha pela Cruz Vermelha Suíça. Além de cigarros e barras de chocolate distribuídas pelo Exército, cada uma dessas maletas de papelão continha cerca de 4,5 quilos de alimentos em conserva: passas, atum, patê de fígado, carne bovina, açúcar, geleia, carne de porco apresuntada, ameixas secas, biscoitos de água e sal, pó de café e uma lata de leite condensado de meio litro. Esses mantimentos

A CERCA DE ARAME 581

da Cruz Vermelha evitaram que milhares de *Kriegies* sofressem distúrbios provocados por deficiência alimentar. As ligas dividiam igualmente entre seus membros os conteúdos desses pacotes, com exceção de cigarros, barras de chocolate e geleias. Ocorriam roubos, mas não eram comuns. "Você podia deixar um pedaço de pão em cima do travesseiro que ninguém tocava nele",[1391] disse Elmer Lain.

Uma das criações mais engenhosas dos prisioneiros era a Foodaco. Nesse "Posto de Trocas do Stalag", localizado na cozinha de campanha do campo, os detentos podiam trocar alimentos da Cruz Vermelha entre si num sistema de escambo complexamente regulamentado, em que cigarros eram o artigo de troca principal. Cada item tinha seu próprio preço ou ponto de intercâmbio, sistema em que um cigarro valia um ponto. Na Foodaco (acrônimo da expressão inglesa *food account*, ou *bolsa de alimentos*), era possível negociar também artigos de banho e peças de roupa. Sobre cada artigo negociado incidia uma taxa. O dinheiro era usado como propina para comprar, dos guardas que sofriam de uma carência desesperadora de cigarros, chances de fuga e apetrechos de sobrevivência: câmeras, roupas, peças de rádio e pequenas ferramentas.

As ligas tinham também seus horários reservados para o uso da cozinha do alojamento, onde preparavam refeições quentes com os mantimentos que recebiam dos alemães e da Cruz Vermelha. "O fogão vivia cercado de cozinheiros,[1392] espetando, furando, mexendo, provando" alimentos, e havia grande apetite pela troca de receitas. Soldados que nunca tinham sequer tocado numa frigideira se revelavam pessoas incrivelmente criativas. Como não tinham farinha, faziam biscoitos usando a massa de biscoitos de água e sal e sopas saborosas com carne de porco enlatada e cebolas alemãs. E *Kriegies* sedentos de álcool descobriram formas de produzir cerveja caseira usando as passas, ameixas e o açúcar que vinham nos pacotes de suprimentos. Três doses dessa bebida davam aos que a ingeriam uma sensação agradável, mas quatro provocavam uma verdadeira erupção vulcânica no estômago do sujeito.

Como raramente os alemães forneciam verduras e legumes frescos, os prisioneiros criaram as "hortas da vitória"[1393] no terreno atrás dos alojamentos, onde cultivavam rabanetes, cenouras, couves, alface e cebolas. Mas mesmo essa engenhosidade dos *Kriegies* servia apenas para produzir uma alimentação diária que mal dava para mantê-los em bom estado de saúde.

"Tínhamos como saber se o sujeito era veterano[1394] no campo quando víamos que não se dava ao trabalho de tirar as larvas da cevada quando a ingeria", disse Roger Burwell, que ficou alojado no complexo prisional de Loevsky.

Historiadores têm dado grande apreço à observância, por parte dos alemães de uma forma geral, dos termos do acordo de Genebra e ao baixo índice de mortalidade nos *Stalags* — cerca de cinco mortes em cada mil prisioneiros —, mas os germanos não forneceram nem alimentos nem roupas à altura dos padrões do acordo. Tanto que um homem de estatura mediana precisava ingerir, naquela situação, três mil calorias[1395] por dia para que tivesse uma vida razoavelmente ativa, mas os alemães forneciam algo entre 1.500 e 1.900 calorias com suas rações de suprimentos diárias. E aeronautas retidos em campos de prisioneiros de guerra para oficiais recebiam uma alimentação muito melhor do que sargentos aprisionados em *Stalags* separados ou do que soldados de infantaria mantidos em campos de prisioneiros em outras partes do Reich.

A qualidade dos serviços médicos em todos os *Stalags* era simplesmente escandalosa; os equipamentos eram medievais, e o número de pessoas qualificadas e especializadas, insuficiente. Aeronautas capturados vítimas de ferimentos graves eram enviados, antes de tudo, para um hospital alemão, onde recebiam bom tratamento. Mas a poucos pacientes era dado acompanhamento médico pós-terapêutico, algo essencial depois que eram enviados para os campos de prisioneiros. "Tínhamos colegas no campo com braços e pernas amputados...",[1396] observou o sargento Richard H. Hoffman, prisioneiro do Stalag XVIIB, em Krems, Áustria. "Os socorristas americanos [...] criaram uma sala de terapia para tentar cuidar deles [...]. Os mutilados exercitavam os cotos de seus membros amputados com pesos e aparelhos de fisioterapia improvisados com um sistema de polias, na tentativa de fortalecer o que lhes restara dos membros. [...] Os alemães não forneciam próteses."

No Stalag Luft IV, na Pomerânia, onde o Grande Couraçado patrulhava os complexos prisionais, o capitão Leslie Caplan,[1397] médico de voo, tinha que lidar com um fardo de doenças provocadas por superlotação, imundície generalizada (o campo não tinha chuveiros comunitários), bichos-de-pé e rações de uma insuficiência e precariedade críticas. Esse era o pior dos campos de prisioneiros da Luftwaffe, presidido pelo tenente-coronel Aribert Bombach, um nazista de uma rispidez ferina que tinha perdido a família numa investida de bombardeio dos Aliados. Ali, no verão de 1945,

A CERCA DE ARAME

um grupo de quase dois mil aeronautas anglo-americanos foi vítima de um dos maiores atos de crueldade diabólica cometidos pelos alemães em seus campos de prisioneiros.

Esses sargentos metralhadores estavam sendo transferidos do Stalag Luft VI, em Hydekrug, uma desolada cidade da Prússia Oriental, situada na fronteira com a Lituânia e bem na rota de avanço de uma feroz ofensiva de verão dos soviéticos. Na escaldante tarde de 14 de julho, os sargentos de Hydekrug foram levados, em vagões de transporte de gato ferroviários fechados, para o porto de Memel, no Mar Báltico, onde os fizeram entrar nos fedorentos porões de dois enferrujados navios de transporte de carvão. Lá foram "espremidos",[1398] de acordo com um prisioneiro de guerra, "em condições piores do que as de escravos nos velhos navios negreiros". O fedor era tão insuportável que certo prisioneiro, quando entrou pela primeira vez num desses porões, desceu somente até a metade da escada que se estendia por suas entranhas, onde se manteve agarrado durante a viagem inteira. Ele era o sargento John W. Carson, irmão gêmeo desaparecido do metralhador de cauda de um dos aviões da Oitava Frota Aérea Eugene "Wing Ding" Carson. Radioperador-metralhador da 15ª Frota Aérea, seu avião fora derrubado em Atenas, na Grécia, em fins de dezembro de 1943, e a Força Aérea não tinha conseguido localizá-lo.

Após dois dias no mar, o navio que transportava o grupo de John Carson ancorou em Swinemunde, no noroeste da Polônia, na embocadura do Rio Óder. Dali, os aeronautas foram transferidos para vagões de transporte de carga ferroviários fechados e algemados aos pares. Na manhã seguinte, chegaram a um distante entroncamento ferroviário chamado Kiefheide. Quando os guardas abriram as portas dos vagões, os prisioneiros, nauseabundos, caíram de quatro e tombaram no chão "lentamente, gritando e chorando",[1399] segundo as palavras do piloto de B-17 Tommy LaMore, prisioneiro do Luft IV que tinha sido escalado para ajudar a transferir os novos prisioneiros de guerra para o campo.

Os prisioneiros de Hydekrug traziam o corpo coberto de arranhões e feridas, vômito e excrementos, praguejando contra os alemães.

"Vão em frente e nos matem de uma vez, seus Chucrutes nojentos!"

"Os soldados", escreveu LaMore, "estavam loucos de raiva, dispostos a atacar os guardas".

MESTRES DO AR

Todavia, o capitão Walther Pickhardt, um guarda de campo de prisioneiros famoso por sua brutalidade, estava lá justamente para impedir que isso acontecesse. Brandindo uma pistola enquanto aprumava sua "imponente" estatura de quase 1,70 de altura, ficou incitando um grupo de guardas de prisão e jovens cadetes da escola naval que por acaso de encontravam no local. A essa altura, os aspirantes da Kriegsmarine estavam em pé à volta dele, envergando suas fardas brancas recém-passadas e com suas reluzentes baionetas desembainhadas. "Foram estes os homens que bombardearam nossas mulheres e crianças! Chegou a hora da vingança!",[1400] gritou Pickhardt. Quando os martirizados aeronautas foram desembarcados dos vagões, Pickhardt ordenou que seus guardas os levassem marchando por uma estrada estreita que atravessava uma densa floresta de pinheiros. "Assim que iniciamos a marcha pela estrada,[1401] recebemos ordens para que acelerássemos o passo. Foi quando os aspirantes da Kriegsmarine começaram a golpear alguns dos prisioneiros com as coronhas de seus fuzis e nos atacar com baionetas", relatou William D. Henderson, metralhador de cauda da Oitava Frota Aérea oriundo do Mississipi. "Eles continuaram a ordenar aos gritos que corrêssemos mais depressa. Em seguida, lançaram cães contra a coluna."

Além do mais, os alemães haviam instalado ninhos de metralhadora no local, escondidos em ambos os lados da estrada através da floresta. Pickhardt queria induzir seus prisioneiros a tentarem fugir fazendo com que se embrenhassem pela mata convidativa, mas nenhum deles mordeu a isca.

Como não havia algemas suficientes para todos os prisioneiros, os não algemados conseguiram correr a toda velocidade. Muitos dos aeronautas que estavam algemados aos pares caíram. Quando isso acontecia, os aspirantes e os cães se lançavam sobre eles, com os cadetes gritando os nomes das cidades alemãs arrasadas pelas bombas enquanto os espicaçavam e perfuravam com suas baionetas: *Eine fur Hamburg, Eine fur Köln!** E o pior é que alguns prisioneiros ainda sofriam com os ferimentos de guerra, enquanto outros estavam arrebentados e também pálidos como defuntos por causa do enjoo provocado pela terrível experiência da viagem pelo Báltico. O sargento Edwin W. Hayes foi algemado a seu melhor amigo,[1402] Robert

---

* "Esta é por Hamburgo, esta é por Colônia!" [N. do T.]

A CERCA DE ARAME

Richards, que tinha uma ferida aberta na perna e havia perdido um olho quando seu avião foi derrubado. Quando Richards caiu, Hayes o levantou e o carregou pelo restante do caminho. Outros colegas fizeram o mesmo por companheiros mais debilitados e algemados a eles. "Foi uma ocasião de heroísmos anônimos",[1403] disse o poeta prisioneiro Robert Doherty. "De irmão carregando irmão."

Assim que os prisioneiros saíram da floresta, após uma corrida de mais de 3 quilômetros, foram dar numa clareira, com o campo de detenção, feito de pranchas de pinho, logo adiante. Exaustos, quando desabaram no chão, Pickhardt interrompeu o ataque dos cães. Nenhum dos cerca de 150 homens que foram mordidos pelos animais e feridos pelas baionetas na Corrida de Hydekrug morreu, mas alguns ficaram inválidos para sempre.[1404]

"Assim como todos os demais",[1405] disse John Carson, "conformei-me com a rotina de obediência e o lento processo de morte por inanição". Teria sido muito mais fácil morrer do que tentar sobreviver. Todavia, depois que soube, por intermédio de alguns prisioneiros de guerra do 92º Grupo de Bombardeiros, que seu irmão gêmeo tinha voltado para a Inglaterra com o objetivo de cumprir outro ciclo de serviço, ele teve certeza de que Wing Ding retornara à Europa para tentar achá-lo. "Fiquei decidido a sobreviver."

Tripulantes de bombardeiros eram treinados para cooperar uns com os outros e esse treinamento lhes foi muito útil nos campos de prisioneiros, tal como tinha sido na Corrida de Hydekrug. O desgaste e a tensão provocados pela necessidade de conviver em espaços exíguos com outros doze ou dezesseis colegas durante meses, às vezes até durante anos, resultavam em atritos, explosões de raiva e brigas. Mas os alojamentos dos campos de prisioneiros da Luftwaffe, assim como os compartimentos dos bombardeiros, eram ambientes incrivelmente harmoniosos. Homens com passados e experiências muito diversos entre si esqueciam suas diferenças e seus preconceitos, "rendendo-se ao imperativo de desenvolver uma capacidade de compreensão maior",[1406] nas palavras de um aeronauta.

Alguns prisioneiros achavam mais difícil conviver consigo mesmo do que com os colegas, pois o tempo era inimigo de todos os *Kriegies*. "Todos os dias, acordávamos para morrer um pouco mais, num processo lento e angustiante",[1407] escreveu um prisioneiro de guerra. Num diário em que fez anotações durante os dois anos inteiros de seu confinamento em Barth, o piloto de Fortaleza, Francis "Budd" Gerald, atribuiu características humanas à "cerca de arame" que o mantinha prisioneiro naquele lugar, classificando-a como: "Um tirano mudo e severo.[1408] Ele tem farpas — existem precisamente 8.369 farpas nos austeros arredores de nossos alojamentos. Eu mesmo as contei. Nós as contamos sempre. Havia 8.370 farpas, mas, pouco tempo atrás, uma delas enferrujou e caiu. Foi um acontecimento e tanto.

"Você até consegue enganar 'a cerca de arame' — mas não por muito tempo. [...] A gente consegue ignorá-la procurando distrair-se com a criação de uma moldura de fotografia, aproveitando latas vazias ou se ocupando com a lavagem semanal de suas coisas ou mesmo tentando compor um poema. [...] Porém, quando levanta a cabeça de novo, lá está ela [...] bloqueando todos os sonhos, todos os planos, todos os altivos voos de entusiasmos inúteis..."

De fato, em seu intrínseco papel de advertência da situação de impotência dos prisioneiros, "a cerca de arame" chegou a deixar alguns aeronautas à beira da loucura — "síndrome do arame farpado", tal como os *Kriegies* chamavam o fenômeno. O sintoma mais flagrante era o de uma "melancolia desoladora",[1409] uma sensação de aprisionamento irremediável. Em sua forma mais perniciosa, apresentava-se como uma espécie de "psicose de cativeiro", algo que fazia a vítima quedar-se incapaz de concentrar-se ou até mesmo de lembrar-se do próprio nome. Prisioneiros afetados por esse mal se tornavam apáticos e desatentos e passavam dias inteiros em seus beliches olhando fixamente para as paredes com o olhar perdido. Já outros caíam de um estado de atonia numa depressão paralisante, condição em que ficavam incapazes de conversar ou até de se comunicarem com gestos das mãos. A incerteza inerente ao próprio confinamento agravava o quadro de morbidez do prisioneiro, pois, ao contrário de muitos criminosos detidos em prisões comuns, os *Kriegies* nunca sabiam quando seriam soltos ou libertados, se é que seriam algum dia. Isso fazia com que alguns prisioneiros gravemente adoentados preferissem a morte a permanecer confinados por tempo indeterminado.

Certa feita, numa das raras noites de verão em que as janelas dos alojamentos dos prisioneiros foram deixadas abertas, John Vietor e um amigo viram um bombardeador sair rastejando do alojamento e, de repente, disparar numa corrida suicida em direção à cerca de arame farpado. "Alguns segundos depois,[1410] ouvimos um tiro e as rosnadas distantes de um cão. [...] Dali a um minuto, o feixe de luz ofuscante de um holofote começou a varrer a área. [...] A uns 3 metros de distância, vimos, estendido no chão, o corpo de um prisioneiro ferido. Parados diante dele, estavam o rosnante pastor-alemão e um guarda atarracado segurando uma pistola."

À noite, no fétido conjunto de dormitórios, era impossível distinguir os lamentos angustiados dos prisioneiros afetados pela síndrome do arame farpado dos gritos de aflição dos colegas sofrendo com pesadelos: visões de aviões explodindo, paraquedas em chamas e corpos queimados. "Certa noite, ouvi um homem gritar:[1411] 'Do artilheiro da metralhadora móvel lateral para o piloto! [...] Joe foi duramente atingido! Meu Deus, ele foi partido ao meio!", escreveu Richard Hoffman em suas comoventes memórias de cárcere. "Houve silêncio; depois, soluços abafados."

Durante a guerra, milhares de membros da infantaria americana simulavam insanidade mental para serem retirados da linha de combate, depois enviados para um hospital de campanha e, de lá, mandados para casa. Já no *Stalag* ninguém fingia que estava louco, pois as condições nos hospitais do campo eram tão aterradoras quanto nos alojamentos, e os alemães se recusavam a repatriar prisioneiros com problemas de distúrbios mentais. Diante de tão aflitiva situação, os prisioneiros procuravam contar com os amigos para ajudá-los a preservar a própria sanidade psíquica. "Acho que estou no limite",[1412] um colega de tripulação de Glen Jostag lhe confidenciou certa noite. "Fique de olho em mim. Se me vir agindo de forma estranha, tente me controlar e me trazer de volta à razão." Isso ajudava. Mesmo assim, alguns prisioneiros desesperados tentavam tirar a própria vida. O bombardeador de um B-24, tenente Philip B. Miller, por exemplo, nos fala do caso de um sujeito calado e retraído, alojado em seu dormitório em Barth, que cortou a garganta e os punhos com uma lâmina de barbear: "E perdeu sangue suficiente para pintar uma casa.[1413] Havia entre nós, porém, um excelente médico britânico, que o costurou e ele pôde voltar para o complexo."

Não existem registros confiáveis sobre suicídios nos *Stalags*,[1414] mas, segundo opinião geral, o número desses casos foi pequeno. Grande parte dos *Kriegies* aguentou o rojão e muitos conseguiram até beneficiar-se da experiência. "Os amigos mais maravilhosos que tive na vida vieram desses campos",[1415] disse o tenente-coronel Ruivo Clark posteriormente. "Nenhum de nós achou que foi uma experiência totalmente inútil. Muitos de nós aprendemos muito sobre nós mesmos. E com certeza aprendemos a nos relacionar com pessoas em situações difíceis, algo que é uma lição muito importante."

MESTRES DO AR

As privações sofridas pelos *Kriegies* levaram muitos a aprenderem a dar mais valor a certas coisas que antes eles valorizavam. John Vietor, por exemplo, citou, em suas memórias de cárcere, um antigo e valioso provérbio árabe:

Eu vivia me queixando de que não tinha sapatos[1416]
Até que conheci um homem que não tinha pés.

Em suas primeiras semanas em Sagan, em julho de 1944, Eugene Halmos caiu numa depressão arrasadora. "Sempre a cerca de arame farpado à sua volta.[1417] [...] Sempre as torres de vigilância. [...] Sempre nenhum lugar para ir." Mas logo aprendeu que "a solução era manter-se ocupado". Assim, como havia algumas delgadas lâminas de metal no campo, ele passou a praticar esgrima e a esforçar-se para participar de atividades organizadas. No início de agosto, fez as primeiras anotações em seu diário: "É incrível como, num lugar como este, você amplia seus horizontes." Juntamente com David Westheimer, ele descobriu que os livros eram "a melhor fuga".[1418] Até porque generosas doações da Cruz Vermelha Americana, da Associação Cristã de Moços (ACM) e de familiares dos prisioneiros permitiram que os campos de prisioneiros da Luftwaffe criassem bibliotecas com acervos consideráveis. A biblioteca do Complexo Austral do Stalag Luft III, por exemplo, ocupava dois recintos contíguos do alojamento, um deles mobiliado com cadeiras e sofás que os prisioneiros criaram com caixotes. Desse modo, logo depois da chamada, entravam todos "numa disputada corrida em busca pelos assentos mais confortáveis e dos melhores livros".[1419] Quase todos os dias, um grupo de frequentadores assíduos era visto na seção de obras de referência, grupo do qual alguns, aliás, estavam se preparando para voltar à faculdade após a guerra. Nicholas Katzenbach, o oficial-navegador de um avião de bombardeio médio que partia em missões de uma base na Itália e que, anos depois, se tornaria procurador-geral dos Estados Unidos, lia com tanta objetividade e empenho que, quando voltou da guerra, conseguiu ficar isento de ter que frequentar os últimos anos de graduação do curso universitário em Princeton. Ele persuadiu os dirigentes da universidade a submetê-lo, durante seis semanas, a uma bateria de testes do total de matérias ministradas num período de dois anos letivos para que pudesse colar grau com sua turma. "A façanha realizada por meu pai[1420] [...] assumiu uma espécie de valor mítico em nosso lar", escreveu seu filho John, autor do romance sobre prisioneiros

A CERCA DE ARAME 589

de guerra *Hart's War*. "Foi uma lição simples que ele nos deixou: a de que era possível criar uma oportunidade em qualquer situação por mais difícil que fosse."

David Westheimer, amigo de Katzenbach, começou a ler quase exclusivamente para se distrair, mas, em pouco tempo, acabou vendo-se transportado para mundos de surpresas inimagináveis. "Na prisão,[1421] quase sempre os livros transmitiam ao leitor imagens de uma eloquência inimaginável por seus autores, de uma riqueza além de toda experiência vivida por um leitor ocasional acomodado numa cadeira confortável numa sala aprazível. [...] 'Na corrida pela vereda, os ramos da vegetação roçavam pelas pernas de Millicent.' Pernas. Eu imaginava essas pernas com certeza. Mas pernas nuas. E tudo acima delas nuzinho da silva também."

Nas bibliotecas dos *Kriegies*, os itens mais procurados eram revistas de cinema suíças que ostentavam lindíssimas deusas de Hollywood. Betty Grable, de carnudos lábios escarlate, fazia um sucesso tremendo, mas, numa pesquisa de opinião feita no Stalag Luft III, a sedutora Ingrid Bergman a venceu facilmente na escolha da "Garota que os *Kriegies* do Campo Ocidental Mais Gostariam que Abrisse Suas Latas de Leite".[1422]

Os *Kriegies* criaram também suas próprias "faculdades". A de Sagan oferecia quase quarenta cursos, todos eles ministrados por prisioneiros. Havia cursos de química, matemática, física, filosofia, latim, literatura, história, mecânica de automóvel, marketing, contabilidade, tipografia e fisiculturismo. Livros acadêmicos eram raros, mas a ACM fornecia quadros negros e muitos cadernos. Um dos prisioneiros chegou a dizer numa carta enviada à família que estava estudando literatura francesa e inglesa na "UniSagan"[1423] e que estava lendo *Guerra e paz* com imenso prazer. Próximo ao fim da guerra, algumas faculdades e universidades americanas passaram a oferecer crédito acadêmico a frequentadores de cursos sérios ministrados por prisioneiros instrutores qualificados.

Todos os campos de prisioneiros da Luftwaffe contavam com grupos de teatro fecundos em produções teatrais. Alguns prisioneiros tinham experiência na área da dramaturgia, mas o entusiasmo abundava mais do que o talento. Com materiais fornecidos pela ACM, os *Kriegies* criavam figurinos, cenários e, com caixotes de alimentos da Cruz Vermelha, assentos de teatro incrivelmente confortáveis. Confeccionavam também candelabros com latas de alimento vazias e, usando instrumentos musicais providos pela ACM, formavam suas próprias orquestras sinfônicas, dando a elas nomes como Luftbandsters e Seresteiros de Sagan. Músicos com formação profissional compunham suas próprias peças musicais de memória, utilizando pedaços de papel higiênico para anotá-las depois, e ensinavam os leigos a lerem pautas musicais. Embora a ACM fornecesse livros com roteiros de peças teatrais, os prisioneiros escreveram e produziram dezenas de peças de sua própria autoria.

O teatro era um espaço usado para as mais diversas finalidades. "Depois que recebemos[1424] nosso sistema de alto-falantes e centenas de gravações sinfônicas da ACM, passamos a abrir as portas do teatro no início da tarde", relatou o coronel Spivey, "e nosso líder de orquestra tocava Mozart, Beethoven ou peças de outro compositor famoso, explicando a música enquanto era executada. Quase sempre, nessas ocasiões, o teatro ficava lotado". Os prisioneiros nunca se cansavam de ouvir música boa. O Complexo Prisional Austral de Sagan recebeu um fonógrafo portátil da Cruz Vermelha, e o aparelho era passado de um dormitório para outro juntamente com pilhas de vinis bolorentos. "Quando era nossa vez de usá-lo,[1425] o fonógrafo ficava ligado o tempo todo", disse Westheimer. "As melhores ocasiões eram quando virávamos a noite. O aparelho ficava tocando até depois do apagar das luzes. Um dos colegas se oferecia para permanecer acordado a fim de dar corda e mudar os discos, enquanto os outros colegas continuavam deitados ouvindo, felizes e nostálgicos, os mesmos discos muitas e muitas vezes. *Rosalita*, *You Are Always in My Heart*, *That Old Black Magic* e por volta de mais de uma dezena de outras que tais."

Os sonhos dos *Kriegies* viviam povoados de mulheres, e as cartas que enviavam às suas esposas e namoradas eram permeadas de expressões eróticas. Um dos prisioneiros pediu à esposa[1426] que mandasse pintar o teto do quarto com sua cor favorita, pois, quando ele voltasse, ela ficaria contemplando o forro até se cansar. De vez em quando, algumas mulheres de povoados próximos caminhavam provocadoramente em volta do campo, rebolando e deixando os prisioneiros enlouquecidos. Ver mulheres em que não podiam tocar deixava alguns deles desesperados. Certa vez, numa manhã de domingo ensolarado, dois aeronautas britânicos estavam caminhando pela periferia interna do campo de Sagan rememorando o que estariam fazendo se estivessem em casa num dia como aquele. De repente, duas mulheres atraentes surgiram de um caminho no bosque e começaram a caminhar ao longo da cerca do campo. Quando passaram por eles, uma delas disse com voz melíflua: "Bom-dia, cavalheiros. Que dia lindo!"[1427]

"Aquelas poucas palavras... nos atingiram como um raio bem entre os olhos", comentou John Cordwell. "E não precisamos dizer nada um ao outro. Voltamos atônitos para o alojamento, nos dirigimos para nossas camas e caímos em profunda depressão. Ficamos lá durante semanas, até que esquecêssemos o episódio e ela passasse."

Havia também a exibição de corais e bandas de jazz nos teatros dos campos e, aos domingos, missas oficiadas por corajosos capelães que tinham se oferecido para saltar de paraquedas sobre o território alemão, de modo que pudessem acabar fazendo companhia aos prisioneiros. Embora a religião fosse uma fonte de consolo, cartas enviadas por entes queridos eram mais importantes. Os prisioneiros tinham permissão de enviar três cartas e quatro cartões-postais por mês. Depois que passava pela censura, a mensagem oficial levava três ou quatro meses para chegar ao destinatário — o atraso era causado pelo fato de que tinha que passar tanto pelos censores do campo quanto pelos censores do governo alemão. (A tarefa dos censores das correspondências dos *Kriegies* era fazer todo o possível para evitar que, mesmo sem querer, algum prisioneiro acabasse revelando planos de fuga ou a realização de operações clandestinas nos complexos prisionais.) As autoridades dos campos não impunham limites à quantidade de correspondência recebida pelos prisioneiros, mas o sistema de correios germânico era muito inconstante, fato que levava alguns prisioneiros a acharem que o inimigo estava tentando torturá-lo, negando-lhe a entrega de cartas enviadas por seus familiares. As cartas que recebiam tinham algumas passagens bem interessantes, que os prisioneiros compartilhavam às vezes com os colegas. Um capitão, por exemplo, recebeu um suéter de uma mulher via Cruz Vermelha. Quando ele lhe enviou uma carta de agradecimento, a mulher respondeu: "É lamentável que um prisioneiro tenha recebido o suéter feito por mim. Eu o fiz para um combatente." Já outro aeronauta recebeu da esposa uma notícia inesperada: "Caro Harry, espero que você seja uma pessoa de mente aberta. Acabei de ter um filho com outro homem. [...] Ele é um cara tão legal... está enviando alguns cigarros para você."

MESTRES DO AR

Numa parede ao lado de seu beliche, um *Kriegie* de espírito empreendedor criou uma galeria de "solteiras impacientes",[1428] com fileiras e mais fileiras de fotografias de mulheres, incluindo uma vestida de noiva, as quais tinham enviado cartas de "Caro João Sem Maria" a esposos e namorados de Sagan. As fotografias eram doadas por *Kriegies* cujas amantes haviam rompido o relacionamento com eles. "O pessoal dava boas risadas no campo",[1429] observou Lou Loevsky. Até os cornos riam de si mesmos. A vida ali era tão austera e desoladora que você precisava de coisas engraçadas para continuar mentalmente saudável."

E nada servia mais para elevar ou baixar o moral do prisioneiro do que o toque de distribuição de correspondência, talvez com a exceção de notícias sobre a guerra. Os *Kriegies* recebiam informações sobre o conflito de três fontes: novos prisioneiros, transmissões de rádios dos Aliados e dos alemães, e boletins de notícia divulgados clandestinamente nos campos. Ao contrário dos jornais de fofoca dos *Kriegies*, esses boletins continham informações de última hora das frentes de batalha da guerra mundial. "O único jornal confiável da Alemanha" — tal como classificou o editor Lower Bennet, um ex-correspondente internacional —, o *Pow Wow* (Prisioneiros de Guerra Aguardando a Vitória),[1430] o clandestino jornal diário que ele ajudou a criar no Stalag Luft I. As notícias da guerra divulgadas pelo jornal eram obtidas por um rádio mantido em um lugar secreto, fixado na parede de um alojamento dos complexos prisionais dos britânicos. Os pregos usados para fixar o aparelho receptor na parede funcionavam como "conectores", aos quais uma antena e fios de fones de ouvido eram ligados. As peças para a montagem do rádio tinham sido introduzidas clandestinamente no campo por guardas alemães em troca de cigarros americanos. Um datilógrafo transcrevia as notícias para pedaços de rolos de papel higiênico, entregues no complexo prisional de Bennett por um oficial de ligação britânico que tinha prévia permissão dos alemães para entregar importantes mensagens entre os líderes Aliados dos vários complexos prisionais. O oficial britânico levava as notícias num relógio de pulso oco, desprovido de seus mecanismos. Para evitar ser pego caso fosse parado e revistado pelos guardas, ele "ajustava" os ponteiros para que indicassem a hora em que faria a entrega. Os pedaços de papel higiênico com as notícias eram passados então para Bennett e sua equipe, que iniciava a preparação de um jornal datilografado, de folha única. Cada edição tinha apenas quatro exemplares, reproduzidos

A CERCA DE ARAME 593

com papel-carbono feito com folhas de papel em branco mantidas suspensas, durante algum tempo, pouco acima das chamas de lampiões artesanais improvisados com latas vazias. Era um exemplar para cada um dos complexos prisionais dos americanos; os engenhosos britânicos tinham seu próprio boletim de notícias. Mensageiros entregavam[1431] os boletins aos oficiais de segurança dos alojamentos, que os liam em voz alta para os colegas, geralmente no banheiro, com sentinelas postadas em ambas as extremidades dos alojamentos e na frente da janela do banheiro. Após a leitura, os prisioneiros destruíam o jornal no fogão do local.

Os alemães[1432] acabaram sabendo da existência do *Pow Wow* e do rádio secreto. Afinal, o alojamento onde produziam o jornal era alvo de mais revistas do que qualquer outro em Barth, mas o boletim informativo de duas mil palavras nunca deixou de ser publicado a tempo. Tampouco os germânicos conseguiram descobrir o local do esconderijo do rádio, mas apenas que existia mesmo.

Todos os campos de prisioneiros da Luftwaffe tinham seu próprio jornal e, quando chegavam notícias sobre a guerra, o avanço dos exércitos Aliados era assinalado com precisão em grandes mapas artesanais fixados nas paredes dos blocos prisionais. No outono de 1944, as notícias foram animadoras, pois tanto os Aliados do Ocidente quanto o Exército Vermelho estavam nas fronteiras da Alemanha, e os céus se enchiam todos os dias com os luzentes bombardeiros vindos da Inglaterra. Toda vez que uma dessas frotas sobrevoava o local, os *Kriegies* se reuniam do lado de fora dos alojamentos e bradavam salvas de incentivo e aprovação.

Contudo, quando o inverno se aproximou e os Aliados do Ocidente empacaram na Linha Siegfried, o bom estado de espírito nos *Stalags* definhou. Naquele mês de dezembro, chegou também aos campos a notícia da furiosa contraofensiva dos alemães nas Ardenas. "Nossos guardas,[1433] a maioria deles soldados da Wehrmacht velhos e gordos, ficaram eufóricos", observou Gale Cleven. Uma onda de desespero varreu as fileiras de prisioneiros, e estes, principalmente os mais antigos, começaram a "murmurar"[1434] sobre a possibilidade de "prisão perpétua". Aliás, a temperatura despencou para níveis congelantes, obrigando os prisioneiros a ficarem o dia inteiro na cama para se manterem aquecidos. Além disso, quando os aviões dos Aliados começaram a atacar de forma mais implacável e sistemática estradas e ferrovias alemãs, tanto a comida quanto as correspondências baixaram para um nível de escassez desolador. Somente um pequeno e atrasado lote de caixas de mantimentos da Cruz Vermelha enviado de Genebra impediu que os aeronautas morressem de fome, com suas refeições diárias se constituindo de uma sopa rala, legumes e verduras infestados de larvas e "pão de capanga". Com isso, até o sempre animado Eugene Halmos começou a desesperar-se. "O dia de nossa libertação deste lugar está ficando cada vez mais distante",[1435] comentou ele em seu diário. O único consolo que Lou Loevsky teve naquele inverno sombrio e deprimente foi a notícia vinda de Londres que informava que seu armário tinha sido "higienizado". Ele soube que um amigo se apossara dos preservativos antes do envio de seus pertences que foram enviados para casa.

As notícias da guerra enfraqueceram, mas não mataram o espírito do Natal. No Stalag Luft I, os aeronautas enfeitaram seus dormitórios com pedaços de papel tingidos por eles com aquarelas doadas pela Cruz Vermelha. E também montaram uma árvore de Natal no campo com um cabo de vassoura e tiras de metal feitas de latas de leite, a qual a enfeitaram com papel higiênico recortado e tingido com tons de folhagem. "Nós a enchemos de tiras de papel-celofane de maços de cigarro,[1436] como se fossem cintilantes enfeites natalinos. Recortamos metodicamente embalagens de sabonetes, rótulos de latas e capas de cadernos de cores variegadas para criar outros enfeites e, com papel picotado com lâminas de barbear, produzimos uma imitação de neve." Um capelão bretão de compleição robusta, capturado em Dunkirk em 1940, celebrou a missa da meia-noite no refeitório, onde um coro de quase dois mil prisioneiros, a maior parte deles em pé do lado de fora, foi acompanhado por um pequeno órgão da ACM.

Fez frio na manhã do Natal, mas foi um dia de céus esplendorosamente límpidos, e os aeronautas do Stalag Luft III receberam caixas especiais da Cruz Vermelha, cheias de carne de peru enlatada, biscoitos e pudim de ameixa. Até os alemães participaram da festa, distribuindo chapéus natalinos baratos e matracas festivas. Os prisioneiros se esforçaram para entrar no clima de festa; contudo, para a maioria deles foi "uma ocasião sem sentido".[1437] No caso de Eugene Halmos, por exemplo, seus pensamentos, assim como os de outros colegas, estavam todos voltados para as coisas do lar, em sua terra natal. Afinal, esperando por ele e pela lua de mel que o casal não teve, estava uma jovem chamada Ann.

As famílias dos guardas alemães estiveram de visita em Sagan nesse dia, as quais os *Kriegies* viram passar pelos portões. Para prisioneiros que

A CERCA DE ARAME 595

tinham filhos pequenos, isso foi uma tortura imensa. Quando um lote de inesperada correspondência chegou a Barth naquele dia de Natal, John Vietor[1438] rasgou com ansiedade os envelopes de duas cartas enviadas por seu pai, cheias de notícias felizes de casa. Logo depois, abriu uma terceira correspondência. Era de um amigo de infância, enviando os pêsames pela morte do pai de Vietor.

No dia de Ano-Novo, com os americanos ainda combatendo na paisagem congelante das Ardenas, a BBC anunciou que o Exército Vermelho, acampado nas margens do Vístula, estava se preparando para partir. Quase quatro milhões de soldados e dez mil blindados formavam uma frente que se estendia do Báltico aos Bálcãs. Parte dessa força de invasão esmagadora estava pronta para avançar pelo oeste da Polônia até o Óder, na fronteira entre a Polônia e a Alemanha, e depois "avançar para o covil do fascista!"[1439] Isso os punha em rota de colisão com Sagan, estrategicamente situada entre o Vístula e o Óder.

O avanço dos soviéticos provocou sentimentos antagônicos nos *Kriegies*: esperança de que a libertação estivesse perto misturado com o receio de que os alemães se livrassem deles antes que seus vingadores chegassem.

Notícias da ofensiva soviética tiveram um impacto ambivalente também no quartel-general da Oitava Frota Aérea em Londres. Porquanto os Aliados tinham agora diante de si uma oportunidade para lançar mão de bombardeios decisivos, apressando assim o avanço soviético e fazendo com que a guerra chegasse ao fim rapidamente. No entanto, o general Frederick Anderson e outros defensores de uma vitória arduamente conquistada asseveraram que os bombardeios teriam que ser verdadeiros cataclismos, pois o inimigo havia demonstrado que ainda tinha muita força armazenada em seu arsenal. Argumentaram que as indústrias de guerra do inimigo precisariam ser esmagadas, mas desde que arrasassem também o moral da população civil. A essa altura da situação, a Oitava Frota Aérea tinha alcançado o limite de um dilema moral — e estava prestes a transpô-lo.

CAPÍTULO QUINZE

Terror sem fim

"Ainda não matamos inimigos suficientes. Devemos tornar esta guerra tão mortal e horrível que levará um século para que novos demagogos e traidores ousem recorrer a atos de violência e guerra para alcançar seus objetivos."

GENERAL WILLIAM TECUMSEH SHERMAN,
20 DE AGOSTO DE 1863

Inglaterra, 30 de janeiro de 1945

Naquela noite, Jimmy Doolittle recebeu uma ordem urgente de Carl Spaatz. Seu superior determinou que, na missão seguinte, o alvo da Oitava Frota Aérea fosse o centro de Berlim. Assim como em seus ataques anteriores contra a capital alemã, a Oitava deveria lançar suas bombas contra edifícios do governo que fossem centros nervosos de guerra genocida, mas, dessa vez, os principais alvos não eram instalações militares. Eram estações ferroviárias transbordantes de refugiados, a maioria deles mulheres, crianças e idosos. Essas famílias estavam fugindo em pânico de seus lares nas regiões do extremo leste do Reich, terras encharcadas de sangue que estavam sendo invadidas pelo Exército Vermelho numa vingativa marcha de estupros, pilhagens e assassinatos em massa. Para o general Doolittle, porém, essas operações seriam verdadeiros bombardeios terroristas, e ele implorou que Spaatz reconsiderasse a ordem.

MESTRES DO AR

Que tipo de medidas é moralmente justificável para derrubar um regime repugnante que se recusa a render-se, mesmo diante de uma derrota líquida e certa? As ordens insanas de Hitler para que seus soldados lutassem até o último homem submeteriam a Alemanha a uma verdadeira chuva de devastações bélicas nos últimos meses da guerra. A decisão do governo japonês de continuar combatendo após a queda das Filipinas, no início de 1945, tornaria ainda mais terrível a guerra para as populações das comburentes cidades de papel e madeira desse país asiático. Na noite de 9 de março, o general Curtis LeMay despacharia sua frota de Superfortalezas B-29 baseada em Saipan numa missão de bombardeios incendiários de baixa altitude contra Tóquio — que matariam pelo menos cem mil pessoas e incendiariam quase 42 quilômetros quadrados da cidade, uma área equivalente a dois terços do território da Ilha de Manhattan. A grande investida de bombardeios à capital japonesa era apenas o primeiro de outros 64 bombardeios incendiários que incineraram centenas de milhares de civis japoneses. Só em Tóquio, Osaka e Nagoia, as áreas arrasadas (quase 259 quilômetros quadrados) seriam maiores do que as áreas destruídas em todas as cidades alemãs juntas durante a guerra inteira pelas forças aéreas anglo-americanas (cerca de 205 quilômetros quadrados).

Especialistas argumentaram[1440] que a investida de bombardeio a Tóquio, em março de 1945, foi um momento de mudanças históricas decisivas na política militar americana, com o abandono da antiga restrição à matança indiscriminada de não combatentes. Mas essa fronteira moral tinha sido atravessada na manhã do dia 3 de fevereiro de 1945, quando a Oitava Frota Aérea inteira apareceu com seus aviões nos céus congelantes de Berlim.

Operação Trovão

O bombardeio a Berlim nasceu de um plano a que Carl Spaatz se opusera outrora. Em julho de 1944, os chefes de estados-maiores britânicos ponderaram com o primeiro-ministro: "Que talvez não esteja muito longe[1441] o dia em que um ataque com força máxima contra o moral das populações civis alemãs, por todos os meios à nossa disposição, possa ser decisivo. [...] A forma de execução de um ataque como esse deveria ser estudada e seguida de todos os preparativos possíveis." Trovão, o codinome do plano, deveria ser

um assalto de bombardeios aéreos contra Berlim — um constante ataque-
-relâmpago com quatro dias de duração, destinado a aplicar um golpe de
misericórdia[1442] no moral dos alemães, capaz de matar e mutilar mais de 250
mil pessoas e solapar o centro administrativo do governo nazista. "Um
ataque como esse,[1443] resultando em um número de mortes tão gigantesco,
a grande maioria das quais será de técnicos e especialistas de importância
vital, não tem como deixar de exercer um efeito devastador no moral de
políticos e civis na Alemanha inteira", declarou o chefe do estado-maior da
aeronáutica britânica Charles Portal.

A Operação Trovão[1444] só deveria ser desencadeada quando a Alemanha
estivesse à beira da derrota, ocasião em que um golpe neutralizante no moral das populações civis teria uma chance razoável de forçar uma rendição
ordeira ou até provocar um levante popular contra o regime nazista. Mas
esse momento "psicológico"[1445] podia estar se aproximando rapidamente,
acreditavam os chefes de estados-maiores britânicos naquele mês de julho,
já que dois exércitos de combatentes resolutos convergiam para a Alemanha
do leste e do oeste. Estrategistas britânicos, porém, não conseguiram obter
a cooperação dos americanos. Spaatz, com o forte apoio do quartel-general
da Força Aérea em Washington, liderou a oposição ao plano, argumentando
contra a ideia de o poderio aéreo americano unir-se à RAF naquela que seria
uma operação de bombardeio aniquiladora — o ataque proposital a alvos
civis. Seus opositores ponderaram que uma coisa era matar não combatentes em ataques contra instalações militares dentro de centros urbanos,
uma "necessidade extremamente desagradável",[1446] por sinal, na opinião da
maioria dos comandantes da aeronáutica militar americana. E outra, bem
diferente, era lançar bombas sobre bairros residenciais. "É contrário aos
ideais do nosso país fazer guerra contra populações civis",[1447] declarou o
general de divisão Laurence Kuter, então o subcomandante de Hap Arnold
no setor de planejamento e operações de combate. O general de brigada
Charles P. Cabell, um estrategista em táticas de combate de suma importância, foi mais longe, chamando a Operação Trovão de plano de "matança
de criancinhas".[1448]

Isso não quer dizer que esses comandantes da força aérea fossem humanitaristas de coração mole, oficiais de linha moderada; na verdade, baseavam suas políticas de combate exclusivamente em critérios militares. "Não
foi por motivos religiosos ou morais que não concordei com a Operação

Trovão",[1449] Carl Spaatz diria algum tempo depois a historiadores da Força Aérea. Afinal de contas, ele estava empreendendo uma guerra total contra um inimigo de uma perversidade satânica, e bombardeios fundamentados em critérios morais não eram, em suas avaliações, uma política vencedora de guerras. "Toda a nossa política[1450] de escolha de alvos de bombardeio tem se fundamentado no pressuposto de que é antieconômico atacar quaisquer alvos que não sejam de natureza militar, nem relacionados com a capacidade de produção dos alemães", explicou Kuter, falando em nome de Spaatz, Doolittle e outros comandantes da aeronáutica militar que continuaram compromissados com a estratégia de bombardeios de alvos de importância econômica. Àquela altura, fazia quatro anos que o povo alemão vinha sendo golpeado duramente por ataques aéreos pelos britânicos, sem que houvesse nenhum sinal de um esgotamento geral de sua determinação de resistir ou da deflagração de uma oposição organizada contra o regime. Por isso, agora os britânicos estavam pedindo aos americanos que se unissem a eles em mais uma campanha, maior e mais devastadora, para arrasar o moral do povo alemão. Isso levou Spaatz a questionar os motivos para se realizar a Operação Trovão num momento tão tardio da guerra. "Não tenho dúvida[1451] de que a RAF deseja muito que as Frotas Aéreas Americanas acabem ficando denegridas com as nefastas consequências de bombardeios contra civis, as quais achamos que serão terríveis", escreveu Arnold.

Como Winston Churchill se opôs também à Operação Trovão, isso acabou com a polêmica. "Atualmente,[1452] nenhum dos comandantes alemães tem algum interesse que não seja o de continuar lutando até o último homem, na esperança de que ele mesmo seja o último homem", observou com perspicácia. O primeiro-ministro sugeriu que, em vez de aplicarem um golpe arrasador no centro da administração governamental em Berlim, fizessem uma lista dos criminosos de guerra que seriam executados se eles caíssem nas mãos dos Aliados. Churchill achava que isso poderia estabelecer certa distância entre os dirigentes nazistas e o povo alemão, que receava represálias generalizadas contra todos os alemães se eles perdessem a guerra.

No entanto, a ideia por trás da Operação Trovão nunca morreu. Tanto que, em fins de agosto, Eisenhower disse a Spaatz que "se preparasse para participar de qualquer coisa que representasse uma promessa real de se findar a guerra rapidamente".[1453] Ike acrescentou que ele deveria continuar a atacar alvos econômicos e estratégicos: "A menos que, em minha opinião,

TERROR SEM FIM

surja uma oportunidade em que um golpe súbito e devastador possa gerar um resultado incalculável." No outono e no começo do inverno daquele ano, com o Exército alemão demonstrando uma capacidade de resistência grande e inesperada na Frente Ocidental, executar a Operação Trovão seria prematuro. Contudo, em janeiro, quando o marechal Gueorgui Zhukov realizou um avanço-relâmpago em direção ao Rio Óder, ficando a 64 quilômetros de distância de Berlim, tinha chegado o momento, argumentaram alguns estrategistas de alto coturno, de se aplicar o "golpe súbito e devastador" de Eisenhower.

Todavia, o plano estabelecido não foi o da Operação Trovão original. Com o novo plano, Berlim continuaria a ser alvo do ataque, mas especialistas do serviço secreto britânico, a essa altura mais realistas, consideravam agora "muito questionável"[1454] que um ataque com a amplitude e a força da Operação Trovão pudesse gerar efeitos decisivos [...] a curto prazo". O objetivo continuaria a ser, portanto, o de enfraquecer progressivamente a Alemanha em vez de se tentar assentar nos germanos um único e derradeiro golpe de um poderio aéreo mortal. Os britânicos acreditavam que a forma mais eficiente de se conseguir isso seria apoiar intensamente a ofensiva terrestre dos soviéticos. Com os Aliados ocidentais ainda se recuperando do potente assalto dos alemães contra suas forças nas Ardenas, em dezembro de 1944, e ainda despreparados para retomar sua marcha em direção ao Reno, bombardeios contra posições alemãs ao longo da Frente Oriental ajudariam a única iniciativa que tinha uma chance razoável de derrotar o inimigo até o fim do inverno. Um relatório secreto do Comitê Misto do Serviço Secreto Britânico indicou que um bombardeio maciço contra Berlim, o principal ponto de ligação das vias de transporte da parte oriental da Alemanha e uma cidade inundada com a gigantesca onda de milhões de refugiados, "certamente criaria[1455] muita confusão, interferiria na ordenada mobilização de tropas para a frente de combate e atrapalharia o funcionamento da máquina militar e governamental dos germânicos". O que estava levando as autoridades militares a aumentar o sentido de urgência do bombardeio era a crença de que o Sexto Exército de Panzer SS acabara de partir da Bélgica e atravessaria Berlim em seu deslocamento para a esboroante Frente de Batalha Oriental. E assolar essas cidades com bombardeios implacáveis poderia ter também "o valor político de mostrar aos soviéticos [...] a vontade, por parte de britânicos e americanos, de auxiliá-los na batalha atual", melhorando

602   MESTRES DO AR

assim a capacidade de negociação de Churchill e Roosevelt com Stálin no vindouro encontro de cúpula do Três Grandes em Ialta, programado para a primeira semana de fevereiro.

Embora não fosse a Operação Trovão em si, era um plano de bombardeio de uma deliberação assombrosa. Afinal, estações ferroviárias transbordantes de desabrigados seriam bombardeadas, e não para solapar o moral das populações, mas para criar "confusão" urbana e no sistema de transportes. Quando apresentaram o plano ao Harris Balista, ele recomendou ataques adicionais às cidades saxônicas de Chemnitz, Leipzig e Dresden, todas elas importantes centros ferroviários perto da Frente Oriental e abarrotadas de refugiados.

A essa altura dos acontecimentos, Winston Churchill entrou na discussão, perguntando a seu ministro da Aeronáutica, Sir Archibald Sinclair, "se Berlim e,[1456] sem dúvida, outras grandes cidades do leste da Alemanha deveriam ser consideradas agora alvos especialmente atraentes. [...] Por favor, queira informar-me amanhã o que será feito." A impaciência do primeiro-ministro[1457] fora acirrada por um recente relatório do serviço secreto indicando que a resistência alemã poderia ruir em meados de abril se os soviéticos conseguissem romper as defesas germânicas e invadir a Alemanha. Do contrário, a guerra poderia arrastar-se até novembro.

Mas a intervenção de Churchill apressou a execução dos planos. Sinclair informou[1458] ao primeiro-ministro que os ataques começariam assim que as condições do tempo e de luminosidade lunar se mostrassem favoráveis. Nessa ocasião, os soviéticos foram avisados com antecedência e, mais tarde, na Conferência de Ialta, o próprio Stálin pediu que Dresden fosse bombardeada, juntamente com Leipzig e Berlim. (Os registros oficiais[1459] da conferência indicam que os únicos alvos que os representantes soviéticos especificaram foram Berlim e Leipzig. No entanto, recentemente, o intérprete oficial dos chefes de estados-maiores britânicos, participante de todas as sessões das reuniões de Ialta, fez a revelação de que Stálin solicitou pessoal e enfatizou que Dresden fosse adicionada à lista das cidades do leste da Alemanha que os anglo-americanos pretendiam bombardear.)

Quando Spaatz ficou inteirado do plano de bombardeio dos britânicos, ele revelou que seu estado-maior já estava planejando uma grande investida de bombardeio contra Berlim, embora não fosse um ataque que visasse atingir refugiados. Spaatz tinha a mesma confiança na ofensiva soviética.

TERROR SEM FIM

"O ímpeto com que os soviéticos avançam é o fator estratégico mais importante neste momento da guerra",[1460] observou ele em comunicado por escrito a Hap Arnold, "e acredito que deveria receber grande apoio" com operações de bombardeio a Berlim, o "núcleo da administração e do esquema de abastecimento do sistema defensivo contra o vértice da cunha de Zhukov". Até então, o revisado plano da Operação Trovão havia sido uma concepção de total autoria dos britânicos. Contudo, pouco depois, um novo plano de bombardeio conjunto foi divulgado por Spaatz[1461] e pelo vice-marechal do ar Norman Bottomley: a Oitava atacaria o centro de Berlim, enquanto a RAF, com a ajuda dos americanos, bombardearia os outros três entroncamentos ferroviários. Todavia, por insistência de Spaatz, as partes concordaram em aceitar uma condição: essas cidades só seriam atacadas quando as condições meteorológicas impossibilitassem ataques contra refinarias e fábricas de sintéticos.

Por que Carl Spaatz concordou com um plano que era uma flagrante violação de sua política de bombardeios de oposição a ataques contra alvos civis, defendida por ele desde longa data? Um dos principais fatores foi a forte pressão exercida por Hap Arnold para que findassem a guerra o mais rapidamente possível. Naquele mês de janeiro, Arnold ficou pegando no pé de Spaatz o tempo todo, com sua raiva e ansiedade resultando num quarto ataque cardíaco em meados de janeiro, um que quase matou Arnold na mesa do gabinete. Arnold extravasou sua frustração para com a incapacidade da força aérea americana de acabar logo com a Alemanha numa série de destemperados comunicados oficiais enviados a seu comandante na Europa. "Acho que, com nosso tremendo poder de ataque,[1462] deveríamos obter resultados muito mais decisivos e melhores do que os que estamos conseguindo agora", disse ele num dos comunicados a Spaatz. "Não estou querendo criticar nada, pois, sinceramente, não tenho a solução, e o que estou fazendo agora é deixar que meus pensamentos vertam sem freio de meu cérebro, na esperança de que, com isso, você consiga ter pelo menos um vislumbre, uma luz, um novo pensamento ou algo que nos ajude a fazer com que esta guerra acabe mais rapidamente." Foi também "deixando seus pensamentos verterem sem freio" que Arnold tentara,[1463] pouco tempo atrás, ressuscitar seu projeto favorito, o Afrodite. No outono do ano anterior, ele tinha aprovado o uso de bombardeiros militarmente inoperantes como robôs-bombas destripulados em operações de bombardeio contra alvos industriais alemães, alguns deles situados em importantes centros urbanos. Embora todos os onze aviões teleguiados lançados contra o inimigo houvessem fracassado em seu objetivo de pelo menos atingir de alguma sorte os alvos, Arnold continuou a pressionar os chefes do estado-maior conjunto a realizarem uma ambiciosa expansão do experimento, uma que demandaria o emprego de mais de quinhentos desses bombardeiros "Cansados de Guerra" contra grandes alvos industriais, "como elementos de irritantes[1464] bombardeios de inquietação e talvez como forma de arrasar o moral das populações do interior da Alemanha".

Aos olhos dos oficiais de alta patente da Força Aérea, Arnold era uma pessoa "aterrorizante e intimidadora".[1465] (Numa inflamada discussão com um ex-vice-ministro da Guerra, chegou a pegar a bengala da aleijada autoridade e arremessá-la contra ela.) De mais a mais, ele exercia considerável influência sobre o general George Marshall, que, em nome dele, abriu mão da observância da norma que obrigava oficiais com problemas cardíacos a se aposentarem (o próprio Marshal tinha sopro cardíaco). Talvez Arnold houvesse conseguido o que ele queria com relação ao Afrodite não tivessem os britânicos se oposto[1466] a isso de forma bastante enérgica. Churchill e Portal receavam ataques retaliatórios contra Londres com o emprego de centenas de aviões alemães destripulados que haviam ficado inoperantes por causa da escassez de combustível e pilotos. (Os germânicos já tinham tentado atacar Londres com bombardeiros Junkers 88 danificados em combate guiados por piloto automático.) Embora Spaatz não se entusiasmasse com o projeto de emprego dos Cansados de Guerra, Arnold continuou a insistir em sua adoção, até que, por fim, o sucessor de Roosevelt, o presidente Harry Truman,[1467] a instâncias de Churchill, o engavetou de vez no último mês da guerra.

Numa carta enviada a um convalescente Arnold,[1468] no início de 1945, Spaatz tentou conter a feroz impetuosidade de seu chefe. A guerra não seria vencida com medidas novas e não testadas, disse a ele enfaticamente. Argumentou que alcançariam a vitória com operações de guerra devastadoras, tanto pelos ares quanto por terra, com ataques implacáveis a sistemas de transportes, refinarias e fábricas de produtos sintéticos. Porém, como não sabia ainda até que ponto sua ofensiva aérea tinha conseguido afetar a economia do inimigo, Spaatz se sentia frustrado também com a férrea resistência dos alemães e, a essa altura, estava disposto a tolerar o emprego de pelo menos uma medida sem precedentes — uma aterrorizante investida de bombardeio contra Berlim. Tratava-se de um ataque que ele poderia conciliar com suas convicções: não seria um bombardeio contra populações indefesas, visando arrasar-lhes o moral, e harmonizava-se com seu desejo de ajudar a ofensiva terrestre dos soviéticos. (Nem Spaatz nem nenhum outro comandante dos Aliados sabia que Albert Speer havia chegado à conclusão,[1469] no fim de janeiro, de que a guerra estava perdida, embora o Ministro do Armamento, acovardado e sempre zeloso da própria autopreservação, só tenha tido coragem de informar isso ao Fuhrer em 15 de março.)

O empurrão final veio de George Marshall. Ansioso para transferir todos os recursos bélicos americanos para o Pacífico o mais cedo possível, ele se dispôs a fazer uma experiência com uma operação de bombardeio "desmoralizante". O general Frederick Anderson se encontrou com Marshall pouco antes da reunião de cúpula de Ialta, ocasião em que Marshall disse a ele que queria que bombardeassem Munique juntamente com o complexo ferroviário que coligava as cidades de Berlim, Leipzig e Dresden. Relatórios do serviço secreto que haviam passado pela mesa de Marshall indicavam que escritórios do governo alemão vinham sendo esvaziados, e seus componentes estavam sendo transferidos de Berlim para Munique, diante da expectativa de investidas de bombardeio ainda mais destruidoras contra a capital. "É provável que ataques a Munique fossem muito vantajosos,[1470] pois mostrariam às pessoas que estão sendo transferidas para lá que para os alemães não há mais esperança", disse Marshall a Anderson.

Os generais Eisenhower e Bradley concordaram com a ideia. E o presidente Roosevelt nem precisaria ser consultado. Afinal, o comando militar americano estava perfeitamente ciente de sua insistência na necessidade de uma guerra implacável e brutal contra a Alemanha. De mais a mais, os alemães tinham provocado a Primeira Guerra Mundial e, apesar disso, nenhuma batalha terrestre fora travada em seu território. "É de suma importância[1471] que todas as pessoas na Alemanha entendam que, dessa vez ao contrário do que acontecera na Primeira Guerra Mundial, a Alemanha é um país derrotado" mesmo, disse Roosevelt ao ministro da Guerra Stimson. "O fato de que ela é uma nação derrotada, individual e coletivamente falando, deve ficar de tal forma gravado em suas almas que elas hesitarão em desencadear uma nova guerra no futuro. [...]

"Muitas pessoas aqui e na Inglaterra se aferram à ideia de que o povo alemão, de uma forma geral, não é responsável pelo que tem acontecido — para

606 MESTRES DO AR

elas, apenas alguns dirigentes nazistas são culpados por isso. Infelizmente, isto não tem base em fatos. Devemos fazer que povo alemão entenda, como um todo, que a nação inteira se envolveu numa conspiração ilícita contra os princípios de decência e dignidade da civilização moderna."

Em setembro de 1939, quando a Alemanha desencadeou a Segunda Guerra Mundial, Roosevelt enviara apelos a todos os países beligerantes para que se abstivessem de lançar mão do "bárbaro"[1472] recurso de bombardear populações civis. Três anos depois, o presidente afirmou no Congresso que os Aliados pretendiam atacar a Alemanha "a partir dos ares com armamentos pesados e de forma implacável".[1473] E acrescentou: "O povo que bombardeou Varsóvia, Roterdã, Londres e Coventry terá o castigo que merece."

Em fevereiro de 1945, os americanos planejavam atacar a Alemanha com mais força ainda, tal como nunca haviam feito, com o claro objetivo de semear caos e pânico. A campanha começaria com uma operação em Berlim, na primeira semana de fevereiro, e a vez de Munique viria logo em seguida. (O tempo ruim e outros alvos prioritários só permitiram que a 15ª Frota Aérea atacasse Munique em 24 de março e com um objetivo diferente daquele que Marshall tinha sugerido no início.) Ninguém no alto-comando dos Aliados acreditava que a Alemanha ainda pudesse vencer a guerra, mas também ninguém duvidava de que ela tivesse vontade e capacidade para continuar lutando com uma determinação suicida. E, com a Inglaterra submetida mais uma vez, durante 24 horas por dia, a ataques aéreos dos nazistas, com suas bombas voadoras, havia poucas vozes recomendando moderação.

Os foguetes nazi

Em 7 de setembro de 1944, uma autoridade do governo britânico se apresentou perante a imprensa e anunciou: "Talvez com a exceção de mais uns poucos disparos finais, a Batalha de Londres chegue ao fim."[1474] Ele quis dizer que o bombardeio dos Nazistas havia terminado. No dia seguinte, porém, houve duas terríveis explosões sucessivas na cidade. Para tranquilizar a população, o governo incentivou a disseminação de boatos de que várias tubulações de gás tinham explodido. Certa feita, depois que mais explosões sacudiram a cidade nas semanas seguintes, um londrino viu um soldado americano construindo uma cerca em torno de uma enorme cratera.

TERROR SEM FIM

— Caiu uma bomba voadora aqui? — perguntou ele.

— Não, amigo[1475] — respondeu o soldado, zombeteiro. — Não foi uma bomba; foi uma daquelas tubulações de gás voadoras.

Portanto, até março do ano seguinte, quando as zonas de lançamento dos novos foguetes V-2 fossem invadidas pelas tropas Aliadas, as populações das cidades austrais da Inglaterra teriam que conviver mais uma vez com o período de incertezas e terrores diários de mais um bombardeio-relâmpago. Não seria tão grande o número de vítimas fatais quanto o do primeiro bombardeio-relâmpago, mas, com essa nova arma de retaliação, os cientistas alemães "haviam conseguido elevar a arte de matar ao mais alto nível de ciência e eficácia",[1476] escreveu um jornalista. Assim como o V-1, a nova arma era extremamente imprecisa e, por isso, matava indiscriminadamente. Ao todo, 2.700 britânicos morreram e 6.500 sofreram mutilações graves; quantidades quase idênticas deles foram mortas ou ficaram mutiladas em Antuérpia, Bruxelas e Paris. Porém, ao contrário do V-1, contra os novos foguetes não era possível lançar alertas antecipados nem havia como interceptá-los, pois, disparados de pequenas plataformas de lançamento na Holanda difíceis de localizar, esses foguetes supersônicos de 12 toneladas se elevavam a estratosféricos 112 mil metros de altitude e se precipitavam silenciosamente para a terra a velocidades de até 6.400 km/h — velozes demais para que pudessem ser vistos. Isso os tornava muito mais assustadores do que as bombas voadoras V-1, que eram mais lentas e barulhentas. "Se eu vou morrer mesmo",[1477] comentou uma londrina sarcasticamente, "gostaria de pelo menos sentir a emoção de saber que isso vai acontecer".

O governo britânico ficou tão preocupado com uma possível disseminação de pânico entre a população que somente em 10 de novembro Churchill revelou que muitos dos mísseis lançados contra a Inglaterra — os alemães tinham voltado a disparar foguetes V-1s contra o país também — eram foguetes supersônicos capazes de transportar ogivas de uma tonelada. Eles eram a arma mais terrível que o mundo tinha visto até então. Desenvolvidos numa desolada ilha virgem do Báltico por cientistas trabalhando sob a supervisão do odioso oportunista dr. Wernher von Braun, eles eram fabricados em um centro de produção supersecreto chamado Mittelwerk,[1478] um sistema de profundos túneis de armazenagem num vale isolado das Montanhas Harz. Albert Speer escolhera esse local pessoalmente, situado perto da cidade de Nordhausen, depois que os britânicos bombardearam as instalações fabris

608   MESTRES DO AR

originais em Peenemunde. E ele aprovou o emprego de trabalhadores de campos de concentração, que foram enviados de Buchenwald e trabalharam nos túneis de aspecto medieval sob a supervisão da SS. Até o começo de abril de 1945, quando a Terceira Divisão de Blindados invadiu esse núcleo industrial e libertou os escravos empregados ali, sessenta mil prisioneiros passaram pelo sistema de escravidão de Mittelwerk, um terço dos quais morreu de fome, doenças e assassinatos. Outros 1.500 foram mortos em duas investidas de bombardeios sucessivas da RAF contra essas instalações.

O A-4, tal como os alemães denominavam sua nova arma propelida a combustível líquido, foi o primeiro míssil balístico de curto alcance do mundo, "o ancestral de todos os mísseis guiados e propulsores espaciais modernos".[1479] Ao mesmo tempo em que era lançado contra cidades inglesas, von Braun e sua equipe de físicos e engenheiros estavam tentando apressar a produção de um MIBI — míssil balístico intercontinental —, o A-10, ou míssil Nova York, batizado com o nome da cidade que ele se destinava a atingir. O serviço secreto dos Aliados sabia da existência desse projeto e desconfiava que os alemães estavam desenvolvendo também uma bomba atômica. O futuro do mundo poderia ter sido horrivelmente modificado tivessem os nazistas construído a bomba e aperfeiçoado um sistema de lançamento de longo alcance. Mas a perseguição a que Hitler submetia os cientistas judeus, juntamente com seu interesse em armas de retaliação mais convencionais, privou ambos os programas de recursos industriais e talentos indispensáveis. Em maio de 1945, uma equipe de agentes secretos americanos descobriu que cientistas alemães estavam, "em 1940, mais ou menos tão distantes quanto nós de criá-la,[1480] antes que iniciássemos algum grande trabalho de desenvolvimento da bomba atômica". E até o foguete transatlântico só poderia ser usado, no mínimo, a partir de 1947.[1481]

Todavia, ninguém no lado dos Aliados sabia disso em janeiro de 1945, quando investidas de bombardeio ao estilo dos planejados ataques da Operação Trovão estavam sendo debatidas pelos próceres das indústrias de bombardeiros anglo-americanas. Aquilo que as autoridades baseadas em Londres e responsáveis pela condução do esforço de guerra sabiam era o que testemunhavam em seu meio. No auge daquele período de festas natalinas, 164 comerciantes e duas crianças em carrinhos de bebê foram aniquilados quando um V-2 atingiu uma das lojas da Woolworth em Londres. Isso foi pouco depois que 115 britânicas morreram com uma violência fulminante

TERROR SEM FIM

enquanto esperavam a vez, na fila de um mercado de gêneros alimentícios para pegar sua ração semanal de carne.

Além de pequenas e bastante camufladas as áreas de lançamento dos novos foguetes, eles eram fabricados em instalações subterrâneas praticamente à prova de bombas. Assim, a única forma que a RAF tinha de revidar os ataques inimigos era bombardeando suas cidades. Embora não haja nenhuma menção de retaliações nos documentos de planejamento da campanha de bombardeios de fevereiro contra as cidades do leste da Alemanha, elas não podiam deixar de estar nos pensamentos daqueles que comandavam operações de ataque aéreo a partir de Londres.

Quando a investida de bombardeios da Oitava Frota Aérea contra Berlim se achava em suas horas finais da etapa de planejamento, algo extraordinário aconteceu. O general Jimmy Doolittle pediu que Spaatz reconsiderasse a diretriz traçada por ele: "Não existem [...] alvos rigorosamente militares na área designada",[1482] informou-lhe por cabograma; e, para bombardear a cidade com precisão, a Oitava teria que fazer isso visualmente, expondo as tripulações ao perigo mortal dos fogos antiaéreos do inimigo.

Doolittle era um dos raros comandantes da Oitava Frota Aérea que se opunha a bombardeios aterrorizantes, tanto por motivos militares quanto por motivos morais. E, ao contrário de Spaatz, ele via o bombardeio a Berlim como um esforço para "baixar o moral dos alemães";[1483] para aterrorizar pessoas, mas também para destruir sua capacidade de resistência. "As chances de conseguirmos subjugar,[1484] simplesmente com a intensificação de bombardeios maciços e terrificantes, um povo que vem sendo submetido a intensos ataques há quatro anos são muito remotas", disse ele a Spaatz, que tinha apresentado exatamente o mesmo argumento contra a Operação Trovão no verão do ano anterior. O apelo final de Doolittle dirigido ao comandante tocava na questão da paz de consciência de seu superior e, mais diretamente, na de sua notória preocupação para com o legado do pós-guerra que a Força Aérea deixaria para a posteridade. "Nós violaremos, naquela que talvez seja uma de nossas últimas e mais inesquecíveis operações, independentemente de sua eficácia, o princípio bélico fundamental dos americanos de somente lançar bombardeios de precisão contra alvos de importância estritamente militar, para cuja aplicação nossos sistemas tático-estratégicos foram criados e nossas tripulações adestradas e doutrinadas." Exortou a seu superior que

610 MESTRES DO AR

deixasse para os britânicos a tarefa de realizar operações de bombardeio por zona e que fizesse com que os americanos continuassem se concentrando em alvos de importância rigorosamente militar. Ponderou que, ainda que tecnologia inadequada e condições de tempo hostis conspirassem para impedir que esses alvos fossem atacados com a devida precisão, mesmo assim a campanha militar dos americanos seria vista pela história como um esforço bem-intencionado.

A lacônica resposta de Spaatz veio na forma de comando sem nenhum tipo de explicação: "Ataque Berlim sempre que[1485] as condições meteorológicas indicarem a impossibilidade de bombardeios visuais contra refinarias e fábricas de sintéticos, mas não deixe de permitir operações de bombardeio a Berlim." Ele informou a Doolittle, porém, que seus meteorologistas lhe haviam assegurado que essas seriam operações guiadas por radar e, portanto, mais seguras para as tripulações. Desnecessário dizer que tempo ruim era sinônimo de bombardeios muito imprecisos, de "operações diurnas envolvendo mulheres e crianças",[1486] segundo costumeira designação que os aeronautas de Doolittle davam a suas missões de bombardeio guiadas por radar.

Na manhã de 2 de fevereiro, Doolittle arregimentou para o combate todos os bombardeiros que ele tinha sob seu comando, mas uma grossa camada de nuvens o obrigou a abortar a missão. Quando Spaatz ordenou a realização de uma investida de bombardeios maciça no dia seguinte, Doolittle o contatou por cabograma solicitando esclarecimentos na esperança de que Spaatz reconsiderasse a ordem. "Berlim continua com o céu sem nuvens para um ataque aéreo?[1487] Caso se mostrem seguramente visíveis para ataques, você quer que ataquemos alvos prioritários, como refinarias e fábricas de sintéticos, de preferência a Berlim? Ou quer que ataquemos o centro da cidade ou alvos inequivocamente militares [...] em seus arredores ocidentais?"

Spaatz respondeu por telefone em certo momento da mesma hora do contato e depois registrou curto e grosso, em nota escrita, a essência de sua mensagem: "Ataque refinarias e fábricas se estiver certo de que a visibilidade é boa; do contrário, Berlim — o centro da cidade."

Para dissimular o que era uma indisfarçável investida de bombardeio por zona, Spaatz disse a Doolittle que "enfatizasse"[1488] em seus comunicados à imprensa a natureza da "campanha destinada a paralisar as operações de reforço da Frente Oriental e tumultuar ainda mais a administração governa-

TERROR SEM FIM

mental" do inimigo. Doolittle fez isso, mas também adicionou alguns alvos militares à lista de objetivos visados pelo bombardeio, incluindo pátios de manobras ferroviárias e fábricas de munição.

Seis anos antes de sua morte, em 1974, Spaatz se aproximou mais que nunca da disposição de confessar plenamente que a investida a Berlim em 3 de fevereiro foi uma operação de bombardeio aterrorizante apenas no nome. "Jamais tivemos como alvos,[1489] na Europa ocupada pelos nazistas, nada que não fossem objetivos rigorosamente militares — exceto no caso de Berlim."

3 de fevereiro de 1945

Às três e meia da madrugada, uma voz estridente quebrou o silêncio no alojamento de aspecto cavernoso. "Cavalheiros, vocês entrarão em serviço! Agora!"[1490] Fazendo a luz da lanterna incidir nos rostos dos aeronautas sonolentos, o primeiro-sargento gritou ainda mais forte: "Saiam da cama!" Em seguida, retirou-se, o homem mais odiado da base.

Essa seria a 13ª missão do capitão Charles Alling e sua tripulação, todos membros do 34º Grupo de Bombardeiros, cujos aviões partiam de Mendlesham, em Norfolk. Esbelto e atlético, com feições marcantes, Chuck Alling era um líder nato — brilhante, instruído, bem-treinado e firme como uma rocha quando sob pressão. Naquela manhã, quando se levantou da cama e seguiu para o banheiro através do ar gelado, seus pensamentos estavam voltados para o lar distante. Se a guerra não tivesse interferido em seus planos, naquela semana ele teria voltado para a Universidade Wesleyan, onde cursaria o semestre com início na primavera; mas lá estava ele, a um oceano de distância de seu país, preparando a cabeça para seguir à frente de outros nove jovens outrora universitários também, numa investida através de um dos mais traiçoeiros espaços aéreos do mundo.

Do lado de fora da barraca de Nissen de Alling, um caminhão do exército os aguardava, com sua encerada lona castanha um tanto enfunada pelo vento que tremulava sem parar. Alling e seus colegas oficiais embarcaram e se encolheram, espremidos e silenciosos, junto a outras tripulações nos bancos de madeira cobertos de fina camada de gelo. Logo depois, com o caminhão seguindo veloz para o refeitório dos oficiais, os aeronautas a bordo, ainda silentes, se mantinham de olhar fito e perdido na lona esvoaçante.

O único sinal de vida na escuridão do veículo eram as brasas de mais ou menos uma dúzia de cigarros.

No café da manhã, nenhum aeronauta disse uma palavra sequer. Quando algum deles queria sal ou pimenta, apontava para o condimento. "Ninguém conversou", observou Alling. "Os rapazes estavam tensos e ansiosos e talvez alguns houvessem ficado se perguntando se sua hora tinha chegado." Como, na reunião matinal do dia anterior, tinham recebido instruções sobre um bombardeio a Berlim, nenhum deles ficou surpreso quando, uma hora depois, um oficial do serviço secreto abriu as cortinas que cobriam um enorme mapa de parede da Europa Ocidental e viramum traçado de fita adesiva vermelha indicando uma rota de assalto se estendendo até a Grande Berlim. Os aeronautas sabiam[1491] que a Oitava havia estado lá antes, aplicando no inimigo o mais pesado de seus castigos no inverno do ano anterior, antes que a maioria deles tivesse chegado à Inglaterra. Porém, em muitas bases, haviam dito a eles que dessa vez seria diferente: o ponto de visada era o centro da cidade, uma área densamente habitada. Explicaram que membros da Gestapo, da SS e outros nazistas abomináveis morreriam em grande número em seus edifícios de escritórios, mas tal seria o caso também de muitos civis. "Nos disseram que,[1492] se tínhamos escrúpulos com relação a bombardear civis, azar o nosso, pois, daqui por diante, estaremos bombardeando e metralhando mulheres, crianças, todo mundo", enfim, anotou em seu diário o metralhador de torre esférica John Briol, membro do 457º Grupo de Bombardeiros.

Na base aérea do 95º Grupo de bombardeiros, os sargentos-metralhadores foram avisados de que deveriam levar suas armas portáteis do Exército. "Como vocês sobrevoarão a área do alvo,[1493] precisarão delas [...] pois o alvo é o centro da cidade —lugar cheio de braços, de pernas e de idiotas." Foi exatamente com essas palavras que o oficial da reunião de pré-voo os "advertiu", observou James Henrietta, radioperador do avião de Lewis Welles. "Em outras palavras, não havia alvos militares lá; era uma operação de ataque de 'acerte quem você puder'. [...] Era apenas para causar desmoralização."

Depois de inteirados das condições climáticas e da situação das defesas inimigas, Alling e seus colegas oficiais foram levados de carro para o *Miss Prudy*, a prateada Fortaleza cujo nome era uma homenagem à irmã de Alling, a qual, afetada por meningite, morrera em poucas horas, aos 21 anos de idade, poucos dias antes de seu irmão ter sido enviado para o exterior. Já às

TERROR SEM FIM

quatro e quarenta e três *Miss Prudy* tinha decolado, atravessando os céus escuros, em meio a um perigoso mar de neblina, com o avião da vanguarda no esquadrão superior do grupo. À medida que o sol foi despontando no horizonte, a neblina se dissipou e os bombardeiros, rumando para terras distantes, começaram a entrar em formação, pondo-se lado a lado pelas pontas das asas. "Às vezes, eles parecem[1494] tão esbranquiçados e graciosos que se assemelham a gaivotas contrastando com o azul-celeste; doutras, parecem objetos escuros e sinistros sumindo e reaparecendo em meio às nuvens", descreveu em tons poéticos um morador da Ânglia Oriental essas majestosas frotas de aeronaves. "Mas o que impressiona — algo que faz as jovens pararem seu trabalho nas plantações de lúpulo e leva motoristas de ônibus de cidades interioranas a pôr o pescoço para fora e olhar para cima — são os números. Nunca na Batalha da Grã-Bretanha, nos dias em que a Luftwaffe foi derrotada nesses campos e bosques, os alemães enviaram para cá frotas de aviões tão enormes. Seus bombardeiros nunca eram esses gigantes quadrimotores, tais como esses dos americanos que partem às dezenas e às centenas [...].

"Eles têm uma missão a realizar em terras estrangeiras e estão indo cumpri-la."

Mais de novecentas Fortalezas e mais da metade desse número em caças de escolta foram despachadas para o alvo, a maior força de combate aéreo da história enviada para bombardear uma única cidade. (Naquela mesma manhã, a Segunda Divisão de Caças da Oitava despachou mais de quatrocentos Liberators para ataques à fábrica de sintéticos de Magdeburg, onde, de acordo com previsões meteorológicas, as condições do tempo estariam melhores.) O comboio de vagas de aviões de combate incumbido de atacar Berlim chegava a mais de 480 quilômetros de extensão; tão grande era essa nuvem de máquinas destruidoras que, quando os elementos da vanguarda da formação entraram no território alemão, ainda havia bombardeiros sobre o Mar do Norte.

Em *The Warriors*, obra clássica com o relato dos combates terrestres na Europa, o oficial do serviço secreto J. Glenn Gray chamou a atenção para o "apelo estético da guerra",[1495] para o "poderoso fascínio" e os atrativos emocionais dos conflitos bélicos e de seus aparatos. O operador de metralhadora móvel lateral John Morris experimentou esse mesmo encanto, daquilo que Gray chamou de "guerra como espetáculo" enquanto observava, admirado,

614   MESTRES DO AR

de sua janela de tiro, as frotas de bombardeiros assaz disciplinadas atravessando os céus do norte da Alemanha, com seus esquadrões rumando para a batalha, deixando atrás de si alvas esteiras de fumaça lanuginosas.

Os primeiros bombardeios a alcançarem a zona do alvo se depararam com os céus de uma beleza inesperada, de um azul-celeste vívido e límpido como cristal, excelentes condições de tempo para uma operação de bombardeio, mas ótimas também para os operadores de artilharia antiaérea inimigos. E Berlim tinha mais peças de guerra do que qualquer outra cidade existente então. Tanto que, assim que seu piloto anunciou pelo interfone de bordo: "O céu sobre Berlim está Limpinho da Silva, amigos...[1496] Nem uma única nuvem sequer na área", o tenente Robert Hand, que participava de sua 35ª e última missão, começou a sentir os conhecidos sintomas do pânico em combate: o suor passou a escorrer de seu blindado capacete antiaéreo, sua visão se turvou e ele começou a tremer da base do tronco para cima. O dele era o terceiro grupo de aeronaves sobrevoando a área do alvo e, mais à frente, Hand viu "uma montanha de nuvem ou fumaça negra. Dois projéteis explodiram logo abaixo deles, sacudindo sua Fortaleza "como se ela fosse um barco a remo numa corredeira" de águas turbulentas. De repente, o avião da vanguarda despejou sua carga sobre o alvo e, segundos depois, Hand deixou cair também sua fieira de bombas em cima do inimigo. Depois disso, seu esquadrão se separou da formação, lançando-se numa curva em busca da proteção de uma camada de nuvens perto da periferia da zona do alvo. Quando iniciaram a manobra, Hand viu uma aeronave logo atrás dele ser atingida em cheio — foi um dos 25 bombardeiros ianques perdidos nesse dia. Uma bola de fumaça negra foi tudo que sobrou de dez tripulantes e três toneladas de metal. "Parecia simplesmente impossível que algo tão grande assim pudesse desaparecer tão rapidamente", comentou Hand depois.

Nesse dia, Bob Hand e Chuck Alling conseguiram voltar para a Inglaterra. Mas Robert "Rosie" Rosenthal, participando de sua 52ª missão, não retornou.

Quase todos os americanos participantes da missão de combate aéreo desse dia estavam visitando Berlim pela primeira vez, mas Rosie havia estado lá dezenas de vezes antes com sua tripulação original, conhecida como Rosie's Riveters, das quais a mais memorável foi a de 8 de março de 1944, durante a semana em que a Poderosa Oitava acabou com a supremacia aérea da

TERROR SEM FIM 615

Luftwaffe. Esse dia deveria ter sido o de sua 25ª e derradeira missão; porém, num festejo à noite, Rosie decidira que continuaria a participar de missões de combate. "Volte para casa são e salvo, para a terra dos sorvetes, das garotas e dos jogos de bola. Você merece umas férias",[1497] insistiu seu amigo Saul Levitt. Mas foi em vão. "Eu tinha que fazer tudo que pudesse enquanto me fosse possível",[1498] disse Rosie depois.

Dois meses mais tarde, em seu segundo tempo de serviço, operando como piloto-comandante, Rosenthal fez uma aterrissagem de arrepiar os cabelos num aeródromo de pousos de emergência na Inglaterra, em sua viagem de volta de Berlim, conseguindo pousar o bombardeiro com três motores danificados e metade da cauda decepada por uma hélice desprendida de outra aeronave amiga. Em setembro do ano seguinte, sua Fortaleza, na vanguarda da formação, foi atingida por um projétil antiaéreo nos céus de Nuremberg e ele teve que fazer um desastroso pouso de emergência no norte da França, região controlada pelas forças americanas então. Rosie foi retirado da cabine de pilotagem com um braço e o nariz quebrados e levado, inconsciente, para um hospital militar em Oxford. Quando, cinco semanas depois, voltou para Thorpe Abbotts, foi transferido para o quartel-general de uma ala de aviões de combate, onde passaria a realizar serviço administrativo, coisa que ele detestava. Ele queria voltar para o serviço de combate e insistiu tanto que o reincorporaram ao Centésimo, onde foi promovido a major e encarregado de comandar seu esquadrão original, o 418º.

Em 3 de fevereiro de 1945, quando se aproximava de Berlim, o major Rosenthal seguia no assento do copiloto do avião da vanguarda, posição reservada ao oficial designado naquele dia para comandar a Terceira Divisão inteira. Quando se achava perto do Ponto Inicial, a divisão de Rosie se deparou com grossas colunas de fumaça produzidas por incêndios devastadores desencadeados pela Primeira Divisão. "A fumaça se elevava a mais de 2.100 metros de altura",[1499] disse um aeronauta. Foi um acontecimento que levou a maior parte dos componentes da Terceira Divisão a deixar de atacar seus principais alvos e atingir bairros residenciais a leste da zona do alvo principal. "Antes que saíssemos da Alemanha, sintonizei numa rádio de propaganda governamental de Berlim", disse o radioperador Clifford Whipple. "O anunciante informou: 'Todos os homens, todas as mulheres e crianças estavam combatendo os incêndios.'"

Quando iniciou a incursão de bombardeio, o avião de Rosie foi atingido pela explosão de um projétil antiaéreo. Dois tripulantes morreram instantaneamente e um dos motores de seu avião entrou em chamas. Assim que uma fumaça densa e branca começou a encher a cabine de pilotagem, o capitão John Ernst olhou para Rosie em busca de orientação. Sem dizer uma palavra, Rosie simplesmente apontou para a frente com a mão esquerda.

Depois que Ernst terminou a investida de bombardeio, Rosie contatou o subcomandante da vanguarda da formação para assumir o comando da divisão; e, quando seu danificado avião alcançou o Rio Óder, onde sabia que o Exército Vermelho estaria, ele acionou a campainha de alarme, o sinal para que abandonassem a aeronave. Nesse momento, a Fortaleza foi atingida pela segunda vez e um forte incêndio começou a destruir a parte central do bombardeiro. As tripulações de outros aviões ficaram assistindo horrorizadas ao desenrolar do trágico episódio, ansiosas para ver paraquedas se abrindo, enquanto observavam a Fortaleza em chamas iniciar um lento e moribundo mergulho em parafuso. Chegaram a ver seis paraquedas se abrirem; depois disso, houve uma explosão e, segundos depois, a aeronave 44 8379 desapareceu de vista. "Rosie, o Indomável, se foi",[1500] disse Harry Crosby em carta escrita naquela noite, tomado de espanto em seu alojamento em Thorpe Abbotts e sem conseguir acreditar no que acontecera.

Crosby nem desconfiava de que, naquele dia, seu amigo travou uma luta solitária pela própria sobrevivência — e venceu. Naquela manhã, ninguém que observara os últimos momentos do bombardeiro agonizante poderia ter sabido o que aconteceu lá dentro. Logo depois que o avião foi atingido pela segunda vez, Rosenthal assumiu a direção da aeronave e ordenou que Ernst a abandonasse de paraquedas; em seguida, sozinho com dois tripulantes mortos a bordo, ele se esforçou para alcançar a escotilha de fuga do nariz do avião. Com o piloto automático desativado, a aeronave estava caindo a grande velocidade, num vertiginoso mergulho em parafuso, com a força centrífuga imprensando Rosenthal contra a parede interna do avião. "Eu quase não conseguia me mexer.[1501] Tinha a impressão de que estava afundando em areia movediça, mas acabei alcançando a escotilha aberta e passei espremido por ela antes que o avião explodisse." Rosenthal conseguiu sair de paraquedas do bombardeiro quando ele estava a uns 600 metros de altitude do solo e acabou aterrissando com uma força capaz de esmigalhar-lhe todos os ossos do corpo, mas por fim fraturou apenas o mesmo braço

TERROR SEM FIM

que ele tinha quebrado na missão de 10 de setembro em Nuremberg. Pouco depois da aterrissagem, escondido numa cratera aberta por uma bomba, segurando sua pistola .45 com a mão esquerda, ele viu três soldados com estrelas vermelhas nos quepes se aproximando. Como achou que ele era alemão, um dos soldados russos se lançou sobre ele com a coronha da arma em posição de ataque. Nisso, Rosie levantou bruscamente os braços e gritou: "Americanski! Coca-Cola! Lucky Strike! Roosevelt, Churchill, Stálin!"[1502] Segundos depois, o russo estava dando um forte abraço em Rosenthal e beijando as suas bochechas.

Em viagens atravessando a retaguarda das fileiras soviéticas, Rosenthal foi levado para Moscou, onde ficou aos cuidados e se tornou hóspede do embaixador americano Averell Harriman. De lá, ele enviou um telegrama para Thorpe Abbotts, pedindo que seus amigos lhe reservassem um avião e dizendo que, a guerra não havia acabado ainda para ele. Então "o lendário Rosenthal continuava vivo",[1503] observou Saul Levitt. "E ele era uma lenda de verdade, feita com os seguintes ingredientes: o fato de que poderia ter parado de participar de missões de combate e o de que não conseguiam matá-lo."

Rosenthal se lembraria para sempre da cena vista por ele apenas minutos depois que seu avião pousou atrás das linhas soviéticas. Enquanto dois soldados do Exército Vermelho o levavam para um jipe, ele olhou instintivamente para trás, na direção de Berlim: viu, no horizonte, uma densa cortina com tons pretos de mistura com tonalidades de um vermelho-vivo. Parecia o fim do mundo.

Enquanto sobrevoava Berlim, o tenente John Welch, o copiloto de John Briol, ficou pensando nas pessoas lá embaixo, vítimas das bombas. O alvo de seu esquadrão era a estação ferroviária de Friedrichstrasse, a respeito da qual lhe haviam dito que estava transbordando de refugiados. "Deus, ajude-as!",[1504] rogou ele sussurrante quando seu bombardeador lançou a carga de artefatos explosivos de quase 230 quilos.

Mais ou menos uma semana após o bombardeio a Berlim, uma reportagem foi enviada clandestinamente para o exterior por Herie Granberg, um correspondente de jornal suíço que tinha se refugiado num túnel de metrô durante o bombardeio. "O chão arfou com violência, as luzes piscaram.[1505] As paredes de concreto pareciam inchar. As pessoas se deslocavam num corre-corre incerto e desesperado, como animais assustados." Como a chuva

618 MESTRES DO AR

de bombas continuou a cair, as luzes se apagaram e grandes nuvens de poeira encheram o túnel. Impregnada de partículas calcárias, a poeira entrava nos olhos das pessoas e as impedia de enxergar enquanto se mantinham ajoelhadas nos trilhos, rezando. Quando o bombardeio terminou, Granberg se deparou com pessoas mortas e moribundas espalhadas por toda a praça que havia na frente da estação.

Enquanto isso, em outro bairro da região central da cidade, Úrsula von Kardorff, uma jovem jornalista de Berlim, era "levada[1506] de roldão por um rio de gente que havia sido alvo do bombardeio, pessoas de semblantes pálidos, denotando grande cansaço, e com as costas vergadas pelo excesso de peso de seus pertences". Von Kardorff detestava Hitler. Considerava-o culpado por uma guerra racista bárbara e pela morte de seus dois irmãos nas frentes de combate. Parte dela achava que a Alemanha merecia ser bombardeada, mas ela considerava também uma ironia cruel o fato de que o bairro da classe trabalhadora que ela estava atravessando e no qual tinha amigos que comungavam com ela no mesmo plano de sentimentos políticos havia sido "o mais gravemente atingido. [...] Não se via uma única nesga de céu sequer, apenas nuvens de fumaça amarela venenosa", escreveu ela naquela noite em seu diário secreto, um documento incendiário que teria posto sua vida em perigo tivesse ele sido descoberto pela polícia nazista. "Quando o véu da noite desceu sobre a cidade em chamas, quase não deu para vê-la chegar, pois ficou tudo muito escuro o dia todo."

Durante vários dias após o bombardeio, ouviam-se por toda a cidade explosões de grande impacto, de bombas com sistema de retardo de detonação. Serviços de água, gás, telefonia e energia elétrica ficaram completamente paralisados. Bombas falhadas e enormes poças de água estagnada, formadas por tubulações de água estouradas, tornavam as ruas intransitáveis, e nuvens de fumaça cobriram a cidade atingida durante dias seguidos. O ministro da Propaganda, Joseph Goebbels advertiu[1507] que saqueadores seriam fuzilados imediatamente, no próprio local do saque, mas bandos de soldados bêbados em fuga da esfacelada Frente Oriental vagavam pela cidade arruinada, estilhaçando janelas de lojas, pilhando artigos de cama e mesa e pratarias, objetos de vidro e porcelana, roubando carros em estacionamentos e matando frangos e porcos. Em meio aos escombros fumegantes, Herie Granberg achou três emblemas do Partido Nazista descartados por seus donos. "Se eu tivesse me dado ao trabalho, talvez houvesse achado mais."[1508]

TERROR SEM FIM

Após certa deliberação, Hitler determinou que o governo deveria permanecer em Berlim "e ficar lá à espera de um milagre ou do próprio aniquilamento",[1509] nas palavras de Hans-Georg von Studnitz, uma desesperada autoridade integrante do Ministério das Relações Exteriores alemão. Deixar a cidade seria dar um exemplo de covardia aos berlinenses, os quais o Fuhrer tinha conclamado a resistirem até o fim. Tampouco poderia haver uma retirada, nem mesmo de refugiados. "Depois de terem sofrido[1510] um número de baixas terrível nos grandes ataques aéreos de ontem, as massas desabrigadas ainda estão presas na capital em chamas, onde terão que enfrentar juntas toda espécie de novos desastres que porventura desabarem sobre elas", declarou Goebbels. "Caso uma crise semelhante ocorra na Alemanha,[1511] digamos daqui a 150 anos", Goebbels disse ao Führer, "talvez nossos netos nos vejam como um heroico exemplo de firmeza".

Até hoje, não existem números confiáveis sobre o total de berlinenses mortos em 3 de fevereiro. Os falecidos em bombardeios anteriores continuavam presos nas ruínas junto com as vítimas do ataque mais recente então. Para aumentar a confusão, talvez houvesse uns três milhões de refugiados da região oriental do Reich comprimidos no centro da cidade, parte de uma das maiores migrações humanas da história. Milhares deles foram carbonizados no próprio local em que tombaram, tornando impossível tanto a identificação quanto a notificação de sua morte. Segundo estimativas preliminares[1512] presentes em relatórios da Oitava Frota Aérea e dos suecos, o número de mortos montava a 25 mil pessoas, enquanto um respeitado historiador alemão chegou a um número de mortos bem menor, de cerca de três mil seres humanos. Se estiver correto, esse número, pequeno demais para ser confiável, ainda assim indica a maior quantidade de berlinenses mortos num único bombardeio aéreo na guerra inteira, durante a qual a cidade foi bombardeada 363 vezes, com uma perda total de cinquenta mil cidadãos. O que sabemos com certeza é que, no bombardeio de 3 de fevereiro, uma espantosa massa de 120 mil pessoas ficou desabrigada.

Em ocasiões anteriores, a RAF tinha lançado bombas com cargas explosivas maiores sobre a cidade, mas, conforme informado pelo The New York Times, "nunca uma zona de alvo tinha sofrido um bombardeio de saturação tão grande assim."[1513] Os principais alvos civis e militares na área das edificações governamentais — a Chancelaria do Reich (construída em cima do esconderijo de Hitler, o impenetrável Führerbunker), o Ministério

620   MESTRES DO AR

da Propaganda, o Ministério da Aeronáutica, o Ministério das Relações Exteriores, o quartel-general da Gestapo e o detestado Tribunal do Povo, que emitia sentenças judiciárias retaliatórias contra alemães que hesitassem em apoiar o regime — foram esmagados[1514] com uma supercarga de dezoito bombardeios maciços, de explosivos de alto poder de destruição", informou a Força Aérea. Duas estações ferroviárias centrais e o enorme pátio de manobras ferroviárias de Tempelhof sofreram ataques da mesma intensidade. Também foram destruídas[1515] ou intensamente danificadas importantes indústrias de produtos eletrônicos, couros, gráficas e fábricas de roupas, juntamente com hotéis, redações de jornais, lojas de departamento e bairros residenciais adjacentes aos alvos principais. No entanto, as coisas poderiam ter sido piores, talvez como no caso de Hamburgo, que teria sofrido um holocausto urbano total caso a Oitava tivesse voltado à Alemanha, conforme planejado, três dias depois; porém, as más condições de tempo levaram ao cancelamento da operação.

Relatos pós-operacionais confirmam o testemunho verbal de aeronautas de que essa foi uma operação com objetivos aterrorizantes. "Berlim, sábado.[1516] Barragem de fogos antiaéreos, enfraquecendo-se à medida que cada grupo sobrevoava o local", escreveu um bombardeador da Fortaleza *Supermouse*. "Nenhum dano à aeronave. Visual! Cinco bombas de 450 quilos. Mulheres e crianças desabrigadas!" Alguns aeronautas eram impermeáveis a sentimentos de remorso ou culpa. A natureza de frieza anônima da guerra de bombardeios possibilitava que alguns seres humanos punissem o inimigo com operações mortais sem que experimentassem o menor senso de responsabilidade pessoal. "Nunca vi nenhuma daquelas pessoas" na vida,[1517] disse o piloto Lewis Welles anos depois. "Nunca *conheci* nenhuma daquelas pessoas. Voltei para a base, onde fiz uma boa refeição, enfiei-me em lençóis limpos e adormeci." Já outros viam o bombardeio como um castigo merecido. "O povo alemão[1518] apoiou as barbaridades de Hitler pela Europa. Ele não fez isso sozinho", disse o capelão James Good Brown aos aeronautas do 381º Grupo de Bombardeiros após o ataque. Para os homens pastoreados por Brown, havia pouca diferença entre soldados fardados e civis que fabricavam os aviões, bem como as armas e a gasolina, e que forneceram o capital emocional e financeiro que permitiu que Hitler continuasse seu carnaval de assassinatos e agressões. Essas foram, pois, as reações extremadas dos aeronautas: indiferença moral e vingança justiceira.

TERROR SEM FIM

Talvez o tipo de reação reinante entre os aeronautas fosse o demonstrado pelo piloto Harry S. Mitchell, Jr. "Era algo terrível[1519] ver aquelas bombas caindo bem no coração da cidade, mas terrível somente até quando vi a aeronave da vanguarda, navegando a uns 15 metros à frente da minha, ser atingida em cheio por uma rajada e ser partida ao meio", escreveu ele em seu diário. "Um dos rapazes que caiu com o avião [...] tinha participado de 55 missões. Como se não bastasse, a esposa dele vai dar à luz neste mês."

Foi uma missão que ficou durante anos nas mentes de muitos tripulantes. "Essa [...] me incomodou durante muito tempo",[1520] confessou o radioperador do avião de Lewis Welles, James Henrietta. "Aliás, ainda me incomoda. [...] Fico pensando no fato de que bombardeamos muitas pessoas que talvez fossem vítimas indefesas."

Em 17 de fevereiro, a rádio alemã informou que a Wehrmacht estava concedendo uma "condecoração especial"[1521] ao general Spaatz — a Ordem da Pena Branca. Explicou que ele estava sendo agraciado com a honraria por "excepcional covardia", por ter coberto com um "tapete de bombardeios rolantes" uma cidade "cheia de centenas de milhares de refugiados, principalmente mulheres e crianças, que tinham fugido ante a selvageria e o terrorismo organizado do Exército Vermelho Comunista". Os alemães não fizeram nenhuma menção aos ataques a Guernica, a Coventry, nem ao bombardeio com foguetes a Londres ou aos bombardeios da Luftwaffe a Stalingrado em fins de agosto de 1942, investidas aéreas devastadoras que mataram quarenta mil soviéticos, muitos deles refugiados, para o estrondoso gáudio triunfal de soldados alemães posicionados na margem oposta do Rio Don. Numa entrevista à rádio BBC nos primeiros anos da guerra, concedida a partir de sua casa de exilado na Califórnia, Thomas Mann, romancista premiado com um Prêmio Nobel, tinha enviado uma advertência a seus compatriotas: "A Alemanha acreditava que nunca teria que pagar pelas atrocidades que seu rompante de ações bárbaras parecia autorizá-la a cometê-las?"[1522]

Dresden

A operação foi planejada como um ataque duplo, um assalto conjunto da RAF e da Oitava Frota Aérea contra uma cidade cuja população, de seiscentos mil habitantes no pré-guerra, tinha saltado pouco tempo atrás para quase um milhão, como resultado de um deslocamento em massa de refugiados provenientes da região leste do país. A Oitava deveria atacar Dresden primeiro, montando nos céus da cidade uma operação de bombardeio de "precisão" para destroçar as instalações de seu sistema de transporte ferroviário, mas inclementes condições de tempo causaram o adiamento da operação. Isso deu ao Harris Balista a sua primeira chance de atacar a cidade.

Na noite de 13 de fevereiro, extemporaneamente agradável para essa época do ano, duas vagas de Lancasters, mais de oitocentos bombardeiros, se aproximaram da bela cidade ribeirinha, famosa por suas porcelanas, seus parques amplos e sua fabulosa arquitetura. Os dresdenses chamavam sua cidade de a Florença do Elbe. Faziam isso, porém, até antes de ela ter sido transformada num deserto de cinzas e escombros.

Tal como em Hamburgo, no verão de 1943, uma combinação catastrófica de bombas explosivas e bombas incendiárias provocou um incêndio colossal e incontrolável, um inferno que incinerou ou matou por asfixia pelo menos 35 mil pessoas, cerca de onze mil a menos do que o total das que tiveram suas vidas ceifadas na estupenda fornalha de guerra a céu aberto de Hamburgo. A Oitava Frota Aérea partiu em missão de ataque naquela manhã e na seguinte, atingindo um pátio de manobras ferroviárias no centro da cidade e despejando cargas explosivas aleatoriamente em seus bairros residenciais circunjacentes, para onde milhares de pessoas haviam se dirigido, ansiosas por escapar do incêndio infernal.

Kurt Vonnegut, um soldado de infantaria americano capturado na Batalha das Ardenas, tinha sido transferido para Dresden vários dias antes do bombardeio, cidade em que deveria participar de uma turma de trabalhos forçados. "As portas dos vagões fechados[1523] se abriram e, em seus vãos, se desenhou o quadro da mais encantadora cidade que a maioria dos americanos tinha visto na vida." Para Vonnegut, ela se parecia com a fictícia cidade de Oz.

Os prisioneiros foram levados marchando para um abatedouro, onde os alojaram num de seus edifícios, um abrigo de concreto para porcos que estavam sendo preparados para passar pela faca de abate do açougueiro. Esse edifício estava marcado com o número 5. Vonnegut se achava no frigorífico quando as bombas caíram. O lugar, porém, era seguro.

Somente às 12 horas do dia seguinte, os prisioneiros tiveram permissão de sair do abrigo. "Dresden estava como a lua agora,[1524] sem nada, a não ser

TERROR SEM FIM

matérias minerais. As pedras estavam quentes e todos os moradores do bairro haviam morrido", disse Vonnegut depois em seu romance *Matadouro 5*.

Vonnegut teve a sorte de ter sido levado para um abrigo seguro. Porquanto não havia em nenhum lugar de Dresden um único abrigo antiaéreo público, do tipo dos que existiam em outras cidades alemãs de tamanho considerável — edifícios de vários andares ou compartimentos subterrâneos construídos com grossas paredes de concreto resistente, providos de filtros contra gases letais, sistemas de ventilação, saídas de emergência, aparelhos de prevenção contra incêndio e centros de primeiros socorros. Portanto, à guisa de abrigos, os dresdenses eram obrigados a contar com subsolos usados como áreas de armazenagem em estações ferroviárias e de outros grandes edifícios públicos, bem como com os porões de estoques de carvão e de edifícios residenciais. O governador da Saxônia, Martin Mutschmann, sujeito de uma venalidade escandalosa, ignorara os apelos das autoridades da cidade para que providenciasse a criação de um número considerável de bons abrigos antiaéreos, embora ele tivesse feito a SS construír *bunkers* de concreto reforçado embaixo de seu gabinete e no jardim do quintal de sua casa.

E Dresden não estava apenas desprotegida de possíveis ataques aéreos, mas também não tinha sistemas de defesa. Conquanto as pistas e áreas de serviço do aeródromo local da Luftwaffe estivessem forradas com aviões de caças recém-fabricados, os pilotos tinham ordens para não decolar, por receio de que esgotassem o minguado estoque de combustível da nação, que estava sendo guardado para uma derradeira operação defensiva. E, no inverno daquele ano, os canhões antiaéreos da cidade tinham sido transferidos para as frentes de combate no Ruhr e no Rio Óder. Dresden[1525] era ainda então aquilo que o Harris Balista chamou de cidade intacta; em cinco anos de guerra, ela tinha sido bombardeada apenas duas vezes, em ambas pelos americanos — em 7 de outubro de 1944, como alvo secundário — e em 16 de janeiro de 1945. A Oitava atacara alvos industriais no interior e na área ao redor do principal pátio de manobras ferroviárias perto do centro da cidade, matando centenas de trabalhadores, mas sem que causasse nenhum dano ao seu glorioso centro histórico.

"Nós nos sentíamos seguros",[1526] disse Liselotte Klemich, uma dona de casa mãe de três filhos. Antes da situação infernal, falsos boatos vinham circulando pela cidade informando que Churchill tinha uma tia idosa em Dresden e que era por isso que a cidade havia sido poupada de ter o mesmo

624 MESTRES DO AR

destino de Hamburgo e Berlim. "Aos poucos, começamos a achar também que Dresden permaneceria intacta por causa dos maravilhosos tesouros artísticos da cidade e porque ela mesma era muito bonita. Tínhamos ficado despreocupados demais. Na maioria das vezes, eu nem sequer acordava meus filhos quando soava o alarme. Mas, naquela noite, quando liguei o rádio [...] por volta das nove e meia, fiquei horrorizada quando soube que grandes frotas de bombardeiros estavam a caminho e que deveríamos procurar abrigo imediatamente. Acordei e vesti minhas três filhas pequenas e as ajudei a pôr suas mochilinhas, cheias de roupas íntimas adicionais. Levei comigo uma pasta, que continha uma caixa refratária com documentos da família, todas as minhas joias e uma grande soma em dinheiro. Descemos às pressas para o abrigo no subsolo. A maioria das outras pessoas já estava lá com um semblante de pavor."

Enquanto pessoas choravam e rezavam, Frau Klemich se mantinha agarrada às filhas, pensando: "Desta vez, elas vão morrer." Ela estava preocupada também com a criança que carregava no ventre.

Abrigados todos apenas a 2,5 metros abaixo da superfície, podiam ouvir a chegada das máquinas voadoras dos britânicos. "Era como[1527] se a gigantesca esteira de uma barulhenta linha de montagem estivesse sendo operada acima de nós, produzindo ruídos entremeados de detonações e tremores", relatou Götz Bergander, o filho de 18 anos de idade do gerente de uma destilaria local, lembrando-se do momento trágico. As tripulações de Harris tinham sido treinadas para provocar incêndios que eram verdadeiros devoradores de cidades, mas, até então, elas haviam conseguido desencadear apenas três holocaustos urbanos infernais, em larga escala: em Hamburgo, Kassel e Darmstádio. Para que conseguissem criar um incêndio titânico com a força incineradora de um furacão infernal, tudo tinha que dar terrivelmente certo.[1528] E foi justamente o que aconteceu em Dresden.

Os Lancasters, sem nem mesmo ter tido que enfrentar a mais frágil resistência por parte dos alemães e navegando por um céu sem nuvens, lançaram uma mistura de bombas explosivas e incendiárias sobre edifícios da cidade, construções altamente inflamáveis e tão compactamente dispostas entre si que, como se não bastasse, continham em seu interior grandes depósitos de combustíveis para poderem enfrentar os rigores do inverno.

Munidos com carga explosiva de alta potência, esses artefatos — muitos deles bombas aéreas de 1.800 quilos ou "biscoitões" — foram criados para

TERROR SEM FIM

arruinar edifícios, destruir tubulações de água e abrir crateras abismais nas ruas, com a finalidade de impedir o trabalho de equipes de combate a incêndios e de serviços de emergência ou até neutralizá-las por completo. Esperava-se que essas bombas destroçassem janelas e portas, de modo que criassem correntes de ar que permitissem que incêndios menores fossem provocados por centenas de milhares de "estilhaços" incendiários, fazendo com que se espalhassem, se fundissem e produzissem, nas palavras de Vonnegut, "uma fogueira infernal",[1529] uma que consumiria com suas chamas vorazes "tudo que fosse orgânico, tudo que fosse inflamável". A chuva de explosivos de alta potência tinha outro objetivo: intimidar os habitantes da cidade, obrigando-os a permanecer em seus abrigos para que não pudessem extinguir com areia ou remover com ancinhos os abrasados estilhaços deflagradores de incêndio que caíam nos telhados de suas casas e edifícios residenciais.

Quando o primeiro ataque terminou, houve um silêncio de cemitério no abrigo de Bergander — construído com a mais avançada tecnologia da época embaixo da destilaria Bramsch por seu pai, um engenheiro notável. "A ocasião em que saímos do abrigo foi inesquecível.[1530] O céu noturno estava iluminado com tons róseos e vermelhos. Víamos apenas os contornos das casas e uma nuvem de fumaça vermelha cobrindo tudo." Bergander ficou tão abalado pelos trovões das explosões que se esqueceu do próprio medo e subiu no telhado da destilaria para tirar uma fotografia do céu tomado pelas chamas. "As pessoas corriam em nossa direção em total desespero, sujas de cinzas e trazendo cobertores umedecidos enrolados na cabeça." Esses dresdenses estavam fugindo da Altstadt, a parte mais antiga e mais caprichosamente preservada da cidade, o centro da vida cívica da urbe e alvo da primeira vaga de Lancasters.

O vasto incêndio só se intensificou mesmo depois do segundo ataque da RAF, pouco depois de uma hora da madrugada. A essa altura, os milhares de pequenos incêndios provocados pelas estilhas incendiárias já haviam se espalhado para telhados e sótãos, criando incêndios violentos em residências que aumentaram de forma devastadora e se fundiram com incêndios causados pela segunda torrente de bombas despejada sobre a cidade. Essas bombas caíram em áreas ao sul da Altstadt, principalmente no Grande Jardim, o magnífico gramado público de Dresden, onde dezenas de milhares de vítimas impelidas pelo medo haviam se refugiado.

626 MESTRES DO AR

As tripulações da segunda vaga de ataque dos Lancasters tinham ordens para atacar o Altmarkt, o histórico mercado público no centro da cidade, mas, quando viram que o local já era um mar de chamas vorazes e flageladoras, tomaram uma decisão na mesma hora: prosseguindo em sobrevoos pela cidade, lançaram suas cargas destruidoras onde não viram nenhum sinal de incêndio, queimando assim o que não tinha sido devorado ainda pelas chamas.

Todos os habitantes de Dresden ouviram as explosões estrondosas das "bombas aéreas", mas as pessoas refugiadas em abrigos não conseguiram captar um som mais traiçoeiro — os baques dos tubos de magnésio, artefatos com quase 2 quilos de carga incendiária, que caíam sobre os telhados de suas casas. Essas "bombinhas" incendiárias de magnésio à base de termite,[1531] que os alemães chamavam erroneamente de bombas de fósforo foram os grandes assassinos da noite, causando um total de danos e mortes cinco vezes maior do que o provocado pelas bombas à base de óxido de ferro convencionais. Em pouco tempo, Dresden foi engolfada numa voragem de fogos de proporções bíblicas, anulando completamente a ação dos bombeiros da cidade, que ficaram limitados a combater incêndios menores na periferia do furacão incendiário e a criar corredores de fuga para as pessoas presas no meio do sorvedouro de flamas.

A maioria dos habitantes da cidade que resolveu permanecer nos depósitos de carvão de seus sótãos para tentar esperar a tempestade de fogos passar se condenou a padecer sob o flagelo das chamas. E até mesmo abrigos antiaéreos bem-construídos ofereciam pouca proteção contra efeitos secundários dessas tempestades de fogos incontroláveis, tanto que 70 por cento das vítimas do incêndio colossal de Dresden sucumbiram por envenenamento provocado pelo monóxido de carbono[1532] liberado pela combustão dos materiais; muitas delas morreram rapidamente, sem dores nem nenhuma queimadura em seus corpos.

O abrigo de Frau Klemich não se achava no meio da rota de avanço do furacão chamejante, e ela e suas filhas sobreviveram a ambos os ataques. Já Anne Wahle, moradora de outra parte da cidade, quase não conseguiu escapar do perigo descomunal. Nascida nos Estados Unidos, ela se casara com um oficial alemão antes da guerra e teve que lutar muito para achar um caminho em busca de um local seguro na companhia de seus três filhos pequenos e de sua enfermeira residente. "O calor era quase insuportável,[1533]

TERROR SEM FIM

e fortes rajadas de vento faziam que nos agarrássemos uns aos outros, por receio de sermos levados embora com ele. Era quase impossível enxergar através das centelhas que rodopiavam o tempo todo à nossa volta, como se fizessem parte de uma nevasca vermelha abrasadora, e mesmo assim continuávamos a forçar a vista através delas na tentativa de avistar um sinal de algum tipo de abrigo."

Nas ruas, os sapatos das pessoas se fundiam com o asfalto superaquecido, e o turbilhão de fogos se movia tão rapidamente que muitos foram reduzidos a um punhado de cinzas antes mesmo que tivessem tempo para tirá-los dos pés. O fogo derretia ferro e aço, transformava pedras em pó e fazia com que as árvores explodissem por causa do superaquecimento de suas próprias resinas. As pessoas fugindo desesperadas do incêndio sentiam nas costas o imenso calor irradiado por ele, queimando os seus pulmões.

Mas eram os ventos com a força de vendavais — e não o calor espantoso — que causaram a impressão mais terrível nos sobreviventes. Aquilo que pareciam ventos semelhantes aos potentes sopros de um furacão ardente eram, na verdade, fortes remoinhos de convecção ou verdadeiros braseiros de vento — superaquecidas colunas de ares tórridos levantadas pelo incêndio e postas em movimentos giratórios, semelhantes aos de tornados, por descendentes correntes de ar mais frio. Desse modo — atraindo quantidades de ar mais frio e pesado para o vácuo gerado por massas de ar mais quente e mais leve —, um grande incêndio produz suas próprias correntes de ar turbilhonantes que carreiam destroços em chamas para um ponto bem mais à frente do foco de incêndio principal, desencadeando assim outros incêndios. No caso de Dresden, esses incêndios menores acabaram fundindo-se, aprisionando pobres seres humanos entre o incêndio principal, que se aproximava pela retaguarda, e o novo incêndio, que avançava rapidamente na direção dele. Encurralados nessa espécie de operação em pinça, muitos dresdenses ficaram desorientados e entraram em pânico.

De repente, a certa altura da catástrofe, Anne Wahle viu uma mulher se aproximando da direção oposta, empurrando um grande carrinho de bebê com seus dois filhos "sentados nele empertigados, rijos como bonecos.[1534] [...] Ela passou por nós com uma pressa incrível, seguindo direto para o incêndio. [...] Ela e os filhos desapareceram instantaneamente em meio às chamas." Algumas dessas almas infortunadas, presas entre as labaredas da frágua imensa e desesperadas, simplesmente se ajoelhavam no meio da rua e ficavam esperando seu fim horrível.

Algum tempo depois, Wahle e sua família localizaram uma casa que continuava de pé, onde acharam refúgio em seu porão. Na manhã do dia seguinte, tentaram fugir da cidade incinerada. Viram que as ruas estavam macabramente vazias, com quase todas as casas pelas quais passavam arruinadas pelas chamas. "Para onde foram todos?[1535] Estavam todos mortos ou ainda agachados nos sótãos?" Logo em seguida, descobriram o que havia acontecido quando se aproximaram do Grosser Garten, onde viram partes de corpos queimados pendurados em árvores. Continuaram andando e viram, mais adiante, fileiras e mais fileiras de corpos juncando o gramado aparado, como se fossem toras carbonizadas. Essas tristes vítimas do incêndio, com suas feições transformadas pelo calor intenso numa massa informe e seus corpos estranhamente crispados, tinham fugido às pressas de suas casas em chamas na antiga cidade para um local que acharam que seria um refúgio. "A água ainda escorria tranquilamente na bacia do chafariz banhado pela fraca luz solar", contou Anne Wahle depois da guerra, quando voltou para os Estados Unidos. "Pensei nas crianças que pouco tempo atrás andavam se divertindo em seus barcos a vela naquele lugar."

Wahle e sua família conseguiram sair da cidade naquela noite e acabaram conseguindo chegar à casa da família de sua enfermeira nos Alpes austríacos. Todavia, no dia seguinte, Liselotte Klemich e seus filhos estavam de volta a Dresden, na Quarta-Feira de Cinzas, quando aviões da Oitava Frota Aérea apareceram nos céus da cidade, atravessando colunas de fumaça que se elevavam a mais de 4.500 metros de altura. Na ocasião, 311 Fortalezas lançaram 771 toneladas de bombas explosivas e incendiárias sobre a cidade flagelada, atingindo o pátio de manobras ferroviárias de Friedrichstadt, a estação de passageiros e um bairro industrial contíguo ao pátio. Também foram atingidos um pátio de manobras ferroviárias menor e pelo menos três pequenas áreas residenciais fora do centro da cidade. Com os alvos obscurecidos pelas nuvens e esteiras de fumaça negra, a maioria dos esquadrões se viu obrigada a mirar suas bombas com o uso de radares e alguns chegaram a fazer lançamentos "acidentais".[1536] Fotografias tiradas pelo serviço secreto e relatórios pós-voo apresentados por operadores de radar indicam que a "maior parte das bombas"[1537] caiu nos pátios de manobras ferroviárias ou "em áreas densamente populosas da cidade", algumas das quais situadas perto dos pátios de manobras, ao passo que outras distando nada menos que algo entre "13 e 16 quilômetros do alvo".

TERROR SEM FIM

Os danos teriam sido maiores se todos os grupos de bombardeiros americanos enviados a Dresden tivessem alcançado o destino indicado. Três deles se desorientaram em meio a uma grossa camada de nuvens na região central da Alemanha e, achando que tinham atingido a cidade alemã, na verdade haviam bombardeado Praga.[1538]

Como o bairro em que Götz Bergander morava ficava próximo aos pátios de manobras ferroviárias de Friedrichstadt, bombas caíram em muitas áreas perto de sua residência, mas nem ele e as outras pessoas de seu abrigo não se feriram. O bloco de apartamentos da família, porém, foi arrasado, e a mãe de Götz, que tinha apenas 44 anos de idade, sofreu um ataque cardíaco. Os Bergander e seus vizinhos transferiram suas camas para o abrigo, que se tornou sua residência noturna durante o restante da guerra.

Havia milhares de pessoas desabrigadas no bairro de Bergander quando os bombardeiros americanos apareceram pela primeira vez nos céus da região, pessoas que tinham fugido da antiga cidade. Elas "tinham a forte sensação[1539] de que haviam ido parar ali para serem alvo da perseguição especial desencadeada pelo bombardeio de 14 de fevereiro, em pleno meio--dia", disse Bergander depois. O ataque não tinha sido planejado com tanta perfídia assim, mas, para as vítimas, com certeza ele fora elaborado com esse requinte de crueldade. Esses temores resultavam daquilo que o historiador Richard Taylor observou bem: afinal, primeiramente os britânicos bombardearam Altstadt e depois atacaram o Grosser Garten, para onde milhares de vítimas do bombardeio a Altstadt tinham fugido. Por fim, os americanos bombardearam as áreas intactas da região suburbana ocidental. "Era como se[1540] o inimigo conseguisse prever todos os movimentos dos dresdenses e depois os matava como gado, astutamente induzido a entrar em áreas de confinamento."

Os moradores locais, juntamente com alguns historiadores estudiosos do bombardeio, principalmente no caso do inglês David Irving, alegariam depois que Mustangs P-51[1541] do Vigésimo Grupo de Caças atacaram, com rajadas de metralhadoras em voos rasantes, vítimas sobreviventes do incêndio refugiadas nas campinas próximo às margens do Elbe e na área do Grosser Garten, cumulando, em sua ficha de assassinatos, um massacre após o outro. Não é possível que isso tenha acontecido, visto que o Vigésimo Grupo de Caças estava em Praga nesse dia,[1542] junto com os bombardeiros que tinham se desviado da rota; nem em registros alemães e tampouco em americanos consta alguma menção de operações de ataques em voos de metralhamentos rasantes em nenhum lugar perto da região de Dresden nos dias dos bombardeios americanos. Tanto assim que Joseph Goebbels, que teria se aproveitado dessa informação para fazer críticas ferinas aos Aliados, não teve nada a dizer a respeito de ataques de caças em voos rasteiros contra a população de Dresden.

Em 15 de fevereiro, mais de duzentas Fortalezas da Oitava Frota Aérea voltaram a Dresden, desviadas para lá por más condições climáticas nos céus sobre seu alvo principal, uma refinaria de petróleo perto de Leipzig. Chegaram a causar alguns danos a centros industriais em zonas suburbanas, mas nenhuma bomba caiu no ponto de visada, os pátios de manobras ferroviárias da cidade.

Quando os americanos voltaram para suas bases, uma autoridade do governo nazista fez um pronunciamento pelo rádio. "Nenhum edifício isolado[1543] continua intacto ou em condições de ser reconstruído. No centro da cidade, não se vê a presença de um único ser humano. Uma grande cidade foi varrida do mapa da Europa." Relatos da época da guerra informam que o número de mortos chegou a quatrocentos mil. Porém, uma nova pesquisa feita por Götz Bergander, que elaborou um minucioso relato do bombardeio, indica que o número de mortos oscila entre 35 mil e 40 mil pessoas.[1544] Mas o fato é que a cidade estava inchada com a presença de centenas de milhares de refugiados. Portanto, quem pode saber com certeza quantas pessoas morreram?

Semanas após o bombardeio incendiário, a jornalista berlinense Úrsula von Kardorff, que pouco tempo atrás havia deixado o emprego e sua casa na cidade para refugiar-se numa região campestre, ouviu "histórias terríveis"[1545] sobre pessoas desenterrando corpos das ruínas de Dresden. "Os britânicos se orgulhavam muito de terem matado tantos refugiados. Essa barbaridade cometida por eles não difere muito da nossa. É simplesmente desumano o fato de alguém despejar explosivos de alto poder destrutivo e bombas de fósforo sobre refugiados, idosos, mães e crianças."

"O incêndio continuou durante semanas",[1546] contou Liselotte Klemich. "Eu não estava lá para ajudar a resgatar os corpos. Nós lemos sobre isso nos jornais. Eles juntaram e queimaram os corpos na praça do mercado." Prisioneiros de guerra dos Aliados trabalharam na limpeza, retirando corpos estorricados e retraídos das ruínas — foi uma "garimpagem de corpos",[1547]

TERROR SEM FIM

conforme Kurt Vonnegut chamou essa tarefa macabra. Os prisioneiros[1548] usavam forcados para pôr os corpos mirrados em carroças e carrinhos de fazendeiros. Em seguida, eles eram empilhados em grades de ferro no mercado central da cidade, embebidos com benzeno e imolados por membros da SS especialistas em extermínio levados de um campo de concentração local à cidade. Algum tempo depois, as cinzas foram enterradas em covas coletivas. A gigantesca cremação durou até março e, mesmo semanas depois, prisioneiros dos Aliados que haviam trabalhado na limpeza não conseguiam tirar o cheiro de carne queimada de suas roupas.

"A ideia era apressar o fim da guerra",[1549] escreveu Vonnegut em seu romance. "Somente uma pessoa conseguiu beneficiar-se de algum modo do bombardeio a Dresden, e essa pessoa sou eu",[1550] disse ele depois. "Criei um romance de oposição à guerra que me rendeu muito dinheiro."

John Morris, o operador de metralhadora móvel lateral da Oitava Frota Aérea, não concordava com isso. "Não tenho vergonha[1551] de ter participado do bombardeio a Dresden [...] em 15 de fevereiro; foi uma operação militar estratégica legítima e estou convicto de que ela apressou a chegada do Dia da Vitória das Forças Aliadas na Europa (VE-Day, na sigla em inglês). [...] A Wehrmacht estava recuando diante do avanço do exército soviético ao longo de toda a frente de combate oriental. [...] Contudo, assim que os alemães alcançassem o solo sagrado da própria nação, podia-se dar como certo que se reorganizariam, se tornariam letais outra vez e se lançariam num combate desesperado. [...] Portanto, era uma estratégia para impedir que a Wehrmacht alcançasse a relativa segurança em sua principal base de operações. E foi o que fizemos: destruímos com nossas bombas os pátios de manobras ferroviárias e entroncamentos rodoviários ao longo de suas rotas de retirada — em toda a região de fronteira do leste da Alemanha — Estetino, Berlim, Frankfurt do Óder, Leipzig — bem como em Dresden [...].

"Não me alegro com a perda de 35 mil vidas. Aliás, duvido que havia muitos judeus entre essas vítimas; afinal, os bons cidadãos de Dresden tinham acabado de despachar a última leva deles para Auschwitz."

Realmente, foi mais ou menos isso o que aconteceu. Victor Klemperer, um professor da Universidade Técnica da cidade, foi um dos integrantes do pequeno grupo de 198 judeus registrados em Dresden quando os primeiros Lancasters arremeteram contra a cidade, rasgando o céu sem nuvens de um dia de fevereiro. O restante tinha fugido, cometido suicídio ou sido enviado para Auschwitz e outras fábricas de mortes. Condecorado veterano da Primeira Guerra Mundial e ardente patriota, Klemperer tinha perdido o emprego, a própria casa e a poupança da mulher na onda de histeria racial que varreu a cidade quando Hitler ascendeu ao poder. Ele não fora deportado, todavia, porque era casado com uma "ariana", uma alemã racialmente "pura". Isso mudou em 13 de fevereiro, quando todos os judeus em condições de realizar trabalho braçal receberam uma ordem para que se apresentassem três dias depois, de forma que fossem levados para um campo "de trabalho" desconhecido, ordem que eles consideraram uma sentença de morte.

O pai de Henni Brenner era um desses remanescentes judeus de Dresden. "Na manhã em que ele[1552] recebeu a ordem de se apresentar para a transferência [...] ficou muito deprimido", relatou sua irmã, "e disse: 'Henni, somente um milagre, um acontecimento inesperado pode nos salvar agora.'" Assim que as bombas começaram a cair, Brenner e sua família arrancaram as degradantes estrelas amarelas de suas roupas e partiram em busca de caminhos que lhes permitissem sair da cidade flagelada pelas bombas. Entre os outros fugitivos estavam Victor Klemperer e sua esposa, Eva. Eles passaram três meses fugindo antes que conseguissem achar refúgio num povoado da Baviera ocupado por tropas americanas.

Antes de partir, Brenner, o mais velho dos irmãos, fez questão de dar uma olhada no edifício da Gestapo. "Não podíamos ir tão longe assim", disse sua irmã, "pois estava tudo em chamas, mas, a distância, vimos que vinha sendo destruído pelo fogo também. Bem, diante disso, partimos com certa satisfação."

Dresden era mesmo um alvo militarmente válido? O general Doolittle achava que sim.[1553] Embora incomodado com a imensidão dos danos causados pelos britânicos, ele considerava Dresden um centro da rede de transportes nacional de importância fundamental — um entroncamento de três importantes linhas-tronco da Reichsbahn, tanto que 28 trens do exército alemão,[1554] transportando um total de quase vinte mil soldados, vinham passando pela cidade todos os dias no início de fevereiro. O pátio de manobras ferroviárias de Friedrichstadt, o principal alvo das Fortalezas de Doolittle, era um dos mais importantes da região oriental da Alemanha. Na noite anterior à investida de bombardeio da RAF, prisioneiros de

TERROR SEM FIM

guerra americanos estavam sendo transferidos por intermédio desse pátio de manobras e de baldeações. "Durante quase doze horas,[1555] soldados e equipamentos alemães entraram e saíram de Dresden", contou um dos prisioneiros, o coronel Harold E. Cook. "Vi com meus próprios olhos que a cidade era um centro militarizado: milhares de soldados alemães, viaturas blindadas, peças de artilharia e comboios ferroviários com quilômetros de extensão, carregados de suprimentos para apoiar o sistema logístico alemão e transportar suas cargas em direção ao leste para enfrentar os soviéticos."

Sétima maior cidade da Alemanha, Dresden era um próspero centro de fabricação de miras de armas de fogo, equipamento de radar, detonadores de bombas, componentes eletrônicos e gás venenoso para a Luftwaffe e a Wehrmacht. Em 1945, cerca de cinquenta mil trabalhadores[1556] da cidade estavam empregados no complexo da indústria bélica germânica.

Não muito longe dali havia um campo de trabalho forçado chamado Schlieben, onde prisioneiros judeus produziam Panzerfausts, os eficazes lançadores de granada antitanque descartáveis que se tornariam as armas favoritas da fanática Juventude Hitlerista em suas batalhas suicidas finais contra as tropas Aliadas. Nas primeiras horas de 14 de fevereiro, os trabalhadores escravos de Schlieben ficaram observando Dresden ser consumida pelas chamas. "Para nós, foi como se estivéssemos saindo do Inferno e entrando no Paraíso",[1557] comparou Ben Halfgott, "pois sabíamos que o fim da guerra devia estar próximo e nossa salvação também".

Meio século depois, perguntaram a John Morris[1558] por que Dresden demorou tanto a ser bombardeada. Como poderíamos ter sabido então, respondeu ele, que a guerra terminaria no começo de maio? Na Quarta-Feira de Cinzas, o Exército americano ainda estava se recuperando do duro golpe sofrido na Batalha das Ardenas.

A propósito do episódio, Sir Arthur Harris argumenta de forma peremptória em suas memórias: "Na época, o ataque a Dresden[1559] era considerado uma necessidade militar por pessoas mais importantes do que eu." Mas a questão essencial não é por que ou quando Dresden foi bombardeada, mas como ela foi bombardeada. Por que realizar um bombardeio devastador contra uma cidade inteira quando um ataque seletivo a instalações ferroviárias teria sido bem mais condizente com os objetivos da reformulada Operação Trovão? Porque a execução dessa operação foi uma decisão tomada exclusivamente por Harris. Em razão da falta de uma atenta supervisão

MESTRES DO AR

governamental das políticas de bombardeio do Harris Balista — tanto os dirigentes britânicos quanto os americanos deixavam a condução das questões operacionais nas mãos dos comandantes de suas forças aéreas —, ele teve um controle quase total sobre a missão. Não surpreende, portanto, que Dresden tivesse recebido o mesmo tratamento das outras cidades que ele riscara ou das que tentara riscar do mapa.

Foi tudo, ademais, uma questão de falta de proporção, conforme observado por Götz Bergander. "Até na guerra,[1560] os fins devem corresponder aos meios. No caso em apreço, os meios pareceram muito desproporcionais aos fins. Eu não diria que Dresden não deveria ter sido bombardeada — afinal, era um centro ferroviário e, portanto, um alvo importante. Também não direi que Dresden foi um caso excepcional em comparação com outras cidades alemãs. Mas não entendo por que isso teve que ser feito numa escala tão grande."

Aliás, Dresden não tinha sido especialmente indicada para um ataque dizimador. Não havia nada de excepcional[1561] com relação à investida de bombardeio, exceto no que se refere à magnitude da devastação. Harris planejou essa missão exatamente como o fizera com respeito aos outros 38 ataques devastadores contra outras cidades que sua força de ataque executou nos três primeiros meses de 1945. O fato é que a operação em Dresden foi uma missão de bombardeio incendiário que, por acaso, transcorreu exatamente como planejado. "Em nossa opinião,[1562] foi apenas um acaso feliz" sob o aspecto militar, comentou o eminente físico Freeman Dyson, um cientista que trabalhava no quartel-general do Comando de Bombardeiros. "Havíamos atacado Berlim dezesseis vezes antes e com a mesma força com que atacamos Dresden uma única vez. Não houve nada especial no bombardeio a Dresden, exceto o fato de que, pelo menos uma vez, tudo funcionou conforme planejado. [...] A operação ali foi como acertar o buraco numa partida de golfe com uma única tacada." Todavia, as baixas foram espantosamente altas, mas não desproporcionais aos bombardeios incendiários da RAF em pelo menos outros cinco ataques a cidades alemãs: Pforzheim, Darmstádio, Kassel, Hamburgo e Wuppertal.

Para a Oitava Frota Aérea, foi também um bombardeio de rotina, uma operação normal, "como outra qualquer".[1563] Aliás, nenhuma operação de ataque aéreo conjunto ilustra melhor as diferenças das políticas de bombardeio da RAF e da Oitava, que foram se assemelhando rapidamente, porém,

TERROR SEM FIM

no fim da guerra, mas ainda assim se mantiveram distintas. Separados por um intervalo de algumas horas entre si, os aviões de duas poderosas forças aéreas foram enviados para bombardear uma cidade com o mesmo objetivo estratégico: a paralisação do tráfego ferroviário pelo corredor formado pelas cidades de Berlim, Leipzig e Dresden. Mas os comandantes das duas aeronáuticas, Doolittle e Harris, empregaram técnicas de bombardeio diferentes. Uma das forças aéreas tentou aniquilar um sistema ferroviário urbano, enquanto a outra tentou varrer uma cidade inteira do mapa.

Ambos, contudo, fracassaram em seus objetivos. Não obstante, após o bombardeio, Harris se gabou: "Dresden concentrava um grande número de fábricas de munição,[1564] tinha uma sede governamental intacta e era um centro de transportes ferroviário essencial para o leste. Agora, não é nada disso mais." Não foi bem assim. Embora o bombardeio incendiário houvesse sido um duro golpe nas indústrias e na rede ferroviária da cidade, caso o Comando de Bombardeiros tivesse atacado as áreas suburbanas em que a maior parte das unidades fabris de Dresden se concentrava, os transtornos em sua economia teriam sido muito maiores.

Para os estrategistas da Força Aérea, o bombardeio dos americanos e sua operação complementar foram igualmente decepcionantes, haja vista que, duas semanas depois, o serviço de transporte ferroviário de Dresden foi parcialmente restabelecido e,[1565] pouco depois, trens militares começaram a transitar pelos pátios de manobras ferroviárias da cidade. No entanto, como centro de conexão ferroviário, Dresden foi finalmente eliminada e da mesma forma que centros de transporte alemães no Vale do Ruhr haviam sido destruídos: por meio de ataques repetidos; no caso de Dresden, em duas missões bem-executadas, em 2 de março e 17 de abril.[1566] O último golpe foi decisivo. Quase seiscentos bombardeiros da Oitava Frota Aérea pulverizaram os pátios de manobras ferroviárias da cidade, rompendo a última via de ligação norte-sul do Reich. Nessa operação morreram pelo menos quinhentos civis, mas os americanos foram tão precisos quanto possível na difícil tarefa de realizar bombardeios contra alvos militares urbanos.

A Oitava Frota Aérea nunca conseguiu atacar com precisão um pátio de manobras ferroviárias quando sua área se achava encoberta por nuvens ou fumaça. Jovens morreram tentando realizar a tarefa, mas parece que o comando da força não ficava satisfeito com fracassos heroicos, tanto que, depois da guerra, ele suprimiu esses episódios de seus registros de operações de bombardeio. Durante a guerra, comandantes de grupos de bombardeiros da Oitava Frota Aérea nunca tentavam dissimular os resultados de suas ações. Prova disso está no fato de que, embora certos alvos tivessem recebido a designação de "pátios de manobras ferroviárias", súmulas de relatórios de pós-voo eram perfeitamente claras a respeito do que havia sido destruído. "O ataque em formação de esquadrão em baixa altitude à área central da cidade e a um bairro residencial densamente habitado"[1567] informa um típico resumo de missão, neste caso a do bombardeio de 7 de outubro de 1944 a Dresden. No entanto, depois da guerra, quando anônimos historiadores da Força Aérea compilaram dois volumosos documentos com dados estatísticos de missões de bombardeio estratégico americanas — relatórios ainda usados por uma vasta gama de historiadores independentes — em nenhum dos documentos consta a designação de "área urbana" como tipo de alvo. Richards Davis, experiente historiador do Departamento de Apoio Historiográfico da Força Aérea, disse a propósito em seus escritos: "A mão ou as mãos desconhecidas[1568] que elaboraram os relatórios mudaram a designação de áreas urbanas atingidas pelos bombardeios para 'pátios de manobras ferroviárias' ou para 'áreas portuárias' ou 'industriais.'" E todas as denominações das incursões de bombardeio ao centro urbano de Berlim foram alteradas para uma categoria expressamente reservada a essa cidade, qual seja a de "centro de administração governamental civil e militar". É como se a Força Aérea Americana nunca tivesse realizado uma investida de bombardeio contra uma cidade inimiga na Europa.

Essa calculada política de obscurecimento da verdade começou durante a guerra com os comunicados à imprensa divulgados pela formidanda máquina de comunicação social da Força Aérea, um aparato de propaganda insuperável até mesmo pela máquina de relações públicas do Corpo de Fuzileiros Navais. Depois da investida de bombardeio a Dresden, o general Frederick Anderson enviou um cabograma a um preocupado Hap Arnold com a seguinte notícia tranquilizadora: "Oficiais de relações públicas[1569] foram orientados a ter especial cuidado com a tarefa de fazer com que, no futuro, a natureza militar dos alvos atacados seja especificada e acentuada em todas as situações. Tal como no passado, a declaração de que foi realizado um ataque nessa ou naquela cidade deverá ser evitada; o que deverá ser feito é uma descrição de ataques a alvos específicos."

Contudo, as cargas de bombas usadas em missões de ataques a áreas urbanas — a proporção entre bombas explosivas[1570] e bombas incendiárias —

TERROR SEM FIM

nos contam a história real. Bombas incendiárias não produzem efeitos explosivos nem causam demolições e, portanto, de uma forma geral não eram usadas contra alvos resistentes — indústrias, pátios de manobras ferroviárias e equipamentos militares pesados. Sua única finalidade era destruir alvos "frágeis", tais como residências, barracos, edifícios comerciais e escritórios do governo. No entanto, na missão da Oitava Frota Aérea a Dresden em 14 de fevereiro — de bombardeio a um pátio de manobras ferroviárias —, a proporção de cargas explosivas em relação à de incendiárias foi de 60 contra 40 por cento, uma combinação letal em se tratando de bombardeio por zona, em vez de bombardeio de precisão.

Mas isso não era algo incomum. Em bombardeios guiados por radar, bombardeiros estratégicos americanos usaram muitas vezes uma alta proporção de bombas incendiárias[1571] contra centros ferroviários de outras cidades: Colônia (27 por cento), Nuremberg (30 por cento), Berlim (37 por cento) e Munique (41 por cento), embora um número muito pequeno de bombas incendiárias tivesse sido usado em ataques aos sistemas ferroviários franceses nas operações de preparativos para o Dia D, por receio de que matassem civis franceses. Num ataque complementar a Berlim, em 26 de fevereiro de 1945,[1572] mais de mil bombardeiros americanos, usando aparelhos de guiamento por radar e transportando uma carga de explosivos formada por 44 por cento de bombas incendiárias, destruíram três das mais importantes estações ferroviárias da cidade e provocaram incêndios arrasadores, que se espalharam por áreas do alvo não visadas pelo plano de ataque, incluindo bairros residenciais. Três semanas depois, em 18 de março, a Oitava montou sua mais devastadora missão de bombardeio a Berlim na guerra, lançando sobre a cidade mais de meio milhão de bombas incendiárias. O tamanho da capital alemã, com suas construções modernas, sua excelente força de combate a incêndios, seus formidáveis sistemas de defesa antiaéreos e suas largas e majestosas avenidas, que funcionavam como barreiras contra incêndios, era mais difícil de engolfar num imenso fogaréu de chamas incinerantes do que Dresden. Se não fosse por isso, qualquer um desses bombardeios contra "sistemas de transporte", realizados nos últimos meses da guerra, poderia ter desencadeado na cidade um incêndio de proporções titânicas.

Contudo, a Oitava Frota Aérea não estava tentando incendiar Berlim nem nenhuma outra cidade alemã. Na verdade, sabedora de que não conseguiria atingir com precisão seus mais importantes alvos urbanos, principalmente em bombardeios guiados por radar, fez seus bombardeiros transportarem grandes cargas de bombas incendiárias para ampliar o perímetro de destruição, o que aumentava as chances de que o alvo visado sofresse os danos almejados. Isso ampliava também, logicamente, a possibilidade de se causar a morte de um grande número de cidadãos comuns, principalmente com a maioria dos bombardeios americanos sendo feita por guiamento de radar no inverno de 1944 para 1945. Com o intuito de compensar ataques imprecisos — causados por imprecisão em sistemas de radar, más condições meteorológicas, resistência dos alemães, problemas no funcionamento de equipamentos e falhas humanas por parte de combatentes incumbidos de realizar tarefas que exigiam precisão, enquanto se achavam sob o ataque dos fogos inimigos, que eram, portanto, bastante estressantes, as tripulações de bombardeiros americanos realizavam bombardeios rolantes com frequência, disse Milt Groban, navegador-bombardeador de ataques guiados por radar da 15ª Frota Aérea. "Um de nossos costumeiros ajustes no intervalômetro, com bombas de 230 quilos, era de 122 metros.[1573] Isso significa", explicou Groban, "que as bombas acabavam sendo lançadas sequencialmente, de modo que formassem uma esteira de fogos de quase 1.500 metros de extensão. Um grupo de bombardeiros típico, formado por quatro esquadrões, totalizando cinquenta aeronaves, lançava cinquenta dessas esteiras de bombas sobre a área do alvo. Geralmente, atingíamos alguma coisa — quase sempre, uma ou duas bombas acertavam ou danificavam o alvo." Para que não fossem confundidos com os britânicos, os americanos pediam que os julgassem por aquilo em que miravam suas bombas, e não pelo que atingiam. Mas a alternativa a bombardeios imprecisos era não bombardear nada e, com isso, se corria o risco de contribuir para com o prolongamento da tirania dos nazistas contra, entre outros, trabalhadores escravos, prisioneiros de guerra e pessoas retidas em campos de concentração.

A diferença entre os bombardeios da Oitava Frota Aérea, cujos alvos eram sistemas de transporte, e os da RAF, bombardeios por zona, ficava mais clara em ataques a cidades em que a maioria das indústrias, ou todas elas, ficava localizada em áreas suburbanas. Na noite de 11 para 12 de setembro de 1944, por exemplo, o Comando de Bombardeiros provocou um incêndio gigantesco que, em menos de uma hora, dizimou todo o centro urbano de Darmstádio, uma área residencial sem nenhum pátio de manobras ferroviárias nem nenhuma indústria bélica importante. Todavia, o bombardeio foi ineficaz. Com 90 por cento das indústrias da cidade localizadas em áreas suburbanas não atingidas pelo incêndio, a produção de materiais bélicos de Darmstádio foi quase totalmente restaurada dentro de um mês. Em dezembro daquele ano, a Oitava Frota Aérea bombardeou as indústrias da zona suburbana da cidade, por sinal um grande alvo, facilmente localizável, até por radares. Esse ataque estratégico foi para as indústrias da urbe um "golpe de misericórdia",[1574] embora sem grandes perdas de vidas humanas ou danos a propriedades particulares em partes da cidade que tinham sido poupadas no bombardeio devastador da RAF, em setembro.

Os múltiplos bombardeios a Berlim e a Dresden em fevereiro e março de 1945 faziam parte de uma grande intensificação da guerra aérea, tanto que, já em fins de 1944, quase quatro quintos das cidades tedescas com mais de cem mil habitantes tinham sido destruídos; e isso aconteceu antes que as operações de bombardeios dos Aliados atingissem o auge. Nos quatro primeiros meses de 1945, as forças aéreas anglo-americanas lançaram sobre a Alemanha mais que o dobro da carga de bombas que a RAF tinha despejado sobre ela durante todo o ano de 1943. "É psicologicamente arrasador ficar esperando,[1575] dia e noite, a catástrofe inevitável", disse Mathilde Wolff--Mönckeberg, uma senhora de 68 anos de idade, em carta enviada aos netos já crescidos, que estavam morando no exterior. Essa matrona alemã tinha se recusado a abandonar sua "pobre e destruída Hamburgo em chamas" quando ocorreu uma retirada em massa, no fim do verão de 1943, uma das doze realizadas durante o conflito[1576] que geraram mais de dez milhões de deslocados de guerra — a maioria formada por mães acompanhadas dos filhos (mulheres sem filhos que trabalhavam e a maior parte das mulheres com filhos crescidos foram proibidas de deixar a cidade).

Enquanto o governo alemão não procurasse iniciar conversações de paz, não haveria razão para interromper os bombardeios. Mas o questionável, tanto do ponto de vista moral quanto do militar, é o que estava sendo bombardeado e como isso vinha sendo feito. A atenção quase exclusiva que o mundo deu aos excessos cometidos em Dresden impediu que os cidadãos globais dessem a devida atenção a outros exageros idênticos. Pforzheim, por exemplo, era uma cidade de porte médio do sudoeste da Alemanha que fabricava instrumentos de precisão e tinha valor secundário para a Wehrmacht como entroncamento ferroviário para trens militares. Dez dias após o

640

MESTRES DO AR

bombardeio a Dresden, porém, as tripulações de Harris destruíram mais de 80 por cento da área urbana da cidade e dizimaram mais de um quarto de sua população (em comparação com os cerca de 5 por cento de vidas ceifadas em Dresden). "A cidade inteira foi destruída pelas chamas",[1577] informou Harris a seus colegas comandantes em 1º de março. "Esse ataque", acrescentou ele com evidente satisfação, "é aquilo que se conhece vulgarmente como ataque terrorista deliberado". Até então, o Comando de Bombardeiros tinha destruído 63 cidades alemãs "dessa forma", nas palavras dele.

Mas ele não havia terminado o serviço ainda. Na noite de 16 para 17 de março, suas frotas aéreas destruíram Vurtsburgo,[1578] local de uma catedral histórica e de um centro universitário no norte da Baviera. Quase 90 por cento da área urbana da cidade foram destruídos pelas chamas e cinco mil de seus cem mil habitantes morreram. Esse bombardeio indiscriminado e injustificável do começo de 1945 deveria servir de alerta para as nações que desencadeiam guerras, pura e simplesmente, para extravasar seus instintos agressivos. Afinal, quando povos que se tornam alvos de suas maldades são forçados a lutar pela própria sobrevivência, combatem o inimigo, se forem fortes o bastante, com uma fúria desvairada, resolvendo-se a esmagá-lo totalmente (ao contrário do que aconteceu na Primeira Guerra Mundial, essa guerra terminaria com a capitulação de uma nação beligerante, e não com um tratado de paz). "Nesse tipo de conflito, o que surpreende é o fato de que escrúpulos morais tenham entrado tanto assim no cômputo" da escolha dos alvos e das operações,[1579] escreveu o historiador Richard Kohn.

O povo alemão se tornou vítima do "ódio que seus líderes haviam cultivado sistematicamente",[1580] escreveu o general Hans Rumpf, ex-chefe do serviço de combate a incêndios do Reich. "Foram os homens, as mulheres e seus filhos que tiveram que pagar a conta por isso." Mas milhões de alemães "comuns" — bem como o próprio general Rumpf — tinham apoiado os objetivos nefastos de Hitler e, pelo fato de terem feito isso, puseram a si mesmos, suas cidades e suas crianças numa situação de grande perigo. Meio século depois, o romancista alemão W. G. Sebald concluiu seu controverso livro sobre a guerra aérea, *On the Natural History of Destruction*, com o seguinte pensamento: "A maioria dos alemães da atualidade[1581] sabe ou pelo menos se espera que saiba que, na verdade, fomos nós mesmos que provocamos a aniquilação das cidades em que vivíamos outrora."

TERROR SEM FIM

Operação Trombeta

Nenhuma cidade alemã estava a salvo de ataques no início de 1945, tanto que, com uma operação aérea denominada Trombeta, uma das mais polêmicas da guerra, os Aliados pretendiam lançar ataques contra alvos desprovidos de sistemas de defesa ou protegidos apenas por leve esquema defensivo. Sugerida inicialmente por Arnold e depois aperfeiçoada por Spaatz, ela exigiria a realização de "ataques simultâneos, abrangentes e generalizados" com grandes vagas de aviões[1582] — americanos e britânicos — atacando, sob baixa altitude, sistemas de transportes de pequenas cidades e povoados ainda não bombardeados. Bombardeiros leves e pesados, acompanhados por aviões de caça, seriam enviados a essas cidades com o objetivo de sobrecarregar as equipes de manutenção e reparos da Reichsbahn, precipitando assim "uma crise" entre trabalhadores ferroviários. "Estamos informados de que, no mínimo, como resultado da nossa constante pressão sobre sistemas de transporte, o moral dos empregados das ferrovias está abalado", observaram as autoridades da Força Aérea num documento de planejamento operacional, "e é bem possível que ataques repetidos, com o emprego de todas as forças à nossa disposição, resultem em abandono em massa do trabalho" por parte dos alemães.

Outro objetivo da missão era provocar um choque psicológico em milhões de alemães que até então haviam escapado de bombardeios pesados. Como esperavam pouca ou quase nenhuma oposição da Luftwaffe, os líderes da aeronáutica militar americana queriam deixar claro para essas pessoas, tal como William Tecumseh fizera aos sulistas com sua Marcha para o Mar, a grave natureza de "sua situação desesperadora".[1583]

A Operação Trombeta provocou um racha entre os dirigentes da aeronáutica militar americana. Jimmy Doolittle se opôs a ela, bem como Ira Eaker, que ainda era chefe das frotas aéreas dos Aliados no Mediterrâneo. Ambos achavam que ela faria com que se deixasse de dar atenção à campanha de bombardeios contra refinarias e fábricas de sintéticos. Além disso, a operação: "Convenceria os alemães, de uma vez por todas, que somos os bárbaros que eles dizem que somos",[1584] advertiu Eaker a Spaatz com toda sinceridade numa carta pessoal, "pois ficaria patente para eles que a operação é basicamente um ataque contra civis em larga escala. [...] Do total de pessoas que morrerão nesse ataque, podemos dar como certo que 95 por cento delas serão civis." E o general Charles Cabell acrescentou: "É o mesmo velho plano[1585] de matança de criancinhas dos [...] adeptos do choque psicológico, só que usando agora uma nova fantasia. É um plano de choque psicológico fraco, e pior ainda no que respeita a ataques a centros ferroviários."

Eaker não tinha nenhuma objeção de natureza moral a mortes acidentais de populações civis alemãs em ataques a alvos estratégicos, mas, na opinião dele, a Operação Trombeta visava a objetivos de grande importância econômica ou militar. Ele estava preocupado também com o efeito que o bombardeio aéreo poderia ter no legado de guerra deixado pela Força Aérea. "Jamais deveríamos deixar[1586] que a história dessa guerra nos condene por termos atacado pessoas comuns com nossos bombardeiros estratégicos", advertiu ele na carta enviada a Spaatz. Isso não pode ter deixado de impressionar Spaatz, que havia usado um argumento semelhante contra a Operação Trovão quando ela fora proposta no verão do ano anterior. Todavia, sentindo a pressão de Arnold para que acabasse logo com a guerra e sabedor de que tanto Marshall quanto Roosevelt queriam que os alemães de todas as partes do país sentissem o peso da guerra e passassem essa terrível experiência, nas palavras de Roosevelt, "de pai para filho e deste para o neto",[1587] Spaatz ordenou que seguissem adiante com a operação. Porém, comandantes de unidades de bombardeiros foram advertidos de que, em seus comunicados à imprensa, tivessem especial cuidado com a necessidade de refutar a ideia: "De que essa operação[1588] se destina a destruir populações civis ou a aterrorizá-las." No entanto, com certeza, Spaaz devia saber que operações de ataque aterrorizante eram partes intrínsecas da própria tática de bombardeios a partir de baixa altitude com milhares de aviões.

A Operação Trombeta começou no dia 22 de fevereiro. Durante dois dias, mais de 3.500 bombardeiros e quase cinco mil caças de combate sobrevoaram mais de 647 mil quilômetros quadrados do Reich, lançando bombardeios e ataques em voos de metralhamentos rasantes contra pátios de manobras ferroviárias, estações de passageiros, pontes, passagens de nível, veículos automotores e barcaças fluviais. Entre os alvos estavam Edelbergue, uma cidade universitária, e Baden-Baden, uma estância de águas termais. Não existem registros de baixas entre civis e foram pequenas as perdas sofridas pelos Aliados.

Os dirigentes da Força Aérea anunciaram que a Operação Trombeta foi um "sucesso espetacular"[1589] e programaram uma repetição do "espetáculo"

TERROR SEM FIM

para 3 de março. Todavia, relatórios pós-operacionais do serviço secreto[1590] indicaram o fracasso da missão: as turmas de manutenção e reparos dos alemães não ficaram sobrecarregadas, aparentemente não houve nenhuma queda no moral dos germanos e o transporte de soldados e suprimentos militares dos tedescos prosseguiu. E uma das cidades duramente atingidas ficava na Suíça — essa foi a segunda vez que Schaffhausen tinha sido atacada acidentalmente pela Oitava Frota Aérea.

Numa coletiva de imprensa,[1591] oficiais da Força Aérea deram uma curiosa explicação acerca dos resultados da missão, alegando que era impossível destruir o moral de um povo cujo ânimo já tinha sido aniquilado. Mas Spaatz cancelou a operação de março e começou a concentrar-se quase exclusivamente naqueles que tinham sido seus três objetivos mais importantes na parte final da guerra: destruir a indústria de combustíveis e de sintéticos da Alemanha, paralisar seu sistema de transporte ferroviário e fornecer apoio militar aos exércitos de Eisenhower.* Antes, porém, que ele pudesse cerrar as cortinas após o ato final de sua campanha de bombardeios no teatro do conflito mundial, Spaatz precisava lidar com a mais embaraçosa gafe do serviço de comunicação social da Força Aérea dos Estados Unidos na guerra.

Três dias após a investida de bombardeio a Dresden, um correspondente da Associated Press chamado Howard Cowan enviou um despacho informando que isso causaria constrangimento no Supremo Comando da Força Expedicionária Aliada (SHAEF, na sigla em inglês). "Os comandantes das forças aéreas Aliadas[1592] tomaram a longamente esperada decisão de realizar operações de bombardeio aterrorizantes contra centros ocupados por populações civis, em sua opção de adoção de um expediente implacável e decisivo para apressar a danação de Hitler.

Outras incursões de bombardeio contra o Reich, tais como as que os bombardeiros pesados de britânicos e americanos realizaram recentemente

---

* O avanço final dos Aliados em direção ao Reno começou na noite em que a Operação Trombeta foi lançada, e isso poderia explicar um pouco mais a razão pela qual Spaatz apoiou uma operação de bombardeio aéreo que ele, considerando os fatos com objetividade, não podia esperar que paralisasse as vias de comunicação ferroviária germânicas por mais de "alguns dias".[1593] Talvez ele se firmasse na esperança de que a Operação Trombeta conseguisse causar danos suficientes às linhas de abastecimento do inimigo no Reno para permitir que o general Courtney H. Hodges e seu Nono Exército realizassem, com um mínimo de oposição por parte das forças inimigas, a travessia do rio perto de Colônia.

contra áreas residenciais de Berlim, Dresden, Chemnitz e Cottbus, estão sendo preparadas e o expresso objetivo dessas operações será criar mais transtornos nos sistemas de transporte e minar o moral dos alemães."

Cowan obtivera essas informações numa coletiva de imprensa encabeçada por C. M. Grierson, um oficial do serviço secreto da RAF integrante do estado-maior do SHAEF. Grierson disse aos jornalistas que Dresden tinha sido atacada para paralisar o transporte de soldados e suprimentos militares para a Frente de Combate Oriental a fim de destruir um centro de acolhimento de evacuados e esmagar "todo remanescente de força moral"[1594] que por acaso existisse ainda entre os alemães. O agente nunca usou a expressão *bombardeio aterrorizante*. Mas Cowan, com muito boa razão, interpretou a rara confissão pública do agente de que alvos civis tinham sido bombardeados como uma confirmação, por parte do comando da aeronáutica militar interaliada, de que os Aliados iniciaram uma política de bombardeios massacrantes com vistas a abreviar a guerra. Cowan deve ter se convencido disso quando um censor do SHAEF, com uma decisão inesperada e inexplicável, aprovou a divulgação de seu despacho.

Para imenso constrangimento da Força Aérea Americana, a história de Cowan virou manchete nos principais jornais norte-americanos. Uma vez que Hap Arnold ainda estava em Coral Gables, Flórida, recuperando-se do ataque cardíaco, o enfrentamento da crise foi posto sob a responsabilidade de seu subcomandante, general Barney Giles, e de Robert Lovett, que, por insistência de George Marshall, se tornou o comandante da aeronáutica militar americana de fato. Com um documento assinado por Arnold,[1595] o comando da Força Aérea demandou que Spaatz desse uma explicação imediatamente. Afinal, as incursões de bombardeio a Berlim e a Dresden foram operações de ataques aterrorizantes ou apenas alvos militares aos quais deram prioridade?

A resposta de Spaatz foi tranquilizadora. Ele asseverou que Grierson havia se excedido tanto em seu conhecimento a respeito da política de bombardeios quanto no uso de sua autoridade; explicou que talvez os pontos de vista dele refletissem os do Harris Balista, mas não os dos comandantes da aeronáutica militar americana. Conforme explicado também por Frederick Anderson, o episódio foi um caso de "estupidez absoluta por parte de um oficial incompetente".[1596] Os bombardeios a Berlim e a Dresden, asseguraram ele e Spaatz ao comando da aeronáutica, foram continuações da política de bombardeios anterior. Argumentaram ainda que Colônia, Munster, Frankfurt e outros centros da região ocidental da Alemanha dotados de importantes sistemas de transporte continuariam a ser atacados com uma determinação implacável e que, no entanto, essas missões não eram rotuladas, ao contrário do que acontecia com bombardeios semelhantes a cidades na parte oriental da Alemanha, "de ataques terroristas contra populações civis". Acentuaram também que os recentes ataques a cidades do leste alemão indicavam uma mudança não da política de bombardeios, mas na da "localidade" dos alvos colimados pelos assaltos, e que esses objetivos almejados eram constituídos por agrupamentos e suprimentos militares, e não por refugiados.

Arnold ficou satisfeito com essas explicações, até porque, em seu leito de hospital, estava ávido por varrer a questão para debaixo do tapete. Já para Stimson, o ministro da Guerra, elas não foram tão satisfatórias, pois ele queria que Dresden tivesse sido preservada, de modo que, após a guerra, se tornasse o "centro de uma nova Alemanha,[1597] menos [...] prussianizada e mais dedicada aos ideais de liberdade". E elas também não agradaram muito ao diretor do serviço secreto da força de combate comandada por Spaatz, general George McDonald. Tanto que, num dos mais impressionantes comunicados internos na história da Força Aérea Americana, McDonald fez ao general Frederick Anderson, em documento de 21 de fevereiro, veementes protestos contra a ordem de Bottomley-Spaatz, emitida em fins de janeiro, determinando a execução de operações de bombardeio contra sistemas de transporte em Berlim, Leipzig, Dresden e a outras cidades do leste da Alemanha. "Essa diretriz impõe [...],[1598] de forma inequívoca às Frotas Aéreas do Exército Americano, a responsabilidade de realizar bombardeios por zona contra áreas densamente ocupadas por populações civis." Além do mais, a ordem foi dada numa época em "que nenhuma informação do serviço secreto de que esta junta dispõe no momento indica que a destruição dessas três cidades efetuará [*sic*] decisivamente a capacidade de resistência armada do inimigo'". Ademais, a derrocada dessas cidades do *status* de importantes centros de transporte "poderia atrasar, mas não atrapalharia de forma decisiva, a mobilização essencial de soldados e suprimentos" do inimigo, asseverou McDonald. "Tampouco o inatingível alvo, quando não ilusório mesmo, de derruimento da fortaleza moral do inimigo justifica a importância dada a essas cidades. A melhor forma de atacar o moral do inimigo é provocar nele um sentimento de revolta. Aliás, todas as autoridades concordam que o povo alemão está impossibilitado, quando não totalmente desinteressado de fato, de revoltar-se contra a tirania atual."

McDonald acrescentou ainda causticamente que, caso as antigas política e prática de bombardeios da 8ª Frota Aérea se mostrassem ineficazes, "deveríamos encarar a realidade de frente e [...] abandonar todas as outras prioridades relacionadas com alvos [...] e passarmos a nos dedicar, de corpo e alma, ao extermínio de populações e à devastação de cidades.

"Se tais práticas forem sinceramente consideradas o caminho mais curto para a vitória, segue-se, como consequência lógica, que nossas forças terrestres deveriam ser orientadas também a matar todos os civis e demolir todos os edifícios no Reich, em vez de restringirmos o dispêndio de suas energias apenas no enfrentamento do inimigo armado." Com a atual diretriz de bombardeios, concluiu McDonald, "renegamos nossos objetivos e práticas do passado e nos vinculamos indissoluvelmente a um ideal e modelo de guerra aérea restrito a operações de homicídio e destruição indiscriminados. [...] É, portanto, muito recomendável que solicitemos, com os termos mais convincentes possíveis, que altas autoridades reformulem nossa política de bombardeios para permitir que as Frotas Aéreas do Exército prossigam com seus métodos provados e consagrados de criação de contribuições de suma eficácia para a derrota do inimigo".

O caso Cowan, a alarmante oposição aos bombardeios aterrorizantes do comando de Spaatz, bem como a crise diplomática provocada pelo bombardeio acidental do território suíço, levaram Spaatz a estabelecer uma nova política de bombardeios em 1º de março.[1599] Nela, ele reafirmava, da forma mais categórica possível e tal como jamais fizera, que somente alvos militares deveriam ser atacados. Determinava também a adoção de severos procedimentos acautelatórios para evitar outro bombardeio à Suíça, onde ainda havia aeronautas americanos que a Força Aérea estava tentando repatriar.

Em março, os bombardeios atingiram o auge da campanha, quando uma carga recorde de quase 170 mil toneladas de explosivos foi lançada sobre a Alemanha, das quais 102 mil foram despejadas pelos americanos. Em 26 dias daquele mês, a Oitava Frota Aérea despachou aviões em missões de ataque, chegando a empregar mais de mil aeronaves em vinte dessas missões. Em alguns dos bombardeios, houve exageros, com desperdício de explosivos, mas isso não deve ser nem um pouco surpreendente para aprendizes da arte da guerra. Afinal, conflitos bélicos entre nações poderosas trazem

TERROR SEM FIM

em si um dinamismo intrínseco, uma capacidade diabólica para acelerar processos e acontecimentos e suscitar excessos, e não necessariamente por uma decisão deliberada, mas pela canalização dos recursos emocionais e materiais de um povo para o esforço de uma vitória total. De mais a mais, um cometimento militar com o enorme custo financeiro e a imensidão da ofensiva de bombardeios estratégicos ganhou força e dinamismo próprios quando alcançou o ápice de sua capacidade de destruição. Assim que aviões, bombas e tripulações foram reunidos para formar uma força esmagadora, "simplesmente deixar que as aeronaves[1600] e sua valiosa carga ficassem ociosas nos aeródromos do leste da Inglaterra contrariava todo instinto de economia saudável", argumentou W. G. Sebald com perspicácia. Desse modo, os rapazes dos bombardeiros americanos continuaram a partir em missões de ataque e a morrer em números muito acima do necessário para desmantelar a máquina de guerra do inimigo, ao passo que, nos primeiros anos do conflito, para realizar a tarefa, um número insuficiente deles havia lutado e morrido também nessas missões de combate.

Ainda confinado ao leito do hospital na Flórida, Arnold recebeu uma mensagem do quartel-general alertando-o sobre a constante preocupação do ministro Stimson para com a possibilidade de o bombardeio a Dresden ter sido não apenas desnecessário, mas um exagero também. À guisa de resposta, Arnold assinalou em letras garrafais na parte superior da mensagem: "Não devemos esmorecer.[1601] Guerras devem ser destrutivas mesmo e, até certo ponto, desumanas e implacáveis."

E qual era o estado de espírito predominante em Dresden? Embora Götz Bergander duvide de que o bombardeio tenha ajudado a encurtar a guerra, ele está convicto de que o choque psicológico causado pelo ataque — com sua brusquidão e violência aniquiladora — "deu uma contribuição fundamental[1602] para uma mudança de atitude, que se manifestou na época com as palavras: melhor findar o terror do que um terror sem fim."

Essa era a "mudança de atitude" que os magnatas da indústria da aviação militar dos Aliados esperavam que as operações de bombardeio aterrorizantes provocassem. Porém, como veremos adiante, isso aconteceu tarde demais na guerra para que tivesse um efeito direto em seu desfecho e se manifestou na forma de um fatalismo egocêntrico que tornava as pessoas incapazes de contestar abertamente o regime nazista. "Estavam todos tão dominados[1603] pelas próprias preocupações que não se importavam mais

MESTRES DO AR

com o destino da Alemanha", explicou uma mulher, dando um exemplo do estado de ânimo reinante no país. "É muito mais importante conseguir algo para comer, fazer com que um calçado dure um pouco mais e, acima de tudo, preocupar-se com a possibilidade de que haverá ou não um bombardeio aéreo. Será que teremos um teto para morar amanhã ou pelo menos continuaremos vivos?"

Entrementes, tudo que essas vítimas dos bombardeios podiam fazer era sofrer e lutar para sobreviver enquanto se perguntavam, nas palavras de Mathilde Wolff-Mönckeberg, "quando será a nossa vez?"[1604] Essa expectativa era também o grande suplício das tripulações de bombardeiros dos Aliados.

CAPÍTULO DEZESSEIS

As chaminés raramente caem

Para onde quer que eu olhasse, via ruínas pela cidade, montes de pedras e entulho em meio aos quais apenas as chaminés se elevavam, como dedos apontando para o céu crepuscular do anoitecer. As chaminés raramente caem.

Sybilla Knauth,
uma americana moradora de Leipzig na época

Dresden, 2 de Março de 1945

À s dez horas da manhã desse dia, enquanto a tripulação do *Miss Prudy* se aproximava da cidade arruinada para outro ataque a seus pátios de manobras ferroviárias, Chuck Alling avistou algumas diminutas manchas escuras no horizonte. Segundos depois, uma frota de aviões de combate alemães mergulhou num ataque impetuoso na direção deles, com os pilotos tedescos girando suas aeronaves enquanto atiravam. A investida pegou as tripulações dos bombardeiros ianques de surpresa. Afinal, elas sabiam que uma grave escassez de combustíveis "havia reduzido a pele e osso"[1605] a força de caças da Luftwaffe e, por isso, tinham sido parcas as operações defensivas ar-ar dos alemães nos dois primeiros meses de 1945.

Contudo, a tripulação do avião de Alling não ficou surpresa quando viu uns poucos M 262s de "aparência sinistra"[1606] na força de assalto aéreo dos alemães. Porquanto eles tinham sido advertidos de que se mantivessem atentos à possibilidade do aparecimento dos fantásticos aviões nazistas nos céus da zona de combate, os quais tinham voltado a dar as caras mais uma vez, embora em pequenos números, em fevereiro daquele ano, quatro meses depois que a primeira unidade de aviões de caça a jato do major Walter Nowotny tinha sido desativada. Até então, poucos jatos do inimigo haviam conseguido penetrar as maciças frotas de bombardeiros ianques, mas esse ataque germânico, formado por uma frota de combate com mais de cem caças, dos quais alguns eram Me 262s, fazia parte da derradeira operação de resistência da Luftwaffe contra as aeronaves de bombardeio diurno dos americanos.

No dia seguinte,[1607] outra vaga de bombardeiros da Oitava Frota Aérea se deparou com a maior força de caças a jato alemã até então, sendo engajada num confronto em que perdeu seis bombardeiros e três Mustangs ante um ataque de cerca de três dezenas de resolutos pilotos inimigos municiados com aviões de combate Me 262s. Ao longo do mês anterior, os alemães haviam se atirado em ataques esporádicos contra os ianques em grupos de dois ou três aviões de caça a jato, mas, nesse dia, atacaram todos ao mesmo tempo e com extrema eficiência. Depois, na manhã de 18 de março, após duas semanas de uma trégua forçada, em razão de más condições climáticas, um número idêntico de caças alemães, juntamente com aviões de combate movidos a motores convencionais, se enfileirou nos céus de Berlim para confrontar uma formação de 1.329 bombardeiros e mais de setecentos caças de longo alcance avançando na direção da cidade, uma frota lançada numa missão que seria a mais violenta operação de bombardeio contra a capital alemã. Foi uma batalha como nenhuma outra travada antes pelos americanos, em que aviões movidos a motores convencionais enfrentaram caças a jato e mísseis ar-ar da nova era da guerra celeste.

Nesse conflito, a mais extraordinária batalha aérea de 1945, pelo menos trinta jatos atravessaram o escudo de proteção formado pelos Mustangs e destruíram duas Fortalezas em um minuto, mais três nos três minutos seguintes e outras duas logo em seguida — um total de sete aeronaves destruídas em oito minutos, três das quais eram bombardeiros do azarenho e Malfadado Centésimo. Pouco depois, outros seis caças a jato germânicos entraram na batalha. Esses eram os mais velozes e mais fortemente municiados aviões que apareceram nos céus da Alemanha — Me 262s equipados com a mais nova arma de guerra, o foguete ar-ar R4M. Cada um dos jatos

AS CHAMINÉS RARAMENTE CAEM

alemães munidos com essa arma transportava 24 desses mísseis em porta-bombas de madeira fixados abaixo de suas asas. Um único ataque certeiro de um desses mísseis era capaz de derrubar um bombardeiro pesado, mas os pilotos desses jatos reforçavam o poder de destruição de seus foguetes arremetendo contra o inimigo em estupendas falanges aéreas e atirando simultaneamente, criando assim "corredores de fogos"[1608] aniquiladores através das compactas frotas defensivas da Oitava.

Os pilotos dos jatos de combate alemães lançavam seus velocíssimos mísseis a pouca distância do alvo e com extrema precisão. "Fuselagens despedaçadas,[1609] asas mutiladas, motores arrancados, estilhaços de alumínio e fragmentos de todos os tamanhos se dispersavam turbilhonantes através dos ares", relatou um piloto alemão. "Tínhamos a impressão de que alguém havia esvaziado uma caçamba de lixo" no céu. A Oitava perdeu seis Mustangs[1610] e treze bombardeiros quadrimotores na peleja, enquanto o inimigo perdeu apenas três pilotos, num combate em que os tedescos estavam em desvantagem numérica numa proporção de quase cem por um.

Nas semanas seguintes, os aviões de combate a jato alemães partiram no encalço de aeronaves inimigas quase todos os dias. Em fins de março, haviam destruído 63 bombardeiros.[1611] Era uma guerra de atrito que os americanos, muito bem-providos de máquinas e suprimentos bélicos, podiam enfrentar sem muito esforço, mas o general Doolittle receava[1612] a possibilidade de que a guerra aérea entrasse em uma nova e infausta etapa. Até porque relatórios do serviço secreto da Força Aérea indicavam que as fábricas subterrâneas à prova de bombas de Albert Speer estavam produzindo jatos a um ritmo superior a três dúzias de aeronaves por semana. E, ao contrário dos pilotos da Luftwaffe que a Oitava andara enfrentando no inverno daquele ano, esses aviadores germanos pareciam muito experientes. "Eles jamais permitiam[1613] que os surpreendessem numa situação desfavorável [...] e era impossível alcançá-los ou acompanhá-los em subidas bruscas", assinalou um esquadrão de caças americanos em seu relatório de combate.

Esses exímios aviadores alemães eram a elite de uma ala de aviões de combate recém-formada então, composta por cerca de sessenta aeronaves, a Jagdgeschwader 7 (JG7)*. A unidade entrara em funcionamento no fim

---

* Foi a primeira unidade operacional de caças a jato da Luftwaffe. Criada no final de 1944 operou exclusivamente com o modelo Messerschmitt Me 262. [N. do R.]

de fevereiro, quando começou a arcar com o grosso da campanha de operações defensivas da Luftwaffe. Mas houve outra surpresa em janeiro, mês em que Hitler tinha reincorporado à ativa Adolf Galland, ordenando que ele formasse uma segunda unidade de caças a jato, a Jagdverbande 44 (JV 44), um grupo de elite composto por cinquenta pilotos. O lendário comandante de frotas de aviões de combate que tinha iniciado a guerra como líder de esquadrão terminaria seus dias de serviço militar como tal, pilotando uma aeronave cuja produção em números esmagadores ele não conseguira convencer Hitler a autorizar.

Galland recrutou os melhores ases da aviação de caças convencionais da Alemanha, colegas com os quais ele tinha participado de missões de combate e se esbaldara em farras. Alguns deles precisaram ser arrancados de seus leitos hospitalares à força de "adulações"[1614] e participaram de missões usando próteses; já outros se apresentaram para o serviço "sem a autorização de uma ordem de transferência. A maioria tinha participado de combates desde o primeiro dia da guerra", disse Galland em seus escritos depois, "e todos tinham se ferido". Calejados pelas derrotas, alguns deles alimentavam a firme expectativa de inverter os rumos da guerra, mas todos almejavam a honra e a glória de serem "os primeiros jovens pilotos de caças de combate a jato" da moribunda Luftwaffe. "A mágica palavra 'jato'", observou Galland, "nos reunira outra vez".

Instalado numa base perto de Munique, o "Esquadrão de Especialistas" teve problemas, contudo, antes mesmo de seu primeiro reencontro com o inimigo nos céus da Alemanha, em 5 de abril.Após a batalha de Berlim de 18 de março, Doolittle ordenou a realização de investidas de bombardeios maciços em todos os aeródromos abrigando caças a jato. E, tal como no outono de 1944, aeronaves de combate americanas começaram a realizar constantes missões de patrulhamento sobre os aeródromos do inimigo, na esperança de conseguirem destruir seus superiores aviões de guerra quando se tornassem alvos fáceis — durante pousos e decolagens. Eram operações de "caça aos ratos",[1615] conforme as apelidaram os aviadores de caças de combate americanos.

Além do mais, mesmo em confrontos a curta distância, os pilotos de Mustang norte-americanos aprenderam a combater os jatos alemães. Como pilotavam um avião dotado de uma manobrabilidade fantástica e de um raio de viragem superior, eles conseguiam suplantar os Me 262s combatendo-os em grupos — mas raramente sozinhos, tal como Chuck Yeager era capaz de fazê-lo —, em combates a curta distância, quando arremetiam contra eles "em ataques-surpresa" e assim os destruíam. "Em combates individuais,[1616] de avião contra avião [...] nossos pilotos não tinham a mínima chance contra o Me 262", observou o coronel William C. Clark, comandante do 339º Grupo de Caças. "Essa aeronave era simplesmente veloz demais. Nós contrabalançávamos sua velocidade superior com nossa supremacia numérica."

Assim como a guerra de bombardeiros, a disputa entre os caças se tornou uma batalha de atrito, um conflito que os alemães não podiam vencer. Apesar dos prodigiosos esforços de Speer, um jato fabricado não era necessariamente um avião de entrega garantida, pois o sistema de transportes alemão estava quase totalmente destruído, justamente quando as fábricas subterrâneas começaram a fazê-los sair de suas oficinas em números consideráveis. Mais ou menos em abril, menos de duzentos dos mais de 1.200 Me 262s disponíveis — cerca de um em cada seis unidades — estavam operando em unidades de combate, e esses pequenos grupos de caças, estacionados em bases muito dispersas entre si, eram alvos constantes de fogos de inquietação dos aviões Aliados.

Mas havia também o problema da falta de homens preparados para operá-los. Já no começo de abril,[1617] quase duas semanas antes da luta final da Luftwaffe com os bombardeiros, a Alemanha tinha ficado quase sem nenhum piloto capacitado. Assim, as autoridades militares pediram que pilotos sem nenhuma experiência tentassem fazer algo impossível — operar com perícia, no calor da refrega, o avião de combate mais veloz da Terra, fartamente munido com as armas mais poderosas da época e movido por um sistema mecânico dos mais imprevisíveis do mundo. "Esses inexperientes pilotos alemães não conheciam nem a aeronave nem o inimigo ou sua tática,[1618] tampouco nossa própria tática ou o sofisticadíssimo sistema defensivo do Reich — e, além do mais, quase nenhum deles tinha sido devidamente treinado", contou um dos poucos pilotos veteranos do JG 7 remanescentes então. Como eram incapazes de pilotar aviões guiados por instrumentos em condições meteorológicas bastante adversas, números alarmantes desses pilotos não conseguiam compor também forças de ataque bem-organizadas. Portanto, já que eram obrigados a atacar sozinhos ou aos pares, sofriam baixas intoleráveis nas batalhas. Todavia, o número de perdas dessas aeronaves foi maior em acidentes aéreos do que em combates.

654 MESTRES DO AR

A essa altura da guerra, a deveras reduzida e enfraquecida força defensiva da Luftwaffe jazia espremida ao longo de uma estreita faixa de terra na parte central da Alemanha, estendendo-se de Berlim a Munique. De bases nessa região, os alemães lançaram uma operação suicida não muito diferente dos ataques camicases que estavam sendo desferidos contra a frota de navios de guerra que os americanos concentraram, nesse mesmo mês daquele ano, ao largo do litoral de Okinawa, onde pretendiam travar a derradeira batalha da guerra do Pacífico. Essa operação de extremo desespero foi fruto da imaginação de um ás da aviação de bombardeios da Luftwaffe, Oberst Hajo Hermann. Nacionalista fervoroso, ele estava convicto de que os Me 262s eram a única chance de evitar que a Alemanha fosse obrigada a aceitar condições de rendição mais humilhantes do que as do Tratado de Versalhes. "Mas até que pudesse ser usado em operações de combate levaria tempo",[1619] disse ele depois, dando uma explicação de seu plano, "e tínhamos necessidade urgente de achar um meio para infligir um número de perdas excessivamente alto à [...] frota de bombardeiros americanos [...], de modo que conseguíssemos um tempo para respirar e, assim, pudéssemos fazer os caças a jato serem incorporados à força em grandes números".

O plano de Hermann[1620] se baseava mais ou menos na tática de colisão proposital de aeronaves das antigas unidades de Sturmgruppe. Elas tinham fracassado em seus ataques semissuicidas no ano anterior porque seus pesados Fw 190s, aviões de caça sobrecarregados de armamentos e blindagem, eram alvos fáceis para os caças de escolta americanos. Somente quando acompanhados por um escudo de aviões de combate velozes, eles haviam conseguido provocar perdas nas formações inimigas. Num plano apresentado a Göring no fim de 1944, Hermann propôs que usassem um avião de ataque diferente, uma versão do Me 109 capaz de voar a grande altitude, desprovido de blindagem e municiado apenas com uma única metralhadora para se defender. Ele explicou que, depois que essas aeronaves se pusessem a uns 1.500 ou 1.800 metros acima dos bombardeiros, cada um de seus pilotos deveria escolher um alvo, precipitar-se sobre ele e, em seguida, fazer com que seu aparelho colidisse com a parte estrutural mais frágil de um bombardeiro quadrimotor, a seção da fuselagem situada bem na frente da cauda da aeronave. Asseverou que uma colisão bem-feita seria capaz de partir um bombardeiro ao meio.

AS CHAMINÉS RARAMENTE CAEM

Os pilotos do velho Sturmgruppe tentavam fazer suas aeronaves se chocarem com os bombardeiros somente quando não conseguiam destruí-los em ataques a curta distância com seus canhões, mas os esquadrões de Hermann usariam a estratégia da colisão como o único meio de ataque. Contudo, ao contrário dos camicases nipônicos, os pilotos suicidas alemães tentariam atingir os bombardeiros de tal forma que conseguissem abandonar de paraquedas seus arruinados aviões e, assim, pudessem combater mais um dia depois pela pátria. Lançando mão de até oitocentos aviões movidos por uma reserva de combustível guardada especialmente para essa missão culminante, Hermann esperava destruir nada menos que quatrocentos bombardeiros com uma perda prevista de duzentos heróis nacionais.

Hitler e Göring aprovaram o plano, mas advertiram Hermann de que evitasse empregar pilotos veteranos na operação. Determinaram que usasse somente cadetes-aviadores. Desse modo, quando, em fevereiro, escolas de formação de pilotos foram notificadas a respeito da necessidade de voluntários para a grande operação, em pouco tempo Hermann tinha mais pilotos do que aviões em sua base improvisada, um aeródromo de caças em Stendal, perto do Rio Elbe. Os aeronautas integrantes desse grupo foram denominados Sonderkommando do Elbe, e o codinome escolhido para sua operação foi Wehrwolf*.

Diante da notícia de um rápido desmoronamento da Frente Ocidental, o treinamento desses cadetes — quase totalmente restrito à doutrinação política com vistas a intensificar-lhes o fervor patriótico — foi antecipado. "Em março de 1945,[1621] acabamos de vez com a capacidade de resistência do Exército alemão", disse o major Chet Hansen, chefe do estado-maior do general Bradley. Em Colônia, Coblença, Bonn e em quase todas as outras áreas do Reno alcançadas pelos Aliados, os alemães foram destruindo pontes enquanto se retiravam para o leste. Porém, em 7 de março, uma força-tarefa da Nona Divisão de Blindados capturou a Ponte de Ludendorff, na cidade de Remagen, localizada ao sul de Bonn, antes que os alemães conseguissem detonar os explosivos. Isso permitiu que o Primeiro Exército Americano avançasse pela planície da Renânia. Um débil esforço do inimigo objetivando transferir reforços às pressas para o local foi frustrado pelo poderio aéreo

---

* Combinação das palavras defesa e lobo. *Wehrwolf* na língua alemã é usualmente traduzida para a língua inglesa como *Warwolf*, que seria equivalente a *lobisomem*. [N. do R.]

dos Aliados. Vinte dos 25 pátios de manobras ferroviárias da região foram inutilizados pelos ataques Aliados, parte dos quais um jornalista chamou de "o maior bombardeio-relâmpago aéreo da guerra".[1622]

Na última semana de março, quatro exércitos, incluindo o Terceiro Exército, comandado por Patton, atravessou o Reno a bordo de barcaças e através de pontes sobre pontões, construídas num ritmo alucinante por brigadas de engenheiros. Exércitos alemães estacionados no Vale do Ruhr foram cercados e capturados, operação que fez com que 325 mil soldados do agonizante Reich se tornassem prisioneiros dos Aliados. "A região industrial mais importante da Alemanha não servia mais para seu esforço de guerra",[1623] comentaram historiadores da Força Aérea a propósito do drama final do inimigo. "E, além do Ruhr, havia uma população desmoralizada, uma indústria arruinada, um exército derrotado e um governo em processo de extinção."

Em 2 de abril, um mês após a captura de Colônia, a terceira maior cidade da Alemanha, soldados americanos assistiram a uma missa celebrada na catedral da cidade castigada pelas bombas. Agora, Göring se via forçado a agir. No amanhecer do dia 7 de abril, ele ordenou que a despreparada unidade militar estacionada às margens do Elbe se aviasse para enfrentar uma força de combate com mais de mil bombardeiros pesados dos norte-americanos que avançava em sua direção. Quando 120 cadetes-aviadores alemães galgaram as nuvens para se reunir com uma força de apoio formada por caças de motor convencional e jatos do JG 7, ouviram músicas de exaltação patriótica transmitidas via rádio para seus fones de ouvido, juntamente com retumbantes exortações de uma matrona nazista os advertindo acerca das "esposas mortas com seus filhos, soterradas em meio às ruínas de suas cidades".[1624]

Mas nem todos os pilotos de caça suicidas eram fanáticos nazistas de cérebros embotados. Muitos haviam se apresentado como voluntários porque achavam que nem eles nem seu país tinham perspectivas, nem nenhuma opção, a não ser lutar e morrer diante da ausência de promessas dos Aliados de aceitar um acordo de paz sem cláusulas de vingança. "Não há dúvida[1625] de que o objetivo de nossa propaganda de oferecer ao soldado alemão uma boa razão para se render fracassou", informou um relatório elaborado pela equipe de combate psicológico do Primeiro Exército Americano. "Ao contrário, a maior parte das declarações oficiais fez com ele achasse que não ganharia nada com um futuro que lhe trouxesse a derrota. [...] Uma campa-

AS CHAMINÉS RARAMENTE CAEM 657

nha de propaganda que transmitisse uma mensagem clara de uma existência ulterior penosa, porém suportável, para a Alemanha, reforçada por algum tipo de garantias oficiais, daria ao soldado alemão comum um bom motivo para desistir de continuar lutando." Os jovens da força de combate aérea do Elbe se reuniram na imensidão da cúpula azul-celeste para confrontar os americanos, imbuídos da crença viva, em seu desespero sombrio, de que estavam lutando para proteger a Alemanha de um acordo de paz vingativo que deixaria o país arruinado e enfraquecido para sempre, com grande parte de seu território sob o tacão opressor dos comunistas. Portanto, para eles, a única saída era derramar sangue, muito sangue, pois, desse modo, talvez conseguissem induzir os feridos americanos, com uma guerra no Pacífico que ainda teriam que vencer, a buscarem um acordo de paz à parte.

Só que o combate foi uma luta brutal e desigual. Cinquenta aviões de combate alemães, entre os quais doze caças a jato, atravessaram o escudo de proteção formado pelos Mustangs e alcançaram as formações de bombardeiros. Pelo menos oito pilotos de aeronaves suicidas conseguiram fazer seus aparelhos colidirem com bombardeiros pesados americanos e os derrubaram, em choques em que se enfiaram despedaçantes pelos narizes das naves ianques ou rasgaram suas fuselagens, usando suas hélices, em giros vertiginosos, como se fossem poderosas serras motorizadas. Membros de tripulação tiveram mortes macabras nos bombardeiros, mormente os rasgados pela colisão como se fossem latas de conserva, fazendo seus corpos retalhados serem arrancados de suas entranhas por ventos fortes. Outros dez bombardeiros foram lançados por terra pelo inimigo, mas, por um milagre qualquer, alguns pesadões atingidos por colisões deliberadas dos germanos continuaram a operar, como foi o caso também de dezenas de aviões da força de aríetes celestes do inimigo.

No fim das contas, a Luftwaffe pagou caro por seu desespero,[1626] perdendo pelo menos três quartos da frota de caças que despachou para a batalha. "O primeiro uso[1627] que fizemos de nossa frota de caças suicidas não resultou no sucesso esperado", escreveu Göbbels em seu diário. "Porém, [...] isso é apenas um teste inicial, que deverá ser repetido nos próximos dias e esperamos que traga melhores resultados." Mas as aeronaves do Sonderkommando do Elbe jamais voltaram a decolar outra vez.

Porquanto três dias depois,[1628] os aviões da Oitava partiram em missão para completar os retumbantes bombardeios que eles tinham realizado no

658 MESTRES DO AR

dia anterior contra bases de aeronaves de caça a jato. Na ocasião, Göring ordenou que cinquenta Me 262s decolassem para enfrentar uma frota de quase dois mil aviões dos Aliados, num combate em que os jatos alemães conseguiram dezesseis derrubadas confirmadas, todas elas, com exceção de três, perfazendo o total de quadrimotores perdidos pela Oitava nesse dia, o mais vitorioso dos caças a jato alemães em seus combates contra os bombardeiros ianques, mas os americanos derrubaram quase a metade da força de assalto tedesca. Em terra, os caças de combate americanos destruíram outras 284 aeronaves alemãs, incluindo pelo menos 25 jatos. Foi uma perda de aviões a jato em boas condições operacionais que se revelou fatal para a Luftwaffe. O sistema defensivo de Berlim e de toda a região central da Alemanha foi abandonado, e as unidades de caças de combate dizimadas que restaram foram transferidas para primitivos aeródromos de pistas gramadas no sul da Baviera. Nos anais da Oitava Frota Aérea, consta que o dia 10 de abril é "o dia do grande massacre de caças a jato" alemães.[1629]

Em 19 de abril,[1630] sete dias após a morte do presidente Roosevelt, a Oitava Frota Aérea travou seu derradeiro combate com a Luftwaffe. O alvo foi um pátio de manobras ferroviárias em Aussig, na antiga Tchecoslováquia. Foi uma operação tática cuja execução fora solicitada pelo Exército para impedir que suprimentos chegassem às forças alemãs que estavam resistindo ao avanço dos soviéticos na região de Praga. *Miss Prudy*, o avião de Chuck Alling, seguiu na vanguarda da formação do 34º Grupo de Bombardeiros, e os americanos atingiram o alvo em cheio. Logo em seguida, Alling viu dois jatos passarem velozmente por sua janela esquerda e, segundos depois, quatro Fortalezas simplesmente desapareceram. Nisso, os Mustangs entraram em ação e destruíram dois caças a jato que haviam acabado com as vidas de quarenta jovens aeronautas americanos num piscar de olhos. Antes que os desorientados metralhadores do avião de Alling conseguissem girar suas pesadas armas com velocidade suficiente para acompanhá-lo, outro jato se lançou numa rápida investida pela esquerda e destruiu sua quinta Fortaleza. Era o *Dead Man's Hand*, avião pilotado pelo tenente Robert F. Glazener, operando, tal como fizeram muitos bombardeiros no fim da guerra, sem o costumeiro emprego do reforço de dois operadores de metralhadoras móveis laterais. A aeronave, que estava em sua 111ª missão de combate com o 447º Grupo de Bombardeiros, foi o último bombardeiro da Oitava Frota Aérea perdido ante o ataque de caças inimigos na guerra. Logo depois da

AS CHAMINÉS RARAMENTE CAEM

investida, Alling e seus homens não viram nenhum paraquedas se abrir, mas souberam depois que sete dos oito tripulantes escaparam do avião em chamas e foram libertados mais tarde por soldados americanos.

Depois da guerra, interrogadores das forças Aliadas perguntaram a Karl Koller, chefe do estado-maior da Luftwaffe, o que teria acontecido se a Alemanha tivesse podido contar, anos antes no conflito mundial, com aviões de combate a jato em grandes números. O general respondeu, sem hesitar, que, se a Luftwaffe tivesse conseguido fazer com que algo entre quinhentos e seiscentos Me 262s participassem de "constantes operações já no outono de 1944, no máximo, os bombardeios terroristas diurnos dos americanos teriam sido interrompidos".[1631]

Duvido muito. Dificuldades técnicas[1632] no desenvolvimento do motor turbojato e a insistência de Hitler em determinar que o Me 262 fosse usado como bombardeiro impediram a Alemanha de vencer a batalha tecnológica travada contra o tempo e que poderia ter enfraquecido a ofensiva de bombardeios aéreos diurnos do inimigo. Mesmo que os alemães tivessem podido contar com os cerca de quinhentos caças a jato mencionados por Koller, ela teria conseguido causar apenas uma pequena interrupção nos "bombardeios terroristas" — o tempo de que a Força Aérea Americana teria precisado para enviar à Inglaterra parte de sua crescente frota de Superfortalezas B-29, que, em meados de 1944, ela começara a despachar para o centro do Pacífico. Um avanço gigantesco no setor da tecnologia da aviação, além de maior e mais veloz, a Superfortaleza contava com armamentos mais potentes do que sua irmã mais velha, a Fortaleza Voadora. Capaz de atingir velocidades superiores a 560 km/h em altitudes de até 12 mil metros — onde o desempenho de aviões com motores menores, incluindo jatos, era muito instável — e equipada com revolucionárias metralhadoras acionadas por controle remoto, ela teria sido uma aeronave formidável demais para que os caças a jato alemães de primeira geração e seus pilotos deploravelmente inexperientes conseguissem derrotar. Além do mais, com seu alto consumo de combustível,[1633] esses jatos conseguiam operar apenas dentro de um raio de 40 quilômetros a partir das bases.

Ainda que os Me 262s tivessem sido capazes de estender a guerra até o fim do verão de 1945, provavelmente teria sido a Alemanha, e não o Japão, o alvo das primeiras bombas atômicas, armas inicialmente desenvolvidas, aliás, para emprego contra os nazistas por equipes de cientistas lideradas por judeus. "Se os alemães não tivessem se rendido,[1634] eu teria lançado a bomba lá", disse o comandante do *Enola Gay* e ex-piloto da Oitava Frota Aérea Paul Tibbets após a guerra. "Eu teria feito isso com certa satisfação — afinal, eles me causaram muitos prejuízos. [...] Dei ordens para que criassem uma força de bombardeiros de elite [...], ficando previamente acordado que, assim que treinados, seus integrantes seriam divididos em dois grupos: um deles seria enviado para a Europa, e o outro, para o Pacífico. Não tínhamos nenhum alvo japonês prioritário. Em todo o nosso planejamento inicial, ficou determinado que faríamos lançamentos de bombas quase simultâneos sobre a Alemanha e o Japão."

Caso as Fortalezas B-29 se tivessem sido enviadas para a Inglaterra, teria sido necessário apenas um curto tempo para se aumentar a extensão das pistas e permitir que partissem de bases do país. Além disso, provavelmente, antes mesmo que a bomba atômica ficasse pronta, essas máquinas aladas de um poder devastador e de grande envergadura teriam despejado, naquela situação emergencial, enormes quantidades de bombas incendiárias sobre cidades alemãs, criando mais uma dezena de incêndios semelhantes ao de Dresden. Está claro, pois, que os Estados Unidos estavam preparados para fazer isso à Alemanha "quando", nas palavras de Arnold, "for necessário."[1635]

Em 1943, no Campo de Provas de Dugway,[1636] um complexo militar numa região desértica de Utah, cenógrafos de Hollywood da Divisão de Autenticidade da RKO e engenheiros da Standard Oil, por meio de um contrato do Serviço de Guerra Química do Exército Americano, criaram duas réplicas de bairros habitados por cidadãos da classe trabalhadora, uma delas de uma cidade da Alemanha e a outra de uma cidade japonesa. Esses bairros eram imitações perfeitas — incluindo até móveis e cobertas de camas — das moradias de trabalhadores de Tóquio e de Berlim. Para se assegurar de que teria mesmo uma cópia perfeita do bairro alemão, o Exército contratou o renomado arquiteto modernista Eric Mendelsohn, então recém-exilado político alemão de descendência judia nos EUA. Ele projetou seis prédios de apartamentos residenciais populares com fachadas de tijolos ingleses, do tipo que lembram grandes cortiços espremidos entre si, abrigando numerosas habitações de cômodos exíguos nas áreas suburbanas de Berlim, que foram bombardeados repetidas vezes pela Oitava Frota Aérea no começo de 1945. Ambos os bairros de mentirinha, erguidos no deserto sarapintado de pés de erva-armoles, foram bombardeados com bombas incendiárias e reconstruídos várias vezes, experiências que resultaram no desenvolvimento de bombas desse tipo capazes de perfurar os telhados das edificações alemãs. Em Dugway, o Exército realizou experiências também com napalm M-69, a nova traiçoeira arma de guerra desenvolvida pela Standard Oil. "Se íriamos travar mesmo uma guerra total com a Alemanha, seria bom que a tornássemos a mais terrível possível",[1637] disse Robert Lovett, o vice-ministro da Guerra. Em fins de 1944, Lovett tinha incentivado a Força Aérea a iniciar planos para realizar maciças investidas de bombardeio com bombas de napalm contra concentrações de tropas e cidades alemãs. Para a Alemanha, uma guerra prolongada por operações de resistência com caças a jato teria gerado não um acordo de paz complacente — um sonho delirante dos nazistas —, mas um flagelo exterminador semelhante ao de Gomorra, fazendo suas cidades serem varridas por furacões de fogos deflagrados por bombas de napalm e tufões incinerantes gerados por explosões atômicas.

Ao fim e ao cabo, a força aérea que iniciou a guerra como a mais temida do mundo, vista como o flagelo de Guernica, Varsóvia e Roterdã, teve um triste fim num minúsculo aeródromo em Salisburgo, com os Mustangs dos ianques sobrevoando em círculos o local como abutres rondando a presa. Mas os vencedores não mergulharam sobre o alvo para atacá-lo, observou Adolf Galland, que estava assistindo a tudo em pé no aeródromo, junto com seu grupo de ases da aviação, os poucos sortudos que tinham sobrevivido a uma selvagem guerra de seis anos. "Era óbvio[1638] que eles alimentavam a esperança de poder pilotar em breve os caças a jato alemães que tinham dado trabalho a eles." Todavia, quando a primeira coluna de viaturas blindadas entrou no aeródromo, os pilotos de Galland despejaram gasolina sobre seus turbojatos futuristas para incendiá-los.

Pesquisa dos Efeitos dos Bombardeios Estratégicos

Antes mesmo que a guerra terminasse, o general Frederick Anderson, o segundo homem no comando da força de combate de Spaatz, estava ansioso para ver em primeira mão os resultados das operações. Em meados de abril, o general requisitou um pequeno avião e um cargueiro C-47, pôs dois jipes

662 MESTRES DO AR

na aeronave de transporte de cargas e partiu com uma pequena equipe de membros da Força Aérea numa viagem de inspeção de oito dias das condições das cidades e indústrias que os americanos haviam bombardeado. Fizeram parte de sua comitiva um fotógrafo, um oficial do serviço secreto e um historiador, dr. Bruce C. Hopper.

Foi uma excursão de arrepiar os cabelos dos demais participantes. Porquanto Anderson, que conhecia "seus alvos como a palma da própria mão",[1639] sobrevoou o território alemão pilotando seu minúsculo avião quase ao nível da copa das árvores, "passando bem pelo meio dos esqueletos das fábricas de rolamentos" bombardeadas, observou Hopper em seu caderno de anotações. As estradas principais estavam congestionadas de refugiados, e a Wehrmacht, enquanto se retirava, tinha plantado inúmeras minas em trechos da Autobahn. Anderson, porém, dirigindo um dos jipes transportados pelo C-47, teve a prudência de transitar sempre pelas sinuosas estradas secundárias da região, se bem que atravessando rapidamente povoados que ainda tinham que ser libertados. Com todas as pontes sobre o Rio Meno destruídas, Anderson confiscou um barco de madeira abandonado e ele e seu oficial do serviço secreto, ambos pescadores experientes, atravessaram o rio remando para alcançar Schweinfurt, lutando contra uma forte correnteza que ameaçava lançar os quatro homens contra uma represa de moinho. Como se não bastasse, alguns dias depois, esses homens quase chegaram ao fim da linha quando Anderson, em meio a uma tempestade e sem altímetro, serpeou com a aeronave através de vales profundos, em busca de uma saída por entre escarpados paredões de montanhas com eles a bordo de seu aviãozinho. Mais tarde, em Nuremberg, com uma escolta armada composta por "soldados americanos, sempre propensos a atirar pelo mais ínfimo motivo", e com edifícios inteiros desabando estrondosamente sobre as ruas, ficaram transitando de carro pelo centro da recém-libertada cidade. Em outra inusitada ocasião, quando o jipe deles enguiçou perto de Schweinfurt, os integrantes da comitiva seguiram nas garupas das vacas de um fazendeiro para uma fábrica de rolamentos destruída pelas bombas.

As inéditas anotações de campanha de Hopper pareciam os registros das observações e pesquisas de um arqueólogo sobre as ruínas de uma civilização extinta em eras prístinas: "Darmstádio, um caos infernal aparentemente sem um único telhado intacto. [...] Frankfurt, parece uma Pompeia enorme

[...]. Cassel, [...] somente quilômetros e quilômetros de ferros retorcidos e enferrujados apontando inertes para céu [...]. Vurtsburgo, como que uma montanha de cascas de amendoim quebradas e esmigalhadas. Leuna, [...] um enorme cemitério de esqueletos de ferro. [...] Magdeburg, [...] outra cidade-fantasma. [...] Colônia, [...] indescritível. A sensação é de terror; não sobrou nada, nada."

Em várias de suas paradas, o grupo de Anderson jantou com jornalistas americanos, num encontro em que todos concordaram que estavam testemunhando "destruição e caos numa escala jamais vista no mundo".[1640] As cidades pelas quais eles tinham passado não eram comunidades de seres vivos, mas verdadeiras feridas na terra, disse o correspondente Leonard Mosley.[1641] Durante toda a viagem de inspeção, o único sinal de atividade "industrial" que o grupo de Anderson testemunhou foi um simples trem em movimento.

Se Anderson precisava ser alvo de certa vingança moral contra a desolação causada por seus bombardeiros, isso aconteceu em Buchenwald, onde esqueletos parcialmente carbonizados ainda jaziam no piso quente de fornos crematórios, e ossos humanos eram postos em pilhas mais altas que uma pessoa em pé. "Eis aí o antídoto contra dúvidas sobre a eficácia de bombardeios estratégicos", registrou Hopper em seu caderno.

Enquanto o grupo de Anderson concluía *in situ* sua avaliação dos resultados dos bombardeios, fazia dois meses que a Força Aérea Americana vinha colhendo informações para um estudo sistemático dos efeitos econômicos e psicológicos dos bombardeios estratégicos contra a Alemanha: *The United States Strategic Bombing Survey (European War)*. Oficiais de Grupos de Exploradores do Exército[1642] tinham atravessado o Reno em março, logo atrás dos exércitos Aliados, e estavam revirando escombros de bombardeadas fábricas de munição e refinarias de petróleo em busca de documentos. Deslocando-se em jipes e viaturas de transporte de armamentos, levavam bolsas cheias de chocolate, cigarros e sopas para incentivar os moradores locais a cooperarem. Assim, entraram em algumas zonas de combate adiante das posições defensivas das colunas de viaturas blindadas americanas, onde foram alvos de uma saraivada de fogos do inimigo. Quatro membros das equipes de pesquisadores de campanha, dois dos quais eram civis, morreram e outros quatro sofreram ferimentos graves.

O esforço de coleta de informações foi um dos mais abrangentes e diversificados projetos de pesquisa sociológica realizados até então, uma gigantesca campanha de apuração de fatos que gerou mais de 208 relatórios publicados. Esses tomos documentais põem a guerra aérea americana sobre o território do Reich "entre as campanhas militares mais brilhantemente esclarecidas de todos os tempos".[1643] Algumas das primeiras descobertas[1644] foram o resultado de uma mistura de sorte e excelente trabalho investigativo. Vasculhando as deformadas ruínas da fábrica de hidrogenação da I. G. Farben em Ludwigshafen-Oppau, uma equipe de pesquisadores de campanha se deparou com o diretor da fábrica, que a levou a um abrigo antiaéreo contendo pilhas de documentos com estatísticas dos danos e baixas causados à fábrica. Já outra equipe descobriu quatro acervos de documentos sobre refinarias e fábricas de sintéticos escondidos numa série de povoados situados nas profundezas de uma floresta de pinheiros — uma pilha de papéis numa cervejaria abandonada e outra num celeiro com um estábulo de gado conjugado. Outras equipes do Grupo de Exploradores acharam documentos em poços de mineração, cemitérios de povoados e fundos buracos abertos em clareiras. Entre os achados estavam dezesseis tonéis contendo documentos sobre o funcionamento da indústria de produtos sintéticos da Alemanha, incluindo sigilosas informações sobre a ajuda dada pelos alemães aos japoneses em suas tentativas nem tão bem-sucedidas de fabricar combustíveis sintéticos.

Em Colônia,[1645] um grupo de pesquisadores localizou os escritórios da Reichsbahn na margem ocidental do Reno. Quando membros da equipe começaram a vasculhar o edifício, foram alvos dos disparos de soldados inimigos estacionados na margem oposta do rio. Depois que solicitaram o envio de dois pelotões de fuzileiros americanos para lhes darem cobertura, os pesquisadores se puseram de quatro para recolher documentos de atividades ferroviárias espalhados pelos pisos dos escritórios abandonados.

Os americanos iniciaram outro trabalho desse tipo também na França e na Bélgica. Sob a liderança de Rensis Likert, um notável especialista em serviços de medição da opinião pública, membros da Divisão de Estudos Psicológicos[1646] da pesquisa interrogaram centenas de ex-prisioneiros de guerra franceses, refugiados iugoslavos e trabalhadores escravos que tinham conseguido escapar das garras dos nazistas. Depois disso, equipes de interrogadores se espalharam por toda a Alemanha, onde entrevistaram quase quatro mil civis em 34 cidades. Nesse ínterim, membros das Divisões

AS CHAMINÉS RARAMENTE CAEM 665

de Estudos Econômicos conseguiram localizar e interrogaram gerentes de fábricas e autoridades de várias cidades.

Após a rendição da Alemanha, uma equipe que incluía o sargento especialista Paul Baran[1647] — filho de prósperos judeus poloneses, ex-espião da Agência de Serviços Estratégicos (OSS) e depois polêmico economista marxista da Universidade Stanford — foi infiltrado na Berlim ocupada pelos soviéticos numa secreta operação paraquedista para obter dados estatísticos de economia do dr. Rolf Wagenfuehr, o estatístico-chefe do gabinete de ministros de Speer, que tinha fama de ser um "bife malpassado" nazista, assado por fora (marrom, nazista) e cru por dentro (vermelho, comunista). Assim que conseguiu descobrir o paradeiro de Wagenfuehr com informações de um berlinense que Baran tinha conhecido em Harvard antes da guerra, Baran providenciou um encontro, no qual Wagenfuehr lh entregou e uma cópia de um manuscrito que ele tinha acabado de concluir: "Ascensão e Queda da Economia de Guerra da Alemanha". Quando Baran convidou Wagenfuehr a juntar-se a ele e à equipe e acompanhá-los na volta para a Alemanha Ocidental, ele se recusou, dizendo que já havia se "aliado aos soviéticos".[1648] Naquela mesma noite, Paul Baran seguiu à frente de um "grupo de busca"[1649] em demanda do setor soviético da cidade ocupada e, nas palavras de um membro da equipe de pesquisadores, "literalmente falando, içou Wagenfuehr da cama, onde jazia ao lado da mulher." Em seguida, o estatístico foi levado de avião para a Alemanha Ocidental, donde ficou impedido de voltar para o lado soviético, apesar da forte pressão do Exército Vermelho, e onde permaneceria até que tivesse dado aos pesquisadores da Força Aérea as informações de que eles precisavam.

Algum tempo depois naquele verão, Baran interrogou um magnata da indústria do aço germânica. No interrogatório, logo que notou o uniforme desalinhado de Baran, seus cabelos bastante desarrumados e acentuadas características judaicas, o arrogante alemão disse a ele que estava acostumado a tratar apenas com "dirigentes da indústria"[1650] e: "Quem é você?", perguntou. Baran respondeu, informando-lhe que seu cargo lhe conferia autoridade para manter o mandachuva tedesco na prisão por um dia a cada pergunta que ele se recusasse a responder. Depois disso, o alemão passou a dar respostas rápidas e completas.

Baran havia sido incorporado ao projeto de pesquisa por seu ex-colega de Harvard, John Kenneth Galbraith, mais tarde um renomado economista, intelectual famoso e, no governo do presidente John K. Kennedy, embaixador americano na Índia. Iconoclasta liberal arguto e polido, sempre contestador da "sabedoria convencional", Galbraith tinha sido recrutado por George Ball, futuro vice-ministro das Relações Exteriores e embaixador americano nas Nações Unidas. Embora por breve período, os dois haviam trabalhado juntos em Washington nos primeiros anos da guerra e ambos viam com desconfiança a ideia de que bombardeios eram capazes de vencer aqueles conflitos. Mas Galbraith alimentava sentimentos mais extremados em relação à questão; ele considerava a guerra de bombardeiros "uma coisa hedionda".[1651]

Quando Ball o procurou para lhe fazer a proposta, Galbraith, nascido no Canadá, era um graduado editor da revista *Fortune*, época em que tinha acabado de deixar um importante cargo na Agência Reguladora de Preços no governo do presidente Roosevelt. Embora receoso de deixar a *Fortune*, ele achou que seu ceticismo em relação à guerra de bombardeios forneceria o necessário corretivo ao infrene entusiasmo dos comandantes das frotas de bombardeiros. Acabou aceitando o cargo quando Ball, secundado por Paul Nitze, um jovem economista do governo e futura autoridade no Pentágono, o convenceu de que a pesquisa seria um projeto administrado por civis, tocado com total "independência em relação à Força Aérea, embora orientado e apoiado por ela".[1652]

Arnold e Carl Spaatz queriam que o trabalho fosse feito dessa forma. A ideia da pesquisa era deles;[1653] achavam que poderia fornecer importantes informações para o bombardeio ao Japão e estabelecer as bases para a elaboração da doutrina de combates da aeronáutica militar do futuro. Para dar ampla autonomia aos responsáveis pela pesquisa, Arnold convenceu Roosevelt[1654] a torná-la uma comissão presidencial especial, formada por notáveis. Dirigentes da Força Aérea tinham certeza de que os integrantes de uma comissão de investigação imparcial chegariam à conclusão de que o poderio aéreo militar tinha sido fundamental para a derrota da Alemanha, tese em que eles acreditavam tanto, conforme observado por Galbraith, "quanto outras pessoas acreditavam no Espírito Santo".[1655] Além do mais, a abonação, por parte de uma comissão presidencial independente, da necessidade imprescindível de uma aeronáutica militar poderosa, ajudaria a Força Aérea em sua vindoura luta pela conquista de autonomia. Foi por essa razão que Arnold evitou aceitar propostas da Real Força Aérea para

AS CHAMINÉS RARAMENTE CAEM 667

realizar com ela uma pesquisa conjunta. Com isso, os britânicos realizaram um estudo à parte, menos abrangente e que só foi posto à disposição do grande público em 1998.

Como não conseguira convencer uma eminente e imparcial figura pública que ele gostaria que fosse chefe da pesquisa e membro da comissão, Arnold teve que se contentar com Franklin D'Olier, o presidente da Prudential Life Insurance Company e ex-capitão de artilharia na Primeira Guerra Mundial. Pouco tempo depois, porém, a responsabilidade pela chefia direta da pesquisa foi passada para Henry Alexander, um advogado de Nova York e sócio do J. P. Morgan. Outros cargos importantes foram ocupados por veteranos dos setores empresarial e advocatício, personalidades oriundas das antigas famílias da Nova Inglaterra e de estabelecimentos bancários instalados em vistosos arranha-céus. Mas o poder real ficou nas mãos dos chefes das juntas ou comissões de trabalho. Elas foram chamadas de divisões, das quais criaram uma para o levantamento de informações de cada um dos grandes alvos ou importantes objetivos da guerra de bombardeiros: refinarias, fábricas de sintéticos, sistemas de transporte, moral ou estado de espírito das populações civis e militares e assim por diante. As divisões eram chefiadas e compostas por cidadãos notáveis em franca ascensão profissional e de inquestionável competência: engenheiros, cientistas, economistas, advogados, psicólogos, estatísticos e gerentes. George Ball foi incumbido de chefiar a Divisão de Estudos de Bombardeios contra Sistemas de Transportes, enquanto Galbraith comandou um comitê encarregado de investigar "os efeitos econômicos" dos bombardeios na mobilização militar dos alemães.

Os membros da equipe de "guerreiros economistas"[1656] de Galbraith integravam, conforme diria ele depois em seus escritos, "uma lista dos famosos da próxima geração de economistas". Além de Baran, faziam parte do grupo Burton H. Klein, chefe da equipe de assessores de Galbraith e mais tarde um destacado teórico da área econômica; Nicholas (depois lorde) Kaldor, um luminar da Universidade de Cambridge; E. F. Schumacher, tempos depois autor do revolucionário livro em que trata de questões relacionadas ao meio ambiente, intitulado *O negócio é ser pequeno*; e G. Griffith Johnson, futuro vice-ministro das Relações Exteriores. Uniram-se a eles ademais um punhado, pelo menos em tese, de "improváveis guerreiros", entre os quais o poeta britânico W. H. Auden e o compositor Nicolas Nabokov, indicações que deixaram Hap Arnold abismado. Afinal, somente a um eminente general

MESTRES DO AR

da Força Aérea foi dado um cargo de influência no comitê e mesmo assim apenas com função de consultoria. Esse homem era Orvil A. Anderson, o ex-subcomandante de operações de Jimmy Doolittle e único integrante da equipe de comando totalmente versado nos procedimentos de bombardeio da Força Aérea.

Os diretores do projeto de pesquisa se viram confrontados por uma tarefa extraordinária. "Talvez pela primeira vez na história,[1657] uma campanha militar esteja sendo submetida a uma minuciosa análise e apreciação crítica por parte de uma comissão oficial, formada predominantemente por civis", observou Hanson Baldwin, do *The New York Times*. A tudo apenas observando com preocupação, autoridades do Exército e da Marinha ficaram se perguntando o que levara Hap Arnold a criar uma ameaça tão perigosa assim às prerrogativas dos militares. "Eles não gostam da ideia", escreveu Baldwin. "Receiam que o comitê crie um precedente para análises e apreciações críticas de futuras campanhas navais e terrestres."

As autoridades responsáveis pelo projeto criaram um escritório em Londres, no antigo quartel-general de Eisenhower em Grosvenor Square, e, depois que o exército americano consolidou seu controle sobre a Renânia, os miliares estabeleceram um quartel-general avançado no Park Hotel em Bad Nauheim, um luxuoso spa perto de Frankfurt. Galbraith e Ball chegaram lá em meados de abril. Quando não estavam em campo interrogando nazistas, eles reuniam suas equipes de assessores no bar do hotel de paredes forradas de couro e madeira para animados debates sobre o impacto dos bombardeios estratégicos, o qual Galbraith estava determinado a provar que havia sido insignificante. Conforme disse ele a amigos, mais ou menos na época em que ingressou no projeto da Pesquisa dos Efeitos dos Bombardeios: "Ele aprendera o princípio fundamental da arte da guerra:[1658] Desconfiar de tudo que os generais nos dizem e ordenam." (Parece que o desprezo de Galbraith pelos militares se estendia aos graduados e aos soldados rasos, tanto que, num voo de volta para os Estados Unidos, no verão de 1945, "um sargento cheio de condecorações[1659] seguiu viagem ao meu lado e me perguntou se eu gostaria de ouvir suas aventuras na guerra", relatou Galbraith em suas memórias. "Eu disse a ele que não. Ele fez várias tentativas para puxar conversa, mas recusei todas. Por fim, ele me perguntou quem eu achava que venceria o principal Campeonato de Beisebol. Eu perguntei a ele quais times estavam na disputa naquele ano.")

Os Bombardeios Estratégicos funcionaram?

Já no início de abril restava pouca coisa para se bombardear na Alemanha. A guerra contra a indústria de sintéticos e combustíveis tinha sido vencida.[1660] As fábricas de sintéticos passaram a operar apenas com 6 por cento de sua capacidade industrial de outrora enquanto a produção de gasolina de aviação foi totalmente paralisada. Com isso, a campanha de bombardeios contra refinarias e fábricas de sintéticos "cortou as asas da Luftwaffe"[1661] e prejudicou a capacidade de mobilização da Wehrmacht, impedindo que seus soldados protegessem as fontes de suprimentos de carvão que moviam as indústrias de sintéticos. Em fevereiro de 1945, a Wehrmacht tinha montado uma força de combate com 1.500 viaturas blindadas para tentar deter o avanço do Exército Vermelho sobre as minas de carvão da Alta Silésia,[1662] mas, por causa da escassez de combustíveis, não conseguiu empregá-los adequadamente. A essa altura, o Exército alemão vinha fazendo suas viaturas decolarem a uma velocidade máxima de 27 km/h e com ordens determinando: "Qualquer um que usar combustível[1663] para objetivos que não sejam para a realização imediata de operações será considerado sabotador e enviado à corte marcial sem misericórdia."

No último ano da guerra, o imediato de Speer, Edmund Geilenberg,[1664] havia sido encarregado de um programa de emergência para a construção de sete fábricas de hidrogenação subterrâneas. Ao contrário da indústria da aviação, a produção de combustíveis sintéticos era uma operação complexa e grande demais para que fosse possível pôr suas instalações abaixo da superfície terrestre em pouco tempo e, por conta disso, não foi concluída a construção de nenhuma das fábricas.

Contudo, as coisas poderiam ter sido diferentes. Nos primeiros anos da guerra, engenheiros alemães especializados em produção de combustíveis sintéticos haviam proposto que as instalações fabris desses produtos fossem transferidas para locais subterrâneos, mas autoridades nazistas lhes disseram que a guerra seria vencida antes que a construção dessas fábricas pudesse ser concluída. Em razão disso, em vez de terem sido recompensados por sua iniciativa, os engenheiros foram advertidos pela Gestapo deque, se continuassem a fazer pressão para que esse programa fosse posto em prática, eles seriam enviados para um campo de concentração por "questionarem a indestrutibilidade do Reich".[1665] Se o programa de transferência de indústrias

670 MESTRES DO AR

de sintéticos para locais subterrâneos tivesse sido iniciado em 1942 e fábricas bem ventiladas houvessem sido construídas próximo a fontes de carvão, com uma rede de tubulações seguras para o transporte dos combustíveis produzidos nelas, "a indústria de combustíveis sintéticos da Alemanha[1666] poderia ter ficado em relativa segurança contra investidas de bombardeiros", na opinião dos ianques especialistas em petróleo e derivados recrutados pelos responsáveis pelo projeto de Pesquisa dos Efeitos dos Bombardeios Estratégicos Americanos. Todavia, quando os nazistas resolveram fazer algo nesse sentido, já era tarde. Um ano depois de ter assumido a hercúlea tarefa de transferir as fábricas de combustíveis sintéticos alemãs para o subsolo, os Aliados encontraram Edmund Geilenberg trabalhando em sua pequena oficina de conserto de bicicletas no norte da Alemanha.

Já no começo de abril de 1945, a campanha de bombardeios das forças aéreas dos Aliados contra os sistemas de transporte alemães tinha alcançado também seus principais objetivos. Os Aliados haviam conseguido destruir a rede de canais e vias de transporte fluviais da Alemanha, arruinar seus sistemas de transporte ferroviários e, com isso, paralisar a indústria de carvão que movia sua economia. Embora ainda haja polêmica em torno da tese de que os Aliados deveriam ter se concentrado na destruição de linhas férreas em pontes, passagens subterrâneas, túneis e viadutos, em vez de em pátios de manobras ferroviárias, onde sempre havia equipes de manutenção e reparos para consertar quaisquer danos rapidamente, provavelmente o lento estrangulamento[1667] imposto pela poderosa aeronáutica militar interaliada às redes de transporte ferroviário e fluvial foi a principal causa da ruína da economia alemã.

Hoje em dia, nenhuma nação pode prevalecer numa guerra total sem uma poderosa economia industrial, e a Alemanha já não tinha uma economia assim nos primeiros meses de 1945, pois se encontrava quase sem estoques de combustível e, embora tivesse muito carvão, as forças aéreas dos Aliados tornaram impossível o transporte de suas matérias-primas e de tudo mais. "Nem mesmo uma potência militar de primeira ordem[1668] — forte, determinada e resistente como os alemães — consegue sobreviver por muito tempo à livre utilização, em massa, de armamentos aéreos sobre o coração de seu território", concluíram os elaboradores do relatório da Pesquisa dos Efeitos de Bombardeios Estratégicos Americanos. Pela primeira vez na história contemporânea, a economia de uma potência mundial havia

AS CHAMINÉS RARAMENTE CAEM 671

sido totalmente destruída e, junto com ela, todas as suas principais cidades. Considerar "indústrias"[1669] as fábricas atoladas numa crise de falta absoluta de combustíveis, observou o correspondente de guerra Julian Bach, "é confundir germano com gênero humano".

Embora a economia da Alemanha só tivesse ruído por completo mesmo quando os exércitos Aliados marcharam sobre seu território, onde se prepararam para desferir-lhe o golpe final, alguns setores seus haviam começado a sofrer paralisações irreversíveis muito antes disso. E os exércitos de Eisenhower não teriam chegado às portas do Império Alemão sem a sua poderosa aeronáutica militar.

Não foi essa a impressão que a maioria das pessoas teve dos resultados da campanha de bombardeios dos Aliados. A indignação para com operações de bombardeios aterrorizantes (aliás, o historiador britânico J. F. C. Fuller observou que "as chacinas horripilantes"[1670] do Harris Balista "teriam deixado Átila, o Huno, envergonhado") e com os gastos enormes dessas operações — dinheiro, queixam-se os críticos, que poderia ter sido usado de forma mais proveitosa em outras áreas do esforço de guerra Aliado — levou a conclusões sobre os bombardeios estratégicos que subestimam o impacto causado por ele no esforço de guerra dos alemães. Destacados jornalistas e historiadores asseveraram que as operações de bombardeios estratégicos fracassaram em seu objetivo de enfraquecer a produção industrial alemã e que os bombardeios contra áreas residenciais aumentaram a vontade do povo germano de resistir às investidas do inimigo. E esses críticos citam os achados dos integrantes da Pesquisa dos Efeitos dos Bombardeios Estratégicos Americanos como sustentáculo de suas conclusões.

Todavia, contestar as declarações da Força Aérea sobre bombardeios estratégicos é uma coisa; agora, argumentar que os pesquisadores dos Efeitos dos Bombardeios afirmaram isso ou aquilo, quando, na verdade, nada disseram a tal respeito, é outra muito diferente. A forma pela qual as conclusões da pesquisa acabaram sendo tão generalizadamente deturpadas é um dos grandes desafios e enigmas alvos dos estudos dos modernos especialistas militares. John Kenneth Galbraith foi um dos que contribuíram muito para essa confusão. Em seus escritos sobre a era do Vietnã, ele classificou a guerra contra a Alemanha como um fracasso "desastroso",[1671] levando leitores desatentos a presumirem que havia chegado a essa conclusão em 1945. Em

672 MESTRES DO AR

sua compreensível oposição aos bombardeios ininterruptos e maciços contra o Vietnã do Norte ordenados pelo presidente Lyndon Johnson, na Operação Dilúvio de Bombardeios (Rolling Thunder), Galbraith insistiu na ideia de que bombardeios estratégicos nunca funcionaram, nem no Vietnã, nem na Coreia e nem mesmo na Segunda Guerra Mundial. O biógrafo de Galbraith, Richard Parker, insiste ainda mais na defesa dessa tese do que o próprio biografado. Em seus escritos, ele afirma que os responsáveis pela Pesquisa dos Efeitos dos Bombardeios Estratégicos descobriram que essas operações, "na verdade, não conseguiram destruir[1672] — ou nem mesmo prejudicar seriamente — a capacidade de produção de guerra dos alemães. [...] E até mesmo os bombardeios especiais às fábricas de combustíveis, às indústrias de sintéticos e aos sistemas de transportes ferroviários germanos após o Dia D só conseguiram provocar pouco mais que atrasos na mobilização do Exército e da Força Aérea dos alemães em vez de paralisá-los".

Essas afirmações são um falseamento das conclusões de Galbraith e das apresentadas no relatório dos pesquisadores. A verdadeira história é outra, complexa e intelectualmente fascinante.

No fim do verão de 1945, os membros da Pesquisa dos Efeitos dos Bombardeios concluíram seus trabalhos de campo, e seus chefes de divisão voltaram para Londres e Washington com vistas a preparar seus relatórios. Galbraith fundamentou os estudos de sua divisão nos efeitos das operações de bombardeios sobre a produção de guerra dos alemães, baseado em informações fornecidas principalmente por duas fontes: Rolf Wagenfuehr e Albert Speer. Wagenfuehr repassou dados estatísticos de um valor inestimável sobre a produção de guerra alemã, mas Speer deu a Galbraith muito mais coisas — informações sigilosas sobre o planejamento e as políticas de guerra dos nazistas.

No dia seguinte ao da rendição alemã, dois membros da Equipe de Exploradores de Galbraith,[1673] tenente George Sklarz e o sargento especialista Harold Fassberg, acharam Speer quase por acaso num edifício de escritórios em Flensburgo, no balneário perto da fronteira com a Dinamarca em que o almirante Karl Dönitz, o sucessor oficial de Hitler, tinha instituído um governo interino. Na época, essa era a única parte da Alemanha que não tinha sido ocupada pelos Aliados, e, protegido por soldados da SS, Speer estava morando num castelo do século XVI cercado por um fosso que mais

AS CHAMINÉS RARAMENTE CAEM 673

parecia uma lagoa. Quando Galbraith seguiu de avião para Flensburgo com George Ball, Paul Nitze, Burton Klein e um grupo de intérpretes levaram de carro não só ele, mas também sua comitiva até o refúgio de Speer, onde foram recebidos pelo polido ministro nazista, alto, aprumado e trajando um elegante uniforme marrom.

Speer era a pessoa com a qual Galbraith e Ball mais queriam se encontrar, considerado o "homem dos milagres",[1674] dono de informações inigualáveis sobre íntimos segredos do funcionamento da economia de guerra alemã, a qual, nos anos finais do conflito mundial, ele tinha administrado com poderes quase ditatoriais. Ter-se encontrado com ele, disse George Ball, foi "como topar com a página cheia de respostas depois de se ter trabalhado no desvendamento de um enigma durante meses".[1675] Como entendera que o jogo havia terminado, Speer concordou em conceder o que se tornou uma série de sete dias de exaustivas entrevistas — nossa "escola técnica de bombardeio", observou espirituosamente o Ministro do Reich acerca da maratona de entrevistas.

Durante sete dias, antes de ter sido preso por soldados britânicos, Speer forneceu informações com obsequiosa satisfação. Quando, em seu segundo dia em Flensburgo, os americanos se encontraram com Speer, ele estava usando um terno liso que o fazia parecer um jovem professor de faculdade,[1676] embora adorasse ser o centro das atenções, tal como a maioria dos professores. "Com charme e,[1677] aparentemente, espontânea sinceridade, ele despertou em nós uma simpatia da qual, no íntimo, ficamos envergonhados", confessou Ball tempos depois. "O que ele soubera até então a respeito do holocausto?", pensaram em perguntar. Porém, temerosos de que, talvez, isso pudesse afetar o estado de tranquila afabilidade dele, ninguém ousou verbalizar a pergunta.

Sentado num pequeno sofá com as mãos sobre os joelhos, balançando-se lenta e ligeiramente para a frente e para trás enquanto falava, Speer contou a incrível história da forma pela qual ele havia transformado uma economia de guerra dissipadora e ineficiente numa máquina de produção operada por gente disciplinada e aplicada. Com base nos trechos dessas entrevistas e nas tabelas de dados estatísticos de Wagenfuehr, Galbraith e seus "guerreiros economistas" formularam uma impressionante tese sobre o desempenho da economia alemã. Tese que acabou sendo adotada e influenciando as pesquisas sobre bombardeios estratégicos tanto dos Estados Unidos quanto da Grã-Bretanha. No pós-guerra, ela também ajudou a moldar os estudos e trabalhos de egrégios historiadores e economistas, entre eles Burton Klein,[1678] o futuro aluno de Galbraith, estudioso de teses em Harvard e autor do prestigioso trabalho *Germany's Economic Preparations for War*.

Nessa obra, o autor expõe a teoria da Economia de Produção-Relâmpago,[1679] com a qual procura refutar um dos conceitos mais famosos a respeito dos nazistas: o de que, já desde os primeiros meses da guerra, eles vinham canalizando, com férrea determinação, os recursos do Estado alemão para uma guerra total. "Durante muito tempo",[1680] eles administraram o aparato de guerra alemão "de forma negligente e incompetente", disse Speer à equipe de Galbraith. No início, a Alemanha nazista se mobilizou apenas com força suficiente para apoiar uma série de vitórias "fáceis e insignificantes"[1681] sobre seus vizinhos europeus. Essas operações foram as guerras-relâmpago, conforme denominadas depois pelos defensores da tese; guerras vencidas com assaltos aeroterrestres velozes como raios. E essas operações eram secundadas pela Economia-Relâmpago, um sistema de produção mobilizado apenas para objetivos de curto prazo. Era uma estratégia econômica da receita dos "canhões com manteiga" que não obrigava a população civil a fazer grandes sacrifícios, pois Hitler temia que um programa de austeridade interno radical provocasse insatisfação social capaz de minar o esforço de guerra, tal como havia acontecido na Alemanha da Primeira Guerra Mundial, em razão da adoção de medidas dessa natureza. Depois que a Alemanha derrotou a França mais rapidamente do que até Hitler tinha imaginado que fosse possível, a produção de armamentos foi "deliberadamente reduzida", alegaria Galbraith após ter examinado os números da economia fornecidos por Rolf Wagenfuehr. Mesmo às vésperas da invasão do território soviético, "não havia sido feito nenhum preparativo que ocasionasse um aumento em larga escala da produção de armamentos". Não obstante, Hitler estava convicto de que a resistência soviética ruiria em questão de meses. Assim, a maioria dos funcionários das fábricas continuou a trabalhar em regime de turno único e as mulheres não foram incorporadas à força de trabalho.

As consequências da negligência da Alemanha com a necessidade de se preparar para uma guerra de longa duração finalmente apareceram quando, no inverno de 1941 para 1942, o avanço da Wehrmacht foi detido às portas de Moscou, com seus soldados sem roupas e equipamentos adequados para enfrentarem uma campanha de inverno brutal. Em fevereiro daquele ano,

AS CHAMINÉS RARAMENTE CAEM

Speer foi designado ministro da Produção de Armamentos e Munições e lançou um programa de suprema mobilização de recursos e do aparato industrial de guerra.

A incapacidade de a Força Aérea Americana compreender a verdadeira natureza da economia de guerra dos nazistas foi um "dos maiores erros de avaliação do conflito",[1682] de acordo com a convicção de Galbraith após ter conversado com Speer. Essa falha resultou em dois anos de bombardeios espantosamente ineficientes, culminando com as grandes investidas de 1943 contra as fábricas de rolamentos de Schweinfurt, operações que Galbraith considerou as "mais desastrosas [...] da história da guerra aérea".[1683] Quando a Oitava Frota Aérea chegou à Inglaterra, seus comandantes de unidades presumiram que iriam atacar uma economia totalmente mobilizada para a guerra, uma rede industrial "extremamente fina e retesada ao máximo",* com todas as suas malhas ocupadas no esforço de guerra, sem nenhuma "folga", mais nenhum espaço para fábricas, trabalhadores e matérias-primas de reserva para substituir o que fosse perdido em bombardeios. Mas essa economia, administrada por Hermann Göring, era tão "gorda e incompetente"[1684] quanto seu dirigente, conforme contou Speer a Galbraith e a outros interrogadores americanos. Ele disse ainda que Göring e outros altos dirigentes nazistas levavam uma vida "de um luxo espantoso" e controlavam "esquemas de suborno sem limites". (Foi uma ironia o fato de que Speer tivesse dito isso na sala de estar de uma suntuosa propriedade à beira-mar, da qual se apropriara em benefício próprio — detalhe que Galbraith preferiu ignorar nos relatos colhidos no interrogatório e publicados por ele depois.)

Quando, um ano após Speer ter se tornado ministro de Armamento e Munições, deram a ele e a seus tecnocratas um controle quase total sobre a economia de guerra, eles reduziram a influência dos militares e do partido nas tomadas de decisão e iniciaram a transição da produção artesanal para a produção em massa nas indústrias de importância vital, usando princípios de Henry Ford para padronizar e simplificar práticas industriais. Depois que os americanos começaram a bombardear fábricas de aviões e munições, Speer descentralizou a administração da indústria e transferiu a maior parte do sistema de produção para áreas subterrâneas. Durante quase dois anos, esses componentes da economia ainda parcialmente mobilizados[1685] para o

---

* *"extremamente fina e retesada ao máximo"*: Ibid., 204.

MESTRES DO AR

esforço de guerra foram capazes de resistir a um golpe dizimador a partir dos ares. Com muita margem de manobra à disposição, Speer conseguiu mudar fábricas de rolamentos para outros locais e transferir trabalhadores do setor de bens de consumo que ficaram desempregados por causa das investidas de bombardeios devastadores de cidades do Harris Balista — escriturários, vendedores e garçons — para fábricas de materiais de guerra. Essas medidas permitiram que Speer[1686] aumentasse a produção de viaturas blindadas e aviões, no fim do verão de 1944. De acordo com estatísticas de Wagenfuehr, na época a produção de munições era três vezes maior do que antes de iniciados os bombardeios pesados dos Aliados.

É uma tese fascinante: a de que um gênio da produção industrial conseguiu frustrar e derrotar por mais de dois anos, quase sozinho, os esforços conjuntos das duas maiores frotas de bombardeiros existentes então. Recentemente, porém, os fundamentos da teoria da economia-relâmpago foram abalados. Estudiosos modernos, entre eles os historiadores especialistas em assuntos militares Richard Overy e Williamson Murray e o historiador especializado em economia Werner Abelshauser, veem a existência de uma Alemanha, e não de duas, nesse período de conflitos; uma nação que começara a preparar-se, nos meados da década de 1930, para uma guerra de conquista racial mundial e que "seguiu um caminho de uma mobilização bélica cada vez mais intensa"[1687] nos primeiros anos de 1940s. Já em 1939,[1688] as autoridades alemãs realizaram drásticas reduções na produção de bens de consumo e aumentaram constantemente os gastos militares, aumento que chegou a quase 400 por cento pouco antes da ascensão de Speer ao posto de grande potentado da produção industrial do país. Até então, a maioria das indústrias de bens de consumo estava sendo forçada a dedicar metade de sua capacidade de produção para materiais e artefatos bélicos, e a Alemanha tinha mobilizado uma parcela muito maior da força de trabalho feminina do que a Grã-Bretanha.

Embora houvesse tido essa intenção, a Alemanha não tinha condições de se lançar num esforço de rearmamento intenso em fins da década de 1930 e no começo de 1940, argumentou Williamson Murray,[1689] porque o país sofria escassez de quase todas as matérias-primas essenciais para empreender uma guerra, exceto no caso do carvão. Além de petróleo, ela tinha que importar minério de ferro, cobre, chumbo, zinco, bauxita e metais não ferrosos usados para fabricar aço de alta qualidade: níquel, manganês, tungstênio,

AS CHAMINÉS RARAMENTE CAEM

vanádio e molibdênio. Ela sofria, ainda, de uma escassez de trabalhadores especializados e de mão de obra não qualificada.

Overy observa também[1690] que outro problema de Hitler era o fato de que seus preparativos na área econômica estavam em descompasso com as realidades diplomáticas. A invasão da Polônia pela Alemanha provocou a guerra continental em larga escala que o Fuhrer esperava desencadear somente em meados da década de 1940s, depois que ele tivesse consolidado o poderio alemão na Europa Central. Quando sobreveio a guerra total, a economia germânica carecia de uma forte orientação e administração estratégicas. Ela era, conforme Speer dissera acertadamente a Galbraith, administrada de forma incompetente. Mas o milagre da produção industrial de Speer não foi alcançado pela transformação da economia de produção de guerra-relâmpago numa economia de guerra total. Speer simplesmente usou, de modo mais eficiente e com menos interferência dos militares, recursos que já estavam sendo empregados num esforço de guerra total; ele e suas equipes de industriais e engenheiros conseguiram levar ao ápice do desempenho uma economia de guerra cujos processos já haviam começado a ser racionalizados, em 1941, por seu antecessor Fritz Todt, então o chefe supremo da produção de munições, morto num acidente de avião em fevereiro de 1942. E agora, com as imensas conquistas de Hitler na Europa, Speer tinha quase o continente inteiro como fonte de suprimentos de suas carências de mão de obra e matérias-primas: petróleo de Ploesti; carvão da Silésia; cobre, chumbo, zinco e bauxita dos Bálcãs; e minério de ferro da Suécia, país submisso aos interesses da economia de guerra alemã. Faziam parte do império administrativo de Speer fábricas de aviões, munições e produtos eletrônicos na Holanda, França e Tchecoslováquia; e esses países e outros forneciam também à Alemanha mão de obra escrava, prisioneiros de guerra e trabalhadores estrangeiros de empreitada, num total de quase oito milhões de trabalhadores multinacionais, cerca de três milhões deles oriundos da Polônia e da União Soviética. A tremenda expansão da produção industrial que Speer comandou, de 1942 até meados de 1944, "não se baseou sob nenhum aspecto,[1691] de forma significativa, na presumida lacuna na economia do pré-guerra", observou Murray em seu importante livro, *The Change in the European Balance of Power, 1938-39*. "Ao contrário, isso ocorreu porque os alemães eram capazes de explorar de forma impiedosa os recursos dos países ocupados e neutros dentro de sua esfera de controle".

Speer confessou isso[1692] a interrogadores dos Aliados em 1945, num testemunho que contradiz as informações do dr. Wagenfuehr — um estatístico que, na verdade, não estava muito a par da elaboração de políticas econômicas e militares do Reich. Conforme assinalado pelo historiador Sebastian Cox, foi somente "muito depois,[1693] quando ele estava preparando suas memórias, que Speer veio a aceitar grande parte da tese de Wagenfuehr, provavelmente porque isso fazia com que suas realizações como ministro de Armamentos e Munições do Reich parecessem ainda mais estupendas do que realmente eram e o apresentavam como um homem realista e pragmático cercado de visionários com pouca compreensão real dos problemas".

Que importância essa nova interpretação da economia de guerra dos alemães tem para a compreensão da guerra de bombardeiros? Se a mobilização de recursos para fins bélicos pelos germanos já estivesse a plena carga em 1942, Spaatz e Tedder então teriam razão em sua escolha de alvos, pelo menos em parte. Conquanto toda a economia industrial da Alemanha só fosse funcionar a todo vapor em 1944, pelo menos dois setores[1694] de suma importância vinham trabalhando com capacidade plena: o de combustíveis e o de transportes. Isso os tornou alvos perfeitos quando, por fim, começaram a ser atacados, numa situação em que a Alemanha não tinha nem reservas de gasolina nem de vagões ferroviários para repor o que se perdia nos ataques dos bombardeiros.

No relatório de Galbraith para a Pesquisa sobre os Efeitos de Bombardeios, ele assinala que, antes do verão de 1944, os bombardeios dos Aliados "não tiveram nenhum efeito considerável[1695] nem na fabricação de munições nem na produção industrial nacional da Alemanha de um modo geral". Embora isso pareça confirmar a ideia de que as operações de bombardeios estratégicos fracassaram, Galbraith argumenta ainda no relatório que os Aliados empreenderam uma deflagração conjunta das campanhas de bombardeios contra refinarias, fábricas de sintéticos e sistemas de transporte para causar danos insanáveis à economia alemã, provocando uma drástica redução na produção de aço, combustíveis e aviões. Ele chega a reconhecer que operações de bombardeio realizadas antes do verão de 1944 haviam imposto um limite na fabricação de aviões da Alemanha, que "talvez a produção tivesse sido algo entre quinze e vinte por cento maior se as fábricas não tivessem sido bombardeadas".[1696]

AS CHAMINÉS RARAMENTE CAEM

Contudo, provas na posse da equipe econômica de Galbraith indicam que esse limite foi consideravelmente menor. Em janeiro de 1945, assessores de Speer no Ministério de Armamentos e Munições calcularam[1697] o que poderia ter sido produzido no ano anterior sem os bombardeios dos Aliados. Eles concluíram que a indústria alemã tinha sofrido uma queda de 36 por cento na produção de tanques de guerra, 31 por cento na de aviões de combate e 42 por cento na de caminhões. Esses ganhos de produção não realizados ajudaram a impedir que a Alemanha dos tempos de guerra se tornasse uma superpotência econômica.

Em Flensburgo, Albert Speer argumentou que a Segunda Guerra Mundial foi principalmente uma "guerra econômica",[1698] uma disputa entre sistemas de produção rivais que "foi decidida com ataques pelos ares", iniciados com as investidas de bombardeio de Spaatz contra as refinarias e fábricas de sintéticos em maio de 1944. Esse testemunho não consta nos relatos publicados de Galbraith, colhidos em seu encontro com Speer. "As perdas infligidas pelas frotas aéreas de americanos e britânicos",[1699] disse Speer, "representaram para a Alemanha a maior batalha perdida na guerra", e foram os americanos, enfatizou ele, que desferiram os golpes mais decisivos.

Temos uma boa razão para questionar o testemunho prestado por Speer a interrogadores da Força Aérea Americana. Sabedor de que logo seria julgado como criminoso de guerra, com certeza ele se sentiu tentado a contar aos ianques o que eles queriam saber — que os bombardeios americanos contra alvos de importância econômica foram mais eficientes do que os bombardeios por zona dos britânicos. Mas o fato é que Speer disse a interrogadores britânicos exatamente a mesma coisa. "Os ataques dos americanos,[1700] que seguiram um sistema fixo e decisivo de assaltos de bombardeio contra alvos industriais, foram de longe os mais perigosos. Foram esses ataques, aliás, que provocaram o desmantelo da indústria de armamentos da Alemanha." Nas palavras do marechal de campo Erhard Milch, vice-ministro de Speer, "os britânicos nos causaram ferimentos graves e sangrentos, mas os americanos nos apunhalaram o coração em cheio."[1701]

Participantes de debates históricos sobre o impacto econômico dos bombardeios costumam ignorar uma das contribuições mais significativas desses ataques: o impacto causado por eles na guerra terrestre. Tanto críticos quanto defensores da campanha de bombardeios anglo-americanos

680 MESTRES DO AR

tendem a incorrer no erro de raciocinar acerca do assunto de forma desconexa, considerando as contribuições das forças aéreas e terrestres de forma "mutuamente excludente".[1702] Não foi desse modo que os Aliados travaram a guerra na Europa. Assim como o Tridente, a arma de Posseidon, os três pungentes forcados do aparato de guerra dos Aliados — as forças aérea, marítima e terrestre — eram empregados em conjunto, tal como fizeram as frotas aerotáticas e estratégicas dos Aliados quando sob o comando de Eisenhower. Os exércitos da democracia que marcharam para o Elbe não poderiam ter desembarcado no norte da França sem o predomínio sobre as rotas aeromarítimas[1703] conducentes à Fortaleza de Hitler na Europa. Essa supremacia aeromarítima foi alcançada com a derrota das frotas de aviões de caça de Göring e dos submarinos de Dönitz.* Embora os rapazes dos bombardeiros americanos[1704] tivessem causado a maior parte dos danos nas vitórias aéreas que tornaram possível o Dia D, a Luftwaffe não teria feito seus aviões decolarem para lutar caso os bombardeiros não estivessem cruzando os céus locais, atacando alvos que os alemães tiveram que defender e sofrendo um número de baixas razoável.

E o avanço da infantaria a partir das praias da Normandia teria sido quase impossível sem o apoio aéreo e ataques tanto de caças de combate quanto de bombardeiros contra o sistema de transportes francês; investidas constantes e arrasadoras que isolaram o campo de batalha e impediram que o inimigo levasse para lá grupos de reforços decisivos.

Bombardeios contra o sistema de transportes alemão começaram tarde demais para impedir que a Wehrmacht realizasse uma operação de resistência tenaz na Frente Ocidental no fim de 1944 e uma retaliatória contraofensiva nas Ardenas. Porém, mais ou menos no início do inverno de 1945, bombardeiros dos Aliados tinham destruído os sistemas de transporte ferroviário e fluvial da Alemanha e causado graves perdas na produção de sua indústria de armamentos, que sofria então grande escassez de carvão. Os alemães não conseguiam nem mesmo levar as armas e munições que continuavam a ser fabricadas em quantidades bastante reduzidas a seus soldados em combate. Isso impediu que a Wehrmacht montasse, por ordens de Hitler, uma derra-

---

* Além do mais, não seria possível um desembarque das tropas Aliadas em 1944 sem o sofrimento e o sacrifício do Exército Vermelho e do povo soviético nos combates contra a Alemanha na Frente Oriental, onde morreram mais cidadãos e soldados do que em todas as frentes de combate da guerra juntas.

deira e fanática operação defensiva nas fronteiras da Alemanha, lançando o país num estado de Crepúsculo dos Deuses* que teria prolongado bastante a guerra e causado um número de perda de vidas aterrador.[1705]

Numa parte de seu relatório para a Pesquisa dos Efeitos dos Bombardeios a que se deu pouca atenção, o próprio Galbraith admitiu essa possibilidade. Se a Alemanha tivesse conseguido estender a guerra até o fim da primavera e o início do verão de 1945, o duplo assalto com bombardeiros nos sistemas de transporte e nas fábricas de combustíveis e sintéticos teria provocado uma "paralisação total"[1706] na produção de armamentos, escreveu ele, "e teria sido praticamente certo que os exércitos alemães, completamente desprovidos de munições e poder de locomoção, desistissem de continuar lutando".

Os comandantes norte-americanos de operações de bombardeio estratégico não eram ardorosos defensores da cooperação entre as forças militares. Foi a pressão implacável do almirante Ernest King que levou a um emprego eficaz de Liberators B-24 em operações contra submergíveis alemães, além da autoridade de Eisenhower, como comandante supremo, fato que forçou Carl Spaatz a "desviar" bombardeiros para operações táticas que ajudaram a mudar os rumos da guerra na Europa. No conflito real, ao contrário da guerra travada no papel nas salas de aula em Maxwell Field na década de 1930, a ideia de que uma poderosa aeronáutica militar poderia derrotar, por si só, uma nação industrializada e assaz militarizada morreu tão rapidamente quanto o conceito do bombardeiro capaz de se defender sozinho.

Em sua participação na Segunda Guerra Mundial, a Oitava Frota Aérea teve altos e baixos. Em seus primeiros anos no conflito, seu planejamento acerca dos ataques e escolha de alvos foi péssimo. Ela bombardeou bases de submarinos indestrutíveis e fábricas de rolamentos cujas máquinas operatrizes se viu incapaz de destruir com suas bombas de 114 quilos, artefatos relativamente pequenos, aliás, para os objetivos em mira. As investidas de grande penetração territorial contra o complexo de produção de rolamentos de Schweinfurt só deveriam ter sido organizadas e executadas quando os

---

* Expressão alemã que significa *Crepúsculo dos Deuses*. É usada para designar o mito da destruição dos deuses e de todas as coisas numa batalha final contra as forças do mal. Há também a acepção de ruína catastrófica, ocaso apocalíptico, de um sistema ou de um regime político. [N. do T.] *Fonte*: Tradução adaptada de Shorter Wiktionary (En-En)

682 MESTRES DO AR

americanos houvessem montado uma força de ataque maior, protegida por caças de combate de longo alcance. Por terem calculado mal a capacidade da Fortaleza, infaustamente designada como tal, de enfrentar os aviões da Luftwaffe, estrategistas da aeronáutica militar americana sacrificaram desnecessariamente as vidas de jovens incapazes de entender plenamente a natureza desesperadora de suas missões.

Por meio de uma política de tentativas e erros, só com o tempo a Oitava Frota Aérea conseguiu achar os alvos certos, mas ignorou um de suprema importância: a rede de centrais elétricas da Alemanha. A destruição das usinas de força e das estações de distribuição de eletricidade teria minado a capacidade de produção de sua indústria de combustíveis e sintéticos, a qual dependia muito de energia elétrica. Estrategistas da aeronáutica militar americana do pré-guerra, chefiados por Haywood Hansell,[1707] tinham indicado a destruição dos sistemas de geração e distribuição de energia elétrica dos alemães como o principal objetivo da ofensiva de bombardeios estratégicos. Spaatz, porém, deixou de atacá-lo pela mesma razão que, no início, o levara a hesitar em lançar ataques contra o sistema de transporte ferroviário dos germanos: a rede parecia grande e ramificada demais para que os ataques impedissem que voltasse a funcionar. Todavia, já no começo de 1944, o sistema de produção e distribuição de energia elétrica alemão estava tão sobrecarregado quanto seu sistema ferroviário, por sinal "muito exigido e vulnerável",[1708] além de fácil de "ser atacado", na avaliação do general Hansell feita depois da guerra. "Todas as evidências indicam que, tivessem as maiores centrais elétricas sido atacadas naquele ano, a destruição [...] teria tido um efeito catastrófico na produção de guerra da Alemanha", concluíram os participantes da Pesquisa dos Efeitos dos Bombardeios Estratégicos Americanos.

A campanha de bombardeios dos Aliados na Segunda Guerra Mundial tem sido mais estudada do que qualquer outra operação militar na história, mas quase nenhum de seus críticos ressaltou uma das mais graves de suas falhas: o fato de as autoridades militares terem deixado de submeter as operações de bombardeio aéreo — o que bombardear, como atacar e quando atingir os alvos — a uma análise mais atenta pelas competentes autoridades civis. Embora os Aliados tivessem comandantes de forças de combate aéreo de uma competência insuperável, o fato é que deram a eles demasiada liberdade de ação.[1709]

AS CHAMINÉS RARAMENTE CAEM

No entanto, esses comandantes e suas corajosas tripulações realizaram uma campanha de resoluta objetividade — a mais longa e contínua batalha da guerra — e que foi de uma importância tão vital para a conquista de uma vitória na Europa quanto fora vencer a Batalha do Atlântico. No inverno e na primavera de 1944, após anos de frustração e perdas aterradoras, a Ofensiva de Bombardeiros Conjunta começou finalmente a desferir golpes letais na máquina de guerra da Alemanha. Desse ponto em diante, essa operação ficou atrás, em importância estratégica, apenas da derrota imposta pelo Exército Vermelho à Wehrmacht e da grande invasão de um território ocidental em 1944 — operação que não poderia ter seguido adiante sem a supremacia aérea dos Aliados. Juntamente com autores da Pesquisa dos Efeitos dos Bombardeios Estratégicos Americanos, o mais notável historiador alemão especializado em guerra aérea, Horst Boog, observou que a ofensiva aérea anglo-americana foi "decisiva na guerra[1710] [...] Desde o início do verão de 1944, ela viabilizou uma invasão mortal da máquina de guerra alemã sem a qual o conflito poderia ter se prolongado como uma série de horrores infindáveis, por um tempo indeterminado, pelo menos até o uso da primeira bomba atômica".

A frente de combate interna

Assim que as frotas aéreas anglo-americanas atingiram o auge de sua força de combate[1711] — reunindo um total de 28 mil aeronaves de ataque —, elas se tornaram o fulminante instrumento de poderio militar das potências democráticas.* Reunidas com toda a sua imensidade nos céus do Mar do Norte e no sul dos Alpes, essas frotas aéreas despejaram mais de dois milhões de toneladas[1712] de bombas sobre o Reich. O preço em número de vidas pago por

---

* No auge de seu poder de combate, a Oitava Frota Aérea tinha cerca de duzentos mil membros, 2.800 bombardeiros pesados e mais de 1.400 aviões de caça. Contava com quarenta grupos de bombardeiros e quinze grupos de aviões de combate. Mais de 350 mil americanos serviram na Oitava durante a guerra. Os tripulantes de suas aeronaves foram condecorados com dezessete Medalhas de Honra. A Oitava tinha também 261 ases da aviação de caça. Para se ter uma ideia da enormidade da força, basta considerar que a 15ª Frota Aérea tinha 1.190 bombardeiros.

essas operações,[1713] contudo, foi assombroso. A Oitava Frota Aérea, a maior força de ataque aéreo da guerra, sofreu algo entre 26 mil e 28 mil baixas fatais, cerca de um décimo dos americanos mortos durante todo o conflito mundial. Se nos basearmos nos percentuais relacionados apenas com a força em si, essas perdas representaram 12,3 por cento dos 210 mil tripulantes da Oitava Frota Aérea que participaram de missões de combate. De todos os setores das forças armadas, somente as tripulações de submarinos em operação no Pacífico tiveram uma taxa de mortandade maior: quase 23 por cento da força. Além disso, cerca de 28 mil membros de tripulações da Oitava tiveram seus aviões derrubados pelos projéteis inimigos e acabaram tornando-se prisioneiros de guerra. Se eles e os estimados 18 mil combatentes feridos em ataques forem adicionados à lista de baixas, o número dos soldados perdidos em operações, sem incluir números incontáveis de baixas neuropsiquiátricas, é de pelo menos 72 mil indivíduos, mais de 34 por cento dos aeronautas que participaram de combates. Trata-se do mais alto número de baixas sofridas pelas forças armadas americanas na Segunda Guerra Mundial.

Durante a maior parte da guerra, o Comando de Bombardeiros e a Oitava Frota Aérea sofreram, juntos, um número de baixas superior a 50 por cento do total de seus tripulantes. Na Oitava, os pioneiros de 1942-1943 foram os que mais perdas tiveram. Nesse grupo, apenas um em cada cinco aeronautas completou seu tempo de serviço. Dos 110 mil tripulantes do Comando de Bombardeios, 56 mil foram mortos, uma taxa de perdas de 51 por cento, o mais alto índice de baixas entre qualquer uma das forças da Comunidade das Nações na guerra.

As perdas entre os alemães foram aterradoras também.[1714] Ao longo da guerra, cerca de 70 mil aeronautas germânicos foram mortos em combate e outros 25 mil ficaram feridos. A Luftwaffe teve seu número de perdas superado apenas pelas sofridas entre as tripulações de submarinos, número que, segundo certas estimativas, foi ainda mais alto.

Mas foi em terra que ocorreu a maior quantidade de perdas. Cinco anos de bombardeio causaram destruição maciça em pelo menos 61 cidades alemãs com populações acima de cem mil habitantes. Na maior parte desses lugares, metade ou mais de suas áreas urbanizadas foram devastadas por incêndios e aniquiladas com explosivos — 331 quilômetros quadrados de espaços urbanos densamente habitados. Muitas dessas cidades haviam sido reduzidas a espécies de "anéis suburbanos em torno de centros urbanos destruídos".[1715]

Um total de 25 milhões de alemães,[1716] cerca de um terço da população do país em tempos de guerra e quase metade de sua força de trabalho industrial, sofreu bombardeios pesados. E algo em torno de 500 mil e 600 mil civis residentes no território do Reich, entre os quais pessoas livres e escravizadas ou prisioneiras, pereceram sob os ataques das bombas. Isso representa mais ou menos o dobro do número de baixas fatais sofridas pelas forças militares americanas em combate na Europa e no Pacífico. (Dos 405.399 membros das forças armadas que morreram na guerra, 291.557 sucumbiram em operações de combate.) Pelo menos, outros 800 mil civis sofreram ferimentos graves. A grande maioria dos que morreram e foram vítimas de mutilações era formada por mulheres, idosos e crianças abaixo dos 5 anos de idade; grande parte das crianças acima dessa faixa etária havia sido transferida para regiões campestres. Quase todas essas vítimas eram parte dos 96 por cento dos habitantes de cidades germânicas que não conseguiram achar espaço como refugiados no limitado número de abrigos fortificados do governo.

Pelo menos três milhões de unidades residenciais foram destruídas — vinte por cento dessas edificações do país — e talvez outros três milhões tenham sofrido grandes danos. De acordo com algumas estimativas, vinte milhões de pessoas, 500 mil delas só em Hamburgo, ficaram desabrigadas. Berlim, alvo de 310 investidas de bombardeio, teve 70 por cento de sua área urbana destruída. Colônia, no entanto, com 80 por cento de sua área devastada, foi vítima de um sofrimento proporcionalmente maior.

É quase um absurdo dizer que destruição e morte numa escala tão grande tenham servido para fortalecer o moral das populações, estado de ânimo que pode ser definido[1717] como seu apoio ao esforço de guerra e sua confiança na vitória, os quais podem ser traduzidos por atitudes demonstradas na frequência ao trabalho, no acatamento das restrições impostas em tempos de guerra e na fé depositada em seus dirigentes durante o conflito. Em interrogatórios no pós-guerra, dirigentes militares e governamentais insistiram em afirmar que o bom ânimo do povo alemão permaneceu inalterado ao longo de toda a guerra. "Vocês subestimaram [...] a capacidade de resistência do povo alemão",[1718] disse Albert Speer a interrogadores da RAF. "Com certeza, outros povos, como talvez o italiano, teriam sucumbido ante o peso de uma série parecida de ataques noturnos e teriam sido incapazes de prosseguir com a produção de guerra", mas não o povo de vontade férrea, como o teutônico, asseverou ele.

"Mesmo depois do mais pesado dos ataques,[1719] normalmente era possível fazer com que 90 por cento dos trabalhadores voltassem às fábricas no dia seguinte para limpar os escombros e continuar com a produção sempre que possível", disse Robert Ley, chefe da Frente de Trabalhadores da Alemanha Nazista, a interrogadores do serviço secreto dos Aliados. "Isso", enfatizou ele, "era feito com base em apelos voluntários, e não em forma de ordens aos trabalhadores".

Mais de meio século depois da guerra, o ex-conselheiro do Comando de Bombardeiros Freeman Dyson continuava convicto "de que[1720] existem provas incontestáveis de que os bombardeios de cidades fortaleceram, em vez terem enfraquecido, a determinação dos alemães para continuar lutando até o fim. Acabou-se constatando que a ideia de que bombardeios abateriam o moral das populações não passava de pura fantasia."

Os participantes da Pesquisa dos Efeitos dos Bombardeios Estratégicos Americanos, o mais completo estudo sobre o estado de espírito dos alemães durante a guerra, chegou a uma conclusão bastante diferente que tem sido reforçada por pesquisas recentes em arquivos alemães. "Os bombardeios afetaram profundamente o moral da população civil alemã",[1721] declararam os integrantes da Divisão de Estudos Psicológicos em seu relatório final. "Seus efeitos psicológicos foram de sentimentos derrotistas, medo, desesperança, fatalismo e apatia. Desilusão e depressão provocadas pela guerra, vontade de rendição, perda da esperança na vitória da Alemanha, desconfiança em relação aos dirigentes do país, sentimentos de desunião e medo desmoralizante eram as coisas mais comuns entre as pessoas vítimas de bombardeios do que entre as que não foram alvos dessas operações." A afirmativa de que bombardeios aumentavam o moral do povo "é uma invenção da propaganda nazista aceita, sem questionamento, por estudiosos posteriores",[1722] argumentou o historiador Neil Gregor.

Porém, embora o estado de espírito dos alemães tenha sofrido mesmo uma ruína total, os defensores da eficácia das operações de bombardeios

AS CHAMINÉS RARAMENTE CAEM

desmoralizantes julgaram muito mal a natureza e o impacto político dessa derrocada moral, o que torna muito questionável então a decisão que tomaram de realizar bombardeios aterrorizantes.

O moral das populações civis alemãs sofreu grandes variações nos primeiros anos da guerra, aumentando quando seus exércitos nacionais se achavam em marcha triunfal sobre os territórios inimigos, e a frente de batalha doméstica estava em relativa segurança, mas ruindo na esteira de reveses chocantes, tais como os bombardeios incendiários em Hamburgo e a derrota em Stalingrado. Assim que, em 1943, bombardeios maciços contra cidades germanas foram iniciados e intensificados após o Dia D, ele continuou caindo na medida do número de bombas lançadas sobre as vítimas ou seu território. Sabemos disso porque historiadores descobriram a existência de relatórios sobre o "ânimo" das populações preparados por autoridades locais do serviço de segurança do Partido Nazista (Sicherheitsdienst — SD). Esses relatórios de pesquisas de opinião pública preparados pelo serviço de espionagem propõem um quadro do estado de espírito das populações das cidades bombardeadas, como Nuremberg e Schweinfurt, diferente do apresentado nos relatórios nacionais elaborados por altas autoridades do SD. Esses últimos favoreceram a clássica apelação da máquina de propaganda de Goebbels: a ideia da existência de uma *Schicksalsgemeinschaft*, ou comunidade atrelada a uma destinação solidária, com seus membros irmanados no mesmo fadário. É um estado de espírito comunitário que, segundo consta, unia as populações na frente de combate doméstica aos soldados nos campos de batalha em torno de uma mesma causa patriótica: apoiar o regime eternamente e de forma inquestionável. Já em 1937, o chefe da SS, Heinrich Himmler, enunciou a ideia dessa sociedade de cidadãos mutuamente vinculados ao mesmo destino. "Na guerra que se aproxima,[1723] lutaremos não apenas em terra, nos mares e nos ares. Haverá um quarto teatro de operações — a frente de combate interna. Essa frente de batalha será decisiva para a sobrevivência ou para a sentença de morte irrevogável da nação alemã."

Nos primeiros tempos da guerra, o partido conseguiu manter as populações em bom estado de ânimo após as investidas de bombardeios, menos com retórica patriótica do que com generosos serviços de assistência personalizada a pessoas em sofrimento. "As organizações[1724] encarregadas de cuidar das danosas consequências dos bombardeios funcionavam que era

688 MESTRES DO AR

uma beleza", comentou Christina Knauth, jovem americana retida pelas autoridades alemãs, na companhia da mãe e de suas duas irmãs em Leipzig, cidade que foi alvo de pesados bombardeios. "Ficava tudo ao encargo do Partido, ao qual o trabalho dessas organizações deu muito prestígio. [...] As pessoas recebiam cuidados [...] imediatamente, mesmo que fossem apenas com abrigos em barracas e cozinhas de campanha comunitárias."

Em Leipzig e em outras cidades alemãs, o partido trabalhava em regime de estreita colaboração com grupos de ajuda humanitária locais para dar a vítimas de bombardeios abrigos temporários, refeições em cozinhas comunitárias, assistência médica e cartões de ração para a compra de roupas e o pagamento de despesas de alojamento emergenciais. O partido arcava também com todos os gastos hospitalares e serviços funerários das vítimas. No período de um mês, uma família típica que tinha perdido o próprio lar podia contar com a possibilidade de ser transferida para abrigos permanentes em outra parte da cidade. Ali, membros da família recebiam a visita de autoridades locais do partido, que os ajudavam a formular requerimentos para o ressarcimento de prejuízos. Em seus momentos de maior necessidade, representantes do partido estavam lá para socorrê-los e lhes davam apoio constante. "Este desastre,[1725] que atinge igualmente tanto os nazistas quanto os não nazistas, está unindo fortemente as pessoas", escreveu Úrsula von Kardorff, que odiava Hitler, em seu diário por ocasião dos bombardeios prévios ao Dia D. "Após cada bombardeio, eles fazem a distribuição de rações especiais — cigarros, café, carne. Era como dizia Dostoiévski: 'Dê-lhes pão que eles o apoiarão.' Se os britânicos acham que vão conseguir enfraquecer o moral de nossas populações, estão redondamente enganados."

Além do mais, esses acontecimentos levavam os vizinhos a se ajudarem. Em Leipzig, as primeiras investidas de bombardeio modificaram o "estado de espírito" dos habitantes da cidade, conforme observado por uma das irmãs de Knauth. "A consequência mais imediata[1726] foi que todos se tornaram comunicativos, amistosos e sociáveis. Os habitantes locais nunca foram assim antes disso, mas agora são. [...] Todos ajudavam todos; eles tinham que fazer isso, logicamente, mas, de certo modo, pareciam querer aproximar-se dos vizinhos para que tivessem companhia e não se sentissem sós. É o que acontece com as pessoas quando ficam à beira da morte e, apesar de tudo, acabam sobrevivendo."

Isso foi em fevereiro de 1944. Todavia, bombardeios mais pesados provocaram maiores mudanças, mas a família de Knauth não passou por essas terríveis atribulações. Elas foram soltas pelas autoridades alemãs e conseguiram voltar para os Estados Unidos. A partir do verão de 1944, quando bombardeios se tornaram uma experiência comum entre as populações das cidades alemãs, as organizações de ajuda humanitária do partido ficaram sobrecarregadas com as consequências da enorme devastação, e a retórica dos nazistas sobre propaganda ideológica começou a dar em ouvidos indiferentes para com propaganda ideológica. Como não queriam separar-se dos seus entes queridos, as pessoas passaram a resistir abertamente a operações de retirada; até porque, geralmente, famílias enviadas para outras regiões eram recebidas friamente por pessoas com formações culturais e religiosas conflitantes. "A velha antipatia[1727] entre prussianos e bavierenses aumentou quando berlinenses foram transferidos para Munique", informou uma das irmãs de Knauth. Um número cada vez maior de deslocados de guerra chegou à conclusão de que o perigo diário que enfrentavam em sua terra natal era mais suportável do que "o 'inferno' nas cidades de seus anfitriões",[1728] relatou uma autoridade do governo. Assim, contrariando ordens dadas diretamente pelo Fuhrer, milhares deles voltaram para suas cidades de origem. Com os aviões da Luftwaffe notoriamente ausentes dos ares e os exércitos Aliados fechando o cerco sobre os germanos, somente os alemães mais obstinados continuaram a alimentar a esperança de uma vitória de seu país. A essa altura, eram abundantes os sinais de degradação moral, derrotismo e desintegração social, tanto que se instalou um clima de vergonhosa disputa de espaço em abrigos públicos, os quais, com pessoas "mais espremidas lá dentro do que animais num estábulo",[1729] se tornaram um terreno fértil para desavenças e boatos antipatrióticos, a maior parte deles relacionada a autoridades do partido que tinham abrigos antiaéreos particulares.

Quando as sirenes desses ataques aéreos paravam de soar, as pessoas saíam desses buracos, enrolavam peças de roupa umedecidas no rosto para que conseguissem respirar em meio a nuvens de poeira e terra aquecidas e partiam à procura de seus lares. Sem ruas ou edifícios como pontos de referência para se orientarem, algumas famílias desnorteadas tinham que basear-se na posição do sol para tentar achar o caminho de casa. Em regiões intensamente bombardeadas, os montes de escombros chegavam a ser mais altos do que alguns edifícios ainda de pé, e as pessoas ficavam sem água, sistema de aquecimento, energia elétrica, serviços telefônicos e transporte público geralmente durante semanas. Trabalhadores cujas casas haviam sido destruídas pelas bombas se ausentavam do emprego por longos e

690 MESTRES DO AR

injustificados períodos, e o moral de operários que conseguiam comparecer às fábricas estava "em baixa",[1730] informou a Câmera de Comércio de Berlim no inverno de 1945.

Ursula von Kardorff e seus amigos notaram que um número crescente de berlinenses que haviam sofrido muito durante os bombardeios vinha deixando de comparecer ao trabalho[1731] com regularidade e que aqueles que iam trabalhar todos os dias apresentavam um alto grau de ansiedade. Problemas de doença, ademais, prejudicavam o desempenho do trabalhador. Em cidades sem energia elétrica ou combustíveis suficientes ocorreram epidemias de doenças respiratórias; mulheres padecendo de tensão nervosa paravam de menstruar ou, em seu desespero, de querer ter filhos; e autoridades médicas anunciaram um aumento do número de pacientes sofrendo de doenças do coração. Ataques cardíacos fatais passaram a ter um novo nome: começaram a ser chamados de "mortes de abrigados".[1732]

Eram os verdadeiramente inocentes, e não os soldados da produção de guerra, os que mais sofriam agruras terríveis. Crianças aterrorizadas gritavam sem parar em sótãos e abrigos antiaéreos escuros. Quando das retiradas dos escombros fumegantes de suas casas, essas crianças caíam em prolongados estados de choque, no qual tinham pesadelos apavorantes. Certa feita, uma berlinense[1733] ficou observando uma garotinha, de pé em cima de um monte de tijolos quebrados, pegando um por um desses blocos e lhe tirando a poeira antes de jogá-lo fora. Sua família inteira estava soterrada sob o monte de tijolos, o que a enlouquecera.

Os bombardeios causaram graves lesões psicológicas em indivíduos de todas as idades. E poderia ter sido diferente? Pessoas privadas de noites de sono quedavam espremidas em abrigos subterrâneos dia após dia, perguntando-se quando seria a vez de serem dilaceradas, a ponto de, logo que as bombas acabavam desabando mesmo sobre elas, ficarem irreconhecíveis e terem seus restos mortais recolhidos pelas autoridades — depois que removessem as joias dessas vítimas usando cortadores de cadeados. Equipes de pesquisadores médicos da Pesquisa dos Efeitos dos Bombardeios Americanos notaram que mais de um terço das pessoas que passaram pela experiência de um ataque aéreo "sofria efeitos psicológicos relativamente duradouros,[1734] ou seja, "o sentimento de pavor perdura além das consequências imediatas do bombardeio, de tal modo que recrudesce com a mesma intensidade no alerta seguinte."

AS CHAMINÉS RARAMENTE CAEM 691

Hoje em dia, chamamos isso de transtorno de estresse pós-traumático, doença comum entre as tripulações que lançavam as bombas. Depois da guerra, Irving Janis, psicólogo da Universidade Yale, realizou uma abrangente pesquisa sobre os efeitos psicológicos de bombardeios contra centros urbanos e chegou à mesma conclusão dos médicos da Força Aérea Americana que haviam tratado jovens tripulantes dos bombardeiros com transtorno de estresse pós-traumático em clínicas na Inglaterra: nas zonas de combate, as pessoas não se "adaptam"[1735] nem se habituam a condições em que predominam fatores de ameaça à vida. Isso de "acostumar-se com a situação" simplesmente não existe. Tensão e ansiedades crônicas só aumentam com a exposição do combatente a situações que causam ansiedade. Tanto os rapazes dos bombardeiros quanto as pessoas que eles bombardearam viviam sob o medo constante de serem vítimas do temido ataque em que o alvo é atingido em cheio. "Nunca me acostumei com os ataques e os bombardeios",[1736] disse um entrevistado alemão a um pesquisador de estudos dos efeitos dos bombardeios americanos. "E não acho que alguém tenha se acostumado. Eu ficava com medo o tempo todo, tremendo e nervoso." Dentre os alemães entrevistados pelos investigadores dos Efeitos dos Bombardeios Estratégicos, 91 por cento disseram que esses ataques foram a causa "do maior sofrimento" deles na guerra.[1737]

Esses bombardeios confundiam suas vítimas. Após algum tempo, elas passavam a não saber mais a quem culpar. Meses antes, a tendência era que acusassem violentamente os britânicos e clamassem por retaliações aos gritos. Porém, quando esses ataques se intensificaram e os bombardeiros alemães e suas bombas voadoras fracassaram em seu objetivo de fazer recair uma carga de sofrimento idêntico sobre os britânicos, membros do governo nazista começaram a ser apontados como culpados, recebendo do povo críticas à altura da imensidão de sua culpa. Assim, em 1945, o partido e seus dirigentes máximos se tornaram os principais alvos dos sentimentos de frustração do público. "Temos que agradecer ao Fuhrer por isso",[1738] teve a coragem de dizer com ironia um homem de Dusseldorf, cidade arrasada pelos bombardeios, na frente de um soldado da SS. Nos primeiros meses de 1945, um número cada vez maior de investigadores, trabalhando nas províncias para o SD, começou a informar a ocorrência de recusas generalizadas, em áreas vitimadas por bombardeios pesados, de se fazer o gesto de saudação nazista ao Fuhrer, onde muitas donas de casa sem papas na língua viam as investidas de bombardeio como uma vingança divina das atrocidades cometidas contra os judeus. Outra dessas mulheres, em tom profético, deixou escapar em público que a guerra era "tranquila" para o Fuhrer.[1739] "Ele não tem família para cuidar. Na pior das hipóteses, ele nos abandonará em meio ao caos e dará um tiro na cabeça!"

Apesar das agruras, os berlinenses faziam piadas do sopro devastador das explosões das bombas americanas, dizendo que era tão forte que retratos do Fuhrer chegavam a "ser atirados pelas janelas".[1740] E grafavam, em pôsteres exibindo o slogan "O Fuhrer tem sempre razão", apelos como "Acabem com a guerra!". Com a decisão de Hitler de não visitar as ruínas de locais bombardeados, ao contrário do que fizera Churchill, de forma tão memorável, ficava difícil acreditar nas autoridades nazistas que tentavam consolar pessoas vitimadas pelos bombardeios dizendo-lhes que o Fuhrer tinha "perguntado sobre a situação delas por telefone".

A devastação de Dresden foi um dos derradeiros golpes no moral da nação. Pessoas fugindo da cidade espalhavam histórias de ruínas e desespero, alimentando temores superlativos de que era esse o destino que aguardava todas as cidades alemãs. "Quando a Alemanha inteira tomou conhecimento dessa catástrofe, o estado de ânimo das pessoas desmoronou em toda parte",[1741] observou um policial alemão.

Bem antes disso, muitos alemães haviam chegado a um ponto em que quase não se importavam com mais nada. Traumatizados por sucessivos bombardeios, conformaram-se com seu destino aziago, apesar de não com a morte em si, mas com a derrota e um sofrimento constante. Em Berlim, as pessoas costumavam expressar o sentimento fatalista que as dominava com um comentário mordaz: "Aproveitem bem a guerra enquanto puderem, pessoal, pois a paz será terrível!"[1742] Não era, porém, uma atitude que alimentava sentimentos de revolta. E essa passividade gerou um universo de cidadãos urbanos maleáveis, pessoas que, embora pudessem ter perdido seu fervor patriótico, continuavam a obedecer ordens. "Muitos acham[1743] que estão mesmo numa situação de um fatalismo invencível. Concluem que, como não podem mudar o curso dos acontecimentos, não faz sentido preocupar-se com eles. Deixam tudo por conta das autoridades", observou um dirigente do partido. Um número incalculável de pessoas que deixaram de acreditar na justeza da guerra dos nazistas continuou a apoiar o regime, temendo que a "derrota fosse calamitosa".[1744]

AS CHAMINÉS RARAMENTE CAEM 693

Dirigentes do partido começaram a queixar-se do fato de que as pessoas estavam tão exaustas e apáticas que era quase impossível realizar atividades políticas organizadas; não surpreende, portanto, que o comparecimento a reuniões do partido houvesse diminuído. Os alemães não se importavam mais com política; as "necessidades básicas — casa e comida"[1745] — eram sua maior preocupação. Mas também, para os dirigentes do partido, esse estado de coisas produziu consequências favoráveis. É que cidadãos afogados num mar de "problemas existenciais elementares[1746] [...] não tinham tempo ou energia para envolver-se em preparativos para uma revolução", conforme indicado num relatório do SD.

Ursula von Kardorff viu seus amigos — pessoas brilhantes e participativas, a maioria delas zelosa opositora do regime — se isolarem em seus mundos particulares. "Estão todos preocupados com os seus próprios problemas.[1747] Minha casa ainda está de pé? Onde posso conseguir algumas telhas para o telhado ou algumas folhas de papelão para as janelas? Onde fica o abrigo mais seguro?" Vencer as próprias dificuldades era a preocupação dominante. "Nossa vida em Berlim",[1748] escreveu uma dona de casa em seu diário, "resvalou numa situação de luta animalesca pela própria sobrevivência". As pessoas que se cruzavam nas ruas se cumprimentavam com uma nova saudação: "BU",[1749] forma abreviada de *Bleib übrig*, que significa, literalmente: *Seja um sobrevivente!*

Algumas pessoas não conseguiam suportar a própria dor com serenidade. Fatigadas e escanzeladas, permaneciam languidamente sentadas em suas casas arruinadas, soluçando baixinho, mas, de vez em quando, prorrompiam num acesso de raiva extrema, "gritando e chorando histericamente[1750] ou sacudidas por violentos tremores". Em Berlim, cidadãos psicologicamente arrasados e extenuados "vagavam cambaleantes[1751] pelas ruas quais mortos--vivos [...] agarrados a algum objeto, a única coisa salva entre seus pertences e móveis — um vaso, uma panela ou outra bugiganga qualquer colhida de maneira fortuita" do que restara.

Diante dessas públicas demonstrações de sofrimento ou dor, as pessoas fechavam a cara, pois quase todos os moradores de uma cidade alvo de intensos bombardeios tinham sido vítimas desses ataques. Conformismo e apatia eram os sintomas psicológicos predominantes entre os as pessoas desoladas pelos bombardeios. "Geralmente, os que haviam perdido suas famílias, suas casas e tudo mais ficavam tão desalentados que nem conseguiam reagir a

694 MESTRES DO AR

tentativas de consolo. Caíam num estado de indiferença e de tamanha apatia que eram incapazes de demonstrar ódio pelos aeronautas responsáveis por destruir suas residências." Apatia, pessimismo e afastamento do convívio social — sinais claros de depressão — se tornaram tão generalizados que os médicos alemães da época classificaram os últimos estágios do conflito como a "guerra da neurose vegetativa".[1752]

E até os mais estoicos têm os seus limites. Quando, no começo de 1945, os bombardeios foram deveras intensificados e o exército soviético, "o Gêngis Khan Vermelho", iniciou seu avanço final para Berlim — uma ameaça considerada ainda mais temível que os bombardeios —, mesmo algumas pessoas de vontade mais férrea começaram a sofrer as consequências psicológicas da grave situação. Ursula von Kardorff, que prometeu que os bombardeios nunca afetariam seu estado de espírito e de seus concidadãos berlinenses, disse em seus escritos que ela e seus amigos estavam agora "num estado de pavor incontrolável".[1753] A crise continuou a aproximar essas almas feridas, mas em encontros sem nenhuma demonstração de bom ânimo ou otimismo. "As pessoas estavam se reunindo como se fossem gado procurando abrigar--se de uma tempestade",[1754] escreveu von Kardorff em seu diário.

Relatórios do governo alemão de 1944-1945 sobre o estado de espírito da população registram a profunda insatisfação dos germanos com a guerra, fruto de três calamidades convergentes: bombardeios, a aproximação dos exércitos Aliados e o colapso da economia alemã. "Artigos de jornais,[1755] em que as autoridades dizem às pessoas que os dias dos bombardeios aterrorizantes estão perto do fim, produzem um efeito totalmente contrário ao do que haviam pretendido causar. Porquanto, se depois disso ocorre outro ataque aéreo, a depressão da população se agrava ainda mais. A falta de confiança em nossos dirigentes, incluindo o Fuhrer, está aumentando rapidamente. As pessoas estão absolutamente fartas dos artigos e discursos de Goebbels e dizem que ele mentiu para o povo alemão, exagerando demais nas promessas e na superioridade do regime." De acordo com o historiador Gerald Kirwin, os bombardeios dos Aliados "causaram danos irreparáveis no prestígio da propaganda nazista".[1756]

"Por que ninguém enlouquece?",[1757] perguntou-se von Kardorff após o trovejante bombardeio americano de 3 de fevereiro. "Por que ninguém sai às ruas e grita: 'Cansei! Para mim chega!'? Por que não estoura uma revolução?" Mas ela mesma sabia a resposta. "Só é possível vencer esse regime com suas

AS CHAMINÉS RARAMENTE CAEM

próprias armas, ou seja, brutalidade, traição e assassinatos", observou ela, citando uma amiga em seu diário, "e não somos capazes de usar essas armas".

Esse era o problema com bombardeios aterrorizantes. Era um instrumento de guerra cego, de consequências adversas imprevisíveis, concebido para abater o moral dos trabalhadores alemães, a tal ponto que os levasse ou a se rebelar contra o próprio governo, ou a abandonar suas ferramentas para proteger suas casas e suas famílias, porém, nada foi conseguido. A estratégia das investidas de bombardeios aterrorizantes se baseava na falha concepção da forma pela qual as vítimas reagem a catástrofes avassaladoras e numa visão absurdamente otimista daquelas que seriam as melhores oportunidades para o povo germânico se revoltar. O caráter ilusório das hipotéticas consequências eficazes dos bombardeios aterrorizantes não estava, como visto Freeman Dyson, no fato de que deprimiam o moral das populações bombardeadas. Essa ilusão estava no fato de que o deprimido estado de espírito dessa gente geraria consequências decisivas para o fim da guerra.

Quando se avalia o impacto dos bombardeios no estado de ânimo dos alemães, deve-se fazer uma distinção entre "humor", *Stimmung*, em alemão, e "postura", *Haltung*, procurando entender que nem sempre ou previsivelmente a adoção dessa ou daquela atitude afeta o comportamento do ser. Não se pode negar que, de fato, milhares de trabalhadores se mantiveram ausentes de seus locais de trabalho quando suas casas foram bombardeadas ou quando paralisações do serviço de transportes públicos impossibilitavam que chegassem ao trabalho. No entanto, até mesmo as pessoas psicologicamente derrotadas continuaram a comparecer aos seus locais de trabalho até o dia da rendição. E isso não era uma demonstração da tenacidade ariana ou de apoio inabalável à causa e ao país, como alegado por Speer. Era um sintoma de um triste estado de coisas, no qual havia poucas opções realistas, exceto permanecer na enfadonha e cansativa rotina das fábricas. Com o sistema de assistência humanitária nazista falido, trabalhar era a única forma de pôr comida na mesa da família; e, num tempo de crise e caos, a vida rotineira e ordeira do ambiente de trabalho dava às pessoas alguma estabilidade emocional, tanto que, conforme comentário de um trabalhador de minas de carvão: "Enquanto estou no trabalho, esqueço-me de tudo, mas, quando volto para casa, fico com medo."[1758]

À medida que o país foi-se aproximando da ruína total, alguns trabalhadores, desanimados, amedrontados e se sentindo impotentes, foram ficando cada vez mais submissos às autoridades — no caso, tanto ao chefe da fábrica quanto às autoridades do regime nazista. Afinal, essa era uma sociedade que valorizava a obediência e a disciplina, traços de caráter de um povo que ajudaram a impedir que a insatisfação social descambasse em públicas manifestações de oposição e que o absenteísmo alcançasse níveis que causassem um impacto profundo na produção de guerra. Quando a crise e a índole do trabalhador combinadas resultavam na falta de disciplina no trabalho, o Estado intervinha.[1759] A SS e a Gestapo infiltravam informantes nas fábricas, e membros fanáticos da Juventude Hitlerista delatavam os próprios pais por criticarem o regime em público. Os que faltassem ao trabalho eram localizados e presos pela polícia. Em algumas fábricas de munição, a disciplina era tão rígida que, mesmo se chegasse às oficinas a notícia de que o bairro de seus operários estava sendo bombardeado, eles só tinham permissão para deixar o local de trabalho após o expediente. Se um ente querido morresse num bombardeio, seus amigos ou parentes seriam proibidos de usar as tradicionais vestes de luto. E a Gestapo fazia de tudo para que a imposição fosse obedecida. Trabalhadores escravos franceses[1760] que operaram lado a lado com alemães disseram a interrogadores americanos que seus colegas de trabalho tinham mais medo da política do que das bombas. Mas havia também aqueles — nunca saberemos quantos — que continuaram a apoiar Hitler e sua guerra na esperança de um milagre de última hora.

Os bombardeios aterrorizantes, visando derruir o moral das populações alemãs, fracassaram em seus dois objetivos, pois, num Estado policialesco que dava extrema importância à dedicação ao trabalho e à obediência, mesmo que desalentados, os trabalhadores continuaram a ser, de uma forma geral, funcionários bastante produtivos — embora por medo ou mesmo por uma questão de índole. E tentativas de insubmissão ou protesto, quando ocorriam, não passavam de impotente manifestação de incontida raiva extremada.

E o que os magnatas da indústria de bombardeiros que defendiam a ideia de lançamentos desmoralizantes achavam que o povo alemão faria se e quando suas forças morais esboroassem de vez sob o ataque solapante das bombas? Está claro hoje que eles não tinham a menor ideia. Alemães lúcidos e escrupulosos, bem como os que caíram em si próximo ao fim do conflito e reconheceram que era inútil prosseguir com a guerra, viviam numa sociedade em que detratores do regime acabavam defuntos pendurados em postes de iluminação por espiões nazistas pelo crime de "derrotismo". Era uma situação de grande perigo para os operários que um trabalhador da época parece ilustrar bem: "É melhor acreditar na vitória do que deixar que eles me enforquem."[1761]

Até mesmo Arthur Harris alimentava dúvidas em relação aos terríficos bombardeios desmoralizantes, objetivo estratégico que ele herdou quando assumiu a chefia do Comando de Bombardeiros, em 1942. Ele o chamava de "medida desesperada"[1762] e duvidava que pudesse advir qualquer resultado significativo dessas operações aterrorizantes, mesmo que até sobre os funcionários do "campo de concentração da esquina" desabasse uma tempestade de bombas demolidoras. Como vimos páginas atrás, ele bombardeou cidades alemãs para matar seus trabalhadores, e não para desferir um golpe mortal em seu estado de espírito. Ademais, com tantas mortes que causou entre trabalhadores, acabou destroçando a infraestrutura que sustentava suas vidas — usinas de força urbanas, sistemas de abastecimento de água, linhas de bonde e, fator de suma importância nos objetivos em mira, suas casas também, os "alojamentos" dos cidadãos que eram "soldados da produção industrial" do inimigo.[1763] "Hoje à noite, vocês irão à Grande Cidade.[1764] Terão a oportunidade de acender uma fogueira na barriga do inimigo e arrancar a ferro e fogo seu Coração Trevoso!", disse ele de forma memorável às suas tripulações antes de havê-las despachado para Berlim. Embora os mares de fogos crematórios que ele derramou sobre as cidades germânicas tivessem sido muito menos danosos para a indústria de guerra nazista do que os bombardeios contra os sistemas de transporte e refinarias de petróleo, seus bombardeios por zona pelo menos tiveram uma justificação mais plausível do que os bombardeios aterrorizantes que os dirigentes da aeronáutica militar americana, em seu desespero e frustração, ordenaram que suas tripulações realizassem na última fase da guerra.

Seria um erro, porém, condenar as decisões de Carl Spaatz e Frederick Anderson. Se esses comandantes são culpados de alguma coisa, é do fato de terem avaliado mal a enormidade da insensatez dos nazistas. Nos últimos meses do conflito, o inimigo, embora derrotado, persistiu lutando com insana determinação, conforme argumentado pelo historiador Richard Bessel, porque "tudo que o nazismo[1765] tinha para oferecer era guerra e destruição, uma guerra sem fim ou um fim por meio da guerra".

A Oitava Frota Aérea realizou operações de bombardeios aterrorizantes durante quatro semanas. Já a RAF se empenhou nessas mesmas operações durante três anos. Mas a bem da verdade, no que diz respeito ao Comando de Bombardeiros, nem todos os bombardeios por zona foram desmoralizantes ou com fins aterrorizadores, tampouco nem todos os bombardeios britânicos foram por zona. Embora Arthur Harris houvesse sido pressionado para isso, de fato o Comando de Bombardeiros realizou ataques contra fábricas de sintéticos e pátios de manobras ferroviárias; e Harris estava ávido por destruir as indústrias de aviação e viaturas blindadas dos alemães. Conquanto, militarmente falando, tivessem sido bem menos eficazes do que os chamados bombardeios de precisão americanos, suas incursões de bombardeios por zona afetaram bastante o esforço de guerra alemão. Os bombardeios da RAF contra centros urbanos mataram um número inestimável de trabalhadores qualificados alemães, e os danos que esses ataques devastadores causaram a infraestruturas e a serviços públicos prejudicaram o desempenho econômico das indústrias de guerra alemãs instaladas em regiões urbanas.

Mas as contribuições mais importantes dos bombardeios por zona foram consequências indiretas dessas operações. As investidas de bombardeios dos britânicos contra áreas urbanas levaram Hitler a ordenar ações retaliatórias imediatas contra as cidades britânicas. Em fins de 1943, Göring disse à sua equipe de assessores: "Tudo que as populações civis alemãs[1766] desejavam ouvir quando um hospital ou um orfanato é destruído na Alemanha é que nós destruímos a mesma coisa na Inglaterra; aí, elas ficam satisfeitas." Os realizadores da Pesquisa dos Efeitos dos Bombardeios Estratégicos Americanos calcularam que os recursos usados em armas retaliatórias teriam permitido que os alemães produzissem um adicional de 24 mil caças de combate[1767] e que talvez desenvolvessem um míssil terra-ar eficiente.

Além do mais, operações de bombardeios por zona, juntamente com os bombardeios dos americanos, fizeram os alemães desviarem recursos bélicos para outros setores. Desde a época em que os exércitos de Hitler invadiram o território soviético, Stálin vinha pressionando Churchill e Roosevelt a estabelecerem uma "segunda linha de frente"[1768] no noroeste da Europa. Em 1943, os bombardeios dos Aliados se tornaram os elementos dessa segunda frente de batalha, na forma de uma constante invasão aérea que fez pesar sobre os ombros da Alemanha um fardo que ela não podia suportar. Para defender o território nacional em 1944,[1769] a Luftwaffe foi forçada a lançar mão de mais de dois terços de sua força de caças de combate, aeronaves de cujo concurso os germânicos tinham necessidade urgente na Frente Oriental.

AS CHAMINÉS RARAMENTE CAEM

Na ocasião, as autoridades tedescas mobilizaram oitenta mil militares para trabalhar no aparato de defesa aérea, mais soldados do que a Wehrmacht tinha estacionados na Itália. Pelo menos um terço da produção de peças de artilharia alemã ficou concentrado na geração de canhões antiaéreos e 50 por cento da produção de componentes eletrotécnicos foram destinados à fabricação de aparelhos de radar e equipamentos de sinalização para a campanha de defesa antiaérea. E nada menos do que 1,5 milhão de trabalhadores — livres e escravos — foram empregados em trabalhos de reparos de danos provocados pelos bombardeios aéreos Aliados. Em 1944, o sistema de defesa aérea da Alemanha exigiu o emprego de 4,5 milhões de trabalhadores e consumiu um terço de todos os recursos de guerra do país. Empregados em escavações para a construção de abrigos, na distribuição de máscaras antigás, na remoção de escombros produzidos pelos bombardeios e na retirada de corpos de edifícios desmoronados, trabalhando como chefes de equipes de combate a incêndios e bombeiros, bem como auxiliares de enfermagem, assistentes sociais, sentinelas antiaéreas e motoristas de ambulância de emergência, milhões de civis alemães foram recrutados para participar da guerra contra os bombardeiros, atuando como um "exército da frente de combate doméstica".[1770]

Só que braços e homens empregados num lugar não podem ser usados em outro ao mesmo tempo. Sem os bombardeios dos Aliados, pelo menos 250 mil alemães[1771] e 7.500 canhões de artilharia pesada empregados no sistema de defesa antiaérea poderiam ter sido enviados para a Frente Oriental em 1943, onde teriam sido usados em operações contra os blindados do Exército Vermelho. Os germanos não teriam conseguido uma vitória com isso, mas poderiam ter atrasado uma contraofensiva dos soviéticos.

Aliás, existem até provas de que bombardeios a regiões urbanas afetaram o moral das tropas alemãs também. Em cartas recebidas de casa, as famílias dos soldados germanos descreviam os bombardeios "com os termos mais chocantes e comoventes",[1772] conforme descoberta das equipes de pesquisa sobre os efeitos dos bombardeios americanos, que examinaram milhares de itens de malotes de correspondência capturados. Soldados retornando de licenças descreviam também essas cenas aos companheiros nos campos de batalha; um desses soldados relatou que viu sua cidade natal transformar-se num "mar de chamas e fumaça". Outros mais, quando voltavam para casa, não conseguiam achar seus entes queridos, os quais tinham desaparecido em meio às ruínas ou sido transferidos para outras cidades. O general Alfred Jodl, um dos conselheiros militares mais íntimos de Hitler, disse a investigadores dos Aliados que os bombardeios causaram um grave "efeito psicológico"[1773] nos soldados da Wehrmacht. "Embora, antes, o soldado acreditasse que, combatendo na linha de frente, ele estava protegendo sua terra natal, sua esposa e seus filhos, esse fator perdia toda a força de sustentáculo moral, substituído que era pela percepção de [...] 'para que estou lutando? [...] Posso ser corajoso como ninguém e, no entanto, lá em casa, tudo virou pó.'"

É um estado de espírito idêntico ao dos soldados rebeldes nas trincheiras em torno de Richmond nos últimos meses da Guerra Civil Americana. Esses Confederados imobilizados pelas ações do inimigo, dezenas de milhares deles provenientes das regiões do extremo sul americano, receberam ordens para que permanecessem em seus postos enquanto William Tecumseh Sherman destruía suas casas e cidades e transformava suas esposas e seus filhos em refugiados. Já os soldados da Wehrmacht "combatiam bem, e o número de desertores era sempre muito pequeno, mas eles já não tinham tanto entusiasmo quanto antes" e estavam menos dispostos a resistir ao inimigo, alegou Jodl.

A Ofensiva de Bombardeiros Conjunta causou também choques emocionais que ajudaram a modificar atitudes dos alemães que precisavam ser modificadas, e não para vencer a guerra, mas para que conquistassem a paz. Os meses finais da experiência vivida por Ursula von Kardorff ilustram bem essa questão. Depois que, no fim do inverno de 1944, seu apartamento em Berlim foi destruído pelas bombas dos Aliados, ela abandonou o emprego e a cidade para ir morar num retirado povoado na campestre Suábia, onde a vida era parecida com "algo retratado num quadro" belo e aprazível.[1774] Depois, em abril, chegaram os "novos donos" do pedaço, com seus tanques Sherman passando pela principal rua do povoado e suas Fortalezas cruzando o céu como trovões, "em brilhante sincronismo [...], como se estivessem sobrevoando as terras de seu próprio país".

Havia "homens trajando fardas cáqui em toda parte" e, para Ursula, eles traziam consigo a promessa de libertação — a libertação da constante ameaça de a pessoa ser presa, torturada e morta. Quando soube por uma rádio britânica das perturbadoras "descobertas" que os Aliados tinham feito nos campos de concentração alemães, ela contou a chocante notícia a seus novos vizinhos da zona rural, a maioria deles, porém, simpatizantes

AS CHAMINÉS RARAMENTE CAEM 701

do partido. Eles reagiram com um frio olhar de reprovação. "É tudo um monte de mentiras!"[1775]

Em sua passagem pelos povoados da Suábia e de outras províncias, soldados Aliados e correspondentes da imprensa se depararam com cidadãos psicologicamente arruinados pela guerra e ansiosos por se renderem, mas sem sinais de remorso ou de profundos sentimentos de responsabilidade pelos tétricos acontecimentos. A fotojornalista Lee Miller, a única mulher que acompanhou o Exército americano das praias da Normandia até o Ninho da Águia de Hitler, em Berchtesgaden, achou os alemães "repugnantes",[1776] com suas demonstrações de "hipocrisia". "Parece que ninguém na Alemanha nunca ouviu falar em campos de concentração, ninguém jamais foi nazista." E também: "Nenhum alemão, a menos que seja integrante de um movimento de resistência ou prisioneiro de campo de concentração, acha que Hitler tenha feito algo errado, exceto perder a guerra." Para Miller e seus colegas jornalistas, como Martha Gellhorn, os alemães não davam nenhum sinal claro de que sabiam que estavam doentes, nem mesmo na hora da morte.

Parece que os bombardeios haviam modificado as mentes de poucas pessoas com relação aos judeus ou até mesmo com respeito ao direito da Alemanha de apoderar-se das terras e riquezas de seus vizinhos europeus, conquistas que foram "provocadas pelo[1777] fato de que ela estava cercada por inimigos que desejavam lhe fazer mal", disseram alguns alemães ao jornalista Raymond Daniell do *The New York Times*. Contudo, assim como no Japão, os bombardeios serviram para desmoralizar os velhos dirigentes do país, enfraquecendo seu poder sobre os sentimentos do povo, passo inicial e fundamental do longo processo de erradicação do fascismo e do militarismo do território germânico. Foi a chocante experiência de ter se tornado "o mais vasto oceano de escombros do mundo",[1778] e não um sentimento de repulsa para com a influência nociva do nazismo, que rompeu inicialmente o vínculo entre o partido e o povo, abrindo caminho para a lenta transição para uma sociedade compromissada com a paz e a democracia. Os realizadores da Pesquisa dos Efeitos dos Bombardeios Americanos concluíram que as consequências morais dos bombardeios foram mais importantes "para a desnazificação[1779] da Alemanha do que para apressar a sua rendição. [...] Os bombardeios fizeram que o povo alemão se compenetrasse bem do caráter extremamente nefasto da guerra moderna, com todo o seu cortejo de sofrimentos. Será duradoura essa impressão na alma germânica."

Então e agora

A Força Aérea Americana entrou no conflito mundial imbuída da ideia fantástica de que a guerra aérea poderia ser travada com um mínimo de prejuízos para as vidas de populações civis, de que a destruição e o número de mortes poderiam ser limitados com o emprego de novos instrumentos de mira de bombardeio. Mas a guerra de bombardeiros levou a frente de batalha para o território inimigo com uma força destruidora tão desumana e extremada que teria escandalizado até mesmo o general William Tecumseh Sherman. Cerca de 1,5 milhão de pessoas,[1780] mais da metade das quais eram mulheres, morreram vitimadas por bombardeios na Segunda Guerra Mundial, ao contrário das quase três mil pessoas mortas na Primeira; portanto, um número quinhentas vezes maior em mortandade de civis.

No entanto, autoridades da Força Aérea Americana lotadas na Europa nunca admitiram publicamente que estavam realizando aquilo que o jornalista *Times* Percy Knauth do *The New York* chamou de "guerra aérea total"[1781] — o tipo de guerra total que a Alemanha empreendeu contra seus inimigos, [...] ainda que com meios menos eficazes". Os comandantes da aeronáutica militar americana sabiam o que estavam fazendo, argumentou Knauth, mas tinham medo de reconhecer isso, também por receio de que a verdade pudesse dividir a opinião pública em seu país natal.

Mas eles não precisavam preocupar-se com isso, pois o povo americano apoiou com firmeza inabalável a Ofensiva de Bombardeiros Conjunta, tal como faria por ocasião do lançamento de bombas atômicas sobre o Japão. No começo de 1944, quando a pacifista britânica Vera Brittain publicou uma matéria fazendo uma cáustica condenação dos bombardeios aterrorizantes da RAF, com o título de Massacre com Bombardeiros,[1782] no *Fellowship*, jornal editado pela organização pacifista Fellowship of Reconciliation, o eminente jornalista americano William Shirer a acusou de ser um fantoche da máquina de propaganda de Joseph Goebbels. Em fevereiro daquele ano, o *The New York Times* noticiou que o número de cartas recebidas pelo jornal apoiando as ações militares era cinquenta vezes maior do que o das favoráveis ao argumento apresentado por Brittain em seu ensaio, no qual ela apoiava a guerra, mas lançava apelos para que o conflito fosse travado com critérios humanitários. A essência da posição editorial do *The New York Times* não diferia da opinião de George Orwell, que, na resposta que

AS CHAMINÉS RARAMENTE CAEM

dirigiu a Vera Brittain pela imprensa londrina, disse em seus escritos: "Existe algo[1783] muito repugnante em aceitar a guerra como um instrumento da paz e, ao mesmo tempo, querer esquivar-se da responsabilidade por suas características mais obviamente bárbaras."

Antes do ataque a Pearl Harbor, Percy Knauth acreditava, tal como era ainda o caso de Vera Brittain, que bombardeios contra populações civis deveriam ser considerados crimes de guerra. Mas o que Percy testemunhou no conflito mundial bastou para convencê-lo de que ele tinha sido ingênuo. "Nós não compreendíamos que a guerra não quer saber de critérios humanitários. [...] Não entendíamos que o bombardeio conjunto contra objetivos militares e os chamados alvos civis é a única forma possível de se travar uma guerra aérea — enfim, que é impossível separar uma coisa da outra."

Todavia, nem Knauth nem nenhum outro jornalista que trabalhou na cobertura da guerra acreditavam que bombardeios aéreos matassem mais civis do que ataques terrestres. Aliás, conforme escreveu Orwell em 1944: "Só Deus sabe[1784] quantas pessoas nossos bombardeios-relâmpago mataram e matarão na Alemanha e nos países ocupados, mas podemos ter certeza de que isso nunca chegará nem perto da chacina que aconteceu na frente de combate soviética." Orwell, assim como Knauth, se compungia também da matança de outro grupo de inocentes, além do formado por mulheres, crianças e idosos. "Em suas operações de guerra 'normais' ou 'legítimas',[1785] os militares selecionam e chacinam todos os grupos das parcelas mais saudáveis e corajosas da população jovem." Os mesmos humanitaristas que clamavam horrorizados contra os bombardeios de cidades alemãs, ressaltou Orwell, aplaudiam toda vez que um submarino alemão era afundado com mais de cinquenta jovens corajosos a bordo que acabavam tendo uma morte horrível, por asfixia.

Essa é apenas uma das formas pelas quais a guerra é intrinsecamente bárbara e que, portanto, deve ser evitada se a causa não é justa. E é aqui que a Segunda Guerra Mundial oferece uma lição à humanidade. Os nazistas não se consideravam pessoas selvagens, e isso fazia que parecessem mais aceitáveis. Porém, conforme observado por Orwell em seus escritos: "Se pelo menos nos vemos como os selvagens que somos, alguma melhoria é possível ou ao menos imaginável."[1786]

A guerra lançou por terra mais um aspecto da realidade imaginado por Percy Knauth: a ideia de que havia uma clara diferença entre as políticas de bombardeio de americanos e britânicos. Na primavera de 1945, ele visitou uma fábrica de aviões perto de Nuremberg que tinha sido alvo de bombardeios de "precisão" da Oitava Frota Aérea. Num terreno ao lado da fábrica, havia um conjunto habitacional para seus trabalhadores. Os alemães poderiam ter transferido os trabalhadores dessas casas para outro lugar, onde ficassem longe de perigos, mas não fizeram isso. Assim, quando os americanos destruíram a fábrica, arrasaram as residências de seus trabalhadores também. "Ainda havia gente morando em algumas delas, esposas e filhos desses trabalhadores. Eram pessoas de olhares esgazeados, sujas e subnutridas. À noite, elas se entrincheiravam nas ruínas cavernosas de suas casas, temerosas de sofrerem estupros de refugiados ou soldados de passagem pelo local. Suas roupas eram verdadeiros trapos. Em certo sentido, elas pareciam numa situação tão ruim quanto a dos prisioneiros de Buchenwald."

Depois da guerra, o oficial-navegador Paul Slawter, membro do 493º Grupo de Bombardeiros que ambicionava tornar-se escritor, leu o impressionante livro de Percy Knauth, *Germany in Defeat*. "O que ele disse[1787] com relação à ideia de que não existia diferença entre nossas operações de bombardeio e as dos britânicos me fez pensar no encontro que tive com um piloto de bombardeiro da RAF num bar de Londres, num dia do outono de 1944, pouco antes de eu ter completado meu tempo de serviço", disse ele em uma entrevista. "Ele era um sujeito alto, forte e um tremendo papeador. De repente, ele olhou para mim e disse: 'Sabe, nós fazemos a mesma coisa, embora vocês não reconheçam isto. Nós realizamos bombardeios por zona contra alvos-aéreos e vocês, ianques, fazem bombardeios por zona contra alvos de precisão.'"

Slawter continuou: "Isso me fez rir. Eu não queria discutir com o sujeito. Eu estava cansado e com saudades de casa e não queria falar sobre guerra. Em todo caso, ele tinha razão. Nossos bombardeios de precisão eram muito imprecisos.

"Muito tempo depois, quando refleti sobre essa conversa, achei que eu tinha perdido uma oportunidade. Eu deveria ter dito a ele: 'É que *nós* somos diferentes de vocês; não melhores, mas diferentes. Isso não tem nada a ver com coragem ou preocupação com esposas e filhos, nem com nada parecido. São as atribuições que nos são dadas, as ordens que cumprimos, que nos tornam diferentes. Nossos comandantes têm uma visão mais clara da melhor forma de se derrotar o inimigo: destruindo suas indústrias, em vez de suas cidades, e tentando fazer isso do modo mais preciso possível. Sim, erramos muito, não há como negar; contudo, na guerra ou em qualquer outra situação, a intenção é o que importa.'

"Mas lembre-se", observou Paul Slawter, "eu não estava lá nos meses finais da guerra, quando nos juntamos aos britânicos para lançarmos bombas nos centros das cidades alemãs, movidos pela insana convicção de que isso faria com que os alemães parassem de lutar e trabalhar,"

CAPÍTULO DEZESSETE

Um desfile de misérias

Nossos aeronautas que se tornaram prisioneiros dos alemães são pessoas especiais. Eles estiveram lá, nas entranhas da fera. Eles testemunharam e sentiram na pele a tirania que outros aeronautas conheceram apenas de longe.

ROBERT "ROSIE" ROSENTHAL,
MEMBRO DO CENTÉSIMO GRUPO DE BOMBARDEIROS

Londres, 28 de março de 1945

Na manhã desse dia, Winston Churchill enviou uma mensagem a Charles Portal, comandante da Real Força Aérea. "Parece-me[1788] que chegou o momento em que a questão da necessidade de bombardearmos as cidades alemãs simplesmente visando aterrorizar e desanimar suas populações, embora apresentando outras justificativas, deveria ser revista. Do contrário, acabaremos assumindo o controle de uma terra completamente arruinada. [...] A destruição de Dresden continua a ser um grave ponto de interrogação no caráter justificável dos bombardeios Aliados. [...] Sinto que é necessária uma concentração mais precisa em ataques contra alvos militares, tais como centros de produção de combustíveis e vias de transporte no terreno imediatamente aquém da zona de combate, em vez de em operações aterrorizantes e de destruição generalizada, por mais impressionantes que sejam."

708 MESTRES DO AR

Portal ficou indignado. Embora houvesse fracassado na pressão que exercera sobre Arthur Harris para levá-lo a concentrar-se nos alvos militares que, em detrimento de todos os demais, o primeiro-ministro parecia considerar agora de suma importância, ele ficou magoado com a insinuação de que o Comando de Bombardeiros havia se tornado, sobretudo, uma força de combate aterrorizante. Afinal, o comando tinha desempenhado um papel fundamental nas campanhas de bombardeio contra usinas de combustíveis, fábricas de produtos sintéticos e sistemas de transporte e, em janeiro desse ano, fora Churchill quem pressionara a RAF a iniciar "ataques devastadores"[1789] contra cidades do leste da Alemanha. Estaria ele agora tentando pôr toda a culpa pela destruição de Dresden no Comando de Bombardeiros? Portal achou que sim.

Quando lhe mostraram a mensagem do primeiro-ministro, Arthur Harris a considerou um "insulto[1790] à política de bombardeios do Ministério da Aeronáutica e à forma pela qual essa política vinha sendo executada pelo Comando de Bombardeiros". No entanto, ao contrário de Portal, ele achava que as operações de bombardeio por zona deviam prosseguir. "Não acho que aquilo que resta das cidades alemãs valha mais do que os ossos de um granadeiro britânico", declarou ele, fumegando de raiva.

Quando Portal sugeriu a Churchill que revisse o teor de sua "diretriz", o primeiro-ministro tomou a sábia decisão de aceitar a sugestão e elaborou uma com termos mais amenos.[1791] Uma semana depois, os britânicos encerraram sua ofensiva de bombardeios por zona e iniciaram conversações com os americanos para pôr fim à campanha de bombardeios aéreos estratégicos. Afinal, a essa altura, ambos os órgãos não tinham mais alvos estratégicos para bombardear.

Em 16 de abril, Carl Spaatz enviou uma ordem a seus dois comandantes de unidades de bombardeiros, Jimmy Doolittle, na Inglaterra, e Nathan Twining, na Itália. "Os avanços[1792] das Forças Terrestres marcaram o fim da Guerra Aérea Estratégica travada pelas Frotas Aéreas Estratégicas dos Estados Unidos e do Comando de Bombardeiros da Real Força Aérea. Ela foi vencida com intrépida determinação, algo que foi ficando cada vez mais evidente à medida que nossos exércitos avançaram sobre o território alemão. De agora em diante, as Frotas Aéreas Estratégicas deverão operar com nossas Frotas Aerotáticas em estreita cooperação com nossos exércitos."

UM DESFILE DE MISÉRIAS

Nove dias depois, a Oitava Frota Aérea realizou sua última missão de bombardeio pesado na guerra da Europa, uma série de investidas contra as vastas instalações industriais da Skoda em Pilsen, Checoslováquia, e contra alvos menores na Áustria. Era uma missão tática solicitada pelas forças terrestres, e não uma incursão de bombardeio estratégico. Acreditava-se que a fábrica de munições tcheca estivesse fornecendo viaturas blindadas e canhões de artilharia pesada às forças alemãs naquela região controlada pelo Reich em processo de derrocada, e havia entroncamentos ferroviários na área urbana e na periferia de Salisburgo que continuavam a transportar soldados e suprimentos do inimigo.

Componente da frota da missão a Pilsen, o 384º Grupo de Bombardeiros partiu de Grafton Underwood, nas britânicas Midlands, local do mesmo aeródromo em que a Oitava Frota Aérea organizou sua primeira missão de bombardeio pesado da guerra, em 17 de agosto de 1942. Naquela pequena viagem a Rouen, os americanos não tinham sofrido nenhuma perda. Já em 25 de abril de 1945, na Missão de Bombardeio Pesado Número 968, seis bombardeiros tombaram sob os golpes de fogos antiaéreos nos céus sobre a fábrica da Skoda. Os 42 tripulantes desaparecidos em combate foram as últimas baixas militares sofridas pela Oitava Frota Aérea. No dia seguinte, os exércitos soviético e americano se encontraram às margens do Rio Elbe e, então, a Alemanha nazista foi dividida ao meio. A história voltava a se repetir.

Um dos aeronautas que conseguiu retornar da missão de bombardeio a Pilsen foi um exemplo do inabalável estado de espírito dos integrantes da força aérea que ajudaram a destruir o poderio econômico-militar alemão. O tenente-coronel Immanuel "Manny" Klette, filho de um pastor luterano que emigrara da Alemanha para os EUA, tinha chegado à Inglaterra no começo de 1943, quando a expectativa de vida de um tripulante de bombardeiro americano equivalia a quinze missões de combate. Ele participou de missões de bombardeios aos alvos mais difíceis — St. Nazaire, Vegesack e Schweinfurt — e, além de ter sido ferido numa dessas missões, sofreu seis fraturas num pouso forçado na Inglaterra. Quando recuperou os movimentos das pernas, foi incorporado ao 91º Grupo de Bombardeiros, unidade com base em Bassingbourn, onde assumiu o comando de um dos esquadrões de Pathfinder equipados com radar. Embora não tivesse a obrigação de embarcar nas missões de ataque, ele partia à frente de seus homens em todas as ocasiões difíceis, incluindo a grande operação de bombardeio a Berlim em 3 de fevereiro de 1945. "Eu pedia a ele que permanecesse mais tempo em terra",[1793] disse seu oficial-comandante. "Mas ele continuava a participar das missões. Acabei perdendo a paciência e ordenei que ele embarcasse apenas quando chegasse sua vez de comandar a frota. Mesmo assim, ele continuou a partir em missão. Ora, o que fazer com um sujeito como esse?" A incursão de Manny Klette a Pilsen, em 25 de abril, foi sua nonagésima missão de bombardeio no conflito mundial, um recorde para o Teatro de Operações de Guerra Europeu.

Outro tipo de Força Aérea

A última carga lançada pela Oitava Frota Aérea sobre o território inimigo era constituída de alimentos para pessoas famintas. No fim de abril, os alemães ainda controlavam com mão de ferro grandes partes dos Países Baixos. Para enfraquecer o avanço dos Aliados e punir a persistente resistência holandesa, os fanáticos comandantes nazistas haviam cortado as vias de suprimentos alimentares para o povo e aberto as comportas dos diques, inundando a maior parte das terras agrícolas do país, situadas abaixo do nível do mar. Na primavera de 1945, mais de doze mil holandeses tinham morrido de fome[1794] e outros 4,5 milhões estavam sofrendo de subnutrição, uma vez que eram mantidos na precária situação de terem apenas bulbos de tulipa para comer quando seus estoques do detestável açúcar de beterraba se esgotaram. "A menos que recebamos uma dádiva do céu",[1795] avisou uma holandesa numa carta enviada ao irmão na Inglaterra, "morreremos em breve".

Na última semana de abril, com a fanática guarnição nazista ainda se recusando a render-se, o general Eisenhower pressionou as autoridades civis alemãs lotadas nos Países Baixos a aceitarem um cessar-fogo que permitisse aos bombardeiros britânicos e americanos lançar cargas de suprimentos alimentares no território do país. Eisenhower as advertiu de que, se fizessem qualquer coisa para prejudicar a ajuda humanitária, os Aliados tratariam "todas as autoridades e homens responsáveis por essa interferência como infratores das leis da guerra".[1796]

Essa operação de socorro aéreo foi a tábua de salvação dos holandeses e serviu como o incentivo psicológico de que os tripulantes de bombar-

UM DESFILE DE MISÉRIAS

deiros americanos tanto precisavam, uma que alguns deles estavam tendo problemas com seu trabalho de destruidores patrocinados pelo Estado. "Em longas conversas a altas horas da noite[1797] [...] ficávamos nos perguntando o que estava acontecendo conosco. Éramos máquinas? Éramos vingadores?", disse Harry Crosby, ex-bombardeador do Malfadado Centésimo que agora era oficial de operações. Em 1º de maio, o dia em que o mundo soube do suicídio de Adolf Hitler, a Oitava se transformou, nas palavras de Crosby, em "outro tipo de força aérea" — não estratégica ou tática, mas humanitária, parte de uma missão que os britânicos chamaram de Operação Maná, enquanto os americanos lhe deram a irreverente denominação de Operação Glutão. Por meio de um acordo com os alemães, somente efetivos aeronáuticos reduzidos — tripulações sem metralhadores — teriam autorização para participar dessas operações, mas essa ordem foi desobedecida de forma quase universal. "Todos queriam embarcar nessas missões", disse Crosby. Assim, até membros de equipes de manutenção e capelães partiram nos pesadões depois que seus compartimentos de bombas foram carregados de caixas de ração do Exército e sacos de batatas doados por fazendeiros britânicos.

Os bombardeiros entraram no espaço aéreo holandês em fila única, num sobrevoo de apenas 60 metros acima do solo, e lançaram suas cargas em áreas desabitadas assinaladas com gigantescas cruzes vermelhas. As cargas chegaram aos locais indicados em queda livre — não se fixaram paraquedas às caixas de alimentos —, mas alguns militares tinham feito pequenos paraquedas usando lenços e pedaços de pano, aos quais prenderam fardos cheios de doces, cigarros e alimentos enviados de casa por seus familiares, e os lançaram de forma aleatória. Combatentes da resistência que tinham escondido os paraquedas de aeronautas dos Aliados cujos aviões haviam sido derrubados — salvos por eles das garras mortais da Gestapo — os retiraram de palheiros e de porões de armazenagem, os pintaram de cores vivas e os transformaram em "roupas da alegria" — chapéus, cachecóis e saias. Eles se uniram a dezenas de milhares de agradecidos camponeses que lotaram as zonas de lançamento, contrariando desafiadoramente as ordens dos nazistas, e ficaram agitando pequenas bandeiras britânicas e americanas que haviam guardado para usar na hora de sua libertação. Na periferia de Amsterdã, a Fortaleza de Chuck Alling sobrevoou campos atapetados de tulipas de cores vivas. Num deles, os capítulos das flores tinham sido

712

MESTRES DO AR

decepados, de forma que transmitissem a seguinte mensagem: "MUITO OBRIGADO, IANQUES!"[1798]

"Sinto-me melhor em relação à Operação Maná-Glutão do que me sentia em relação à Operação Trombeta",[1799] declarou Harry Crosby.

Quando a Operação Glutão estava no auge, o general Doolittle autorizou 30 mil membros das equipes terrestres da Oitava Frota Aérea "a sobrevoarem[1800] o território alemão para que vissem com os próprios olhos o que eles tinham ajudado a realizar". Mecânicos, municiadores, cozinheiros, motoristas de caminhão, operadores de torres de controle e datilógrafos participaram de "incursões" de vistoria aérea de cidades alemãs destruídas pelas bombas — "passeios de bonde", tal como denominadas pelos participantes. "Todas as cidades estavam na mesma situação: [...] cinzentas,[1801] arrasadas e sem vida", anotou em seu diário um membro do Centésimo Grupo de Bombardeiros. "Jamais haverá uma nova Alemanha",[1802] asseverou Danny Roy Moore, natural de Homer, Louisiana. "Eles jamais conseguirão reconstruí-la, de jeito nenhum."

Até os homens que causaram essa destruição quase não conseguiam acreditar na imensidão de tamanha devastação. O piloto da Oitava Frota Aérea, Kenneth "Diácono" Jones,[1803] participou de uma dessas missões de reconhecimento em 3 de maio de 1945 e registrou suas impressões num caderno de bolso. Embora houvesse aguardado com ansiedade o dia em que poderia sobrevoar o território alemão sem medo, quando pousou o olhar numa terra arruinada, Jones sentiu apenas um "vazio". Viu que não só as poderosas indústrias do Vale do Reno tinham sido transformadas em escombros, mas residências e hospitais, escolas e áreas de convívio social e grandes partes das catedrais de Lubeca, Mogúncia, Munster e Colônia. "Os povos da Europa deveriam ficar vermelhos de vergonha",[1804] declarara Joseph Goebbels "quando pensassem no fato de que um piloto terrorista americano, canadense ou australiano com 20 anos de idade pode ou tem permissão para destruir um quadro de Albrecht Durer ou Ticiano e cometer sacrilégios contra os nomes mais veneráveis da humanidade". Diácono, porém, Jones nunca duvidou de que as bombas lançadas sobre a Alemanha fossem um castigo perfeitamente justo e merecido.

A missão de reconhecimento de Jones foi diferente da maioria das missões dos outros colegas. Seu oficial-comandante queria que seus homens

UM DESFILE DE MISÉRIAS

percorressem as ruas de uma cidade silenciada pelas bombas dos Aliados, de modo que vissem e sentissem o cheiro da devastação provocada por uma guerra total. Assim, depois que aterrissaram numa base aérea na fronteira da Holanda com a Alemanha, esses homens embarcaram em caminhões do Exército, que os levaram para Colônia,[1805] a movimentada cidade portuária fluvial de quase meio milhão de habitantes que, durante 33 meses, tinha sido transformada num cemitério por sucessivos bombardeios, a maioria deles realizada pelos britânicos. Muitas das quarenta mil pessoas que permaneceram em Colônia tinham se transformado em algo parecido com habitantes das cavernas, trogloditas que dividiam os espaços exíguos de depósitos de carvão iluminados a vela e infestados de ratos e mosquitos transmissores de doenças. "Gordos e atrevidos",[1806] os ratos sobreviviam consumindo os corpos em decomposição que não tinham sido retirados dos escombros. Enquanto Jones transitava a pé por esse lugar parecido com um cenário de filme de terror, de ruas ladeadas de chaminés sombrias e sem fumaça, bem como com escombros empilhados de tal sorte que formavam montões de 30 metros de altura, ele se sentiu como se estivesse visitando as regiões mais profundas do inferno.

Disseram aos aeronautas[1807] que os nazistas tinham fugido apavorados de Colônia, levando consigo quase todos os homens e mulheres que poderiam ter ajudado a aliviar o sofrimento dos que haviam ficado para trás. Não havia nenhuma autoridade, médico ou enfermeira na cidade, nem policiais ou assistentes sociais; e aqueles vigorosos moradores de Colônia, amantes do vinho do Reno e de bolinhos de batata, tiveram suas vidas reduzidas a uma existência animalesca, em que eram obrigados a procurar comida em fétidas pilhas de tijolos quebrados e pedaços de ferro. Contudo, nesta cidade que quase deixara de existir, Diácono Jones viu frágeis alemãs não só varrendo como também lavando o que restara de suas ruas e calçadas. Não pareciam importar-se com o fato de que as ruas cobertas de entulho que elas estavam limpando estivessem "incrivelmente intransitáveis".[1808] Jones, no entanto, entendeu por que elas faziam isso. É que naquele lugar, que mais parecia o ambiente de um pesadelo terrível, era importante reafirmar que as pessoas "tinham que tocar o barco para a frente e continuar vivendo". Mas ele notou também que quase todos os sobreviventes de Colônia continuavam longe das ruas, escondidos que estavam em seus abrigos subterrâneos, como se não quisessem enfrentar a realidade daquilo que tinham feito com eles.*

Quando os caminhões de transporte de tropa circularam pelas ruas da cidade arrasada, Jones notou o ódio latente nos rostos das "mulheres dos escombros" enquanto passavam por elas. Achou que deviam estar pensando que lá estavam os aeronautas mafiosos que tinham sido a causa daquele grande sofrimento. Horas antes, seus B-24s incursores sobrevoaram o local sob tão baixa altitude que da terra era possível ver seus compartimentos de bombas, levando os alemães a se lembrarem dos "explosivos devastadores"[1809] que destruíram suas vidas, como se tivessem feito com que "o céu desabasse sobre suas cabeças". Os caminhões pararam no centro de Colônia, onde os soldados desembarcaram e caminharam pela cidade. Quando parou para anotar algo em seu diário, Jones se perguntou como alguém seria capaz de dizer que "nós vencemos" depois que visse aquelas ruínas; apesar disso, ele sabia que vencer a guerra tinha sido algo extremamente necessário. De volta ao aeródromo, enquanto ligava os motores de seu bombardeiro, só pensou numa coisa: no forte desejo de nunca mais "voltar àquele lugar — por nada deste mundo". Os Estados Unidos, sua pátria incólume, nunca lhe pareceram um lugar tão bom para se viver.

Enquanto sobrevoava o Mar do Norte sob uma baixa camada de nuvens, teve a impressão de que uma porta se fechara em sua boca. "Eu tinha 20 anos de idade, mas me sentia um velho."

---

* No romance autobiográfico de Heinrich Böll, *The Silent Angel*, um soldado alemão esgotado pela guerra volta para a recém-libertada Colônia, onde é acolhido como hóspede por uma mulher que se recusa a abrir a janela de seu apartamento que dava vista para a cidade. Certa manhã, quando ela saiu da sala para se vestir, ele abre a janela e, quando olha para fora, vê "as ruínas carbonizadas da cidade"[1810] e a fecha logo, rapidamente. "Agora, lá dentro, tudo voltou a ficar escuro e tranquilo. [...] Ele entendeu por que ela não queria abrir a janela."

Num recente ensaio sobre a guerra aérea, o finado romancista alemão W. G. Sebald disse em seus escritos que, depois da guerra, se estabeleceu "um acordo tácito[1811] com o qual todos [na Alemanha] se viram igualmente comprometidos de que não se deveria falar sobre a verdadeira situação de ruína material e moral em que o país se achava então. Os aspectos mais tenebrosos da derradeira operação de destruição [do país], tal como vivida por grande parte da população alemã, permaneceram sob o véu de uma espécie de tabu, como um vergonhoso segredo de família".

Sebald elegeu o trabalho de Böll, *The Silent Angel*, a única obra escrita pela geração dos tempos de guerra que dá "alguma ideia da enormidade do sentimento de pavor que ameaçava dominar então toda pessoa que de fato ousasse observar as ruínas à sua volta". Ele achava que essa foi a razão pela qual a obra só foi publicada em 1992.

O Março das Nevascas

A Oitava Frota Aérea tinha ainda mais uma missão pela frente. Prisioneiros de guerra Aliados deveriam ser retirados do sul da Alemanha e da Áustria e levados para campos de transição no norte da França, onde seriam alimentados e receberiam roupas novas e atendimento médico antes de serem enviados para casa. "Missões de revitalização", era como chamavam essas operações.

Rosie Rosenthal — que tinha voltado para Thorpe Abbotts e se recuperara totalmente dos ferimentos sofridos no ataque a Berlim em 3 de fevereiro — foi um dos primeiros a se oferecerem como voluntário para essas missões. "Eu havia sido reincorporado[1812] ao Centésimo tarde demais para me lançar em mais um ataque contra os alemães, mas era uma missão da qual eu queria muito participar." Tratava-se de uma missão de misericórdia a Linz, na Áustria, e os homens libertados eram prisioneiros de guerra franceses. "Depois disso, eu quis ir de avião ao sul da Alemanha para pegar nossos aeronautas libertados, mas o Centésimo não foi incumbido dessa missão."

"Ficamos esperando[1813] que nos pegassem num lugar chamado Moosburg, perto de Munique, onde havia um enorme campo de prisioneiros, do qual o general Patton nos libertou", contou o tenente Lou Loevsky. "Foi tudo muito repentino. Um dia antes, éramos escravos; no outro, pessoas livres. No dia em que fomos libertados, muitos colegas tiveram uma crise de nervos e choraram. Eu não. Decidi que não iria chorar. Achei que estava sonhando e que, se eu chorasse, eu acordaria e veria que ainda era prisioneiro."

A condição de prisioneiro de guerra de nenhum desses aeronautas tinha começado em Moosburg. Os aeronautas dos Aliados haviam chegado lá no fim da guerra, depois de longas marchas forçadas partindo de campos ao longo da Frente Oriental na Alemanha. Durante três meses, fora de seus confinamentos, eles foram dados como desaparecidos pelo mundo; nem a Cruz Vermelha conseguira localizá-los. Eles tinham viajado a pé e de trem através do caos cada vez mais disseminado pelo Reich moribundo, ocasião em que foram testemunhas tanto do sofrimento que eles mesmos causaram com suas bombas quanto da barbaridade pela qual haviam arriscado suas vidas para erradicar. "Ninguém em nosso país teria acreditado naquilo que muitos de nós viram e vivenciaram",[1814] observou Gale Cleven, membro do Malfadado Centésimo.

É uma história que começa em 27 de janeiro de 1945 e cujo fim eles não conheceram, pois nenhum aeronauta participante da marcha conseguiu sobreviver sob o pesado fardo de sua experiência. Naquele dia, com os soviéticos fechando o cerco sobre a Posen e Breslau, situadas a quase 130 quilômetros ao norte e ao sul de Sagan, Hitler ordenou que a Luftwaffe transferisse os prisioneiros do Stalag Luft III para campos situados na região oeste de Berlim. Outras ordens foram dadas também determinando que outros *Stalags* situados na rota do avanço devastador dos soviéticos fossem esvaziados. Entre as centenas de milhares de soldados mantidos prisioneiros pelos alemães, havia 95 mil americanos, 38 mil dos quais eram aeronautas — tripulantes de bombardeiros e pilotos de caça membros de unidades espalhadas por toda a Europa. Hitler queria que esses aeronautas fossem mantidos reféns para usá-los em uma eventualidade qualquer. Uma de suas ideias perversas era aboletá-los em cidades que estavam sofrendo pesados bombardeios dos anglo-americanos. A outra era executá-los se esses ataques continuassem.

Na noite de 27 de janeiro, os prisioneiros do Complexo Austral do Stalag Luft III estavam tendo o privilégio de assistir a uma produção organizada por seus colegas *Kriegies* da famosa comédia da Broadway *You Can't Take It With You*. De repente, no meio do primeiro ato, as portas do teatro improvisado se abriram violentamente e o coronel Charles Goodrich, o oficial mais graduado do complexo, entrou, avançou apressado pelo corredor central, subiu rapidamente no palco e, com os braços estendidos, pediu silêncio. "Os capangas nos [...] deram trinta minutos para nos reunirmos no portão principal. Peguem suas coisas e entrem em forma."[1815]

Nisso, mensageiros percorreram às pressas os complexos para espalhar a notícia, e os demais prisioneiros começaram a arrumar suas coisas, recolhendo rações de emergência que eles haviam guardado em lugar seguro: chocolate, açúcar, frutas secas e queijo. Assim como a maioria dos outros prisioneiros, David Westheimer[1816] achou que estava preparado para enfrentar o frio. Ele estava usando dois pares de meia, ceroulas, camisa e caças de lã, um suéter, uma jaqueta de combate de gala, um gorro, um cachecol, um grosso sobretudo e dois pares de luvas. Tinha nevado o dia inteiro e, próximo ao anoitecer, enquanto os prisioneiros compunham formações de três colunas do lado de fora dos alojamentos, uma intensa chuva de neve

UM DESFILE DE MISÉRIAS

ia cobrindo o solo e um vento forte soprava do oeste, a direção na qual eles marchariam. Enquanto aguardavam no escuro a ordem para iniciar a marcha, os prisioneiros do Complexo Austral ficaram batendo com os pés no chão coberto de neve para tentar mantê-los aquecidos. Alguns dos homens começaram a tremer, apavorados com a ideia de partir na direção de um futuro incerto. "A vida na prisão não era nenhum piquenique",[1817] observou Gale Cleven, "mas era relativamente segura. Fora das cercas de arame farpado, só Deus sabia o que nos aguardava."

Os dois mil prisioneiros do Complexo Austral foram os primeiros a deixar o Stalag Luft III, seguidos pouco depois pelos colegas do Complexo Ocidental, liderados pelo coronel Darr Alkire, o primeiro comandante do Centésimo Grupo de Bombardeiros. John Egan e Buck Cleven, que haviam sido colegas de alojamento no *Stalag*, entraram na fila atrás de Alkire. Os homens do Complexo Central, comandados pelo coronel Delmar Spivey, foram os últimos a partir, por volta das três horas da madrugada. À frente dessa última coluna, seguiu o general Arthur Vanaman, embora mancando a olhos vistos, por causa dos ferimentos sofridos na ocasião em que posou de paraquedas no território alemão e se tornou o primeiro oficial de mais alta patente a cair nas garras do inimigo. Quando o prisioneiro em marcha passava pelo armazém do campo prisional, recebia uma caixa da Cruz Vermelha pesando cerca 5 quilos. Como, porém, essas "maletas" eram pesadas demais para carregar, ele abria a sua, retirava seus artigos favoritos e os punha nos bolsos do sobretudo e na mochila: barras de chocolate de campanha (Ração D), ameixas secas e cigarros. Os guardas do campo ficaram esperando por eles do lado de fora do portão principal, com seus cães de ataque rosnando ameaçadoramente e repuxando as guias pelas coleiras, e suas metralhadoras em carroças movidas a cavalo. Alguns membros da Juventude Hitlerista tinham se unido aos guardas, assim como alguns barrigudos integrantes da Volkssturm, a promíscua guarda nacional de Hitler. Qualquer um que tentasse fugir seria fuzilado, advertiram os "capangas" nazistas. "Assim, lá fomos nós",[1818] disse Lou Loevsky, "para um destino ignorado".

Quando o tenente A. Edwin Stern, membro do Malfadado Centésimo, entrou marchando na silenciosa floresta de pinheiros situada nas proximidades do campo, agora às escuras, um terrível pensamento lhe assomou à cabeça. Na primavera do ano anterior, quando ele foi capturado perto de Berlim, uma mulher saiu repentinamente do meio de uma turbulenta multidão que

718 MESTRES DO AR

o cercava e cuspiu em seu rosto, e um grupo de integrantes da Juventude Hitlerista mal-encarados atirou pedras nele. Agora, ele passaria pelas áreas ocupadas pelas pessoas que tinham sido vítimas de seus bombardeios, colonos alemães transferidos para a Silésia, para um Lebensraum [Espaço Vital Alemão, região anexada por conta de uma política expansionista] criado pela rápida conquista da Polônia pelas forças de Hitler. Como essas pessoas os receberiam?

Apesar disso, a maioria dos prisioneiros estava muito animada quando a marcha começou. "Os colegas fizeram muitas[1819] piadas e gracejos amigáveis em torno da possibilidade de o Tio Zé [Josef Stálin] nos alcançar e nos libertar dentro de um ou dois dias", disse Cleven. "Seis ou sete horas depois, ninguém estava rindo mais." A essa altura, todos os prisioneiros haviam caído num silêncio imposto pelo desespero, cada um deles abismado em seus próprios pensamentos, travando uma batalha pessoal com o frio.

Obrigados a marchar em meio à pior das nevascas das últimas décadas até então, alguns prisioneiros ficaram temporariamente cegos em seu esforço de avançar contra a chuva de neve fustigante. Com a cabeça abaixada e os ombros curvados para enfrentar os fortes ventos, os prisioneiros acabavam dormindo enquanto caminhavam. Quando um deles, vencido pela exaustão e exposição ao frio, caía de joelhos sobre o solo nevado, seus amigos o ajudavam a levantar-se e punham cubos de açúcar em sua boca para tentar reanimá-lo.

O frio cortante e a nevasca intensa turvaram na mente de todos as noções dos princípios de autoridade e criaram, entre os prisioneiros e seus guardas, uma comunidade ambulante irmanada por grande sofrimento. Desse modo, guardas de meia-idade cansados demais para carregar seus próprios fuzis os entregavam aos prisioneiros, pedindo que os levassem para eles. *Alles ist kaput*,* resmungavam, mal-humorados. A certa altura da marcha, o tenente Stern levantou a cabeça e, alongando o olhar, viu dois americanos, em meio aos lençóis de neve turbilhonante, ajudando um dos guardas mais idosos, que não conseguia caminhar mais. Após dois dias de marcha, dois guardas e quatro americanos morreram. Alguns prisioneiros chegaram a falar na possibilidade de fugir e até de provocar um motim, mas os comandantes americanos ordenaram que seus homens se mantivessem unidos e ordeiros.

---

* "Estamos todos cansados." [N. do T.]

UM DESFILE DE MISÉRIAS

Afinal, tinham se internado bastante agora pelo território do Reich e tudo que havia para além da estrada congelada era um frio mortal. Portanto, era melhor enfrentarem tudo juntos do que separados.

Apesar de tudo, os alemães não lhes davam nem comida nem água e, à noite, os prisioneiros eram alojados em celeiros, igrejas, galinheiros e campos de concentração abandonados. Certa noite, o grupo de Darr Alkire dormiu numa fábrica de louças operadas por trabalhadores escravos poloneses e franceses de um campo de prisioneiros local. Algumas das mulheres dessa turma de operários ofereceram seus corpos em troca de cigarros, barras de chocolate e sabão dos americanos, mas a maior parte dos homens sedentos de sexo estava cansada demais para aceitar a proposta. Tanto que Cleven e Egan simplesmente se esparramaram sobre o piso de concreto da fábrica, felizmente aquecido por fornos gigantescos instalados no subsolo. "Era difícil[1820] conseguir dormir", disse Cleven. "Durante o sono, alguns colegas ficavam dizendo aos gritos que não tinham condições de dar mais um passo sequer na marcha." Após um longo descanso, eles chegaram a outro povoado. A essa altura, os guardas nem ligavam muito para eles. É que esses alemães acabaram tendo que enfrentar uma luta pela própria sobrevivência também. Agora, somente os cães de ataque vigiavam as bordas da coluna de prisioneiros em marcha.

A fila de prisioneiros se estendia por quase 50 quilômetros pelo caminho que Napoleão trilhara em seu retorno de Moscou, e a estreita estrada se achava congestionada de pessoas fugindo dos soviéticos marchando em sua direção. Essa triste caravana de gente debandando em pânico foi a maior migração forçada da história da Europa. Naquela semana, mais de sete milhões de pessoas, grande parte dela oriunda da Silésia, Pomerânia e Prússia Oriental, estavam tentando voltar para sua terra natal. No fim de janeiro, um rio de quase 50 mil refugiados[1821] afluía para Berlim todos os dias, parte de uma enxurrada de deslocados de guerra que se tornaria alvo dos bombardeios americanos a estações de trens em 3 de fevereiro. "Atravessamos cidades desertas e silenciosas,[1822] nas quais refugiados ladeiam estradas em carroças puxadas por cavalos e bois, aguardando o momento de poderem partir", escreveu o ex-jornalista nova-iorquino Eugene Halmos em seu diário secreto. "Criancinhas ficam olhando [...] para fora, com os rostinhos corados pelo frio, por baixo de gigantescas pilhas de pertences domésticos." Carroças de feno enormes, puxadas por cavalos famintos, com suas pernas esqueléticas, passaram por eles na estrada. Chefes de família de semblantes impassíveis seguiam na frente do grupo familiar e, ainda imperturbáveis, ficavam olhando os prisioneiros oferecerem pequenos pedaços de chocolate às crianças encolhidas e aconchegadas entre si na traseira das carroças. De vez em quando, um regimento de cansados soldados da Wehrmacht passava por eles na estrada, seguindo no sentido contrário, na direção dos soviéticos, em marcha para o Oeste. Esses não eram os conquistadores marchando a passo de ganso que os prisioneiros tinham visto em cinejornais americanos. Na verdade, pareciam incrivelmente jovens e muito amedrontados, alguns dos quais chegaram a pedir comida aos prisioneiros.

Em 1º de fevereiro, as primeiras levas de prisioneiros chegaram à cidade fortificada de Spremberg, onde finalmente os alemães lhes deram comida: uma tigela de mingau de cevada aguado e pão preto. O grupo de Alkire tinha marchado mais de 100 quilômetros em cinco dias. Depois que devoraram a escassa refeição, percorreram o quilômetro final até a estação ferroviária, onde foram postos em fechados vagões de transporte de gado, os quais, como não tinham nenhuma indicação de que estavam sendo usados para transportar prisioneiros de guerra, deixaram os soldados preocupados. Porquanto eles sabiam que aviões de combate americanos lançariam ataques contra as ferrovias.

— Para onde estamos indo?[1823] — perguntou um dos prisioneiros a um guarda.

— Para outro campo — respondeu ele com má vontade. — Vocês não vão gostar nem um pouco.

Alguns dias depois, o grupo do general Vanaman conseguiu por fim chegar a Spremberg. Lá, Spivey soube, por intermédio dos guardas, que seus homens seriam levados de trem para o mesmo local para o qual os prisioneiros do Complexo Austral tinham acabado de ser enviados — um grande campo de prisioneiros na cidade de Moosburg, no leste da Baviera. Foram informados de que ele e Vanaman não seguiriam para lá com os outros. Eles seriam levados para Berlim numa operação secreta, donde os retransfeririam para a Suíça, como recompensa por terem feito seus homens chegarem a Spremberg em bom estado e de forma ordeira. Spivey protestou. Disse que desejava permanecer na companhia de seus companheiros e que não queria que eles achassem que ele e Vanaman tinham feito um acordo em separado

UM DESFILE DE MISÉRIAS   721

para conseguirem a própria libertação. Mas os guardas não mudaram de ideia. Assim, Spivey ficou em pé na calçada observando seus dois mil subordinados marcharem pela rua na direção da estação ferroviária, donde os exortou, aos gritos, a "se manterem de cabeça erguida!"[1824]

"As condições dentro dos vagões fechados eram indescritivelmente repugnantes",[1825] observou o oficial-navegador Frank Murphy, membro do Centésimo Grupo de Bombardeiros, em seu relato da marcha. "Não havia espaço para nos deitarmos; ou ficávamos em pé, ou sentados sobre cobertores no chão duro, espremidos e com as pernas encolhidas ao máximo, quase encostando no queixo. [...] Muitos colegas desmaiaram por causa do frio e da falta de comida. Outros ficavam tão doentes que vomitavam ou desenvolviam diarreia e não tínhamos como nos limpar. Alguns caíam num estado tão deplorável que choravam."

Dois dias depois, próximo à meia-noite, o grupo de Frank Murphy chegou a um desvio ferroviário em Moosburg. Quando o trem parou, os prisioneiros começaram a pedir aos gritos que abrissem logo as portas dos vagões de transporte de gado. Eles queriam ar fresco, água e comida, mas os nazistas os deixaram trancados nos vagões fechados a noite inteira. Quando, logo após o amanhecer, suas portas foram abertas, a maioria dos prisioneiros desmaiou. Mesmo com as roupas emporcalhadas de vômito e fezes, levaram-nos marchando para os portões do Stalag VIIA, espécie de bacia de captação do esgoto étnico de todos os povos que os nazistas haviam combatido e que consideravam a escória da humanidade ou dignos de dejeção social. Esse chiqueiro infestado de vermes seria o alojamento deles pelo restante da guerra.

Limbo

Uma semana depois, o grupo de Darr Alkire tinha chegado a um campo de prisioneiros igualmente horrível, situado na periferia de Nuremberg, a uns 130 quilômetros de Moosburg. O piloto da Oitava Frota Aérea, William H. Wheeler, mantido como prisioneiro durante dezoito meses depois que seu avião fora derrubado na investida de bombardeio de Ratisbona-Schweinfurt, fazia parte do grupo. Quando os guardas abriram a porta de seu vagão, Wheeler viu que ele e seus colegas prisioneiros se achavam num grande

722 MESTRES DO AR

pátio de manobras ferroviárias e que os guardas da Luftwaffe estavam sendo apoiados na tarefa de recepção dos prisioneiros por soldados da SS trajando fardas negras. Estava claro, pois, que os alemães haviam se preparado para enfrentar problemas. "O ódio e a revolta dos prisioneiros de guerra eram tão grandes que eles pareciam prestes a se lançar numa reação suicida",[1826] observou Wheeler. Praguejaram em alemão contra os nazistas e pareciam mesmo a ponto de amotinar-se. Mas aí veio a ordem de Alkire determinando que se acalmassem, de modo que pudessem ser levados para o campo, onde havia comida e água.

No Stalag XIIID, não havia sistema de aquecimento nem camas, e o complexo estava situado a uns 3 quilômetros de um pátio de carga e descarga ferroviária que era o alvo favorito dos bombardeiros dos Aliados. Ali, os aeronautas experimentaram doses do próprio veneno, já que a Oitava Frota Aérea e o Comando de Bombardeiros atacaram a cidade dia e noite. Os prisioneiros se abrigaram em rasas trincheiras individuais, abertas por eles do lado de fora dos alojamentos, onde cobriram a cabeça com cobertores e casacos para tentar se proteger das chuvas de estilhaços e balas mortas das peças de artilharia antiaérea do inimigo. Os britânicos despejaram bombas do tamanho de pequenos caminhões, algumas das quais caíram perto do campo, lançando ondas de choque pelo terreno do complexo capazes de quebrar os ossos dos porventura atingidos pelo sopro da explosão. "Rezei (e não apenas para mim)",[1827] disse um aeronauta da Oitava Frota Aérea, "mas principalmente para que nenhuma cidade americana fosse alvo de algo assim um dia". Furioso, o coronel Alkire foi procurar o Kommandant e exigiu que seus homens fossem transferidos para outro campo; porém, o alemão lhe disse que não havia outro lugar em que pudessem ficar e, por sua vez, perguntou ao americano se preferia que ele e seus homens fossem transferidos para o meio das chamas infernais de Nuremberg.

Desse modo, os prisioneiros aprenderam a conviver com os bombardeios, numa situação em que a fome era seu maior inimigo. Porquanto, uma semana após a sua chegada a Nuremberg, os alemães ficaram sem batatas e cevada para preparar o rancho deles e começaram a servir-lhes verduras e legumes infestados de carunchos e outros vermes. Alguns prisioneiros os catavam, enquanto outros devoravam tudo assim mesmo e ainda induziam colegas mais fracos a se enojarem e desistir de sua porção, de forma que pudessem ingeri-la também.

UM DESFILE DE MISÉRIAS

No dia 1º de abril, os prisioneiros souberam, por meio de seus rádios clandestinos, que o Sétimo Exército Americano estava avançando direto para Nuremberg. Dois dias depois, mais de quinze mil prisioneiros de guerra macérrimos foram organizados em colunas de marcha e postos na estrada com destino a Munique, uma zona de intensos conflitos, na qual ficariam expostos diariamente ao perigo dos ataques aéreos das forças amigas. Quando passaram por um pátio de manobras ferroviárias, viram um esquadrão de Thunderbolts mergulhar na direção deles, com suas armas cuspindo fogos. Três aeronautas prisioneiros morreram no ataque e outros três ficaram feridos. No dia seguinte, os prisioneiros puseram uma cópia gigantesca do emblema do Corpo de Aviação Americano na estrada, com uma seta apontando na direção das colunas em marcha. "Isso acabou com os ataques às colunas",[1828] disse o socorrista do grupo, sargento Gordon K. Butts.

A marcha tinha sido iniciada sob o manto de estrelas cintilantes, mas, na primeira tarde, uma chuva gelada começou a cair sobre os aeronautas e os acompanhou por vários dias. Para manter a ordem, Alkire tinha que conseguir mais comida. Assim, ele disse ao capitão alemão encarregado da marcha que queria que providenciassem o envio de caixas de suprimentos da Cruz Vermelha imediatamente.[1829] Advertiu que, se algum de seus homens morresse, ele o acusaria de ter sido responsável por isso.

Alkire não sabia que o general Vanaman e o coronel Spivey já haviam tratado de providenciar os mantimentos. Logo que os levaram para Berlim, eles se encontraram com representantes do general de divisão da SS Gottlob Berger, que ainda estava encarregado dos campos de prisioneiros da Força Aérea alemã. Por meio de algumas negociações com o governo suíço, Berger conseguiu fazer com que suprimentos da Cruz Vermelha fossem entregues, a partir de Genebra, a prisioneiros de guerra dos Aliados que estavam sendo transferidos da Frente Oriental. Assim como seu esforço anterior, para impedir que a SS assumisse o controle dos campos de prisioneiros da Luftwaffe após a Grande Fuga, esse foi também um esforço calculado por Berger para apaziguar os Aliados, cada vez mais perto de seus objetivos.

Os americanos e os britânicos forneceram uma frota de duzentos caminhões e dois trens especiais, e os alemães garantiram a passagem segura deles por seu território amparados por um acordo para a execução de uma urgente operação de ajuda humanitária elaborado por Eisenhower. Influenciado por

724 MESTRES DO AR

Churchill, que temia que Hitler tivesse planos para "assassinar alguns ou até todos os prisioneiros",[1830] Eisenhower enviou também uma mensagem incisiva aos chefes da Junta de Estados-Maiores em Washington. "Sob o véu da desordem geral, os prisioneiros de guerra podem ser vítimas de atos de violência e é possível também que soldados da SS ou da Gestapo incitem seus compatriotas a cometerem massacres contra eles." Com isso, foram feitos preparativos para que destacamentos de Forças Especiais[1831] dos exércitos Aliados em marcha fossem despachados para libertar campos de prisioneiros perto das linhas de frente. E soldados de operações aerotransportadas começaram a ser treinados na Inglaterra para montar missões destinadas a resgatar prisioneiros em campos situados mais além das linhas defensivas alemãs, incursões de paraquedistas semelhantes às realizadas pelas forças do general Douglas MacArthur nas Filipinas. A guerra terminou, porém, antes que realizassem qualquer campanha de resgate.*

Depois que providenciou a realização da emergencial operação de ressuprimento pela Cruz Vermelha, Berger convocou Vanaman e Spivey a seu deveras protegido quartel-general. Ele queria que Vanaman enviasse uma mensagem a Eisenhower informando seu desejo de negociar — via contatos radiofônicos cifrados — um acordo de paz em separado com os Aliados ocidentais. Ele achava que isso permitiria que uma Wehrmacht revigorada fizesse com que os soviéticos recuassem para o Óder. Explicou que seu plano era levar a efeito também que oficiais de alta patente do Exército assassinassem Hitler e Himmler depois — os quais eram loucos, disse Berger —, providenciando uma "rendição correta e ordeira"[1832] do país às forças militares dos Aliados ocidentais. Ele disse ainda a Spivey e Vanaman que faria isso para salvar seu país dos monstros comunistas. Alegou, ainda, que queria salvar as vidas dos prisioneiros de guerra Aliados, os quais Hitler vinha manifestando ameaças de matar, como vingança aos bombardeios a Dresden.

Vanaman concordou em colaborar com Berger, mas somente depois que o alemão prometesse parar com as marchas forçadas de prisioneiros de guerra e apressasse a entrega de alimentos a eles. Depois disso, ele e Spivey foram levados clandestinamente para a Suíça, donde transferiram Vanaman de avião para a França. Lá, ele se encontraria com o general Spaatz.

---

* Planos de emergência semelhantes para resgatar judeus húngaros em Auschwitz não tinham sido postos em prática também.

UM DESFILE DE MISÉRIAS

O general se mostrou incrédulo quando foi informado da proposta de paz de Berger. "Com certeza, alguém lhe passou a perna",[1833] disse ele a Vanaman. Ele então enviou Vanaman para Washington, como forma de se livrar dele. Em seguida, apresentou um detalhado relatório ao Ministério da Guerra mencionando a proposta, que foi ostensivamente ignorada. Ninguém na cadeia de comando dos Aliados teria concordado com essa proposta covarde, de um sujeito que Vanaman e Spivey consideravam, talvez por conta de sua idêntica ojeriza a comunistas, "um grande homem". Ainda convicto do acerto de sua postura em relação à questão, Vanaman disse, numa entrevista em 1967, que os Estados Unidos "estariam numa situação muito melhor hoje em dia se tivéssemos feito o que Berger queria que fizéssemos — negociar um acordo de paz com os Aliados do Ocidente. [...] Os soviéticos tinham longas rotas de suprimento e acho que a Wehrmacht poderia tê-los feito recuar [...] para as fronteiras da Alemanha."

Depois da guerra, Spivey fez frequentes visitas a Berger[1834] e o convidou para participar de reuniões de ex-prisioneiros de guerra nos Estados Unidos, onde ele o reverenciava como o homem que impedira que os americanos morressem de fome e fossem assassinados em massa. Segundo Berger, no início da primavera de 1945, Hitler tinha ordenado que todos os aeronautas das forças Aliadas mantidos prisioneiros pelos alemães fossem levados para sua fortaleza e refúgio nas montanhas de Berchtesgaden, nos Alpes bávaros de Munique. O Fuhrer determinara que eles fossem mantidos lá como reféns, enquanto ele tentava negociar uma trégua favorável com os Aliados ocidentais. Caso Roosevelt e Churchill se recusassem a cooperar, os 35 mil aeronautas seriam executados. Segundo consta, Eva Braun, a amante de Hitler, movida por princípios morais, se opôs à ordem e, como sabia que Berger se opunha a ela também, induziu Hitler a entregar a ordem assinada a ele. Lançando mão de um inteligente artifício burocrático, Berger fez tudo para que ela nunca fosse cumprida.

Berger alegou que isso aconteceu em 22 de abril,[1835] embora não existam testemunhas nem documentos para comprovar sua história. Nesse dia, Hitler tinha decidido permanecer — e morrer — em seu *bunker* em Berlim. Uma vez que o Fuhrer tomou essa decisão, por que ele teria dado uma ordem para transferir os prisioneiros de guerra para seu reduto nos Alpes?

Se Berger não salvou os prisioneiros de uma sentença de morte, certamente tentou e conseguiu acabar com as marchas forçadas e também acelerar a entrega das caixas de suprimentos da Cruz Vermelha aos prisioneiros nessas compulsórias viagens a pé. Vários dias após seu encontro final com Vanaman e Spivey, um comboio de caminhões da Cruz Vermelha provenientes da Suíça localizou as colunas de Darr Alkire em marcha e entregou a seus homens quatro mil caixas de alimentos. Enquanto os *Kriegies* permaneciam sentados num descampado comendo barras de chocolate e tomando latas de leite condensado, souberam pela BBC que outros aeronautas americanos, a maioria deles formada por sargentos, estavam fazendo marchas forçadas em outras partes da Alemanha. A Cruz Vermelha vinha tentando monitorar essas marchas, mas, com a Alemanha mergulhada no caos, ela não conseguiu saber quantos homens estavam nessa situação, em que lugar se achavam ou para onde estavam sendo levados. Representantes da Cruz Vermelha,[1836] porém, comunicaram a Londres e a Washington que contatos seus na Alemanha informaram que esses homens se achavam sob grande perigo. Familiares e amigos dos prisioneiros "deviam preparar-se para receber más notícias",[1837] avisou um representante da Cruz Vermelha Americana.

Os metralhadores

Os prisioneiros sob grande perigo eram do Stalag Luft IV, situado na Pomerânia, alguns dos quais ainda em processo de recuperação das baionetadas sofridas na Corrida de Hydekrug. Eles tinham sido transferidos no fim de janeiro, quando os soviéticos se aproximavam do campo. Alguns foram enviados para outro campo mais a oeste, mas seis mil deles, a maioria americanos, foram divididos em duas colunas e estavam marchando em direção ao oeste, através de uma estreita faixa de terra às margens do Mar Báltico, pouco ao norte da principal rota de avanço dos soviéticos para Berlim. Os guardas lhes disseram que seria "uma viagem de três dias a pé"[1838] até seu próximo destino, mas muitos dos prisioneiros ainda estariam na estrada, caminhando sem rumo, quando os alemães se renderam no começo de maio. Jamais saberemos quantos homens morreram nessa marcha da fome, mas, com certeza, centenas deles perderam a vida, naquela que foi para os aeronautas americanos a equivalente europeia da Marcha Macabra de Bataan, em abril de 1942, nas Filipinas.[1839]

UM DESFILE DE MISÉRIAS

O dr. Leslie Caplan, oficial e médico-chefe prisioneiro do Stalag Luft IV, permaneceu à retaguarda da coluna, recolhendo os doentes e moribundos, que iam caindo pelo caminho em números crescentes, acometidos de diarreia, pneumonia, tuberculose, disenteria e geladuras. Caplan fez o que pôde por eles, ajudado por sua pequena equipe de socorristas voluntários, que realizavam pequenas cirurgias em meio à sujeira de currais de celeiros, lancetando feridas infeccionadas nos pés dos colegas, usando bisturis improvisados com lâminas de barbear amarradas a pedaços de gravetos. Certa feita, prisioneiros doentes à procura de abrigos para passarem a noite tiveram negado o acesso a celeiros porque os fazendeiros se queixaram de que estavam muito infestados de piolhos para dormirem perto de seus animais de criação. "Deixaram claro, portanto",[1840] disse Caplan depois a investigadores, "que o bem-estar do gado alemão era mais importante que o nosso".

O maior sofrimento ocorreu em 14 de fevereiro, quando os prisioneiros foram forçados a marchar 35 quilômetros. "Mesmo os colegas que sofriam de disenteria aguda não tinham permissão para parar e evacuar",[1841] contou o sargento George Guderley. "Quando atravessávamos uma cidade, os colegas diminuíam o ritmo da marcha, arriavam as calças e soltavam o barro. [...] Com os soviéticos apenas a uns 25 ou 30 quilômetros atrás de nós, não tínhamos permissão nem de parar para tomar um copo d'água. Assim, sem olhar para baixo, alguns colegas se abaixavam para pegar um pouco de neve e a enfiavam na boca. Mas a neve encardida se achava impregnada de urina e fezes sanguinolentas e, com isso, esses homens estavam ingerindo doses de hepatite e icterícia."

Naquela noite, a neve foi substituída por uma forte chuva de vento e os desanimados prisioneiros dormiram num chão encharcado, além de "empapado com as fezes de prisioneiros sofrendo de disenteria"[1842] que seguiam numa parte mais adiantada da coluna em marcha, e tentaram matar a sede bebendo a "água" asquerosa de valas que tinham sido usadas como latrinas. Os colegas convictos de que não estariam vivos na manhã seguinte se despediam dos amigos antes de dormir. "Foi a pior noite de minha vida", disse Guderley, o sujeito durão de Chicago. "Foi pior do que saltar de paraquedas de um bombardeiro em chamas."

Alguns homens conseguiram sobreviver à marcha se deixando levar por atitudes egoístas — apropriando-se de alimentos e lenha e os escondendo —, mas a maioria deles formava ligas, grupos de dois ou mais prisioneiros que procuravam obter alimentos e lenha em conjunto e dividiam tudo entre si, até o calor do próprio corpo. Essas organizações solidárias serviram para salvar vidas. "O 35º dia de marcha foi meu dia de ajustes de contas",[1843] contou o sargento Joseph O'Donnell. Nessa ocasião, o esquelético metralhador de torre esférica oriundo de Riverside, Nova Jersey, quase entregou os pontos. Quando desabou à margem da estrada com as vestes ensopadas, viu a própria imagem refletida numa poça d'água gelada. Era a primeira vez que ele mirava o reflexo do próprio rosto desde a ocasião em que deixara o campo. "Vi um esqueleto [...] de gente estressado, faminto, barbado",[1844] escreveu ele em seu diário de bordo. Convicto de que não tinha chance de sobreviver, O'Donnell concluiu que seria melhor morrer ali mesmo, abandonado à margem da estrada como um mendigo. "Mas o metralhador da torre superior[1845] do meu avião me pegou nos braços, levou-me para um celeiro, cobriu-me de palha e, de manhã, acordei me sentindo um pouco melhor."

Em 28 de março, quando alcançaram uma cidade situada um pouco a oeste do Rio Elbe, os prisioneiros foram postos em vagões ferroviários fechados e levados para o Stalag XIB, um campo formado por um conjunto de simples cercados prisionais em Fallingbostel, cidade que ficava a quase 50 quilômetros dali, nos quais os alemães mantinham dezenas de milhares de prisioneiros de todas as nacionalidades. "Queríamos voltar para a prisão, onde havia comida e abrigo",[1846] relatou Guderley. "Mas logo descobrimos que esse buraco do inferno era pior do que o Luft IV."

Uma semana depois, os integrantes da coluna de O'Donnell foram reunidos e conduzidos em outra marcha forçada. Dessa vez, os guardas os levaram para o leste, de modo que ficassem longe do avanço dos exércitos anglo-americanos. Voltaram pelo mesmo caminho, passando pela maior parte da região que haviam percorrido no mês anterior. Durante a marcha, imersos agora numa clima mais ameno e comendo a carne dos cavalos mortos pelos aviões de combate americanos, ouviram os trovões das peças de artilharia amigas reboando a distância, o que os deixou mais esperançosos, porém, no vigésimo dia de marcha, alguns prisioneiros passaram a se perguntar se reuniriam força suficiente para continuar resistindo.

Em sua travessia de áreas rurais da Alemanha, os sargentos metralhadores prisioneiros do Stalag Luft IV não toparam com patéticas procissões de refugiados nem atravessaram cidades arrasadas por bombardeios dos Aliados.

UM DESFILE DE MISÉRIAS 729

E a única barbaridade que testemunharam foi a que outros homens cometeram contra eles. Já outro grupo de prisioneiros em marcha foi testemunha de facetas mais tenebrosas da perversidade dos nazistas. Eles eram do Stalag XVIIB,* um centro prisional em que os alemães haviam retido mais de 4.200 graduados ianques da Força Aérea Americana, além de 26 mil prisioneiros de guerra da França, Rússia, Itália e nações menores.

Em 8 de abril, os prisioneiros de guerra americanos, marchando em oito grupos separados, foram retirados do campo perto de Krems, Áustria, na ocasião em que o Exército Vermelho iniciou o cerco a Viena, quando estavam apenas a 80 quilômetros da cidade. Embora não tivessem dado nenhuma explicação ou motivo para a retirada apenas dos americanos do centro prisional, provavelmente os alemães esperavam poder usá-los como trunfo em quaisquer negociações que porventura entabulassem com o Exército americano.

Vários dias depois, quando os prisioneiros se aproximavam da cidade de Linz, o sargento Richard H. Hoffman, metralhador de cauda de um B-24, viu soldados alemães conduzindo centenas de pessoas pela estrada. Quando o rio de gente se aproximou mais deles, um dos *Kriegies* perguntou em voz alta:

— Quem são essas pessoas?[1847]

— Seres inferiores! — respondeu um dos guardas.

Eram esqueletos ambulantes com peitos encovados e desdentados, exibindo olhares assustados e distantes. Ignorando ordens para não falar com eles, alguns prisioneiros lhes dirigiram a palavra em altas vozes, perguntando em várias línguas quem eram eles. Os mortos-vivos responderam que eram judeus e prisioneiros políticos, a maior parte deles húngaros, e que eram de um campo de concentração chamado Mauthausen. Explicaram que estavam sendo levados para a linha de frente, onde deveriam construir embasamentos de peças de artilharia para seus senhores.

De repente, ouviram um disparo e viram um desses pobres infelizes, sentado no chão, tombar para o lado com sangue esguichando de sua cabeça. Em seguida, depois que guardou a pistola no coldre, o oficial da SS

---

* Tempos depois, o campo ficou famoso com a exibição da *Stalag 17*, uma peça teatral da Broadway transformada num filme hollywoodiano de grande sucesso, dirigido por Billy Wilder e estrelado por William Holden, cuja boa atuação lhe conferiu o Oscar de Melhor Ator. A peça foi escrita no cativeiro por dois metralhadores da Força Aérea do Exército, Donald Bevan e Edmund Trzcinski, que representou o papel de um dos personagens do filme.

MESTRES DO AR

que efetuou o disparo se aproximou de outro homem sentado na estrada. O alemão o chutou com força e ordenou que ele se levantasse. O homem tentou, mas não conseguiu levantar-se. Sem mais demora, o nazista sacou a arma e lhe deu um tiro na testa.

Ao prosseguirem em sua marcha pela estrada, em completo silêncio e abalados pelo choque violento, muitos prisioneiros sentiram um misto de revolta e medo: ódio pelos alemães e a terrível sensação de que isso poderia acontecer com eles também. "Tive vontade de... me atirar nos alemães e matar todos eles, mas fiquei com medo", contou Hoffman.

Nas ruas da cidade de Mauthausen, o grupo do sargento Hoffman viu mais corpos cheios de perfurações a bala jazendo em crescentes poças do próprio sangue. Quando os prisioneiros das forças Aliadas pararam para descansar, quase nenhum abriu a boca para dizer algo. Perto de Linz, um baluarte dos nazistas, quase todas as cidades pelas quais eles passaram tinham sofrido pesados bombardeios. "Cidadãos, a maioria deles mulheres, crianças e idosos, estavam sentados em pilhas de tijolos e entulhos, emudecidos pelo grande choque sofrido e fitando as ruínas com olhares perdidos", relatou Hoffman. Porém, depois do que tinham acabado de presenciar, os prisioneiros tiveram dificuldade para sentir compaixão pelas pessoas dessas cidades devastadas.

Após a travessia do Danúbio, os aeronautas marcharam na direção de Braunau am Inn, a terra natal de Hitler. Em 18 de abril, chegaram a um campo de prisioneiros construído às pressas numa floresta de pinheiros às margens do Rio Inn. Lá se encontraram com os prisioneiros do Stalag XVIIA, aonde haviam chegado pouco antes deles e onde construíram toscos barracos no terreno de um cercado de arame farpado. Havia no local apenas um leve destacamento de guardas, mas os outros prisioneiros aconselharam os recém-chegados a não tentarem fugir. Afinal, o Exército americano estava na margem oposta do rio, onde era possível ver lençóis brancos pendurados nas janelas superiores de quase todas as casas.

Libertação

Na região oeste, a menos de 160 quilômetros dali, o grosso da coluna em marcha de Darr Alkire acabara de chegar ao Stalag VIIA, em Moosburg. A essa altura, Gale Cleven não estava mais com o grupo. Ele tinha fugido na

UM DESFILE DE MISÉRIAS

noite em que os prisioneiros em marcha alcançaram o Danúbio, após ter dito a Alkire que estava convicto de que os alemães pretendiam voltar para os Alpes e organizar uma desesperada operação de resistência, usando aeronautas americanos como moeda de troca. Seu amigo John Egan concordou com ele, mas teve que ficar com o grupo; Alkire o encarregou de operações de segurança durante a marcha.

Naquela noite, Cleven e outros dois colegas tinham iniciado a fuga atravessando de rastos o terreno de uma paliçada cheio de esterco, com Egan fornecendo cobertura operando uma velha bomba enferrujada, cujos chiados e ruídos, produzidos pelo atrito de suas peças, chamaram a atenção dos guardas. Mas foi justamente o esterco que os salvou. "Era o Canal Nº 5",[1848] disse Cleven depois. "Ele impediu que os cães nos localizassem pelo faro. Assim que saímos da paliçada, partimos em fuga por campos lamacentos e pernoitamos num bosque de salgueiros. Não tínhamos mapas nem bússola, mas calculamos que, se continuássemos a avançar para o Oeste, viajando à noite, logo alcançaríamos nossos colegas."

A essa altura, a população na prisão de Moosburg tinha saltado para mais cem mil detentos — trabalhadores escravos, prisioneiros de campos de concentração recém-transferidos e prisioneiros de guerra, como Lou Loevsky, que fazia semanas que estava lá. Na manhã do dia 29 de abril, um domingo, os prisioneiros ouviram, de repente, projéteis cortarem sibilantes a área do campo e, logo depois, à volta do centro prisional inteiro, o estrondoso prorromper de uma série de estampidos de armamentos pesados. Assim que chegou a um abrigo, John Egan tratou de fazer anotações em seu caderno. "Neste exato momento,[1849] uma guerra de extensão e intensidade consideráveis estruge ao nosso redor." Era uma batalha entre elementos da força de avanço do Terceiro Exército, comandado por Patton, e soldados da SS pelo controle da cidade de Moosburg. Quando olhou em volta, Egan viu que os guardas do campo haviam partido. Eles tinham recebido ordens para ajudar os soldados da SS. "Meio-dia e meia de 29 de abril. [...] Os combates se afastaram daqui (espero)... podemos ver a 'Velha Gloriosa' tremulando na torre da igreja do povoado. A cidade foi tomada. A primeira vez que volto a ver a vermelha, branca e azul depois de dezenove meses", escreveu Egan no campo, agora tranquilo.

Milhares de prisioneiros americanos, com rostos banhados em lágrimas, bateram continência, saudando a bandeira nacional. Logo depois, assim que um tanque Sherman atravessou à força o portão principal, os prisioneiros correram em sua direção e deram tapinhas e beijos em sua blindagem, estendendo também as mãos para cumprimentar seus libertadores quando eles surgiram através das escotilhas. Segundos depois, outro prisioneiro correu para os braços do Sherman, onde se enlaçou num abraço libertador com o irmão. Logo a seguir, um integrante da guarnição libertou o próprio filho,[1850] um tenente da Força Aérea Americano. "PARA NÓS, A GUERRA ACABOU!",[1851] escreveu Eugene Halmos em seu diário. Haviam se passado dez meses desde o dia em que seu avião fora abatido nos céus da Holanda.

Alguém arriou a bandeira nazista ostentando a suástica e hasteou a bandeira americana em seu lugar. O exemplo foi seguido pelo desfraldar de outras bandeiras que os prisioneiros haviam mantido em esconderijos, tomados pela expectativa de poderem usá-las num dia como esse: a bandeira do Reino Unido, a bandeira da União Soviética, a bandeira tricolor francesa e as bandeiras de quase todas as outras nações Aliadas. Os prisioneiros entraram em delírio. "Aplaudimos e gritamos ainda mais alto",[1852] contou o aeronauta Roger Burwell, "quando um caminhão apareceu carregado de pães". A carga inteira era: "De pão BRANCO de verdade, que para nós parecia bolo." À noite, Alkire informou a seus homens que eles seriam levados de avião para a França dentro de sete ou dez dias.

Em 1º de maio, George Patton chegou a Moosburg num Packard, um longo carro de passeio, acompanhado por um séquito de jornalistas e cinegrafistas de cinejornais. Ao atravessar o campo como um rei conquistador, suas pistolas com coronha de marfim balouçando na cintura, ele parou de repente para examinar os corpos macilentos de Frank Murphy e seus amigos de Sagan. "Vou matar esses filhos da mãe por causa disto",[1853] disse baixinho, com frieza.

À noite, prisioneiros libertados de todas as nações da Europa desfilaram pelas ruas de Moosburg, exibindo os despojos de guerra que eles tinham "resgatado" das residências e lojas alemãs: caixas de conhaque e vinho, porcos e cordeiros, bestas e sabres, cartolas e rifles de caça. Já os americanos circularam por entre as multidões em bicicletas, motocicletas e viaturas militares roubadas aos alemães, atirando flores e fazendo o sinal da vitória. Enquanto isso, tanques Sherman atravessavam esse cenário de euforia turbulenta, seguidos por longas filas de soldados sérios e de olhar

UM DESFILE DE MISÉRIAS 733

duro. Eram os homens de Patton, em marcha para o sul, onde extinguiriam os borralhos mortiços da resistência nazista.

Na manhã seguinte, detido num campo de prisioneiros de uma floresta perto de Braunau, o sargento Richard Hoffman foi até o River Inn tomar um copo d'água. No caminho de volta, viu um carro subindo pela estrada da montanha. Era a viatura oficial do Kommandant do campo, da qual, quando o veículo parou no terreno do complexo prisional, o motorista alemão saiu, contornou-o empertigadamente pela traseira e foi abrir a porta para outro ocupante. Quando o alemão fez isso, Hoffman viu sair da viatura um capitão do Exército americano usando um capacete de aço. "Achei que o pobre sujeito tinha sido capturado",[1854] disse o sargento. Mas notou também que o colega americano estava armado com uma pistola automática. "Prisioneiros não andam armados com uma .45s. Corri na direção do carro e soltei um grito de alegria triunfal." Assim que fez isso, os demais prisioneiros partiram em disparada na direção do oficial americano, gesticulando euforicamente com os braços. Nisso, o capitão subiu num cepo de árvore, levantou as mãos para pedir silêncio e anunciou: "Caros colegas, vocês estão novamente sob o comando do exército dos Estados Unidos. O Comandante de seu campo de prisioneiros foi a Braunau várias horas atrás para render-se diante de nossas forças."

Dois dias depois, Joe O'Donnell, Leslie Caplan e centenas de outros prisioneiros exaustos e famintos foram parar por acaso nas posições de vanguarda do Oitavo Exército Britânico,[1855] de soldados estacionados perto da cidade de Hanover. Esse era o 26º dia da segunda marcha forçada deles e, para O'Donnell, seu 86º dia na estrada desde que deixara a Polônia. George Guderley poderia ter ido parar ali também, mas não seguira com os colegas na segunda marcha, pois, com a ajuda de um solidário guarda alemão, ele havia se escondido num complexo de prisioneiros soviético em Fallingbostel, de modo que se eximisse de ter que voltar para a estrada mais uma vez. Duas semanas depois, os prisioneiros do campo foram libertados por uma coluna de tanques britânicos.

Num estado de verdadeiro esqueleto ambulante, O'Donnell foi enviado de avião para um hospital do exército na Inglaterra. John Carson e outros aeronautas que não se achavam gravemente doentes foram levados por

734 MESTRES DO AR

via aérea para o Campo Lucky Strike, um acampamento perto da cidade portuária de Le Havre que abrigava quase cinquenta mil prisioneiros libertados. Ali, eles foram alimentados e despiolhados e lhes deram estojos de higiene pessoal, novos uniformes e pilhas de dinheiro francês. Em 6 de maio, quando se espalhou pelo campo a notícia de que os alemães estavam prestes a render-se, os ex-*Kriegies* começaram a preparar-se para comemorar o grande acontecimento.

O Dia da Vitória na Europa

Às duas e quarenta e um da madrugada do dia 7 de maio, no quartel-general de Eisenhower instalado na cidade de Rheims, o coronel-general Alfred Jodl assinou os documentos do Ato de Rendição Militar. De acordo com as condições impostas pelos vitoriosos, a rendição incondicional da Alemanha deveria passar a vigorar quando faltasse um minuto para a meia-noite do dia 8 de maio de 1945, o Dia da Vitória dos Aliados na Europa ou Dia V-E. Mas quando Stálin protestou, dizendo que a guerra só estaria oficialmente terminada quando os alemães ratificassem o tratado na presença do marechal Zhukov, o conquistador de Berlim, Eisenhower foi "aconselhado a adiar a divulgação da notícia da primeira assinatura até que a segunda pudesse ser feita".[1856]

Em 7 de maio, uma grande delegação de dignitários e jornalistas, encabeçada pelo marechal do ar em chefe Tedder, foi de avião a Berlim para um encontro com o marechal Zhukov e uma delegação alemã chefiada pelo marechal de campo Wilhelm Keitel, chefe do Alto-Comando das Forças Armadas Alemãs (OKW, na sigla em alemão) e, com Jodl, um dos servis aduladores de Hitler — cavalos de balanço, na designação de Albert Speer. O general Carl Spaatz, que havia testemunhado o primeiro ato de rendição e a assinatura dos respectivos documentos no quartel-general do SHAEF em Rheims, acompanhou Tedder na condição de representante americano.

As conversações sobre os termos da rendição foram realizadas numa faculdade de engenharia militar, numa pequena zona suburbana chamada Karlshorst. Depois de doze horas de acalorados debates sobre o teor exato do instrumento de rendição, os representantes dos Aliados, juntamente com um barulhento grupo de jornalistas e fotógrafos, se reuniram num grande salão de conferência com decoração sóbria. O general Zhukov se sentou

UM DESFILE DE MISÉRIAS 735

à cabeceira de uma mesa de madeira simples, com Tedder à sua direita e Spaatz à sua esquerda. Um guarda soviético introduziu a delegação alemã no salão, encabeçada pelo marechal de campo Keitel. Sempre olhando para a frente, Keitel levantou seu bastão de marechal como forma de saudação, sentou-se à mesa e "inspecionou com os olhos o recinto,[1857] como se estivesse estudando o terreno de um campo de batalha", observou o capitão Harry Butcher, o ajudante de Eisenhower. "Eis ali um exemplo da arrogância prussiana e nazista que eu, bem como todos os outros que a presenciaram, terá sempre no pensamento."

Depois que a última autoridade nazista pôs sua assinatura no documento, Zhukov se levantou e pediu que os alemães deixassem o salão. E após a saída dos germânicos, quando a porta do recinto foi fechada, os oficiais soviéticos se levantaram ao mesmo tempo, soltaram um forte grito de comemoração triunfal e trocaram abraços apertados. Embora já passasse da meia-noite, serviçais apareceram de repente no salão e organizaram um estupendo banquete, com garrafas de vinho, champanhe, vodca e uísque postas ao lado de todos os pratos. Os soviéticos começaram a cantar e "até o marechal Zhukov dançou a *Russkaya* sob os gritos de aprovação de seus generais".[1858] A comemoração se estendeu até as primeiras horas da manhã e, para deixarem o recinto, pelo menos três generais tiveram que ser carregados por outros colegas. "Fiquei contente em saber", disse Tedder, "que nenhum deles era britânico".[1859]

Na manhã do dia seguinte, Tedder e Spaatz pediram que passassem com eles pelo coração de Berlim quando estavam a caminho do aeroporto de Tempelhof, ao sul da cidade. "É a cidade dos mortos",[1860] escreveu o correspondente Harold King, que excursionou pela capital nazista com eles. "Estive em Stalingrado; vivenciei os ataques-relâmpago a Londres do começo ao fim... mas a cena de destruição total, desolação e morte com que nossos olhos se deparam em Berlim, para onde quer que os voltemos, é algo quase impossível de descrever. [...] A cidade está literalmente irreconhecível. [...] Observada a partir do Portão de Brandemburgo ainda de pé, num raio de 3 a 8 quilômetros, está tudo destruído." Aquilo que as bombas deixaram intacto a artilharia soviética tratou de arruinar, se bem que, ali, a destruição não impressionava tanto os olhos como em Colônia. Somente em Berlim, a pessoa tem a sensação de que não apenas uma cidade, mas também uma nação inteira — e, com ela, uma ideia horrível —, tinham sido arruinadas.

A rendição alemã, disse Churchill, foi "o sinal[1861] desencadeador da maior explosão de alegria da história da humanidade". Londres foi o epicentro dessa euforia festiva, onde o primeiro-ministro acabou se envolvendo no clima de festa quando a caminho da Câmara dos Comuns para fazer o anúncio oficial da vitória. "Ele foi cercado imediatamente[1862] pela multidão — pessoas correndo, procurando manter-se nas pontas dos pés para vê-lo, segurando bem alto suas crianças de colo, de modo que pudessem dizer-lhes mais tarde que elas o tinham visto, e gritando afetuosamente o ridículo apelido de criancinha de creche do estadista: 'Winnie, Winnie!'",* escreveu a londrina Mollie Panter-Downes em seu diário.

"Londres simplesmente[1863] enlouqueceu de alegria", observou o tenente Rosie Rosenthal, que estava de folga na cidade quando a notícia foi divulgada, às três da tarde do dia 8 de maio, uma terça-feira. "Eu vinha atravessando uma multidão eufórica abraçado a uma bela jovem e, de repente, vi que ela tinha sumido e fora substituída por outra. Foi uma loucura, uma linda, linda loucura.

"Tínhamos conosco um aeronauta que havia feito voto de abstinência de bebida alcoólica; ele nunca tinha tomado um drinque na vida. Nós o perdemos de vista durante uma hora ou mais e, quando o achamos, ele estava estendido na sarjeta, bêbado."

Piccadilly Circus foi o local que mais atraiu multidões barulhentas. Na Rainbow Corner, a Cruz Vermelha organizou uma festa incrível. Bandas de jazz tocavam sem parar, e soldados e garotas sorridentes "se enfileiraram no meio da Piccadilly[1864] para percorrê-la dançando e festejando".

À noite, os irmãos gêmeos John e Gene Carson finalmente tiveram o reencontro tão esperado. Depois que tivera permissão para deixar o Campo Lucky Strike, John Carson atravessara o Canal da Mancha a bordo de um navio inglês e se dirigira para a Rainbow Corner com o objetivo de procurar Wing Ding. Acabou cruzando com Adele Astaire, que ainda estava trabalhando no clube como voluntária. Ela disse a ele que conhecia seu irmão e que providenciaria para que ele estivesse no clube na noite de 8 de maio, embora não imaginasse que esse seria o Dia da Vitória na Europa. "Ainda trago no pensamento o instante em que vi meu irmão vindo pelo lado esquerdo do corredor para me saudar",[1865] disse John.

---

* Hipocorístico — apelido, nome carinhoso ou familiar — de "Winston".

UM DESFILE DE MISÉRIAS 737

Foi a noite mais feliz de suas vidas de jovens combatentes. Wing Ding passeou com seu irmão por Londres para que conhecesse a cidade, onde o fez tomar gosto pela ingestão da forte cerveja inglesa e o levou ao Windmill Theatre, sua casa de espetáculos noturna favorita. Terminada a sessão, John foi ao encontro de uma das integrantes do elenco, uma dançarina loura e de seios fartos com cerca de 18 anos de idade. Cinquenta anos depois, ele ainda conseguia lembrar-se do endereço dela.

Na Ânglia Oriental, tanto nas bases quanto nos povoados, a comemoração foi menos barulhenta. Afinal, os japoneses continuavam a combater com virulenta determinação, e milhares de cidadãos da Ânglia Oriental estavam servindo nas forças armadas britânicas no Pacífico. A essa altura, a muitas residências dessa região interiorana já havia chegado a notícia de que um pai de família ou um filho da terra estavam num complexo prisional do inimigo. "O sentimento mais forte que tive no Dia da Vitória na Europa foi o de intensa solidão",[1866] disse uma mulher de Norwich. "Um dia como esse parece muito irreal sem a presença do marido."

Os aeronautas americanos estavam com saudade de suas esposas e namoradas, e eles também tinham suas mentes voltadas para o Pacífico, já que vinham aguardando ordens de transferência para aquela "outra guerra", na qual haviam tido pouco tempo para pensar até então. Ainda assim, era ótimo para todos saber que o conflito na Europa havia terminado, tanto que, à noite, moradores locais acenderam fogueiras nas praças de seus povoados e, com o disparo de foguetes e fogos de artifício caseiros e foguetes iluminativos, usando pistolas Very da Força Aérea, o céu da Ânglia Oriental se transformou numa cúpula "multicolorida de uma terra de conto de fadas".[1867] Conforme informou ainda um escritor local, "a animada comemoração só diminuiu depois da meia-noite".[1868]

Os festejos foram mais demorados nas bases aéreas americanas, onde havia uísque e cerveja à vontade. As equipes de serviço terrestre que estavam bastante familiarizadas com os moradores locais passaram em peso pelos portões e lotaram seus bares favoritos, com seus membros abraçados às suas namoradas inglesas. Contudo, em Mendlesham, onde ficava a base do 34º Grupo de Bombardeiros, o oficial-comandante ordenou que os aeronautas permanecessem na base. "Por incrível que pareça,[1869] a maioria de nós não foi mesmo a lugar algum", disse Chuck Alling. É que preferiram comemorar o grande acontecimento somente entre si, como unidade e a seu modo. Missas eram celebradas na capela local de hora em hora e todas as tripulações foram pelo menos a uma delas; cultos que terminavam com a canção patriótica *Battle Hymn of the Republic*, em cujo entoar os aeronautas presentes, emocionados, alteavam a voz quando cantavam o trecho: "Meus olhos viram a glória do Senhor se aproximando...".

À noite, o bar do clube de oficiais de Mendlesham ficou lotado de aeronautas erguendo copos para brindes em homenagem aos amigos tombados pelo inimigo.

"É meia-noite",[1870] escreveu Ursula von Kardorff em seu diário no povoado alemão para o qual ela tinha fugido. "A rendição incondicional passa a vigorar a partir deste momento. Em todas as partes do mundo, as pessoas estão cantando hinos de vitória e tocando sinos para comemorar. E quanto a nós?... Nós perdemos a guerra, mas, se a tivéssemos vencido, tudo estaria ainda mais horrível do que agora."

Em 8 de maio, o libertado prisioneiro de guerra Richard Hoffman, do Stalag XVIIA, estava num campo de transição perto de Nancy, onde se reencontrou com sua tripulação. De manhã, seus membros tinham sido informados de que seriam levados para casa no dia seguinte. Para comemorarem seu retorno à pátria, eles foram a pé até a cidade, levando uma quantidade excessiva de vinho. Assim é que, ainda fisicamente fracos e desidratados, caíram num estado de euforia delirante após alguns goles. "De repente,[1871] soou forte uma multidão de buzinadas, repiques de sinos de igrejas e apitos de sirenes, dando a impressão de que isso não iria parar nunca", contou Hoffman. Franceses saíram correndo de suas casas e lotaram as ruas, abraçando-se uns aos outros e derramando lágrimas de alegria.

À noite, quando se deitou, Hoffman se chumbou ao colchão, dominado pela impressão de que o quarto parecia girar, girar sem parar, até que, por fim, acabou pegando no sono. Na manhã seguinte, enquanto seu barco se afastava lentamente do porto Le Havre, por sinal bastante castigado pela guerra, a tripulação começou a transmitir música pelo sistema de alto-falantes de bordo. A primeira canção foi muito sugestiva: "Don't Fence Me In".

A data de 8 de maio foi o último dia que Gale Cleven passou em Thorpe Abbotts. Orientando-se pela Estrela Polar e com uma bússola artesanal em mãos, ele e seu colega George Aring tinham conseguido voltar para Moosburg. Em sua primeira noite como fugitivos, eles haviam se separado do melhor amigo de Cleven dos tempos de faculdade, George Neithammer,

UM DESFILE DE MISÉRIAS

que fora seu colega de prisão em Sagan. Quando um Piper Cub, avião de reconhecimento americano, sobrevoou o local em que estavam, eles calcularam que era mais seguro viajar durante o dia e, com a ajuda de amistosos fazendeiros alemães, acabaram topando com os remanescentes da 45ª Divisão de Infantaria americana. "Eu estava tão magro",[1872] observou Cleven espirituosamente, "que, se eu me mantivesse perfeitamente ereto, ninguém conseguiria ver minha sombra".

Uma semana depois, Cleven conseguiu reencontrar-se com sua velha unidade quando faltavam apenas alguns dias para o fim da guerra. "O fabuloso Cleven"[1873] estava de volta e "todos queriam encontrar-se com ele", comentou um veterano do Centésimo. Cleven se sentou aqui e acolá no clube de oficiais para entreter-se em conversas com os colegas, usando o quepe inclinado para trás, "da mesma forma desleixada de sempre, enquanto mantinha a perna direita preguiçosamente apoiada sobre o braço de uma cadeira, repetindo a costumeira cena de dezenove meses atrás". Mas logo se cansou disso. "Implorei que me deixassem participar de minha última missão[1874], pois os alemães tinham me deixado irritado, mas não me autorizaram. Disseram-me que nossa guerra, a guerra de bombardeiros, havia terminado. Acabei desistindo de insistir e pedi que me enviassem para casa, pois eu tinha uma namorada e queria me casar com ela."

Sua casa ficava em Hobbs, no Novo México, para onde seu pai tinha sido transferido de Wyoming e onde Gale conhecera a noiva antes que fosse para a guerra. Ele partiu de Thorpe Abbotts no Dia da Vitória na Europa, derretendo-se em lágrimas quando os colegas de seu velho esquadrão o presentearam com um aparelho de jantar inglês de prata lavorada e um relógio de pulso. "Não passo de uma criança chorona"[1875], disse ele, saindo em seguida do alojamento e se enfiando debaixo da chuva torrencial sem sua capa impermeável.

Dessa vez, ele tinha partido para sempre e sem dizer adeus. Quando chegou à porta de sua casa, no Novo México, deram-lhe a má notícia. No dia seguinte, ele estava de volta à estrada pedindo carona para Casper, Wyoming, onde pretendia ajudar a carregar o caixão de George Neithammer. Seu amigo tinha sido capturado em um lugar qualquer da Alemanha e acabara sendo fuzilado pelo inimigo.

Quando John Egan chegou a Hobbs, onde seria o padrinho de casamento de seu amigo, levava consigo um paraquedas. A mãe da noiva entendeu logo

740 MESTRES DO AR

de que forma o objeto deveria ser usado. Assim, durante um dia e uma noite inteira de trabalho, ela o transformou num vestido de noiva. Na cerimônia, enquanto a noiva seguia pela nave da igreja de braços dados com o pai, Egan se inclinou para os lados de Cleven e disse baixinho:

"Onde enfiaram o cabo de abertura?"[1876]

A casa que os antiaéreos construíram

Os últimos aeronautas americanos libertados foram justamente aqueles em que o alto-comando americano nutrira a esperança de conseguir tirar das garras dos alemães antes dos demais. Afinal, o Stalag Luft I era um campo que abrigava prisioneiros que eram "ases da aviação" e,[1877] portanto, conforme temiam os militares ianques, valiosos reféns para uma possível ação exploratória de fanáticos nazistas. O campo era o "Stalag dos Aviadores do Zemke". Quando Hubert "Hub" Zemke chegou a Barth, no Mar Báltico, com uma escolta especial, em dezembro de 1944, se tornou, por causa de sua patente, o oficial superior dos prisioneiros dos Aliados no complexo, encarregado de comandar quase sete mil homens. Antes de sua captura, fazia quase dois anos que pilotos alemães vinham se empenhando muito na tentativa de capturá-lo. Sua sorte finalmente se esgotou em sua última missão regulamentar, quando seu Mustang perdeu uma asa num temporal com relâmpagos e trovões e ele foi forçado a saltar de paraquedas, acidente em que acabou caindo nas mãos do inimigo.

Outros cinco ases da aviação americana estavam com Zemke, entre eles o tenente-coronel Francis "Gabby" Gabreski,[1878] detentor do recorde de destruição de 28 caças inimigos em combates aéreos nos céus da Europa, e o major Gerald Johnson, com dezoito aviões inimigos derrubados. Gabreski e Johnson tinham servido sob o comando de Zemke em sua famosa unidade de Thunderbolts conhecida como Caçadores de Bárbaros, o 56º Grupo de Caças, antes de Zemke ter sido transferido para um esquadrão de Mustangs, na primavera de 1944. Gabreski fora derrubado também em sua última missão aérea regulamentar. Em 20 de julho de 1944, ele acabou tendo que realizar um pouso forçado durante uma operação de ataque com metralhamentos rasantes contra um aeródromo alemão.

Outros heróis do Corpo de Aviação presos no Stalag Luft I eram o tenente-coronel Charles "Ross" Greening, um líder de esquadrão participante da operação de Bombardeio a Tóquio do general Jimmy Doolittle antes de ter sido transferido para o Teatro de Operações Europeu, e o piloto de Fortaleza John "Ruivo" Morgan,[1879] condecorado com a Medalha de Honra em 1943, cujo avião fora derrubado nos céus de Berlim em 6 de março de 1944. Conforme observado por Lowell Bennett, editor do *Pow Wow,* o jornal clandestino do campo prisional, para muitos de seus ocupantes, "a vida era muito mais difícil *antes* de eles terem chegado [...] à casa que os antiaéreos construíram".[1880]

A história de Bennett era ainda mais fantástica do que a de Morgan. Depois que a Alemanha invadiu a Polônia, em setembro de 1939, ele deixou a Montclair State Teachers College, em Nova Jersey, e foi para a Finlândia combater os invasores soviéticos. Quando a Finlândia sucumbiu aos golpes das forças invasoras, ele ingressou na Legião Estrangeira Francesa, no norte da África, e se tornou depois membro do Corpo de Voluntários Americanos Motoristas de Ambulância na França, onde foi capturado pelos alemães. Bennett acabou conseguindo fugir de um campo de prisioneiros e escreveu um livro sobre a campanha no norte da África. Depois disso, foi contratado como correspondente de guerra na equipe do londrino *International News Service.* Em dezembro de 1943 foi derrubado o avião em que ele e outros dois jornalistas faziam a cobertura de uma operação de bombardeio noturno da RAF à capital alemã. Dos quatro jornalistas que partiram juntos com o Comando de Bombardeiros "para ver Berlim ser consumida pelas chamas",[1881] apenas Edward R. Murrow retornou da missão. Quando abandonou de paraquedas seu danificado bombardeiro e pousou na inimiga Berlim, Bennett se tornou prisioneiro dos nazistas novamente. A primeira vez que seus editores receberam notícias suas foi quando ele enviou um despacho "de um lugar qualquer da Alemanha nazista",[1882] dizendo que tinha conseguido fugir das garras de seus captores e estava escrevendo à mão um livro sobre suas experiências. Em maio, seus editores voltaram a ter notícias. Ele estava "na prisão de novo", nas palavras dele — acusado de espionagem e condenado a encarceramento em solitária até o fim da guerra. Mas Bennett conseguiu fugir mais duas vezes antes de ter sido enviado para o Stalag Luft I.

Enquanto Richard Hoffman e outros aeronautas libertados comemoravam na França o Dia da Vitória na Europa, seus colegas no Stalag Luft I continuavam atrás das cercas de arame farpado, prisioneiros — não dos alemães

742   MESTRES DO AR

—, mas de seus próprios comandantes. A Luftwaffe tinha deixado o local e fora substituída pela polícia de segurança do coronel Zemke, que impôs "um regime de disciplina no mínimo idêntico ao imposto pelos alemães",[1883] observou Bennett. Guardas foram postados nos portões e advertiram os aeronautas retidos ali que, caso fossem pegos em alguma tentativa de fuga, eles seriam enviados à Corte Marcial depois da guerra. Zemke tomara providências para que em breve seus homens fossem retirados dali pela Oitava Frota Aérea, mas um comandante do Exército Vermelho que tinha acabado de chegar a Barth insistia em argumentar que um acordo assinado em Ialta por Churchill e Roosevelt proibia que anglo-americanos sobrevoassem territórios controlados pelos soviéticos. "A rigor, estamos livres, mas estou preocupado",[1884] escreveu o copiloto do B-17, Alan Newcomb, em seu caderno de cárcere, criado por ele com pedaços de papel higiênico. "Tenho sofrido tonturas frequentes, meus batimentos cardíacos parecem aumentar de forma alarmante e me sinto invadido por uma vaga e sinistra sensação de medo de tudo e de todos". Newcomb, que tinha se formado pela Universidade Wesleyana de Ohio pouco tempo atrás, achava que estava à beira da "loucura".

A confusão e a incerteza terrificante haviam começado na tarde de 28 de abril, quando os prisioneiros souberam pela primeira vez que o Exército Vermelho estava a menos de 40 quilômetros de distância e avançando a grande velocidade na direção deles. O Kommandant do campo, Oberst von Warnstadt, ordenou que Zemke, um americano filho de imigrantes alemães, fosse a seu gabinete e informou que ele tinha ordens para esvaziar o campo imediatamente e levar os prisioneiros em marcha para um local não revelado perto de Hamburgo, a pouco mais de 240 quilômetros dali. Zemke o advertiu que,[1885] se ele tentasse fazer isso, as forças de assalto da prisão, formadas em treinamento secreto no próprio centro prisional, atacariam os guardas e tomariam o Stalag. Zemke acabou convencendo o Kommandant que a melhor coisa que o alemão poderia fazer seria passar o comando do campo para ele e fugir a tempo dos soviéticos com seus subordinados.

Na manhã seguinte, integrantes da Força Aérea Americana estavam fazendo guarda nas torres de vigilância, e a Velha Gloriosa tremulava no mastro do campo de prisioneiros. Horas depois, Zemke despachou patrulhas de reconhecimento para estabelecer contato com o Exército Vermelho.

UM DESFILE DE MISÉRIAS

Depois que elas localizaram os soviéticos, um pequeno destacamento, incluindo Zemke, Bennett e um tradutor, partiu de carro para o quartel--general dos russos. Após um café da manhã com champanhe, vodca e ovos fritos, os americanos retornaram para o campo. No caminho, passaram por destacamentos do Exército Vermelho avançando em direção a Berlim munidos de objetivos terríveis. Entre as forças soviéticas havia carroças de feno carregadas de caixotes, fardos e mulheres bêbadas, bem como, ao lado delas, marchando em colunas desordenadas, soldados siberianos, mongóis e ucranianos — de rostos avermelhados e com uma aparência asselvajada, como resultado de uma campanha de inverno brutal. Os soldados marchavam entoando canções folclóricas, tomando vodca direto no gargalo e lançando insultos na direção das janelas fechadas das residências alemãs pelas quais eles passavam. De vez em quando, um deles saía da formação para perseguir uma galinha numa fazenda qualquer e lhe quebrava o pescoço quando a pegava. Quando o destacamento de Zemke parou para falar com um tenente soviético, a conversa acabou sendo interrompida pelos irritantes latidos de um cão. "O russo nem pensou duas vezes, matando o bichinho a tiros, com extrema frieza."[1886] Foi quando Bennett sentiu que os americanos teriam problemas pela frente.

Como se confirmando esse pressentimento, um soldado cossaco bêbado entrou no campo montado num cavalo branco no dia seguinte. "Por que estes homens ainda estão atrás das cercas de arame?",[1887] indagou, como que exigindo uma resposta. "Derrubem estas cercas! Vão para casa! Vocês estão livres!", ordenou ele aos gritos aos prisioneiros americanos do complexo de Zemke e disparou sua pistola de cano longo para o alto, como se procurando reforçar a ordem. Quando Zemke tentou silenciá-lo, o russo ensopado encostou o cano de outra arma na cabeça do coronel e a engatilhou. Ao testemunhar a cena, "o campo explodiu numa ânsia de fuga desvairada e violenta", relatou um prisioneiro. Homens que tinham começado a achar que haviam se tornado prisioneiros de novo sob a disciplina férrea de Zemke derrubaram os portões, e centenas deles fugiram, ou para se unir aos soviéticos e a recém-libertados trabalhadores escravos na pilhagem e na deflagração de incêndios na cidade de Barth, ou para rumar na direção oeste com o objetivo de juntar-se aos exércitos Aliados.

Na manhã seguinte, os corpos de quase duas dúzias de mulheres alemãs estranguladas ou fuziladas foram achados nas vizinhanças do campo.

MESTRES DO AR

Depois disso, todas as manhãs mulheres e crianças apavoradas partiam de Barth em busca de refúgio no campo controlado pelos americanos, onde imploravam que as deixassem entrar. Algumas jovens chegavam a oferecer o próprio corpo em troca de proteção. As suplicantes ficavam ali até a noite e, por segurança, dormiam nas áreas abaixo das altas torres de vigilância. "Foi algo que jamais esperávamos ver",[1888] disse o aeronauta Forrest Howell. "Os alemães nos pedindo proteção."

Receoso da possibilidade de instalar-se um clima de anarquia no local, Zemke emitiu uma ordem determinando que somente seus homens teriam permissão para entrar e sair do campo, mas ele não tinha como impedir a entrada de soldados do Exército Vermelho armados e bêbados ou controlar o comportamento deles dentro e do lado de fora do centro prisional. "Centenas de Chucrutes foram fuzilados ou cometeram suicídio",[1889] escreveu Newcomb. "Três mulheres se mataram com armas de fogo a cerca de 100 metros de meu alojamento e enviamos um pequeno destacamento de serviço para enterrá-las. Até o prefeito de Barth se suicidou [...] e os Chucrutes trazem aos nossos médicos casos de estupros de mulheres com idades entre 6 e 60 anos." Pais de família alemães desesperados convidavam americanos para ingressarem em seus lares para dormir com suas filhas, como forma de manterem os soviéticos a distância. Um aeronauta americano viu[1890] mais de uma dezena de soldados soviéticos, com suas escuras botas de cano longo, enfileirados do lado de fora de uma casa, aguardando a vez de violentar uma jovem alemã.

No dia seguinte, um coronel soviético levou um rebanho de gado confiscado para o campo de prisioneiros americano e matou os animais com uma metralhadora. Prisioneiros que tinham sido açougueiros em tempos de paz trataram de retalhar as carnes do gado abatido. À noite, os prisioneiros do *Stalag* de Zemke tiveram um jantar e tanto, com bifes e álcool destilado. Horas depois, americanos bêbados roubaram cavalos e carroças, aparelharam-nas para que semelhassem carros de combate romanos e circularam a toda brida pelas estreitas ruas da cidade, disparando revólveres para o ar e saudando aos gritos os assustados soviéticos com o termo *Tovarich*.* "Mas a maioria de nós obedeceu as ordens de Zemke

---

* Termo que significa *camarada*, usado como forma de tratamento, principalmente ao tempo da extinta União Soviética por seus cidadãos. Tem também a acepção de habitante da ex-URSS. [N. do T.]

UM DESFILE DE MISÉRIAS

e permaneceu no campo",[1891] afirmou o bombardeador Oscar G. Richard III, um jovem afável, originário de Sunshine, Louisiana. "Acredito que foi graças principalmente ao coronel Zemke que conseguimos sair de Barth sem termos perdido muitos homens."

Quando o principal corpo de tropa da força militar soviética chegou, os oficiais cooperaram com Zemke na tarefa de manter os ex-prisioneiros no campo. Eles impuseram um toque de recolher na cidade e enviaram os americanos achados por eles em Barth, alguns dos quais instalados nas camas de jovens alemãs,[1892] de volta para o *Stalag* ocupado pelos americanos, onde as cercas de arame farpado tinham sido reparadas.

Homens da força de assalto de Zemke acharam um pequeno campo de concentração perto de Barth e vários médicos foram despachados para lá com a tarefa de tratar os detentos libertados — judeus e prisioneiros políticos que tinham sido trabalhadores escravos de uma fábrica de aviões local. Lowell Bennett os acompanhou. Os guardas da SS tinham fugido do campo semanas atrás, abandonando ali os enfraquecidos prisioneiros para que morressem de fome — trezentos dos quais já tinham morrido. Para enterrá-los, médicos dos Aliados recrutaram cidadãos de Barth e formaram destacamentos de serviço. "No início, os alemães que abriram covas coletivas para os mortos ficaram na dúvida, sem saber se elas eram para eles mesmos ou para os prisioneiros",[1893] escreveu Bennett depois.

Certa feita, ao se afastar a pé do campo, Gabby Gabreski notou algo estranho. Viu que havia corpos pendurados numa das partes extremas das cercas do centro principal. Ele descobriu depois que, num derradeiro ato de barbaridade horripilante, antes de fugirem, membros da SS haviam trancado os portões e, sem que os prisioneiros soubessem disso, tinham aumentado a carga da cerca elétrica. Vítimas mortas na armadilha — com seus olhos vítreos e esbugalhados de pavor — estavam agarradas à cerca. "Para mim, isso justificou a guerra contra os alemães tal como nenhuma campanha de propaganda poderia ter feito",[1894] disse Gabreski.

O grau de tensão no *Stalag* de Zemke havia chegado a um ponto crítico. Com as músicas de jazz dançante soando sem parar pelo sistema de alto-falantes do campo, os ex-prisioneiros estavam ficando com uma saudade de casa insuportável, e Alan Newcomb não era o único que achava que estava prestes a enlouquecer por causa disso. Desesperados, mais de trezentos aeronautas impacientes fugiram do campo em bicicletas, cavalos, carros e

746 MESTRES DO AR

carruagens roubados aos alemães. Lowell Bennett e três de seus amigos se uniram aos fugitivos. Eles confiscaram um minúsculo carro de dois cilindros do centro de manutenção de viaturas do campo, carregaram-no de caixas de suprimentos da Cruz Vermelha e colaram em seu para-brisa um pedaço de papel com o aviso, em russo: "Imprensa — Passe-Livre."[1895] E assim partiram numa viagem de quase 650 quilômetros em direção às fileiras americanas.

"Em toda parte, reinava um caos completo e indescritível", escreveu Bennett em seu publicado relato da viagem. Bennett tinha visto os remanescentes de um derrotado exército na França em 1940, "mas dessa vez a coisa era mil vezes pior" — quilômetros e quilômetros de viaturas blindadas, aviões e peças de artilharia incendiadas e valas às margens da estrada cheias de pilhas de corpos inchados de soldados da Wehrmacht. Em pé à beira da estrada, havia também crianças órfãs e abandonadas, com seus nomes inscritos em pedaços de papel fixados aos seus suéteres. Essa era a Alemanha libertada, uma terra sem lei. Será que conseguiriam reconstruí-la algum dia?, perguntou-se Bennett.

Quando chegou à zona de ocupação americana, o grupo de Bennett pegou um avião para Paris, onde comemoraram o Dia da Vitória na Europa num hotel no centro da cidade.

Os homens do *Stalag* de Zemke passaram o Dia da Vitória dos Aliados na Europa ouvindo rádios confiscados aos alemães para descobrir possíveis notícias sobre o seu resgate. Em 12 de maio, receberam finalmente o informe de que uma frota de Fortalezas Voadoras pousaria no aeródromo local à tarde. Graças a negociações secretas no Rio Elbe, os soviéticos tinham concordado em permitir uma operação de ponte de resgate aéreo, sob a condição de que os americanos lhes entregassem um prisioneiro dos nazistas que eles queriam muito. Esse homem era o ex-comandante do Exército Vermelho Andrei Vlasov,[1896] que tinha formado, com a ajuda dos nazistas, um exército com prisioneiros de guerra soviéticos para libertar sua pátria das mãos dos comunistas. Agora, ele seria enviado para o país que havia traído.

Horas depois, naquela tarde, um brado de euforia coletiva reverberou pelo *Stalag* de Zemke. É que, nos céus acima do campo, os prisioneiros viram uma ala de luzidios bombardeiros prateados sobrevoando a região em círculos. Eram duas e meia da tarde. Naquele exato momento, o coronel Andrei Vlasov estava sendo entregue aos soviéticos. Era o sinal previamente combinado para os bombardeiros aterrissarem.

UM DESFILE DE MISÉRIAS   747

Por ordens de Zemke, os britânicos foram os primeiros a partir, já que eles haviam ficado presos por mais tempo. Os aeronautas americanos partiram na manhã seguinte, saindo do campo enfileirados numa longa coluna de marcha — 6.250 homens famintos de liberdade.[1897] As Fortalezas pousavam a cada sessenta segundos e deixavam seus motores ligados. Cerca de vinte a trinta homens foram embarcados em cada um dos aviões. Todos partiram sem paraquedas, mas nenhum deles se importou com isso.

Quando se aproximaram de Le Havre, os bombardeiros baixaram para uma altitude de 150 metros, de modo que os aeronautas libertados pudessem ver de perto algumas das cidades que eles tinham destruído. "Ocupei um lugar próximo a uma das janelas da metralhadora móvel lateral para que pudesse ver a Alemanha mais uma vez do céu",[1898] relatou Oscar Richard. Assim que sobrevoaram as ruínas de uma cidade alemã, Richard comentou com os colegas sentados perto dele: "Essa poderia ser uma das nossas. Poderia ter sido nos Estados Unidos. Ninguém disse que tínhamos que vencer esta guerra a qualquer custo."

As Fortalezas aterrissaram perto de Leon, onde os aeronautas embarcaram num trem com destino ao Centro Militar de Lucky Strike. De lá, Richard "pegou carona" de volta para a Inglaterra com uma tripulação de um dos aviões de seu grupo de bombardeiros, o 384º. Eles tinham ido à França procurar alguns de seus colegas de esquadrão e ficaram felizes em encontrar-se com um dos "pioneiros" aviadores de sua unidade. Quando aterrissaram em Grafton Underwood, o aeródromo a partir do qual a Oitava Frota Aérea tinha iniciado a campanha de guerra aérea dos americanos, Oscar Richard se sentiu um estranho.[1899] "Os únicas colegas que eu conhecia lá eram alguns dos oficiais de serviços terrestres. [...] E os aeronautas que vi pareciam muito mais jovens do que os colegas com os quais eu havia participado de missões." A sala de instrução de voo ainda tinha um gigantesco mapa da Europa Ocidental fixado à parede, e a sala de equipamentos estava cheia de grandes pilhas de apetrechos de combate, mas o cheiro de medo e fumaça de cigarro não existia mais.

À noite, o tenente Richard foi para a sua barraca de Nissen e se acomodou na cama. Deitado, viajou em pensamento para o dia em que pusera os pés pela primeira vez na Inglaterra, no inverno de 1943, quando a Oitava Frota Aérea estava levando uma verdadeira surra da Luftwaffe e os números da sobrevivência eram bastante desfavoráveis às tripulações dos bombardeiros americanos. De repente, quando voltou o olhar para uma janela aberta, teve

748 MESTRES DO AR

a impressão de que ouviu o ronco e os engasgos de motores Wright Cyclones, bem como gritos dos chefes de tripulação preparando "imponentes B-17"[1900] para a próxima investida de bombardeio do dia. Assaltado por um medo que conhecia bem, sentiu um calafrio percorrer-lhe a espinha... e depois adormeceu.

Eles partiam logo depois da chegada, às vezes antes mesmo que as pessoas que tinham se afeiçoado a eles tivessem a chance de dizer adeus. Frank Patton, por exemplo, um garotinho de 9 anos de idade, morava perto de um aeródromo em Eye, local da base do 490º Grupo de Bombardeiros. Sua mãe lavava as roupas dos aeronautas. Ele as buscava para ela e depois as entregava aos combatentes de bicicleta. Os rapazes começaram a recompensá-lo com barras de chocolate e café e, logo, o garoto passou a levar de presente para eles cestos de ovos frescos da fazenda. As equipes de serviços de manutenção e de pista se tornaram amigas do garoto e começaram a deixar que lhe fizessem companhia em suas barracas de lona armadas nos pátios de estacionamento de aeronaves, onde o ensinaram a fumar charuto e a praguejar com a devida veemência.

Num dia chuviscante de agosto, depois que os combates tinham cessado, Frank Patton foi de bicicleta até a base e viu que não havia guardas nos portões, os alojamentos estavam vazios e que os aviões tinham partido para sempre. "Foi o dia mais triste de minha vida",[1901] disse ele cinquenta anos depois.

Já em Horsham St. Faith, os moradores locais conseguiram despedir-se dos americanos. Cerca de cem deles, trajando as melhores roupas de que dispunham, se reuniram no aeródromo, onde ficaram acenando em adeus aos tripulantes de um Liberator do 458º Grupo de Bombardeiros enquanto o avião se afastava pela pista. Alice Bingham, moradora de Pinewood Close, estava de camisola quando tirou uma fotografia de um dos últimos Liberators do grupo que passou bem acima de sua casa, em seu derradeiro sobrevoo pela região. Quando olhou para cima e viu a aeronave, ela se lembrou da ocasião em que uma dessas belezuras de longas asas arruinara seu jardim num pouso forçado e esmagara a casa de um vizinho. "Naqueles dias,[1902] nosso sistema de aquecimento e os fogões eram a carvão e seus trens de pouso atravessavam a fumaça produzida por eles quando elas passavam bem perto de nossos telhados."

UM DESFILE DE MISÉRIAS

"Ainda me lembro dos ianques",[1903] disse uma mulher de Suffolk, "quase mais até do que me lembro da guerra em si".

Partir era fácil porque o fim da viagem significava a volta para a casa. Mas os aeronautas não conseguiam esquecer-se dos amigos que tinham ficado para trás. Antes que deixasse para sempre a Inglaterra, Eugene "Wing Ding" Carson visitou um cemitério destinado a americanos mortos na guerra em Madingley, situado numa colina na periferia de Cambridge. Ele foi despedir-se de seu colega de tripulação Mike Chaklos, morto numa missão no começo de 1944. "Desmanchei-me em lágrimas durante a caminhada entre as lápides",[1904] disse Carson.

Décadas depois, quando não pôde mais resistir à influência do passado, Carson escreveu sua própria história sobre a guerra, em cujo desfecho apensou um poema talhado pelas mãos de um autor anônimo.

> *Oh do not let the Dead March play*
> *[Ah, não deixem que a Marcha Fúnebre executem]*
> *O'er these at Madingley do stay*
> *[Sobre os que ficaram em Madingley post mortem]*
> *For they were Young and old-style gay,*
> *[Pois eram jovens e alegres à moda de ontem]*
> *Play their music of the day;*
> *[Toquem a música de seu tempo assim:]*
> *Tunes of Dorsey, songs of Bing,*
> *[Ritmos de Dorsey, canções de Bing,]*
> *Let them hear Glenn Miller's swing*
> *[Façam que ouçam de Glenn Miller o swing]*
> *Then too the crosses well may sway*
> *[Que talvez até as cruzes dancem neste balanço afim]*
> *With those at Madingley do stay.*
> *[Com os que em Madingley jazem no perpétuo jardim.]*

Epílogo

A Oitava Frota Aérea iniciou sua grande mobilização de retorno aos Estados Unidos em 19 de maio de 1945.[1905] Os rapazes dos bombardeiros seguiram para casa a bordo de seus próprios aviões, enquanto as equipes de serviços terrestres e os pilotos de caça fizeram a viagem de volta em navios. Os que atravessaram o oceano por vias marítimas foram levados primeiro, a bordo de caminhões Liberty, para a estação ferroviária local, onde muitos dos aeronautas foram recebidos por suas novas esposas. "A guerra é mesmo esquisita",[1906] escreveu um jornalista do *Stars and Stripes*. "Agora, os maridos vão para casa e terão que ficar esperando que enviem suas esposas para lá." Durante mais de sete meses, não houve vagas suficientes nos navios para as cerca de 45 mil britânicas[1907] que tinham se casado com militares ianques. Elas tiveram que esperar que soldados e marinheiros americanos de todas as partes do mundo fossem levados para casa primeiro.

A maioria das "esposas da guerra" — mulheres recém-casadas com militares estrangeiros — estavam grávidas ou já tinham um ou dois filhos pequenos com o marido americano quando finalmente receberam a notícia, em fins de dezembro, de que ficaram isentas de restrições imigratórias[1908] e que agora havia navios disponíveis para levá-las ao encontro de seus maridos e para seus novos lares. A Operação Bombardeio de Fraldas,[1909] conforme apelidada pela imprensa, foi iniciada no porto de Southampton, em 26 de janeiro de 1946. Assim, a bordo do vapor *Argentina*, seguiram 452 esposas da guerra, 173 crianças pequenas e um "marido da guerra". Sua mulher, uma voluntária do Corpo Auxiliar Feminino do Exército lotada na

Inglaterra, já tinha sido enviada de volta para Nova York. "Quando zarpamos de Southampton [...] cruzamos com um navio de transporte de tropa britânico de [...] compatriotas retornando ao país, os quais nos vaiaram tanto que acabamos nos escondendo",[1910] contou uma das esposas a bordo de um desses navios.

Na cidade de Nova York e em Newsport News, Virgínia, os dois portos de entrada dos imigrantes, nem sempre o reecontro foi feliz. Algumas esposas haviam tido contato com seus maridos durante algumas poucas semanas apenas e tinham se esquecido de sua aparência. Durante o desembarque, uma londrina viu um homem com jeito de cafetão subindo a rampa. "Meu Deus",[1911] pensou ela, "espero que o meu não seja assim!" Dezenas de maridos tinham mudado de ideia e não apareceram para o reecontro com suas esposas, enquanto outros se arrependeram, achando melhor que não tivessem aparecido. "Algumas mulheres foram pegas dormindo com os marinheiros no navio",[1912] relatou a esposa da guerra Ann Holmes. "Quando alguns maridos foram se encontrar com suas esposas em Nova York, deram a eles a oportunidade de repudiar essas mulheres. E muitos americanos fizeram isso. As mulheres foram enviadas de volta." Inúmeras esposas, logo que chegaram ao porto, souberam que seus maridos, que tinham sido enviados para o Pacífico, onde deveriam sorver "uma segunda dose de guerra",[1913] ainda não haviam retornado.

Depois que partiu da Inglaterra, a Oitava Frota Aérea foi encaminhada para a então recém-conquistada Okinawa sob o comando de Jimmy Doolittle, que havia comandado o primeiro ataque aéreo americano ao Japão em 1942. Carl Spaatz foi incumbido de comandar as Frotas Aéreas Estratégicas Americanas no Pacífico com quartel-general em Guam. Em 6 de agosto, após receber autorização de Washington, Spaatz ordenou que Paul Tibbets, seu ex-piloto da Oitava Frota Aérea, lançasse um bomba de fissão de urânio sobre Hiroshima. Três dias depois, uma bomba mais potente, de fissão de plutônio, aniquilou mais da metade da cidade de Nagasaki. Spaatz disse então a Doolittle que, se ele quisesse fazer com que sua Oitava Frota Aérea entrasse em combate com os japoneses, seria melhor que organizasse uma operação para o dia seguinte, pois a guerra terminaria em breve. Doolittle tinha sido municiado com 720 B-29s, muitos dos quais estavam prontos para a guerra, mas ele os manteve em terra. "Já que parece que a guerra vai

EPÍLOGO

terminar",[1914] disse ele a Spaatz, "não porei em risco nenhum de meus aviões, nem sequer um único membro de tripulação, apenas para poder dizer que a Oitava Frota Aérea combateu os japoneses no Pacífico". Afinal, após os combates na Europa, seus rapazes não tinham que provar mais nada.

Três semanas depois, Carl Spaatz estava no convés do couraçado *Missouri* a fim de participar do ato de rendição dos japoneses, fato que o tornou a única pessoa a testemunhar as três principais capitulações das potências do Eixo. Depois da guerra, ele sucedeu a Hap Arnold, então gravemente doente, no posto de comandante geral das Frotas Aéreas do Exército Americano. Spaatz ainda estava no comando em 17 de setembro de 1947, quando as Frotas Aéreas foram finalmente desmembradas do Exército e se tornaram uma corporação militar independente nas forças armadas americanas. Com uma sábia decisão por parte das autoridades, Carl Spaatz se tornou seu primeiro chefe de estado-maior. Mesmo no túmulo, Billy Mitchell deve ter sorrido quando soube da escolha.

Robert "Rosie" Rosenthal estava num B-29 em treinamento na Flórida quando os japoneses se renderam. Assim que retornou da Inglaterra, ele foi direto para o gabinete de Arnold, em Washington, onde fez pressão política para conseguir o comando de uma unidade de combate no Pacífico. O general Orvil Anderson tentara convencê-lo a mudar de ideia — "você já fez a sua parte; agora,[1915] ceda a vez aos outros" —, mas Rosenthal se mostrara irredutível. Mesmo com o fim da guerra, ele achava que ainda não tinha chegado ao fim da linha.

Quando voltou para o Brooklyn, reintegrado ao trabalho em seu antigo escritório de advocacia de Manhattan, caiu num estado de grande inquietação e insegurança. "Durante todos os meus anos de serviço militar,[1916] fui mantido sob uma disciplina férrea. Contive a expansão de minhas emoções e talvez tenha guardado muita coisa dentro de mim. Agora, começo a sofrer as consequências disso. Não consegui me concentrar em meu trabalho. Estávamos trabalhando em alguns processos judiciais, mas achei as atividades enfadonhas em comparação com a experiência pela qual eu tinha acabado de passar."

Rosenthal vinha seguindo com atenção as notícias sobre os procedimentos no tribunal de crimes de guerra em Nuremberg, cujas atividades haviam começado em novembro de 1945, e achava que ele deveria estar lá. Afinal, os monstros que combatera no conflito estavam sendo julgados. "Quando eu soube que o exército estava à procura de promotores para participar dos julgamentos menores que se seguiriam àqueles de grande repercussão, peguei o trem para Washington e consegui uma vaga na equipe." No navio que o levou de volta para a Europa, em julho de 1946, ele conheceu Phillis Heller, uma advogada da Marinha que também integraria a equipe jurídica participante dos julgamentos em Nuremberg. Ele e a jovem de olhos radiantes e de nome com grafia esquisita se apaixonaram instantaneamente. Dez dias depois, eram noivos. "Queríamos nos casar imediatamente, mas Phillis me disse que havia prometido ao pai que pediria sua autorização primeiro", contou Rosenthal. "Achei isso maravilhoso. Eu iria me casar com uma jovem tradicionalista. Enviei uma longa carta ao pai dela, o qual me respondeu dizendo: 'Robert, vocês dois estão cometendo um grande erro. Voltem para casa imediatamente.' Eu disse a Phillis: 'Está tudo acabado.' Mas ela objetou: 'Engano seu! Eu disse que *eu* tinha que pedir permissão a ele.' E foi o que fizemos. Agora, podíamos nos casar.'

"Percebi então, contudo, que eu tinha entrado numa fria — iria ter uma advogada como esposa."

Em 14 de setembro de 1946, o casal trocou juras de fidelidade eterna em Nuremberg, a cidade que tivera "91 por cento[1917] de sua área urbana destruída", segundo declaração oficial do exército americano. Eles foram morar num edifício residencial danificado pelas bombas e com um precário sistema de aquecimento, não muito distante do Palácio da Justiça. Embora fossem pessoas ocupadas demais para socializar-se com os vizinhos, os alemães que eles conheceram se mostravam indispostos a falar sobre os bombardeios. "As pessoas caminhavam em silêncio através das ruínas e nem mesmo se viravam para dar uma olhada na destruição", observou Rosie depois. "Era como se essas enormes pirâmides de escombros não existissem e elas ainda estivessem vivendo na encantadora cidade do período anterior à guerra.

"Os bombardeios tinham arruinado não só a cidade, mas as pessoas também. No inverno daquele ano, elas ficaram numa situação desesperadora. As mulheres exibiam roupas desmazeladas, homens idosos andavam barbados e quase não se viam jovens. As famílias não tinham comida suficiente e a economia simplesmente não existia, e sim apenas um florescente mercado negro.

"Certa noite, Phillis e eu estávamos caminhando sozinhos à beira do rio quando, então percebemos que alguém vinha nos seguindo. Quando para-

EPÍLOGO 755

mos, a pessoa parou também. Phillis estava fumando e, quando ela atirou o resto do cigarro na sarjeta, o sujeito correu na direção dele, pegou-o e desapareceu com ele pelas sombras. Como cigarros ou até guimbas eram artigos valiosos no mercado negro, presumimos que ele tencionava negociá-lo. Foi a esse estado de coisas que as pessoas do milenar Reich ficaram reduzidas.

"Era difícil não sentir compaixão por elas; no entanto, eu me recusava a acreditar que o povo alemão não era responsável pelas ações de Hitler, principalmente aqui em Nuremberg, a cidade em que os nazistas realizaram comícios à maneira dos antigos romanos e onde mulheres encantadoras haviam lançado flores à carreata de Hitler.

"Não havia necessidade de uma campanha retaliatória contra as pessoas comuns que tinham apoiado Hitler. Afinal, elas haviam sofrido o suficiente. Que convivessem com aquilo que haviam feito e com o que fora feito a elas. Isso já seria uma punição e tanto. Mas os dirigentes nazistas e seus comparsas de crimes tinham que receber um tratamento diferente."

Os principais dirigentes nazistas — Göring, Speer, Dönitz e outros — ainda estavam sendo julgados naquele mês de setembro, mas os Rosenthal começaram a preparar processos contra outros criminosos de guerra — oficiais da Wehrmacht, funcionários do governo nazista e industriais alemães que haviam trabalhado em íntima relação com o partido. Esses processos seriam apreciados nos tribunais militares americanos, organizados em Nuremberg também, a partir de novembro de 1946. Phillis Rosenthal investigou a I. G. Farben, o conglomerado industrial controlado pelos nazistas que tinha usado mão de obra escrava de campos de concentração. Já o trabalho de seu marido foi investigar os crimes raciais cometidos pelos que serviram sob o comando de Göring, Jodl e Keitel. "Interroguei os três. Göring se mostrou arrogante e impenitente, mas os generais do Exército conversaram comigo de maneira complacente, alegando, com serena indignação, que eles não tiveram nada a ver com as atrocidades dos nazistas. Keitel, principalmente, asseverou que ele tinha adotado o código de honra militar da Alemanha. Logicamente, todos eles mentiram.

"Ter visto esses empertigados conquistadores após a condenação — impotentes, patéticos e se preparando para o carrasco da forca — foi o desfecho de que eu precisava. A justiça tinha vencido o mal. Minha guerra havia acabado."

Agradecimentos

Examinando o passado, vejo que este livro começou a materializar-se quando encontrei por acaso, no sótão da casa de meus avós, a jaqueta de aviador de meu pai das Frotas Aéreas do Exército na Segunda Guerra Mundial. Na época, eu era um garotinho em visita à casa geminada de meus avós, onde minha mãe e sua irmã Helen, recém-casadas com jovens recrutados pelas forças armadas, passaram os tempos de guerra. Um ano depois, minha mãe estava usando a jaqueta enquanto pendurava a roupa lavada da família no quintal, quando ela me disse que, à noite, iríamos ao Strand Theater assistir a *Música e Lágrimas*, um musical com Jimmy Stewart no papel principal, representando um herói da vida real integrante da Oitava Frota Aérea, conforme eu soube por intermédio de meu pai após a exibição do filme. A jaqueta passou finalmente para as minhas mãos depois que vi Gregory Peck em *Almas em chamas*, o melhor filme sobre a Oitava Frota Aérea feito até hoje. É uma surpresa para mim o fato de que eu tenha levado tanto tempo para escrever este livro sobre uma das unidades de combate mais notáveis da história dos exércitos.

Comecei a trabalhar nesta obra antes de ter conhecido Robert "Rosie" Rosenthal, mas, desse dia em diante, Rosie foi sua força inspiradora. Ele jamais deixou de me conceder generosamente parte de seu tempo e me pôr em contato com outros veteranos de seu grupo de bombardeiros, o Malfadado Centésimo. Conheci Rosie em Savannah, Geórgia, no Mighty Eighth Air Force Heritage Museum, cuja equipe de funcionários, formada por pessoas extremamente dedicadas e apaixonadas pelo próprio trabalho, logo transformou o museu num verdadeiro quartel-general deste esforço.

Sumamente prestimosa foi a diretora do Departamento de História Oral, dra. Vivian Rogers-Price, que pôs à minha disposição seu impressionante acervo de registros de entrevistas com veteranos da Oitava Frota Aérea e localizou mais fotografias no fabuloso acervo do museu do que aquelas que imaginei de que poderia dispor um dia. O antigo diretor do museu, C. J. Roberts, bem como o atual, dr. Walter E. Brown, não mediram esforços para tornar minhas frequentes visitas a Savannah não só produtivas, mas prazerosas também.

Sempre que eu me deparava com problemas, veteranos da Oitava Frota Aérea, entre os quais Gale Cleven, Sherman Small, Lou Loevsky, Hank Plume, Craig Harris e o finado Paul Slawter, concederam-me parte de seu escasso e precioso tempo para responder às minhas perguntas. E, nessas ocasiões, Rosie estava sempre presente.

Nos cinco anos que levei, entre pesquisas e escritos, para compor esta história, entrevistei mais de 250 veteranos da Oitava Frota Aérea. Foram todos modestos, sem exceção, jamais chamando atenção para si mesmos, insistindo em dizer que os únicos heróis eram os homens que não conseguiram voltar para casa. Só nos resta esperar que, quando eles nos deixarem, outros como eles venham substituí-los.

O trabalho de historiador seria impossível sem o devotado serviço de pesquisa dos bibliotecários. Em todos os centros de dados que visitei, tive a sorte de cruzar com pessoas generosas, como Stan Spurgeon, que concedeu-me uma semana inteira de seu tempo para ajudar a orientar-me pelo extraordinário acervo de história oral do American Airpower Heritage Museum de Midland, Texas. A exiguidade deste espaço impede que eu cite os nomes de dezenas de bibliotecários pesquisadores que me forneceram assessoria especializada, mas citei os nomes de suas instituições na bibliografia.

Tenho uma dívida de gratidão impagável para com os filhos dos extintos veteranos da Oitava Frota Aérea, por me terem concedido acesso às cartas e aos diários de seus pais. Um agradecimento especial a Pat Caruso e a Suzi Tierman, as filhas do aeronauta Francis Gerald e Paul Slawter.

O pessoal da Lafayette College não poderia ter sido mais útil. No decorrer das pesquisas, Karen Haduck, a diretora do departamento de empréstimos interbibliotecários da Skillman Library, vivia achando documentos e livros antigos que eu considerava impossíveis de localizar. Numa ou noutra ocasião, quase todos os membros da equipe de pesquisadores da Skillman

AGRADECIMENTOS 759

Library — principalmente no caso de Terese Heidenwolf — tiveram alguma participação neste esforço. Procurando antever todas as minhas necessidades, o diretor da biblioteca, Neil McElroy, tornou meu trabalho na Skillman o equivalente ao labor de pesquisa num dos maiores e mais importantes centros de dados históricos.

A Lafayette College e a Mellon Foundation me forneceram recursos financeiros que permitiram montar uma extraordinária equipe de pesquisadores universitários liderados por Alix Kenney, Marisa Floriani e Emily Goldberg, todos assessorados por Jessica Cygler, Miriam Habeeb e Margarita Karasoulas. Alix me foi especialmente útil na Biblioteca do Congresso e no Arquivo Nacional. Aliás, ela localizou muitas das fotografias publicadas neste livro. O auxílio da indispensável Kathy Anckaitis permitiu que eu me mantivesse concentrado na parte mais importante de meu trabalho, assumindo ela a responsabilidade de tarefas que me teriam sobrecarregado se eu tivesse ficado incumbido de realizá-las.

Dois notáveis historiadores especializados em assuntos militares, Williamsom Murray e Conrad Crane, além de Michael P. Faley, historiador deveras erudito do Photo Archives do Centésimo Grupo de Bombardeiros, leu um rascunho do manuscrito e apresentou-me críticas construtivas e percucientes, poupando-me de cometer erros e omissões constrangedores. Donald Meyerson, um amigo há 35 anos e condecorado veterano de guerra, leu o livro enquanto a obra estava sendo elaborada e ajudou a moldá-la em conversas que se estenderam por horas a fio, geralmente até tarde da noite. Outro grande amigo, James Tiernan, leu partes do manuscrito e me ajudou muito com pesquisas, no Reino Unido, no Imperial War Museum, no Mass--Observation Archive e em museus das antigas bases da Oitava Frota Aérea mantidos por voluntários entusiastas do assunto. Um muito obrigado a Ron Batley, do Memorial Museum do Centésimo Grupo de Bombardeiros em Thorpe Abbotts, por ter me hospedado na Ânglia Oriental e organizado entrevistas com os aldeões que conheceram os rapazes dos bombardeiros americanos durante a guerra. Assistência e recursos para viagens fornecidos pelo National D-Day Museum, de Nova Orleans, me ajudaram a realizar pesquisas na Alemanha e em outros quatro países da Europa. Susan Wedlake, do Departamento de Assuntos Culturais da Embaixada Americana em Londres, providenciou para que eu realizasse um teste de receptividade pública do livro em palestras em lugares como as Universidades de Oxford

760 MESTRES DO AR

e Cambridge, entre outros. E fiz minha primeira visita às velhas bases da Oitava Frota Aérea quando permaneci como escritor residente na All Souls College, de Oxford.

O ofício de escritor pode ser a ocupação mais solitária do mundo, mas dois amigos, Bob Bender, meu editor, e Gina Maccoby, minha agente, sempre me deram apoio e sábios conselhos. Publiquei quatro livros com Bob e sua magnífica assistente, Johanna Li, e seis com Gina. Na edição deste, eles foram mais prestativos do que nunca. Gypsy da Silva e Fred Chase foram meus copidesques mais uma vez — e críticos com olhos de lince. A estagiária Dahlia Adler foi sua competentíssima assistente. Não posso deixar de agradecer também à minha mãe, Frances Miller, que foi a pessoa que mais me inspirou e incentivou na vida e que me encorajou a escrever este livro.

Todos os livros que escrevo devem ser dedicados a Rose. Afinal, é como muitos de meus amigos têm dito: sem a Rose, eles não existiriam. Mas este eu consagro aos nossos seis netos — a turma do Black Cat Bar —, o local de reunião em nossa residência assim denominado por minha neta Alyssa e dedicado à memória de meu pai, Donald L. Miller.

Bibliografia

Acervos de documentos originais

Departamento de Pesquisas Históricas da Força Aérea, Base da Força Aérea de Maxwell, Alabama. O maior repositório de documentos da Oitava Frota Aérea é também o local de preservação do maior acervo do mundo de informações sobre aviação militar, com mais de 1,5 milhão de documentos, dos quais quase a metade é sobre a Segunda Guerra Mundial. Entre os mais importantes cabedais de informações guardados ali, estão:

Resumos de operações militares, relatórios de missões de combate, bem como do serviço secreto, do serviço meteorológico e do corpo de saúde militar, além de estudos médicos e pesquisas estatísticas de tripulações de combate vítimas de distúrbios emocionais.

Relatório de Médicos de Voo

Relatório sobre Prisioneiros de Guerra

Narrativas de Operações Militares

Relatórios sobre Fugas e Evasões

Entrevistas com dirigentes militares e funcionários da intendência da Força Aérea, entre eles: Frederick Anderson, Orvil Anderson, Albert P. Clark, James H. Doolittle, Ira C. Eaker, Barney M. Giles, Haywood S. Hansell, Jr., Gerald W. Johnson, William E. Kepner, Laurence S. Kuter, Elwood R. Quesada, Carl A. Spaatz, Arthur W. Vanaman e Chuck Yeager.

Interrogatório de tripulações combatentes

Transcrições de interrogatórios de destacadas personalidades das áreas militar, econômica e política alemãs, entre as quais Hermann Göring, Alfred Jodl, Wilhelm Keitel, Karl Koller, Albert Speer e Gerd von Rundstedt.

762 MESTRES DO AR

Relatórios do Comando de Caças da Oitava Frota Aérea

Relatórios, ensaios e palestras inéditos de dirigentes e pilotos de combate da Luftwaffe. Uma vez que os registros da Luftwaffe elaborados na Alemanha foram destruídos, estes documentos são uma fonte de informações sobre a força germânica de combate aéreo muito valiosa.

Arquivos da Comunidade Médica Central

Vários tipos de documentos resultantes da Pesquisa dos Efeitos dos Bombardeios Estratégicos Americanos

Vários tipos de arquivos do Comitê de Analistas de Operações Militares

Os documentos dos dirigentes da Força Aérea na Segunda Guerra Mundial, incluindo os de Charles P. Cabell, William E. Kepner e Guido R. Perera.

Histórias e documentos de unidades dos Grupos de Bombardeiros da Oitava Frota Aérea

Arquivos das Escolas de Aerotática do Corpo de Aviação e do Serviço de Aviação do Exército Americano

Documentos sobre o Moral das Tripulações Combatentes

Resumos sobre o Serviço Secreto do Inimigo

O acervo documental do departamento está armazenado em microfilme, com cópias no National Archives and Records Administration, College Park, Maryland, e no Air Force History Support Office, na Base da Força Aérea de Bolling, Washington, D. C.

*Biblioteca do Congresso, Departamento
de Documentos Originais, Washington, D. C.*

Documentos de Frank Andrews
Documentos de Henry H. Arnold
Documentos de James H. Doolittle
Documentos de Ira C. Eaker
Documentos de Muir S. Fairchild
Documentos de Curtis E. LeMay
Documentos de William "Billy" Mitchell
Documentos de Paul H. Nitze
Documentos de Elwood R. Quesada
Documentos de Carl Andrew Spaatz
Documentos de Nathan Twining
Documentos de Hoyt S. Vandenberg

BIBLIOGRAFIA 763

Entre esses documentos citados, o Acervo de Spaatz, que ocupa 379 compartimentos, é a melhor fonte de informações sobre as operações da Oitava Frota Aérea.

National Archives and Records Administration, College Park, Maryland

O repositório dos arquivos militares oficiais das Frotas Aéreas do Exército durante a Segunda Guerra Mundial (Record Group 18), incluindo Arquivos do Quartel-General, Relatórios de Missões de Combate, Relatórios do Serviço Secreto Militar, Ordens de Campanha, Relatórios de Divisões, Alas e Esquadrões, além de informações sobre prisioneiros de guerra e fugitivos. Também úteis na elaboração deste trabalho foram os arquivos do:

Gabinete do Ministro da Guerra
Chefes da Junta de Estados-Maiores dos EUA
Agência de Serviços Estratégicos
Departamento de Pesquisas e Desenvolvimento Científico
Pesquisa dos Efeitos dos Bombardeios Estratégicos Americanos
Estado-Maior do Exército Americano
Atas das Coletivas de Imprensa do Serviço de Comunicação Social do Supremo
    Comando da Força Expedicionária Interaliada [SHAEF, na sigla em inglês]
Teatros de Operações de Guerra dos EUA na Segunda Guerra Mundial
Quartel-General das Frotas Aéreas do Exército Americano
Arquivos dos Prisioneiros de Guerra
Acervos de Originais: Documentos de Robert Lovett
Arquivos de Investigação de Casos de Fugas e Evasões
Arquivos da Delegação Diplomática Americana na Suíça
Arquivos do Quartel-General do MIS-X (Serviço Secreto das Forças Armadas
    Americanas, Agência de Fugas e Evasões)

Mass-Observation Archive, University of Sussex, Brighton, Reino Unido

O acervo deste arquivo é o resultado da organização de pesquisas sociais da Mass-Observation, instituição fundada em 1937, dedicada ao estudo das vidas cotidianas de cidadãos comuns da Grã-Bretanha. O arquivo contém um enorme cabedal de documentos — entrevistas, diários, pesquisas e assim por diante — sobre as atitudes de cidadãos britânicos comuns em relação a militares americanos alocados na Inglaterra. O acervo é bastante rico no que diz respeito a informações sobre a vida diária dos britânicos durante a guerra.

MESTRES DO AR

U.S. Army Military History Institute, Centro Militar de Carlisle, Pensilvânia
Documentos de Chester Hansen
Documentos de Ira C. Eaker
Documentos de Omar Bradley
Programa de História Oral de Oficiais Veteranos

Mighty Eighth Air Force Heritage Museum, Savannah, Geórgia

Esta biblioteca, cujo acervo cresce rapidamente, tem um magnífico patrimônio documental de memórias, diários e cartas de membros da Oitava Frota Aérea inéditos.

U.S. Air Force Academy Library, Colorado Springs, Colorado

Documentos de Laurence S. Kuter
Documentos de George C. M. McDonald
Acervo Documental de Murray Green sobre Hap Arnold

Eisenhower Presidential Library, Abilene, Kansas

Documentos de Dwight David Eisenhower

Lilly Library, Indiana University, Bloomington, Indiana

Documentos de Ernie Pyle

The National D-Day Museum, New Orleans, Louisiana

Memórias inéditas de tripulações da Oitava Frota Aérea

John F. Kennedy Library, Boston, Massachusettsd

Documentos de John Kenneth Galbraith

The National Archives, Kew, Reino Unido (outrora denominado Public Record Office)

Divisão de Arquivos Históricos da Força Aérea Americana
Correspondência do Ministro da Aeronáutica
Documentos do Chefe do Estado-Maior da Aeronáutica

BIBLIOGRAFIA

Arquivos e Publicacões da Força Aérea
Arquivos do Comando de Bombardeiros
Ministério da Aeronáutica, Junta do Serviço Secreto
Departamento de Narrativas Históricas da Força Aérea

Royal Air Force Museum, Hendon, Reino Unido

Documentos de Lord Tedder
Documentos de Sir Arthur Harris

George C. Marshall Research Library, Lexington, Virgínia

Documentos de George C. Marshall

Seely G. Mudd Library, Princeton University, Princeton, Nova Jersey

Documentos de George W. Ball

Yale University Library, New Haven, Connecticut

Diário de Henry Stimson (cópia em microfilme)

Hoover Institution on War, Revolution and Peace, Stanford University, Palo Alto, Califórnia

Acervo de Frederick L. Anderson

The Imperial War Museum, Londres

O Departamento de Documentos contém uma vasta coleção de diários, documentos particulares e cartas de membros da Oitava Frota Aérea.

East Carolina University, Manuscript Collection, Greenville, Carolina do Norte

Documentos de Frank A. Armstrong

Swiss Internees Association Archives, Lakewood, Nova Jersey

Cópias dos arquivos oficiais pertencentes a confinados da Força Aérea na Suíça, juntamente com documentação referente à vida deles no país.

766 MESTRES DO AR

Swiss Federal Archives, Berna, Suíça

A instituição preserva em suas instalações o Relatório Final da Comissão Federal para o Confinamento e a Hospitalização de Militares Estrangeiros mantidos no país entre 1940 e 1945.

Bundersarchiv/militararchic, Freiburg, Alemanha

A instituição contém em seu acervo os Relatórios do Chefe do Serviço de Intendência sobre perdas de aeronaves e tripulações da Luftwaffe, documentos que são mais precisos que os dos registros sobre perdas do inimigo na guerra feitos pela Oitava Frota Aérea.

United States Holocaust Memorial Museum, Washington, D. C.

O museu guarda em suas dependências registros sobre a deportação de judeus húngaros para Auschwitz e a pressão exercida por grupos judaicos para que os militares bombardeassem o campo.

Acervos de história oral

The Mighty Eighth Air Force Museum, Savannah, Geórgia

Esta instituição contém o melhor acervo de história oral sobre a Oitava Frota Aérea.

American Airpower Heritage Museum, Midland, Texas

O museu abriga um grande acervo de entrevistas com veteranos da Oitava Frota Aérea em que fazem relatos de valor histórico, a maior parte deles transcritos.

The National D-Day Museum, New Orleans, Louisiana

O estudioso achará nesta instituição um pequeno, porém notável acervo de histórias orais de tripulações da Força Aérea Americana.

Columbia University Oral History Collection, Butler Library, Columbia University, Cidade de Nova York

BIBLIOGRAFIA

O enorme acervo da instituição contém fitas de áudio com histórias orais e transcrições dos srs. H. H. Arnold, Charles P. Cabell, James H. Doolittle, Ira C. Eaker, Robert A. Lovett e Carl A. Spaatz.

Second Air Division Memorial Library, Norwich, Reino Unido

Além de transcrições e fitas de áudio de histórias orais, a biblioteca contém em seu patrimônio documental histórias e documentos de unidades da Segunda Divisão de Bombardeiros da Oitava Frota Aérea.

Imperial War Museum, Sound Archive, Londres, Reino Unido

O museu preserva em suas instalações entrevistas contendo relatos de valor histórico com dirigentes da aeronáutica militar americana na Segunda Guerra Mundial, entre as quais as de Ira C. Eaker, Sir Arthur Harris e Jimmy Stewart.

Pesquisa dos Efeitos dos Bombardeios Estratégicos dos EUA (Guerra da Europa)

Uma pesquisa de campanha realizada pelo governo americano entre 1944 e 1945 sobre o impacto físico e psicológico dos bombardeios estratégicos lançados contra a Alemanha. Várias dezenas de fábricas e cidades foram examinadas e quase todos os dirigentes sobreviventes da área política, econômica e militar foram entrevistados e interrogados, levando à publicação de mais de duzentos relatórios minuciosos. Informações bibliográficas das quais me utilizei mais intensamente estão especificadas nas notas finais.

Teses e dissertações

Boylan, Bernard Lawrence, "The Development of the American Long-Rage Escort Fighter". University of Missouri, 1955.

Bland, Edwin A., Jr. "German Methods of Interrogation of Captured Allied Aircrews". Base da Força Aérea de Maxwell, Montgomery, Alabama: Air University, 1948.

Burbank, Lyman B. "A History of the American Air Force Prisoners of War in Center Compound, Stalag Luft III, Germany." University of Chicago, 1946.

Wadley, Patricia Louise. "Even One Is Too Many: An Examination of the Soviet Refusal to Repatriate Liberated American World War II Prisoners of War." Texas Christian University, 1993.

História Oficial da Força Aérea Americana

Craven, Wesley Frank e James Lea Cate, eds. *The Army Air Forces in World War II*. Embora esta história esteja datada e contenha muitos erros, principalmente quanto a perdas e baixas do inimigo, é fonte de informações indispensável. Cinco dos sete volumes tratam de assuntos pertinentes à história da Oitava Frota Aérea.

Vol. 1: *Plans and Early Operations, January 1939 to August 1942*. Chicago: University of Chicago Press, 1948.

Vol. 2: *Europe: Torch to Pointblank, August 1942 to December 1943*. Chicago: University of Chicago Press, 1949.

Vol. 3: *Europe: Argument to V-E Day, January 1944 to May 1945*. Chicago: University of Chicago Press, 1951.

Vol. 6: *Men and Planes*. Chicago: University of Chicago Press, 1955.

Vol. 7: *Services Around the World*. Chicago: University of Chicago Press, 1958.

Livros

Adams, Michael C. C. *The Best War Ever: America and World War II*. Baltimore: Johns Hopkins University Press, 1994.

Addison, Paul. *Firestorm: The Bombing of Dresden, 1945*. Chicago: Ivan R. Dee, 2006.

Alling, Charles. *A Mighty Fortress: Lead Bomber over Europe*. Haverford, Pensilvânia: Casemate, 2002.

Ambrose, Stephen E. *Citizen Soldiers: The U.S. Army from the Normandy Beaches to the Bulge to the Surrender of Germany, June 7, 1944-May 7, 1945*. Nova York: Simon & Schuster.

_____. *D-Day: June 6, 1944: The Climactic Battle of World War II*. Nova York: Simon & Schuster, 1994.

_____. *The Wild Blue: The men and Boys Who Flew the B-24s over Germany*. Nova York: Simon & Schuster, 2001.

Ambrose, Stephen E., e C. L. Sulzberger. *American Heritage New History of World War II*. Nova York: Viking, 1997.

Arbib, Robert S. *Here We Are Together: The Notebook of an American Soldier in Britain*. Londres: Longmans, Green, 1946.

Ardery, Philip. *Bomber Pilot: A Memoir of World War II*. Lexington: University Press of Kentucky, 1978.

Arnold, Henry H. *Global Mission*. Londres: Hutchinson, 1951.

BIBLIOGRAFIA

Astor, Gerald. *The Mighty Eighth: The Air War in Europe as Told by the Men Who Fought It.* Nova York: Dell, 1997.

Atkinson, Rick. *An Army at Dawn: The War in North Africa, 1942-1943.* Nova York: Henry Holt, 2002.

Bach, Julian, Jr., *America's Germany: An Account of the Occupation.* Nova York: Random House, 1946.

Bailey, Ronald H. *The Air War in Europe.* Alexandria: Time-Life, 1979.

Ball, George W. *The Past Has Another Pattern: Memoirs.* Nova York: W. W. Norton, 1983.

Bard, Mitchell G. *Forgotten Victms: The Abandonment of the Americans in Hitler's Camps.* Boulder: Westview, 1994.

Beck, Earl R. *Under the Bombs: The German Home Front, 1942-1945.* Lexington: University Press of Kentucky, 1986.

Beevor, Antony. *The Fall of Berlin 1945.* Nova York: Viking, 2002.

Bekker, Cajus. *The Luftwaffe War Diaries.* Garden City: Doubleday, 1968.

Belenky, Gregory. *Contemporary Studies in Combat Psychiatry.* Westport, Connecticut: Greenwood, 1987.

Bendiner, Elmer. *The Fall of Fortresses: A Personal Account of the Most Daring, and Deadly, American Air Battles of World War II.* Nova York: Putnam, 1980.

Bennett, John M. *Letters from England.* San Antonio: Publicado por particulares, 1945.

Bennett, Lowell. *Parachute to Berlin.* Nova York: Vanguard, 1945.

Bergander, Götz. *Dresden in Luftkrieg: Vorgeschichte, Zerstorung, Folgen.* 1994. Edição revisada, Würzburg: Böhlau, 1998.

Beschloss, Michael. *The Conquerors: Roosevelt, Truman and the Destruction of Hitler's Germany, 1941-1945.* Nova York: Simon & Schuster, 2002.

Bessel, Richard. *Nazism and War.* Nova York: Modern Library, 2004.

Biddle, Tami. *Rhetoric and Reality in Air Warfare: The Evolution of British and American Ideas About Strategic Bombing, 1914-1915.* Princeton University Press, 2002.

Bidinian, Larry J. *The Combined Allied Bombing Offensive Against the German Civilian, 1942-1945.* Lawrence, Kansas: Coronado, 1976.

Bing, Richard L. *You're 19... Welcome Home: A Story of the Air War Over Europe and Its After-Effects.* Publicado por particulares, 1992.

Boehme, Manfred. *JG 7: The World's First Jet Fighter Unit, 1944-1945.* Traduzido por David Johnson. Atglen, Pensilvânia: Schiffer, 1992.

770   MESTRES DO AR

Böll, Heinrich. *The Silent Angel*. Traduzido por Breon Mitchell. Nova York: Picador, 1995.

Bond, Douglas D. *The Love and Fear of Flying*. Nova York: International Universities Press, 1952.

Boog, Horst, ed. *The Conduct of the Air War in the Second World War*. Nova York: Berg, 1992.

Boog, Horst, et al. *Germany and the Second World War*, vol. 6, *The Global War*. Editado pelo Research Institute for Military History, Potsdam, Alemanha; traduzido por Ewald Osers et al. Nova York: Oxford University Press, 2001.

Borowski, Harry R., ed. *The Harmon Lectures Given at the United States Air force Academy*. Washington, D. C.: Departamento de História da Força Aérea Americana, 1988.

Bowman, Martin. *Castles in the Air*. Wellingborough, Reino Unido: Patrick Stephens, 1984.

_____. *Great American Air Battles of World War II*. Shrewsbury, Reino Unido: Airlife, 1994.

Boyle, Andrew. *Trenchard*. Londres: Collins, 1962.

Boyne, Walter. *Aces in Command: Fighter Pilots as Combat Leaders*. Washington, D. C.: Brassey's, 2001.

Brasley, Omar. *A Soldier's Story*. Nova York: Henry Holt, 1951.

Bradley, Omar N. e Clay Blair. *A General's Life: An Autobiography*. Nova York: Simon & Schuster, 1983.

Brickill, Paul. *The Great Escape*. 1950. Reimpr. Nova York: Ballantine, 1961.

Bright Charles, ed. *Historical Dictionary of the U.S. Air Force*. Westport, Connecticut: Greenwood, 1992.

Briol, John J. *Dead Engine Kids: World War II Diary of John J. Briol*. Editado por John F. Welch. Rapid City, Dakota do Sul: Silver Wings Aviation, 1993.

Unidade de Pesquisa dos Efeitos dos Bombardeios Britânicos. *The Strategic Air War Against Germany, 1939-1945*. Londres: Frank Cass, 1998.

Brittain, Vera: *Seed of Chaos: What Mass Bombing Really Means*. Londres: New Vision Press, 1944.

Brodie, Bernard. *Strategy in the Missile Age*. Princeton: Princeto University Press, 1959.

Broughton, Irv, ed. *Forever Remembered: The Fliers of World War II*. Spokane: Eastern Washington University Press, 2001.

Brown, James Good. *The Mighty Men of the 381st, Heroes All: A Chaplain's Inside Story of the men of the 381st Bomb Group*. Salt Lake City: Publishers Press, 1994.

BIBLIOGRAFIA 771

Brown, R. Douglas. *East Anglia, 1939*. Lavenham, Reino Unido: Terence Dalton, 1980.

_____. *East Anglia, 1941*. Lavenham, Reino Unido: Terence Dalton, 1986.

_____. *East Anglia, 1942*. Lavenham, Reino Unido: Terence Dalton, 1988.

_____. *East Anglia, 1943*. Lavenham, Reino Unido: Terence Dalton, 1990.

_____. *East Anglia, 1944*. Lavenham, Reino Unido: Terence Dalton, 1992.

_____. *East Anglia, 1945*. Lavenham, Reino Unido: Terence Dalton, 1994.

Budiansky, Stephen. *Air Power: The Men, Machines, and Ideas That Revolutionized War, from Kitty Hawk to Gulf War II*. Nova York: Viking, 2004.

Burgess, Alan. *The Longest Tunnel: The True Story of World War II's Great Escape*. Nova York: Weidenfeld, 1990.

Butcher, Geoffrey. *Next to a Letter from Home: Major Glen Miller's Wartime Band*. Edimburgo: Mainstream, 1986.

Butcher, Harry. *My Three Years with Eisenhower: The Personal Diary of Captain Harry C. Butcher, USNR, Naval Aide to General Eisenhower, 1942 to 1945*. Nova York: Simon & Schuster, 1946.

Cabell, Charles P. *A Man of Intelligence: Memoirs of War, Peace and the CIA*. Colorado Springs: Impavide, 1977.

Caidin, Mark. *Black Thurday*. Nova York: Bantam, 1981.

Calder, Angus. *The People's War: Britain, 1939-1945*. Nova York: Pantheon, 1969.

Caldwell, Donald L. *J. G. 26: Top Guns of the Luftwaffe*. Nova York: Orion, 1991.

Callahan, John Francis. Ed. *Contrails, My War Record: A History of World War Two as Recorded at U.S. Army Air Force Station #139, Thorpe Abbotts, Near Diss, County of Norfolk, England*. Nova York: J. f. Callahan, 1947.

Carlson, Lewis H. *We Were Each Other's Prisoners: An Oral History of World War II American and German Prisioners of War*. Nova York: Basic, 1997.

Carson, Eugene T. *Wing Ding: Memoirs of a Tailgunner*. Publicado por particulares, 2000.

Chandler, Alfred D., ed. *The Papers of Dwight Eisenhower*. Vol. 3, *The War Years*. Baltimore: Johns Hopkins University Press, 1970.

_____. *The Papers of Dwight David Eisenhower*. Vol. 4, *The War Years*. Baltimore: Johns Hopkins University Press, 1970.

Chennault, Claire Lee. *Way of a Fighter: The Memoirs of Claire Lee Chennault*. Nova York: Putnam, 1949.

Childers, Thomas. *In the Shadows of War: An American Pilot's Odyssey Through Occupied France and the Camps of Nazi Germany*. Nova York: Henry Holt, 2003.

772   MESTRES DO AR

_____. *Wings of Morning: The Storyh of the Last American Bomber Shot Down over Germany in World War II*. Reading, Massachusetts: Perseus, 1995.

Churchill, Winston. *The Second World War*. Vol. 4, *The Hinge of Fate*. Boston: Houghton Mifflin, 1950.

_____. *The Second War World War*, Vol. 5, *Closing the Ring*. Boston: Houghton Mifflin, 1951.

Coffey, Thomas M. *Hap: The Story of the U.S. Air Force and the Man Who Built It, General Henry H. "Hap" Arnold*. Nova York: Viking, 1982.

_____. *Iron Eagle: The Turbulent Life of General Curtis LeMay*. Nova York: Crown, 1986.

Cohen, Roger. *Soldiers and Slaves: American POWs Trapped in the Nazi's Final Gamble*. Nova York: Alfred A. Knopf, 2005.

Collins, J. Lawton. *Lightning Joe: An Autobiography*. Baton Rouge: Louisiana State University Press, 1979.

Comer, John. *Combat Crew*. Publicado por particulares, 1986; reimpr., Nova York: Pocket Books, 1989.

Conley, Harry M. *No Foxholes in the Sky*. Trumbull, Connecticut: FNP Military Division, 2002.

Cooke, Ronald C., e Ron Convyers Nesbit. *Target: Hitler's Oil: Allied Attacks on Germany Oil Supplies, 1939-1945*. Londres: William Kimber, 1985.

Cooper, Alan W. *Target Dresden*. Bromley: Independent Books, 1995.

Cooper, Mathew. *The German Air Force: 1933-1945, An Anatomy of Failure*. Nova York: Jane's, 1981.

Copp, DeWitt S. *A Few Great Captains*. Garden City: Doubleday, 1980.

_____. *Forged in Fire*. Garden City: Doubleday, 1982.

Corn, Joseph J. *The Winged Gospel: America's Romance with Aviation, 1900-1950*. Nova York: Oxford University Press, 1983.

Corum, James S. *The Luftwaffe: Creating the Operational Air War, 1918-1940*. Lawrence: University Press of Kansas, 1997.

Corum, James S., e Richard R. Miller. *The Luftwaffe's Way of War: German Air Force Doctrine, 1911-1945*. Baltimore: Nautical & Aviation Publishing Company of America, 1998.

Cotterell, Robert. *POW*. Filadélfia: Xlibris, 2002.

Cowdrey, Albert E. *Fighting for Life: American Military Medicine in World War II*. Nova York: Free Press, 1994.

Cowley, Robert, ed. *No End Save Victory: Perspectives on World War II*. Nova York: Putnam, 2001.

BIBLIOGRAFIA 773

Crane, Conrad C. *Bombs, Cities, and Civilians: American Airpower Strategy in Worl War II*. Lawrence: University Press of Kansas, 1993.

Cronkite, Walter. *A Reporter's Life*. Nova York: Alfred A. Knopf, 1996.

Crosby, Harry H. *A Wing and a Prayer: The "Bloody 100th" Bomb Group of the U.S. Eighth Air Force in Action over Europe in World War II*. Nova York: HarperCollins, 1993.

Culler, Dan. *Black Hole of Wauwilermoos*. Green Valley, AZ: Circle of Thorns, 1995.

Dallas, Gregor. *1945: The War That Never Ended*. New Haven: Yale University Press, 2005.

Daley-Brusselmans, Yvonne. *Belgium Rendez-Vouz 127 Revisited*. Manhattan, Kansas: Sunflower University Press, 2001.

Dallek, Robert. *Franklin D. Roosevelt and American Foreigh Policy, 1932-1945*. Nova York: Oxford University Press, 1979.

_____. *An Unfinished Life: John F. Kennedy, 1917-1963*. Boston: Little, Brown, 2003.

Daso, Dik Alan. *Doolittle: Aerospace Visionary*. Washington, D. C.: Potomac, 2003.

_____. *Hap Arnold and the Evolution of American Airpower*. Washington, D. C.: Smithsonian Institution Press, 2000.

Datner, Szymon. *Crimes Against POWs: Responsability of the Wehrmacht*. Varsóvia: Zachodnia Agencja Prasowa, 1964.

Davies, Norman. *Rising '44: The Battle for Warsaw*. Nova York: Viking, 2004.

Davis, Richard G. *Carl A. Spaatz and the Air War in Europe*. Washington, D. C.: Center for Air Power History, 1993.

_____. *Hap: Henry H. Arnold, Military Aviator*. Washington, D. C.: Programa de História e de Museus da Força Aérea Americana, 1997.

Dear, Ian e M. R. D. Foot, ed. *Oxford Companion to World War II*. Oxford: Oxford University Press, 2001.

D'Este, Carlo: *Decision in Normandy*. Nova York: Dutton, 1988.

Dewey, Donald. *James Stewart: A Biography*. Atlanta: Turner, 1996.

Diefendorf, Jeffrey M. *In the Wake of War: Reconstruction of German Cities After World War II*. Nova York: Oxford University Press, 1993.

Dillon, Carrol F. *A Domain of Heroes: An Airman's Life Behind Barbed Wire in Germany in WW II*. Sarasota: Palm Island, 1995.

Dippel, John V. H. *Two Against Hitler: Stealing the Nazi's Best-Kept Secrets*. Nova York: Praeger, 1992.

774 MESTRES DO AR

Dolph, Harry A. *The Evader: An American Airman's Eight Months with the Dutch Underground*. Austin: Eaken, 1991.

Dönitz, Karl. *Memoirs: Tem Years and Twenty Days*. Traduzido por R. H. Stevens e David Woodward. Nova York: Leisure Books, 1959.

Doolittle, James H. "Jimmy" e Carroll V. Glines. *I Could Never Be So Lucky Again*. Nova York: Bantam, 1992.

Douhet, Giulio. *The Command of the Air*. Traduzido por Dino Farrari, 1942. Reimpressão, Washington, D. C.: Departamento de História da Força Aérea Americana, 1983.

Duerksen, Menno. *The Memphis Belle: Now the Real Story of World War II's Most Famous Warplane*. Memphis: Castle, 1987.

Dugan, James e Carroll Stewart. *Ploesti: The Great Ground-Air Battle of 1 August 1943*, 1962. Reimpressão, Washington, D. C.: Brassey's, 2002.

Durand, Arthur A. *Stalag Luft III: The Secret Story*. Baton Rouge: Louisiana State University Press, 1988.

Dyson, Freeman. *Disturbing the Universe*. Nova York: Harper & Row, 1979.

Eisenhower, Dwight D. *Crusade in Europe*. Garden City: Doubleday, 1948.

Eliot, George F. *Bombs Bursting in Air: The Influence of Air Power on International Relations*. Nova York: Reynal & Hitchcock, 1939.

Ethell, Jeffrey, e Alfred Price. *Target Berlin: Mission 250: 6 March 1944*. Londres: Greenhill, 2002.

Feiling, Keith G. *The Life of Neville Chamberlain*. Londres: Macmilla, 1946.

Fest, Joachim C. *Speer: The Final Verdict*. San Diego: Harcourt, 2001.

Fieser, Louis F. *The Scientific Method: A Personal Account of Unusual Projects in War and in Peace*. Nova York: Reinhold, 1964.

15ª Frota Aérea. *The Air Battle of Ploesti*. Bari, Itália, 1944.

Fishbein, Morris, ed. *Doctors at War*. Nova York: Dutton, 1945.

Flower, Desmond, e James Reeves, eds. *The War:1939-1945: A Documentary History*. Nova York: Da Capo, 1997.

Foot, M. R., e J. M. Langley. *MI9: Escape and Evasion, 1939-1945*. Boston: Little Brown, 1980.

Foy, David A. *For You the War Is Over: Americans Prisioners of War in Nazi Germany*. Nova York: Stein & Day, 1984.

Franks, Norman L. R. *The Battle of the Airfields: 1st January 1945*. Londres: William Kimber, 1982.

Freeman Roger A. *The Friendly Invasion*. Norwich, Reino Unido: Secretaria de Turismo da Ânglia Oriental em parceria com Terence Dalton, 1992.

BIBLIOGRAFIA

_____. *The Mighty Eighth: A History of the Units, Men and Machines of the US 8th Air Force*, 1970. Reimpressão, Nova York: Cassell, 2000.

_____. *The Mighty Eighth War Manual*. Londres: Cassell, 2001.

Freeman, Roger A., Alan Crouchman e Vic Maslen. *Mighty Eighth War Diary*. Londres: Jane's, 1981.

Freud, Sigmund. *Inhibitions, Symptoms, and Anxiety*. Londres: Hogarth, 1948.

Fuller, J. F. C. *The Second World War, 1939-45: A Strategical and Tactical History*. Londres: Eyre & Spottiswoode, 1954.

Furse, Anthony. *Wilfrid Freeman: The Genius Behind Allied Survival and Air Supremacy, 1939 to 1945*. Staplehurst, Reino Unido: Spellmount, 2000.

Futrell, Robert Frank. *Ideas, Concepts, Doctrine: Base Thinking in the United States Air Force, 1907-1960*. 2 vols. Base da Força Aérea de Maxwell, Alabama: Air University Press, 1989.

Fyles, Carl. *Staying Alive: A B-17 Pilot's Experiences Flying Unescorted Bomber Missions by 8th Air Force Elements During World War II*. Leavenworth, Kansas: J. H. Johnston, 1995.

Gabreski, Francis, conforme relatado a Carl Molesworth. *Gabby: A Fighter Pilot's Life*. Nova York: Orion, 1991.

Gabriel, Richard A. *No More Heroes: Madness and Psychiatry in War*. Nova York: Hill & Wang, 1987.

Galbraith, John Kenneth. *Annals of an Abiding Liberal*. Editado por Andrea D. Williams. Boston: Houghton Mifflin, 1979.

_____. *A Life in Our Times: Memoirs*. Boston: Hougton Mifflin, 1981.

Galland, Adolf. *The First and the Last: The Rise and Fall of the German Fighter Forces, 1938-1945*. 1954. Reimpressão, Nova York: Ballantine, 1973.

Gardiner, Juliet. *Overpaid, Oversexed, and Over Here: The American GI in World War II Britain*. Nova York: Abbeville, 1992.

Garret, Stephen A. *Ethics and Airpower in World War II: The British Bombing of German Cities*. Nova York: St. Martin's, 1996.

Gaston, James C. *Planning the American Air War: Four Men and Nine Days in 1941*. Washington, D. C.: National Defense University Press, 1982.

Gay, Verbon F. *The Story of Rainbow Corner: The American Red Cross Club near Piccadilly Circus, London*. Londres: Fanfare, 1944.

Gentile, Don Salvatore, and Ira Wolfert. *One-Man Air Force*. Nova York: L. B. Fischer, 1944.

Gentile, Gian. *How Effective Is Strategic Bombing? Lessons Learned from World War II to Kosovo*. Nova York: New York University Press, 2001.

MESTRES DO AR

Gilbert, Martin. *Auschwitz and the Allies.* Nova York: Holt, Rinehart & Winston, 1981.

Gobrecht, Harry D. *Might in Flight: Daily Diary of the Eighth Air Force's Hell's Angels, 303rd Bombardment Group (H).* San Clemente, Califórnia: 303rd Bomb Group Association, 1997.

Goebbels, Joseph. *The Diaries of Joseph Goebbels: Final Entries, 1945.* Editado por Hugh Trevor-Roper. Traduzido por Richard Barry. Nova York: Putnam, 1978.

Goldberg, Alfred. "General Carl A. Spaatz". Em *The War Lords: Military Commanders of the Twentieth Century.* Editado por Michael Carver. Boston: Little, Brown, 1976.

Gooderson, Ian. *Air Power at the Battlefront: Allied Close Air Support in Europe, 1943-45.* Londres: Frank Cass, 1998.

Gorham, Deborah. *Vera Britain.* Londres: Blackwell, 1996.

Gray, J. Glenn. *The Warriors: Reflections on Men in Battle,* 1959. Reimpressão, Lincoln: University of Nebraska Press, 1970.

Grayling, A. C. *Among the Dead Cities: The History and Moral legacy of the WWII Bombarding of Civilians in Germany and Japan.* Nova York: Walker, 2006.

Grã-Bretanha, Ministério da Aeronáutica da. *The Rise and Fall of the German Air Force, 1933-1945,* 1948. Reimpressão, Nova York: St. Martin's, 1983.

Greer, Thomas H. *The Development of Air Doctrine in the Army Air Arm, 1917-1941.* Base da Força Aérea de Maxwell, Alabama: United States Air Force Historical Study, Air University Press, 1955.

Grinker, Roy R., e John P. Spiegel. *Men Under Stress.* Filadélfia: Blakiston, 1945.

Groehler, Olaf. *Der Bombenkrieg gegen Deutschland.* Berlim: Akademie-Verlag, 1990.

Guderian, Heinz. *Panzer Leader.* Traduzido por Constantine Fitzgibbon. Londres: Michael Joseph, 1952.

Haines, William Wister. *Command Decision.* Boston: Little, Brown, 1947.

_____. *ULTRA and the History of the United States in Europe vs. The German Air Force.* NSA Special Research History No. 13, Junho de 1945. Reimpressão, Frederick, Maryland: University Publications of America, 1986.

Halberstam, David. *The Best and the Brightest.* Nova York: Random House, 1972.

Hale, Edwin R. W., e John Frayn Turner. *The Yanks Are Coming.* Turnbridge Wells, Reino Unido: Midas, 1983.

Hall, Grover C. *1000 Destoryed: The Life and Times of the 4th Fighter Group.* Montgomery, Alabama: Brown, 1946.

BIBLIOGRAFIA 777

Halmos, Eugene E. Jr. *The Wrong Side of the Fence: A United States Army Air Corps POW in World War II*. Shippensburg, Pensilvânia: White Mane, 1996.

Halpert, Sam: *A Real Good War*. Londres, Cassell, 1997.

Hamilton, Jim. *The Writing 69th: Civilian War Correspondents Accompany a U.S. Bombing Raid on Germany During World War II*. Marshfield, Maryland: Publicado por particulares, 1999.

Hansell, Haywood S. *The Air Plan That Defeated Hitler*. Atlanta: Higgins--McArthur, 1972.

_____. *The Strategic Air War Against Germany and Japan: A Memoir*. Washington, D. C.: Departamento de História da Força Aérea Americana, 1986.

Hanson, Victor Davis. *Carnage and Culture: Landmark Battles in the Rise of Wetern Power*: Nova York: Doubleday, 2001.

Harper, C. B. (Red). *Buffalo Gal*. Publicado por particulares, sem data.

Harris, Arthur. *Bomber Offensive*. Londres: Collins, 1947.

Harrison, Gordon A. *Cross-Channel Attack*. Washington, D. C.: Gabinete do Chefe do Departamento de História Militar do Ministério do Exército dos EUA, 1951.

Harrison, Mark, ed. *The Economics of World War II: Six Great Powers in International Comparison*. Cambridge: Cambridge University Press, 1998.

Häsler, Alfred A. *The Lifeboat Is Full: Switzerland and the Refugees, 1933-1945*. Nova York: Funk & Wagnalls, 1969.

Hastings, Donald W., David G. Wright e Bernard C. Glueck. *Psychiatric Experiences of the Eighth Air Force, First Year of Combat, July 4, 1942-July 4, 1943*. Nova York: Josiah Macy, Jr., Foundation, 1944.

Hastings, Max. *Bomber Command*. 1979. Reimpressão, Nova York: Smon & Schuester, 1989.

Hawkins Ian L., ed. *B-17s over Berlin: Personal Stories from the 95th Bomb Group (H)*. 1987. Reimpressão, Washington, DC: Brassey's, 1990.

Hawton, Hector. *Night Bombing*. Londres: Thomas Nelson, 1944.

Hedges, Chris. *War Is a Force That Gives Us Meaning*. Nova York: Public Affairs, 2002.

Herman, Jan. *A Talent for Trouble: The Life of Hollywood's Most Acclaimed Director, William Wyler*. Nova York: Putnam, 1995.

Hersey, John. *The War Lover*. Nova York: Bantam, 1960.

Higham, Robin, e Stephen J. Harris, eds. *Why Air Forces Fail: The Anatony of Defeat*. Lexington: University Press of Kentucky, 2006.

Hinsley, Frances H. *British Intelligence in the Second World War*. Londres: Her Majesty's Stationery Office, 1988.

Hoffman, Richard H. *Stalag 17B*. Filadélfia: Xlibris, 1988.

Holley, Irving B., Jr., *Buying Aircraft: Matériel Procurement for the Army Air Forces*. Washington, D. C.: Gabinete do Chefe do Departamento de História Militar do Ministério do Exércitro Ameicano, 1964.

Homze, Edward. *Arming the Luftwaffe*. Lincoln: University of Nebraska Press, 1976.

Hopewell, Clifford. *Combine 13*. Austin: Eakin, 2000.

Howell, Forrest W. *Barbed Wire Horizons*. Tujunga, Califórnia: C. L. Anderson, 1953.

Hughes, Thomas Alexander. *Over Lord: General Pete Quesada and the Triumph of Tactical Air Power in World War II*. Nova York: Free Press, 1995.

Hurley, Alfred F. *Billy Mitchell: Crusader for Air Power*. Nova York: Franklin Watts, 1964.

Huston, John W., ed. *American Airpower Comes of Age: General Henry H. "Hap" Arnold's War Diaries*. Base da Força Aérea de Maxwell, Alabama: Air University Press, 2001.

Hutton, Oram C. [Bud], e Andy Rooney. *Air Gunner*. Nova York: Farrar & Rinehart, 1944.

_____. *The Story of the Stars and Stripes*. Nova York: Farrar & Rinehart, 1946.

Infield, Glenn. *Big Week*. Nova York: Pinnacle, 1974.

Comitê Internacional da Cruz Vermelha. *Report of the ICRC on Its Activities During the Second World War, September 1, 1939-June 30, 1947*. Genebra, 1948.

Irving, David. *Apolypse 1945: The Destruction of Dresden*. Londres: Focal Point, 1995.

Jablonski, Edward. *America in the Air War*. Alexandria: Time-Life, 1982.

_____. *Flying Fortress: The Illustrated Biography of the B-17s and the Men Who Flew Them*. Garden City: Doubleday, 1965.

Jackson, Julian. *France: The Dark Years, 1940-1944*. Oxford: Oxford University Press, 2001.

Janis, Irving L. *Air War and Emotional Stress: Psychological Studies of Bombing and Civilian Defense*, 1951. Reimpressão, Westport, Connecticut: Greenwood, 1976.

Jennings, Hal B., ed. *Neuropsychiatry in World War II*. Vol. 2, *Overseas Theaters*. Washington, D. C.: Gabinete do Oficial-General Chefe do Serviço de Saúde Militar, Ministério do Exército dos EUA, 1973.

Judt, Tony. *Postwar: A History of Europe Since 1945*. Nova York: Penguin, 2005.

BIBLIOGRAFIA

Kaplan, Philip, e Rex Alan Smith. *One Last Look*. Nova York: Charles Scribner's Sons, 1982.

Kardorff, Ursula von. *Diary of a Nightmare: Berlin, 1942-1945*. Traduzido por Ewan Butler. Nova York: John Day, 1966.

Katzenbach, John. *Hart's War*. Nova York: Ballantine, 1999.

Keegan, John. *The Second World War*. Nova York: Viking, 1989.

Kelsey, Benjanmin S. *The Dragon's Teeth: The Creation of United States Air Power for World War II*. Washington, D. C.: Smithsonian Institution Press, 1982.

Kennedy, Paul E. *Adjutants Call*. Impressão particular, sem data.

Kennett, Lee. *A History of Strategic Bombing*. Nova York: Scribner, 1982.

Kershaw, Ian. *Hitler, 1936-1945: Nemesis*. Nova York: W. W. Norton, 2000.

_____. *The "Hitler Myth": Image and Reality in the Third Reich*. Oxford: Oxford University Press, 1987.

Klein, Burton. *Germany's Economic Preparations for War*. Cambridge: Harvard University Press, 1959.

Klemperer, Victor. *To the Bitter End: The Diaries of Victor Klemperer, 1942-1945*. Editado por Martin Chalmers. Londres: Weidenfeld & Nicolson, 1999.

Knauth, Percy. *Germany in Defeat*. Nova York: Alfred A. Knopf, 1946.

Knell, Hermann. *To Destroy a City: Strategic Bombing and Its Human Consequences in World War II*. Cambridge, Maryland: Da Capo, 2003.

Knoke, Heinz. *I Flew for the Fuhrer*, 1953. Reimpressão, Mechanicsburg, Pensilvânia: Stackpole, 1997.

Korson, George G. *At His Side: The Story of the American Red Cross Overseas in World War II*. Nova York: Coward-McCann, 1945.

LaMore, Tommy, e Dan A. Baker. *One Man's War: The WW II Saga of Tommy LaMore*. Nova York: Taylor, 2002.

Lande, D. A. *From Somewhere in England: The Life and Times of Air Force in World War II*. Osceola, Wisconsin: Motorbooks, 1991.

Landry, Tom, em parceria com Gregg Lewis. *Tom Landry: An Autobiography*. Nova York: HapperCollins, 1991.

Langley, J. M. *Fight Another Day*. Londres: Collins, 1974.

Lay, Beirne, Jr. *Presumed Dead*. Publicado originalmente em 1945 com o título de *I've Had It*. Nova York: Dodd, Mead, 1980.

Lay, Beirne, Jr., e Sy Bartlett. *Twelve O'Clock High!*, 1948. Reimpressão, Nova York: Dodd, Mead, 1975.

Lee, Ulysses. *U.S. Army in World War II: The Employment of Negro Troops*. Washington, D. C.: Gabinete do Chefe do Departamento de História Militar do Ministério do Exército dos EUA, 1966.

Lee, Asher. *Göring, Air Leader*. Londres: Duckworth, 1972.

Lee, Wright. *Not as Briefed: 445th Bombardment Group (H), Eighth Air Force; Memoirs of a B-24 Navigator/Prisoner of War, 1943-1945*. Spartanburg, Carolina do Sul: Honoribus, 1995.

LeMay, Curtis E., e MacKinlay Kantor. *Mission with LeMay: My Story*. Garden City: Doubleday, 1965.

Lemmons, Ken, Cindy Goodman e Jan Riddling. *The Forgotten Man: The Mechanic: The Kenneth A. Lemmons Story*. Little Rock: CinJan Productions, 1999.

Le Strange, Richard, e James R. Brown. *Century Bombers: The Story of the Bloody Hundredth*. Thorpe Abbotts, Reino Unido: 100th Bomb Group Memorial Museum, 1989.

Levine, Alan J. *The Strategic Bombing of Germany, 1940-1945*. Nova York: Praeger, 1992.

Levine, Isaac D. *Mitchell, Pioneer of Air Power*. Nova York: Duell, Sloan & Pearce, 1943.

Levitt, Saul. *The Sun Is Silent*. Nova York: Haper & Brothers, 1951.

Lewis, Richard H. *Hell Above and Hell Below: The Real Life Story of an American Airman*. Wilmington: Delapeake Publishing, 1985.

Link, Mae Mills, e Hunter A. Coleman. *Medical Support of the Army Air Forces in WW II*. Washington, D. C.: Gabinete do Oficial-General Chefe do Serviço de Saúde Militar, 1955.

Longmate, Norman. *The Bombers: The RAF Offensive Against Germany, 1939-1945*. Londres: Hutchinson, 1983.

_____. *The GI's: The Americans in Britain, 1942-1945*. Nova York: Scribner, 1975.

_____. *How We Libed Then: A History of Everyday Life During the Second World War*. Londres: Hutchinson, 1971.

MacDonald, Charles B. *The Mighty Endeavor: The American War in Europe*, 1986. Reimpressão, Nova York: Da Capo, 1992.

MacIsaac, David. *Strategic Bombing in World War Two: The Story of the United States Strategic Bombing Survey*. Nova York: Garland, 1976.

MacKay, Ron. *Ridgewell's Flying Fortresses: The 381st Bombardment Group (H) in World War II*. Atglen, Pensilvânia: Schiffer, 2000.

Madsen, Axel. *William Wyler: The Authorized Biography*. Nova York: Thomas Y. Crowell, 1973.

BIBLIOGRAFIA 781

Maher, William P. *Fated to Survive: Memoirs of a B-17 Flying Fortress Pilot/ Prisoner of War*. Editado por Ed Hall. Spartanburg, Carolina do Sul: Honoribus, 1992.

Man in the Street. *Meet the Americans*. Londres: Martin Secker & Warburg, 1943.

Martin, James J. *Revisionist Viewpoints: Essays in a Dissident Historical Tradition*. Colorado Springs: Ralph Myles, 1971.

Mason, Francis K. *Battle over Britain: A History of the German Air Assaults on Great Britain, 1917-18 and July-December 1940, and the Development of Britain's Air Defence Between World Wars*, 1969. Reimpressão, Oscela, Wisconsin: Motorbooks International, 1980.

Maurer, Maurer. *Air Force Combat Units of World War II*. Washington, D. C.: Departamento de História da Força Aérea Ameicana, 1983.

McCarthy, David. *Fear No More: A B-17 Navigator's Journey*. Pittsburg: Cottage Wordsmiths, 1991.

McCrary, John R. (Tex), e David E. Scherman. *First of the Many: A Journal of Action with the Men of the Eighth Air Force*. Nova York: Simon & Schuster, 1944.

McFarland, Stephen L. *America's Pursuit of Precising Bombing 1910-1945*. Washington DC: Smithsonian Institution Press, 1995.

McFarland, Stephen L., e Wesley Phillips Newton. *To Command the Sky: The Battle for Air Superiority over Germany, 1942-1944*. Washington, D. C.: Smithsonian Institution Press, 1991.

McKee, Alexander. *Dresden 1945: The Devil's Tinderbox*. Nova York: Dutton, 1984.

McLaughlin, J. Kemp. *The Mighty Eighth in WWII: A Memoir*. Lexington: University Press of Kentucky, 2000.

McManus, John C. *Deadly Sky: The American Combat Airman of World War II*. Novato, Califórnia: Presidio, 2000.

Meilinger, Phillip S., ed. *The Paths of Heaven: The Evolution of Airpower Theory*. Base da Força Aérea de Maxwell, Alabama: Air University Press, 1997.

Mets, David. *Master Airpower: General Carl A. Spaatz*. Novato, Califórnia: Presidio, 1988.

Middlebrook, Martin. *The Battle of Hamburg: Allied Bomber Forces Against a German City in 1943*. Londres: Allan Lane, 1980.

_____. *Schweinfurt-Regensburg Mission*. Nova York: Scribner, 1983.

Middleton, Drew. *The Struggle for Germany*. Indianapolis: Bobbs-Merrill, 1949.

Mierzejeweski, Alfred C. *The Collapse of the German War Economy, 1944-1945: Allied Air Power and the German National Railway*. Chapel Hill: University of North Carolina Press, 1988.

Miller, Donald L. *Lewis Mumford, A Life*. Nova York: Weidenfeld & Nicolson, 1989.

_____. *The Story of World War II*. Nova York: Simon & Schuster, 2001.

Miller, Nathan. *Wart at Sea: A Naval History of World War II*. Nova York: Oxford University Press, 1995.

Milward, Alan S. *The German Economy at War*. Londres: Athlone, 1965.

Mitchell, William. *Memoir of World War I: From Start to Finish of Our Greatest War*. Nova York: Random House, 1960.

_____. *Skyways: A Book on Modern Aeronautics*. Filadélfia: J. B. Lippincott, 1930.

_____. *Winged Defense: The Development and Possibilities of Modern Air Power-Economic and Military*. Nova York: Putnam, 1925.

Moran, Charles M. W. *The Anatomy of Courage*. Boston: Houghton Mifflin, 1967.

Morgan, Robert, em parceria com Ron Powers. *The man Who Flew the Memphis Belle: Memoir of a WW II Bomber Pilot*. Nova York: Dutton, 2001.

Morison, Samuel Eliot. *Two-Ocean War: A Short History of the United States Navy in the Second World War*. Boston: Little, Brown, 1963.

Mosely, Leonard O. *Blacks to the Wall: The Heroic Story of the People of London During WWII*. Nova York: Random House, 1971.

_____. *Report from Germany*. Londres: Victor Gollancz, 1945.

Muirhead, John. *Those Who Fall*. Nova York: Random House, 1986.

Murphy, Frank D. *Luck of the Draw: Reflections on the Air War in Europe*. Trumbull, Connecticut: FNP Military Division, 2001.

Murray, Williamson. *The Change in the European Balance of Power, 1938-1939: The Path to Ruin*. Princeton: Princeton University Press, 1984.

_____. *Luftwaffe*. Baltimore: Nautical & Aviation Publishing, 1985.

_____. *War in the Air, 1914-45*. Londres: Cassell, 1999.

Myers, Debs., Jonathan Kilbourn e Richard Harrity, eds. *"Yanks," the GI Story of the War*. Nova York: Duell, Sloan & Pearce, 1947.

Nail, Kenneth N., ed. *Mississippians and the Mighty Eighth*. Tupelo, Mississippi: Eighth Air Force Historical Society, 1999.

Nanney, James S. *Army Air Forces Medical Services in World War II*. Washington, D. C.: Programa de História e de Museus da Força Aérea Americana, 1998.

Neary, Bob. *Stalag Luft III*. Publicado por particulares, 1946.

BIBLIOGRAFIA

Neave, Airey. *Saturday at MI9: A History of Underground Escape Lines in North-West Europe in 1940-5 by a Leading Organiser at MI9*. Londres: Hodder & Stoughton, 1969.

Neillands, Robin. *The Bomber War: The Allied Air Offensive Against Nazi Germany*. Woodstock: Overlook, 2001.

Nelson, Craig. *The First Heroes: The Extraordinary Story of the Doolittle Raid — America's First World War II Victory*. Nova York: Pengun, 2003.

Neufeld, Michael J. *The Rocket and the Reich: Peenemunde and the Coming of the Ballistic Missile Era*. Cambridge: Harvard University Press, 1999.

Neufeld, Michael J., e Michael Berenbaum, eds. *The Bombing of Auschwitz: Should the Allies Have Attempted It?* Nova York: St. Martin's, em parceria com o United States Holocaust Memorial Museum, 2000.

Newcomb, Alan H. *Vacation with Pay*. Haverhill, Maryland: Destiny, 1947.

Nichol, Joh, e Tony Rennell. *The Last Escape: The Untold Story of Allied Prisoners of War in Europe, 1944-45*. Nova York: Viking, 2003.

_____. *Tail End Charlies: The Last Battles of the Bomber War, 1944-45*. Nova York: Viking, 2004.

Nilsson, John R. *The Story of the Century*. Beverly Hills: John R. Nilsson, 1946.

Nitze, Paul, Steven L. Rearden e Ann M. Stmith. *From Hiroshima to Glasnot: At the Center of Decision*. Nova York: Grove Weidenfeld, 1989.

Noakes, Jeremy, ed. *The Civilian in War: The Home Front in Europe, Japan and the USA in World War II*. Exeter, Reino Unido: University of Exeter Press, 1992.

Nolan, Bernard Thomas. *Isaiah's Eagles Rising: A Generation of Airmen*. Filadélfia: Xlibris, 2002.

Nossack, Hans Erich. *The End: Hamburg, 1943*. Traduzido por Joel Agee. Chicago: University of Chicago Press, 2004.

Novey, Jack. *The Cold Blue Sky: A B-17 Gunner in World War Two*. Charlottesville: Howell, 1997.

Nutter, Ralph H. *With the Possum and the Eagle: The Memoir of a Navigator's War Over Germany and Japan*. Novato, Califórnia: Presidio, 2002.

Odishaw, Hugh. *Radar Bombing in the Eighth Air Force*. Cambridge: Escritório no Exterior do Laboratório de Irradiação do Massachusetts Institute of Technology, 1946.

O'Donnel, Joseph P. *The Shoeleather Express*. Publicado por particulares, sem data.

Olsen, Jack. *Aphrodite: Desperate Mission*. Nova York: Putnam, 1970.

784 MESTRES DO AR

O'Neill, Brian D. *Half a Wing, Three Engines and a Prayer: B-17s over Germany.* Nova York: McGraw Hill, 1999.

Orwell, Sonia, e Ian Angus, eds. *The Collected Essays, Journalism and Letters of George Orwell: As I Please, 1943-1945.* Vol. 3. Nova York: Harcourt Brace Jovanich, 1968.

Osur, Alan M. *Blacks in the Army Air Forces During World War II: The Problem of Race Relations.* Washington, D. C.: Departamento de História da Força Aérea Americana, 1977.

Ottis, Sherri Greene. *Silent Heroes: Downed Airmen and the French Underground.* Lexington: University of Kentucky Press, 2001.

Overy, Richard J. *The Air War.* Nova York: Stein & Day, 1981.

_____. *Bomber Command, 1939-1945: Reaping the Whirlwind.* Nova York. HarperCollins, 1997.

_____. *Göring: The "Iron Man."* Londres: Routledge & Kegan Paul, 1984.

_____. *War and Economy in the Third Reich.* Oxford: Clarendon, 1994.

_____. *Why Allies Won.* 1995. Reimpressão, Nova York: W. W. Norton, 1997.

Owings, Alison. *Frauen: German Women Recall the Third Reich.* New Brunswick: Rutgers University Press, 1993.

Packard, Jerrold M. *Neither Friend nor Foe: The European Neutrals in World War II.* Nova York: Macmillan, 1992.

Panter-Downes, Mollie. *London War Notes: 1939-1945.* Editado por William Shawn. Nova York: Farrar, Straus & Giroux, 1971.

Pape, Robert A. *Bombing to Win: Air Power and Coercion in War.* Ithaca: Cornell University Press, 1999.

Parker, Danny S. *To Win the Winter Sky: The Air War over the Ardenes, 1944-1945.* Nova York: Da Capo, 1999.

Parker, Richard. *Joh Kenneth Galbraith, His Life, His Politics, His Economics.* Nova York: Farrar, Straus & Giroux, 2005.

Parnell, Bem. *Carpetbaggers: America's Secret War in Europe.* Austin: Eakin, 1987.

Parton, James. *"Air Force Spoken Here": General Ira Eaker and the Command of the Air.* Bethesda: Adler & Adler, 1986.

Parton, James, ed. *Impact: The Army Air Forces' Confidential Picture History of World War II.* Vol. 3, *The Eve of Triumph.* Harrisburg: National Historical Society, 1989.

_____. ed. *Impact: The Army Air Forces' Confidential Picture History of World War II.* Vol. 6, *Bombing Fortress Europe.* Harriburg: National Historical Society, 1989.

BIBLIOGRAFIA

Peaslee, Budd J. *Heritage of Valor: The Eighth Air Force in World War II*. Filadélfia: J. B. Lippincott, 1964.

Penrose, Antony, ed. *Lee Miller's War*. Boston: Little, Brown, 1992.

Perera, Guido R. *Leaves from My Book of Life*. Boston: Stinehour, 1974.

Perret, Geoffrey. *Winged Victory: The Army Air Forces in World War II*. Nova York: Random House, 1993.

Pogue, Forrest C. *The Supreme Command*. Washington, D. C.: Gabinete do Chefe do Departamento de História do Ministério do Exército dos EUA, 1954.

Price, Alfred. *The Last Year of the Luftwaffe: May 1944 to May 1945*. Osceola, Wisconsin: Motorbooks, 1991.

Prince, Cathryn J. *Shot from the Sky: American POW's in Switzerland*. Anápolis: Naval Institute Press, 2003.

Probert, Henry. *Bomber Harris, His Life and Times: The Biography of Marshal of the Royal Air Force, Sir Arthur Harris, Wartime Chief of Bomber Command*. Londres: Greenhill, 2001.

Puryear, Edgar F. *American Generalship: Character Is Everything: the Art of Command*. Novato, Califórnia: Presidio, 2000.

Pyle, Ernie. *Brave Men*. Nova York: Henry Holt, 1944.

Reader's Digest True Stories of Great Escapes. Pleasantville, Nova York: Reader's Digest, 1977.

Reck-Malleczewen, Friedrich Percyval. *Diary of a Man in Despair*. Traduzido por Paul Rubens. Nova York: Macmillan, 1970.

Redding, John M. *Skyways to Berlin: With the American Flyers in England*. Nova York: Bobbs-Merrill, 1943.

Reynolds, David. *Rich Relations: The American Occupation of Britain, 1942-1945*, 1996. Reimpressão, Londres: Phoenix, 2000.

Reynolds, David, Warren K. Kimball e A. O. Chubarian, eds. *Allies at War: The Soviet, American, and the British Experience, 1939-1945*. Nova York: St. Martin's, 1994.

Rice, Curtis. *Coming In on a Wing and a Prayer: The World War II Life and Experiences of Lewis F. Welles*. Cambridge, Maryland: Acme Book Binding, 2000.

Richard, Oscar G., III. *Kriegie: An American POW in Germany*. Baton Rouge: Louisiana State University Press, 2000.

Richie, Alexandra. *Faust's Metropolis: A History of Berlin*. Nova York: Carroll & Graf, 1998.

Robinson, Douglas H. *The Dangerous Sky: A History of Aviation Medicine*. Henley-on-Thames, Reino Unido: G. T. Foulis, 1973.

786 MESTRES DO AR

Robinson, John Harold. *A Reason to Live: Moments of Love, Happiness and Sorrow*. Memphis: Castle, 1988.

Rooney, Andy. *My War*. Nova York: Times Books, 1995.

Roosevelt, Franklin D. *The War Messages of Franklin D. Roosevelt, December 8, 1941, to October 12, 142*. Washington, D. C.: U.S. Government Printing Office, 1942.

Rosenman, Samuel I., ed. *The Public Papers and Addresses of Franklin D. Rooselvelt*. Vol. 8, *War-and Neutrality*. Nova York: Random House, 1939.

Rossiter, Margaret. *Women in the Resistance*. Nova York: Praeger, 1986.

Rostow, W. W. *Pre-Invasion Bombing Strategy: General Eisenhower's Decision of March 25, 1944*. Austin: University of Texas Press, 1981.

Roy, Morris J. *Behind Barbed Wire*. Nova York: R. R. Smith, 1946.

Rumpf, Hans. *The Bombing of Germany*. Traduzido por Edward Fitzgerald. Nova York: Holt, Rinehart & Winston, 1962.

Salisbury, Harrison E. *Heroes of My Time*. Nova York: Walker, 1993.

_____. *A Journey for Our times: A Memoir*. Nova York: Carroll & Graf, 1983.

Saward, Dudley. *Bomber Harris: The Story of Marshal of the Royal Air Force, Sir Arthur Harris*. Garden City: Doubleday, 1985.

Schaffer, Ronald. *Wings of Judgment: American Bombing in World War II*. Nova York: Oxford University Pres, 1985.

School, Rick, e Jeff Rogers. *Valor at Polebrook: The Last Flight of Tem Horsepower*. Kimberly, Wisconsin: Cross Roads, 2000.

Schwarz, Urs. *The Eye of the Hurricane: Switzerland in World War Two*. Boulder: Westview, 1980.

Sebald, W. G. *On the Natural History of Destruction*. Traduzido por Authea Bell. Nova York: Random House, 2003.

Sevareid, Eric. *Not So Wild a Dream*. Nova York: Alfred A. Knopf, 1946.

Seydewitz, Max. *Civil Life in Wartime Germany: The Story of the Home Front*. Nova York: Viking, 1945.

Shaw, Irwin. *The Young Lions*. Nova York: Random House, 1948.

Sheridan, Jack W. *They Never Had It So Good: A Personal, Unofficial History of the 350th Bombardment Squadron (H) 100th Bombardment Group (H) USAAF, 1942-1945*. San Francisco: Stark-Rath, 1946.

Sherry, Michael. *The Rise of American Air Power: The Creation of Armageddon*. New Haven: Yale University Press, 1987.

Sherwood, Robert E. *Roosevelt and Hopkins, an Intimate History*. Nova York: Harper, 1950.

BIBLIOGRAFIA 787

Shields, Doyle. *History, 447th Bomb Group*. Publicado por particulares, 1996.

Shirer, William. *End of a Berlin Diary*. Nova York: Alfred A. Knopf, 1947.

Shukert, Elfrieda Berthiaume e Barbara Smith Scibetta. *War Brides of World War II*. Novato, Califórnia: Presidio, 1988.

Simmons, Kenneth. *Kriegie*. Nova York: Thomas Nelson, 1960.

Simpson, Brooks D., e Jean V. Berlin, eds. *Sherman's Civil War: Selected Correspondence of William T. Sherman, 1860-1865*. Chape Hill: University of North Carolina Press, 1999.

Smith, Ben, Jr. *Chick's Crew: A Tale of the Eighth Air Force*. Publicado por particulares, 1978.

Smith, Dale O. *Screaming Eagle: Memoirs of a B-17 Group Commander*. Chapel Hill, Algonquin, 1990.

Smith, Graham. *When Jim Crow Met John Bull: Black American Soldiers in World War II Britain*. Nova York: St. Martin's, 1987.

Smith, Starr. *Jimmy Stewart: Bomber Pilot*. St. Paul: Zenith, 2005.

Smith, Truman. *The Wrong Stuff: The Adventures and Misadventures of an 8th Air Force Aviator*. St. Petersburg: Southern Heritage Press, 1996.

Snyder, Louis, ed. *Masterpieces of War Reporting: The Great Moments of World War II*. Nova York: Julian Messner, 1962.

South, Oron P. *Medical Support in a Combat Air Force: A Study of Medical Leadership in WW II*. Base da Força Aérea de Maxwell, Alabama: Departamento de Pesquisas Documentais do Research Studies Institute, Air University, 1956.

Spector, Ronald H. *Eagle Against the Sun: The American War with Japan*. Nova York: Random House, 1985.

Speer, Albert. *Inside the Third Reich: Memoirs*. 1970. Reimpressão, Nova York: Touchstone, 1977.

_____. *The Slave State: Heinrich Himmler's Masterplan for SS Supremacy*. Londres: Weidenfeld & Nicholson, 1981.

Spender, Stephen. *European Witness*. 1946. Reimpressão, Westport, Connecticut: Greenwood, 1971.

Spiller, Harry, ed. *Prisoners of the Nazis: Accounts of American POWs in World War II*. Jefferson, Carolina do Norte: McFarland, 1998.

Spivey, Delmar T. *POW Odyssey: Recollections of Center Compound, Stalag Luft III and the Secret German Peace Mission in WW II*. Attleboro, Maryland: Colonial Lithograph, 1984.

Stanford Research Institute. *Impact of Air Attack in World War II: Selected Data Civil Defense Planning*. Vol. 1. Washington, D. C.: U.S. Government Printing Office, 1953.

788 MESTRES DO AR

Stapfer, Hans-Heiri, e Gino Kunzle. *Strangers in a Strange Land*. Vol. 2, *Escape to Neutrality*. Carrollton, Texas: Squadron/Signal, 1992.

Steinbeck, John. *Bombs Away: The Story of a Bomber Team*. Nova York: Paragon House, 1942.

Steinhoff, Johannes. *Votes from the Third Reich: An Oral History*. Nova York: Da Capo, 1994.

Stephens, Alan, ed. *The War in the Air, 1914-1994*. Base da Força Aérea de Maxwell, Alabama: Air University Press, 2001.

Stewart, John L. *The Forbidden Diary: A B-24 Navigator Remembers*. Nova York: McGraw-Hill, 1998.

Stiles, Bert. *Serenade to the Big Bird: A New Edition of the Classic B-17 Tribute*. Atglen, Pensilvânia: Schiffer, 2001.

_____. *Serenade to the World from 30,000: And Other Stories and Essays*. Editado por Roland Bishop Dickinson e Robert Floyd Cooper. Sacramento: Bishop, 1999.

Stouffer, Samuel A., et al. *The American Soldier: Adjustment During Army Life*, vol. 1. Princeton: Princeton University Press, 1949.

Stout, Jay A. *Fortress Ploesti: The Campaign to Destroy Hitler's Oil Supply*. Havertown, Pensilvânia: Casemate, 2003.

Strong, Russell A. *First over Germany: A History of the 306th Bombardment Group*. Winston-Salem: Hunter, 1982.

Studnitz, Hans-Georg von. *While Berlin Burns: The Diary of Hans-Georg von Studnitz, 1943-1945*. Englewood Cliffs, Nova Jersey: Prentice Hall, 1963.

Tanner, Stephen. *Refuge from the Reich: American Airmen and Switzerland During World War II*. Rockville Center, Nova York: Sarpedon, 2000.

Taylor, Frederick. *Dresden, Tuesday, February 13, 1945*. Nova York: Harper-Collins, 2004.

Tedder, Arthur William. *With Prejudice: The War Memoirs of Marshal of the Royal Air Force, Lord Tedder*. Boston: Little, Brown, 1966.

Terraine, John. *A Time for Courage: The Royal Air Force in the European War, 1939-1945*. Nova York: Macmillan, 1985.

Thixton, Marshall J., George E. Moffat e John J. O'Neil. *Bombs Away by Pathfinders of the Eighth Air Force*. Trumbull, Connecticut: FNP Military Division, 1998.

Tibbets, Paul W. *Return of the Enola Gay*. Columbus: Mid Coast Marketing, 1998.

BIBLIOGRAFIA 789

Toliver, Raymond F., em parceria com Hanns J. Scharff. *The Interrogator: The Story of Hanns Scharff, Luftwaffe's Master Interrogator*. Fallbrook, Califórnia: Aero, 1978.

Tornaene, Lyn. *Long Live the King: A Biography of Clark Gable*. Nova York: Putnam, 1976.

Trevors-Roper, H. R. *The Last Days of Hitler*. Londres: Macmillan, 1950.

Trial of the Major War Criminals Before the International Military Tribunal. Vol. 15. Nuremberg, Alemanha, 1948.

Trials of War Criminals Before the Nuremberg Military Tribunals. Washington, D. C.: U.S. Government Printing Office, 1949-1953.

Underwood, Jeffrey S. *The Wings of Democracy: The Influence of Air Power on the Roosevelt Administration, 1933-1941*. College Station: Texas A&M University Press, 1991.

Estados Unidos da América. *A Short Guide to Great Britain*. Washington, D. C.: Ministérios da Guerra e da Marinha dos EUA, 1942.

Frotas Aéreas do Exército Americano. *The Official Guide to the Army Air Forces: A Directory, Almanac and Chronicle of Achievement*. Nova York: Simon & Schuster, 1944.

_____. *Target: Germany: The Army Air Force's Official Story of the VIII Bomber Command's First Year over Europe*. Nova York: Simon & Schuster, 1943.

Gabinete do Secretário Geral do Exército Americano. *Army Battle Casualties and Nonbattle Deaths in World War II, Final Report, 7 December 1941-31 December 1946*. Washington, D. C.: Ministério do Exército dos EUA, 1953.

Ministério do Exército dos EUA, Departamento de Controle Estatístico. *Army Air Forces Statistical Digest, World War II*. Washington, D. C.: U.S. Government Printing Office, 1945.

Van der Zee, Henri A. *the Hunger Winter: Occupied Holland, 1944-5*. Londres: Jill Norman & Hobhouse, 1982.

Verrier, Anthony. *The Bomber Offensive*. Nova York: MacMillan, 1969.

Vietor, John. *Time Out: American Airmen at Stalag Luft I*. Nova York: Richard R. Smith, 1951.

Vonnegut, Kurt. *Slaughterhouse-Five or the Children's Crusade*. 1969. Reimpressão, Nova York: Dell, 1999.

Wagner, Ray. *Mustang Designer: Edgar Schmued and the P-51*. Washington, D. C.: Smithsonian Institution Press, 1990.

Wahel, Anne, e Roul Tunley. *Ordeal by Fire: An American Woman's Terror-Filled Trek Through War-Torn Germany*. Nova York: Dell, 1965.

Walzer, Michael. *Just and Unjust Wars*. Nova York: Basic, 1977.

790 MESTRES DO AR

Way, Chris. *Glenn Miller in Britain: Then and Now*. Londres: Battle of Britain Prints, 1996.

Way, Frank, e Robert Sternfels. *Burning Hitler's Black Gold!* Publicado por terceiros, 2000.

Webster, Charles, e Noble Frankland. *The Strategic Air Offensive Against Germany, 1939-1945*. Vol. 3, *Victory*. Londres: Her Majesty's Stationery Office, 1961.

_____. *The Strategic Air Offensive Against Germany, 1939-1945*. Vol. 4, *Annexes and Appendices*. Londres: Her Majesty's Stationery Office, 1961.

Wighley, Russell F. *The American Way of War: A History of United States Military Stragegy and Policy*. Nova York: Macmillan, 1973.

_____. *Eisenhower's Lieutenants: The Campaign of France and Germany, 1944-1945*. Bloomington: Indiana University Press, 1981.

Weinberg, Gerhard. *The World at Arms: A Global History of WWII*. Cambridge: Cambridge University Press, 1995.

Weir, Adrian. *The Flight of the Luftwaffe: The Fate of Schulungslehrgang Elbe, 7 April 1945*. Londres: Arms and Armour, 1997.

Wells, Mark K. *Courage and Air Warfare: The Allied Crew Experience in the Second World War*. Portland, Oregon: Frank Cass, 1995.

_____. ed. *Air Power: Promise and Reality*. Chicago: Imprint, 2000.

Wendel, Else. *Hausfrau at War: A German Woman's Account of Life in Hitler's Reich*. Londres: Odhams, 1957.

Wernell, Kenneth P. *Eighth Air force Bibliography*. Manhattan, Kansas: MA/AH Publishers, 1981.

_____. *The Evolution of the Cruise Missile*. Base da Força Aérea de Maxwell, Alabama: Air University Press, 1985.

_____. *"Who Fears?" The 301st in War and Peace, 1942-1979*. Dallas: Taylor, 1991.

Westermann, Edward B. *Flak: German Anti-aircraft Defenses, 1914-1945*. Lawrence: University Press of Kansas, 2001.

Westheimer, David. *Sitting It Out: A World War II POW Memoir*. Houston: Rice University Press, 1992.

Wheller, William H. *Shootdown: A World War II Bomber Pilot's Experience as a Prisoner of War in Germany*. Shippensburg, Pensilvânia: Burd Street Press, 2002.

Wiesel, Elie. *Night*. Traduzido por Stella Rodway. Nova York: Hill & Wang, 1969.

Wilmont, Chester. *The Struggle for Europe*. Nova York: Harper, 1952.

BIBLIOGRAFIA

Wolff-Mönckeberg, Mathilde. *On the Other side: To My Children: From Germany, 1940-1945*. Londres: Mayflower, 1979.

Woodward, Ellis M. *Flying School: Combat Hell*. Baltimore: American Literary Press, 1998.

Wright, David G. *Notes on Men and Groups Under Stress of Combat: For the Use of Flight Surgeons in Operational Units*. Nova York: Josiah Macy, Jr., Foundation, 1945.

Wright, David, ed. *Observations on Combat Flying Personnel*. Nova York: Josiah Macy, Jr., Foundation, 1945.

Wylie, Philip. *Generation of Vipers*. Nova York: Holt, Rinehart & Winston, 1942.

Wyman, David S. *The Abandonment of the Jews: America and the Holocaust, 1941-1945*. Nova York: Pantheon, 1984.

Yeager, Chuck, e Leo Janos. *Yeager: An Autobiography*. Nova York: Bantam, 1985.

Yergin, Daniel. *The Prize: The Epic Quest for Oil, Money and Power*. Nova York: Simon & Schuster, 1991.

Zemke, Hubert, e Roger A. Freeman. *Zemke's Stalag: The Final Days of World War II*. Washington, D. C.: Smithsonian Institution Press, 1991.

_____. *Zemke's Wolf Pack: The Story of Hub Zemke and the 56th Fighter Group in the Skies over Europe*. Nova York: Orion, 1989.

Ziegler, Philip. *London at War: 1939-45*. Nova York: Alfred A. Knopf, 1995.

Ziemke, Earl F. *The U.S. Army in the Occupation of Germany, 1944-1946*. Washington, D. C.: Center of Military History, United States Army, 1975.

Zuckerman, Solly. *From Apes to Warlords*. Nova York: Harper & Row, 1978.

Artigos

Limitações de espaço impediram a inclusão da maior parte dos artigos citados nas Notas Finais publicados em revistas e jornais de grande circulação na década de 1940, tais como *The New York Times, Time, Life, Newsweek, Yank* e *Stars and Stripes*. Estes artigos são citados integralmente nas Notas.

"Aerial Gunnery." *Flying* de outubro de 1943.

Agoratus, Steven. "Clark Gable in the Eighth Air Force." *Air Power History* 46, nº 1 (primavera de 1999).

Amory, Cleveland. "The Man Everyone in Hollywood Liked", *Parade* de 21 de outubro de 1964.

Andrews, William F. "The Luftwaffe and the Battle for Air Superiority: Blueprint or Warning?" *Air Power Journal* 9 (outono de 1995).

Angel, Joseph Warner. "Guided Missiles Could Have Won." *Atlantic Monthly* 189 (janeiro de 1952).

Appel, John W., e G. W. Beebe. "Preventive Psychiatry." *Journal of the American Medical Association* 131 (1946).

Armstrong, W. R. "The Lifeline Called Comet." *Reader's Digest* 114 (1º de junho de 1979).

Ayers, Francis H., Jr., e Brent L Gravatt. "The Fireman: Twelve O'Clock High Revisited." *Aerospace Historian* 35 (setembro de 1988).

Bachrach, William H. "Combat Veterans Evaluate the Flight Surgeon." *Air Surgeon's Bulletin* 2 (setembro de 1945).

Baldwin, Hanson W. "Air Warfare Review." *Skyways*, maio de 1944.

_____. "Air Warfare Review." *Skyways* de dezembro de 1944.

_____. "War in the Air: Strategic Air Bombardment of Germany — A Major Factor in Plan for All-Out Axis Defeat." *Skyways* de fevereiro de 1944.

Barnes, Wyatt E. "Experience of War: My First Day in Combat." *Military History Quaterly* 11, nº 3 (primavera de 1999).

Bayles, William D. "The Story Behind the Nazi Defeat: The Strategic Bombing Attack on Hitler's Oil Supply." *American Mercury* 6 (janeiro de 1946).

Beaman, John R., Jr. "The Unknown Ace." *American Aviation Historical Society*, inverno de 1969.

Beaumont, Roger. "The Bomber Offensive as a Second Front." *Journal of Contemporary History* 22, nº 1 (janeiro de 1987).

Beck, Earl. "The Allied Bombing of Germany, 1942-1945, and the German Response: Dilemmas of Judgment." *German Studies Review* 5, nº 3 (outubro de 1982).

Bednarek, Janet R. "Not Soldiers—Airmen: The Development of the USAF Enlisted Force." *Air Power History*, verão de 1992.

Beevor, Antony. "Stalingrad." *MHQ* 11, nº 1 (outono de 1998).

Bendiner, Elmer S. "The End of a Flying Fort: An Airman's Letter to His Wife." *Nation* 57 (11 de dezembro de 1943).

Biddle, Tami Davis. "British and American Approaches to Strategic Bombing: Their Origins and Implementation in the World War II Combined Bomber Offensive." *Journal of Strategic Studies* 18 (março de 1995).

Bishop, John. "Swedish Stopover: Interned American Fliers." *Collier's* de 26 de agosto de 1944.

Bloomfield, Stephen. "The Return of the Mighty Eighth." *Air and Space Smithsonian* 7, nº 5 (dezembro de 1992-janeiro de 1993).

BIBLIOGRAFIA

Blue, Allan G. "Fortress vs. Liberator." *American Aviation Historical Society Journal* 8 (verão de 1963).

"Bombardier: The Story of the 447th Bombardier Group." *Politics* de junho de 1944.

Bonney, Walter T. "Chiefs of the Army Air Forces, 1907-1957." *Air Power Historian* 7, nº 3 (julho de 1960).

Bright, Charles D. "Navigating in the Big League." *Aerospace Historian* 35 (dezembro de 1988).

Brodie, Bernard. "The Heritage of Douhet." *Air University Quarterly Review* 6 (1953).

Buckley, John. "Air Power and the Battle of the Atlantic, 1939-45." *Journal of Contemporary History* 28 (janeiro de 1993).

Callander, Bruce D. "Enlisted Pilots." *Air Force Magazine* 72 (junho de 1989).

———. "They Wanted Wings." *Air Force Magazine* 74 (janeiro de 1991).

Cameron, William R. "Ploesti." *Air Force Magazine* 54 (agosto de 1971).

Caplan, Jane, e Carola Sachse. "Industrial Housewives: Women's Social Work in the Factories of Nazi Germany." Traduzido por Heide Kiesling e Dorothy Rosenberg. *Women and History* 2, nºs 11-12 (1987).

Carigan, William. "The B-24 Liberator—A Man's Airplane." *Aerospace Historian* 35 (primavera de 1988).

Carlson, L. D. "Demand Oxygen System." *Air Surgeon's Bulletin* 1 (janeiro de 1944).

Carter, William R. "Air Battle in the Battle of the Bulge." *Air Power Journal* 3 (primavera de 1989).

Christensen, Harold O. "The Last Flight." *American Aviation Historical Society* 30, nº 2 (1985).

Courtney, W. b. "Air Power, Today and Tomorrow." *Collier's* de 8 de setembro de 1945-15 de setembro de 1945.

Crandell, Bernard W. "Angels Don't Shoot Guns." *Air Force* de junho de 1943.

Crane, Conrad C. "Evolution of US Strategic Bombing of Urban Areas." *Historian* 50, nº 1 (novembro de 1987).

Creveld, Martin Van. "The Rise and Fall of Air Power." *MHQ* 8, nº 3 (primavera de 1996).

Crossman, R. H. S. "Apocalypse at Dresden." *Esquire* de novembro de 1963.

Davidson, Eugene. "Albert Speer and the Nazi War Plants." *Modern Age* 10 (1966).

Davis, Mike. "Berlin's Skeleton in Utah's Closet." *Designer/Builder* 11, nº 5 (janeiro-fevereiro de 2005).

Davis, Richard G. "General Carl Spaatz and D-Day." *Air Power Journal*, inverno de 1997.

_____. "German Rail Yards and Cities: U.S. Bombing Policy, 1944-1945." *Air Power History* 42, nº 2 (verão de 1995).

_____. "Operation 'Thunderclap': The US Army Air Forces and the Bombing of Berlin." *Journal of Strategic Studies 14* (março de 1991).

"Death from Stratosphere." *Popular Mechanics* de fevereiro de 1945.

Denny-Brown, D. "Effects of Modern Warfare on Civil Population." *Journal of Laboratory and Clinical Medicine* 28 (1943).

DeNormann, J. R. C. "The Use of the Strategic Bomber Forces over Normandy." *British Army Review* 96 (dezembro de 1990).

Donnini, Frank P. "Douhet, Caproni, and Early Air Power." *Air Power History* 37, nº 4 (verão de 1990).

Dorr, Robert F. "B-24 Liberator: The Mostest." *Air Power History* 37 nº 4 (verão de 1990).

_____. "Republic P-47 Thunderbolt." *Air Power History* 37, nº 3 (outono de 1990).

Drake, Francis V. "Victory Is in the Air." *Atlantic Monthly* 169 (março de 1942).

Dyson, Freeman. "The Bitter End." *The New York Review of Books* de 28 de abril de 2005.

Eaker, Ira C. "The Flying Fortress and the Liberator." *Aerospace Historian* 26, nº 2 (1979).

_____. "Hap Arnold: The Anatomy of Leadership." *Air Force Magazine* 60 (setembro de 1977).

_____. "Memories of Six Air Chiefs: Westover, Arnold, Spaatz: Part II." *Aerospace Historian* 20 (dezembro de 1973).

_____. "Some Memories of Winston Churchill." *Aerospace Historian* 19 (setembro de 1972).

Eaker, Ira C., e Arthur G. B. Metcalf. "Conversation with Albert Speer." *Air Force Magazine* 60, nº 4 (abril de 1977).

Ethell, Jeffrey L. "Nose Art." *MHQ* 8, nº 3 (primavera de 1996).

Ethell, Jeffrey L., e Alfre Price. "Raid 250: Target Berlin." *Air Force Magazine* 63 (janeiro de 1980).

Framer, James. "The Making of 12 O'Clock High." *American Aviation Historical Society Journal* 19 (inverno de 1974).

Fay, Royal D. "Poets Laureate of Stalag I." *Aerospace Historian* 16 (dezembro de 1969).

"Flying Typewriters." *Newsweek* (22 de fevereiro de 1943).

BIBLIOGRAFIA

Ford, Corey. "Tail-End Charlie." *Collier's* de 25 de dezembro de 1943.

Ford, John C. "The Morality of Obliteration Bombing." *Theological Studies* 5 (1944).

Ford, Gervais W., e James J. Scanlon, "Double Duty Pilots in the 8th." *Air Power History* 42, nº 2 (1995).

Foregger, Richard. "The Bombing of Auschwitz." *Aerospace Historian* 34 (verão de 1987).

Frankland, Noble. "Some Reflections on the Strategic Air Offensive, 1939-1945." *Royal United Service Institution* 107 (maio de 1962).

Fraser, R., I. M. Leslie e D. Phelps. "Psychiatric Effects of Severe Personal Experiences During Bombing." *Proceedings of the Royal Society of Medicine* 36 (1943).

Frey, Roagald. "The Master Interrogator." *8th Air Force News* 5, nº 2 (maio de 1979).

Friedheim, Eirc. "Welcome to Dulag Luft." *Air Force* 28 (setembro de 1945).

Frisbee, John L. "The Quiet Hero." *Air Force Magazine* de março de 1988.

Fritz, Martin. "Swedish Ball-Bearings and the German War Economy." *Scandinavian Economic Review* 23, nº 1 (1975).

Futrell, Frank. "Air Power Lessons of World War 2." *Air Force and Space Digest* 48 (setembro de 1965).

Gabay, John. "Diary of a Tailgunner." *MHQ* 8, nº 3 (1996).

Galbraith, John K. "Germany Was Badly Run." *Fortune* 32, nº 6 (dezembro de 1945).

_____. "The Origin of the Document." *Atlantic Monthly* 244 (julho de 1979).

_____. "The Speer Interrogation." *Atlantic Monthly* 244 (julho de 1979).

Galbraith, John K., e George W. Ball. "The Interrogation of Albert Speer." *Life* de 17 de dezembro de 1945.

Gallagher, Charles. "Miller Magic" *8th Force Air News* 1, nº 3 (junho de 1975)

Galland, Adolf. "Defeat of the Luftwaffe: Fundamental Cause." *Air University Quarterly Review* 6 (primavera de 1953).

Garner, H. H. "Psychiatric Casualties in Combat." *War Medicine* 8 (1945).

"General Mitchell's Daring Speech." Aviation 29 (29 de outubro de 1924).

Gentile, Gian P. "General Arnold and the Historians." *Journal of Military History* 64, nº 1 (janeiro de 2000).

Gertsch, Darrell W. "The Strategic Air Offensive and the Mutation of American Values." *Rocky Mountain Social Science Journal* 11 (outubro de 1974).

Gill, Brendan. "Young Man Behind Plexiglas." *The New Yorker* de 12 de agosto de 1944.

Gittler, Lewis F. "Everyday Life in Germany Today." *American Mercury* 61 (outubro de 1945).

Glaser, Daniel. "The Sentiments of American Soldiers Abroad Towards Europeans." *American Journal of Sociology* 51, nº 5 (março de 1946).

Glass, Albert. "Combat Exhaustion." *United States Armed Forces Medical Journal* 2, nº 10 (1951).

Goodman, George W. "The Englishman Meets the Negro." *Common Ground* 5, nº 1 (outono de 1944).

Gorn, Michael, e Charles J. Gross. "Published Air Force History: Still on the Runway." *Aerospace Historian* 31, nº 1 (julho de 1984).

Graham, Vickie. "Brother Bombardiers: Putting a Pickle in a Barrel." *Air Man* 31 (setembro de 1987).

Grant, David. "The General Mission of Military Aviation Medicine." *Military Surgeon* (março de 1942).

_____. "Work of the Flight Surgeon." *Military Surgeon* (março de 1944).

Green, D. M. "Aeroneuroses in a Bomb Training Unit." *Journal of Aviation Medicine* 14 (dezembro de 1943).

Gregor, Neil. "A *Schicksalsgemeinschaft*? Allied Bombing, Civilian Morale, and Social Dissolution in Nuremberg, 1942-1945." *Historical Journal* 43, nº 4 (2000).

Grob, Gerald N. "World War II and American Psychiatry." *Psychohistory Review* 19 (outono de 1990).

Groban, Milt. "To the Editor." *Commentary* 7 (julho de 1978).

Groh, John E. "Lively Experiment: A Summary History of the Air Force Chaplaincy." *Military Chaplains Review* 16 (inverno de 1990).

Grow, Malcolm C., e Robert C. Lyons. "Body Armor, a Brief Study of Its Development." *Air Surgeon's Bulletin* 2, nº 1 (janeiro de 1945).

Gunzinger, Mark A. "Air Power as a Second Front." *Airpower Journal* 9 (inverno 1995).

Hall, E. T., Jr. "Race Prejudice and Negro-White Relations in the Army." *American Journal of Sociology* 52, nº 5 (março de 1947).

Hallenback, G. A., et al. "Magnitude and Duration of Opening Parachute Shock." *Air Surgeon's Bulletin* 2, nº 3 (fevereiro de 1945).

Hansell, Haywood S. "Strategic Air Warfare." *Aerospace Historian* 13, nº 4 (inverno de 1966).

Hanson, Frederick R. "Combat Psychiatry: Experiences in the North Atlantic and Mediterranean Theaters of Operations, American Ground Forces, WWII." *Bulletin of the US Army Medical Department* 9 (1949).

BIBLIOGRAFIA

Hanson, Victor Davis. "Not Strategic, Not Tactics." *MHQ* 1, nº 2 (1989).

_____. "The Right Man." *MHQ* 8, nº 3 (primavera de 1996).

Hastings, Max. "The Lonely Passion of Bomber Harris." *MHQ* 6, nº 2 (inverno de 1994).

Heinaman, Elizabeth. "The Hour of the Woman: Memories of Germany's 'Crisis Years' and West German National Identity." *American Historical Review* 101, nº 2 (abril de 1996).

Herf, Jeffrey. "The Nazi Extermination Camps and the Ally to the East: Could the Red Army and Air Force Have Stopped or Slowed the Final Solution?" *Kritika: Explorations in Russian and Eurasian History* 4 (outono de 2003).

Hess, William N., e Kenneth C. Rust. "The German Jets and the US Army Air Force." *American Aviation Historical Society Journal* 8 (outono de 1963).

Hodges, Robert H. "Auschwitz Revisited: Could the Soviets Have Bombed the Camp?" *Air Power History* (inverno de 1997).

Holley, I. B. "Jr. Makers of the US Air Force." *Journal of Military History* 54, nº 1 (janeiro de 1990).

Hopkins, George E. "Bombing and the American Conscience During World War II." *Historian* 28, nº 3 (maio de 1966).

Jensen, Walters. "Today and Tomorrow in Aviation Medicine." *Military Surgeon* (fevereiro de 1944).

Johnson, Leon W. "Why Ploesti?" *Air Force Magazine* 54 (agosto de 1971).

Jones, David R., Jr. "Aeronautical Transportation of Psychiatric Patientes: Historical Review and Present Management." *Aviation, Space, and Environmental Medicine* 51 (julho de 1980).

_____. "The Macy Reports: Combat Fatigue in World War II Fliers." *Aviation Space and Environmental Medicine* 58 (agosto de 1987).

Jones, F. D., e A. W. Johnson. "Medical and Psychiatric Treatment Policy and Practice in Vietnam." *Journal of Social Issues* 31, nº 4 (1975).

Julian, Thomas A. "The Role of the United States Army Air Forces in the Warsaw Uprising August-September 1944." *Air Power History* 42 (verão de 1995).

Karant, Max. "As I Saw It." *Flying* 36 (setembro de 1945).

Keegan, John. "Britain and America." *Times Literary Supplement* de 17 de maio de 1985.

_____. "We Wanted Beady-Eyed Guys Just Absolutely Holding the Course." *Smithsonian Magazine* 14, nº 5 (1993).

Kelsey, Mavis P. "Flying Fatigue in Pilots Flying Long Range Single-Seater Fighter Missions." *Air Surgeon's Bulletin* 1, nº 6 (junho de 1944).

Kirwin, Gerald. "Allied Bombing and Nazi Domestic Propaganda." *European History Quarterly* 15 (1985).

Knauth, Barbara, Christina e Sybilla. "The Chimneys of Leipzig." *Life* de 15 de maio de 1944.

Koch, H. W. "The Strategic Air Offensive Against Germany: The Early Phase, May-September 1940." *Historical Journal* 34, nº 1 (março de 1991).

Krammer, Arnold. "Fueling the Third Reich." *Technology and Culture* 19 (julho de 1978).

Kranskopf, Robert W. "The Army and the Strategic Bomber 1930-1939." *Military Affairs* 22, nº 4 (inverno de 1958-1959).

Kuter, Laurence S. "The General vs. The Establishment: General H. H. Arnold and the Air Staff." *Aerospace Historian* 21 (dezembro de 1974).

_____. "How Hap Arnold Built the AFF." *Air Force Magazine*, setembro de 1973.

Laidlaw, William R. "Yankee Doodle Flies to War." *Air Power History*, inverno de 1989.

Lay, Beirne, Jr. "I Saw Regensburg Destroyed." *Saturday Evening Post* de 6 de novembro de 1943.

LeMay, Curtis E. "Strategic Air Power: Destroying the Enemy's War Resources, 2. The Command Realities." *Aerospace Historian*, primavera de 1980.

"Leviathan of the Air: The Boeing Flying Fortress." *Illustrated London News* 16 (agosto de 1941).

"The Liberation of Moosburg." *Splasher Six* 33 (verão de 2002).

Liebling, A. J. "The Dixie Demo Jr." *New Yorker* (7 de novembro de 1942).

Lindley, William. "Aircrew Over Kiel." *Air Power History*, verão de 1989.

Little, K. L. "A Note of Colour Prejudice Amongst the English Middle Class." *Man* 43 (setembro-outubro de 1943).

Lunden, Walter A. "Captivity Psychosis Among Prisioners of War." *Journal of Criminal Law and Criminology* 39 (abril de 1949).

Lynch, Adam. "Kassel: Mission Disaster." *Military Heritage* 1, nº 4 (fevereiro de 2000).

MacIsaac, David. "Reflections on Airpower in World War II." *Air Force Magazine*, setembro de 1980.

_____. "What the Bombing Survey Really Says." *Air Force Magazine* de junho de 1973.

McKenzie, S. P. "The Treatment of Prisioners of War in World War II." *Journal of Modern History* 66 (setembro de 1944).

BIBLIOGRAFIA

Manzo, Louis A. "Morality in War Fighting and Strategic Bombing in World War II." *Air Power History* 39 (outono de 1992).

McFarland, Stephen L. "The Evolution of the American Strategic Fighter in Europe, 1942-44." *Journal of Strategic Studies* de 10 de junho de 1987.

McGuire, Phillip. "Judge Hastie, World War II, and Army Racism." *Journal of Negro History* 62, nº 4 (outubro de 1977).

Meiling, R. L. "The United States Air Force Medical Service: Tumultous Years of Heritage and History." *Aviation Space Environmental Medicine* 55, nº 7 (julho de 1984).

Meilinger, Phillip S. "The Historiography of Air Power: Theory and Doctrine." *Journal of Military History* 64, nº 2 (2000).

Michie, Allan A. "Germany Was Bombed to Defeat." *Reader's Digest* de agosto de 1945.

_____. "Scarlet Pimpernels of the Air." *Reader's Digest* de novembro de 1945.

Mierzejewiski, Alfred C. "When Did Albert Speer Give Up?" *Historical Journal* 31, nº 2 (junho de 1988).

Mierzejewski, Alfred C., Ronald Schaffer e Kenneth P. Werrell. "American Military Ethics in World War II: An Exchange." *Journal of American History* 68, nº 1 (1981).

Miller, Martin J. "The Armored Airmen: World War II U.S. Army Air Force Body Armor Program." *Aerospace Historian* 32 (março de 1985).

Milton, T. R. "A Participant Remembers." *Air Force Magazine* de janeiro de 1980.

Milward, A. S. "The End of Blitzkrieg." *Economic History Review* 16, nº 3 (1964).

Moody, Walton S. "Big Week: Gaining Air Superiority over the Luftwaffe." *Air Power History* 41, nº 2 (verão de 1994).

Mulligan, Timothy P. "German U-Boat Crews in World War II: Sociology of an Elite." *Journal of Military History* 56, nº 2 (abril de 1992).

Mumford, Lewis. "The Morals of Extermination." *Atlantic Montly* de outubro de 1959.

Murphy, Charles J. V. "The Airmen and the Invasion." *Life* de 10 de abril de 1944.

_____. "The Unknown Battle." *Life* de 16 de outubro de 1944.

Murray, Williamson. "Attrition and the Luftwaffe." *Air University Review* 24 (março-abril de 1983).

_____. "Did Strategic Bombing Work?" *MHQ* 8, nº 3 (primavera de 1996).

_____. "Overlord." *MHQ* 6, nº 3 (primavera de 1994).

_____. "Reflections on the Combined Bomber Offensive." *Militargeschichtliche Mitteilungen* 51 (1992).

_____. "Why Air Forces Do Not Understand Strategy." *MHQ* 1, nº 3 (primavera de 1989).

Newdeck, Ann. "Coombe House was a Flak Farm." *8th Air Force News* 4, nº 1 (fevereiro de 1978).

Nisos, Michael J. "The Bombardier and His Bombsight." *Air Force Magazine* de setembro de 1981.

"Now Terror, Truly." *Newsweek* de 26 de fevereiro de 1945.

Nufer, Harold F. "Operation Chowbound: A Precedent for Post-World War II Humanistic Airlift." *Aerospace Historian* 32, nº 1 (1985).

O'Connell, Robert L. "Arms and Men: The Gotha and the Origins of Strategic Bombing." *MHQ* 3, nº 1 (outono de 1990).

_____. "Arms and Men: The Norden Bombsight." *MHQ* 2, nº 4 (verão de 1990).

O'Connor, Jerome M. "In the Lair of the Wold Pack." *World War II* de julho de 2002.

Olmsted, Merle. "Down in the Drink." *Journal of the American Aviation Historical Society*, outono de 1998.

Olson, Sidney. "Underground Cologne." *Life* de 19 de março de 1945.

Overy, R. J. "Air Power and the Origins of Deterrence Theory Before 1939." *Journal of Strategic Studies* 15, nº 1 (março de 1992).

_____. "From 'Uralbomber' to 'Amerikabomber': The Luftwaffe and Strategic Bombing." *Journal of Strategic Studies* 1, nº 2 (setembro de 1978).

_____. "Germany", "Domestic Crisis" e "War in 1939: Reply". *Past and Present* 122 (fevereiro de 1989).

_____. "Hitler and Air Strategy." *Journal for Contemporary History* 15 nº 3 (julho de 1980).

_____. "Hitler's War and the German Economy: A Reinterpretation." *Economy History Review* 35, nº 2 (1982).

_____. "The Luftwaffe and the European Economy, 1939-1945." *Militargeschichtliche Mitteilungen* 26, nº 2 (1979).

_____. "Mobilization for Total War in Germany." *English Historical Review* 103 (julho de 1988).

Parker, Steven A. "Targeting for Victory: The Rationale Behind Strategic Bombing Objectives in America's First War Plan." *Air Power Journal* 3 (verão de 1989).

Parks, W. Hayes. "'Precision' and 'Area' Bombing: Who Did Which and When?" *Journal of Strategic Studies* 18, nº 1 (março de 1995).

Parton, James. "General Ira Eaker, Creator of Eighth Air Force." *Air Force History* 39, nº 3 (1992).

BIBLIOGRAFIA

_____. "Lt. Gen. Ira C. Eaker-An Aide's Memoir." *Aerospace Historian* 34, nº 4 (1987).

Peaslee, Bud. "Blood in the Sky." *Aerospace Historian* 16, nº 2 (verão de 1969).

Petropoulos, Jonathan. "Co-Opting Nazi Germany: Neutrality in Europe During World War II." *Dimensions: A Journal of Holocaust Studies* 7, nº 1 (1997).

Postel, Claude. "The Air Attacks on Communications." *Military Review* 30, nº 10 (janeiro de 1951).

Prados, John. "The Prophet of Bomber War." *MHQ* 8, nº 3 (primavera de 1996).

Quester, George. "Bargaining and Bombing During World War II in Europe." *World Politics* 15, nº 3 (abril de 1963).

Reese, Joscelyne. "Precision Bombing — Fact or Fiction." *Military Techonolgy* 2 (abril de 1987).

Reinartz, Eugen G. "The School of Aviation Medicine — and the War." *Military Surgeon* 3 (março de 1943).

Rentmeester, Lester F. "Big Brothers and Little Friends: A Memoir of the Air War Against Germany." *Wisconsin Magazine of History* 77 (outono de 1990).

"A Revolting Necessity." *Nation* 158 (março de 1944).

Rice, Rondall, "Bombing Auschwitz: US 15th Air Force and the Military Aspects of a Possible Attack." *War in History* 6, nº 2 (1999).

Robbins, Michael. "The Third Reich and Its Railways." *Journal of Transport History* 5, nº 2 (setembro de 1979).

Rose, Elihu. "The Court-Martial of Billy Mitchell." *MHQ* 8, nº 3 (primavera de 1996).

Rust, Kenn C., e William N. Hess. "The German Jets and the U.S. Army Air Force." *American Aviation Historical Society Journal* 8 (outono de 1963).

Sachse, Carola. "Industrial Housewives: Women's Social Work in the Factories of Nazi Germany." Traduzido por Heide Kiesling e Dorothy Rosenberg. *Women & History* 11-12 (1987).

Saltsman, Ralph H., Jr. "Air Battle at Kiel." *Air Power History*, verão de 1989.

Schaffer, Ronald. "American Military Ethics in World War II: The Bombing of German Civilians." *Journal of American History* 67, nº 2 (1980).

Schaltz, Robert E. "The Impact of Allied Air Interdiction on German Strategy in Normandy." *Aerospace Historian* 17 (dezembro de 1970).

Scharff, Hanns Joachim. "Without Torture." *Argosy* de maio de 1950.

Schideberg, Melitta. "Some Observations on Individual Reactions to Air Raids." *International Journal of Psychoanalysis* 23 (1942).

Sears, Betty M. "Ira C. Eaker: The Military Career of Oklahom's Greatest Aviator." *Red River Valley Historical Review* 3, nº 3 (1978).

Segre, Claudio G. "Giulio Douhet: Strategist, Theorist, Prophet?" *Journal of Strategic Studies* 15 (setembro de 1992).

Shaw, Jon A. "Comments on the Individual Psychology of Combat Exhaustion." *Military Medicine* 148 (março de 1983).

Sheeley, William F. "Frostbite in the 8th Air Force." *Air Surgeon's Bulletin* 2, nº 1 (janeiro de 1945).

Sherry, Michael S. "The Slide to Total War." *New Republic* 137 (16 de dezembro de 1981).

_____. "War and Weapons: The New Cultural History." *Diplomatic History* 14 (1990).

Showalter, Dennis E. "The Birth of Blitzkrieg." *MHQ* 7, nº 1 (outono de 1994).

_____. Sitkoff, Harvard. "Racial Militance and Interracial Violence in the Second World War." *Journal of American History* 58, nº 3 (dezembro de 1971).

Skinner, Robert E. "The Making of the Air Surgeon: The Early Life and Career of David N. W. Grant." *Aviation Space and Environmental Medicine* (janeiro de 1983).

Smith, Dale O. "Was the Bombing of Germany Worth the Cost? Yes!" *American History Illustrated* 5 (abril de 1970).

Smith, Malcolm. "The Air War and Military History." *International History Review* 4, nº 3 (agosto de 1982).

_____. "The Allied Air Offensive." *Journal of Strategic Studies* 13, nº 1 (março de 1990).

_____. "Harris' Offensive in Historical Perspective." *Royal United Service Institute* 130, nº 2 (junho de 1985).

Smith, Melden E., Jr. "The Strategic Bombing Debate: The Second World War and Vietnam." *Journal of Contemporary History* 12, nº 1 (janeiro de 1977).

Smith, Myron J. "Novels of the Air War, 1939-1945: An Annotated List." *Aerospace Historian* 223 (outono de 1975).

Spaatz, Carl A. "Bombing Civilians." *The Spectator* 170 (2 de abril de 1943).

_____. "Strategic Air Power: Fulfillment of a Concept." *Foreign Affairs* 25 (abril de 1946).

Spivey, Delmar T. "Secret Mission to Berlin." *Air Force Magazine* 58 (setembro de 1975).

Stokes, Raymond G. "The Oil Industry in Nazi Germany, 1936-1945." *Business History Review* 59 (verão de 1985).

BIBLIOGRAFIA

Stone, I. F. "Nixon's Blitzkrieg." *The New York Review of Books* de 25 de janeiro de 1973.

Suchenwirth, Richard. "Hitler's Last Opportunity." *Aerospace Historian* 8, nº 1 (primavera de 1966).

Sullivan, John T. "The Botched Air Support of Operation Cobra." *Parameters: Journal of the US Army War College* 18, nº 1 (março de 1988).

Swan, Jon. "Apocalypse at Munster." *MHQ* 2, nº 3 (primavera de 1990).

Swank, Roy L., e Walter E. Marchand. "Combat Neuroses: Development of Combat Exhaustion." *Archives of Neurology and Psychiatry* 55 (março de 1946).

Taylor, Joe Gray. "They Taught Tactics!" *Aerospace Historian* 13 (verão de 1966).

Thouless, Robert H. "Psychological Effects of Air Raids." *Nature* 148, nº 3746 (agosto de 1941).

Torrey, Volta. "The Nine Lives of Leuna." *Popular Science Monthly* de novembro de 1945.

Frotas Aéreas do Exército Americano, subchefe do Estado-Maior da Força Aérea. "What Happens When Bomber Crew Is Forced Down at Sea." *Impact* 1 (julho de 1943).

"24 Hours of a Bomber Pilot." *Harper's Magazine* de agosto de 1944.

Vance, J. M. "The Politics of Camp Life: Bargaining Process in Two German Prison Camps." *War and Society* 10 (1992).

Vanden Heuvel, William J., e Rafael Medoff. "Should the Allies Have Bombed Auschwitz?" http://hnn.us/articles/4268.html.

Vernon, P. E. "Psychological Effects of Air Raids." *Journal of Abnormal and Social Psychology* 36 (1941).

Vonnegut, Kurt, Jr. "Memoirs." *Traces of Indiana and Midwestern History: A Publication of the Indiana Historical Society* 3, nº 4 (outono de 1991).

Watling, Geoffrey. "Mission to Gotha: The 445th Bomb Group, 24 February 1944, Part 1." *American Aviation Historical Society* 18, nº 2 (1973).

_____. "Mission to Gotha: The 445th Bomb Group, 24 February 1944, Parte 2." *American Aviation Historical Society* 19, nº 2 (1974).

Weers, Mozes W. A. "Why the Allies Won the Air War." *Air University Review* de janeiro-fevereiro de 1982.

Well, Mark K. "Human Element and Air Combat." *Airpower Journal* 2 (primavera de 1988).

Werrell, Kenneth P. "A Case for a New History." *Air Power History* 39 (primavera de 1992).

_____. "Friendly Rivals: The Eighth and Fifteenth Air Force in World War II." *Air Power History*, verão de 1991.

804

MESTRES DO AR

_____. "Mutiny at Army Air Force Station 569: Bamber Bridge, England, June 1943." *Aerospace Historian* (dezembro de 1975).

_____. "The Strategic Bombing of Germany in World War II: Costs and Accomplishments." *Journal of American History* 73, nº 3 (dezembro de 1986).

_____. "The USAAF Over Europe and Its Foes: A Selected, Subjective, and Critical Bibliography." *Aerospace Historian* 25, nº 4 (1978).

Wheeler, Gerald E. "Mitchell, Moffett, and Air Power." *Airpower Historian* 8, nº 2 (abril de 1961).

White, M. S. "Medical Problems of Air Warfare." *Military Surgeon* de maio de 1945.

"Why a German Fights On." *Newsweek* de 26 de março de 1945.

Williams, Kenneth D. "The Saga of 'Murder, Inc.'" *8th Air Force News* 12, nº 1 (janeiro de 1986).

Williams, Roger M. "Why Wasn't Auschwitz Bombed?" *Commonweal* 105 (24 de novembro de 1978).

Wohl, Robert. "The Prophets of Air War." *MHQ* 7, nº 2 (inverno de 1995).

Wolff, Harold G. "Every Man Has His Breaking Point: The Conduct of Prisoners of War." *Military Medicine* 125 (fevereiro de 1960).

Wormley, Gordon W. "An Anoxia Accident in the 8th Air Force." *Air Surgeon's Bulletin* 1, nº 9 (setembro de 1944).

Wolk, Herman S. "The Establishment of the United States Air Force." *Air Force Magazine* de setembro de 1982.

Wyman, David S. "Why Auschwitz Was Never Bombed." *Commentary* 65 (maio de 1978).

Yurovich, Douglas P. "How Effective Is Strategic Bombing." *Parameters* 32, nº 1 (primavera de 2002).

Zuckerman, Solly. "Strategic Bombing and the Defeat of Germany." *Royal United Service Institution*, 130 (junho de 1985).

Jornais

The Times, de Londres
The Daily Telegraph, de Londres
Stars and Stripes
The New York Times
The Washington Star

BIBLIOGRAFIA

Entrevistas com o autor

A maior parte deste livro se baseia em mais de 250 entrevistas de teor histórico realizadas na Inglaterra, Holanda, França, Suíça, Luxemburgo, Bélgica, Alemanha e Estados Unidos. Os depoimentos usados no texto estão assinalados nas Notas Finais.

Sites

Todos os Grupos de Bombardeiros e de Caças da Oitava Frota Aérea têm um site na Web contendo a história da unidade, registros e diários da época da guerra, testemunhos históricos orais, fotografias, relatórios de missões de combate, listas de tripulações e aviões, além de outras coisas mais. Fiz amplo uso das informações contidas nesses sites.

Outros sites

www.aeroflight.co.uk/waf/switz/swisaf2.htm
www.wiesenthal.com/swiss/survey/noframes/index.html
www.wissenthjal.com/swiss/survey/noframes/conclusions.htm
www.kaselmission.com

Índice remissivo

Números de página em *itálico* referem-se a ilustrações, gráficos e mapas.

12ª Frota Aérea (Júnior), 117, 118,

13ª Brigada de Bombardeiros, 19, 31, 35-36, 45

15ª Frota Aérea, 359, 369, 372, 506
  a formação da, 345
  a Grande Semana e a, 373, 386
  a Operação Overlord e a, 419-20
  Auschwitz e a, 373-75, 478
  bombardeios a Munique pela, 605-06
  bombardeios às cegas e a, 534, 638
  missão de bombardeio a Ploesti e a, 423, 454, 470
  perdas na, 385, 402, 464-65
  seus membros como prisioneiros de guerra, 574, 583, 584
  Spaatz e a, 356, 357, 373, 474

15º Esquadrão de Bombardeiros, 53, 54

34º Grupo de Bombardeiros, 611-12, 658, 737

44º Grupo de Bombardeiros (Bolas Negras Voadoras), 118-19, 277, 281-82, 486-88

45º Grupo de Bombardeiros, 400

56º Grupo de Caças (Os Lobos do Zemke), 43, 217, 291, 348, 371, 380, 411-12, 740

82ª Divisão de Infantaria Aerotransportada, 340

91º Grupo de Bombardeiros, 118-19, 164, 189-95, 211-12, 293-94, 365-66, 405, 709-10
  missão de bombardeio a Brest do, 129-30, 135, 137

92º Grupo de Bombardeiros, 110-11, 272-73, 465, 511, 585

93º Grupo de Bombardeiros (o Circo Itinerante do Ted), 110, 118-19, 277, 280

94º Grupo de Bombardeiros, 30, 544-45

95º Grupo de Bombardeiros, 19, 31, 35, 39, 291, 536, 538-39
  em missões de bombardeio a Berlim, 389, 612

96º Grupo de Bombardeiros, 271-72, 290

97º Grupo de Bombardeiros, 49-59, 100-01, 104, 105, 118, 123

98º Grupo de Bombardeiros, 279, 282-83

301º Grupo de Bombardeiros, 105, 118

303º Grupo de Bombardeiros, 118-19, 176, 212, 294
  danos psicológicos no, 189-95
  os Hell's Angels do, 354-55, 407, 463-64, 537
  os irmãos Mathis do, 187-89

305º Grupo de Bombardeiros, 118-19, 157-69, 176, 189-95, 200, 211-12

808 MESTRES DO AR

a Grande Semana e o, 381-82

a primeira missão do, 163

missões noturnas do, 306-07

306º Grupo de Bombardeiros, 118-19, 123-24, 127-28, 175, 176, 189-95, 211-12, 224, 334

a história de Smith como membro do, 212-15

339º Grupo de Caças, 522, 652-53

350º Esquadrão de Bombardeiros, 410

351º Grupo de Bombardeiros, 181, 182, 558-59

a Grande Semana e o, 385-88

354º Grupo de Caças, 368-69

376º Grupo de Bombardeiros, 280-81

379º Grupo de Bombardeiros, 247-48

na frota da missão de bombardeio a Schweinfurt, 287, 294-96

381º Grupo de Bombardeiros, 242-43, 260, 302, 328, 343-44, 563, 620-21

384º Grupo de Bombardeiros, 129, 709-10

385º Grupo de Bombardeiros, 438

388º Grupo de Bombardeiros, 465

389º Grupo de Bombardeiros (Os Escorpiões Celestes), 277-80, 536-37

390º Grupo de Bombardeiros, 19

na missão de bombardeio a Munster, 31-32, 35-36, 39-40, 46

401º Grupo de Bombardeiros, 368

418º Esquadrão de Bombardeiros, 24-25, 27, 32, 615

445º Grupo de Bombardeiros, 408, 409-10, 513-14

447º Grupo de Bombardeiros, 658-59

453º Grupo de Bombardeiros, 409-10

457º Grupo de Bombardeiros, 534, 535, 612

458º Grupo de Bombardeiros, 748

466º Grupo de Bombardeiros, 555-56

482º Grupo de Bombardeiros (força de "Pathfinder"), 144, 345-46

487º Grupo de Bombardeiros, 427-28

490º Grupo de Bombardeiros, 748

493º Grupo de Bombardeiros, 349-50, 704-05

703º Esquadrão de Bombardeiros, 409

801º Grupo de Bombardeiros (redesignado depois 492º Grupo de Bombardeiros), 392-93

820º Batalhão de Engenharia de Aviação, 229-32, 237

862º Batalhão de Engenheiros, 232-37

1511º Regimento de Caminhões do Serviço de Intendência, 335-37

A-4, míssil, 606-09

A-10, míssil (foguetes Nova York), 608

Abelshauser, Werner, 676

Acheson, Dean, 497

ácido nítrico, 459, 481-82

aço, 110, 239-40, 495-96, 529-30, 678

Adelboden, 492-94, , 499-500

aeronautas derrubados, 151-54

captura de, 29, 46-49, 155, 556-57, *Veja também* prisioneiros de guerra

em Berlim, 555-57

fuga e evasão de, 154-57, 390-96, 426-28

África, norte da, 59, 84-85, 118-19, 126, 140, 165-66, 203, 212, 298, 362, 741

desembarque de tropas Aliadas no, 104-105, 117, 120-21, 228

frota de missão de bombardeio a Ratisbona e o, 274, 286, 287-88, 296

afro-americanos, 20, 237, 334-41

Afrodite, Operação, 437-44, 603-04

Alasca, 98, 70, 142

alemã, indústria química, 455, 457-62, 482

Alemanha, 73

na Primeira Guerra Mundial, 62, 63, 64

Alemanha nazista, 21-22, 60, 79-96, 104-29, 161-89, 210-19, 510-95

a Batalha das Ardenas e a, 542-50

a Frente Ocidental da, 601, 655, 680-81

ÍNDICE REMISSIVO

a Frente Oriental da, 462, 493, 601-02, 610-11, 618, 631, 644, 698-99, 715, 723

a Operação Overlord e a, 337, 338, 418-25, 432

a União Soviética invadida pela. *Veja* União Soviética, invasão pelos alemães da

alvos na, Ver encarte

bombardeios às cegas e a, 344-52

em Varsóvia, 475-76

escassez de insumos e produtos na, 480-81

exército da. *Veja* exército, alemão; Wehrmacht

ferrovias na. *Veja* Reichsbahn

foguetes V-1 e a, 300, 433-44, 540, 606-07

força aérea da. *Veja* aviões de caça alemães; Luftwaffe

ligações dos suíços com a, 495-98

na Batalha do Atlântico, 118-24, 129-30, 135, 137, 159, 165

opositores alemães da, 30, 270

propaganda da, 253, 314, 488, 558-59, 571, 656-57, 686-87, 702

quantidade de explosivos lançados sobre a, 455-56

radares da, 35, 267, 277, 439, 482, 563, 564, 621

rendição da, 640, 654, 665, 672, 724, 726, 733-40

sobrevoos de reconhecimento da Oitava na, 712-14

submarinos da. *Veja* submarinos alemães

território anexado pela, 21, 76-77, 79-80, 85, 88, 91, 104, 121, 674, 677, 701, 718

alemão, Exército. *Veja também* Wehrmacht; *batalhas e unidades específicas*

rendições em massa, 560-61

vitórias do, 88, 104

Alexander, A. V., 551-52

Alexander, Henry, 667

Alice from Dallas, 288, 291

Alkire, Darr H. "Pappy", 30, 48, 249-50, 567, 717-22, 726

em Moosburg, 730-31

Almas em chamas (filme), 52

Almas em chamas (Lay e Bartlett), 25-26, 52, 175

americano, Exército, 20, 71, 73, 327-28, 507, 658-59, 668, 701

A Batalha das Ardenas e o, 542-47, 633

censores do, 178, 185, 250

comissão de reclassificação do, 192-93

Corpo de Sinaleiros do, 61

hospitais do, 148-49

o serviço secreto do, 505-07

os oponentes de Mitchell no, 67-68

problemas de suprimentos do, segregação racial no, 339

Serviço de Guerra Química do, 660

Americano, Ministério da Guerra, 63, 75, 178, 479, 516, 725

a mira de bombardeio Norden e o, 71

o relacionamento de Mitchell com o, 68-70, 74

soldados afro-americanos e o, 337-41,

Analistas de Operações Militares, Comitê de (CAOS), 275, 297, 455

Anderson, Frederick, 117, 241, 356, 377-78, 595

Auschwitz e, 475, 478-79

bombardeios aterrorizantes e, 606, 363-37, 697-98

missão de bombardeio a Berlim e, 387, 388

Operação Argumento e, 373-76, 379-80, 385

Operação Overlord e, 422

pesquisa de campanha de, 661-63

Ratisbona-Schweinfurt e, 288-90

segundo bombardeio a Schweinfurt e, 312-13, 315

Anderson, Orvil A., 668, 753-54

Andrews, Dana, 221

Andrews, Martin, 494

Ânglia Oriental, 15-19, 98, 128, 229, 237-38, 305, 332, 426,
   afro-americanos na, 335-37, 340-41
   o Dia D na, 334-35
   o Dia da Vitória das Forças Aliadas na Europa na, 736-37
   Veja também Ipswich; Norwich; Thorpe Abbotts

anoxia (privação de oxigênio), 146-48

antissemitismo, 221, 477, 495, 529, 631,
   Veja também campos de concentração

Antuérpia, 524, 542, 546, 607

Appel, John W., 195-96

Aquisgrano (*Aachen*), queda de, 525

Arbib, Robert S., Jr., 227-37, 331, 333-34, 510
   em Londres, 319, 323

Arcádia, Conferência de (1941), 83

Ardenas, Batalha das, 523, 542-50, 570, 593, 594, 601, 622, 633

Ardenas, campanha nas, 542-50, 570, 593, 595, 601, 622, 633
   o planejamento dos nazistas para a, 523, 542-43

Ardery, Philip, 278, 282-84

Argélia, 117, 293

Argumento, Operação, 314, 372-76, *Veja também* Grande Semana, A

Aring, George, 738

Armstrong, Frank A., Jr., 52-56. 86-89, 162
   como um dos "Primeiros nos Céus da Alemanha", 175

Armstrong, Harry G., 149-50

Arnold, Henry H. "Hap", 53-54, 69-74, 77-81, 250, 357-61, 369, 539
   a Primeira Guerra Mundial e, 61-63
   a Oitava Frota criada por, 83-84
   a Crise de Janeiro (1945) e, 553-54
   amizade de Eaker com, 77, 241-42, 306-07, 356-58
   aterrissagens em países neutros e, 489-90, 506
   aumento do tempo de serviço e, 388
   aviões B-17 superestimados por, 240
   bombardeios aterrorizantes e, 599, 602-03, 636, 641, 642-48, 659
   bombardeios diurnos e, 121, 301, 306
   bombardeios guiados por radar e, 346-47
   como discípulo de Mitchell, 60, 61-62, 69-70
   correspondência com Eaker, 241-42
   correspondência com Spaatz, 115, 551, 554, 600, 603-04
   em Chequers, 99
   estrategistas do estado-maior de, 72, 81
   medo de participar de missões de combate aéreo de, 196
   negros e, 338-39, 340-41
   o Comitê de Analistas de Operações (CAOS) e, 275, 297, 455
   Operação Afrodite e, 439, 442, 603-04
   Operação Overlord e, 377, 418, 422, 431-34
   Operação Tocha e, 105-06
   os aviões Mustang e, 253-54
   os foguetes V-1 e, 433-34, 439
   Pesquisa dos Efeitos dos Bombardeios Estratégicos e, 666-68
   Primeira Ala de Bombardeiros comandada por, 70, 71
   recrutamento de Clark Gable por, 181, 182
   relatórios de Eaker e, 113-14, 211
   reunião de Eaker com, 171-72
   segundo bombardeio a Schweinfurt e, 312
   sobre questões relacionadas com a vitória dos Aliados, 359
   Spaatz como sucessor de, 752-53
   tempo de serviço militar de Morgan e, 218-19
   tornado comandante do Corpo de Aviação do Exército, 77-78

"Ascensão e Queda da Economia de Guerra da Alemanha" (Wagenfuehr), 665

ÍNDICE REMISSIVO

asfixiante, gás, 435
Assalto Aéreo, Grupos de, 403-04, 512-16
Associated Press, 175-76, 312, 643
Astaire, Adele, 736
Astaire, Fred, 321
Atlântico, Batalha do, 119-30, 139, 174-75, 221-24, 683, *Veja também* Brest; St. Nazaire
  305º Grupo de Bombardeiros na, 160-67
  operações ineficazes na, 183, 222-24
Auden, W. H., 667
Auschwitz, 471-80, 631-32
Auschwitz II (Birkenau), 471-72, 474-75, 478-79
Áustria, 76, 273, 375
  alvos na, 708, *Ver encarte*
  campos de prisioneiros de guerra na, 715, 729
  petróleo na, 454, 456-57
aviões de caça
  a experiência de Eaker com, 53, 84
  a visão de Mitchell em relação a, 75-76
  bombardeiros versus, 64
  como aeronaves de escolta, 23, 74-75, 81, 119, 135-36, 152-53, 216-17, 240, 288, 291, 313-14, 315, 344, 347, 358, 362-63, 366-71, 388, 389-90, 404, 473, 515-15, 613, 654
  em bombardeios táticos versus estratégicos, 451
  o Dia D e, 427-28
  pontes destruídas por, 425
  pilotos de, 410-18
aviões de caça alemães, 16, 87-88, 125-26, 136, 174, 354, 363, 372-73, 510-11, 549, 680, 698-99, *Veja também* Focke-Wul Fw 190; Junkers Ju 88; Messerschmitt
  a Grande Semana e, 379-82, 385-86
  a jato, 297, 517-22, 551
  a Segunda-Feira Sangrenta e, 399-403
  a Terça-Feira Negra e, 310-11, 344

ataques frontais de, 126, 136, 179-81, 225
defesa de Leuna por, 462-63
em Dresden, 649-51
em Ploesti, 280, 281
invasão da Normandia e, 423, 427-28
missões de bombardeio a Lille e, 111-12
no Reno, 294
pico da produção de, 386, 458
Plano de Bombardeios contra o Sistema de Transportes alemão e, 424-25
preocupações de Galland com relação a, 124, 347-51
Ratisbona-Schweinfurt e, 286, 289-98
aviões de caça: *Veja também* Mustang P-51, avião norte-americano
Avro Lancaster (avião), 94, 266, 529, 541
  nos bombardeios a Dresden, 622, 623-25, 631
AWPD-1. *Veja* Divisão-1 de Planejamento de Operações de Guerra
Aw-R-Go, 36, 38-40

Bach, Julian, 671
Baessell, Norman F., 540
Bailey, Ronald, 43
Baker, Newton D., 67
Bálcãs, 496, 595, 677
Baldwin, Hanson, 460
Baldwin, Stanley, 51
Balista, Operação, 434-35, 437, 443, 454
Ball, George W., 275, 665-66, 673
Balmore, George, 365-69
Báltico, Mar, 48, 551, 583, 595, 726
Bamber Bridge, 335-36
Banda da Força Aérea do Exército, 538-40
Banshee, 176-78
Baran, Paul, 665-66, 667
barotite média, 92
Barth. *Veja* Stalag Luft I

812 MESTRES DO AR

Bartlett, Sy, 25-26
Bartley, Ronald, 382-83
Bassingbourn, 128, 130, 137, 178, 179, 208, 220, 235, 287, 405, 709
Bastogne, 544, 546
Bayerlein, Fritz, 449
Baynes, Richard C., 246, 247
BBC (British Broadcasting System), 20, 114-15, 540, 595, 621
Beasley, Peter, 86-90
Beck, padre Gerald, 279
Beeker, Cajus, 520
Beethoven, Ludwig van, 265
Beguin, André-Henri, 500-02
Bélgica, belgas, 453, 523, 601
    a Batalha das Ardenas e, 542-50
    a Operação Overlord e a, 419-21, 425
    alvos na, *Ver encarte*
    na Rota Cometa, 154-57
Bell P-59, 517
    Bendiner, Elmer, 306, 315, 351
    conclusão do curso de piloto de, 247-48
    Schweinfurt e, 287, 294-95, 296
Bengasi, 277, 283
Bennett, John M., 400, 401
Bennett, Lowell, 592, 741-46
Bergander, Götz, 624, 625, 629-30, 634, 647
Berger, Gottlob, 569, 570, 723-26
Bergius, Friedrich, 458
Bergius, processo de, 458-60
Bergman, Ingrid, 589
Berlim, 366, 371, 495, 531, 549, 658, 665
    avanço do Exército Vermelho sobre Berna, 493, 495, 498, 502, 503-04
    aviões de aeronautas americanos derrubados em, 555-57, 572, 740-41
    bombardeio de, 91, 123-24, 271, 297, 387-89, 396-407, 409, 420-21, 552, 557-58, 571, 597-606, 609-11, 623-24, 436-37, 634-36, 637, 639-40, 643-44, 644-45, 652, 661, 719, 735

cercanias da "Ópera da Batalha", 367
frente de batalha interna em, 685, 690-94
prisioneiros de guerra em, 720, 723
rendição dos alemães em, 733-36
Segunda-Feira Sangrenta e, 396-403
Berna, 493, 495, 498, 502, 503-04
Bessel, Richard, 697
Bevin, Ernest, 431
Bigart, Homer, 176, 178
Bigorna (programa de aviões-bomba teleguiados), 440, 441-42
Bingham, Alice, 748
Birkenau. *Veja* Auschwitz II
Biscaia, Baía de, 87, 88, 139, 441
    estaleiros de submarinos na. *Veja* Atlântico, Batalha do
Black, Rosemary, 326-27
Blakely, Everett "Ev", 32, 251, 284-85, 307
Blakeslee, Donald, 389, 398-99, 411, 412-13, 417
Blanchette, Milton P., 226
blindagem corporal ("macacões antiaé-reos"), 372
Bloemetz, Gunther, 546
Blum, Adolf, 249
Boeing Airplane Company, 73
Böll, Heinrich, notas
bomba atômica, 16, 97, 682, 702
    desenvolvimento por parte dos ale-mães da, 434, 608
    lançamento de Tibbets da, 51, 660, 752
Bombach, Aribert, 582
bombardeadores, 131, 132-33, 137, 221, 245, 383-84, 447
    de aviões de vanguarda de formação, 165, 167
    do 305º Grupo de Bombardeiros, 160-67
    em missão de bombardeio a Lille, 113-14
    em missão de bombardeio a Schweinfurt, 296

ÍNDICE REMISSIVO

mira de bombardeio Norden e, 22, 113, 165, 309
no *Banshee*, 176-78
Bombardeio de Fraldas, Operação, 751-52
bombardeios aéreos, bombas de
atômicas. *Veja* bomba atômica
carregamento nas aeronaves de, 259-60
de precisão. *Veja* bombardeios de precisão
tamanho das, 296, 722
estratégicos. *Veja* bombardeios estratégicos
táticos. *Veja* bombardeios aerotáticos
com sistema de retardo de detonação, 176
na Primeira Guerra Mundial, 62, 65, 67
Veja também aviões, missões e locais específicos
bombardeios aerotáticos, 481
bombardeios de precisão, 67, 71, 93, 98, 120, 167-68, 271, 347, 698
a mira de bombardeio Norden e, 22, 113
bombardeios estratégicos, 16, 22-23, 56-58, 85, 123, 349, 363-64, 418, 432-33, 476, 533
a defesa de Mitchell em favor de, 60-71, 92, 93, 162, 379
a eficiência dos, 67, 669-83
a frente de batalha interna e, 683-701
a mira de bombardeio Norden e, 22, 55, 71, 113, 114, 137
a visão de Douhet sobre, 63-66, 70-76, 92, 93, 162, 168, 379
aceitação dos, 81
as contribuições de LeMay para os, 162-69
baixas reduzidas pelos, 22, 65, 71, 379-80, 702
bombardeios táticos versus, 451-52
como recurso de guerra total, 64-67, 702

conceito de, 60
contra populações civis. *Veja* civis, bombardeios contra populações
documentário de Wyler sobre, 178-83
fim dos, 708
média de precisão dos, 114, 92-93
na campanha de ataques a fábricas de combustíveis e sintéticos, 454-56
o início dos, 136
pesquisas dos efeitos dos, 661-83
pilotos ideais para, 416
tipos de bombardeiros para. *Veja* Fortaleza Voadora B-17, da Boeing; Consolidated B-24 Liberator
Bombardeiros, Grupos de (GB), composição do, 18
Veja também grupos específicos
Bond, Douglas, 203, 416
Boog, Horst, 116, 125, 683
Boots, 364
Bormann, Martin, 559-60, 569
Bottomley, Sir Norman H., 473, 550-51, 603, 645
Bourke-White, Margaret, 115
Bradley, Omar N., 444-49, 549, 605
Brady, John D., 249, 253, 285
na missão de bombardeio a Munster, 29, 34-39, 46, 47, 307-08
Braswell, Ralph, 382
Braun, Eva, 725
Braun, Wernher von, 299-300, 435, 607-08
Braunau, libertação de prisioneiros de guerra em, 733
Bremen, 175, 183, 516
missões de bombardeio a, 23
Brennan, Jack, 131-32
Brenner, Henni, 632
Brereton, Lewis, 277, 278, 359
Brest, 121, 129-30, 137, 213, 223, 524
Bretanha, 399
Briol, John J., 534, 536, 612

MESTRES DO AR

britânico, Exército, 329
em Dunkirk, 21, 92, 104
no norte da África, 88, 104
Britânico, Ministério da Aeronáutica, 98, 443, 454
Britânico, Ministério da Guerra, 91
Brittain, Vera, 702-03
Brokaw, Tom, 186
Brown, James Good, 260, 302-03, 308, 364, 620
Brunswick, 366, 379
Brusselmans, Ann, 155, 156
Bruxelas, 154-56, 607
Buchenwald, 570, 608, 663, 704
Budapeste, 472-78
Buffalo Gal, 397, 401
Buhrle, Emil, 496
Burwell, Roger, 559, 563, 582
Bushey Hall, 102, Ver encarte
Bushy Park (Widewing), 102, 117, 119-20, 356
Buske, George, 354-55
Butcher, Harry, 735
Butcher Shop, 51-52
Buttonwood, 238
Butts, Gordon K., 723

Cabell, Charles P., 599, 642
Cabin in the Sky, 35, 40
caças a jato, 16, 296-97, 517-22, 551-52, 649-53, 656-61
Caen, 443, 444-46, 451-52
Calais, 524, 564
Calhoun, Bill, 123-24
Cameron, William R., 280, 282
Campbell, Robert, 272, 273
Campo de Provas de Dugway, 660-61
canadenses, forças, 445, 451-52, 542
Canal da Mancha, 174, 218, 240, 432
aviões derrubados no, 152, 305-06, 541
o Dia D e o, 348, 427
canhões antiaéreos, 125, 281, 400-01, 462-64, 465, 485, 487, 498, 556, 571, 615, 623, 637

Cansados de Guerra (aviões), 438-41, 604
Caplan, Leslie, 582, 727, 733
Capone, Al, 558
Capra, Frank, 220
Caproni, Gianni, 63
Carpetbagger Missions, 392
Carson, Eugene T. "Wing Ding", 310, 316, 319-22, 465
despedida de, 748-49
irmão desaparecido e, 317, 583, 585, 736-37
Carson, John, 317, 583, 585, 736-37
carvão, 207, 442, 456-61, 495-96, 548-49, 669-71, 676-77
na Silésia, 458, 531, 553, 669, 677
no Vale do Ruhr, 458, 529-30, 531, 548
Casablanca, 117, 216
Casablanca, Conferência de (1943), 171-74, 239
Casey, Bill, 176, 178
Cassedy, William, 225-226
Castle, Frederick W., 86-90, 545-46
Católicos Romanos, 130, 279, 308
Cavendish, Lorde Charles, 321
censores, 178, 185, 250, 644
prisioneiros de guerra e, 591
Centésimo Grupo de Bombardeiros, 15-49, 201, 248-64, 410, 511, 650, 739, *Veja também* missão de bombardeio a Munster
captura pelos alemães de membros do, 29, 37-38, 46-49
em missões de bombardeio a Berlim, 388-89, 296-97, 399-400, 402, 405-06, 407, 408-09
em missões de bombardeio a Ratisbona-Schweinfurt, 25-26, 32, 28, 52, 286-93, 303
festa para comemorar sua ducentésima missão, 537-38
membros da unidade como prisioneiros de guerra, 47, 566, 716-20, 721-22
mortes no, 23-24, 27, 32, 46, 262-63, 303

ÍNDICE REMISSIVO

necessidade de heróis do, 27
o Dia D e o, 428
o primeiro ataque do, 259-64
prisioneiros de guerra transportados pelo, 715
sobrevoos de reconhecimento pós--bombardeios do, 712
Chaklos, Mike, 749
Chamberlain, Neville, 76
Change in the European Balance of Power, 1938-39, The (Murray), 677
Chattanooga, Dia da, 424
Check, Raymond J., 214, 224-26, 229
chefes de estados-maiores britânicos, 337-38, 431, 526
a Operação Trovão e, 598-603
crianças, 327, 597, 621, 690, 720, 730, 744
bombardeios a Dresden e, 623-24, 626-29
bombardeios a Hamburgo e, 268-69, 639
britânicas, 235, 257, 333-34, 537
mortes de, 436-37, 685, 703-04
Chemnitz, 602, 644-45
Chennault, Claire, 368
Chennault's Pappy III, 224-26
Cherburgo, 434-35, 444, 354-55
China, 59, 73
Churchill, Winston, 88-95, 115, 118, 274, 412, 481, 698
a Batalha do Atlântico e, 120, 121, 222-23
a Operação Overlord e, 393, 418-22
bombardeios aterrorizantes e, 599-604, 623, 707-08
encontro de Eaker com, 172-73, 216
foguetes V-1 e, 435, 436, 607
Holocausto e, 471-72
ligação de Harris com, 529
operação humanitária de lançamento de suprimentos via paraquedas e, 476, 477

política de bombardeios e, 21, 54, 77, 91-92, 94, 99, 239, 301, 306, 418-22, 707-08
prisioneiros de guerra e, 724, 725
rendição dos alemães e, 734, 735
reuniões de Franklin Delano Roosevelt com, 83, 104, 171, 174, 239, 601-02, 742
Civil Americana, Guerra, 372, 479, 553, 640, 700
civis, bombardeios contra populações
a Operação Overlord e, 532
a Operação Trovão e. *Veja* terrorismo militar
de natureza aterrorizante e. *Veja* terrorismo militar
frente de combate interna e, 532
guiados por radar, 532
Harris e, 532
na Batalha do Atlântico, 532
na missão a Munster, 532
oposição a, 532
pelos alemães, 532
civis, populações, 471-73
alemãs, prisioneiros de guerra e, 557-61, 729, 743-44
participação no esforço de guerra de, 88-89, 697-99
Clanton, Harold, 249
Clark, Albert P. "Ruivo", 577, 579, 587
Clark, Harry A., 437
Clark, William C., 653
Clausewitz, Carl von, 66
Clemenceau, Georges, 377
Cleven, Gale W. "Buck", 35, 46, 161, 251, 257, 264, 410
como prisioneiro de guerra, 29, 47-48, 308, 566-67, 593, 715-20, 730
na fuga de, 730, 738-39
na missão de bombardeio a Bremen, 28
na missão de bombardeio a Ratisbona, 25-26, 52, 286, 288-93
no Dia da Vitória das Forças Aliadas na Europa, 738-39

816 MESTRES DO AR

Cobra, Operação, 444-53, 478

Coca-Cola, empresa, 208

Collar, George, 515

Collier's, 488

Collins, J. Lawton "Lightning Joe", 445-46, 450, 546

Colônia, 548, 655, 656, 664, 685, 712-14, 735

bombardeio de, 65, 99, 637, 644

Combat America (filme de treinamento), 181, 220

Combustíveis, Plano dos, 421-23

combustíveis sintéticos, fábricas de, 91, 276, 423, 453-70, 526, 570, 613, 630, 663, 669, 670

defesa das, 461-63, 519

Comer, James Balmore, 369

Comer, John, 242-43, 344, 356, 365, 369

e suas folgas em Londres, 325-28

Command Decision (Wister), 81

Command of the Air, The (Douhet), 63

compartimentos de bombas, 131, 132

Compton, Keith, 280-81

Comunidade Médica Central (CME), 149-50, 190-94, 199-204, 353, 406

concentração, campos de, 154, 155, 156, 569-70, 638-39, 669-70, 700-01, 744-45

de Auschwitz. *Veja* Auschwitz; Auschwitz II

de Buchenwald, 570, 608, 663, 704

de Dachau, 270

condições do tempo

as missões de bombardeio a Ratisbona-Schweinfurt e as, 287-88, 288-89, 298

bombardeios guiados por radar e as, 344-50

camadas de gelo, 351-52

previsão das, 375-76, 379

problemas com as, 69, 134, 141-48, 157-59, 189, 266, 272, 309, 315, 344-52, 363-67, 372, 374-75, 378, 388, 402, 428, 447, 467, 468, 483, 521-22, 523, 528, 530, 534, 535-36, 542, 606-07, 609-10

o bombardeio a Hamburgo e as, 266, 267

Congresso Americano, 68, 78, 405, 457

declaração de guerra e o, 83

financiamento para o fornecimento de aviões e o, 75, 79

militares negros e o, 337-38

Conheça os Americanos (guia cultural), 329-31

Consolidated B-24 Liberator, 17-19, 22, 79, 102, 110, 119, 408, 438-39, 555, 556, 613, 681

a Operação Overlord e o, 229-30, 426

as asas Davis do, 277

como o modificado PB4Y, 441-42

corte transversal do, 131-32

derrubadas do, 556-57, 560-61

em combates com grupos de assalto alemães, 638-39

na guerra contra submarinos, 223

na Suíça, 454-58, 396-98

o B-17 em comparação ao, 79, 277

Ploesti e, 278-84, 423-24

ponto fraco do, 126-127

Coventry, bombardeio de, 22, 92, 621

Cook, Harold E., 633

copilotos, 25, 191, 212-13, 281, 405

mortes de, 382-83

Corcoran, William W., 489, 505

Cordwell, John, 591

Corner, Jack, 325

Corpo de Aviação do Exército (USAAC), 27, 33, 53, 70-81, 86, 248, 408

canção do, 509

crescimento do, 79, 243

Escola Superior de Técnicas de Guerra Aérea do, 70-74, 80, 166-67, 462-63

formação do, 61

integração racial no, 469

Primeira Ala de Bombardeiros do, 70-71

ÍNDICE REMISSIVO

mudança de nome do. *Veja* Frotas Aéreas do Exército Americano

Corum, James S., 349, 415

Counce, Jim, 365-69

Cowan, Howard, 643-44, 646

Coward, Noel, 208

Cowart, William S., Jr., 86-90

Cox, Sebastian, 678

Creswell, Michael, 155

Cristã de Moços (ACM), Associação, 588, 589-90, 594

Cronkite, Walter, 174-79, 185, 210
    relato sobre prostituição, 323

Crosby, Bing, 538

Crosby, Harry H., 27, 248-51, 265, 284-85, 305, 320, 410, 616
    chegada à Inglaterra de, 253, 254
    missão de bombardeio a Munster e, 29, 31-32, 45-46, 307
    operação humanitária de lançamento de suprimentos via paraquedas aos holandeses e, 711

Crowther, Bosley, 221

Cruikshank, Charles B. "Virabrequim", 254, 285, 292

Cruz Vermelha, 715, 717, 723, 725-26, 736, *Veja também* Cruz Vermelha Americana; Cruz Vermelha Internacional

Cruz Vermelha Americana, 316-17, 318
    clubes da, 320-21, 324-25, 332-33, 340, 341
    negros na, 340-41
    prisioneiros de guerra e a, 588, 590, 592

Cruz Vermelha Internacional, 446-47, 496, 502

Cruz Vermelha Suíça, 580-81, 593-94, 726

Culler, Daniel, 486-87, 491-94, 499-510

Dachau, 270, 562

Daley-Brusselmans, Yvonne, 155

Daniell, Raymond, 95, 701

danos psicológicos, 189-207, 210, 315-18, 405-408, 537

artilharia antiaérea e, 462-64, 465

bombardeios contra civis e, 533-34, 690, 693-94, 699-700

prisioneiros de guerra e, 586-87

tratamento de, 153-54, 194-95, 200-04

Darling, Loren, 44

Darmstádio, 561-62, 662
    bombardeios incendiários da RAF em, 624, 634, 638

Dauntless Dotty, 220

Davis, asas, 277

Davis, Richard G., 474, 476, 636

Davos, 497, 504

Dead Man's Hand, 658

Debach, 230, 233-37, 333, 510

Debden, 118, 398, 411, 417

Deben, Gordon E., 253

Dellie, Lady, 321-22

Depée, Arnold, 155

desenhos artísticos no nariz de aeronaves, 179-80, 509-10

Desmond, Johnny, 539

Dewey, Thomas, 249

Dia D, 157, 237, 239, 319, 362, 411, 421, 424-29, 450, 687
    desembarques do, 348, 377-78, 419, 424, 444

Dia V-E, 734-40, 746

Dinamarca, 101

disciplina, 66, 165, 175, 410, 429, 742
    LeMay e, 159-60, 160-61, 264
    problemas do Centésimo com, 248, 249-50, 264

dissuasão nuclear, 65, 160

Divisão-1 de Planejamento de Operações de Guerra Aérea [AWPD-1, na sigla em inglês], 80, 377

Doherty, Robert, 584-85

D'Olier, Franklin, 667

Dönitz, Karl, 120-22, 183, 222, 672, 680, 755

Doolittle, James H., 118, 356-70, 423, 439-40, 449, 752
    a 15ª Frota Aérea e, 346, 356-57, 359-60

a diretriz de Spaatz transmitida a, 708

A Grande Semana e, 375, 376, 379

a Incursão de bombardeio a Tóquio de, 118, 361, 362, 740-41, 752-53

as ideias de Mitchell e, 69, 360-61

ataques em voos rasantes e, 413

aumento do tempo de serviço militar e, 388

aviões de combate a jato e, 517, 518, 521, 650-51

bombardeios aterrorizantes e, 597, 599-600, 609-11, 632, 635, 640

bombardeios orientados por radar e, 403, 536

currículo de, 284, 360-62

missão de combate aéreo de Vanaman e, 570-72

missões de bombardeio a Berlim e, 388-89, 398-99, 597, 609-11

os aviões Mustang e, 365-71, 374

Doolittle, John, 362

Douglas A-20 Boston, 53

Douhet, Giulio, 63-67, 70-76, 92, 93, 162, 168, 259

D'Oyly, Richard, 423

Dr. Fantástico (filme), 159-60

Dresden, 572

bombardeio de, 560, 601-02, 603, 605-06, 620-41, 643-44, 645, 647-52, 707, 708-09, 724

frente de batalha interna e, 692

Drew, Lionel, 225

drogas (medicamentos), 325, 388

morfina, 210-11, 213-214, 273, 301, 388

para tratar problemas psicológicos, 202

Dubendorf, 487, 491-92

Duchess, The, 187-88

Duer, Walter, 427

Dulag Luft, 47, 562-66

Dulles, Allen, 503-04

Dyson, Freeman, 634, 686, 695

Eagle, Esquadrões, 110, 389

Eaker, Ira C., 56-57, 83-106, 118-124, 162, 184, 216-20, 385, 544-45

a Batalha do Atlântico e, 120-24, 183, 223

a missão de bombardeio a Lille e, 110, 114-15, 115-16

a missão de bombardeio a Ploesti e, 278

a Ofensiva de Bombardeiros Conjunta e, 171-74, 239-43, 266-67

a Segunda Semana de Bombardeios--Relâmpago e, 307, 313-15

amizade de Arnold com, 77, 241, 306-07, 357-59

amizade de Harris com, 93-99

bombardeios a Ratisbona-Schweinfurt e, 274, 284, 288, 301-02

bombardeios aterrorizantes e, 641-42

bombardeios diurnos e, 23, 52, 54, 119, 183, 301, 307

bombardeios guiados por radar e, 346

bombardeios noturnos e, 306-07

campanhas de propaganda e diplomacia de, 119-120, 183

cessar-fogo ordenado por, 273-74, 274-75

como discípulo de Mitchell, 60, 68, 69

correspondência de Arnold com, 241-42

currículo e personalidade de, 52, 84, 96

Doolittle comparado com, 362, 363, 373

em Casablanca, 171-74, 216

na missão de bombardeio a Rouen, 52-56

Operação Argumento e, 314, 372-74

os aviões Mustang e, 370-71, 372-73

problemas psicológicos e, 193

problemas raciais e, 337-38

relatórios enviados a Arnold por, 115, 211

ÍNDICE REMISSIVO

tornado comandante da frota de bombardeiros da Oitava, 83-84

transformado em comandante da Oitava, 118-119, 120

Wyler impedido de partir em missão de combate por, 181

Earle, Edward Mead, 275

economia alemã, 349, 385

a Pesquisa dos Efeitos dos Bombardeios Estratégicos e a, 673-79

bombardeios como danos à, 239-40, 266, 271, 362, 454-56, 481, 523-33, 548-49, 551, 678-79

economia, bombardeios como danos à, 60, 61, 66, 70, 72

Eden, Anthony, 338

Egan, John, 15-37, 251, 264, 410-11, 740

como prisioneiro de guerra, 47-48, 307, 567, 716-17, 730-31

na missão de bombardeio a Munster, 29-37, 45-49, 307

Eichmann, Adolf, 471, 478

Eisenhower, Dwight D., 185, 411, 431-35, 516, 539-40, 572, 680

a Batalha das Ardenas e, 542-45

a Operação Cobra e, 449

a Operação Overlord e, 239, 314, 327, 356-58, 360, 378, 418-24, 431-34

a Operação Tocha e, 105, 116-19, 357

assassinatos de prisioneiros de guerra e, 561

indústrias de combustíveis e sintéticos como alvos e, 453-54

libertação de prisioneiros de guerra e, 724

o Avanço de St. Lô e, 450

o Thunderbolt e, 601, 604

operação humanitária de lançamento de suprimentos via paraquedas aos holandeses e, 710

Operação Market-Garden e, 525

os foguetes V-1 e, 433-34, 434-35

os submarinos alemães e, 122-23

problemas de suprimento e, 524

quartel-general de, 102-03

relações anglo-americanas e, 327

relações interraciais e, 338-39, 341

rendição dos alemães e, 734

Elbe, Rio, 655, 680, 709, 728, 746

Elliott, Jessie H., 187-88

Elvgren, Gil, 180

embriaguez, 207-08, 237, 332, 333, 335, 357, 493, 735, 743

de prisioneiros de guerra, 565

em bares, 231-32, 258, 323, 329, 335, 407, 537

em Londres, 207, 323, 325-26, 327, 328-29

no Dia da Vitória das Forças Aliadas na Europa, 736-38

problemas psicológicos e, 190, 210, 407, 465

Emden, 191-92, 345

engenheiros, 131-32, 133, 134, 432, 669

Enola Gay, 51-52, 660

Ent, Uzal, 279, 280

Enterline, Philip, 440

Ernst, John, 616

Escócia, 102, 159, 227-32, 235

chegada de navios de transporte de tropa à, 100, 251

Espanha, 59, 390-91, 395, 427

espionagem, 505, 564-65, 570, 741

esposas da guerra, 751-52

Estado-Maior Conjunto Anglo-Americano, chefes do, 80

Estado-Maior Conjunto, chefes do, 358, 431, 552, 724

a Operação Pointblank e os, 239-40

escolha de alvos e os, 277, 525, 603-04

estratégia das "redes industriais", 72

Estuário de Clyde, 100, 227-28

Everett, Ken, 256

fadiga de combate, 193

Fahrenhold, William, 213, 214

Fairchild, Muir, 72

Falaise, Bolsão de Resistência de, 444, 452, 453, 480

820 MESTRES DO AR

falhas de serviços secretos, 459, 517, 530

Falkenberg, Jinx, 184

Farrington, Richard, 133

Fassberg, Harold, 672

Fellowship, 702

Ferebee, Thomas, 52

ferro, minério de, 490, 529-30, 548, 676-77

ferrovias, 30-31, 110, 386-87, 708

   a Operação Trovão e, 602, 603

   bombardeios às cegas e, 534-36

   na Alemanha. *Veja* Reichsbahn

   na Bélgica, 419, 546

   na França, 154, 157, 392-94, 419, 424-25, 426-27, 524, 526, 637

   na Suíça, 496

   para Auschwitz, 471-73

Ferson, Steve, 78

Filipinas, 21, 68, 77, 88, 598, 724

First Over Germany (Strong), 107

Fisher, John, 441

Fiske, Gardiner "Gordy", 111

Flanagan, John C., 206

Flensburgo, 673, 679

Focke-Wulf Fw 151, 176, 348, 352, 390, 398

   a missão de bombardeio de Oschers-leben e os, 366, 367

   na Batalha do Atlântico, 127-28, 163, 213, 214

   no Sturmstaffel I, 388-403, 512, 653-54

foguetes, 16, 125-26, 308-09, 433-36, 451, 606-09, 633

   V-1, 300, 434-44, 540, 607

   V-2, 300, 435, 607, 608

   V-3, 435, 441

Foodaco, 581

Força Aérea Americana, criação da, 753

força máxima contra força máxima, princípio da, 372-76

Forças Expedicionárias Americanas, 61

Ford, Henry, 243, 675

formações em caixa, 23, 168, 309

Fortaleza Voadora B-17, da Boeing, 17-19, 73-76, 107-110, 441-42, 510-11, 650, 658, 700

   a Operação Frantic e a, 472-73, 476-77

   a Superfortaleza em comparação com a, 598

   bombardeios aterrorizantes com a, 612-17, 619

   como aviões Cansados de Guerra, 438-41, *Veja também* aviões e missões específicas

   comparada com o B-24, 79, 277

   corte transversal da, 130-31

   impossibilidade de desenvolvimento de um caça de escolta para a, 23, 74-75, 216-17

   na invasão da Normandia, 229, 378

   na Suíça, 497-99

   o desenvolvimento da, 72-74

   o Dia D e a, 377-79, 426-27

   o interior da, 131-34

   o modelo F da, 249

   o modelo G da, 73, 309

   o nariz da, 179-80

   o ponto fraco da, 126-27

   redução de baixas e, 22

   sendo levada para a Inglaterra, 100-01, 104

   superestimação da capacidade da, 239-41, 301-02, 392-93

França, 35, 211, 309, 347, 348,

   a "Costa dos Foguetes" na, 434

   aeronautas escaparam para a, 504-05

   aeronautas abatidos, 154, 155, 390-96

   alvos industriais na, 107, 119

   alvos na, *Ver encarte*

   através do Canal da Mancha, 85-100, 104-05; Veja também Overlord

   bombardeio alemão na, 545-47

   campos de transição na, 715-16, 732, 738, 747

   Conferência de Munique e a, 76

   exércitos Aliados na, 91

ÍNDICE REMISSIVO

ferrovias na, 155, 156, 393-94, 419, 424-25, 425, 524, 526-27, 637
na Primeira Guerra Mundial, 61, *Veja também* Atlântico, Batalha do; *locais específicos*
o Dia da Vitória das Forças Aliadas na Europa na, 738, 746
operações de fuga, 154
queda da, 21, 79, 349, 674
Vichy, 496, 497
França Livre, 421
Frankfurt, 467, 548, 645, 662-63
prisioneiros de guerra em, 563, 567-68
Frantic, Operação, 473-76
frente de combate interna, 683-702
Freud, Sigmund, 198
Fria, Guerra, 66, 160
Frotas Aéreas do Exército Americano (USAAF), 79-80, *Veja também* Oitava Frota Aérea do Exército Americano; *aviões e missões específicas*
como unidade de voluntários, 257
Corpo de Contrainteligência das, 566
crescente presença na Grã-Bretanha das, 319
criação das, 80
estratégia para vencer a guerra das, 49
exigências para ingresso nas, 243
integração racial nas, 338
Spaatz incumbido de comandar as, 752
treinamento da, 242
Frotas Aéreas Estratégicas do Exército Americano na Europa (USSTAF), 356
Frutigen, 492
Frye, Cliff, 32
fuga e evasão, 154
Fuller, J. F. C., 671
Fuzileiros Navais dos EUA, Corpo de, 24

Gabreski, Francis "Gabby", 380
Galba, Bill, 147
Galbraith, John Kenneth, 665
Galland, Adolf, 124
a Batalha das Ardenas e, 542
Armagedon aéreo planejado por, 521
caças a jato e, 650
desentendimentos de Göring com, 559
missão de bombardeio a Berlim e, 637
O Sturmstaffel I e, 512
os foguetes V-1 e, 540
Gander Lake, 101
Gangwer, Roland, 249
gasolina, 260
escassez entre os alemães de, 275
Gaspar, Augie, 292
Geilenberg, Edmund, 468
geladuras, 143
Gellhorn, Martha, 701
Genebra, Convenção de, 394
prisioneiros de guerra e a, 453
General Motors, 86
Generation of Vipers (Wylie), 186
Gentile, Don Salvatore, 369
George, Harold L., 70
missões de bombardeio a Ratisbona--Schweinfurt e, 84
Gerald, Francis "Budd", 586
Gerhart, John, 31
Germany in Defeat (Knauth), 704
Germany's Economic Preparations for War (Klein), 674
Gestapo, 87
em Berlim, 91
prisioneiros de guerra e, 90
Gerstenberg, Alfred, 281
Gibraltar, 116
Gibson, J. W., 433
Gibson, Roy H., 213
Gibson, Truman K., 341
Giles, Barney, 217
Glazener, Robert F., 658

822   MESTRES DO AR

Glutão, Operação (Maná), 711
Godfrey, John T., 412
Goebbels, Joseph, 433
    os *Terrorfliegers* e, 557
Goldsmith, John, 257
Goldstein, Laurence "Goldy", 388
Gomorra, Operação, 270
Goodner, Howard, 132
Goodrich, Charles, 572
Gordon-Forbes, Douglas, 35
Göring, Hermann, 87
    a ameaça americana e, 210
    a forte de ligação de Hitler com, 300
    caças a jato e, 517
    desentendimentos de Galland com, 87
    incompetência na área econômica
        de, 677
    indústrias de combustíveis e sintéti-
        cos como alvos e, 455
    maior erro tático de, 363
    prisioneiros de guerra e, 453
    relações dos suíços com, 485
Grable, Betty, 589
Grã-Bretanha, 21
    a Batalha do Atlântico e a, 120
    a Conferência de Munique e a, 76
    a Operação Overlord e a, 239
    a prisão de Speer e a, 460
    construção de bases aéreas na, 16
    criação de um braço da aeronáutica
        militar americana na, 84
    exército da. *Veja* britânico, Exército
    hostilidade para com americanos
        na, 560
    ignorância com relação aos america-
        nos na, 328
    na Batalha das Ardenas, 542
    na Líbia, 88
    na Operação Tocha, 105
    racionamento na, 89
    serviços secretos da, 154
Grã-Bretanha, Batalha da, 21
Grafton Underwood, 51
    ex-prisioneiros de guerra em, 664
    início de uma missão em, 52

Graham, Glenn, 39
Granberg, Herie, 617
Grande Depressão, A, 110
Grande Fuga, A, 568
Grande Semana, A, 373
Grant, Ulysses S., 372
Graves, Barbara, 318
Gray, J. Glenn, 613
Greening, Charles "Ross", 740
Gregor, Neil, 686
Gregorian, Harry, *132*
Gregory, Victor, 541
Grierson, C. M., 644
Grinker, Roy, 203
Grislawski, Alfred, 291
Groban, Milt, 471
Groenlândia, 100
Grow, Malcolm C., 140
Grubb, George S., 337
Gruner, Hugo, 560
Guderian, Heinz, 560
Guderley, George, 576

Hayes, Edwin W., 584
Haines, William Wister, 81
Halfgott, Ben, 633
Hallock, Theodore, 137
Halmos, Eugene E., 555
    a libertação de, 573
Halpert, Sam, 352
Hamburgo, 223
    bombardeio de, 276
    frente de combate interna em, 683
    a recuperação de, 270
    tempestade de fogos (causada por
        bombardeio incendiário) em, 266
Hamilton, Howard "Faroleiro", 249
    na missão de bombardeio a Munster,
        34
Hammond, Clint, 191
Hand, Robert, 614
Hanover, missão de bombardeio a, 272
Hansell, Haywood S., 72
    como estrategista de bombardeios, 71

ÍNDICE REMISSIVO

emprego de caças de escolta defendido por, 414
Hansen, Chet, 655
Harding, Neil B. "Chick", 29
Harlan, John Marshall, 275
Harper, C. B. "Ruivo", 397
Harriman, Averell, 617
Harris, Arizona T., 139
Harris, Arthur, 93
    a Operação Overlord e, 239
    bombardeios a Berlim e, 402
    bombardeios a Hamburgo e, 300
    bombardeios aterrorizantes e, 93
    estratégia de devastação de cidades de, 171
    indústrias de combustíveis e sintéticos como alvos e, 455
    os foguetes V-1 e, 443
    Spaatz em comparação com, 119
    submarinos alemães e, 105
Harris, Craig, 167
Harris, Lady Jill, 95
Hastings, Donald W., 190
Hastings, Max, 92
Heflin, Clifford J., 392
Heidi Ho, 56
Heinkel He 177 Greif, 300
Heligolândia, 221
Heller, Phillis, 754
Hell's Angels, 141
Hell's Kitchen, 485
Henderson, William D., 584
Henrietta, James, 612
Hermann, Hajo, 654
Heródoto, 343
hidrogenação alemãs, fábricas de, 458
High Wycombe, 57
Hill, Gladwin, 175
Himmler, Heinrich, 495
    prisioneiros de guerra e, 500
Hiroshima, o bombardeio de, 51
Hitchcock, Thomas, 370
Hitler, Adolf, 33
    a Batalha da Normandia e, 419
    a Batalha das Ardenas e, 542

a ofensiva soviética (1945) e, 596
armas retaliatórias e, 299
bombardeios a Berlim e, 402
bombardeios a Ratisbona-Schweinfurt e, 38
caças a jato e, 517
erros de, 114
indústrias de combustíveis e sintéticos como alvos e, 455
na Conferência de Munique, 76
neutralidade suíça e, 494
o antissemitismo de, 221
o plano de Hermann e, 654
o povo alemão e, 93
o relacionamento de Galland com, 124
política de bombardeios e, 93
prisioneiros de guerra e, 273
produção de caças de combate e, 374
Hodges, Courtney H., 643
Hoerr, John, 35
Hoffman, Richard H., 582
    no Dia da Vitória das Forças Aliadas na Europa, 631
Holanda, 16
    aeródromos alemães na, 53
    bombardeios alemães na, 21
    invasão pelos alemães da, 74
    operação humanitária de lançamento de suprimentos via paraquedas na, 157
    operações de fuga e a, 154
Holmes, Ann, 752
Honra do Congresso, Medalha de, 188
Hope, Bob, 182
Hopkins, Harry, 77
Hopper, Bruce C., 662
Horthy, Miklós, 478
Howard, James H., 368
Howard, Leslie, 88
Howell, Forrest, 744
Huber, Max, 496
Hughes, Lloyd, 282
Hull, Cordell, 490
Hull, Harris B., 86

824 MESTRES DO AR

Hungria, 375
    judeus da, 471
    petróleo na, 422
Hunter, Frank "Monge", 85
Hutchins, Kay Brainard, 332
Hutton, Bud, 185
Hydekrug, Corrida de, 585

I Wanted Wings (filme), 27
I Wanted Wings (Lay), 27
I. G. Farben, 457
    unidade fabril de Leuna da, 459
Ialta, Conferência de, 602
imprensa, 54
    opinião sobre missões de bombar-
      deio da, 54
Incursores Zero, 274
indústria aeronáutica alemã, 372
    como alvo de bombardeios, 21, 71,
      75, 91, 105, 290, 300, 346, 358,
      375, 386, 398, 405, 482, 724, 730,
      754
    dispersão de unidades fabris da, 312
    força da, 458
indústria aeronáutica americana, 76, 79,
    369
infantaria, 17
    aeronautas em comparação com, 17
    baixas neuropsiquiátricas de, 194
    bombardeio da Oitava contra, 18
    na Primeira Guerra Mundial, 22
Inglaterra, 16
    bases aéreas na, 16
    chegada da Oitava à, 18
    na Primeira Guerra Mundial, 16
    racismo na, 30
    total mobilização para a guerra da,
      64
Interaliado de Seleção de Alvos Estraté-
    gicos, Comitê, 525
International News Service, 741
Invasion II, 179
Ipswich, 231
Irving, David, 629

Islândia, 100
Itália, 21
    a 15ª Frota Aérea do Exército Ameri-
      cano na, 346
    a visão de Speer sobre a, 270
    invasão pelos Aliados da, 80

Jacobs, Bernard R., 20
Jagdgeschwader (JG 26) (Garotos de
    Abbeville), 124
Jagdgeschwader 2 (JG 2), 126
Jagdgeschwader 7 (JG 7), 651
Jagdverbande 44 (JV 44), 652
Janela (tática defensiva), 267
Janis, Irving, 691
Japão, 21
    ataque a Pearl Harbor pelo, 33
    bombardeios americanos contra o,
      51
    e bombardeios a Tóquio, 220
    expansão territorial pela Ásia do, 85
    rendição do, 552
Jeannie Marie, 366
Jersey Bounce Jr., 354
Jeschonnek, Hans, 125
Jodl, Alfred, 497
Johnson, Dotty, 219
Johnson, G. Griffith, 667
Johnson, Gerald W., 413
Johnson, Leon W., 282
Johnson, Lewis Page, 212
Johnson, Lyndon B., 160
Johnson, Robert, 414
Jones, Kenneth "Decano", 536
Jongh, Andrée de "Dédée", 154
Jongh, Frédéric de, 155
Jostad, Glen A., 575
Joyce, William "Lorde Rô-Rô", 488
judeus, 20
    alemães, 471
    como prisioneiros de guerra, 457
    em Auschwitz, 471
    húngaros, 471
    suíços, 494

ÍNDICE REMISSIVO

judeus alemães, 496
Junkers Ju 88, 308
Junta Médica da CME, 204
Juventude Hitlerista, 41

Kaldor, Nicholas (depois lorde), 667
Kaltenbrunner, Ernst, 560
Kane, John "Matador", 279
Knauth, Christina, 688
Kardorff, Ursula von, 618
    opinião sobre bombardeios de, 618
Kassel, 514
Katzenbach, John, 589
Katzenbach, Nicholas, 588
Keck, Robert, 111
Keegan, John, 19
Kegelman, Charles C., 54
Keitel, Wilhelm, 425
Kelley, Walt, 49
Kennedy, John F., 160
Kennedy, Joseph, Jr., 441
Kepner, William E., 241
Kessler, Paul, 312
Keyson, Carl, 420
Kickapoo, 280
Kidd, John "Jack", 285
Kiel, 121
Kimbolton, aeródromo, 248
King, Ernest, 223
King, Harold, 735
Kirk, Irving P., 375
Kirwin, Gerald, 694
Klein, Burton H., 667
Klemich, Liselotte, 623
Klemperer, Victor, 631
Klett, Immanuel "Manny", 709
KLM DC-3, avião cargueiro da, 87
Knauth, Percy, 702
Knoke, Heinz, 296
Koenig, Pierre, 421
Kohn, Richard, 640
Koller, Karl, 417
Koske, Keith, 273
Kosters, Hildegard, 41

Krauch, Karl, 460
Kreidler, Howard "Doc", 409
Kriegsmarine, 584
Kubrick, Stanley, 160
Kuter, Lawrence S., 75
    a Operação Trovão e, 598
    na Escola Superior de Técnicas de
      Guerra Aérea, 80
    o Dia D e, 157

Laidlaw, William r., 56
Lain, Elmer, 574
Lamarr, Hedy, 247
Lamb, Keith, 538
Lamont, Thomas W., 275
LaMore, Tommy, 396
Landry, Tom, 463
Land's End, 172
Launceston, afro-americanos em, 340
Lawley, William R., 381
Lay, Beirne, Jr., 25
    a missão de bombardeios a Ratisbo-
      na-Schweinfurt e, 25
Ledoux, Elzia, 384
Lee, Robert E., 166
Legge, Barnwell Rhett, 489
legislação internacional, neutralidade
    e, 496
Leigh-Mallory, Sir Trafford, 419
LeMay, Curtis E., 151
    a Quarta Ala de Bombardeiros e, 248
    inspeção do Centésimo por, 261
    na Ásia, 481
    o currículo de, 157-58
    os bombardeios a Ratisbona-
      -Schweinfurt e, 275
    táticas de bombardeio de, 164
Lemmons, Fonda, 251
Lemmons, Kenneth, 249
    o primeiro ataque do Centésimo e,
      249
Leningrado, 88
Leuna, fábrica de, 459
Lewis, Winfrey "Pappy", 42

826 MESTRES DO AR

Ley, Robert, 686
Liberty Ships, os, 222
Líbia, 88
Life, 55
Likert, Rensis, 664
Lille, missões de bombardeio a, 115
Lincoln, Abraham, 479
Lindbergh, Charles, 100
Lindeiner-Wildau, Frederico Guilherme von, 569
Linha Siegfried (Muralha Ocidental), 453
Lippmann, Walter, 184
Leipzig, 379
  bombardeios à, 382
Lipsky, Paul, 107
Little Chub, 498
Lobos do Zemke, Os (Wolf Pack). *Veja* 56º Grupo de Caças
Lockhart, Gene, 108
Lockheed P-38 Lightning, 344
  missões de bombardeio a Berlim e os, 367
  os Mustang comparados com os, 365
Lockheed P-80A Shooting Star, 517
Loevsky, Louis, 478
  no Dulag Luft, 562
  no Stalag Luft III, 553
Lombard, Carole, 181
Londres, 15
  aeronautas fugitivos em, 40
  afro-americanos em, 20
  bombardeios na Primeira Guerra Mundial a, 16
  bombardeios na Segunda Guerra Mundial a, 22
  escritório de relações públicas em, 184
  foguetes V-1 em, 443
  hotéis em, 208
  licenças de serviço em, 251
  membros do governo polonês exilados em, 477
  o Dia da Vitória das Forças Aliadas na Europa em, 631
  quartel-general da Oitava em, 57

Longfellow, Newton D., 109
Lorient, 115
Lovett, Robert A., 77
Ludwig, Johnny, 228
Ludwigshafen, 459
Ludwigshafen-Oppau, 664
Luftwaffe, 18, *Veja também* aviões de caça alemães
  a Batalha das Ardenas e a, 541
  a confiança de Göring na, 125
  a Grande Semana e a, 373
  a missão de bombardeios a Ploesti e a, 275
  a Operação Argumento e a, 314
  a Operação Frantic e a, 473
  a Operação Overlord e a, 239
  a segunda Semana de Bombardeios-Relâmpago e a, 307
  a Suíça e a, 483
  armadilha fatal da, 431
  baixas na, 21
  bombardeios a Berlim e a, 91
  bombardeios a Hamburgo e a, 223
  bombardeios a Ratisbona-Schweinfurt e a, 32
  bombardeios guiados por radar e a, 132
  central de interrogatórios da, 47
  em Dresden, 560
  Londres bombardeado pela, 22
  missão de bombardeio a Bremen e a, 28
  missão de bombardeios a Munster e a, 29
  missão de bombardeios a Rouen e a, 54
  nos céus da França, 107
  novas táticas e armas da, 515
  Ofensiva de Bombardeiros Conjunta contra a, 171
  perda de pilotos na, 297
  pilotos suicidas da, 655
  prisioneiros de guerra e a, 47
  treinamento de membros da, 223
Luxemburgo, 523

ÍNDICE REMISSIVO

Lyle, Lewis E., 294
Lynch, J. J., 534
Lyon, Ben, 184

MacArthur, Douglas C., 88
Macdill, Base da Força Aérea Americana de, 247
Madingley, Cemitério Militar de, 364
Máfia dos Bombardeiros, a, 51
Magdeburg, 510
Mahin, John Lee "Jack", 182
Mahurin, Walker M. "Bud", 413
Maio Negro, 222
Maná (Glutão), Operação, 711
Manhattan, Projeto, 71
Mann, Sir Rupert, 15
Mann, Thomas, 621
Manners, Christ, 132
Mannheim, incursão de bombardeio britânica a, 92
Manteuffel, Hasso von, 546
Maquis, 391
Maremoto, Operação. *Veja* Ploesti, ataques a
Margem de Barreira, 26
Marienburgo, missão de bombardeio a, 29
marinha alemã, 456
marinha americana, 22
Marinha dos EUA, Ministério da, 68
Marinha Real, 153
Market-Garden, Operação, 525
Marrocos, 117
Marshall, George C., 78
a Operação Overlord e, 239
a Operação Trovão e, 598
a transferência de Eaker e, 85
Martin B-26 Marauder, 18
Mason, Harry, 381
Mass-Observation, 326
"Massacre com Bombardeiros" (Grã--Bretanha), 702
Massy, Herbert M., 569
Matadouro 5 (Vonnegut), 623

Mathies, Archibald, 382
Mathis, Jack, 187
Mathis, Mark, 187
Mauthausen, 156
Maxwell Field, Escola Superior de Técnicas de Guerra Aérea de, 70
Mayer, Egon, 126
Mayer, Louis B., 408
McCarthy, David, 325
McCarthy, Norma, 325
McCloy, John J., 341
McCrary, John "Tex", 184
McDonald, George C. M., 551
McLaughlin, J. Kemp, 110
em casas de repouso "antiaéreas", 315
McNair, Lesley, 449
medicamentos, tratamento médico, 493, *Veja também* drogas; médicos
na aeronáutica militar, 518
prisioneiros de guerra e, 502
médicos
da aeronáutica militar, 66
Mediterrâneo, Teatro de Operações de Guerra do, 48, *Veja também* Tocha, Operação
a transferência de Eaker para o, 85
aviões P-38 no, 102
baixas neuropsiquiátricas no, 194
Melhores Anos de Nossas Vidas, Os (filme), 221
Melville, Herman, 227
Memphis Belle, 128
Memphis Belle, The (documentário), 180
Mendelsohn, Eric, 660
Merseburgo, 459
Messerschmitt, 55
fábrica em Ratisbona dos, 274
Messerschmitt Me 109, 55
Messerschmitt Me 262, 517
Messerschmitt Me Bf 110, 380
Messerschmitt, Willie, 370
metanol, 459
Meteor (avião de caça a jato), 517
metralhadoras, 23

nos B-17, 23
nos Mustang, 383
metralhadores, 42
da cauda de bombardeiro, 110
de metralhadora móvel lateral, 131
de torre de tiro esférica, 131
laços de afeição entre os, 205
na missão de bombardeio a Lille, 115
no *Jersey Bounce Jr.*, 354
preparativos para missão dos, 218
presos a postos, 317
Meuse-Argonne, 62
MGM, 182
MI-9, 579
Milch, Erhard, 299
aviões a jato e, 458
Milênio, Operação, 99
Miller, Glenn, 424
Miller, John A., 406
Miller, Lee, 701
Miller, Philip B., 587
Milward, Alan S., 531
Mimoyecques, 440
Miss Prudy, 612
mísseis de cruzeiro, 434
Mísseis de Cuba, Crise dos, 160
Misuraca, James, 500
MIS-X, 579
Mitchell, Harry S., Jr., 621
Mitchell, William "Billy", 60
a Primeira Guerra Mundial e, 60
o currículo de, 60
o julgamento em corte marcial de, 69
Mittelwerk, 607
M'lle Zig Zag, 31
Moffat, George E., 144
Molesworth, 176
Montaigne, Michel de, 171
Monterey (navio), 227
Montgomery, Sir Bernard Law, 443
Moora, Robert, 185
Moore, Carl, 382
Moore, Danny Roy, 712
moral, 21, *Veja também* danos psico-
lógicos

aterrissagens em países neutros e,
313
bombardeios aterrorizantes e, 93
elevação do, 22
Moran, Lorde, 204
morfina, 219
Morgan, John "Red", 272
Morgan, Johnny "Nipper", 541
Morgan, Robert, 128
a última missão de bombardeio de,
138
campanha de levantamento de fundos de, 219
encontros de Wyler com, 178
Morison, Samuel Eliot, 83
Morris, John H., 136
Mosa, Rio, 542
Moosburg, prisioneiros de guerra em,
715
Moscou, 88
Mosley, Leonard, 663
Mueller, Gert, 399
mulheres, 30
como beldades de revistas masculinas, 180
como estrelas do cinema, 180
confraternização com, 208
em Londres, 209
morte de, 269
na Cruz Vermelha, 316
no esforço de guerra, 319
nos bombardeios a Hamburgo, 620
prisioneiros de guerra e, 462
suíças, 493
Mumford, Harry C., 389
Munique, 76
bombardeios a, 76
Munique, conferência de (1938), 76
Munster, missão de bombardeio a, 34
"Murder, Inc.", 558
Murphy, Frank D., 30
como prisioneiro de guerra, 34
na missão de bombardeio a Munster,
34
Murphy, John, *132*

ÍNDICE REMISSIVO

Murphy, Thomas, 287
Murray, Williamson, 76
Murrow, Edward R., 33
Mussolini, Benito, 298
Mustang P-51, 217
  na Suíça, 217
  versus caças a jato, 517
Mustang P-51, avião americano, 217
  combustível para o, 371
  em Dresden, 560
  em missões de ataque a Berlim, 271
  o Dia D e o, 319
  Mutschmann, Martin, 623
  My War (Rooney), 15

Nabokov, Nicolas, 667
napalm, 438, 661
Natal, 144, 236-37, 334, 355-56, 510, 526,
  540, 544-546, 552, 594-595
navegadores, 100, 114
  em missão de bombardeio a Lille,
    110
  erros de, 253, 264, 280-281
  o uso de LeMay de, 158, 165
  operadores de radar, 129, 132
  treinamento de, 245, 248
  verificações do sistema de oxigena-
    ção pelos, 147
navios de guerra, bombardeios contra,
  67
nazistas na Batalha das Ardenas, exércitos de blindados dos, 543-544,
  546-547
negros. *Veja* afro-americanos
Neithammer, George, 738-739
Nelson, C. Richard, 382
Nentershauen, 515
Nesbit, Roy, 541
New York Times, The, 176, 184, 221, 324,
  353, 396, 399, 402, 434, 541, 619, 668,
  701-702
  matéria sobre blindagem corporal,
    353
  matéria sobre bombardeios a Berlim,
    402

Newby, Leroy, 488
Newcomb, Alan, 742, 744-745
Newfoundland, 100-101, 158
Newton, Sam, 405
Nissen, barracas de, 129, 207, 234, 254,
  311, 438, 537-538, 611, 747
nitroamido, 438, 440-441
Nitze, Paul, 666, 673
Niven, David, 2108
Noe, George, *132*
Nolan, Bernard Thomas, 534
Nona Divisão de Blindados, 655
Nona Frota Aérea do Exército Ameri-
  cano, 18, 277-279, 359, 370, 419, 424,
  432, 447, 452
  a Operação Overlord e a, 359
  o Comando de Caças da, 424
Nono Comando Aerotático, 450
Nono Exército, *nota*, 643
Norden, Carl L., 71
Norden, mira de bombardeio, 22, 55, 71,
  74, 113-114, 133, 137, 165, 167, 309, 486
  emprego de LeMay da, 165
  problemas com a, 113-114
Nordhausen, 607
Norfolk, 15, 98, 229, 273, 439, 611. *Veja
  também* Thorpe Abbots
Normandia, 115, 157, 229, 301, 356,
  378-379, 392, 418-419, 421, 423-425,
  427, 429, 431-434, 444-447, 453, 474,
  524-525, 680, 701
  Batalha da, 419
  invasão da. *Veja* Overlord, Operação
Norseman D-64, 540
Norte, Mar do, 16, 35, 43, 121, 135, 137,
  147, 151, 153, 175, 191, 230, 308, 354,
  356, 367, 379, 400, 439, 442, 510, 613,
  683, 714
  bombardeiros derrubados no, 44,
    135, 139, 354-355
  submarinos no, 120-122, 137-138
North American Aviation Company, 370
Noruega, 35, 266, 347
Norwich, 16, 238, 307, 332, 334, 408, 737,
  767

830 MESTRES DO AR

Nothomb, Jean-François "Franco", 156

Nova York, cidade, 65, 249, 766

Novey, Jack, 131, 140, 271, 322, 351

Nowotny, Walter, 520-521, 650

Nuremberg, 33, 286, 561-562, 615, 617, 637, 662, 687, 704, 721-723, 753-755
  bombardeio de, 615, 637
  comícios dos nazistas em, 33, 755
  julgamentos de crimes de guerra em, 561-562, 753-755

Nutter, Ralph H., 158

Ocidental, Muralha. *Veja* Siegfried, Linha

Óder, Rio, 583, 601, 616, 623

O'Donnell, Joseph, 728, 733

Ofensiva de Bombardeiros Conjunta (Operação Pointblank), 171, 174, 239, 683, 700, 702
  apoio à, 172-174
  divisão de atribuições na, 175-176, 239
  frente de combate interna e a, 683-701
  golpes decisivos contra o inimigo na, 683, 700
  início da, 239
  planos de realização da, 171

O'Grady, Edward, 309

Oitava Frota Aérea do Exército Americano, 9, 53. *Veja também* grupos de bombardeiros, aviões e missões específicos
  a Batalha das Ardenas e a, 541-550
  a Batalha do Atlântico e a, 120-121, 222, 683
  a formação da, 20
  a Grande Semana e a, 379-388, 408-410, 520
  a Operação Balista e a, 437, 443, 454
  a Operação Cobra e a, 445-446, 478
  a Operação Overlord e a, 422, 527
  a Operação Tocha e a, 105, 116, 118-120, 140, 229, 277, 357, 377
  a primeira missão de combate da, 22
  a RAF em comparação com a, 104, 638
  a reorganização da, 104
  a Semana de Bombardeios-Relâmpago e a, 274
  a última missão de bombardeio pesado da, 709
  altos e baixos no desempenho da, 728
  alvos selecionados pela, 58, 64-65, 90, 167, 298, 419-424
  aumento da, 53, 100
  Auschwitz e a, 473-476, 478-479
  bases da, 99, 335, 759-760
  bombardeios aterrorizantes pela, 697
  bombardeios diurnos pela, 119, 172-174, 290
  bombardeios guiados por radar e a, 521, 533, 637-638
  campanha de publicidade da, 184
  chegada à Inglaterra da, 21
  Comando de Apoio Aeroterrestre da, 102
  Comando do Serviço de Manutenção da, 102
  Doolittle tornado comandante geral da, 357
  em combates com o grupos de assalto alemães, 291, 515, 674
  grande massacre de jatos inimigos pela, 657-658
  na missão de bombardeio a Ploesti, 298
  números de baixas na, 684
  o comando da frota dado a Eaker, 118
  o Comando de Bombardeiros da, 84, 102, 115, 356-357, 422
  o Comando de Caças da, 19, 85, 102, 110, 241, 339, 371
  o tamanho da, 102-103
  operação humanitária de lançamento de suprimentos via paraquedas da, 710

ÍNDICE REMISSIVO

organograma da, 103

período decisivo da, 116

prisioneiros de guerra transportados pela, 715-721

Primeira Ala de Bombardeiros da, 70, 166-167, 223, 377

Primeira Divisão de Bombardeiros da, 366-367, 369, 615

problemas de moral na, 142, 189, 193, 242, 311, 319, 410

Quarta Ala de Bombardeiros da, 248, 284-285, 290

quartel-general da, 117, 320, 367, 595

Segunda Ala de Bombardeiros da, 307

Segunda Divisão de Bombardeiros da, 513, 767

serviço secreto da, 517, 527, 551, 571

Terceira Divisão de Bombardeiros da, 447

tipos de bombardeiros da, 19

unidade de Exploradores Aéreos da, 535

Oitavo Exército Britânico, 733

On the Natural History of Destruction (Sebald), 640

Ong, Bill, 233, 235-236

Operações de Ressuprimento, Batalha das, 419

Operações Especiais (SOE), Agência de, 392

Orwell, George, 323, 702

Oschersleben, 366-367, 372

Ostfriesland (navio de guerra alemão), 68

Our Gang, 287, 295

ouro, 67, 412, 496-497

Outubro Negro, 344, 348

Overlord, Operação, 239, 418, 422, 475, 527. *Veja também* Dia D

isolamento de cabeça de praia na, 419

os Maquis e a, 427

preparativos para a, 239, 314

supremacia aérea e a, 240

Overstreet, William, 40

Overy, Richard, 482, 676

oxigenação, equipamento de, 260, 397

Panter-Downes, Mollie, 736

Panzer Lehr, Divisão, 449

Panzerfausts, 633

Panzergruppe West. *Veja* V Exército Panzer

Papenberg, Heinz, 514

Paramore, Rulon, 536

Paramount Pictures, 221

paraquedas, 26, 28, 34, 36-37, 39-40, 46, 111, 131-132, 135, 139, 153-154, 157, 191, 205, 213-214, 218, 225, 236, 245, 257-258, 261, 273, 282, 292, 310, 312, 354, 369, 381, 383-384, 390, 392-395, 404, 438-441, 464, 476, 498, 513-514, 540, 554-557, 571-572, 587, 591, 616, 655, 659, 711, 717, 727, 739-741, 747

Paris, 121, 155, 208, 306, 379, 425, 427, 443, 453, 540, 542, 607, 746

a libertação de, 453

Park House, 117, 119-120, 376, 380

Parker, Richard, 672

Parton, James, 86, 97, 172, 241, 314

Pas de Calais, 425, 435, 442, 450

Pathfinders, 345, 426

pátios de manobras ferroviárias, 91, 420-422, 425, 461, 531-534, 544, 548, 558, 611, 628-631, 635-637, 642, 649, 656, 670, 698

a Batalha das Ardenas e, 544

bombardeios da RAF contra, 91

em Aussig, 658

em Dresden, 631

preparativos para a Overlord e, 420

Patterson, "Pat", 394-396

Patton, Frank, 748

Patton, George S., 160

a Batalha das Ardenas e, 544, 546

travessia do Reno por, 656

Pearl Harbor, ataque a, 18, 110-111, 158, 179, 243, 408, 481, 571, 703

Peaslee, Budd J., 59
Peck, George L., 226
Peck, Gregory, 52, 757
Peenemunde, 298, 608
Pehle, John W., 479
Peiper, Joachim, 544
Pequeno Guia Cultural sobre a Grã-Bretanha, 329
Perella, Jack, *132*
Perera, Guido R., 275, 762
Pershing, John J. "Black Jack", 61
Pesquisas de Medicina Aeronáutica, Laboratório de, 149
Peterson, Bob, 132
Petrohelos, George, 249
petróleo, 25, 72, 120, 240, 274-276, 278, 358, 422, 431-432, 446, 456-457, 459, 466, 470, 481-482, 496, 510, 527, 530, 630, 663, 670, 676-677, 697
    a Batalha do Ruhr e o, 527
    a campanha de bombardeios de Spaatz contra petrolíferas e, 679
    a produção americana de, 456
    missões de bombardeio a refinarias de Ploesti e, 274-275
Petty, George, 180
Pforzheim, bombardeio de, 634
Piccadilly Lilly, 26
Pickhardt, Walther, 584
Pilet-Golaz, Marcel Edouard, 495
    pilotos, 19, 22, 25, 27, 30, 38, 42, 46-47, 55, 57, 62, 100-101, 103, 108, 112-113, 124-128, 134, 136-137, 153, 158, 162-163, 167, 180, 182, 196, 206, 210, 215, 223, 240, 244-247, 249, 250, 262, 277-279, 281, 288, 291, 293, 309, 311, 314, 339, 348, 350-351, 362-363, 369, 372, 376, 380, 382-383, 386, 389, 396, 398, 402-404, 406, 410-417, 427, 436, 438, 440, 451, 458, 461, 480, 483, 486, 493, 497, 512-517, 520-522, 528, 534-535, 546-547, 557, 559, 604, 623, 649-657, 659, 661, 716, 740, 751, 762

alemães, perdas de, 396
treinamento de, 480
Pilsen, 709-710
Ploesti, 274-278, 280-281, 283-284, 298, 302, 360, 409, 423-424, 454, 457, 470, 677
    ataques a (Operação Maremoto), 276
Plume, Hank, 567, 758
Pointblank, Operação. *Veja* Ofensiva de Bombardeiros Conjunta
Polebrook, 52, 99, 102, 107, 116, 181, 382, 384
    a Grande Semana e, 382
    Gable em, 181
Politz, 459-460, 528
Polk, Margaret, 129, 219
Polônia, 47, 349, 371, 375, 379, 456-457, 471, 575, 583, 595, 677, 718, 733, 741
    fábrica de combustíveis sintéticos na, 471
    invasão da, 677
Poltava, bombardeio de, 473-474
Pomerânia, 575, 582, 726. *Veja também* Stalag Luft IV
pontes, 328, 371, 391, 393, 419-420, 422, 425, 533, 545-546, 642, 655-656, 662, 670
    bombardeio de, 371, 391, 393, 425, 533
Pool, Fain, 437, 440
Portal, Sir Charles, 92, 174, 298, 526
    bombardeios aterrorizantes e, 93
Portugal, 87, 565
Post, Bob, 178
Post, sra. Bob, 178
Potts, Ramsay D., Jr., 409
pousos forçados, 153, 277, 309, 487
    na Inglaterra, 309
    na Suíça, 387
Pow Wow (Prisioneiros de Guerra Aguardando a Vitória), 592
Praga, bombardeio de, 629
Pratt, Base Aérea do Exército Americano de, 219
Prestwick, 100, 102, 159, 162

ÍNDICE REMISSIVO

Primeira Guerra Mundial, 16, 22, 59-60, 62-63, 65, 67, 76, 79, 85, 106, 111, 140, 176, 197, 303, 349, 411, 445, 453, 469, 492, 559, 605, 632, 640, 667, 674
    bloqueio naval dos Aliados na, 469-470
    bombardeios na, 59, 65
    médicos de campanha na, 197
Primeiro Exército Americano, 655-656
Prince, Cathryn J., 496
    prisioneiros de guerra, 47, 273, 283, 462, 471, 492, 502, 553, 564-566, 568-570, 572, 576-577, 579, 582-583, 585, 592, 630, 638, 677, 684, 715, 720, 722-725, 729, 731, 746,
    em Dresden, 622
    fugas de, 568
    interrogatórios de, 47, 156, 564, 566
    judeus como, 570, 572, 632-633, 729
    libertação de, 732, 734
    na Suíça, 490-494, 503-504, 720
    vida na prisão de, 573, 579, 717
privação de oxigênio. *Veja* anoxia
produção em massa, 94, 126, 349, 520, 675
prostitutas, 323-324, 328
Pyle, Ernie, 140-141, 405, 432, 446, 448

Quarta Ala de Bombardeiros, 248, 285, 290, 545
Quarto Grupo de Caças, 110, 389, 398, 411
Queen Elizabeth (navio-transporte de tropa), 100, 251
Quesada, Elwood R. "Pete", 78
Question Mark, 69

R4M, foguete ar-ar, 650-651
racionamento, 89, 493
radares, 267, 277, 345-346, 350, 439, 482, 628, 639
    bombardeios às cegas e, 533-537
    nos B-17, 74, 132, 277
    o H2X (Mickey Mouse), 345-347, 350, 533, 535

radioperadores, 100
RAF. *Veja* Real Força Aérea Britânica
Rainbow Corner, 320-322, 736
Ramp Happy Pappy, 511
Ratisbona, 25-27, 32, 38, 52, 57, 274, 286, 288-293, 295-296, 298, 303, 385
Ratisbona-Schweinfurt, bombardeios a, 275, 284, 301-302, 305, 370, 721
    a participação do Centésimo nos, 284-285
Ravensbruck, 156-157
Real Força Aérea Britânica (RAF), 18, 21, 49, 53-56, 84, 86-87, 90-91, 93, 97-100, 102, 120, 124, 126, 129-130, 152-153, 158, 172-174, 211, 222, 253, 266-268, 270-271, 273, 298, 300, 306, 316, 322, 359, 385, 389, 392, 401, 420, 429, 435, 439, 445, 467, 470, 488, 540-541, 550, 571, 573, 599-600, 603, 608-609, 619, 621, 625, 632, 634, 638-639, 644, 686, 697-698, 702, 704, 708, 741
    a Grande Fuga da, 568
    a morte de Miller e a, 540-541
    a Oitava em comparação com a, 535, 638-639, 698, 703-704
    a Operação Overlord e a, 417-420, 428-429
    a Operação Trovão e a, 599-601, 607-608
    americanos na, 110, 333
    as relações de Eaker com a, 92-96, 119-120, 219-221
    aviões a jato da, 517-518
    bombardeios de Berlim pela, 401, 421-422, 470-471, 599-602, 619-620, 633-634, 697
    bombardeios de Dresden pela, 620-624, 629-630, 633-634
    Comando de Bombardeiros da, 20-21, 84, 91, 93-96, 306, 418-420, 422, 443, 460, 536, 634, 708, 722, 741
    Janela (tática defensiva) e a, 267
    na batalha da Normandia, 431
    na Grande Semana, 385-386

834 MESTRES DO AR

na Ofensiva de Bombardeiros Conjunta, 171-174

nos bombardeios a Hamburgo, 223-224

o Comando de Caças da, 102

o relatório de Butt e a, 93

os foguetes V-1 e a, 443

perdas na, 92

relações dos americanos com a, 54-55, 87, 96, 323

resgate aeromarítimo realizado pela, 152

Real Força Aérea Canadense, 272

Reck, Fritz, 270

Red Gremlin, 51

Refugiados de Guerra, Conselho de, 472

Regan, Jack, 132

Reichsbahn (Companhia Ferroviária Alemã), 575

em Dresden, 532

prisioneiros de guerra transportados pela, 532-633

Rheims, rendição dos alemães em, 734

Relações Exteriores dos EUA, Ministério das, 96

Renânia, 21

Reno, Rio, 174

a Batalha das Ardenas e o, 544

avanço dos Aliados pelo, 655

Rentmeester, Lester, 366

Republic P-47 Thunderbolt, 19

as missões de bombardeio a Ratisbona-Schweinfurt e os, 371

missão de bombardeio a Berlim e os, 404

missão de bombardeio a Munster e os, 217

os Lightning em comparação com os, 344

os Mustang em comparação com os, 13

resgates aeromarítimos, 153

Resistência Francesa, 292

Maquis na, 292

Resistência, movimentos de, 123. *Veja também* Francesa, Resistência

Reston, James B., 399

retiros (casas de repouso antiaéreas), 315

Richard III (Shakespeare), 259

Richard III, Oscar G., 745

Richards, Robert, 584-585

Rickenbacker, Eddie, 441

Ridgewell, 563

Right Stuff, The (livro), 390

RKO, Divisão de Autenticidade da, 660

Robinson, John Harold "Robbie", 409

Robinson, Russell, 383

Rogers, Will, 67

rolamentos, 72

fábricas em Schweinfurt, 296

fábricas em Stuttgart, 305

suíços, 486

Rolling Thunder, Operação, 672

Rolls-Royce, 370

Romênia, 457

petróleo na. *Veja* Ploesti

Rommel, Erwin, 88

Rooney, Andy, 175

observação a respeito de bicicletas, 256

Roosevelt, Eleanor, 339

Roosevelt, Elliott, 442

Roosevelt, Franklin D., 20

a morte de, 658

a Pesquisa dos Efeitos dos Bombardeios e, 661

encontros de Churchill com, 54

expansão da força aérea por, 77

judeus e, 480

operação humanitária de lançamento de suprimentos via paraquedas da Frantic e, 477

telegrama de Winant a, 100

Root Jr., Elihu, 275

Rosa da esperança (filme), 178

Roscovich, Michael, 218

Rosenthal, Phillis Heller, 754

Rosenthal, Robert "Rosie", 32

ÍNDICE REMISSIVO

Rosie's Riveters, 34
Rossman, Mel, 132
Rostow, Walter W., 420
Rota Cometa, 154
Rothmund, Heinrich, 497
Rouen, missões de bombardeios a, 56
Royal Flush, 158
Ruhr, a Batalha do, 523
Ruhr, Vale do, 21
    avanço dos Aliados pelo, 21
    bombardeios da RAF no, 21
    carvão no, 458
Rumpf, Hans, 640
Rundstedt, Gerd von, 425
Runyon, Damon, 24
Russelsheim, aeronautas americanos
    mortos em, 561
Rússia (ex-URSS), 83. *Veja também*
    Vermelho, Exército
    a Operação Frantic e a, 473
    invasão pelos alemães da, 83
    petróleo da, 276
russo, Exército. *Veja* Vermelho, Exército
Rusty Lode, 45
Ruthie II, 273
Rutland, Roger, 544

Sabel, Robert, 31
Sagan. *Veja* Stalag Luft III
Salisburgo, 661
Salisbury, Harrison, 90
Sally do Eixo, 253
Saturday Evening Post, 25
Saul, Levitt, 24
Saur, Karl Otto, 386
Saville, Gordon P., 463
Schaffhausen, 598
Scharff, Hanns, 563
Schuett, Otto, 41
Schicksalsgemeinschaft, 687
Schlieben, 633
Schmidt, Hans "Couraçado", 614
Schmidt, Max, 662
Schmued, Edgar, 370
Schom, Alan Morris, 495

Schumacher, E. F., 667
Schweinfurt, 26. *Veja também* Ratisbo-
    na-Schweinfurt
    a Grande Semana e, 385
    a segunda missão de bombardeio a,
      347
    fábrica de rolamentos em, 385
Scott, Denton, 34
Scott, Norman, 285
Scripture, Ellis, 31
Searman, biplano, 246
Sebald, W. G., 640
segregação racial, 334
Segunda-Feira Sangrenta, 396
Segundo Exército Britânico, 444
Semana de Guerra-Relâmpago (Blit-
    zkrieg), 266
    primeira, 266
    segunda (Semana Negra), 307
Segunda Divisão de Blindados (Panzer),
    546
Sena, Rio, 55
Seruydarian, Al, *132*
Serviço Aéreo do Exército Americano,
    61
Serviços Estratégicos, Agência de, 504
Sétimo Corpo de Infantaria, 446
Sétimo Exército Alemão, 450
Sétimo Exército Americano, 505
Sevareid, Eric, 205
Sexto Exército de Panzer SS, 601
Shaw, Fred, 541
Shaffer, John, 44
Shakespeare, William, 259
Shaw, Irwin, 381
Shaw, Miner, 29
Sheely, William F., 143
Shell Oil Company, 361
Sheridan, Jack, 28
Sherman, William Tecumseh, 61
Sherry, Michael, 271
Shirer, William, 702
Shore, Dinah, 538
Sicília, 171
Silent Angel, The (Böll) [nota], 714

Silésia, 47
carvão na, 531
polonesa, 47, *Veja também* Stalag
Luft III
Simkins, William, 355
Sinclair, Archibald,472
sintética, borracha, 481
sistema de controle automático de voo,
36
sistemas de transporte como alvos, 420.
Veja também pontes; ferrovias
Situation Normal, 40
Sklarz, George, 672
Skoda, instalações fabris de, 709
Slawter, Paul, 758
Small, P. D., 139
Small, Sherman, 198
Smart, Jacob E., 276
Smith, Ben, 407
Smith, Leonard, 556
Smith, Maynard Harrison "Snuffy", 212
Smith, Starr, 20
Smith, Truman, 404
Smith, Walter Bedell, 449
SOE (Special Operations Executive).
Veja Operações Especiais (SOE),
Agência de
Sonderkommando do Elbe, 655
Sons of Fury, 139
soviético, Exército. *Veja* Vermelho,
Exército
Sowell, Thomas, 383
Spaatz, Carl A. "Tooey", 21
a filosofia de liderança de, 118
a Grande Semana e, 380
a Operação Overlord e, 476
a Operação Tocha e, 118
a Pesquisa dos Efeitos dos Bombar-
deios Estratégicos e, 671
amizade de Arnold com, 54
as relações anglo-americanas e, 21
Auschwitz e, 473
bombardeios às cegas e, 344
bombardeios aterrorizantes e, 609
como discípulo de Mitchell, 60

correspondência de Arnold com, 115
e sua campanha de bombardeios
contra petrolíferas. *Veja* petróleo,
a campanha de bombardeios de
Spaatz contra petrolíferas
missões de bombardeio a Berlim e,
598
o comando militar na Ásia de, 85
o currículo e a personalidade de, 357
o encontro de Wyler com, 179
os estaleiros de submarinos alemães
e, 183
os foguetes V-1 e, 443
os Mustang e, 480
Park House e, 117
Speer, Albert, 270
advertências feitas a Hitler por, 270
aviões a jato e, 458
dispersão de unidades fabris e, 669-
670
petróleo e, 677
reparos nas indústrias alemãs e, 456
Spiegel, Herbert, 205
Spiegel, John P., 203
Spirit of St. Louis, 100
Spivey, Delmar T., 569
Spremberg, prisioneiros de guerra em,
720
SS, 457
a Batalha das Ardenas e a, 542
a frente de batalha interna alemã e
a, 299
Auschwitz e a, 457
prisioneiros de guerra e a, 569
St. Lô, 410
o avanço dos Aliados a partir de, 474
St. Nazaire, 123
St. Omer, 111
St. Vith, 544
Stalag 17 (Bevan e Trzcinski), *nota*, 729
Stalag 17B, 273
Stalag Luft I, 566
os *Pow Wow* no, 592
Stalag Luft III, 594
a Grande Fuga e o, 569

ÍNDICE REMISSIVO

a vida no, 566-567
biblioteca no, 588
Natal no, 594
o avanço soviético e o, 595
Stalag Luft IV, 726
retirada de prisioneiros do, 728
Stalag Luft VI, 575
Stalag VIIA, 721
Stalag XIB, 728
Stalag XIIID, 722
Stalag XVIIA, 730
Stalag XVIIB, 582
Stálin, Josef, 105
a Operação Frantic e, 473
em Ialta, 602
Stalingrado, 350
Stampfli, Walther, 496
Stanbridge Earles, 316
Standard Oil, 660
Star and Stripes, 185
Steinbeck, John, 59
Stern, A. Edwin, 717
Stewart, Jimmy (James Maitland), 20
Stiles, Bert, 83
a morte de, 522
no Dia D, 426
Stimson, Henry L., 80
Stinson, Tom, 232
Stirlings, 94
Stover, Wendell C. "Smoky", 201
Strong, Russell, 107
Stuart, Jeb, 552
Studnitz, Hans-Georg von, 619
Sturmstaffel I, 403
Stuttgart, 305
Suábia, 700
submarinos alemães, 105, *Veja também*
Atlântico, Batalha do
baixas de, 114
derrotas de, 119
estaleiros de construção de, 121
submarinos americanos, 23
Sudbury, 332
Suécia, 313

aterrissagens de tripulações de bombardeiros na, 489
confinamento de aeronautas na, 490
Suffolk, 43
Suíça, 295
aterrissagens de tripulações de bombardeiros na, 489
bombardeios contra a, 296
confinamentos de aeronautas na, 490
judeus na, 472
neutralidade da, 495
Suíça de Confinamento e Hospitalização de Militares, Comissão, 499
suíços, bancos, 496
Sulzberger, Arthur, 184
Sun Tzu, 374
Superfortaleza B-29, da Boeing, 220
Supermarine Spitfire, 102
nos Esquadrões Eagle, 110
Supermouse, 620
Supremo Comando da Força Expedicionária Interaliada (SHAEF, na sigla em inglês), 356
Sutton, James S., 111
Swenson, Donald, 151
Swiss National Bank, 497

Tallboys, 442
tanques (viaturas blindadas), 64
libertação de prisioneiros e, 64
Tate, Joseph, 282
Taylor, Richard, 629
Tchecoslováquia, 658
teatrais, grupos, 589
Tedder, Sir Arthur, 356
a Operação Overlord, 358
a rendição dos alemães e, 599
sistemas de transportes como alvos de, 362
Telford, George D., 485
Ten Horsepower, 382
Terça-Feira Negra, 310
III Conferência de Washington (1943), 239

838 MESTRES DO AR

Terceira Divisão de Blindados, 608
Terceiro Exército Americano, 450
terrorismo, 300
  bombardeios aterrorizantes de Berlim e, 609
  bombardeios aterrorizantes de Dresden e, 708
  foguetes e, 300
  frente de batalha interna e, 301
Terry and the Pirates, 556
Terry, Bill, 556
Thomas, Georg, 550
Thompson (navio americano), 431
Thorpe Abbotts, 15
  cadernetas de ração em, 565
  missão de bombardeio a Berlim e, 388
  o Centésimo em, 15
  preparativos de missões de bombardeio em, 218
  relações amorosas interraciais em, 341
Thunderbolt (documentário), 221
Thunderbolts. *Veja* Republic P-47 Thunderbolt
Thurleigh, 104
Tibbets, Paul W., 51
  bomba atômica lançada por, 97
  primeira experiência como aeronauta de, 61
Tibenham, 408
Tiger Girl, 310
Tigres Voadores, os, 368
Timberlake, Edward J. "Ted", 110
Tobruk, 104
Tocha, Operação, 105
Todt, Fritz, 677
Tindelayo, 19
Tóquio, 118
Tóquio, Reide de, 118
Torpex, 441
Trabalho britânico, Ministério do, 229
Transportes, Plano de (Bombardeio a Sistemas de), 421
treinamento militar, 97

de pilotos alemães, 223
do Centésimo Grupo de Bombardeiros, 19
para a missão de bombardeio a Ploesti, 276
Trenchard, Hugh, 62
Trident (conferência). *Veja* Terceira Conferência de Washington (1943)
Trigésima Divisão de Infantaria, 447
Trombeta, Operação, 641
Trovão, Operação, 598
Truman, Harry, 497
Truemper, Walter E., 382
Trzcinski, Edmund, 729
Tunísia, 346
Turner, Howard, 250
Tuskegee, Aviadores, 339
Twining, Nathan F., 357

Ucrânia, a Operação Frantic na, 473
Udet, Ernst, 349
ULTRA, 53
  a crise de janeiro e o, 550
  Vanaman e o, 571
Closing The Ring (Churchill), 9
União Soviética. *Veja* Vermelho, Exército; Rússia
United Press, 175
United States Strategic Bombing Survey (European War), 663

V Exército Panzer (redesignação do Panzer Group West), 445
V-1 (Arma Retaliatória 1), 300
  a Operação Afrodite e o, 437
V-2, 299
V-3, 435
Van Kirk, Theodore "Holandês", 52
Vanaman, Arthur W., 571
Vance, Paul, 45
Vargas, Alberto, 180
Varsóvia, 77
Vaticano, 478
Vegesack, missões de bombardeio a, 183
venenoso, gás, 435

ÍNDICE REMISSIVO

Vermelho, Exército, 88
  a derrota da Wehrmacht pelo, 126
  avanço para Berlim do, 431
  derivados de petróleo e o, 283
  em Barth, 744
  prisioneiros de guerra e o, 273
  Rosenthal e o, 159
Vestfália, 35
Vietnã do Norte, 160
Vietnã, Guerra do, 184
Vietor, John, 575
Vigésimo Grupo de Caças, 629
Vístula, Rio, 307
Vlasov, Andrei, 746
Von Ryan's Express (Westheimer), 571
Vonnegut, Kurt, 622
Vorberg, Werner, 513
Vosler, Forrest "Florestado", 354
Vurtsburgo, 640

Wagenfuehr, Rolf, 665
Wagner, Robert, 560
Wahle, Anne, 626
Walker, Kenneth, 72
Wallace, George, 160
Warnstadt, Oberst von, 742
Warriors, The (Gray), 613
Waters, Donald Arthur, 485
Watson, Thomas J., 505
Waugh, Evelyn, 208
Wauwilermoos, 499
Weaver, Tyre C., 273
Wehrmacht, 126
  ajuda dos suíços à, 138
  apoio aéreo a, 248
  avanço soviético sobre Berlim e a, 595
  e condecoração especial concedida a Spaatz, 621
  escassez de suprimentos da, 149
  na França, 140
  na Itália, 195
  na União Soviética, 126
  no norte da África, 126

  prisineiros de guerra e a, 273
  retirada da, 156
  suprimentos de combustíveis e a, 548
Wehrwolf, 655
Weigley, Russell F., 61
Welch, John, 617
Welles, Lewis, 536, 538
Wellington, bombardeiros, 54
West, Kent, 57
Westheimer, David, 571
Westman, Eric, 209
Wetzlar, 562
Wheeler, William H., 294
Whipple, Clifford, 615
White Cargo (filme), 247
Whitney, John Hay "Jock", 184
Wiesel, Ellie, 478
Wilder, Billy, 726
Wilhelmshaven
  primeira missão de bombardeio a, 127
  segunda missão de bombardeio a, 182
Wilkinson Sword Company, 353
Williams, Kenneth, 558
Williams, Robert, 284
Williams, Sarah, 332
Williamson, C. Glenn, 373
Willy, Wilford J., 441
Wilson, Donald, 72
Wilson, James W., 225
Winant, Jr., John, 46
Winant, Sr., John, 46
Winchell, Bill, 219
Wing and a Prayer, A (Crosby), 305
Witzigmann, Alexander, 397
Wizernes, 441
Wolf Pack (Os Lobos do Zemke). *Veja* 56º Grupo de Caças
Wolfert, Ira, 411
Wolff-Mönckeberg, Matilde, 639
Woods, Sam, 504
Woodward, Ellis "Woody", 510
Woolley, Max J., 407

840 MESTRES DO AR

Wray, Stanley, 130
Wright Field, 149
Wright, David G., 200
Wright, Orville, 62
Wright, Wilbur, 62
Wycombe Abbey (Pinetree), 57
Wyler, William, 178
Wylie, Philip, 186

Yank, 24
Yankee Doodle, 53
Yeager, Charles "Chuck", 390

Zemke, Hubert "Hub", 43
    como prisioneiro de guerra, 47
    missão de bombardeio a Munster e,
        217
    missões de bombardeio a Ratisbona-
        -Schweinfurt e, 52
Zero Raiders. *Veja* Incursores Zero
Zhukov, Gueorgui, 601
Zootsuit Black, 441
Zootsuiters, The, 31
Zuckerman, Solly, 419
Zurique, 493

Notas bibliográficas

Lista de abreviaturas

AAF — Sigla em inglês de Frotas Aéreas do Exército Americano na Segunda Guerra Mundial (grafada nas Notas como FAA)

AHM — Airpower Heritage Museum, de Midland, Texas

AFHRA — Sigla em inglês de Departamento de Pesquisas Históricas da Base da Força Aérea Americana de Maxwell, Alabama

Acervo de Arnold — Documentos, anotações etc. de Henry H. Arnold, Biblioteca do Congresso

Acervo de Spaatz — Documentos, anotações etc. de Carl Spaatz, Biblioteca do Congresso

Conspiração dos Nazistas — Gabinete do Chefe do Conselho dos Advogados de Acusação Americanos nos Julgamentos dos Criminosos de Guerra das Nações do Eixo, da Conspiração e da Agressão Militar dos Nazistas

EC — Eisenhower Center, Nova Orleans, Louisiana

ETO — Sigla em inglês de Teatro de Operações de Guerra Europeu (grafada nas Notas como TOGE)

ETOUSA ou ETO HQ — Quartel-General do Exército dos Estados Unidos no TOGE

ME — Mighty Eighth Air Force Heritage Museum, Savannah, Geórgia

M-O — Mass-Observation Archive, Universidade de Sussex, Reino Unido

NA — National Archives, College Park, Maryland

NYT — *The New York Times*

NA-UK — The National Archives, Kew, Reino Unido, outrora denominado Public Records Office

842 MESTRES DO AR

Principais Criminosos de Guerra — Julgamento dos Principais Criminosos de Guerra no Tribunal Militar Internacional em Nuremberg

S&S — Stars and Stripes

SHAEF — (Quartel-General do) Supremo Comando da Força Expedicionária Interaliada

SIA — Arquivo da Swiss Internees Association, Jackson, Nova Jersey

Target — Alvo: Alemanha: A História Oficial das Frotas Aéreas do Exército Americano sobre o Primeiro Ano do Oitavo Comando de Bombardeiros nos Céus da Europa

USMHI — U.S. Military History Institute, Carlisle Barracks, Pensilvânia

USSBS — Pesquisa dos Efeitos dos Bombardeios Estratégicos Americanos

USSTAF — Frotas Aéreas Estratégicas do Exército Americano na Europa

Prólogo: O Malfadado Centésimo

1. *"Quantos"*: Sam Halpert, *A Real Good War* (Londres: Cassell, 1997), 44.

2. *"Não* [...] *havia quem"*: John Keegan, "We Wanted Beady-Eyed Guys Just Absolutely Holding the Course", *Smithsonian Magazine* 14, nº 5 (1993): 37-38.

3. *"sintonizávamos"*: Bernard R. Jacobs, memórias não publicadas, Eisenhower Center, Nova Orleans, LA [doravante, EC].

4. *"Talvez em nenhum momento"*: Starr Smith, *Jimmy Stewart: Bomber Pilot* (St. Paul: Zenith, 2005), 67.

5. *"Não dispomos"*: Citado em Max Hastings, *Bomber Command* (1979; reimpr. Nova York: Simon & Schuster, 1989), 116.

6. *"Em outubro de 1943"* — *Setenta e sete por cento:* James S. Nanney, *Army Airs Forces Medical Services in World War II* (Washington, DC: Air Force History and Museums Program, 1998), 20; Malcolm Grow, em Albert E. Cowdrey, *Fighting for Life: American Military Medicine in World War II* (Nova York: Free Press, 1994), 233; sobre os serviços médicos das Frotas Aéreas do Exército Americano, veja Wesley Frank Craven e James Lea Cate, eds., *The Army Air Forces in World War II*, vol. 7 (Chicago: University of Chicago Press), cap. 13, [doravante, FAA].

7. *"Todo sujeito que participa de missão aérea"* — *"E não se tratava de"*: Saul Levitt, "The Squadron Leader", *Yank*, 7 de novembro de 1943, 6-7.

8. *"capaz de ingerir mais álcool"*: Entrevista do autor com Gale W. Cleven em 2 de abril de 2003.

NOTAS BIBLIOGRÁFICAS

9. *"nobres senhores absolutos"*: Levitt, "Squadron", 6.

10. *"Embora nunca tivesse gostado dele"*: entrevista com Cleven em 2 de abril de 2003.

11. *"tinha um coração"*: Entrevista do autor com James P. Thayer em 22 de março de 2003.

12. *"vivendo o melhor de seus momentos"* — *"Suas palavras"*: Beirne Lay, Jr., "I Saw Regensburg Destroyed", *Saturday Evening Post* de 6 de novembro de 1943, 9-11, 85-88.

13. *"eu não a ganhei"* — *"Portanto, continuei descondecorado"*: Entrevista do autor com Gale W. Cleven em 28 de março de 2003.

14. *"base vibrar de muita emoção"*: Harry H. Crosby, *A Wing and a Prayer* (Nova York: HarperCollins, 1993), 148.

15. *"Levei comigo"*: Citado em Frank D. Murphy, *Luck of the Draw: Reflections on the Air War in Europe* (Trumbull, Connecticut: FNP Military Division, 2001), 124.

16. *"o sujeito que"*: Entrevista com Cleven em 2 de abril de 2003.

17. *"assistiam às duas"* — *"Não sei por qual motivo"*: Crosby, *Wing*, 148, 46.

18. *"Seu receio"*: Entrevista com Cleven em 2 de abril de 2003.

19. *"e mais rapidamente"* — *"Com meu patético"*: Entrevista do autor com Gale W. Cleven em 8 de março de 2003; diário de Gale Cleven, em posse do autor.

20. *"Ninguém"* — *"soldados desaparecidos"*: Jack W. Sheridan, *They Never Had It So good: A Personal, Unofficial History of the 350th Bombardment Squadron (H) 100th Bombardment Group (H) USAAF, 1942-1945* (São Francisco: Strik-Rath, 1946), 94-95; Crosby, *Wing*, 163.

21. *"Qual foi"* — *"Quero participar!"*: John Francis Callahan, ed., *Contrails, My War Record: A History of World War Two as Recorded at U.S. Army Air Force Station #139, Thorpe Abbotts, near Diss, county Norfolk, England* (Nova York: J. F. Callahan, 1947), 66; Entrevista do autor com Gale W. Cleven em 8 de março de 2003.

22. *"John, vou"*: Crosby, *Wing, 167*.

23. *"O alvo"* — *"cheio de edificações residenciais"*: "Munster, 10 de outubro de 1943", 519.332, Agência de Pesquisas Históricas da Força Aérea, Base da Força Aérea de Maxwell, Alabama [doravante, AFHRA]; entrevista do autor com o general Thomas Jeffrey em 27 de março de 2003; Ordem de

844 MESTRES DO AR

Campanha Número 113, Seção do 3º Grupo de Bombardeiros do National Archives, College Park, Maryland [doravante, NA].

24. *"iriam realizar"*: *Contrails*, 66.

25. *"Não se deixem levar"*: Entrevista com Cleven em 2 de abril de 2003.

26. *"Eu sentia que estava lá"*: Citado em Ian L. Hawkins, *The Munster Raid: Before and After* (Trumbull, Connecticut: FNP Military Division, 1999), 79-80.

27. *"Era domingo"*: Citado em ibid., 80.

28. *"Eu tinha sido criado"* — *"isto aqui é uma guerra, G-U-E-R-R-A"* — *"entendi que a guerra"*: Tudo citado em ibid., 74-75.

29. *"Estávamos simplesmente cansados demais"*: Citado in ibid., 78.

30. *"Todos"* — *"Perdemos Egan"*: Crosby, *Wing*, 168.

31. *"Quando cheguei"* — *"Não apareceu ninguém"*: Entrevistas do autor com Robert Rosenthal em 21 de março de 2002 e 29 de março de 2003.

32. *"Eu tinha lido"*: Entrevista do autor com Robert Rosenthal em 29 de março de 2003.

33. *"É tudo um monte"*: Entrevista com Rosenthal em 22 de março de 2003.

34. *"Era perto"*: Entrevista com Rosenthal em 29 de março de 2003; "O Grupo de Bombardeiros", GP-100-HI, 14 de maio de 1945, AFHRA.

35. *"Quando as portas"*: Denton Scott, "A Yank Reporter Takes a Flight to Lorient", *Yank* de 14 de março de 1943, 14.

36. *"estávamos muito tranquilos"*: Douglas I. Gordon-Forbes, "The Battle That Beat the Luftwaffe", em Acervo de Carl Spaatz, Biblioteca do Congresso [doravante, Acervo de Spaatz].

37. *"retornar"* — *"Jesus Cristo!"*: *Contrails*, 66-67.

38. *"horrível"*: Murphy, *Luck*, 167.

39. *[o bombardeador], aparentemente muito transtornado, saiu"* — *"Vá em frente, Brady"* — *"Enquanto ainda perdíamos tempo discutindo"* — *"estava mortinho da silva"*: *Contrails*, 67-68.

40. *"a mais encarniçada"*: entrevista com Jeffrey em 27 de março de 2003.

41. *"a maior concentração"* — *"Bolas de fogo vermelhas"*: Gordon-Forbes, "Batalha", Acervo de Spaatz.

42. *"Os caças alemães"*: Citado em Hawkins, *Munster*, 100; entrevista do autor com Frank Murphy em 23 de janeiro de 2002.

NOTAS BIBLIOGRÁFICAS

43. *"Acho que, pela primeira vez, esse ataque"*: Entrevista com Rosenthal em 29 de março de 2003.

44. *"Sobrevoamos a área a mais de 6 mil metros"*: Bert Stiles, *Serenade to the Big Bird* (Atglen, Pensilvânia: Schiffer, 2001), 104.

45. *"Quase no mesmo instante"* — *"uma centena de quilômetros"*: Entrevista com Murphy.

46. *"De repente"*: Murphy, *Luck*, 168-69.

47. *"A essa altura, eu estava operando a metralhadora"*: Gordon-Forbes, "Batalha", Acervo de Spaatz.

48. *"um fantástico quadro panorâmico"*: Citado em Hawkins, *Munster*, 134.

49. *"Era como se estivéssemos atravessando"*: Citado em ibid., 124-25.

50. *"que acontece"*: Halpert, *Real Good War*, 91, 105.

51. *"Ainda que por uma fração de segundo"*: Gordon-Forbes, "Batalha", Acervo de Spaatz.

52. *"De onde estávamos"* — *"estourando num incêndio de labaredas infernais"*: Citado em Hawkins, *Munster*, 134-35.

53. *"O chão tremia"*: Citado em ibid., 136.

54. *"Foi um inferno"*: Citado em ibid., 138.

55. *"Bem em cima de nós"*: Gordon-Forbes, "Batalha", Acervo de Spaatz.

56. *"Os aviões do 56º Grupo de Caças"*: "Relatório de Comandantes Aerotáticos de 10 de outubro de 1943, 65ª Ala de Caças", 519.332, AFHRA.

57. *"Eles [os alemães] são mesmo"* — *"Não me senti aliviado"*: Entrevista com Rosenthal em 29 de março de 2003.

58. *Baixas em Munster*: "Baixas em Munster", Acervo de Spaatz; Rogber A. Freeman, *The Mighty Eighth: A History of the Units, Men and Machines of the US 8th Air Force* (1970; reimpr., Nova York: Cassell, 2000), 77; John R. Nilsson, *The Story of the Century* (Beverly Hills: John R. Nilsson, 1946), 58; Hawkins, *Munster*, 181-82.

59. *"O Malfadado Centésimo"*: Crosby, *Wing*, 171; Nilsson, *Century*, 27, 58.

60. *"Eles demonstraram justa admiração"*: Entrevista do autor com Frank Murphy, em 30 de novembro de 2005.

61. *"Meu Deus"*: Murphy, *Luck*, 180.

62. *"quase um milhão de pulgas"*: Entrevista do autor com Gale W. Cleven em 12 de abril de 2003.

63. *"Que diabos"* — *"Ora, é o que"*: Ibid., 3 de abril de 2003.

846 MESTRES DO AR

64. *"Foi bom"*: Ibid., 12 de abril de 2003.

65. *"Quando chegamos"*: Citado em Gerald Astor, *The Mighty Eighth: The Air War in Europe as Told by the Men Who Fought It* (Nova York: Dell, 1997), 36.

Capítulo 1: A Máfia dos Bombardeiros

66. *"Poderia ter sido"*: Paul W. Tibbets, *Return of the Enola Gay* (Columbus: Ohio: Mid Coast Marketing, 1998), 82.

67. *"Onde estão os bombardeiros americanos?"* — *"Agora eles vão saber"*: Entrevista do autor com Paul W. Tibbets em 28 de janeiro de 2002.

68. *"Os cinegrafistas"*: Spaatz, Diário do Comando, 11 de julho de 1942, Acervo de Spaatz.

69. *"nossa tese"*: Eaker disse a Arnold, 8 de agosto de 1942, Manuscritos de Henry H. Arnold, Biblioteca do Congresso [doravante, Acervo de Arnold].

70. *"Meu rapaz, você terá"*: Citado em William R. Laidlaw, "Yankee Doodle Flies to War", *Air Power History*, inverno de 1989, 11.

71. *"Ficou claro"*: Ira C. Eaker, "General Eaker Leads First U.S. Bomber Raid', *Life* de 14 de setembro de 1942, 37-38.

72. *"Todos gritavam"* — *"Por Deus"*: Laidlaw, "Yankee Doodle", 13.

73. *"Uma andorinha"*: Citado em James Parton, *"Air Force Spoken Here"*: *General Ira Eaker and the Command of the Air* (Bethesda, Maryland: Adler & Adler, 1986), 175.

74. *"muito bons"*: Eaker, "General Eaker", 380.

75. *"Arruinamos Rouen"*: Transcrição datilografada de recorte de jornal, Acervo de Spaatz.

76. *"como se fossem"* — *"sábado após"*: Laidlaw, "Yankee Doodle", 13.

77. *"Foi moleza"*: Citado em Astor, *Eighth*, 37.

78. *"O plano mais perfeito"*: Laidlaw, "Yankee Doodle", 13.

79. *"Numa guerra aérea estratégica"*: Ibid, 14.

80. *"Entre as forças armadas"*: John Steinbeck, *Bombs Away: The Story of a Bomber Team* (Nova York: Paragon House, 1942), 19.

81. *"Elas tinham"*: Budd J. Peaslee, *Heritage of Valor: The Eighth Air Force in World War II* (Filadélfia: J. B. Lippincott, 1964), 269.

82. *"O ataque a Rouen"*: comunicado à imprensa de Arnold, 18 de agosto de 2003, Acervo de Spaatz.

NOTAS BIBLIOGRÁFICAS

83. "*A primeira missão de bombardeio*": Peaslee, *Heritage*, 86.

84. "*O bombardeio estratégico*": Frotas Aéreas do Exército Americano, *Target: Germany: The Army Air Force's Official Story of the VIII Bomber Command's First Year over Europe* (Nova York: Simon & Schuster, 1943), 19 [doravante, *Target*].

85. "*Conseguimos atravessar*": William Mitchell, *Memoir of World War I: From Start to Finish of Our Gratest War* (Nova York: Random House, 1960), 59.

86. "*A arte da guerra*": Ibid., 10.

87. "*o avião*": Russel F. Weigley, *The American Way of War: A history of United States Military Strategy and Policy* (Nova York: Macmillan, 1973), 225.

88. "*A ofensiva aérea*": Henry H. Arnold, *Global Mission* (Londres: Hutchinson, 1951), 69.

89. *Arnold*: Ira C. Eaker, "Hap Arnold: The Anatomy of Leadership", *Air Force Magazine* 60 (setembro de 1977): 83.

90. "*Eu tinha certeza*": Isaac D. Levine, *Mitchell, Pioneer of Air Power* (Nova York: Duell, Sloan & Pearce, 1943), 142; citado em Mark Clodfelter, "Molding", em Phillip S. Meilinger, ed., *The Paths of Heaven: The Evolution of Airpower Theory* (Base da Força Aérea de Maxwell, Alabama: Air University Press, 1997), 87.

91. "*superlativamente violentas*": Giulio Douhet, "Probable Aspects of Future War", monografia de 1928 publicada na edição de Giulio do Estudo dos Combatentes da FAE, *The Command of the Air*, trad. de Dino Farrari (Washington, DC: Departamento de História da Força Aérea, 1983), 197; Este volume de *The Command of the Air* é formado por cinco trabalhos distintos de Douhet, incluindo a edição original, de 1921, de *The Command of the Air* e a monografia de 1928 de "Probable Aspects of Future War".

92. "*não basta*": Douhet, *Command*, 34. Veja uma percuciente análise crítica das ideias de Douhet em Bernard Brodie, *Strategy in the Missile Air* (Princeton: Princeton University Press, 1959), cap. 3; e em Brodie, "The Heritage of Douhet", *Air University Quarterly Review* 6 (1953): 64-69, 120-26. Para informações sobre as ideias de Mitchell relacionadas

a bombardeios contra centros vitais, veja Mitchell, *Winged Defense: The Development and Possibilities of Modern Air Power — Economic and Military* (Nova York: Putnam, 1925), 214; e em Mitchell, *Skyways: A Book on Modern Aeronautics* (Filadélfia: J. B. Lippincott, 1930), 253.

93. *"a nação inteira"*: Citado em Alfred F. Hurley, *Billy Mitchell: Crusader for Air Power* (Nova York: Franklin Watts, 1964), 43; Phillip S. Meilinger, "Giulio Douhet and the Origins of Airpower Theory", em Meilinger, *Paths*, 33.

94. *"A guerra [...] não será mais"*: Douhet, "Probable Aspects", em *Command*, 195-96.

95. *"As limitações"*: Ibid., 181, 196.

96. *"Temos a impressão"*: Brodie, "Heritage", 125.

97. *"deveriam ser escolhidos"*: Mitchell, *Skyways*, 63; Alan Stephens, "The True Believers: Air Power Between the Wars", em Alan Stephens, ed., *The War in the Air, 1914-1994* (Base da Força Aérea de Maxwell, Alabama: Air University Press, 2001), 40.

98. *"Os golpes decisivos"*: Douhet, *Command*, 61.

99. *"algumas bombas de gás"*: Mitchell, *Skyways*, 63, 262-63; Mitchell, *Winged Defense*, 16. Veja controversas análises críticas sobre as ideias de Mitchell em Michael Sherry, *The Rise of American Air Power: The Creation of Armageddon* (New Haven: Yale University Press, 1987), cap. 2; e em Robert Frank Futrell, *Ideas, Concepts, Doctrine: Basic Thinking in the United States Air Force, 1907-1960*, vol. 1 (Base da Força Aérea de Maxwell, Alabama: Air University Press, 1989), 21-22.

100. *"cavaleiros protegidos por armaduras"*: Citado em Hurley, *Mitchell*, 93; veja também o "Ousado Discurso do General Mitchell", *Aviation* 29 (29 de outubro de 1924): 1160; Mitchell, *Winged Defense*, 16; William Mitchell, "Notes on the Multi-Motored Bombardment Group Day and Night", AFHRA.

101. *"O desenvolvimento da aeronáutica militar trouxe"*: Mitchell, *Winged Defense*, vii.

102. *"ataques implacáveis"*: Douhet, *Command*, 58, 22, 61.

103. *"A história"*: George F. Eliot, *Bombs Bursting in Air: The Influence of Air Power on International Relations* (Nova York: Reynal & Hitchcock, 1939), 11-13.

NOTAS BIBLIOGRÁFICAS

104. *"atirar suas bombas"*: Citado em Lee Kennett, *A History of Strategic Bombing* (Nova York: Scribner, 1982), 33.

105. *"Napoleão dos Ares"*: Citado em Elihu Rose, "The Court-Martial of Billy Mitchell", *MHQ* 8, nº 3 (primavera de 1996): 20.

106. *"conseguiam atingir uma cidade"*: Citado em Kennett, *Strategic*, 49.

107. *"bloqueio moral"*: Thomas H. Greer, *The Development of Air Doctrine in the Army Air Arm, 1917-1941* (Base da Força Aérea de Maxwell, Alabama: Air University Press, 1955), 15.

108. *"tivessem como objetivo"*: Citado em Hurley, *Mitchell*, 37.

109. *"a permanência de Mitchell"*: DeWitt S. Copp, *A Few Great Captains* (Garden City: Doubleday, 1980), 39.

110. *"negligência criminosa"*: *The New York Times*, 2 e 4 de setembro de 1925 [doravante, *NYT*].

111. *"Ele não sossegaria"*: Arnold, *Global*, 117.

112. *"Como todo fanático"*: James H. "Jimmy" Doolittle, em parceria com Carroll V. Glines, *I Could Never Be So Lucky Again* (Nova York: Bantam, 1992), 104.

113. *"guerra de ideias"*: Arnold, *Global*, 82.

114. *A Máfia dos Bombardeiros*: Peter R. Faber, "Interwar US Army Aviation and the Air School Tactical School: Incubators of American Airpower", em *Paths*, 216; Clodfelter, "Molding", em *Paths*, 107.

115. *"mitchellismo"*: *FAA*, vol. 1, 28. Veja uma boa biografia de Arnold em Dik Alan Daso, *Hap Arnold and the Evolution of American Airpower* (Washington, DC: Smithsonian Institution Press, 2000).

116. *Escola Superior de Técnicas de Guerra Aérea*: Claire Lee Chennault, *Way of a Fighter: The Memoirs of Claire Lee Chennault* (Nova York: Putnam, 1949), 20; veja também Raymond R. Flugel, "United States Air Power Doctrine: A Study of the Influence of William Mitchell and Giulio Douhet at the Air Corps Tactical School" (tese de doutorado, University of Oklahoma, 1965).

117. *"Nossa preocupação não é"*: Citado em Robert T. Finney, "History of the Air Corps Tactical School, 1920-1940", impresso em 1955 pelo Instituto de Estudos e Pesquisas do Departamento de História da FAA, Air University, p. 58. Com relação a informações sobre as ideias

850 MESTRES DO AR

do ACTS, veja principalmente Haywood S. Hansell, Jr., *The Strategic Air War Against Germany and Japan: A Memoir* (Washington, DC: Office of Air Force History, 1986).

118. *"A ideia de matar"*: Hansell, *Strategic*, 13.

119. *"Caráter formado por"*: Keegan, "We Wanted", 34-35.

120. *"órgãos vitais"*: Haywood S. Hansell, Jr., *The Air Plan That Defeated Hitler* (Atlanta: Higgins-McArthur, 1972), 33-34.

121. *"o verdadeiro avião de combate"*: Douhet, *Command*, 132.

122. *"ciência abstrata"*: Arnold, *Global*, 115-16.

123. *"Um ataque aéreo bem-planejado"*: Citado em Hansell, *Air Plan*, 15.

124. *"buscando enfrentar"*: Hansell, *Strategic*, 13; Hansell, *Air Plan*, 40.

125. *"Nós simplesmente nos recusávamos"*: Entrevista com Laurence S. Kuter em 3 de outubro de 1974, K239.0512-810, AFHRA.

126. *"justificativa"*: Citado em McFarland, *Pursuit*, 92.

127. *"Para Mitchell"*: Williamson Murray, "The Influence of Pre-War Anglo-American Doctrine on the Air Campaigns of the Second World War", em Horst Boog, ed., *The Conduct of the Air War in the Second World War* (Nova York: Berg, 1992), 238.

128. *"Isso nos dará a paz"*: Citado em Keith Feiling, *The Life of Neville Chamberlain* (Londres: McMillan, 1946), 381.

129. *"certeza [...] de que os americanos"*: Citado em Robert E. Sherwood, *Roosevelt and Hopkins, an Intimate History* (Nova York: Harper, 1950), 99-100.

130. *"impiedosos bombardeios aéreos"*: Citado em Eugene M. Emme, "The American Dimension", em Mark K. Wells, ed., *Air Power: Promise and Reality* (Chicago: Imprint, 2000), 66. Veja informações sobre o apoio de Roosevelt ao desenvolvimento da aeronáutica militar em Jeffery S. Underwood, *The Wings of Democracy: The Influence of Air Power on the Roosevelt Administration, 1933-1941* (College Station: Texas A&M University Press, 1991).

131. *"batalha da"*: Arnold, *Global*, 177-80; *FAA*, vol. 1, 107.

132. *"no sentido de fonte inspiradora"*: Robert A. Lovett, "The Civilian-Military Teamwork in Warfare", em James Parton, ed., *Impact: The Army Air Forces' Confidential Picture History of World War II, "Bombing Fortress Europe"*, republicado pela National Historical Society, Harrisburg, Pensilvânia, 1989, ix.

NOTAS BIBLIOGRÁFICAS

851

133. *"O difícil nós fazemos hoje"*: Eaker, "Hap Arnold", 91-92.

134. "implacavelmente": Richard G. Davis, *Hap: Henry H. Arnold, Military Aviator* (Washington, DC: Air Force History and Museums Program, 1997), 1.

135. *"A maioria de nós"*: Laurence S. Kuter, "The General vs. the Establishment: General H. H. Arnold and the Air Staff", *Aerospace Historian* 21 (dezembro de 1974): 188.

136. "feitor de escravos": Ibid., 188-89.

137. *"Spaatz era"*: Entrevista com o tenente-general Elwood R. Quesada em 22 de junho de 1977, K239.0512-1485, AFHRA.

138. *"Eu nunca aprendia"*: Citado em Ira Eaker, "Memories of Six Air Chiefs: Westover, Arnold, Spaatz: Part II", *Aerospace Historian* 20 (dezembro de 1973): 195.

139. *"se adoravam"*: Entrevista com Quesada em 22 de junho de 1977.

140. *"planos, mas aeroplanos não"*: Arnold, citado em *FAA*, vol. 1, 150.

141. *"Roosevelt exortou o país"*: *FAA*, vol. 1, 12-13, 107.

142. *"45 minutos depois"*: *San Francisco Chronicle* de 18 de fevereiro de 1947, 1. Veja mais informações sobre o programa de Roosevelt de formação aeronáutica militar americana em Irving B. Holley, Jr., *Buying Aircraft: Matériel Procurement for the Army Air Forces* (Washington, DC: Gabinete do Chefe do Departamento de História Militar do Ministério do Exército, 1964); e Benjamin S. Kelsey, *The Dragon's Teeth: The Creation of the United States Air Power for World War II* (Washington, DC: Smithsonian Institution Press, 1982).

143. *"a produção e o ensino em massa"*: *FAA*, vol. 6, xxv.

144. *"absurdamente impossível"*: *AAF*, vol. 6, xx-xxi.

145. *"Nunca antes"*: Thomas M. Coffey, *Hap: The Story of the U.S. Air Force and the Man Who Built It, General Henry H. "Hap" Arnold* (Nova York: Viking, 1982), 1.

146. *" foi o líder"*: Lovett, "Civilian Military", em *Impact*, ix.

147. *"criou oficialmente"*: *FAA*, vol. 6, 15.

148. *"dava a impressão"*: Greer, *Development*, 124.

149. *"Realizar uma longa"*: Hansell, *Strategic*, 62.

150. *"o avião de escolta, cuja criação eles defendiam"*: Ibid., 37. O melhor resumo do DPGA-1 consta em Hansell, *Air Plan*.

852   MESTRES DO AR

151. *"Carta Magna"*: Arnold, *Mission*, 129.

152. *"era tão capaz"*: William Wister Haines, *Command Decision* (Boston: Little Brown, 1947), 159.

Capítulo 2: Os Amadores de Eaker

153. *"abalou os"*: Samuel Eliot Morison, *Two-Ocean War: A Short History of the United States Navy in the Second World War* (Boston: Little Brown, 1963), 59.

154. *"Eu quero"*: Entrevista com Ira C. Eaker em novembro de 1974, AFHRA.

155. *"era como se"*: Arnold, *Global*, 174.

156. *"nosso caminho mais curto"*: Citado em David Reynolds, *Rich Relations: The American Occupation of Britain, 1942-1945* (1996; reimpressão, Londres: Phoenix, 2000), 91.

157. *"Acredito"*: Ira C. Eaker, "Some Observations on Air Power", em Wells, *Air Power*, 143.

158. *"Poucos homens"*: Parton, *"Air Force"*, 156-57.

159. *"Você recruta"*: Citado em ibid., 128-29.

160. *"Tínhamos sido avisados"* — *"jogou suave e ligeiramente"* — "Chegamos ao": Armstrong citado em ibid., 133-34; Eaker, "Senior Officers Briefing", U.S. Army Military History Institute, Carlisle Barracks, Pensilvânia [doravante, USMHI].

161. *Leslie Howard: NYT* de 4 de junho de 1943.

162. *"a 'Inglaterra sobreviveria'"*: Churchill citado em Angus Calder, *The People's War: Britain, 1939-1945* (Nova York: Pantheon, 1969), 264.

163. *"quase um Estado inteiro com características de praça de guerra"*: Jose Harris, "Great Britain: The People's War?", em David Reynolds, Warren K. Kimball, e A. O. Chubarian, eds., *Allies at War: The Soviet, American, and British Experience, 1939-1945* (Nova York: St. Martin's, 1994), 238-39.

164. *"Esta guerra"*: Citado em Calder, *People's War*, 17.

165. *"Que Londres diferente"*: Citado em Leonard Mosely, *Backs to the Wall: The Heroic Story of the People of London During WWII* (Nova York: Random House, 1971), 260.

NOTAS BIBLIOGRÁFICAS

166. *"não entendia"* — *"guerra de bombardeiros eficaz"*: Harrison E. Salisbury, *A Journey for Our Times: A Memoir* (Nova York: Carroll & Graf, 1993), 94-95.

167. *"A investida aérea da RAF na noite de 15 para 16 de maio"*: Reuniões de autoridades do Ministério da Guerra em 14 e 15 de maio de 1940, The National Archive, Kew, Reino Unido, outrora denominado Public Record Office; Horst Boog et al., *Germany and the Second World War*, vol. 6, *The Global War*, ed., Research Institute for Military History, Potsdam, Alemanha; trad. de Ewald Osers et al. (Nova York: Oxford University Press, 2001), 498-500.

168. *"um bombardeio retaliatório contra Berlim"*: Francis K. Mason, *Battle over Britain: A History of the German Air Assaults on Great Britain, 1917-18 and July-December 1940, and the Development of Britain's Air Defence Between World Wars* (Oscela, Wisconsin: Motorbooks International, 1980) 1ª impressão 1969), 364-65.

169. *"um bombardeio aéreo a Mannheim com objetivos aterrorizantes"*: Boog et al., Germany and the Second World War, vol. 6, 507.

170. *"bombardeios eram"*: Max Hastings, "The Lonely Passion of Bomber Harris", MHQ 6, nº 2. (1994): 65.

171. *"o moral"*: Diretriz Número 22, citada em Charles Webster and Noble Frankland, *The Strategic Air Offensive Against Germany*, vol. 4, *Annexes and Appendices* (Londres: Her Majesty's Stationery Office, 1961), Anexo 8.

172. *"em falta"*: "Eaker Briefing", USMHI, 15.

173. *"Eu estava convicto"*: Sir Arthur Harris, *Bomber Offensive* (Londres: Collins, 1947), 147.

174. *"Jamais deveríamos"*: Citado em Hastings, *Bomber Command*, 107.

175. *"Harris ter passado parte da juventude"*: Citado em Parton, *"Air Force"*, 139-40.

176. *"Oficiais britânicos nunca"*: Citado em ibid., 153.

177. *"Não conseguiremos muita coisa"*: Recorte de jornal sem data, Acervo de Spaatz.

178. *"Deus sabe"*: Citado em Parton, *"Air Force"*, 130.

179. *"Poderia"*: Harris, *Bomber Offensive*, 15.

180. *"sentia prazer nisso"*: Parton, *"Air Force"*, 140.

854   MESTRES DO AR

181. *"Não acho"* — *"Se a bomba atômica"*: Entrevista com Ira Eaker em 22 de maio de 1962, organizada pelos drs. Goldberg e Hildreth, AFHRA.

182. *"Se precisar"*: Norman Longmate, *The GI's: The Americans in Britain 1942-1945* (Nova York: Scribner, 1975), 80.

183. *"excepcional"*: FAA, vol. 2, 631.

184. *"Com tantos momentos"*: Arnold, *Global*, 180.

185. *"É a partir da Inglaterra"*: Citado em ibid., 182.

186. *"curvas traiçoeiras"* — *"Essas jovens tripulações"*: Tibbets, *Enola*, 74-79.

187. *"o Canal da Mancha ficar coberto"*: Arnold, *Global*, 174.

188. *"Arnold ficou furioso"*: Ibid., 183.

189. *"estava no resultado"*: Eaker, "Some Observations", AFHRA.

190. *"No início, não sabíamos"*: Citado em Joe Gray Taylor, "They Taught Tactics!", *Aerospace Historian* 13 (verão de 1966): 69; veja também Arnold, *Global*, 198.

Capítulo 3: O céu perigoso

191. *"Em 6 de setembro"*: Peaslee, *Heritage*, 92.

192. *"Ele era"* — *"uma cotovelada"*: Todas as citações de Tibbets foram extraídas da entrevista do autor com Paul W. Tibbets em 28 de janeiro de 2002 e de Tibbets, *Enola*, 92.

193. *"Paul, você fez"* — *"desfiles e"*: Tibbets, *Enola*, 92-96.

194. *"Ele pareceu confuso"* — *"Embora só"*: Todas as citações de McLaughlin foram extraídas de J. Kemp McLaughlin, *The Mighty Eighth in WW II: A Memoir* (Lexington: University Press of Kentucky, 2000), 1-7, 81.

195. *"primeiro entrevero aéreo de verdade"*: *Target*, 35.

196. *"sem precedentes"*: Ibid.

197. *"lavaram a égua"*: FAA, vol. 2, 221.

198. *"Estávamos vivendo"*: Curtis E. LeMay e MacKinlay Kantor, *Mission with LeMay: My Story* (Garden City, Nova York: Doubleday, 1965), 251.

199. *"Qual picles"*: Citado em Michael J. Nisos, "The Bombardier and His Bombsight", *Air Force Magazine* (setembro de 1981): 106.

200. *"estilhaços de cortantes bordas confragosas e ferventes"*: Tenente Charles H. Franks, "Bombardier — Warrior in a Greenhouse", *Stars and Stripes* de 27 de abril de 1944, 1 [doravante, *S&S*].

NOTAS BIBLIOGRÁFICAS

201. *"pilotos psicologicamente suscetíveis"*: Coronel John C. Flanagan, "Report on Survey of Aircrew Personnel in the Eighth, Twelfth, and Fifteenth Air Forces", 23 de abril de 1944, 141.28B, AFHRA.

202. *"Quando uma nova tripulação"*: Ibid., 37.

203. *"expressa na forma"*: Stephens, em Alan Stephens, ed., *The War in the Air, 1914-1994* (Base da Força Aérea de Maxwell, Alabama: Air University Press, 2001), 47.

204. *"tão grandes"*: Relatório Especial do Departamento de Pesquisa de Operações (DPO) Nº 3, "Preliminary Report on Bombing Accuracy", 4 de janeiro de 1943, 2, 520.130b 1, AFHRA.

205. *"Quando sobrevoamos"*: Tibbets, *Enola*, 99.

206. *British Broadcasting Corporation*: vol. 2, 239.

207. *Baixas entre civis (França)*: Ibid., 221, 239.

208. *"grandes frotas de ataque"*: Ibid., 222; Relatório de Eaker de 31 de agosto de 1942, 142.052, AFHRA.

209. *"Eu o assegurei"*: Arnold a Spaatz, 19 de agosto de 1942, Acervo de Spaatz.

210. *"Todas as nossas investidas de bombardeio aéreo"*: "U.S. High Altitude Bombers Hit Nazis", *Life* de 19 de outubro de 1942, 29.

211. *"foi o mais decisivo"*: Horst Boog et al., *Germany and the Second World War*, vol. 6, 597.

212. *Operação Tocha*: Veja um magnífico relato sobre a Operação Tocha em Rick Atkinson, *An Army at Dawn: The War in North Africa, 1942-1943* (Nova York: Henry Holt, 2002).

213. *"Filho, tenho"*: Citado em Tibbets, *Enola*, 108.

214. *"Você não pode ficar com isso"*: *Target*, 45.

215. *"Lembro-me"*: Citado em Richard G. Davis, *Carl A. Spaatz and the Air War in Europe* (Washington, DC: Centro de Historiografia da Força Aérea, 1993), 105.

216. *"morar e trabalhar"*: Ibid., 105.

217. *"Tooey"*: Citado em ibid., 105.

218. *"O que sobrou"*: Citado de ibid., 109.

219. *"sofisticadas formas de entretenimento"* — *"Ele tinha que"*: Parton, *"Air Force"*, 202-3.

220. *"a Batalha do Atlântico"*: Citado em Nathan Miller, *War at Sea: A Naval History of World War II* (Nova York: Oxford University Press, 1995), 349.

221. *"A única coisa"*: Citado em John Keegan, *The Second World War* (Nova York: Viking, 1989), 104.

856 MESTRES DO AR

222. *"submarinos alemães afundaram"*: Jerome M. O'Connor, "In the Lair of the Wolf Pack", *World War II*, julho de 2002, 34.

223. *"Vistos de quase 6.500 metros de altitude"* — *"ossos duros de roer, talvez impossíveis mesmo"*: FAA, vol. 2, 247-48.

224. *"Anular a ação dos submarinos alemães é um dos"*: Citado em ibid., 238.

225. *"tarefas 'prioritárias'"*: "Alvos prioritários da Oitava Frota Aérea", 15 de maio de 1945, 6, Acervo de Spaatz.

226. *"como se fossem bolinhas de pingue-pongue"*: Edward Jablonski, *America in the Air War* (Alexandria: Time-Life, 1982), 63.

227. *"tiveram 'o que mereceram'"*: *FAA*, vol. 2, 247; França Livre, "Informações sobre o Bombardeio de 21 de outubro de 1942, bases de submarinos de Lorient", de 18 de novembro de 1942, 520.310B 1, FHRA.

228. *"O aeronauta sempre enfrenta"*: *Target*, 47.

229. *"malpreparados"*: Adolf Galland, *The First and The Last: The Rise and Fallcof the German Fighter Forces*, 1938-1945 (Nova York: Ballantine, 1973), 140.

230. *"armamentos de defesa colossais"*: Citado em Longmate, *GI's*, 140.

231. *"Como consequência disso"*: Oberstleutenant Kogler, "Palestra sobre Avaliação funcional global [Global Assessment of Functioning] em 15 de março de 1945", Frotas Aéreas Estratégicas Americanas na Europa, Gabinete do Diretor do Serviço Secreto, 6 de abril de 1945, AFHRA.

232. *"Nossos pilotos tinham não só"* — *"Um dia essas aeronaves"*: Galland, *First*, 140-41.

233. *"carros e refrigeradores"*: Asher Lee, *Göring, Air Leader* (Londres: Duckworth, 1992), 58.

234. *"espetáculo de segunda categoria"*: Boog et al., *Germany in the Second World War*, vol. 6, 551.

235. *"a ofensiva de bombardeiros Aliados fracassaria"*: Galland, *First*, 184, 193-95.

236. *"uma perigosa brecha"*: Boog et al., *Germany in the Second World War*, vol. 6, 551.

237. *"um ponto fraco em suas defesas"*: FAA, vol. 2, 264.

238. *"até pelas ventas"*: Dale VanBlair, "Three Years in the Army Air Forces", manuscrito não publicado, EC.

NOTAS BIBLIOGRÁFICAS

239. *"Assim que você fica"*: Kogler, "Palestra", AFHRA.

240. *Baixas no 306º*: Russell A. Strong, *First Over Germany: A History of the 306th Bombardment Group* (Winston-Salem: Hunter, 1982), 53.

241. *"Quem tem medo"*: Longmate, *GI's*, 144.

242. *"Se tiver que"*: — *"O importante mesmo"* — *"olhares sérios"*: Robert Morgan, em parceria com Ron Powers, *The Man Who Flew the Memphis Belle: Memoir of a WW II Bomber Pilot* (Nova York: Dutton, 2001), 116-17; entrevista do autor com Robert Morgan em 26 de julho de 2003.

243. *"Jamais deixe"*: Morgan, *Memphis*, 112-13.

244. *"Tínhamos ouvido"*: Ibid., 114.

245. *"Um sargento obsequioso"*: Memórias de Bernard R. Jacobs, EC.

246. *"Bombardeadores"*: Morgan, *Memphis*, 115-16.

247. *"Não gosto"*: Citado em John R. (Tex) McCrary e David E. Scherman, *First of the Many: A Journal of Action with the Men of the Eighth Air Force* (Nova York: Simon & Schuster, 1944), 36.

248. *"O interior de um B-17"*: Jack Novey, *The Cold Blue Sky: A B-17 Gunner in World War Two* (Charlottesville: Howell Press, 1997), 51-54.

249. *"como se fossem gigantescos peixes"* — *"o terrível vazio"* — *"as quais podiam"* — *"que indicavam"* — *"que eu determinasse"* — *"como se fosse o ferrão de um inseto"* — *"na ponte de comando"*: Elmer Bendiner, *The Fall of the Fortresses: A Personal Account of the Most Daring, and Deadly, American Air Battles of World War II* (Nova York: Putnam, 1980), 41.

250. *"imersos num"*: John Hersey, *The War Lover* (Nova York: Bantam, 1960), 169.

251. *"operações coordenadas"*: General de divisão David Grant, "A Day at the Office", citado em Ian L. Hawkins, ed., *B-17s over Berlin: Personal Stories from the 95th Bomb Group (H)* (Washington, DC: Brassey's, 1990), 63-64.

252. *"não havia como saber"* — *"Quando conseguimos atravessar"*: Memórias de Jacobs.

253. *"Aqueles ataques frontais"*: Entrevista com Morgan em 26 de julho de 2003.

254. *"Alguns bombardeiros voavam tão próximos"*: Entrevista com Paul Tibbets, Lou Reda Productions, 14 de outubro de 2000.

255. *"De vez em quando"*: Testemunho de John Morris, EC.

858   MESTRES DO AR

256. *"Deus, você tem"*: Citado em Brendan Gill, "Young Man Behind Plexiglas", *The New Yorker* de 12 de agosto de 1944, 484.

257. *Bombardeio a Brest*: Morgan, *Memphis Belle*, 117.

258. *"difícil e terrível"*: Scott, "Yank Reporter", 9.

259. *"em que a única coisa"* — *"as imprecações"*: Ibid., 8-9.

260. *"E aí você tem que reviver tudo"*: Anônimo, "24 Hours of a Bomber Pilot", *Harper's Magazine* de agosto de 1944, 290.

261. *"Depois de alguns drinques"*: Memórias de Jacobs.

262. *"Quando um membro da tripulação"*: Ralph H. Nutter, *With the Possum and the Eagle: The Memoir of a Navigator's War over Germany and Japan* (Novato, Califórnia: Presidio, 2002), 51.

263. *"'passagem de volta para casa'"*: Entrevista do autor com George Manfred em 12 de fevereiro de 2003.

264. *"Aquelas manchas"*: Oram C. [Bud] Hutton e Andy Rooney, *Air Gunner* (Nova York: Farrar & Rinehart, 1944), 69.

265. *"com tanta rapidez quanto"* — *"um azul metálico cinzento"*: Ibid., 70, 72; *Target*, 50.

266. *"os homens que"* — *"Até aviões"*: Ernie Pyle, "Individual Air Heroes Scarce in This War", recorte de jornal de 10 de novembro de 1942, Acervo de Ernie Pyle, Lilly Library, Indiana University, Bloomington, Indiana.

267. *"Estes homens não se interessam"*: Subcomandante do Estado-Maior da Força Aérea, Serviço Secreto, entrevista com o coronel Malcolm Grow, outono de 1943, AFHRA.

268. *"Não sei explicar"*: Novey, *Cold Blue Sky*, 135.

269. *"Jamais nos preocupávamos"*: John M. Redding, *Skyways to Berlin: With the American Flyers in England* (Nova York: Bobbs-Merrill, 1943), 284.

270. *"Os aeronautas"*: Pyle, "Air Heroes".

271. *"no início de outubro"*: FAA, vol. 2, 233.

272. *"E tempo ruim"*: Oron P. South, *Medical Support in a Combat Air Force: A Study of Medical Leadership in WW II* (Base da Força Aérea de Maxwell, AFB: 1956), 4-5.

273. *"'território' atmosférico"*: FAA, vol. 7, 311.

274. *"as condições de tempo ruins reduziram"*: Pesquisa dos Efeitos dos Bombardeios Estratégicos Americanos [doravante, PEBEA], *Bombing Accuracy, USAAF Heavy and Medium Bombers in the ETO* (Washington, DC: U.S. Government Printing Office, 1945), 2.

NOTAS BIBLIOGRÁFICAS 859

275. "*oito missões*": Beirne Lay, Jr., e Sy Bartlett, *Twelve O'Clock High!* (1948; reimpr., Nova York: Dodd, Mead, 1975), 30.

276. "*muito piores*": *Targeti*, 54.

277. "*congelamentos*": South, *Medical Support*, 3.

278. "*Homens que iam a pé*": William F. Sheeley, "Frostbite in the 8th Air Force", *Air Surgeon's Bulletin* 2, nº 1 (janeiro de 1945), 23.

279. "*de tal forma*": Ibid.

280. "*Quando você*": Todas as citações de Moffat em Marshall J. Thixton, George E. Moffat e John J. O'Neil, *Bombs Away by Pathfinders of the Eighth Air Force* (Trumbull, Connecticut: FNP Military Division, 1998), 97-100.

281. "*Mas o problema era que suas mãos geladas*": Entrevista com o coronel Grow.

282. "*Seis semanas depois*": Citado em South, *Medical Support*, 22-23.

283. "*eles puseram*": Citado em Nanney, *Medical Services*, 23.

284. "*É isso que*": McCrary e Scherman, *First*, 8-9.

285. "*Temos um caso de emergência muito sério*": Sheeley, "Frostbite", 23.

286. "*Esperar cair tudo*": Ibid.

287. "*barotite média*": *FAE*, vol. 7, 399-400.

288. "*grandes 'desafios da medicina aeronáutica'*": Douglas H. Robinson, *The Dangerous Sky: A History of Aviation Medicine* (Henley-on-Thames, Reino Unido: G. T. Foulis, 1973), 179.

289. "*É muito comum*": Halpert, *Real Good War*, 87.

290. "*tivessem morrido de anoxia*": South, *Medical Support*, 14.

291. "*Não pensamos*": Entrevista com o coronel Grow.

292. "*Atravessei*" — "Tinha sido": Moffat citado em Thixton et al., *Bombs Away*, 74-77.

293. "*Coisas estranhas aconteciam*": Cowdrey, *Fighting for Life*, 227.

294. "*medicina de aviação*": South, *Medical Support*, 44-45; Nanney, *Medical Services*, 19.

295. *O trabalho de Grow e Armstrong*: Nanney, *Medical Services*, 18-19.

296. *Comunidade Médica Central*: Entrevista com o general de divisão Harry G. Armstrong em 8, 13 e 20 de abril de 1976, K239.0512-967, AFHRA.

297. "*assistência e tratamento médico ao aeronauta*": South, *Medical Support*, 37, 42.

860 MESTRES DO AR

298. *"Todos vieram"*: Entrevista com Armstrong; "História dos Médicos do 306º Grupo de Bombardeiros, 1944", 520.7411-4A, AFHRA.

Capítulo 4: Aeronauta derrubado!

299. *"A água parecia"* — *"Ele submergia"* — *"Pouco depois, um pequeno barco"*: *Target*, 41-42; veja também Roger A. Freeman, Alan Crouchman e Vic Maslen, *Mighty Eighth War Diary* (Londres: Jane's, 1981), 19-20; e Freeman, *The Mighty Eighth War Manual* (Londres: Cassell, 2001), 110.

300. *"A menos que você"*: Citado em South, *Medical Support*, 12.

301. *"99 por cento*: South, *Medical Support*, 11.

302. *"44 por cento"*: Entrevista com Grow; Merle Olmsted, "Down in the Drink", *Journal of the American Aviation Historical Society*, outono de 1998, 174.

303. *"Rezamos o Pai-Nosso juntos"*: *S&S* de 10 de abril de 1944, 3.

304. *riscos das tentativas de fuga:* J. M. Langley, *Fight Another Day* (Londres: Collins, 1974), 251.

305. *A Rota Cometa*: Sherri Greene Ottis, *Silent Heroes: Downed Airmen and the French Underground* (Lexington: University of Kentucky Press, 2001), 124-25.

306. *"encomendas"* — *"Nenhum membro"*: Yvonne Daley-Brusselmans, *Belgium Rendez-Vous 127 Revisited* (Manhattan, Kansas: Sunflower University Press, 2001), 68: entrevista do autor com Yvonne Daley--Brusselmans em 20 de janeiro de 2002.

307. *plaquetas de identificação*: Daley-Brusselmans, *Belgium*, 55.

308. *"para levantar dinheiro"*: Ottis, *Silent*, 123, 129.

309. *"informantes"* — *"uma longa caminhada"*: Daley-Brusselmans, *Belgium*, 50-51.

310. *A Gestapo infiltrou-se*: Margaret Rossiter, *Women in the Resistance* (Nova York: Praeger, 1986), 23; Ottis, *Silent*, 2-3, 22, 120.

311. *"Andrée de Jongh era"*: W. R. Armstrong, "The Lifeline called Comet", *Reader's Digest*, vol. 5 (1º de junho de 1979), republicado em *Reader's Digest True Stories of Great Escapes* (Pleasantville, Nova York: Reader's Digest, 1977), 85.

312. *"Os combatentes absorviam"*: James Good Brown, *The Mighty Men of the 381st, Heroes All: A Chaplain's Inside Story of the Men of the 381st Bomb Group* (Salt Lake City: Publishers Press, 1994), 230-31.

NOTAS BIBLIOGRÁFICAS

313. *"Vocês não podem confiar"*: Citado em Nutter, *Possum*, 18-19.

314. *"Finalmente, pouco"*: Nutter, *Possum*, 21-22.

315. *"Por que demoraram tanto?"* — *"Vocês ficarão confinados"*: Citados em ibid., 22-23.

316. *"ele foi [...] o maior líder da história da Força Aérea"*: Entrevista do autor com Robert Rosenthal em 2 de abril de 2002; veja também Victor Davis Hanson, "The Right Man", *MHQ* 8, nº 3 (primavera de 1996): 6.

317. *"Era um trabalho árduo"*: LeMay, *Mission*, 37.

318. *"Tínhamos mais medo"*: Entrevista com Cleven em 2 de abril de 2003.

319. *"Sou capaz de perdoar"*: Citado em Beirne Lay, Jr., "The Background", em *Impact, Destruction From the Air*, vii, exemplar preservado no Mighty Eighth Air Force Heritage Museum, Savannah, Geórgia [doravante, ME]; LeMay, *Mission*, 265-66.

320. *"Ele não gosta"* — *"civis fardados"* — *"Precisávamos"*: Nutter, *Possum*, 9.

321. *"malpreparados"*: LeMay, *Mission*, 217; veja também Thomas M. Coffey, *Iron Eagle: The Turbulent Life of General Curtis LeMay* (Nova York: Crown, 1986), 28.

322. *"Foi LeMay"*: Andy Rooney, *My War* (Nova York: Times Books, 1995), 123.

323. *"Ele* tinha *participado"*: LeMay, *Mission*, 229-30.

324. "O fogo antiaéreo é algo terrível" — *"Porra"* — *"seria preferível"*: Todas as citações foram extraídas de Curtis E. LeMay, "Strategic Air Power: Destroying the Enemy's War Resources; Z. The Command Realities", *Aerospace Historian*, Spring 1980, 9-10.

325. *"Baixas nesse tipo de terreno acontecem"*: Citado em Nutter, *Possum*, 33-34.

326. *"queixumes"*: LeMay, *Mission*, 241-42.

327. *"as baixas saltaram"*: Boog et al. *Germany and the Second World War*, vol. 6, 595.

328. *"Geralmente, quando eu ia"*: Entrevista do autor com Robert Morgan em 26 de julho de 2003: Morgan, *Memphis*, 132-33.

329. *"joguetes"*: Capitão S. t. Parker citado em Menno Duerksen, *The Memphis Belle: Now the Real Story of World War II's Most Famous Warplane* (Memphis Castle, 1987), 167.

862 MESTRES DO AR

330. *"Alguém entre vocês está com medo?"*: Coronel Maurice Preston, Comandante do 367º Grupo de Bombardeiros, citado em Martin Middlebrook, *Schweinfurt-Regensburg Mission* (Nova York: Scribner, 1983), 61.

331. *"sonolento, tonto"* — *"absolutamente nada"*: LeMay, *Mission*, 255-56.

332. *"tripulações de ponta"* — "o nível médio de acertos": LeMay, "Strategic Air Power", 12.

333. *"disciplina nas operações aéreas"*: "U.S. Tactics", Acervo de Spaatz.

334. *"Gambá"*: Parton, *"Air Force"*, 179.

335. *LeMay e Hansell*: LeMay ao general Robin Olds em 12 de janeiro de 1943, Acervo de Curtis LeMay, Biblioteca do Congresso.

336. *"pelo avião da vanguarda"*: McFarland, *Strategic*, 171-72.

337. *"plataforma"* — *"O piloto automático"*: Entrevista do autor com Craig Harris em 2 de outubro 2002.

338. *"bombardeios de precisão"* — *"mas a ferocidade do revide dos caças inimigos"*: Entrevista com o general H. S. Hansell em 9 de agosto de 1943, Gabinete do Subcomandante do Serviço Secreto do Estado-Maior da Força Aérea, 142.052, AFHRA.

339. *"Douhet e Mitchell"*: "U.S. Tactics", Acervo de Spaatz; "Operações Aéreas: Treinamento e Organização, 1º de dezembro de 1942-31 de outubro de 1943", 1-12, Acervo de Spaatz. Quando duas ou mais alas de combate partiam em missão de ataque a um alvo, essa tropa de assalto era denominada força-tarefa aérea.

340. *"Seria"*: Entrevista com Hansell em 9 de agosto de 1943.

341. *"Bambas"*: Nutter, *Possum*, 37. Veja mais informações sobre a diferença entre teoria de guerra aérea e realidades de combates em Williamson Murray, "The Influence of Pre-War Anglo-American Doctrine on the Air Campaigns of the Second World War", em Boog, *Conduct*, cap. 13.

Capítulo 5: A anatomia da coragem

342. *"Ira, tenho"* — *"estúpida"*: Todas citações foram extraídas de Ira C. Eaker, "Some Observations of Wars and Warriors", AFHRA.

343. *"Somente você"*: Parton, "Eaker", 33.

344. *"Alguém me havia dito"* — *"Meu jovem"*: Ira C. Eaker, "Some Memories of Winston Churchill', *Aerospace Historian* 19 (setembro de 1972), 122; Entrevista com Eaker, USMHI; Parton, *"Air Force"*, 221.

NOTAS BIBLIOGRÁFICAS

345. *"Tenha paciência"*: Eaker, "The Case for Day Bombing" Acervo de Spaatz; Davis, *Spaatz*, 162.

346. *"Não estou totalmente"*: Eaker, "Observations", AFHRA.

347. *"As palavras que lhe saíram"*: Eaker, "Churchill", 123.

348. *"Quando eu me encontrar"* — *"por algum tempo"*: Entrevista com Eaker, USMHI, Eaker, "Churchill", 124; entrevista com o general Ira Eaker, Imperial War Museum, Londres, Inglaterra.

349. *"Decidi"*: Winston Churchill, *The Second World War*, vol. 4, *The Hinge of Fate* (Boston: Houghton Mifflin, 1950), 679.

350. *"A maneira mais econômica"*: Eaker, "Case", Acervo de Spaatz.

351. *"Em Casablanca"*: Diretiva Casablanca, 21 de janeiro de 1943, Acervo de Spaatz.

352. *"a Oitava"*: Entrevista do autor com Andy Rooney em 20 de agosto de 2002.

353. *"Eu não gostei disso"*: Salisbury, *Journey*, 193; Harrison E. Salisbury, *Heroes of My Time* (Nova York: Walker, 1993), 95.

354. *"Que Deus ajude Hitler!"*: Denton Scott, "School for Gunners", *Yank* de 2 de fevereiro de 1943, 6-7; veja também Andrew A. Rooney, "Rehearsal for a Bombing Raid", *S&S* de 9 de janeiro de 1943, 2.

355. *"Lembro-me de que achava"*: Rooney, *My War*, 124.

356. *"houve um silêncio total"* — *"o que deu a impressão"* — *"O tenente Casey"*: Andrew A. Rooney, "How It Feels to Bomb Germany", *S&S* de 27 de fevereiro de 1943, 1, 4; Rooney, *My War*, 130; Rooney, "Rehearsal", 2; Gladwin Hill, "Reporters Fly on U.S. Raid", *NYT* de 27 de fevereiro de 1943.

357. *Bob Post*: *NYT* de 2 de fevereiro de 1943; Walter Cronkite, *A Reporter's Life* (Nova York: Alfred A. Knopf, 1996), 99; Jim Hamilton, *The Writing 69th: Civilian War Correspondents Accompany a U.S. Bombing Raid on Germany During World War II* (Marshfield, Maryland: publicado por particulares, 1999), 13. Post foi um de apenas dois jornalistas americanos mortos na guerra aérea na Europa.

358. "gesticulava": Morgan, *Memphis*, 173.

359. *"Mesmo sem nenhum treinamento"*: Citado em Axel Madsen, *William Wyler: The Authorized Biography* (Nova York: Thomas Y. Crowell, 1973), 228.

864 MESTRES DO AR

360. *"Aí, entramos"*: Citado em Jan Herman, *A Talent for Trouble: The Life of Hollywood's Most Acclaimed Director, William Wyler* (Nova York: Putnam, 1995), 259.

361. *"Era uma forma"* — *"os pilotos dos caças alemães"*: Morgan, *Memphis*, 97-98.

362. *"Eu disse a ele: ok"*: Entrevista com Morgan em 26 de julho de 2003.

363. *"Eu tenho que fazer essa filmagem!"* — *"arriscar a própria pele"*: Ambas as citações foram extraídas de Madsen, *Wyler*, 236.

364. *"Ei, Molenga"*: Citado em Lyn Tornabene, *Long Live the King: A Biography of Clark Gable* (Nova York: Putnam, 1976), 267.

365. *"atribuição muito importante"*: Tornabene, *Long Live*, 276; veja também Steve Agoratus, "Clark Gable in the Eighth Air Force", *Air Power History* 46, nº 1 (primavera de 1999): 6.

366. *"onde a coisa"*: *S&S* de 19 de abril de 1943, 2.

367. *"É muito perigoso"* — *"Soube que"* — *"como se ele fosse um gorila"* — *"como eu conseguiria"*: Citado em Tornabene, *Long Live*, 290.

368. *"será sobre"*: *S&S* de 6 de janeiro de 1943, 1.

369. *"Hoje, começa"*: "Revisão de Operações do Comando de Bombardeiros de 1943", Acervo de Spaatz; Redding, *Skyways*, 19.

370. *"Nem um cão"*: *FAA*, vol. 2, 316.

371. *"Em vez do falso número"*: Nutter, *Possum*, 61.

372. *"A Oitava Frota Aérea"*: Salisbury, *Journey*, 195; Parton, *"Air Force"*, 294-95.

373. *"um dos maiores"*: Rooney, *My War*, 141.

374. *"Estávamos todos"*: Cronkite, *Reporter's Life*, 289.

375. *"O pior tipo"*: Rooney, *My War*, 99.

376. *"jornal dedicado à aeronáutica militar"*: Hutton e Rooney, *Story of the Stars and Stripes*, 26.

377. *"Raramente"*: Entrevista com Rooney em 20 de agosto de 2002.

378. *"Uma história soterrada"*: Andrew A. Rooney, "This is the Eighth Air Force", *S&S* de 17 de agosto de 1943, 1.

379. *"tristes demais"* — *"As engrenagens"* — *"Seguiu-se por oito minutos uma conversa"*: Rooney, *My War*, 99-100.

380. Pesquisa de Wylie: Philip Wylie, *Generation of Vipers* (Nova York: Holt, Rinehart & Winston, 1942), em vários trechos; Michael C. C. Adams, *The*

Best War Ever: America and World War II (Baltimore: Johns Hopkins Univeristy Press, 1994), 8-9.

381. *"os melhores homens"*: McCrary e Scherman, *First*, 107.

382. *"Vejo vocês, rapazes"* — *"um grande estilhaço"*: Todas as citações foram extraídas de Jim Duggan, "The Brothers", *Yank* de 8 de agosto de 1943, 2-3.

383. *"Você só começa a odiá-los"*: Citado em McCrary e Scherman, *First*, 86.

384. *"Nosso moral"*: LeMay, *Mission*, 277.

385. *"vinte por cento"*: Entrevista com Hansell em 9 de agosto de 1943, AFHRA.

386. *"um jogo mórbido"*: Hansell, *Strategic*, 83.

387. *"participar de"*: Salisbury, *Journey*, 196.

388. *"as festas mensais"* — *"com uma rajada"* — *"seduzido mulheres"*: Donald W. Hastings, David G. Wright, Bernard C. Glueck, *Psychiatric Experiences of the Eighth Air Force, First Year of Combat, July 4 1942-July 4, 1943* (Nova York: Josiah Macy, Jr., Foundation, 1944), 138-39.

389. *"enlouquecendo aos poucos"*: Hastings, "Psychiatric", 72.

390. *Estudo da CME*: Major Howard B. Burchell e major Douglas B. Bond, "A Study of 100 Successful Airmen with Particular Respect to Their Motivation and Resistance to Combat Stress", dezembro de 1944, 520.7411-1, AFHRA.

391. *"tinham medo"*: Hastings et al. *Psychiatric Experiences*, 6-7; Roy R. Grinker e John P. Spiegel, *Men Under Stress* (Filadélfia: Blakiston, 1945), 85, 313.

392. *"Clint Hammond"*: Entrevista do autor com Clinton Hammond em 7 de abril de 2002.

393. *"Ralph Nutter"*: Nutter, *Possum*, 74.

394. *"covarde"* — *"mantendo-se de ouvidos atentos"*: Hastings, *Psychiatric Experiences*, 42, 241-47; South, *Medical Support*, 91; Douglas D. Bond, *The Love and Fear of Flying* (Nova York: International Universities Press, 1952), 92.

395. *"tão contagiantes"*: Hastings, *Psychiatric Experiences*, 203.

396. *"infectassem"*: Entrevista com general de brigada David Grant, Médico Aeronauta, Subcomandante do Serviço Secreto do Estado-Maior da Força Aérea em 1º de julho de 1943, 142.052, AFHRA.

866   MESTRES DO AR

397. *"Já os graduados"*: Hastings, *Psychiatric Experiences*, 111; Flanagan, "Report".

398. *"estigmatizados"* — "psiquiatras": Douglas D. Bond, "General Neuropsychiatric History", em major-brigadeiro Hal B. Jennings, Jr., ed., *Neuropsychiatry in World War II*, vol. 2, *Overseas Theaters* (Washington, DC: Gabinete do Oficial-General do Serviço Médico do Ministério do Exército, 1973), 853; Nutter, *Possum*, 74.

399. *"Bases de bombardeiros"*: Entrevista com Rooney; Rooney, *My War*, 139; Entrevista com a tripulação do 324º Esquadrão do 91º Grupo de Bombardeiros, Departamento do Serviço Secreto das Frotas Aéreas em 19 de março de 1943, AFHRA.

400. *"esgotamento de tensão de guerra"*: FAA, vol. 2, 309, 396.

401. *"apenas uma em cinco"*: Hansell, *Strategic*, 85.

402. *"fadiga de voo"* — *"fadiga de combate"* — *"medo e conflito psicológico crônicos"*: Hastings, *Psychiatric Experiences*, 28, 34; South, *Medical Support*, 85.

403. *"Dos estimados 225 mil aeronautas"* — *"falta de fibra moral"* — *"carência de fibra moral"*: Major Douglas D. Bond, "Pesquisa Estatística de Baixas Neuropsiquiátricas das Tripulações da 8ª Frota Aérea", 25 de maio de 1945", 520.7421, AFHRA. A Comunidade Médica Central, que só aceitava tratar de casos apresentados a ela por médicos da aeronáutica e comandantes de unidades de combate, examinou 1.716 baixas neuropsiquiátricas, das quais 1.230 eram aeronautas que passaram a ser proibidos de participar de missões aéreas; Bond, *Courage*, 70-72; Flanagan, "Report"; Oitava Frota Aérea, "Diagnóstico e Estado de Ânimo de Tripulações Combatentes Vítimas de Distúrbios Emocionais", 1º de janeiro de 1944, 520.7411-2, AFHRA.

404. "se a*costuma com os combates"*: John W. Appel, "Prevention of Manpower Losses from Psychiatric Disorder", documento não confidencial, Departamento de Higiene Mental do Serviço de Saúde Militar, Acervo de John E. Sloan, USMHI; John W. Appel e G. W. Beebe, "Preventive Psychiatry", *Journal of the American Medical Association* 131 (1946), 1469-76. Veja um dos textos clássicos sobre fadiga de combate em Albert J. Glass, "Combat Exhaustion", *United States Armed Forces Medical Journal*, 2, nº 10 (1951), 1471-78.

NOTAS BIBLIOGRÁFICAS

405. *"distúrbios emocionais"* — *"têm sido, de longe"*: Bond, "Pesquisa Estatística"; Hastings, *Psychiatric Experiences*, vários trechos.

406. *"Meu sistema nervoso"*: Citado em Thomas M. Coffey, *Hap: The Story of the U.S. Air Force and the Man Who Built It, General Henry H. "Hap" Arnold* (Nova York: Viking, 1982), 63.

407. *"Como se esgota a coragem"*: Charles M. W. Moran, *The Anatomy of Courage* (Boston: Houghton, Mifflin, 1967), xii; Hastings, *Psychiatric Experiences*, 6; Grinker e Spiegel, *Men Under Stress*, 33.

408. *"diferenças entre as condições nos combates aéreos e nos conflitos terrestres"*: Grinker e Spiegel, *Men Under Stress*, 29, 95, 97.

409. *"Casos de psicose real"*: Hastings, *Psychiatric Experiences*, 28.

410. *"mantinha viva"* — *"Ou você deixa a imaginação"*: Moran, *Anatomy*, 101.

411. *"defesas narcisistas"*: Jon A. Shaw, "Comments on the Individual Psychology of Combat Exhaustion", *Military Medicine* 148 (março de 1983), 223.

412. *"não vai acontecer nada comigo"*: Bond, *Love and Fear*, 81; Moran, *Anatomy*, 32.

413. *"a essência"*: Sigmund Freud, *Inhibitions, Symptoms, and Anxiety* (Londres: Hogarth, 1948), 81.

414. *"Diante do perigo"*: Moran, *Anatomy*, 38.

415. *"Consigo ver"*: Entrevista do autor com Sherman Small em 27 de setembro de 2002.

416. *"O acaso"*: Bond, *Love and Fear*, 131; tenente David G. Wright, *Notes on Men and Groups Under Stress of Combat: For the Use of Flight Surgeons in Operational Units* (Nova York: Josiah Macy, Jr., Foundation, 1945), 12-15.

417. *"Tenho uma faixa amarela"*: Citado em Bond, *Love and Fear*, 11.

418. *"Não é difícil"*: Quartel-General da Primeira Comunidade Médica Central, "Dados Factuais", 8 de março de 1945, Acervo de Spaatz.

419. *"médico de voo"*: Mae Mills Link e Hubert A. Coleman, *Medical Support of the Army Air Forces in WW II* (Washington, DC: Gabinete do Oficial--General Chefe do Serviço Médico, 1955), 671.

420. *"para saber o que acontecia"*: Andrew A. Rooney, "Fort Takes a Psychiatrist to Lorient", *S&S* de 19 de maio de 1943, 1.

421. *"psicologia militar"*: Wright, *Notes on Men and Groups*; a Josiah Macy, Jr., Foundation publicou outros quatro volumes durante a guerra sobre fadiga de combate, seu diagnóstico e tratamento; veja David R. Jones, Jr.,

868 MESTRES DO AR

"The Macy Reports: Combat Fatigue in World War II Fliers", *Aviation, Space, and Environmental Medicine* 58 (agosto de 1987), 807-11.

422. *"Os aeronautas raramente"*: David G. Wright, "Report on Observations on Operational Bombing Missions", 14 de junho de 1943, 520.7421, AFHRA.

423. *"53 médicos aeronautas"*: South, *Medical Support*, 72.

424. *"preventiva eficiente"*: Wright, "Report on Observations"; Wright, *Notes on Men and Groups*, 18; Douglas D. Bond, "How Can the Flight Surgeon Better Treat Anxiety?" em Wright, *Notes on Men and Groups*, 20.

425. *"Ele nos apoiava muito"* — *"Você tinha"* — *"aquilo que mais se aproximava"*: Saul Levitt, "Flight Surgeon", *S&S* de 2 de janeiro de 1944, 22-23.

426. *"médico, capelão"*: "Combat Veterans Evaluate the Flight Surgeons", *Air Surgeon's Bulletin* 2 (setembro de 1945), 276-77; "Informal Report on Flight Surgeon's Activities", 23 de maio de 1944, 520.C58-1, AFHRA; "Combat Veterans", 277.

427. *"É [...] muito mais fácil"*: Hastings, *Psychiatric Experiences*, 180-81.

428. *"O terapeuta pode exercer o papel"*: Grinker e Spiegel, *Men Under Stress*, 170-72.

429. *"Bond substituiu Hastings"*: Howard Erb e Douglas Bond, "O Uso do Narcótico Amobarbital no Tratamento de Distúrbios Emocionais de Tripulações de Combate Aéreo", outubro de 1944, 520.7421 AFHRA; Bond, *Love and Fear*, 116. Em maio de 1944, doses do narcótico amobarbital tinham sido aplicadas em 311 pacientes nas unidades da CME. Bond continuou a usar tiopentato de sódio em doses menores como instrumento de medição do nível de supressão da ansiedade do paciente, enquanto Grinker e Spiegel o empregaram como elemento terapêutico no então recém-inaugurado hospital da Força Aérea Don Cesar, em St. Petersburg, Flórida, para onde aeronautas emocionalmente desequilibrados passaram a ser enviados a partir de 1944. Veja Bond, *Love and Fear*, 113.

430. *"Dos 69 aeronautas submetidos à terapia de indução de sono profundo"*: Hastings, *Psychiatric Experiences*, vários trechos.

431. *"num ambiente seguro"*: Bond, *Love and Fear*, 109; Mark K. Wells, *Courage and Air Warfare: the Allied Crew Experience in the Second World War* (Portland, Oregon: F. Cass, 1995), 81.

NOTAS BIBLIOGRÁFICAS

432. *"O que será que acontece"*: Grinker e Spiegel, *Men Under Stress*, 28; Jon A. Shaw, "Psychodynamic Considerations in the Adaptation to Combat", em Gregory Belenky, *Contemporary Studies in Combat Psychiatry* (Westport, Connecticut: Greenwood, 1987), 117; Moran, *Anatomy*, i.

433. *"Coragem [...] é uma qualidade moral"*: Moran, *Anatomy*, 61.

434. *"mais por amor"*: Herbert Spiegel, "Psychiatry with an Infantry Battalion in North Africa", em Jennings, *Oversears Theaters*, 115; Grinker e Spiegel, *Men Under Stress*, 39, 45.

435. *"A guerra acontece"*: Eric Sevareid, *Not So Wild a Dream* (Nova York: Alfred A. Knopf, 1946), 494-95. Veja também Chris Hedges, *War Is a Force That Gives Us Meaning* (Nova York: Public Affairs, 2002). É um dos grandes livros sobre guerras, pelas características terríveis e trágicas de seus textos.

436. *"independentemente de qualquer coisa"*: Grinker e Spiegel, *Men Under Stress*, 113.

437. *"ego de grupo"*: Jon P. Spiegel, "Effects of Combat Flying Stress", em David Wright, ed., *Observations on Combat Flying Personnel* (Nova York: Fundação Josiah Macy, Jr., 1945), 21; Grinker e Spiegel, *Men Under Stress*, 25.

438. *"se agarrava na busca de apoio"* — *"aquilo que o homem"*: Moran, *Anatomy*, 16.

439. *"Se outro grupo"* — *"Se mais um grupo"*: Flanagan, "Report", 86.

440. *"Para que eu possa voltar para casa!"*: Grinker e Spiegel, *Men Under Stress*, 181-82; Morris Fishbein, ed., *Doctors at War* (Nova York: Dutton, 1945), 291.

441. *"único fator"*: South, *Medical Support*, 76.

442. *"O inverno passado"*: Entrevista com Hansell em 9 de agosto de 1943, AFHRA.

443. *"A lama"*: LeMay, *Mission*, 247.

444. *"Muitos deles"*: Ibid., 251.

445. *"Se não fosse"*: Entrevista com Morgan em 26 de julho de 2003; Morgan, *Memphis*, 135.

446. *"Isso não teve nada"*: Entrevista com Morgan em 26 de julho de 2003.

447. *"Chás dançantes"*: Morgan, *Memphis*, 138.

448. *"Um de nossos oficiais"*: Entrevista com Morgan, 26 de julho de 2003.

MESTRES DO AR

449. *"Os ianques foram"*: Citado em Juliet Gardiner, *Overpaid, Oversexed, and Over Here: The American GI in World War II Britain* (Nova York: Abbeville, 1992), 108.

450. *"repousar"*: Entrevista com Morgan em 26 de julho de 2003. Para mais informações sobre a estada de Morgan em Londres, veja também Duerksen, *Memphis Belle*, 68.

451. *"A toda parte que íamos"*: Entrevista com Morgan em 26 de julho de 2003.

452. *"mas ele babava por qualquer uma"*: Citado em Tornabene, *Long Live*, 291.

453. *"Não queríamos"*: Entrevista com Morgan em 26 de julho de 2003.

454. *"Não faça amizade"*: Citado em Salisbury, *Journey*, 193.

455. *"resistência [...] cada vez mais intensa"*: FAA, vol. 2, 311, 333-34.

456. *"Se você fizer isso"*: Citado em Tornabene, *Long Live*, 292.

457. *"A atual situação"* — *"Eles bombardeiam"*: Todas citações de Eaker em Copp, *Forged*, 372-77.

458. *"oito bocas"*: Citado em Copp, *Forged*, 376-77.

459. *"As tripulações queriam"*: Rooney, *My War*, 136.

460. *"um verdadeiro trapalhão"*: Ibid., 108.

461. *"A visibilidade"*: McCrary e Scherman, *First*, 54-55.

462. *"uma tremenda quantidade de fogos"* — *"A munição"*: Redding, *Skyways*, 267.

463. *"De repente"*: Andrew A. Rooney, "Fortress Gunner", S&S de 16 de julho de 1943, 4.

464. *"por que Smith permaneceu"*: Redding, *Skyways*, 266.

465. *"Olhei para o incêndio"* — *"Pulei na direção"* — *"Aquele FW"*: Rooney, "Fortress Gunner", S&S de 16 de julhol de 1943, 4.

466. *"Foi um milagre"*: Ibid., 273.

467. *"a concretização de um sonho"*: Strong, *First*, 109-10.

468. *"Ele era"*: Redding, *Skyways*, 266.

469. *Perdas na Oitava Frota Aérea*: "Combat Casualties, 1943", AFHRA.

470. *"Pessoas como eu"*: Entrevista com H. S. Hansell em 1º de janeiro de 1967, K239.0512-629C.1, AFHRA; Entrevista com Hansell em 9 de agosto de 1942, AFHRA.

471. *Robert Lovett*: Lovett a Henry Arnold, 18 e 19 de junho de 1943, Acervo de Robert Lovett, NA.

NOTAS BIBLIOGRÁFICAS

472. "*um historiador classificou*": Copp, *Forged*, 413.

473. "*A absoluta necessidade*": Arnold a Barney Giles, 22 de junho de 1943, Acervo de Arnold.

474. "*O espetáculo*": Citado em Taylor, "They Taught Tactics!", 69.

475. "*Tais como nunca houve*": Peaslee, *Heritage*, 110.

476. "*Rosky*": Andrew A. Rooney, "25 Times", *S&S* de 16 de abril de 1943, 2.

477. "*apenas mais um dia*" — "*explodiram de alegria*": Entrevista com Morgan em 26 de julho de 2003.

478. "*Dei-lhe*": Morgan, *Memphis*, 210.

479. "*A base inteira*": Entrevista com Morgan em 26 de julho de 2003.

480. "*Sem problema*" — "*Quase não voltei*": Citado em Herman, *Talent*, 259.

481. "*Ele está nos deixando apavorados*": Citado em Tornabene, *Long Live*, 293.

482. "*Isto tem que ser exibido*": Citado em Herman, *Talent*, 265.

483. "*uma história que todo*": *NYT* de 14 de abril de 1944, 1.

484. "*uma fuga para a realidade*": Citado em Madsen, *Wyler*, 258.

485. "*Tínhamos perdido*": Karl Dönitz, trad. de R. H. Stevens e David Woodward, *Memoirs: Ten Years and Twenty Days* (Nova York: LeBure Books, 1959), 341.

486. "*mais de 63 por cento*": USSBS, *German Submarine Industry Report* (Washington, DC: U.S. Government Printing Office, 1945), 31.

487. "*Talvez*": Entrevista com Morgan em 26 de julho de 2003.

488. "*um desperdício injustificável*" — "*não estava 'escolhendo'*" — "*Era algo de partir o coração*": Entrevista com Kuter em 13 de outubro de 1974, AFHRA.

489. "*finais felizes*": Rooney, *My War*, 136.

490. "*com as remanescentes partes dos braços*": Citado em ibid., 116.

491. "*Não podíamos chegar*": Citado em ibid., 118-19.

Capítulo 6: Ensine-os a matar

492. "*Que lugar é este?*" — "*Só recebemos as boas-vindas oficiais*" — "*Acabou, cavalheiros!*": Todas as citações foram extraídas de Robert S. Arbib, Jr., *Here We Are Together: The Notebook of an American Soldier in Britain* (Londres: Longmans, Green, 1946), 1-5, 9-13, 21.

872   MESTRES DO AR

493. *"remoção de quase 13 quilômetros de cercas vivas"*: R. Douglas Brown, *East Anglia, 1941* (Lavenham, Reino Unido: Terence Dalton, 1986), 85.

494. *"Era como se"*: Arbib, *Together*, 18-19.

495. *"Eles não se conformaram"*: Bill Ong, em Edwin R. W. Hale e John Frayn Turner, *The Yanks Are Coming* (Tunbridge Wells, Reino Unido: Midas, 1983), 79.

496. *"A lama na Inglaterra"*: *Target*, 78.

497. *"Por que será que os alemães"*: Ong, em *Yanks*, 79.

498. *"Nos verdejantes campos"*: Bud Hutton, "American Engineers rush to Build Bases for Bombers Across England", *S&S* de 5 de setembro de 1942, 5.

499. *"clareasse o suficiente para que pudessem enxergar"*: Arbib, *Together*, 50-51.

500. *Próximo ao Dia D*: Saul Levitt, "The Army's Gypsy-Builders", *Yank* de 19 de março de 1944, 5.

501. *"cinza-esverdeados"*: Arbib, *Together*, 50.

502. *"Diga que somos burros de carga"*: Citado em Levitt, "Gypsy-Builders", 4.

503. *"Ficamos observando o avião"*: Ong, em *Yanks*, 81-82.

504. *"uma noite"*: Arbib, *Together*, 53; as impressões dos ingleses a respeito dos americanos constam em diários preservados no Mass-Observation Archive, da University of Sussex, Reino Unido [doravante, MO-A].

505. *"Ocorriam incidentes"*: Arbib, *Together*, 26-27.

506. *"Isso era inevitável"*: Ibid., 21.

507. *"O jitterbugging era"* — *"do que havia acontecido"* — *"De jeito nenhum!"*: Ong, em *Yanks*, 80.

508. *"O engenheiro do Exército"*: Levitt, "Gypsy-Builders", 5.

509. *"invasão amigável"*: Gardiner, *Overpaid*, 67.

510. *"Quando íamos"*: Citado em Longmate, *GI's*, 91.

511. *"mistura de gente"*: Citado em ibid., 88.

512. *"Nada em suas vidas"*: Citado em R. Douglas Brown, *East Anglia, 1939* (Lavenham, Reino Unido: Terence Dalton, 1980), 7

513. *"Até o céu"*: Citado em Longmate, *GI's*, 149.

514. *Operação Pointblank*: "Plano da Ofensiva de Bombardeiros Conjunta", Acervo de Arnold; *FAA*, vol. 2, 665.

515. *"fazendo declarações absurdas"*: Citado em Parton, "Air Force", 279.

516. *"evitar riscos"*: Arnold ao general Frank Andrews em 26 de abril de 1943, Acervo de Arnold.

NOTAS BIBLIOGRÁFICAS

517. *"começaram a achar"*: Parton, *"Air Force"*, 277.

518. *"Não sou cavalo"*: Eaker a Arnold em 29 de junho de 1943, Acervo de Eaker.

519. *"Uma de minhas maiores"*: Ibid.

520. *"câncer em estágio avançado"*: Peaslee, *Heritage*, 151.

521. *"Era como se eu pudesse ouvir"*: Todas as citações de Comer foram extraídas de John Comer, *Combat Crew* (publicado por particulares em 1986, reimpr., Nova York: Pocket Books, 1989), ix-xii.

522. *Crescimento da Força Aérea*: Frotas Aéreas do Exército Americano, *The Official Guide to the Army Air Forces: A Directory, Almanac, and Chronicle of Achievement* (Nova York: Simon & Schuster, 1944), 42.

523. *"O treinamento na Força Aérea"*: Ibid., 116.

524. *"exigências de saúde e das condições físicas"*: *FAA*, vol. 7, 516.

525. *"os melhores espécimes"*: Steinbeck, *Bombs Away*, 32.

526. *Fase Áurea da Aviação*: Gordon W. Weir, "Navigatin Through World War II", manuscrito não publicado, ME, 7; David McCarthy, *Fear No More: A B-17 Navigator-'s Journey* (Pittsburgh: Cottage Wordsmiths, 1991), 60-66.

527. *"nada o encantaria mais"*: Tibbets, *Return of the Enola Gay*, 21.

528. *Centro de Triagem da Força Aérea*: Richard C. Baynes, "Replacement Crew", manuscrito publicado por particulares, ME, 4.

529. *"E toda vez que um de nós"*: Carta sem data, "The Military Career of 1st Lt. Kenneth O. Shrewsbury", manuscrito, ME.

530. *"aprendia a ser"*: *Official Guide*, 103.

531. *"grandiosidade"*: Citado em Stephen E. Ambrose, *The Wild Blue: The Men and Boys Who Flew the B-24s over Germany* (Nova York: Simon & Schuster, 2001), 60.

532. *"matar, mutilar"*: Peaslee, *Heritage*, 28, 36.

533. *"acrobacias, oitos preguiçosos"*: Baynes, "Replacement", 10.

534. *"mais descontraído"*: Ibid., 18.

535. *"Um morrer por dia"*: Williamson Murray, *Luftwaffe* (Baltimore: Nautical & Aviation Publishing, 1985), 177.

536. *"Deram-me"*: Bendiner, *Fall*, 38.

537. *"Foi em torno"*: Ibid., 56, 59.

874 MESTRES DO AR

538. *A tripulação do avião de Crosby*: Crosby, *Wing*, 33.

539. *"Depois, quando ele voltou a sorrir"*: Ibid.

540. *"tratavam os gigantes alados"*: *Contrails*, 6

541. *"Nós mesmos"*: Entrevista com Kenneth Lemmons em 28 de julho de 1988, Airpower Heritage Museum, Midland, Texas [doravante, AHM].

542. *"Os membros das"*: *Contrails*, 6.

543. *"No dia de Ano-Novo"*: Richard Le Stange and James R. Brown, *Century Bombers: The Story of the Bloody Hundredth* (100th Bomb Group Memorial Museum, Thorpe Abbotts, Reino Unido, 1984),3.

544. *"a viagem para a guerra"*: Peaslee, *Heritage*, 41.

545. *"Foi uma despedida"*: Ken Lemmons, Cindy Goodman e Jan Riddling, *The Forgotten Man: The Mechanic: The Kenneth A. Lemmons Story* (Little Rock: CinJan Productions, 1999), 23.

546. *"Ele era tão grande"*: Sheridan, *Never*, 39-40; Peaslee, *Heritage*, 39.

547. *"se camuflou engolfando-se no véu noturno"*: Sheridan, *Never*, 42.

548. *"o navio inteiro"*: Ibid., 43.

549. *"Os engraçadinhos da unidade"*: *Contrails*, 14.

550. *"porta da casa dos nazistas"*: Sheridan, *Never*, 46.

551. *"Vocês cometeram um erro"*: Lemmons, *Forgotten*, 27.

552. *"A família inteira"*: Sheridan, *Never*, 50.

553. *"Um dia"*: Entrevista do autor com Gordon E. Deben em 11 de julho de 2002, Thorpe Abbotts, Inglaterra.

554. *"A zona rural"*: Saul Levitt, "Diary of a Flying Fortress Radio Operator", *Yank* de 21 de novembro de 1943, 4.

555. *"um grupo"*: Saul Levitt, *The Sun Is Silent* (Nova York: Harper & Brothers, 1951), 86.

556. *A tripulação de Crosby*: Murphy, *Luck*, 54, 83.

557. *"Nós, suboficiais"*: Entrevista com Lemmons, AHM; Lemmons, *Forgotten*, 28.

558. *"pátios de estacionamento"*: Lemmons, *Forgotten*, 32.

559. *"O número de aeronautas ianques"*: Hutton e Rooney, *Air Gunner*, 23.

560. *"Eles pedalavam"*: Entrevista do autor com Ken Everett em 10 de julho de 2002, em Thorpe Abbotts.

561. *"Eles tinham rolos"*: Entrevista do autor com John Goldsmith em 10 de julho de 2002, em Thorpe Abbotts.

NOTAS BIBLIOGRÁFICAS

562. *"Vão para a guerra"*: Douglas R. Brown, *East Anglia 1942* (Lavenham, Reino Unido: Terence Dalton, 1988), 161.

563. *"O que incomodava muitos de nós"*: Entrevista com Goldsmith.

564. *"Ouvi dizer que os Chucrutes"* — *"como verdadeiras feras"*: Levitt, *Sun*, 87, 88, 94.

Capítulo 7: Os Sinos do Inferno

565. *"Quando ouvi a explosão"*: Brown, *Mighty Men*, 50-51.

566. *"Com uma espécie de forte engasgo"*: Lemmons, *Forgotten*, 36.

567. *"Só conseguíamos"*: Ibid., 37.

568. *"Não é de estranhar"*: Ibid., 29-30.

569. *"uma nação de mecânicos"*: Burt Evans, "Air Force Mechanics", *Yank* de 27 de fevereiro de 1944, 6.

570. *"nós as adorávamos"*: Lemmons, *Forgotten*, 42.

571. *"desleixo repugnante"*: Crosby, *Wing*, 62.

572. Neil *"Chick" Harding*: Em 1º de julho de 1943, Harding substitui o coronel Harold Huglin, que, menos de um mês depois, foi afastado do comando por causa de úlceras no estômago.

573. *"carne e osso"*: Nilsson, *Story of the Century*, 10.

574. *"todos os postos"*: Crosby, *Wing*, 100-101.

575. *"os ataques mais pesados"*: FAA, vol. 2, 674.

576. *"Uma camada de fumaça se estende"*: Hector Hawton, *Night Bombing* (Londres: Thomas Nelson, 1944), vários trechos.

577. *"De repente, a atmosfera se encheu"*: Citado em Martin Middlebrook, *The Battle of Hamburg: Allied Bomber Forces Against a German City in 1943* (Londres: Allan Lane, 1980), 258.

578. *"Foi como se"*: Citado em Desmond Flower e James Reeves, eds., *The War: 1939-1945: A Documentary History* (Nova York: Da Capo, 1997), 564-65.

579. *"enlouqueceram"*: Citado em Middlebrook, *Hambug*, 268.

580. *"gritavam como animais"*: Todas as citações foram extraídas de Else Wendel, *Hausfrau at War: A German Woman's Account of Life in Hitler's Reich* (Londres: Odhams, 1957), 188.

581. *"como enguias fritas"* — *"Nenhum tipo de recordação"*: Citado em Middlebrook, *Hamburg*, 276.

876 MESTRES DO AR

582. *"Empilhávamos todos"*: Uwe Koster em Johannes Steinhoff, *Voices from the Third Reich* (Nova York: Da Capo, 1994), 212.

583. *"corriam para"*: Mathilde Wolff-Mönckeberg, *On the Other Side: To My Children: From Germany, 1940-1945* (Londres: Mayflower, 1979), 71.

584. *"Uma onda de terror"*: Citado em Flower e Reeves, *The War*, 564-65; Max Seydewitz, *Civil Life in Wartime Germany: The Story of the Home Front* (Nova York: Viking, 1945), 305.

585. *"Bem, pelo menos"*: Wendel, *Hausfrau*, 189-90. Para mais informações sobre um incidente parecido, envolvendo o corpo carbonizado de uma criança, veja Friedrich Percyval Reck-Malleczewen, *Diary of a Man in Despair* (Nova York: Mcmillan, 1970, traduzido por Paul Rubens; publicado pela primeira vez na Alemanha em 1947), 189.

586. *"34 quilômetros quadrados"*: USSBS, *Hamburg Field Report*, vol.1, Texto (Washington, DC: U.S. Goverment Printing Office, 1947), 32; USSBS, *Over-all Report (European War)* (Washington, DC: U.S. Goverment Printing Office, 145), 92.

587. *"não havia retorno"*: Reck-Malleczewn, *Diary*, 189.

588. *"Psicologicamente"*: Galland, *First*, 159-60.

589. *"Hamburgo"* — *"Você normalizará tudo novamente"*: Albert Speer, *Inside the Third Reich: Memoirs* (1970; reimpr., Nova York: Simon & Schuster, 1977), 284. Veja também Ian Kershaw, *Hitler, 1936-1945: Nemesis* (Nova York: W. W. Norton, 2000), 598.

590. *"se transformaram"*: Michael Sherry, *Rise*, 155.

591. *"bombardear um alvo"*: Hastings, *Bomber Command*, 208.

592. *"Mesmo a mais de 5 mil metros"* — *"Eu não conseguia"*: Novey, *Cold Blue*, 47-48.

593. *"Ditador Maluco"*: Comer, *Combat Crew*, 5.

594. *"Tentei aplicar"*: Citado em Hutton e Rooney, *Air Gunner*, 217.

595. *"a salvo"*: Andrew A. Rooney, "Congressional Medal Awarded Texas Flier", *S&S* de 20 de dezembro de 1943, 1; Rooney, "Flier Dropped with Arm Gone Is Safe in Reich", *S&S* de 7 de dezembro de 1943, 1.

596. *"calcanhar de Aquiles"*: USSBS, "Entrevista com Executivos da Kugelfisher Company", 2 de maio de 1945, 137.315-4, AFHRA.

597. *"raiz mestra"*: Citado em James Dugan e Carroll Stewart, *Ploesti: The Great Ground-Air Battle of 1 August 1943* (1962; ed. rev., Washington, DC: Brassey's, 2002), 3.

NOTAS BIBLIOGRÁFICAS

598. *"fruto de pesquisas"*: LeMay, *Mission*, 289.

599. *"É melhor causar"* — *"gargalo"* — *"com uma violência implacável"*: *FAA*, vol. 2, 355.

600. *Petróleo alemão*: USSBS, *Oil Division, Final Report* (Washington, DC: U.S. Government Printing Office, 1947), 1.

601. *Operação Maremoto*: "AC/AS Intelligence Division, "The Ploesti Mission", 151-56, AFHRA.

602. *"Era o tipo"*: Philip Ardery, *Bomber Pilot: A Memoir of World War II* (Lexington: University Press of Kentucky, 1978), 97.

603. *"Quando saímos"*: Citado em McCrary e Scherman, *First*, 200.

604. *Padre Gerald Beck*: Ardery, *Bomber Pilot*, 93-94.

605. *"algum soldadinho de mentirinha idiota"*: Citado em Frank Way e Robert Sternfels, *Burning Hitler's Black Gold!* (Publicado por particulares, 200), 23. Veja também Jay A. Stout, *Fortress Ploesti: The Campaign to Destroy Hitler's Oil Supply* (Havertown, Pensilvânia: Casemate, 2003), 34.

606. *"O senhor tem bons contatos"* — *"Faça contato"*: Citado em Dugan e Stewart, *Ploesti*, 82.

607. *"O sucesso de nossa missão"*: William R. Cameron, "Ploesti", *Air Force Magazine* 54 (agosto de 1971), 59.

608. *"primeira fortaleza anti aérea"*: Dugan e Stewart, *Ploesti*, 33.

609. *"Atravessamos"*: Citado em Jablonski, *America in the Air War in*, 73.

610. *"sob baixíssima altitude"*: Cameron, "Ploesti", 61.

611. *"Ele passou flutuando"*: Citado em Dugan e Stewart, *Ploesti*, 47; Andrew A. Rooney, "He Won Highest American Award", *S&S* de 23 de novembro de 1943, 2.

612. *"como lesmas em tronco"*: Citado em Ronald H. Bailey, *The Air War Europe* (Alexandria: Time-Life, 1979), 130.

613. *"Passou praticamente raspando"* — *"Acho que eles morreram"*: Ardery, *Bomber Pilot*, 106.

614. *"Fomos pressionados"* — *"Eu me opus"* — *"Foi como"*: Citado em Middlebrook, *Schweinfurt-Regensburg*, 28.

615. *"algo grande"*: Murphy, *Luck*, 114.

616. *"a Última Ceia"*: Entrevista com Cleven em 2 de abril de 2003.

617. *"O principal alvo"*: Lay, "Regensburg", 10; todas as citações da parte sobre Ratisbona não mencionadas como tal aqui foram extraídas de Lay, "Regensburg", 9-11, 85-88.

618. *"contornar um ponto"*: Le Strange, *Century Bombers*, 20.

619. *"Tentando enxergar"*: Bendiner, *Fall*, 14-15.

620. *"frequentes os avisos"*: Brian D. O'Neill, *Half a Wing, Three Engines and a Prayer: B-17s over Germany* (Nova York: McGraw-Hill, 1999), 40.

621. *"E queria saber"*: Todas as citações de McCrary e das tripulações foram extraídas de McCrary e Scherman, *Firt*, 100-10.

622. *A decisão de Anderson*: General de brigada Frederick L. Anderson, "Relatório de Operações de 17 de agosto de 1943", Acervo de Eaker.

623. *"Sabíamos que teríamos"*: Citado em Charles Brand, "The Regensburg Raid", *Yank* de 12 de setembro de 1943, 3; Coronel Beirne Lay Jr., "Personal Report on the Regensburg Mission", 17 de agosto de 1943, GP-100-SU-RE, AFHRA.

624. *"Foi uma cena fantástica"*: Lay, "Personal Report".

625. *"Eu tive certeza"* — *"Nós subimos"* — *"instinto de caçadores"*: Citado em Middlebrook, *Schweinfurt-Regensburg*, 106.

626. *"Esses Chucrutes"*: Entrevista com Cleven em 3 de abril de 2003.

627. *O poder da Luftwaffe*: Murray, *Luftwaffe*, 174-75; Cajus Bekker, *The Luftwaffe War Diaries* (Garden City: Doubleday, 1968), 319; para informações sobre números ainda maiores e duvidosos, veja "Report on the CBO", 12 de outubro de 1943, 520.310B IV, AFHRA; veja também USSBS, entrevista com o Dr. Kurt Tank em 17 e 24 de abril de 1945, AFHRA.

628. *"Era óbvio"*: Lay, "Regensburg", vários trechos; Lay, "Personal Report".

629. "Seus tripulantes": Lay, "Regensburg" passim; Lay, "Personal Report."Na reunião de relatórios de pós-voo, bem como anos depois, Cleven evitou fazer estardalhaço em torno do incidente. "Tudo que fiz foi tentar acalmar meu piloto. Ele precisava de ajuda." O piloto, Norman Scott, que se esforçou bastante para provar que não entrara em pânico na missão, foi enviado para outra base, onde passou a exercer uma função junto às quipes de serviços terrestres. Entrevista com Cleven em 2 de abril de 2003.

630. *"Eu soube que"*: Lay, "Regensburg", 88; Lay, "Personal Report".

631. *"Era possível saber"*: Citado em Brand, "Regensburg", 3.

632. *"Embora meu rádio"*: Lay, "Regensburg", 88.

NOTAS BIBLIOGRÁFICAS

633. *"Acho que foi justamente a ocasião"*: Citado em Middlebrook, *Schweinfurt-Regensburg*, 192.

634. *"uma invasão de paraquedistas"*: Citado em O'Neil, *Half a Wing*, 43.

635. *"contou os tremeluzentes"*: Bendiner, Fall, 172.

636. *"parecia um calabouço"*: William H. Wheeler, *Shootdown: A World II Bomber Pilot's Experience as a Prisoner of War in Germany* (Shippensburg, Pensilvânia: Burd Street Press, 2002), 1-11.

637. *"a abençoada visão"*: Bendiner, *Fall*, 174.

638. *"Fala, sortudo!"*: McCrary e Scherman, *First*, 110.

639. *"Nós vencemos"*: Bendiner, *Fall*, 174-75.

640. *"literalmente varrida do mapa"*: *S&S* de 26 de agosto de 1943; *FAA*, vol. 2, 683.

641. *"Agora, os Bárbaros"*: Anderson a LeMay em 18 de agosto de 1943, Acervo Curtis LeMay, Biblioteca do Congresso.

642. *"Estou impressionado"*: Heinz Knoke, *I Flew for the Fuhrer* (1953; reimpr., Mechanicsburg, Pensilvânia: Stackpole, 1997), 98.

643. *"Achávamos mesmo"*: LeMay, *Mission*, 295.

644. *"Embora isso tivesse feito a produção cair"*: USSBS, entrevista com Kurt Tank em 19 de maio de 1945, AFHRA.

645. *"golpe catastrófico"*: Speer, *Inside*, 284-85.

646. *"A economia do inimigo"*: Elihu Root, Jr., a Guido Perera, em Guido R. Perera, *Leaves from My Book of Life* (Boston: Stinehour, 1974), 151.

647. *"40 por cento do conjunto de forças"*: Freeman, *War Diary*, 89-90.

648. *"poderia ter produzido"*: Perera, *Leaves*, 139.

649. *"Podemos destroçar Berlim"*: Citado em Hastings, *Bomber Command*, 257.

650. *"doidos varridos"*: Perera, *Leaves*, 157.

651. *"Os alemães perderam"*: Middlebrook, *Schweinfurt-Regensburg*, 286.

652. *"Hitler construiu"*: Transcrição sem data de comunicado à imprensa, Acervo de Spaatz.

653. *"baterias antiaéreas"*: Boog et al., *Germany and the Second World War*, vol. 6, 616.

654. *"Isto servirá"*: Albert Speer, *The Slave State: Heinrich Himmler's Masterplan for SS Supremacy* (Londres: Weidenfeld & Nicolson, 1981), 208.

655. *"terrorismo só podia"*: Citado em Murray, *Luftwaffe*, 174.

880 MESTRES DO AR

656. *"Só poderei vencer"*: Citado em R. J. Overy, "Hitler and Air Strategy", *Journal of Contemporary History* 15, nº 3 (julho de 1980): 411.

657. *He 177*: James S. Corum, *The Luftwaffe: Creating the Operational Air War, 1918-1940* (Lawrence: University Press of Kansas, 1997), 267-68. A produção de um bombardeiro de grande autonomia de voo foi adiada também por causa da preferência do coronel-general Ernst Udet por bombardeiros de mergulho. Logo depois da guerra, o Ministério da Aeronáutica Britânico produziu uma respeitável obra sobre a história da Luftwaffe; veja Ministério da Aeronáutica, *The Rise and Fall of the German Air Force, 1933-1945* (Londres: 1948; reimpr., Nova York: St. Martins, 1983).

658. *"incursores aéreos diurnos"* — *"de consequências ainda mais nefastas"*: Galland, *First*, 178.

659. *"números fantásticos da produção"*: R. J. Overy, *Göring: The "Iron Man"* (Londres: Routledge & Kegan Paul, 1984), 193.

660. *"segundo Wagner"*: Overy, "Hitler and Air Strategy", 417.

661. *"Perdas na frente de batalha"*: Murray, *Luftwaffe*, 180.

662. *"Hap estava tendo"*: Citado em Coffey, *Hap*, 321.

663. *"As operações nos céus da Alemanha"*: Arnold ao general George Marshall em 3 de setembro de 1943, Acervo de Arnold.

664. *"superestimado"* — *"o 'bombardeiro não conseguiria resistir'"*: Entrevista com o general E. J. Timberlake, L239.0512-792, AFHRA.

665. *"a vida jamais será"*: Brown, *Mighty*, 112-13, 117-19.

666. *"unidade azarada"*: Crosby, *Wing*, 122.

667. *"pesadelo"*: Murphy, *Luck*, 125.

668. *mortos e feridos*: John C. McManus, *Deadly Sky: The American Combat Airman in World War II* (Novato, Califórnia: Presidio, 2000), 190.

669. *"vê a morte neles"*: *New York Herald Tribune* de 3 de outubro de 1943, 43.

670. *"Os Sinos do Inferno"*: Citado em Murphy, *Luck*, 130.

Capítulo 8: Homens em guerra

671. *Stuttgart*: Freeman, *War Diary*, 106.

672. *"Chocar-se contra uma onda"*: Bendiner, *Fall*, 198, 200.

673. *"penetrar fundo"*: Ibid., 188.

674. *"bombardeios noturnos"*: Nutter, *Possum*, 131-37.

NOTAS BIBLIOGRÁFICAS

675. *acidente de Crosby*: Harry Crosby, "This is What Happened", *Yank* de 26 de dezembro de 1943, 8.

676. *"o som mais fúnebre"*: Sheridan, *Never*, 98.

677. *"velha guarda"* — *"Somos uma unidade"*: Brown, *Mighty Men*, 214-15.

678. *"Capitão, acho"* — *"a corrida de ataque"*: Citado em McLaughlin, *Mighty Eighth*, 105; Peaslee, *Heritage*, 221.

679. *"Tinha-se a impressão"*: Bendiner, *Fall*, 223.

680. *"Estávamos levando uma surra"* — *"começou a tremer"*: Eugene T. Carson, *Wing Ding: Memories of a Tailgunner* (Publicado por particulares, 2000), 83-84.

681. *"deu um grito de saudação"* — *"que tinham feito"*: McLaughlin, *Mighty Eighth*, 109.

682. *Terça-Feira Negra*: William Emerson, "Operation POINTBLANK: A Tale of Bombers and Fighters", em Harry R. Borowski, ed., *The Harmon Memorial Lectures in Military History, 1959-1987: A Collection of the First Thirty Harmon Lectures Given at the United States Air Force Academy* (Washington, DC: Office of Air Force History, 1988), 445.

683. *Baixas da Força Aérea: FAA*, vol. 2, 702.

684. *"mais de 18 por cento"*: Coronel-general de divisão Ira C. Eaker e Arthur G. B. Metcalf, "Conversation with Albert Speer", *Air Force Magazine* de abril de 1977, 54.

685. *As perdas alemãs*: Memorando da USAF de 28 de junho de 1949, K110.8-22, AFHRA.

686. *"O ambiente se encheu"*: Citado em Flower e Reeves, *War*, 571.

687. *"a nação já existia"*: Citado em Murray, *Luftwaffe*, 218.

688. *"Jamais participarei"*: George G. Roberts, "Black Thursday", em Kenneth N. Nail, ed., *Mississippians and the Mighty Eighth* (Tupelo: Mississippi Chapter, Eighth Air Force Historical Society, 1999), 20.

689. *"Alô, Lazy Fox"*: *"Yank"*, the GI Story of the War, de autoria da equipe do *Yank, the Army Weekly*, editado por Debs Myers, Jonathan Kilbourn e Richard Harrity (Nova York: Duell, Sloan & Pearce, 1947), 71.

690. *Speer*: Speer, *Inside*, 286.

691. *"Agora, sim, golpeamos"*: Citado em *FAA*, vol. 2, 704.

692. *"Era possível"*: *S&S* de 21 de outubro de 1943; *NYT* de 16 de outubro de 1943, 1.

882   MESTRES DO AR

693. *"O inverno não parece"*: *S&S* de 16 de outubro de 1943.

694. *"rolamentos"*: Speer, *Inside*, 286; USSBS, *The German Anti-Friction Bearing Industry* (Washington, DC: U.S. Government Printing Office, 1945), 2, 40-45, 103-20; Martin Fritz, "Swedish Ball-Bearings and the German War Economy", *Scandinavian Economic Review* de 1975, 15-35. Fritz estima que a contribuição dos suecos para o total de rolamentos de fornecidos à Alemanha foi inferior a dez por cento.

695. *"sensacionais"* — *"Realizar uma"*: *S&S* de 18 de outubro de 1943.

696. *"perdido" a supremacia aérea temporariamente*: *FAA*, vol. 2, 705. Penitencio-me de ter difundido esse mesmo equívoco em meu livro anterior, *The Story of World War II* (Nova York: Simon & Schuster, 2001), 275.

697. *"28 bombardeiros"*: Oitava Frota Aérea, "Eighth Air Force Tactical Development, agosto de 1942-maio de 1945, 92, AFHRA. [Esse instrutivo relatório foi preparado imediatamente após a guerra sob a orientação do general de divisão Orvil A. Anderson, ex-subcomandante de operações da Oitava Frota Aérea.]

698. *perdas da Luftwaffe*: Murray, *Luftwaffe*, 215; Stephen L. McFarland e Wesley Phillips Newton, *To Command the Sky: The Battle for Air Superiority over Germany, 1942-1944* (Washington, DC: Smithsonian Institution Press, 1991), 134-36.

699. *"vitória decisiva"*: Citado em Murray, *Luftwaffe*, 216.

700. *"Existem muitos"*: Trecho extraído de uma entrevista de James Parton com LeMay em 16 de abril de 1985, reproduzido em Parton, *"Air Force"*, 517.

701. *"emprego máximo de forças"*: Eaker a Arnold em 22 de outubro de 1943, Acervo de Arnold.

702. *"Devemos continuar"*: Eaker a Arnold em 15 de outubro de 1943, Acervo de Eaker.

703. *"teriam voltado"* — *"o controle dos ares"*: Parton, *"Air Force"*, 325, 328; Eaker a Arnold em 16 de novembro de 1943, Acervo de Spaatz. Caso interesse uma diferente interpretação da situação de Schweinfurt após os bombardeios, veja McFarland e Newton, *Command*, 133-34.

704. *a pressão de Arnold*: *FAA*, vol. 2, 735; "Air Plan for the Defeat of Germany", memorando de Arnold, 1º de novembro de 1943, Acervo de Arnold.

NOTAS BIBLIOGRÁFICAS

705. *"uma pena"*: Bendiner, *Fall*, 236.
706. *"o mais desmilitarizados"*: Ann Newdeck, "Coombe House Was a Flak Farm", 27 de janeiro de 1944, reproduzido no *8th Air Force Ncws* 4 (fevereiro de 1978), 1.
707. *"um pouco mais do que simpática"*: Carson, *Wing Ding*, 105-6.
708. *"as coisas"*: Citado em Lande, *Somewhere*, 125.
709. *"o remédio produzia um efeito"*: Bendiner, *Fall*, 206.
710. *"verdadeiro paraíso para soldados"* — *"e o cara"* — *"esses jovens"*: Hutton e Rooney, *Air Gunner*, 97-104.
711. *"o combatente passava a ver"*: Citado em Lande, *Somewhere*, 125.
712. *"Legal!"*: Hutton e Rooney, *Air Gunner*, 97-106. Veja também Quartel--General do Teatro de Operações de Guerra Europeu dos Estados Unidos [ETOUSA, na sigla em inglês], "Resultados de Investigações e Recomendações", 11 de julho de 1944, Acervo de Spaatz.
713. *"reforço das forças americanas"*: Reynolds, *Rich Relations*, 102-3. Quarenta por cento dos militares americanos na Inglaterra eram formados por tropas terrestres e 30 por cento pertenciam aos Serviços de Intendência.
714. *"Bombardeada e suja"*: Arbib, *Together*, 85, 203.
715. *"Fazia um bom tempo"*: Hutton e Rooney, *Air Gunner*, 133.
716. *"para propiciar um clima tipicamente americano"*: Reynolds, *Rich Relations*, 160.
717. *"Adele acolheu-me"*: Carson, *Wing Ding*, 101.
718. *"Podemos fazer tudo"*: Citado em Verbon, F. Gay, *The Story of Rainbow Corner: The American Red Cross Club near Piccadilly Circus, London* (Londres: Fanfare, 1944), 16, 23-24.
719. *"ela dançou para mim"*: Carson, *Wing Ding*, 116.
720. Jack Novey: Novey, *Cold Blue*, 82.
721. *"A principal razão"*: Citado em Gardiner, *Overpaid*, 56.
722. *"Em sua maioria, eles eram mais altos"*: Citado em ibid., 110-11.
723. *"de borras de tonéis"*: Arbib, *Together*, 88.
724. *"Tenente, vou levá-lo"*: Citado em Crosby, *Wing*, 207.
725. *"talentos locais"* — *"boêmias"*: "Behavior of Women in Public Houses", 2-5, Mass-Observation Study, MO-A.
726. *"Quando nós, homens"*: Cronkite, *Reporter's Life*, 91.
727. *"rapidinha"*: Longmate, *GI's*, 231.

728. *"doenças venéreas"*: Reynolds, *Rich Relations*, 205.

729. *The New York Times*: *NYT* de 2 e 4 de junho de 1943.

730. *"pequenos demais"*: Reynolds, *Rich Relations*, 207.

731. *cura para DV*: Pixie J. Wilson, "The Campaign Against Veneral Disease", MO-A; Reynolds, *Rich Relations*, 208.

732. *"superporre"*: Comer, *Combat Crew*, 54.

733. *"Não, Norma"*: Citado em McCarthy, *Fear no More*, 78.

734. *"não eram tão boas"*: Eaker aos Comandos em 14 de julho de 1943, Acervo de Eaker.

735. *"Nos últimos meses"*: *Time* de 6 de dezembro de 1943, 36, 39.

736. *"as coisas em que o público britânico"* — *"correspondentes"* — *"impressões 'positivas'*: "What the British Think of the Americans", novembro de 1942, MO-A.

737. *"34 pontos"* — *"Eles me irritam — "uma criança"*: "Anti-Americanism", janeiro de 1947, 1-12, MO-A; Philip Ziegler, *London at War: 1939-45* (Nova York: Alfred A. Knopf, 1995), 217.

738. *"Era estranho"*: Mass-Observation Panel on the Americans, 1945, 7, MO-A.

739. *"sua infantil 'vontade'"* — *"Gosto deles"*: *Mass-Observation Bulletin*, "Portrait of an American", nº 7, abril de 1947, 1-2; "Feelings About Americans", 1943, 11-12; Mass-Observation Panel on the Americans, diretriz de fevereiro-março de 1945, tudo extraído da MO-A.

740. *"três tipos de crimes"*: "Report", 20 de setembro de 1943, Acervo de Spaatz.

741. *"uma 'grande farra'"* — *"silêncio e tristeza"*: Comer, *Combat Crew*, 51.

742. *"alívio"*: Citado em Ziegler, *London at War*, 220.

743. *"Geralmente, quando elas chegavam sozinhas"* — *"se estamos em guerra"* — *"Por que devemos achar"*: "Women in Pubs", 1943, MO-A.

744. *"Eles abriam portas"*: Entrevista do autor com Peggy Granham em 11 de julho de 2002.

745. *"Tá sabendo"*: Longmate, *GI's*, 271; Mass-Observation Panel on the Americans, 1945, 1.

746. *"formas de entretenimento em ambientes fechados"*: *A Short Guide to Great Britain* (Washington, DC: Ministérios da Guerra e da Marinha, 1942), 5.

NOTAS BIBLIOGRÁFICAS

747. "Conheça os Americanos": Man in the Street, *Meet the Americans* (Londres: Martin Secker & Warburg, 1943).

748. *"As pessoas percebem"*: "Opinion on America", fevereiro de 1942, 11-13, MO-A.

749. *"O que ele tem"*: Citado em Gardiner, *Overpaid*, 130.

750. *"A frequência a esses bailes"*: Entrevista com Kay Brainard Hutchins em 7 de setembro de 1996, AHM.

751. *"uma espécie de"*: Hutton e Rooney, *Air Gunner*, 21.

752. *"Soldados machões, mascadores de chiclete"*: Citado em Brown, *East Anglia, 1943*, 41; Arbib, *Together*, 75-77, 173.

753. *"dançou com"*: Arbib, *Together*, 56.

754. *"Os culpados"*: Citado em Kenneth P. Werrell, "Mutiny at Army Air Force Station 569: Bamber Bridge, Inglaterra, junho de 1943", *Aerospace Historian*, dezembro de 1975, 203. Veja também Alan M. Osur, *Blacks in the Army Air Forces During World War II: The Problem of Race Relations* (Washington, DC: Office of Air Force History, 1977), 99-102.

755. *"bichos-papões" — "Voltem para dentro!"*: "Preliminary Report on the Alleged Mutiny at Bamber Bridge, June 26, 1943", 510.0, AFHRA; Werrell, "Mutiny", 204; Osur, *Blacks*, 99.

756. *"O tiroteio"*: "Alleged Mutiny at Bamber Bridge", 13 de julho de 1943, 519.771-1, AFHRA; Werrell, "Mutiny", 206-7.

757. *"noventa por cento dos problemas"*: Reunião do estado-maior em 10 de julho de 1943, Acervo de Eaker.

758. *"a clara sensação"*: Eaker ao QG dos Estados Unidos no TOGE em 11 de agosto de 1943, 519.201-25, AFHRA.

759. *"provocada por"*: Citado em Reynolds, *Richard Relations*, 322.

760. *"não era apropriado"*: Citado em ibid.

761. *"tiveram uma recepção calorosa"*: *Time*, 19 de outubro de 1942, 32.

762. *"Os aeronautas americanos brancos"*: Entrevista do autor com Ken Everett em 11 de julho de 2002. Para mais informações sobre a opinião dos britânicos a respeito dos americanos, veja também Roger A. Freeman, *The Friendly Invasion* (Norwich, Reino Unido: Secretaria de Turismo da Ânglia Oriental em parceria com Terence Dalton, 1992). Para informações sobre relações inter-raciais, veja Graham Smith, *When Jim Crow Met John Bull: Black American Soldiers in World War II Britain* (Nova York: St. Martin's, 1987).

886 MESTRES DO AR

763. "*O desejo*": ETO HQ, "Policy on Negroes", 16 de julho de 1942, em Ulysses Lee, *U.S. Army in World Warr II: The Employment of Negro Troops* (Washington, DC: Gabinete do Chefe do Departamento de História Militar, Ministério do Exército, 1966), 624.

764. *As determinações restritivas de Eisenhower*": FAA, vol. 2, 655.

765. "*oficiais negros comandando*": Arnold citado em Osur, *Blacks*, 22-23.

766. *Cruz Vermelha*: George Korson, *At His Side: The Story of the American Red Cross Overseas in World War II* (Nova York: Coward-McCann, 1945), 260.

767. "*12.196 afro-americanos nos quadros da FAA*": Osur, *Blacks*, 96.

768. "*Eu mesmo*": Citado em ibid., 96.

769. "*Quando soldados e civis britânicos*": *Time* de 19 de outubro de 1945, 34.

770. *Em Launceston*: Smith, *Jim Crow*, 144-45.

771. "*cidades brancas*": Ibid., 108.

772. *Truman K. Gibson*: Truman K. Gibson ao vice do Ministério da Guerra em 17 de dezembro de 1943, 250.1, RG 332, NA.

773. "*noites de folga monorracial alternadas*": Comandante da Polícia Militar da Oitava Frota Aérea, 10 de novembro de 1943, Acervo de Spaatz.

774. "*noites de folga dos homens de cor*": Smith, *Jim Crow*, 114.

Capítulo 9: A virada

775. "*Ver aqueles rostos novos*" — "*A avalanche*": McCarthy, *Fear*, 71, 79-81, 88.

776. "*o mês do massacre*": McCarthy, *Fear*, 82.

777. "*Houve gritos de alegria!*": Comer, *Combat Crew*, 179.

778. "*tamanho do enxame de bombardeiros*": "Palestra sobre Avaliação funcional global [Global Assessment of Functioning] em 15 de março de 1945", Frotas Aéreas Estratégicas Americanas na Europa, Gabinete do Diretor do Serviço Secreto, 6 de abril de 1945, relatório de 6 de abril de 1945 de uma palestra ministrada pelo Oberstleutnant Kogler sobre a força aérea alemã, 00217374, AFHRA, Murray, *Luftwaffe*, 22.

779. "*Todos os olhares ficam*": Halpert, *Real Good War*, 251. Dos onze Pathfinders participantes dessa missão, seis estavam equipados com o H2X e cinco com o H2S; veja Thixton, *Bombs Away*, 68. A Oitava já vinha fazendo experiências com outros dois aparelhos de localização de alvos

NOTAS BIBLIOGRÁFICAS

britânicos, o Gee e o Oboe, ambos instrumentos de navegação dependentes de feixes de sinais transmitidos a partir de estações terrestres.

780. *15ª Força Aérea*: USSBS, *Weather Factors*, 20. Durante a guerra inteira, más condições de tempo impediram que a Oitava realizasse missões de bombardeio em 25 por cento do total de dias do conflito mundial; já para a 15ª Frota Aérea esse total foi de 37 por cento.

781. *"bombardeio às cegas"*: Arnold a Spaatz em 5 de janeiro de 1944; Spaatz a Arnold em 10 de janeiro de 1944, Acervo de Spaatz.

782. *Perdas da Luftwaffe em 1943*: Galland, *First*, 187; McFarland e Newton, *Command*, 135.

783. *"só pode ser"*: Murray, *Luftwaffe*, 223; McFarland e Newton, *Command*, 136. Em fins de 1943, a Luftwaffe estava perdendo mais aviões em acidentes e em alvejamentos fortuitos de fogos antiaéreos amigos do que em combates com aeronaves inimigas. Veja "Perdas da Força Aérea Alemã no Ocidente, 1º de setembro de 1943-31 de dezembro de 1943", 1945, K512.621 VII/148, AFHRA.

784. *"recursos de defesa de forma integral"*: Generalleutnant Joseph Schmid, "Day and Night Aerial Warfare over the Reich", 15 de setembro de 1943-31 de dezembro de 1943, 1954, vol. 1, "Luftwaffe Operations in the West", 1943-45, K113.107-158-160, AFHRA.

785. *"antigo exército romano"*: Veja Victor Davis Hanson, *Carnage and Culture: Landmark Battles in the Rise of Western Power* (Nova York: Doubleday, 2001), 111.

786. *"A indústria de aviões alemã"*: James S. Corum, "Defeat of the Luftwaffe, 1935-1945", em Robin Higham e Stephen J. Harris, eds., *Why Air Forces Fail: The Anatomy of Defeat* (Lexington: University Press of Kentucky, 2006), 213. Os melhores estudos aprofundados sobre a indústria aeronáutica alemã no período anterior à guerra e durante os primeiros anos do conflito mundial estão em Corum, *Luftwaffe*, Edward Homze, *Arming the Luftwaffe* (Lincoln: University of Nebraska Press, 1976), e Murray, *Luftwaffe*.

787. *"quatrocentos por cento"*: Corum, "Defeat", em Higham e Harris, *Why Air Forces Fail*, 214.

788. *"aniquilar o inimigo"*: Para mais informações sobre a estratégia de aniquilação do inimigo ao estilo de Grant pelos americanos, veja Weigley, *American Way*.

789. *"Com sua capacidade"*: Entrevista com o general Spaatz, AFHRA.

790. *"não tinham instrumentos"* — *"Muitos pilotos germânicos"*: Galland, *First*, 190.

791. *"mictório em forma de tubo"* — *"quando você se sentava"*: Novey, *Cold Blue*, 128-29.

792. *"Um fator climático"*: Bendiner, *Fall*, 244.

793. *"gelo transparente"* — *"tão rapidamente"*: Dale O. Smith, *Screaming Eagle: Memoirs of a B-17 Group Commander* (Chapel Hill: Algonquin, 1990), 61.

794. *"Era parte de nossa rotina"*: Harry M. Conley, *No Foxholes in the Sky* (Trumbull, Connecticut: FNP Military Division, 2002), 210.

795. *"Macacões termoelétricos"*: Lester F. Rentmeester, "Big Brothers and Little Friends: A Memoir of the Air War Against Germany", *Wisconsin Magazine of History* 77 (outono de 1990): 39.

796. *"tão intenso"*: Novey, *Cold Blue*, 130.

797. *"achar o filho da mãe"*: Halpert, *Real Good War*, 106.

798. *"macacões antiaéreos"*: Malcolm C. Grow e Robert C. Lyons, "Body Armour: A Brief Study of Its Development", *Air Surgeon's Bulletin* 2 (janeiro de 1945): 9.

799. *"Uma empresa de Londres"*: Citado em *Contrails*, 65.

800. *"treze mil macacões blindados"*: General de brigada Malcolm Grow, "The Use of Body Armour in Aviation During Wartime", abril de 1946, 141.282-6 II, AFHRA; Robinson, *Dangerous Sky*, 180; Martin J. Miller, Jr., "The Armored Airmen: World War II U.S. Army Air Force Body Armor Program", *Aerospace Historian* 32 (março de 1985): 27-32.

801. *"Tive certeza"* — *"Quando paramos"* — *"Eu sabia que Buske"*: Todas as citações foram extraídas de O'Neill, *Half a Wing*, 262-68, e Judd Katz, "Entrevista de Condecorados com a Medalha de Honra: Forrest L. Vosler, Gunter AFS, Alabama, 5 de março de 1986, K239.0512-1703, AFHRA. Veja também "Mission and Pro Reports, January Through December 1943, 303rd Bombardment Group (H)", GP-303-HI, AFHRA. O relatório de pós-voo da missão do avião foi reproduzido em Harry D. Gobrecht, *Might in Flight: Daily Diary of the Eighth Air Force's Hell's*

NOTAS BIBLIOGRÁFICAS

Angels, 303rd Bombardment Group (H) (San Clemente, Califórnia: 303rd Bomb Group Association, 1997), 298. Vejá também Hutton e Rooney, *Air Gunner*, 226.

802. *"os médicos acham"*: Hutton e Rooney, *Air Gunner*, 225-28.

803. *"dominado por recordações"* — *"Foi um pedido razoável"* — *"Embora eu não conste"*: Comer, *Combat Crew*, 243, 249.

804. *"Uma vez que comecei"*: Eaker a Arnold em 19 de dezembro de 1943, Acervo de Eaker.

805. *"Arnold respondeu"*: Arnold a Eaker em 18 e 21 de dezembro de 1943, Acervo de Eaker.

806. *"que nem"*: Eisenhower a Marshall em 25 de dezembro de 1943, em Alfred D. Chandler, ed., *The Papers of Dwight David Eisenhower*, vol. 3, *The War Years* (Baltimore: Johns Hopkins University Press, 1970), 1612.

807. *"Tomo uísque"*: Citado em Edgar F. Puryear, *American Generalship: Character Is Everything; the Art of Command* (Novato, Califórnia: Presidio, 2000), 269.

808. *"desnecessária"*: Harry Butcher, *My Three Years with Eisenhower: The Personal Diary of Captain Harry C. Butcher, USNR, Naval Aide to General Eisenhower, 1942 a 1945* (Nova York: Simon & Schuster, 1946), 447-48.

809. *"A incapacidade"*: Citado em Davis, *Spaatz*, 271. Eaker despachou mais de seiscentos bombardeiros para missões de ataque em 3 de novembro e 26 de novembro de 1943.

810. *"não conseguia 'achar'"*: Arnold a Eaker em 21 de dezembro de 1943, Acervo de Eaker.

811. *"Ele 'queria'"*: Arnold a Spaatz, sem data [Spaatz recebeu a carta em 1º de março de 1943], 168.491 AF/CHO, rolo de microfilme A 1657, AFHRA.

812. *"cabograma redigido com frieza"*: Arnold ao general Jacob Devers em favor de Eaker em 18 de dezembro de 1943, Acervo de Eaker. Veja também entrevista com o general M. Giles em 1974, 98-99, K239.0512-814, AFHRA.

813. *"Sinto-me como um arremessador"*: Eaker a James Fechet em 22 de dezembro de 1943, Acervo de Eaker.

814. *"para solidarizar-me"*: Lovett a Eaker em 28 de dezembro de 1943, Acervo de Eaker.

815. *O poderio da Oitava Frota Aérea*: McFarland e Newton, *Command*, 155; Doolittle, *Lucky*, 354.

816. *Baixas na Oitava Frota Aérea*: Memorando enviado ao chefe do estado-maior pelo general Arnold em 27 de setembro de 1943, Acervo de Arnold.

817. *"A última vez que lutei"*: Entrevista com John P. Doolittle, Lou Reda Productions, Easton, Pensilvânia. Veja uma excelente e sucinta biografia de Doolittle em Dik Alan Daso, *Doolittle: Aerospace Visionary* (Washington, DC: Potomac Books, 2003).

818. *"Você não leva"* — *"Doolittle era"*: Ambas as citações em Craig Nelson, *The First Heroes: The Extraordinary Story of the Doolittle Raid — America's First World War II Victory* (Nova York: Penguin, 2003), 33, 41.

819. *"Quando sob o comando de Eaker [...] caças de escolta"*: Oitava Frota Aérea, "Atas de Reuniões dos Estados-Maiores Geral e Especial", 29 de novembro de 1943, 520.141, AFHRA.

820. *"Essa diretriz"*: Citado em comunicado de Spaatz ao Comandante Geral da Oitava Frota Aérea em 11 de janeiro de 1944, Acervo de Spaatz.

821. *"Eu disse aos meus pilotos"*: Jimmy Doolittle and the Emergence of American Air Power", entrevista com Colin D. Heaton, *World War II*, maio de 2003, 50.

822. *"O principal dever"*: Doolittle, *Lucky*, 352-53. Veja informações sobre a reação de Kepner em Davis, *Spaatz*, 302.

823. *"a Alemanha começou a perder"*: Galland, *First*, 187, 206. Galland afirmou que essa decisão foi tomada por Spaatz, e não por Doolittle. "Eu tive depois uma chance de corrigir Galland", disse Doolittle numa entrevista após a publicação do livro de Galland; "Entrevista com Doolittle", sem data, AFHRA.

824. *"o 'maior erro tático'"*: "Interrogatório do General Galland", 168.6005-83, AHFRA.

825. *"Mas, assim que"*: Doolittle, *Lucky*, 353; entrevista com o general James H. Doolittle em 24 de agosto de 1979, K239.0512-1206, AFHRA.

826. *"Foi uma decisão difícil"*: Entrevista com o general James H. Doolittle em 21 de abril de 1969, AFHRA; entrevista com Doolittle em 24 de agosto de 1979.

827. *"E, quando vi isso em seus rostos"*: Brown, *Mighty Men*, 280-81, 288; Ron MacKay, *Ridgewell's Flying Fortresses: The 381st Bombardment Group (H) in World War II* (Atglen, Pensilvânia: Schiffer, 2000), 74.

NOTAS BIBLIOGRÁFICAS

828. *"Eu me pergunto"* — *"situação de risco imprevista"*: Doolittle, *Lucky*, 355.

829. *"Jim, agora"*: Doolittle, "Daylight Precision Bombing", em James Parton, ed., *Impact: The Army Air Forces' Confidential Picture History of World War II*, vol. 6, *Pounding the Axis* (Harrisburg, Pensilvânia: National Historical Society, 1989), xv.

830. *"Counce partirá"*: Comer, *Combat Crew*, 263; *FAA*, vol. 3, 22.

831. *Lester Rentmeester*: Rentmeester, "Big Brothers", 38.

832. *"Siga em frente!"*: Ibid., 41.

833. *"Ópera da Batalha"*: Galland, *First*, 203.

834. *"Aviões inimigos a dez graus à esquerda"* — *"Foi uma grande surpresa"*: Rentmeester, "Big Brothers", 43.

835. *"Mas cabia a mim"*: Comunicado à imprensa em 18 de março de 1995, para anunciar a morte do general James H. Howard, http://www.Arlingtoncemetery.net/jhoward.htm.

836. *"Havia muitos"*: Andrew Rooney, "Bombers Hail One-Man Air Force", *S&S* de 19 de janeiro de 1944.

837. *"Fazia muito"*: Comer, *Combat Crew*, 266-67.

838. *"alguns golpes esmagadores"*: Carta de Arnold a Spaatz em 24 de janeiro de 1944, 168.491, AFHRA.

839. *"Esse avião"*: Don Salvatore Gentile e Ira Wolfert, *One-Man Air Force* (Nova York: L. B. Fischer, 1944), 16.

840. *Edgar Schmued*: Ray Wagner, *Mustang Designer: Edgar Schmued and the P-51* (Washington, DC: Smithsonian Institution Press, 1990), 113.

841. *"produzindo uma espécie de híbrido"*: *FAA*, vol. 6, 219.

842. *Schmued [...] transformaram o Mustang*: Anthony Furse, *Wilfrid Freeman: The Genius Behind Allied Survival and Air Supremacy, 1939 to 1945* (Staplehurst, Reino Unido: Spellmount, 2000), 229. A Packard Motor Company fabricava os motores Merlin dos Mustangs americanos.

843. *"Hap Arnold [...] deu ordens para que esses aviões fossem enviados às pressas para a Inglaterra"*: Carta de Eaker a Arnold em 15 de outubro de 1943, Acervo de Arnold.

844. *tanques descartáveis*: Entrevista com o general B. M. Giles em 1 de outubro de 1966, K239.0512-779, AFHRA.

845. *incursões à Polônia*: Crônica Histórica do Quartel-General da 8ª FA, janeiro de 1944, 17, HD 520.0.2-5, AFHRA.

892   MESTRES DO AR

846. *desempenho do Mustang em combates*: "Desempenho em Combates dos P-47, P-38, P-51 no Reino Unido em novembro, dezembro de 1943 e janeiro de 1944", 520.3108B V, AFHRA.

847. "*frota de aviões de combate* [...] *composta por Mustangs*": Bernard Lawrence Boylan, "The Development of the American Long-Range Escort Fighter", tese de doutorado de 1955, University of Missouri, 44, 99, 218-19.

848. "*fora 'a Força Aérea a culpada'*": Arnold, *Global*, 376.

849. "*Força Máxima contra força máxima*": Galland, *First*, 205

850. *Operação Argumento*: Murray, *Luftwaffe*, 226.

851. "*Minha situação era*": Heaton, "Doolittle", 50.

852. "*Anderson é alto*": Charles J. V. Murphy, "The Unknown Battle", *Life* de 16 de outubro de 1944, 104.

853. "*A oportunidade*": Citado em ibid.

854. "*outubro de 1943*": Murphy, "Desconhecido", 104.

855. "*preparado para perder*": Walton S. Moody, "Big Week: Gaining Air Superiority over the Luftwaffe", *Air Power* History 41, nº 2. (verão de 1994): vários trechos.

856. "*Nos meios oficiais*": Murphy, "Desconhecido", 102.

857. "*condições climáticas*" — "*uma coisa singular*" — "*situações climáticas*" — "*sequência de fenômenos*": Ibid., 107.

858. "*Não era exatamente*": Doolittle, *Lucky*, 366; *FAA*, vol. 3, 32.

859. "*Kepner* [...] *concordou*": Davis, *Spaatz*, 322.

860. *Park House*: Hansell, *Air Plan*, 181; Davis, *Spaatz*, 322.

861. "*Façam-nos partir!*" *FAA*, vol. 3, 33, 31.

Capítulo 10: Céus libertados

862. "*Se vocês virem*": Citado em Emerson, "POINTBLANK", em Borowski, *Harmon Lectures*, 447.

863. "*uma forte resistência aérea*": Carta de Dwight D. Eisenhower a George C. Marshall, Acervo de George C. Marshall da George C. Marshall Research Library, Lexington, Virgínia.

864. "*Achei que*" — "*fileiras de*" — "*Não apareceu*": Citado em Murphy, "Unknown Battle", 97.

NOTAS BIBLIOGRÁFICAS

865. *"250 surtidas"*: *FAA*, vol. 3, 194-95.

866. *"Nós alcançamos"*: Francis Gabreski, conforme dito a Carl Molesworth, *Gabby: A Fighter Pilot's Life* (Nova York: Orion, 1991), 147-48; *S&S* 22 de fevereiro de 1944, 1, 4.

867. *A tática de combate dos caças*: Hubert Zemke e Roger A. Freeman, *Zemke's Wolf Pack: The Story of Hub Zemke and the 56th Fighter Group in the Skies over Europe* (Nova York: Orion, 1989), 145-46; Walter Boyne, *Aces in Command: Fighter Pilots as Combat Leaders* (Washington, DC: Brassey's, 2001), 97.

868. *"Recebemos relatórios"*: Citado em Murphy, "Unknown Battle", 109; *FAA*, vol. 3, 34.

869. *"na 'crista da onda'"*: Citado em Davis, *Spaatz*, 323; veja também *S&S* de 22 de fevereiro de 1944, 1, 4; e Freeman, *War Diary*, 183-84.

870. *"Para o general"*: Irwin Shaw, *The Young Lions* (Nova York: Random House, 1948), 463-65.

871. *William R. Lawley*: Entrevista com o coronel William R. Lawley, Programa de História Oral da Força Aérea, 5 de outubro de 1971, K239.0512-487, AFHRA.

872. *"Ele sofria de artrite"*: Richard Goldstein, "William Lawley, 78, Won Medal of Honor", *NYT* de 1º de junho de 1999, C13.

873. *"Durante os cinco minutos seguintes"*: Todas as citações sobre esse incidente foram extraídas do impressionante livro de Rick School e Jeff Rogers, *Valor at Polebrook: The Last Flight of Ten Horsepower* (Kimberley, Wisconsin: Cross Roads, 2000), 44-45, 49, 63, 66.

874. *"não o abandonariam"*: Menção honrosa de cerimônia de concessão de Medalha de Honra, Archibald Mathies, Ordens Gerais nº 52, Ministério da Guerra, Washington, D.C., 22 de junho de 1944, NA.

875. *"ponto fraco"*: Comitê Interaliado de Planejamento de Operações Militares, "Terceiro Relatório Periódico sobre Defesas de Caça Diurnas e Táticas de Interceptação do Inimigo", 15 de fevereiro de 1944-2 de março de 1944", 26 de março de 1944, Acervo de Spaatz; Emerson, "POINTBLANK", 455.

876. *"'extinção', de fato"*: Carta de Anderson a Arnold em 27 de fevereiro de 1944, Acervo de Spaatz.

894 MESTRES DO AR

877. *"um atraso de apenas dois meses em sua produção de aviões"*: FAA, vol. 3, 43, 45.

878. *Karl Otto Saur*: Speer, *Inside*, 349; FAA, vol. 3, 44.

879. *"18 por cento de seus pilotos de caças"*: Murray, *Luftwaffe*, 229; FAA, vol. 3, 68-69.

880. *"dispersão"*: USSBS, *Aircraft Division Industry Report* (Washington, DC: U.S. Government Printing Office, 1945), 5.

881. *"desbaratando a si mesma"*: Ibid., 6-7.

882. *"independentemente do preço"*: Carta de Anderson a Arnold em 27 de fevereiro de 1944, Acervo de Spaatz.

883. *"ampliou seu tempo de serviço"*: Carta de Arnold a Doolittle em 11 de fevereiro de 1944, 519.245, Carta de Doolittle a Arnold em 4 de março de 1944, 168.6007, ambas em AFHRA.

884. *"comprimidos que faziam"*: Entrevista do autor com Larry Goldstein em 7 de agosto de 2002.

885. *"Não importa"*: Citado em McFarland e Newton, *Command*, 197; Carta de Anderson a Arnold em 27 de feveveiro de 1944, Acervo de Spaatz; General F. L. Anderson com o general O. A. Anderson, transcrição de conversa telefônica de 29 de fevereiro de 1944, Acervo de Spaatz.

886. *"mais de setenta por cento de seus caças"*: Generalleutnant Josef Schmid, "The Struggle for Air Supremacy over the Reich, 1 January 1944-31 March 1944", 1954, K113.107-158-160, AFHRA.

887. *"Por Deus"* — *"E daí?"*: Citado em McFarland e Newton, *Command*, 197; Veja também Ardery, *Bomber Pilot*, 167.

888. *"sonolentos e apáticos"*: Grover C. Hall, *1000 Destroyed: The Life and Times of the 4th Fighter Group* (Montgomery, Alabama: Brown, 1946), 164-65.

889. *Harry C. Mumford*: Entrevista com William E. Charles, 1983, AHM; Bud Hutton, "First U.S. Bombs Dropped on Berlin", *S&S* de 6 de março de 1944, 1-2.

890. *"Na primeira vez"*: Citado em Hall, *1000*, 160.

891. *"Eu sabia que eu ia"* — *"morrendo de frio e assustado"* — *"Lá em casa"*: General Chuck Yeager e Leo Janos, *Yeager: An Autobiography* (Nova York: Bantam, 1985), 26.

NOTAS BIBLIOGRÁFICAS

892. *"um 'caipira faminto"*: Todas as citações foram extraídas de ibid., 26-32; Certos trechos do relato da autobiografia de Yeager diferem do constante na história que ele contou a um oficial de relatório de pós-voo britânico quando ele retornou para a Inglaterra; veja "Escape and Evasion Case File for Flight Officer Charles (Chuck) Yeager", 338-660-YEAGER, NA.

893. *Os Maquis*: Gordon A. Harrison, *Cross-Channel Attack* (Washington, DC: Office of the Chief of Military History, Department of the Army, 1951), 203; Julian Jackson, *France: The Dark Years, 1940-1944* (Oxford: Oxford University Press, 2001), 484.

894. *Os Carpetbaggers*: "A 'Carpetbagger' with the French Forces of the Interior", em "They Flew at Night", publicado por particulares pela Associação do 801º/492º Grupos de Bombardeiros, no Maine. Veja uma história abrangente sobre o assunto em Ben Parnell, *Carpetbaggers: America's Secret War in Europe* (Austin: Eakin, 1987).

895. *"Os Maquis se escondem"*: Yeager, *Yeager*, 34-35.

896. *"divertido, interessante"*: Entrevista do Programa de História Oral da Força Aérea Americana com o general de divisão Charles E. Yeager, 28 de abril—1º de maio de 1980, K239.0512-1204 C.2, AFHRA.

897. *"muito perto de desistir"* — *"sangrando como"*: Ibid.

898. *"o fino traçado"* — *"usando um cabo de vassoura"*: Todas as citações foram extraídas de Yeager, *Yeager*, 38-40.

899. *"Onde não havia"*: Yeager, *Yeager*, 40-43.

900. *"uma imensa coluna"*: Citado em Hall, *1000*, 174.

901. The New York Times: Drew Middleton, "U.S. Bombers Rain Fire on Berlin", *NYT* de 9 de março de 1944, 1.

902. *"Vista do céu, Berlim era"*: Tommy LaMore e Dan A. Baker, *One Man's War: The WW II Saga of Tommy LaMore* (Nova York: Taylor, 2002), 80-81.

903. *"ainda estavam 'em chamas'"*: "Reich Capital Aflame", *S&S* de 8 de março de 1944, 1.

904. *"uma rajada de meio segundo"*: Citado em Jeffrey Ethell e Aflred Price, *Traget Berlin: Mission 250: 6 March 1944* (Londres: Greenhill, 2002), 24.

905. *"Os aviões inimigos nos atacaram*: C. B. (Red) Harper, *Buffalo Gal* (Publicado por particulares, sem data), 90.

906. *"Fiquei com tanto medo"*: Citado em Ethell e Price, *Target*, 87.

907. *"3 mil toneladas de explosivos"*: General T. T. Milton, "A Participant Remembers", *Air Force Magazine* de janeiro de 1980, 80-81.

MESTRES DO AR

908. *"Os combatentes se entreolhavam"*: Todas as citações foram extraídas de Hall, *1000*, 139.

909. *"Dos cerca de quatrocentos caças"*: "Eighth Air Force Claims: VIII Bomber Command Narrative of Operations, 1943-1944", 519.332, AFHRA; "VIII Fighter Command Narrative of Operations, 1943-1944", 168.6005-55, AFHRA; Freeman, *War Diary*, 194-95.

910. *"Os tubos de micção"* — *"ficavam encharcados de suor"* — *"melhor sessão de caça"* — *"O Homem Pássaro"*: Hall, *1000*, 181, 186-87.

911. *"carregadas de homens"*: Harper, *Buffalo*, 101.

912. *"Se eles conseguiram"*: Citado em Ethell e Price, *Target*, 100.

913. *"A época do que era"*: James B. Reston, "Berlin Blow", *NYT* de 7 de março de 1944, 4.

914. *"um verdadeiro 'caos'"*: Harper, *Buffalo*, 94-95.

915. *"deu um chilique"*: Ibid., 101.

916. *"Fique morrendo de medo"*: John Bennett, Jr., *Letter from England* (San Antonio: Publicado por particulares em 1945), 43-44; entrevista com John M. Bennett em 14 de novembro de 1984, AHM.

917. *"frotas de aviões de combate inteiras"*: "Over 850 Forts", *S&S* de 9 de março de 1944, 1; Frederick Graham, "Bomber Men Awed by Havoc in Berlin", *NYT* de 7 de março, 5.

918. *"surpreendentemente pequena"* — *"proteção anticastradora"* — *"parecendo 'um poste de telefone branco'"*: Harper, *Buffalo*, 83, 96.

919. *"programa de 'tratamento médico'"*: Le Strange, *Century Bombers*, 95.

920. *"o moral"*: Harper, *Buffalo*, 109.

921. *"Tínhamos visto"* — *"velas foram acesas"* — *"Ei, amigo"*: Ibid., 99, 103.

922. *"Nazistas Fogem da Batalha"*: Drew Middleton, "Nazis Shun Battle", *NYT* de 10 de março de 1944, 1.

923. *"Estávamos destruindo"*: Entrevista com o general de divisão William E. Kepner em 15 de julho de 1944, Acervo de Spaatz.

924. *"Na semana passada"*: Carta de Spaatz a Arnold em 11 de março de 1944, Acervo de Spaatz.

925. *"foram substituídas"*: *Time* de 20 de março de 1944, 26.

926. *"a guerra de atrito"*: Bekker, *Luftwaffe War Diaries*, 352.

927. *"Toda vez que fecho"*: Citado em Emerson, "POINTBLANK", 469.

NOTAS BIBLIOGRÁFICAS

928. *Perdas de abril*: Murray, *Luftwaffe*, 262.

929. *"grupo de 'assalto'* — *"devastadores"* — *"a todo custo"*: Galland, *First*, 196.

930. *"Não, tenente!"*: Citado em Truman Smith, *The Wrong Stuff: The Adventures and Misadventures of an 8th Air Force Aviator* (St. Petersburg: Southern Heritage Press, 1996), 85-99.

931. *"Berlim não é"*: "Survey of Combat Crews in Heavy Bombardment Groups in TOGE, June, 1944", 11, AFHRA.

932. *"ramo de assassinatos"*: Entrevista do autor com Paul Slawter em 24 de novembro de 1998.

933. *"nascera para"* — *"ele deveria ter sido"*: Bert Stiles, *Serenade to the World from 30,000: And Other Stories and Essays*, editado por Roland Bishop Dickinson e Robert Floyd Cooper (Sacramento: Bishop, 1999), 27, 65.

934. *"matar todos os nazistas"* — *"filhos da mãe"*: Stiles, "And So to Get Started", em Stiles, *30,000*, 70, 77-84; Stiles, *Serenade to the Big Bird: A New Edition of the Classic B-17 Tribute* (Atglen, Pensilvânia: Schiffer, 2001), 14-15, 37, 104.

935. *"pesquisas do Exército"*: "Survey of Heavy Bomber Crews", maio-junho de 1944, 520.701, AFHRA.

936. *"Ao todo, partimos"*: Citado em Browman, *Castles*, 134.

937. *"baixas neuropsiquiátricas"*: "Statistical Survey of Emotional Casualties of the Eighth Air Force Aircrews, 25 May, 1945", 520.7421, AFHRA; Davis, *Spaatz*, 379-80.

938. *"pilotos de caça"*: Interrogatório de Kepner em 15 de julho de 1944, Acervo de Spaatz.

939. *"Certa manhã"*: Citado em Astor, *Mighty*, 262.

940. *"Coronel, ontem"*: Citado em *Contrails*, 75-76.

941. *"Certa noite, quando voltei"*: Ben Smith, *Chick's Crew: A Tale of the Eighth Air Force* (Publicado por particulares, 1978), 54-56, 71, em ME; entrevista com Charles W. Bordner em 13 de maio de 1989, AHM.

942. *"o único fator"*: South, *Medical Support*, 76.

943. *"o único prêmio de loteria"* — *"desta vez, se esquecer de pesá-lo"*: Citado em Cleveland Amory, "The Man Everyone in Hollywood Liked", *Parade* de 21 de outubro de 1964, 9.

944. *"Pode soar piegas"*: Citado em Smith, *Jimmy Stewart*, 29.

945. *Cruz do Mérito Aeronáutico*: *S&S* de 4 de março de 1944, 4.

946. *"um sujeito solitário"* — *"o mais fleumático possível"*: Citado em Donald Dewey, *James Stewart: A Biography* (Atlanta: Turner, 1996), 246.

947. *"ele evitava"* — *"O alto-comando"*: John Harold Robinson, *A Reason to Live: Moments of Love, Happiness and Sorrow* (Memphis: Castle, 1988), 333.

948. *"Ele tinha muita afinidade"*: Ramsey D. Potts citado em Dewey, *Stewart*, 251; *The Washington Star* de 1º de abril de 1944.

949. *"um tipo de liderança"*: Smith, *Jimmy Stewart*, 126.

950. *"Chegaram a trabalhar"*: Ibid.; entrevista com James Stewart, Imperial War Museum Sound Archive, Londres, Inglaterra.

951. *"Depois das primeiras"*: Entrevista com Rosenthal em 21 de março de 2002.

952. *"deram personalidade ao Centésimo"*: Crosby, *Wing*, 320.

953. *"Nós realizávamos o bombardeio"*: Entrevista com Rosenthal em 21 de março de 2002.

954. *"Os jovens pilotos de caça"*: Ibid.

955. *"força aérea de um homem só"*: Gentile, *One-Man Air force*, 2-3; Hall, *1000*, 268-89. O número oficial de derrubadas realizadas por Rickenback era de vinte e seis aparelhos, incluindo quatro balões.

956. *"Damão e Pítias"*: Citado em Jablonski, *Air War*, 64.

957. *"Ele ainda parece"*: McCrary and Scherman, *First*, 20.

958. *"Adoramos combater"*: Citado em Hall, *1000*, 71.

959. *"O cavalo ferido"*: Entrevista com Kepner em 15 de julho de 1944, Acervo de Spaatz.

960. *"Blakesleevewaffe"*: Charles Bright, ed. *Historical Dictionary of the U.S. Air Force* (Wesport, Connecticut: Greenwood, 1992), 650.

961. *"missões de ataque com metralhamentos em voos rasteiros"*: Resumo de Perdas de Caças, 24 de agosto de 1943-31 de maio de 1944, Acervo de William E. Kepner, 168, 6005-57, AFHRA.

962. *"guerrilha aérea organizada"*: Relatório do Comando de Caças da Oitava Frota Aérea, 6 de abril de 1944, 520.310D, AFHRA; Stephen L. McFarland, "The Evolution of the American Strategic Fighter in Europe, 1942-44", *Journal of Strategic Studies* de junho de 1987, 199-200.

963. *"Para sobreviver, você precisa"*: Zemke e Freeman, *Zemke's Wolf Pack*, 165.

NOTAS BIBLIOGRÁFICAS

964. *"arremeter contra ele em ataques-surpresa"*: Entrevista com W. R. Dunn em 2 de novembro de 1973, K239.0512-922 C. 1, AFHRA.

965. *"O caça inimigo"*: Entrevista com Kepner em 15 de julho de 1944, Acervo de Spaatz.

966. *"Novos pilotos alemães"*: Corum, "Defeat", em Higham e Harris, *Why Air Forces Fail*, 221.

967. *"na primeira vez"*: Entrevista com o general Gerald W. Johnson em 23-24 de fevereiro de 1989, K239.0512-1857, AFHRA.

968. *"circunspecção profunda"*: Wells, *Courage*, 38.

969. *"Tudo acontece"*: Gentile, *One-Man*, 8.

970. *"Era com satisfação"*: Flanagan, "Report", 13-36.

971. *"uma 'boa caçada'"*: Hall, *1000*, 261.

972. *"A euforia"*: Bond, *Love and Fear*, 40.

973. *"um pesado número de baixas"*: Samuel A. Stouffer et al. *The American Soldier: Adjustment During Army Life*, vol. 1 (Princeton: Princeton University Press, 1949), 407; "Diagnóstico e Estado de Ânimo das Tripulações Combatentes Vítimas de Distúrbios Emocionais", 520.7411-2, AFHRA.

974. *"A tarefa"*: Flanagan, "Report", 13, 16, 30-36.

975. *"arrojo tememário"*: Major Gerald Krosnick, "Anxiety Reaction in Fighter Pilots", em Wright, "Observations", 55.

976. *"Temos que reconhecer"*: Hall, *1000*, 161-62, 287.

977. *"não teria havido"* — *"impossível fabricar"*: USSBS, entrevista com o major-brigadeiro Karl Koller em 1945, 519.619-23, AFHRA; Interrogatório de Kepner em 15 de julho de 1944, Acervo de Spaatz; Adolf Galland, "Defeat of the Luftwaffe: Fundamental Cause", *Air University Quaterly Review* 6 (primavera de 1953): 35.

978. *"Hap Arnold [...] concordou"*: Arnold a Eisenhower em 21 de janeiro de 1944, Eisenhower Library, Abilene, Kansas.

979. *"simplesmente teria que voltar para casa"*: Citado em Stephen E. Ambrose, *D-Day: June 6, 1944: The Climactic Battle of World War II* (Nova York: Simon & Schuster, 1944), 96.

980. *Plano de Transportes*: Veja um relato, talvez até isento, por sinal, do plano dos americanos e os debates nas reuniões de planejamento antes da invasão em W. W. Rostow, *Pre-Invasion Bombing Strategy: General*

900 MESTRES DO AR

Eisenhower's Decision of March 25, 1944 (Austin: University of Texas Press, 1981).

981. *"Harris e Spaatz estavam de acordo"*: Davis, *Spaatz*, 269, 350.

982. *"Não poderia haver"* — *"A Alemanha inteira"*: Citado em Murray, *Luftwaffe*, 249.

983. *"Harris foi desmentido"*: Hastings, *Bomber Command*, 276.

984. *Informes do serviço secreto*: Arthur William Tedder, *With Prejudice: The War Memoirs of Marshal of the Royal Air Force, Lord Tedder* (Boston: Little Brown), 1966), 521.

985. *"um legado de ódio"*: Winston Churchill, *The Second World War*, vol. 5, *Closing the Ring* (Boston: Houghton Mifflin, 1951), 466-67; Eisenhower a Churchill em 5 de abril de 1944, Eisenhower Library, Abilene, Kansas.

986. *"morticínio a sangue-frio"* — *"Estamos em guerra"*: Citações em Forrest C. Pogue, *The Supreme Command* (Washington, DC: Gabinete do Chefe do Departamento de História Militar do Ministério da Guerra, 1954), 132.

987. *"uma carta enviada por Roosevelt"*: Tedder, *With Prejudice*, 531-32; Churchill, *Closing the Ring*, 466-67.

988. *Plano das Refinarias*: "Plano de Conclusão da Ofensiva de Bombardeiros Conjunta", 5 de março de 1944, Acervo de Spaatz; *FAA*, vol. 3, 174-75; memorando de Spaatz a Portal, "Emprego de Bombardeiros Estratégicos em Operações de Apoio à OVERLORD", 31 de março de 1944, Acervo de Spaatz.

989. *"Arnold instou Marshall"*: Arnold ao Chefe do Estado-Maior em 13 de março de 1944, Acervo de Arnold.

990. *"Em 25 de março"*: Tedder, *With Prejudice*, 256.

991. *"não tinha como afirmar"*: Anderson citado em Rostow, *Pre-Invasion*, 34-35; as atas dessa reunião de 25 de março constam em Rostow, *Pre--Invasion*.

992. *"a grande decisão"*: Citado em ibid., 45.

993. *"Se Eisenhower lhe tivesse pedido"*: Citado em ibid., 44.

994. *"Esta invasão"*: Citado em ibid., 45.

995. *"grandes características interessantes"*: Rostow, *Pre-Invasion*, 95.

996. *"Spaatz [...] exonerar-se"*: Davis, Spaatz, 392.

997. *"Ele deu a Spaatz"*: *FAA*, vol. 3, 175.

NOTAS BIBLIOGRÁFICAS

998. *"Nesse dia"* — *"O inimigo atingiu"*: Speer, *Inside*, 346-47.

999. *"Mensagens interceptadas pelo ULTRA"*: William Wister Haines, *Ultra and the History of the United States Strategic Air Forces in Europe vs. the German Air Force* (Frederick, Maryland: University Publications of America, 1990, publicado pela primeira vez em 1945), 99.

1000. *"Acho que teremos"*: Citado em Rostow, *Pre-Invasion*, 52.

1001. *"atassalharam [...] a malha ferroviária"*: TOGE, "Eficácia de Ataques Aéreos à Malha Ferroviária na Batalha da França", 1º de junho de 1945, 164, 138.4-37, AFHRA.

1002. "Jabo Rennstrecki": Citado em Thomas Alexander Hughes, *Over Lord: General Pete Quesada and the Triumph of Tactical Air Power in World War II* (Nova York: Free Press, 1995), 12.

1003. *"bombardeios prévios à invasão"*: Alan J. Levine, *The Strategic Bombing of Germany, 1940-1945* (Nova York: Praeger, 1992), 135; Rostow, *Pre-Invasion*, vários trechos; Chester Wilmont, *The Struggle for Europe* (Nova York: Harper, 1952), 233-38.

1004. *"Por causa da impossibilidade"*: Interrogatório do marechal de campo Wilhelm Keitel, 1945, 519.619-23, AFHRA; veja também interrogatório de Gerd von Rundstedt por Carl Spaatz, maio de 1945, Acervo de Spaatz.

1005. *"Tivemos que esperar"* — *"grande espetáculo"*: Stiles, *Serenade*, 90-93.

1006. *Beirne Lay*: Beirne Lay, Jr., *Presumed Dead* (Nova York: Dodd, Mead, 1980; publicado originalmente em 1945 com o título de *I've Had It*), 125.

1007. *"O desembarque!"* — *"Estávamos observando"* — *"Com a cobertura de caças"*: Todas as citações extraídas de ibid., 102-3.

1008. *"acabou 'se dispersando muito'"*: *FAA*, vol. 3, 195. Os alemães realizaram cerca de 250 ataques contra a frota invasora.

1009. *a Oitava no Dia D*: *FAA*, vol. 3, 143, 192.

1010. *perdas da Força Aérea*: Departamento de História da Força Aérea, Washington, DC, "Perdas da 8ª e da 15ª Frotas Aéreas"; Davis, *Spaatz*, Anexo 5, 23, 24; U.S. War Department, Office of Statistical Control, *Army Air Forces Statistical Digest, World War II* (Washington, DC: U.S. Government Printing Office, 1945), tabelas 118 e 136.

1011. *"pobres colegas"* — *"o sangue é o mesmo"* — *"A única coisa"*: Stiles, *Serenade*, 90-93.

902 MESTRES DO AR

Capítulo 11: A armadilha fatal

1012. *"a maior frota de navios"*: Exemplar de Ernie Pyle, Scripps Howard enviado por agência de notícias, 16 de junho de 1944, cópia preservada na Lilly library, Indiana University, Bloomington, Indiana.

1013. *"uma 'cena maravilhosa'"* — *"não tem"* — *"uma longa série"*: Todas as citações de Arnold desse trecho foram extraídas de John W. Huston, ed., *American Airpower Comes of Age: General Henry H. "Hap" Arnold's War Diaries* (Base da Força Aérea de Maxwell, Alabama: Air University Press, 2001), 148-59, e Arnold, *Global*, 238-39. Para informações sobre investidas dos alemães contra a cabeça de praia na Normandia, veja Spaatz a Arnold em 17 de julho de 1944, Acervo de Arnold.

1014. *"Arma de Retaliação 1"*: Sobre as origens do projeto V-1, veja Michael J. Neufeld, *The Rocket and the Reich: Peenemunde and the Coming of the Ballistic Missiele Era* (Cambridge: Harvard University Press, 1999), 147-48.

1015. *"prejudicando o esforço de guerra"*: Dwight D. Eisenhower, *Crusade in Europe* (Garden City: Doubleday, 1948), 260.

1016. *"míssil de cruzeiro"*: Sobre o interesse de Arnold no míssil de cruzeiro, veja Kenneth P. Werrell, *The Evolution of the Cruise Missile* (Base da Força Aérea em Maxwell, Air Force Base, Alabama: Air University Press, 1985).

1017. *"Costa dos Foguetes"*: Citado em *FAA*, vol. 3, 95.

1018. *Operação Balista*: USSBS, *V-Weapons (Crossbow) Campaign* (Washington, DC: Military Analysis Division, U.S. Government Printing Office, 1945), 1.

1019. *"gás venenoso"*: *FAA*, vol. 3, 530; Assessor ministerial, comitê dos Chefes de estados-maiores britânicos ao primeiro-ministro em 5 de julho de 1944, Acervo de Arnold.

1020. *"um alvo"*: Citado em Jack Olsen, *Aphrodite: Desperate Mission* (Nova York: Putnam, 1970), 48; "The Flying Bomb", British Information Services, novembro de 1944, cópia no ME.

1021. *"mais de dezoito mil pessoas"*: Dados estatísticos sobre o V-1 foram extraídos de Alfred Price, "V-weapons", em Ian Dear e M. R. D. Foot, eds., *Oxford Companion to World War II* (Oxford: Oxford University Press, 2001), 798. Mais de 10 mil bombas voadoras foram lançadas contra a Inglaterra; em torno de 2 mil delas explodiram antes do previsto. Das 7.446 que alcançaram a Inglaterra, 3.957 foram derrubadas.

NOTAS BIBLIOGRÁFICAS

1022. "*idiotice*": Panter-Downes, *London War Notes*, 333, 335, 339.

1023. "*Malditos nazistas*": Harry A. Dolph, *The Evade: An American Airman's Eight Months with the Dutch Underground* (Austin: Eaken, 1991), 28-31.

1024. "*bombas automáticas*": Olsen, *Aphrodite*, 29. Todas as citações de Pool foram extraídas de Olsen, *Aphrodite*, 152.

1025. "*Ei, pessoal*": Ibid., 30.

1026. "*centros de lançamento*": Butcher, *Three Years*, 35.

1027. "*Além da*": Spaatz a Arnold em 22 de julho de 1944, Acervo de Spaatz.

1028. "*orgulho, alegria*": Spaatz ao Ministério da Guerra em 20 de junho de 1944, Acervo de Spaatz; Olsen, *Aphrodite*, 152.

1029. "*um avião carregado*": Olsen, *Aphrodite*, 95.

1030. "*fiasco*": "Projeto sobre a Operação Afrodite", 20 de janeiro de 1945, 527.431A-A, AFHRA; Olsen, *Aphrodite*, 100.

1031. "*belo pescoço*": Citado em Robert Dallek, *An Unfinished Life: John F. Kennedy, 1917-1963* (Boston: Little Brown, 2003), 106.

1032. "*os corpos de Kennedy*": Doolittle a Spaatz em 12 de agosto de 1944, Acervo de Spaatz.

1033. "*causa do acidente*": Olsen, *Aphrodite*, 228-29. Em 2001, um britânico que participou da guerra como mecânico de telecomunicações apresentou uma explicação diferente. Segundo ele, os americanos deixaram de solicitar aos britânicos que desativassem o radar no âmbito da roda do avião e, com isso, um forte sinal emitido por uma das estações de radar terrestres britânicas desligou os delicados comandos de rádio do Liberator de Kennedy, provocando uma explosão letal. Veja Dallek, *Unfinishied*, 107. É impossível comprovar os acontecimentos aventados nessa explicação.

1034. "*alvos inúteis*": USSBS, *V-Weapons*, vários trechos; Olsen, *Aphrodite*, 254.

1035. "*Arnold insistiu em seguir adiante com o projeto Afrodite*": Spaatz a Doolittle em 7 de setembro de 1944, Diário de Anderson, Acervo de F. L. Anderson, Hoover Institute on War, Revolution and Peace, Stanford University.

1036. "*quase duas mil tripulações*": USSBS, *V-Weapons*, 24.

1037. "*A melhor forma*": Galland, *First*, 235.

1038. "*Pela primeira vez*": Panter-Downes, *London War Notes*, 342-43.

904 MESTRES DO AR

1039. *"corríamos grande"*: Omar N. Bradley e Clay Blair, *A General's Life: An Autobiography* (Nova York: Simon & Schuster, 1983), 272.

1040. *"um bombardeio aéreo maciço"*: Russell F. Weigley, *Eisenhower's Lieutenants: The Campaign of France and Germany, 1944-1945* (Bloomington: Indiana University Press, 1981), 137-38.

1041. *"bombardeios rolantes"*: Carlo D'Este, *Decision in Normandy* (Nova York: Dutton, 1988), 394.

1042. *Operação Cobra*: Veja uma excelente análise crítica da Operação Cobra em John J. Sullivan, "The Botched Air Support of Operation Cobra", *Parameters: Journal of the US Army War College* 18, nº 1 (março de 1988): 106.

1043. *"Carl Spaatz ficou furioso"*: U.S. Air Force Historical Study No. 88, "The Employment of Strategic Bombers in a Tactical Role, 1941-1951" (USAF Historical Division, Research Studies Institute, Air University, 1954), 75-76.

1044. *"Muitos de nós"*: Entrevista com Rosenthal em 29 de março de 2003.

1045. *"Bradley partiu num avião"*: Omar N. Bradley, 25 de julho de 1944, Acervo de Chester Hansen, USMHI.

1046. *"grande conferência"*: Citado em Weigley, *Eisenhower's Lieutenants*, 138; Omar Bradley, *A Soldier's Story* (Nova York: Henry Holt, 1951), 341.

1047. *"concordando com um recuo de 1.230 metros"*: memorando de John H. deRussy, "Resumo do Planejamento e da Execução de Missões em 24 e 25 de julho de 1944", 520.453A, AFHRA; Harold Ohlke, "Relatório da Pesquisa dos Efeitos dos Bombardeios", 24-25 de julho", Acervo de Spaatz.

1048. *"27 soldados"*: Sullivan, "Cobra", 103.

1049. *"aeronave de vanguarda de Rosenthal"*: Entrevista com Rosenthal em 29 de março de 2003.

1050. *"Os sobrevoos na área"*: Ernie Pyle, *Brave Men* (Nova York: Henry Holt, 1944), 298-301.

1051. *"Por Deus, de novo não!"*: Citado em Hughes, *Over Lord*, 216.

1052. *"Cento e onze americanos"*: Kenneth Heckler, "VII Corps in Operation COBRA", relatório não divulgado, Modern Military Records Division, NA.

1053. *"nunca mais"*: Bradley, *General's Life*, 280.

NOTAS BIBLIOGRÁFICAS

1054. *Doolittle*: Doolittle, *Lucky*, 375-76; Diário de Guerra de Hoyt Vandenberg, 27 de julho de 1944, Acervo de Hoyt Vandenberg, LC.

1055. *"parte 'da esteira rolante'"*: Entrevista com Fritz Bayerlein, "Divisão Panzer Lehr", 24-25 de julho de 1944, Departamento de História do Quartel-General do Exército Americano na Europa, cópia no USMHI.

1056. *Lightning Joe Collins*: Collins conta sua história em *Lightning Joe: An Autobiography* (Baton Rouge: Louisiana State University Press, 1979).

1057. *Eisenhower e bombardeiros pesados*: Para mais informações sobre o assunto, veja Ian Gooderson, *Air Power at the Battlefront: Allied Close Air Support in Europe, 1943-45* (Londres: Frank Cass, 1998).

1058. *"Para que pudessem ver"*: General de divisão Elwood R. Quesada, "Tactical Air Power", *Impact* (maio de 1945; reimpr., Washington, DC: Gabinete do Subcomandante do Serviço Secreto do Estado-Maior da Força Aérea, 1992), vários trechos.

1059. *"Foi um caos completo"*: Citado em Stephen Ambrose, *Citizen Soldiers: The U.S. Army from the Normandy Beaches to the Bulge to the Surrender of Germany, June 7, 1944-May 7, 1945* (Nova York: Simon & Schuster, 1997), 102.

1060. *Suprimentos lançados de paraquedas*: FAA, vol. 3, 502-3.

1061. *"Maquis de catadura sinistra"*: Lay, *Presumed*, 105-19. Todas as outras citações de Lay estão em Lay, *Presumed*.

1062. *Baixas na Batalha da Normandia*: D'Este, *Normandy*, 517.

1063. *"autorização por escrito"*: Eisenhower a Tedder em 29 de junho de 1944, cópia no Acervo de Spaatz; USSBS, *The Effects of Strategic Bombing on the German War Economy* (Washington, DC: U.S. Government Printing Office, 1945), 4-5.

1064. *"desvio"* — *"um sucesso total"*: Harris, *Bomber Offensive*, 220.

1065. *"'poderio da linha de frente' inimiga"*: FAA, vol. 2, 358.

1066. *"Os americanos arcaram com o fardo"*: "Air Offensive Against the German Oil Industry", 29 de janeiro de 1945, AFHRA.

1067. *"Mais de setenta por cento"*: USSBS, *Statistical Appendix* (Washington, DC: U.S. Government Printing Office, 1947), 11, 13; USSBS, *Over-all Report (European War)* (Washington, DC: U.S. Government Printing Office, 1945), 71; USSBS, *Oil Division, Final Report* (Washington, DC: U.S. Government Printing Office, segunda edição, janeiro de 1947), 2.

906 MESTRES DO AR

1068. *"primeiro forte golpe"*: Interrogatórios de Albert Speer em 30 de maio e 18 de julho de 1945, em Webster e Frankland, *Strategic Air Offensive*, vol. 4, 371-95.

1069. *"numa situação de impossível solução"*: Speer a Hitler em 30 de julho de 1944, 137.1-3, AFHRA; interrogatório de Speer em 18 de julho de 1945, em Webster e Frankland, *Strategic Air Offensive*, vol. 4, 379.

1070. *"metade do total de seus recursos energéticos"*: USSBS, *Oil Division, Final Report*, 15.

1071. *"carvão para gerar noventa por cento"* — *"forneciam apenas sete por cento"*: Raymond G. Stokes, "The Oil Industry in Nazi Germany, 1936-1945", *Business History Review* 59 (verão de 1985): 1.

1072. *"uma reserva de gasolina [...] para dois ou três meses"*: USSBS, *Oil Division, Final Report*, 1.

1073. *Campos petrolíferos da Romênia*: Daniel Yergin, *The Prize: The Epic Quest for Oil, Money and Power* (Nova York: Simon & Schuster, 1991), 334.

1074. *"indústrias de combustíveis sintéticos"*: USSBS, *The German Oil Industry, Ministerial Report, Team 78* (Washington, DC: U.S. Government Printing Office, segunda edição, 1947), 3-15, 38, 80.

1075. *Albert Speer*: Ibid., 75.

1076. *Usavam o processo Fischer-Tropsch*: O serviço secreto dos Aliados calculou que as fábricas da Alemanha nazista produziam 1,3 milhão de toneladas de combustível por ano. Mas a quantidade real era de 5 milhões de toneladas. O total de combustível produzido por refinarias petrolíferas girava em torno de um milhão de toneladas a menos do que a relatada pelo serviço secreto dos Aliados. Veja Charles Webster e Noble Frankland, *The Strategic Air Offensive Against Germany, 1939-1945*, vol. 3, *Victory* (Londres: Her Majesty Stationery Office, 1961), 226; e USSBS, *German Oil Industry*, 79-84.

1077. *"85 por cento"* — *"Até hoje"*: Stokes, "Oil Industry", 276. Para informações sobre a indústria de combustíveis da Alemanha nazista, veja também Arnold Krammer, "Fueling the Third Reich", *Technology and Culture* 19 (junho de 1978): 394-422.

1078. *"império da química"*; USSBS, *Oil Division, Final Report*, 1.

NOTAS BIBLIOGRÁFICAS   907

1079.   *Leuna* [...] *Ludwigshafen*: USSBS, *German Oil Industry*, 4; USSBS, *Ludwigshafen-Oppau Works of I G Farbenindustrie, A G, Ludwigshafen, Germany* (Washington, DC: U.S. Government Printing Office, 4 de agosto de 1945), vários trechos.

1080.   "*fábricas de combustíveis sintéticos e de produtos químicos*": O nitrogênio produzido nas fábricas de sintéticos era usado também na fabricação de fertilizantes. O serviço secreto dos Aliados calculou que a maior parte dos danos a fábricas de produtos químicos incindiria sobre as voltadas para o setor agrícola. Veja USSBS, *Powder, Explosives, Special Rockets and Jet Propellants, War Gases and Smoke Acid* (Washington, DC: U.S. Government Printing Office, 1945), vários trechos.

1081.   "*concentrada* [...] *repreendeu* [...] *Karl Krauch*": USSAF, *Oil Division, Final Report*, 12-14; Speer, *Inside*, 347-49.

1082.   "*longamente esperada*": Interrogatório de Speer em 18 de julho de 1945, em Webster e Frankland, *Strategic Air Offensive*, vol. 4, 379; USSBS, *German Oil Industry*, 53.

1083.   "*poderia levar, por si só*": USSBS, "Interrogatório do Reichsminister Albert Speer", 15-22 de maio de 1945, 371-19, AFHRA.

1084.   "*mais de um terço da produção germana de combustíveis líquidos pelo método de Bergius*": Ronald C. Cooke e Ron Conyers Nesbit, *Target: Hitler's Oil: Allied Attacks on German Oil Supplies, 1939-1945* (Londres: William Kimber, 1985), 140.

1085.   "*a mais encarniçada batalha*" — "*defesas melhoraram*": William Bayles, "The Story Behind the Nazi Defeat: The Strategic Bombing Attack on Hitler's Oil Supply", *American Mercury* 62 (janeiro de 1946): 91; USSBS, *Ammonkiakwerke Merseburg G.m.b.H., Leuna, Germany* (Washington, DC: U.S. Government Printing Office, 23 de julho de 1946), 1-6; Volta Torrey, "The Nine Lives of Leuna", *Popular Science Monthly*, novembro de 1945, 127.

1086.   "*13.200 canhões de artilharia antiaérea pesada*: Boog et al., *Germany and the Second World War*, vol. 6, 616. Veja uma história das defesas antiaéreas alemãs em Edward B. Westermann, *Flak: German Anti-aircraft Defenses, 1914-1945* (Lawrence: University Press of Kansas, 2001).

1087.   "*71 por cento dos ferimentos*": FAA *Statistical Digest, World War II*, dezembro de 1945, 255, 134. 11-6, AFHRA. Informações sobre números de ferimentos foram extraídas de Link e Coleman, *Medical*

908 MESTRES DO AR

Support, 697. De setembro de 1944 a maio de 1945, a Oitava perdeu 551 bombardeiros em combates com caças alemães e outros 1.263 em ataques da artilharia antiaérea inimiga. O versátil canhão de 88 milímetros alemão tinha um alcance antiaéreo efetivo de 8 mil metros; canhões de 105 milímetros podiam alcançar alvos a uma altitude de 9 mil metros. Considerando a posição regulamentar dos membros de tripulações, os bombardeadores foram os que mais ferimentos sofreram provocados por fogos antiaéreos, seguidos por metralhadores da cauda e navegadores.

1088. *"Artilharia antiaérea era uma forma de defesa de uma ineficiência grosseira"*: USSBS, Agência do Serviço Postal da Força Aérea 413, "Entrevistas com o general von Axthelm e o general de divisão Sieber em 12-13 de julho de 1945", 137.315.68, AFHRA; A. D. von Renz, "The Development of German Anti-aircraft Weapons and Equipment of All Types up to 1945", 258-80, AFHRA.

1089. *"5.400 aviões americanos"*: FAA *Statistical Digest: World War II*, 255-56.

1090. *"na 'terra dos condenados'"*: Gordon W. Weir, "Navigating Through World War II", MSS, ME; veja também Stiles, *Serenade*, 75.

1091. *"Ainda me lembro"*: Tom Landry em parceria com Gregg Lewis, *Tom Landry: An Autobiography* (Nova York: HarperCollins, 1991), 69. Landry serviu no 493 GB, unidade estacionada perto de Debach.

1092. *"Embora os fogos antiaéreos"*: Citado em Geoffrey Perret, *Winged Victory: The Army Air Forces in World War II* (Nova York: Random House, 1993), 331.

1093. *"Na região sobre a fábrica de produtos sintéticos"*: Smith, "Chick's Crew", 97-98, 121, 157, 159-60.

1094. *"Toda vez que voltávamos"*: Stiles, *Serenade*, 75.

1095. *"estresse incapacitante"*: Bond, *Love and Fear*, 88.

1096. *"Nos velhos tempos"*: Stiles, *Serenade*, 83, 86.

1097. *"a frota perdeu 1.022 bombardeiros pesados"*: FAA, vol. 3, 303, 306.

1098. *"mais de uma chance em três"*: Davis, *Spaatz*, 446. A verdadeira proporção era de 36 por cento.

1099. *"cínico, impiedoso"*: Todas as citações foram extraídas de Smith, "Chick's Crew", 137-39, 147-49, 171-73.

1100. *"que ficávamos sem saber"*: Landry, *Landry*, 69.

NOTAS BIBLIOGRÁFICAS

909

1101. *"Estudos feitos pela Força Aérea depois da guerra"*: USSBS, *Bombing Accuracy, USAAF, Heavy and Medium Bombers in ETO* (Washington, DC: U.S. Government Printing Office, janeiro de 1947), 1.

1102. *"uma em cada sete bombas"* — *"os equipamentos da fábrica"* — *"combate a incêndios"*: USSBS, *Leuna*, 20, 51; Oitava Frota Aérea, "Memorando sobre a Escolha do Ponto Médio de Impacto e das Bombas e Detonadores para Ataque contra Fábricas de Sintéticos", 7 de novembro de 1944, 520.310n B VIII, AFHRA.

1103. *"para que prosseguissem com o esforço de guerra de forma eficiente"*: Speer a Martin Bormann em 16 de setembro de 1944, em Webster e Frankland, *Strategic Air Offensive*, vol. 4, 348.

1104. *"um exército de 350 mil trabalhadores"*: Interrogatório de Speer em 18 de julho de 1945, em Webster e Frankland, *Strategic Air Offensive*, vol. 4, 381; USSBS, *German Oil Industry*, 57.

1105. *Indústria de sintéticos alemã paralisada*: Ibid., 382.

1106. *"'concreto' e as 'bombas'"*: Ibid., 380.

1107. *"nove por cento [...] da capacidade de produção industrial"*: USSBS, *Leuna*, 1-4; USSBS, *German Oil Industry*, 4-5.

1108. "foi igualmente grave: USSBS, interrogatório de Speer em 15-20 de maio de 1945.

1109. *"danos tão grandes"*: Speer, *Inside*, 350.

1110. *"combustível de aviação"*: *FAA*, vol. 3, 303; USSBS, *German Oil Industry*, 59; Alan S. Milward, *The German Economy at War* (Londres: Athlone, 1965), vários trechos.

1111. *Ploesti*: 15ª Frota Aérea, *The Air Battle of Ploesti* (Bári, Itália, 1944), vários trechos.

1112. *"em 20 de agosto"*: Quartel-General do 97º Grupo de Bombardeiros (H), Departamento do Serviço Secreto do Grupo, Relatório Especial; Missão: 20 de agosto de 1944, Fábrica de Sintéticos de Auschwitz 0/R, Polônia, 670.322, AFHRA. O nome polonês de Auschwitz era Oswiecim.

1113. *"Oficiais costumavam orientar"*: Milt Groban, "To the Editor", *Commentary* 7 (julho de 1978), 10.

1114. *"uma acalorada controvérsia pública"*: A controvérsia foi desencadeada pelo apaixonado ensaio do historiador David Wyman intitulado "Por que Auschwitz Nunca Foi Bombardeado", *Commentary* 65 (maio de 1978): 36-37, e seu livro *The Abandonment of the Jews: America and the*

910 MESTRES DO AR

Holocaust, 1941-1945 (Nova York: Pantheon, 1984). É vasta a literatura sobre o assunto. Existe, porém, uma excelente antologia de ensaios e documentos em Michael J. Neufeld e Michael Berenbaum, eds., *The Bombing of Auschwitz: Should the Allies have Attempted It?* (Nova York: St. Martin's, em parceria com o United States Holocaust Memorial Museum, 2000).

1115. *"o maior"*: Citado em Miller, *Story*, 520.

1116. *"grande demais"*: Citado em Martin Gilbert, "The Contemporary Case for the Feasibility of Bombing Auschwitz", em Neufeld e Berenbaum, *The Bombing of Auschwitz*, 71.

1117. *"Apelos de grupos de resistência clandestinos europeus"*: Mensagem enviada ao Conselho de Refugiados de Guerra por Roswell McClelland, nº 4291, 6 de julho, cópia no United States Holocaust Memoriam Museum, fichário temático: Campos — Auschwitz; os relatos e mapas completos do campo só chegaram às mãos dos governos dos países aliados em novembro.

1118. *"desvio de um número considerável"*: Memorando de Thomas T. Handy, Subcomandante do Estado-Maior, "A Recomendada Operação Aérea para Obstruir a Deportação de Judeus Húngaros e Eslovacos", 23 de junho de 1944, NA.

1119. *"a ajuda mais eficaz"*: General de divisão Joseph T. McNarney, Memorando ao vice-ministro do Ministério da Guerra em 28 de janeiro de 1944, NA.

1120. *"o resultado direto"*: General de divisão Thomas T. Handy ao Chefe do estado-maior em 8 de fevereiro de 1944, NA.

1121. *"viagem de ida e volta"*: Citado em Morton Mintz, "Why Didn't We Bomb Auschwitz", *The Washington Post* (17 de abril de 1983), D2.

1122. *"extremamente favorável"*: Gilbert, "The Contemporary Case", em Neufeld e Berenbaum, *The Bombing of Auschwitz*, 2.

1123. *"bombardeios em voos de vaivém"*: FAA, vol. 3, 308-16.

1124. *"mil quilômetros"*: Eaker a Spaatz em 27 de abril de 1944, Acervo de Spaatz.

1125. *"historiadores especializados em aeronáutica militar"*: Rondall Rice, "Bombing Auschwitz: US 15th Air Force and the Military Aspects of a Possible Attack", *War in History* 6 (1999): 205-29; Richard G. Davis,

NOTAS BIBLIOGRÁFICAS

"The Bombing of Auschwitz: Comments on a Historical Speculation", em Neufeld e Berenbaum, *Bombing of Auschwitz*, 214-26.

1126. *Richard G. Davis*: Davis, "Bombing of Auschwitz", em Neufeld e Berenbaum, *The Bombing of Auschwitz*, vários trechos.

1127. *"canhões antiaéreos"*: Quartel-General da 15ª Ala de Bombardeiros, Anexo da Ordem de Operações nº 671 para execução em 20 de agosto de 1944, 19 de agosto de 1944, 670.332, AFHRA.

1128. *"histórico de precisão"*: Rice, "Bombing Auschwitz", em Neufeld e Berenbaum, *The Bombing of Auschwitz*, 222.

1129. *reconstrução de câmaras de gás*: Davis, "Bombing of Auschwitz", em Neufeld e Berenbaum, *The Bombing of Auschwitz*, 223.

1130. *Frederick Anderson*: Anderson a Spaatz, Acervo de Spaatz.

1131. *"cerca de sete por cento"*: Davis, "Bombing of Auschwitz", em Neufeld e Berenbaum, *The Bombing of Auschwitz*, 221.

1132. *"'sacrificial, mas inútil' também"*: *FAA*, vol. 3, 316.

1133. *"'ordenou que lançassem' alimentos e armas de paraquedas"*: Norman Davies, *Rising '44: The Battle for Warsaw* (Nova York: Viking, 2004), 374-81.

1134. *"18 de setembro"*: *FAA*, vol. 3, 316-17.

1135. *"Stálin revogou a permissão"*: Ibid.

1136. *"Grande Guerra Patriótica"*: Jeffrey Herf, "The Nazit Extermination Camps and the Ally to the East: Could the Red Army and Air Force Have Stopped or Slowed the Final Solution?", *Kritika: Explorations in Russian and Eurasian History* 4 (outono de 2003): 929.

1137. *"chegou a Auschwitz"*: Martin Gilbert, *Auschwitz and the Allies* (Nova York: Holt, Rinehart & Winston, 1981), 331-37.

1138. *"Não é que"*: Citado em Gilbert, "The Contemporary Case", em Neufeld e Berenbaum, *Bombing of Auschwitz*, 75.

1139. *"Spaatz ordenara a realização de um bombardeio maciço"*: Davis, "Bombing of Auschwitz", em Neufeld e Berenbaum, *The Bombing of Auschwitz*, 217.

1140. *"registrarem as provas"*: Citado em Roger M. Williams, "Why Wasn't Auschwitz Bombed?", *Commonweal* 105 (novembro de 1978): 748.

1141. *"não ficamos com medo"*: Elie Wiesel, *Night*, trad. de Stella Rodway (Nova York: Hill & Wang, 1969), 71; Sobrevivente de Auschwitz citado

912 MESTRES DO AR

em William J. Vanden Heuvel e Rafael Medoff, "Should the Allies Have Bombed Auschwitz?" http://hnn.us/articles/4268.html.

1142. *Lou Loevsky*: Entrevista do autor com Louis Loevsky em 16 de junho de 2006.

1143. *Rosie Rosenthal*: Entrevista do autor com Robert Rosenthal em 11 de abril de 2006.

1144. *Milt Groban*: Groban, "Carta", 10.

1145. *Essa foi a única ocasião*; Wyman, "Why Auschwitz", 41.

1146. *"Anderson aconselhou Spaatz"*: Anderson a Spaatz em 5 de outubro de 1944, Acervo de Spaatz. Em novembro, depois que finalmente recebera uma cópia integral do texto do relato feito por dois então recém-fugidas de Auschwitz, John Pehle, chocado com o relato e que até então não tinha feito recomendações de bombardeio ao local, mudou de ideia e instou as autoridades que fizessem isso imediatamente. Ele tinha sido informado de que o processo de matança havia sido intensificado; veja Gabinete Executivo do Presidente dos Estados Unidos, Conselho de Refugiados de Guerra, Campos de Extermínio Alemães — Auschwitz e Birkenau, novembro de 1944, cópia no United States Holocaust Memorial Museum, fichário temático: Campos — Auschwitz Bombing to Camps — Auschwitz WRB Report.

1147. *"Só o presidente poderia fazer isso"*: Citado em Mintz, "Why Didn't", D1.

1148. *"nenhum registro confiável"*: Durante quase toda a sua vida, McCloy reafirmou que ele nunca levou a questão a Roosevelt. Mas, numa gravada conversa particular com Henry Morgenthau III em 1986, quando ele tinha 88 anos, McCloy disse que informara a Roosevelt, sim, e que o presidente rejeitou com veemência a ideia de bombardear Auschwitz, alegando que os nazistas achariam outras formas de matar prisioneiros e que a Força Aérea seria acusada de matar pessoas inocentes. Não existe nenhum registro escrito dessa conversa entre McCloy e Roosevelt, embora o historiador Michael Beschloss tenha confiado nas declarações verbais de McCloy e as citou em seu recente livro *The Conquerors*. Até mesmo David Wyman, o historiador que foi o primeiro a defender a ideia de bombardear Auschwitz, disse que não conseguira achar, em seus vários anos de pesquisas em arquivos, "provas de que a questão do bombardeio tinha sido apresentada a Roosevelt". Wyman citado em Mintz, "Why Didn't We Bomb Auschwitz?", D2; Michael Beschloss, *The*

NOTAS BIBLIOGRÁFICAS

Conquerors: Roosevelt, Truman and the Destruction of Hitler's Germany, 1941-1945 (Nova York: Simon & Schuster, 2002), 66-67.

1149. *"pela primeira vez"*: Citado em Davis, *Spaatz*, 442.

1150. *"escassez [...] em todo o seu território"*: USSBS, *Defeat of the German Air Force* (Washington, DC: U.S. Government Printing Office, 1945), 11.

1151. *"gasolina com 100 de octanagem" — "Doolittle"*: *German Oil Industry*, 59-60; *FAA*, vol. 3, 303; Doolittle, *Lucky*, 174-77.

1152. *"Este verão é"*: Knoke, *I Flew*, 166-69.

1153. *"as nações Aliadas consumiram"*: Yergin, *Prize*, 379. Veja informações sobre Hitler e petróleo também em Richard Overy, *Why the Allies Won* (Nova York: W. W. Norton, 1997), cap. 7.

1154. *"Esta guerra é uma"*: Citado em Yergin, *Prize*, 382.

1155. *"insuportável"*: Galland, *First*, 229; Speer a Hitler em 30 de agosto de 1944, em Webster e Frankland, *Strategic Air Offensive*, vol. 4, 331.

1156. *"90 por cento da produção mundial de petróleo"*: Overy, *Why the Allies*, 228.

1157. *"estoques de metanol" — "explosivos"*: A produção de metanol caiu de um nível essencial de 34 mil toneladas mensais para 8.750. A produção de ácido nítrico e borracha sintética sofreu uma redução de mais de cinquenta por cento. USSBS, *Oil Division*, 3-4; Speer, *Inside*, 406; Speer a Hitler em 30 de agosto de 1944, em Webster e Frankland, *Strategic Air Offensive*, vol. 4, 330.

1158. *"Os efeitos combinados"*: Overy, *Why the Allies*, 131.

1159. *"Se os ataques"*: Speer a Hitler em Relatório de 30 de agosto de 1944, em Webster e Frankland, *Strategic Offensive*, vol. 4, 332-33.

1160. *"E Speer e Galland acreditavam"*: Galland, *First*, 237.

Capítulo 12: Prisioneiros dos suíços

1161. *"carente de carne animal"*: Todas as citações de Culler foram extraídas de Dan Culler, *Black Hole of Wauwilermoos* (Green Valley, AZ: Circle of Thorns, 1995), 104, 156-64.

1162. *"Outros quinze bombardeiros americanos"*: Arquivos da Swiss Internees Association, Jackson, Nova Jersey [doravante, SIA].

1163. *"bastante danificados"*: Culler, *Black Hole*, 165.

914 MESTRES DO AR

1164. *"os suíços matariam"*: Cathryn J. Prince, *Shot from the Sky: American POWs in Switzerland* (Anápolis: Naval Institute Press, 2003), 23-24.

1165. *"Tínhamos ouvido"*: Citado em Stephen Tanner, *Refuge from the Reich: American Airmen and Switzerland During World War II* (Rockville Center, Nova York: Sarpedon, 2000), 16.

1166. *Collier's* (revista): John Bishop, "Swedish Stopover: Interned American Fliers", *Collier's* de 26 de agosto de 1944, 25-26.

1167. *"sem nenhum sinal"*: Arnold a Spaatz em 27 de julho de 1944, Acervo de Spaatz.

1168. *"sentimo-nos ofendidos com a insinuação"*: Spaatz a Arnold em 29 de julho de 1945, Acervo de Spaatz.

1169. *"total falta"*: William W. Corcoran a Hershel V. Johnson, 23 de maio de 1944, Acervo de Spaatz.

1170. *"benevolentes anfitriões"*: Do adido militar americano em Berna a Arnold, em 2 de agosto de 1944, Acervo de Arnold.

1171. *"947 tentataram fugir"* — *"Suécia"*: Prince, *Shot from the Sky*, 43, 190.

1172. *Legge explicou ao quartel-general de Spaatz*: Do Major Benjamin E. Norma ao general de divisão George C. McDonald em 5 de outubro de 1944, Acervo de Spaatz; Prince, *Shot from the Sky*, 122-23.

1173. *"Na minha visão"*: Culler, *Black Hole*, 168.

1174. *"racionamento"*: Depoimento do tenente Wallace Orville Northfelt perante o Conselho de Crimes de Guerra, General-Presidente do Supremo Tribunal Militar, Ministério da Guerra dos Estados Unidos, 17 de setembro de 1945, NA.

1175. *"bebidas alcoólicas"*: Entrevista do autor com Robert Long em 4 de janeiro de 2005.

1176. *"Muitas delas eram casadas"*: Citado em Prince, *Shot from the Sky*, 87-88.

1177. *"um chamado instintivo de retorno"*: Ibid., 123.

1178. *"Desde essa experiência"*: Citado em Tanner, *Refuge*, 140.

1179. *"A delegação diplomática alemã"*: Alan Morris Schom, "A Survey of Nazi and Pro-Nazi Groups in Switzerland: 1930-1945", 1, Simon Wiesenthal Center, http://www.wiesenthal.com/swiss/survey/noframes/conclusions.htm; Jerrold M. Packard, *Neither Fried nor Foe: The European Neutrals in World War II* (Nova York: Macmillan, 1992), 10.

1180. *"Talvez nenhum outro país"*: Schom, "A Survey", http://www.wiesenthal.com/swiss/survey/noframes/conclusions.htm.

NOTAS BIBLIOGRÁFICAS

1181. *"fortes laços econômicos do país com a Alemanha nazista"*: Ibid., 1-5, Conclusions.

1182. *O petróleo romeno* [...] *Itália* [...] *Alemanha*: Urs Schwarz, *The Eye of the Hurricane: Switzerland in World War Two* (Boulder: Westview, 1980), 22; Packard, *Neither Friend nor Foe*, 71-75.

1183. *"O sistema ferroviário suíço"*: Prince, *Shot from the Sky*, 174.

1184. *"judeus que tentaram refugiar-se"*: Schom, "A Survey", 15-16, 18-19; Alfred Häsler, *The Lifeboat Is Full: Switzerland and the Refugees, 1933-1945* (Nova York: Funk & Wagnalls, 1969), 49; Thomas Sancton, "A Painful Lesson", *Time*, 24 de fevereiro de 1997, 41; Alan Cowell, "Swiss Begin to Question Heroism in War", *NYT* de 8 de fevereiro de 1997; Jonathan Petropoulos, "Co-Opting Nazi Germany: Neutrality in Europe During World War II", *Dimensions: A Journal of Holocaust Studies* 7, nº 1 (1997): 15-21.

1185. *"Finalmente, em abril de 1945"*: Citado em Prince, *Shot from the Sky*, 163; Gerhard Weinberg, *The World at Arms: A Global History of WWII* (Cambridge: Cambridge University Press, 1995) 397-98. Pilet-Golaz foi presidente do país de janeiro de 1940 a novembro de 1944, quando o conselho acabou forçando-o a exonerar-se.

1186. *"Até onde* [...] *neutro?"*: Citado em Prince, *Shot from the Sky*, 22.

1187. *"o caça de combate da Suíça"*: Da Delegação Diplomática Americana na Suíça ao Departamento de Política Federal, Berna, 5 de junho de 1944, NA.

1188. *"já tinham sido modificadas"*: Leland Harrison a Cordell Hull em 13 de junho de 1944, NA.

1189. *"ser reincorporado à luta"*: Culler, *Black Hole*, 104, 170.

1190. *"A parte mais incrível"*: Ibid., 196.

1191. *"Fazíamos tudo"*: Citado em Tanner, *Refuge*, 187.

1192. *"Lamento trazê-lo"*: Culler, *Black Hole*, 207.

1193. *"como vermes"*: Depoimento de James I. Misuraca, SIA.

1194. *"O que aconteceu comigo"*: Todas as citações de Culler foram extraídas de Culler, *Black Hole*, 212-14.

1195. *"Não ocorrem maus-tratos"* — *"disciplina férrea"*: Citado em Prince, *Shot from the Sky*, 160-61.

1196. *"não teria nenhum apoio meu"*: General de divisão B. R. Legge, "To All U.S.A.A.F. Internees", 14 de setembro de 1944, SIA.

1197. *protestos formais*: General de divisão B. R. Legge ao Col. Divisionnaire Dolfuss em 19 de outubro de 1944, NA; Legge a Leland Harrison, pastor americano, Berna, 1º de novembro de 1944, NA.

1198. *"Culler [...] julgamento"*: Culler, *Black Hole*, 235; Prince, *Shot from the Sky*, 158.

1199. *"A última coisa de que me lembro"*: Culler, *Black Hole*, 248.

1200. *"ferindo Telford"*: Relatos de Fugas e Evasões, George Telford, 30 de setembro de 1944, Daniel Culler, 1º de outubro de 1944, NA.

1201. *"Spaatz [...] pressionasse os suíços"*: Major Benjamin E. Norman ao general de divisão George C. McDonald em 5 de outubro de 1944, Acervo de Spaatz.

1202. *"Sam Woods [...] Thomas J. Watson"*: John V. H. Dippel, *Two Against Hitler: Stealing the Nazi's Best-Kept Secrets* (Nova York: Praeger, 1992), 126-27, 194; Prince, *Shot from the Sky*, 126-28.

1203. *"tenente-coronel James Wilson"*: Memorando do tenente-coronel James W. Wilson, "O Moral das Tripulações de Combatentes na Oitava Frota Aérea", 15 de setembro de 1944, 168.49, AFHRA.

1204. *"nenhuma tripulação"*: Gabinete do Diretor do Serviço Secreto, Quartel--General das Frotas Aéreas Estratégicas Americanas na Europa, "Interrogatório do tenente Robert A. Hill, 21 de junho de 1944", Acervo de Spaatz; coronel Charles E. Rayens ao Adido Militar da Embaixada Americana em Londres em 8 de junho de 1944, Acervo de Spaatz.

1205. *"induzido a erro"*: Oficial-General do Serviço de Saúde das USSTAF, "Relatório-Memorando sobre o Moral das Tripulações Combatentes da Oitava Frota Aérea de 31 de agosto de 1944", 519.701, AFHRA; *FAA*, vol. 3, 307.

1206. *"Acredito que isso não passa"*: Citado em Tanner, *Refuge*, 209.

1207. *"O relatório concluiu também"*: Hans-Heiri Stapfer e Gino Kunzle, *Strangers in a Strange Land*, vol. 2, *Escape to Neutrality* (Carrollton, Texas: Squadron/Signal Publications, 1992).

1208. *"o serviço secreto do Exército e agentes da OSS"*: Culler, *Black Hole*, 317–18.

1209. *"Sargento, você é"*: Citado em ibid., 316.

1210. *"Eu avisei"*: Citado em ibid., 338.

NOTAS BIBLIOGRÁFICAS   917

Capítulo 13: Cansado de guerra

1211. *"Os velhos e surrados"*: Culler, *Black Hole*, 304–5.

1212. *"O capitão Ellis 'Woody' Woodward"*: Ellis M. Woodward, "Os Grupos de Assalto da Luftwaffe da Alemanha Nazista: A História que Ninguém Contou," 104–11, manuscritos, ME; publicado depois com o título de *Flying School: Combat Hell* (Baltimore: American Literary Press, 1998).

1213. *"12 de setembro de 1944"*: Quartel-General do 493º Grupo de Bombardeiros, Relatório Pós-Operacional, Missão nº 455, 13 de setembro de 1944, NA.

1214. *Aríete Celeste*: Adam Lynch, "Kassel: Mission Disaster," *Military Heritage* 1, no. 4 (fevereiro de 2000): 56. O nome oficial do avião era Fw 190A 8/R8.

1215. *"Dessa distância"*: Citado em Alfred Price, *The Last Year of the Luftwaffe: May 1944 to May 1945* (Osceola, Winsconsin: Motorbooks, 1991), 52.

1216. *"A pouca chance de o piloto sobreviver"*: Vorberg em Woodward, *Flying School*, 161.

1217. *"Aguentem firme e sigam-me!"*: Citado em Lynch, "Kassel," 57.

1218. *"os Sturmbocks passaram"*: Entrevista de Aaron Elson com Web Uebelhoer em 30 de setembro de 1999, www.kasselmission.com.

1219. *"a abandonar também suas aeronaves de paraquedas uma atrás da outra"*: Vorberg em Woodward, *Flying School*, 163.

1220. *"Quando me aproximei do alvo"*: Depoimento de Heinz Papenberg, sem data, www.militariacollecting.com.

1221. *"Ficamos subindo e descendo"*: Citado em Bowman, *Great American Air*, 110; Lynch, "Kassel," 60.

1222. *"novas táticas para combater"*: Galland, "Birth, Life and Death," 58, Acervo de Spaatz.

1223. *"serviço secreto alemão"* — *"mais corajoso do que inteligente"*: Yeager, *Yeager*, 44, 58.

1224. *"Spaatz e Doolittle começaram a pressionar Hap Arnold"*: Arnold to Spaatz, 21 de september de 1944, Spaatz MSS; Doolittle, *Lucky*, 385.

1225. *"Nós, aeronautas, tínhamos um*: Kogler, "Lecture on the German Air Force," 12, 14.

1226. *"qual foi a razão"*: Força Aérea do Exército, Resumos sobre o Serviço Secreto do Inimigo, Interrogatório de Hermann Göring, 29 de maio de 1945, 519.619–3,

MESTRES DO AR

1227. *"Terrorismo só pode"*: Citado em Joachim Fest, *Speer: The Final Verdict* (San Diego: Harcourt, 2001), 168. Veja também Galland, *First*, 259; Kershaw, Hitler: Nemesis, 635.

1228. *"livrar os céus da presença dos aviões das forças aéreas Aliadas"* — *"Vocês tiveram um grande aliado"*: Interrogatório de Göring em 29 de junho de 1945, AFHRA.

1229. *"Não quero que mais nenhum avião"*— *"Um programa cinco vezes maior"*: Speer, *Inside*, 408.

1230. *"Essa foi a primeira ordem"* — *"Temos que"*: Ibid., 409.

1231. *Testes do Me 262*: Galland, *First*, 260.

1232. *"Esses fatores"*: Manfred Boehm, *JG 7: The World's First Jet Fighter Unit, 1944-145*, traduzido por David Johnson (Atglen, Pensilvânia: Schiffer, 1992), 189.

1233. *Aviões de Nowotny abatidos*: Kenn C. Rust e William N. Hess, "The German Jets and the U.S. Army Air Force", *American Aviation Historical Society Journal* 8 (outono de 1963): 168.

1234. *"No caso de muitos pilotos"*: Bekker, *Luftwaffe War Diaries*, 356.

1235. *"Vi um grande aeródromo"*: Yeager, *Yeager*, 61.

1236. *"O Grande Golpe"*: Galland, *First*, 232-33.

1237. *"Esta seria"* — *"os 'Aliados ocidentais'"*: Galland, "Birth, Life and Death", 59, Acervo de Spaatz; Galland, *First*, 241.

1238. *"Foi difícil"*: Galland, *First*, 241. Veja também *FAA*, vol. 4, 657-58.

1239. *"A missão de combate em novembro de 1944"*: Citado em Price, *Last Year*, 111.

1240. *"Seus pilotos"*: Spaatz a Lovett em 13 de dezembro de 1944, Acervo de Spaatz.

1241. *"Quero pilotar"*: Cooper, *Serenade to the Blue Lady*, 220. Stiles morreu combatendo em 26 de novembro de 1944.

1242. *"uma grande batalha terrestre"*: Galland, *First*, 241.

1243. *"despreparados e desanimados"*: Galland, "Birth, Life and Death", 59, Acervo de Spaatz.

1244. *"uma dinastia particular"*: Ibid., 61.

1245. *"deixaram seus canais de abastecimento bastante para trás"*: Alfred D. Chandler, Jr., et al., eds., *The Papers of Dwight David Eisenhower*, vol. 4 (Baltimore: Johns Hopkins University Press, 1970), 2118.

NOTAS BIBLIOGRÁFICAS

1246. *"Comitê Interaliado de Seleção de Alvos Estratégicos"*: Spaatz a Arnold em 4 de outubro de 1944, Acervo de Spaatz.

1247. *"Os chefes do Estado-Maior Conjunto concluíram"*: Spaatz estava menos confiante do que a maioria dos outros comandantes militares das forças aliadas nas chances de derrotarem a Alemanha até o Natal de 1944. Veja Spaatz a Lovett em 1º de outubro de 1944, Acervo de Spaatz.

1248. *" fosse estendida"*: Solly Zuckerman, *From Apes to Warlords* (Nova York: Harper & Row, 1978), 290.

1249. *"Quanto mais indústrias"* — *"dependência [...] de um sistema de comunicação viária"*: Tedder, "Apontamentos sobre a Política a Ser Adotada para Uma Rápida Derrota da Alemanha", 26 de outubro de 1944, Acervo de Spaatz.

1250. *"um 'empurrãozinho'"*: Zuckerman, *From Apes*, 305.

1251. *"comunicações comerciais dos alemães"*: Veja uma análise crítica sobre a rede de serviços secretos das frotas aéreas estratégicas dos Aliados em Alfred C. Mierzejewski, *The Collapse of the German War Economy, 1944-1945: Allied Air Power and the German National Railway* (Chapel Hill: University of North Carolina Press, 1988), cap. 4.

1252. *"técnicas de bombardeio guiado por radar"*: "Diretriz Nº 2 para o Comando das Frotas de Bombardeiros Estratégicos na Europa", Acervo de Spaatz.

1253. *"metade de sua carga de bombas"*: USSBS, *Effects of Strategic Bombing on German Transportation* (Washington, DC: U.S. Government Printing Office, 1947), 12.

1254. *"sua força de combate despejou quase 53"*: John Terraine, *A Time for Courage: The Royal Air Force in the European War, 1939-1945* (Nova York: Macmillan, 1985), 675.

1255. *"reservas de carvão alemãs"*: Mierzejewski, *German War Economy*, 23-24, 33; Milward, *Germany Economy*, 173.

1256. *"'o coração do sistema ferroviário' alemão"* — *"relativamente intocados"*: Tedder, "Observações sobre a Política de Guerra Aérea", Acervo de Spaatz.

1257. *"É irônico"*: Milward, *Germany Economy*, 173.

1258. *"Speer tinha quase duzentos mil trabalhadores"*: Speer a Hitler em 11 de novembro de 1944, em Webster e Frankland, *Strategic Air Offensive*, vol. 4. 349-51.

1259. *"a batalha entre a destruição e a reconstrução"*: USSBS, *German Transportation*, 4; Interrogatório do general Peters por membros da USSBS em 3 de junho de 1945, 137.315-23, AFHRA.

1260. *"A destruição"*: Citado em Tedder, *With Prejudice*, 637-38; USSBS, *German Transportation*, 3.

1261. *"O resultado da batalha do Ruhr"*: Speer a Hitler em 11 de novembro de 1944, em Webster e Frankland, *Strategic Air Offensive*, vol. 4, 349-56. Veja informações sobre a reação dos americanos ao bombardeio em Spaatz a Arnold em 13 de dezembro de 1944, Acervo de Spaatz.

1262. *"De setembro de 1944"*: USSBS, *Air Force Rate of Operations* (Washington, DC: U.S. Government Printing Office, 1947), Anexo 24d.

1263. *"apenas dois por cento"*: Oitava Frota Aérea, Departamento de Análise Operacional, "Relatório sobre Precisão de Bombardeios da Oitava Frota Aérea, 31 de setembro-31 de dezembro de 1944", 5-7, 20, 22 de abril de 1945, Acervo de Spaatz; USSBS, *Bombing Accuracy: ASAF Heavy and Medium Bombers in the ETO* (Washington, DC: U.S. Government Printing Office, 1947), 4.

1264. *"Meu esquadrão seguia na"*: Entrevista do autor com Craig Harris em 17 de setembro de 2003. O depoimento prestado por Doolittle após a guerra confirma o relato de Harris; veja a entrevista com o general James H. Doolittle concedida a Ronald Schaffer, em 24 de agosto de 1979, K239.0512-1206., AFHRA.

1265. *"Bombardeamos"*: John Briol, *Dead Engine Kids: World War II Diary of John J. Briol*, ed. John F. Welch (Rapid City, Dakota do Sul: Silver Wings Aviation, 1993), 166.

1266. *"O fantasma do"*: Bernard Thomas Nolan, *Isaiah's Eagles Rising: A Generation of Airmen* (Filadélfia: Xlibris, 2002), 201.

1267. *"suportar bem"* — *"distantes, quase irreais"*: Hastings et al., *Psychiatric Experiences*, 21-22; Grinker e Spiegel, *Men Under Stress*, 24-25, 35-36.

1268. *"Aprendemos a conviver com o medo"*: J. J. Lynch, "One Mo' Time", manuscritos não publicados, 45, ME.

1269. *"alvos de último recurso"* — *"grandes o bastante"* — *"alvo militar"*: Quartel-General da Oitava Frota Aérea, Gabinente do General Comandante, "Ataques a Alvos de Último Recurso e a Alvos Secundários", 29 de outubro de 1944, 519.5991-1, AFHRA.

NOTAS BIBLIOGRÁFICAS

1270. *"Exploradores Aéreos"*: Samuel W. Taylor, "Phantom Air Force", *Yank* (4 de maio de 1945), 4-6.

1271. *"com significativa precisão"*: Os britânicos tinham um programa de treinamento mais rigoroso para preparar operadores de sistema de guiamento de bombardeios por radar ar-terra. Técnicos de sistemas de radar da RAF passavam por um exigente curso de adestramento de dez meses, enquanto os operadores do H2X da Oitava Frota Aérea recebiam apenas quatro semanas de treinamento. Para mais informações sobre o assunto, veja W. Hays Parks, "'Precision' and 'Area' Bombing: Who did Which, and When?" *Journal of Strategic Studies* 18, nº 1 (março de 1995): 157.

1272. *"Se cairmos nas mãos"*: Briol, *Dead Engine Kids*, 166.

1273. *"Lew manteve"*: Curtis Rice, *Coming In on a Wing and a Prayer: The World War II Life and Explanations of Lewis F. Welles* (Cambridge, Maryland: Acme Book Binding, 2000), 298.

1274. *"com muitos sepultamentos"*: diário de guerra de Kenneth "Decano" Jones, ME.

1275. *"mortes e horrores"*: Smith, "Chick's Crew", 151-55.

1276. *"Foi assim que tudo começou"* — *"Até que, por fim, a festa acabou"*: Ibid., 133.

1277. *"a maioria delas"*: Keith Lamb, "Trinta e Cinco Vezes: Minhas Experiências como Piloto de Bombardeiro B-17 durante a Segunda Guerra Mundial", 59-60, manuscritos não publicados, ME.

1278. *"Quando você aprendia"*: Entrevista do autor com Betty Smith em 6 de março de 2005.

1279. *"Nunca vi colegas"*: Entrevista com Rosenthal em 7 de março de 2002.

1280. *Glenn Miller*: Depois que chegaram à Inglaterra, eles mudaram o nome do grupo para Banda Americana do Supremo Comando das Forças Aliadas e, algum tempo depois no verão, para Banda Americana do Comando da Força Expedicionária Aliada.

1281. *"Durante uma hora"*: Rice, *Wing and a Prayer*, 230.

1282. *"acho sinceramente"*: Citado em Geoffrey Butcher, *Next to a Letter from Home: Major Glenn Miller's Wartime Band* (Edinburgo: Mainstream, 1986), 6.

922 MESTRES DO AR

1283. *"Todos vocês vão para lá"*: Citado em ibid., 39.

1284. *"Aqueles sons"*: Citado em ibid., 119.

1285. *"um pedacinho"*: Chris Way, *Glenn Miller in Britain: Then and Now* (Londres: Battle of Britain Prints, 1996), 10.

1286. *"O metralhador da cauda"*: Jo Thomas, "R.A.F. Bombs May Have Downed Glenn Miller Plane", *NYT* de 31 de dezembro de 1985, C9.

1287. *"Soldados da"*: Citado em Miller, *Story*, 339.

1288. *"Neblina, escuridão noturna e neve"*: Ed Cunningham, em *"Yank"*, *the GI Story of the War*, ed. Myers et al., 167.

1289. "se olharam no espelho": Charles B. MacDonald, *The Mighty Endeavor: The American War in Europe* (1986; reimpr., Nova York: Da Capo, 1992), 395; *FAA*, vol. 3, xxi.

1290. *"Tínhamos ordens"*: Richard F. Proulx, "Crepúsculo dos Deuses — Lembrem-se de Nós", ensaio não publicado, EC.

1291. *"Olhávamos para o céu"*: Rodger Rutland, testemunho oral, WGBH, *American Experience*, Boston.

1292. *"Repetidos ataques"*: Menção honrosa da cerimônia de concessão da Medalha de Honra, general de divisão Frederick W. Castle, Departamento de Apoio ao Serviço de Historiografia da Força Aérea, Beirne Lay, Jr., "A Comrade's Tribute to Brigadier General Frederick W. Castle", *The Washington Post* de 20 de janeiro de 1945.

1293. *"crise de abastecimento"*: *FAA*, vol. 3, xxi, 711, 695.

1294. *"teria sido vitoriosa"*: Interrogatório do marechal de campo Rundstedt por Louis P. Lochner em 4 de maio de 1945, AFHRA; Hughes, *Over Lord*, 289.

1295. *"a destruição do sistema de transporte ferroviário"*: USSBS, entrevista nº 55, marechal de campo Wilhelm Keitel, em 5 de julho de 1945, 137.315-55, AFHRA; USSBS, entrevista nº 17, coronel-general Jodl, em 7 de junho de 1945, 431-1545A, AFHRA.

1296. *"No Ano-Novo"*: Interrogatório de Göring.

1297. *"com um único golpe"*: Galland, *First*, 243; interrogatório de Göring.

1298. *"Dançamos"* — *"teria que lidar"* — *"sessenta aeronaves"*: Todas as citações em Norman L. R. Franks, *The Battle of the Airfields: 1st January 1945* (Londres: William Kimber, 1982), 20-21.

NOTAS BIBLIOGRÁFICAS

923

1299. *"Operação Baseplate"*: USSTAF, Interrogatório do general Koller, em setembro de 1945, 19, AFHRA; Davis, *Spaatz*, 535.

1300. *"Nessa operação forçada"*: Galland, *First*, 243.

1301. *"tinha perdido mais de treze mil aeronaves"*: Matthew Cooper, *The German Air Force: 1933-1945, An Anatomy of Failure* (Nova York, Jane's, 1981), 370.

1302. *"2.900 novos aviões de combate"*: Price, *Last Year*, 129.

1303. *prosseguia na destruição de pátios de manobras ferroviárias*: USSBS, *The Impact of the Allied Air Effort on German Logistics* (Washington, DC; Military Analysis Division, 1947), 4-5.

1304. *"'desertos' ferroviários"*: USSBS, *German Logistics*, 22.

1305. *"Despojadas das matérias-primas"*: USSBS, *German Transportation*, 53-54; depoimento do major Gallenkamp, oficial do serviço secreto alemão, "Factors in Germany Defeat", AFHRA.

1306. *"as investidas de bombardeio"*: Milward, *Collapse*, 170.

1307. *"Quando, em fevereiro, os Aliados realizaram avanços"*: USSBS, *Over-all Report (European War)*, 44.

1308. *"conforme reconhecido pelo próprio Stálin"*: Ibid.

1309. *"Sem combustível"*: Interrogatório de Göring. Veja também o depoimento de Galland, "Factors in Germany's Defeat".

1310. *três fatores*: Interrogatório de von Rundstedt.

1311. *"Vitória é sinônimo de produção"*: "Factors in Germany's Defeat", resumos de interrogatórios de oficiais militares alemães, general George Thomas, 2 de junho de 1945, AFHRA.

1312. *"não haviam se dado conta"*: Apontamentos sobre a Conferência dos Comandantes das Forças Aéreas Aliadas em 11 janeiro de 1944, Acervo de Spaatz.

1313. *Norman Bottomley*: Frances H. Hinsley, *British Intelligence in the Second World War*, vol. 3 (Londres: Her Majesty's Stationery Office, 1988), 526-27, 856-57; Mierzejewski, *German War Economy*, 167.

1314. *"A capacidade de combate"*: Lovett, "Personal Memorandum for General Arnold", 9 de janeiro de 1945, Acervo de Spaatz.

1315. *"Talvez não consigamos"*: Citado em *FAA*, vol. 4, 716.

1316. *"Do ponto de vista estratégico"* — *"cem por cento"*: Apontamentos sobre a Conferência de Comandantes das Forças Aéreas Aliadas, 11 de janeiro de 1945, Acervo de Spaatz.

924 MESTRES DO AR

1317. *"uma parcela espantosa"* — *"o atual equilíbrio"*: McDonald a Spaatz em 3 de janeiro de 1945, Acervo de Spaatz.

1318. *"mensagens interceptadas pelo ULTRA"*: Apontamentos sobre a Conferência de Comandantes das Forças Aéreas Aliadas, 25 de janeiro de 1945, Acervo de Spaatz.

1319. *"Um nível de perdas"*: Citado em Miller, *War at Sea*, 502.

1320. *"Nossa avaliação"*: Spaatz a Arnold em 7 de janeiro de 1945, Acervo de Spaatz.

1321. *"Os comandantes do Estado-Maior Conjunto concordaram com ele"*: Frederick L. Anderson a Spaatz em 2 de fevereiro de 1945, Acervo de Spaatz.

1322. *"replanejamento da ofensiva aérea estratégica"*: Quartel-General das Frotas Aéreas Estratégicas Americanas na Europa, Reunião do Estado-Maior em 2 de fevereiro de 1945, Acervo de Spaatz.

1323. *"a destruição sistemática"* — *"visionários"*; Arnold a Spaatz em 14 de janeiro de 1945, Acervo de Spaatz; *AAF*, vol. 4, 716.

1324. *"Agora, estávamos com medo mesmo"*: Entrevista do autor com Louis Loevsky em 3 de novembro de 2004.

Capítulo 14: A cerca de arame

1325. *"Antes mesmo"*: Todas as citações foram extraídas da entrevista do autor com Louis Loevsky em 2 de outubro de 2002 e 24 de abril de 2003.

1326. *"Seria exigir muito"*: Reich Minister Dr. Goebbels, "A Word on the Enemy Air Terror", reproduzido em *Trials of War Criminals Before the Nuremberg Military Tribunals* [doravante, *Trials of War Criminals*], vol. 11 (Washington, DC: U.S. Government Printing Office, 1950), 168; Office of United States Chief of Counsel for Prosecution of Axis Criminality, Nazi Conspiracy and Aggression [doravante, Conspiração Nazista], Anexo B (Washington, DC: U.S. Government Printing Office), 75; depoimento de Walter Warlimont, *Trials of War Criminals*, vol. 11, 182. Veja também David A. Foy, *For You the War Is Over: American Prisoners of War in Nazi Germany* (Nova York: Stein & Day, 1984), 23.

1327. *"filmadoras acopladas às metralhadoras"*: Raymond F. Toliver with Hanns J. Scharff, *The Interrogator: The Story of Hanns Scharff, Luftwaffe's Master Interrogator* (Fallbrook, Califórnia: Aero, 1978), 229.

NOTAS BIBLIOGRÁFICAS

1328. *"o gângster Williams"*: Citado em Foy, *For You*, 22.

1329. *"Mas a verdade"*: Kenneth D. Williams, "The Saga of 'Murder Inc'", *8th Air Force News* 12, nº 1 (janeiro de 1986): 1-3, 6.

1330. *"Fiquei contente"*: Roger Burwell, "My War", ME, 20.

1331. *"Göring havia passado instruções"*: Conspiração Nazista, 74.

1332. *"mulheres e crianças 'indefesas'"*— *"olho por olho"*: Goebbels, em *Trials of War Criminals*, vol. 11, 166-69. Veja também S. P. MacKenzie, "The Treatment of Prisioners of War in World War II", *Journal of Modern History* 66 (setembro de 1994): 494; e Arthur A. Durand, *Stalag Luft III: The Secret Story* (Baton Rouge: Louisiana State University Press, 1988), 50. Em 1943, Himmler tinha dado uma ordem determinando que, por não responsabilidade da polícia alemã, ela interviesse em disputas entre civis alemães e aeronautas americanos capturados; *The London Times*, 18 de dezembro de 1945.

1333. *foram linchados pelo povo* in situ: Szymon Datner, *Crimes Against POWs: Responsability of the Wehrmacht* (Warszawa: Zachodnia Agencja Prasowa, 1964), 194; MacKenzie, "Treatment", 494.

1334. *"fossem entregues"*: Conspiração Nazista, 76.

1335. *"Tentativas de extermínio"*: Declaração juramentada de Walter Schellenberg do Serviço de Segurança citada no *The London Times* de 3 de janeiro de 1946. Veja também declaração juramentada de Bertus Gerdes, vice-governador da Baviera, citado no *The London Times* de 3 de janeiro de 1946.

1336. *"executar todo"* — *"arrastados pelos pés"*: Datner, *Crimes*, 199-201.

1337. *15 de março de 1945*: *The Daily Telegraph* de 16 de março de 1946.

1338. *"Os soldados"*: General Heinz Guderian, *Panzer Leader*, transcr. De Constantine Fitzgibbon (Londres: Michael Joseph, 1952), 427.

1339. *"táticas de adiantamento"*: Depoimento de Jodl, *Trial of the Major War Criminals Before the International Military Tribunal* [doravante, *Major War Criminals*], vol. 15 (Nuremberg, Alemanha, 1948), 297.

1340. *"tentando fugir"*: Datner, *Crimes*, 200-201.

1341. *"Eles são os terroristas"* — *"Não me matem!"*: Informações Especiais sobre as Condições na Alemanha, Quartel-General das Frota Aerotática Americana na Europa, Relatório do Serviço Secreto, 4, AFHRA; Foy, *For You*, 42-43; ordem emitida pelo general Schmidt em 11 de dezembro

926 MESTRES DO AR

de 1944, em *Trials of War Criminals*, vol. 11, 179; *The London Times* de 10 de novembro de 1945.

1342. *"como suvenir"*: Datner, *Crimes*, 203-4.

1343. *"Registros oficiais"*: Depoimento do major R. Sealy, em 2 de novembro de 1945, em *Trials of War Criminals*, vol. 11, 181-82.

1344. *Dulag Luft*: "Auswertestelle West", Relatório de A.D.I. (K) 328, 1945, Troy H. Middleton Library, Louisiana State University, Baton Rouge, Louisiana.

1345. *"mais fria do que"* — *"Como eles sabiam"*: Entrevista com Loevsky em 14 de janeiro de 2002.

1346. *"Ficamos horrorizados"*: Scharff em Tolinver, *Interrogator*, 217.

1347. *"arrancar uma confissão"*: Toliver, *Interrogator*, 17.

1348. *"Nada haverá"*: "Interrogatório de Prisioneiros de Guerra pelos Alemães", Quartel-General do Serviço Secreto da FAA, Resumo nº 45, 1-15 de janeiro, AFHRA; entrevista do autor com Hank Plume em 6 de agosto de 2004.

1349. *"relógio com defeito"*: Burwell, "My War", 23.

1350. *"A um oficial obstinado"*: Delmar T. Spivey, *POW Odyssey: Recollections of Center Compound, Stalag Luft III and the Secret German Peace Mission in WW II* (Attleboro, Massachusetts: Colonial Lithograph, 1984), 22.

1351. *"Raramente os alemães cumpriam essas ameaças"*: Hanns Joachim Scharff, "Without Torture", *Argosy*, maio de 1950, 88.

1352. *"Sob pressão psicológica"*: Relatório de A.K.I. (K) 328, LSU.

1353. *"Meu interrogador disse"*: Burwell, "My War", 21.

1354. *"'aparente onisciência'"*: John Vietor, *Time Out: American Airmen at Stalag Luft I* (Nova York: Richard R. Smith, 1951), 29.

1355. *"chegou a me perguntar"*: Eric Friedheim, "Welcome to Dulag Luft", *Air Force*, 28 (setembro de 1945): 16.

1356. *"Não eram raras"*: O relatório do estado-maior sobre o Dulag Luft elaborado pelo capitão Gorden DeFosset, membro do Corpo do Serviço Secreto do Exército, é tratado em Friedheim, "Welcome", 16-17, 73.

1357. *"quase todas as palavras"*: Scharff em Toliver, *Interrogator*, 133.

1358. *"nada, em matéria de documentos, escritos ou impressos"* — *cadernetas de ração*: Friedheim, "Welcome", 17.

1359. *"Hans Scharff calculou"*: Toliver, *Interrogator*, 190-91; Edwin A. Bland, Jr., "German Methods for Interrogation of Captured Allied Aircrews"

NOTAS BIBLIOGRÁFICAS

(tese, Air Command and Staff School of Air University, Base da Força Aérea de Maxwell, Alabama, 1948), 13-15.

1360. *"Acho"*: Toliver, *Interrogator*, 17; Durand, *Stalag Luft III*, 70. No início de 1945, Oberusel foi evacuada pelos alemães e Scharff foi capturado e preso em 16 de abril de 1945.

1361. *"Loevsky e várias dezenas"*: Entrevista com Loevsky em 2 de outubro de 2002.

1362. *Quase no fim da guerra*: "World War II Statistics", Center for Internee Rights, Miami Beach, Florida. Veja informações sobre números ligeiramente menores em *Study of Former Prisioners of War, Studies and Analysis Service, Office of Planning and Program, Veterans Administration* (Washington, DC: 1980), 31. Sagan é chamado agora de Zagan.

1363. *"Fomos postos juntos ali"*: Entrevista com Cleven em 18 de abril de 2003.

1364. *"ferimentos"*: "Captain Leslie Caplan, Death March Medic", *Air Force Association*, 25 de agosto de 1982, em Joseph P. O'Donnell, *The Shoeleather Express* (Publicado por particulares, sem data), 59; Entrevista com Loevsky em 2 de outubro de 2002.

1365. *"É estranho"*: Eugene E. Halmos, Jr., *The Wrong Side the Fence: A United States Army Air Corps POW in World War II* (Shippensburg, Pensilvânia: White Mane, 1996), xiv.

1366. *"Se eu soubesse"*: Entrevista com Plume, em 6 de agosto de 2004.

1367. *"uma 'mentira'"*: Entrevista com Loevsky, em 2 de outubro de 2002.

1368. *"Praticamente todos"*: Spivey, *Stalag Luft III*, 32; Vietor, *Time Out*, 43.

1369. *"um sentimento de euforia"*: Entrevista com Loevsky, em 2 de outubro de 2002.

1370. *"enquanto tentavam resistir à prisão"*: Paul Brickhill, *The Great Escape* (1950; reimpr., Nova York: Ballatine, 1961), 200.

1371. *"ficaram todos com raiva"*: Entrevista com Loevsky, em 2 de outubro de 2002.

1372. *Gottlob Berger*: Depoimento de Berger, em *Trials of War Criminals*, vol. 13, 59.

1373. *"Eram como"*: Piloto da RAF John Cordwell entrevistado em *Behind the Wire*, um documentário cinematográfico produzido em 1994 por A. Allen Zimmerman para a Eighth Air Force Historical Society. Veja informações sobre os aeronautas de Buchenwald no empolgante re-

928 MESTRES DO AR

lato de Thomas Childers, *In the Shadows of War: An American Pilot's Odyssey Through Occupied France and the Camps of Nazi Germany* (Nova York: Henry Holt, 2003); e Mitchell G. Bard, *Forgotten Victms: The Abandonment of the Americans in Hitler's Camps* (Boulder: Westview, 1994).

1374. *Berga*: Veja informações sobre o campo de prisioneiros de guerra de Berga no extraordinário trabalho de Roger Cohen, *Soldiers and Slaves: American POWs Trapped int the Nazis' Final Gamble* (Nova York: Alfred A. Knopf, 2005).

1375. *"Foi deixando nossos guardas"*: David Westheimer, *Sitting It Out: A World War II POW Memoir* (Houston: Rice University Press, 1992), 253.

1376. *"Quando Van aterrissou"*: Entrevista com Laurence Kuter, em 3 de outubro de 1974, K239.0512-810, AFHRA.

1377. *"Quando saí"*: Entrevista do Programa de História Oral da Força Aérea com o general de divisão Arthur W. Vanaman, em 10-12 de fevereiro de 1976, K239.0512-855, AFHRA.

1378. *"Só a tentativa de continuar"*: Entrevista com Loevsky, em 2 de outubro de 2002 e 9 de maio de 2005.

1379. *"pequenos lagos"*: Bob Neary, *Stalag Luft III* (Publicado por particulares, 1946), 40.

1380. *"A gente usava tudo que tinha"*: Entrevista com Elmer Lain, em 10 de fevereiro de 1990, AHM.

1381. *"Se por acaso as janelas"*: Vietor, *Time Out*, 96.

1382. *Glen A. Jostad*: Entrevista do autor com Glen A. Jostad, em 10 de junho de 2005.

1383. *"Ele não era um ser humano"*: Entrevista do autor com George Guderly, em 7 de maio de 2003.

1384. *"Nós os entrevistávamos também"*: Todas as citações de Clark foram extraídas da entrevista com Clark, *Behind the Wire*.

1385. *"Toda vez que um grupo"*: Lowell Bennett, *Parachute to Berlin* (Nova York: Vanguard, 1945), 199.

1386. *"Fontes do serviço secreto britânico"*: O relatório do MI9 de 31 de agosto de 1945, "Resumo Estatístico: Retorno de Fugitivos e Evasores até 30 de junho de 1945", é reproduzido em M. R. Foot e J. M. Langley, *MI9: Escape and Evasion, 1939-1945* (Boston: Little Brown, 1980), Anexo I.

NOTAS BIBLIOGRÁFICAS

1387. *"Se os tivéssemos deixado"*: Entrevista do Programa de História Oral da FAA com o general Albert P. Clark, em 20-21 de junho de 1979, K239.0512-1130, AFHRA.

1388. *"Neste grupo"*: Halmos, *Wrong Side*, 35.

1389. *"inclinado de uma forma 'elegante'"* — *"Que porra é essa?!"*: Entrevista com Loevsky, em 2 de outubro 2 de 2002.

1390. *Cruz Vermelha: Comitê Internacional da Cruz Vermelha, Report of the ICRC on Its Activities During the Second World War* (Genebra, 1948), 1, 222-28.

1391. *"Você podia deixar"*: Entrevista com Lain, em 10 de fevereiro de 1990.

1392. *"O fogão vivia cercado de cozinheiros"*: Westheimer, *Sitting It Out*, 195.

1393. *"hortas da vitória"*: Halmos, *Wrong Side*, 27.

1394. *"Tínhamos como saber"*: Burwell, "My War", 26.

1395. *"calorias"*: Relatório da Potência Neutra Nº 1, sobre a visita, em 9 de dezembro de 1942, do dr. Schaeffeler, pasta "Stalag Luft III", Record Group 389, NA.

1396. *"Tínhamos colegas"*: Richard H. Hoffman, *Stalag 17B* (Filadélfia: Xlibris, 1988), 120.

1397. *Capitão Leslie Caplan*: Depoimento, dr. Leslie Caplan, no War Crimes Office, Civil Affairs Division, Minnesota Military District", reproduzido em O'Donnell, *Shoeleather*, 60-64; "Relatório do Comitê Internacional da Cruz Vermelha", Visita de 5 e 6 de outubro de 1944, NA.

1398. *"espremidos"*: Citado em Carrol F. Dillon, *A Domain of Heroes: An Airman's Life Behind Barbed Wire in Germany in WW II* (Sarasota: Palm Island, 1995), 137; William D. Henderson, "From Heydekrug to Hell, and Then Some", em Kenneth Nail, *Mississippians in the Mighty Eighth* (Tupelo, Mississipi: Eighth Air Force Historical Society, 1999), 88.

1399. *"lentamente"* — *"Vão em frente"* — *"Os soldados"*: LaMore, *One Man's War*, 167.

1400. *"Foram estes os homens"*: Citado em Richard L. Bing, *You're 19* [...] *Welcome Home: A Story of the Air War over Europe and Its After-Effects* (Publicado por particulares: 1992), 73.

1401. *"Assim que iniciamos a marcha"*: Henderson, *Mississippians*, 89.

1402. *"O sargento Edwin W. Hayes"*: Acervo de Edwin W. Hayes, 18-32, em ME; Henderson, *Mississippians*, 89.

MESTRES DO AR

1403. *"Foi uma ocasião de heroísmos"*: Doherty citado em documentário cinematográfico, *Behind the Wire*, Air Force Historical Association.

1404. *"inválidos para sempre"*: Caplan, "Testimony", em O'Donnell, *Shoeleather*, 63-64.

1405. *"Assim como todos os demais"*: Carson, *Wing Ding*, 187.

1406. *"rendendo-se ao imperativo"*: Wright Lee, *Not as Briefed: 445th Bombardment Group (H), Eighth Air Force; Memoirs of a B-24 Navigator/Prisioner of War, 1943-1945* (Spartanburg, Carolina do Sul: Honoribus, 1995), 153.

1407. *"Todos os dias"*: Morris John Roy, *Behind Barbed Wire* (Nova York: R. R. Smith, 1946).

1408. *"Um tirano mudo e severo"*: Francis Gerald, "A Wartime Log", em posse da filha de Gerald, Patricia Caruso.

1409. *"melancolia desoladora"* — *"psicose de cativeiro"*: Walter A. Lunden, "Capitivity Psychosis Among Prisioners of War", *Journal of Criminal Law and Criminology* 39 (abril de 1949): 721, 730.

1410. *"Alguns segundos depois"*: Vietor, *Time Out*, 113-14.

1411. *"Certa noite, ouvi"*: Hoffman, *Stalag 17B*, 119.

1412. *"Acho que estou no limite"*: Entrevista com Jostad, em 10 de junho de 2005.

1413. *"E perdeu sangue suficiente"*: Testemunho de história oral em Lewis H. Carlson, *We Were Each Other's Prisoners: An Oral History of World War II American and German Prisoners of War* (Nova York: Basic Books, 1997), 84.

1414. *"suicídios"*: Entrevista com Plume, em 6 de agosto de 2004. Veja também Bennett, *Parachute*, 192.

1415. *"Os amigos mais maravilhosos"*: Entrevista com Clark, *Behind the Wire*.

1416. "Eu vivia me queixando": Vietor, *Time Out*, 46.

1417. *"Sempre a cerca de arame"* — *"É incrível como"*: Halmos, *Wrong Side*, 25.

1418. *"a melhor fuga"*: Westheimer, *Sitting It Out*, 217.

1419. *"numa disputada corrida"*: Spivey, *Stalag Luft III*, 91.

1420. *"A façanha realizada por meu pai"*: John Katzenbach, "Author's Note", em *Hart's War* (Nova York: Ballantine, 1999), 489.

1421. *"Na prisão"*: Westheimer, *Sitting It Out*, 218.

1422. *"Garota que os Kriegies"*: Neary, *Stalag Luft III*, 3-6.

1423. *"UniSagan"*: Royal D. Fay, "Poets Laureate of Stalag I", *Aerospace Historian* 16 (inverno de 1969): 17; Durand, *Stalag Luft III*, 224-26; Foy, *For You*, 100-101.

NOTAS BIBLIOGRÁFICAS

1424. *"Depois que recebemos"*: Spivey, *POW Odyssey*, 69.

1425. *"Quando era nossa vez"*: Westheimer, *Sitting It Out*, 225-26.

1426. *"Um dos prisioneiros pediu à esposa"*: Spivey, *Stalag Luft III*, 73.

1427. *"Bom-dia"*: Interview with *Behind the Wire*.

1428. *"solteiras impacientes"*: Murphy, *Luck of the Draw*, 200-201.

1429. *"O pessoal dava"*: Entrevista com Loevsky, em 30 de agosto de 2004; entrevista do autor com Hank Plume, em 17 de agosto de 2004.

1430. Pow Wow — *"a maior"*: Bennett conta sua história em *Parachute to Berlin*. Ele foi substituído depois, na função de editor, pelo tenente Raymond A. Parker.

1431. *"Mensageiros entregavam"*: Westheimer, *Sitting It Out*, 208.

1432. *"Os alemães [...] o rádio secreto"*: Hubert Zemke e Roger A. Freeman, *Zemke's Stalag: The Final Days of World War II* (Washington, D. C.: Smithsonian Institution Press, 1991), 31-32.

1433. *"Nossos guardas"*: Entrevista com Cleven, em 24 de abril de 2003.

1434. *"murmurar"*: Lyman B. Burbank, "Uma História dos Prisioneiros de Guerra da Força Aérea do Complexo Central, Stalag Luft III, Alemanha" (tese de dissertação, University of Chicago, março de 1946), 6.

1435. *"O dia de nossa libertação"*: Halmos, *Wrong Side*, 67, 70.

1436. *"tiras de papel-celofane"*: Bennett, *Parachute*, 218.

1437. *"ocasião sem sentido"*: Halmos, *Wrong Side*, 81-83.

1438. *John Vietor*: Vietor, *Time Out*, 154.

1439. *"avançar"*: Citado em Antony Beevor, *The Fall of Berlin 1945* (Nova York: Viking, 2002), 17.

Capítulo 15: Terror sem fim

1440. *"Especialistas argumentaram"*: Veja, por exemplo, Lewis Mumford, "The Morals of Extermination", *Atlantic Monthly*, outubro de 1959, 38-44; e Donald L. Miller, *Lewis Mumford, A Life* (Nova York: Weidenfeld & Nicolson, 1989), cap. 23.

1441. *"Que talvez não esteja"*: Foi feita uma transcrição do relatório num memorando enviado pelo general Laurence Kuter a Hap Arnold, em 9 de agosto de 1944, Acervo de Spaatz.

1442. *"um golpe de misericórdia"*: Webster e Frankland, *Strategic Air Offensive*, vol. 3, 98; memorando ao estado-maior da Força Aérea, assunto:

932 MESTRES DO AR

Ataque contra o Moral da População Civil Alemã, 22 de julho de 1944, 20/3227, NA-UK.

1443. *"Um ataque como esse"*: Citado em Norman Longmate, *The Bombers: The RAF Offensive Against Germany, 1939-1945* (Londres: Hutchinson, 1983), 331.

1444. *A Operação Trovão*: documento do estado-maior da Força Aérea, 22 de julho de 1944, NA-UK.

1445. *"momento 'psicológico'"*: Kuter a Arnold, 9 de agosto de 1944, Acervo de Spaatz.

1446. *"extremamente desagradável"*: Bishop C. Bromley Oxman citado em "A Revolting Necessity", *Nation*, 158 (março de 1944): 324.

1447. *"É contrário"*: Kuter a F. L. Anderson, em 15 de agosto de 1944, e Kuter a Arnold, "Ataque contra o Moral das Populações Civis Alemãs", 9 de agosto de 1944, Acervo de Spaatz.

1448. *"matança de criancinhas"*: Charles Cabell a Richard Hughes, em 8 de setembro de 1944, 168.7026-9, AFHRA. Veja os pontos de vista da política de bombardeios americana em Charles P. Cabell, *A Man of Intelligence: Memoirs of War, Peace, and the CIA* (Colorado Springs: Impavide Publications, 1997), 194-96.

1449. *"Não foi por motivos religiosos"*: Entrevista com Spaaz realizada por Noel F. Parish e Alfred Goldberg, em 21 de fevereiro de 1962, AFHRA; Davis, *Spaatz*, 434-35.

1450. *"Toda a nossa política"*: Kuter a F. L. Anderson, em 15 de agosto de 1944, Acervo de Spaatz; memorando do coronel Charles G. Williamson ao general de divisão F. L. Anderson, em 12 de setembro de 1944, Acervo de Spaatz.

1451. *"Não tenho dúvida"*: Spaatz a Arnold, em 27 de agosto de 1944, Acervo de Spaatz.

1452. *"Atualmente"*: Ata exarada pelo primeiro-ministro de 23 de agosto de 1944, NA-UK.

1453. *"se preparasse para participar"*: Eisenhower a Spaatz, em 28 de agosto de 1944, Acervo de Spaatz; Conrad C. Crane, *Bombs, Cities, and Civilians: American Airpower Strategy in World War II* (Lawrence: University Press of Kansas, 1993), 106. Esse é o melhor trabalho sobre os planos de bombardeios aterrorizantes dos americanos.

NOTAS BIBLIOGRÁFICAS

1454. "*muito questionável*": Marechal do ar Sir Norman Bottomley ao marechal do ar em chefe Sir Arthur Harris, em 27 de janeiro de 1945, em Webster e Frankland, *Strategic Air Offensive*, vol 4, 301.

1455. "*certamente criaria*" — "*o valor político*": Relatório do Comitê do Serviço Secreto Interaliado de 25 de janeiro de 1945, NA-UK; Webster e Frankland, *Strategic Air Offensive*, vol. 3, 100.

1456. "*se Berlim*": Churchill a Sinclair, em 26 de janeiro de 1945, em Webster e Frankland, *Strategic Air Offensive*, vol. 3, 103.

1457. "*A impaciência do primeiro-ministro*": Relatório do Comitê do Serviço Secreto Interaliado de 21 de janeiro de 1945, NA-UK.

1458. *Sinclair informou*: Sinclair a Churchill, em 27 de janeiro de 1945, em Webster e Frankland, *Strategic Air Offensive*, vol. 3, 104.

1459. "*Os registros oficiais*": Hugh Lunghi, *Spectator*, 273 (6 de agosto de 1994): 25; Conferências de Ialta (Crimeia), Box 4, Anexo RG 43, NA; Anderson a Spaatz em 7 de fevereiro de 1945, AFHRA.

1460. "*O ímpeto com que os soviéticos avançam*": Spaatz a Arnold, em 18 de fevereiro de 1945, Acervo de Spaatz.

1461. "*Spaatz e [...] Bottomley*": "Anotações da Conferência das Forças Aéreas Aliadas Realizada no SHAEF em 25 de janeiro de 1945", Acervo de Spaatz.

1462. "*com nosso tremendo*": *FAA*, vol. 4, 71.

1463. "*Arnold [...] o Afrodite*": Spaatz a Arnold em 10 de dezembro de 1944, Acervo de Spaatz. Embora nada entusiasmado com os aviões teleguiados, Spaatz estava disposto a usá-los em ataques a cidades, desde que os alvos fossem fossem instalações militares e econômico-industriais.

1464. "*como elementos de irritantes*": Arnold a Spaatz em 23 de novembro de 1944, Acervo de Spaatz.

1465. "*aterrorizante e intimidadora*": Citações em Perret, *Winged Victory*, 373.

1466. "*tivessem os britânicos se oposto*": General F. L. Anderson a Spaatz, em 2 de fevereiro de 1945, Acervo de Spaatz; Kuter a Arnold, em 5 de fevereiro de 1945, Acervo de Arnold; *FAA*, vol. 4, 727.

1467. "*Truman [...] o engavetou*": *FAA*, vol. 4, 737. Para mais informações sobre o projeto de bombardeiros "Cansados de Guerra", veja *Crane, Bombs*, 78-85.

1468. *"Numa carta enviada a um convalescente Arnold"*: Spaatz a Arnold em 5 de fevereiro de 1945, Acervo de Spaatz.

1469. *Albert Speer*: Albert C. Mierzejewski, "When Did Albert Speer Give Up?" *Historical Journal*, 31 nº 2 (junho de 1988): 391-97.

1470. *"ataques a Munique"*: Marshall citado em Anderson num contato com Spaatz, em 1º de fevereiro de 1945, Acervo de Spaatz; Atas da Reunião do Estado-Maior da USSAF, 1º de fevereiro de 1945, Acervo de Spaatz.

1471. *"É de suma importância"*: Citado em Robert Dallek, *Franklin D. Roosevelt and American Foreign Policy, 1932-1945* (Nova York: Oxford University Press, 1979), 472-73.

1472. *"bárbaro"*: Samuel I. Rosenman, ed., *The Public Papers and Addresses of Franklin D. Roosevelt*, vol. 8, *War — and Neutrality* (Nova York: Random House, 1939), 454.

1473. *"a partir dos ares"* — *"bombardeou Varsóvia"*: Franklin D. Roosevelt, *The War Messages of Franklin D. Roosevelt, December 8, 1941, to October, 1942* (Washington, DC: Estados Unidos da América, 1943), relatório apresentado ao Congresso em 7 de janeiro de 1943, 32. Veja mais informações sobre esse plano em George Hopkins, "Bombing and the American Conscience During World War II", *Historian*, 28, nº 3 (maio de 1966): 451-73.

1474. *"Talvez com a exceção de"*: *The London Times* de 8 setembro de 1944.

1475. *"Não, amigo"*: Citado em Gregor Dallas, *1945: The War That Never Ended* (New Haven: Yale University Press, 2005), 210.

1476. *"haviam conseguido elevar a arte"*: "V-2 Weapons", *Newsweek* de 20 de novembro de 1944, 34.

1477. *"Se eu vou"*: Citado em Panter-Downes, *London War Notes*, 348.

1478. *Mittelwerk*: Neufeld, *Rocket and the Reich*, 212.

1479. *"o ancestral"*: Ibid., 279.

1480. *"mais ou menos tão distantes"*: Citado em Keegan, *Second World War*, 582.

1481. *foguete transatlântico*: Joseph Warner Angell, "Guided Missiles Could Have Won", *Atlantic Monthly*, 189 (janeiro de 1952): 57-63.

1482. *"Não existem"*: Doolittle a Spaatz em 30 de janeiro de 1945, 520.422, AFHRA.

NOTAS BIBLIOGRÁFICAS   935

1483.   "*baixar o moral dos alemães*": Doolittle, *Lucky*, 402.

1484.   "*As chances de conseguirmos subjugar*" — "*Nós violaremos*": Doolittle a Spaatz em 30 de janeiro de 1945, Acervo de Spaatz.

1485.   "*Ataque Berlim sempre que*": Spaatz a Doolittle em 30 de janeiro de 1945, AFHRA. Com sua decisão de autorizar bombardeios aterrorizantes, Spaatz estava agindo, conscientemente ou não, de acordo com o DIPOGA-1 [AWPD-1, na sigla em inglês], o relatório de planejamento operacional da Força Aérea Americana elaborado antes da guerra. Quando o inimigo se acha à beira do colapso e: "O moral de sua população está baixo por causa de intermináveis sofrimentos e privações", observaram as autoridades neste influente relatório, "constantes bombardeios contra suas cidades podem arruinar completamente seu estado de ânimo". E mais adiante: "[...] Acredita-se que todos os recursos da campanha de bombardeiros inteira poderiam ser aplicados com esse objetivo quando ficar patente que existem condições psicológicas propícias para isso"; DIPOGA-1, tabela 2, seção 2, parte 3, Anexo 2, 6, NA. Até o general Kuter havia dito antes, em deliberações confidenciais, que "ataques contra o moral [do inimigo], mesmo que matassem populações civis", poderiam ser realizados quando se verificasse que eles "fossem fatores decisivos, causadores da cessação das hostilidades"; memorando do coronel Charles G. Williamson a Kuter em 4 de setembro de 1944; 6 de setembro, endosso de Kuter; e memorando a Anderson em 12 de setembro de 1944, Acervo de Spaatz.

1486.   "*mulheres e crianças*": Freeman, *Mighty Eighth*, 209.

1487.   "*Berlim continua*" — "*Ataque refinarias*": Doolittle a Spaatz em 2 de fevereiro de 1945, Acervo de Spaatz; anotações de Spaatz sobre uma conversa telefônica nesse dia, Acervo de Spaatz.

1488.   "*enfatizasse*" — "*paralisar* [...] *e tumultuar*": Spaatz a Doolittle em 2 de fevereiro de 1945, AFHRA. Veja uma interpretação diferente das motivações de Spaatz em Richard G. Davis, "Operação 'Thunderclap': The US Army Air Forces and the Bombing of Berlin", *Journal of Strategic Studies* 14 (março de 1991): 90-111, Davis, *Spaatz*, 550.

1489.   "*Jamais tivemos*": Entrevista do general Carl A. Spaatz com Murray Green, em 8 de agosto de 1968, Acervo de Documentos de Green sobre Hap Arnold, U.S. Air Force Academy Archives, Colorado Springs, Colorado.

936 MESTRES DO AR

1490. *"Cavalheiros"* — *"Ninguém conversou"* — *"Grande Berlim"*: Charles Alling, *A Mighty Fortress: Lead Bomber over Europe* (Haverford, Pensilvânia: Casemate, 2002), 71. Baseei-me também em outros relatos da missão, incluindo o de Robert A. Hand, "Last Raid", publicado por particulares em 1996 e preservado no ME.

1491. *Os aeronautas sabiam*: Diário de Maurice G. Westfall, em posse de sua família.

1492. *"Nos disseram"*: Briol, *Dead Engine Kids*, 181.

1493. *"Como vocês sobrevoarão"* — *"advertiu"*: Citado em Rice, *Wing and a Prayer*, 316.

1494. *"Às vezes, eles parecem"*: Citado em Flower e Reeves, *The War*, 56.

1495. *"apelo estético"*: J. Glenn Gay, *The Warriors: Reflections on Men in Battle* (1959; reimpr., Lincoln: University of Nebraska Press, 1970), 25-58; depoimento de John Morris, EC.

1496. *"O céu sobre Berlim está limpinho"* — *"uma verdadeira"* — *"como se"* — *"Parece simplesmente"*: Hand, "Last Raid", 19; Listas de Cargas da Missão de Combate do 360º Esquadrão de Bombardeiros (H), do 303º Grupo de Bombardeiros, 3 de fevereiro de 1945, NA; Relatório da Missão do 303º GB, 3 de fevereiro de 1945, NA.

1497. *"Volte para casa"*: Saul Levitt, "The Rosenthal Legend", em *Contrails*, 247; Levitt, "U.S.-Berlim", *S&S* de 26 de março de 1944.

1498. *"Eu tinha que fazer"*: Entrevista do autor com Robert Rosenthal, em 8 de agosto de 2005.

1499. *"A fumaça se elevava"* — *"Antes que saíssemos"*: *S&S* de 3 de fevereiro de 1945, 3.

1500. *"Rosie, o Indomável"*: Crosby, *Wing*, 363.

1501. *"Eu quase não conseguia me mexer"*: Entrevista com Rosenthal, em 21 de março de 2002.

1502. *"Americanski!"*: Entrevista do autor com Robert Rosenthal, em 25 de janeiro de 2002.

1503. *"o lendário Rosenthal"*; Levitt, "Rosenthal Legend", em *Contrails*, 246.

1504. *"Deus, ajude-as!"*: Briol, *Dead Engine Kids*, 187.

1505. *"O chão arfou"*: *S&S* de 24 de fevereiro de 1945; *Time* de 5 de março de 1945, 30-31.

1506. *"levada"*: Ursula von Kardorff, *Diary of a Nightmare: Berlin, 1942-1945*, tradução de Ewan Butler (Nova York: John Day, 1966), 191.

NOTAS BIBLIOGRÁFICAS

1507. *"Goebbels advertiu"*: Hans-Georg von Studnitz, *While Berlin Burns: The Diary of Hans-Georg von Studnitz, 1943-1945* (Englewood Cliffs, Nova Jersey: Prentice Hall, 1963), 242.

1508. *"Se eu tivesse"*: *S&S* de 24 de fevereiro de 1945, 1; *Time* de 5 de março de 1945, 30-31.

1509. *"e ficar lá à espera"*: von Studnitz, *Berlin Burns*, 242.

1510. *"Depois de terem sofrido"*: Citado em ibid.

1511. *"Caso uma crise semelhante"*: Joseph Goebbels, *The Diaries of Joseph Goebbels: Final Entries, 1945*, ed. Hugh Trevor-Roper; tradução de Richard Barry (Nova York: Putnam, 1978), 1.

1512. *"Segundo estimativas preliminares"*: Olaf Groehler, *Der Bombenkrieg gegen Deutschland* (Berlim: Akademie-Verlag, 1990), 398ff. Veja também Richard G. Davis, "German Rail Yards and Cities: U.S. Bombing Policy, 1944-1945", *Air Power History* 42, nº 2 (verão de 1995): 57-58.

1513. *"Nunca uma zona de alvo"*: *NYT* de 4 de fevereiro de 1945, 5.

1514. *"foram esmagados"*: *S&S* de fevereiro de 1945, 3.

1515. *"Também foram destruídas*: "Lista de Alvos da THUNDERCLAP", Acervo de Spaatz; Relatório de Missão 3AD de 3 de fevereiro de 1945, Relatório de Missões da 8ª Frota Aérea, RG 18; NA; Westfall, "Diary".

1516. *"Berlim, sábado"*: Citado em Freeman, *Mighty Eighth*, 208.

1517. *"Nunca vi"*: Rice, *Wing and a Prayer*, 316.

1518. *"O povo alemão"*: Brown, *Mighty Men*, 532.

1519. *"Era algo terrível"*: Harry S. Mitchell, Jr., "Battle Diary", AHM.

1520. *"Essa"*: Citado em Rice, *Wing and a Prayer*, 316.

1521. *"condecoração especial"*: Transcrição, German Overseas Service, 17 de fevereiro de 1945, Acervo de Spaatz.

1522. *"A Alemanha acreditava"*: Citado em Frederick Taylor, *Dresden, Tuesday, February 13, 1945* (Nova York: HarperCollins, 2004), 126.

1523. *"As portas dos vagões"*: Kurt Vonnegut, *Slaughterhouse-Five or The Children's Crusade* (1969, reimpr., Nova York: Dell, 1999), 189.

1524. *"Dresden estava como"*: Ibid., 227.

1525. *"Dresden [...] bombardeada apenas duas vezes"*: Relatório de Interpretação de Fotografias, Dresden, 17 de outubro de 1944, NA; 466º Grupo de Bombardeiros, Pasta da Missão, Dresden, 16 de janeiro de 1945, NA; Joseph W. Angell, "Análise Histórica dos Bombardeios de 14-15

938   MESTRES DO AR

de fevereiro de 1945 a Dresden", Departamento de Historiografia da FAA, AFHRA.

1526. *"Nós nos sentíamos seguros"*: Steinhoff, *Voices*, 224-26.

1527. *"Era como se"*: Ibid., 228; Götz Bergander, *Dresden im Luftkrieg: Vorgeschichte, Zerstorung, Folgen* (1994; ver. Ed., Würzburg: Böhlau, 1998).

1528. *"terrivelmente certo"*: Taylor, *Dresden*, 416.

1529. *"uma fogueira infernal"*: Vonnegut, *Slaughterhouse-Five*, 227.

1530. *"A ocasião em que saímos"*: Steinhoff, *Voices*, 229.

1531. *"Essas 'bombinhas' incendiárias de magnésio à base de termite"*: USSBS, *Fire Raids on German Cities* (2ª ed., Washington, DC: U.S. Government Printing Office, 1947). Geralmente, bombas incendiárias eram lançadas em lotes com um total de 226 Kg de carga explosiva; em algumas incursões de bombardeio, a Oitava Frota Aérea usou bombas de napalm também, que passaram a ser fornecidas no verão de 1944. Até o desenvolvimento e emprego da bomba atômica, as bombas incendiárias eram as armas que causavam os maiores danos a propriedades e à vida de cidadãos nas cidades alemãs e japonesas; USSBS, *Physical Damage Report (ETO)* (Washington, DC: U.S. Government Printing Office, 1947), 23.

1532. *"envenenamento provocado pelo monóxido de carbono"*: USSBS, *Fire Raids*, 1, 8, 35-38, 47, 50.

1533. *"O calor era quase insuportável"*: Anne Wahle e Roul Tunley, *Ordeal by Fire: An American Woman's Terror-Filled Trek Through War-Torn Germany* (Nova York: Dell, 1965), 34. Veja outro impressionante relato de testemunha ocular do incêndio em Alison Owings, *Frauen: German Women Recall the Third Reich* (New Brunswick: Rutgers University Press, 1993).

1534. *"sentados nele empertigados, rijos como bonecos"*: Wahle, *Ordeal*, 35-36, 40-41.

1535. *"Para onde foram todos?" — "A água"*: Ibid., 35-36-40-41.

1536. *"lançamentos 'acidentais'"*: Relatório de Bombardeios da PFF, Dresden, 14 de fevereiro de 1945, Low Squadron do 94º Grupo de Bombardeiros "A", NA.

1537. *"maior parte das bombas" — "13 e 16 quilômetros do alvo"*: Quartel-General da 1ª Divisão Aérea, Gabinete do Diretor do Serviço Secreto, Relatório de Interpretação Imediata Nº 232, 15 de fevereiro de 1945,

NOTAS BIBLIOGRÁFICAS

Acervo de Spaatz; Relatório da 1ª Divisão Aérea, Dresden, das operações do Esquadrão de Vanguarda do 94º Grupo de Bombardeiros "A", 15 de fevereiro de 1945, NA.

1538. *"bombardeado Praga"*; 91º Grupo de Bombardeiros, Narrativa do Operador do Mickey (apelido de um radar), 17 de fevereiro de 1945, NA; Relatório Complementar do 91º Grupo de Bombardeiros, 14 de fevereiro de 1945, Acervo de Spaatz.

1539. *"tinham a forte sensação de que"*: Citado em Taylor, *Dresden*, 332.

1540. *"Era como se"*: Taylor, *Dresden*, 332.

1541. *Mustangs P-51*: David Irving, *Apocalypse 1945: The Destruction of Dresden* (Londres: Focal Point, 1995), 191.

1542. *"o Vigésimo Grupo de Caças estava em Praga"*: Taylor, *Dresden*, 435.

1543. *"Nenhum edifício isolado"*: *Time* de 12 de março de 1945, 33.

1544. *"35 mil e 40 mil"*: Olaf Groehler, "The Strategic Air War and Its Impact on the German Civilian Population", em Boog, *Conduct of the Air War*, 279-97; Bergander, *Dresden im Luftkrieg*, 157ff. Na década de 1940, a legislação internacional ainda não tinha sido modernizada para lidar com os avanços da tecnologia da aviação. O Artigo 25 da IV Convenção de Haia de 1907 relativa às leis e usos da guerra terrestre proibia o bombardeio indiscriminado, por forças terrestres, de áreas habitadas, mas, logicamente, não fazia nenhuma menção de ataques aéreos. Assim, o bombardeio de longo alcance pôde ser empregado graças a "uma espécie de brecha legal", nas palavras de um notável advogado especializado em legislação internacional, brecha que tornava bombardeios por zona legítimas operações de guerra das então vigentes normas reguladoras de conflitos bélicos. Mas, conforme observado pelo historiador da Força Aérea Richard G. Davis, a grande proporção de bombas incendiárias usadas pelas forças aéreas britânica e americana na Europa contra cidades alemãs: "Poderia ser interpretada como fator de violação do preceito de 'proporcionalidade' sob o amparo das leis de guerra. Em suma, se houver o risco de danos às vidas de populações civis, talvez os agressores não possam usar mais força do que o necessário para destruir alvos militares legítimos." Em 1948, a Convenção da Cruz Vermelha sobre Proteção de Populações Civis em Tempos de Guerra finalmente tornou ilegal, sob os auspícios de uma nova legislação internacional

940 MESTRES DO AR

sobre a questão, a realização indiscriminada de bombardeios por zona. Veja W. Hays Parks, "Air War and the Laws of War", em Boog, *Conduct of the Air War*, 354; Davis, "Rail Yards", 56.

1545. *"histórias terríveis" — "Os britânicos se orgulhavam"*: Von Kardorff, *Diary*, 202.

1546. *"O incêndio continuou"*: Steinhoff, *Voices*, 226.

1547. *"garimpagem de corpos"*: Entrevista do autor com Kurt Vonnegut, em 10 de janeiro de 2000.

1548. *Prisioneiros de guerra*: Joe Kleven e Art Kuespert, "Água de Chuva e Casca de Batata", testemunho pessoal não publicado, EC.

1549. *"A ideia era apressar"*: Vonnegut, *Slaughterhouse-Five*, 230.

1550. *"Somente uma pessoa"*: Entrevista com Vonnegut.

1551. *"Não tenho vergonha"*: Depoimento de Morris, EC.

1552. *"Na manhã em que ele" — "Não podíamos ir tão longe assim"*: Citado na introdução de Martin Chalmers em sua edição de Victor Klemperer, *To the Bitter End: The Diaries of Victor Klemperer, 1942-1945* (Londres: Weidenfeld & Nicolson, 1999), xiii, 390-94.

1553. *"Doolittle [...] um centro da rede de transportes"*: Anotações feitas na Conferência dos Comandantes das Forças Aliadas, em 15 de fevereiro de 1945, K239.046-38, AFHRA.

1554. *"28 trens do exército alemão"*; Taylor, *Dresden*, 163.

1555. *"Durante quase doze horas"*: Citado em Alan Cooper, *Target Dresden* (Bromley: Independent Books, 1995), 245.

1556. *"cinquenta mil trabalhadores"*: Davis, *Spaatz*, 563.

1557. *"entrando no Paraíso"*: Citado em Robin Neillands, *The Bomber War: The Allied Air Offensive Against Nazi Germany* (Woodstock: Overlook, 2001), 359.

1558. *John Morris*: Depoimento de Morris.

1559. *"o ataque a Dresden"*: Harris, *Bomber Offensive*, 242.

1560. *"Até na guerra"*: Citado em Hastings, *Armageddon*, 335.

1561. *"nada de excepcional com relação à investida"*: Ao longo da guerra inteira, a RAF realizou bombardeios incendiários contra pelo menos quarenta cidades alemãs; USSBS, *Over-all Report (European War)*, 71-72.

1562. *"Em nossa opinião"*: Freeman Dyson, *Disturbing the Universe* (Nova York: Harper & Row, 1979), 20, 28.

NOTAS BIBLIOGRÁFICAS

1563. *"uma operação* [...] *'como outra qualquer'"*: Davis, *Spaatz*, 564.

1564. *"Dresden concentrava um grande"*: Citado em Probert, *Bomber Harris*, 322.

1565. *"o serviço de transporte ferroviário de Dresden foi parcialmente restabelecido"*: Ministério da Aeronáutica, RE, 8, Avaliação de Bombardeio por Zona: Dresden, sem data (documento apresentado em 30 de outubro de 1945), NA-UK.

1566. *"2 de março e 17 de abril"*: Arquivo de missão, Resumo de Operação de Interdição Nº 352, 303º Grupo de Bombardeiros, Dresden, 17 de abril de 1945, NA.

1567. *"O ataque em formação de esquadrão em baixa altitude"*: "Relatório de Interpretação de Fotografias", 7 de outubro de 1944, enviado ao subchefe do estado-maior, A-2, Quartel-General da 41ª Ala de Combate, NA.

1568. *"A mão ou as mãos desconhecidas"*: Davis, "Pátios de Manobras Ferroviárias Alemãs", 51; "Resumo de Alvos da Oitava Frota Aérea", sem data, elaborado provavelmente em maio de 1945, AFHRA; "Resumo de Estatísticas Operacionais da 8ª Frota Aérea, TOGE, 17 de agosto-8 de maio de 1945, 10 de junho de 1945", AFHRA.

1569. *"Oficiais de relações públicas"*: Anderson a Arnold, com a assinatura de Spaatz, 20 de fevereiro de 1945, Acervo de Spaatz.

1570. *"a proporção entre bombas explosivas"*: Taylor, *Dresden*, 319.

1571. *"alta proporção de bombas incendiárias"*: Davis, *Spaatz*, 568, 570.

1572. *"26 de fevereiro de 1945"*: Resumo de Operação de Interdição Nº 202, 26 de fevereiro de 1945; Relatório de Missão, 303º Grupo de Bombardeiros, Berlim, 26 de fevereiro de 1945, NA.

1573. *"Um de nossos costumeiros ajustes no intervalômetro"*: Milt Groban, "To the Editor", 10.

1574. *"um 'golpe de misericórdia'"*: USSBS, *A Detailed Study of the Effects of Area Bombing on Darmstadt* (Washington, DC: U.S. Government Printing Office, 1947), 1-8.

1575. *"É psicologicamente arrasador"*; Wolff-Mönckeberg, *On the Other Side*, 68, 99, 112.

1576. *"uma das doze realizadas durante o conflito"*: Elizabeth Heineman, "The Hour of the Woman: Memories of Germany's 'Crisis Years' and West

942 MESTRES DO AR

German National Identity", *American Historical Review* 101, nº 2 (abril de 1996): 362.

1577. *"A cidade inteira"*: Anotações da Conferência de Comandantes das Forças Aéreas Aliadas, 1º de março de 1945, Acervo de Spaatz.

1578. *Vurtsburgo*: Herman Knell, *To Destroy a City: Strategic Bombing and Its Human Consequences in World War II* (Cambridge, Massachusetts: Da Capo, 2003).

1579. *"o que surpreende é o fato de que"*: Richard Kohn, "Commentary", em Boog, *Conduct of the Air War*, 410.

1580. *"ódio que seu líderes"*: Hans Rumpf, *The Bombing of Germany*, tradução de Edward Fitzgerald (Nova York: Holt, Rinehart & Winston, 1962), 150.

1581. *"A maioria dos alemães da atualidade"*: W. G. Sebald, *On the Natural History of Destruction*, tradução de Anthea Bell (Nova York: Random House, 2003), 103.

1582. *"ataques simultâneos, abrangentes e generalizados"* — *"uma crise"* — *"Como resultado"*: Plano Geral de Ataque com Força Máxima contra Alvos de Sistemas de Transporte", 11 de dezembro de 1944, Acervo de Spaatz; *FAA*, vol. 3, 639.

1583. *"sua situação desesperadora"*: Kuter a Frederick Anderson, 15 de agosto de 1944, Acervo de Spaatz.

1584. *"Convenceria os alemães de uma vez por todas"* — *"pois ficaria"*: Eaker a Spaatz em 1º de janeiro de 1945, Acervo de Spaatz; Doolittle a Spaatz em 27 de dezembro de 1944, Acervo de Spaatz.

1585. *"É o mesmo velho plano"*: O comentário feito via cabograma está na pasta em Maxwell Field que contém a cópia do arquivo do "Plano Geral de Ataque com Força Máxima contra Alvos de Sistemas de Transportes", 168.7026-9, AFHRA.

1586. *"jamais deveríamos deixar"*: Eaker a Spaatz em 1º de janeiro de 1945, Acervo de Spaatz.

1587. *"de pai para filho"*: Franklin D. Roosevelt a Henry Stimson, 9 de setembro de 1944, cópia no Acervo de Spaatz.

1588. *"De que essa operação"*: Spaatz a Eaker, Twining, Vandenberg, Daville, 21 de fevereiro de 1945, 520.3233-40, AFHRA.

1589. *"sucesso espetacular"*: Clarion, "Summary", sem data, Acervo de Spaatz.

1590. *"relatórios pós-operacionais do serviço secreto"*: USSBS, *Transportation*, 16.

NOTAS BIBLIOGRÁFICAS

1591. *"coletiva de imprensa"*: FAA, vol. 4, 735.

1592. *"Os comandantes das forças aéreas Aliadas"*: The Washington Star de 18 de fevereiro de 1945, 1.

1593. *"alguns dias"*: Spaatz a Arnold em 5 de fevereiro de 1945, Acervo de Spaatz. Richards Davis, biógrafo de Spaatz, argumenta que o quartel--general de Eisenhower solicitou a realização da Operação Trombeta para ajudar o Nono Exército a atravessar o Reno. Talvez ele esteja certo, mas não existe nada sobre o assunto no documento descensurado usado por Davis para embasar sua afirmação, ou seja, nas "Anotações da Conferência de Comandantes das Forças Aéreas Aliadas, 1º de fevereiro de 1945", Acervo de Spaatz.

1594. *"todo remanescente de força moral"*: Existe uma cópia da transcrição da ata da coletiva de imprensa no NA, RG 331. Trechos da ata foram enviados a Spaatz; veja Rex Smith a Spaatz, 18 de fevereiro de 1945, Acervo de Spaatz.

1595. *"Com um documento assinado por Arnold"*: Arnold a Spaatz em 18 de fevereiro de 1945, Acervo de Spaatz.

1596. *"estupidez absoluta"* — *"de ataques terroristas"* — *"localidade"*: Anderson a Spaatz em 19 de fevereiro de 1945, Acervo de Spaatz; Anderson a Kuter em 27 de fevereiro de 1945, 519.1611, AFHRA.

1597. *"centro de uma nova Alemanha"*: Diário de Henry Stimson, 5 de março de 1945, Biblioteca da Yale University, New Haven.

1598. *"Essa diretriz impõe"*: Todas as citações de McDonald foram extraídas de um contato de George C. McDonald com Anderson em 21 de fevereiro de 1945, Acervo de Documentos de Frederick Anderson, Box 50, Pasta 2, Hoover Institution Archives.

1599. *"uma nova política de bombardeios em 1º de março"*: Política de Bombardeios de 1º de março de 1945, Acervo de Nathan F. Twining, LC.

1600. *"simplesmente deixar que as aeronaves"*: Sebald, *Natural History*, 18. General Charles P. Cabell registra em suas memórias: "Enquanto a guerra terrestre avança a duras penas para um fim próximo [...] nos vemos cada vez mais na posse de uma grande Força Aérea 'toda emperiquitada', mas quase sem mais nenhum lugar para ir", Cabell, *Man of Intelligence*, 194.

1601. *"Não devemos esmorecer"*: "Relatório sobre Ataques Aéreos a Dresden", 519.523-6, AFHRA.

944 MESTRES DO AR

1602. *"deu uma contribuição fundamental"*: Citado em Taylor, *Dresden*, 413.

1603. *"Estavam todos tão dominados"*: Lili Hahn citada em Earl R. Beck, *Under the Bombs: The German Home Front, 1942-1945* (Lexington: University Press of Kentucky, 1986), 168.

1604. *"quando será a nossa vez"*: Wolff-Mönckeberg, *On the Other Side*, 89.

Capítulo 16: As chaminés raramente caem

1605. *"havia reduzido a pele e osso"*: Ministério da Aeronáutica, 381-82.

1606. *"aparência sinistra"*: Alling, *Mighty Fortress*, 95.

1607. *"No dia seguinte"*: Boehme, *JG* 7, 107-9.

1608. *"corredores de fogos"*: Ibid., 112.

1609. *"Fuselagens despedaçadas"*: Citado em ibid., 116.

1610. *"A Oitava perdeu seis Mustangs"*: Freeman et al., *Mighty Eighth War Diary*, 466.

1611. *destruído 63 bombardeiros*: AAF Statistical Digest, *World War II*, 255, Tabela 159. Veja informações sobre alegações de derrubadas por parte dos alemães em Boehme, *JG* 7, cap. 4. Nos meses finais da guerra, um tripulante de bombardeiro da Oitava Frota Aérea tinha oitenta por cento de chances de sobreviver às trinta e cinco missões.

1612. *"Doolittle receava"*: FAA, vol. 3, 744.

1613. *"Eles jamais permitiam*: Citado em Freeman, *Mighty Eighth*, 218; "Anotações da Conferência de Comandantes das Forças Aéreas Aliadas", 21 de março de 1945, Acervo de Spaatz.

1614. *"adulações"* — *"sem a autorização"*: Todas as citações foram extraídas de Galland, *First, 273-74*.

1615. *"caça aos ratos"*: Boehme, *JG* 7, 136.

1616. *"Em combates individuais"*: Citado em ibid., 104.

1617. *"Já no começo de abril"*: Price, *Last Year*, 177.

1618. *"Esses [...] não conheciam"*: Citado em Boehme, *JG* 7, 122.

1619. *"Mas até que pudesse ser usado"*: Citado em Price, *Last Year*, 146.

1620. *"O plano de Hermann"*: Adrian Weir, *The Last Flight of the Luftwaffe: The Fate of Schulungslehrgang Elbe* (Londres: Arms and Armour, 1997), 57.

1621. *"Em março de 1945"*: Diário de Hansen, USMHI.

1622. *"o maior bombardeio-relâmpago aéreo"*: Sidney Gruson, "Role of Air Power in War Becomes Clearer", *NYT* de 18 de março de 1945, E5.

NOTAS BIBLIOGRÁFICAS

945

1623. *"A região industrial mais importante da Alemanha"*: *FAA*, vol. 4, 746.

1624. *"esposas mortas"*: Citado em Crosby, *Wing*, 360.

1625. *"Não há dúvida"*: "Why a German Fights On", *Newsweek*, 26 de março de 1945, 35.

1626. *"a Luftwaffe pagou caro"*: Freeman, *Mighty Eighth*, 226.

1627. *"O primeiro uso"*: Goebbels, *Final Entries*, 323.

1628. *"Porquanto três dias depois"*: *FAA*, vol. 3, 752.

1629. *"o dia do grande"*: Boehme, *JG 7*, 161.

1630. *Em 19 de abril*: Relatório de Missão do 447º Grupo de Bombardeiros, 19 de abril de 1945, NA; Doyle Shields, *History, 447th Bomb Group* (publicado por particulares, 1996), 317.

1631. *"constantes operações"*: Entrevista do general Karl Koller com equipe da USSBS, AFHRA.

1632. *"Dificuldades técnicas"*: Richard Suchenwirth, "Hitler's Last Opportunity", *Aerospace Historian* 8, nº 1 (primavera de 1966): 31-33.

1633. *"com seu alto consumo de combustível"*: Price, *Last Year*, 178.

1634. *"Se os alemães"*: Coronel Paul Tibbets, conforme dito a Wesley Price, "How to Drop an Atomic Bomb", *The Saturday Evening Post* (8 de junho de 1946), 136; entrevista do autor com Tibbets.

1635. *"quando [...]"*: Memorando, "Bombas Incendiárias", Arnold ao subchefe do estado-maior da Força Aérea, Material, Manutenção e Distribuição, 26 de abril de 1943, Acervo de Arnold.

1636. *"Campo de Provas de Dugway"*: Ministério do Interior, Propriedades Históricas, *Report: Dugway Proving Ground* (Washington, DC: U.S. Government Printing Office 1984), vários trechos; Louis F. Fieser, *The Scientific Method: A Personal Account of Unusual Projects in War and in Peace* (Nova York: Reinhold, 1964), 129-30; Mike Davis, "Berlin's Skeleton in Utah's Closet", *Designer/Builder*, 11, nº 5 (janeiro-fevereiro de 2005): 16-27.

1637. *"Se iríamos"*: Citado em Ronald Schaffer, *Wings of Judgment: American Bombing in World War II* (Nova York: Oxford University Press, 1985), 93.

1638. *"Era óbvio"*: Galland, *First*, 279-80. Os pilotos de jatos da Luftwaffe destruíram cerca de 150 aviões dos Aliados na guerra, e os alemães perderam em torno de uma centena desses jatos em combates aéreos; veja Levine, *Strategic Bombing*, 185.

946   MESTRES DO AR

1639. *"seus alvos"*: Todas as citações de Hopper foram extraídas de Bruce C. Hopper, "Jeeping the Targets in the Country That Was", Acervo de Spaatz.

1640. *"destruição e caos"*: Drew Middleton, *The Struggle for Germany* (Indianápolis: Bobbs-Merrill, 1949), 12.

1641. *Leonard Mosley*: Leonard O. Mosley, *Report from Gremany* (Londres: Victor Gollancz, 1945), 66. Apenas três cidades alemãs ficaram intactas e suas características estavam mais próximas de cidades grandes: Heidelberg, com uma população de 130 mil pessoas; Celle, habitada por sessenta mil almas, e Flensburgo, com 62 mil habitantes.

1642. *"Grupos de Exploradores do Exército"*: Major James Beveridge, "History of the United States Strategic Bombing Survey (European) 1944-1945", 430, Record Group 243, Box 24, NA. Fizeram também uma pesquisa semelhante sobre os efeitos da campanha de bombardeios aéreos americanos contra o Japão.

1643. *"entre as campanhas militares mais"*: Brodie, *Strategy in the Missile Age*, 108.

1644. *"primeiras descobertas"*: Beveridge, "History", 270-75, 357.

1645. *"Em Colônia"*; Ibid., 399.

1646. *"Divisão de Estudos Psicológicos"*: Ibid., vários trechos; David MacIsaac, *Strategic Bombing in World War Two: The Story of the United States Strategic Bombing Survey* (Nova York: Garland, 1976), 89.

1647. *Paul Baran*: John Kenneth Galbraith, *A Life in Our Times* (Boston: Houghton Mifflin, 1981), 222.

1648. *"aliado aos soviéticos"*: Paul Nitze, Steven L. Rearden e Ann M. Smith, *From Hiroshima to Glasnost: At the Center of Decision* (Nova York: Grove Weidenfeld, 1989), 34-35.

1649. *"grupo de busca"*: Galbraith, *Life*, 222; John Kenneth Galbraith, *Annals of an Abiding Liberal*, editado por Andrea D. Williams (Boston: Houghton Mifflin, 1979), 197-98.

1650. *"dirigentes da indústria"* — *"respostas"*: Galbraith, *Annals*, 193; Galbraith, *Life*, 223.

1651. *"uma coisa hedionda"*: Galbraith, *Life*, 195.

1652. *"independência em relação à Força Aérea"*: Ibid., 196.

NOTAS BIBLIOGRÁFICAS

1653. *"A ideia da pesquisa"*: Spaatz a Arnold em 5 de abril de 1944, Acervo de Arnold.

1654. *"Arnold convenceu Roosevelt"*: Arnold a Spaatz em 21 de abril de 1944; Acervo de Spaatz; Memorando, "Organização de Maquinário para Cooperação com Britânicos e Soviéticos na Pesquisa dos Efeitos da Ofensiva de Bombardeios", 30 de maio de 1944, NA.

1655. *"quanto outras pessoas acreditavam"*: Galbraith, *Life*, 198.

1656. *"guerreiros economistas"* — *"uma lista"* — *"improváveis guerreiros"*: Galbraith, *Life*, 196, 199.

1657. *"Talvez pela primeira vez"*: Hanson Baldwin, "Civilians Gauge Air War", *NYT* de 2 de setembro de 1945, 18.

1658. *"o princípio fundamental"*: Entrevista com John Kenneth Galbraith, sem data, Imperial War Museum, Sound Archives.

1659. *"cheio de condecorações"*: Galbraith, *Life*, 225.

1660. *"A guerra contra a indústria de sintéticos e combustíveis tinha sido vencida"*: USSBS, *Oil Division Report*, vol. 2, 1-10; Webster e Frankland, *Strategic Air Offensive*, vol. 3, 110. Os bombardeiros aliados realizaram 555 ataques contra 135 alvos relacionados a indústrias de sintéticos e combustíveis e lançaram 191.245 toneladas em bombas, quinze por cento do total de explosivos despejados sobre a Alemanha; USSBS, *Oil Division Report*, vol. 2, 2.

1661. *"cortou as asas"*: USSBS, *German War Economy*, 82.

1662. *"minas de carvão da Alta Silésia"*: Veja o depoimento do coronel-general Alfred Jodl e de Albert Speer em USSBS, *German War Economy*, 81.

1663. *"Qualquer um que usar combustível"*: USSBS, Supporting document No. 10. A1, Record Group 243, Modern Military Record Division, NA.

1664. *Edmund Geilenberg*: Speear a Martin Bormann em 16 de setembro de 1944, Acervo de Spaatz.

1665. *"questionarem a indestrubilidade do Reich"*: USSBS, *Underground and Dispersal Plants in Greater Germany* (Washington, D. C.: U.S. Government Printing Office, segunda edição, 1947), 1. Geilenberg realizou também uma modesta campanha de dispersão de unidades fabris, construindo trinta e oito pequenas usinas, mas menos de quarenta por cento de seus produtos chegavam às frentes de combate por causa das dificuldades de transporte; ibid., 60.

948 MESTRES DO AR

1666. "*a indústria de combustíveis sintéticos da Alemanha*"; USSBS, *Underground*, 66.

1667. "*lento estrangulamento imposto* [...] *às redes de transporte ferroviário e fluvial*": USSBS, *German War Economy*, 13, 99. Em minha opinião, os pátios de manobras ferroviárias deveriam ter sido os alvos mais importantes dessa campanha.

1668. "*Nem mesmo uma potência militar de primeira ordem*": USSBS, *Over-all Report (European War)*, 107.

1669. "*indústrias*" — "*é confundir*": Julian Bach, Jr., *America's Germany: An Account of the Occupation* (Nova York: Random House, 1946), 104. Quando a guerra acabou, seis milhões de toneladas de carvão jaziam ociosas nas áreas de armazenagem das minas do vale do Ruhr, aguardando transporte; veja Drew Middleton, "German Industry's Fate Studied", *NYT* de 15 de julho de 1945, 40.

1670. "*chacinas horripilantes*": J. F. C. Fuller, *The Second World War, 1939-45: A Strategical and Tactical History* (Londres: Eyre & Spottiswoode, 1954), 228. Richard Overy contesta Fuller e outros críticos em "Air Power in the Second World War: Historical Themes and Theories", em Boog, *Conduct of the Air War*. A guerra aérea na Europa custou aos Estados Unidos mais de 43 bilhões de dólares; veja USSBS, *Over-all Report (European War)*, 1. Dois gigantes do jornalismo moderno, David Halberstam e I. F. Stone, argumentaram, em caráter particular e independente, que a Pesquisa dos Efeitos dos Bombardeios Estratégicos Americanos "provou de forma inquestionável que os bombardeios estratégicos não funcionaram"; Halberstam, *The Best and the Brightest* (Nova York: Random House, 1972), 162; I. F. Stone, "Nixon's Blitzkrieg", *The New York Review of Books*, 25 de janeiro de 1973, 13-16. Veja informações em torno dessa controvérsia em David MacIsaac, "What the Bombing Survey Really Says", *Air Force Magazine* de junho de 1973, 60-63; e Melden E. Smith, Jr., "The Strategic Bombing Debate: The Second World War and Vietnam", *Journal of Contemporary History* 12, nº 1 (janeiro de 1977): 175-91.

1671. "*Fracasso 'desastroso'*": Galbraith, *Life*, 226.

1672. "*na verdade, não conseguiram*": Richard Parker, *John Kenneth Galbraith, His Life, His Politics, His Economics* (Nova York: Farrar, Straus & Giroux, 2005), 179-82.

NOTAS BIBLIOGRÁFICAS 949

1673. *"membros da Equipe de Exploradores de Galbraith* [...] *acharam Speer"*: John Kenneth Galbraith e George W. Ball, "The Interrogation of Albert Speer", *Life* (17 de dezembro de 1945), 57. Em 1979, Galbraith publicou suas anotações da entrevista final com Speer, anotações que, segundo ele, seu assessor havia descoberto pouco tempo atrás; veja Galbraith, "The Origin of the Document", *Atlantic Montly* 244 (julho de 1979), 50-57. Eu localizei uma cópia da transcrição do interrogatório feito por Galbraith na AFHRA, Base Aérea de Maxwell, Alabama.

1674. *"homem dos milagres"*: Galbraith, *Life*, 207.

1675. *"topar com a página"* — *"escola técnica de bombardeio"*: George Ball, *The Past Has Another Pattern: Memoirs* (Nova York: W. W. Norton, 1983), 54.

1676. *"jovem professor de faculdade"*: Galbraith e Ball, "Interrogation", 57.

1677. *"Com charme"*: Ball, *Past*, 63.

1678. *Burton Klein*: Burton Klein, *German's Economic Preparations for War* (Cambridge: Harvard University Press, 1959). A argumentação mais persuasiva em torno da tese da guerra e da economia-relâmpago é de A. S. Milward, em "The End of Blitzkrieg", *Economic History Review* 16, nº 3 (1964), 499-518, e Milward, *German Economy*. Os resultados da pesquisa dos britânicos sobre os efeitos dos bombardeios, resultados que só tiveram autorização para serem divulgados ao grande público em 1998, contêm uma brilhante introdução histórica de autoria de Sebastian Cox; veja British Bombing Survey Unit, *The Strategic Air War Against Germany, 1939-1945* (Londres: Frank Cass, 1998).

1679. *"Economia de Produção-Relâmpago"*: Galbraith e Ball, "Interrogation", 57.

1680. *"Durante muito tempo"*; Galbraith, *Life*, 204; Galbraith, "Germany Was Badly Run", *Fortune* 32, nº 6 (dezembro de 1945), 173.

1681. *"fáceis e insignificantes"* — *"deliberadamente reduzida"* — *"nenhum preparativo"*: Galbraith, "Germany Was Badly Run", 173; Werner Abelshauser, "Germany: Guns, Butter, and Economic Miracles", em Mark Harrison, ed., *The Economics of World War II: Six Great Powers in International Comparison* (Cambridge: Cambridge University Press, 1998), 151.

1682. *"num dos maiores"*: Galbraith, *Life*, 206.

1683. *"as 'mais desastrosas'"*: Ibid., 197.

950 MESTRES DO AR

1684. *"gorda e incompetente"* — *"de um luxo espantoso"* — *"sem limites"*: Galbraith e Ball, "Interrogation", 58, 60, 63.

1685. *"componentes da economia ainda parcialmente mobilizados"*: Ibid., 57.

1686. *Essas medidas permitiram que Speer*: Galbraith expõe essa tese em USSBS, *German War Economy*, 6-8; veja também USSBS, *Area Studies Division Report* (Washington, DC: U.S. Government Printing Office, 2ª ed. 1947), 20-22, 69.

1687. *"seguiu um caminho"*: Mark Harrison, "The Economics of World War II: An Overview", em Harrison, *Economics*, 20.

1688. *"Já em 1939"*: Richard J. Overy, *War and Economy in the Third Reich* (Oxford: Clarendon, 1994), 278, 270-74, 312; Abelshauser, "Germany", em Harrison, *Economics*, 145-64; Overy, "Hitler's War and the German Economy: A Reinterpretation", *Economic History Review* 35, nº 2 (1982): 273; Jane Caplan e Carola Sachse, "Industrial Housewives: Women's Social Work in the Factories of Nazi Germany", tradução de Heide Kiesling e Dorothy Rosenberg, *Women and History* 11-12 (1987); vários trechos. Em 1939, mais de 37 por cento da força de trabalho da Alemanha eram formados por mulheres, em comparação com os 26 por cento da Grã-Bretanha na época; veja Overy, *War and Economy*, 707.

1689. *"argumentou Williamson Murray"*: Williamson Murray, *The Change in the European Ballance of Power, 1938-1939: The Path to Ruin* (Princeton: Princeton University Press, 1984), 4-15.

1690. *"Overy observa também"*: Overy, "Hitler's War", 273, 291.

1691. *"não se baseou"*: Murray, *European Balance*, 13-14.

1692. *"Speer*: Overy, *War and Economy*, 27, 31, 312, 375.

1693. *"muito depois"*: Sebastian Cox, "The Overall Report in Retrospect", em *Report of the British Bombing Survey Unit*, xxxviii; Speer, *Inside*, 214-16. Overy e outros críticos ressaltam ainda que as estatísticas de Wagenfuehr, quando submetidas a uma análise mais atenta e profunda, não confirmam sua tese.

1694. *"pelo menos dois setores de suma importância"*: USSBS, Entrevista Nº 60, Hans Kehrl, 11 de junho de 1945, 18 de julho de 1945, 137.315-60, AFHRA. Depois da guerra, equipes do serviço secreto dos Aliados interrogaram importantes chefes de departamento do Ministério de Armamentos. Todos eles atestaram que bombardeios contra sistemas

NOTAS BIBLIOGRÁFICAS 951

de transportes alemães tinham danificado gravemente todas as conquistas obtidas com a racionalização da economia; Imperial War Museum, Relatório 67, "Causas da Redução da Produção Industrial Alemã, outono de 1944", dezembro de 1945, 1-14; Overy, *War and Economy*, 362-74.

1695. *"nenhum efeito considerável"*: USSBS, *German War Economy*, 10-11.

1696. *"talvez a produção"*: Ibid., 11-12.

1697. *"assessores de Speer no Ministério de Armamentos e Munições calcularam"*: Albert Speer, "The Penalty of Overconfidence", em James Parton, ed., *Impact: The Army Air Forces' Confidential Picture History of World War II*, Vol. 3, *The Eve of Triumph* (Harrisburg: National Historical Society, 1989), x.

1698. *"guerra econômica"*: "Interrogatório de Albert Speer" pelo tenente Sklarz e pelo sargento Fassberg, em 15 de maio de 1945, AFHRA.

1699. *"As perdas infligidas"*: Speer, "Overconfidence", xi.

1700. *"Os ataques dos americanos"*: Interrogatório de Speer, em 18 de julho de 1945, em Webster e Frankland, *Strategic Air Offensive*, vol. 4, 383.

1701. *"Os britânicos nos causaram"*: Citado em Alexandra Richie, *Faust's Metropolis: A History of Berlin* (Nova York: Carroll & Graf, 1998), 536.

1702. *"mutuamente excludente"*: Solly Zuckerman, "Strategic Bombing and the Defeat of Germany", *Royal United Service Institution* 130 (junho de 1985): 68-69.

1703. *"predomínio sobre as rotas aeromarítimas"*: Interrogatório do coronel-general Alfred Jodl, 1945, 519.619-13, AFHRA; entrevista do coronel-general Alfred Jodl com integrantes da USSBS, em 29 de junho de 1945, 137.315-62, AFHRA.

1704. *"Embora os rapazes dos bombardeiros americanos"*: Noble Frankland, "Some Reflections on the Strategic Air Offensive, 1939-1945", *Royal United Service Institution* 107 (maio de 1962): 102-3.

1705. *Götterdämmerung*: Williamson Murray, "Reflections on the Combined Bomber Offensive", *Militageschtliche Mitteilungen* 51 (1992): 92.

1706. *"uma 'paralisação total'"*: USSBS, *German War Economy*, 14.

1707. *"Hansell [...] dos sistemas de geração e distribuição de energia elétrica"*: Hansell, *Air Plan*, 259.

1708. *"muito exigido e vulnerável"* — *"Todas as evidências"*: Resultados da pesquisa dos efeitos dos bombardeios citado em ibid., 261; USSBS, *The*

952 MESTRES DO AR

Effects of Strategic Bombing on German Morale, vol. 1 (Washington, DC: U.S. Government Printing Office, 1947), 18.

1709. *"demasidada liberdade de ação"*: Os historiadores britânicos Max Hastings e Anthony Verrier estão entre os poucos críticos que defendem essa ideia.

1710. *"decisiva na guerra"*: Boog et al., *Germany and the Second World War*, vol. 6, 492.

1711. *"o auge de sua força de combate"*: USSBS, *Air Force Rate of Operations* (Washington, DC: U.S. Government Printing Office, 2ª ed., 1947), 4, 6.

1712. *"mais de dois milhões de toneladas"*: Ibid., 31.

1713. *"O preço em número de vidas pago"*: USSBS, *Over-all Report (European War)*, 1, 107; USSBS, *Statistical Appendix*, 1-3, Chart 1; Frotas Aéreas Estratégicas Americanas na Europa, "Resumo Estatístico de Operações, 1942-45"; 519.308.9, AFHRA; Ministério do Exército, Departamento de Estatísticas e Contabilidade, Gabinete do General-Ajudante, *Army Battle Casualties and Nonbattle Deaths in World War II, Final Report, 7 December 1941-31 December 1946* (Washington, DC: Ministério do Exército, 1953), 84-88; Wells, *Courage*, 115; Nanney, *Medical Service*, 20. Não existem números oficiais independentes relacionados à 8ª e 15ª Frotas Aéreas. Nos Teatros de Guerra Europeu e do Mediterrâneo, as Frotas Aéreas Americanas sofreram cerca de 35.800 baixas fatais, 13.700 baixas por ferimentos, 33.400 baixas por captura ou aprisionamento pelo inimigo e 5.900 por desaparecimento em combate, ou seja, de soldados mortos cujos corpos jamais foram localizados. Esses números incluem perdas tanto entre pilotos de caça quanto de tripulantes de bombardeiros (bimotores e quadrimotores). Não existem números de baixas confiáveis com relação à 15ª Frota Aérea, e até mesmo as baixas da Oitava Frota Aérea, com suas perdas mais cuidadosamente documentadas, são passíveis de contestação; *Eighth Air Force Satistical Summary of Operations*, 10 de junho de 1945; *Statistical Story of the Fifteenth Air Force*, sem data, AFHRA. Veja uma fonte de informações confiável e conveniente sobre as perdas de homens e máquinas sofridas pela Força Aérea Americana no TOGE nos Anexos Estatísticos em Davis, *Spaatz*. Para informações sobre perdas de submarinos, consulte Ronald H. Spector, *Eagle Against the Sun: The American War with Japan* (Nova

NOTAS BIBLIOGRÁFICAS

York: Random House, 1985), 487; e a San Francisco Maritime Natural Park Association, "United States Submarine Losses", www.maritime. org/subslost.htm.

1714.   *"perdas entre os alemães"*: Cooper, *German Air Force*, 377. Os gráficos em Murray, *Luftwaffe*, indicam números de perdas maiores da Luftwaffe em 1943-44 do que as sofridas pelo serviço de submarinos militares alemães.

1715.   *"anéis suburbanos"*: USSBS, *Over-all Report*, 91.

1716.   *"25 milhões de alemães"*: Na falta de registros confiáveis, todas as estimativas do número de alemães mortos nos bombardeios são passíveis de contestação. A "estimativa" dos organizadores da USSBS foi de 305 mil mortos, mas esse número é ridiculamente baixo. Cheguei a minha própria conclusão depois que examinei dezenas de fontes de informação, incluindo historiadores alemães estudiosos dos bombardeios, tais como Olaf Groehler, que calculou que o total de mortos no Terceiro Reich, incluindo a Áustria e os territórios anexados, gira em torno de 406 mil pessoas, número de mortes que acho baixo também; Olaf Groehler, "Strategic Air War", em Boog, *Conduct of the Air War*, 287-92. As estatísticas mais confiáveis, se bem que ignoradas por muitos, são as fornecidas pelas autoridades do governo alemão do período da guerra. Por mais odiosos que sejam os autores desses dados, temos que considerar que ocupavam cargos que tornavam importante para eles conhecerem os fatos. Desse grupo, faziam parte Robert Ley, chefe da Frente Alemã de Trabalho, que administrava o programa habitacional alemão, e o dr. Karl Brandt, médico particular de Hitler e Reichskommissar do Fuhrer para Assuntos Gerais de Saúde e Medicina Civil da Alemanha. Brandt fez frequentes visitas a diferentes cidades bombardeadas, onde se encontrou com autoridades locais e regionais. Ley repassou a interrogadores americanos um número de mortes de integrantes de populações civis variando entre quinhentas mil e seiscentas mil pessoas. Já Brandt forneceu uma estimativa mais precisa, de pelo menos 565 mil mortos. Veja entrevista do dr. Robert Ley com pesquisadores da USSBS, Nº 57, em 27 de junho de 1945, 137.315-57, AFHRA; entrevista do dr. Karl Brandt com membros da USSBS, Nº 61, AFHRA; USSBS, *Morale*, vol. 1, 7.

1717.   *"estado de ânimo que pode ser definido"*: Stanford Research Institute, *Impact of Air Attack in World War II: Selected Data for Civil Defense*

954 MESTRES DO AR

Planning, vol. 1 (Washington, DC: Federal Civil Defense Administration, 1953), 4.

1718. *"Vocês subestimaram* [...] *a capacidade"*: Entrevista de Speer em Webster e Frankland, *Strategic Air Offensive*, vol. 4, 383.

1719. *"Mesmo depois"*: Entrevista de Ley.

1720. *"existem provas incontestáveis"*: Freeman Dyson, "The Bitter End", *The New York Review of Books* de 28 de abril de 2005, 6.

1721. *"Os bombardeios afetaram profundamente o moral"*: USSBS, *Morale*, 1; USSBS, *Over-all Report (European War)*, 95-96.

1722. *"é uma invenção"*: Neil Gregor, "A *Schicksalsgemeinschaft*? Allied Bombing, Civilian Morale, and Social Dissolution in Nuremberg, 1942-1945", *Historical Journal* 43, nº 4 (2000): 1051.

1723. *"Na guerra que se aproxima"*: Citado em USSBS, *Over-all Report (European War)*, 95.

1724. *"As organizações"*: Barbara, Christina e Sybilla Knauth, "The Chimneys of Leipzig", *Life* de 15 de maio de 1944, 110.

1725. *"Este desastre"*: Von Kardorff, *Diary*, 119-20. Veja também USSBS, *Cologne Field Report* (Washington, DC: US Government Printing Office, 2ª ed., 1947), vários trechos. O principal órgão do partido responsável pela sistematização do bem-estar social era a Organização do Bem-Estar dos Nacionais-Socialistas (N. S. Volkswohlfahrt, NSV).

1726. *"A consequência mais imediata"*: Knauth, "Leipzig": 112.

1727. *"A velha antipatia"*: Ibid., 101.

1728. *"o 'inferno'"*: Seydewitz, *Civil Life*, 314.

1729. *"mais espremidas lá dentro"*: Ibid. Veja também USSBS, *Morale*, vol. 1, 67.

1730. *"em baixa"*: Citado em USSBS, *A Brief Study of the Effects of Area Bombing on Berlin, Augsburg, Bochum, Leipzig, Hagen, Dortmund, Oberhausen, Schweinfurt, and Bremen* (Washington, DC: U.S. Government Printing Office, 2ª ed., 1947), 31.

1731. *"deixando de comparecer ao trabalho"*: Von Kardorff, *Diary*, vários trechos; Brodie, *Strategy*, 132. No último ano da guerra, o total de faltas ao trabalho na Alemanha foi maior do que o da Grã-Bretanha durante o conflito mundial inteiro, chegando a vinte por cento do total de horas das jornadas regulares nos meses finais da guerra; veja Stanford Research Institute, *Impact*, vol. 1, 175.

NOTAS BIBLIOGRÁFICAS

1732. *"mortes de abrigados"*: Stanford Research Institute, *Impact*, vol. 1, 237.

1733. *"uma berlinense"*: Richie, *Faust's Metropolis*, 532.

1734. *"relativamente duradouros"*: Irving L. Janis, *Air War and Emotional Stress: Psychological Studies of Bombing and Civilian Defense* (1951; reimpr., Westport, Connecticut: Greenwood, 1976), 100.

1735. *"não se 'adaptam'"* — *"acostumar-se com a situação"*: H. H. Garner, "Psychiatric Casualties in Combat", *War Medicine*, vol. 8 (1945), 343-57; Janis, *Air War*, 123.

1736. *"Nunca me acostumei"*: Citado em USSBS, *Morale*, vol. 1, 20.

1737. *"do maior sofrimento"*: USSBS, *Morale*, vol. 1, 3.

1738. *"Temos que agradecer ao Fuhrer"*: Citado em Ian Kershaw, *The "Hitler Myth": Image and Reality in the Third Reich* (Oxford: Oxford University Press, 1987), 204.

1739. *"tranquila"* — *"Ele não tem"*: Citado em ibid., 205-6.

1740. *"ser atirados"* — *"O Fuhrer tem"* — *"perguntado sobre"*: Seydewitz, *Civil Life*, 313.

1741. *"Quando a Alemanha [...] catástrofe"*: Oberst Edgar Petersen citado em Webster e Frankland, *Strategic Air Offensive*, vol. 3, 224.

1742. *"Aproveitem bem a guerra"*: Von Kardorff, *Diary*, 119.

1743. *"Muitos acham"*: USSBS, *Morale*, vol. 1, 32.

1744. *"a 'derrota seria calamitosa'"*: Ibid., 7.

1745. *"necessidades básicas"*: Citado em Drew Middleton, "Apathy Dominates Ruined Brunswick", *NYT* de 24 de junho de 1945, 11.

1746. *"problemas existenciais elementares"*: USSBS, *Morale*, vol. 1, 32.

1747. *"Estão todos preocupados"*: Von Kardorff, *Diary*, 119-20.

1748. *"Nossa vida em Berlim"*: Wendel, *Hausfrau*, 200.

1749. *"BU"*: Jeremy Noakes, "Germany", em Jeremy Noakes, ed., *The Civilian in War: The Home Front in Europe, Japan and the USA in World War II* (Exeter, Reino Unido: University of Exeter Press, 1992), 56.

1750. *"gritando e chorando"*: Janis, *Air War*, 83.

1751. *"vagavam cambaleantes"* — *"os que haviam perdido"*: Seydewitz, *Civil Life*, 311.

1752. *"guerra da neurose vegetativa"*: USSBS, *The Effects of Bombing on Health and Medical Care in Germany* (Washington, DC: U.S. Government Printing Office, 1945), 3.

956 MESTRES DO AR

1753. *"num estado de pavor incontrolável"*: Von Kardorff, *Diary*, 119.

1754. *"As pessoas estavam se reunindo"*: Ibid., 90.

1755. *"Artigos de jornais"*: Citado em USSBS, *Moral* e, vol. 1, 51-52.

1756. *"causaram danos irreparáveis"*: Gerald Kirwin, "Allied Bombing and Nazi Domestic Propaganda", *European History Quarterly* 15 (1985): 357.

1757. *"Por que ninguém"* — *"Só é possível"*: Von Kardorff, *Diary*, 201, 119.

1758. *"Enquanto estou"*: Citado em Noakes, "Germany", em Noakes, *Civilian*, 56.

1759. *"o Estado intervinha"*: USSBS, *Morale*, vol. 1, 60-61.

1760. *"Trabalhadores escravos franceses"*: Ibid., vol. 2, 1, 22.

1761. *"É melhor"*: Citado em Noakes, "Germany", em Noakes, *Civilian*, 56.

1762. *"medida desesperada"*: Citado em Overy, *Why the Allies*, 113.

1763. *"soldados da produção industrial"*: Max Karant, "What Did the Air War Teach Us?", *Flying* 37 (outubro de 1945): 130.

1764. *"Hoje à noite, vocês irão"*: Citado em Richie, *Faust's Metropolis*, 530.

1765. *"tudo que o nazismo tinha"*: Richard Bessel, *Nazism and War* (Nova York: Modern Library, 2004), 181.

1766. *"Tudo que as"*: Citado em Williamson Murray, "Did Strategic Bombing Work?", em Robert Cowley, ed., *No End Save Victory: Perspectives on World War II* (Nova York: Putnam, 2001), 504.

1767. *"24 mil caças de combate"*: USSBS, *V-Weapons (Crossbow) Campaign*, 1-3.

1768. *"segunda linha de frente"*: Roger Beaumont, "The Bomber Offensive as a Second Front", *Journal of Contemporary History* 22 (1987): 15.

1769. *"Para defender o território nacional"*: USSBS, *German War Economy*, 39-40; interrogatório de Speer, em 18 de julho de 1945, em Webster e Frankland, *Strategic Air Offensive*, vol. 4, 381; Overy, *Why the Allies*, 131.

1770. *"um 'exército da frente de combate doméstica'"*: Overy, "Air Power", 25-26.

1771. *"250 mil"*: Murray, "Reflections", 93.

1772. *"com os termos mais chocantes"* — *"mar de chamas"*: USSBS, *The Effects of Strategic Bombing on German Morale*, vol. 2 (Washington, DC: U.S. Government Printing Office, 1946), 41.

1773. *"efeito psicológico"* — *"Embora, antes"* — *"combatiam bem"*: Entrevista do coronel-general Alfred Jodl com pesquisadores da USSBS, em 29 de junho de 1945, 137.315-62, AFHRA.

1774. *"parecida com 'algo retratado num quadro'"*: Von Kardorff, *Diary*, 201.

NOTAS BIBLIOGRÁFICAS 957

1775. *"É tudo um monte"*; Ibid., 214-15, 225.

1776. *"repugnantes"* — *"hipocrisia"*: Citado em Antony Penrose, ed., *Lee Miller's War* (Boston: Little Brown, 1994), 161, 166.

1777. *"provocadas pelo fato"*: Raymond Daniell, "Disintegration of Germany Proceeds Rapidly", *NYT* de 15 de abril de 1943, E3.

1778. *"o mais vasto oceano de escombros do mundo"*: Bach, *America's Germany*, 18.

1779. *"para a desnazificação"*: USSBS, *Over-all Report (European War)*, 107.

1780. *"Cerca de 1,5 milhão de pessoas"*: Groehler, "Strategic", em Boog, *Conduct of the Air War*, 284-86.

1781. *"guerra aérea total"*: Todas as citações de Knauth foram extraídas de Knauth, *Germany in Defeat* (Nova York: Alfred A. Knopf, 1946), cap. 7.

1782. *"Massacre com Bombardeios"*: "Bombardeios Massacrantes", acusação pública de autoria de Vera Brittain, foi publicado pela primeira vez na Grã-Bretanha em forma de panfleto, com o título de *Seed of Chaos: What Mass Bombing Really Means* (Londres: New Vision Press, 1944). Veja uma análise crítica da oposição de pacifistas aos bombardeios americanos e da reação de Shirer e da imprensa americana à corajosa cruzada de Vera Brittain contra bombardeios aniquiladores em James J. Martin, "The Bombing and Negotiated Peace — em 1944", em Martin, *Revisionist Viewpoints: Essays in a Dissident Historical Tradition* (Colorado Springs: Ralph Myles, 1971). Veja também Grayling, *Among the Dead Cities*, cap. 5.

1783. *"Existe algo"*: Sonia Orwell e Ian Angus, eds., *The Collected Essays, Journalism and Letters of George Orwell: As I Please, 1943-1945*, vol. 3 (Nova York: Harcourt Brace Jovanovich, 1968), 151.

1784. *"Só Deus sabe"*: Ibid.

1785. *"'normais' ou 'legítimas'"*: Ibid.

1786. *"Se pelo menos nos vemos"*: Ibid., 152.

1787. *"O que ele disse"*: Entrevista do autor com Paul Slawter, em 24 de julho de 1994.

Capítulo 17: Um desfile de misérias

1788. *"Parece-me"*: Citado em Webster e Frankland, *Strategic Air Offensive*, vol. 3, 112.

MESTRES DO AR

1789. *"ataques devastadores"*: Churchill citado em ibid., 101.

1790. *"insulto"* — *"Não acho"*: Citado em Dudley Saward, *Bomber Harris: The Story of Sir Arthur Harris, Marshall of the Royal Air Force* (Garden City: Doubleday, 1985), 292-94.

1791. *"uma com termos mais amenos"*: Existe uma transcrição da diretriz em Webster e Frankland, *Strategic Air Offensive*, vol. 3, 117.

1792. *"Os avanços"*: Msg. JD-117-CS (Redline), Spaatz a Doolittle, Acervo de Spaatz; em 21 de abril de 1945, o *Black Cat*, um Liberator B-24 do 466º Grupo de Bombardeiros, foi derrubado por tiros de artilharia antiaérea perto de Rabisbona. Foi o último bombardeiro americano derrubado pelos germanos em seu território, ao contrário do que aconteceu em terras ocupadas por eles. Thomas Childers conta a história do *Black Cat* em seu empolgante livro *Wings of Morning: The Story of the Last American Bomber Shot Down over Germany in World War II* (Reading, Massachusetts: Perseus, 1995). Em 25 e 26 de abril, o comandante da 15ª Frota Aérea despachou bombardeiros quadrimotores para ataques contra instalações ferroviárias nos Alpes austríacos, os últimos lugares do Reich a sentirem o peso das bombas americanas.

1793. *"Eu pedia a ele"*: Citado em Freeman, *Mighty Eighth War Diary*, 499.

1794. *"tinham morrido de fome"*: Relatório de Espionagem Semanal, Divisão do Serviço Secreto Naval Britânico, Estado-Maior da Marinha, Almirantado (4 de maio de 1945), Nº 269, 63, cópia no AFHRA. Veja mais informações sobre as duras privações da Holanda em Henri A. Van der Zee, *The Hunger Winter: Occupied Holland, 1944-1945* (Londres: Jill Norman & Hobhouse, 1982); e Hastings, *Armageddon*, 407-17.

1795. *"A menos que recebamos uma dádiva"*: Citado em Alling, *Mighty Fortress*, 147.

1796. *"todas as autoridades"*: Citado em Van der Zee, *Hunger Winter*, 252.

1797. *"Em longas conversas a altas horas"* — *"outro tipo de força aérea"*: Todas as citações de Crosby foram extraídas de *Wing*, 359-60, 365.

1798. *"MUITO OBRIGADO, IANQUES!"*: Alling, *Mighty Fortress*, 148.

1799. *"Sinto-me melhor"*: Crosby, *Wing*, 371.

1800. *"a sobrevoar em"*: Doolittle, *Lucky*, 406.

1801. *"Todas as cidades estavam"*: Anônimo, "Excursão de Exploração pelo Ruhr-Narrativa Pessoal, 11 de maio de 1944, 100º Grupo de Bom-

NOTAS BIBLIOGRÁFICAS

bardeiros", AFHRA; sargento Kenneth R. Batten, "História do 853º Esquadrão, maio de 1945", 491º Grupo de Bombardeiros, AFHRA.

1802. *"Jamais haverá"*: Entrevista com Danny Roy Moore, em 22 de outubro de 1998, AHM.

1803. *Kenneth "Diácono" Jones*: Todas as citações de Jones desta parte foram extraídas de Jones, "Diary".

1804. *"Os povos da Europa"*: *The London Times* de 27 de junho de 1943.

1805. *"Colônia"*: *The Daily Telegraph* de 10 de março de 1945. Veja um excelente relato da reconstrução das cidades alemãs em Jeffry M. Diefendorf, *In the Wake of War: Reconstruction of German Cities After World War II* (Nova York: Oxford University Press, 1993).

1806. *"Gordos e atrevidos"*: Hans Erich Nossack, *The End: Hamburg, 1943*, tradução de Joel Agee (Chicago: University of Chicago Press, 2004), 44; a Hamburgo arruinada pelas bombas na descrição de Nossack apresenta notável semelhança com a devastada Colônia de 1945.

1807. *"Disseram aos aeronautas"*: Howard Katzander, "Allies Govern Cologne", *S&S* de 4 de maio de 1945, 3-4; Earl E. Ziemke, *The U.S. Army in the Occupation of Germany, 1944-1946* (Washington, D.C.: Center of Military History, United States Army, 1975), 191.

1808. *"incrivelmente intransitáveis"*: Sidney Olson, "Underground Cologne", *Life*, 19 de março de 1945, 28.

1809. *"explosivos devastadores"* — *"como [...] 'o céu desabasse sobre suas cabeças'"*: Stephen Spender, *European Witness* (1946; reimpr., Westport, Connecticut: Greenwood, 1971), 16.

1810. *"ruínas carbonizadas"*: Heinrich Böll, *The Silent Angel*, tradução de Breon Mitchell (Nova York: Picador, 1995), 64-65.

1811. *"um acordo tácito"*: Sebald, *Natural History*, 10.

1812. *"Eu havia sido reincorporado"*: Entrevista do autor com Robert Rosenthal, em 7 de novembro de 2005.

1813. *"Ficamos esperando"*: Entrevista com Loevsky, em 21 de outubro de 2005.

1814. *"Ninguém em nosso país"*: Entrevista com Cleven, em 24 de abril de 2003.

1815. *"Os capangas nos [...] deram"*: Murphy, *Luck*, 233.

1816. *Westheimer*: Westheimer, *Sitting It Out*, 261.

1817. *"A vida na prisão"*: Entrevista com Cleven, em 24 de abril de 2003.

1818. *"Assim, lá fomos nós"*: Entrevista com Loevsky, em 21 de outubro de 2005.

1819. *"Os colegas fizeram muitas"*: Entrevista com Cleven, em 24 de abril de 2003.

1820. *"Era difícil"*: Entrevista com Cleven em 24 de abril de 2003.

1821. *"50 mil refugiados"*: Beevor, *Berlin*, 48.

1822. *"Atravessamos cidades desertas e silenciosas"*: Halmos, *Wrong Side*, 94, 98.

1823. *"Para onde estamos indo?"*: Citado em Childers, *Shadows*, 383.

1824. *"a 'se manterem de cabeça erguida!'"*: Spivey, *POW Odyssey*, 133.

1825. *"As condições dentro dos vagões fechados"*: Murphy, *Luck*, 238.

1826. *"O ódio e a revolta"*: Wheeler, *Shootdown*, 137, 144.

1827. *"Rezei"*: William P. Mahler, *Fated to Survive: Memoirs of a B-17 Flying Fortress Pilot/Prisoner of War*, ed. Ed Hall (Spartanburg, Carolina do Sul: Honoribus, 1992), 137; Paul E. Kennedy, *Adjudants Call* (publicado por particulares, sem data), 54, em ME.

1828. *"Isso acabou com os ataques"*: Depoimento de Butts em Harry Spiller, ed., *Prisoners of the Nazis: Accounts of American POWs in World War II* (Jefferson, Carolina do Norte: McFarland, 1998), 105.

1829. *"caixas de suprimentos da Cruz Vermelha"*: Butts, em Shapiro, *Prisoners*, 105; Wheeler, *Shootdown*, 157.

1830. *"para 'assassinar'"* — *"atos de violência"*: Churchill e Eisenhower citados em John Nichol e Tony Rennell, *The Last Escape: The Untold Story of Allied Prisioners of War in Europe, 1944-1945* (Nova York: Viking, 2003), 196.

1831. *"destacamentos de Forças Especiais"*: USSTAF, "Informações sobre os Problemas Atuais Enfrentados pela FAA no TOGE, 1944-45...", 519.979, AFHRA; USSTAF, "Memorando da Operação ECLIPSE Nº 8: Os Cuidados e a Retirada de Prisioneiros de Guerra na Grande Alemanha sob as Condições da ECLIPSE", 19 de maio de 1945, 519.9731-13, AFHRA; USSTAF, "Atas e Anotações das Reuniões de Planejamento e da Conferência sobre Suprimentos, Proteção e Retirada de Prisioneiros de Guerra Aliados, novembro de 1944-maio de 1945, 519.973-3, AFHRA.

1832. *"rendição correta e ordeira"*: Entrevista com o general de divisão Delmar T. Spivey, em 11 de fevereiro de 1988, K239.0512-921, AFHRA; Spivey, *POW Odyssey*, 148.

NOTAS BIBLIOGRÁFICAS

1833. *"Com certeza, alguém lhe passou"* — *"um grande homem"* — *"estaria numa"*: Entrevista com o general de divisão Arthur Vanaman, em 18 de janeiro de 1967, K239.0521-1030, AFHRA.

1834. *"Spivey fez frequentes visitas a Berger"*: Depoimento de Berger, *Trials of War Criminals*, vol. 8, 57-75, 534-51, 1155-58; H. R. Trevor-Roper, *The Last Days of Hitler* (Londres: Macmillan, 1950), 134-35. Conforme observado por Trevor-Roper (p. 38): "Os relatos que Berger faz de suas atividades nos dias atuais estão todos caracterizados por uma verborragia confusa e, às vezes, incoerente." A questão é analisada de forma detalhada e fascinante em Nichol e Rennell, *The Last Escape*, 357-71.

1835. *"Berger alegou"*: Durand, *Stalag Luft III*, 360-61. Em 1949, o general Berger foi condenado a 25 anos de prisão pelo Tribunal de Crimes de Guerra de Nuremberg por sua participação no planejamento da Solução Final. Contudo, declarações juramentadas feitas em seu favor por Spivey e Vanaman podem tê-lo salvado da forca e resultado em sua soltura em 1951.

1836. *"Representantes da Cruz Vermelha"*: Spivey, *POW Odyssey*, 148.

1837. *"deviam preparar-se"*: *NYT*, 21 de fevereiro de 1945.

1838. *"uma viagem de três dias a pé"*: Entrevista do autor com Joseph P. O'Donnell, em 7 de maio de 2003.

1839. *"da Marcha Macabra de Bataan"*: Cerca de 750 americanos e cinco mil filipinos morreram na Marcha Macabra de Bataan.

1840. *"Deixaram claro"*: Caplan, "Testimony", em O'Donnell, *Shoeleather*, 66.

1841. *"Mesmo os colegas que sofriam de disenteria aguda"*: Entrevista com Guderley, em 7 de maio de 2003.

1842. *"empapado com as fezes"*: Caplan, "Testimony", em O'Donnell, *Shoeleather*, 66-67.

1843. *"O 35º dia"*: O'Donnell, *Shoeleather*, 12.

1844. *"Vi um"*: Ibid.

1845. *"Mas o metralhador da torre superior"*: Entrevista com O'Donnell, em 7 de maio de 2003.

1846. *"Queríamos"*: Entrevista com Guderley, em 7 de maio de 2003.

1847. "Quem são essas pessoas?" — *"Tive vontade de... me atirar"*: Todas as citações de Hoffman foram extraídas de *Stalag 17B*, 184, 186-87. Veja também James M. Bloxom, *March to Eternity: Stalag 17B* (Publicado

962 MESTRES DO AR

por particulares, sem data), em ME; e Richard H. Lewis, *Hell Above and Hell Below: The Real Life Story of an American Airman* (Wilmington: Delaware, 1985), 130-31.

1848. *"Era o Canal Nº 5"*: Entrevista com Cleven, em 24 de abril de 1993; *Contrails*, 243-44.

1849. *"Neste exato momento"*: Citado em *Contrails*, 245; "The Liberation of Moosburg", em *Splasher Six*, vol. 33, verão de 2002, em http://.100bg/splasher/moosburg.html, 3.

1850. *"libertou o próprio filho"*: Burbank, "Center Compound", 47.

1851. *"PARA NÓS"*: Halmos, *Wrong Side*, 128.

1852. *"Aplaudimos e gritamos"*: Roger Burwell, "My War", 41, em ME.

1853. *"Vou matar"*: Citado em Murphy, *Luck*, 245.

1854. *"Achei"* — *"Caros colegas, vocês estão"*: Hoffman, *Stalag 17B*, 205-8.

1855. *Oitavo Exército Britânico*: Entrevista com O'Donnell, em 7 de maio de 2003.

1856. *"aconselhado a adiar a divulgação da notícia"*: Eisenhower, *Crusade*, 22.

1857. *"inspecionou com os olhos o recinto"* — *"prussiana e nazista"*: Butcher, *Three Years*, legenda de fotografia, 843-44.

1858. *"até o marechal Zhukov"*: Beevor, *Berlin*, 405.

1859. *"Fiquei contente em saber"*: Tedder, *With Prejudice*, 686; veja também Butcher, *Three Years*, 846.

1860. *"É a cidade"*: Harold King, despacho da Imprensa Conjunta dos Aliados, 9 de maio de 1945, reproduzido em Louis Snyder, ed., *Masterpieces of War Reporting: Great Moments of World War II* (Nova York: Julian Messner, 1962), 468-69.

1861. *"o sinal"*: Citado em Stephen E. Ambrose e C. L. Sulzberger, *American Heritage New History of World War II* (Nova York: Viking, 1997), 559.

1862. *"imediatamente"*: Panter-Downes, *London War Notes*, 376-77.

1863. *"Londres simplesmente"*: Entrevista com Rosenthal em 7 de novembro de 2005.

1864. *"se enfeitaram no meio da Piccadilly"*: Panter-Downes, *London War Notes*, 376-77.

1865. *"Ainda trago no pensamento"*: Carson, *Wing Ding*, 188.

1866. *"O sentimento mais forte"*: Citado em R. Douglas Brown, *East Anglia, 1945* (Lavenham, Reino Unido: Terence Dalton, 1994), 63.

NOTAS BIBLIOGRÁFICAS

1867. *"terra de conto de fadas"*; Ibid., 61.

1868. *"A animada comemoração só diminuiu"*; Longmate, *GI's*, 61.

1869. *"Por incrível que pareça"*: Alling, *Mighty Fortress*, 156.

1870. *"É meia-noite"*: Von Kardorff, *Diary*, 220-21.

1871. *"De repente, soou [...] buzinadas"*: Hoffman, *Stalag 17B*, 224.

1872. *"Eu estava tão magro"*: Entrevista com Cleven, em 24 de abril de 2003.

1873. *"O fabuloso Cleven"* — *"da mesma forma"*: Sheridan, *Never*, 149-50.

1874. *"Implorei que me deixassem participar de minha última missão"*: Entrevista com Cleven em 24 de abril de 2003.

1875. "Não passo de uma criança chorona": Citado em Sheridan, *Never*, 150.

1876. *"Onde enfiaram o cabo de abertura?"*: Entrevista com Cleven em 24 de abril de 2003.

1877. *"ases da aviação"*: Andy Rooney, "Nazi Camp Held Galaxy of U.S. Aces", *S&S* de maio-junho de 1945, 1.

1878. *Francis "Gabby" Gabreski*: Entrevista com Gabreski em Irv Broughton, ed., *Forever Remembered: The Fliers of World War II* (Spokane: Eastern Washington University Press, 2001), 29-30; Gabreski, *Gabby*, 170-71.

1879. *John "Ruivo" Morgan*: Tenente J. C. Morgan, "Disaster over Berlin", em Roy, *Behind*; "Congressional Medal Awarded Texas Flier", *S&S* de 20 de dezembro de 1943, 1; Rooney, "Flier Dropped with Arm Gone Is Safe in Reich", *S&S* de 7 de dezembro de 1943, 1.

1880. *"a vida era"*: Lowell Bennett, *Parachute*, 43.

1881. *"para ver Berlim ser consumida pelas chamas"*: Ibid., 5; *NYT* de 4 de dezembro de 1943, 4.

1882. *"de um lugar qualquer da"* — *"na prisão de novo"*: *NYT* de 22 de janeiro de 1944, 5; 5 de maio de 1944, 7.

1883. *"um regime de disciplina no mínimo"*: Bennett, *Parachute*, 228; entrevista do autor com Oscar Richard, em 1º de março de 2003.

1884. *"A rigor, estamos livres"*; Alan H. Newcomb, *Vacation with Pay* (Haverhill, Massachusetts: Destiny, 1947), 169.

1885. *"Zemke o advertiu"*: Zemke e Freeman, *Zemke's Stalag*, 13-39, 79; Oscar G. Richard III, *Kriegie: An American POW in Germany* (Baton Rouge: Louisiana State University Press, 2000), 91.

1886. *"O russo [...] com extrema frieza"*: Bennett, *Parachute*, 232-33.

964 MESTRES DO AR

1887. *"Por que estes homens"* — *"o campo explodiu"*: Citado na entrevista com Richard; Carl W. Remy, Spiller, *Prisioners*, 118. Veja uma versão diferente desse incidente, embora não confirmada por testemunhos de prisioneiros de uma forma geral, em Zemke, *Zemke's Stalag*, 95-97.

1888. *"Foi algo"*: Forrest Howell, *Barbed Wire Horizons* (Tujunga, Califórnia: C. L. Anderson, 1953), 198, em ME.

1889. *"Centenas de Chucrutes"*: Newcomb, *Vacation*, 164.

1890. *"Um aeronauta americano viu"*: Howell, *Barbed Wire*, 201-2.

1891. *"Mas a maioria de nós obedeceu"*: Entrevista com Richard.

1892. *"jovens alemãs"*: Vietor, *Time Out*, 168.

1893. *"No início, os alemães que abriram"*: Bennett, *Parachute*, 237-38.

1894. *"Para mim, isso justificou a guerra"*: Gabreski, *Gabby*, 200-201.

1895. *"Imprensa — Passe-Livre"* — *"caos completo e indescritível"*: Todas as citações de Bennett em *Parachute*, 241, 244, 250-52.

1896. *Coronel Andrei Vlasov*: Patricia Louise Wadley, "Even One Is Too Many: An Examination of the Soviet Refusal to Repatriate Liberated American World War II Prisoners of War", tese de mestrado, Texas Christian University, 1993, vários trechos.

1897. *"6.250 homens famintos de liberdade"*: depoimento de Edward Wenrich, em ME.

1898. *"Ocupei"* — *"pegou carona"*: Entrevista com Richard.

1899. *"se sentiu um estranho"*: Richard, *Kriegie*, 107; entrevista com Richard.

1900. *"imponentes B-17"*: Entrevista com Richard.

1901. *"Foi o dia mais triste"*: Citado em Stephen Bloomfield, "The Return of the Mighty Eighth", *Air and Space Smithsonian* 7, nº 5 (dezembro de 1992-janeiro de 1993): 62.

1902. *"Naqueles dias"*: Legenda de fotografia, Biblioteca da 2ª Divisão Aérea, Norfolk, Inglaterra.

1903. *"Ainda me lembro"*: Citado em Gardiner, *Overpaid*, 213.

1904. *"durante a caminhada"*: Carson, *Wing Ding*, 191; autor desconhecido, "They Came to Madingley", reproduzido em *Wing Ding*, 191-93.

Epílogo

1905. *"A Oitava Frota Aérea iniciou sua grande mobilização de retorno*: Quarenta e cinco aeronautas morreram em acidentes aéreos na viagem de volta para casa.

NOTAS BIBLIOGRÁFICAS

1906. *"A guerra é mesmo esquisita"*: "Target Home", *S&S* de 7 de setembro de 1945, 3-4.

1907. *"cerca de 45 mil britânicas"*: Alguns historiadores informam que o número de esposas britânicas de soldados americanos chega a nada menos que cem mil delas, mas preferi confiar na estimativa de David Reynold, que me parece mais plausível. Veja Reynolds, *Rich Relations*, 422.

1908. *"restrições imigratórias"*: Em fins de dezembro de 1945, foi aprovada a Lei das Esposas da Guerra, que permitiu que esposas e filhos "estrangeiros" de cidadãos americanos que serviram nas forças armadas ou que foram dispensados honrosamente do serviço militar ficassem isentos de ter que atender aos requisitos e a cotas de imigração. Antes, por conta de uma lei de 1924, só podiam entrar como imigrantes nos EUA seis mil britânicos por mês. Veja Reynolds, *Rich Relations*, 418.

1909. *"A 'Operação Bombardeio de Fraldas'"*: Ibid., 418-19.

1910. *"Quando zarpamos"*: Citado em Elfrieda Berthiaume Shukert e Barbara Smith Scibetta, *War Brides of World War II* (Novato, Califórnia: Presidio, 1988), 57.

1911. *"Meu Deus"*: Reynolds, *Rich Relations*, 422.

1912. *"Algumas mulheres foram pegas"*: Entrevista com Ann O. Holmes De Vries, em 4 de outubro de 1993, AHM.

1913. *"uma segunda dose"*: *S&S* de 25 de maio de 1945.

1914. *"que a guerra vai terminar"*: Doolittle, *Lucky*, 423. Alguns dos Mustangs da Oitava tinham participado de missões de escolta nos céus do Japão realizadas pela Vigésima Frota Aérea.

1915. *"você já fez a sua parte"*: Entrevista do autor com Robert Rosenthal, em 25 de março de 2003.

1916. *"Durante todos os meus anos de serviço militar"*: Todas as citações são das entrevista com Rosenthal, em 25 de março de 2003; 8 de novembro de 2005.

1917. *"91 por cento"*: William Shirer, End of a Berlim Diary (Nova York: Alfred A. Knopf, 1947), 287.

Corte transversal de um Boeing B-17

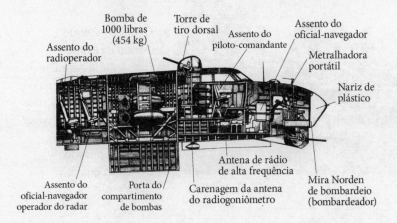

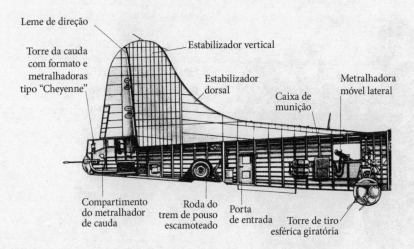

Consolidated B-24 "Liberator"

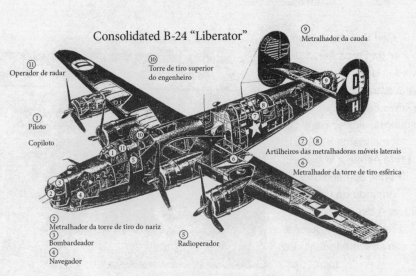

Ira C. Eaker, líder do Comando de Bombardeiros da Oitava Frota Aérea, num encontro com repórteres em 17 de agosto de 1942, após participar, como observador, da primeira missão de bombardeio pesado da Oitava na guerra.

Henry "Hap" Arnold, general-comandante das Frotas Aéreas do Exército Americano, à direita, num encontro com Jimmy Doolittle, na Inglaterra.

Carl Spaatz, veterano oficial da Força Aérea dos Estados Unidos na Europa, fala aos comandantes da Oitava Frota Aérea. À sua esquerda, Jimmy Doolittle, comandante da Oitava Frota Aérea, e William E. Kepner, comandante do Comando de Caças da Oitava. À direita de Spaatz, Frederick L. Anderson, seu subcomandante de operações.

O inspirador líder do Centésimo Grupo de Bombardeiros, Robert "Rosie" Rosenthal, se recupera dos ferimentos sofridos quando seu avião foi derrubado na França.

Os comandantes de esquadrão e amigos inseparáveis John "Bucky" Egan, à esquerda, e Gale "Buck" Cleven, do Centésimo.

Membros do 826º Batalhão de Engenharia de Aviação usando uma máquina de pavimentação na construção de um aeródromo na Ânglia Oriental. Já em 1944, havia mais de doze mil integrantes da Frota Aérea Afro-Americana na Inglaterra.

A maioria das bases da Oitava Frota Aérea foi construída em fazendas no leste da Inglaterra.

Klaus Mietusch, o ás da Luftwaffe e comandante de um esquadrão de aviões de combate JG 26, uma das unidades defensivas da linha de frente do Reich que lutaram contra a Oitava Frota Aérea. Morreu em 17 de setembro de 1944, após derrubarem seu avião num combate.

À esquerda, Haywood "Gambá" Hansell Jr., um dos principais estrategistas da Força Aérea no pré-guerra, na companhia de Curtis E. LeMay, um comandante de unidade de aviões de combate que não acreditava em teorias de estratégias e táticas de guerra aérea.

Um bombardeador de um B-17 em seu posto acima da torre de tiro da seção do nariz da aeronave, com a mira Norden de bombardeio à sua frente.

Adolf Galland, comandante do Exército de Caças Alemão.

Centenas de bombardeiros danificados forçaram os pilotos a realizarem pouso de emergência no Mar do Norte. A tripulação do Liberator Lorelei (458° Grupo de Bombardeiros) de colete salva-vidas "Mae West".

O metralhador da torre de tiro esférica Maynard H. "Snuffy" Smith salvou sua tripulação logo em sua primeira missão de combate. Ele recebeu a Medalha de Honra do Congresso das mãos do Ministro da Guerra Henry L. Stimson.

Clark Gable, ator de Hollywood e metralhador da Oitava Frota Aérea, com a tripulação do *Delta Rebel II* (91º Grupo de Bombardeiros), depois que voltou de uma missão.

O sargento Benedict B. Borostowski testando o equipamento em sua torre de tiro esférica, na barriga da Fortaleza Voadora.

A tripulação do *Memphis Belle*, comandada pelo capitão Robert Morgan, na frente, à esquerda, retornando de sua 25ª missão, em 17 de maio de 1943. Ela foi a primeira tripulação da Oitava Frota Aérea a completar o total de 25 missões necessárias para voltar aos Estados Unidos. O diretor de Hollywood William Wyler os acompanhou na missão e produziu o famoso documentário cinematográfico "The Memphis Belle".

Uma missão iniciada antes do amanhecer, com o carregamento de bombas para as barrigas dos "pesadões".

Um oficial do serviço de espionagem conduzindo uma reunião de preleção de voo na madrugada.

Oficiais-aviadores sendo levados às pressas para o bombardeiro.

O capelão Michael Ragan abençoando os aeronautas.

Fortalezas enfileiradas preparando-se para partir. Durante a decolagem, no céu escuro e congestionado, colisões aéreas eram comuns.

Em 1943, os Thunderbolts P-47 realizaram a maior parte do serviço de escolta aérea dos bombardeiros. À esquerda, Hubert "Hub" Zemke, comandante do 56º Grupo de Caças, os Lobos do Zemke, se encontra com Glenn Miller, cuja Banda da Força Aérea do Exército fez uma turnê pelas bases da Oitava Frota Aérea em 1944.

Um oficial-navegador sentado no nariz do avião mapeando o trajeto até o alvo.

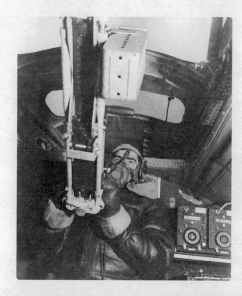

Sobre o Mar do Norte, este radioperador-metralhador dispara algumas rajadas para verificar as condições de suas metralhadoras. Os tripulantes usavam máscaras de oxigênio quando ultrapassavam três mil metros de altitude.

Este operador de metralhadora móvel lateral de Fortaleza está protegido de temperaturas abaixo de zero por botas e luvas termoelétricas. Ele também usa um "avental de blindagem antiaérea", sobre o qual são costuradas plaquetas quadrangulares de aço manganês imbricadas.

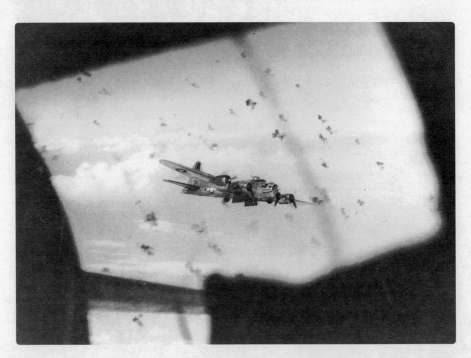

Perto do alvo, os bombardeiros entram na "zona de fogos antiaéreos". Os pilotos não podem realizar manobras de evasão, pois os bombardeiros precisam de uma plataforma de voo estável para maior precisão de tiros e bombardeio.

As condições meteorológicas do clima inglês, sujeitas a mudanças rápidas, tornavam perigosa a volta para as bases. Estas duas Fortalezas colidiram e se desintegraram enquanto atravessavam uma espessa camada de nuvens pairando sobre sua base.

Quando chega a informação de que os bombardeiros estavam voltando, o apreensivo pessoal de apoio aeroterrestre se reúne na torre de controle para "recebê-los", fazer a contagem dos retornados e tentar identificar cada uma dessas aeronaves.

O metralhador da torre de tiro esférica foi mortalmente esmagado na aterrissagem, pois um defeito mecânico o deixou preso em seu posto de plástico e um sistema elétrico danificado impossibilitou que o trem de pouso fosse baixado.

A tripulação do *Carol Dawn* caminhando pela pista à procura de carona para a sala de relatórios de pós-voo.

Uma funcionária da Cruz Vermelha servindo café e sanduíches a aeronautas que retornavam de uma missão.

Liberators operando quase ao nível da copa das árvores na fase de aproximação das refinarias de petróleo em Ploiesti, Romênia, em agosto de 1943. Dos 178 bombardeiros, 54 foram perdidos na operação e cinco aeronautas ganharam a Medalha de Honra.

O sargento Joseph James Walters é levado sob escolta para um esconderijo por dois belgas, pai e filho. Walters aterrissou de paraquedas numa macieira depois que sua Fortaleza foi derrubada na missão de bombardeio a Ratisbona-Schweinfurt, um dos sessenta bombardeiros perdidos nesse dia. Esta fotografia foi tirada por um trabalhador de uma fábrica belga.

A Oitava passou por muitos maus momentos na guerra, pelo menos até a chegada, no fim de 1943, dos Mustangs P-51, um caça de grande autonomia, capaz de escoltar os bombardeiros até Berlim.

Nos preparativos para o Dia D, Thunderbolts como este pilotado pelo grande ás da Oitava, Francis S. "Gabby" Gabreski, ajudaram os Mustangs a conquistar a supremacia aérea nos céus da Europa.

Em 1944-1945, a Oitava bombardeou dois alvos que paralisaram a economia alemã: as fábricas de combustíveis e produtos sintéticos e os pátios de manobras ferroviárias. Leuna, uma gigantesca fábrica de produção de combustíveis sintéticos perto de Meresburg, era um dos locais mais bem-defendidos da Alemanha. O avião de reconhecimento aerofotográfico que registrou essa imagem da fábrica destruída foi derrubado por fogos de artilharia antiaérea.

A maioria dos pátios de manobras ferroviárias ficava dentro ou perto de centros urbanos, fato que tornava quase impossível que fossem bombardeados sem que se causassem graves danos a bairros residenciais circunvizinhos.

O major Jimmy Stewart, astro de Hollywood, foi um dos principais comandantes de aviões de combate da Oitava.

Com a força de caças de combate alemã reduzida, os sistemas de artilharia antiaérea dos germânicos se tornaram a maior ameaça para as tripulações de bombardeiros. O piloto Lawrence M. DeLancey aterrissou com sua Fortaleza depois que o nariz da aeronave foi arrancado por projéteis antiaéreos.

O capacete "antiaéreo" não oferecia nenhuma proteção contra explosões de projéteis de vinte milímetros disparados de um avião de caça alemão. Mas esse rapaz sobreviveu a um desses ataques.

Um Liberator foi partido ao meio por um projétil de canhão disparado de um Me 262, um avião de caça a jato alemão que começou a operar alguns meses antes do fim da guerra.

A Oitava criou casas de repouso "antiaéreas" para aeronautas que tinham passado por experiências traumáticas em missão. Essas grandes propriedades eram administradas pelo corpo de médicos da Força Aérea e por funcionárias da Cruz Vermelha.

Aeronautas metralhadores do 381º Grupo de Bombardeiros comemoram o Dia da Vitória das Forças Aliadas na Europa (Dia V-E).

Cerca de vinte e oito mil aeronautas da Oitava Frota Aérea foram libertados de campos de prisioneiros de guerra no fim do conflito mundial. Um deles era Lou Loevsky (à direita), fotografado na companhia de seu colega de tripulação Leonard Smith.

Mais de quarenta e cinco mil britânicas se casaram com militares americanos durante a guerra. Um navio cheio de "esposas da guerra" e seus filhinhos parte do Porto de Southampton, em janeiro de 1946, para que elas se reunissem a seus maridos nos Estados Unidos.

Em Horsham St. Faith, moradores do povoado se despedem de um Liberator do 458º Grupo de Bombardeiros enquanto ele se prepara para decolar em retorno à pátria.

Bases da Oitava Frota Aérea do Exército Americano

1 Bases da 1ª Divisão Aérea

2 Bases da 2ª Divisão Aérea

3 Bases da 3ª Divisão Aérea

+ Operações Especiais (Carpetbaggers)

Grupos de Bombardeiros Pesados da Oitava Frota Aérea a partir de 6 de junho de 1944

34: Mendlesham, B-24
44: Shipdham, B-24
91: Bassingbourn, B-17
92: Podington, B-17
93: Hardwick, B-24
94: Bury St. Edmunds, B-17
95: Horham, B-17
96: Snetterton Heath, B-17
100: Thorpe Abbotts, B-17
303: Molesworth, B-17
305: Chelveston, B-17
306: Thurleigh, B-17
351: Polebrook, B-17
379: Kimbolton, B-17
381: Ridgewell, B-17
384: Grafton Underwood, B-17
385: Great Ashfield, B-17
388: Knettishall, B-17
389: Hethel, B-24
390: Framlingham, B-17

392: Wendling, B-24
398: Nuthampstead, B-17
401: Deenethorpe, B-17
445: Tibenham, B-24
446: Bungay, B-24
447: Rattlesden, B-17
448: Seething, B-24
452: Deopham Green, B-17
453: Old Buckenham, B-24
457: Glatton, B-17
458: Horsham St. Faith, B-24
466: Attlebridge, B-24
467: Rackheath, B-24
486: Sudbury, B-24
487: Lavenham, B-24
489: Halesworth, B-24
490: Eye, B-24
491: Metfield, B-24
492: North Pickenham, B-24
493: Debach, B-24

Quartéis-Generais

Bushy Park: QG das Frotas Aéreas Estratégicas Americanas na Europa (USSTAF). Codinome: Widewing
High Wycombe: QG da 8ª Frota Aérea. Codinome: Pinetree
Bushey Hall: QG do Comando de Caças da 8ª FA

I n g l

Peterborough

401 GB 1
351 GB 1
384 GB

457 GB 1

+ 801

303 G 1

305 GB 1

379 C 1

92 GB 1

306 GB 1

Bedford

Bushey Ha

High Wycombe

rio Tâmisa

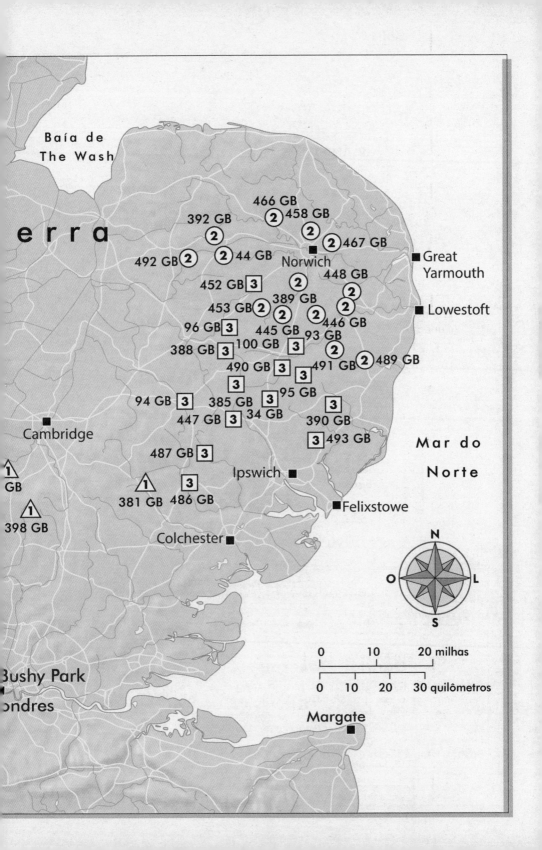

Este livro foi composto na tipografia
Minion Pro, em corpo 11,5/15,5, e impresso
em papel off-white no Sistema Cameron da
Divisão Gráfica da Distribuidora Record.